Streck Mack Schwedhelm
Tax Compliance

Tax Compliance

Risikominimierung durch Pflichtenbefolgung und Rechteverfolgung

herausgegeben von
der

Streck Mack Schwedhelm
Partnerschaft mbB
Rechtsanwälte Fachanwälte für Steuerrecht

2. Auflage

2016

ottoschmidt

Bearbeiter

Partner der
Streck Mack Schwedhelm
Partnerschaft mbB
Rechtsanwälte,
Fachanwälte für Steuerrecht,
soweit nicht anders angegeben

Dr. Jörg Alvermann
Rechtsanwalt, Fachanwalt für Steuerrecht,
Köln

Dr. Burkhard Binnewies
Rechtsanwalt, Fachanwalt für Steuerrecht,
Köln

Manja Ehnert
Rechtsanwältin, Fachanwältin für Steuerrecht,
Siemens AG, Nürnberg

Dr. Heinz-Willi Kamps
Rechtsanwalt, Fachanwalt für Steuerrecht,
Köln

Alexandra Mack
Rechtsanwältin, Fachanwältin für Steuerrecht,
Köln

Dr. Klaus Olbing
Rechtsanwalt, Fachanwalt für Steuerrecht,
Köln

Dr. Herbert Olgemöller
Rechtsanwalt, Fachanwalt für Steuerrecht,
Köln

Dr. Rolf Schwedhelm
Rechtsanwalt, Fachanwalt für Steuerrecht,
Köln

Dr. Rainer Spatscheck
Rechtsanwalt, Fachanwalt für Steuerrecht,
Fachanwalt für Strafrecht,
München

Dr. Michael Streck
Rechtsanwalt, Fachanwalt für Steuerrecht,
Köln

Dr. Markus Wollweber
Rechtsanwalt, Fachanwalt für Steuerrecht,
Köln

Dr. Martin Wulf
Rechtsanwalt, Fachanwalt für Steuerrecht,
Berlin

Zitierempfehlung:

Verfasser in Streck Mack Schwedhelm, Tax Compliance,
2. Aufl. 2016, Rz. ...

*Bibliografische Information
der Deutschen Nationalbibliothek*

Die Deutsche Nationalbibliothek verzeichnet diese
Publikation in der Deutschen Nationalbibliografie;
detaillierte bibliografische Daten sind im Internet
über http://dnb.d-nb.de abrufbar.

Verlag Dr. Otto Schmidt KG
Gustav-Heinemann-Ufer 58, 50968 Köln
Tel. 02 21/9 37 38-01, Fax 02 21/9 37 38-943
info@otto-schmidt.de
www.otto-schmidt.de

ISBN 978-3-504-25079-9

© 2016 by Verlag Dr. Otto Schmidt KG, Köln

Das Werk einschließlich aller seiner Teile ist
urheberrechtlich geschützt. Jede Verwertung, die nicht
ausdrücklich vom Urheberrechtsgesetz zugelassen ist,
bedarf der vorherigen Zustimmung des Verlages. Das
gilt insbesondere für Vervielfältigungen, Bearbeitungen,
Übersetzungen, Mikroverfilmungen und die Einspeicherung und Verarbeitung in elektronischen Systemen.

Das verwendete Papier ist aus chlorfrei gebleichten
Rohstoffen hergestellt, holz- und säurefrei, alterungsbeständig und umweltfreundlich.

Einbandgestaltung: Jan P. Lichtenford, Mettmann
Satz: Griebsch & Rochol Druck GmbH, Hamm
Druck und Verarbeitung: Kösel, Krugzell
Printed in Germany

Vorwort

Aufgrund der zahlreichen Veränderungen und Entwicklungen im Bereich des Steuerstrafrechts stand eine Neuauflage des erstmals 2010 erschienenen Werks eigentlich schon seit Längerem an. Der aktuelle Zeitpunkt ist hierfür insofern günstig, als der Gesetzgeber nach dem Abebben der Welle der Selbstanzeigen für Auslandsanleger auch seine mit dem Jahr 2008 einsetzende Freude an der immer weitergehenden Verschärfung des Steuerstrafrechts vor Kurzem verloren zu haben scheint und derzeit keine weiteren gesetzlichen Veränderungen in Sicht sind.

Seit der letzten Auflage hat der Gesetzgeber insbesondere die Möglichkeit, eine strafbefreiende Selbstanzeige abzugeben, unter anderem aufgrund des Drucks der Öffentlichkeit und der politischen Diskussion immer weiter eingeschränkt. Das geht so weit, dass eine Selbstanzeige in Unternehmen aufgrund der damit häufig verbundenen hohen Zahlungen faktisch nicht mehr möglich ist, da von den Mitarbeitern der Steuerabteilungen die „Einstellungsauflage" nach § 398a AO nicht mehr gezahlt werden kann. Gerade vor diesem Hintergrund ist bei steuerlichen Berichtigungen – die für jeden ein Thema werden können – die Abgrenzung zwischen einer Selbstanzeige nach § 371 AO, welche mit vielen Sperrwirkungen sowie anderen Hürden ausgestattet ist, und einer bloßen Berichtigung nach § 153 AO von besonderer Bedeutung. Das hat auch der Bundesfinanzminister gesehen und deshalb versucht, im Anwendungserlass zu § 153 AO vom 23.5.2016 Anhaltspunkte für eine Abgrenzung zusammenzustellen. In Tz. 2.6 des Erlasses wird dazu ausgeführt, das Vorliegen eines angemessenen „innerbetrieblichen Kontrollsystems" (IKS) sei als ein Indiz gegen Vorsatz oder Leichtfertigkeit zu werten. Es ermöglicht folglich die Einreichung einer „bloßen Berichtigungserklärung" nach § 153 AO.

Spätestens seit diesem Zeitpunkt werden in Unternehmen aller Größen Bemühungen unternommen, ein solches IKS, also letztlich ein Tax Compliance System einzurichten. Wer sich mit diesem Thema intensiver beschäftigt, stellt schnell fest, dass es keinen Prototypen eines Tax Compliance Systems geben kann, das, einmal entwickelt, auf alle Organisationsformen anwendbar wäre. Zu bunt ist die in der Praxis vorkommende Variationsbreite. Speziell hier setzt die Tätigkeit der Partnerschaft Streck Mack Schwedhelm mbB an, die Tax Compliance besonders vor dem Hintergrund der jahrzehntelangen forensischen Erfahrung zu beraten und zu gestalten. Aus den selbst geführten Streitverfahren lässt sich schließen, welche unternehmensinternen Strukturen und Abläufe mehr oder weniger anfällig sind. Für letztere macht ein enormer finanzieller und personeller Aufwand in der Regel keinen Sinn. Andererseits gibt es Fehlerquellen, die nach ihrer Lokalisierung mit wenigen Überlegungen ausgeräumt werden können. Auch z.B. durch Zukäufe und Ausgründungen entstandene, dezentrale Unternehmensstrukturen lassen sich so steuerlich durch ein „angemessenes" IKS in den Griff bekommen. All diese Überlegungen sind in die nun vorliegende zweite Auflage eingeflossen.

Während zum Zeitpunkt des Erscheinens der ersten Auflage in der Fachwelt noch darüber diskutiert wurde, was unter Tax Compliance zu verstehen ist, scheint dieser erste Schritt heute geklärt zu sein. Offen ist hingegen noch die

Frage, wie man am besten die Verantwortlichkeit regelt. Eine Parallelität zur allgemeinen Compliance, bei der ein unabhängiger Compliance Officer als Verantwortlicher bestimmt wird, hat sich bei der Tax Compliance nicht durchgesetzt. Sie wird vielmehr als ein „Tool" der Steuerabteilung zur Sicherstellung der Einhaltung der steuerlichen Pflichten angesehen. Dieser Bereich, aber auch die häufig übersehenen Chancen, die in dem Instrument als Möglichkeit der Organisation unternehmensinterner Gestaltungen etc. liegen, sind Gegenstand dieses Buchs.

Die Verlängerung der strafrechtlichen Verfolgungsverjährung in besonders schweren Fällen auf zehn Jahre, aber auch die deutliche Erhöhung der von der Rechtsprechung ausgesprochenen Strafen haben dazu beigetragen, dass steuerstrafrechtliche Hauptverhandlungen immer häufiger und für die Betroffenen unangenehmer werden. Gerade durch die lange zurückgehenden, strafrechtlichen Verfolgungsverjährungsfristen kann es sein, dass die Steuerhinterziehung z.B. in Bezug auf die Abzugsfähigkeit von Korruptionszahlungen noch verfolgbar ist, während die Korruptionstat als solche schon lange verjährt ist. Das zeigt deutlich, wie wichtig es ist, mit dem Thema Tax Compliance aktiv umzugehen und rechtzeitig die richtigen Maßnahmen zu ergreifen.

Auch die zweite Auflage des Buchs wurde von Anwälten der Partnerschaft Streck Mack Schwedhelm mbB vor dem Hintergrund deren praktischer Erfahrung geschrieben – mit einer Ausnahme: Frau Manja Ehnert, die in unserem Münchener Büro als Anwältin gearbeitet hatte, wechselte vor ein paar Jahren in die Compliance-Abteilung von Siemens, wo sie ihr Know-How auf diesem Gebiet weiter ausgebaut hat.

Unser besonderer Dank gilt Herrn RA Dr. Wolfgang Lingemann, der uns als zuständiger Lektor betreut, motiviert und auch gefordert hat.

München, im Juli 2016

Dr. Rainer Spatscheck
gleichzeitig für alle Partner der
Streck Mack Schwedhelm PartmbB
Köln, Berlin, München

Inhaltsübersicht

	Seite
Vorwort	VII
Inhaltsverzeichnis	XI
Abkürzungsverzeichnis	XXXV
Literaturverzeichnis	XLI

Kapitel 1: Grundlagen

	Rz.	Seite
A. Einführung und Begriffe *(Streck)*	1.1	1
B. Betroffene Unternehmen und Gesellschaften *(Streck)*	1.36	17
C. Gesetzliche Pflichten und Sanktionen *(Mack)*	1.43	18
D. Managing in Corporate Tax-Legal-Affairs *(Mack)*	1.153	39
E. Eigentätigkeit oder unabhängige Dienstleister *(Streck)*	1.256	57
F. Vertraulichkeit und Öffentlichkeitsarbeit *(Streck)*	1.274	62
G. Tax Compliance aus der Sicht einer Compliance-Abteilung eines Großunternehmens *(Ehnert)*	1.286	65

Kapitel 2: Steuern und Sozialabgaben

	Rz.	Seite
A. Ertragsteuern *(Schwedhelm/Binnewies)*	2.1	75
B. Umsatzsteuer *(Alvermann)*	2.16	80
C. Lohnsteuer *(Olgemöller)*	2.177	133
D. Sozialabgaben *(Olgemöller)*	2.232	151
E. Sonstige Steuern *(Kamps)*	2.266	162
F. Risiken der Umstrukturierung von Unternehmen *(Wollweber)*	2.338	183
G. Grenzüberschreitende Beziehungen *(Wulf)*	2.385	200

Kapitel 3: Tax Compliance und die einzelnen Prüfungen

	Rz.	Seite
A. Betriebsprüfung *(Kamps)*	3.1	229
B. Steuerfahndung im Unternehmen – und wie man sich darauf vorbereitet *(Spatscheck/Wulf)*	3.200	278
C. Nützliche Abgaben *(Spatscheck/Wulf)*	3.377	335

	Rz.	Seite

Kapitel 4: Verantwortliche für Tax Compliance

A. Steuerrechtliche und steuerstrafrechtliche Risiken für Organmitglieder *(Binnewies)*	4.1	355
B. Mitarbeiter *(Streck)*	4.108	390
C. Gesellschafter und Nahestehende *(Schwedhelm)*	4.127	395

Kapitel 5: Zoll, nationale Grenzabgaben und Zollfahndung

A. Standortbestimmung *(Olgemöller)*	5.1	405
B. Gesetzliche Rahmenbedingungen (Zoll) *(Olgemöller)*	5.6	408
C. Risiko- und Gefahrenquellen *(Olgemöller)*	5.22	414
D. Risiko- und Gefahrenminimierung *(Olgemöller)*	5.35	420
E. Schadensabwehr und -minimierung *(Olgemöller)*	5.52	426
F. Schadensausgleich *(Olgemöller)*	5.71	434
G. Evaluierung *(Olgemöller)*	5.77	436

Kapitel 6: Sonderbereiche für Tax Compliance

A. Vereine, Verbände, Stiftungen und übrige Non-Profit-Organisationen *(Alvermann)*	6.1	437
B. Öffentliche Hand *(Alvermann)*	6.196	494
C. Hospitality *(Alvermann)*	6.264	517
D. Sanierung und Insolvenz *(Olbing)*	6.270	523

Anhang 1 Tax Compliance-Richtlinie *(Streck)*		539
Anhang 2 Struktur eines Mandatsangebots *(Streck)*		545
Anhang 3 Betriebsprüfungsordnung und ausgewählte Gesetzesnormen		549
Stichwortverzeichnis		597

Inhaltsverzeichnis

	Seite
Vorwort	VII
Inhaltsübersicht	IX
Abkürzungsverzeichnis	XXXV
Literaturverzeichnis	XLI

Kapitel 1: Grundlagen

	Rz.	Seite
A. Einführung und Begriffe *(Streck)*	1.1	1
I. Begriff Tax Compliance	1.1	1
1. Compliance	1.1	1
2. Corporate Compliance	1.3	2
3. Tax Compliance	1.4	3
II. Abgrenzungen	1.7	4
1. Tax Riskmanagement	1.7	4
2. Unternehmenskultur	1.8	4
3. Unternehmensentscheidungen	1.9	5
4. Corporate Governance Kodex	1.10	5
5. Corporate Responsibility	1.12	6
III. Tax Compliance aus der Sicht der Finanzverwaltung	1.13	7
IV. Implementierung der Tax Compliance in die Corporate Compliance Organisation	1.16	9
V. Pflicht zur Einrichtung eines Compliance- und Tax Compliance-Systems	1.21	10
VI. Grundsätze der Tax Compliance	1.23	11
1. Wertentscheidung zur Anwendung von Steuergesetzen	1.23	11
2. Steueroptimierung	1.25	12
3. Funktions- und Informationssysteme	1.27	12
4. Vermeidung von Haftungsrisiken	1.28	12
5. Vermeidung von steuerstrafrechtlichen Risiken	1.29	13
6. Abgestufte Geheimhaltungssysteme	1.31	14
7. Steuerstreit	1.33	14
VII. Kritik an der Compliance-Philosophie	1.35	16
B. Betroffene Unternehmen und Gesellschaften *(Streck)*	1.36	17
I. Grundsätzliches	1.36	17
II. Juristische Personen	1.37	17
III. Unternehmerisch tätige Personengesellschaften und Einzelunternehmen	1.41	18

	Rz.	Seite
C. Gesetzliche Pflichten und Sanktionen *(Mack)*	1.43	18
I. Einleitung	1.43	18
II. Anzeigepflichten	1.44	18
1. Pflichtinhalt	1.44	18
2. Risiko- und Gefahrenbereiche.....................	1.49	19
a) Steuerliche Sanktionen	1.49	19
b) Strafrechtliche Sanktionen......................	1.52	20
3. Risiko- und Gefahrenminimierung	1.55	20
III. Buchführungs- und Aufzeichnungspflichten..............	1.56	20
1. Pflichtinhalt	1.56	20
2. Risiko- und Gefahrenbereiche.....................	1.60	21
a) Zwangsmaßnahmen der Finanzverwaltung	1.60	21
b) Schätzungsbefugnis der Finanzverwaltung	1.61	21
c) Versagung von Begünstigungen	1.63	21
d) Verfolgung als Ordnungswidrigkeiten	1.64	22
e) Verfahren wegen Steuerhinterziehung	1.66	22
f) Verzögerungsgeld	1.67	22
3. Risiko- und Gefahrenminimierung	1.68	23
4. Schadensminimierung	1.70	23
IV. Aufbewahrungspflichten	1.74	24
1. Pflichtinhalt	1.74	24
2. Risiko- und Gefahrenbereiche.....................	1.79	25
3. Risiko- und Gefahrenminimierung	1.82	25
4. Schadensminimierung	1.84	26
V. Abgabe von Steuererklärungen	1.86	26
1. Pflichtinhalt	1.86	26
2. Risiko- und Gefahrenbereiche.....................	1.91	27
a) Es wird keine Steuererklärung abgegeben	1.91	27
b) Verspätete Abgabe von Steuererklärungen	1.95	28
c) Inhaltlich falsche Steuererklärung	1.97	28
3. Risiko- und Gefahrenminimierung	1.100	29
VI. Wahrheitspflicht	1.103	29
1. Pflichtinhalt	1.103	29
2. Risiko- und Gefahrenbereiche.....................	1.110	30
3. Risiko- und Gefahrenminimierung	1.111	30
VII. Mitwirkungspflichten	1.112	31
1. Pflichtinhalte	1.112	31
a) Mitwirkung bei der Sachverhaltsermittlung (§ 90 Abs. 1 AO)	1.112	31
b) Mitwirkungspflichten bei (normalen) Auslandssachverhalten (§ 90 Abs. 2 AO)	1.114	31
c) Gesteigerte Mitwirkungspflicht bei Geschäftsbeziehungen in kooperationsunwilligen „Steueroasen"-Ländern (§ 90 Abs. 2 Satz 3 AO)	1.116	32

	Rz.	Seite
d) Internationale Verrechnungspreise (§ 90 Abs. 3 AO)	1.119	32
e) Mitwirkungspflichten des Steuerpflichtigen bei der Außenprüfung (§ 200 AO)	1.120	33
f) Sonderbestimmungen für die sog. „Einkommensmillionäre" (§ 147a AO)	1.121	33
g) Digitale Außenprüfung (§ 147 Abs. 6 AO)	1.122	33
2. Risiko- und Gefahrenbereiche	1.123	33
a) Verletzung der Mitwirkungspflicht gem. § 90 Abs. 1 AO	1.123	33
b) Verletzung der Mitwirkungspflicht für Auslandssachverhalte (§ 90 Abs. 2 AO)	1.124	34
c) Verletzung der gesteigerten Mitwirkungspflichten bei Geschäftsbeziehungen in „Steueroasen"-Ländern (§ 90 Abs. 2 Satz 3 AO)	1.125	34
d) Nichterfüllung der besonderen Mitwirkungspflichten bei Verrechnungspreisen (§ 90 Abs. 3 AO)	1.126	34
e) Nichterfüllung der Mitwirkungspflichten im Rahmen der Außenprüfung (§ 200 AO)	1.130	35
f) Verletzung der Pflicht zur Einräumung des Datenzugriffs nach § 147 Abs. 6 AO	1.131	35
3. Risiko- und Gefahrenminimierung	1.132	35
a) Verletzung der Mitwirkungspflichten gem. §§ 90 Abs. 1, 200 AO	1.132	35
b) Verletzung der Mitwirkungspflicht für Auslandssachverhalte (§ 90 Abs. 2 AO)	1.137	36
c) Verletzung der gesteigerten Mitwirkungspflichten bei Geschäftsbeziehungen in „Steueroasen"-Ländern (§ 90 Abs. 2 Satz 3 AO)	1.138	36
d) Nichterfüllung der besonderen Mitwirkungspflichten bei Verrechnungspreisen (§ 90 Abs. 3 AO)	1.141	37
e) Organisation des Datenzugriffs gem. § 147 Abs. 6 AO	1.142	37
VIII. Steuerzahlungspflicht	1.143	37
1. Pflichtinhalt	1.143	37
2. Risiko- und Gefahrenbereiche	1.147	38
3. Gefahrenreduzierung	1.150	38
D. Managing in Corporate Tax-Legal-Affairs *(Mack)*	1.153	39
I. Finanzbehörden und Gemeinden	1.153	39
1. Gesetzliche Rahmenbedingungen	1.153	39
a) Finanzverwaltung, Finanzämter	1.153	39
b) Sonstige Finanzbehörden	1.159	40
c) Gemeinden	1.161	40
2. Risiko- und Gefahrenbereiche	1.163	41
a) Regionale Unterschiede	1.163	41
b) Sachliche Zusammenarbeit	1.164	41

	Rz.	Seite
3. Risiko- und Gefahrenminimierung	1.166	41
a) Regionale steuerliche Unterschiede	1.166	41
b) Kontaktpflege mit den zuständigen Finanzbehörden	1.168	42
4. Schadensabwehr-Minimierung	1.173	42
II. Steuererklärungen	1.175	43
III. Bestandskraft und Einspruchsverfahren	1.176	43
1. Gesetzliche Rahmenbedingungen	1.176	43
a) Bestandskraft	1.176	43
b) Einspruchsverfahren	1.181	44
2. Risiko- und Gefahrenbereiche	1.184	44
a) Fristversäumnisse	1.184	44
b) Fehlerhafte Entscheidung über die Einspruchseinlegung	1.185	45
c) Nicht optimale Durchführung des Einspruchsverfahrens	1.186	45
3. Risiko- und Gefahrenminimierung	1.187	45
a) Fristenkontrolle	1.187	45
b) Kenntnis der Korrekturmöglichkeiten nach verpasster Einspruchsfrist	1.189	45
c) Sicherstellung der inhaltlichen Prüfung jedes Steuerbescheids	1.191	46
d) Angemessene Berücksichtigung taktischer Überlegungen	1.194	46
e) Liquiditätsfragen miteinbeziehen	1.196	46
f) Bestimmung der Zuständigkeit für Streitverfahren mit dem Finanzamt	1.199	47
g) Zieldefinition	1.200	47
IV. Vorbehalt der Nachprüfung und Vorläufigkeit	1.202	47
1. Gesetzliche Rahmenbedingungen	1.202	47
a) Vorbehalt der Nachprüfung (§ 164 AO)	1.202	47
b) Vorläufigkeit (§ 165 AO)	1.204	48
2. Risiko- und Gefahrenbereiche	1.207	48
3. Risiko- und Gefahrenminimierung	1.210	49
V. Klage vor dem Finanzgericht/Verwaltungsgericht	1.215	50
1. Gesetzliche Rahmenbedingungen	1.215	50
a) Klageverfahren vor dem Finanzgericht	1.215	50
b) Klageverfahren vor dem Verwaltungsgericht	1.229	52
2. Risiko- und Gefahrenbereiche	1.230	52
3. Risiko- und Gefahrenminimierung	1.231	53
VI. Verfahren vor dem Bundesfinanzhof/Bundesverwaltungsgericht	1.233	53
1. Gesetzliche Rahmenbedingungen	1.233	53
a) Verfahren vor dem BFH	1.233	53
aa) Nichtzulassungsbeschwerde	1.233	53

	Rz.	Seite
bb) Revisionsverfahren	1.239	54
b) Verfahren vor dem Bundesverwaltungsgericht	1.243	55
2. Risiko- und Gefahrenbereiche und ihre Minimierung	1.244	55
VII. Verfahren vor dem Bundesverfassungsgericht	1.245	55
1. Gesetzliche Rahmenbedingungen	1.245	55
a) Verfahrensarten	1.245	55
b) Konkrete Normenkontrolle	1.246	55
c) Verfassungsbeschwerde	1.252	56
2. Risiko- und Gefahrenbereiche und ihre Minimierung	1.255	57

E. Eigentätigkeit oder unabhängige Dienstleister (*Streck*) ... 1.256 ... 57

	Rz.	Seite
I. Compliance-Funktion	1.256	57
II. Steuerabteilung und Compliance	1.259	58
1. Die Steuerabteilung	1.259	58
2. Compliance und Tax Compliance	1.260	58
3. Steuerabteilung und Ombudsmann-System	1.261	59
III. Outsourcing der Steuerberatung	1.263	59
1. Tax Compliance	1.263	59
2. Steuerberatung	1.264	59
3. Beauftragung von Rechtsanwälten in Sonderfällen	1.268	60
4. Verhältnis von Wirtschaftsprüfern, Steuerberatern und Rechtsanwälten untereinander	1.271	61
5. Outsourcing an Sonstige	1.272	61

F. Vertraulichkeit und Öffentlichkeitsarbeit (*Streck*) ... 1.274 ... 62

	Rz.	Seite
I. Allgemeines	1.274	62
II. Vertraulichkeit der Steuerdaten	1.275	62
III. Aufhebung der Vertraulichkeit	1.278	63
1. Compliance-Regeln	1.278	63
2. Öffentlichkeitsarbeit	1.281	64

G. Tax Compliance aus der Sicht einer Compliance-Abteilung eines Großunternehmens (*Ehnert*) ... 1.286 ... 65

	Rz.	Seite
I. Stellung einer Compliance-Abteilung und ihr Verhältnis zu Tax Compliance und zur Steuerabteilung	1.286	65
1. Unterschiedliche Ansätze beim Aufbau von Compliance-Strukturen	1.286	65
2. Zusammenspiel von Tax Compliance mit den verschiedenen Abteilungen	1.293	67
II. Tax Compliance und Kommunikationsstrukturen	1.295	67
1. Vielzahl von Ansprechpartnern	1.295	67
2. Berichtsstrukturen im Unternehmen	1.297	68

	Rz.	Seite
III. Steuerrisiken aus Berichtspflichten und der Dokumentations(un)kultur	1.299	68
1. Besondere Veröffentlichungspflichten des Unternehmens	1.299	68
2. Dokumentations(un)kultur im Unternehmen	1.302	69
IV. Steuerrisiken aus Compliance-Themen	1.305	70
1. Compliance-Abteilung und Steuerthemen	1.305	70
2. Interne Compliance-Untersuchungen und steuerliche Berücksichtigung der Erkenntnisse	1.309	71
V. Unternehmensinteresse vs. Individualinteresse	1.311	71
1. Rechte und Pflichten der Mitarbeiter und Organe als Individualpersonen	1.311	71
2. Spannungsfeld zwischen Auskunftspflicht und -verweigerungsrecht	1.313	72
VI. Interne/externe Berater	1.316	72
VII. Auslandsbezug	1.319	73

Kapitel 2: Steuern und Sozialabgaben

	Rz.	Seite
A. Ertragsteuern *(Schwedhelm/Binnewies)*	2.1	75
I. Gesetzliche Rahmenbedingungen	2.1	75
1. Einschlägige Rechtsgrundlagen	2.1	75
2. Erklärungspflichten	2.2	75
a) Natürliche Personen	2.2	75
b) Mitunternehmerschaften	2.3	76
c) Körperschaften	2.4	76
d) Gewerbesteuererklärung	2.5	77
II. Risiko- und Gefahrenbereiche	2.6	77
1. Materiell-rechtliche Rechtsfragen	2.6	77
2. Formale Fragen	2.10	78
III. Risiko- und Gefahrenminimierung	2.12	79
IV. Schadensausgleich	2.15	80
B. Umsatzsteuer *(Alvermann)*	2.16	80
I. Umsatzsteuer als Hauptrisikofaktor vieler Unternehmen	2.16	80
II. Rechtliche Rahmenbedingungen	2.17	81
1. UStG	2.17	81
2. Umsatzsteuer-Durchführungsverordnung	2.22	82
3. EU-Recht	2.23	82
4. Verwaltungsrichtlinien	2.24	83
5. Ausländisches Recht	2.25	83
III. Systemprobleme	2.26	83
1. Umsatzsteuerpflicht und Vorsteuerabzug	2.26	83

	Rz.	Seite
2. Ort der Besteuerung	2.27	84
3. Verlagerung der Steuerschuld	2.29	85
IV. Typische Gefahrenbereiche	2.31	85
1. Erklärungsverhalten	2.31	85
2. Zahlungsverhalten	2.35	86
3. Organschaft	2.38	87
a) Anforderungen an die Organschaft	2.38	87
b) Chancen und Risiken der Organschaft	2.39	88
c) Probleme in der wirtschaftlichen Eingliederung	2.42	88
d) Probleme in der organisatorischen Eingliederung	2.44	89
e) Organschaftsprobleme in Holdingfällen	2.47	90
f) Unerwünschte Organschaft	2.50	90
4. Leistungsaustausch	2.54	91
5. Leistungsort	2.55	92
6. Steuersatz	2.57	92
a) Allgemeine Risiken	2.57	92
b) Beispiel: Ermäßigter Steuersatz bei gemeinnützigen Körperschaften	2.63	94
c) Beispiel: Restaurationsumsätze	2.64	94
7. Umsatzsteuerbefreiung	2.68	97
8. Anforderungen an die Rechnung	2.72	99
9. Vorsteuerabzug	2.77	100
a) Allgemeine Anforderungen	2.77	100
b) Vorliegen einer steuerpflichtigen Leistung	2.78	100
c) Rechnungsanforderungen	2.80	101
d) Compliance-Schwerpunkt: Vorsteuerabzug aus Rechnungen vermeintlicher Strohfirmen und missing trader	2.83	104
e) Rettungsmaßnahmen	2.94	109
f) Compliance-Problem: Vorsteuerabzug aus Verteidigungs- und Beratungskosten	2.95	110
10. Umsatzsteuerrisiken bei gemeinnützigen Körperschaften	2.98	112
a) Ausgangslage	2.98	112
b) Leistungsaustausch	2.102	113
c) Zuschüsse	2.103	114
d) Steuerbefreiungen	2.106	115
e) Steuersatz	2.107	115
f) Vorsteuerabzug	2.119	117
g) Umsatzsteuerpflicht der Organe?	2.122	119
11. Umsatzbesteuerung der Öffentlichen Hand	2.127	120
V. Compliance-Schwerpunkt: Karussell- und Streckengeschäfte	2.128	120
1. Compliance-Problem Umsatzsteuerbetrug	2.128	120
a) Strohmanngeschäfte	2.129	121

	Rz.	Seite
b) Karussell- und Streckengeschäfte	2.131	121
c) Compliance-Hinweise zur Differenzierung	2.136	124
d) Risikoerkennung: Typische Verdachtsanzeichen	2.140	124
2. Steuerbefreiung für innergemeinschaftliche Lieferungen	2.141	125
3. Praxisprobleme und Compliance-Hinweise	2.151	127
a) Identität des Abnehmers	2.151	127
b) Lieferung an „missing trader"	2.154	127
c) Ermittlungsergebnisse der ausländischen Finanzverwaltung	2.164	128
d) Vertrauensschutz nach § 6a Abs. 4 UStG	2.165	128
4. Vorsteuerabzug bei (vermeintlichen) Karussell- und Streckengeschäften	2.166	129
VI. Risikominimierung und Risikomanagementsysteme	2.169	130
1. Analyse der umsatzsteuerlichen Risikofelder	2.169	130
2. Schulung, Fortbildung, Kommunikation	2.171	131
3. Rechnungskontrolle	2.172	132
4. Kontrolle des Geschäftspartners	2.173	132
5. Softwareeinsatz	2.175	133
6. Evaluierung	2.176	133
C. Lohnsteuer *(Olgemöller)*	2.177	133
I. Gesetzliche Rahmenbedingungen	2.177	133
II. Risiko- und Gefahrenbereiche	2.183	135
1. Erklärungs- und Zahlungsverhalten	2.183	135
2. Gesetzeskonformität	2.184	135
a) Fehleranfälligkeit des Lohnsteuerrechts	2.184	135
b) Schlüsselbegriff Arbeitsverhältnis	2.185	136
c) Schlüsselbegriff Arbeitslohn	2.188	137
3. Spannungsfeld Schwarzarbeit	2.189	138
4. Lohnsteuerhaftung	2.193	139
a) Dualismus Schuld – Haftung	2.193	139
b) Lohnsteuerhaftung des Arbeitgebers	2.194	139
c) Lohnsteuerhaftung Dritter	2.197	140
5. Folgeansprüche	2.198	140
6. Strafrechtliche Risiken	2.199	141
a) Verspätete Steueranmeldung	2.199	141
b) Nicht-/Falscherklärung	2.200	141
c) Nacherklärungspflicht	2.201	142
7. Strafrechtsinduzierte Steuerfolgen	2.202	142
III. Risiko- und Gefahrenminimierung	2.203	143
1. Ebenen der Risikominimierung	2.203	143
2. Grundvoraussetzungen	2.204	143
a) Personelle Ausstattung	2.204	143
b) Strukturen	2.205	144
3. Kontroll- und Früherkennungsmaßnahmen	2.213	145

	Rz.	Seite
4. Zugriffsvorbeugemaßnahmen	2.216	146
IV. Schadensabwehr und -minimierung	2.224	148
V. Schadensausgleich	2.229	150
VI. Evaluierung	2.231	151
D. Sozialabgaben *(Olgemöller)*	2.232	151
I. Einführung	2.232	151
II. Gesetzliche Rahmenbedingungen	2.233	151
III. Risiko- und Gefahrenbereiche	2.239	153
1. Erklärungs- und Zahlungsverhalten	2.239	153
2. Gesetzeskonformität	2.240	153
a) Grundsätzliches	2.240	153
b) Abhängiges Beschäftigungsverhältnis	2.243	154
c) Arbeitsentgelt	2.245	155
3. Schwarzarbeit	2.246	156
4. Strafrechtliche Risiken und strafrechtsinduzierte Beitragsfolgen	2.247	156
5. Zivilrechtliche Folgeansprüche	2.250	157
IV. Risiko- und Gefahrenminimierung	2.251	157
V. Schadensabwehr und -minimierung	2.254	158
1. Beitragsrecht	2.254	158
2. Strafrechtliche Ermittlungsverfahren	2.263	161
VI. Schadensausgleich	2.264	161
VII. Evaluierung	2.265	162
E. Sonstige Steuern *(Kamps)*	2.266	162
I. Einführung	2.266	162
II. Erbschaft- und Schenkungsteuer	2.267	162
1. Gesetzliche Rahmenbedingungen	2.267	162
a) Begriff, Zweck und Rechtsgrundlagen	2.267	162
b) Systematik	2.273	165
aa) Steuerbare Vorgänge	2.273	165
bb) Persönliche Steuerpflicht	2.274	165
cc) Ermittlung des steuerpflichtigen Erwerbs	2.277	167
dd) Steuerberechnung und Steuerschuldner	2.279	167
2. Risiko- und Gefahrenbereiche	2.284	168
a) Übersicht	2.284	168
b) Maßgeblichkeit des Zivilrechts	2.286	169
c) Risiken bei gesellschaftsrechtlichen Gestaltungen	2.289	170
d) Behaltensfristen, Mindestlohnsummen etc.	2.291	171
e) Erklärungspflichten	2.296	173
aa) Anzeigepflicht nach §§ 30 und 33 ErbStG	2.296	173
bb) Steuererklärung nach § 31 ErbStG	2.300	174
f) Festsetzungsverjährung	2.301	174

	Rz.	Seite
g) Verfassungswidrigkeit und Europarecht	2.303	175
3. Risiko- und Gefahrenminimierung	2.306	176
III. Schadensabwehr und -minimierung, Schadensausgleich und Evaluierung	2.310	176
IV. Grunderwerbsteuer	2.312	177
1. Gesetzliche Rahmenbedingungen	2.312	177
a) Begriff, Zweck und Rechtsgrundlagen	2.312	177
b) Systematik	2.314	178
aa) Steuergegenstand	2.314	178
bb) Erwerbsvorgänge	2.316	178
cc) Persönliche Steuerpflicht, Steuerschuldner	2.320	179
dd) Steuerbefreiungen, Bemessungsgrundlage und Steuersatz	2.323	179
2. Risiko- und Gefahrenbereiche	2.328	181
a) Übersicht	2.328	181
b) Risiken bei gesellschaftsrechtlichen Gestaltungen	2.330	181
aa) Relevante Vorgänge	2.330	181
bb) Erklärungspflichten	2.333	182
3. Risiko- und Gefahrenminimierung, Schadensabwehr/-minimierung, Schadensausgleich und Evaluierung	2.336	183

F. Risiken der Umstrukturierung von Unternehmen (*Wollweber*)

	Rz.	Seite
	2.338	183
I. Einführung	2.338	183
II. Typische Fehlerursachen	2.340	184
1. Unzureichende materielle Rechtskenntnis	2.340	184
2. Unzureichende Sachverhaltsaufklärung	2.346	186
3. Fehler in der Vertragspraxis	2.353	188
4. Formfehler	2.359	191
5. Lückenhafte steuerliche Gesamtprüfung	2.362	192
6. Unterbliebene Prüfung der Steuerfolgen für sämtliche Beteiligten	2.367	193
7. Personenbezogene Wechselwirkungen	2.369	193
III. Maßnahmen der Compliance im Innenverhältnis	2.370	194
1. Qualifizierte Mitarbeiter	2.370	194
2. Richtlinienplanung	2.372	194
3. Erstellen von Check-Listen und Ablaufpläne	2.376	195
4. Materiell-rechtliche Prüfung	2.377	196
IV. Maßnahmen der Compliance im Außenverhältnis	2.382	197
V. Risk Management im Verhältnis zum Berater	2.384	198

G. Grenzüberschreitende Beziehungen (*Wulf*)

	Rz.	Seite
	2.385	200
I. Gesetzliche Rahmenbedingungen	2.385	200
II. Risiko- und Gefahrenbereiche	2.389	203

	Rz.	Seite
1. Nichtanerkennung von Aufwendungen und Betriebsausgaben	2.389	203
2. Anerkennung von Auslandsgesellschaften	2.396	205
a) Grundlagen	2.396	205
b) Hinzurechnungstatbestände nach dem AStG	2.399	205
c) Gestaltungsmissbrauch, § 42 AO	2.403	206
d) Steuerpflicht von Auslandsgesellschaften infolge inländischer Geschäftsleitung	2.406	208
3. Beziehungen zu nahestehenden Personen und Verrechnungspreise	2.408	208
4. Betriebsstättenbesteuerung	2.413	211
5. Sonderproblem Funktionsverlagerung	2.418	213
6. Internationale Amts- und Rechtshilfe	2.422	214
III. Risiko- und Gefahrminimierung	2.429	217
1. Identifikation von Zahlungsempfängern	2.429	217
2. Verrechnungspreisdokumentation	2.435	220
3. Dokumentation der Betriebsstättengewinnabgrenzung	2.441	223
4. Anerkennung von Auslandsgesellschaften	2.442	223
5. Zusagen und verbindliche Auskünfte („Advance Pricing Agreements")	2.444	224
6. Besonderheiten für den Fall von Funktionsverlagerungen	2.447	225
IV. Schadensabwehr und -minimierung	2.450	226
1. Schadensabwehr durch Steuerstreit	2.450	226
2. Schadensminderung durch Verständigungsverfahren	2.454	227

Kapitel 3: Tax Compliance und die einzelnen Prüfungen

	Rz.	Seite
A. Betriebsprüfung *(Kamps)*	3.1	229
I. Gesetzliche Rahmenbedingungen	3.1	229
1. Einführung	3.1	229
2. Begriff, Zweck und Rechtsgrundlagen	3.3	229
3. Arten und Organisation der Betriebsprüfung	3.7	230
II. Risiko- und Gefahrenbereiche	3.14	232
1. Zulässigkeit einer Betriebsprüfung	3.14	232
a) Gegenstand der Prüfung	3.14	232
b) Zeitlicher Umfang	3.21	234
2. Prüfungsanordnung	3.27	235
3. Klassische Prüfungsfelder	3.31	237
4. Rechtsfolgen der Betriebsprüfung	3.32	237
a) Verfahrensrechtliche Folgen	3.32	237
b) Mitwirkungs-, Aufzeichnungs- und Duldungspflichten	3.33	238
5. Zwangsmaßnahmen	3.34	238

	Rz.	Seite
III. Risiko- und Gefahrenminimierung	3.37	239
1. Einführung	3.37	239
2. Allgemeine Vorbereitung	3.40	239
3. Mitwirkungs- und Duldungspflichten	3.44	240
a) Allgemeine Mitwirkungs- und Duldungspflichten	3.44	240
b) Duldungspflicht (Betretungs- und Besichtigungsrecht)	3.60	243
c) Digitale Außenprüfung	3.64	244
aa) Grundlage	3.64	244
bb) Arten des Zugriffs	3.69	246
cc) Datenanalyse und Auswertungsmöglichkeiten der Finanzverwaltung	3.79	249
dd) Umfang des Zugriffs im Rahmen der digitalen Außenprüfung – Aufzeichnungs- und Aufbewahrungspflichten	3.101	254
ee) Auswahl des Zugriffs, Kosten, Rechtsschutz, Sanktionen	3.108	256
4. Verlegung des Prüfungsbeginns	3.115	257
IV. Schadensabwehr und -minimierung	3.119	258
1. Anfechtung der Betriebsprüfungsanordnung	3.119	258
a) Einspruch, Klage	3.119	258
b) Aussetzung der Vollziehung	3.129	260
c) Rechtsfolgen der Anfechtung	3.132	261
2. Handlungen des Prüfers	3.138	262
3. Verweigerungsrechte bei Mitwirkungspflichten	3.143	263
4. Dienstaufsichtsbeschwerde, Befangenheitsantrag	3.146	264
5. Schlussbesprechung	3.152	265
6. Prüfungsbericht	3.161	267
7. Tatsächliche Verständigung	3.166	268
8. Selbstanzeige	3.173	271
9. Kontrollmitteilungen	3.191	276
V. Schadensausgleich	3.195	277
VI. Evaluierung	3.199	278
B. Steuerfahndung im Unternehmen – und wie man sich darauf vorbereitet *(Spatscheck/Wulf)*	3.200	278
I. Zweck, Kompetenz und Organisation der „Steuerfahndung"	3.200	278
1. Zweck und gesetzliche Grundlage	3.200	278
a) Die Aufgaben nach § 208 AO	3.200	278
b) Aufgaben nach § 404 AO	3.202	279
2. Ermächtigungsgrundlagen	3.203	279
3. Örtliche Zuständigkeit und Organisation	3.204	280
II. Im Vorfeld des Steuerfahndungseingriffs	3.205	281
1. Steuerstrafrechtlicher Anfangsverdacht	3.205	281

	Rz.	Seite
2. Steuerstrafrechtliche Risiken erkennen – Fallbeispiele	3.207	282
a) Risikosachverhalte	3.207	282
b) Erkenntnisquellen	3.215	284
3. Überlegungen und Reaktionsmöglichkeiten	3.216	285
a) Verjährung	3.216	285
aa) Steuerliche Verjährung	3.216	285
bb) Strafrechtliche Verjährung	3.221	286
b) Risikovorsorge durch Abgabe von Nacherklärungen	3.229	291
III. Strafbefreiende Selbstanzeige nach § 371 AO und die steuerliche Anzeige- und Berichtigungspflicht aus § 153 AO	3.232	292
1. Strafbefreiende Selbstanzeige (§ 371 AO)	3.232	292
a) Grundlagen und jüngste Reformmaßnahmen	3.232	292
b) Inhalt der Nacherklärung	3.238	293
aa) Form und Bezeichnung	3.238	293
bb) Vollständigkeit in sachlicher und zeitlicher Hinsicht	3.240	293
cc) Zahlenangaben und die „Selbstanzeige in Stufen"	3.252	297
dd) Adressat der Nacherklärung	3.256	298
c) Wer kann Selbstanzeige erstatten? – Offene und verdeckte Stellvertretung	3.258	299
d) Die gesetzlichen Ausschlussgründe nach § 371 Abs. 2 AO	3.262	300
aa) Die prüfungsbedingten Sperren (Nr. 1)	3.264	300
bb) Sperre durch Tatentdeckung (Nr. 2)	3.275	303
cc) Die materiellen Sperrgründe (Nr. 3 bis Nr. 4) und das Verfahren nach § 398a AO	3.283	305
e) Nachzahlung von Steuern und Zinsen	3.293	308
f) Sonstige Folgen der Selbstanzeige	3.298	309
2. Pflicht zur Anzeige und Berichtigung nach § 153 AO	3.303	310
a) Grundstrukturen	3.303	310
b) Strafbarkeit wegen Steuerhinterziehung durch Unterlassen bei Verletzung der Anzeigepflicht	3.310	312
c) Detailprobleme, insbesondere aus dem unternehmerischen Bereich	3.315	313
aa) Vorhergehende unrichtige Sachverhaltsangaben	3.315	313
bb) Sicheres Wissen als pflichtauslösender Kenntnisgrad?	3.320	314
cc) Maßstab der „unverzüglichen" Korrektur und Rechtsfolgen von verspäteten Anzeigen	3.323	315
dd) Veranlagungsfinanzamt als Adressat der Korrekturanzeige	3.327	316
ee) Verhältnis von Korrekturanzeige und Selbstanzeige bei mehreren Beteiligten (§ 371 Abs. 4 AO)	3.330	317

	Rz.	Seite
IV. Der Tag X – Wenn die Steuerfahndung kommt	3.333	318
1. Vorbereitung	3.333	318
2. Ansprechpartner	3.334	318
3. Grundregeln	3.335	319
V. Die verschiedenen Eingriffsmöglichkeiten der Steuerfahndung	3.336	320
1. Durchsuchung und Beschlagnahme	3.336	320
2. Untersuchungshaft	3.344	323
3. Dinglicher Arrest im Steuerfahndungsverfahren	3.349	324
a) Verfall	3.349	324
b) Vermögensbeschlagnahme und dinglicher Arrest nach § 111b StPO	3.351	325
aa) Rechtsgrundlagen	3.351	325
bb) Einfacher Tatverdacht	3.353	326
cc) Verdacht für das Vorliegen der Voraussetzungen von Wertersatzverfall	3.354	326
dd) Arrestgrund	3.357	327
ee) Verhältnismäßigkeit	3.358	328
c) Die Sicherstellung in Vertretungsverhältnissen	3.363	330
d) Verfahren und Durchführung des dinglichen Arrests	3.365	331
e) Rechtsbehelfe	3.371	332
VI. Interne Organisation und Handling von Steuerfahndungsmaßnahmen	3.374	333

C. Nützliche Abgaben *(Spatscheck/Wulf)* ... 3.377   335

	Rz.	Seite
I. Gesetzliche Rahmenbedingungen	3.377	335
II. Rechtsentwicklung	3.378	336
1. Steuerlich	3.378	336
2. Strafrechtlich	3.379	336
III. Risiko- und Gefahrenbereiche	3.380	337
1. Steuernachzahlungen aufgrund nicht abzugsfähiger Betriebsausgaben (§ 4 Abs. 5 Nr. 10 EStG)	3.380	337
2. Steuerhinterziehung bei der Verschleierung von nicht abzugsfähigen Betriebsausgaben	3.387	340
3. Strafrechtliche Sanktionen und Nebenfolgen auf Seiten des Zuwendenden	3.389	341
4. Beteiligung an Steuerstraftaten des Zuwendungsempfängers	3.392	342
5. Besonderheiten bei der Bildung „schwarzer Kassen"	3.396	343
6. Besonderheiten bei „Kick-Back"-Sachverhalten	3.400	344
IV. Risiko- und Gefahrminimierung	3.402	345
1. Korruptionsbekämpfung und -vorsorge (allgemein)	3.402	345
2. Sachgerechte Abgrenzung legaler Vertriebsmethoden von strafbarem und korruptivem Verhalten	3.403	346

	Rz.	Seite
3. Zutreffende steuerliche Erfassung und Deklaration strafbefangener Zahlungen	3.413	349
4. Anzeige- und Berichtigungspflicht nach § 153 AO	3.420	351
V. Schadensabwehr und -minimierung	3.423	352
1. Steuerstreit und Strafverteidigung	3.423	352
2. Konfliktlösung über § 160 AO	3.427	353
VI. Schadensausgleich	3.429	354

Kapitel 4: Verantwortliche für Tax Compliance

A. Steuerrechtliche und steuerstrafrechtliche Risiken für Organmitglieder *(Binnewies)*	4.1	355
I. Haftung von Vorständen und Geschäftsführern für Steuern der Gesellschaft	4.1	355
1. Gesetzliche Rahmenbedingungen	4.1	355
a) Steuerschuldner	4.1	355
b) Haftungsschuldner	4.2	355
c) Bestehen der Steuerschuld	4.3	355
d) Voraussetzung der Inhaftungnahme der Vertretungsorgane	4.5	356
e) Ermessen der Finanzverwaltung	4.6	356
f) Rechtsfolge der Inhaftungnahme	4.7	356
2. Risiko- und Gefahrenbereiche (Haftungstatbestand)	4.8	357
a) Einführung	4.8	357
b) Haftungsvoraussetzung des § 69 AO	4.9	357
aa) Haftungsschuld	4.9	357
bb) Haftungsschuldner	4.11	358
cc) Pflichtverletzung	4.13	359
dd) Steuerlicher Schaden	4.19	361
ee) Kausalität zwischen Pflichtverletzung und Schaden	4.20	362
ff) Verschulden	4.23	362
gg) Mitverschulden des Finanzamts	4.25	363
c) Sonderregelungen im Vorfeld des Insolvenzantrags	4.27	364
3. Risiko-/Gefahrenminimierung	4.29	365
a) Geschäftsverteilung	4.29	365
b) Niederlegung des Amts	4.32	366
c) Sicherstellung des Informationsflusses	4.34	366
4. Schadensabwehr und -minimierung	4.36	367
a) Mitwirkung bei Bestimmung des Haftungszeitraums und der Haftungsquote	4.36	367
b) Auswirkungen von Steuerbescheiden gegen die Gesellschaft gem. § 166 AO	4.39	368
c) Ermessen	4.41	368

	Rz.	Seite
d) Hinweise für das Rechtsbehelfsverfahren	4.44	370
5. Schadensausgleich	4.45	370
II. Haftung von Aufsichtsräten und Beiräten für Steuern der Gesellschaft	4.46	370
III. Steuerstrafrechtliche Risiken für Organmitglieder	4.47	371
1. Gesetzliche Rahmenbedingungen	4.47	371
2. Risiko- und Gefahrenbereiche (Straftatbestand, Haftungstatbestand)	4.48	371
a) Steuerverkürzung	4.48	371
b) Unrichtige Angaben über steuerlich erhebliche Tatsachen	4.51	372
c) Unterlassen als Verstoß gegen Erklärungspflichten	4.53	373
d) Zur Feststellung der Steuerverkürzung	4.57	374
aa) Höhe der festgesetzten Steuerschuld	4.57	374
bb) Schätzung	4.58	375
cc) Formalia	4.59	375
e) Steuerverkürzung auf Zeit	4.60	376
f) Vorsatz und Verschulden	4.61	376
g) Strafzumessung und Verjährung	4.62	376
h) Haftung von Organmitgliedern nach § 71 AO	4.63	377
3. Risiko- und Gefahrenminimierung	4.70	378
4. Schadensabwehr/-minimierung	4.72	379
a) Selbstanzeige (§ 371 AO)	4.72	379
aa) Straffreiheit	4.72	379
bb) Abgabeberechtigter Personenkreis	4.73	379
cc) Bevollmächtigung	4.74	379
dd) Verdeckte Selbstanzeige	4.75	380
ee) Überprüfung einer möglichen Sperrwirkung	4.78	381
ff) Form und Inhalt der Selbstanzeige	4.79	382
gg) Empfänger der Selbstanzeige	4.83	383
hh) Zahlung der Steuer und Zinsen	4.85	384
ii) Umfang der Straffreiheit	4.87	385
jj) Außerstrafrechtliche Folgen	4.91	386
b) Berichtigungserklärung nach § 153 AO und Verhältnis zur Selbstanzeige	4.92	386
aa) Problemstellung	4.92	386
bb) Tatbestand des § 153 AO	4.95	387
cc) Erklärungspflicht nach § 153 AO	4.96	387
dd) Strafrechtliche Konsequenzen	4.107	390

B. Mitarbeiter *(Streck)* ... 4.108 390
   I. Motivation ... 4.108 390
   II. Betroffene Personen ... 4.109 390
   III. Die Risiken ... 4.110 391

	Rz.	Seite
IV. Persönliche Risiken der Mitarbeiter	4.114	392
V. Risikominimierung	4.119	393
C. Gesellschafter und Nahestehende *(Schwedhelm)*	4.127	395
I. Risiko- und Gefahrenbereiche	4.127	395
II. Die verdeckte Gewinnausschüttung	4.129	396
1. Begriff	4.129	396
2. Sonderbedingungen für beherrschende Gesellschafter	4.132	399
3. Rechtsfolgen der vGA	4.135	401
4. Risiken	4.136	401
5. Gefahrenminimierung	4.139	402

Kapitel 5: Zoll, nationale Grenzabgaben und Zollfahndung

	Rz.	Seite
A. Standortbestimmung *(Olgemöller)*	5.1	405
I. Charakter des Zolls	5.1	405
II. Internationalität	5.2	406
III. Ausfuhrabgaben	5.3	406
IV. Nationale Grenzabgaben	5.4	407
V. Wirtschaftliche Bedeutung	5.5	407
B. Gesetzliche Rahmenbedingungen (Zoll) *(Olgemöller)*	5.6	408
I. Gemeinschaftsmaterie	5.6	408
II. Sanktionskompetenz	5.7	408
III. Bausteine des Zollkodexes	5.8	409
1. Zollschuldrecht	5.8	409
2. Zolltarifrecht	5.11	410
3. Zollwertrecht	5.15	412
4. Zollverfahren	5.16	412
5. Gemeinsame Bestimmungen	5.17	413
IV. Zollverwaltung	5.18	413
1. Auftragsverwaltung	5.19	413
2. Zollfahndung	5.20	413
3. Finanzkontrolle Schwarzarbeit	5.21	414
C. Risiko- und Gefahrenquellen *(Olgemöller)*	5.22	414
I. Abgabenrecht	5.22	414
1. Unterlassene Optimierung	5.22	414
2. Erwerb und Erhalt von Vorzugsstellungen	5.24	415
3. Unwissenheit	5.27	416
4. Geringschätzung von Förmlichkeiten	5.28	417

	Rz.	Seite
II. Strafrechtliche Risiken	5.29	418
1. Falschtarifierung	5.29	418
2. Unzutreffende Zollwerte	5.30	418
3. Sonderbereiche – Sonderrisiken	5.31	419
4. Zusammenhangs(straf)taten	5.32	419
5. Auslandsstraftaten	5.33	419
6. Vermögensbeschlag	5.34	419
D. Risiko- und Gefahrenminimierung *(Olgemöller)*	5.35	420
I. Legaldefinition	5.35	420
II. Zielvorstellung des Unternehmens	5.36	420
III. Spannbreite Ist-Zustand	5.38	421
IV. Weichenstellung	5.39	421
V. Anforderungen an Zollabteilung	5.40	422
1. Grundsituation des umfunktionierten Abgabenrechts	5.40	422
2. Personal	5.41	422
3. IT-Ausstattung	5.42	422
4. Sonderberechtigungen	5.43	423
VI. Zollabwicklung	5.44	423
1. Lückenlose Begleitung des Warentransfers	5.44	423
2. Aspekte der Dokumentenkontrolle	5.45	423
3. Kontrolle bei der Zoll(vor)anmeldung	5.46	424
4. „Nachbetreuung" von Eingangsabgabenbescheiden	5.47	424
VII. Zollkontrollen	5.48	424
VIII. Strafprozessualer Eingriff	5.49	425
IX. Vorbehaltsentscheidungen	5.50	425
X. Streitführung	5.51	425
E. Schadensabwehr und -minimierung *(Olgemöller)*	5.52	426
I. Abgabenebene	5.52	426
1. Der Zollstreit	5.52	426
2. Streitfelder und Streitebenen	5.53	426
a) Sachverhaltsstreit	5.53	426
b) Aussetzung der Vollziehung	5.54	427
3. Prüfung der Zollschuldnerschaft	5.55	428
4. Streit um Zollschuld	5.56	428
a) Absehen von Nacherhebung	5.56	428
b) Nacherhebungszeitraum	5.57	428
c) Schätzung von Bemessungsgrundlagen	5.58	429
d) Tarifierungsfragen	5.59	429
5. Billigkeitsmaßnahmen	5.60	430
II. Strafrechtsebene	5.61	430
1. Distanz zum Verfahrensgegenstand	5.61	430

	Rz.	Seite
2. Prävention	5.62	430
3. Selbstanzeige	5.63	431
4. Zollstreit als Verteidigungsinstrumentarium	5.64	432
a) Angreifen des objektiven Abgabenanspruchs	5.64	432
b) Sachverhaltsstreit	5.65	432
c) Verständigung über den Zollanspruch	5.66	432
d) Kalkulierte Streitloßstellung	5.67	433
5. Vorsatznachweis	5.68	433
6. Streitfeld Täterschaft und Teilnahme	5.69	433
7. Strafschadensermittlung	5.70	434
F. Schadensausgleich *(Olgemöller)*	5.71	434
I. Mangelnde Abwälzbarkeit von Zollnachforderungen	5.71	434
II. Vertragsgestaltung	5.72	434
III. Regress	5.73	435
IV. Unternehmenskauf und Steuerklausel	5.74	435
V. Amtshaftungsansprüche	5.75	435
VI. Versicherung	5.76	436
G. Evaluierung *(Olgemöller)*	5.77	436
I. Zollprüfung	5.77	436
II. Führungswechsel	5.78	436
III. Zertifizierung	5.79	436

Kapitel 6: Sonderbereiche für Tax Compliance

	Rz.	Seite
A. Vereine, Verbände, Stiftungen und übrige Non-Profit-Organisationen *(Alvermann)*	6.1	437
I. Betroffene Rechtsträger und Strukturen	6.1	437
1. Vereine	6.1	437
2. Verbände	6.3	437
3. Stiftungen	6.6	438
a) Stiftungsformen	6.6	438
b) Rechtsfähige Stiftungen	6.7	439
c) Nicht rechtsfähige Stiftungen	6.8	439
4. Gemeinnützige Kapitalgesellschaften	6.11	440
5. Zusammenschlüsse/Kooperationen	6.12	440
II. Steuergesetzliche Anforderungen	6.13	440
1. Besteuerung von Non-Profit-Organisationen	6.13	440
2. Ertragsteuern	6.14	441
a) Körperschaftsteuer	6.14	441
b) Gewerbesteuer	6.16	441
c) Einkommensteuer	6.17	441

	Rz.	Seite
d) Spendenrecht	6.20	442
e) Kapitalertragsteuer	6.23	443
3. Lohnsteuer/Sozialabgaben	6.24	443
4. Umsatzsteuer	6.26	443
5. Erbschaft- und Schenkungsteuer	6.36	445
6. Grunderwerbsteuer	6.39	446
7. Gemeinnützigkeitsrecht	6.44	446
a) Grundlagen	6.44	446
b) Gemeinnützige Tätigkeiten, Satzung	6.45	446
c) Verfahren	6.49	447
aa) Gründungsphase	6.49	447
bb) Nach der Gründung	6.50	448
cc) Erhaltung der Gemeinnützigkeit und laufende Veranlagung	6.52	448
dd) Versagung der Gemeinnützigkeit	6.53	448
d) Einnahmesphären	6.54	449
e) Geschäftsführung, Vermögensbindung und Mittelverwendung	6.56	450
III. Risikobereiche	6.62	451
1. Steuersubjekte	6.62	451
a) Abgrenzung des nicht rechtsfähigen Vereins	6.62	451
b) Untergliederungen	6.64	451
c) Kooperationen, Gemeinschaften, Joint Ventures	6.65	452
d) Stiftung in der Gründungsphase	6.67	452
2. Mitgliedsbeiträge	6.68	453
a) Ertragsteuerliche Behandlung	6.68	453
b) Umsatzsteuer	6.73	455
3. Lohnsteuer und Sozialabgaben	6.81	457
a) Arbeitnehmer	6.81	457
b) Aufwendungsersatz	6.82	458
c) Sonn-, Feiertags- und Nachtzuschläge	6.83	458
d) Lohnzahlungen an und von Dritten	6.84	459
e) Handgelder/Abstandszahlungen	6.86	459
f) Geldwerte Vorteile	6.87	459
4. Schenkungsteuer	6.88	459
5. Risiken für die Gemeinnützigkeit	6.90	460
a) Umfangreiche wirtschaftliche Geschäftsbetriebe	6.90	460
b) Höhe der Mitgliedsbeiträge	6.93	461
c) Abgrenzung: Vermögensverwaltung – wirtschaftlicher Geschäftsbetrieb	6.96	462
aa) Kriterien	6.96	462
bb) Einzelfragen und typische Risikobereiche	6.97	463
d) Enger Zweckbetriebsbegriff	6.106	466
e) Sponsoring	6.110	468
aa) Steuerliche Ausgangs- und Interessenlage	6.110	468

	Rz.	Seite
bb) Der typische Praxisfall	6.114	469
cc) Steuerliche Behandlung beim Sponsor	6.115	469
dd) Steuerliche Behandlung beim Empfänger	6.120	470
f) Mittelverwendung	6.122	471
aa) Zahlungen/Vergütungen an Organe und Mitarbeiter	6.122	471
bb) Vorteile für Mitglieder	6.124	471
cc) Verwaltungskosten	6.125	472
dd) Darlehensvergabe	6.131	474
ee) Personal- und Raumüberlassung	6.136	475
ff) Verluste	6.140	476
gg) Zeitnahe Mittelverwendung	6.149	478
g) Versagung der Gemeinnützigkeit	6.150	479
aa) Gefahren für die Gemeinnützigkeit	6.150	479
bb) Folgen von Gemeinnützigkeitsverstößen	6.153	480
6. Spenden	6.157	482
a) Unrichtiger Spendenausweis	6.157	482
b) Spendenhaftung	6.164	484
7. Steuerrisiken der Berufsverbände	6.170	485
8. Umsatzsteuer	6.174	486
9. Zusammenfassend: Drohende Schäden bei unzureichender Tax Compliance	6.175	486
IV. Systematische Maßnahmen zur Risikominderung	6.176	486
1. Rechtsformwahl	6.176	486
2. Satzungskontrolle	6.177	488
3. Risikoabwägung zur Gemeinnützigkeit	6.178	488
4. Absicherung der Gemeinnützigkeit	6.179	489
a) Kommunikation der Einnahmensphären	6.179	489
b) Kontrolle der Zuwendungsbestätigungen	6.180	489
c) Ausgabekontrolle	6.181	490
d) Umsatzsteuerkontrolle	6.182	490
e) Behördliche Abstimmungen	6.183	490
5. Auswahl der steuerlichen und rechtlichen Berater	6.184	491
6. Organisationskultur und Fortbildung	6.185	491
V. Schadensabwehr und -minimierung	6.186	491
1. Begrenzung des Gemeinnützigkeitsverlust	6.186	491
2. Steuerliche Rechtsbehelfe	6.187	492
3. Billigkeitsanträge	6.188	492
4. Begrenzung auf Untergliederungen	6.189	492
5. Ermessensspielraum der Finanzbehörde	6.190	492
VI. Schadensausgleich	6.191	493
1. Schadensausgleich durch die Organisation selbst	6.191	493
2. Rückgriff auf Dritte	6.192	493
a) Zivilrechtlicher Rückgriff	6.192	493
b) Steuerlicher Rückgriff	6.193	493

	Rz.	Seite
c) Versicherungen	6.194	494
VII. Evaluierung	6.195	494
B. Öffentliche Hand *(Alvermann)*	6.196	494
I. Betroffene Rechtsträger	6.196	494
1. Juristische Personen des öffentlichen Rechts	6.196	494
2. Organisationen des Privatrechts	6.197	495
II. Steuergesetzliche Anforderungen	6.198	495
1. Besteuerung der öffentlichen Hand	6.198	495
2. Körperschaftsteuer	6.199	495
3. Gewerbesteuer	6.204	496
4. Einkommensteuer und Kapitalertragsteuer	6.206	497
5. Spendenrecht	6.210	497
6. Lohnsteuer, Sozialabgaben	6.211	498
7. Umsatzsteuer	6.213	498
a) Bis VZ 2016: § 2 Abs. 3 UStG a.F.	6.213	498
b) Ab 2017: (optionale) Besteuerung nach § 2b UStG	6.217	499
aa) Gesetzeswortlaut	6.217	499
bb) Option zur Anwendung des alten Rechts bis 2020	6.218	500
cc) Wettbewerbskriterium	6.219	501
8. Weitere Steuern	6.222	502
9. Gemeinnützigkeitsrecht	6.223	502
III. Risikobereiche	6.225	502
1. Steuersubjekte	6.225	502
a) Unerkannte Steuersubjekte	6.225	502
b) Steuersubjekt Betrieb gewerblicher Art	6.226	503
2. Abgrenzung BgA – Hoheitsbetrieb	6.229	504
3. Abgrenzung BgA – Vermögensverwaltung	6.233	505
4. Zusammenfassung mehrerer Betriebe – Querverbund	6.234	506
5. Verdeckte Gewinnausschüttungen	6.238	507
6. Vermögensübertragungen	6.239	508
7. Verluste, dauerdefizitäre Betriebe	6.241	509
8. Kapitalertragsteuer	6.243	509
9. Umsatzsteuer	6.244	510
a) Probleme und Ursachen	6.244	510
b) Compliance-Schwerpunkte	6.245	510
aa) Unternehmereigenschaft der öffentlichen Hand nach § 2 Abs. 3 UStG a.F./§ 2b UStG n.F.	6.245	510
bb) Leistungsaustausch innerhalb der öffentlichen Hand	6.250	513
cc) Zuschüsse	6.251	514
dd) Vorsteuerabzug	6.252	514
ee) Sponsoring	6.254	514

	Rz.	Seite
ff) Organschaft	6.257	515
gg) Steuersatz	6.258	515
IV. Maßnahmen zur Risikovermeidung	6.259	515
1. Wettbewerbskontrolle	6.259	515
2. Vertragsgestaltung	6.260	516
3. Schulung und Fortbildung	6.261	516
4. Kommunikation mit der Finanzverwaltung	6.262	516
5. Umsatzsteuerliches Risikomanagement	6.263	517
C. Hospitality *(Alvermann)*	6.264	517
I. Steuerliche Problemkreise	6.264	517
II. Betriebsausgabenabzug beim Gastgeber	6.265	518
III. Vermeidung von Besteuerungsnachteilen beim Empfänger	6.266	521
IV. Umsatzsteuerliche Behandlung	6.267	522
V. Sonderfall Incentive-Reisen	6.268	522
VI. Compliance-Hinweis	6.269	522
D. Sanierung und Insolvenz *(Olbing)*	6.270	523
I. Gesetzliche Rahmenbedingungen	6.270	523
II. Risiko- und Gefahrenbereiche	6.272	524
1. Aufgabenverteilung	6.272	524
a) Gesellschafter	6.272	524
b) Geschäftsleitung	6.273	524
c) Sanierungsberater	6.277	525
d) Vorläufiger Verwalter	6.279	526
aa) Allgemein	6.279	526
bb) Starker vorläufiger Verwalter	6.280	527
cc) Schwacher vorläufiger Verwalter	6.282	527
e) Verwalter	6.285	528
f) Haftungsnormen	6.286	529
2. Liquiditätsprobleme	6.288	529
3. Notwendige Maßnahmen	6.292	531
III. Risiko- und Gefahrenminimierung	6.296	532
1. Geschäftsleiter	6.296	532
2. Sanierungsberater	6.304	533
3. Verwalter	6.305	534
IV. Schadensabwehr und -minimierung	6.308	535
V. Schadensausgleich	6.311	535
VI. Evaluierung	6.314	536
1. Notleidende Unternehmen	6.314	536
2. Gesellschafter und Geschäftsleitung	6.316	536
3. Sanierungsberater und Verwalter	6.317	536

	Seite
Anhang 1 Tax Compliance-Richtlinie *(Streck)*	539
Anhang 2 Struktur eines Mandatsangebots *(Streck)*	545
Anhang 3 Betriebsprüfungsordnung und ausgewählte Gesetzesnormen	549
I. Allgemeine Verwaltungsvorschrift für die Betriebsprüfung – Betriebsprüfungsordnung – (BpO 2000)	549
II. Ausgewählte Gesetzesnormen	563
1. Aktiengesetz	563
2. Betriebsverfassungsgesetz	563
3. Genossenschaftsgesetz	563
4. Gesetz gegen Wettbewerbsbeschränkungen	563
5. Insolvenzordnung	564
6. Ordnungswidrigkeitengesetz	568
7. SchVG, Gesetz über Schuldverschreibung aus Gesamtemissionen	569
8. SchwArbG, Gesetz zur Bekämpfung der Schwarzarbeit und illegalen Beschäftigung	570
9. Sozialgesetzbuch III Arbeitsförderung	571
10. Sozialgesetzbuch IV Gemeinsame Vorschrift für die Sozialversicherung	571
11. SGB V Gesetzliche Krankenversicherung	578
12. SGB VI Gesetzliche Rentenversicherung	579
13. SGB VII Gesetzliche Unfallversicherung	580
14. SGB XI Soziale Pflegeversicherung	582
15. SGG Sozialgerichtsgesetz	583
16. StGB Strafgesetzbuch	585
17. StPO Strafprozessordnung	594
18. ZPO Zivilprozessordnung	596
Stichwortverzeichnis	597

Abkürzungsverzeichnis

a.A.	andere(r) Ansicht
ABl.	Amtsblatt
Abs.	Absatz
Abschn.	Abschnitt
AdV	Aussetzung der Vollziehung
a.E.	am Ende
AEAO	Anwendungserlass zur Abgabenordnung
a.F.	alter Fassung
AG	Aktiengesellschaft; auch Die Aktiengesellschaft (Zeitschrift); auch Amtsgericht
AktG	Gesetz über die Aktiengesellschaft
AN	Arbeitnehmer
AnwBl.	Anwaltsblatt
AO	Abgabenordnung
AO-StB	Der AO-Steuerberater
Art.	Artikel
AStG	Außensteuergesetz
ATLAS	Automatisierter Tarif- und Lokales Zoll-Abwicklungs-System
Aufl.	Auflage
AW-Prax	Außenwirtschaftliche Praxis – Zeitschrift für die Außenwirtschaft in Recht und Praxis
Az.	Aktenzeichen
BAA	Bundesagentur für Arbeit
BB	Betriebs-Berater (Zeitschrift)
Bd.	Band
Bdb.	Brandenburg
BewG	Bewertungsgesetz
BfF	Bundesamt für Finanzen
BFH	Bundesfinanzhof
BFH/NV	Sammlung der Entscheidungen des BFH (Zeitschrift)
BFH-PR	Kommentierungssammlung zu den Entscheidungen des BFH (Zeitschrift)
BgA	Betrieb gewerblicher Art
BGB	Bürgerliches Gesetzbuch
BGBl.	Bundesgesetzblatt
BGH	Bundesgerichtshof
BGHR	BGH-Rechtsprechungssammlung
BGHR-AO	BGH-Rechtsprechung zur AO
BGHSt	Entscheidungssammlung des BGH in Strafsachen
BGHZ	Entscheidungssammlung des BGH in Zivilsachen
BMF	Bundesministerium der Finanzen
BpO	Betriebsprüfungsordnung
BSG	Bundessozialgericht

BStBl.	Bundessteuerblatt Teil I, II oder III
Buchst.	Buchstabe
BuStra	Straf- und Bußgeldsachenstelle
BVerfG	Bundesverfassungsgericht
BVerfGE	Entscheidungen des Bundesverfassungsgerichts
BVerfGG	Bundesverfassungsgerichtsgesetz
BVerwG	Bundesverwaltungsgericht
BW	Baden-Württemberg
BZSt	Bundeszentralamt für Steuern
CCZ	Corporate Compliance Zeitschrift
CMR	Übereinkommen über den Beförderungsvertrag im internationalen Straßengüterverkehr
DB	Der Betrieb
DBA	Doppelbesteuerungsabkommen
d.h.	das heißt
DOK	Dokumenten-Nr. des BMF
DSB	Dispute Settlement Body
DStJG	Veröffentlichungen der Deutschen Steuerjuristischen Gesellschaft e.V.
DStR	Deutsches Steuerrecht (Zeitschrift)
DStRE	Deutsches Steuerrecht Entscheidungsdienst (Zeitschrift)
DStZ	Deutsche Steuer-Zeitung
EFG	Entscheidungen der Finanzgerichte (Zeitschrift)
EnergieStG	Energiesteuergesetz
ErbR	ErbR – Zeitschrift für die gesamte erbrechtliche Praxis, Luchterhand Verlag
ErbStB	Der Erbschaftsteuer-Berater (Zeitschrift)
ErbStG	Erbschaft- und Schenkungsteuergesetz
ErbStR	Erbschaftsteuer-Richtlinien
EStDV	Einkommensteuer-Durchführungsverordnung
EStG	Einkommensteuergesetz
EStR	Einkommensteuer-Richtlinien
etc.	et cetera
EU	Europäische Union
EUBestG	EU-Bestechungsgesetz
EuGH	Europäischer Gerichtshof
EUSt	Einfuhrumsatzsteuer
f.	folgende
ff.	fortfolgende
FAZ	Frankfurter Allgemeine Zeitung
FG	Finanzgericht
FGO	Finanzgerichtsordnung
FKS	Finanzkontrolle Schwarzarbeit
Fn.	Fußnote

FR		Finanz-Rundschau (Zeitschrift)
FTD		Financial Times Deutschland
FVerlVO		Funktionsverlagerungsverordnung
FVG		Gesetz über die Finanzverwaltung
GATT		General Agreement on Tariffs and Trade
GAufzV		Gewinnabgrenzungsaufzeichnungs-Verordnung
GbR		Gesellschaft bürgerlichen Rechts
GDPdU		Grundsätze zum Datenzugriff und zur Prüfbarkeit digitaler Unterlagen
GenG		Genossenschaftsgesetz
GewStDV		Gewerbesteuer-Durchführungsverordnung
GewStG		Gewerbesteuergesetz
ggf.		gegebenenfalls
GI		Gerling Informationen (Zeitschrift)
GmbH		Gesellschaft mit beschränkter Haftung
GmbHR		GmbH-Rundschau (Zeitschrift)
GmbH-StB		Der GmbH-Steuerberater (Zeitschrift)
GoBS		Grundsätze ordnungsgemäßer DV-gestützter Buchführungssysteme
GrEStG		Grunderwerbsteuergesetz
GrStG		Grundsteuergesetz
GZT		Gemeinschaftszolltarif
H		Hinweis des BMF (zu einer Richtlinienbestimmung)
Hess.		Hessen
HFR		Höchstrichterliche Finanzrechtsprechung (Zeitschrift)
HGB		Handelsgesetzbuch
h.M.		herrschende Meinung
i.d.R.		in der Regel
i.E.		im Ergebnis
i.Gr.		in Gründung
i.H.v.		in Höhe von
INF		Die Information für Steuerberater und Wirtschaftsprüfer (Zeitschrift)
InsO		Insolvenzordnung
IntBestG		Gesetz zur Bekämpfung internationaler Bestechung
i.R.d.		im Rahmen des
IStR		Internationales Steuerrecht (Zeitschrift)
i.V.m.		in Verbindung mit
IZA		Informationszentrale für steuerliche Auslandsbeziehungen
JStG		Jahressteuergesetz
KG		Kommanditgesellschaft
KÖSDI		Kölner Steuerdialog (Zeitschrift)
KorrBekG		Korruptionsbekämpfungsgesetz

Kriminalistik	Kriminalistik. Unabhängige Zeitschrift für die kriminalistische Wissenschaft und Praxis
KStG	Körperschaftsteuergesetz
KStR	Körperschaftsteuer-Richtlinien
KV	Kostenverzeichnis, Anhang zum Gerichtskostengesetz Gerichtskosten
LG	Landgericht
LSG	Landessozialgericht
Mio.	Million(nen)
Mrd.	Milliarde(n)
MünchKomm	Münchner Kommentar
MV	Mecklenburg-Vorpommern
MwStSystRL	Mehrwertsteuersystemrichtlinie
NCTS	New Computerised Transit System
Nds.	Niedersachsen
NJW	Neue Juristische Wochenschrift (Zeitschrift)
NPO	Non-Profit-Organisation
NStZ	Neue Zeitschrift für die Strafrechtswissenschaften
NStZ-RR	Neue Zeitschrift für die Strafrechtswissenschaften-Rechtsprechungsreport
n.v.	nicht veröffentlicht
NW	Nordrhein-Westfalen
NWB	Neue Wirtschaftsbriefe für Steuer- und Wirtschaftsrecht (Zeitschrift)
NZG	Neue Zeitschrift für Gesellschaftsrecht
NZS	Neue Zeitschrift für Sozialrecht
OEDC-MA	OECD-Musterabkommen
OFD	Oberfinanzdirektion
OHG	offene Handelsgesellschaft
OLG	Oberlandesgericht
p.a.	per anno
PStR	Praxis Steuerstrafrecht (Zeitschrift)
R	Richtlinienabschnitt
RDG	Rechtsdienstleistungsgesetz
Rev.	Revision eingelegt unter dem Aktenzeichen
Rh.-Pf.	Rheinland-Pfalz
RiBFH	Richter am Bundesfinanzhof
RIW	Recht der Internationalen Wirtschaft (Zeitschrift)
rkr.	rechtskräftig
RL	Richtlinie
Rs.	Rechtssache
Rz.	Randzahl

Sa.-Anh.	Sachsen-Anhalt
Saarl.	Saarland
Sachs.	Sachsen
Schl.-Holst.	Schleswig-Holstein
SchVG	Schuldverschreibungsgesetz
SchwArbG	Gesetz zur Bekämpfung der Schwarzarbeit und illegalen Beschäftigung
SEC	Securities and Exchange Commission
SGb	Die Sozialgerichtsbarkeit – Zeitschrift für das aktuelle Sozialrecht
SGB	Sozialgesetzbuch
SGG	Sozialgerichtsgesetz
s.o.	siehe oben
SpuRt	Zeitschrift für Sport und Recht
StBerG	Steuerberatungsgesetz
Stbg.	Die Steuerberatung (Zeitschrift)
StBG	Steuerberatungsgesetz
StbJb.	Steuerberater-Jahrbuch
StbKongrRep.	Steuerberaterkongreß-Report
Stbp.	Die steuerliche Betriebsprüfung (Zeitschrift)
StGB	Strafgesetzbuch
StHBekV	Steuerhinterziehungsbekämpfungsverordnung
StPO	Strafprozessordnung
str.	streitig
StraFO	Strafverteidiger Forum (Zeitschrift)
StuW	Steuer und Wirtschaft (Zeitschrift)
StV	Der Strafverteidiger (Zeitschrift)
SvEV	Sozialversicherungsentgeltverordnung
TabStG	Tabaksteuergesetz
TARIC	Tarif Integre Communautaire
TIEA	Tax Information Exchange Agreements
u.a.	und andere; unter anderem
u.E.	unseres Erachtens
UmwStG	Umwandlungssteuergesetz
UR	Umsatzsteuer-Rundschau (Zeitschrift)
USt	Umsatzsteuer
UStDV	Umsatzsteuer-Durchführungsverordnung
UStG	Umsatzsteuergesetz
UStR	Umsatzsteuer-Richtlinien
u.U.	unter Umständen
UVR	Umsatzsteuer- und Verkehrsteuer-Recht
UV-Recht aktuell	Unfallversicherungsrecht aktuell (Zeitschrift)
VerwG	Verwaltungsgericht
Vfg.	Verfügung
vgl.	vergleiche

VwGO	Verwaltungsgerichtsordnung
vUA	verbindliche Ursprungsauskunft
VZ	Veranlagungszeitraum
vZTA	verbindliche Zolltarifauskunft
WCO	World Customs Organisation
wistra	Zeitschrift für Wirtschafts- und Steuerstrafrecht
Wp.	Wirtschaftsprüfung
WTO	World Trade Organisation
z.B.	zum Beispiel
ZEV	Zeitschrift für Erbrecht und Vermögensnachfolge
ZFÄ	Zollfahndungsämter
ZfZ	Zeitschrift für Zölle
ZGR	Zeitschrift für Gesellschaftsrecht
ZinsO	Zeitschrift für das gesamte Insolvenzrecht
ZIP	Zeitschrift für Insolvenzpraxis
ZK	Zollkodex
ZKA	Zollkriminalamt
ZRV	Zeitreihenvergleich
ZPO	Zivilprozessordnung

Literaturverzeichnis

Arndt, Hans-Wolfgang, Grundzüge des Allgemeinen Steuer- und Abgabenrechts, 2. Aufl., München 2005

Bayer, Herrmann Wilfried, Steuerlehre. Steuerverfassung, Steuergesetz, Steuergericht, Berlin 1998

Beermann, Albert/*Gosch*, Dietmar, Abgabenordnung – Finanzgerichtsordnung, Kommentar, Bonn, Loseblatt

Bender, Peter/*Möller*, Thomas/*Retemeyer*, Alexander, Steuerstrafrecht mit Schwerpunkt Zoll- und Verbrauchsteuerstrafrecht, Regensburg, Loseblatt

Berndt, Joachim, Sozialversicherungsrecht in der Praxis, Recht – Steuern – Beratung, Wiesbaden 2009

Binnewies, Burkhard/*Spatscheck*, Rainer, FS für Michael Streck zum 70. Geburtstag, Köln 2011

Birk, Dieter/*Desens*, Marc/*Tappe*, Henning, Steuerrecht, 18. Aufl., Heidelberg 2015

Birk, Dieter/*Ehlers*, Dirk, Rechtsfragen des europäischen Steuer-Außenwirtschafts- und Zollrechts, Köln 1995

Bittmann, Volker, Insolvenzstrafrecht, Handbuch für die Praxis, Berlin 2004

Blümich, EStG, KStG, GewStG, Kommentar, hrsg. von Bernd Heuermann, München, Loseblatt

Bongartz, Matthias/*Schröer-Schallenberg*, Sabine, Verbrauchsteuerrecht, 2. Aufl., München 2011

Boruttau, Ernst Paul, Grunderwerbsteuergesetz, Kommentar, 17. Aufl., München 2011

Brockhaus, Enzyklopädie, 21. Aufl., Gütersloh/München 2005

Buchna, Johannes/*Brox*, Wilhelm/*Leichinger*, Carina/*Seeger*, Andreas, Gemeinnützigkeit im Steuerrecht – Die steuerlichen Begünstigungen für Vereine, Stiftungen und andere Körperschaften, 11. Aufl., Achim 2015

Bungartz, Oliver, Handbuch Interne Kontrollsysteme (IKS), Steuerung und Überwachung von Unternehmen, 4. Aufl., Berlin 2014

Bunjes/*Geist*, UStG, Kommentar, 14. Aufl., München 2015

Freiherr von Campenhausen, Axel/*Richter*, Andreas, Stiftungsrechtshandbuch, 4. Aufl., München 2014

Carlé, Dieter/*Stahl*, Rudolf/*Strahl*, Martin, Gestaltung und Abwehr im Steuerrecht, FS für Klaus Korn zum 65. Geburtstag am 28.1.2005, Bonn 2005

Corporate Responsibility 2008: Unternehmung und Verantwortung (hrsg. AmCham Germany), Frankfurt/M. 2008

Dauses, Manfred A., Handbuch des EU-Wirtschaftsrechts, München Loseblatt

Dietl, Clara-Erika/*Lorenz*, Egon, Wörterbuch für Recht, Wirtschaft und Politik, 6. Aufl., München 2000

Dorsch, Eberhard, Zollrecht, Kommentar, hrsg. von Reinhart Rüsken, 3. Aufl., Bonn, Loseblatt

Dötsch, Ewald/*Patt*, Joachim/*Pung*, Alexandra/*Möhlenbrock*, Rolf, Umwandlungssteuerrecht, 7. Aufl., München 20012
Duden, Das Fremdwörterbuch, 11. Aufl., Mannheim 2015

Fehn, Bernd Josef, Schwarzarbeitsbekämpfungsgesetz, Baden-Baden 2005
Fehn, Bernd Josef/*Wamers*, Paul, Zollfahndungsdienst, Köln 2006
Fischer, Gero/*Fischer*, Detlev/*Vill*, Gerhard/*Rinkler*, Axel/Chab, Bertin, Handbuch Anwaltshaftung, 4. Aufl., Münster 2015
Fischer, Michael/*Jüptner*, Roland/*Pahlke*, Armin/*Wachter*, Thomas, ErbStG, Kommentar, 5. Aufl., Freiburg 2014
Fischer, Thomas, StGB und Nebengesetze, Kommentar, 63. Aufl., München 2016
Flick, Hans/*Wassermeyer*, Franz/*Baumhoff*, Hubertus/*Schönfeld*, Jens, Außensteuerrecht, Kommentar, Köln Loseblatt
Fraedrich, Dieter, Zoll-Leitfaden für die Betriebspraxis, 15. Aufl. 2016
Franzen, Klaus/*Gast*, Brigitte/*Samson*, Erich, Steuerstrafrecht, 3. Aufl., München 1985
Frotscher, Gerrit, Besteuerung bei Insolvenz, 8. Aufl., Frankfurt 2014
Frotscher, Gerrit, Internationales Steuerrecht, 4. Aufl., München 2015
Frotscher, Gerrit/*Geurts*, Matthias, Kommentar zum Einkommensteuergesetz, Freiburg, Loseblatt
Frotscher, Gerrit/*Maas*, Ernst, Kommentar zum Körperschaft-, Gewerbe- und Umwandlungssteuergesetz, Freiburg, Loseblatt
FS Heussen, s. *Schneider*, Jochen
FS Korn, s. *Carlé*, Dieter
FS Schaumburg s. *Tipke/Spindler/Rödder*
FS Streck, s. *Binnewies/Spatscheck*
FS Volk s. *Hassemer*

Gellert, Lothar, Zollkodex und Abgabenordnung, Aachen 2003
Glanegger, Peter/*Güroff*, Georg, Gewerbesteuergesetz, Kommentar, 8. Aufl., München 2014
Gosch, Dietmar, Körperschaftsteuergesetz, Kommentar, 3. Aufl., München 2015
Götzenberger, Anton-Rudolf, Der gläserne Steuerbürger, 3. Aufl., Herne 2013
Grabitz, Eberhard/*v. Bogdandy*, Armin/*Nettesheim*, Martin, Europäisches Außenwirtschaftsrecht, München 1994
Grotherr, Siegfried (Hrsg.), Handbuch der internationalen Steuerplanung, 4. Aufl., Herne 2015
Grützner, Thomas/*Jakob*, Alexander, Compliance von A-Z, 2. Aufl., München 2015

Halaczinsky, Raymond/*Wochner*, Georg, Schenken, Erben, Steuern, Ratgeber, 11. Aufl., Bonn 2015
Hartmann, Alfred/*Metzenmacher*, UStG, Kommentar, Berlin Loseblatt
Hassemer, Winfried (Hrsg.), In dubio pro libertate, FS für Klaus Volk zum 65. Geburtstag, Müchen 2009
Hauschka, Christoph E., Formularbuch Compliance, München, 2013

Hauschka, Christoph E./*Moosmayer*, Klaus/*Lösler*, Thomas, Corporate Compliance – Handbuch der Haftungsvermeidung im Unternehmen, 3. Aufl., München 2016
Henke, Reginhard/*Witte*, Peter, Das Zollager, München 1996
Henrici, Horst, Der rechtliche Schutz für Scheinselbständige – Eine Untersuchung unter besonderer Berücksichtigung des Verlagsbereiches, 2. Aufl., Tanusstein 2010
Herrmann, Carl/*Heuer*, Gerhard/*Raupach*, Arndt, Einkommensteuer- und Körperschaftsteuergesetz, Kommentar, Köln, Loseblatt
Herzig, Norbert (Hrsg.), Organschaft, Stuttgart 2003
Hofmann, Ruth/*Hofmann*, Gerda, Grunderwerbsteuergesetz, Kommentar, 10. Aufl., Herne 2014
Hübschmann/Hepp/Spitaler, AO – FGO, Kommentar, Köln, Loseblatt
Hüffer, Uwe/*Koch*, Jens, AktG, Kommentar, 12. Aufl., München 2016
Hüttemann, Rainer, Wirtschaftliche Betätigung und steuerliche Gemeinnützigkeit, Diss. Bonn 1990, Köln 1991
Hüttemann, Rainer, Die Besteuerung der öffentlichen Hand, Köln 2002
Hüttemann, Rainer, Gemeinnützigkeits- und Spendenrecht, 3. Aufl., Köln 2015

Ignor, Alexander/*Rixen*, Stephan, Handbuch Arbeitsstrafrecht, 2. Aufl., Heidelberg 2008
Inderst, Cornelia/*Banneberg*, Britta/*Poppe*, Sina, Aufbau – Management – Risikobereiche, 2. Aufl., Heidelberg 2013

Joecks, Wolfgang/*Jäger*, Markus/*Randt*, Karsten, Steuerstrafrecht, 8. Aufl., München 2011

Kapp, Reinhard/*Ebeling*, Jürgen, Erbschaftsteuer- und Schenkungsteuergesetz, Kommentar, Köln, Loseblatt
Karlsruher Kommentar zur Strafprozessordnung, 7. Aufl., München 2013
Kartmann, Norbert/*Ronellenfitsch*, Michael, Compliance – Eine besondere Form der Rechtstreue, Baden-Baden 2013
Kasseler Kommentar Sozialversicherungsrecht, hrsg. von Stephan Leitherer, München, Loseblatt
Kaufmann, Donatus Bernhard, Ursprungsregeln, Baden-Baden 1996
Klein, Franz, Abgabenordnung, Kommentar, 13. Aufl., München 2016
Koenig, Ulrich, Abgabenordnung, Kommentar, 3. Aufl., München 2014
Köhler, Richard/*Küpper*, Hans-Ulrich/*Pfingsten*, Andreas (Hrsg.), Handbuch der Betriebswirtschaft (HWB), 6. Aufl., Stuttgart 2007
Kohlmann, Günter, Steuerstrafrecht – Ordnungswidrigkeitenrecht und Verfahrensrecht, Kommentar, Köln, Loseblatt
KölnKomm/AktG, hrsg. von Wolfgang Zöllner/Ulrich Noack, 3. Aufl. 2009-2016
Kraft, Gerhard, Außensteuergesetz, Kommentar, München 2009
Krimphove, Dieter/*Kruse*, Oliver, MaComp, Mindestanforderungen an die Compliance-Funktion und die weiteren Verhaltens-, Organisations- und

Transparenzpflichten nach §§ 31 ff. WpHG für Wertpapierdienstleistungsunternehmen, Kommentar, München 2013

Kuhlen, Lothar/*Kudlich*, Hans/*Ortiz de Urbina*, Inigio, Compliance und Strafrecht, Heidelberg 2013

Kuthe, Thorsten/*Rückert*, Susanne/*Sickinger*, Mirko, Compliance-Handbuch Kapitalmarktrecht, Publizitäts- und Verhaltenspflichten für Aktiengesellschaften, 2. Aufl., Frankfurt a.M. 2008

Lanzinner, Dennis, Scheinselbständigkeit als Straftat, Berlin, 2014

Leipziger Kommentar, Strafgesetzbuch. Großkommentar, hrsg. von Laufhütte, Heinrich Wilhelm/Rissing-van Saan, Ruth/Tiedemann Klaus, 12. Aufl., Berlin 2010-2015

Lenski, Edgar/*Steinberg*, Wilhelm, Kommentar zum Gewerbesteuergesetz, Köln, Loseblatt

Leonhardt, Peter/*Smid*, Stefan/*Zeuner*, Mark, Insolvenzordnung (InsO), Kommentar, 3. Aufl., Stuttgart 2010

Lux, Michael, Das Zollrecht der EG, 3. Aufl., Köln 2009

Maschmann, Frank, Corporate Compliance und Arbeitsrecht, Baden-Baden 2009

Meincke, Jens-Peter, ErbStG, Kommentar, 16. Aufl., München 2012

Mengel, Anja, Compliance und Arbeitsrecht, Implementierung, Durchsetzung, Organisation, München 2009

Meyer-Goßner, Lutz/*Schmitt*, Bertram, Strafprozessordung, Kommentar, 59. Aufl., München 2016

Middendorf, Max, Amtshaftung und Gemeinschaftsrecht, 2001

Möller, Thomas/*Schumann*, Gesa, Warenursprung und Präferenzen, 7. Aufl., Köln 2013

Möller, Thomas/*Schumann*, Gesa/*Vonderbank*, Stefan, Zollwert, Herne 2005

Moosmayer, Klaus, Compliance, Praxisleitfaden für Unternehmen, 3. Aufl., München 2015

Moosmayer, Klaus/*Hartwig*, Niels, Interne Untersuchungen, Praxisleitfaden für Unternehmen, München 2012

Müller-Eiselt, Klaus-Peter/*Vonderbank*, Stefan, EG-Zollrecht, Heidelberg, Loseblatt

Müller-Gugenberger, Christian (Hrsg.), Wirtschaftsstrafrecht, 6. Aufl., Köln 2015

Münchner AnwaltsHandbuch Verteidigung in Wirtschafts- und Steuerstrafsachen, hrsg. von Klaus Volk, 2. Aufl., München 2014

Nacke, Alois, Die Haftung für Steuerschulden, 3. Aufl., Köln 2012

Pahlke, Armin, Grunderwerbsteuergesetz, Kommentar, 5. Aufl., München 2015

Petermann, Stefan, Die Bedeutung von Compliance-Maßnahmen für die Sanktionsbegründung und -bemessung im Vertragskonzern, Baden-Baden 2015

Rau, Günter/*Dürrwächter*, Erich, Kommentar zum Umsatzsteuergesetz, Köln, Loseblatt

Reichert, Bernhard/*Dauenheim*, Jörg/*Schimke*, Martin, Handbuch Vereins- und Verbandsrecht, 13. Aufl., Neuwied 2016

Reiß, Wolfram/*Kraeusel*, Jörg/*Langer*, Michael, UStG, Bonn Loseblatt

Renz, Hartmut/*Hense*, Dirk, Wertpapier-Compliance in der Praxis. Eine Kommentierung aktueller Rechtspflichten, Berlin 2010

Rönnau, Thomas, Vermögensabschöpfung in der Praxis, 2. Aufl., München 2015

Rotsch, Thomas, Criminal Compliance, Handbuch, Baden-Baden 2015

Rückert, Susanne, Die ertragsteuerliche Behandlung des Sponsorings, Tübingen 2000

Schauhoff, Stephan, Handbuch der Gemeinnützigkeit, 3. Aufl., München 2010

Schleder, Herbert, Steuerrecht der Vereine, 11. Aufl., Herne 2015

Schmidt, Ludwig, Einkommensteuergesetz, Kommentar, 35. Aufl., München 2016

Schmidt-Troje, Jürgen/*Schaumburg*, Heide, Der Steuerrechtsschutz, 3. Aufl., Köln 2008.

Schmitt, Joachim/*Hörtnagl*, Robert/*Stratz*, Rolf-Christian, UmwG/UmwStG, Kommentar, 7. Aufl., München 2016

Schneider, Jochen, Der moderne Anwalt – Festschrift für Benno Heussen zum 65. Geburtstag, Köln 2009.

Schüßler, Björn, Der Datenzugriff der Finanzverwaltung im Rahmen der (digitalen) Außenprüfung, Frankfurt aM 2010

Schwarz, Bernhard, Kommentar zur Abgabenordnung, Freiburg, Loseblatt

Semler, Johannes/*Peltzer*, Martin/*Kubis*, Martin, Arbeitshandbuch für Vorstandsmitglieder, 2. Aufl., München 2015

Sölch/Ringleb, hrsg. von Wilfried Wagner, Umsatzsteuergesetz, Kommentar, München, Loseblatt

Steiner, Axel, Steuerrecht im Sport, Heidelberg 2009

Streck, Michael, Die Außenprüfung, 2. Aufl., Köln 1993

Streck, Michael, Der Steuerstreit, 2. Aufl., Köln 1994

Streck, Michael, Körperschaftsteuergesetz mit Nebengesetzen, Kommentar, 8. Aufl., München 2014

Streck, Michael/*Spatscheck*, Rainer, Die Steuerfahndung, 4. Aufl., Köln 2006

Teichmann, Christopher, Compliance, Rechtliche Grundlagen für Studium und Unternehmenspraxis, München 2014

Tipke, Klaus/*Kruse*, Heinrich-Wilhelm, Abgabenordnung – Finanzgerichtsordnung, Kommentar, Köln, Loseblatt

Tipke, Klaus/*Lang*, Joachim, Steuerrecht, 22. Aufl., Köln 2015

Tipke, Klaus/*Spindler*, Wolfgang/*Rödder*, Thomas, Steuerzentrierte Rechtsberatung – Festschrift für Harald Schaumburg zum 65. Geburtstag, Köln 2009.

Troll, Max/*Gebel*, Dieter/*Jülicher*, Marc, ErbStG, Kommentar, München, Loseblatt

Umnuß, Karsten, Corporate Compliance Checklisten, 2. Aufl., München 2012

Viskorf, Hermann-Ulrich/*Knobel*, Wolfgang/*Schuck*, Stephan/*Wälzholz*, Eckhard, ErbStG, BewG, 4. Aufl., Herne 2012

Vogel, Klaus/*Lehner*, Moris, Doppelbesteuerungsabkommen der Bundesrepublik Deutschland auf dem Gebiet der Steuern vom Einkommen und Vermögen, Kommentar auf Grundlage der Musterabkommen, 6. Aufl., München 2015

Vogelsang, Norbert/*Stahl*, Rudolf, Bp.-Handbuch, München, 2008

Wabnitz, Heinz-Bert/*Janovsky*, Thomas, Handbuch des Wirtschafts- und Steuerstrafrechts, 4. Aufl. 2014

Wallenhorst, Rolf/*Halaczinsky*, Raymond, Die Besteuerung gemeinnütziger Vereine, Stiftungen und der juristischen Personen des öffentlichen Rechts, Handbuch für Beratung und Praxis, 6. Aufl., München 2009

Wannemacher, Wolfgang, Steuerstrafrecht, 6. Aufl., Bonn 2013

Waza, Thomas/*Uhländer*, Christoph/*Schmittmann*, Jens, Insolvenzen und Steuern, 11. Aufl., Herne 2015

Weerth, Carsten, Einheitliche Anwendung des Gemeinsamen Zolltarifs beim Zugang zum Europäischen Binnenmarkt? Anwendungsprobleme der zolltariflichen und statistischen Nomenklatur und deren wirtschaftliche und fiskalische Auswirkungen, Göttingen 2007

Weiß, Wolfgang/*Herrmann*, Christoph/*Ohler*, Christoph, Welthandelsrecht, 2. Aufl., München 2007

Wieland, Josef/*Steinmeyer*, Roland/*Grüninger*, Stephan, Handbuch Compliance-Management, 2. Aufl., Berlin 2014

Witte, Peter, Zollkodex mit Durchführungsverordnung und Zollbefreiungsverordnung, Kommentar, 6. Aufl., München 2013

Witte, Peter/*Wolffgang*, Hans-Michael, Lehrbuch des Europäischen Zollrechts, 7. Aufl., München 2012

Wulf, Martin, Handeln und Unterlassen im Steuerstrafrecht, Baden-Baden 2001

Zimmermann, Susanne-Anette, Strafbarkeitsrisiken durch Compliance, Auswirkungen von Compliance-Regelungen auf das Wirtschaftsstrafrecht, Berlin 2014

Kapitel 1
Grundlagen

A. Einführung und Begriffe

I. Begriff Tax Compliance

1. Compliance

Compliance wird in den gängigen Wörterbüchern[1] mit **Einverständnis**, **Einvernehmen**, aber auch **Willfährigkeit**, **Fügsamkeit** übersetzt. Das Fachwörterbuch von *Dietl/Lorenz*[2] bringt auch keine weitere Konkretisierung; hier heißt es einfach „Einhaltung, Befolgung, Erfüllung, Einwilligung". *Hauschka*[3] erläutert in dem von ihm herausgegebenen Buch „Corporate Compliance" den Begriff wie folgt: „Einhaltung, **Befolgung**, Übereinstimmung, **Einhaltung** bestimmter **Gebote**". Eine eindeutige deutsche Übersetzung gibt es offenbar nicht.[4] Dies erklärt, warum auch im deutschen allgemeinen Sprachgebrauch Compliance stets mit dem englischen Begriff verwandt wird. Gleichwohl muss man verstehen und formulieren können, was der Begriff meint. Wenn man unter Compliance einfach begreift, dass dem Gesetz gefolgt werden muss, ist dies eine Trivialität, eine „Binsenweisheit".[5] Der Begriff drückt mehr aus. Wir möchten uns auf folgenden **Inhalt verständigen**: Compliance ist einerseits die Gesetzestreue, andererseits aber die im Unternehmen strategisch gewollte und durchgeführte Gesetzesbefolgung mit einem Sicherungssystem, das vor Gesetzesverstößen und ihren Folgen schützen soll. Aus der Selbstverständlichkeit des Gesetzesbefehls wird etwas im Unternehmen nicht nur passiv Akzeptiertes, sondern aktiv und strategisch Abgesichertes. Innerhalb der rechtlichen Begrifflichkeiten füllt „Compliance" das Pflichtgebot des Begriffs der **Fahrlässigkeit** aus. Die Betonung von Compliance als Regelüberwachung[6] stellt uns hingegen das Überwachen und Kontrollieren zu sehr in den Mittelpunkt.

1.1

Kritisch anzumerken ist: Die **Unklarheit** des **Begriffs** „Compliance" lädt ein, jede Auslegung und Folgerung zu ziehen, die dem verfolgten Zweck dient. Der Begriff ist schillernd. Er kann vernichtend und erhellend sein.

---

1 Vgl. z.B. Duden, Oxford Standardwörterbuch Englisch; Langenscheidts „Großes Schulwörterbuch" 2007.
2 *Dietl/Lorenz*, Wörterbuch für Recht, Wirtschaft und Politik⁵, Bd. I.
3 *Hauschka* in Hauschka, Corporate Compliance², § 1 Rz. 2.
4 Der Duden „Das Fremdwörterbuch"⁸, kennt den Begriff Compliance im unternehmerischen Bereich nur als Sicherstellung ordnungsgemäßer Bankgeschäfte. Wikipedia „Compliance BWC", Stand Okt. 2015 ist auch nicht weiterführend. Zu den Begriffbestimmungen im Corporate Governance Kodex Rz. 1.10 f.
5 *Schneider*, ZIP 2003, 645 (646).
6 Z.B. bei *Kammerer-Galahn*, AnwBl. 2009, 77.

Vielleicht bedeutet er deshalb geradezu eine sprachliche und begriffliche Lust, mit ihm zu operieren. Er gleicht insoweit dem Begriff „Nachhaltigkeit", der ähnlich inhaltsunklar und (deshalb?) erfolgreich ist.

1.2 Compliance bringt daher nur **partiell** etwas **Neues**. In den Veröffentlichungen zur Compliance liest man Darstellungen verschiedener Rechtsgebiete, über die man sich auch an anderer Stelle unterrichten kann. Dies gilt insbesondere für das gesamte Haftungs- und Schadensersatzrecht. Das angestrebte Ziel ist jedoch ein anderes: Es geht nicht nur um die Information über einen Rechtszustand, sondern um die Folgen von Gesetzesverstößen, d.h. um Schadensersatz- und Haftungsansprüche sowie um strafrechtliche Sanktionen. **Compliance stülpt** das **Haftungsrecht um**. Bezweckt wird, den Haftungsgrund, den Schadensersatzgrund zu vermeiden.[1] Die Frage ist nicht die klassische Seminaraufgabe, welche Rechtsfolgen hat dieser oder jener Rechtsverstoß; man sieht vielmehr den Rechtsverstoß und seine Folgen als Menetekel am Horizont und trifft strategische und strukturelle Vorkehrungen, diese Folgen zu vermeiden.

2. Corporate Compliance

1.3 Nach dem dargestellten Begriffsverständnis von Compliance kann er für **jedes Rechtssubjekt**, für alle natürlichen und juristischen Personen verwandt werden. Auch ein Hochschullehrer oder ein Handwerksmeister kann sich zum Ziel setzen, ein gesetzeskonformes Leben zu führen. Dies kennen wir zwar eher als „gottgefälliges Leben"; es ist aber auch in Bezug auf das Gesetz denkbar. Der Stolz, seit Jahrzehnten Auto zu fahren und weder eine Verwarnung noch ein Bußgeld erhalten zu haben, geht in diese Richtung. **Corporate Compliance** schränkt den Begriff auf **Unternehmen** ein. Gemeint sind im unternehmerischen Sprachgebrauch sodann in erster Linie Kapitalgesellschaften. Man kann jedoch auch Personengesellschaften, gewerbliche Einzelunternehmen, freiberufliche Unternehmen,[2] die Land- und Forstwirtschaft, Betriebe gewerblicher Art der öffentlichen Hand, Wirtschaftsverbände,[3] Vereine und Stiftungen hierunter begreifen. Es handelt sich um unternehmerische Organisationen, die materielle oder ideelle Zwecke verfolgen und sich sodann bei dieser Zweckverfolgung den Regeln der Compliance unterwerfen. Corporate Compliance heißt sodann nicht, sich dem gesamten Recht im Rahmen der Befolgungsstrategie zu unterwerfen, sondern den Gesetzen und dem Recht, die für das Unternehmen relevant sind. Dass Compliance-Strukturen heute in erster Linie bei großen Aktiengesellschaften zu finden sind, heißt folglich nicht, dass sich Compliance notwendigerweise nur auf große Gesellschaften bezieht. Corporate Compliance wendet sich an alle Unternehmen. Markt-soziologisch hat die Compliance-Philosophie bei den großen Ak-

---

[1] Deshalb auch der erläuternde Untertitel des Buchs von *Hauschka*, Corporate Compliance: „Handbuch der Haftungsvermeidung im Unternehmen".
[2] Zur Compliance in der Anwaltskanzlei s. *Gottschalk/Klugmann*, AnwBl. 2009, 129.
[3] S. dazu *Broower*, Compliance im Wirtschaftsverband, CCZ 2009, 162.

tiengesellschaften begonnen. Sie wird jedoch Schritt für Schritt von dort in alle Unternehmensbereiche eindringen.

3. Tax Compliance

Tax Compliance fügt sich zunächst begrifflich problemlos in die gegebene Umschreibung von Corporate Compliance ein.[1] **Tax Compliance** ist ein **Unterbegriff** zur **Corporate Compliance**. Tax Compliance bezieht sich auf die Steuerunterworfenheit des Unternehmens, auf alle steuerrechtlichen Gesetze und Verordnungen, die sich an das Unternehmen wenden. Sie sollen – strategisch gesichert – befolgt werden.[2] Haftungs- und Strafrisiken sollen vermieden werden. Tax Compliance meint in erster Linie Steuern. Wir umschließen mit Tax Compliance jedoch auch den Zoll (vgl. § 3 Abs. 3 AO). Ein Unternehmen kann nicht sinnvollerweise die Besteuerung der Tax Compliance unterwerfen, die Einfuhr- und Ausfuhrabgaben, d.h. die Grenzabgaben aber außen vor lassen.

1.4

Tatsächlich war zu beobachten, dass **Tax Compliance** zunächst in der *Darstellung* der Corporate Compliance geradezu **stiefmütterlich** behandelt wurde. Die erste Auflage des führenden Werks zur Corporate Compliance von *Hauschka*[3] kannte das Thema Tax Compliance nicht, erst die zweite Auflage behandelt auch dieses Thema.[4] Dies hat einmal seinen Grund darin, dass die gesamte Compliance-Behandlung zunächst sehr stark auf die Vermeidung strafrechtlicher Verstöße, insbesondere auf die Abwehr der Korruption, konzentriert war. Erst langsam dehnt sich die Compliance-Philosophie auf alle Gebiete des Rechts aus und erfasst jetzt zunehmend auch das Steuerrecht. Auf der anderen Seite hat das Steuerrecht schon, wie in diesem Buch auch beschrieben wird, gesetzliche Compliance-Strukturen durch die Pflichten des Abgabenrechts geschaffen, die im Unternehmen zu implementieren sind. Hierzu zählen z.B. alle Buchführungs- und Aufzeichnungspflichten der Abgabenordnung. Insofern kann man sogar sagen, dass das Steuerrecht substantiell Vorreiter der Compliance-Strukturen ist und dass diese jetzt nur in das allgemeine System Compliance eingefangen und eingebunden werden müssen.

1.5

---

1 Vgl. hierzu *Streck/Binnewies*, DStR 2009, 229; *Schwedhelm*, AnwBl. 2009, 90; *Streck*, StbJb. 2009/2010, 415 ff.; *Besch/Starck* in Hauschka, Corporate Compliance², § 34 Rz. 2 ff.
2 *Besch/Starck* in Hauschka, Corporate Compliance², § 34 Rz. 5: „Ein Tax Compliance System dient der Einhaltung und Befolgung der dem Steuerpflichtigen obliegenden Pflichten".
3 Siehe dort das Inhaltsverzeichnis.
4 *Montag* schreibt in der Festschrift für Schaumburg, 65, zu den „Entwicklungstendenzen der Steuerberatung im Konzern". Tax Compliance wird am Rande erwähnt. Auch *Umnuß*, Corporate Compliance Checklisten, kennt das Thema Tax Compliance nicht. In dem von *Wieland/Steinmeyer/Grüninge* herausgegebenen Handbuch Compliance-Management, fehlt das Thema Tax Compliance vollständig, s. z.B. in dem Beitrag von *Volk* zu den zentralen Feldern von Compliance; selbst im Stichwortverzeichnis sucht man es vergebens.

1.6 Vor den Unternehmen hat sich die **Finanzverwaltung** des **Begriffs** Tax Compliance **bemächtigt.** Sie leitet den Begriff – jedenfalls in den einschlägigen Veröffentlichungen – nicht aus dem allgemeinen Begriff Compliance ab, sondern übernimmt ihn mit einem eigenen Inhalt aus dem Gebrauch in Nachbarländern. Wir werden beobachten, ob dieser eigene Weg weiter beschritten wird oder ob auch der Begriff Tax Compliance der Finanzverwaltung in den allgemeinen Begriff zurückgeholt wird.

II. Abgrenzungen

1. Tax Riskmanagement

1.7 Von zentraler Bedeutung ist es, den Begriff **Tax Riskmanagement** von dem Begriff **Tax Compliance** zu **trennen.** Diese begriffliche Unterscheidung wird häufig nicht durchgeführt. Wir haben den Eindruck, dass man hin und wieder die positive Konnotation des Begriffs Tax Compliance nimmt, um sie auf Tax Riskmanagement einwirken zu lassen.[1] Tax Riskmanagement enthält zunächst keinesfalls die Wertentscheidung für Gesetzestreue.[2] Es geht schlicht darum, Steuerrisiken zu vermeiden. „Steuerrisiken (sind)... solche Unsicherheiten, die bei den verschiedenen Steuerarten zu negativen Auswirkungen für das Unternehmen führen können".[3] Dies ist ein neutrales Ziel. Gesetzesmäßige Steuererhebung kann dem Tax Riskmanagement widersprechen.[4] Um dies auf die Spitze und auf den Punkt zu bringen: Wer eine (missbräuchliche) Stiftung in Liechtenstein gründet, um sein Vermögen dort verwalten zu lassen, kann, ohne in Übereinstimmung mit Tax Compliance zu stehen, gleichwohl an ein Tax Riskmanagement den Anspruch erheben, dass die Missbräuchlichkeit nicht entdeckt wird. Jeder Steuerhinterzieher bedient sich des Tax Riskmanagements, wenn er alles unternimmt, dass seine Hinterziehung nicht entdeckt wird. Dass dies nichts mit Compliance zu tun hat, versteht sich.

2. Unternehmenskultur

1.8 Compliance ist nicht identisch mit Unternehmenskultur. **Unternehmenskultur** ist ein **nicht fest konturierter Begriff.** „Die Unternehmenskultur... kann umschrieben werden als die Gesamtheit der in der Unternehmung bewusst oder unbewusst kultivierten, symbolisch oder sprachlich gradierten Wertüberzeugungen, Denkmuster und Verhaltensnormen, die sich im Laufe des erfahrungsreichen Umgangs mit den Anforderungen der unternehmerischen Existenz- und Erfolgssicherung nach außen sowie der Sozialintegration nach innen entwickelt und bewährt haben und die

---

1 Z.B. den Internetauftritt von Wp.-Gesellschaften wie PWC oder Ernst & Young.
2 *Besch/Starck* in Hauschka, Corporate Compliance², § 34 Rz. 9; *Schwedhelm*, AnwBl. 2009, 90; *Streck/Binnewies*, DStR 2009, 229.
3 *Röthlisberger/Zitter*, Tax Risk Management, Der Schweizer Treuhänder, 2005, 295 (296 ff.).
4 Allerdings klare Abgrenzung zur Steuerrechtswidrigkeit bei *Röthlisberger/Zitter*, Tax Risk Management, Der Schweizer Treuhänder, 295.

deshalb den Unternehmensangehörigen als gültige Formen des Wahrnehmens, Denkens, Urteilens, Sprechens und Verhaltens vermittelt werden. ..."[1] oder kürzer: „Unternehmenskultur, die von den Mitgliedern einer Organisation hinsichtlich deren Zweck gemeinsam getragenen Grundüberzeugungen, Werte und Einstellungen". [2] **Corporate Compliance** ist, wenn man die Unternehmenskultur so versteht, ein **Unterbegriff** zu **Unternehmenskultur**. Denn eine Grundentscheidung der Unternehmenskultur ist in diesem Fall, Gesetzestreue zu zeigen und diese abzusichern. Und wenn in der Compliance-Diskussion sodann auch der Begriff der **Compliance-Kultur** auftaucht, so gehört er als eigener Unterbegriff in den Begriff der Corporate Compliance.

3. Unternehmensentscheidungen

Compliance ist nicht identisch mit Unternehmensentscheidungen. **Unternehmensentscheidungen** sind die Maßnahmen und **Entscheidungen** der **Geschäftsleitung**, den **Unternehmenszweck** zu **verfolgen**. Es handelt sich nicht um eine rechtliche Kategorie, sondern um eine Kategorie der Führung des Unternehmens. Unternehmensentscheidungen führen zur Corporate Compliance, sie wirken darauf hin. Hat man sich zur Compliance entschieden, wirken diese Regeln wieder zurück auf die Unternehmensentscheidungen, die nun dem selbstgesetzten Gebot der Gesetzestreue folgen müssen.

1.9

4. Corporate Governance Kodex

Corporate Compliance ist abzugrenzen zum **Corporate Governance Kodex**. Dieser enthält **Regeln** in Form von Empfehlungen, denen **Vorstand** und **Aufsichtsrat**, insbesondere **börsennotierter Aktiengesellschaften**, folgen sollen. § 161 AktG lautet: „Vorstand und Aufsichtsrat der börsennotierten Gesellschaft erklären jährlich, dass den vom Bundesministerium der Justiz im amtlichen Teil des elektronischen Bundesanzeigers bekannt gemachten Empfehlungen der „Regierungskommission Deutscher Governance Kodex" entsprochen wurde oder wird und welche Empfehlungen nicht angewendet wurden oder werden ..." Corporate Governance ist ein Regelwerk für die Unternehmensleitung. Über die Erklärungspflicht gem.

1.10

---

1 *Peter Ulrich* in Handwörterbuch der Betriebswirtschaft[5], „Unternehmenskultur". Etwas anders die Definition in der 6. Aufl. des zitierten Handwörterbuchs, von *Christian Scholz*: „Unternehmenskultur", ... als unternehmensbezogener Ausdruck für das allgemeine Konstrukt „Organisationskultur" ist das implizite Bewusstsein eines Unternehmens, das sich aus dem Verhalten der Organisationsmitglieder ergibt und das über akzeptierte Normen sowie internalisierte Werte dieses Verhalten beeinflusst ...". Diese Definition ist uns zu abstrakt. S. auch *Streck* in FS Benno Heussen, 2009, 25 ff. zur Unternehmenskultur einer Anwaltssozietät. Zur historischen Entwicklung weist *Scholz* darauf hin, dass sich die Betriebswirtschaft erst ab den 1980er Jahren mit dem Begriff und der Wirksamkeit der Unternehmenskultur befasst.
2 Vgl. *Brockhaus*, Enzyklopädie[21], zum Stichwort: „Organisationskultur, Unternehmenskultur".

§ 161 AktG entfaltet es für börsennotierte Gesellschaften Außenwirkung. Selbstverständlich kann sich auch jede Leitung einer GmbH, eines Vereins, eines Verbands ähnlichen Regeln unterwerfen.

1.11 Der Anwendungsbereich von Corporate Governance ist enger als der der Compliance. Letztere betrifft das Bewusstsein und den Geist das Wertesystem des gesamten Unternehmens, aller Führungsorgane und aller Mitarbeiter. **Corporate Governance** ist für die **„Regulierer"**, **Compliance** ist für die **„Regulierten"**. Diese vereinfachte Unterscheidung ist einprägsam, aber nicht ganz zutreffend. Denn hat sich das Unternehmen für Compliance entschieden, gilt dies auch für die Regulierer. Umgekehrt kann der Kodex der Corporate Governance die Anweisung für die Compliance enthalten. In Rz. 4.1.3. des Deutschen Corporate Governance Kodex aus 2014[1] ist formuliert: „Der Vorstand hat für die Einhaltung der gesetzlichen Bestimmungen und der unternehmensinternen Richtlinien zu sorgen und wirkt auf deren Beachtung durch die Konzernunternehmen hin (Compliance)". Eine ähnliche Pflicht trifft in Rz. 5.3.2. den Aufsichtsrat. Richtig ist wohl auch, wenn *Hauschka*[2] darauf hinweist, dass die Einhaltung der Corporate Governance auch den Anteilseigner, den Aktionär, den Kapitalinvestor im Auge hat. Ihm gegenüber soll dokumentiert werden, dass bestimmte Regeln eingehalten wurden.[3] Folglich erzeugt die Erklärung zum Kodex einen starken Vertrauensschutz der Aktionäre,[4] bis hin zur Anfechtbarkeit von Hauptversammlungsbeschlüssen aufgrund fehlerhafter Erklärungen.[5] Compliance schafft ein internes Wertesystem im Unternehmen, dessen Sinn auch dann erfüllt ist, wenn es weder interessierte Gesellschafter noch interessierte Investoren gibt.

5. Corporate Responsibility

1.12 **Corporate Responsibility** ist kein Ausdruck der Gesetzestreue, sondern ein **Bekenntnis**, **Teil** einer **Gesellschaft** und **Gesellschaftsordnung** zu sein. „Das gesellschaftliche Engagement von Unternehmen hat als Mäzenatentum eine lange Tradition. Eine neuere Erscheinung ist Corporate Respon-

---

1 Abrufbar unter www.corporate-governance-code.de. Soweit allerdings behauptet wird, dies sei die „allgemein gültige Definition von Corporate Compliance" (z.B. *Thomas* in Kartmann/Ronellenfitsch (Hrsg.), Compliance – Eine besondere Form der Rechtstreue, 2013, 29) ist dies einfach falsch.
2 *Hauschka* in Hauschka, Corporate Compliance[2], § 1 Rz. 3 f.
3 Vgl. den Beginn der Präambel des Deutschen Corporate Governance Kodex: „Der vorliegende Deutsche Corporate Governance Kodex stellt (...) wesentliche gesetzliche Vorschriften zur Leitung und Überwachung deutscher börsennotierter Gesellschaften (Unternehmensführung) dar und enthält international und national anerkannte Standards guter und verantwortungsvoller Unternehmensführung. ... Er will das Vertrauen der internationalen und nationalen Anleger, der Kunden, der Mitarbeiter und der Öffentlichkeit in die Leitung und Überwachung deutscher börsennotierter Gesellschaften fördern."
4 Vgl. hierzu OLG München v. 6.8.2008 – 7 U 5628/07, AG 2009, 294.
5 Vgl. BGH v. 16.2.2009 – II ZR 185/07, DB 2009, 500 – Kirch/Deutsche Bank; dazu *Goslar/von der Linden*, DB 2009, 1691.

sibility, also die soziale Verantwortung als zentraler Baustein der Unternehmenspolitik. Sie wird im Zeitalter der Globalisierung immer wichtiger. Weil der Staat auf den weltweiten Märkten an Regelungskraft verliert, wächst den Unternehmen mehr Verantwortung für ihr Handeln zu. Nur wenn sie diese Verantwortung engagiert wahrnehmen, kann unsere Wirtschaftsordnung die hohe Zustimmung, die sie in der Bevölkerung genießt, auf Dauer wahren." So die Einleitung aus einem Grußwort der damaligen Bundesministerin der Justiz *Brigitte Zypries* in dem 2008 erschienenen Buch „Corporate Responsibility 2008".[1] Corporate Responsibility wird auch durch die „Triple Bottom Line" gekennzeichnet, d.h. die Verantwortung für people, planet und profit, wobei der letzte Begriff gerade die Antikorruptionsanstrengungen und die Spendenfreudigkeit meint.[2] Diese Umschreibungen machen zugleich deutlich, dass Corporate Compliance und Corporate Responsibility Schnittmengen haben mögen,[3] im Übrigen aber deutlich zu trennen sind.

III. Tax Compliance aus der Sicht der Finanzverwaltung

Der Begriff Tax Compliance, wie wir ihn verstehen und wie er Teil des allgemeinen Begriffs Compliance ist, muss abgegrenzt werden von dem Begriff **Tax Compliance**, wie ihn die **Finanzverwaltung** heute versteht (wobei wir uns insoweit nur auf die vorliegenden Veröffentlichung stützen können) und wohl **aus dem Ausland übernommen** hat.[4] Tax Compliance steht schlicht für die Einhaltung und Erfüllung steuerlicher Pflichten.[5] Ziel von Tax Compliance-Strategien soll es sein, den **Steuerpflichtigen** zu einer **verbesserten Einhaltung** der **Steuergesetze** zu motivieren.[6] „Der englische Begriff „Tax Compliance" bezeichnet die Bereitschaft von Bürgern, geltende Steuergesetze freiwillig zu achten und steuerlichen Pflichten

1.13

---

1 Hrsg. ACC Verlag & Servos GmbH und FAZ-Institut für Management-, Markt- und Medieninformationen GmbH. Der Deutsche Anwaltverein hat im April 2015 einen Ausschuss Corporate Social Responsibility und Compliance gegründet; dazu *Spießhofer*, AnwBl. 2015, 951; dazu auch die Aufsatzreihe im AnwBl. 2016, 366 ff. von *Spießhofer, Hauschka/Herb, Grabosch, Voland, Rühmkorf, Mzee*; und in den praktischen Folgerungen *Hardeck/Clemens*, BB 2016, 918.
2 Vgl. *Spießhofer*, AnwBl. 2009, 94. „Metro ruft einen Nachhaltigkeitsrat ins Leben" (FAZ 23.9.2009 und 4.5.2011 – in einer Verlagsbeilage der FAZ zu diesem Thema); das gehört zu diesem Thema.
3 Vgl. *Spießhofer*, AnwBl. 2009, 94.
4 Nach Wikipedia – Stichwort Tax Compliance, Stand 15.10.2015 – wird die „finanzrechtliche" Tax Compliance erfolgreich in den Niederlanden, in Großbritannien, Kanada und Australien angewandt. Vgl. auch den Bericht von *Kaiser* in IWB 21/2012, 800 über eine Studie.
5 Vgl. hierzu auch *Schwedhelm*, AnwBl. 2009, 90; *Streck/Binnewies*, DStR 2009, 229; *Besch/Starck* in Hauschka, Corporate Compliance[2], § 34 Rz. 2 ff., 6.
6 *Seer*, StuW 2003, 40 (52); FR 2004, 103 (104); DStJG, Bd. 31, 7 (29); in diesem Sinne auch das OECD-Konzept (OECD Forum on Tax Administration, Tax Compliance and Tax Accounting Systems, 2010).

korrekt nachzukommen."[1] Folgt man dem, will Tax Compliance nichts anderes sagen, als dass sich jeder Steuerpflichtige das Ziel steuerlicher Gesetzestreue geben soll. Die Finanzverwaltung geht nicht davon aus, dass Steuerbürger freiwillig aufgrund eines Aktes der Reflexion zu dem Ergebnis kommen, Steuerehrlichkeit und Erfüllung steuerlicher Pflichten zum Teil des bürgerlichen Lebens zu machen. Folglich diene Tax Compliance dazu, „ ... den Steuerpflichtigen zu einer verbesserten Einhaltung der Steuergesetze zu motivieren, den Kontrollbedarf im Einzelfall dadurch nachhaltig zu senken und zur Steigerung der Effektivität des Gesetzesvollzugs beizutragen".[2]

1.14 Die **Ziele** dieser **finanzamtlichen Tax Compliance** werden wie folgt auf den Punkt gebracht:[3]
- „Gewährleistung der vollständigen, richtigen und zeitnahen Erhebung der Steuern,
- Optimierung des Dienstleistungsangebots für die Bürgerinnen und Bürger,
- Erhöhung der Mitarbeiterzufriedenheit und Stärkung der Führungskompetenz sowie Erhöhung der Effektivität und Wirtschaftlichkeit der Aufgabenerfüllung",
- zeitnahe Kooperation mit der Betriebsprüfung.[4]

Damit bekommt Tax Compliance eine **Schlagseite**, die wir ihr **keinesfalls** geben wollen. Der Gesetzesvollzug soll so sein, dass die Finanzverwaltung effektiver arbeiten kann, dass sie weniger prüfen muss. Tax Compliance ist dann nicht mehr Unterbegriff zu Compliance, sondern ein Begriff mit **eigenständigem** Inhalt, der neben den Begriff Compliance tritt.[5]

1.15 Tax Compliance greift damit nur auf einen Ausschnitt des Steuerrechts zurück, nämlich das Recht, das dem **Fiskalzweck** nutzt. Dies ist aber nicht alleiniger Inhalt der Steuergesetze. Steuergesetze sind zu befolgen, und zwar so, wie der Gesetzgeber sie geschaffen hat, also mit all ihren Spielräumen und Auslegungsschwierigkeiten. Tax Compliance kann sich folglich

---

1 „Tax Compliance – Ein ganzheitlicher Ansatz für die Modernisierung des Steuervollzugs", Gastbeitrag von Schmarbeck, Kienbaum Management Consultants, 57 – in dem Monatsbericht 12/2002 des Bundesministeriums der Finanzen.
2 *Nagel/Walza*, DStZ 2008, 321 (323); ähnlich *Schmidt*, DStJG 31 (2008), 37 (41); *Seer* in FS für Klaus Korn, 707 (719). Zur Rolle des Steuerberaters in diesem „Fiskus-System" *Petke*, StBg 2011, 1.
3 *Schmarbeck*, Kienbaum Management Consultants, 63 – in dem Monatsbericht 12/2002 des Bundesministeriums der Finanzen.
4 *Risse*, DB 2011, 667 u. FR 2011, 117 (positiv); *Seer* in FS Streck, 2011, 403 (vorsichtig positiv); *Drüen*, FR 2011, 101 (zurückhaltend); *Richter/Welling*, FR 2011, 123 (Tagungsbericht); *Maussen*, FR 2011, 114 (Bericht aus den Niederlanden).
5 Wobei wir gerne der Finanzverwaltung konzedieren, einen eigenen Compliance-Begriff zu entwickeln und zu verfolgen (vgl. *Seer* in Tipke/Kruse, § 85 Rz. 38 [Mai 2013]). Zur Rolle des Steuerberaters in diesen „Fiskal-Systems" *Peske*, StBg 2011, 1.

auch in der **Ausnutzung** von **Gesetzeslücken** widerspiegeln.[1] Die Abgabenordnung hat den Zweck, sicherzustellen, dass Steuern erhoben werden. Der Steuerpflichtige hat Mitwirkungspflichten zu erfüllen, aber nur insoweit, als diese gesetzlich normiert sind. Es gibt keine allgemeine Steuerpflicht, alles zu unternehmen, um der Finanzverwaltung die Arbeit leicht zu machen. Im Gegenteil: Es kann ein probates und mit Tax Compliance vereinbares Mittel sein, dem Handeln der Finanzverwaltung „arbeitsintensive Steine" in den Weg zu legen, um die eigene Auffassung durchzusetzen. **Einspruchsverfahren, finanzgerichtliche Klagen,** die Anwendung sonstiger Rechtsbehelfe werden durch **Tax Compliance keinesfalls gehindert**. Sie können in vielen Fällen durch Tax Compliance geradezu geboten sein.[2]

IV. Implementierung der Tax Compliance in die Corporate Compliance Organisation

Da Tax Compliance ein Unterbegriff von Corporate Compliance ist, hat dies unmittelbare Auswirkung auf die **Implementierung** von Tax Compliance im **Unternehmen**. Die allgemeine **Compliance Organisation** muss der **Tax Compliance Raum** geben und den ihr notwendigen Stellenwert.[3]

1.16

Tax Compliance muss in das **Regelwerk** der Corporate Compliance **eingearbeitet** werden. Verhaltenskodizes, Mission-Statements, Darstellungen der Gesetzeslage, Anweisungen, Hilfestellungen für Mitarbeiter müssen sich auch auf Tax Compliance beziehen. Das Gleiche gilt für Schulungen, Beratungsangebote und Regeln zur Überwachung der Compliance-Vorgaben.

1.17

Sind **Compliance-Beauftragte, Compliance Officer**[4] installiert, muss sich deren Zuständigkeit auch auf die Tax Compliance beziehen. Es sollte nicht sein, dass es in der Steuerabteilung einen Tax Compliance Officer gibt, der neben dem allgemeinen Compliance Officer agiert. Hier muss es ein festgeschriebenes System der Informationen und der Hierarchie geben. Dass dies bei der bekanntermaßen selbständigen Stellung der Steuerabteilungen (Rz. 1.259) nicht „schmerzfrei" durchzuführen ist, kann erwartet werden.

1.18

Verfügt das Unternehmen über die Einrichtung eines **Ombudsmanns**, sei dieser intern oder als selbständiger Dritter (z.B. Anwalt)[5] eingerichtet, so

1.19

---

1 *Besch/Starck* in Hauschka, Corporate Compliance², § 34 Rz. 6; *Streck*, StbJb. 2009/2010, 415 (422).
2 *Besch/Starck* in Hauschka, Corporate Compliance², § 34 Rz. 6; *Streck*, StbJb. 2009/2010, 415 (422).
3 Vgl. hierzu auch *Rogge*, BB 2014, 664.
4 Zum Berufsbild *Jünner*, CCZ 2014, 91; *Hauschka*, CCZ 2014, 165, zur angestrebten Leitlinie, *Hauschka/Galster/Marschlich*, CCZ 2014, 242. Zu einem neuen Tätigkeitsfeld für Anwälte s. *Moosmayer*, AnwBl. 2010, 364 und *Preusche*, AnwBl. 2010, 637.
5 Zum externen Ombudsmann *Bernhard*, CCZ 2014, 152; *Hild*, AnwBl. 2010, 641.

müssen sich Mitarbeiter an ihn auch in Steuerfragen wenden können. Telefonische Hotlines, E-Mail-Systeme, die den Mitarbeitern zur Verfügung stehen, Whistleblowing-Systeme, um auf Fehlentwicklungen und Rechtswidrigkeiten hinzuweisen, müssen auch für Steuermissstände zur Verfügung stehen. Auf diese Möglichkeit müssen alle Mitarbeiter hingewiesen werden. Dass dies ein besonders brisanter Bereich sein kann, leuchtet ein.

1.20 Soweit **Dritte**, Kunden, Lieferanten, andere Subunternehmer auf Compliance-Strukturen und Compliance-Anforderungen ausdrücklich hingewiesen werden, müssen sich diese Hinweise auch auf die Vorgaben im Bereich Tax Compliance beziehen.

V. Pflicht zur Einrichtung eines Compliance- und Tax Compliance-Systems

1.21 Fraglich und letztlich bis heute unentschieden ist, ob die Unternehmen **verpflichtet** sind, **Compliance-Systeme zu errichten**.[1] Dass die Unternehmen gesetzlichen Vorgaben und gesetzlichen Pflichten im Hinblick auf die organisatorische Befolgung von Recht nachkommen müssen, versteht sich. Gefragt wird, ob darüber hinaus die Unternehmen gehalten sind, besondere organisatorische Vorkehrungen zu treffen, dass Recht befolgt wird. Wir lehnen eine solche Pflicht ab. Es ist schon merkwürdig, anzunehmen, dass es in einer Metaebene oberhalb des Rechts noch einmal ein Pflichtensystem gibt, das verpflichtet, Recht anzuwenden und dafür zu sorgen, dass Recht angewandt wird. Die Einrichtung eines solchen Systems ist „freiwillig". Sie folgt, wie oben dargelegt, aus Entscheidungen der Unternehmenskultur. Dies ist unabhängig davon, dass es inzwischen Regeln für Compliance-Systeme und ihre Zertifizierung gibt.[2]

---

[1] Für eine Pflicht *Schneider*, ZIP 2003, 645 (648); *Schneider/Schneider*, ZIP 2007, 2061. Dagegen *Hauschka*, ZIP 2004, 877; *Hauschka* in Hauschka, Corporate Compliance, § 1 Rz. 23. Dazu auch *Schäfer/Baumann*, NJW 2011, 3601. In dem „Siemensfall" nimmt das LG München in seiner Entscheidung v. 10.12.2013 – 5 HKO 1387/10, DB 2014, 766 eine Pflicht zur Einrichtung eines Compliance-Systems an, die vom Vorstand verletzt sei. *Meyer* macht in einer Anmerkung in DB 2014, 766 deutlich, dass die Rechtsansicht des LG München durch die Größe und die Besonderheiten des Falls Siemens bestimmt sei; insbesondere hätten die Rechtsverstöße des Vorstands auch ohne Rückgriff auf eine allgemeine Pflicht, ein Compliance-System einzurichten genügt, um der Klage zum Erfolg zu verhelfen.

[2] Die ISO als internationale Normierungsorganisation hat Ende 2014 mit der ISO 19600: 2014 einen eigenen Leitfaden für den Aufbau und den Betrieb von Compliance veröffentlich; dazu Deutsches Institut für Compliance e.V., CCZ 2015, 21; *Sünner*, CCZ 2015, 2; *Ehnert*, CCZ 2015, 6. In Deutschland gibt es die von Wirtschaftsprüfungsgesellschaften angebotene IDW PS 980; Wpg 2011, 393 und dazu Wpg Supplement 2/2011. Zur Weiterentwicklung zu einem Kontrollsystem für Steuern s. *Kowallik*, DB 2015, 2774. Bereits vorher hat der TÜV Rheinland im März 2011 den „Standard für Compliance Management Systeme" (TR CMS 101; 2011) veröffentlich; s. nachfolgend TÜV Rheinland Cart GmbH (Hrsg.), Compliance-Leitfaden TR CMS 100: 2013, 1. Aufl. 2013, Verlag TÜV Media GmbH.

A. Einführung und Begriffe

Was für die allgemeine Compliance gilt, trifft im besonderen Maße auch für die Tax Compliance zu. Es gibt **keine Pflicht oberhalb der Abgabenordnung**, die gewissermaßen ungeschrieben (und nach der Phantasie der Finanzverwaltung) den Unternehmen vorschreibt, **Organisationen** und **Strukturen** zu **schaffen**, um bestmöglich **Steuerpflichten** zu **erfüllen**. Unsere Überlegungen zur Compliance gelten hier geradezu „erst recht". Denn der Gesetzgeber der Abgabenordung ist bis heute unermüdlich, normierte Pflichten zu „erfinden", um die Unternehmen anzuhalten, Steuergesetzen nachzukommen.[1] Hierzu zählen u.a.:

1.22

- die Haftungsvorschriften der §§ 69 ff. AO,
- § 87a AO zur elektronischen Kommunikation,
- § 90 AO zu den Mitwirkungspflichten,
- §§ 134–136 AO zur Personenstands- und Betriebsaufnahme,
- §§ 139a–139d AO zu Identifikationsmerkmalen,
- §§ 140–148 AO zur Führung von Büchern und Aufzeichnungen,
- §§ 193–203 AO zur Betriebsprüfung und
- § 208 AO über die Steuerfahndung.

Der Steuerpflichtige ist auf diesem Hintergrund nicht gehalten, Lücken, die er in Steuergesetzen entdeckt, selbständig zugunsten des Fiskus normativ auszufüllen.

VI. Grundsätze der Tax Compliance

1. Wertentscheidung zur Anwendung von Steuergesetzen

Jede Compliance-Philosophie beginnt mit der **Grundsatzentscheidung, Recht und Gesetz** zu **befolgen**. Das Gleiche gilt für Tax Compliance. Das Unternehmen fällt die grundsätzliche Wertentscheidung, wenn es auch schwer fällt, Steuerpflichten zu erfüllen, und zwar ohne Ausnahme. Hier darf es keine Halbherzigkeiten etwa nach dem Motto geben, regelmäßig erfüllen wir Steuerpflichten, aber Ausnahmen bestätigen die Regel.

1.23

Dies heißt nicht, dass Steuergesetze im rechtlich möglichen Rahmen nicht **zu eigenen Gunsten** ausgelegt werden können. Dies heißt auch nicht, dass man gehalten sei, auf Rechtsbehelfe zu verzichten. Dies heißt auch nicht, dass ein besonderer Frieden mit der Finanzverwaltung, ein besonders gutes Klima zu suchen und aufrechtzuerhalten ist. An einem guten Klima kann ein Unternehmen nur dann interessiert sein, wenn es zum eigenen Steuervorteil sinnvoll ist. Auf den Abschnitt zum Steuerstreit (Rz. 1.33 f.) weisen wir ausdrücklich hin.

1.24

---

1 Ähnlich auch *Besch/Starck* in Hauschka, Corporate Compliance[2], § 34 Rz. 14 ff.

2. Steueroptimierung

1.25 Erste Ausführungen zur Steueroptimierung finden sich bereits im Zusammenhang mit dem **Tax-Riskmanagement** (Rz. 1.7). Dort wird der Begriff insofern zu Tax Compliance abgegrenzt, als er ohne Wertinhalt verstanden werden könnte. Inkorporiert man ihn jedoch in den Begriff der Tax Compliance, so gehört er in der Tat an eine zentrale Stelle der Tax Compliance.

1.26 Die **Interessenverteilung** bei der Steuererhebung ist bemerkenswert eindeutig. Der Fiskus will so viel Geld wie möglich, der Steuerpflichtige möchte so wenig wie möglich zahlen. Dieser Interessenswiderspruch ist Teil der Steuererhebung. Folglich ist er bei der Anwendung der Steuergesetze zu berücksichtigen. Und es ist das „gute Recht" des Steuerunterworfenen, alles zu unternehmen, um in „Gehorsam" gegenüber den Steuergesetzen gleichwohl so wenig wie möglich Steuern zu zahlen. Es wäre falsch, dieses Interesse innerhalb der Tax Compliance nachrangig zu behandeln. Die Steueroptimierung ist Teil der „Qualitätssicherungs- und Innovationsfunktion"[1] von Compliance. Denn Qualitätssicherung kann im Bereich der Tax Compliance nicht meinen, zugunsten des Fiskus so „qualitätsvoll" wie möglich Steuern zu zahlen. Die Qualität bezieht sich auf den Steuerpflichtigen, d.h. seine Steuerlast. Und die Innovationskraft eines Unternehmens wird dahin gehen, innerhalb der Steuergesetze Wege zu finden, die Unternehmenssteuern so niedrig wie möglich zu halten. Bei der rechtlichen Gestaltung wirtschaftlicher Vorgänge ist der Steuerpflichtige im Rahmen der Gesetze frei. Das Motiv, Steuern zu sparen, macht eine Gestaltung nicht unangemessen.[2]

3. Funktions- und Informationssysteme

1.27 Innerhalb der Tax Compliance muss entschieden werden, **in wessen Hand** die **Befolgung** der **Steuergesetze** liegt. Anzuwenden sind sie durch das zu besteuernde Unternehmen. Hierzu gehört auch die Beratung, in welcher Weise die Steuergesetze anzuwenden sind. Damit geht auch die Auswahl der steuerlichen Berater einher. Unmittelbar angegliedert ist die Frage, woher man die Kenntnis über die maßgebenden Steuergesetze, ihre Auslegung, über Rechtsprechung und sonstige Literatur nimmt. D. h., es muss innerhalb der Tax Compliance nicht nur über die Anwendung der Steuergesetze, Steuerpflichtige und die Steuerberatung entschieden werden, sondern auch über die einzusetzenden Informationssysteme. Die Zuständigkeiten verknüpfen sich mit Verantwortung, Hoffnung und Kontrolle.

4. Vermeidung von Haftungsrisiken

1.28 Bereits ausgeführt wurde, dass Compliance nichts anderes ist als die Umstülpung des Haftungsrechts (Rz. 1.1 ff.). Folglich müssen Compliance-

---

1 Vgl. *Lösler*, NZG 2005, 104.
2 Ständige Rechtsprechung des BFH zu § 42 AO, vgl. nur BFH v. 16.2.1992 – V R 1/91, BStBl. II 1992, 541 (542) = UR 1992, 209.

Strategien und -Überlegungen dahin gehen, **steuerliche Haftungsrisiken vom Unternehmen fernzuhalten**. Dies ist nicht zu verwechseln mit Steueroptimierung. Bei ihr geht es um die Steuer des Steuerpflichtigen, um die Steuer des Unternehmens. Bei den Haftungsrisiken geht es um die Haftung für die Steuern Dritter. Zu denken ist an die Steuern für Arbeitnehmer, für Subunternehmer, für Kunden. Haftungsrisiken sind in den Steuergesetzen vielfach normiert. Zu nennen ist § 69 AO, die Haftung der Organe. Ein klassischer Haftungstatbestand ist auch § 160 AO. Nach dieser Vorschrift können Betriebsausgaben nicht abgezogen werden, wenn man auf Verlangen nicht den Empfänger benennt. Tax Compliance heißt: Die Abwehr von Haftungsrisiken beginnt nicht erst dann, wenn der Betriebsprüfer nach dem Empfänger fragt, wenn der negative Steuerbescheid des Finanzamts vorliegt, sondern im Vorfeld. Das Haftungsrisiko des § 160 AO ist durch eine zeitnahe Dokumentation zu minimieren.

5. Vermeidung von steuerstrafrechtlichen Risiken

Die Corporate Compliance-Diskussion konzentriert sich zurzeit noch stark auf die Vermeidung strafrechtlicher Risiken[1] jeder Art, insbesondere die Vermeidung von Korruptionstatbeständen. Dies muss auch für Tax Compliance-Strategien gelten. Den **Gefahren** einer **vorsätzlichen Steuerhinterziehung** (§ 370 AO), einer leichtfertigen Steuerverkürzung (§ 378 AO) und der sonstigen Steuer- und Zolldelikte ist strategisch, organisatorisch zu begegnen. Tax Compliance gerät hier zur Gratwanderung, der allerdings nicht auszuweichen ist. Die Vermeidung strafrechtlicher Risiken liegt unmittelbar Seite an Seite zur Steueroptimierung. Steueroptimierungsberatung versagt, wenn sie mit Blick auf die strafrechtlichen Risiken zu vorsichtig agiert. Steueroptimierungsberatung versagt aber auch, wenn sie die Grenze zur Steuerhinterziehung überschreitet. Eine erfolgreiche Tax Compliance zeigt den Weg auf, der nach Maßgabe der Steueroptimierung in der Tat die Grenze minimaler Steuerlast erreicht, ohne steuerstrafrechtliche Tatbestände zu berühren.

1.29

Darüber hinaus ist auch der **Umgang** mit den **Steuer-Strafverfolgungsbehörden** Teil von Tax Compliance. Ziel ist es, einerseits auf Ermittlungsmaßnahmen vorbereitet zu sein und andererseits das Unternehmen vor übermäßigen Ermittlungsmaßnahmen mit entsprechender Öffentlichkeitswirkung (z.B. strafrechtliche Durchsuchungen) zu schützen. Auch dies wiederum ist eine Gratwanderung. Aus eilfertigem Gehorsam dürfen zur Vermeidung von Ermittlungsmaßnahmen Verteidigungspositionen nicht voreilig aufgegeben werden. Teil des Rechtssystems ist die Unschuldsvermutung bzgl. des Verfolgten und die Beweislast des Staats in der Strafverfolgung.

1.30

---

[1] S. hierzu *Wessing*, Compliance – Ein Thema auch im Steuerstrafrecht, Steueranwaltsmagazin 2007, 175.

6. Abgestufte Geheimhaltungssysteme

1.31 Steuerdaten und -informationen sind notorisch vertrauliche Informationen im Unternehmen. Der **Umgang** mit diesen **Informationen** muss **kontrolliert** und **kontrollierbar** sein. Tax Compliance befasst sich damit, wer Kenntnisträger der Steuerdaten ist, wem sie mitgeteilt werden dürfen und für wen sie tabu sind. Dies ist das Spiegelbild zum Steuergeheimnis der Finanzbehörden. Dort manifestiert sich, dass die Geheimhaltung von Steuerdaten ein Wert an sich ist. Zwar ist ein großes Unternehmen insgesamt „der Steuerpflichtige". Gleichwohl ist es selbstverständlich, dass nicht jeder Mitarbeiter Zugang zu allen Steuerdaten hat. Zu diesen Compliance-Überlegungen gehört sodann auch, wann und unter welchen Bedingungen offensiv Steuerdaten preisgegeben werden sollen und dürfen. Dass die gesetzlichen Mitteilungs- und Offenbarungspflichten einzuhalten sind, ist obligatorisch. Vorgedacht werden muss aber auch, wie man mit Medien umgeht, wenn über eine Betriebsprüfung im Unternehmen berichtet wird, wenn die Steuerfahndung das Unternehmen aufsucht oder wenn in anderer Weise steuerrechtlich erhebliche Daten in der Öffentlichkeit bekannt werden.

1.32 Die **Sensibilität** von **Steuerdaten** muss von allen Beteiligten bei eingerichteten Systemen (Ombudsmann, E-Mail-System) **respektiert** werden, mit denen Mitarbeiter auf Rechtswidrigkeiten und Fehler hinweisen können. Denn bei steuerlichen Verfehlungen sind derartige Hinweise stets verbunden mit einer „Offenbarung" von Steuerdaten. Hier muss gesichert sein, dass der Empfänger dieser Mitteilungen und Anzeigen berechtigt ist, Steuerdaten zur Kenntnis zu nehmen, und dass er selbst in ein System der Geheimhaltung eingebunden ist.

7. Steuerstreit

1.33 **Auf den ersten Blick** ist die **Vermeidung der streitigen Auseinandersetzung** mit der Finanzverwaltung **Ziel** von **Tax Compliance**. Kommt es aber zum Streit, so könnte man meinen, dass das System versagt hat. Sind Dauersachverhalte betroffen, kann dies zutreffen; denn das Unternehmen braucht Planungssicherheit. Steueroptimierung als zentrales Ziel von Tax Compliance ist im Grenzbereich oftmals aber nicht ohne streitige Auseinandersetzung mit der Finanzverwaltung zu erzielen. Vorauseilender Gehorsam darf nicht dazu führen, den professionellen Streit mit der Finanzverwaltung zu fürchten. **Der Steuerstreit ist damit legitimer Bestandteil** von **Tax Compliance**. Inhaltlich hat Tax Compliance Regularien für den Fall der streitigen Auseinandersetzung aufzustellen (z.B. Fristenüberwachung, von laufender Beratung losgelöste Beratung in Streitverfahren etc.).

1.34 Um deutlich zu machen, dass auch die Abwehr von Steuerlasten, dass der **Steuerstreit Teil** einer **gesuchten** und **gewollten Steuergerechtigkeit** und nichts „Krankhaftes" ist, zitieren wir an dieser Stelle aus dem „Steuerstreit", 3. Aufl., von *Streck/Mack/Kamps*.[1]

---

1 Rz. 1–7, 3. Aufl. 2012.

„Der Steuerstreit dient dem Recht; er bezweckt Steuergerechtigkeit.[1] Steuergerechtigkeit kann man als ein rationales, einsichtiges Normen- und Wertesystem, hergeleitet aus Grundsätzen, dargestellt in Gesetzen, Urteilen und Literatur, begreifen.[2] Steuergerechtigkeit ist jedoch auch das Ergebnis einer dynamischen Auseinandersetzung zwischen den Belastenden und den Belasteten.[3] Da von einer allgemeinen und gesicherten Anerkennung rationaler, einsichtiger Grundsätze und hieraus abgeleiteter Normen im Steuerrecht keine Rede sein kann, ist es nur folgerichtig, dass das Streben nach Steuergerechtigkeit durch die Auseinandersetzung, den Steuerstreit, einen breiten Raum einnimmt.[4] Die Finanzverwaltung ist zur Steuererhebung verpflichtet. Jede Bürokratie entwickelt Eigendynamik mit Drang zur Ausdehnung. Dies führt bei der Finanzverwaltung in der Tendenz zur sich ständig steigernden Fiskalität. Soweit der Gesetzgeber hier keine Grenzen zieht, müssen Steuerbürger und ihre Berater sich der Verwaltung durch die Steuerstreitmittel erwehren, um die eigene Steuergerechtigkeit zu finden und zu sichern.[5] (...) Im

---

1 Vgl. *Rudolf von Ihering* (1818–1882), Der Kampf ums Recht, hier zitiert nach *von Ihering*, Der Geist des Rechts, Eine Auswahl aus seinen Schriften, 1965, 188: „Alles Recht in der Welt ist erstritten worden, jeder wichtige Rechtssatz hat erst denen, die sich ihm widersetzten, abgerungen werden müssen, und jedes Recht, sowohl das Recht eines Volkes wie das eines einzelnen, setzt die stetige Bereitschaft zu seiner Behauptung voraus ... Darum führt die Gerechtigkeit, die in der einen Hand die Waagschale hält, mit welcher sie das Recht abwägt, in der andern das Schwert, mit dem sie es behauptet. Das Schwert ohne die Waage ist die nackte Gewalt, die Waage ohne das Schwert ist die Ohnmacht des Rechts. Beide gehören zusammen, und ein vollkommener Rechtszustand herrscht nur da, wo die Kraft, mit welcher die Gerechtigkeit das Schwert führt, der Geschicklichkeit gleichkommt, mit der sie die Waage handhabt." Dazu heute auch *Kaspar*, Der Anwalt im Kampf ums Recht, JZ 1995, 746.
2 Vgl. das Steuerrechtslehrbuch von *Tipke/Lang* und das grundlegende Werk von *Tipke*, Die Steuerrechtsordnung, insbesondere die Vorworte.
3 „Mit der Verletzung der Rechte tritt an jeden Berechtigten die Frage heran: ob er es behaupten, dem Gegner Widerstand leisten, also kämpfen, oder ob er, um dem Kampfe zu entgehen, es im Stich lassen soll; diesen Entschluss nimmt ihm niemand ab." (*von Ihering*, a.a.O., Fn. 200).
4 Dies gilt nicht nur für die individuelle Steuergerechtigkeit, sondern auch für die historische Entwicklung des Steuerrechtsschutzes, der mühsam dem modernen Staat abgerungen werden musste (vgl. *Strutz*, Die Entwicklung des Steuerrechtschutzes, in Festgabe für *v. Schanz*, 1928, Bd. II, 223 ff., insbesondere 233 f.).
5 Auch auf die Gefahr hin, dass die Finanzverwaltung für diesen Streitaufwand kein Verständnis hat und jeden Rechtsstreit eher als unnütz und lästig empfindet. Vgl. hierzu die treffende Glosse „Ceterum censeo", FR 1985, 519: „Ein Regierungsdirektor schließt seinen ... Beitrag ... (BB 1985, 1957 f.) folgendermaßen: „Es bleibt nur zu hoffen, daß sich die Finanzgerichte dieser Meinung anschließen und nicht ... die Verwaltung in die nächste Instanz zwingen"... Von diesen Ausführungen inspiriert wird vorgeschlagen: 1. Grundlage allen Übels ist eine von der Verwaltungsauffassung abweichende Rechtsauslegung: Wer sich mit einem entsprechenden Vorhaben befasst, fällt dem Vorwurf „schändlichen Verhaltens" anheim ... Die zukünftige Kommentierungsarbeit soll nur noch von erfahrenen Verwaltungspraktikern versucht werden dürfen. 2. Fortführung des (o.a.) Übels in höherer Art liegt vor, wenn und soweit sich Richter gerade den o.a. Rechtsauslegungen anschließen. Diesen „Richtern" muss deutlich vor Augen gehalten werden, dass sie durch ihr Verhalten zur weiteren Belastung der Finanzgerichtsbarkeit beitragen und solcherdings ihren eigenen Berufsstand empfindlich schädigen ...".

Steuerstreit wird auf den ersten Blick über die materielle Gerechtigkeit nach materiellen Rechtsnormen entschieden. Verfahrensregeln haben dienende Funktion. Wo die materielle Gerechtigkeit – wie im Steuerrecht – unvollkommen ausgebildet ist, gilt diese Erkenntnis bei näherem Hinsehen nur eingeschränkt. Die Fiskalität der Finanzbehörden wird häufig in der Ausnutzung verfahrensrechtlicher Positionen sichtbar, und zwar auch bei „günstiger" Auslegung der materiellen Norm (Mitwirkungspflichtigen, Sanktionen, Hoheitsakte, Beweislast). Umgekehrt: Der Steuerbürger erstreitet sein Recht oft nicht durch die Vermittlung der Erkenntnis seiner Berechtigung, sondern durch den Einsatz der ihm (oft nur spärlich) zur Verfügung stehenden verfahrensrechtlichen Mittel."

VII. Kritik an der Compliance-Philosophie

1.35 Wir können in diesem Buch zu Tax Compliance nicht darüber hinwegsehen, dass es **gewichtige Kritik** an den **Anforderungen** von **Compliance-Systemen** gibt.

So wird darauf hingewiesen, dass das Vorantreiben von Compliance und Corporate Compliance letztlich dazu führt, dass die ureigenst dem Staat obliegende Kontrolle der Rechtswahrung „outgesourced", d.h. auf Privatunternehmer verlagert wird.[1] Der Staat entledigt sich der Pflicht, für die Einhaltung der von ihm geschaffenen Gesetze zu sorgen, und verlangt von den Adressaten der Gesetze nicht nur, die rechtlichen Gebote einzuhalten, sondern auch ein eigenes Kontrollsystem zu schaffen, dass dies so geschieht. Zum anderen mehren sich die Bedenken in Bezug auf die Folgen der Compliance-Systeme. Eingerichtete Compliance-Systeme umfassen in der Regel ein institutionelles System für Mitarbeiter, auf Rechtswidrigkeiten hinzuweisen. Dies ist eine vornehme und feine Umschreibung. Man kann auch sagen: Dem Denunziantentum wird nicht nur Vorschub geleistet; das Denunziantentum wird geradezu dem Mitarbeiter als Pflicht auferlegt. Ein Meister dieses Compliance-Systems war die katholische Kirche und die von ihr erfundene Inquisition. Eigentlich empfinden wir es heute als Fortschritt, dieses Denunziantentum mit Erfolg bekämpft zu haben und begrüßen, dass die Kirche der Inquisition ein Ende bereitet hat. In den Compliance-Strukturen erlebt es eine Wiedergeburt. Und wird dadurch angreifbar.[2]

Zudem werden Unternehmensüberlegungen zu Compliance derart vom Compliancemanagement beherrscht, dass der Eindruck entsteht, **Compliance** sei eine **Ordnung**, die **neben dem Recht** oder sogar **über dem Recht**, dieses Recht beherrschend, steht. Man muss nicht begründen, dass dies

---

[1] Vgl. *Wessing*, Compliance – oder wie sich der Staat aus der Kriminalprävention stiehlt, in FS für Volk, 867; *Streck*, StbJb. 2009/2010, 415 (436).
[2] Dazu ein Blick auf das bereits intensiv vorangetriebene Kontrolsystem in den USA. „Wenn Verpfeifen reich macht. Wer Betrügereien im Unternehmen ans Licht bringt, kann in Amerika auf eine stattliche Belohnung hoffen" (FAZ 19.5.2009); dazu weiter *Pent*, CCZ 2008, 69; *Reufels/Deviard*, CCZ 2009, 2001.

falsch und rechtswidrig ist. Compliance dient dem Recht, stützt es, aber ist keine Ordnung, die neben Compliance-Systemen steht und diese bestimmt.[1]

B. Betroffene Unternehmen und Gesellschaften

I. Grundsätzliches

Bereits ausgeführt wurde, dass Compliance-Überlegungen für **jedes Rechtssubjekt** gelten können, gleichgültig, ob dies natürliche oder juristische Personen sind, gleichgültig, ob diese ein Gewerbe betreiben oder nicht, und wichtig: gleichgültig ob ein großer Konzern oder ein kleines Unternehmen.[2] Da Tax Compliance ein Unterbegriff zu Compliance ist, gilt das Entsprechende auch für Tax Compliance. 1.36

In diesem Buch **grenzen** wir jedoch den **Kreis** der **Rechtssubjekte**, die wir behandeln wollen, **ein**. Dies schließt nicht aus, dass zum besseren Verständnis auch immer wieder auf andere Rechtssubjekte Bezug genommen wird.

II. Juristische Personen

Im Mittelpunkt dieses Buchs stehen die **juristischen Personen**. Hierzu zählen die **Kapitalgesellschaften** (Aktiengesellschaft, Kommanditgesellschaft auf Aktien, GmbH) und die **Genossenschaften**. Unsere Ausführungen beziehen sich sodann selbstverständlich auch auf die **Europäische Aktiengesellschaft** und die **Europäische Genossenschaft**. 1.37

Gegenstand von Tax Compliance-Geboten sind auch die **Versicherungs- und Pensionsvereine auf Gegenseitigkeit**. Hinzu kommen alle sonstigen juristischen Personen des privaten Rechts, d.h. insbesondere für **rechtsfähige Vereine** und **rechtsfähige Stiftungen**. 1.38

Vereine, die angesprochen werden sollen, sind insbesondere die **gemeinnützigen** Vereine, darunter die **Sportvereine**, aber auch die **Berufsverbände**, die i.d.R. in der Rechtsform des Vereins organisiert sind. Auch **nichtrechtsfähige Vereine** und **nichtrechtsfähige Stiftungen** können Compliance-Geboten unterworfen werden. Nach unserer Erfahrung veranlasst oft die Steuerfreiheit der gemeinnützigen Vereine und der Berufsverbände ein Übersehen der auch sie treffenden rechtlichen Pflichten. Bei gemeinnützi- 1.39

---
1 Vgl. *Hamm*, Compliance vor Recht, NJW 2010, 1322, der von der „Neigung von Unternehmen und Staatsanwälten (spricht), den modischen Begriff „Compliance" höher zu bewerten als Recht" (1336).
2 *Hauschka*, AnwBl. 2010, 629. Zur Bedeutung für den Mittelstand s. *Creed/Link*, BB 2016, 983.

gen Körperschaften ist das „Gefühl" verbreitet: „Weil wir Gutes tun, kann das Recht so streng nicht sein".

1.40 Dies gilt schließlich auch für die **öffentliche Hand**. Und hier insbesondere die **Betriebe gewerblicher Art**.

III. Unternehmerisch tätige Personengesellschaften und Einzelunternehmen

1.41 Tax Compliance-Gebote bieten sich auch an für alle **gewerblichen** Personengesellschaften (offene Handelsgesellschaften, Kommanditgesellschaften und Gesellschaften des bürgerlichen Rechts). Der Begriff der Gewerblichkeit ist hier im Sinne einer unternehmerischen Tätigkeit zu verstehen, sodass sich die Ausführungen auch auf **freiberuflich tätige Personengesellschaften**, auch auf die **Partnerschaft**, beziehen.

1.42 Dass sich schließlich auch **Einzelunternehmen** Compliance-Regeln unterwerfen können, haben wir im allgemeinen Teil gesagt. Tax Compliance-Systeme für gewerbliche Unternehmen können sich mithin auch auf gewerbliche Einzelunternehmen oder freiberufliche Einzelunternehmen beziehen.

C. Gesetzliche Pflichten und Sanktionen

I. Einleitung

1.43 Die Abgabenordnung erlegt dem Steuerpflichtigen eine **Vielzahl von Pflichten** auf. Auch die Finanzverwaltung treffen – natürlich – Pflichten. Im Folgenden soll der Schwerpunkt jedoch auf den Pflichten des Steuerpflichtigen liegen. Für die Einschätzung der Bedeutung der Pflichten ist wichtig:
– Welche steuerlichen Sanktionen folgen aus der Verletzung der Pflicht?
– Gibt es darüber hinaus steuerstrafrechtliche Sanktionen?
– Welche Abwehrstrategien kommen in Betracht?

Die nachfolgend erläuterten Pflichten sollen insbesondere unter diesen Aspekten beleuchtet werden.

II. Anzeigepflichten

1. Pflichtinhalt

1.44 Anzeigepflichten normiert die Abgabenordnung insbesondere in **§§ 137– 139 AO**.

Nach § 137 AO sind dem zuständigen **Finanzamt** und der zuständigen **Gemeinde** die Gründung, der Erwerb der Rechtsfähigkeit, die Änderung der Rechtsform, eine Verlegung der Geschäftsleitung oder des Sitzes und die Auflösung anzuzeigen. Die Frist beträgt einen Monat. Anzeigepflichtig sind nur Steuerpflichtige, die **nicht natürliche Personen** sind.

1.45

Nach § 138 AO sind dem **Finanzamt** und der **Gemeinde** Anzeigen über die Erwerbstätigkeit und von **Auslandsengagements** zu machen. Auch hier beträgt die Frist einen Monat. Zu melden sind insbesondere Eröffnungen, Verlegungen oder Aufgaben inländischer Betriebe oder Betriebsstätten. Auslandsengagements hat nur zu melden, wer seinen Wohnsitz, seinen gewöhnlichen Aufenthalt, seine Geschäftsleitung, seinen Sitz im Inland hat.

1.46

Zu **elektronischen Anzeigen** und Auskunftspflichten vgl. § 138 Abs. 1a und Abs. 1b AO.

1.47

§ 139 AO: Unternehmen, in denen **verbrauchsteuerpflichtige** Waren hergestellt oder gewonnen werden, und Unternehmen, bei denen besondere Verkehrsteuern anfallen, müssen die Eröffnung im Vorfeld bei der zuständigen Finanzbehörde (Finanzamt, Hauptzollamt) anmelden.[1]

1.48

2. Risiko- und Gefahrenbereiche
a) Steuerliche Sanktionen

Werden die vorgenannten Anzeige- bzw. Anmeldepflichten nicht erfüllt, sind die steuerlichen **Reaktionsmöglichkeiten** der Finanzverwaltung unterschiedlich.

1.49

Die Anzeige nach § 137 AO ist ohne konkrete Aufforderung abzugeben. Geschieht dies nicht, kann das Finanzamt die **Abgabe erzwingen**. Zunächst wird das Finanzamt zur Anzeige auffordern. Die Aufforderung ist ein Verwaltungsakt, der mit Einspruch und Klage angefochten werden kann. Geschieht dies, empfiehlt es sich, auch Aussetzung der Vollziehung zu beantragen. Andernfalls kann das Finanzamt die Aufforderung mit Zwangsmitteln durchsetzen (§§ 328 ff. AO).[2] Ist die Anzeige – selbst wenn verspätet – abgegeben, gibt es keine steuerliche Sanktion mehr für die Verspätung.

1.50

Die gleichen Erzwingungsmöglichkeiten stehen dem Finanzamt bei einer Missachtung der Anzeigepflicht nach § 138 AO[3] bzw. für die Missachtung der Anmeldepflicht nach § 139 AO zu.

1.51

---

1 Vgl. im Einzelnen *Cöster* in Koenig, AO[3], § 139 Rz. 4 ff. Beispiele: Herstellungsbetriebe für Bier, Tabak, Branntwein; Versicherungen.
2 Vgl. *Brandis* in Tipke/Kruse, § 137 AO Rz. 3 (Mai 2015).
3 Vgl. *Brandis* in Tipke/Kruse, § 138 AO Rz. 11 (Mai 2015).

b) Strafrechtliche Sanktionen

1.52 Ein **Verstoß** gegen die Anzeigepflicht nach **§ 137 AO** und **§ 138 Abs. 1 AO** löst keine eigene strafrechtliche Sanktion aus.

1.53 Anders ist die Verletzung der Anzeigepflicht gem. **§ 138 Abs. 2 AO** zu bewerten. Wird das Finanzamt nicht wie vorgeschrieben über Auslandsaktivitäten informiert, kann dies als **Ordnungswidrigkeit** verfolgt werden (§ 379 Abs. 2 Nr. 1 AO).[1]

1.54 Auch **Verstöße** gegen die **Anmeldepflicht** nach § 139 Abs. 1 AO können als Ordnungswidrigkeit verfolgt werden (§ 381 Abs. 1 Nr. 1 AO). Erforderlich ist, dass das jeweilige Verbrauchsteuergesetz oder die dazu erlassene Rechtsverordnung auf § 381 AO verweist (Beispiele: § 64 EnergieStG, § 24 BierStG, § 30 TabStG).

3. Risiko- und Gefahrenminimierung

1.55 Das Compliance-System muss die **Meldezuständigkeiten** und interne **Meldewege** festlegen. Außerdem muss es eine Kontrolle der erfolgten Meldungen geben. Geregelt sein muss außerdem ein **„Notfallszenario"** für den Fall, dass Meldungen **nicht fristgerecht** abgegeben wurden. Dies gilt insbesondere dort, wo die nicht erfolgte Anmeldung zur Einleitung eines Ordnungswidrigkeitsverfahrens führen kann. Es muss gewährleistet sein, dass im Falle nicht abgegebener Erklärungen diese umgehend nachgeholt werden. Auch hier muss klar sein, wer zuständig ist und wer gegebenenfalls das Unternehmen im Ordnungswidrigkeitsverfahren vertritt.

III. Buchführungs- und Aufzeichnungspflichten

1. Pflichtinhalt

1.56 Bestimmte Steuerpflichtige haben **Bücher und Aufzeichnungen** zu führen. Die Pflicht kann sich aus der Abgabenordnung direkt (§ 141 AO) oder aus anderen Gesetzen ergeben. § 140 AO transformiert außersteuerrechtliche Buchführungspflichten zu solchen des Steuerrechts. Die praktisch bedeutsamsten Buchungspflichten finden sich im Handelsrecht (§§ 238 ff. HGB). Danach sind vor allem Kaufleute buchführungspflichtig.

1.57 §§ 140 ff. AO enthalten keine abschließende Aufzählung. Daneben schreiben die Abgabenordnung und Einzelsteuergesetze **beweissichernde Aufzeichnungen** zu speziellen Zwecken und mit bestimmten Inhalten vor. So sieht das Umsatzsteuergesetz für innergemeinschaftliche Lieferungen besondere Erklärungs- und Aufzeichnungspflichten zur Durchführung des innergemeinschaftlichen Kontrollverfahrens vor.[2]

---

[1] *Brandis* in Tipke/Kruse, § 138 AO, Rz. 5 (Mai 2015).
[2] Vgl. *Drüen* in Tipke/Kruse, Vor § 140 AO Rz. 7 (Okt. 2012); vgl. auch § 90 Abs. 3 AO zu besonderen Aufzeichnungspflichten bei Verrechnungspreisen.

§§ 145, 146 AO enthalten **besondere Ordnungsvorschriften** über die Beschaffenheit der Buchführung und der Aufzeichnungen. Es gilt der Grundsatz der **vollständigen, richtigen, zeitgerechten und geordneten Buchführung** (§ 146 AO). Die Finanzbehörden können in Härtefällen Erleichterungen bewilligen (§ 148 AO). Zum Begriff der Buchführung vgl. im Übrigen § 238 Abs. 1 HGB.

1.58

Bücher und Aufzeichnungen sind im Geltungsbereich der Abgabenordnung, d.h. **im Inland**, zu führen und aufzubewahren (§ 146 Abs. 2 AO). Eine Ausnahme kann auf Antrag bei elektronischer Buchführung bewilligt werden (§ 146 Abs. 2a AO).[1]

1.59

2. Risiko- und Gefahrenbereiche

a) Zwangsmaßnahmen der Finanzverwaltung

Die Finanzbehörde kann dem Steuerpflichtigen, der seine Pflichten zur Buchführung nicht erfüllt, aufgeben, Bücher und/oder Aufzeichnungen zu führen und für den Fall der Zuwiderhandlung ein **Zwangsgeld** androhen und festsetzen. Es kann so z.B. die Vorlage der Bilanz erzwungen werden (allerdings nicht die nachträgliche Erstellung von Büchern und Aufzeichnungen). Ggf. kann auch ein Verzögerungsgeld festgesetzt werden, § 146 Abs. 2b AO.[2]

1.60

b) Schätzungsbefugnis der Finanzverwaltung

Grundsätzlich gilt, dass der **Besteuerung** die **Buchführung** und die **Aufzeichnungen** des **Steuerpflichtigen** zugrunde zu legen sind (§ 158 AO). Dies gilt allerdings nur, soweit nach den Umständen des Einzelfalls kein Anlass besteht, die sachliche Richtigkeit der Buchführung zu beanstanden (§ 158 AO).

1.61

Jenseits dieser Grenze, d.h. für den Fall, dass der Steuerpflichtige seinen Buchführungs- und Aufzeichnungspflichten nicht oder nur unvollständig nachkommt und Anlass zu Zweifeln an der sachlichen Richtigkeit besteht, kann die Finanzbehörde die **Besteuerungsgrundlagen schätzen** (§ 162 Abs. 2 Satz 2 AO). Es besteht damit die Gefahr, dass – je nach Grad des Zweifels – die **Steuerbelastung** unnötig **höher** ist als bei korrekter Buchführung.

1.62

c) Versagung von Begünstigungen

Die Gewährung gesetzlicher Steuervergünstigungen ist grundsätzlich zunächst nicht an die Ordnungsmäßigkeit der Buchführung gekoppelt. Die Inanspruchnahme von Vergünstigungen kann allerdings voraussetzen,

1.63

---

1 Zur Frage, inwieweit Einzeltätigkeiten (z.B. reines Kontieren der Belege) auch ohne Genehmigung ins Ausland ausgelagert werden können vgl. *Drüen* in Tipke/Kruse, § 146 AO Rz. 31 f. (Juni 2012).
2 *Drüen* in Tipke/Kruse, Vor § 140 AO Rz. 22 ff. (Okt. 2012).

dass der Steuerpflichtige die im Einzelfall erforderlichen Aufzeichnungen ordnungsgemäß erfüllt.[1]

Beispiele:
- Die **Steuerverschonung** bei steuerbegünstigten Körperschaften (§§ 51 bis 68 AO) setzt ordnungsgemäße Aufzeichnung i.S.v. § 63 Abs. 3 AO voraus.
- Ordnungsgemäße Buchführung ist Voraussetzung für den zollrechtlichen Vorzugsstatus eines zugelassenen Wirtschaftsbeteiligten.
- Besonderheiten weist auch das Umsatzsteuerrecht auf. So kann das Fehlen einer ordnungsgemäßen Rechnung nach § 14 UStG nicht durch Schätzung korrigiert werden.[2]

d) Verfolgung als Ordnungswidrigkeiten

1.64 Wer buchungs- oder aufzeichnungspflichtige Geschäftsvorfälle nicht oder in tatsächlicher Hinsicht unrichtig verbucht oder verbuchen lässt und dadurch ermöglicht, dass Steuereinnahmen verkürzt oder ungerechtfertigte Steuervorteile erlangt werden, handelt **ordnungswidrig** (§ 379 Abs. 1 Nr. 2 AO). Allerdings sanktioniert § 379 AO nur bestimmte Verstöße und nicht alle Unregelmäßigkeiten im Zusammenhang mit Buchungs- und Aufzeichnungspflichten.[3] Liegt Steuerhinterziehung (§ 370 AO) oder leichtfertige Steuerkürzung (§ 378 AO) vor, tritt die Ordnungswidrigkeit als Gefährdungsdelikt zurück (§ 21 OWiG).

1.65 Die Verletzung von **Aufzeichnungsvorschriften** der Verbrauchsteuergesetze ist eine Ordnungswidrigkeit (§ 381 AO).

e) Verfahren wegen Steuerhinterziehung

1.66 Allein die Verletzung der Pflichten zur ordnungsgemäßen Buchung und Aufbewahrung von Unterlagen verletzt **nicht** bereits den Tatbestand der Steuerhinterziehung (§ 370 AO). In der Praxis wird die Finanzverwaltung bei nicht ordnungsgemäßer Buchhaltung allerdings auch die **Hintergründe** dieser **Pflichtverletzungen prüfen**. Wird vermutet, dass mit den unrichtigen Aufzeichnungen die tatsächlichen Verhältnisse verschleiert und Steuern hinterzogen werden sollten, wird dies die Einleitung eines steuerstrafrechtlichen Ermittlungsverfahrens zur Folge haben.

f) Verzögerungsgeld

1.67 Hat der Steuerpflichtige seine elektronische Buchführung ausgelagert und wird er zur Rückverlagerung aufgefordert, ohne dem nachzukommen,

---

1 Vgl. *Drüen* in Tipke/Kruse, Vor § 140 AO Rz. 27 (Okt. 2012).
2 Weitere Beispiele: § 6b Abs. 4 Nr. 5 EStG; § 7a Abs. 8 EStG u.a.
3 So sind Belegfälschungen keine Ordnungswidrigkeiten i.S.v. § 379 AO, sondern Urkundenfälschungen, § 267 StGB; wer Buchführungsunterlagen (Aufzeichnungen, Abrechnungen, Belegnachweise, Bücher) vernichtet, beschädigt oder den Finanzbehörden zur Prüfung für steuerliche Zwecke vorenthält, erfüllt den Tatbestand der Urkundenunterdrückung (§ 274 StGB).

oder gibt es sonstige Verstöße, kann ein **„Verzögerungsgeld"** von 2.500 € bis 250.000 € festgesetzt werden (§ 146 Abs. 2b AO).

3. Risiko- und Gefahrenminimierung

Über das Compliance-System ist zu gewährleisten, dass die **Buchführungs-** und **Aufzeichnungspflichten korrekt** und **fristgerecht** erfüllt werden. Es ist zu regeln, wer die Buchungspflichten erledigt. Dies kann unternehmensintern geschehen. Es kann aber auch eine Auslagerung auf einen Dritten (z.B. Steuerberater) vorgesehen werden. In diesem Fall sind Regelungen über Auswahl, Einbindung, Information und auch Überwachung der Arbeit des Beraters zu treffen. 1.68

Angesichts der Gefahr der Festsetzung von **Verzögerungsgeld** (§ 146 Abs. 2b AO) sind **gesetzliche Vorgaben** sehr genau zu beachten, wenn eine elektronische Buchführung ins Ausland verlagert werden soll. Im Zweifel wird vor diesem Hintergrund die Entscheidung deshalb eher dahin gehen, die Buchführung im Inland zu belassen. 1.69

4. Schadensminimierung

Werden für die **Vergangenheit Fehler** der Buchführung festgestellt, kann dies bereits zu Steuerfolgen geführt haben. Bei Fehlern zu eigenen Lasten sind **Korrekturanträge** zu prüfen (z.B. Änderungsanträge nach §§ 164 Abs. 2, 173 Abs. 2 AO). Haben die nachträglich festgestellten Fehler in der Buchführung zu einer zu niedrigen Steuerfestsetzung geführt, sind die fehlerhaften Erklärungen und Angaben nach **§ 153 AO** zu korrigieren (solange noch keine Verjährung eingetreten ist). Geschieht dies pflichtwidrig nicht, kann der Tatbestand der Steuerhinterziehung erfüllt sein (§ 370 AO). 1.70

Hat das Finanzamt angesichts festgestellter Mängel in der Buchhaltung Schätzungsbescheide erlassen (§ 162 AO), muss geprüft werden, ob die Bescheide angefochten werden sollen. Grundsätzlich sind die Buchführung und die Aufzeichnungen des Steuerpflichtigen der Besteuerung zugrunde zu legen. Anderes gilt nur, soweit Anlass besteht, deren sachliche Richtigkeit zu beanstanden. Hier greift die **Schätzungsbefugnis** der Finanzverwaltung ein (§ 162 AO). Über Berechtigung und Ausgestaltung der Schätzungsbefugnis der Finanzverwaltung **werden in der Praxis häufig unterschiedliche Auffassungen vertreten**. Für die Finanzverwaltung ist es verlockend, in der Außenprüfung kurzerhand die Fehlerhaftigkeit der Buchführung festzustellen, um dann die Besteuerungsgrundlage zu schätzen. Hier ist im Einzelfall aber abzuwägen, welchen Beweiswert die Buchführung (trotz Fehlerhaftigkeit) hat und wie weit die Schätzungsbefugnis der Finanzverwaltung reicht. Auch die Art der Schätzungsmethoden[1] ist regelmäßig ein wichtiges Streitfeld. 1.71

Das Compliance-System muss hier Vorgaben enthalten und Zuständigkeiten festlegen, d.h., wer entscheidet – nach welchen Maßstäben –, ob 1.72

---
1 Vgl. *Seer* in Tipke/Kruse, § 162 AO Rz. 46 ff. (Mai 2014).

der Steuerstreit geführt wird? Auch die **Modalitäten des Streitverfahrens** sind zu bedenken. Führt das Unternehmen den Streit selbst oder werden externe Berater (Rechtsanwälte/Steuerberater) als Verfahrensbevollmächtigte oder Prozessvertreter eingeschaltet?

1.73 Hat die Finanzverwaltung ein **Verzögerungsgeld** nach § 146 Abs. 2b AO festgesetzt, wird man im Zweifel streiten, da die Vorschrift letztlich keinerlei Vorgaben für die Ausübung des Ermessens enthält. Die Festsetzung erfolgt durch Verwaltungsakt. Die Entscheidung – insbesondere auch die Ermessensentscheidung – muss begründet werden (§ 121 AO).

IV. Aufbewahrungspflichten

1. Pflichtinhalt

1.74 § 147 Abs. 1 AO regelt allgemein für das Steuerrecht, welche **Unterlagen aufzubewahren** sind. Es sind dies insbesondere Bücher und Aufzeichnungen, Inventare, Jahresabschlüsse, Lageberichte, Handels- und Geschäftsbriefe, Buchungsbelege und sonstige Unterlagen, soweit sie für die Besteuerung von Bedeutung sind.

1.75 Daneben können weitere **spezielle Aufzeichnungs- bzw. Aufbewahrungspflichten** bestehen, z.B. die Aufbewahrungspflichten für die sog. „Einkommensmillionäre". Steuerpflichtige, bei denen die Summe der positiven Einkünfte mehr als 500.000 € im Kalenderjahr beträgt, müssen die Aufzeichnungen und Unterlagen über die den Überschusseinkünften zugrunde liegenden Einnahmen und Werbungskosten sechs Jahre aufbewahren (§ 147a Abs. 1 AO). Spezielle Aufbewahrungspflichten gibt es auch im Umsatzsteuergesetz (z.B. Aufbewahrung von Rechnungen (§ 14b UStG).

1.76 Es gibt **keine einheitliche Aufbewahrungsfrist**. § 147 Abs. 3 AO nennt Fristen von zehn Jahren und von sechs Jahren. § 147a AO normiert für die „Einkommensmillionäre" eine Aufbewahrungsfrist von sechs Jahren, Rechnungen nach § 14b UStG müssen zehn Jahre aufbewahrt werden (§ 14b Abs. 1 Satz 1 UStG), Lohnkonten sind sechs Jahre aufzubewahren (§ 41 Abs. 1 Satz 9 EStG).

1.77 Zu dieser Unübersichtlichkeit der Fristenlänge tritt die **Schwierigkeit** ihrer **Berechnung** hinzu. Die „allgemeinen" Aufbewahrungsfristen gem. § 147 AO laufen nicht ab, soweit und solange die Unterlagen für Steuern von Bedeutung sind, für die die Festsetzungsfrist noch nicht abgelaufen ist (§ 147 Abs. 3 Satz 3 AO).[1] **Einzelvorschriften können** darüber hinaus

---

[1] Zu Recht daher die Kritik von *Drüen* in Tipke/Kruse, § 147 AO Rz. 54 (Mai 2013): De facto sind damit die „festen Aufbewahrungsfristen bedeutungslos und die Aufbewahrungspflicht bis auf den Sankt-Nimmerleins-Tag ausgedehnt. Das ist geschehen durch die Verbindung der Aufbewahrungspflicht mit der monströsen Regelung des § 171 AO. Durch § 171 AO wird nämlich erreicht, dass die Festsetzungsverjährung tatsächlich erst sehr spät und nur ausnahmsweise eintritt."

für spezielle Aufbewahrungspflichten (s. oben) eigene Verjährungsberechnungen vorsehen (z.B. § 147a AO).

Grundsätzlich kann die Aufbewahrung auch auf **Bild- oder Tonträgern** geschehen. Wichtigste Ausnahme ist der Jahresabschluss (§ 147 Abs. 2 AO).[1] Werden aufbewahrungspflichtige Unterlagen auf Bild- oder anderen Datenträgern aufbewahrt, muss der Datenzugriff nach § 147 Abs. 6 AO in vollem Umfang möglich sein (§ 146 Abs. 2a AO).

1.78

2. Risiko- und Gefahrenbereiche

Die Aufbewahrungspflicht ist Teil der Buchführungs- und Aufzeichnungspflichten. Unterlagen, die nicht aufbewahrt werden, können nicht nachgeprüft werden. Darum führen Verstöße gegen die Aufbewahrungspflichten zu den gleichen Rechtsfolgen wie Verstöße gegen die Buchführungsvorschriften (Rz. 1.60 ff.). In Frage kommen also Zwangsmaßnahmen, **Schätzungen** und straf- und bußgeldrechtliche Ahndung.[2]

1.79

Beachte: Werden aufbewahrungspflichtige Unterlagen nicht aufbewahrt, ist die Buchführung nicht ordnungsgemäß, die Finanzbehörde kann die Besteuerungsgrundlagen schätzen (§ 162 AO).

Auch im Hinblick auf Verstöße gegen Aufbewahrungspflichten kann das **Verzögerungsgeld** festgesetzt werden (§ 146 Abs. 2b AO). So kann ein Betrag von 2.500 € bis 250.000 € festgesetzt werden, wenn elektronische Aufzeichnungen außerhalb des Geltungsbereichs der AO aufbewahrt und nicht rechtzeitig zurückgeholt werden oder wenn der Datenzugriff nach § 147 Abs. 6 AO nicht korrekt gewährt wird.

1.80

Schätzungsbefugt ist die Finanzverwaltung auch, wenn Unterlagen letztlich nur „**versehentlich**" nicht lange genug aufbewahrt werden, weil keine Klarheit über die Länge der Aufbewahrungsfrist bestand. Zu Datenverlusten kann es insbesondere auch bei Wechseln im EDV-System kommen. Derjenige, der aufzubewahrende Unterlagen in der Form einer Wiedergabe auf einem Bildträger oder auf anderen Datenträgern vorlegt, ist verpflichtet, auf seine Kosten diejenigen Hilfsmittel zur Verfügung zu stellen, die erforderlich sind, um die Unterlagen lesbar zu machen. Hinzu treten die Verpflichtungen gem. § 147 Abs. 6 AO, wonach der Steuerpflichtige den Zugriff der Finanzverwaltung auf Daten und Datenverarbeitungssysteme im Rahmen der Außenprüfung ermöglichen muss. Geschieht dies nicht, droht das Verzögerungsgeld (§ 146 Abs. 2b AO).

1.81

3. Risiko- und Gefahrenminimierung

Das Compliance-System muss gewährleisten, dass – unternehmensbezogen – konkret Klarheit besteht, welche **Aufbewahrungspflichten** relevant sind. Zumindest muss festgelegt sein, wer diesen Katalog erstellt.

1.82

---

[1] Zu den Einzelerfordernissen vgl. *Drüen* in Tipke/Kruse, § 147 AO Rz. 34 (Mai 2013).
[2] *Drüen* in Tipke/Kruse, § 147 AO Rz. 63 (Mai 2013).

Das Gleiche gilt für **Aufbewahrungsfristen**. Angesichts dessen, dass es keine einheitliche Aufbewahrungsfrist gibt (Rz. 1.76 f.), werden im Zweifelsfall keine festen Termine für Aktenvernichtungen vorgesehen sein, sondern kann es jeweils nur Vernichtungen nach Einzelanweisungen geben.

1.83 Besondere Aufmerksamkeit wird das Compliance-System EDV-Umstellungen widmen. Hier muss schon bei der Planung berücksichtigt werden, dass Speicherung der Altdaten und Zugriffsmöglichkeiten sicherzustellen sind. Aus Steuersicht ist **kompatiblen** EDV-Neuerungen der Vorzug zu geben. Ist nach einem Systemwechsel das neue System nicht mit dem alten System kompatibel, muss wegen § 147 Abs. 6 AO für die digitale Außenprüfung das alte System für Prüfungszwecke vorgehalten werden, ebenso die alten Programme. Schließlich muss sichergestellt sein, dass es Personal gibt, das mit der alten und neuen EDV-Anlage umgehen kann.[1]

4. Schadensminimierung

1.84 Hat die Finanzverwaltung wegen eines Verstoßes gegen Aufbewahrungspflichten Steuerbescheide auf Schätzungsbasis erlassen (§ 162 AO), ist zu **entscheiden**, ob über die **Steuerfestsetzung gestritten** wird. Hier gelten die gleichen Überlegungen wie beim Streit um Schätzungsbescheide angesichts mangelhafter Buchführung (Rz. 1.71 f.).

1.85 Ist es angesichts von EDV-Umstellungen zu **Datenverlusten** gekommen, entscheidet der Einzelfall. Berücksichtigt man, dass bei betrieblichen EDV-Anlagen Wechsel nach drei bis fünf Jahren nicht unüblich sind, stehen gesetzliche Aufbewahrungsfristen von zehn Jahren, die sich de facto noch länger ausdehnen, in schwierigem Verhältnis.[2]

V. Abgabe von Steuererklärungen

1. Pflichtinhalt

1.86 Jeder Steuerpflichtige ist zur Abgabe von **Steuererklärungen verpflichtet**.[3] Auch die Steueranmeldung ist Steuererklärung.[4] **Wer** welche Steuererklä-

---

1 *Drüen* in Tipke/Kruse, § 147 AO Rz. 41a (Mai 2013).
2 Berechtigte Kritik daher von *Drüen* in Tipke/Kruse, § 147 AO Rz. 47 (Mai 2013): „Der Modernisierungsprozess von EDV-Anlagen und Programmen darf nicht einseitig zu Lasten des Steuerpflichtigen wirken, so dass insbesondere die Verhältnismäßigkeit des Datenzugriffs innerhalb der langen Aufbewahrungsfristen gewährt werden muss. Angesichts immer kürzerer Nutzungsdauern von Datenverarbeitungssystemen und häufigen Systemwechseln muss der Gesetzgeber eine Verkürzung der Aufbewahrungsfristen im Blick behalten. Für die Verkürzung besteht unseres Erachtens angesichts der immensen Archivierungslasten der Steuerpflichtigen ein verfassungsrechtlicher Impuls."
3 Zu den Sonderfällen Voranmeldung Umsatzsteuer und Lohnsteueranmeldungspflicht vgl. Rz. 2.18, 2.31 ff. und Rz. 2.199 ff.
4 Die Steueranmeldung ist eine Steuererklärung, in der aufgrund gesetzlicher Vorschrift die Steuer selbst zu errechnen ist (§ 150 Abs. 2 Satz 3 AO).

rungen abzugeben hat, bestimmen die Steuergesetze (§ 149 Abs. 1 Satz 1 AO).

Beispiele für Steuererklärungspflichten: § 25 Abs. 3 EStG (Einkommensteuererklärung); § 181 Abs. 2 AO (einheitliche und gesonderte Gewinnfeststellung); § 31 KStG (Körperschaftsteuererklärung); § 31 Erbschaftsteuergesetz (Erbschaftsteuererklärung); § 14a GewStG (Gewerbesteuererklärung); § 18 Abs. 1 und Abs. 3 UStG (Umsatzsteuererklärung).

Beispiele für Steueranmeldungen: § 18 Abs. 1 Satz 1, Abs. 3 Satz 1 UStG (Umsatzsteueranmeldung und -voranmeldung); § 41a Abs. 1 EStG (Lohnsteueranmeldung).

Die Pflichten zur Abgabe von Steuererklärungen bleiben auch dann bestehen, wenn die Finanzbehörde die Besteuerungsgrundlagen **geschätzt** hat (§ 149 Abs. 1 Satz 4 AO).   1.87

Steuererklärungen und Voranmeldungen sind regelmäßig innerhalb bestimmter **Erklärungsfristen** abzugeben. Soweit spezialgesetzlich nichts anderes vorgeschrieben ist, sind Steuererklärungen, die sich auf ein Kalenderjahr oder einen gesetzlich bestimmten Zeitpunkt beziehen, spätestens fünf Monate danach abzugeben (§ 149 Abs. 2 Satz 1 AO).[1]   1.88

Grundsätzlich sind Steuererklärungen nach amtlich **vorgeschriebenem Vordruck** abzugeben (§ 150 Abs. 1 Satz 1 AO). Einzelsteuergesetze können die Verpflichtung enthalten, Anmeldungen **elektronisch** abzugeben (Beispiele: Lohnsteueranmeldung (§ 41a Abs. 1 Satz 2 EStG) und Umsatzsteueranmeldung zu übermitteln (§ 18 Abs. 1 Satz 1 UStG).   1.89

Angaben in den Steuererklärungen sind **wahrheitsgemäß** „nach bestem Wissen und Gewissen" zu machen. Dies ist, wenn der Vordruck es vorsieht, schriftlich zu versichern (§ 150 Abs. 2 AO). Die Vorbereitung von Steuererklärungen kann **delegiert** werden. Klassischerweise werden hier Steuerberater eingeschaltet.   1.90

2. Risiko- und Gefahrenbereiche

a) Es wird keine Steuererklärung abgegeben

Gibt der Steuerpflichtige – absichtlich oder nicht – zu Unrecht keine Erklärung ab, kann die Erklärung nach §§ 328 ff. AO **erzwungen** werden (Androhung und Festsetzung von Zwangsgeld). Das Finanzamt ist auch berechtigt, sogleich zu schätzen. In der Praxis wird das Finanzamt meist zunächst darauf drängen, dass die Erklärung abgegeben wird.   1.91

Gegen denjenigen, der seiner Verpflichtung zur Abgabe einer Steuererklärung nicht oder nicht fristgemäß nachkommt, kann ein **Verspätungszuschlag** festgesetzt werden (§ 152 Abs. 1 Satz 1 AO). Der Verspätungszuschlag darf 10 % der festgesetzten Steuer oder des festgesetzten Messbetrags nicht übersteigen und höchstens 25.000 € betragen (§ 152 Abs. 2 Satz 1 AO). Die Festsetzung liegt im **Ermessen** des Finanzamts.   1.92

---

[1] Zu **Fristverlängerung** vgl. *Seer* in Tipke/Kruse, § 149 AO Rz. 11 ff. (Jan. 2012).

1.93 Es können sich **Haftungsgefahren** ergeben. Wer als gesetzlicher Vertreter eines Steuerpflichtigen, z.B. als GmbH-Geschäftsführer, nicht dafür Sorge trägt, dass rechtzeitig Steuererklärungen (insbesondere Lohnsteuer- und Umsatzsteuervoranmeldungen) abgegeben werden, setzt sich persönlichen Gefahren aus. Geht die Firma in die Insolvenz und fällt das Finanzamt mit seinen Steuerforderungen aus, kann der Geschäftsführer unter den Voraussetzungen der §§ 69, 34, 191 AO, persönlich in Haftung genommen werden.[1]

1.94 Wird keine Steuererklärung abgegeben, kann dies als versuchte oder vollendete **Steuerhinterziehung** zu werten sein (§ 370 AO).

b) Verspätete Abgabe von Steuererklärungen

1.95 Auch die – nur – **verspätete** Abgabe einer Steuererklärung kann den Tatbestand der **Steuerhinterziehung** erfüllen. § 370 Abs. 4 AO erwähnt als Verkürzung auch die bloße Verkürzung auf Zeit.

Allerdings: Wird – verspätet – die Steuererklärung abgegeben, ist dies regelmäßig eine **Selbstanzeige** (§ 371 Abs. 1 AO), tritt also Straffreiheit ein.

1.96 Verspätete Erklärungen **schieben** den **Beginn** der **Festsetzungsfrist heraus**: Ist eine Steuererklärung oder eine Steueranmeldung einzureichen, beginnt die Verjährung (erst) mit Ablauf des Kalenderjahres, in dem die Steuererklärung eingereicht wird (§ 170 Abs. 2 Nr. 1 AO).

c) Inhaltlich falsche Steuererklärung

1.97 Die Angaben in den Steuererklärungen müssen **wahrheitsgemäß** erfolgen (§ 150 Abs. 2 Satz 1 AO). Ist die Steuererklärung **vorsätzlich** falsch abgegeben und sind dadurch Steuern verkürzt, erfüllt dies den Tatbestand der **Steuerhinterziehung** (§ 370 Abs. 1 AO).

Ist der Fehler in der Steuererklärung nur **leichtfertig** begangen, kann dies eine **Ordnungswidrigkeit** sein (leichtfertige Steuerverkürzung, § 378 AO).

1.98 Entdeckt der Steuerpflichtige erst im nachhinein – aber vor Ablauf der Verjährungsfrist – Fehler in der Steuererklärung, muss er korrigieren (§ 153 AO). Unterbleibt dies, kann diese Untätigkeit jetzt Steuerhinterziehung sein (§ 370 AO).

1.99 Schwierig kann die Entscheidung sein, welche Sachverhalte dem Finanzamt in der Steuererklärung mitzuteilen sind, wenn aus Sicht des Steuerpflichtigen möglicherweise keine Steuerrelevanz vorliegt.

---

[1] Zu den Besonderheiten dieser Haftung, insbesondere zum Grundsatz der anteiligen Tilgung vgl. *Intemann* in Pahlke/König, AO², § 69 Rz. 94 ff.

Beispiel:
Es wurden Grundstücke verkauft. Der Steuerpflichtige selbst geht davon aus, die Voraussetzungen für gewerblichen Grundstückshandel lägen nicht vor und er teilt die Veräußerungen daher nicht mit. Der Weg ist nicht ganz ungefährlich. Erfährt die Finanzverwaltung später selbst von den Veräußerungen, kann das dazu führen, dass zunächst ein steuerstrafrechtliches Ermittlungsverfahren eingeleitet wird.

3. Risiko- und Gefahrenminimierung

Das Compliance-System legt fest, wer **unternehmensintern** für die **Vorbereitung** und **Abgabe** von **Steuererklärungen zuständig** ist. Es muss Gewissheit darüber bestehen, welche konkreten Steuererklärungspflichten und welche Fristen bestehen. Weiter muss gewährleistet sein, dass zu den Abgabefristen alle erforderlichen Informationen gesammelt und gebündelt sind, um in die Steuererklärungen einfließen zu können.   1.100

Sind **externe Berater** für die Erklärungsvorbereitungen eingeschaltet, sind zumindest stichprobenartige Überprüfungen vorzusehen. Für Privatpersonen bzw. steuerliche Laien mag es fraglich sein, ob sie ihre Berater überwachen müssen/können.[1] Im Unternehmensbereich gilt dies jedoch nicht. Das Compliance-System wird außerdem festlegen, wer für die Information des Beraters zuständig ist und wie die Informationsflüsse zum Berater organisiert und garantiert werden.   1.101

Inhaltlich wird das Unternehmen bzw. das Compliance-System äußersten Wert auf **korrekte Angaben** in den **Steuererklärungen** legen. Dazu gehört die Vorgabe, in steuerlichen Zweifelsfällen (Beispiel: Gewerblicher Grundstückshandel?) der Finanzverwaltung den vollen Sachverhalt mitzuteilen. Sodann kann – mit offenem Visier – um die eigene Rechtsmeinung gestritten werden.   1.102

VI. Wahrheitspflicht

1. Pflichtinhalt

Die Verpflichtung des Steuerpflichtigen, Erklärungen und Angaben der Finanzverwaltung wahrheitsgemäß vorzunehmen, zieht sich durch die **gesamte Abgabenordnung**:   1.103

§ 150 Abs. 2 AO: Die Angaben in Steuererklärungen (und Steueranmeldungen) sind wahrheitsgemäß nach bestem Wissen und Gewissen zu machen (§ 150 Abs. 2 Satz 1 AO).   1.104

§ 153 AO: Erkennt der Steuerpflichtige nachträglich vor Ablauf der Festsetzungsfrist, dass eine von ihm oder für ihn abgegebene Erklärung unrichtig oder unvollständig ist und dass es dadurch zu einer Verkürzung von Steuern kommen kann oder bereits gekommen ist, ist er verpflichtet,   1.105

---

1 Kritisch dazu *Seer* in Tipke/Kruse, § 150 AO Rz. 26 (Jan. 2012).

dies dem Finanzamt unverzüglich anzuzeigen und die erforderliche Richtigstellung vorzunehmen (§ 153 Abs. 1 Satz 1 AO).

Die Korrekturpflicht besteht nur, wenn der Steuerpflichtige tatsächlich den Fehler erkannt hat. **Erkennen-Müssen** reicht nicht aus. § 153 AO schafft auch keine Verpflichtung, nach Fehlern zu suchen.

1.106 Nach § 153 AO korrigiert werden muss nur dann, wenn die Angaben des Steuerpflichtigen falsch oder unvollständig waren und deshalb Steuer zu niedrig festgesetzt worden ist. Hat das **Finanzamt** dagegen **Steuern falsch festgesetzt**, weil es selbst einen Auswertungsfehler gemacht, also selbst einen Fehler begangen hat, besteht keine Korrekturpflicht.[1]

1.107 Entdeckt der **Steuerberater** nachträglich einen Erklärungsfehler, muss er nicht dem Finanzamt gegenüber korrigieren. Die Korrekturpflicht nach § 153 AO betrifft ausschließlich den **Steuerpflichtigen**. Dem Steuerberater ist es **versagt**, von sich aus gegen den Willen des Mandanten den Fehler anzuzeigen und eine Berichtigung vorzunehmen.[2] Korrekterweise wird er den Mandanten auf den Fehler hinweisen, der dann über die Berichtigung nach § 153 AO entscheiden wird.

1.108 Wird nach § 153 AO korrigiert, kann dies zugunsten eines Dritten strafbefreiend wirken (§ 371 Abs. 4 AO).

1.109 **§ 90 Abs. 2 Satz 3 AO**: Geschäftsbeziehungen in kooperationsunwillige „Steueroasen"-Länder: Der Steuerpflichtige hat nach Aufforderung der Finanzbehörde die Richtigkeit und Vollständigkeit seiner Angaben an Eides statt zu versichern (Rz. 1.117, Rz. 1.139).

2. Risiko- und Gefahrenbereiche

1.110 Wird **gegen Wahrheitspflichten verstoßen**, kann dies Steuerhinterziehung sein (§ 370 AO).

3. Risiko- und Gefahrenminimierung

1.111 **Voraussetzung** für die **Erfüllung** der **Wahrheitspflichten** ist, dass bei Abgabe der Erklärung und im gesamten Steuerverfahren alle relevanten Sachverhalte ermittelt und bekannt sind. Diese Informationsflüsse wird das Compliance-System installieren und gewährleisten.

---

[1] *Seer* in Tipke/Kruse, § 153 AO Rz. 10 (Juni 2012).
[2] *Seer* in Tipke/Kruse, § 153 AO Rz. 4 (Juni 2012).

VII. Mitwirkungspflichten

1. Pflichtinhalte

a) Mitwirkung bei der Sachverhaltsermittlung (§ 90 Abs. 1 AO)

§ 90 Abs. 1 AO formuliert zusammenfassend: „Die Beteiligten sind zur Mitwirkung bei der Ermittlung des Sachverhalts verpflichtet. Sie kommen der Mitwirkungspflicht insbesondere dadurch nach, dass sie die für die Besteuerung erheblichen Tatsachen vollständig und wahrheitsgemäß offenlegen und die ihnen bekannten Beweismittel angeben. Der Umfang dieser Pflicht richtet sich nach den Umständen des Einzelfalls". 1.112

Die Herrschaft über das Steuerverfahren liegt – trotz aller Mitwirkungspflichten des Steuerbürgers – beim Finanzamt. Die Mitwirkungspflicht des Steuerpflichtigen ist (lediglich) unentbehrliches Mittel zur Verwirklichung der Aufklärungspflicht des Finanzamts.[1]

Grundsätzlich muss der Steuerpflichtige (nur) die in seinem Lebens- und Verantwortungsbereich angesiedelten Tatsachen und Beweismittel offenbaren (sog. Sphärentheorie). Ihn trifft keine allgemeine Beweisvorsorgepflicht. Im Übrigen kann Mitwirkung vom Steuerpflichtigen stets nur soweit gefordert werden, wie sie zur Sachaufklärung notwendig, geeignet, erfüllbar, verhältnismäßig und zumutbar ist. 1.113

b) Mitwirkungspflichten bei (normalen) Auslandssachverhalten (§ 90 Abs. 2 AO)

Für **Auslandssachverhalte** normiert § 90 Abs. 2 AO eine **gesteigerte Mitwirkungspflicht** der beteiligten Steuerpflichtigen bei Sachverhaltsaufklärung und Beweismittelbeschaffung: Sie haben alle für sie bestehenden rechtlichen und tatsächlichen Möglichkeiten auszuschöpfen (§ 90 Abs. 2 Satz 1 und 2 AO). Ein Beteiligter kann sich später nicht darauf berufen, er habe Sachverhalte nicht aufklären oder Beweismittel nicht beschaffen können, wenn er sich nach Lage des Falles bei der Gestaltung seiner Verhältnisse die Möglichkeit hätte beschaffen oder einräumen lassen können (§ 90 Abs. 2 Satz 4 AO). Damit erweitert § 90 Abs. 2 AO die für den „Normalfall" (Inlandsfall) in § 90 Abs. 1 AO normierte Offenlegungspflicht für Auslandsfälle zu einer „Sachaufklärung durch den Beteiligten". Der Steuerpflichtige kann sich nicht darauf zurückziehen, Beweismittel lediglich zu benennen. Er hat sie – da sie sich im Ausland befinden und für die Finanzverwaltung dort unerreichbar sind – selbst zu beschaffen. 1.114

Werden **Zeugen** benannt, **die im Ausland ansässig** sind, müssen sie vom Steuerpflichtigen (als präsentes Beweismittel) gestellt werden.[2] 1.115

---
[1] Vgl. *Seer* in Tipke/Kruse, § 90 AO Rz. 1 (Aug. 2013).
[2] Vgl. *Seer* in Tipke/Kruse, § 90 AO Rz. 23 (Aug. 2013).

c) Gesteigerte Mitwirkungspflicht bei Geschäftsbeziehungen in kooperationsunwilligen „Steueroasen"-Ländern (§ 90 Abs. 2 Satz 3 AO)

1.116 **Sonderregeln** gelten über § 90 Abs. 2 Satz 3 AO bei Geschäftsbeziehungen und Beteiligungen in „**kooperationsunwilligen** Staaten". Das Finanzamt kann den Steuerpflichtigen mit entsprechenden Geschäftsbeziehungen auffordern, die Richtigkeit und Vollständigkeit seiner Angaben an Eides statt zu versichern. Der Steuerpflichtige kann weiter aufgefordert werden, die Finanzbehörde zu bevollmächtigen, in seinem Namen mögliche Auskunftsansprüche gegenüber den von der Finanzbehörde benannten Kreditinstituten außergerichtlich und gerichtlich geltend zu machen. Über diesen Zwang sollen die deutschen Finanzbehörden auch von Kreditinstituten, die in „Steueroasen"-Ländern residieren, Auskünfte wie im Inlandsverfahren erhalten können. Die Versicherung an Eides statt kann nicht nach § 328 AO erzwungen werden (§ 90 Abs. 2 Satz 3 AO).

1.117 Zu der Frage, welches die „Oasenländer" sind, hat das BMF zuletzt im Schreiben vom 5.1.2010 Stellung genommen.[1] Aktuell gibt (Stand: September 2015) es **keine Länder** auf der „schwarzen Liste", die in den Anwendungsbereich des § 90 Abs. 2 Satz 3 AO fallen.[2]

1.118 Unabhängig davon werden berechtigte **Zweifel** an der **Verfassungsmäßigkeit** des § 90 Abs. 2 Satz 3 AO geltend gemacht.[3] Es widerspreche sowohl dem rechtsstaatlichen Bestimmtheitsgebot als auch dem demokratischen Wesentlichkeitsprinzip, wenn die wesentliche Regelung, welche Länder als „Steueroasen"-Länder gelten, lediglich per BMF-Schreiben festgelegt werden sollen. Dem Steuerpflichtigen müsse klar sein, welche Geschäftsbeziehungen in welchen Staaten der Regelung überhaupt unterfallen. Dies muss zweckmäßigerweise bereits feststehen, wenn er in Geschäftsbeziehung zu diesen Ländern tritt. Diesen Erfordernissen entspricht die Regelung des § 90 Abs. 2 Satz 3 AO nicht.

d) Internationale Verrechnungspreise (§ 90 Abs. 3 AO)

1.119 § 90 Abs. 3 AO normiert besondere Dokumentationspflichten für **internationale Verrechnungspreise** (zu Einzelheiten vgl. § 90 Abs. 3 AO). Die Finanzbehörde soll die Vorlage von Aufzeichnungen in der Regel nur für die Durchführung einer Außenprüfung verlangen. Die Vorlage hat nach Anforderung durch die Außenprüfung innerhalb Frist von 60 Tagen zu erfolgen (soweit Aufzeichnungen über außergewöhnliche Geschäftsvorfälle vorzulegen sind, innerhalb von 30 Tagen). In begründeten Einzelfällen kann die Vorlagefrist verlängert werden.

---

[1] BMF v. 5.1.2010 – IV B 2 - S 1315/08/10001-09 – DOK 2009/0816912, BStBl. I 2010, 19.
[2] Auskunft über den jeweils aktuellen Stand gibt der zuständige Rat des BMF.
[3] Zutreffend *Seer* in Tipke/Kruse, § 90 AO Rz. 29 (Aug. 2013).

e) Mitwirkungspflichten des Steuerpflichtigen bei der Außenprüfung (§ 200 AO)

§ 200 AO fasst die **Mitwirkungspflichten** des Steuerpflichtigen bei der **Außenprüfung** zusammen. Der Steuerpflichtige hat danach bei der Feststellung der Sachverhalte, die für die Besteuerung erheblich sein können, mitzuwirken. Insbesondere hat er Auskünfte zu erteilen, Aufzeichnungen, Bücher, Geschäftspapiere und andere Urkunden zur Einsicht und Prüfung vorzulegen, die zum Verständnis der Aufzeichnungen erforderlichen Erläuterungen zu geben und die Finanzbehörde bei der Ausübung ihrer Befugnisse nach § 147 Abs. 6 AO zu unterstützen.

1.120

Die **Grenzen der Mitwirkungspflicht** werden dadurch bestimmt, dass die Mitwirkung notwendig, verhältnismäßig, erfüllbar und zumutbar sein muss.[1]

f) Sonderbestimmungen für die sog. „Einkommensmillionäre" (§ 147a AO)

Sonderregeln für die Aufbewahrung von Aufzeichnungen und Unterlagen gelten gem. § 147a AO für Steuerpflichtige, bei denen die Summe für die positiven Einkünfte nach § 2 Abs. 1 Nr. 4 bis 7 EStG (Überschusseinkünfte) mehr als 500.000 € im Jahr beträgt. Diese Steuerpflichtigen haben die Aufzeichnungen und Unterlagen über die den Überschusseinkünften zugrunde liegenden Einnahmen und Werbungskosten **sechs Jahre aufzubewahren**. Bei zusammenveranlagten Ehegatten gilt die Grenze von 500.000 € für jeden Ehegatten.

1.121

g) Digitale Außenprüfung (§ 147 Abs. 6 AO)

Gemäß **§ 147 Abs. 6 AO** kann das Finanzamt digitale Außenprüfungen durchführen. Dazu hat die Behörde das Recht, im Rahmen der Außenprüfung Einsicht in die gespeicherten Daten zu nehmen und das Datenverarbeitungssystem zur Prüfung dieser Unterlagen zu nutzen. Vom Steuerpflichtigen kann im Rahmen einer Außenprüfung verlangt werden, dass die Daten nach Vorgaben der Finanzverwaltung maschinell ausgewertet oder ihr die gespeicherten Unterlagen und Aufzeichnungen auf einem maschinell verwertbaren Datenträger zur Verfügung gestellt werden. Die Kosten, die dadurch verursacht werden, trägt der Steuerpflichtige (§ 147 Abs. 6 AO).

1.122

2. Risiko- und Gefahrenbereiche

a) Verletzung der Mitwirkungspflicht gem. § 90 Abs. 1 AO

Verletzt der **Steuerpflichtige** seine **Mitwirkungspflicht** nach § 90 Abs. 1 AO, hat das Finanzamt weiter zu ermitteln, soweit ihm dies möglich und zumutbar ist. Allerdings ist die Verletzung der Mitwirkungspflicht durch

1.123

---

1 *Tipke* in Tipke/Kruse, § 200 AO Rz. 25 (Nov. 2013).

den Steuerpflichtigen (mit allen anderen Umständen des Einzelfalls) frei zu würdigen. Über diesen Umweg kann die Verletzung der Mitwirkungspflichten zu negativen Steuerfolgen führen. Die Verletzung der Mitwirkungspflicht kann zu Lasten des Steuerpflichtigen die Beweismaßanforderungen herabsetzen (zu diesen Einzelheiten vgl. § 96 FGO).

b) Verletzung der Mitwirkungspflicht für Auslandssachverhalte (§ 90 Abs. 2 AO)

1.124 Muss sich der Steuerpflichtige vorwerfen lassen, sich nicht genug um Beweisbeschaffung und Beweisvorsorge bemüht zu haben, kann das Finanzamt **schätzen** (so ausdrücklich § 162 Abs. 2 Satz 1 AO).

c) Verletzung der gesteigerten Mitwirkungspflichten bei Geschäftsbeziehungen in „Steueroasen"-Ländern (§ 90 Abs. 2 Satz 3 AO)

1.125 Werden die **Pflichten** nach **§ 90 Abs. 2 Satz 3 AO** verletzt (d.h., es wird nicht die verlangte Versicherung an Eides statt abgegeben und es wird die Finanzbehörde nicht bevollmächtigt, bei ausländischen Kreditinstituten aufzutreten), so wird „widerlegbar vermutet, dass steuerpflichtige Einkünfte in Staaten oder Gebieten i.S.d. § 90 Abs. 2 Satz 3 vorhanden oder höher als die erklärten Einkünfte sind" (§ 162 Abs. 2 Satz 3 AO).[1]

d) Nichterfüllung der besonderen Mitwirkungspflichten bei Verrechnungspreisen (§ 90 Abs. 3 AO)

1.126 Verletzt der Steuerpflichtige seine Mitwirkungspflichten nach § 90 Abs. 3 AO, soll **widerlegbar zu vermuten sein**, dass seine im Inland steuerpflichtigen Einkünfte, zu deren Ermittlung die Aufzeichnungen i.S.d. § 90 Abs. 3 AO dienen, höher sind, als die von ihm erklärten Einkünfte (§ 162 Abs. 3 Satz 1 AO). Voraussetzung ist, dass Aufzeichnungen gem. § 90 Abs. 3 AO nicht vorgelegt bzw. in einem für das Finanzamt nach dessen Auffassung „unverwertbaren" Zustand vorgelegt worden sind. Gleiches gilt für den Fall, dass die Unterlagen zwar vorgelegt werden, aber nicht zeitnah erstellt wurden.

1.127 Bei sich daran anschließenden Schätzungen soll das Finanzamt den Schätzungsrahmen **zu Lasten** des Steuerpflichtigen ausschöpfen können.

1.128 Darüber hinaus drohen drastische Zuschläge (§ 162 Abs. 4 AO). **Legt** der **Steuerpflichtige** Aufzeichnungen i.S.d. § 90 Abs. 3 AO **nicht vor** oder sind diese Aufzeichnungen nach Einschätzung der Finanzverwaltung „im Wesentlichen unverwertbar", ist ein Zuschlag anzusetzen, und zwar i.H.v. 5.000 €. Allerdings beträgt der Zuschlag mindestens 5 % und höchstens 10 % des Mehrbetrags der Einkünfte, die sich nach der Berichtigung ergeben, wenn sich danach ein Zuschlag auf mehr als 5.000 € beläuft.

---

[1] Zur Kritik an dieser Regelung berechtigterweise *Seer* in Tipke/Kruse, § 90 AO Rz. 34 ff. (Aug. 2013).

Bei **verspäteter Vorlage** von verwertbaren Aufzeichnungen (!) beträgt der Zuschlag bis zu **1 Mio. €**, mindestens jedoch 100 € für jeden vollen Tag der Fristüberschreitung.

Von der Festsetzung eines Zuschlags ist abzusehen, wenn die Nichterfüllung der Pflichten nach § 90 Abs. 3 AO entschuldbar erscheint oder ein **Verschulden nur geringfügig** ist. Das Verschulden eines gesetzlichen Vertreters oder eines Erfüllungsgehilfen steht dem eigenen Verschulden gleich. Der Zuschlag ist regelmäßig **nach Abschluss der Außenprüfung** festzulegen (§ 162 Abs. 4 AO).

1.129

e) Nichterfüllung der Mitwirkungspflichten im Rahmen der Außenprüfung (§ 200 AO)

§ 200 AO normiert zunächst keine speziellen Konsequenzen für die Nichterfüllung der Mitwirkungspflichten in der Außenprüfung. Das Finanzamt kann schätzen (§ 162 AO). An versteckter Stelle gibt es im Gesetz jedoch eine Sanktion: Kommt der Steuerpflichtige der Aufforderung zur Erteilung von Auskünften oder zur Vorlage angeforderter Unterlagen i.S.d. § 200 Abs. 1 AO im Rahmen einer Außenprüfung innerhalb einer ihm bestimmten angemessenen Frist nach Bekanntgabe durch die zuständige Finanzbehörde nicht nach ... kann ein **Verzögerungsgeld von 2.500 € bis 250.000 € festgesetzt werden** (§ 146 Abs. 2b AO).

1.130

f) Verletzung der Pflicht zur Einräumung des Datenzugriffs nach § 147 Abs. 6 AO

Auch für diesen Fall kann gegen den Steuerpflichtigen nach § 146 Abs. 2b AO ein **Verzögerungsgeld** verhängt werden (2.500 € bis 250.000 €).

1.131

3. Risiko- und Gefahrenminimierung

a) Verletzung der Mitwirkungspflichten gem. §§ 90 Abs. 1, 200 AO

Für Steuerpflichtige, die **Außenprüfungen professionell vorbereiten** und **begleiten**, sind die gesetzlich normierten Mitwirkungspflichten in der Praxis größtenteils Selbstverständlichkeiten. Compliance-Richtlinien geben vor, dass jede Außenprüfung vom Unternehmen zu „begleiten" ist. Es werden dem Prüfer, wenn er im Unternehmen prüft, **Auskunftspersonen** oder eine Auskunftsperson zur Verfügung gestellt. Unterlagen etc. werden im Vorfeld der Prüfung zusammengestellt und dem Prüfer gegebenenfalls überlassen. Eigene Mitarbeiter, die mit dem Prüfer in Kontakt kommen, sind ebenfalls anzusprechen. Sie sind zu instruieren, nicht selbst als Gesprächspartner des Prüfers aufzutreten, sondern stets an den offiziellen „Ansprechpartner" des Unternehmens zu verweisen (benannte **Auskunftsperson** nach § 8 BpO).

1.132

Bei der Vorbereitung der Prüfung ist das Augenmerk auch darauf zu richten, ob es Anlässe für Nachmeldungen gem. § 371 AO gibt. Allerdings

1.133

sperrt gem. § 371 Abs. 2 Nr. 1a AO bereits die Bekanntgabe der Prüfungsanordnung die Selbstanzeige. Rechtzeitige Prüfung von Nacherklärungspflichten ist daher anzuraten.

1.134 Wie die Außenprüfung mit dem Druckmittel „**Verzögerungsgeld**" (§ 146 Abs. 2b AO), umgeht, bleibt abzuwarten. Hier ist Sensibilität von Seiten des Unternehmens angesagt. Voraussetzung für die Festsetzung eines Verzögerungsgeldes ist, dass dem Steuerpflichtigen zuvor eine „**angemessene Frist**" gesetzt worden ist.

1.135 Wichtig ist es, **Sensibilität zu zeigen**. Setzt der Prüfer im Laufe des Verfahrens eine Frist, ist dies intern sofort zu dokumentieren; ebenso die Umstände, die diese Fristsetzung begleiteten.

1.136 Die Festsetzung des Verzögerungsgeldes ist ein **Verwaltungsakt**. Er kann mit dem Einspruch angefochten werden.[1]

b) Verletzung der Mitwirkungspflicht für Auslandssachverhalte (§ 90 Abs. 2 AO)

1.137 Risikominimierung setzt hier bereits im Vorfeld an: Je klarer Auslandsbeziehungen gestaltet und dokumentiert sind, desto eher sind Streitigkeiten mit der deutschen Finanzverwaltung zu vermeiden.

c) Verletzung der gesteigerten Mitwirkungspflichten bei Geschäftsbeziehungen in „Steueroasen"-Ländern (§ 90 Abs. 2 Satz 3 AO)

1.138 Es gelten hier zunächst die gleichen **Risikominimierungs-Strategien**, wie vorstehend unter Rz. 1.132 ff. geschildert.

1.139 Im Übrigen stellt sich die Frage, ob sich der **Steuerpflichtige unabhängig** genug fühlt, Aufforderungen der Finanzverwaltung schnörkellos nachzukommen, d.h. die Eidesstattliche Versicherung abzugeben und die deutsche Finanzverwaltung zum Auftreten bei deutschen Banken zu bevollmächtigen. Auf einem anderen Blatt steht, ob der betroffene Steuerpflichtige nicht aus grundsätzlicher Überlegung heraus nicht bereit ist, auf unsicherer gesetzlicher Basis Eidesstattliche Versicherungen in die Welt zu setzen.

1.140 Zusätzlich werden hier die aktuellen Entwicklungen im Auge zu behalten sein, ob es dabei bleibt, dass die „**schwarze Liste**" leer bleibt?[2] Sollte sich die „schwarze Liste" doch wider Erwarten in der Zukunft **füllen**, wird der Ausgang von Rechtsbehelfsverfahren abzuwarten sein.

---

[1] Vgl. *Rätke* in Klein, AO¹², § 146 Rz. 95.
[2] Vgl. § 90 Abs. 2 Satz 3 AO, Rz. 1.117.

d) Nichterfüllung der besonderen Mitwirkungspflichten bei Verrechnungspreisen (§ 90 Abs. 3 AO)

Angesichts der in § 90 Abs. 3 AO dokumentierten Aufzeichnungs- und Vorlagepflichten liegen die Ansatzpunkte für eine Risikominimierung hier im Vorfeld: Maßgeblich ist die **Ausgestaltung** der tatsächlichen Verhältnisse und ihrer Dokumentation. Diese Vorgaben sind unabhängig von der Betriebsprüfung bei den tatsächlichen Abläufen zu berücksichtigen.

1.141

e) Organisation des Datenzugriffs gem. § 147 Abs. 6 AO

Über die Gefahren von Datenverlusten gerade beim Wechsel von EDV-Systemen war vorstehend bereits die Rede (vgl. Rz. 1.85). Sind die Anforderungen des § 147 Abs. 6 AO im Bewusstsein des Unternehmens, dürfte die Umsetzung im Regelfall erreichbar sein. Im Übrigen wird abzuwarten bleiben, ob § 146 Abs. 2b AO tatsächlich wirksame Grundlage sein kann, ein **Verzögerungsgeld** festzusetzen. Ggf. ist hier zu streiten.

1.142

VIII. Steuerzahlungspflicht

1. Pflichtinhalt

Steuern sind zu **entrichten**, sobald sie **fällig** sind. Die Fälligkeit richtet sich nach den Vorschriften der Einzelsteuergesetze. Fehlt dort eine Regelung, ist die Entstehung des Anspruchs oder der Ablauf einer im Leistungsgebot eingeräumten Zahlungsfrist maßgebend (§ 220 Abs. 2 AO). Bei Steueranmeldungen ist kein Leistungsgebot erforderlich, so dass die angemeldeten Beträge innerhalb der gesetzlich vorgeschriebenen Fristen zu entrichten sind. (Beispiel: Lohnsteueranmeldung, § 41a Abs. 1 Satz 1 Nr. 2 EStG). Üblicherweise bestimmen Steuerbescheide eine Zahlungsfrist von einem Monat.

1.143

Rechtsmittel (Einspruch/Klage) ändern an der **Fälligkeit** und damit an der Zahlungspflicht **nichts**. Erst Aussetzung der Vollziehung oder Stundung suspendieren die Zahlungspflicht.

1.144

Aussetzung der Vollziehung (§ 361 AO) kann nur beantragt werden, wenn der Steuerbescheid selbst angefochten, er also noch nicht bestandskräftig ist. Für eine Aussetzung der Vollziehung müssen ernstliche Zweifel an der Rechtmäßigkeit des Bescheids bestehen oder muss die Vollziehung für den Betroffenen eine unbillige, nicht durch überwiegende öffentliche Interessen gebotene Härte zur Folge haben (§ 361 Abs. 2 Satz 2 AO). Aussetzung der Vollziehung kann auch beim **FG** beantragt werden (§ 69 Abs. 3 FGO). Es muss jedoch vorher die Aussetzung der Vollziehung beim Finanzamt beantragt und von dort abgelehnt worden sein. Wird die Steuerforderung später nicht aufgehoben, sind **Aussetzungszinsen** (6 % im Jahr) zu zahlen (§ 237 AO).

1.145

1.146 Ein **Stundungsantrag** (§ 222 AO) bewegt sich inhaltlich auf anderer Ebene als der Aussetzungsantrag. Hier wird nicht der Bescheid inhaltlich angegriffen, sondern es soll die Fälligkeit herausgezögert werden, da die Einziehung bei Fälligkeit eine erhebliche Härte für den Schuldner darstellt und eine Stundung den Anspruch nicht gefährden würde (§ 222 AO). Stundungszinsen: 6 % (§ 234 AO).

2. Risiko- und Gefahrenbereiche

1.147 Werden fällige Steuerschulden nicht fristgerecht gezahlt, kann das Finanzamt **vollstrecken** (§§ 249 ff. AO). Außerdem fallen Säumniszuschläge an (1 % für jeden angefangenen Monat (§ 240 Abs. 1 AO)).

1.148 Nicht vorausgesehene Steuerforderungen gefährden **Liquiditätsplanungen**.

1.149 Geschäftsführer (und andere gesetzliche Vertreter gem. § 34 AO) können für Steuerschulden der Gesellschaft in **Haftung** genommen werden, wenn sie bei Fälligkeit der Steuerschuld an das Finanzamt nicht gezahlt wird und diese Nichtzahlung dem Geschäftsführer als Pflichtverletzung vorgeworfen werden kann (zu den Einzelheiten vgl. § 69 AO).

3. Gefahrenreduzierung

1.150 Compliance-Systeme müssen festlegen, dass und wie Steuerzahlungen in Unternehmens-**Liquiditätspläne** einbezogen werden. Vernetzungen, die diese Planungen ermöglichen, sind zu installieren.

1.151 **Eingehende Steuerbescheide** müssen sofort auf Rechtsmittel- und Zahlungsfristen geprüft werden, Fristen sind zu notieren. Es sind Zuständigkeiten für die materielle Prüfung des Bescheids sowie für die Entscheidung, ob die Steuerschuld zunächst gezahlt werden oder ob die Zahlungsfrist herausgeschoben werden soll (sei es durch Aussetzungsanträge, Stundungsanträge, Anträge auf Ratenzahlung etc.) festzulegen.

1.152 Wer als **potentieller Haftungsschuldner** in Frage kommt (z.B. GmbH-Geschäftsführer, §§ 69, 191 AO), wird zur Vermeidung eigener Haftungsgefahren bemüht sein, fällige Steuerzahlungen für die Firma an das Finanzamt zu leisten, auch wenn das Unternehmen sich in Liquiditätsschwierigkeiten befindet. Hat die Gesellschaft Umsatzsteuer zu zahlen, muss das Finanzamt zumindest quotal – in gleicher Weise wie die übrigen Gläubiger – befriedigt werden. Sind die Mittel bereits so beschränkt, dass beispielsweise die vollen Löhne, Lohnnebenkosten und Steuern nicht mehr abgeführt werden können, ist es zur Abwendung von Haftungsgefahren erforderlich, den zur Verfügung stehenden Gesamtbetrag so aufzuteilen und Lohnauszahlungsbeträge so zu reduzieren, dass aus den zur Verfügung stehenden Mitteln auch Sozialabgaben und Steuern gezahlt werden können.

D. Managing in Corporate Tax-Legal-Affairs

I. Finanzbehörden und Gemeinden

1. Gesetzliche Rahmenbedingungen

a) Finanzverwaltung, Finanzämter

Eine **Auflistung** der Finanzbehörden liefert § 6 AO i.V.m. §§ 1 ff. des Gesetzes über die Finanzverwaltung (FVG). 1.153

Oberste Finanzbehörde ist das **Bundesministerium der Finanzen**. Auf Landesebene stehen die **Finanzministerien** an oberster Stelle (Finanzminister und Finanzsenatoren der Länder). Mittelbehörden sind die **Oberfinanzdirektionen**. Örtliche Behörden sind die **Finanzämter**. Sie treten als Verwaltungsbehörden unmittelbar dem Bürger gegenüber auf. Für den Steuerpflichtigen ist wichtigste Finanzbehörde „**sein" örtliches Finanzamt**. 1.154

Jedes Finanzamt ist dreistufig organisiert. An der Spitze steht der **Vorsteher**. Darunter gliedert sich das Finanzamt in Sachgebiete; die einzelnen Sachgebiete werden von **Sachgebietsleitern** geführt. Die Arbeit liegt in der Hand von **Sachbearbeitern**, denen – im Einzelnen unterschiedlich – Mitarbeiter zur Seite gestellt sind. Der Vorsteher gehört in der Regel dem höheren Dienst an. Das Gleiche gilt überwiegend für die Sachgebietsleiter. Die Sachbearbeiter zählen – ebenso wie die Sachgebietsleiter im Übrigen – zum gehobenen, die Mitarbeiter regelmäßig zum mittleren Dienst. 1.155

Für die steuerliche Auseinandersetzung ist das besondere Sachgebiet „**Rechtsbehelfsstelle**", das bei den meisten Finanzämtern eingerichtet ist, von besonderer Bedeutung. Hier liegt die Bearbeitung von Einsprüchen und die Führung der gerichtlichen Verfahren. Es handelt sich um eine eigenständige Stelle mit **selbständiger Beurteilungskompetenz**, die zwischen die Prüfungsdienste oder die Veranlagung einerseits und das Finanzgericht andererseits tritt. Die Rechtsbehelfsstelle ist in der Regel als selbständige Instanz zu werten. Meist ist bei ihren Beamten eine höhere Sachkompetenz vorhanden. 1.156

Organisationsstruktur und **Organisationsablauf** sind bei den Finanzämtern durch gleichlautende Erlasse der obersten Finanzbehörden der Länder einheitlich geregelt.[1] Auch der **Ablauf des Besteuerungsverfahrens** ist erlassmäßig für alle Länder gleich.[2] Einheitlich geregelt ist hier ins- 1.157

---

[1] Vgl. Geschäftsordnung für die Finanzämter (FAGO) vom 16.11.2010, BStBl. I 2010, 1315; vgl. dazu sowie zum sog. „Elektronischen Managementsystem" *Seer* in Tipke/Kruse, § 85 AO Rz. 30 ff. (Mai 2013).

[2] Grundsätze zur Neuorganisation der Finanzämter und zur Neuordnung des Besteuerungsverfahrens (GNOFÄ), vgl. die gleichlautenden Erlasse der obersten Finanzbehörden der Länder vom 4.3.1981, BStBl. I 1981, 270; geändert mit Wirkung zum 1.1.1997, BStBl. I 1996, 1391; vgl. dazu *Seer* in Tipke/Kruse, § 85 AO Rz. 27 (Mai 2013).

besondere die Einteilung der Besteuerungsfälle in Fallgruppen, so dass auf diese Weise eine unterschiedliche Überprüfungsintensität ermöglicht ist.

1.158 Obwohl die Finanzverwaltung im Wesentlichen Ländersache ist, tritt die Finanzverwaltung dem Steuerbürger in bemerkenswerter organisatorischer **Geschlossenheit und Einheitlichkeit** gegenüber. In den Ländern ist die Verwaltung einheitlich **dreistufig** geordnet (Finanzamt – Oberfinanzdirektion – Finanzministerium bzw. Finanzsenator). Die Finanzämter ihrerseits (s. oben) sind dreistufig geordnet (Sachbearbeiter – Sachgebietsleiter – Vorsteher). Diese Einheitlichkeit ermöglicht es, sich in jedem deutschen Finanzamt schnell zurechtzufinden.

b) Sonstige Finanzbehörden

1.159 Dem Bundesfinanzministerium direkt unterstellt ist das **Bundeszentralamt** für Steuern. Die Aufgabenfülle dieses Amtes ist beachtlich (vgl. Aufgabenaufzählung in § 5 FVG).

1.160 Zu den Finanzbehörden gehören weiterhin insbesondere auch das **Zollkriminalamt**, die **Hauptzollämter** und die **Zollfahndungsämter**. Verordnungen der EG sprechen häufig von „Zollbehörden". Der Begriff „Zollbehörde" ist in Art. 4 Nr. 3 Zollkodex (ZK) definiert. Die Dienststellen der deutschen Zollverwaltung fallen auch unter diese Definition und sind damit sowohl Zoll- als auch Finanzbehörden.

c) Gemeinden

1.161 Die Gemeinden verwalten die Steuern, deren Aufkommen nach Art. 106 Abs. 6 GG den Gemeinden zusteht. Dies sind insbesondere die **Gewerbesteuer**, die Grundsteuer und Aufwandsteuern (Beispiele: Vergnügungsteuer, Hundesteuer, Getränkesteuer).

1.162 Die Befugnisse der Gemeinden im Festsetzungs- und Erhebungsverfahren ergeben sich aus den jeweiligen Einzelgesetzen. Den **Gewerbesteuermessbescheid** erlässt – als Grundlagenbescheid – das Finanzamt, § 184 AO. Hier, d.h. im Einspruchsverfahren gegen den Gewerbesteuerbescheid, ist auch ggf. um die Gewerbesteuer zu streiten.[1] Der **Gewerbesteuerbescheid** der Gemeinde ist bloßer Folgebescheid.[2] In den Aufgabenbereich der Gemeinden fallen damit insbesondere Fälligkeitsbestimmungen, Abrechnung von Vorauszahlungen, Stundung, Beitreibung und die Niederschlagung.

---

[1] Vgl. *Brandis* in Tipke/Kruse, § 184 AO Rz. 19 (Mai 2015).
[2] Zu den Rechtsmitteln gegen gemeindliche Gewerbesteuerbescheide vgl. *Brandis* in Tipke/Kruse, § 184 AO Rz. 20 (Mai 2015); zu dem Zuständigkeiten für Billigkeitsmaßnahmen vgl. *Brandis* in Tipke/Kruse, § 184 AO Rz. 10 (Mai 2015); *Seer* in Tipke/Kruse, vor § 347 AO Rz. 19 (Mai 2015).

2. Risiko- und Gefahrenbereiche

a) Regionale Unterschiede

Allein aufgrund regionaler Unterschiede kann es **Unterschiede in der Steuerbelastung** geben. **Beispiel**: Unterschiedliche Gewerbesteuersätze der Gemeinden. **Praktisch unterschiedliche Steuerbelastungen** können sich auch aufgrund unterschiedlicher landes- oder gebietspolitischer Vorgaben ergeben. So können Prüfungsdichte, Usancen für tatsächliche Verständigungen, praktisches Durchsetzungsverhalten der Finanzbehörden u.a. regional durchaus unterschiedlich sein. Und zwar nicht nur je nach Bundesland, selbst einzelne OFD-Bezirke oder Finanzämter können Eigenheiten entwickelt haben.

1.163

b) Sachliche Zusammenarbeit

Der Steuerpflichtige ist mit seinem örtlich zuständigen **Finanzamt auf Dauer verbunden**. Für das Funktionieren dieser Verbindung spielen sowohl **objektive** als auch **subjektive Kriterien** eine Rolle. Gibt es hier **Störungen**, kann dies de facto zu höherer Steuerbelastung führen bzw. zu Streitverfahren, die andernfalls vermeidbar gewesen wären. Dies gilt nicht nur für den **objektiven Bereich** der Rechtsanwendung.

1.164

Auch jenseits der strikten Rechtsanwendung gibt es für die Finanzverwaltung eine Vielzahl von **Stellschrauben** für die praktische Ausgestaltung des Steuerverhältnisses. **Beispiele**: Bereitschaft oder Nichtbereitschaft, sich tatsächlich zu verständigen, Intensität und Ausgestaltung von Betriebsprüfungen, Nachforschungsehrgeiz, Stundungsbereitschaft etc.

1.165

3. Risiko- und Gefahrenminimierung

a) Regionale steuerliche Unterschiede

Regionale Unterschiede können bei der **Standort- oder Wohnsitzwahl** ein Kriterium sein. Voraussetzung ist die **Kenntnis** regionaler Unterschiede und Ursachen. Wo Unterschiede objektiv vorliegen (z.B. Höhe der Gewerbesteuersätze), ist dies kein Problem. Soweit es um reine Fragen der Rechtsanwendung geht, gilt es, diese **zunächst zu ermitteln**. Sei es durch eigene Recherchen (z.B. der Rechtsabteilung), sei es durch die Einschaltung externer Berater mit Vor-Ort-Kenntnissen, Anfragen bei Verbänden etc.

1.166

Daraus ergibt sich das Erfordernis, eine generelle **interne Zuständigkeit** festzulegen, wer regionale Unterschiede und ihre Entwicklungen ermittelt und gegebenenfalls Konsequenzen für das Unternehmen vorschlägt.

1.167

b) Kontaktpflege mit den zuständigen Finanzbehörden

1.168 Für das optimale Funktionieren der Steuerbeziehung zum eigenen Finanzamt muss der Kontakt mit dem Finanzamt **gepflegt und nicht unnötig belastet werden**.

1.169 Grundvoraussetzung ist die korrekte **Erfüllung der steuerlichen Pflichten**. Für den Kontakt mit dem Finanzamt sind darüber hinaus feststehende kompetente **Ansprechpartner** zu bestimmen. Diese können aus dem Unternehmen, z.B. der Steuerabteilung, kommen. Es können aber auch externe Berater (Steuerberater, Wirtschaftsprüfer oder Rechtsanwälte) eingeschaltet werden.

1.170 Gibt es **mehrere Ansprechpartner**, müssen die **Kompetenzen** – auch für die Finanzverwaltung ersichtlich – klar abgegrenzt sein (z.B. hierarchisch, nach Steuerbereichen (z.B. Lohnsteuer u.a.)).

1.171 Erforderlich für die Personen, die als Ansprechpartner fungieren, ist – neben der Vertrautheit mit dem Steuerrecht – insbesondere auch die **Kenntnis von Organisation und Zuständigkeiten** innerhalb der Finanzverwaltung. Ansprechpartner auf Seiten der Finanzverwaltung müssen richtig ausgewählt, Organisationszusammenhänge einbezogen und Abhängigkeiten berücksichtigt werden, damit der Kontakt mit dem Finanzamt optimal ablaufen kann.

1.172 Nicht zu unterschätzen sind schließlich Fragen der **Taktik** und des **Stils** des Umgangs miteinander. Steuerstreite können hart, sollen aber **nie grob unsachlich** geführt werden. Dienstaufsichtsbeschwerden sind kein reguläres Streitmittel. Finanzbeamte reagieren sensibel auf persönliche Vorwürfe, die der Sache deshalb selten weiterhelfen. Wer das Unternehmen gegenüber der Finanzverwaltung vertritt, sollte mit diesen Regeln vertraut und zur Umsetzung bereit und in der Lage sein. Hierher gehört z.B. der Grundsatz, auch in bedeutsamen Verfahren regelmäßig die grundsätzlichen **Zuständigkeiten** zu berücksichtigen und nicht ohne Not im ersten Schritt den Vorsteher oder die Aufsichtsbehörden anzusprechen. Auch Versuche **politischer Einflussnahme** bewirken häufig das Gegenteil dessen, was gewünscht ist.

4. Schadensabwehr-Minimierung

1.173 Die geschilderten Möglichkeiten der Risiko- und Gefahrenminimierung sind wichtig, da **Versäumnisse** häufig später nur **schwer korrigierbar** sind: Ist die Finanzverwaltung einmal überzeugt, das Unternehmen mit besonders kritischem Blick im Auge halten zu müssen, gibt es gegen diesen „kritischen Blick" kaum Möglichkeiten der Gegenwehr, da die Wege des Finanzamts regelmäßig legal und nicht angreifbar sind (z.B. verstärkte Prüfungsintensität, zurückgeschraubte Einigungsbereitschaft etc.). Für das Unternehmen ist dies misslich. Zeit und Energie werden unnötig gebunden.

Überschreitet das Finanzamt von sich aus Grenzen der Objektivität, ist **Gegenwehr** juristisch möglich (Befangenheitsanträge etc.). Dies ist zwar die deutliche Ausnahme. Dem Steuerpflichtigen und seinen Vertretern müssen diese Maßnahmen der Gegenwehr allerdings bekannt sein. Im Regelfall werden Streite mit der Finanzverwaltung nach „verdorbener" Stimmung auf der sachlichen Verfahrensebene ausgefochten, d.h. über den Einspruch oder die Anrufung des FG.

1.174

II. Steuererklärungen

Die Steuergesetze normieren eine **Vielzahl von Steuererklärungspflichten**. Abzugeben sind die Erklärungen regelmäßig auf amtlichen Formularen und innerhalb festgelegter Fristen. In Einzelsteuergesetzen ist jedoch bereits die Verpflichtung zur elektronischen Abgabe von Steueranmeldungen begründet worden (Rz. 1.89). Pflichtverstöße werden sanktioniert. Bei Nichtabgabe kann das Finanzamt schätzen (Rz. 1.91).

1.175

III. Bestandskraft und Einspruchsverfahren

1. Gesetzliche Rahmenbedingungen

a) Bestandskraft

Ein Steuerbescheid ist bestandskräftig, wenn er **unanfechtbar** ist, wenn Rechtsmittel, also Einspruch oder Klage, nicht mehr eingelegt werden können. Der Streit soll abgeschlossen sein, die Regelung im Steuerbescheid endgültig.

1.176

Der bestandskräftige Bescheid ist daher **nicht** mehr änderbar. Ausnahmen gelten nur, soweit Änderungsvorschriften dies konkret erlauben, z.B. §§ 172 ff. oder §§ 130 f. AO, oder wenn der Bescheid unter **Vorbehalt der Nachprüfung** steht oder **vorläufig** ist (vgl. dazu nachfolgend, Punkt V.). Selbst diese Änderungen sind aber nur noch möglich, solange keine **Verjährung** eingetreten ist.

1.177

Ob die Bestandskraft für den Steuerpflichtigen positiv ist oder nicht, hängt vom Einzelfall ab. Gegen die „**Friedensfunktion**" steht die Tatsache, dass der Steuerpflichtige ab Bestandskraft die Möglichkeit verliert, an positiven Rechtsprechungsentwicklungen (z.B. Feststellung der Verfassungswidrigkeit einer Regelung) teilzuhaben. Sorgfältig betont die Finanzverwaltung bei positiven Rechtsprechungsänderungen etc., dass bestandskräftige Bescheide nicht mehr zugunsten des Steuerpflichtigen änderbar sind. Vor diesem Hintergrund ist jede Bestandskraft letztlich ein **Geschenk des Steuerpflichtigen an den Staat**.

1.178

Spätestens mit Eintritt der Bestandskraft kann die Finanzverwaltung aus dem Bescheid **vollstrecken**, es muss gezahlt werden. Aussetzung der Voll-

1.179

ziehung kann nur gewährt werden, solange Einspruch, Klage, Nichtzulassungsbeschwerde oder Revisionsverfahren laufen.

1.180 Ist der Bescheid bestandskräftig, kann die Zahlungsfrist nur noch über **Stundung** (§ 222 AO) oder **Vollstreckungsaufschub** modifiziert werden.

b) Einspruchsverfahren

1.181 Soll um einen Steuerbescheid gestritten werden, muss zunächst **Einspruch** beim Finanzamt eingelegt werden. Das FG kann erst angerufen werden, wenn das Finanzamt den Einspruch abgelehnt hat (§ 44 FGO).

1.182 Die **Modalitäten** des Einspruchsverfahrens regeln §§ 355 ff. AO. Der Einspruch ist innerhalb eines **Monats** nach Bekanntgabe des Steuerbescheids schriftlich einzulegen. Er muss nicht unterschrieben sein. Die Einlegung kann auch per Telefax geschehen. Nach Zugangseröffnung durch die Finanzbehörde kann der Einspruch elektronisch übermittelt werden.[1] Die Einspruchs-E-Mail bedarf zu ihrer Wirksamkeit **nicht einer elektronischen Signatur**. Für die Zeit ab dem 1.8.2013 ergibt sich das aus dem Gesetz, § 357 Abs. 1 Satz 1 AO. Auch in der Zeit davor war der Einspruch mit einfacher E-Mail zulässig, d.h. ohne eine qualifizierte elektronische Signatur. Voraussetzung war und ist allerdings stets, dass die Finanzbehörde einen Zugang für die Übermittlung elektronischer Dokumente eröffnet hat.[2]

1.183 Der Einspruch alleine hindert nicht die **Zahlungspflicht**. Dazu muss zusätzlich Antrag auf **Aussetzung der Vollziehung** gestellt werden (§ 361 AO). Der Antrag ist zunächst beim zuständigen Finanzamt zu stellen. Die Anrufung des Finanzgerichts (§ 69 Abs. 3 FGO), ist nur zulässig, wenn zuvor das Finanzamt die Aussetzung abgelehnt hat. Voraussetzung für die Aussetzung der Vollziehung ist, dass ernstliche Zweifel an der Rechtmäßigkeit des angefochtenen Bescheids bestehen.

2. Risiko- und Gefahrenbereiche

a) Fristversäumnisse

1.184 Soll ein Steuerbescheid angefochten werden, muss dies innerhalb **Monatsfrist** (§ 355 Abs. 1 AO) geschehen. Ist die Frist verpasst, ist der Bescheid grundsätzlich bestandskräftig und nicht mehr änderbar geworden.[3]

---

1 § 87a Abs. 1 Satz 1 AO. Zur Frage, ob die Einspruchs-E-Mail zu ihrer Wirksamkeit einer elektronischen Signatur bedarf, vgl. verneinend, *Seer* in Tipke/Kruse, § 357 AO Rz. 8 (Mai 2015).
2 Vgl. dazu aktuell BFH v. 13.5.2015 – III R 26/14, DStR 2015, 1922; sowie *Seer* in Tipke/Kruse, § 357 AO Rz. 8 (Mai 2015).
3 Zur Wiedereinsetzung vgl. § 110 AO.

b) Fehlerhafte Entscheidung über die Einspruchseinlegung

Ist ein Steuerbescheid ergangen, ist zu entscheiden, ob Einspruch eingelegt werden soll oder nicht. Dafür ist nicht nur die Frage der **inhaltlichen Richtigkeit des Bescheids** maßgeblich, sondern spielen **viele Aspekte** eine Rolle. Wird hier die falsche Entscheidung getroffen, d.h. wird insbesondere kein Einspruch eingelegt, wird der Bescheid bestandskräftig und treten die festgesetzten Steuerfolgen ein, werden Belastungen akzeptiert, die verhinderbar gewesen wären.

1.185

c) Nicht optimale Durchführung des Einspruchsverfahrens

Die Erfolgsaussichten eines Einspruchsverfahrens hängen von vielen **Details der Streitführung** ab. Ein unprofessionell handelnder Verfahrensvertreter wird mit Sicherheit die Chancen, dass das Finanzamt Ermessensentscheidungen zugunsten des Steuerpflichtigen ausübt, nicht steigern; nicht förderlich für einen optimalen Verfahrensabschluss wird es ebenfalls sein, wenn der Einspruchsführer selbst das Ziel des Einspruchsverfahrens nicht vorab klar definiert hat.

1.186

3. Risiko- und Gefahrenminimierung

a) Fristenkontrolle

Um Fristversäumnisse auszuschließen (insbesondere die Monatsfrist für den Einspruch), muss die **Fristenkontrolle** streng geregelt sein. Eingangskontrolle, Fristnotierung und Fristüberwachung sind strikt festzuschreiben. Darüber hinaus muss – im Streitfall problemlos nachweisbar – feststehen, wer nach welchen inhaltlichen Vorgaben im Rahmen der Fristenkontrolle tätig ist und in welcher Form laufend Kontrollen dieser Organisation stattfinden.

1.187

Geregelt sein müssen – neben der Fristenkontrolle – sodann die **weiteren Wege**, die der Bescheid zu nehmen hat, damit über die Frage, ob Einspruch einzulegen ist, rechtzeitig inhaltlich entschieden wird. Geregelt sein muss also durch die **Compliance-Vorschriften**, wem der Bescheid nach dem Eingang und der Fristnotierung zur weiteren Veranlassung, Prüfung und Entscheidung vorzulegen ist.

1.188

b) Kenntnis der Korrekturmöglichkeiten nach verpasster Einspruchsfrist

Die Compliance-Organisation muss das **Szenario einer versäumten Einspruchsfrist** enthalten: Bietet ein Wiedereinsetzungsantrag (§ 110 AO) Erfolgsaussichten? Hier ist insbesondere die Monatsfrist im Rahmen des Wiedereinsetzungsverfahrens (§ 110 Abs. 2 AO) zu beachten. Die Organisation muss festlegen, wem diese Prüfung sowie Veranlassung und Durchführung des Wiedereinsetzungsverfahrens obliegt.

1.189

In gleicher Hand sollte – konsequenterweise – auch die weitere Prüfung liegen, ob zur „Schadensbegrenzung" nicht auch andere Wege beschritten

1.190

werden können, z.B. Änderungsanträge nach § 164 Abs. 2 oder § 165 AO. Schließlich wird diese Prüfung abgerundet durch den genauen Blick darauf, ob im Ausnahmefall die Einspruchsfrist nicht länger als einen Monat lief (vgl. z.B. Jahresfrist bei unterbliebener Belehrung, § 356 Abs. 2 AO).

c) Sicherstellung der inhaltlichen Prüfung jedes Steuerbescheids

1.191 Zu den wesentlichen Kriterien, ob gegen einen Bescheid Einspruch eingelegt werden soll oder nicht, gehört die Frage, ob der Bescheid **inhaltlich** und **formal korrekt** ist. Zu den formalen Kriterien gehören beispielsweise Formfragen wie Verjährung, Zustellung oder Änderungsnormen.

1.192 Um diese **Kontrolle** zu **gewährleisten**, gehört zu den Compliance-Regeln die Bestimmung über die unmittelbare Weiterleitung eingegangener Steuerbescheide an die zur Inhaltskontrolle zuständige Person. Diese Person muss eindeutig bestimmbar sein. Ihre fachliche Kompetenz ist Grundvoraussetzung.

1.193 Ist die Einschaltung eines **externen Beraters** vorgesehen, müssen auch hier die Versendungswege festgelegt sein. Außerdem wird die Compliance-Organisation definieren, wer unternehmensintern für die **Auswahl des Beraters** erforderlich ist und nach welchen Kriterien und zu welchen Konditionen sie jeweils erfolgen soll. Möglicherweise gibt es auch Beraterlisten.

d) Angemessene Berücksichtigung taktischer Überlegungen

1.194 Unabhängig von der Frage der inhaltlichen Richtigkeit eines Steuerbescheids können für die Entscheidung, ob Einspruch eingelegt wird oder nicht, auch **taktische Überlegungen** maßgeblich sein. Ist beispielsweise ein Steuerstrafverfahren anhängig, das die bescheidmäßig festgesetzte Steuer betrifft, muss im Hinblick auf dieses Strafverfahren regelmäßig Einspruch eingelegt werden, allein aus dem Grund, im Strafverfahren nicht den Eindruck des Zugeständnisses zu erwecken.

1.195 Bei der Entscheidung, ob Einspruch einzulegen ist, genügt es deshalb nicht, den Blick auf Kriterien wie Richtigkeit oder Nichtrichtigkeit des Bescheids zu richten, sondern ist zu gewährleisten, dass „**Umfeldfragen**" wie die vorstehenden miteinbezogen und die jeweiligen Ansprechpartner im Unternehmen in den Compliance-Ablaufplänen benannt sind.

e) Liquiditätsfragen miteinbeziehen

1.196 Wird ein Bescheid bestandskräftig, d.h., wird entschieden, keinen Einspruch einzulegen, bleibt es bei der **Fälligkeit** von **Steuernachforderungen** und damit bei akuten Zahlungspflichten. Hinausgezögert werden kann dies allenfalls durch Stundungsanträge (§ 222 AO) oder den Antrag auf Vollstreckungsaufschub.

Diese Konsequenz ist bei der Frage, ob Einspruch eingelegt werden soll oder nicht, unternehmensintern zu berücksichtigen. Nur wenn Einspruch eingelegt wird, ist der **Antrag auf Aussetzung** der Vollziehung zulässig. Wird etwa nur Änderungsantrag nach § 164 oder § 165 AO gestellt, kann keine Aussetzung der Vollziehung beantragt werden. 1.197

Compliance-Abläufe werden daher zur Entscheidung, **ob Einspruch einzulegen** ist oder **nicht**, entsprechend unternehmensinterne Vernetzungen vorsehen, damit die Entscheidung über den Steuerstreit an dieser Stelle auf die finanziellen bzw. liquiditätsmäßigen Bedürfnisse und Möglichkeiten des Unternehmens abgestimmt werden kann. 1.198

f) Bestimmung der Zuständigkeit für Streitverfahren mit dem Finanzamt

Im Unternehmen werden Einspruchsverfahren häufig durch die Rechtsabteilung geführt. Die Vertretung kann auch auf externe Berater delegiert werden. Compliance-Regeln bestimmen, in welchen Fällen, nach welchen Kriterien und zu welchen Konditionen **Berater eingeschaltet** oder zugezogen werden sollen und wer für diese Entscheidung unternehmensintern zuständig ist. 1.199

g) Zieldefinition

Für die bestmögliche Durchführung des Einspruchsverfahrens muss das Verfahrensziel festgelegt und im Bewusstsein des Prozessvertreters verankert sein: **Wie** und **worum** soll **gestritten** werden? Geht es darum, die Steuernachforderung strikt auf null zu reduzieren? Dient der Einspruch (nur) der Vorbereitung eines wirtschaftlich vernünftigen Einigungsergebnisses? Ist Hintergrund des Einspruchsverfahrens ein anhängiges Steuerstrafverfahren oder geht es letztlich nur darum, z.B. aus Liquiditätsgründen Zeit zu gewinnen? 1.200

Alle diese Aspekte haben unmittelbaren Einfluss auf die **Art** der **Streitführung**. Compliance-Regeln berücksichtigen dies und bestimmen insbesondere die Person desjenigen, der über den Einspruch entscheidet und die Kriterien, die er seiner Entscheidung zugrunde legt. 1.201

IV. Vorbehalt der Nachprüfung und Vorläufigkeit

1. Gesetzliche Rahmenbedingungen

a) Vorbehalt der Nachprüfung (§ 164 AO)

Das Finanzamt kann Steuern unter dem **Vorbehalt der Nachprüfung** festsetzen (§ 164 Abs. 1 Satz 1 AO). Solange der Vorbehalt wirksam ist, kann die Steuerfestsetzung aufgehoben oder geändert werden. Und zwar sowohl zugunsten des Steuerpflichtigen, der jederzeit Aufhebung oder Änderung beantragen kann, als auch zugunsten des Finanzamts. 1.202

1.203 Der Vorbehalt erstreckt sich stets **auf den gesamten Bescheid** und bleibt bestehen, bis er entfällt. Er entfällt automatisch, wenn die **Festsetzungsfrist** abläuft (§ 164 Abs. 4 AO). Der Vorbehalt der Nachprüfung hemmt nicht den Ablauf der Verjährung. Das Finanzamt kann allerdings auch von sich aus – oder auf Antrag – den Vorbehalt der Nachprüfung **aufheben**. Wird ein Vorbehaltsbescheid geändert und hebt der **Änderungsbescheid** nicht ausdrücklich den Vorbehalt auf, gilt er fort.

b) Vorläufigkeit (§ 165 AO)

1.204 Das Finanzamt kann Steuerbescheide mit **Vorläufigkeitsvermerk** erlassen (§ 165 AO). Voraussetzung ist, dass ungewiss ist, ob die Voraussetzungen für die Entstehung einer Steuer eingetreten sind. Dies ist insbesondere der Fall, wenn es **Musterverfahren** beim Gerichtshof der Europäischen Gemeinschaften (EuGH), dem BVerfG (BVerfG) oder einem obersten Bundesgericht, insbesondere beim BFH, gibt, bei denen Streitgegenstand die Vereinbarkeit eines Steuergesetzes mit höherrangigem Recht ist bzw. soweit die Auslegung eines Steuergesetzes Gegenstand eines Verfahrens bei dem BFH ist.

1.205 Anders als der Vorbehalt der Nachprüfung, der sich auf den gesamten Steuerbescheid bezieht, erfasst der Vorläufigkeitsvermerk **nur Teile des Bescheids**. Umfang und Grund der Vorläufigkeit müssen deshalb vom Finanzamt stets angegeben werden. Im Übrigen hemmt die Vorläufigkeit die **Verjährung**: Ist die Steuer vorläufig festgesetzt, endet die Festsetzungsfrist insoweit nicht vor dem Ablauf eines Jahres, nachdem die Ungewissheit beseitigt ist und die Finanzbehörde hiervon Kenntnis erhalten hat (§ 171 Abs. 8 AO). Auch das unterscheidet die Vorläufigkeit von der Vorbehaltsveranlagung (§ 164 Abs. 2 Satz 1 AO).

1.206 Wird ein mit Vorläufigkeitsvermerk versehener **Steuerbescheid geändert**, bleibt die Vorläufigkeit bestehen, solange sie nicht ausdrücklich aufgehoben wird.[1]

2. Risiko- und Gefahrenbereiche

1.207 Bei Bescheiden, die unter Vorbehalt der Nachprüfung (§ 164 AO) oder vorläufig (§ 165 AO) ergehen, handelt es sich zunächst um „normale" Steuerbescheide. Es ist zu **entscheiden**, ob **Einspruch** eingelegt werden soll. Insofern gelten die gleichen Überlegungen wie vorstehend zu Punkt III.

1.208 Allerdings: Anders als bei den „normalen" Steuerbescheiden können (jenseits der §§ 173 ff. AO) **Änderungsanträge** gestellt werden (§ 164 Abs. 2 AO und § 165 Abs. 2 AO). Es ist aber **nicht** risikolos, vor diesem Hintergrund auf den **Einspruch** zu **verzichten** und stattdessen auf Änderungsanträge in der Zukunft zu setzen. Im Vergleich zum Einspruch ist dies nachteilig, weil Aussetzung der Vollziehung nur gewährt werden kann,

---

[1] Vgl. *Rüsken* in Klein, AO, 12. Aufl. 2014, § 165 Rz. 49.

solange der Bescheid noch nicht bestandskräftig ist, d.h. insbesondere soweit Einspruch eingelegt ist.

Gefährlich ist außerdem, dass der Vorbehalt der Nachprüfung (anders als der Vorläufigkeitsvermerk) den **Ablauf** der **Verjährung** nicht hindert. Weiterhin ist der Einspruch i.d.R. **günstiger** für den Steuerpflichtigen, da der Vorläufigkeitsvermerk den Bescheid nur ganz punktuell, d.h. soweit die Vorläufigkeit reicht, für Änderungen offen hält.

1.209

3. Risiko- und Gefahrenminimierung

Compliance-Regeln müssen dazu führen, dass bei **Bescheiden** unter **Vorbehalt der Nachprüfung** oder mit **Vorläufigkeitsvermerk** trotzdem die Möglichkeit für einen Einspruch geprüft und **nicht vorschnell** auf den **Einspruch verzichtet** wird. Insbesondere geschieht dies durch die Auswahl und Benennung der Person, die über die Einspruchseinlegung entscheidet und ihre sachliche Kompetenz.

1.210

Die Tatsache, dass Änderungsanträge nach § 164 Abs. 2 oder § 165 AO keine Aussetzung der Vollziehung erlauben, muss aus der Sicht des Unternehmens nicht zwingend immer ein Nachteil sein, der zum Einspruch führt. Die Compliance-Regeln werden interne Vernetzungen vorschreiben zur Frage der **Liquiditätslage bzw. Finanzplanung** des Unternehmens. Es wird dort zu fragen sein, ob Steuerzahlungen zunächst geleistet werden können bzw. sollen. Für den Fall, dass diese Frage bejaht wird, braucht es keinen Aussetzungsantrag und kann unter diesem Aspekt die Bestandskraft unter Umständen akzeptiert werden.

1.211

Entscheidet sich das Unternehmen, einen Bescheid unter Vorbehalt der Nachprüfung bestandskräftig werden zu lassen und gegebenenfalls später einen Änderungsantrag zu stellen, erfordert dies zwingend eine organisierte **Fristenkontrolle**, damit garantiert ist, dass Änderungsanträge rechtzeitig gestellt werden.

1.212

Wird bei einem Steuerbescheid mit Vorläufigkeitsvermerk mit Blick auf die Möglichkeit eines Änderungsantrags nach § 165 AO auf den Einspruch verzichtet, muss organisationsmäßig festgelegt sein, dass und von wem die **Entwicklung** des „vorläufigen Punktes" verfolgt und im Auge behalten wird.

1.213

Ist ein Steuerbescheid im Hinblick auf ein **Musterverfahren** beim Bundesfinanzhof zur Auslegung eines bestimmten Steuergesetztes vorläufig ergangen, muss das Musterverfahren sorgfältig im Auge behalten werden: Die **Ungewissheit endet**, d.h. die Verjährungsfrist läuft weiter (!), sobald feststeht, dass die Finanzverwaltung die Grundsätze der Entscheidung des Bundesfinanzhofs über den entscheidenden Einzelfall hinaus allgemein anwenden will. Außerdem können nach Musterentscheidungen Einsprüche durch **Allgemeinverfügung** zurückgewiesen werden (§ 367 Abs. 2b AO). Das Nichtergehen einer individuellen Entscheidung wird nur sehr rudimentär dadurch ausgeglichen, dass sich in diesen Fällen die Klagefrist

1.214

verlängert, und zwar auf ein Jahr nach Bekanntgabe der Allgemeinverfügung (vgl. § 367 Abs. 2b Satz 5 AO).

V. Klage vor dem Finanzgericht/Verwaltungsgericht

1. Gesetzliche Rahmenbedingungen

a) Klageverfahren vor dem Finanzgericht

1.215 Voraussetzung für die Anrufung des Finanzgericht ist (s. oben Rz. 1.181 ff.) die Durchführung des **Einspruchsverfahrens** beim Finanzamt, Ausnahme: Sprungklage (§ 45 FGO).

1.216 Anders als beim Einspruchsverfahren ist das **Klageverfahren nicht kostenlos**. Mit Einreichung der Klage werden vier Gerichtsgebühren (berechnet nach dem Mindeststreitwert von 1.500 €) fällig.[1] Wird die Klage vor dem Schluss der mündlichen Verhandlung **zurückgenommen**, ermäßigt sich die Gebühr zwar von vier auf zwei Gebühren (KV Nr. 6111); entgegen früherer Rechtslage gibt es aber keine gänzlich kostenlose Klagerücknahme mehr. Im Übrigen kann die Klagerücknahme selbstverständlich teurer werden als 110 €: Sofern der tatsächliche Streitwert der Klage über dem zunächst angesetzten Mindeststreitwert von 1.500 € liegt, kann auch die auf zwei Gebühren ermäßigte Gebühr deutlich über 110 € liegen.

1.217 Es gibt **keine Pflicht**, sich vor dem Finanzgericht durch einen Bevollmächtigten (Rechtsanwalt, Steuerberater etc.) **vertreten zu lassen**.[2]

1.218 Gerichte der Finanzgerichtsbarkeit sind die **FG** und der BFH in München. Die FG entscheiden in erster Instanz, der BFH ist zuständig für Revisionen und Beschwerden. Ein Berufungsverfahren gibt es nicht. Urteile der FG können nur mit der Revision angegriffen werden (§ 115 FGO). Voraussetzung ist, dass das FG oder auf Beschwerde (Nichtzulassungsbeschwerde) der BFH die Revision zugelassen hat.

1.219 Angesichts des kurzen Instanzenwegs kommt der **Prozessführung** im finanzgerichtlichen Verfahren große Bedeutung zu. Soll Klage eingelegt werden, ist dies innerhalb der **Klagefrist** von einem Monat ab Bekanntgabe der Einspruchsentscheidung (§ 47 FGO) erforderlich. Mit der Klage ist der Bescheid in Gestalt der Einspruchsentscheidung anzugreifen. Klagen können auch per **Fax** eingelegt werden. Bezüglich der Übermittlung per **E-Mail** gelten Sonderregeln. In jedem Fall ist stets eine qualifizierte elektronische Signatur erforderlich.[3] Der Klage soll der angefochtene Bescheid und die **Einspruchsentscheidung** – in Kopie – beigefügt werden (§ 65 Abs. 1 Satz 4 FGO).

---

1 Das ist ein Betrag von 284 €. Ergibt sich aus der Klageschrift bereits ein höherer Streitwert als 1.500 €, ist die Gebühr nach diesem Wert zu bemessen.
2 Anders ist die Rechtslage erst beim BFH, vgl. dazu sogleich unter Rz. 1.244.
3 Guten Aufschluss über die Verfahrensmodalitäten geben die Homepages der Finanzgerichte; vgl. auch BFH v. 13.5.2015 – III R 26/14, DStR 2015, 1922.

Für die **Klagebegründung** ist dringend zu beachten: Gemäß § 76 FGO gilt im finanzgerichtlichen Klageverfahren zwar der Untersuchungsgrundsatz: „Das Gericht erforscht den Sachverhalt von Amts wegen". Tatsächlich werden die Pflichten des Gerichts, zu denen auch die Sachaufklärungspflicht gehört, jedoch durch die **Mitwirkung des Klägers** bestimmt bzw. durch die Mitwirkung der Parteien. Die notwendigen Ermittlungen, so die ständige Rechtsprechung des BFH, müssen sich aus dem Vorbringen des Klägers ergeben. Sachvortrag und Beweisantritten darf daher nicht weniger Sorgfalt gewidmet werden als im Zivilprozess: Keinesfalls darf der Untersuchungsgrundsatz zur eigenen Untätigkeit verleiten und dazu die Sachverhaltsaufklärung dem FG überlassen.

1.220

Der Kläger hat das Recht auf **Akteneinsicht** (§ 78 FGO). Die Gerichtsakten und alle dem Gericht vorgelegten Akten können eingesehen werden. Hierzu zählen regelmäßig auch die Arbeitsakten des Außenprüfers, d.h. die Bp.-Handakten. Unbefriedigend ist, dass im finanzgerichtlichen Verfahren Akten nicht in das Büro des Prozessbevollmächtigten geschickt werden. Einsicht ist **beim Finanzgericht** zu nehmen. Ist der Gerichtsort weiter entfernt, werden die Akten allerdings problemlos an das nächstgelegene FG zur Einsicht gesandt. Es gibt keinen Anspruch auf vollständige Abschriften. Die Beteiligten können sich (nur) auf ihre Kosten durch die Geschäftsstelle Abschriften erteilen lassen (§ 78 Abs. 1 Satz 1 FGO).

1.221

Die Akteneinsicht kann wertvolle Hinweise für das Streitverfahren liefern. Häufig können aus Vermerken und Notizen in den Steuerakten **Begründungsansätze** für das Klageziel gewonnen werden. Soweit es um Förmlichkeiten geht, ist der Blick in die Originalurkunden in der Akte sinnvoll.

1.222

Die FGO sieht als Regelfall die **mündliche Verhandlung** vor. Will das Finanzgericht mündlich verhandeln, hat der Kläger keine Möglichkeit, dies zu verhindern. In den meisten Fällen geht die Vorstellung des Finanzgerichts jedoch in die entgegengesetzte Richtung, hält es also eine mündliche Verhandlung für verzichtbar.

1.223

Der Kläger und das Finanzamt können auf die mündliche Verhandlung **verzichten**. Wird ein Verfahren engagiert geführt, wird der Prozessbevollmächtigte allenfalls im Ausnahmefall auf die mündliche Verhandlung verzichten. Anders als in vielen Zivilverfahren **wird tatsächlich verhandelt**. Es entscheidet regelmäßig der volle Senat (drei Richter und zwei ehrenamtliche Richter, § 5 Abs. 3 FGO). Es gibt wenige mündliche Verhandlungen, in denen nicht lebendig verhandelt und erörtert wird.

1.224

Unter den Voraussetzungen des § 6 FGO kann der Streit auf einen Richter des Senats als **Einzelrichter** übertragen werden. Bei einer Anfrage des Gerichts zur Übertragung auf den Einzelrichter sollten in der Regel Bedenken geltend gemacht werden. Selten liegen die Voraussetzungen des § 6 Abs. 1 FGO zwingend vor. Darauf kann das Gericht hingewiesen werden.

1.225

1.226 Die mündliche Verhandlung ist öffentlich. Die **Öffentlichkeit** kann jedoch auf Antrag des Klägers ausgeschlossen werden, § 52 FGO. Die Sorge vor der Öffentlichkeit muss folglich nicht zu einem Verzicht auf die mündliche Verhandlung führen.

1.227 Besonders zu beachten in der mündlichen Verhandlung: Kommt es nach dem Klägervortrag auf Sachverhaltsermittlungen und Beweismittel an, gilt es, diese in der mündlichen Verhandlung im Auge zu behalten. Erhebt das Gericht angebotene Beweise in der mündlichen Verhandlung nicht (hört es beispielsweise Zeugen nicht, die der Kläger benannt hat), muss zwingend in der Verhandlung reagiert werden. Schweigen auf unterlassene Ermittlungen des FG gilt als **Verzicht auf die Beweisanträge (sog. Rügeverzicht)**. Bei unterlassenen Sachverhaltsermittlungen des FG muss daher in der Verhandlung stets **ausdrücklich zu Protokoll** erklärt werden, dass alle **unerledigten Beweisanträge aufrechterhalten bleiben**. Außerdem muss vorsorglich die Übergehung der Anträge als **Verfahrensfehler** gerügt werden. Auch dies gehört in das Protokoll. Versäumt der Berater die Abgabe dieser Erklärungen bzw. verhandelt er rügelos weiter, wird sein Schweigen als Verzicht gewertet; der vom Gericht begangene Verfahrensverstoß kann nicht als Verfahrensfehler beim BFH gerügt werden.[1] Eine Ausnahme gilt nur, wenn sich die weitere Sachaufklärung dem Finanzgericht auch ohne Beweisanträge „**aufdrängen**" musste.[2]

1.228 Das FG entscheidet grundsätzlich durch **Urteil** (§§ 95 ff. FGO). Ob gegen das Urteil Revision eingelegt werden kann, hängt davon ab, ob das Finanzgericht die Revision zugelassen hat. **Schweigen** zu dieser Frage im Urteil **bedeutet Nichtzulassung**. Der Weg zur Revision muss in diesem Fall erst mit der Nichtzulassungsbeschwerde (§ 116 FGO) erkämpft werden.

b) Klageverfahren vor dem Verwaltungsgericht

1.229 Im Steuerstreit ist der Streit vor dem Verwaltungsgericht (VerwG) die **deutliche Ausnahme** und beschränkt sich in der Praxis auf den Streit um Grund- und Gewerbesteuer. Das Verfahren richtet sich nach den Regeln der **VwGO**.

2. Risiko- und Gefahrenbereiche

1.230 Hat das Finanzamt auf einen Einspruch hin eine Einspruchsentscheidung erlassen, ist zu **entscheiden**, ob Klage eingelegt wird. Geschieht dies nicht, wird der Bescheid bestandskräftig. Damit bestehen hier die gleichen Risiko- und Gefahrenbereiche wie an der Schnittstelle Steuerbescheid/Einspruchseinlegung (Verweis daher auf die obigen Ausführungen unter Rz. 1.184 ff.).

---

1 Ständige Rechtsprechung, vgl. BFH v. 28.6.2006 – III B 119/05, BFH/NV 2006, 1844.
2 BFH v. 7.4.2003 – V B 28/02, BFH/NV 2003, 1195.

3. Risiko- und Gefahrenminimierung

Die Entscheidungsprozesse und Organisationsvorgaben entsprechen im Wesentlichen ebenfalls denen an der Schnittstelle Steuerbescheid/Einspruchsverfahren (Verweis daher auf die vorstehenden Ausführungen unter Rz. 1.187 ff.). 1.231

Compliance-Regeln werden daher **Vorgaben zur Prozessvertretung** enthalten bzw. werden Maßstäbe vorgeben, unter welchen Umständen oder in welchen Fällen Berater als Prozessvertreter einzuschalten sind. Sinnvoll kann es auch sein, Maßstäbe für Auswahl und Honorierung von Beratern festzuschreiben. 1.232

VI. Verfahren vor dem Bundesfinanzhof/Bundesverwaltungsgericht

1. Gesetzliche Rahmenbedingungen

a) Verfahren vor dem BFH

aa) Nichtzulassungsbeschwerde

Grundsätzlich entscheidet das Finanzgericht den Steuerstreit endgültig. **Revision** kann nur eingelegt werden, wenn das Finanzgericht im Urteil die Revision ausdrücklich zugelassen hat. Ist dies im Urteil nicht geschehen, kann nur **Nichtzulassungsbeschwerde** mit dem Ziel eingelegt werden, um die Zulassung der Revision zu erreichen. 1.233

Während beim Finanzgericht (erste Instanz) grundsätzlich kein Vertretungszwang besteht, muss sich vor dem BFH jeder Beteiligte **vertreten lassen**. Dabei dürfen als Bevollmächtigte nur Rechtsanwälte, Steuerberater, Steuerbevollmächtigte, Wirtschaftsprüfer oder vereidigte Buchprüfer auftreten. Zur Vertretung berechtigt sind auch die sog. Berufsgesellschaften im Sinne des Steuerberatungsgesetzes. 1.234

Die Nichtzulassungsbeschwerde ist **fristgebunden**. Sie ist innerhalb eines Monats nach Zustellung des Urteils einzulegen. Die Begründung kann innerhalb von zwei Monaten nach Zustellung des vollständigen Urteils nachfolgen. Diese Frist kann vom Vorsitzenden des Senats ein einziges Mal um einen weiteren Monat verlängert werden. Die Beschwerde stellt an den Berater **hohe Anforderungen**. Die Statistiken des BFH weisen jedes Jahr hohe Anteile unzulässiger, meist formal fehlerhafter Nichtzulassungsbeschwerden aus. 1.235

Einzulegen ist die Nichtzulassungsbeschwerde **beim BFH** (§ 116 Abs. 2 FGO).

Die **Zulassungsgründe** sind abschließend in § 115 Abs. 2 FGO aufgezählt. Danach ist die Revision nur zuzulassen, wenn 1.236

– die Rechtssache grundsätzliche Bedeutung hat,

- die **Fortbildung** des Rechts oder die Sicherung einer einheitlichen Rechtsprechung eine Entscheidung des BFH erfordert oder
- ein **Verfahrensmangel** geltend gemacht wird und vorliegt, auf dem die Entscheidung beruhen kann.

1.237 Nicht berücksichtigt ist im Gesetzestext eine Forderung der Praxis, als weiteren Zulassungsgrund „überwiegende **Zweifel an der Richtigkeit** der angefochtenen Entscheidung" zuzulassen. Auch der **Streitwert** als solches ist kein Zulassungsgrund.

Der BFH hat allerdings – über den Wortlaut des § 115 Abs. 2 FGO hinaus – die Revision zumindest auch bei **offensichtlichen Rechtsfehlern** zugelassen, die zu einer „greifbar gesetzwidrigen Entscheidung geführt haben". Bezüglich dieses vierten – nicht geschriebenen – Zulassungsgrunds ist die Rechtsprechung des BFH allerdings außerordentlich **restriktiv**.[1]

1.238 Der BFH entscheidet über die Beschwerde durch **Beschluss**, § 116 Abs. 5 FGO.

bb) Revisionsverfahren

1.239 Hat das Finanzgericht die Revision zugelassen, ist gem. § 120 Abs. 1 FGO die Revision innerhalb **Monatsfrist** beim BFH einzulegen. Zur Erforderlichkeit oder Nichterforderlichkeit der Revisionseinlegung nach gewonnenem Beschwerdeverfahren vgl. § 116 Abs. 6 und 7 FGO.

1.240 Die Revisionsbegründung ist **innerhalb von zwei Monaten** nach Zustellung des vollständigen Urteils dem BFH vorzulegen. Diese Frist kann jedoch auf Antrag des Vorsitzenden des Senates verlängert werden. **Anders** als bei der Nichtzulassungsbeschwerde gibt es hier **keine zwingende Begrenzung**.

1.241 Im Revisionsverfahren selbst gelten grundsätzlich die **Ablaufregeln**, die auch für die erste Instanz gelten (§ 121 FGO). Auch im Revisionsverfahren wird grundsätzlich mündlich verhandelt. In der Praxis sind mündliche Verhandlungen allerdings nicht die Regel. Der BFH bereitet dies durch die **Anfrage** an die Beteiligten vor, ob auf mündliche Verhandlung verzichtet werde. Wird verzichtet, kann der BFH durch Urteil entscheiden, ohne die Parteien in mündlicher Verhandlung gehört zu haben.

1.242 Hält der BFH die Revision einstimmig für unbegründet oder eine mündliche Verhandlung für nicht erforderlich, so kann er über die Revision in der Besetzung von fünf Richtern durch **Beschluss** entscheiden. Der Beschluss soll eine kurze Begründung enthalten (§ 126a FGO). Die Beteiligten sind vorher auf diese Möglichkeit hinzuweisen und hierzu zu hören.

---

[1] Die einzelnen Zulassungsgründe und formalen Erfordernisse der Beschwerdebegründung sind hoch komplex. Vgl. eingehend und praktisch *Seer* in Tipke/Kruse, § 116 FGO Rz. 31 ff. (Okt. 2012).

b) Verfahren vor dem Bundesverwaltungsgericht

Das Verfahren vor dem **Bundesverwaltungsgericht** ist für den Steuerstreit praktisch von geringer Bedeutung. Es gelten die Regeln der **VwGO**. 1.243

2. Risiko- und Gefahrenbereiche und ihre Minimierung

Beim BFH besteht **Vertretungszwang**. Compliance-Regelungen werden sich daher stets mit den Modalitäten der Prozessvertretung und ihrer Organisation befassen. 1.244

Ansonsten gelten die gleichen Erfordernisse wie bei finanzgerichtlichen Klageverfahren (vgl. dazu vorstehend Rz. 1.230).

VII. Verfahren vor dem Bundesverfassungsgericht

1. Gesetzliche Rahmenbedingungen

a) Verfahrensarten

In Steuerstreitverfahren kommt es immer häufiger zu Entscheidungen des **Bundesverfassungsgerichts**. Sei es auf eine Vorlage eines FG oder des BFH hin (Art. 100 Abs. 1 Satz 1 GG, **konkrete Normenkontrolle**), sei es aufgrund der Verfassungsbeschwerde einzelner Steuerbürger (Art. 93 Abs. 1 Nr. 4a GG). 1.245

b) Konkrete Normenkontrolle

Hält ein FG oder der BFH eine gesetzliche Norm, auf deren Gültigkeit es bei seiner Entscheidung ankommt, für verfassungswidrig, wird das anhängige Verfahren nach Art. 100 Abs. 1 Satz 1 GG ausgesetzt. Das **Gericht selbst legt** die Frage dem Bundesverfassungsgericht zur Entscheidung **vor**. 1.246

Über die Vorlage an das BVerfG entscheidet das Gericht unabhängig von Anträgen der Beteiligten. Für den Kläger, der sich in seinen Grundrechten verletzt fühlt, empfiehlt es sich jedoch, selbst die **Vorlage nach Art. 100 Abs. 1 GG anzuregen**. Hintergrund ist die Notwendigkeit, die verfassungsrechtlichen Argumente frühzeitig einzubringen, um später in der eigenen Verfassungsbeschwerde deren Verwerfung als unzulässig zu vermeiden. 1.247

Die **Finanzbehörden** selbst sind im Übrigen **nicht vorlageberechtigt**. Sie haben grundsätzlich Rechtsnormen anzuwenden, auch wenn sie sie für verfassungswidrig halten.[1] 1.248

Nach § 80 Abs. 1 BVerfGG hat das FG bzw. der BFH bei Vorliegen der Voraussetzungen des Art. 100 Abs. 1 GG unmittelbar die Entscheidung des Bundesverfassungsgerichts einzuholen. Die **Vorlageentscheidung** des FG 1.249

---

[1] Sog. Anwendungsgebot, vgl. *Seer* in Tipke/Kruse, VerfRS Rz. 5 (Okt. 2011).

bzw. des BFH erfolgt durch Beschluss nach § 113 FGO. Die Beschwerde nach § 128 FGO ist nicht zulässig.

1.250 Das Bundesverfassungsgericht entscheidet nach § 81 BVerfGG nur über die **Rechtsfrage**. Liegen die Voraussetzungen für eine Sachentscheidung des Bundesverfassungsgerichts nicht vor (Beispiel: Der Vorlagebeschluss ist nicht hinreichend begründet), erklärt das Bundesverfassungsgericht die Vorlage durch Beschluss für unzulässig.

1.251 Hält das Bundesverfassungsgericht dagegen die im Vorlagebeschluss genannte Vorschrift für mit dem Grundgesetz nicht vereinbar, gilt: Die Vorschrift wird **für nichtig erklärt** (§ 82 Abs. 1 i.V.m. § 78 BVerfGG). In der Praxis ist diese Entscheidung allerdings die **Ausnahme**. Stattdessen wird die streitige Norm lediglich für mit der Verfassung unvereinbar erklärt und der Gesetzgeber wird unter Gewährung von **Übergangsfristen** zum Erlass verfassungskonformer Regelungen verpflichtet.

c) Verfassungsbeschwerde

1.252 Will der Steuerpflichtige selbst das Bundesverfassungsgericht anrufen, weil er meint, durch die öffentliche Gewalt, d.h. eine Entscheidung der Finanzverwaltung, des Finanzgerichts oder des BFH, in einem seiner Grundrechte oder in einem seiner in Art. 101 GG (gesetzlicher Richter) oder Art. 103 GG (rechtliches Gehör) enthaltenen Rechte verletzt zu sein, kann er **Verfassungsbeschwerde** einlegen. Voraussetzung ist hier insbesondere, dass zuvor der **Rechtsweg erschöpft** worden ist (§ 90 Abs. 2 Satz 1 BVerfGG), d.h. alle ordnungsgemäßen Rechtsbehelfe sind vorher auszuschöpfen. Der Beschwerdeführer muss vor den Fachgerichten den behaupteten **Verfassungsverstoß bereits dargelegt haben**.[1]

1.253 Nach § 93a Abs. 1 BVerfGG bedarf die Verfassungsbeschwerde der **Annahme zur Entscheidung**. Die zuständige Kammer kann durch einstimmigen Beschluss die Annahme der Verfassungsbeschwerde ablehnen (§ 93b Satz 1 Alt. 1 BVerfGG). Die Entscheidung ergeht ohne mündliche Verhandlung, ist unanfechtbar und bedarf keiner Begründung (§ 93d Abs. 1 BVerfGG). Über eine angenommene Verfassungsbeschwerde **entscheidet** in der Regel **der Senat**. In Fällen der offensichtlichen Begründetheit kann nach § 93c Abs. 1 Satz 1 BVerfGG ausnahmsweise auch die Kammer entscheiden.

1.254 Das Verfahren vor dem Bundesverfassungsgericht ist grundsätzlich **kostenfrei**, § 34 Abs. 1 BVerfGG. Allerdings kann eine Missbrauchsgebühr verhängt werden, die maximal 2.600 € betragen kann, § 34 Abs. 2 BVerfGG.

---

[1] Zu den Zulässigkeitsvoraussetzungen und Modalitäten der Verfassungsbeschwerde im Einzelnen vgl. *Seer* in Tipke/Kruse, VerfRS Rz. 35 ff. (Okt. 2011).

2. Risiko- und Gefahrenbereiche und ihre Minimierung

Compliance-Regelungen werden die Bereiche abdecken, die auch mit Blick auf das finanzgerichtliche Klageverfahren bzw. Verfahren beim Bundesfinanzhof und beim Bundesverwaltungsgericht im Fokus stehen, vgl. daher die Ausführungen unter Rz. 1.230 ff.

1.255

E. Eigentätigkeit oder unabhängige Dienstleister

I. Compliance-Funktion

Compliance ist die **Implementierung** eines **Systems** der **Rechtsbefolgung**, außerdem die Pflege dieses Systems (Rz. 1.1 ff.). Daneben – und in der Organisation zu trennen – gibt es die Ermittlung und Aufspürung von Rechtsverstößen und deren Sanktionierung.

1.256

Die Implementierung kann sich des Rats Dritter bedienen. Im Einzelfall kann auch die Implementierung selbst Dritten übertragen werden. Allerdings stehen wir bei der Auslagerung der Implementierung vor einer logischen Schleife; denn die Auslagerung selbst muss wieder Compliance-kontrolliert sein.

Die Pflege eines Compliance-Systems wird in der Regel **nicht ausgelagert**. In der Unternehmenswirklichkeit gibt es **Compliance-Abteilungen**, die direkt unterhalb der Leitungsebene (Vorstand, Geschäftsführung) angesiedelt sind. Es gibt Compliance-Abteilungen, die Teil der Rechtsabteilung sind. Möglich ist auch, die „Abteilung Compliance" als Teil der Revision oder des Controlling zu begreifen. Die Aufstellung und Einordnung der Compliance-Abteilung ist stets zugleich ein Signal für den Wert von Compliance, den das Unternehmen dieser Funktion beimisst. Der Wert wird durch eine eigene Compliance-Abteilung in besonderer Weise unterstrichen. Ist sie Unterabteilung der Rechtsabteilung oder der internen Revision, bedeutet dies eine hierarchische Abstufung. Die interne Revision ist regelmäßig (auch) für interne Rechtsverstöße zuständig, damit auch für Verletzungstatbestände des Compliance-Systems.[1] Die Compliance-Implementierung und -Pflege der internen Revision zuzuordnen, bedeutet nichts anderes, als die tatsächliche Rangordnung auf den Kopf zu stellen. Denn zunächst geht es um Compliance, erst anschließend um die Verfolgung der Verstöße. Wer die Verfolgung der Verstöße in den Mittelpunkt stellt, ohne der vorrangigen Compliance ihren richtigen Stellenwert zu geben, signalisiert, dass ihm die Grundidee von Compliance kein Anliegen ist.

1.257

Wenn wir schreiben, dass Compliance-Abteilungen regelmäßig nicht ausgelagert werden, so könnte dem das **Ombudsmann-System** entgegengehal-

1.258

---

1 Vgl. *Dann*, AnwBl. 2009, 84, der sich im Übrigen mit dem Unternehmenssyndikus im Rahmen interner Untersuchungen befasst.

ten werden, das durchaus Formen kennt, in denen der Ombudsmann nicht Mitarbeiter des Unternehmens, sondern z.B. ein außenstehender Rechtsanwalt ist. Das Ombudsmann-System ist jedoch eigentlich nicht notwendiger Bestandteil einer Compliance-Implementierung. Das Ombudsmann-System dient der Aufspürung von Mängeln im System. Dies kann auch sinnvoll sein, wenn niemand im Unternehmen etwas von Compliance weiß oder versteht. Es geht hier darum, den Mitarbeitern ein System anzubieten, in dem sie anonymisiert Fehler und Mängel der Geschäftsleitung mitteilen können. Dies kann über interne E-Mail-Systeme, einen internen Ombudsmann, aber auch über externe Ombudsmänner geschehen.

II. Steuerabteilung und Compliance

1. Die Steuerabteilung

1.259 Regelmäßig ist die **Steuerabteilung** in den **Unternehmen unmittelbar unterhalb** des **Vorstands** oder der Geschäftsführung angesiedelt.[1] In dem Rangverhältnis der einzelnen organisatorischen Zuständigkeiten untereinander hat die Steuerabteilung regelmäßig eine starke Stellung.[2] Oft, wenn nicht in der Regel, gilt sie als stärker als die Rechtsabteilung. Sie gilt oft als die dynamische, aktive Abteilung, während die Rechtsabteilung oft eher eine „warnend", mit Vorsicht arbeitende Abteilung ist. (Hier soll allerdings dahingestellt bleiben, ob dies Urteil oder Vorurteil ist). Die mehr oder weniger abstrakte Überlegung, die Funktion der Steuerabteilung aufzusplitten und in den einzelnen Abteilungen nach Sachzuständigkeiten zu verlagern, ist weder vernünftig noch lässt sie sich wahrscheinlich faktisch durchsetzen.[3]

2. Compliance und Tax Compliance

1.260 Wir begreifen Tax Compliance als Unterbegriff und Untersachverhalt von Compliance (Rz. 1.4 ff.). Daher gehört **Tax Compliance** der **Compliance-Abteilung** zugeordnet. Wir haben darauf hingewiesen, dass die Finanzverwaltung einen eigenständigen „Tax Compliance"-Begriff kennt (Rz. 1.6), so dass auch im Unternehmen daran gedacht werden kann, Tax Compliance aus der Compliance-Abteilung zu lösen und als etwas Eigenständiges zu betrachten. In diesem Fall gehörte sie in die Steuerabteilung inkorporiert.[4] Wahrscheinlich würde dies dem Selbstverständnis der Steuerabteilung entsprechen, die sich nur widerwillig rechtliche Vorgaben die Steuern betreffend von außen vorschreiben lässt. Ist hingegen das Thema Tax Compliance Teil der Zuständigkeit des allgemeinen Compliance-Systems

---

1 Zur Steuerabteilung s. *Montag* in FS für Schaumburg, 65.
2 Dies wird deutlich durch den Beitrag von *Montag* bestätigt.
3 *Montag* in FS für Schaumburg, 65 (74 ff.).
4 Was nicht hindert, dass *Montag* in FS für Schaumburg, 65, die Bedeutung der Compliance und Tax Compliance für die Steuerabteilung stiefmütterlich behandelt, beide Begriffe kommen nur am Rande vor.

und -Pflege, wird es notwendig zu einem **Spannungsverhältnis** zwischen **Compliance-** und **Steuerabteilung** kommen. Derartige Spannungen müssen nicht schädlich, sie können auch förderlich sein, weil Compliance an der Stärke der Steuerabteilung wachsen und weil die Steuerabteilung in dem Wettbewerb mit Compliance befruchtet werden kann. So wird steuerrechtliches Denken sehr von wertneutraler Steueroptimierung bestimmt; die Sensibilität dafür, dass auch Steuerrecht Recht ist und rechtlicher Wertung zugänglich, kann durch Compliance gefördert werden.

3. Steuerabteilung und Ombudsmann-System

Ist im Unternehmen ein **System** für **Hinweise** von **Mitarbeitern** über Fehlverhalten eingerichtet, muss entschieden werden, ob dieses System auch für steuerliches Fehlverhalten gilt. Diese gilt sowohl für die rein internen Systeme „Whistleblowing" als auch für einen ausgelagerten Ombudsmann. Da der einzelne Mitarbeiter bei einem festgestellten Rechtsverstoß kaum beurteilen kann, ob dies steuerrechtlich relevant ist oder nicht, kann hier die Antwort nur lauten, dass das Hinweis- und Ombudsmann-System auch für Steuerverstöße gilt. 1.261

Wird ein solcher Hinweis steuerrechtlich als relevant angesehen, muss entschieden werden, **wie** mit diesem **Hinweis umzugehen** ist. Ist er Teil der allgemeinen Überprüfung relevanter Verstöße und hier Teil der allgemeinen Sanktionsmöglichkeiten oder gibt es sodann bei steuerlich erheblichen Hinweisen einen besonderen „Kanal", in dem den Hinweisen nachgegangen wird? Letzteres kann dem „Wert", wonach Steuerdaten eine höhere Vertraulichkeitsstufe haben, durchaus entsprechen. 1.262

III. Outsourcing der Steuerberatung

1. Tax Compliance

Compliance und Tax Compliance werden selten ausgelagert (Rz. 1.257; sieht man von dem Ombudsmann-System ab). Compliance ist die ureigene Sache des Unternehmens. Allerdings kann die Einrichtung eines Compliance-Systems einem Dritten übertragen werden. Aber mit Compliance und **Tax Compliance** kann auch die **Auslagerung** der **Rechts-** und **Steuerberatung auf Dritte** in Übereinstimmung stehen. 1.263

2. Steuerberatung

Extern kann die laufende Steuerberatung in der Hand von **Steuerberatern**, **Wirtschaftsprüfern**, **Anwälten** und den insoweit zulässigen Freiberufler-Gesellschaften liegen. In einem Compliance-System muss entschieden werden, ob und wann externe Berater insoweit beauftragt und überprüft werden. Die Vertragsbeziehungen unterliegen der Compliance-Kontrolle, insbesondere auch mögliche Haftungsbeschränkungen und -ausschlüsse. Es ist sicherlich ein eindeutiger Compliance-Verstoß, wenn sich Unter- 1.264

nehmen der eigenen Verantwortung in der Erfüllung steuerlicher Pflichten durch Einschaltung anderer Unternehmen entziehen und mit diesen dann unangemessene Haftungsbeschränkungen und -freistellungen vereinbaren.[1]

1.265 Die **Beauftragung** außenstehender Berater **umfasst** nach den Regeln der Compliance den **Transfer** des im **Unternehmen implementierten Wertesystems** auf die externen Berater. Diese müssen wissen, welchen Rang die Rechtsbefolgung im Unternehmen hat.

1.266 Werden derartige Steuerberatungsaufgaben ausgelagert, muss im **Unternehmen geklärt** werden, in welcher Hand die Verantwortung für die externen Berater liegt. Wer ist zuständig? Wer gibt die Weisungen des Mandanten? Auf der anderen Seite: Wem gegenüber ist der externe Berater berichtspflichtig?

1.267 Soweit die Beratung in der Hand von **Wirtschaftsprüfern** und Wirtschaftsprüfungsgesellschaften liegt, ist nicht die wirtschaftsprüfende Pflichtprüfung gemeint. Diese begreifen wir nicht notwendig als Teil von Tax Compliance, sondern sie ist Teil der Erfüllung gesellschaftsrechtlicher Verpflichtungen (und damit der Compliance im Übrigen).

3. Beauftragung von Rechtsanwälten in Sonderfällen

1.268 Dem Compliance-System muss auch die **Beauftragung** von **Rechtsanwälten** unterworfen sein. Unter dem Thema „Tax Compliance" geht es in erster Linie um die Beauftragung von Anwälten in Steuerstreitigkeiten, Steuerstrafverfahren und Steuerfahndungsverfahren, d.h. regelmäßig in Einzelfällen. Insbesondere Untersuchungen über Pflichtverletzungen und Regelverstöße können mit guten Gründen externen Beratern – Anwälten – in die Hand gelegt werden.[2] Sollen auch steuerliche Ermittlungsbehörden auf solche Ermittlungen zurückgreifen können, so bedarf es Geduld, Vertrauen und flankierender Maßnahmen, um wechselseitige Barrieren abzubauen.[3] Beschlagnahmefrei sind die Unterlagen dieser Ermittlungen i.d.R. nicht.

1.269 Es muss **Regeln** geben, nach welchen **Kriterien Anwaltspraxen beauftragt** werden. Die Kompetenz der Anwaltskanzlei, sei sie klein (Boutique), sei sie groß (internationale Sozietät oder Partnerschaft), muss eigentlich alleine ausschlaggebend sein. Die Erfahrung, dass namhafte und große Anwaltskanzleien auch aus dem Grund mandatiert werden, um dem Leiter der Steuerabteilung (oder Rechtsabteilung) die Sicherheit zu geben, dass man ihm keinen Vorwurf macht, widerspricht dem Compliance-Gedan-

---

1 Der Steuerberater muss entscheiden, ob er ein eigenes Compliance-System einrichtet; dazu *Schiffers* in FS für Korn, 19.
2 *Dann*, AnwBl. 2009, 84 (86).
3 Vgl. hierzu den Bericht über eine Tagung in Frankfurt über die Ermittlung amerikanischer Anwälte bei Siemens und ihre Kooperation mit der Staatsanwaltschaft, FAZ v. 1.7.2009, 21.

ken. Denn hier bestimmt die Enthaftung des Auftraggebenden das Mandat, nicht die Qualität des Anwaltsprodukts.

Geregelt werden muss sodann auch hier die **Definition** des **Mandats** und die (anwaltliche) Akzeptanz der Compliance-Werte. Notwendig ist die genaue Festlegung des Honorars, die Frage, wer dem Anwalt Anweisungen zu geben hat und wem gegenüber der Anwalt berichtspflichtig ist. Geht es um Tochtergesellschaften oder um Mitarbeiter, deren Interesse der Anwalt vertreten muss, so muss im Mandat definiert werden, wer Mandant ist, wem gegenüber das anwaltliche Mandat besteht. Denn nur so können die Fragen beantwortet werden, wem gegenüber der Anwalt auskunftspflichtig ist und in welchen Situationen ihm ein Auskunftsverweigerungsrecht und das Beschlagnahmeprivileg zusteht.

1.270

4. Verhältnis von Wirtschaftsprüfern, Steuerberatern und Rechtsanwälten untereinander

Die Mandatsbeziehungen zwischen dem Unternehmen als Auftraggeber einerseits und dem Wirtschaftsprüfer, Steuerberater und Rechtsanwalt andererseits sind grundsätzlich einzeln, d.h. jede für sich zu beurteilen. Herkommend aus den USA sind inzwischen **Wirtschaftsprüfungsgesellschaften** dazu übergegangen, **Mitberater** zu **veranlassen**, ihnen gegenüber **Enthaftungs-** oder **Haftungsübernahmeerklärungen** abzugeben sowie eigenständige Verschwiegenheitspflichten einzugehen. Es sind merkwürdige Konstellationen. Die Wirtschaftsprüfungsgesellschaft soll nur noch unter ausführlich formulierten Bedingungen berechtigt sein, dem Anwalt bestimmte Informationen zu geben. Eigentlich sollte man glauben, dass der Mandant den Wirtschaftsprüfer anweisen kann, dem Anwalt bestimmte selbstermittelte Informationen zu geben. So aber sehen das die Wirtschaftsprüfungsgesellschaften nicht. Der Mandant begibt sich eines Teils seines Weisungsrechts und legt es in die Hand von vertraglichen Verpflichtungen zwischen der Wirtschaftsprüfungsgesellschaft und den Mitberatern. Der Mitberater, z.B. der Anwalt, kann kaum noch übersehen, wem er denn verpflichtet ist. Wir kennen derartige Verpflichtungserklärungen, in denen – absurderweise – der Anwalt nicht einmal seinen Sozien oder Partnern Auskunft geben darf. Im Grunde wird in solchen Fällen dem Mandant das Mandat aus der Hand genommen und der Mitberater durch die Wirtschaftsprüfungsgesellschaft geleitet, gelenkt und gegängelt. Gerade in Verfahren, in denen das anwaltliche Know-how und die anwaltliche Strategie im Mittelpunkt stehen, z.B. bei Steuerfahndungsverfahren, warnen wir davor, derartige „Querverpflichtungen" einzugehen.

1.271

5. Outsourcing an Sonstige

In vielfältiger Weise können im steuerlichen Bereich auch **andere Personen** beauftragt werden. Zu denken ist an Professoren, Unternehmensberater, Gutachter für Mobilien- und Immobilienwerte, Gutachter zur Ermittlung von Firmenwerten, IT-Berater.

1.272

1.273 Da es für diese Personen keine primären Berufspflichten gibt, kommt der **vertraglichen Beziehung** – und dem Transfer von Compliance-Werten – **besondere Bedeutung** zu. Auch hier ist die Frage zu beantworten, wer vonseiten des Auftraggebers weisungsbefugt, wem gegenüber Auskunft zu erteilen ist. Zu bedenken ist, dass diese Personen keine gesetzliche Verschwiegenheitspflicht haben. Diese ist als vertragliche Pflicht in den Auftragsverträgen genau zu umschreiben. Professoren sind zu verpflichten, etwaige Veröffentlichungen nur mit Genehmigung des Auftraggebers durchzuführen. Dies gilt nicht nur für die unmittelbare Veröffentlichung, sondern auch für die anonymisierte.

F. Vertraulichkeit und Öffentlichkeitsarbeit

I. Allgemeines

1.274 **Vertraulichkeit** und **Öffentlichkeitsarbeit** scheinen sich zu widersprechen und dennoch sind sie **untrennbar miteinander verbunden**. Denn zur Vertraulichkeit gesellt sich immer die Frage, wann gleichwohl die Öffentlichkeit zu unterrichten ist. Und die Öffentlichkeitsarbeit steht immer vor der Frage, welchen Vertraulichkeitsbereich muss ich wahren, welchen kann ich aufheben? Wer also im Unternehmen die Vertraulichkeit hoch hält, kommt nicht umhin, sich über Regeln Gedanken zu machen, wann gleichwohl die Vertraulichkeit zu durchbrechen und die Öffentlichkeit zu unterrichten ist. Wer Öffentlichkeitsarbeit über Steuerinformationen betreibt, wird sich immer im Geschirr der vom Unternehmen angelegten Vertraulichkeit fühlen.

II. Vertraulichkeit der Steuerdaten

1.275 Die Finanzverwaltung, das Finanzamt sind zum Steuergeheimnis verpflichtet (§ 30 AO). Das Steuergeheimnis funktioniert in der Praxis, auch wenn dies immer wieder bezweifelt wird. So wie das Finanzamt das Steuergeheimnis wahrt, sind durchweg **Steuerdaten** in einem **Unternehmen** im **besonderen Maße geheim**. Für Steuerdaten gibt es keine Veröffentlichungspflicht. Die Handelsbilanz muss veröffentlicht werden, die davon abweichende Steuerbilanz nicht. Jeder weiß, jeder glaubt, dass Steuerdaten einen größeren Einblick in ein Unternehmen geben. Die Neugierde ist groß. In gleichem Maße sind die Unternehmen verschlossen, was Steuerdaten anbelangt.

1.276 Compliance-Regeln müssen dies berücksichtigen. **Steuerdaten** sind **höchst sensibel**. In das durch eine Compliance-Strategie implementierte Rechtsbewusstsein muss der Wille, Steuerdaten geheim zu halten, eingebettet sein. Dies gilt auch für die Steuerabteilung. Hier paart sich in der Regel das Bemühen um ein internes Steuergeheimnis mit dem Selbstbewusstsein (und teilweise „Selbstverliebtheit") der Steuerabteilung, die ihre Bedeutung auch daraus ableitet, dass niemand im Unternehmen wissen soll, über welche Daten und Zahlen man verfügt. Aber auch derjenige, der auf anderem Weg in den Besitz von Steuerdaten gerät, muss diese Sensibilität bzgl. dieses unternehmerischen Steuergeheimnisses haben.

Dass **Hinweis-** und **Ombudsmann-Systeme** diesen Vertraulichkeitsanspruch berücksichtigen müssen, haben wir an anderer Stelle ausgeführt (Rz. 1.261 f.). 1.277

III. Aufhebung der Vertraulichkeit

1. Compliance-Regeln

Compliance-Regeln entscheiden darüber, **unter welchen Bedingungen** Steuerdaten freigegeben werden. Freigeben heißt zunächst: Wer entscheidet darüber, dass sie den vertraulichen Bereich der Steuerabteilung verlassen? Diese Zuständigkeit muss klar bestimmt werden. In der Regel ist die Zuständigkeit des „**Wer**" verbunden mit der Zuständigkeit, darüber zu befinden, **welche** Steuerdaten das betriebsinterne Steuergeheimnis verlassen. Die Steuerung des betriebsinternen Steuergeheimnisses ist ein wesentlicher Teil der Tax Compliance eines Unternehmens. 1.278

Diese **Steuerung** bezieht sich nicht nur auf das Unternehmen selbst, sondern setzt sich fort, wenn **Steuerdaten an Dritte** übermittelt werden. Dies können Sachverständige, externe Berater, EDV-Administratoren sein. Das Unternehmen muss wissen, dass es regelmäßig diese Dritten nur vertraglich zur Vertraulichkeit verpflichten kann. Zudem muss klar sein, dass die Daten bei dem Dritten z.B. in einem Strafverfahren durch die Staatsanwaltschaft, abfragbar sind und dass Unterlagen über die Steuerdaten bei den Dritten beschlagnahmefähig sind. Diese Dritten verfügen über **kein Aussageverweigerungsrecht** und kein Beschlagnahmeprivileg. 1.279

Anders ist es, wenn die Steuerdaten in die Hand eines Steuerberaters oder Rechtsanwalts gelangen, die **Aussageverweigerungsrechte** und **Beschlagnahmeprivilegien** haben. Hier bedarf es grundsätzlich keiner zivilrechtlichen Verpflichtung des Rechtsanwalts oder des Steuerberaters, das Beratungsgeheimnis zu wahren, weil dies gesetzliche Berufspflicht ist. Hier gehört nur zur Compliance-Regel, darüber zu befinden, wann der Rechtsanwalt, wann der Steuerberater vom Beratungsgeheimnis befreit wird. Hierzu gehört das Bewusstsein und Wissen, dass dann, wenn sie vom Beratungsgeheimnis befreit sind, die externen Steuerberater und Rechtsanwälte kein eigenes Ermessen haben, ob sie aussagen oder nicht. Werden sie nach der Befreiung von Strafverfolgungsbehörden vernommen, müssen sie aussagen. Außerdem umfasst die Befreiung von der Verschwiegenheit regelmäßig die Möglichkeit, nunmehr Unterlagen bei einem Steuerberater oder Rechtsanwalt beschlagnahmen zu können. Allerdings wird man zu den zivilrechtlichen Mandatspflichten die Vereinbarung rechnen, wem gegenüber der Berater Auskünfte geben kann. Auch wenn er dem Mandanten gegenüber grundsätzlich auskunftspflichtig ist, so wird der 1.280

Berater nicht jedem Mitarbeiter des Unternehmens die Auskünfte geben dürfen.

2. Öffentlichkeitsarbeit

1.281 Steuerdaten zur Veröffentlichung freizugeben, heißt noch nicht „Öffentlichkeitsarbeit". **Öffentlichkeitsarbeit** ist die gezielte und bewusste Information der öffentlichen Medien (Presse, Funk, Fernsehen, Internet) mit Steuerinformationen zu besonderen Zwecken. Regelmäßig unterliegen **Steuerdaten keiner „Öffentlichkeitsarbeit"**. Kein Unternehmen, das Bilanzzahlen veröffentlicht, wird die Öffentlichkeit zugleich über Steuerdaten informieren.

1.282 Der „**Zwang zur Öffentlichkeitsarbeit**" mit Steuerdaten wird regelmäßig von außen gesetzt. Es sind an die Öffentlichkeit gelangte Informationen über Steuerdaten der Jahreserklärung (selten), einer Betriebsprüfung (auch selten), einer Steuerfahndung oder eines Steuerstrafverfahrens (regelmäßiger Anlass einer Öffentlichkeitsarbeit).

1.283 Da, wie bereits erläutert, die Abgabe von Steuererklärungen und selbst eine Betriebsprüfung regelmäßig keinen Anlass geben, Öffentlichkeitsarbeit zu betreiben, verbleiben **Steuerfahndung** und **Steuerstrafverfahren**, die durch ihre Aktionen (Durchsuchung, Beschlagnahme etc.) von sich aus an die Öffentlichkeit gelangen und die Neugierde der Medien erwecken.[1] Eine Compliance-Strategie wird nicht a priori die Frage beantworten, durch Presseinformationen oder durch Interviews den Medien sofort volle Auskunft zu geben.

1.284 Eine **Tax Compliance-Strategie** wird zunächst festlegen, wer darüber befindet, dass die Öffentlichkeit zu unterrichten ist. Ist dies im Unternehmen in einer Zuständigkeit angesiedelt, so ist zugleich zu klären, welche Kommunikation mit externen Beratern (Rechtsanwälten, Steuerberatern) stattzufinden hat. Bei externen Beratern ist zu fragen, ob und in welcher Weise der Anwalt, der im Steuerstrafverfahren, in der Steuerfahndung tätig ist, oder ein weiterer Berater, dessen Aufgabe die Beratung in der Öffentlichkeitsarbeit ist, einzubeziehen ist. Selbstverständlich scheint in der Praxis zu sein, dass der verteidigende Anwalt im Steuerstrafverfahren häufig übergangen wird. Es kann für die Führung eines Fahndungsverfahrens, eines Steuerverfahrens verheerende Folgen haben, wenn das Unternehmen von sich aus freiwillig Informationen nach außen preisgibt, während der vernünftige Rat des Anwalts dahin geht, keine Informationen an die Öffentlichkeit zu bringen. Grundsätzlich ist dem Mandanten zu empfehlen, in Steuerverfahren oder Steuerfahndungsverfahren äußerst zurückhaltend mit der Herausgabe von Pressemitteilungen zu sein. Der Bericht über ein Fahndungsverfahren ist die Nachricht eines Tages, Presseinformationen perpetuieren diese Nachricht und führen dazu, dass noch

---

1 Vgl. hierzu auch *Hohmann*, Verdachtsberichterstattung und Strafverteidigung – Anwaltsstrategien im Umgang mit den Medien, NJW 2009, 881.

einmal in weiteren Tagen darüber berichtet wird. Rechtfertigende Presseinformationen können den Journalisten zudem veranlassen, diese Rechtfertigung in Frage zu ziehen, die Rechtfertigung wirkt dann wie ein Bumerang. Die Franzosen sagen „Qui s'excuse s'accuse".

Jeder **Steueranwalt** in Steuerstrafverfahren oder Steuerfahndungsverfahren muss wissen, dass er in diesem Punkt einem außerordentlichen **Selbstbewusstsein** der großen **Unternehmen** gegenübertritt, die regelmäßig glauben, in Sachen der Öffentlichkeitsarbeit den Stein der Weisen gefunden zu haben. Außerdem bestätigt sich hier die Erfahrung, dass kein Bürger dieser Republik gerne hört, dass Schweigen vorteilhaft ist. Jeder glaubt, durch Erklärungen und durch Reden die Sache besser zu machen, obwohl jeder Profi-Anwalt weiß, dass das Gegenteil der Fall ist. Es ist gut, wenn Compliance-Anweisungen diesen möglichen Konflikt voraussehen und z.B. regeln, dass **keine Erklärung** des Unternehmens an die Öffentlichkeit herausgegeben werden darf, ohne zuvor die Zustimmung des das Verfahren begleitenden Anwalts einzuholen.

1.285

G. Tax Compliance aus der Sicht einer Compliance-Abteilung eines Großunternehmens

I. Stellung einer Compliance-Abteilung und ihr Verhältnis zu Tax Compliance und zur Steuerabteilung

1. Unterschiedliche Ansätze beim Aufbau von Compliance-Strukturen

Die Tax Compliance spielt eine besondere Rolle innerhalb der Corporate Compliance. Sie ist ein Unterbegriff der Corporate Compliance, organisatorisch jedoch aufgrund der bekanntermaßen selbständigen Stellung der Steuerabteilungen (Rz. 1.16 ff.) eine wichtige **Schnittstelle mit der allgemeinen Compliance-Abteilung**.[1]

1.286

Die vom Unternehmen auch für das Gebiet der Tax Compliance aufgestellten Grundsätze müssen in der Praxis gelebt werden. Dies ist nur mit **ausreichender personeller Unterstützung** möglich. Zunächst obliegt es dem Vorstand bzw. der Geschäftsführung insgesamt, ein Compliance-Programm einzurichten und umzusetzen. In der Praxis wird diese Aufgabe jedoch häufig an ein einzelnes Vorstands- oder Geschäftsführungsmitglied delegiert, z.B. an den **Ressortverantwortlichen für Finanzen oder für Recht**.

1.287

---

[1] Frau Manja *Ehnert*, RAin/FAinStR, ist Syndikusanwältin in der Compliance-Organisation der Siemens AG. Dieser Beitrag gibt ausschließlich die persönliche Meinung der Autorin wieder und ist keine der Siemens AG zuzurechnende Stellungnahme; Frau *Ehnert* war zuvor Mitarbeiterin der Sozietät Streck Mack Schwedhelm, München/Köln/Berlin.

1.288 Unterhalb des Vorstands bzw. der Geschäftsleitung gilt es sodann, die Compliance-Themen in der Organisation zuzuordnen. Hierfür gibt es **unterschiedliche Ansätze**. In jedem Fall ist eine klare Zuweisung der jeweiligen Verantwortung und Aufgaben erforderlich, ebenso wie eine eindeutige Regelung zu den Berichtsstrukturen.

1.289 Zum einen können die Compliance-Themen von bereits **bestehenden Stabsabteilungen** mit übernommen werden, wie der Rechts-, Personal-, Revisions- und Steuerabteilung. Als Bindeglied über den einzelnen Stabsabteilungen bietet sich ein sog. Compliance-Committee[1] aus Vertretern der involvierten Stabsabteilungen an. Dieses Committee koordiniert fachübergreifend die Aufarbeitung der Compliance-Themen und deren Einbindung in das operative Tagesgeschäft.

1.290 Ebenso denkbar ist es aber auch, dass die Compliance-Organisation als eine **eigenständige Struktur** aufgebaut wird, mit einer eigenen Stabsabteilung für Compliance sowie dezentralen Compliance-Abteilungen verankert im operativen Tagesgeschäft, geführt von sog. Compliance-Officern oder Compliance-Beauftragten.

1.291 Nach Angaben der Literatur[2] hatten im Sommer 2009 etwa 95 % der DAX-Unternehmen einen **zentralen Chief Compliance Officer** bestellt, der meist gleichzeitig der Chefjustiziar des Unternehmens war. Der Chief Compliance-Officer berichtete überwiegend an den Finanzvorstand; häufig zu finden war aber auch die Berichterstattung an den Vorstandsvorsitzenden.

1.292 Je nach dem vom Unternehmen gewählten Aufbau der Compliance-Organisation ist die Tax Compliance das Arbeitsergebnis verschiedener Abteilungen. *Die* richtige Organisationsstruktur im Zusammenhang mit der Tax Compliance gibt es nicht. Entscheidend ist, dass der gewählte Weg zum Unternehmen und dessen **steuerlichen Risiken** passt. So wird ein weltweit tätiger internationaler Konzern eine andere Compliance-Organisation haben als ein deutsches mittelständisches Unternehmen mit begrenztem Absatzgebiet.

Für den Aufbau allgemeiner Compliance-Strukturen existieren eine Vielzahl von Empfehlungen auf nationaler und internationaler Ebene: von Nichtregierungsorganisationen (NGOs), von Berufsverbänden, aber auch von staatlicher Stelle.[3] Hierbei steht jedoch weniger die Tax Compliance im Fokus als primär die Korruptionsbekämpfung. Mit dem Ziel einer internationalen Harmonisie-

---

1 Vgl. hierzu *Moosmayer*, Compliance, 33.
2 *Klahold/Kremer*, ZGR 2010, 113 (125).
3 ICC Rules on Combating Corruption; UNAC United Nations Convention against Corruption; OECD Good Practice Guidance on Internal Controls, Ethics, and Compliance sowie OECD Convention on Combating Bribery of Foreign Public Officials in International Business Transactions; IDW Prüfungsstandard Compliance Management Systeme (IDW PS 980); VDMA Leitfaden Korruptionsprävention; Guidance zum UK Bribery Act; US Federal Sentencing Guidelines oder die Hilfestellungen für Antikorruptionsmaßnahmen des BMI.

rung von Anforderungen an Compliance-Strukturen hat die ISO (**International Organization for Standardization**) im Dezember 2014 einen Leitfaden veröffentlicht, **ISO 19600:2014** „Compliance management systems – Guidelines". Eine weitere ISO-Norm mit Mindestanforderungen speziell für Antikorruptionsprogramme ist derzeit in Erarbeitung und wird voraussichtlich als **ISO 37001** „Anti-bribery management systems" bis Ende 2016 oder Anfang 2017 veröffentlicht werden.[1] Beide Normen sind nicht explizit für den Bereich der Tax Compliance vorgesehen, erheben aber den Anspruch, allgemein für Compliance-Management-Systeme anwendbar zu sein. Es ist jedoch fraglich, ob und in welchem Umfang diese beiden ISO-Normen den Unternehmen zielführende Hilfestellung oder eine bessere Vergleichbarkeit von Compliance-Management-Systemen bringen können,[2] zumal im Bereich der Tax Compliance.

2. Zusammenspiel von Tax Compliance mit den verschiedenen Abteilungen

Wird der Organisationsweg über die bereits bestehenden Stabsstellen inkl. Compliance Committee gewählt, bleibt die **Tax Compliance originär in der Steuerabteilung** beheimatet. Hinzu kommt der Abstimmungsaufwand insbesondere mit der Rechtsabteilung und auch der Internen Revision für die unternehmensinterne Aufklärung von Verdachtsmomenten, sowie der Personalabteilung bei aufgedeckten Compliance-Vorfällen. 1.293

Allerdings ist die Tax Compliance auch im Fall einer eigenständigen Compliance-Struktur kein Thema nur für das Compliance-Office. Die **Steuerabteilung als fachnähere Abteilung** bleibt für alle inhaltlichen, steuerlichen Fragen der primäre Ansprechpartner. Jedoch kommt nun bei potentiellen Gesetzesverstößen (auch) das Compliance-Office hinzu. Die Compliance-Abteilung ist neben der Rechtsabteilung regelmäßig dann einzubinden, wenn (drohende) behördliche Ermittlungsverfahren bekannt werden. Das Compliance-Office wird aber auch bereits im Rahmen der präventiven Vermeidung von Gesetzesverstößen tätig (z.B. bei Prozessthemen, der Entwicklung von internen Richtlinien oder Schulung von Mitarbeitern) und wird zur Aufklärung von unternehmensinternen Verdachtsmomenten entweder mit der Internen Revision zusammenarbeiten oder über eine eigene Untersuchungsabteilung verfügen. 1.294

II. Tax Compliance und Kommunikationsstrukturen

1. Vielzahl von Ansprechpartnern

Tax Compliance ist also kein Thema nur für die Steuerabteilung. Dies führt bei steuerlich relevanten Fragestellungen dazu, dass eine Vielzahl 1.295

---
1 http://www.iso.org/iso/home/news_index/news_archive/news.htm?refid=Ref1967 (Stand: 09/2015).
2 *Ehnert*, CCZ 2015, 6; *Ehnert*, Journal of Business Compliance, 2015, 2; *Ehnert*, Compliance Praxis (Service Guide) 2014, 58.

von Ansprechpartnern im Unternehmen involviert sein kann. Wird z.B. ein Steuerstrafverfahren gegen die gesetzlichen Vertreter des Unternehmens eingeleitet, wird zugleich ein **großer Kreis von Beteiligten** eröffnet: die gesetzlichen Vertreter als Individualpersonen und ihre Verteidiger, ein Firmenverteidiger, Vertreter von Steuer- und Rechtsabteilung des Unternehmens, der Compliance-Officer, die Mitarbeiter aus dem operativen Geschäft, die zum zugrunde liegenden Sachverhalt Auskunft geben können, inkl. ihrer Vorgesetzten sowie ggf. die Presseabteilung.

1.296 Letztlich ist diese Vielzahl von Ansprechpartnern für den steuerlichen Berater oder Verteidiger jedoch nicht neu, lediglich die besondere **Rolle des Compliance-Officers** kommt hinzu. Wird Tax Compliance aktiv im Unternehmen gelebt, sollte sich dadurch die **Chance für eine effizientere Fallbearbeitung** ergeben. Der Compliance-Officer ist regelmäßig für das Vorgehen in Krisenfällen und für die unternehmensinterne Zusammenarbeit geschult, kennt sich bestens im operativen Geschäft aus und hat Zugang zum Vorstand bzw. zur Geschäftsführung.

2. Berichtsstrukturen im Unternehmen

1.297 Erhält das Unternehmen Hinweise auf Compliance-Verstöße, sind die Berichtsstrukturen im Unternehmen zu bedenken. Im ungünstigsten Fall tritt durch die (Tax) Compliance eine weitere Compliance-Berichtsstruktur neben die **bereits bestehenden** Berichtsstrukturen der Steuer- und Rechtsabteilung sowie des operativen Geschäfts.

1.298 Eine sinnvolle Compliance-Struktur wird jedoch die Bündelung von internen Berichtspflichten vor Augen haben, verbunden mit einem restriktiv gehandhabten Informationsfluss nur zu denjenigen, welche die Informationen tatsächlich auch benötigen. Mit zunehmender **Streuung von Informationen innerhalb des Unternehmens** steigt bei einem Tax Compliance-Fall das Risiko, dass eine intern festgestellte Auffälligkeit oder das Ergebnis einer internen Untersuchung entweder unerwünscht außerhalb des Unternehmens bekannt werden oder dass die Unterlagen im Fall einer Durchsuchungsmaßnahme nicht beschlagnahmefrei sind (Rz. 1.316 ff.).

III. Steuerrisiken aus Berichtspflichten und der Dokumentations(un)kultur

1. Besondere Veröffentlichungspflichten des Unternehmens

1.299 Zu bedenken sind je nach Aufstellung des Unternehmens besondere Veröffentlichungspflichten. So haben z.B. nicht US-amerikanische Unternehmen, deren Aktien auch an einer US-amerikanischen Börse zugelassen sind, spezielle Quartals- und Jahresberichte zu veröffentlichen. Die Berichte müssen den Anforderungen der US-Börsenaufsicht, der **Securities and Exchange Commission (SEC)**, entsprechen und auf deren Formularen „6-K" und „20-F" abgegeben werden. Durch die besonderen Berichtspflichten stellt die SEC sicher, dass das Unternehmen für die Anleger möglicherweise wichtige Informationen zur Verfügung stellt.

Die bei der US-Börsenaufsicht einzureichenden und von den Unternehmen zu veröffentlichenden Berichte enthalten zum Teil zusätzliche und detailliertere Informationen als der Geschäftsbericht und die Rechnungslegungsunterlagen nach handelsrechtlichen Vorschriften. So ist ein eigener Abschnitt zu „**Legal Proceedings**" enthalten, in denen u.a. auch behördliche Ermittlungsverfahren von wesentlicher Bedeutung aufzuführen sind. 1.300

Im Hinblick auf Tax Compliance stellt sich nicht nur die Frage, ob **aus einem Steuerstreit** heraus **Veröffentlichungspflichten** entstehen. Für das Unternehmen bedeutet eine einschlägige Veröffentlichungspflicht unter Umständen auch, dass die Steuerbehörden durch die in den Berichten veröffentlichten Sachverhalte erstmalig **auf steuerlich relevante Vorgänge aufmerksam werden**. 1.301

2. Dokumentations(un)kultur im Unternehmen

Die Vielzahl der innerhalb des Unternehmens involvierten Personen bei einem Compliance-Fall führt unweigerlich zur Frage der Dokumentationskultur oder auch -(un)kultur. In der Regel werden zu einem Compliance-Fall **verschiedenste Dokumente** im Unternehmen entstehen. Die Fertigung von Vermerken, Memos, Aktennotizen und Besprechungsprotokollen ist weit verbreitet. Hinzu kommt, dass die Entwürfe der Dokumente meist per E-Mail zur Abstimmung hin- und hergeschickt werden. Ist zudem die Aufbau- und Ablauforganisation im Unternehmen nicht klar geregelt und sind Kompetenzstreitigkeiten zwischen verschiedenen Abteilungen an der Tagesordnung, spielt meist auch die – vermeintliche – persönliche Absicherung durch die involvierten Mitarbeiter eine Rolle. 1.302

Diese im Unternehmen vorhandene Dokumentation ist sodann eine **Fundgrube für jeden behördlichen Ermittler**, hat er regelmäßig doch ungehinderten Zugriff jedenfalls auf die Unterlagen, die sich bei Mitarbeitern außerhalb der Rechtsabteilung befinden. Anhand der vom Unternehmen und seinen Mitarbeitern selbst erstellten Unterlagen kann der Sachverhalt – auch ohne Kooperation der Beteiligten – in seinem zeitlichen Verlauf oft minutiös rekonstruiert und mit dem sich aus den Unterlagen ergebenden persönlichen Kenntnisstand der Beteiligten angereichert werden. Aufgrund der elektronischen Verfügbarkeit der Daten und den damit verbundenen Aufbereitungsmöglichkeiten sind dabei inzwischen auch größere Datenmengen beherrschbar. 1.303

Innerhalb des Unternehmens ist daher Sensibilität zu wecken zu den möglichen Risiken für das Unternehmen aus der Dokumentations(un)kultur. Im Unternehmensinteresse ist eine **Dokumentationskultur aufzubauen**, die sich nach dem Unternehmensinteresse richtet und auf das Wesentliche beschränkt. 1.304

IV. Steuerrisiken aus Compliance-Themen

1. Compliance-Abteilung und Steuerthemen

1.305 Die (allgemeine) Compliance-Abteilung kann **auf unterschiedlichen Wegen** mit steuerlichen Themen konfrontiert werden. Im Rahmen ihrer präventiven Arbeit hat die Compliance-Abteilung dafür Sorge zu tragen, dass die Tax Compliance Eingang in das unternehmensweite Compliance-Regelwerk findet und von den Mitarbeitern gelebt wird. Die Tax Compliance muss in den grundlegenden, **unternehmensinternen Verhaltenskodex** eingearbeitet werden. Sie muss sodann auch in den nachfolgenden internen Richtlinien, Arbeitsanweisungen, usw. umgesetzt werden. In den unternehmensinternen Arbeitsabläufen muss klar und eindeutig geregelt werden, wann und wie die Steuerabteilung einzuschalten ist, damit steuerliche Risiken frühzeitig erkannt und Gesetzesverstöße am besten von vornherein vermieden werden können.

1.306 Darüber hinaus muss die Tax Compliance auch extern von den Geschäftspartnern, z.B. den Lieferanten und deren Subunternehmern, eingefordert werden, indem diese auf den entsprechenden **externen Verhaltenskodex** des Unternehmens verpflichtet werden.

1.307 Im Rahmen ihrer repressiven Funktion kann die Compliance-Abteilung z.B. durch externe oder interne Hinweise auf (potentielle) Tax Compliance-Verstöße aufmerksam werden. So sollten die intern und extern verfügbaren Hinweisgebersysteme, die das Unternehmen für Compliance-Vorfälle eingerichtet hat (z.B. **Ombudsmann, Whistleblower-Hotlines**), auch für steuerliche Themen nutzbar sein. Solche Systeme können sich an Dritte (z.B. Kunden, Lieferanten, Subunternehmer, Mitwettbewerber) richten, aber auch an eigene Mitarbeiter. Daneben sollten Mitarbeiter steuerrelevante Verdachtsmomente auch unmittelbar einem Compliance-Officer oder ihrem Vorgesetzten melden können, der diese dann innerhalb der Compliance-Organisation der Bearbeitung zuführt. Werden Hinweise auf Tax Compliance-Verstöße u.U. direkt an Organe des Unternehmens adressiert, sollten diese wie die übrigen Hinweise auf allgemeine Compliance-Verstöße auch behandelt und analog abgearbeitet werden.

1.308 Darüber hinaus sind **interne Compliance-Untersuchungen** eine weitere mögliche Erkenntnisquelle für steuerliche Themen. Verfügt das Unternehmen über eine eigene Ermittlungsabteilung (im Rahmen der Compliance-Organisation, als Interne Revision oder als Sicherheitsabteilung), ist spätestens bei Vorliegen der ersten Ermittlungsergebnisse die Steuerabteilung einzubinden, damit die festgestellten Fakten auf evtl. steuerliche Auswirkungen für das Unternehmen überprüft und unverzüglich die aus steuerlicher Sicht notwendigen Schritte eingeleitet werden können.

2. Interne Compliance-Untersuchungen und steuerliche Berücksichtigung der Erkenntnisse

Interne Compliance-Untersuchungen haben selten rein steuerliche Sachverhalte zum Anlass. Vielmehr gehen Verdachtsmomente bezüglich des allgemeinen Strafrechts mit möglichen Steuerstraftaten und -ordnungswidrigkeiten einher. Dies liegt daran, dass Verstöße gegen das allgemeine Strafrecht im Unternehmen oft auch **mit steuerlichen** Themen verknüpft sind. So wird z.B. bei Korruptions- und Untreuefällen regelmäßig der Betriebsausgabenabzug zu hinterfragen sein. 1.309

Aufgrund der ggf. notwendigen Korrekturen aus steuerlicher Sicht kann die Situation entstehen, dass die Steuerbehörden überhaupt erst auf – bislang nur intern aufgedeckte – Korruptionsvorgänge aufmerksam werden. Für einen solchen Verdachtsfall auf Seiten der Finanzbehörde sieht § 4 Abs. 5 Nr. 10 Satz 3 EStG vor, dass das **Finanzamt die Tatsachen der Staatsanwaltschaft zur** Kenntnis bringt. 1.310

V. Unternehmensinteresse vs. Individualinteresse

1. Rechte und Pflichten der Mitarbeiter und Organe als Individualpersonen

Ist das Unternehmen auf Auffälligkeiten in der Tax Compliance hingewiesen worden oder bestehen bereits konkrete Verdachtsmomente für einen Verstoß, liegt die **Aufklärung des Geschehens im Unternehmensinteresse**. Hierbei ist das Unternehmen wesentlich auf Informationen durch Mitarbeiter angewiesen. Diese selbst sind möglicherweise aufgrund eigener Tatbeteiligung nicht an einer Aufklärung des Sachverhalts interessiert. Dann stehen sich im Rahmen einer internen Compliance-Untersuchung das Interesse des Unternehmens und das Individualinteresse des Mitarbeiters gegenüber. 1.311

Ob ein Mitarbeiter im Rahmen von unternehmensinternen Untersuchungen zur Auskunft verpflichtet ist, bestimmt sich nach Arbeits- und Gesellschaftsrecht. Grundsätzlich gilt, dass jeder Mitarbeiter zu einer **wahrheitsgemäßen und vollständigen Antwort im Hinblick auf sein Arbeitsgebiet** gegenüber dem Unternehmen verpflichtet ist. Hierzu ist der Mitarbeiter auch bei Sachverhalten verpflichtet, die zur Kündigung führen können, wenn die vom Unternehmen gestellten Fragen dienstlichen Bezug haben. Nicht verpflichtet sind Mitarbeiter, auf solche Fragen zu antworten, bei denen sie sich strafrechtlich selbst belasten würden.[1] Verletzt der Mitarbeiter seine Mitwirkungspflichten kann der damit einhergehende arbeitsrechtliche Verstoß von Unternehmensseite geahndet werden. 1.312

---

1 *Moosmayer*, a.a.O., 92.

2. Spannungsfeld zwischen Auskunftspflicht und -verweigerungsrecht

1.313 In der Praxis ist jedoch umstritten, wie der **Nemo-tenetur-Grundsatz** insbesondere im Fall von unternehmensinternen Compliance-Untersuchungen zu berücksichtigen ist. Es werden unterschiedliche Ansichten vertreten; eine höchstrichterliche Entscheidung liegt noch nicht vor.[1]

1.314 Ausgangspunkt der Diskussion ist, dass es **kein gesetzlich geregeltes Verwertungs- oder Verwendungsverbot** für die Informationen gibt, die ein auskunftspflichtiger Mitarbeiter gegenüber seinem Unternehmen offenbart. Gleichzeitig gehen die gesetzlichen Auskunftspflichten der Mitarbeiter zum Teil so weit, dass vom Mitarbeiter auch eine selbstbelastende Aussage gegenüber dem Unternehmen erforderlich ist.[2]

1.315 Zum Schutz des Mitarbeiters werden unterschiedliche Ansätze diskutiert. Beispielsweise soll für die unter Zwang gegebenen Auskünfte des Mitarbeiters ohne dessen Zustimmung ein **Beweisverwendungsverbot** nach § 97 Abs. 1 Satz 3 InsO analog oder auch nach § 393 Abs. 2 AO bestehen. Zu berücksichtigen ist jedoch, dass freiwillige Auskünfte des Mitarbeiters nicht hierunter fallen würden. Deshalb wäre zum Schutz des Mitarbeiters darauf zu achten, dass das Unternehmen den Mitarbeiter zunächst zur Mitwirkung bei der Aufklärung eines Compliance-Sachverhalts auffordert. Der Mitarbeiter wiederum sollte seinerseits ausdrücklich darauf hinweisen, dass er seine Informationen nur wegen und im Rahmen seiner arbeits-/dienstrechtlichen Auskunftspflicht zur Verfügung stellt. Fraglich ist allerdings, ob die Judikatur insoweit überhaupt zulässigerweise korrigierend eingreifen darf, oder ob hier nicht der Gesetzgeber aktiv werden muss. Im Ergebnis sollen etwaige selbstbelastende, aufgrund arbeits- oder gesellschaftsrechtlicher Pflichten erfolgte Angaben nur mit **Zustimmung des Mitarbeiters** verwertbar sein. Dabei umfasst das Verwertungsverbot allein die Angaben an sich. Es besteht kein Verwendungsverbot.[3]

VI. Interne/externe Berater

1.316 Die Tax Compliance ist ein Thema für **unternehmensinterne und externe Berater**. **Interne Berater** haben den Vorteil, dass sie das Unternehmen kennen. Sie sind mit den Strukturen und Abläufen vertraut, sie sind Ansprechpartner für den externen Berater und Mittler zur Unternehmenskultur. Der interne Berater stößt allerdings dort an seine Grenzen, wo seine Kapazität oder seine Fachkompetenz erschöpft sind. Zu bedenken ist bei der Frage interner und/oder externer Berater insbesondere auch die Frage des Anwaltsprivilegs. **Syndikusanwälte** können sich nach richtiger Auffassung, wie jeder externe Rechtsanwalt auch – auf ein Zeugnisverweigerungsrecht (§ 53 Abs. 1 Nr. 2, 3 StPO; § 338 Abs. 1 Nr. 6 ZPO i.V.m.

---

[1] Vgl. die Übersicht in *Schaefer*, NJW Spezial 2010, Heft 4, 120.
[2] *Schaefer*, a.a.O.
[3] *Bittmann/Molkenbur*, wistra 2009, 374 (377).

§ 203 Abs. 1 Nr. 3 StGB) und das Beschlagnahmeprivileg (§ 97 StPO) – berufen, und zwar auch für ihre anwaltliche Tätigkeit im Rahmen ihres Anstellungsverhältnisses im Unternehmen.

Nach Ansicht der deutschen Rechtsprechung sowie der europäischen Rechtsprechung (zu den kartellrechtlichen Ermittlungen der Europäischen Kommission) steht den beim Unternehmen angestellten Syndikusanwälten jedoch kein Beschlagnahme- bzw. Zeugnisverweigerungsrecht zu.

Erfolgt die Beratung des Unternehmens durch einen **externen Rechtsanwalt**, greifen ohne Zweifel das Zeugnisverweigerungsrecht und die daraus abgeleitete Beschlagnahmefreiheit für die Unterlagen, die beim externen Rechtsanwalt aufbewahrt werden. Diejenigen Unterlagen jedoch, die im Unternehmen aufbewahrt werden, sind nicht beschlagnahmefrei. Dies gilt grundsätzlich auch für Schriftverkehr mit dem Anwalt. Nur in einem laufenden Straf- oder Ordnungswidrigkeitenverfahren ist auch der Teil der Korrespondenz mit dem Anwalt beschlagnahmefrei, der sich im Unternehmen befindet. Dies gilt nach deutschem und europäischem Recht.   1.317

Umstritten ist jedoch, ob dem **Syndikusanwalt als (alleinigem) internem Berater** ebenso ein Zeugnisverweigerungsrecht zusteht und die in seinem Gewahrsam befindlichen Unterlagen beschlagnahmfrei sind. In der deutschen Rechtsprechung besteht lediglich insoweit Einigkeit, als einem Syndikusanwalt – wie einem externen Rechtsanwalt – ein Zeugnisverweigerungsrecht im Rahmen der Erbringung von anwaltlichen Leistungen gegenüber Dritten zusteht. Erbringt der Syndikusanwalt jedoch Leistungen für sein Unternehmen, wird die Beschlagnahmefreiheit der deutschen Rechtsprechung nicht mehr uneingeschränkt bejaht.[1] Es muss daher bedacht werden, dass die deutschen und europäischen Gerichte die Unterlagen eines Syndikusanwalts nicht stets als beschlagnahmefrei ansehen. Wann und unter welchen Voraussetzungen der Zugriff auf die Unterlagen, die sich im Gewahrsam eines Syndikusanwalts befinden, möglich ist, lässt sich nicht mit Sicherheit sagen. Selbst wenn die Beschlagnahmefreiheit beim Syndikusanwalts vorhersagbar greifen würde, ist jedoch zu bedenken, ob sich nicht **Kopien der betroffenen Dokumente bei anderen Mitarbeitern/Organen** des Unternehmens befinden und deshalb dort für die Ermittlungsbehörden zugänglich sind.   1.318

VII. Auslandsbezug

Tax Compliance ist ein **länderübergreifendes Thema**. Wird ein deutsches Unternehmen im Ausland tätig, sind selbstverständlich (auch) die lokal geltenden Rechtsvorschriften einzuhalten.   1.319

---

1 *Kapp/Schumacher*, Compliance Report, Heft 10, Oktober 2007, 12 f.; LG Frankfurt/M. v. 17.12.1992 – 5/26 Qs 41/92; LG Bonn v. 29.9.2005 – 37 Qs 27/05, NStZ 2007, 605 (606); LG Berlin v. 30.11.2005 – 505 Qs 185/05.

1.320 Ein Auslandsbezug kann sich aber auch durch eine ausländische Tochtergesellschaft und deren **Aktivitäten in Deutschland** ergeben. Der externe Berater sieht sich dann im Rahmen eines deutschen Steuerstrafverfahrens einem Auslandsbezug gegenüber.

1.321 Ist die ausländische Tochtergesellschaft z.B. im Inland umsatzsteuerlich registriert, wird neben dem ausländischen Steuerberater auch ein Steuerberater im Inland benötigt. Kommt es nun zu einer – behaupteten – Verletzung der umsatzsteuerlichen Pflichten in Deutschland und der Einleitung eines **deutschen Steuerstrafverfahrens gegen den gesetzlichen Vertreter der ausländischen Tochtergesellschaft**, ist schnell eine Vielzahl von Personen involviert – von der ausländischen Tochtergesellschaft jedenfalls die Geschäftsführung, die Steuerabteilung, das Steuerberaterbüro sowie aufgrund des Strafverfahrens in der Regel die Rechtsabteilung und/oder Compliance-Abteilung, je nach Organisation (s. oben). Je nach Bedeutung des Verfahrens werden parallel dazu auch die jeweiligen Fachabteilungen in der Muttergesellschaft involviert werden. In diesem Fall bedarf es klarer Kommunikation und Absprachen, wer welche Aufgaben wahrnimmt und was an wen berichtet.

Kapitel 2
Steuern und Sozialabgaben

A. Ertragsteuern

I. Gesetzliche Rahmenbedingungen

1. Einschlägige Rechtsgrundlagen

Die Ertragsteuer für die natürlichen Personen ist die **Einkommensteuer**. Die Ertragsteuer für juristische Personen ist die **Körperschaftsteuer**. Natürliche Personen sind ferner von der Gewerbesteuer, als weiterer Ertragsteuer betroffen, sofern sie gewerblich tätig sind (§ 15 EStG, § 2 GewStG). In einem pauschalen Verfahren wird die Gewerbesteuer auf die Einkommensteuer natürlicher Personen angerechnet (§ 35 EStG). Die Tätigkeit der Körperschaften ist stets gewerbesteuerpflichtig, da die Einkünfte der Körperschaft umfassend als gewerblich qualifiziert werden (§ 8 Abs. 2 KStG, § 2 Abs. 2 GewStG). Eine Anrechnung der Gewerbesteuer auf die Körperschaftsteuer findet nicht statt. Ertragsteuern besteuern Einkünfte (§ 2 Abs. 1 EStG). Bemessungsgrundlage ist bei den Gewinneinkunftsarten der Gewinn, bei Kaufleuten i.S.d. HGB ermittelt gem. § 5 Abs. 1 Satz 1 EStG i.V.m. den handelsrechtlichen Vorschriften, bei nicht nach dem HGB zum Führen von Büchern Verpflichteten gem. § 4 Abs. 1 EStG; bei den Überschusseinkunftsarten der Überschuss der Einnahmen über die Werbungskosten (§§ 8, 9 EStG). Auch für die Körperschaften richtet sich die Einkunftsermittlung nach den Regelungen des Einkommensteuergesetzes (vgl. § 8 Abs. 1 Satz 1 KStG), im Ergebnis wird der Einzelabschluss nach HGB steuerlich angepasst (§ 8 Abs. 1 Satz 1 KStG i.V.m. §§ 5 ff. EStG).

2.1

2. Erklärungspflichten

a) Natürliche Personen

Natürliche Personen mit steuerrelevanten Einkünften sind verpflichtet, eine **Einkommensteuererklärung** abzugeben (§ 25 EStG, § 56 EStDV, § 149 AO). Die Erklärung zur Einkommensteuer ist grundsätzlich fünf Monate nach Ablauf des Kalenderjahrs für das abgelaufene Kalenderjahr abzugeben (§ 149 Abs. 2 Satz 1 AO). Diese Frist ist verlängerbar (§ 109 Abs. 1 AO). Wird die Steuererklärung durch einen Steuerberater erstellt, wird die Frist regelmäßig auf den 31.12. eines jeden Jahrs verlängert.[1] Die Einkommensteuererklärung enthält bei Verlusten eine **Erklärung** über die Verlustfeststellung (§ 10d EStG). Ferner ist eine **Erklärung zur gesonderten Feststellung des Zinsvortrags** auf den Schluss des jeweiligen Wirt-

2.2

---

1 Erlasse der obersten Finanzbehörden vom 2.1.2013, BStBl. I 2013, 66; *Rätke* in Klein, AO[12], § 109 Rz. 5.

schaftsjahrs gem. § 4h Abs. 4 EStG abzugeben. Es handelt sich um eine gesonderte Feststellung gem. § 179 AO. Die Erklärungspflicht folgt daher aus § 181 Abs. 2 AO.[1] Auch diesbezüglich gilt für die Abgabefrist § 181 Abs. 1 Satz 1 i.V.m. § 149 Abs. 2 AO. Für die Einkommensteuererklärung, die Verlustfeststellungserklärung und die Erklärung zur Feststellung des Zinsvortrags gelten also gleichlaufende Fristen.

b) Mitunternehmerschaften

2.3 Sind mehrere natürliche Personen und/oder juristische Personen in Form einer Mitunternehmerschaft (§ 15 Abs. 1 Nr. 2 EStG) verbunden und erzielen auf dieser Ebene Einkünfte, ist eine **Erklärung zur gesonderten Feststellung von Besteuerungsgrundlagen** abzugeben (§§ 181, 180 AO). Erklärungspflichtig sind die an der Mitunternehmerschaft beteiligten Mitunternehmer (§ 181 Abs. 2 AO). Die Erklärungsfrist ist identisch mit der der natürlichen Personen (§§ 181 Abs. 1, 149 AO).

c) Körperschaften

2.4 Die zur Vertretung berechtigten Personen haben die Steuererklärung für Körperschaften abzugeben. Dies gilt zunächst für die **Körperschaftsteuererklärung** (§ 31 KStG, § 25 Abs. 2 EStG, § 34 AO). Für die Frist gilt wiederum § 149 Abs. 2 AO. Die Körperschaftsteuererklärung ist folglich fünf Monate nach Ablauf des Kalenderjahrs für das abgelaufene Kalenderjahr abzugeben. Die Frist ist gem. § 109 Abs. 1 AO verlängerbar. Wird die Steuererklärung durch einen Steuerberater erstellt, ist die Frist regelmäßig auf den 31.12. eines jeden Jahrs verlängert. Bei Verlusten enthält die Körperschaftsteuererklärung die **Erklärung der Feststellung eines vortragsfähigen Verlusts** (gem. § 8 Abs. 1 KStG i.V.m. § 10d EStG). Gemäß § 8a KStG gilt auch für die Körperschaft § 4h EStG. Auch bei der Körperschaft handelt es sich um eine gesonderte Feststellung gem. § 179 AO. Die Erklärungspflicht folgt demgemäß aus § 181 Abs. 2 AO.[2] Für die Abgabefrist gilt wiederum § 181 Abs. 1 Satz 1 AO i.V.m. § 149 Abs. 2 AO. Die **Erklärung zur gesonderten Feststellung des Zinsvortrags** erfolgt also zeitgleich mit der Körperschaftsteuererklärung. Entsprechendes gilt für die **Erklärung zur gesonderten Feststellung der nicht in das Nennkapital geleisteten Einlagen** (§ 27 Abs. 2 Satz 4 KStG). Auch hierbei handelt es sich um eine Steuererklärung i.S.d. Abgabenordnung.[3] Es gelten die Erklärungsfristen aus § 149 Abs. 2 AO. Entsprechendes gilt für die **Erklärung zur gesonderten Feststellung bei Umwandlung** von Rücklagen in Nennkapital gem. § 28 Abs. 1 Satz 3 i.V.m. § 27 Abs. 2 KStG.

---

1 *Frotscher* in Frotscher/Geurts, EStG, § 4h Rz. 176 (Juni 2010).
2 *Frotscher* in Frotscher/Maas, KStG/UmwStG, § 8a Rz. 222 (Juli 2014).
3 *Berninghaus* in Herrmann/Heuer/Raupach, EStG/KStG, § 27 KStG Anm. 96 (Mai 2015).

d) Gewerbesteuererklärung

Die Erklärungspflichten und Erklärungsfristen für die Abgabe der Einkommensteuer-/Körperschaftsteuererklärungen gelten entsprechend für die **Erklärungen zur Gewerbesteuer** (§ 14a Abs. 5 GewStG, § 25 GewStDV). Auch hierbei handelt es sich um Steuererklärungen, für die die Abgabenordnung gilt (§ 10a Satz 6 GewStG). Entsprechend ist die Fristregelung gem. § 149 Abs. 2 AO anwendbar. Gleiches gilt für die **Erklärung zur Feststellung des vortragsfähigen Gewerbeverlusts.** §§ 181 Abs. 1, 149 Abs. 2 AO finden Anwendung.[1]

2.5

II. Risiko- und Gefahrenbereiche

1. Materiell-rechtliche Rechtsfragen

Materiell-rechtlich resultieren haftungs- und steuerstrafrechtliche Gefahren aus der Komplexität des Ertragsteuerrechts. Ausgangspunkt der Besteuerung ist die Gewinnermittlung des Unternehmens, die bereits eine vielschichtig gestufte Subsumtion von Lebenssachverhalten unter handelsrechtliche und steuerrechtliche Normen voraussetzt. Die handelsrechtliche Gewinnermittlung erfährt zahlreiche steuerrechtliche Korrekturen und Anpassungen, bevor das Ergebnis als reines Zahlenresultat in die verschiedenen Steuererklärungen einfließt. Jede einzelne dieser Abstraktionsstufen birgt die Gefahr, objektiv falscher Ergebnisse und damit unzutreffender Erklärungen. Hierbei handelt es sich um originär im Steuerrecht angesiedelte Gefahren.

2.6

Insbesondere problematisch sind rein **zivilrechtlich anmutende Gestaltungen** mit unerkannten **steuerrechtlichen Konsequenzen**. Beispielhaft sei hier genannt der Abschluss von Überlassungsverträgen zwischen Gesellschaftern einer Personengesellschaft und der Personengesellschaft (Überlassung von Grundstücken, Maschinen- und Fuhrpark, Patenten und Lizenzen). Unabhängig davon, ob diese Verträge entgeltlich oder unentgeltlich gestaltet werden, führt die Überlassung von Wirtschaftsgütern durch Personengesellschafter an ihre Gesellschaft zur steuerrechtlichen Qualifizierung als Sonderbetriebsvermögen mit der Konsequenz, dass diese Wirtschaftsgüter steuerrechtlich verstrickt sind. Dasselbe gilt für Überlassungsverträge wesentlicher Betriebsgrundlagen von Mehrheitsgesellschaftern oder einer beherrschenden Gruppe von Gesellschaftern an die Kapitalgesellschaft (Betriebsaufspaltung). Hierbei handelt es sich um steuerrechtliche Gefahrenquellen, die Konsequenz rein zivilrechtlicher Gestaltungen sind.

2.7

Ein weiterer Schwerpunkt von Gefahrenquellen im Ertragsteuerrecht ist die **mangelnde oder unzutreffende Dokumentation** steuerrechtlich relevanter Geschäftsvorfälle. So kann das Finanzamt den Betriebsausgabenabzug nach § 160 AO versagen, sofern der Empfänger bzw. wirtschaftlich

2.8

---
1 *Kleinheisterkamp* in Lenski/Steinberg, GewStG, § 10a Rz. 381 (Okt. 2013).

Berechtigte nicht ausreichend nachgewiesen werden kann. Entsprechendes gilt bei Auslandssachverhalten bezüglich der umfangreichen Dokumentationspflichten gem. § 90 Abs. 2 AO. Schließlich kann das Fehlen einer angemessenen Dokumentation der Leistungsbeziehung zwischen einer Kapitalgesellschaft und ihrem beherrschenden Gesellschafter Indiz für das Vorliegen einer verdeckten Gewinnausschüttung sein.

2.9 **Besondere Schwierigkeiten** bestehen, wo das Steuergesetz keine Tatbestandsmerkmale formuliert, sondern **unbestimmte Rechtsbegriffe** verwendet oder **Bewertungsspielräume** gewährt. Hier tritt an die Stelle einer objektiven „rechnerischen" Richtigkeit das judizierte Recht. Beispiele sind die Abgrenzung zwischen Mitunternehmer und steuerlichem Darlehensgeber, zwischen Herstellungskosten und sofort abzugsfähigen Betriebsausgaben, zwischen gewerblicher und nichtgewerblicher Tätigkeit oder die Angemessenheit von Leistungsvergütungen zwischen Schwestergesellschaften. Ab welchem Grad der Rechtsunsicherheit den Steuerpflichtigen eine Erklärungspflicht in Form der „Sachverhaltsaufklärungspflicht" gegenüber der Finanzverwaltung trifft, ist weitestgehend ungeklärt.

2. Formale Fragen

2.10 Stellt sich – i.d.R. nach Durchführung eines Rechtsbehelfsverfahrens – heraus, dass die **gezogene steuerrechtliche Konsequenz, die vorgenommene Bewertung oder Abgrenzung fehlerhaft** war, ist die abgegebene Steuererklärung falsch und damit der objektive Tatbestand der Steuerhinterziehung erfüllt. Den Erklärenden, sei es der Steuerpflichtige selbst oder das für ihn handelnde Organ, schützt nur der Grad seines Wissens vor der strafrechtlichen Verfolgung. Der Grad der Erkenntnis ist nach außen nicht messbar, sondern wird aus den dem Urteilenden zur Verfügung stehenden objektiven Erkenntnisquellen geschöpft. Damit offenbart sich das Dilemma des Erklärenden: Dokumentiert er seine Prüfung nicht hinreichend, trifft ihn der Vorwurf der mangelnden Sorgfalt, strafrechtlich „Leichtfertigkeit". Dokumentiert er seine Überlegung umfangreich unter Darstellung des Für und Wider, steht schnell die Aussage im Raum, er habe billigend in Kauf genommen, dass seine Auffassung falsch sein könne und damit bedingter Vorsatz vorliege.

2.11 Die Probleme **mangelhafter Dokumentation** treffen insbesondere **kleine und mittelständische Unternehmen**. Die Probleme **übermäßiger Dokumentation** steigen mit der **Größe** und **Internationalität des Unternehmens**. Steuerstreitrelevante Fragen werden in unzähligen E-Mails streitig diskutiert, ohne zu bedenken, welchen Eindruck die dabei gewählten Formulierungen in den Augen eines Betriebsprüfers, Steuerfahnders oder Staatsanwalts haben können. „We need a story for the tax authorities", gemeint als Darstellung einer zutreffenden Sachverhaltsschilderung für die Betriebsprüfung, klingt in den Ohren der Steuerstrafverfolgungsbehörden jedenfalls missverständlich.

III. Risiko- und Gefahrenminimierung

Die Einhaltung der **formalen ertragsteuerlichen Erklärungspflichten**, insbesondere die **rechtzeitige Abgabe** von Erklärungen, gehört zu den Selbstverständlichkeiten einer an Tax Compliance orientierten Unternehmensführung. Die Kenntnis der bestehenden Erklärungspflichten sowie die Überwachung der bestehenden Erklärungsfristen werden i.d.R. organisatorisch sichergestellt. Wichtig ist, dass das Einschalten externer Berater nicht von der Sicherstellung der rechtzeitigen Abgabe von Erklärungen entbindet. 2.12

Das Erkennen materieller Steuerprobleme ist in erster Linie eine Frage der **Qualitäten der Organisation eines Unternehmens**. Hierbei ist nicht nur die Kapazität, sondern vor allem die Struktur entscheidend. Ein Unternehmen ohne Steuerabteilung aber mit exzellenter externer Beratung kann einen besseren Standard bieten als eine schlecht organisierte übergroße Unternehmenssteuerabteilung. 2.13

Welcher **Grad der Rechtssicherheit bei der rechtlichen Subsumtion** angestrebt wird, ist eine individuelle Entscheidung. Der Vorsichtige orientiert sich einseitig an der Gesetzesauslegung der Finanzverwaltung und wählt dort, wo diese Richtschnur fehlt, die „steuerungünstige" Lösung. Dies ist im Rahmen von Tax Compliance nicht zwingend oder gar wünschenswert, da hierbei – insbesondere wenn Organe handeln – das Interesse des Unternehmens und damit der Eigentümer hinter das des Fiskus gestellt wird. Es gilt hier, **das richtige Maß** zu finden. Abstrakt lässt sich dies wie folgt abstufen: 2.14

– Zunächst ist es notwendig, das steuerliche Problem zu erkennen. Dies setzt laufende Befassung mit der steuerrechtlichen Literatur und Rechtsprechung, kurz gefasst **Fortbildung der steuerrechtlichen „Entscheider"**, voraus.
– Wird ein Problem erkannt, ist die **Fragestellung** sorgfältig zu **prüfen**. Entspricht die gewünschte Rechtsfolge der **Rechtsprechung**, kann ihr gefolgt werden, selbst wenn die Finanzverwaltung bekanntermaßen eine Auffassung (z.B. in Form von Nichtanwendungserlassen) vertritt. Hier widersetzt sich die Finanzverwaltung der Judikative. Eine Pflicht, dem im Rahmen von Steuererklärungen zu folgen, kann es in diesem Fall ebenso wenig geben wie eine Verpflichtung zur Offenbarung, dass in der Erklärung der Rechtsprechung und nicht der Verwaltungsmeinung gefolgt wurde.
– Problematisch sind die Fälle, in denen es **weder** eine **klare Verwaltungsauffassung noch** eine „herrschende Meinung" gibt. Hier besteht nach unserer Ansicht keine Erklärungspflicht, selbst wenn eine gewisse, möglicherweise sogar über 50 % liegende Wahrscheinlichkeit besteht, dass die Finanzverwaltung der Rechtsauffassung oder Subsumtion des Steuerpflichtigen nicht folgen wird. Nur in den Fällen eines klar erkennbaren, d.h. von der Finanzverwaltung offiziell – sei es durch Erlasse oder durch die Veröffentlichung von Rechtsprechung im Bundessteuerblatt kommunizierten – Rechtsstandpunkts, muss die Abwei-

chung der eigenen Steuererklärung von der Position der Finanzverwaltung offengelegt werden.
- Gibt es eine **klare Verwaltungsmeinung** oder zumindest eine **einhellige Literaturauffassung**, der nicht durch höchstrichterliche Rechtsprechung widersprochen wurde, bleibt eine Abweichung von dieser Rechtsauffassung zulässig, sie muss aber gegenüber dem Finanzamt erkennbar offengelegt werden.

IV. Schadensausgleich

2.15 Für den Ausgleich im Ertragsteuerrecht verursachter Steuerschäden werden häufig **Haftpflichtversicherungen der Berater** in Betracht gezogen. In diesem Zusammenhang ist darauf hinzuweisen, dass es sich hierbei um Haftpflichtversicherungen und nicht um „Steuerversicherungen" handelt. Voraussetzung ist eine pflichtwidrige schuldhafte Verursachung eines vermeidbaren Steuerschadens. Wäre die Steuer auch bei gesetzmäßigem Vorgehen entstanden, kann es sich hierbei nicht um einen erstattungsfähigen Schaden handeln. Erstattungsfähige Schäden sind in diesem Zusammenhang allenfalls Zins- und Beratungskosten.

B. Umsatzsteuer

I. Umsatzsteuer als Hauptrisikofaktor vieler Unternehmen

2.16 Die Umsatzsteuer hat sich in den vergangenen Jahren für viele Unternehmen als **größter steuerlicher Risikobereich** herausgestellt. Dies ist durch mehrere Faktoren begründet:
- Die **rechtlichen Rahmenbedingungen** harmonieren nicht (Rz. 2.17 ff.).
- Aufgrund vorhandener **Systemprobleme** ist die Umsatzsteuer betrugsanfällig (Rz. 2.128 ff.).
- Die Umsatzsteuer ist als Verbrauchsteuer für das **Steueraufkommen** von wesentlicher Bedeutung. Zusammen mit der Lohnsteuer (Rz. 2.177 ff.) erwirtschaftet sie den größten Teil des Steueraufkommens. Dementsprechend ist sie **Prüfungsschwerpunkt** der Finanzverwaltung und Gegenstand gesonderter Außenprüfungen (sog. Umsatzsteuer-Sonderprüfungen).

Die sich hieraus ergebenden **Risiko- und Gefahrenbereiche** werden unter Rz. 2.31 ff. exemplarisch behandelt.

II. Rechtliche Rahmenbedingungen

1. UStG

Das deutsche Umsatzsteuergesetz (UStG) normiert die wesentlichen **rechtlichen Anforderungen**: Normiert werden die Grundanforderungen an unternehmerischen Leistungsaustausch (Steuerbarkeit, §§ 1 bis 3 UStG), Steuerbefreiung (§§ 4 bis 9 UStG), Bemessungsgrundlage (§§ 10, 11 UStG), Steuersatz (§ 12 UStG), Steuerentstehung und Steuerschuld (§§ 13 bis 13b UStG), Rechnungsanforderungen (§§ 14 bis 14b UStG) und Vorsteuerabzug (§§ 15 bis 15a UStG).

2.17

Die Umsatzsteuer wird trotz ihres Charakters als Verbrauchsteuer nicht beim Verbraucher erhoben, sondern beim Unternehmer als Steuerschuldner, § 13a UStG. Dementsprechend normiert sie gesonderte **Erklärungspflichten**: Die Steuer wird im Wege der Selbstveranlagung erhoben – der steuerpflichtige Unternehmer berechnet seine Steuerschuld oder sein Steuerguthaben selbst. Er hat nicht nur jährliche Umsatzsteuererklärungen abzugeben, sondern unter den Voraussetzungen der §§ 18 ff. UStG monatliche oder vierteljährliche Voranmeldungen zu erklären und Vorauszahlungen zu leisten. Die Vorauszahlungen werden ohne gesonderten Verwaltungsakt automatisch nach Ablauf des Voranmeldezeitraums fällig. Die Umsatzsteuervoranmeldungen stehen auch ohne Bestätigung der Finanzverwaltung einer Steuerfestsetzung unter dem Vorbehalt der Nachprüfung gleich (§ 168 AO).

2.18

Darüber hinaus normiert das UStG zusätzliche **Pflichten** z.B. zur

2.19

– Rechnungsausstellung (§ 14a),
– Aufbewahrung von Rechnungen (§ 14b),
– Berichtigung des Vorsteuerabzugs (§ 15a),
– gesonderte Erklärungspflichten (§§ 18a bis 18c),
– Vorlage von Urkunden (§ 18d).

Das Gesetz enthält gesonderte **Haftungstatbestände**, die Gegenstand einer Risikokontrolle sein sollten:

2.20

– Der Unternehmer schuldet die unrichtig oder unberechtigt in einer Rechnung ausgewiesene Umsatzsteuer, § 14c UStG.
– Im Falle der Abtretung, Verpfändung oder Pfändung von Forderungen kann der Abtretungsempfänger, Pfand- oder Vollstreckungsgläubiger unter den Voraussetzungen des § 13c UStG in Haftung genommen werden.
– Der Unternehmer kann für die schuldhaft nicht abgeführte Steuer eines Geschäftspartners in Anspruch genommen werden, § 25d UStG.

Schließlich normiert das UStG **Bußgeld- und Strafvorschriften**, insbesondere

2.21

– die Ordnungswidrigkeiten nach § 26a UStG im Falle von Verstößen gegen die Vorschriften nach §§ 14, 14b, 18 bis 18d UStG,

- die Schädigung des Umsatzsteueraufkommens durch nicht oder nicht vollständige Entrichtung der Umsatzsteuer als Ordnungswidrigkeit (§ 26b UStG),
- im Falle einer gewerbsmäßigen oder bandenmäßigen Schädigung normiert § 26c UStG einen Straftatbestand.

2. Umsatzsteuer-Durchführungsverordnung

2.22 Ergänzend hat der Gesetzgeber auf der Grundlage von § 26 UStG weitere Vorschriften im Rahmen der Umsatzsteuer-Durchführungsverordnung (UStDV) erlassen. Die dortigen Regelungen betreffen insbesondere den Leistungsort, Steuerbefreiungen, Vorsteuerabzug und Verfahren. Die UStDV enthält insbesondere umfangreiche ergänzende **Aufzeichnungs- und Nachweispflichten**, die im Rahmen einer Tax Compliance zu beachten sind.

3. EU-Recht

2.23 Nach Art. 93 EGV sind die Rechtsvorschriften über die Umsatzsteuern innerhalb der EU zu harmonisieren. Zu diesem Zweck hat der EU-Richtliniengeber verschiedene Mehrwertsteuerrichtlinien erlassen. Von wesentlichster Bedeutung ist hierbei die Richtlinie über das gemeinsame Mehrwertsteuersystem vom 28.11.2006 (**MwStSystRL**).[1] Das Gemeinschaftsrecht hat **Vorrang vor dem nationalen Recht**.[2] Der Vorrang des Gemeinschaftsrechts gilt auch im Verhältnis zum nationalen Verfassungsrecht.[3] Für den nationalen Gesetzgeber folgt hieraus die Verpflichtung, bei seiner Gesetzgebung die Vorschriften der MwStSystRL zu beachten. Die bestehenden Vorschriften des UStG sind richtlinienkonform auszulegen.[4] Aus dem Anwendungsvorrang des EU-Rechts gegenüber dem nationalen Recht folgt zugleich, dass sich der Steuerpflichtige auf die für ihn günstigeren Bestimmungen der MwStSystRL **unmittelbar berufen** kann.[5] Diese unmittelbare Wirkung des EU-Rechts gilt nur zugunsten des Steuerpflichtigen. Soweit der nationale Gesetzgeber die EU-rechtlichen Bestimmungen nicht oder fehlerhaft umsetzt, darf dies nicht zu Lasten des Steuerbürgers erfolgen. Die Bestimmungen des Gemeinschaftsrechts können auch **Drittwirkung** entfalten. Dies hat zur Folge, dass Unternehmen oder die Öffentliche Hand im Wege einer Konkurrentenklage in Anspruch genommen werden können, wenn Gesetzgeber oder Finanzverwaltung drittschützende Normen des EU-Rechts unbeachtet lassen bzw. fehlerhaft oder ungleich anwenden.[6]

---

1 RL 2006/112/EG v. 28.11.2006, ABl. EG 2006 Nr. L 347, 1.
2 EuGH v. 15.7.1964 – Rs. 6/64 – Costa, NJW 1964, 2371.
3 Str.; wie hier *Klenk* in Sölch/Ringleb, UStG, vor § 1 Rz. 13; ähnlich BVerfG v. 12.10.1993 – 2 BvR 2134/92, 2 BvR 2159/92, BVerfGE 89, 155.
4 BFH v. 15.7.2004 – V R 27/03, BStBl. II 2004, 862 = UR 2004, 648.
5 S. nur EuGH v. 6.7.1995 – Rs. C-62/93 – Soupergaz, UR 1995, 404; *Klenk* in Sölch/Ringleb, Vor § 1 Rz. 21, jew. m.w.N.
6 Vgl. EuGH v. 8.6.2006 – Rs. C-430/04 – Feuerbestattungsverein Halle, UR 2006, 459; BFH v. 5.10.2006 – VII R 24/03, UR 2004, 617 = BStBl. II 2007, 243.

4. Verwaltungsrichtlinien

Die umsatzsteuerrechtliche Praxis ist nicht nur durch die gesetzlichen Bestimmungen, sondern zugleich in wesentlicher Form durch die Richtlinien der Finanzverwaltung geprägt. Der **Umsatzsteuer-Anwendungserlass** (UStAE) als allgemeine Verwaltungsvorschrift zur Ausführung des UStG „Zweifelsfragen und Auslegungsfragen von allgemeiner Bedeutung behandeln, um eine einheitliche Anwendung des Umsatzsteuerrechts durch die Behörden der Finanzverwaltung sicherzustellen."[1] Eine Tax Compliance im Bereich des Umsatzsteuerrechts hat diese Richtlinien zu beachten. Sie müssen nicht zwingend in der Praxis und i. R. d. umsatzsteuerlichen Erklärungen befolgt werden – ihre Inhalte spiegeln die Verwaltungssicht wider, die nicht immer mit der Gesetzeslage und Rechtsprechung übereinstimmen müssen. Allerdings ist der Steuerpflichtige gehalten, eigene **Abweichungen** von der Verwaltungssicht gegenüber der Finanzbehörde kenntlich zu machen, um steuerstrafrechtliche Vorwürfe zu vermeiden. Das Abweichen von der Richtlinie ist richtig und sinnvoll, wenn dies rechtlich begründet, bewusst entschieden und gegenüber der Verwaltung kommuniziert wird. Die Abweichung kann umgekehrt die Einleitung eines Steuerstrafverfahrens zur Folge haben, wenn sie nicht kenntlich gemacht oder gar bewusst verschwiegen wird und sich die Abweichung im Nachhinein als rechtlich unhaltbar erweist.

2.24

5. Ausländisches Recht

Durch den **grenzüberschreitenden Waren- und Dienstleistungsverkehr** beinhaltet eine Tax Compliance im Bereich der Umsatzsteuer darüber hinaus regelmäßig Bezüge zum ausländischen Recht. Erbringt ein Unternehmer Lieferungen oder Leistungen gegenüber einem ausländischen Kunden, kann dieser Vorgang im Ausland der dortigen Umsatzsteuer unterliegen oder zumindest Gegenstand von Erklärungspflichten sein. Der Unternehmer kann zur Registrierung und Abgabe von Steuererklärungen im Ausland verpflichtet sein. Die Nichtbeachtung der ausländischen Bestimmung ist regelmäßig sanktions- und strafbewehrt. Grenzüberschreitend tätige Unternehmer haben daher im Rahmen ihrer Tax Compliance zu prüfen, inwieweit ihre Lieferungs- oder Leistungsbeziehungen Melde- oder Erklärungspflichten im Ausland nach sich ziehen (Rz. 2.27, Rz. 2.55 f.).

2.25

III. Systemprobleme

1. Umsatzsteuerpflicht und Vorsteuerabzug

Die Umsatzsteuer ist als Verbrauchsteuer besonders anfällig für steuerliche und steuerstrafrechtliche Risiken. Hinzu treten Systemprobleme, die das Umsatzsteuerrecht **streit- und betrugsanfällig** machen: Zur Besonder-

2.26

---

[1] So Satz 1 der Einführung zu den UStR 2008 v. 10.12.2007, BStBl. I 2007, Sonderheft Nr. 2.

heit der Umsatzsteuer gehört es, dass die Steuerpflicht keineswegs nur belastende Wirkung hat. Vielmehr soll die Umsatzsteuer im unternehmerischen Bereich grundsätzlich neutral bleiben. Der Unternehmer wird nur vorgelagert anstelle des Verbrauchers als Steuerschuldner in Anspruch genommen (vgl. § 13a UStG). Dementsprechend korrespondiert mit der Umsatzsteuerpflicht das **Recht zum Vorsteuerabzug**. Insbesondere für Lieferungen und Leistungen, die von dem Unternehmer für sein Unternehmen bezogen werden, wird das Prinzip der Mehrwertsteuerneutralität durch den Vorsteuerabzug gewahrt (§ 15 Abs. 1 Satz 1 Nr. 1 UStG). Hieraus folgt: Der Unternehmer kann durch die Umsatzsteuerpflicht nicht nur be-, sondern auch entlastet werden. Dementsprechend können steuerliche oder gar steuerstrafrechtliche Risiken dadurch entstehen, dass der Unternehmer zu Unrecht seine Umsätze der Umsatzsteuer unterwirft, um den Vorsteuerabzug zu nutzen. Tax Compliance im Bereich der Umsatzsteuer beinhaltet somit auch die **Risikokontrolle**, ob die Finanzverwaltung einzelne Umsätze des Unternehmens als steuerbefreit behandeln könnte, um den Abzug der hiermit im Zusammenhang stehenden Vorsteuer zu versagen (§ 15 Abs. 2 Nr. 1 UStG).

2. Ort der Besteuerung

2.27 Der grenzüberschreitende Dienstleistungs- und Warenverkehr ist in Deutschland von überragend wichtiger Bedeutung. Hiermit korrespondiert im Bereich der Umsatzsteuer die Problematik der Bestimmung des **Liefer- und Leistungsorts**. Die grenzüberschreitende Tätigkeit ist hinsichtlich des Besteuerungsorts zu überprüfen. Wird die Zuordnung unzutreffend vorgenommen, begründet dies regelmäßig einen **Verstoß gegen steuerliche Pflichten**:

– Wird der Ort der Lieferung der Leistung unzutreffend dem Ausland zugeordnet, verstößt der Unternehmer gegen seine inländischen Erklärungspflichten.

– Wird der Ort der Lieferung oder Leistung unzutreffend dem Inland zugeordnet, wird der Unternehmer regelmäßig gegen Aufzeichnungs- oder Erklärungspflichten in einem anderen EU-Mitgliedstaat oder Drittland verstoßen.

Eine fehlerhafte Zuordnung in diesem Bereich kann für das Unternehmen schwerwiegende, teils existenzbedrohende **Nachteile** zur Folge haben. Dies gilt insbesondere vor dem Hintergrund, dass im internationalen Rechtsverkehr eine fehlerhafte umsatzsteuerliche Zuordnung zwar rechtlich und technisch ohne weiteres korrigiert werden kann – die praktische Umsetzung stößt jedoch in der Praxis auf erhebliche Schwierigkeiten. Behandelt z.B. der deutsche Unternehmer eine (vermeintlich) innergemeinschaftliche Lieferung als umsatzsteuerbefreit (§ 4 Nr. 1 b) UStG), trägt er gegenüber der deutschen Finanzverwaltung das umsatzsteuerliche Risiko, falls sich diese Zuordnung als unzutreffend erweist. Je nach Vertragsgestaltung hat er u.U. einen zivilrechtlichen Anspruch auf nachträgliche Erhöhung des Kauf- oder Dienstleistungspreises und Erstattung gegenüber seinem Vertragspartner. Dieser Anspruch erweist sich aber in der Praxis im ausländischen Rechtsverkehr oft als schwierig durchsetzbar.

Insbesondere im Bereich der **Dienstleistungen** waren die Ortsbestimmungen in der Vergangenheit innerhalb der EU nur unzureichend modernisiert. Mit der Umsetzung durch das am 12.2.2008 verabschiedete Mehrwertsteuer-Paket,[1] das in Deutschland zum 1.1.2010 in nationales Recht überführt wurde (vgl. § 3a UStG),[2] hat die Problematik der Ortsbestimmung weitere Bedeutung erlangt (Rz. 2.55 f.).

2.28

3. Verlagerung der Steuerschuld

Durch die Steuerschuld des Unternehmers als Regelfall (§ 13a Abs. 1 Nr. 1 UStG) bewirken die gesetzlichen Bestimmungen, dass der leistende/lieferende Unternehmer die Steuer zunächst – gewissermaßen treuhänderisch – für den Fiskus vereinnahmt. Er wälzt nach der Konzeption des Gesetzgebers die Umsatzsteuer über den Preis – unter Umständen über eine Unternehmerkette – auf den Endverbraucher ab. Auch dies macht die Umsatzsteuer betrugsanfällig, da sie den Unternehmer in die Versuchung bringen kann, das „Treugut" Umsatzsteuer vorübergehend oder dauerhaft für sich zu behalten. Für bestimmte, risikoanfällige Umsätze hat der Gesetzgeber vor diesem Hintergrund eine **Umkehr der Steuerschuldnerschaft** (reverse charge) normiert (§ 13b UStG). Der Lieferungs- oder Leistungsempfänger wird als Steuerschuldner verpflichtet.

2.29

Im Bereich des **innergemeinschaftlichen Warenverkehrs** führt eine ähnliche, faktische Verlagerung der Steuerschuld zu erheblichem **Missbrauchspotential**: Die Steuerbefreiung der innergemeinschaftlichen Lieferung wird im Bereich von **Umsatzsteuerkarussellen** oder **Streckengeschäften** in großem Umfang zur Steuerhinterziehung genutzt (Rz. 2.128 ff.).

2.30

IV. Typische Gefahrenbereiche

1. Erklärungsverhalten

Die Umsatzsteuer wird im Wege der Selbstveranlagung erhoben (Rz. 2.18). Im Wege der Umsatzsteuervoranmeldung bewirkt der Unternehmer selbst seine Steuerfestsetzung. Insbesondere bei Liquiditätsengpässen besteht auf diese Weise eine **niedrige Eintrittsschwelle** zum Steuerdelikt: Der Unternehmer hat es selbst in der Hand, zunächst weitgehend ungeprüft eine zu niedrige Steuerfestsetzung herbeizuführen.

2.31

Ein wesentlicher Risikobereich ist in diesem Zusammenhang die **geschätzte Voranmeldung**: Unternehmen mit einer Vielzahl von Einzelumsätzen, Filialen oder Unternehmensbereichen sind oft nur schwerlich

2.32

---

1 Ratsbeschluss der EU v. 12.2.2008 – RL 2008/8/EG, ABl. 2008 Nr. L 44, 11, UVR 2008, 98 f.
2 I.d.F. des JStG 2009 v. 19.12.2008, BGBl. I 2008, 2794, mit Wirkung zum 1.1.2010.

in der Lage, innerhalb der gesetzlichen Fristen (vgl. §§ 18 Abs. 1 UStG, 149 Abs. 2 Satz 1 AO) die Voranmeldungen und Steuererklärungen einzureichen. Die Frist zur Abgabe der Voranmeldungen ist nur im Umfang der Dauerfristverlängerung (§§ 46 ff. UStDV) verlängerbar. Im Wege der Tax Compliance hat ein Unternehmen somit einen effektiven Informationsfluss sicherzustellen, um innerhalb der kurzen gesetzlichen Frist die im Kalendermonat angefallenen Umsätze und Vorsteuern zutreffend zu erklären. Ist dies – wie häufig – nicht fristgemäß möglich, ist das Unternehmen zur sachgerechten Schätzung verpflichtet. Der Unternehmer sollte hier nicht der Versuchung unterliegen, bewusst und konstant zu niedrig zu schätzen. Die vorsätzlich zu niedrige Schätzung kann den Strafvorwurf der Steuerhinterziehung begründen.

2.33 Potenziert wird dieses Risiko im Bereich der **Umsatzsteuererklärung im Konzern**: Aufgrund der Einheitlichkeit des Unternehmens und umsatzsteuerliche Organschaften (Rz. 2.38 ff.) erfordert die Umsatzsteuererklärung in Großkonzernen eine Datenmasse, die nur schwerlich innerhalb der gesetzlichen Fristen zu bewältigen ist. Zur Vorbereitung der Voranmeldung und Jahressteuererklärungen müssen die umsatzsteuerrelevanten Daten von einer Vielzahl von Filialen, Tochter- und Enkelgesellschaften bereitgestellt und verarbeitet werden. Die vorläufig geschätzte Voranmeldung und die nachfolgende mehrfache Korrektur der Steuerveranlagung ist der umsatzsteuerliche Regelfall. Dies geschieht regelmäßig unter Abstimmung und mit Wissen der Finanzverwaltung. Bei der Erklärungsabgabe ist allerdings darauf zu achten, dass die noch offenen Besteuerungsgrundlagen nicht vereinfacht zu Lasten des Steueranspruchs bis zu ihrer Vorlage weggelassen werden. Vielmehr ist der Erklärungsmodus mit der Finanzverwaltung abzustimmen. Insbesondere ist zu klären, inwieweit für einzelne Unternehmensbereiche oder Konzerngesellschaften zunächst im Rahmen der Voranmeldungen Schätzungen erfolgen, die dann im Nachhinein nach endgültiger Datenauswertung konkretisiert werden.

2.34 Weiterer, in der Praxis häufiger Anwendungsfall für Gesetzesverstöße ist die **zusammenfassende Meldung nach § 18a UStG**. Zum einen stellt insbesondere bei größeren Unternehmen die zu bewältigende Datenmasse und das Erfordernis einer zusätzlichen Steueranmeldung einen schwer zu bewältigen Aufwand dar. Andererseits ist die Vernachlässigung der zusammenfassenden Meldung in zweifacher Hinsicht sanktionsbewährt: Sie kann nach § 26a Abs. 1 Nr. 5 UStG mit Bußgeld geahndet werden. Darüber hinaus kann die unzureichende zusammenfassende Meldung der Finanzverwaltung ein gesonderter Prüfungsanlass sein und die Vermutung einer nicht ordnungsgemäßen Buchführung des Steuerpflichtigen begründen.

2. Zahlungsverhalten

2.35 Die Vernachlässigung der umsatzsteuerlichen Zahlungspflichten ist **bußgeld- und strafbewehrt**, §§ 26a und 26b UStG. Die Vorschriften spielen in der Praxis bislang eine untergeordnete Rolle, da zum einen der Vorsatz oder die Leichtfertigkeit des Unternehmers durch die Behörde nachzuweisen ist, zum anderen im häufigsten Anwendungsfall der Illiquidität ein solches Verschulden ausscheidet.

Der Unternehmer kann unter bestimmten Voraussetzungen für die Verletzung der **Zahlungspflichten eines Dritten** in Anspruch genommen werden: § 25d UStG normiert eine Haftung für die von einem Geschäftspartner in Rechnung gestellte Steuer, soweit letzterer seinen Zahlungspflichten nicht nachkommt und der rechnungsempfangende Unternehmer dies wusste (Vorsatz) oder wissen musste (Leichtfertigkeit). Als Indiz für eine solche Kenntnis oder ein Kennenmüssen benennt § 25d Abs. 2 UStG insbesondere eine fehlende marktübliche Preisgestaltung. Angesichts des nur schwer zu führenden Nachweises der „Marktüblichkeit" hat allerdings auch diese Vorschrift bislang in der Praxis eine eher untergeordnete Bedeutung.

2.36

Zu beachten ist allerdings, dass die Verletzung der Erklärungs- und Zahlungspflichten des Geschäftspartners auch über die Haftung nach § 25d UStG hinaus wesentliche Besteuerungsnachteile für den die Leistung oder Lieferung empfangenden Unternehmer nach sich ziehen kann: Im Falle einer **Schädigung des Umsatzsteueraufkommens** durch einen Unternehmer, der die vereinnahmte Umsatzsteuer nicht vorschriftsmäßig an die Finanzverwaltung abführt, wird die Finanzbehörde stets prüfen, ob und inwieweit hieraus Folgerungen für den Vorsteuerabzug oder die Steuerbefreiung zu ziehen sind. Zu den Einzelheiten s. Rz. 2.83 ff.

2.37

3. Organschaft

a) Anforderungen an die Organschaft

Die umsatzsteuerliche Organschaft ist insbesondere in jüngerer Zeit Anknüpfungspunkt für z.T. **erhebliche Steuerrisiken**. Dies ist vor allem durch die nicht eindeutigen gesetzlichen Anforderungen, zum anderen durch Rechtsprechungsentwicklungen begründet. Nach § 2 Abs. 2 Nr. 2 Satz 1 UStG wird eine gewerbliche oder berufliche Tätigkeit nicht selbständig ausgeübt, wenn eine juristische Person nach dem Gesamtbild der tatsächlichen Verhältnisse finanziell, wirtschaftlich und organisatorisch in das Unternehmen eines Organträgers eingegliedert ist. Die **Grundanforderungen** der Eingliederungsmerkmale sind in Rechtsprechung und Finanzverwaltung anerkannt:

2.38

– **Finanzielle Eingliederung** erfordert den Besitz der entscheidenden Anteilsmehrheit an der Organgesellschaft.
– **Wirtschaftliche Eingliederung** erfordert eine i. R. d. Gesamtunternehmens wirtschaftliche, fördernde und ergänzende Tätigkeit der Organgesellschaft.
– Für die **organisatorische Eingliederung** muss der Organträger durch organisatorische Maßnahmen sicherstellen, dass in der Organgesellschaft sein unternehmerischer Wille durchgesetzt und ausgeführt wird.

Für die Begründung einer umsatzsteuerlichen Organschaft ist es nicht erforderlich, dass alle drei Eingliederungsmerkmale gleichermaßen ausgeprägt sind (UStAE 2.8 Abs. 1 Satz 2). Sie soll deshalb auch dann gegeben sein, wenn die Eingliederung auf einem dieser drei Gebiete nicht vollständig, dafür aber auf anderen Gebieten um so eindeutiger ist, so dass sich die Eingliederung aus dem **Gesamtbild der tatsächlichen Verhältnisse** ergibt.[1] Keines der drei Eingliederungsmerkmale ist aber vollständig verzichtbar. Die Merkmale müssen kumulativ erfüllt werden. Die Versagung eines Eingliederungsmerkmals führt zum vollständigen Wegfall der Organschaftsfolgen.

b) Chancen und Risiken der Organschaft

2.39 Eine Organschaft vermeidet die (umsatzsteuerliche, nicht juristische) Selbständigkeit der Organgesellschaft(en). Die Organschaft hat zur **Folge**, dass

- die Umsätze innerhalb des Organkreises nicht der Umsatzsteuer unterliegen,
- die Umsätze der Organgesellschaft(en) dem Organträger zuzurechnen sind. Umsatzsteuerlicher Unternehmer ist allein der Organträger.

Die wesentlichen Chancen der Organschaft liegen somit in der Vereinfachung des Erklärungsverfahrens und – vor allem – der Besteuerungsvermeidung der Innenumsätze bei verbundenen Gesellschaften. Ihre **Risiken** liegen in einer möglicherweise unerwünschten Steuerhaftung des Organträgers (Rz. 2.50 ff.) sowie in erheblichen Steuernachforderungen im Falle des Wegfalls oder der finanzbehördlichen Versagung der Organschaftsvoraussetzungen.

2.40 Maßgebend für die Beurteilung der umsatzsteuerlichen Organschaft sind stets die Gegebenheiten im Zeitpunkt der Umsatzerbringung. Eine **rückwirkende Organschaft** ist umsatzsteuerlich nicht möglich.

2.41 **Compliance-Hinweis**: Aufgrund der erheblichen steuerlichen und wirtschaftlichen Folgen der Organschaft empfiehlt sich eine frühzeitige Abstimmung und Darlegung der Organschaftsvoraussetzungen mit der Finanzverwaltung. Unternehmen und Berater sollten das Steuerrisiko nicht durch jahrelang gelebte, aber durch die Verwaltung ungeprüfte Praxis kumulieren lassen.

c) Probleme in der wirtschaftlichen Eingliederung

2.42 Das Kriterium „wirtschaftlich fördern und ergänzen" bereitet **erhebliche Praxisprobleme**. Die Rechtsprechungs- und Verwaltungsanforderungen sind uneinheitlich und unbestimmt. Einigkeit besteht, dass eine wirtschaftliche Eingliederung bereits dann vorliegt, wenn zwischen dem Or-

---

1 UStAE 2.8. Abs. 1 Satz 3 unter Berufung auf BFH v. 23.4.1964 – V 184/66, BStBl. III 1964, 364 und BFH v. 22.6.1967 – V R 89/66, BStBl. III 1967, 715.

ganträger und der Organgesellschaft aufgrund gegenseitiger Förderung und Ergänzung mehr als nur unerhebliche wirtschaftliche Beziehungen bestehen (UStAE 2.8 Abs. 6 Satz 3). Für die Annahme einer wirtschaftlichen Eingliederung genügt aber ein vernünftiger **wirtschaftlicher Zusammenhang** im Sinne einer wirtschaftlichen Einheit, Kooperation oder Verpflichtung. Eine derartige Verbindung kann aus einem gemeinsamen Auftreten am Markt gegenüber Kunden, der Verwendung desselben Firmenlogos oder einem Hinweis auf „das dreißigjährige Bestehen des Betriebs" hergeleitet werden. Weiteres Indiz ist nach der Rechtsprechung die Erbringung erheblicher Umsätze zwischen Organträger und Organgesellschaft.[1] Treten die Merkmale der finanziellen und organisatorischen Eingliederung deutlich hervor, so steht es der Annahme einer Organschaft nicht entgegen, wenn das dritte Eingliederungsmerkmal der wirtschaftlichen Eingliederung weniger stark ausgeprägt ist.[2]

Allerdings kann aus der finanziellen Eingliederung nicht zwingend auf die wirtschaftliche Eingliederung geschlossen werden. Eine erhebliche Risikoquelle liegt in der Praxis darin, dass Unternehmen und Berater auf das Kriterium der wirtschaftlichen Eingliederung zu geringen **Begründungsaufwand** verwenden. Die wirtschaftliche Bedeutung der Verbindung wird häufig fehlerhaft schon aus der Mehrheitsbeteiligung an sich hergeleitet. Die wirtschaftliche Verflechtung sollte daher dokumentiert und durch geeignete Unterlagen begründbar sein. Auch hier empfiehlt sich die frühzeitige Kommunikation mit der Finanzverwaltung.

2.43

d) Probleme in der organisatorischen Eingliederung

Nach der Rechtsprechung hat die aktienrechtliche **Abhängigkeitsvermutung** nach § 17 AktG keine Bedeutung für die umsatzsteuerliche Beurteilung der Organschaft.[3] Dies ist in der Praxis zu beachten.

2.44

Noch weitaus risikobehafteter sind die Rechtsprechungsanforderungen zur **Personenidentität in den Leitungsgremien**: Der BFH hat hervorgehoben, dass die organisatorische Eingliederung voraussetzt, dass der Organträger eine von seinem Willen abweichende Willensbildung in der Organgesellschaft verhindern kann.[4] Dies erfordere in aller Regel die personelle Verflechtung der Geschäftsführungen des Organträgers und der Organgesellschaft. Nach Auffassung des BFH muss sichergestellt sein, dass eine vom Willen des Organträgers abweichende Willensbildung schlechthin nicht möglich ist.[5] So hat der BFH die Personenidentität in den Vertretungsorganen verneint, da die Organgesellschaft über zwei Geschäftsfüh-

2.45

---

1 BFH v. 20.9.2006 – V B 138/05, UR 2007, 302 = BFH/NV 2007, 281.
2 BFH v. 20.9.2006 – V B 138/05, UR 2007, 302 = BFH/NV 2007, 281.
3 A.A. noch die Vorinstanz FG BW v. 2.3.2006 – 14 K 157/04, EFG 2006, 1462.
4 BFH v. 5.12.2007 – V R 26/06, BStBl. II 2008, 541 = UR 2008, 259 m. Anm. Hidien; v. 3.4.2008 – V R 76/05, BStBl. II 2008, 905 = UR 2008, 549.
5 BFH v. 5.12.2007 – V R 26/06, BStBl. II 2008, 541 (543) = UR 2008, 259 m. Anm. Hidien; s. auch BFH v. 13.3.1997 – V R 96/96, BStBl. II 1997, 580 = UR 1997, 396, jeweils m.w.N.

rer mit Einzelvertretungsbefugnis verfügte. In der Folge hat der BFH zumindest die organisatorische Eingliederung durch leitende Mitarbeiter des Organträgers als Geschäftsführer der Tochter anerkannt.[1]

2.46 **Compliance-Hinweis**: Es besteht vor diesem Hintergrund im Rahmen einer Tax Compliance hinreichender Anlass, **organschaftliche Strukturen zu überprüfen**.[2] Insbesondere bei fehlender Personenidentität ist die umsatzsteuerliche Organschaft gefährdet. Die Gestaltungspraxis muss sich daher an den Vorgaben der Verwaltungsrichtlinien[3] orientieren.

e) Organschaftsprobleme in Holdingfällen

2.47 Die Rechtsprechung hat klargestellt, dass die bloße Eigenschaft als Holdinggesellschaft an sich der umsatzsteuerlichen Organschaft nicht entgegensteht.[4] Voraussetzung für die umsatzsteuerliche Organschaft ist aber nach bisheriger Rechtsprechung die **Unternehmereigenschaft des potentiellen Organträgers**.[5] Die Unternehmereigenschaft kann demnach nicht bereits aus der Organschaft an sich hergeleitet werden.[6] Dies steht durch die neuere Rechtsprechung[7] auf dem Prüfstand.

2.48 Allerdings kann die erforderliche **wirtschaftliche** Eingliederung bereits dann vorliegen, wenn zwischen herrschenden und beherrschenden Unternehmen gegenseitige wirtschaftliche Beziehungen bestehen, durch die die Unternehmen miteinander verbunden sind (Rz. 2.42). Die wirtschaftliche Eingliederung durch eine gegenseitige Förderung und Ergänzung und die mehr als nur unerhebliche wirtschaftliche Beziehungen sind darzulegen.

2.49 Eine wirtschaftliche Eingliederung liegt nicht vor, wenn die Anteile nach den og. Grundsätzen nicht **im unternehmerischen Bereich** des **Anteilseigners** gehalten werden. Eine Organschaft kommt in Holdingfällen somit nur dann in Betracht, wenn der Anteilseigner die Anteile im unternehmerischen Bereich hält und darüber hinaus auch die finanzielle und die organisatorische Eingliederung in das Unternehmen des Organträgers gegeben sind.

f) Unerwünschte Organschaft

2.50 Wie vorstehend ausgeführt, kann die umsatzsteuerliche Organschaft in der Praxis nicht nur erwünschte, sondern auch unerwünschte Folgen ha-

---

1 BFH v. 7.7.2011 – V R 53/10, BStBl. II 2013, 218 = UR 2011, 943.
2 S. auch *Kaufmann/Schmitz-Herscheidt*, BB 2008, 2111 f.; *Scholz/Nattkämper*, UR 2008, 716 ff.
3 UStAE 2.8 Abs. 7–11 und BMF v. 7.3.2013 – IV D 2 - S 7105/11/10001 – DOK 2013/0213861, BStBl. I 2013, 333 = UR 2013, 312.
4 BFH v. 3.4.2008 – V R 76/05, BStBl. II 2008, 905 = UR 2008, 549.
5 Siehe auch *Eggers/Korf*, DB 2002, 1237 (1238).
6 BFH v. 3.4.2003 – V R 63/01, BStBl. II 2004, 434 = UR 2003, 394.
7 Vgl. EuGH-Urt. v. 25.4.2013 – Rs. C-109/11 ua., UR 2013, 423.

ben. Dies gilt insbesondere im Hinblick auf das erhöhte **Steuerrisiko des Organträgers**.

In Fällen der **Betriebsaufspaltung** kann durch die umsatzsteuerliche Organschaft eine natürliche Person Steuerschuldner der Umsatzsteuer der Betriebs-Kapitalgesellschaft werden: Vermietet z.B. der beherrschende Gesellschafter einer Kapitalgesellschaft das Betriebsgrundstück zur betrieblichen Nutzung an die GmbH, entsteht nicht nur die ertragsteuerliche Betriebsaufspaltung, sondern der Gesellschafter wird persönlicher Schuldner der Umsatzsteuer aus den Leistungen der Betriebs-Kapitalgesellschaft. 2.51

Das Umsatzsteuerrisiko realisiert sich dann insbesondere im Falle der **Insolvenz** der Betriebs-Kapitalgesellschaft: Hat die GmbH umsatzsteuerpflichtige Leistungen bezogen und den Vorsteuerabzug geltend gemacht, ist das Entgelt allerdings noch nicht bezahlt und wird es durch die Insolvenz uneinbringlich, ist der Vorsteuerabzug nach § 17 Abs. 1 Satz 2, Abs. 2 Nr. 1 UStG zu Lasten des Organträgers zu berichtigen.[1] Durch die Bestellung eines sog. schwachen Insolvenzverwalters entfällt nach der Rechtsprechung noch nicht die organisatorische Eingliederung.[2] 2.52

Die höchstrichterliche Rechtsprechung hat bislang ein **Wahlrecht** bezüglich der umsatzsteuerlichen Organschaft abgelehnt.[3] Zur Begründung wird im Wesentlichen ausgeführt, dass § 2 Abs. 2 Nr. 2 UStG ein solches nicht vorsehe und auch das Gemeinschaftsrecht das Wahlrecht zumindest nicht ausdrücklich verlange. Dies ist zumindest zweifelhaft.[4] In Streitfällen sollte daher bei einer unerwünschten Organschaft trotz der gegenteiligen BFH-Rechtsprechung in der FG-Instanz nochmals auf eine EuGH-Vorlage hingewirkt werden. 2.53

4. Leistungsaustausch

Steuerliche Risiken beinhaltet darüber hinaus ein **nicht erkannter** umsatzsteuerbarer Leistungsaustausch. Vermeintlich nicht steuerbare Umsätze werden nicht der Besteuerung unterworfen. Bejaht die Finanzverwaltung den Leistungsaustausch und unterwirft die Umsätze im Nachhinein der Umsatzsteuer, begründet dies auf der Ebene des Steuerschuldners zumindest einen Zinsschaden. Ist eine nachträgliche Berechnung der Umsatzsteuer an den Empfänger aus tatsächlichen oder recht- 2.54

---

1 Ausführlich zu der – umstrittenen – Verwaltungsansicht zu den Folgen der Insolvenz von Organen oder Organträgern auf die umsatzsteuerliche Organschaft OFD Frankfurt v. 20.7.2009 – S 7105 A - 21 - St 110, DStR 2009, 1911.
2 S. BFH v. 13.6.2007 – V B 47/06, UR 2007, 809 = BFH/NV 2007, 1936; v. 11.11.2008 – XI B 65/08, UR 2009, 346 = BFH/NV 2009, 235; v. 10.3.2009 – XI B 66/08, BFH/NV 2009, 977.
3 BFH v. 29.10.2008 – XI R 74/07, BStBl. II 2009, 256 = UR 2009, 344 m. Anm. *Straub*.
4 Kritisch auch *Straub*, UR 2009, 344; vgl. auch vor der BFH-Entscheidung FG Rh.-Pf. v. 11.3.2008 – 6 V 2395/97, UR 2008, 542; ein Wahlrecht bejahend *Stadie*, UR 2008, 540; verneinend *Nieskens*, UR 2008, 538.

lichen Gründen nicht möglich, verbleibt ein endgültiger Steuerschaden. **Typische Problembereiche** für verdeckten Leistungsaustausch sind insbesondere

– **Mitgliedsbeiträge** (Rz. 6.73 ff.),
– vermeintliche „**Spenden**", denen ein tatsächliches Entgelt zugrunde liegt (Rz. 6.157 ff.),
– **Gesellschafterbeiträge**, die über die bloße Verpflichtung der Einlage und gesellschaftsrechtlichen Tätigkeit hinausgehen,
– **Zuschüsse** (Rz. 2.103 ff.).

5. Leistungsort

2.55 Wie bereits unter Rz. 2.27 ausgeführt, kommt der Bestimmung des Leistungsorts insbesondere im internationalen Waren- und Dienstleistungsverkehr entscheidende Bedeutung zu, da sich hieraus zugleich der Besteuerungsort und die ergänzenden Steuer- und Erklärungspflichten im In- und Ausland ergeben. Entscheidungen hierüber erfolgen oft im Unternehmensalltag nicht durch die Steuerabteilungen, sondern durch Vertrieb und Sekretariat. Insbesondere für größere Unternehmen ist im grenzüberschreitenden Geschäftsverkehr ein **Risikomanagementsystem** ratsam.[1]

2.56 Für betroffene Unternehmen erfolgt hieraus die Notwendigkeit zu folgenden **Maßnahmen**:[2]
– Identifizierung der grenzüberschreitenden Lieferungs- und Leistungsbeziehungen,
– Kategorisierung der Geschäftsbeziehungen nach Art der Dienstleistung, Sitzort des Kunden und Tätigkeitsort/Belegenheitsort,[3]
– Herausfiltern konkreter umsatzsteuerlicher Risiken,
– Schulung der betroffenen Mitarbeiter,
– Festlegung von Arbeitsabläufen, Merkblättern und Verantwortlichkeiten,
– Schaffung von Kontrollmöglichkeiten.[4]

6. Steuersatz

a) Allgemeine Risiken

2.57 Anzahl und Umfang der dem ermäßigten Steuersatz unterliegenden Vorgänge sind innerhalb der EU-Mitgliedstaaten extrem unterschiedlich. Bestrebungen zur Änderung der MwStSystRL sind in der Vergangenheit an den unterschiedlichen Interessen der **Mitgliedstaaten** gescheitert.

---

1 Instruktiv *Matheis/Groß*, UVR 2008, 309.
2 *Matheis/Groß*, UVR 2008, 309 (310 ff.).
3 Beispiel bei *Matheis/Groß*, UVR 2008, 309 (310 f.).
4 Beispiel bei *Matheis/Groß*, UVR 2008, 309 (311).

In Deutschland ist der Katalog der ermäßigten Steuersätze in § 12 Abs. 2 UStG unübersichtlich, undifferenziert und Gegenstand fortwährender fachlicher und politischer Kritik. Von der Finanzverwaltung wird der ermäßigte Steuersatz in der praktischen Anwendung **restriktiv gehandhabt**.

2.58

Werden Umsätze dem ermäßigten Steuersatz unterworfen, besteht der Vorteil in der Verringerung der Steuerschuld, dem ermäßigten Gesamtpreis gegenüber dem Endverbraucher bei verbleibender Nutzungsmöglichkeit des vollen Vorsteuerabzugs. Insbesondere das verbleibende Vorsteuerabzugsrecht führt bei zutreffender Anwendung des ermäßigten Steuersatzes zum steuerlichen Idealzustand. Dies birgt die **Gefahr**, den Ermäßigungskatalog – entgegen der restriktiven Verwaltungspraxis – zu weit auszulegen. Die Risiken der Anwendung eines ermäßigten Steuersatzes bestehen für den **Steuerschuldner** in der Möglichkeit, dass die Finanzverwaltung im Falle einer Versagung der gesetzlichen Voraussetzungen den Umsatz dem vollen Steuersatz unterwirft. Dies führt in der Praxis regelmäßig zu erheblichen Steuernachforderungen, da typischerweise eine Mehrzahl von Umsätzen über eine Reihe von Jahren betroffen ist. Der Steuerschuldner wiederum hat nur im Ausnahmefall die Möglichkeit, die nachträgliche Steuerschuld auf seinen Vertragspartner abzuwälzen. Besteht keine explizite vertragliche Regelung, ist die nachträgliche Berechnung i.d.R. schon zivilrechtlich ausgeschlossen. Selbst wenn sie besteht, verbleibt das wirtschaftliche Risiko der Illiquidität des Vertragspartners und darüber hinaus jedenfalls ein Zinsschaden (§ 233a AO) durch die rückwirkende Nachforderung der Finanzbehörde.

2.59

Auf der Ebene des **Empfängers** der ermäßigt besteuerten Lieferung oder Leistung bestehen zivilrechtliche, wirtschaftliche und steuerliche Risiken: Wurde ihm ein ermäßigter Steuersatz zu Unrecht in Rechnung gestellt, kann der empfangende Unternehmer – im Falle einer entsprechenden Vertragsgrundlage – Nachforderungsansprüchen seines Vertragspartners ausgesetzt sein. Ist der Empfänger – z.B. aufgrund eigener befreiter Ausgangsumsätze – mit seinen Eingangsumsätzen nicht zum Vorsteuerabzug berechtigt, entsteht ein zusätzlicher, oft unvorbereiteter Kostenfaktor. Wurde andererseits der Vorgang zunächst dem vollen Steuersatz unterworfen, kann die Finanzverwaltung den übersteigenden Vorsteuerabzug versagen, wenn sich die Lieferung/Leistung im Nachhinein als ermäßigt zu besteuernder Vorgang herausstellen sollte (Rz. 2.78).

2.60

Ist der Empfänger zum **Vorsteuerabzug** berechtigt, können sich die Vertragsparteien den vorstehenden Risiken nicht einfach durch Ausweis des vollen Steuersatzes entziehen: Das Vorsteuerabzugsrecht besteht nur hinsichtlich der tatsächlich geschuldeten Steuer, § 15 Abs. 1 Nr. 1 UStG. Ein Options- oder Wahlrecht besteht nicht. Wird der volle Umsatzsteuersatz zu Unrecht ausgewiesen, begründet dies somit eine einseitige Risikoverlagerung zu Lasten des Empfängers. Der Rechnungsaussteller wiederum kann zivilrechtlichen Ansprüchen ausgesetzt sein, da eine Zahlungsverpflichtung des Rechnungsempfängers mangels Steuerschuld nur in Höhe des ermäßigten Steuersatzes besteht.

2.61

2.62 Eine **Compliance-Strategie** für den Bereich des Steuersatzes beinhaltet somit:
– Zusammenstellung der bislang im Unternehmen angewendeten ermäßigten Umsätze,
– Überprüfung der Tätigkeitsbereiche des Unternehmens auf mögliche Katalogleistungen des § 12 Abs. 2 UStG, auch und insbesondere bei bislang voll besteuerten Umsätzen,
– spiegelbildliche Überprüfung auf der Seite der Eingangsumsätze,
– Evaluierung von Risikogruppen,
– Schulung der betroffenen Mitarbeiter,
– Erstellung von Merkblättern und Benennung von Verantwortlichen,
– Sicherstellung der ordnungsgemäßen Rechnung,
– frühzeitige Kommunikation etwaiger Problemfälle mit Vertragspartnern und Finanzverwaltung,
– Absicherung verbleibender Risiken durch die Aufnahme von Umsatzsteuerklauseln in den Vertragsbestimmungen.

b) Beispiel: Ermäßigter Steuersatz bei gemeinnützigen Körperschaften

2.63 Ein konkretes **Praxisbeispiel** für die Unwägbarkeiten bei der Anwendung des ermäßigten Steuersatzes ist die Besteuerung gemeinnütziger Körperschaften bei § 12 Abs. 2 Nr. 8 a) UStG (Rz. 2.114 ff.).

c) Beispiel: Restaurationsumsätze

2.64 Weiteres, nahezu abstruses Beispiel ist das Steuerrisiko im Zusammenhang mit Restaurationsumsätzen. Bei einem Steuersatzunterschied von 12 % kommt der Abgrenzung von Restaurationsleistungen, die dem allgemeinen Steuersatz unterliegen, von der begünstigten Lieferung von Nahrungsmitteln immer größere Bedeutung zu.[1] Der BFH hat im Anschluss an die EuGH-Rechtsprechung[2] in einer Vielzahl von jüngeren Entscheidungen hierzu Stellung genommen.[3] Das **Steuerrisiko** trifft hierbei bei weitem nicht nur den „klassischen" Restaurantbetrieb, da eine Vielzahl von Unternehmen zu derartigen Umsätzen Berührungspunkte aufweist (z.B. Kantine, sonstige Personalverpflegung, Krankenhaus, Kiosk, Cafeteria, Imbiss, Catering etc.).

---

1 Zum Steuersatz eines Partyservices vgl. *Sterzinger*, UR 2007, 713.
2 EuGH v. 2.5.1996 – Rs. C-231/94 – Faaborg-Gelting A/S, EuGHE 1996, I-2395 UR 1996, 220 m. Anm. *Weiss*; v. 10.3.2005 – Rs. C-491/03 – Hermann, EuGHE 2005, I-2025.
3 Vgl. BFH v. 10.8.2006 – V R 55/04, BStBl. II 2007, 480 = UR 2006, 691; v. 10.8.2006 – V R 38/05, BStBl. II 2007, 483 = UR 2006, 694 und BFH v. 26.10.2006 – V R 58/04, V R 59/04, BStBl. II 2007, 487; v. 18.12.2008 – V R 55/06, UR 2009, 243 = BFH/NV 2009, 527; v. 18.12.2009 – V R 90/07, UR 2009, 807 = BFH/NV 2009, 1551; v. 1.4.2009 – XI R 3/08, BFH/NV 2009, 1469.

Ob bestimmte Umsätze Lieferungen von Gegenständen oder Dienstleistungen sind, ist nach Rechtsprechungs- und Verwaltungssicht im Rahmen einer **Gesamtbetrachtung** zu ermitteln.[1] Eine getrennte Betrachtung bzw. eine Aufteilung in einen Dienstleistungs- und Lieferungsanteil ist nicht vorgesehen. Eine ermäßigte Lieferung soll nur dann vorliegen, wenn daneben keine Dienstleistungen erbracht werden, die den Verzehr an Ort und Stelle in einem geeigneten Rahmen ansprechend gestalten sollen. Es kommt hierbei nicht auf ein quantitatives Überwiegen des Dienstleistungselements gegenüber der Speisenlieferung an, sondern darauf, ob das Dienstleistungselement qualitativ überwiegt.[2]

2.65

Das Überwiegen des Dienstleistungselements muss aus **Sicht eines Durchschnittsverbrauchers** beurteilt werden. Es dürfen dabei nur solche Dienstleistungen berücksichtigt werden, die sich von denen unterscheiden, die notwendig mit der Vermarktung eines Gegenstands verbunden sind.[3] Es kommt auch nicht darauf an, ob die Verzehrsvorrichtung von einem Dritten gestellt wird.[4] Die Rechtsprechung befasste sich u.a. mit folgenden **Fallkonstellationen**:

2.66

– Wenn ein **Caterer** Lebensmittel nicht nur an Endverbraucher anliefert, sondern das Mittagessen selbst portioniert, auf eigenem Geschirr anliefert, das Geschirr abholt und endreinigt, liegt ein Restaurationsumsatz vor.
– **Dienstleistungen anderer Unternehmer** sind dem Leistungserbringer zuzurechnen, wenn sie zu einem geschlossenen Leistungsaustauschverhältnis gehören.[5] Allerdings ist nicht jede von dritter Seite vorhandene Infrastruktur dem Leistenden zuzurechnen.[6]
– Dazu sollen nach Rechtsprechungsauffassung[7] auch **Essensleistungen eines Arbeitgebers** an seine Arbeitnehmer gehören, wenn ein Bringdienst das verzehrfertige Essen auf Kosten des Arbeitgebers in seine Kantine bringt und diese Vorrichtungen zur Essenseinnahme (Tische und Stühle) vorhält. Die Leistungen des Menüdienstes an den Arbeitgeber unterliegen hingegen dem ermäßigten Steuersatz.[8] Hätte der Menüdienst unmittelbar an die Arbeitnehmer geliefert, hinge die Einordnung des Umsatzes wohl davon ab, ob der Bringdienst neben der bloßen Nahrungsmittellieferung auch Dienstleistungen übernimmt.[9] Gleiches

---

1 Vgl. EuGH v. 2.5.1996 – Rs. C-231/94, Slg. 1996, I-2395 = UR 1996, 220 m. Anm. *Weiss*; BFH v. 26.10.2006 – V R 58/04, V R 59/04, BStBl. II 2007, 487.
2 Vgl. BFH v. 26.10.2006 – V R 58/04, V R 59/04, BStBl. II 2007, 487.
3 Vgl. EuGH v. 10.3.2005 – Rs. C-491/03, Slg. 2005, I-2025 = BFH/NV Beilage 3/2005, 210 Rz. 22.
4 Vgl. BFH v. 10.8.2006 – V R 38/05, BStBl. II 2007, 483 = UR 2006, 694.
5 BFH v. 10.8.2006 – V R 55/04, BStBl. II 2007, 480 = UR 2006, 691.
6 S. FG München v. 6.3.2008 – 14 K 2352/06, rkr., EFG 2008, 1074.
7 FG Nds. v. 22.2.2007 – 5 K 180/01, EFG 2007, 1198, m. Anm. *Meyer*.
8 *Meyer*, FG München v. 25.1.2007 – 14 K 1312/04, EFG 2007, 1200.
9 S. die damit zusammenhängende BFH-Rechtsprechung.

gilt, wenn der Unternehmer ein warmes Mittagessen an Schüler ausgibt und danach die Tische abräumt und das Geschirr reinigt.[1]
– Ein Restaurationsumsatz liegt vor, wenn die Abgabe von Speisen und Getränken aus einem Imbisswagen an Kunden vor Ort abgegeben wird und mit dem Vorhalten von Besteck, Einwegschalen, Gläsern etc. aus der Sicht eines durchschnittlichen Endverbrauchers das Dienstleistungselement überwiegt. Eine steuerermäßigte Abgabe von Nahrungsmitteln liegt vor, wenn die Speisen und Getränke „**zum Mitnehmen**" ausgegeben werden. Das Verhältnis der Umsätze zueinander kann geschätzt werden.[2]
– Nach der Rechtsprechung[3] unterliegen Leistungen, bei denen zusätzlich zur Abgabe zubereiteter Speisen **Geschirr und Besteck** überlassen und gereinigt werden, nicht dem ermäßigten Steuersatz. Der BFH begründet dies damit, dass in einem solchen Fall die eine Bewirtung kennzeichnenden Dienstleistungselemente bei einer qualitativen Gesamtbetrachtung überwiegen, weil auch die verzehrfertige Zubereitung und Verbringung von Speisen an den vom Kunden genannten Ort zur vereinbarten Zeit Dienstleistungscharakter haben und mit in die Gesamtbetrachtung einzubeziehen sind.
– Die Rechtsprechung hat den Verkauf von „**Fingerfood**" im Kino dem ermäßigten Steuersatz unterworfen.[4] Demnach sind Umsätze aus dem Verkauf von Hotdogs, Nachos und Popcorn an Verkaufstheken im Eingangsbereich zu Kinosälen noch ermäßigt zu besteuern, wenn neben der verzehrfertigen Zubereitung kein weiteres Dienstleistungselement erbracht wird.

2.67 Als **Compliance-Kriterien** ergeben sich hieraus:
– In der jüngeren höchstrichterlichen Rechtsprechung wird insbesondere zwischen der steuerbegünstigten Zubereitung von Lebensmitteln i.S.d. **Zolltarifs** (Lebensmittellieferungen) und der nicht steuerbegünstigten (Restaurationsumsätze) unterschieden: Die Zubereitung von Mahlzeiten sei als Herstellungsvorgang im Rahmen einer Dienstleistung (= sonstige Leistung) zu beurteilen und nicht als steuerbegünstigte Lieferung und Vermarktung von Nahrungsmitteln; eine solche steuerbegünstigte Lieferung liege nur dann vor, wenn (zollrechtlich) bereits zubereitete Nahrungsmittel für den sofortigen Verzehr erwärmt werden ohne zusätzliche „Dienstleistungen und Vorgänge", die sich von der Abgabe von Nahrungsmitteln im Einzelhandel unterscheiden.[5] Zubereitung im zollrechtlichen Sinne sei dabei die „Vermischung und Vermengung einzelner Bestandteile, nicht aber die verzehrfertige Zubereitung im Sinne eines Kochens, Bratens, Backens, etc.".[6]

---

1 BFH v. 10.8.2006 – V R 38/05, BStBl. II 2007, 483 = UR 2006, 694.
2 BFH v. 26.10.2006 – V R 58, 59/04, BStBl. II 2007, 487.
3 BFH v. 18.12.2008 – V R 55/06, UR 2009, 243 = BFH/NV 2009, 673.
4 BFH v. 18.2.2009 – V R 90/07, UR 2009, 807 = BFH/NV 2009, 1551.
5 Vgl. *Martin*, BFH-PR 2009, 183 (184).
6 Vgl. BFH v. 18.12.2008 – V R 55/06, UR 2009, 243 = BFH/NV 2009, 673; *Heidner*, UR 2009, 217 (219).

– Demnach ist die Abgabe verzehrfertig zubereiteter Speisen als sonstige Leistung regelbesteuert (nicht steuerbegünstigt), wenn ein weiteres, nicht nur geringfügiges **Dienstleistungselement** hinzutritt, das nicht mit der Vermarktung des Lebensmittels notwendigerweise verbunden ist.[1] Die Abgrenzung bleibt im Hinblick auf die wertende Beurteilung der Geringfügigkeit weiterhin schwierig.
– Die Finanzverwaltung[2] behandelt als geringfügige (nicht schädliche) **Nebenleistungen**: Portionieren und Abgabe „über die Verkaufstheke", Verpacken und Anliefern, auch i.V.m. der Beigabe von Einweggeschirr/-besteck; bloße Erstellung von Leistungsbeschreibungen (z.B. Speisekarten oder -pläne) und Erläuterung des Leistungsangebots. Als schädliche sonstige Leistungen (wenn nicht vom Leistungsempfänger erbracht) werden behandelt: Servieren der Speisen oder die Gestellung von Bedienungs- oder Kochpersonal oder Portionieren einschließlich Ausgeben der Speisen vor Ort; Nutzungsüberlassung von Geschirr oder Besteck oder Reinigung bzw. Entsorgung der überlassenen Gegenstände; Zurverfügungstellung von tatsächlich genutzten Verzehreinrichtungen.
– Nicht geringfügige und damit **schädliche Dienstleistungselemente** sind damit u.a.:[3] Beratung und Information der Kunden hinsichtlich der Zusammenstellung und Menge von Mahlzeiten für einen bestimmten Anlass; ansprechendes, restaurationsübliches Anrichten von Speisen auf Platten und Gefäßen; Überlassen dieser Platten und Gefäße sowie von Geschirr und/oder Besteck zur Nutzung; Transport zum Kunden zum vereinbarten Zeitpunkt; Abholen sowie die lebensmittelrechtlich erforderliche Reinigung der den Kunden lediglich zum Gebrauch überlassenen Gegenstände.

7. Umsatzsteuerbefreiung

Die Anwendung von Umsatzsteuerbefreiungen ist ebenfalls ein erheblicher Anknüpfungspunkt für Tax Compliance. Wie bereits unter Rz. 2.30, Rz. 2.37 ausgeführt, können **Steuerrisiken** sowohl aus der Bejahung als auch aus der Verneinung einer Befreiungsvorschrift resultieren:

2.68

– Versagt die Finanzverwaltung eine angewendete Umsatzsteuerbefreiung, ist der Unternehmer als Steuerschuldner der umsatzsteuerlichen **Nachforderung** ausgesetzt. Zu den hieraus resultierenden Folgen s. oben Rz. 2.59.
– Wird ein Vorgang zu Unrecht der Umsatzbesteuerung unterworfen, kann die Finanzverwaltung unter Hinweis auf die Befreiungsvorschrift den gegenläufigen **Vorsteuerabzug** versagen. Dieses Versagungsrisiko besteht auf zweierlei Ebenen: Zum einen entfällt der Vorsteuerabzug

---

1 Vgl. *Heidner,* UR 2009, 220; *Nieskens* in Rau/Dürrwächter, UStG, § 3 Anm. 3771; FG Köln v. 6.5.2009 – 15 K 1154/05, EFG 2009, 1261; FG Nds. v. 21.8.2008 – 5 K 428/07, EFG 2009, 144.
2 Vgl. BMF v. 16.10.2008 – IV B 8 - S 7100/07/10050, BStBl. I 2008, 949.
3 Vgl. BFH v. 18.12.2008 – V R 55/06, UR 2009, 243 = BFH/NV 2009, 673; *Heidner,* UR 2009, 218.

beim Rechnungsempfänger, da der ausgewiesene Umsatzsteuerbetrag nicht geschuldet wird, § 15 Abs. 1 Nr. 1 UStG. Zum anderen verliert der liefernde/leistende Unternehmer den Vorsteuerabzug hinsichtlich der mit seinem Ausgangsumsatz im Zusammenhang stehenden Eingangsumsätze, § 15 Abs. 2 UStG.

Viele nationale Befreiungsvorschriften im Katalog der §§ 4 ff. UStG stehen in einem **Spannungsverhältnis zum EU-Recht**. Art. 131 ff. MwStSystRL sind durch § 4 UStG nicht hinreichend in nationales Recht umgesetzt.[1] Wie unter Rz. 2.23 dargelegt, eröffnet dies dem Steuerpflichtigen im Bereich der Schadensabwehr Argumentationsmöglichkeiten.

2.69 Wesentliches Beispiel für die Schwierigkeiten bei der Anwendung von Befreiungsvorschriften ist die Steuerbefreiung der **innergemeinschaftlichen Lieferung**, §§ 4 Nr. 1 b), 6a UStG. S. hierzu der gesonderte Abschnitt Rz. 2.128 ff.

2.70 Eine **Compliance-Strategie** für den Bereich der umsatzsteuerlichen Befreiungsvorschriften sollte somit zumindest folgende Maßnahmen beinhalten:
– Zusammenstellung der bislang im Unternehmen angewendeten Befreiungsvorschriften,
– Überprüfung der Tätigkeitsbereiche des Unternehmens auf mögliche Katalogleistungen des § 4 UStG, auch und insbesondere bei bislang steuerpflichtig gestellten Auslandsumsätzen,
– spiegelbildliche Überprüfung auf der Seite der Eingangsumsätze,
– Evaluierung von Risikogruppen,
– Schulung der betroffenen Mitarbeiter,
– Erstellung von Merkblättern und Benennung von Verantwortlichen,
– Sicherstellung des Ausweises der Steuerbefreiung in der Rechnung, § 14 Abs. 4 Nr. 8 UStG,
– Vernetzung des Rechnungshinweises auf die Steuerbefreiung im Datenmanagement der Buchführung und Steuerabteilung,
– frühzeitige Kommunikation etwaiger Problemfälle mit Vertragspartnern und Finanzverwaltung,
– Absicherung verbleibender Risiken durch die Aufnahme von Umsatzsteuerklauseln in den Vertragsbestimmungen.

2.71 **Kein Compliance-Mittel** ist die vorsorgliche Behandlung des risikobehafteten Umsatzes als steuerpflichtig. Der ausweisende Unternehmer schuldet die zu Unrecht ausgewiesene Umsatzsteuer nach § 14c UStG. Im Gegenzug ist der Vorsteuerabzug beim Rechnungsempfänger mangels originärer Umsatzsteuerpflicht zu versagen, § 15 Abs. 1 Nr. 1 UStG. Der fehlerhafte Steuerausweis kann somit zu Steuerschäden und erheblichen Störungen in der Kundenbeziehung führen.

---

[1] S. nur *Treiber* in Sölch/Ringleb, UStG, § 4 Rz. 11.

8. Anforderungen an die Rechnung

Tax Compliance im Bereich Umsatzsteuer beinhaltet auch die Beachtung der umsatzsteuerlichen Anforderungen an die Rechnung, §§ 14, 14a UStG. Werden sie missachtet, drohen dem Rechnungsaussteller folgende **Risiken**:

2.72

- Die unterlassene Rechnungsausstellung ist **Ordnungswidrigkeit** nach § 26a Abs. 1 Nr. 1 UStG,
- wird eine fehlerhafte Rechnung ausgestellt, kann dies den Vorwurf der Beihilfe zur **Steuerverkürzung des Rechnungsempfängers** begründen,
- der Unternehmer kann **zivilrechtlichen Ansprüchen** seines Vertragspartners ausgesetzt sein. Da dessen Vorsteuerabzug an den Erhalt einer ordnungsgemäßen Rechnung geknüpft ist (§ 15 Abs. 1 Nr. 1 UStG), kann die fehlerhafte oder verspätete Rechnungserstellung auch Schadensersatzansprüche begründen,
- die unprofessionelle Rechnungslegung kann zu Vertrauensstörungen und Schäden in der **Kundenbeziehung** führen,
- die fehlerhafte Rechnungserteilung kann **Haftungsansprüche** gegenüber der Finanzverwaltung für etwaige entstandene Steuerschäden auslösen (vgl. § 14c UStG, § 71 AO),
- schließlich kann die nicht ordnungsgemäße Rechnungserteilung auf Seiten der Finanzverwaltung den Verdacht der **nicht ordnungsgemäßen Buchführung** nach sich ziehen.

§ 14 Abs. 1 UStG definiert den **Rechnungsbegriff**. Jedes Dokument, mit dem über eine Lieferung oder sonstige Leistung abgerechnet wird – unabhängig von dessen Bezeichnung – ist als Rechnung anzusehen.

Die deutlich gestiegenen Anforderungen an den **Rechnungsinhalt** sind in § 14 Abs. 4 Nr. 1 bis 10 UStG aufgeführt. Demnach muss eine Rechnung u.a. folgende Angaben enthalten:

2.73

- Den **vollständigen Namen** und die vollständige Anschrift des leistenden Unternehmers und des Leistungsempfängers,
- die dem leistenden Unternehmer vom Finanzamt erteilte **Steuernummer** oder die ihm vom Bundesamt für Finanzen erteilte Umsatzsteuer-Identifikationsnummer,
- das **Ausstellungsdatum**,
- eine **fortlaufende Nummer** mit einer oder mehreren Zahlenreihen, die zur Identifizierung der Rechnung vom Rechnungsaussteller einmalig vergeben wird (Rechnungsnummer),
- die **Menge und die Art** (handelsübliche Bezeichnung) der gelieferten Gegenstände oder den Umfang und die Art der sonstigen Leistung,
- den **Zeitpunkt der Lieferung oder sonstigen Leistungen** oder der Vereinnahmung des Entgelts oder eines Teils des Entgelts in den Fällen des Abs. 5 Satz 1, sofern dieser Zeitpunkt feststeht und nicht mit dem Ausstellungsdatum der Rechnung identisch ist (Fälle der Vorschusszahlung),

- das nach Steuersätzen und einzelnen Steuerbefreiungen **aufgeschlüsselte Entgelt** für die Lieferung oder sonstige Leistung (§ 10) sowie jede im Voraus vereinbarte Minderung des Entgelts, sofern sie nicht bereits im Entgelt berücksichtigt ist und
- den anzuwendenden **Steuersatz** sowie den auf das Entgelt entfallenden Steuerbetrag oder im Fall einer Steuerbefreiung einen Hinweis darauf, dass für die Lieferung oder sonstige Leistung eine Steuerbefreiung gilt.

2.74 Nach § 14 Abs. 5 UStG gelten die Rechnungsvorschriften auch für **Vorschusszahlungen** bzw. Anzahlungen vor Leistungserbringung. Nach § 14 Abs. 5 Satz 2 UStG sind in den Endrechnungen bzw. Schlussrechnungen die Vorschusszahlungen mit den darauf entfallenden Umsatzsteuerbeträgen im Einzelnen aufzuschlüsseln.

2.75 Rechnungen über **Kleinbeträge**, deren Gesamtbetrag 150 € nicht übersteigt, brauchen gegenüber den allgemeinen Rechnungsanforderungen nur verminderte Angaben zu enthalten, vgl. § 33 UStDV.

2.76 Zur Rechnungsberichtigung s. § 31 Abs. 5 UStDV und Rz. 2.80.

9. Vorsteuerabzug

a) Allgemeine Anforderungen

2.77 Der Vorsteuerabzug als wesentlicher Vorteil der Umsatzsteuerpflicht ist Prüfungsschwerpunkt der Finanzverwaltung und damit **Compliance-Brennpunkt**. Der Vorsteuerabzug setzt nach § 15 UStG voraus:
- **Unternehmereigenschaft** des Leistenden und des Leistungsempfängers,
- die Bewirkung einer bestimmten steuerbaren und steuerpflichtigen **Leistung** durch den leistenden Unternehmer,
- der Empfang dieser bestimmten Leistung durch den Leistungsempfänger **für sein Unternehmen**,
- eine für diese Leistung durch den leistenden Unternehmer in einer nach §§ 14, 14a UStG entsprechenden **Rechnung** gesondert ausgewiesene Steuer.

Sämtliche Merkmale müssen kumulativ erfüllt sein. Der Steuerpflichtige trägt für die Vorsteuerabzugsvoraussetzungen die **Beweislast**. Eine Schätzung der tatbestandlichen Voraussetzungen ist nicht möglich.

b) Vorliegen einer steuerpflichtigen Leistung

2.78 Voraussetzung für den Vorsteuerabzug ist, dass eine entsprechende steuerpflichtige Leistung vorliegt.[1] Der Vorsteuerabzug setzt nach § 15 Abs. 1 Nr. 1 UStG voraus, dass die Steuer für den berechneten Umsatz auch geschuldet wird. **Risikofelder** sind insbesondere der fehlerhafte Umsatzsteu-

---

[1] BFH v. 24.2.1994 – V R 43/92, UR 1995, 153 = BFH/NV 1995, 358.

erausweis bei steuerfreien Leistungen und irrtümlich zu hoch ausgewiesener Umsatzsteuer (Rz. 2.57 ff., Rz. 2.68 ff.).

Weitere Problembereiche für den Vorsteuerabzug sind u.a.: 2.79
- Geschäftsveräußerungen im Ganzen, § 1 Abs. 1a UStG;
- Umsätze im Binnenmarkthandel;
- Rechnungen von Kleinunternehmern.

c) Rechnungsanforderungen

Nach § 15 Abs. 1 Nr. 1 Satz 2 UStG setzt die Ausübung des Vorsteuerabzugs voraus, dass das Unternehmen eine nach §§ 14, 14a UStG ausgestellte, **ordnungsgemäße Rechnung** besitzt. Zu den Einzelheiten der Rechnungsanforderungen oben Rz. 2.73. Die sorgfältige Rechnungskontrolle ist **wesentlicher Compliance-Bestandteil**. Die Ordnungsgemäßheit der Eingangsrechnungen ist Prüfungsschwerpunkt der Finanzverwaltung. Ein erheblicher Teil der Prüfungs-Mehrergebnisse der Finanzverwaltung wird durch die Versagung des Vorsteuerabzugs aufgrund formeller Rechnungsmängel erzielt. Zwar kann der empfangende Unternehmer den Vorsteuerabzug noch nachträglich durch Beschaffung einer ordnungsgemäßen Rechnung herbeiführen – die rückwirkende Versagung führt aber jedenfalls zum Zinsschaden (§ 233a AO). Ist die Rechnung nicht mehr zu erlangen, wird die volle Vorsteuer zum Steuerschaden. 2.80

Als mögliche **Rettungsmaßnahme** ist daher stets die Erlangung einer **berichtigten Rechnung** zu prüfen: Mit **Urteil vom 15.7.2010** hat der EuGH hier eine bedeutsame Entscheidung zur Rückwirkung einer Rechnungsberichtigung getroffen:[1] Legt der Unternehmer der Steuerbehörde, die eine Rechnung über einen Leistungsbezug als fehlerhaft beanstandet, bis zum Erlass der Entscheidung über die Versagung des Vorsteuerabzugs eine berichtigte Rechnung vor, soll dies nach dem EuGH **vorsteuererhaltend zurückwirken**. Möglicherweise wird daher zukünftig für die Frage der Rückwirkung der Vorsteuerabzugsberechtigung zwischen der **Nachholung** einer fehlenden Rechnung (= Vorsteuerabzug erst im Zeitpunkt der Rechnungsvorlage) und der **Berichtigung** einer zwar vorliegenden, aber unzureichenden Rechnung (= rückwirkender Vorsteuerabzug möglich) zu differenzieren sein. Zu klären sein wird darüber hinaus, **bis zu welchem Zeitpunkt** die rückwirkende Rechnungsberichtigung möglich sein soll: Der EuGH stellt in seiner Entscheidung vom 15.7.2010 auf den „Erlass der Entscheidung der Behörde" ab. Ob hiermit die Entscheidung des Festsetzungsfinanzamts[2] oder (m.E. zutreffend) die rechtskräftige Entscheidung – bis zum Schluss der mündlichen Verhandlung vor dem FG[3] – gemeint ist, wird noch zu entscheiden sein.

---
1 EuGH v. 15.7.2010 – Rs. C-368/09 – Pannon Gép Centrum, UR 2010, 693 m. Anm. *Nieskens* = BFH/NV 2010, 1762.
2 So *Nieskens*, UR 2010, 700.
3 So *Wäger*, DStR 2010, 1478, 1479; *Wagner*, UVR 2010, 317; s. auch BFH v. 30.3.2006 – V R 47/03, BStBl. II 2006, 634 = UR 2006, 397 m. Anm. *Maunz*.

In der Veranlagungspraxis lehnt die Finanzverwaltung derzeit die rückwirkende Rechnungsberichtigung ab.[1]

Hinsichtlich der **Aussetzung der Vollziehung** hat der BFH ernstliche Zweifel i.S.d. § 361 AO/§ 69 Abs. 3 FGO bejaht. Der BFH hat hierbei insbesondere darauf hingewiesen, dass der Wortlaut von § 31 Abs. 5 UStDV eine Rückwirkung zulässt und möglicherweise zwischen einer fehlenden Rechnung (= keine Rückwirkung möglich) und der Berichtigung von Fehlern und Unvollständigkeiten (= rückwirkende Ergänzung/Berichtigung möglich) zu differenzieren sein könnte. Mit Urteil vom 8.5.2013 hat der EuGH die Grundsätze aus der Entscheidung „Pannon Gép Centrum" vom 15.7.2010 noch einmal bekräftigt.[2] Mit Beschluss vom 3.7.2014 hat das Niedersächsische FG nunmehr dem EuGH die Frage vorgelegt, ob und unter welchen Bedingungen einer Rechnungsberichtigung Rückwirkung zukommt.[3] Im Streitfall war die Steuernummer des Leistenden nachträglich ergänzt worden.

Compliance-Hinweis: Im Hinblick auf die EuGH-Entscheidung müssen jedenfalls die Fälle der Versagung des Vorsteuerabzugs wegen unzureichender Rechnungsangaben **offengehalten** werden. Darüber hinaus ist das Unternehmen mehr denn je gehalten, in Streitfällen zu prüfen, inwieweit eine Nachholung von der Finanzverwaltung beanstandeter Rechnungsangaben möglich ist. Vor allem könnte im Hinblick auf die Begrenzung der Rechnungsberichtigung „bis zur Entscheidung der Steuerverwaltung" (s.o.) **Eile geboten** sein, da u.U. die Rechnung noch im Rahmen der Betriebsprüfung – vor Ergehen des ablehnenden Steuerbescheids – beschafft werden muss.

2.81 Ein sinnvolles **Compliance-System** im Bereich der Rechnungskontrolle beinhaltet somit z.B.

– Schulung der betroffenen Mitarbeiter zur Rechnungskontrolle,
– 4-Augen-Prinzip jedenfalls ab bestimmten Vorsteuervolumina,
– automatische Hinzuziehung der Steuerabteilung ab einem bestimmten Rechnungsvolumen,
– Ermittlung von Risikofeldern im Bereich der Eingangsumsätze,
– Kommunikation und ggf. Beendigung von Geschäftsbeziehungen bei wiederholt fehlerhafter Rechnungserteilung,
– Einsatz von computergestützten Rechnungskontrollen.

In der **Prüfungspraxis** besteht eine gewisse Neigung der Finanzverwaltung, die Anforderungen an die Rechnung zu überspannen. Dem kann und sollte das Unternehmen gegensteuern: Nach dem Gemeinschaftsrecht darf der Umfang der in der Rechnung verlangten Pflichtangaben

---

1 Vgl. z.B. FinMin. Bdb. v. 9.3.2011 – S 7300 - 3/10, DStR 2011, 675.
2 EuGH v. 15.7.2010 – C-271/12 – Petroma Transports, UR 2010, 693 m. Anm. *Nieskens* = DStRE 2013, 1310.
3 FG Nds. v. 3.7.2014 – 5 K 40/14, UR 2015, 61 m. Anm. *Widmann* = DStR 2014, 2389.

nicht unverhältnismäßig sein, insbesondere den Vorsteuerabzug nicht praktisch unmöglich machen oder übermäßig erschweren.[1]

Exemplarische Praxisfälle sind: 2.82

– Es ist in der Rechtsprechung bislang noch nicht abschließend entschieden, ob und in welcher Form **Geräte-/Seriennummern** in der Rechnung angegeben werden müssen.[2] Im Wege der Compliance sollte vor diesem Hintergrund darauf hingewirkt werden, dass Geräte-/Seriennummern in die Eingangs- und Ausgangsrechnungen aufgenommen werden, um Streitfälle um den Vorsteuerabzug zu vermeiden.

– Die **Leistungsbeschreibung** ist ständiges Streitfeld in der Betriebsprüfung. Das Unternehmen sollte darauf hinwirken, dass die Leistungsbeschreibung möglichst detailliert und umfassend erfolgt.[3]

– Auch das **Lieferdatum** gehört zu den Pflichtangaben der Rechnung, § 14 Abs. 4 Satz 1 Nr. 6 UStG. Der Wortlaut der Vorschrift lässt jedoch den Schluss zu, dass die Angabe des Lieferungs- oder Leistungsdatums entbehrlich ist, sofern es mit dem Rechnungsdatum identisch ist. Nach Ansicht von Rechtsprechung und Finanzverwaltung ist der Zeitpunkt der Lieferung aber – mit Ausnahme der Fälle des § 14 Abs. 5 Satz 1 UStG – auch dann in der Rechnung anzugeben, wenn der Zeitpunkt der Lieferung mit dem Ausstellungsdatum der Rechnung identisch ist.[4] In der Praxis ist daher zur strikten Angabe des Leistungs- oder Lieferzeitpunkts in der Rechnung anzuhalten. Zu beachten ist, dass sich das Lieferdatum aber auch aus anderen Unterlagen (insbesondere dem Lieferschein) ergeben kann – in diesem Fall muss jedoch die Rechnung zwingend einen Verweis auf die ergänzenden Dokumente enthalten.

– Nach ständiger Rechtsprechung setzt die für den Vorsteuerabzug erforderliche Rechnung ferner voraus, dass der in der Rechnung angegebene **Sitz des leistenden Unternehmers** bei Ausführung der Leistung und bei Rechnungsstellung tatsächlich bestanden hat.[5] Dies gilt auch dann, wenn auf der Rechnung eine zwar früher existente, aber inzwischen nicht mehr benutzte Geschäftsadresse angegeben wird.[6] Maßgebend ist

---

1 S. hierzu zuletzt BMF v. 1.4.2009 – IV B 8 - S 7280-a/07/10004 – DOK 2009/0207101, BStBl. I 2009, 525.
2 S. hierzu BFH v. 6.4.2006 – V B 22/06, BFH/NV 2006, 1715; v. 19.4.2007 – V R 48/04, UR 2007, 693 = DStR 2007, 1524 (1529); BMF v. 1.4.2009 – IV B 8 - S 7280-a/07/10004 – DOK 2009/0207101, BStBl. I 2009, 525.
3 Exemplarisch zuletzt BFH v. 8.10.2008 – V R 59/07, BStBl. II 2009, 218 ff.: UR 2009, 196 = Nach Ansicht des BFH reicht die Leistungsbeschreibung für technische Beratung und Kontrolle im Jahr 1996 nicht aus, die abgerechnete Leistung zu identifizieren. S. BFH v. 15.12.2008 – V B 82/08, BFH/NV 2009, 797: Die Lieferungsbeschreibung unser gesamter Warenbestand wurde ebenfalls als nicht ausreichend erachtet.
4 BFH v. 17.12.2008 – XI R 62/07, BStBl. II 2009, 432 = UR 2009, 247 m. Anm. *Widmann*.
5 BFH v. 27.6.1996 – V R 51/93, BStBl. II 1996, 620 = UR 1997, 147; v. 6.12.2007 – V R 61/05, BStBl. II 2008, 695 = UR 2008, 436.
6 BFH v. 30.4.2009 – V R 15/07, BStBl. II 2009, 744 = UR 2009, 816.

insbesondere die im Zeitpunkt der Rechnungserstellung gültige Anschrift.[1] Ob darüber hinaus sogar bei abweichender Anschrift zum Liefer- oder Leistungszeitpunkt auch dieses anzugeben ist, ist bislang noch nicht abschließend durch die Rechtsprechung entschieden.[2]
– **Compliance-Hinweis**: Unabhängig von einem möglichen Gutglaubensschutz und der Möglichkeit eines Billigkeitsverfahrens (Rz. 2.94 ff.) ist stets darauf hinzuweisen, dass u.U. auch ein „Briefkastensitz" des leistenden Unternehmens ausreichen kann. Entscheidend muss vor allem sein, ob eine Adresse vorliegt, unter der die postalische Erreichbarkeit des leistenden Unternehmens gewährleistet ist.[3]
– Ferner ist stets darauf hinzuweisen, dass sich die Rechnungsangaben des § 14 Abs. 4 UStG nicht zwingend aus dem unmittelbaren Rechnungsformular ergeben müssen: Sie können auch aus **anderen Geschäftsunterlagen** folgen, sofern in der Abrechnung explizit auf diese Unterlagen verwiesen wird und sie eindeutig bezeichnet werden.[4]

d) Compliance-Schwerpunkt: Vorsteuerabzug aus Rechnungen vermeintlicher Strohfirmen und missing trader

2.83 Gelangt die Finanzbehörde zu dem Ergebnis, dass es sich bei dem Rechnungsaussteller um ein Scheinunternehmen, einen Strohmann oder einen missing trader (zum Begriff s. näher Rz. 2.131 ff.) handelt, gelten für den **Vorsteuerabzug des Rechnungsempfängers** die folgenden Grundsätze:

2.84 Für den Vorsteuerabzug ist grundsätzlich Voraussetzung, dass Rechnungsaussteller und leistender Unternehmer identisch sind.[5] Dies ist das Regelkriterium, mit dem die Finanzverwaltung den Vorsteuerabzug versagt.

2.85 Wer Leistender und Leistungsempfänger i.S.d. Umsatzsteuerrechts sind, ist nach folgenden Kriterien bemessen: Nach ständiger Rechtsprechung des BFH ist die Leistungszurechnung anhand der abgeschlossenen **zivilrechtlichen Rechtsbeziehungen**, insbesondere des zugrunde liegenden schuldrechtlichen Vertragsverhältnisses, zu beurteilen.[6] Leistender ist in der Regel derjenige, der die Lieferungen im eigenen Namen gegenüber ei-

---

1 BFH v. 8.10.2008 – V R 63/07, BFH/NV 2009, 1473.
2 Offengelassen bei BFH v. 8.10.2008 – V R 63/07, BFH/NV 2009, 1473.
3 So zutreffend FG Köln v. 22.10.2008 – 4 K 1367/05, rkr., EFG 2009, 370.
4 BFH v. 8.10.2008 – V R 59/07, BStBl. II 2009, 218 (220) = UR 2009, 196; s. hierzu auch BFH v. 10.11.1994 – V R 45/93, BStBl. II 1995, 395 = UR 1995, 346; v. 3.5.2007 – V B 87/05, BFH/NV 2007, 1550.
5 Siehe z.B. BFH v. 28.1.1999 – V R 4/98, BStBl. II 1999, 628 = UR 1999, 283; v. 5.4.2001 – V R 5/00, BFH/NV 2001, 1307, beide m.w.N.
6 BFH v. 28.1.1999 – V R 4/98, BStBl. II 1999, 628 (629) = UR 1999, 283; v. 8.10.1995 – V R 113/92, BStBl. II 1996, 111 (113) = UR 1996, 198; v. 26.11.1987 – V R 85/83, BStBl. II 1988, 158 (159) = UR 1988, 126; v. 13.9.1984 – V B 10/84, BStBl. II 1985, 21 (22) = UR 1985, 115 m. Anm. *Weiss*; v. 1.6.1989 – V R 72/84, BStBl. II 1989, 677 (679) = UR 1990, 11 m. Anm. *Weiss*; v. 20.10.1994 – V R 96/92, UR 1995, 445 = BFH/NV 1995, 459 f.

nem anderen selbst oder durch einen Beauftragten ausführt.[1] Hierbei stellt der BFH – wie auch bei der Beurteilung der Unternehmereigenschaft[2] – auf das Auftreten nach außen und die für den Vertragspartner erkennbaren objektiven Umstände ab.[3]

Diese zivilrechtliche Betrachtungsweise wird vom BFH allerdings nicht uneingeschränkt angewandt: Da das Umsatzsteuerrecht wirtschaftliche Vorgänge besteuere, komme – so der BFH – als Leistender auch derjenige in Betracht, der einen Umsatz im eigenen Namen tatsächlich ausführe, obwohl er die Leistung zivilrechtlich nicht schulde.[4] In gleicher Weise ist nach dem BFH bei der Bestimmung des Leistungsempfängers vorzugehen: Werde die Leistung unter **Missachtung der zivilrechtlichen Anspruchslage** tatsächlich an einen Dritten erbracht, könne dieser Dritte unabhängig von dem zivilrechtlichen Rechtsverhältnis Leistungsempfänger i.S.d. Umsatzsteuerrechts sein.[5]

2.86

Diese Ausnahme bedeutet allerdings keine Abkehr, sondern **lediglich eine Einschränkung** der von der Rechtsprechung herangezogenen zivilrechtlichen Betrachtungsweise. Eine Leistungszuordnung nach „wirtschaftlicher Betrachtungsweise"[6] oder anhand von „Indizien außerhalb des schuldrechtlichen Auftragsverhältnisses"[7] hat der BFH ausdrücklich abgelehnt.[8] Für die Bestimmung der Leistungen und Leistungsbeziehungen folgt das Umsatzsteuerrecht grundsätzlich weiterhin dem Zivilrecht.[9] Entscheidend bleibt das schuldrechtliche Vertragsverhältnis. Eine andere Beurteilung kommt nur dann in Betracht, wenn die tatsächliche Durchführung vom vereinbarten Schuldverhältnis abweicht.[10] In diesem Fall ist Leistender, wer die vereinbarte Leistung im eigenen Namen ausgeführt

2.87

---

1 BFH v. 28.1.1999 – V R 4/98, BStBl. II 1999, 628 (629) = UR 1999, 283; v. 28.11.1990 – V R 31/85, BStBl. II 1991, 381 (382) = UR 1991, 166 m. Anm. *Birkenfeld*.
2 Vgl. BFH v. 19.3.1998 – V B 153/97, BFH/NV 1998, 1380; s. auch FG Saarl. v. 7.12.1999 – 1 K 129/96, EFG 2000, 331 ff.
3 Vgl. BFH v. 28.1.1999 – V R 4/98, BStBl. II 1999, 628 (629) = UR 1999, 283; v. 28.11.1990 – V R 31/85, BStBl. II 1991, 381 (382) = UR 1991, 166 m. Anm. *Birkenfeld*.
4 BFH v. 13.3.1987 – V R 33/79, BStBl. II 1987, 524 (525) = UR 1987, 202 m. Anm. *Weiss*; v. 1.6.1989 – V R 72/84, BStBl. II 1989, 677 (679) = UR 1990, 11 m. Anm. *Weiss*; kritisch hierzu *Wagner* in Sölch/Ringleb, UStG, § 15 Rz. 50.
5 BFH v. 1.6.1989 – V R 72/84, BStBl. II 1989, 677 (679) = UR 1990, 11 m. Anm. *Weiss*.
6 Hierzu BFH v. 20.10.1994 – V R 96/92, UR 1995, 445 = BFH/NV 1995, 459.
7 Hierzu BFH v. 5.10.1995 – V R 113/92, BStBl. II 1996, 111 (113) = UR 1996, 198; FG Köln v. 26.8.1998 – 8 K 2585/93, EFG 1999, 406 (408).
8 BFH v. 20.10.1994 – V R 96/92, UR 1995, 445 = BFH/NV 1995, 459 (460); FG Köln v. 26.8.1998 – 8 K 2585/93, EFG 1999, 406 (408).
9 BFH v. 16.3.2000 – V R 44/99, BStBl. II 2000, 361 (362) = UR 2000, 281; FG Köln v. 26.8.1998 – 8 K 2585/93, EFG 1999, 406 (407).
10 Vgl. BFH v. 20.10.1994 – V R 96/92, UR 1995, 445 = BFH/NV 1995, 459 (460); v. 16.3.2000 – V R 44/99, UR 2000, 281 = BFH/NV 1995, 361 (362).

hat,¹ und Leistungsempfänger derjenige, an den tatsächlich geleistet wurde.² Maßgebend bleibt für diese Abgrenzung das **Auftreten** der handelnden Personen nach außen.³

2.88 Die vorgeschilderten Kriterien hat die Rechtsprechung auch in den Fällen herangezogen, in denen die nach außen auftretende Person lediglich als **Vertreter** handelte, bloß vorgeschoben war oder sich eines fremden Namens bediente. Ob eine Leistung dem Handelnden oder einem anderen zuzurechnen ist, wird danach beurteilt, ob der Handelnde gegenüber Dritten im eigenen Namen (er ist Leistender i.S.d. Umsatzsteuerrechts) oder berechtigterweise im Namen eines anderen (nur der andere ist Leistender) aufgetreten ist.⁴ Tritt der Handelnde unter fremdem Namen auf, sind nach dem BFH ihm die Leistungen zuzurechnen.⁵ Dies entspricht der zivilrechtlichen Betrachtungsweise: Wer im eigenen Namen handelt, wird zivilrechtlich ebenso verpflichtet wie beim unberechtigten Handeln unter fremdem Namen.⁶ Tritt der Handelnde hingegen berechtigt in fremdem Namen auf, wird der Vertretene verpflichtet und ist damit umsatzsteuerrechtlich Leistender.⁷

2.89 Schließlich – dies hat der BFH spätestens mit seiner Entscheidung V R 4/98⁸ klargestellt – können nach der Rechtsprechung auch sog. **Strohmänner** umsatzsteuerrechtlich Leistende sein.⁹ Maßgebend bleibt das Auftreten nach außen und nicht die interne Abrechnung gegenüber den Hintermännern.¹⁰ Dementsprechend wird der Strohmann auch dann als leistender Unternehmer behandelt, wenn der Hintermann berechtigterweise in seinem Namen Umsätze ausgeführt hat.¹¹ Etwas anderes soll nach einer früheren Entscheidung des X. Senats des BFH¹² für den Fall des „weisungsabhängigen Strohmanns" gelten, da dieser mangels Selbständigkeit keine eigenen unternehmerischen Leistungen ausführe.

---

1 BFH v. 1.6.1989 – V R 72/84, BStBl. II 1989, 677 (679) = UR 1990, 11 m. Anm. *Weiss*; v. 28.1.1999 – V R 4/98, BStBl. II 1999, 628 (629) = UR 1999, 283.
2 BFH v. 1.6.1989 – V R 72/84, BStBl. II 1989, 677 (679) = UR 1990, 11 m. Anm. *Weiss*.
3 Siehe BFH v. 28.1.1999 – V R 4/98, BStBl. II 1999, 628 (629) = UR 1999, 283.
4 BFH v. 28.1.1999 – V R 4/98, BStBl. II 1999, 628 (629) = UR 1999, 283; v. 28.11.1990 – V R 31/85, BStBl. II 1991, 381 (382) = UR 1991, 166 m. Anm. *Birkenfeld*; FG Köln v. 10.6.1999 – 2 K 963/93, DStRE 2000, 258 (260).
5 BFH v. 21.4.1994 – V R 105/91, BStBl. II 1994, 671 (672) = UR 1995, 94.
6 Und zwar entweder als unmittelbar vertraglich Verpflichteter oder über die Haftung nach § 179 BGB analog.
7 BFH v. 16.3.2000 – V R 44/99, UR 2000, 281 = BFH/NV 1995, 361 (362).
8 BFH v. 28.1.1999 – V R 4/98, BStBl. II 1999, 628 = UR 1999, 283.
9 BFH v. 28.1.1999 – V R 4/98, BStBl. II 1999, 628 ff. = UR 1999, 283; FG Köln v. 10.6.1999 – 2 K 963/93, DStRE 2000, 258 ff.; für die Unternehmereigenschaft von Strohfirmen auch FG BW v. 19.2.1997 – 12 K 160/96, EFG 1997, 1060; FG Münster v. 20.10.1998 – 5 K 4268/97 U, EFG 1999, 316.
10 Siehe auch BFH v. 28.11.1990 – V R 31/85, BStBl. II 1991, 381 = UR 1991, 166 m. Anm. *Birkenfeld*; FG Köln v. 10.6.1999 – 2 K 963/93, DStRE 2000, 258.
11 BFH v. 25.6.1999 – V B 107/98, BFH/NV 1999, 1649 f.
12 BFH v. 15.9.1994 – XI R 56/93, BStBl. II 1995, 275 ff = UR 1995, 183.

B. Umsatzsteuer

Der BFH hat sein Abstellen auf die zivilrechtliche Betrachtungsweise in mehreren nachfolgenden Entscheidungen bekräftigt.[1] Dennoch wurden insbesondere die „Strohmannfälle" in der finanzgerichtlichen Rechtsprechung uneinheitlich behandelt.[2] Für weitgehende Beachtung sorgte insbesondere die Entscheidung des FG Düsseldorf vom 31.5.2001[3] in einem Aussetzungsverfahren.[4] Das Gericht wollte bei der Rechnungsausstellung durch **„Servicefirmen"**, die dritten Personen ermöglichen, unter fremden Namen Verträge abzuschließen, Gelder zu vereinnahmen und Rechnungen zu erstellen, den Vorsteuerabzug generell ausschließen. Der BFH ist dem in seiner nachfolgenden Entscheidung V B 108/01 vom 31.1.2002,[5] nachdrücklich entgegengetreten: Er hat noch einmal klargestellt, dass Strohmänner auch im Bereich der „Servicefirmen" leistende Unternehmen sein können.

2.90

Im Anschluss an seine bisherige Rechtsprechung hat der BFH vor diesem Hintergrund noch einmal **Kriterien für den Vorsteuerabzug** bei Strohmanngeschäften aufgestellt: Unbeachtlich ist das „vorgeschobene" Strohmanngeschäft (nur) dann, wenn es zwischen dem Leistungsempfänger und dem Strohmann nur zum Schein abgeschlossen worden ist und der Leistungsempfänger weiß oder davon ausgehen muss, dass der Strohmann keine eigene Verpflichtung aus dem Rechtsgeschäft übernehmen will und dementsprechend auch keine Leistungen versteuern will.[6] Der Streit um den Vorsteuerabzug des rechnungsempfangenden Unternehmers ist somit immer dann erfolgversprechend, wenn plausibel dargelegt werden kann, dass sich für den Rechnungsempfänger keine hinreichenden Anhaltspunkte dafür ergeben konnten, dass der Rechnungsaussteller nur vorgeschoben war. Für das Unternehmen empfiehlt sich daher **Beweisvorsorge**.

2.91

Von wesentlicher Bedeutung für die Praxis sind darüber hinaus die Ausführungen des BFH zur Frage des – von der Finanzverwaltung regelmäßig behaupteten – Schein- oder **„Briefkasten-Sitzes"** des Rechnungsausstellers. Zwar hält auch der BFH für die Gewährung des Vorsteuerabzugs für zwingend erforderlich, dass der in der Rechnung angegebene Sitz einer

2.92

---

1 BFH v. 31.1.2002 – V B 108/01, BStBl. II 2004, 622 = UR 2002, 275 = DStR 2002, 762 ff.; v. 5.4.2001 – V R 5/00, BFH/NV 2001, 1307 ff.; v. 16.5.2002 – V B 165/01, BFH/NV 2002, 1061 ff.
2 FG Düsseldorf v. 31.5.2001 – 5 V 7603/00, FG Düsseldorf v. 31.5.2001 – 5 V 7603/00 A (U), EFG 2001, 1626 ff., aufgehoben durch BFH v. 31.1.2002 – V B 108/01, UR 2002, 275 = DStR 2002, 762; FG Hess. v. 20.12.2001 – 6 K 3030, 3032/97, EFG 2002, 506 ff.; FG MV v. 29.11.2002 – 1 K 40/99, EFG 2001, 395 ff.
3 FG Düsseldorf v. 31.5.2001 – 5 V 7603/00 A (U), EFG 2001, 1626.
4 Siehe z.B. Handelsblatt v. 16.2.2002.
5 BFH v. 31.1.2002 – V B 108/01, BStBl. II 2004, 622 = UR 2002, 275 = DStR 2002, 762.
6 BFH v. 31.1.2002 – V B 108/01, BStBl. II 2004, 622 = UR 2002, 275 = DStR 2002, 762; s. auch BFH v. 30.9.1999 – V R 8/99, UR 2000, 256 = BFH/NV 2000, 353; v. 9.11.1999 – V B 16/99, BFH/NV 2000, 611; v. 17.10.2003 – V B 111/02, BFH/NV 2004, 235.

GmbH bei Ausführung der Leistungen und bei Rechnungsstellung tatsächlich bestanden hat. Allerdings hat der BFH klargestellt, dass auch hierfür unter Umständen ein „Briefkasten-Sitz" ausreichen kann.[1] Es bedarf vielmehr besonderer, detaillierter Feststellungen, um die Annahme eines Scheinsitzes zu rechtfertigen.[2] Liegen derartig detaillierte Feststellungen aber vor, ist die Versagung des Vorsteuerabzugs gerechtfertigt.[3]

2.93 Die Beweislast für die Erfüllung der Vorsteueranspruchsvoraussetzungen einschließlich des „Wissen oder Wissen können" soll nach der Rechtsprechung aber bei dem den Vorsteuerabzug begehrenden Unternehmer verbleiben. Auch in seinem Urteil vom 6.12.2007[4] hat der BFH noch einmal hervorgehoben, dass der den Vorsteuerabzug begehrende Unternehmer die Feststellungslast dafür trägt, dass der in der Rechnung einer GmbH angegebene Sitz tatsächlich bestanden hat. Es bestehe insoweit eine Obliegenheit des Leistungsempfängers, sich über die Richtigkeit der Angaben in der Rechnung zu vergewissern.[5] Diese Beweislastregeln hat der EuGH allerdings in mehreren Urteilen vom 21.6.2012,[6] 6.9.2012,[7] 6.12.2012[8] und 31.1.2013[9] umgekehrt: Denn in nunmehr ständiger Rechtsprechung hat der EuGH entschieden, dass es Aufgabe der Finanzverwaltung ist, anhand objektiver Umstände nachzuweisen, dass der Käufer wusste oder hätte wissen müssen, in eine Steuerhinterziehung einbezogen zu werden.[10] Insbesondere hat der EuGH hinzugefügt, dass vom Käufer nicht generell verlangt werden kann zu überprüfen, ob der Aussteller der Rechnung Steuerpflichtiger ist, ob er über die belieferten Gegenstände verfügte und diese liefern konnte, und ob er seinen steuerlichen Verpflichtungen nachgekommen ist.[11] Auch der BFH hat reagiert: Mit Beschluss vom 16.4.2014 wurde im NZB-Verfahren eine Revision wegen grundsätzlicher Bedeutung zugelassen.[12] Die Voraussetzungen des Vorsteuerabzugs bei Strohmann-

---

1 Siehe nur BFH v. 12.12.2001 – V B 81/00, BFH/NV 2002, 553.
2 Siehe auch BFH v. 27.6.1996 – V R 51/93, BStBl. II 1996, 620 = UR 1997, 147.
3 BFH v. 6.12.2007 – V R 61/05, BStBl. II 2008, 695 = UR 2008, 436.
4 BFH v. 6.12.2007 – V R 61/05, BStBl. II 2008, 695 = UR 2008, 436.
5 BFH v. 6.12.2007 – V R 61/05, BStBl. II 2008, 695 = UR 2008, 436; so bereits auch die Vorinstanz FG Düsseldorf v. 21.9.2005 – 5 K 4658/01 U, EFG 2006, 610.
6 EuGH v. 21.6.2012 – Rs. C-80/11, C-142/11 – Mahageben und David, BFH/NV 2012, 1404.
7 EuGH v. 6.9.2012 – Rs. C-324/11 – Gabor Toth, BFH/NV 2012, 1757.
8 EuGH v. 6.12.2012 – Rs. C-285/11 Bonik EOOD, BFH/NV 2013, 333.
9 EuGH v. 31.1.2013 – Rs. C-642/11, Rs. C-643/11 – Stroytrans und LVK, BFH/PR 2013, 286.
10 EuGH v. 21.6.2012 – Rs. C-80/11, C-142/11 – Mahageben und David, BFH/NV 2012, 1404; v. 6.9.2012 – Rs. C-324/11 – Gabor Toth, BFH/NV 2012, 1757; v. 31.1.2013 – Rs. C-642/11 und Rs. C-643/11 – Stroytrans und LVK, BFH/PR 2013, 286.
11 EuGH v. 21.6.2012 – Rs. C-80/11 und C-142/11 – Mahageben und David, BFH/NV 2012, 1404; und v. 31.1.2013 – Rs. C-642/11 und Rs. C-643/11 – Stroytrans und LVK, BFH/PR 2013, 286.
12 BFH v. 16.4.2014 – V B 48/13, BFH/NV 2014, 1243.

verhältnissen seien unter Berücksichtigung der jüngeren EuGH-Rechtsprechung noch nicht abschließend geklärt.[1]

Compliance-Hinweise: Die neuen EuGH-Entscheidungen geben den Beratern Rückenwind und Argumentationshilfe in einer Vielzahl von Streitfällen. Der Steuerpflichtige ist nicht in einer „Bringschuld", seine Gutgläubigkeit nachzuweisen. Zunächst ist es an der Finanzbehörde, die objektiven Umstände nachzuweisen, nach denen der Steuerpflichtige auf die Unredlichkeit seines Vertragspartners schließen musste. Allgemeine „Erfahrungswerte" oder „Vorsorgepflichten" reichen für die Versagung des Vorsteuerabzugs nicht aus. Zu beachten ist allerdings nach wie vor das Haftungsrisiko des Geschäftsführers: kommt die Finanzbehörde (und ggf. nachfolgend das Gericht) zu dem Ergebnis, dass der Empfänger die Einbindung seines Geschäftspartners in eine Hinterziehung „wissen musste", ist regelmäßig die grobe Fahrlässigkeit i.S.d. §§ 34, 69 AO indiziert.[2]

e) Rettungsmaßnahmen

Mit seinen Entscheidungen vom 8.10.2008[3] und 30.4.2009[4] hat der BFH allerdings entschieden, dass unter Berücksichtigung des Grundsatzes des Vertrauensschutzes auch bei unzutreffenden Rechnungsangaben ein Vorsteuerabzug im Billigkeitsverfahren in Betracht kommen kann. Zu den **Voraussetzungen** und dem Verfahrensablauf hat der BFH ausgeführt:

2.94

– Der Unternehmer müsste **gutgläubig** sein und alle Maßnahmen ergriffen haben, die vernünftigerweise von ihm verlangt werden können, um sich von der Richtigkeit der Rechnungsangaben zu überzeugen.
– Ferner muss der Lieferungsempfänger auch alle **Maßnahmen unternommen** haben, um sicherzustellen, dass die Umsätze nicht in einen Betrug einbezogen waren.
– Derartige Maßnahmen des Vertrauensschutzes können allerdings nach der Ansicht des BFH auch weiterhin **nicht bei der Steuerfestsetzung** berücksichtigt werden. Im Rahmen der Steuerfestsetzung bleibt der BFH bei seiner ständigen Rechtsprechung, wonach § 15 UStG einen Gutglaubensschutz an die Erfüllung der Vorsteuerabzugsvoraussetzungen nicht vorsieht.[5]
– Vertrauensschutzmaßnahmen bleiben somit einem **gesonderten Billigkeitsverfahren** (§§ 163, 227 AO) vorbehalten. Der BFH merkt allerdings an, dass „die Entscheidung über die Billigkeitsmaßnahme gem. § 163 Satz 3 AO regelmäßig mit der Steuerfestsetzung zu verbinden sei".

---

1 BFH v. 16.4.2014, a.a.O.
2 Exemplarisch FG Hamburg v. 11.2.2014 – 3 V 241/13, juris.
3 BFH v. 8.10.2008 – V R 63/07, BFH/NV 2009, 1473.
4 BFH v. 30.4.2009 – V R 15/07, BStBl. II 2009, 744 = UR 2009, 816.
5 BFH v. 30.4.2009 – V R 15/07, BStBl. II 2009, 744 = UR 2009, 816, und BFH v. 8.10.2008 – V R 63/07, BFH/NV 2009, 1473; v. 8.12.1988 – V R 28/84, BStBl. II 1989, 250 = UR 1989, 123 m. Anm. *Weiss*; v. 1.2.2001 – V R 6/00, BFH/NV 2001, 941.

– Die Entscheidung über die Billigkeitsmaßnahme ist grundsätzlich eine **Ermessensentscheidung**,[1] die im finanzgerichtlichen Verfahren nur eingeschränkt überprüfbar ist (§ 102 FGO). In diesem Zusammenhang weist der BFH allerdings darauf hin, dass in dem Fall, wenn – wie vorliegend – gemeinschaftsrechtlicher Regelungen eine Billigkeitsmaßnahme erfordern, das Ermessen des Finanzamts auf null reduziert ist.[2]

f) Compliance-Problem: Vorsteuerabzug aus Verteidigungs- und Beratungskosten

2.95 **Compliance-Falle**: Der BFH hatte den EuGH zu Fragen des Vorsteuerabzugs des Unternehmens aus Strafverteidigungskosten angerufen.[3] Dem Vorlagebeschluss lag ein typischer Fall des Unternehmensstrafrechts zugrunde: Eine GmbH erbringt umsatzsteuerpflichtige Bauleistungen. Gegen den Gesellschafter-Geschäftsführer und den Prokuristen wurde wegen des Verdachts von Bestechungsdelikten ermittelt. Im strafrechtlichen Ermittlungsverfahren bestellten sich Verteidiger für die Beschuldigten. In den mit den Verteidigern geschlossenen Vergütungsvereinbarungen waren als Auftraggeber sowohl die Beschuldigten als auch die GmbH genannt. Das strafrechtliche Ermittlungsverfahren wurde nachfolgend gem. § 153a StPO gegen Geldauflage eingestellt. Die Verteidiger stellten ihre Tätigkeit der GmbH in Rechnung, die GmbH machte den Vorsteuerabzug aus den Verteidigerrechnungen geltend. Das Finanzamt versagte den Vorsteuerabzug mit der Begründung, dass die Anwaltsleistungen nicht für das Unternehmen, sondern die persönliche Strafverteidigung der Beschuldigten bestimmt gewesen seien. Hiergegen richtet sich die Klage.

2.96 Beratungs- und Verteidigungskosten berechtigen zum Vorsteuerabzug, wenn die Beratungsleistung einen entsprechenden **Zusammenhang zu der umsatzsteuerpflichtigen Tätigkeit des Unternehmens** aufweist. Wie eng dieser Zusammenhang sein muss, war bislang durch die Rechtsprechung noch nicht abschließend geklärt. Der vorliegende Fall macht den Klärungsbedarf deutlich: Der Strafvorwurf stand in offenkundigem Zusammenhang mit der Unternehmenstätigkeit. Andererseits ist jeder Strafvorwurf höchstpersönlich, die Verteidiger waren im strafrechtlichen Ermittlungsverfahren nicht für das Unternehmen, sondern für die Privatpersonen bestellt.

Im Bereich der Strafverteidigungskosten ist auch § 15 Abs. 1a UStG zu beachten: Nicht abziehbar sind Vorsteuerbeträge, die auf Aufwendungen entfallen, für die ertragsteuerliche **Abzugsverbote** (§ 4 Abs. 5 Satz 1 Nr. 1–4, 7, § 12 Nr. 1 EStG) gelten. Insbesondere gilt nach § 12 Nr. 1 Satz 2 EStG

---

1 Gemeinsamer Senat der obersten Gerichtshöfe des Bundes v. 19.10.1971 – GmS-OGB 3170, BStBl. II 1972, 603; BFH v. 21.8.1997 – V R 47/96, BStBl. II 1997, 781 = UR 1998, 28 m. Anm. *Vellen*.
2 BFH v. 8.3.2001 – V R 61/97, BStBl. II 2004, 373; v. 8.10.2008 – V R 63/07, BFH/NV 2009, 1473.
3 BFH v. 22.12.2011 – V R 29/10, BStBl. II 2012, 441 ff. = UR 2014, 154.

ein Abzugsverbot für Aufwendungen der Lebensführung, die die wirtschaftliche oder gesellschaftliche Stellung des Steuerpflichtigen mit sich bringt, auch wenn sie zur Förderung des Berufs oder der Tätigkeit des Steuerpflichtigen erfolgen. In diesem Zusammenhang hatte die Rechtsprechung bislang differenziert: Bei entsprechender beruflicher oder betrieblicher Veranlassung können Strafverteidigungskosten grundsätzlich abziehbar sein.[1] Auch bei vorsätzlich begangenen Straftaten und einer Verurteilung ist ein Betriebsausgaben- und Vorsteuerabzug möglich, wenn die Tat in Ausübung der beruflichen Tätigkeit begangen worden ist. Der Abzug setzt aber voraus, dass die dem Steuerpflichtigen zur Last gelegte Tat ausschließlich und unmittelbar aus einer betrieblichen Sphäre heraus erklärbar ist.[2] Dies hat die Rechtsprechung verneint, wenn der Tatvorwurf Verstöße betrifft, die eine Schädigung des Arbeitgebers zum Gegenstand haben.[3] Eine betriebliche Veranlassung wurde auch dann abgelehnt, wenn der Beschuldigte das Unternehmen „bewusst schädigen wollte oder sich oder einen Dritten durch die schädigende Handlung bereichert hat".[4]

Mit Urteil vom 21.2.2013 hat der EuGH den **Vorsteuerabzug** der Gesellschaft aus den bezogenen Anwaltsleistungen **abgelehnt**.[5] Zur Begründung führt der EuGH aus, dass zwar der Vorsteuerabzug dann gerechtfertigt sei, wenn die Eingangsleistungen zu den „Kosten" der Ausgangsumsätze gehören. Allerdings sei für den Vorsteuerabzug ein **direkter und unmittelbarer Zusammenhang** zwischen der Eingangsleistung und den konkreten Umsätzen des Steuerpflichtigen erforderlich.[6] Dieser konkrete, direkte und unmittelbare Zusammenhang sei im jeweiligen Einzelfall nach dem objektiven Inhalt der bezogenen Leistung zu entscheiden. Im vorliegenden Fall hat der EuGH diesen unmittelbaren Zusammenhang verneint, da die in Rede stehenden Anwaltsdienstleistungen primär dem Schutz der privaten Interessen der beiden Beschuldigten gegolten hätten. Der BFH hat die EuGH-Entscheidung in seinem nachfolgenden Urteil vom 11.4.2013 umgesetzt und den Vorsteuerabzug aus den Anwaltsleistungen versagt.[7] Die Urteile von EuGH und BFH sind in wesentlichen Punkten unzureichend: Es ist eine **unternehmerische Entscheidung**, inwieweit das Unternehmen seine Mitarbeiter und Organe bei der Vorsorge und der Abwehr gegen negative Folgen aus der beruflichen Tätigkeit unterstützt und den Berater beauftragt und bezahlt. Dementsprechend sind die hier aus dem Unternehmen entstehenden Kosten auch unternehmerisch veranlasst und berechtigen zum Vorsteuerabzug. Etwas anderes scheint mir nur dann

---

1 BFH v. 19.2.1982 – VI R 31/78, BStBl. II 1982, 467.
2 BFH v. 12.6.2002 – XI R 35/01, BFH/NV 2002, 1441.
3 BFH v. 30.6.2004 – VIII B 265/03, BFH/NV 2004, 1639.
4 BFH v. 18.10.2007 – VI R 42/04, BStBl. II, 2008, 223.
5 EuGH v. 21.2.2013 – Rs. C-104/12 – Wolfram Becker, UR 2013, 220 = BFH/NV 2013, 685.
6 EuGH v. 21.2.2013 – Rs. C-104/12 – Wolfram Becker, UR 2013, 220 = BFH/NV 2013, 685.
7 BFH v. 11.4.2013 – V R 29/10, UR 2014, 154 = BFH/NV 2013, 1512.

vertretbar, wenn die (vermeintliche) Verfehlung des Mitarbeiters/Organs erkennbar eine überwiegende private Veranlassung hatte.

Compliance-Folgen: Ein wichtiger Gesichtspunkt der Übernahme von Strafverteidigungskosten wurde bislang nicht erörtert: Die Verteidigung gegen den strafrechtlichen Vorwurf ist regelmäßig die vorgelagerte **Verteidigung gegen einen drohenden Schaden für das Unternehmen**. Werden Mitarbeiter/Organe strafrechtlich belangt, drohen dem Unternehmen erhebliche wirtschaftliche Schäden (Behinderung der Unternehmenstätigkeit, Einnahmeausfälle, Imageschäden, Schadensersatzansprüche). Die primäre Motivation des Unternehmens, eine effektive Beratung und Verteidigung gegen den strafrechtlichen Vorwurf sicherzustellen, liegt in der Praxis i.d.R. nicht in der Fürsorge für den Mitarbeiter, sondern der Wahrung der wirtschaftlichen Interessen des Unternehmens. In dieser Fallkonstellation könnte m.E. noch einmal ein neuer Anlauf für den Vorsteuerabzug gewagt werden.

2.97 Betroffen sind nicht nur sämtliche Verteidigungskosten in allen Bereichen des Unternehmensstrafrechts, sondern letztlich alle Kosten, die dem Unternehmer, seinen Mitarbeitern und/oder Organen im Rahmen der beruflichen Tätigkeit entstehen. Beispielhaft sei hier nur die (sowohl strafrechtliche als auch verwaltungs- oder zivilrechtliche) Verteidigung gegen Vorwürfe im Bereich Umweltdelikte, Arbeitnehmerüberlassung, Verkehrsdelikte etc. genannt. Auch der Vorsteuerabzug aus **Kosten der Steuerstrafverteidigung** wird durch die EuGH-Entscheidung berührt (Beispiel: Verteidigung im strafrechtlichen Ermittlungsverfahren nach Selbstanzeige für nichterklärte Betriebseinnahmen).

Unabhängig von der EuGH-Entscheidung sind Unternehmen und Betroffene aber weiterhin gut beraten, eine **Klärung der Mandatierung** herbeizuführen: Rechtsanwalt und Steuerberater sind einseitige Interessenvertreter, es gilt das Verbot widerstreitender Interessen. Ein Gleichklang der Interessen zwischen dem Unternehmen einerseits und dem Mitarbeiter/Organ andererseits ist im Einzelfall möglich, aber keineswegs der zwingende Regelfall. Steht der Strafverteidiger zugleich im Unternehmensmandat, kann dies mit einer Interessenkollision des Beraters einhergehen. Die Praxis versucht dies insbesondere bei Compliance-Beratungen mitunter dadurch zu lösen, dass die Zusage der Kostenübernahme durch das Unternehmen einhergeht mit der ausdrücklichen Klarstellung, dass die anwaltliche Mandatierung allein durch den Betroffenen erfolgt und die Inhalte der Beratung nur mit dessen ausdrücklicher Zustimmung dem Unternehmen bekannt gegeben werden dürfen.

10. Umsatzsteuerrisiken bei gemeinnützigen Körperschaften

a) Ausgangslage

2.98 Die Umsatzbesteuerung der gemeinnützigen Körperschaften ist durch ein **Auseinanderfallen von Ertrags- und Umsatzbesteuerung** geprägt. Während das Ertragsteuerrecht weitgehende Steuerbefreiungen vorsieht (s. im Einzelnen die Darstellung unter Rz. 6.14 ff.), richtet sich die Umsatzbesteuerung nach allgemeinen Grundsätzen. Die Körperschaft ist mit jeder nachhaltigen Einnahmeerzielung Unternehmer i.S.d. § 2 Abs. 1 Satz 1 und 3 UStG. Die Lieferungen und Leistungen sind nach Maßgabe der §§ 1, 3 ff. UStG umsatzsteuerbar und umsatzsteuerpflichtig. Werden im Rahmen unternehmerischer Tätigkeit Lieferungen oder Leistungen von anderen Unternehmern bezogen, kann aus deren Rechnungen der Vorsteuerabzug geltend gemacht werden.

Entgegen einer weit verbreiteten Vorstellung ist die Umsatzsteuerpflicht **unabhängig von anderen steuerbegünstigten Zwecken** i.S.d. §§ 51 ff. AO oder der Existenz eines wirtschaftlichen Geschäftsbetriebs (§§ 14, 64 AO). Auch die Lieferungen und Leistungen außerhalb eines wirtschaftlichen Geschäftsbetriebs (z.B. i. R. d. Vermögensverwaltung, vgl. § 14 Satz 1 AO a.E.) oder in einem Zweckbetrieb (§ 65 AO) sind grundsätzlich umsatzsteuerbar. Die Gemeinnützigkeit führt zur partiellen Ertrags-, nicht aber zur Umsatzsteuerbefreiung. 2.99

Differenziert wird nur bei den **Steuersätzen**: Im Rahmen der Gemeinnützigkeit unterliegen die umsatzsteuerbaren und -pflichtigen Lieferungen und Leistungen dem ermäßigten Umsatzsteuersatz von 7 %, § 12 Abs. 2 Nr. 8 a) Satz 1 UStG. Werden die Lieferungen und Leistungen innerhalb eines wirtschaftlichen Geschäftsbetriebs erbracht, findet demgegenüber der allgemeine Steuersatz von 19 % Anwendung, § 12 Abs. 2 Nr. 8 a) Satz 2 UStG. Bei Zweckbetrieben ist zu differenzieren, § 12 Abs. 2 Nr. 8 a) Satz 3 UStG. Schließen sich mehrere gemeinnützige Körperschaften zu einer nicht rechtsfähigen Personenvereinigung bzw. einem Verband zusammen, unterliegt diese Vereinigung nach § 12 Abs. 2 Nr. 8 b) UStG mit ihren Leistungen dem ermäßigten Umsatzsteuersatz, wenn die Leistungen bei den einzelnen Körperschaften – hätten sie die Leistungen selbst ausgeführt – gleichfalls der Steuerermäßigung unterlägen. 2.100

Nicht umsatzsteuerbar ist innerhalb der Körperschaft somit lediglich der Bereich, in dem sie ihren eigentlichen satzungsmäßigen Zweck ausübt, ohne hierfür gesondertes Entgelt zu erzielen. Da die Stiftung bei ihrer originären, ideellen Tätigkeit lediglich seiner satzungsmäßigen Verpflichtung nachkommt, fehlt es an dem für die Umsatzsteuerbarkeit erforderlichen Leistungsaustausch. Ferner gilt die Kleinunternehmergrenze, § 19 UStG. 2.101

b) Leistungsaustausch

Gemeinnützige Körperschaften müssen beachten, dass umsatzsteuerbarer Leistungsaustausch auch ungewollt und verdeckt entstehen kann. Insbesondere bestehen folgende **Risikobereiche**:
– **Personalgestellungen** und -**überlassungen** gegen Entgelt sind umsatzsteuerbar. Dies gilt auch dann, wenn sie gegen bloßen Aufwendungsersatz oder im Wege eines Personaltauschs erfolgen. Zu Ausnahmen s. UStAE 1.1 Abs. 6. Nicht steuerbar ist aber die bloße Personalbeistel- 2.102

lung, bei der der Auftraggeber einer Leistung den Auftragnehmer bei der Leistungserbringung mit eigenem Personal unterstützt und die Beistellung nicht im Austausch für die gewollte Leistung erfolgt (UStAE 1.1 Abs. 7 und 8).
- **Gesellschafterbeiträge** – auch im Rahmen einer sog. Gewinnpooling – begründen keinen Leistungsaustausch, wenn die Gesellschafter lediglich Gewinnanteile erhalten. Dies gilt auch dann, wenn die Gesellschafter Personal- oder Sachmittel bereitstellen, sofern sie für diese Überlassung keine über den vertraglich festgelegten Gewinnanteil hinausgehenden Vergütungen erhalten. Sonderleistungen, auch gesondert vergütete Geschäftsführerleistungen, führen zum Leistungsaustausch.
- Zu **Zuschüssen** (Rz. 2.103 ff.).
- Zum **Sponsoring** (Rz. 6.110 ff.).
- Echte **Spenden** erfolgen nicht im Leistungsaustausch. Eine Spende setzt gerade voraus, dass sie unentgeltlich erfolgt. Ist die „Spende" aber offenes oder verdecktes Entgelt für eine Leistung der Stiftung (z.B. Werbung, Unterstützung, Sachmittel, Personal), wird hierdurch nicht nur der Spendenabzug ausgeschlossen, sondern regelmäßig auch ein umsatzsteuerbarer Leistungsaustausch begründet.

c) Zuschüsse

2.103 Zahlungen von Dritten zur Förderung (von z.B. gemeinnützigen) Körperschaften stellen keine Gegenleistungen dar. Vor diesem Hintergrund sind **echte Zuschüsse** mangels Leistungsaustausch nicht umsatzsteuerbar. Sie liegen vor, wenn die Zahlungen nicht aufgrund eines Leistungsaustauschverhältnisses erbracht werden. Die Bezeichnung als „Zuschuss", „Beihilfe" oder „Förderung" ist allenfalls Indiz, aber keinesfalls entscheidend. Maßgebend ist die tatsächliche Vereinbarung und das Zahlungsmotiv. Ein echter Zuschuss soll insbesondere vorliegen, wenn die Zuwendung in Erfüllung einer öffentlich-rechtlichen Verpflichtung oder im überwiegenden öffentlich-rechtlichen Interesse gezahlt wird (UStAE 10.2 Abs. 7 Satz 2).[1] Echte Zuschüsse liegen auch vor, wenn die gemeinnützige Körperschaft die Zahlungen lediglich erhält, um ganz allgemein in die Lage versetzt zu werden, ihre förderungswürdige Tätigkeit überhaupt ausüben zu können. Nach der Rechtsprechung sind daher insbesondere Zahlungen zur Förderung aus strukturpolitischen, volkswirtschaftlichen oder allgemeinpolitischen Gründen nicht steuerbar.[2]

2.104 Erbringt die empfangende Körperschaft eine Gegenleistung für die Zahlung (**unechter Zuschuss**), ist diese im Leistungsaustausch gewährt und damit umsatzsteuerbar. Dies gilt insbesondere bei Zuwendungen aufgrund eines privatrechtlichen Vertrags (UStAE 10.2 Abs. 9 Satz 4).

---

1 S. BFH v. 24.8.1967 – V 31/64, BStBl. III 1967, 717; v. 25.11.1986 – V R 109/78, BStBl. II 1987, 228 = UR 1987, 131 m. Anm. *Weiss*.
2 BFH v. 13.11.1997 – V R 11/97, BStBl. II 1998, 169 = UR 1998, 105.

Zuwendungen aus **öffentlichen Kassen** sind im Regelfall echte Zuschüsse. Nebenleistungen sind für die Steuerbarkeit allein nicht ausreichend. Eine Einzelfall-Prüfung, ob aufgrund unsachlicher Auflagen oder Bedingungen ein steuerbarer Leistungsaustausch gegeben ist, ist allerdings nicht ausgeschlossen. **Compliance-Kriterien** für Steuerbarkeit sind

2.105

– Abschluss eines privatrechtlichen Vertrags,
– Vorbehalt von Verwertungsrechten,
– Zustimmungsvorbehalt für Veröffentlichungen,
– fachliche Detailsteuerung,
– Vollfinanzierung (nur) bei Zuwendungen an gewerbliche Unternehmen.

Die Vorbehalte sind unschädlich, wenn sie lediglich der Optimierung und der Sicherung der Ergebnisse für die Allgemeinheit dienen.

d) Steuerbefreiungen

Problembereiche bei der Anwendung umsatzsteuerlicher Befreiungsvorschriften existieren u.a. für

2.106

– ärztliche Leistungen (§ 4 Nr. 14 UStG),
– Krankenhäuser, Alten- und Pflegeheime (§ 4 Nr. 16 UStG),
– Einrichtungen der Wohlfahrtspflege (§ 4 Nr. 18 UStG),
– kulturelle Einrichtungen (§ 4 Nr. 20 UStG),
– Ersatz- und Ergänzungsschulen (§ 4 Nr. 21 UStG),
– Einrichtungen der Erwachsenenbildung (§ 4 Nr. 22 UStG),
– Beherbergung und Beköstigung von Jugendlichen (§ 4 Nr. 23 UStG),
– Jugendherbergswesen und Jugendhilfe (§ 4 Nr. 24 UStG),
– ehrenamtliche Tätigkeit (§ 4 Nr. 26 UStG),
– Personalgestellung innerhalb von Orden und für land- und forstwirtschaftliche Arbeitskräfte.

e) Steuersatz

Nach § 12 Abs. 2 Nr. 8a UStG können gemeinnützige Körperschaften einen ermäßigten Steuersatz von 7 % in Anspruch nehmen. Dies gilt nicht für Leistungen, die im Rahmen eines wirtschaftlichen Geschäftsbetriebs ausgeführt werden, § 12 Abs. 2 Nr. 8a Satz 2 UStG. Eine Sonderform des wirtschaftlichen Geschäftsbetriebs ist der **Zweckbetrieb**, § 65 ff. AO. Auch hierfür kann grundsätzlich der ermäßigte Steuersatz in Anspruch genommen werden. Nach § 12 Abs. 2 Nr. 8a Satz 3 UStG in der seit dem 1.1.2010 geltenden Fassung gilt dies allerdings nur, wenn

2.107

– der Zweckbetrieb nicht in erster Linie der Erzielung zusätzlicher Einnahmen durch die Ausführung von Umsätzen dient, die in unmittelbarem Wettbewerb mit dem allgemeinen Steuersatz unterliegenden Leistungen anderer Unternehmer ausgeführt werden, oder

– wenn die Körperschaft mit diesen Leistungen ihrer in den §§ 66–68 AO bezeichneten Zweckbetriebe ihre steuerbegünstigten satzungsgemäßen Zwecke selbst verwirklicht.

Bereits in der Vergangenheit bestanden zur Anwendung des ermäßigten Steuersatzes bei Zweckbetrieben eine **Vielzahl von Streitfällen**: Hintergrund ist zum einen, dass die Einschränkungen des § 65 AO sehr weitgehend und streitanfällig sind. Zum anderen sind die gesetzgeberischen Alternativen, nach denen der Satz 3 den ermäßigten Steuersatz für Zweckbetriebe einschränkt, in ihrer Formulierung undeutlich.

2.108 Die jüngere Rechtsprechung hat die Anwendbarkeit des ermäßigten Steuersatzes für gemeinnützige Körperschaften erheblich eingeschränkt.[1] Die Kernaussagen des BFH sind:
– § 12 Abs. 2 Nr. 8a UStG seien **nicht richtlinienkonform**. Eine richtlinienkonforme Auslegung der Vorschrift sei insoweit nicht möglich. Eine unmittelbare Anwendung des strengeren EU-Rechts zu Lasten des Steuerpflichtigen ist nach allgemeinen Grundsätzen nicht möglich, da eine fehlende Umsetzung des EU-Rechts durch den nationalen Gesetzgeber nicht zu Lasten des Steuerpflichtigen angewendet werden darf.

Vor dem Hintergrund des strengeren EU-Rechts ist nach Auffassung des BFH der Zweckbetriebsbegriff des § 12 Abs. 2 Nr. 8a UStG „umsatzsteuerrechtlich zu bestimmen". Dies schließe insbesondere mit ein, die Vorschrift eng auszulegen und an den ermäßigten Steuersatz bei Zweckbetrieben nach Satz 3 strenge Maßstäbe anzulegen.

2.109 Für die Anwendbarkeit des ermäßigten Steuersatzes bei Zweckbetrieben ergibt sich somit folgendes Prüfungsschema:
– Handelt es sich um einen Zweckbetrieb nach §§ 66–68 AO, ist nach § 12 Abs. 2 Nr. 8a Satz 3 Alt. 2 UStG zunächst zu prüfen, ob die Körperschaft ihre steuerbegünstigten satzungsgemäßen Zwecke hiermit „selbst verwirklicht". Dies wird insbesondere der Fall sein, wenn die betreffende Zweckbetriebstätigkeit im Satzungszweck der Körperschaft ausdrücklich niedergelegt ist. Ggf. ist insoweit eine **Satzungsanpassung** zu prüfen.
– Ist der Zweckbetrieb nach §§ 66–68 AO nicht unmittelbarer Satzungszweck oder liegt ein Zweckbetrieb gem. § 65 AO vor, ist sodann § 12 Abs. 2 Nr. 8a Satz 3 Alt. 1 UStG zu prüfen: Insoweit ist zu beachten, dass „zusätzliche Einnahmen" aus der Sicht des BFH nicht voraussetzen, dass die Körperschaft bei der entsprechenden Tätigkeit mit Gewinnerzielungsabsicht handelt, also auch eine bloße kostendeckende Weitergabe zum Ausschluss des ermäßigten Steuersatzes führen kann.[2] Bereits ein **potentieller Wettbewerb** ist nach der Rechtsprechung schädlich.

---

1 BFH v. 8.3.2012 – V R 14/11, BStBl. II 2012, 630 = UR 2012, 560.
2 BFH v. 8.3.2012 – V R 14/11, BStBl. II 2012, 630 = UR 2012, 560.

Mit seinem Urteil vom 20.3.2014[1] hat der BFH seine restriktive Rechtsprechung zur Anwendung des ermäßigten Steuersatzes noch verschärft: Im Hinblick auf die geltende enge Auslegung des § 12 Abs. 2 Nr. 8 a) UStG setze eine **Vermögensverwaltung** i.S.d. § 12 Abs. 2 Nr. 8 a) Satz 2 UStG i.V.m. § 64 Abs. 1 AO und § 14 Satz 1 und 3 AO eine nichtunternehmerische Tätigkeit voraus. Unternehmerische, vermögensverwaltende Tätigkeit sei „wirtschaftlicher Geschäftsbetrieb" i.S.v. Satz 2, so dass der ermäßigte Steuersatz überhaupt nur für Zweckbetriebe i.S.v. §§ 65–68 AO in Betracht komme. Die unternehmerische **Vermögensverwaltung** ist damit aus Sicht des BFH – sofern keine Befreiungsvorschrift greift – immer dem Regelsteuersatz zu unterwerfen. Die BFH-Entscheidung ist aus unserer Sicht schlicht unhaltbar. Ob die Finanzverwaltung sie umsetzt, bleibt abzuwarten.

2.110

Compliance-Hinweis: Gemeinnützige Körperschaften, die den ermäßigten Steuersatz bei Vermögensverwaltung oder Zweckbetrieben in Anspruch nehmen, sollten dies dringend einer entsprechenden Überprüfung unterziehen. Entsprechende Nachforderungen aus Betriebsprüfungen können sich existenzgefährdend auswirken. Da zumindest die BFH-Entscheidung vom 8.3.2012 im BStBl. veröffentlich ist, ist derzeit eine Zurückhaltung der Finanzverwaltung in Bp.-Fällen nicht zu erwarten.

2.111

Einstweilen frei.

2.112–2.118

f) Vorsteuerabzug

Nach § 15 Abs. 1 Nr. 1 UStG kann der Unternehmer den Vorsteuerabzug aus Lieferungen und sonstigen Leistungen geltend machen, die von einem anderen Unternehmer für sein Unternehmen ausgeführt worden sind. Nach inzwischen ständiger Rechtsprechung des BFH ist hierbei zwischen dem unternehmerischen und nicht unternehmerischen Bereich zu differenzieren:[2] In seiner jüngeren Rechtsprechung hat der BFH den nationalen Gesetzeswortlaut **„für sein Unternehmen"** vor dem Hintergrund des Gemeinschaftsrecht[3] dahingehend ausgelegt, dass die Kosten „für Zwecke besteuerter Umsätze" bezogen werden müssen.[4] Der Vorsteuerabzug setzt dementsprechend einen direkten und unmittelbaren **Zusammenhang** zwischen dem bezogenen Eingangsumsatz einerseits und einem oder mehreren **steuerpflichtigen Ausgangsumsätzen** andererseits voraus.[5]

2.119

---

1 BFH v. 20.4.2013 – V R 4/13, BFH/NV 2014, 1470.
2 BFH v. 20.12.1984 – V R 25/76, BStBl. II 1985, 176 = UR 1985, 57 m. Anm. *Weiss*; v. 18.11.2004 – V R 16/03, BStBl. II 2005, 503 = UR 2004, 340; ebenso die Finanzverwaltung, vgl. Abschnitt 15.2 UStAE.
3 Vgl. ursprünglich Art. 17 Abs. 2 der 6. EG-RL und jetzt Art. 168 MwStSystRL: für Zwecke seiner besteuerten Umsätze.
4 BFH v. 6.5.2010 – V R 29/09, BStBl. II 2010, 885 = UR 2010, 746; v. 9.12.2010 – V R 17/10, BStBl. II 2012, 53 = UR 2011, 313.
5 BFH v. 9.12.2010 – V R 17/10, BStBl. II 2012, 53 = UR 2011, 313; v. 13.1.2011 – V R 12/08 BStBl. II 2012, 61 = UR 2011, 295 m. Anm. *Filtzinger*; v. 27.1.2011 – V R 38/09, UR 2011, 307 BStBl. I 2012, 68; ebenso die Finanzverwaltung, Abschnitt 15 a UStAE.

2.120 Werden Wirtschaftsgüter oder Eingangsleistungen sowohl für den unternehmerischen Bereich, als auch den nicht unternehmerischen Bereich benutzt, spricht man von **teilunternehmerisch** genutzten Wirtschaftsgütern und Eingangsleistungen. Die Möglichkeiten der Zuordnung nicht vollständig unternehmerisch genutzter Wirtschaftsgüter zum Unternehmen bei nachfolgender Besteuerung der unentgeltlichen Wertabgabe (sog. „Seeling-Fälle") hat die Rechtsprechung eingeschränkt: Der EuGH hatte in seiner Entscheidung „VNLTO" vom 12.2.2009[1] bereits vor der Gesetzesänderung eine Zuordnung unter Art. 26 Abs. 1 Buchst. a MwStSystRL verneint. Eine Verwendung „für den privaten Bedarf" liege nicht vor, da dies eine Verwendung „für unternehmensfremde Zwecke" voraussetzt. Aufgrund dieser Entscheidung war seitdem damit nicht nur zwischen „unternehmerischen" und „nicht unternehmerischen" Tätigkeiten zu unterscheiden, sondern darüber hinaus auch noch eine Abgrenzung zu den „unternehmensfremden" Tätigkeiten vorzunehmen. Für den Vorsteuerabzug folgt hieraus:

- Bei Leistungs- oder Lieferungsbezug für eine **unternehmerische Tätigkeit** besteht der Vorsteuerabzug, wenn der Bezug für eine steuerpflichtige Tätigkeit erfolgt. Bei einem Bezug für eine zwar unternehmerische, aber umsatzsteuerbefreite Tätigkeit ist der Vorsteuerabzug nach § 15 Abs. 2 Nr. 1 UStG verschlossen.
- **Nicht unternehmerische Tätigkeiten** können gleichwohl zum Vorsteuerabzug berechtigen, wenn der Unternehmer den bezogenen Gegenstand dem Unternehmen zuordnet und die unentgeltliche Wertabgabe versteuert. Die Möglichkeit der Zuordnung mit Vorsteuerabzug ist jedoch verschlossen, wenn die Tätigkeit, für die der Leistungs- oder Lieferbezug erfolgt, nicht „unternehmensfremd", also für private Zwecke ist.

2.121 **Compliance-Hinweise**: Die Zuordnungsmöglichkeiten werden durch diese Rechtsprechung erheblich eingeschränkt: Denn insbesondere bei gemeinnützigen Körperschaften sind nur wenige Fallgruppen denkbar, bei denen Wirtschaftsgüter für „unternehmensfremde", private Zwecke genutzt werden. Gemeinnützigen Körperschaften und der öffentlichen Hand sind solche Nutzungsmöglichkeiten schon rechtlich weitgehend verschlossen, so dass im Wesentlichen nur Nutzungen für das Personal verbleiben dürften. Folge einer fehlenden Zuordnungsmöglichkeit ist bei teilunternehmerisch genutzten Wirtschaftsgütern (s.o. 2.), dass aufgrund der bloß anteiligen unternehmerischen Nutzung eine Aufteilung des Vorsteuerabzugs nach § 15 Abs. 4 UStG analog zu erfolgen hat.[2] Die Finanzverwaltung hat mit BMF-Schreiben v. 2.1.2012[3] und 2.1.2014[4] reagiert. Die Unterscheidung unternehmerisch/nichtunternehmerisch/unternehmensfremd wurde übernommen.

---
1 EuGH v. 12.2.2009 – Rs. C-515/07, UR 2009, 199 = DStR 2009, 369 mit Anm. *Korn*; s. hierzu auch *Korf*, DB 2009, 758.
2 BFH v. 3.3.2011 – V R 23/10, BStBl. II 2012, 74 = UR 2011, 617 m. Anm. *Küffner*.
3 BStBl. I 2012, 60.
4 BStBl. I 2014, 119.

g) Umsatzsteuerpflicht der Organe?

Im Alltag werden **Zahlungen an ihre Organmitglieder** – sei es als Vergütung, Aufwandsentschädigung oder reiner Kostenersatz – regelmäßig wie selbstverständlich nicht der Umsatzsteuer unterworfen. Gerne übersehen wird, dass insbesondere in der jüngeren Rechtsprechung des BFH die Schwelle für die Umsatzsteuerpflicht von Organen deutlich niedriger angesetzt wird.

2.122

Die Umsatzsteuerpflicht eines Organs ist in **drei Stufen** zu prüfen:

2.123

1. Das Organ muss selbständig tätig sein.
2. Seine Tätigkeit muss gegenüber der Körperschaft im Rahmen eines entgeltlichen Leistungsaustauschs erfolgen. Sofern die vorstehenden Kriterien zu 1. und 2. erfüllt sind, ist die Leistung umsatzsteuerbar.
3. Es ist sodann auf der dritten Stufe zu prüfen, ob eine umsatzsteuerliche Befreiungsvorschrift (insbesondere § 4 Nr. 26 b UStG) eingreift.

Hinsichtlich der **Selbständigkeit** eines Organmitglieds kommt es nicht darauf an, ob die natürliche Person berechtigt ist, Zeit, Umfang und Ort der Tätigkeit nach eigenem Ermessen zu bestimmen. Entscheidend ist vielmehr die inhaltliche Weisungsgebunden- oder Weisungsfreiheit.[1] Da die Mitglieder von Organen – zumindest die Gremienmitglieder des Vorstands, Aufsichtsrats, Beirats, Kuratoriums o.Ä. – regelmäßig weisungsfrei tätig sind, wird das Kriterium der Selbständigkeit im Regelfall erfüllt sein.

2.124

Auch ein **entgeltlicher Leistungsaustausch** liegt regelmäßig vor: Zwar konnte nach früherer Rechtsprechung des BFH das Organ einer Personen- oder Kapitalgesellschaft nicht Gegenstand eines entgeltlichen Leistungsaustauschs sein.[2] Diese sog. Organwalter-Rechtsprechung wurde auch auf die Organe gemeinnütziger Körperschaften übertragen. Der BFH hat seine Organwalter-Rechtsprechung allerdings mit Urteil vom 6.6.2002 aufgegeben.[3] Die Aufgabe der Organwalter-Rechtsprechung ist im Hinblick auf die Rechtsformneutralität der Umsatzsteuer allgemein hinsichtlich sämtlicher Rechtsformen zu beachten.[4] So hat der BFH die Aufgabe der Organwalter-Rechtsprechung im Hinblick auf Leistungen eines Vereinsvorstands ausdrücklich bestätigt.[5] In diesem Zusammenhang ist ferner zu beachten, dass für einen umsatzsteuerlichen Leistungsaustausch bereits die Zahlung von bloßem Aufwendungsersatz ausreicht.[6]

2.125

---

1 BFH v. 14.5.2008 – XI R 70/07, BStBl. II 2008, 912.
2 S. nur BFH v. 17.7.1980 – V R 5/72, BStBl. II 1980, 622 = UR 1980, 202 m. Anm. *Weiss*.
3 BFH v. 6.6.2002 – V R 43/01, BStBl. II 2003, 36 = UR 2002, 422.
4 BFH v. 14.5.2008 – XI R 70/07, BStBl. II 2008, 912; s. auch BFH v. 10.3.2005 – V R 29/03, BStBl. II 2005, 730 = UR 2005, 495 m. Anm. *Heidner* zu GmbH-Geschäftsführern.
5 BFH v. 14.5.2008 – XI R 70/07, BStBl. II 2008, 912, unter Rz. II.1.a.bb.
6 BFH v. 14.5.2008 – XI R 70/07, BStBl. II 2008, 912; v. 7.3.1996 – V R 29/93, BFH/NV 1996, 858.

Sind nach den vorstehenden Kriterien die Zahlungen an Organe für deren Tätigkeit in den Gremien umsatzsteuerbar, ist schließlich noch die Anwendung einer **Steuerbefreiung**, und zwar insbesondere nach § 4 Nr. 26 b) UStG zu überprüfen. Hier hat die Finanzverwaltung Schwellengrenzen aufgestellt.[1]

2.126 **Compliance-Folgerungen**:
- Insbesondere bei nennenswerten Vergütungen an hauptberuflich tätige Organe besteht zukünftig eine geringere Schwellengrenze für die Umsatzsteuerpflicht. In der Praxis sollte in Zweifelsfällen die Abstimmung mit der Finanzverwaltung gesucht werden.
- Liegt nach den vorstehenden Kriterien Umsatzsteuerpflicht vor, ist das Organ zur ordnungsgemäßen Rechnungserteilung verpflichtet. Je nach Einsatzgebiet des Organs ist zu prüfen, ob u.U. ein (anteiliger) Vorsteuerabzug auf Seiten der Körperschaft möglich ist.
- Bei der vertraglichen Vergütungsregelung muss das umsatzsteuerliche Risiko (Brutto- oder Nettovergütung) ausdrücklich kommuniziert und geregelt werden.
- Schließlich ist beim Organ die Kleinunternehmerregelung nach § 19 UStG zu beachten: Bei der Prüfung ist erneut zu beachten, dass auch Aufwendungs- oder Auslagenersatz bei der Umsatzgrenze mit einzubeziehen sind.

11. Umsatzbesteuerung der Öffentlichen Hand

2.127 Juristische Personen des öffentlichen Rechts sind im Rahmen ihrer Betriebe gewerblicher Art unternehmerisch i.S.d. Umsatzsteuerrechts tätig. Zu den vielfältigen Steuerrisiken Rz. 6.213 ff.

V. Compliance-Schwerpunkt: Karussell- und Streckengeschäfte

1. Compliance-Problem Umsatzsteuerbetrug

2.128 Wie bereits unter Rz. 2.26 dargestellt, ist die Umsatzsteuer insbesondere deshalb betrugsanfällig, weil die Vereinnahmung der Umsatzsteuer den leistenden/liefernden Unternehmer in die relativ einfache Möglichkeit versetzt, einen verbleibenden Überhang aus Umsatzsteuer und Vorsteuer nicht an den Fiskus abzuführen. Jede deutsche Steuerfahndungsstelle hat sich regelmäßig mit steuerstrafrechtlichen Ermittlungen zu befassen, die ausschließlich allein den Tatbestand der Umsatzsteuerhinterziehung betreffen.[2] Aus steuerstrafrechtlicher Sicht hat die Umsatzsteuerhinterziehung ihre Bedeutung als bloßes „Nebenprodukt" zur Hinterziehung von Ertragsteuern schon lange verloren. Der Umsatzsteuerbetrugsbekämpfung wird von Seiten der Finanzverwaltung und der Steuerfahndungs-

---
1 UStAE 4.26.1.
2 Siehe den Bericht von *Kemper*, UR 2005, 1 ff. aus Sicht der Steuerfahndung.

behörden inzwischen oberste Priorität eingeräumt.¹ Relevant sind insbesondere folgende **Hinterziehungsbereiche**:

a) Strohmanngeschäfte

Die **Ausgangslage** ist in der Praxis hinreichend bekannt: Der Leistungs- und Rechnungsempfänger macht den Vorsteuerabzug für Rechnungen aus bezogenen Lieferungen oder Leistungen geltend. Der die Rechnung ausstellende Unternehmer hat die ausgewiesene Umsatzsteuer nicht erklärt und/oder nicht abgeführt. Das Unternehmen ist häufig nicht (mehr) existent, unter dem angegebenen Firmensitz lassen sich bestenfalls noch ein leerer Raum und ein Telefon-/Faxgerät finden. Die Finanzbehörde gelangt zu dem Ergebnis, dass es sich beim Rechnungsaussteller um ein „Scheinunternehmen" oder einen „Strohmann" handelt. Obwohl der Leistungsbezug des Rechnungsempfängers unstreitig ist, wird der Vorsteuerabzug mit der Begründung versagt, dass Rechnungsaussteller und tatsächlich Leistender nicht identisch sind.

2.129

Unter den **Oberbegriff** der Strohmann- bzw. Scheinunternehmergeschäfte gehören letztlich alle Geschäfte, bei denen Leistungen von Personen erbracht werden, die bei der Rechnungserstellung nicht unmittelbar in Erscheinung treten. Vielmehr erfolgt die Abrechnung durch Personen oder Firmen, die häufig nur zum Zwecke der Rechnungserteilung vorgeschoben werden. Die Abrechnung durch Strohmänner und Scheinunternehmer war in früheren Jahren insbesondere im Baubereich weit verbreitet. Seit vielen Jahren durchzieht sie aber letztlich **alle Wirtschaftsbereiche**.

2.130

b) Karussell- und Streckengeschäfte

Umsatzsteuerbetrug wird häufig mit dem Schlagwort „Umsatzsteuerkarusselle" gleichgesetzt.² Dies führt oft zu dem Missverständnis, dass Umsatzsteuerbetrügereien einen Warenkreislauf in Form eines „Karussells" voraussetzen, bei dem die Ware – ggf. mehrfach – im Kreis geliefert wird. Tatsächlich findet Umsatzsteuerhinterziehung in Form von **Warenkreisläufen** heute nur noch vereinzelt statt.³ Von deutlich größerer Bedeutung sind inzwischen Umsatzsteuerhinterziehungen, die – unter Ausnutzung der Steuerfreiheit für grenzüberschreitende innergemeinschaftliche Lieferungen – „auf der Strecke" einer über mehrere Stationen gehenden Lieferkette begangen werden. Zu den verschiedenen Spielarten folgende **Beispiele**:

2.131

---

1 Siehe auch die Berichte zur öffentlichen Anhörung des Finanzausschusses des Deutschen Bundestags am 10.11.2004 zu Fragen der Umsatzsteuer-Betrugsbekämpfung in Die Welt und FTD v. 11.11.2004.
2 So auch d. Gesetzgeber: vgl. BT-Drucks. 14/6883 und 14/7470.
3 So auch zutreffend *Kemper*, UR 2005, 1.

Fall 1:

2.132

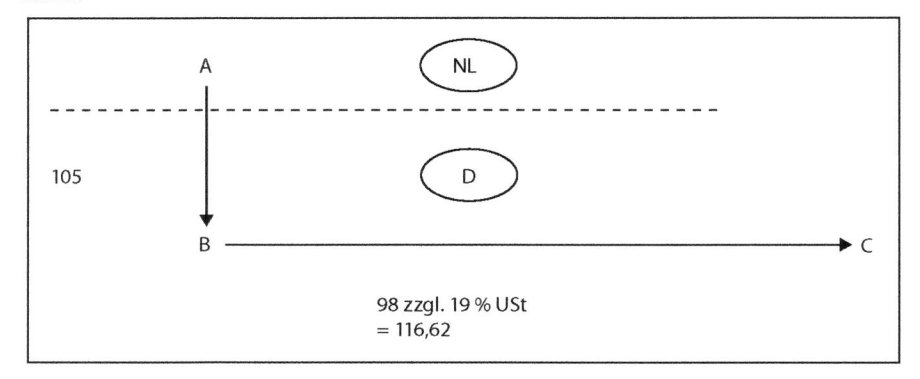

```
          A            ( NL )
   - - - - -|- - - - - - - - - - - - - - - - -
            |          ( D )
    105     |
            ↓
          B ─────────────────────────────→ C
                         98 zzgl. 19 % USt
                         = 116,62
```

Hinterziehungsablauf:

B aus Deutschland bestellt bei Händler A aus den Niederlanden Metalle im Warenwert von 100. Die Lieferung erfolgt nach Deutschland als innergemeinschaftliche Lieferung ohne Umsatzsteuerausweis. B kauft die Ware zu einem überhöhten Kaufpreis von 105 ein und veräußert sie in Deutschland für 98 zzgl. USt an C weiter. B vereinnahmt von C den Kaufpreis inkl. Umsatzsteuer und erteilt eine Rechnung mit Umsatzsteuerausweis. B führt die erhaltene Umsatzsteuer jedoch nicht an die Finanzbehörde ab. Aus einem „Nettoverlust" wird ein „Bruttogewinn".

Da B zu einem überhöhten Netto-Warenwert einkauft und zu einem unter Warenwert liegenden Preis verkauft, ist es für ihn leicht, schnell Käufer und Verkäufer zu finden. Bei einer entsprechenden **Vielzahl von Warenumsätzen** in kurzer Zeit erzielt B hohe Gewinne, die allein in der hinterzogenen Umsatzsteuer bestehen. Bevor die Finanzbehörden ihm auf die Spur kommen, hat sich B mit der Beute abgesetzt.

Fall 2:

2.133

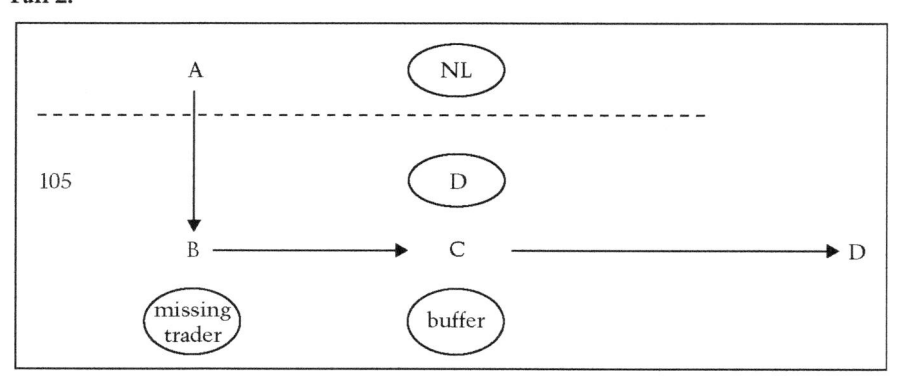

```
          A            ( NL )
   - - - - -|- - - - - - - - - - - - - - - - -
            |          ( D )
    105     |
            ↓
          B ─────────→ C ─────────→ D
        (missing      (buffer)
         trader)
```

Hinterziehungsablauf:

Ausgangssituation wie Fall 1. C veräußert die Ware zu einem Preis von 100 zzgl. 19 % USt im Inland an den Unternehmer D. Aufgrund des günstigen Einkaufspreises von dem Umsatzsteuerhinterzieher B erzielt C einen leicht verdienten Nettogewinn aus dem Weiterverkauf an D. Von D gelangt die Ware an den Endverbraucher oder den „normalen" sonstigen Warenverkauf.

B. Umsatzsteuer

In Finanzverwaltung und Literatur haben sich für die Beteiligten folgende gängige **Bezeichnungen** gebildet:

- Der umsatzsteuerhinterziehende B wird als „**missing trader**" bezeichnet.
- Der nach den missing trader geschaltete Unternehmer macht den Vorsteuerabzug geltend. Er wird als „**buffer**" bezeichnet. Hierbei handelt es sich in der Regel um eine aktive, operative Firma, die ihren steuerlichen Erklärungspflichten nachkommt. Der buffer fällt häufig durch sprunghaft angestiegene Umsatzzahlen auf.[1] Dennoch ist es keineswegs selten, dass der buffer bei der Geschäftstätigkeit gutgläubig handelt.

Fall 3:

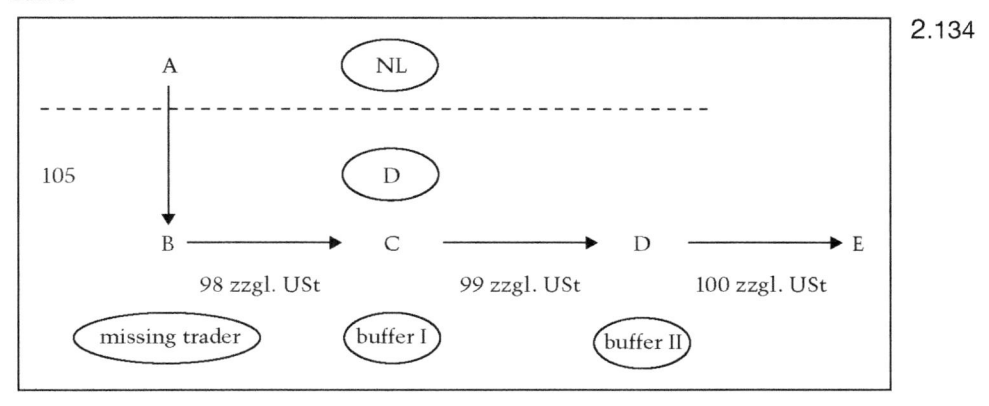

Hinterziehungsablauf:
Wie Fall 2, allerdings wird ein weiteres, weiterverkaufendes Unternehmen, der sog. **buffer II** zwischengeschaltet. Aufgrund des günstigen Einkaufspreises vom missing trader können mehrere buffer in der Lieferkette Nettogewinne erzielen. Voraussetzung hierfür ist, dass der jeweilige Vorsteuerabzug aus den Eingangsrechnungen geltend gemacht und die Vorsteuern erstattet werden.

Fall 4:

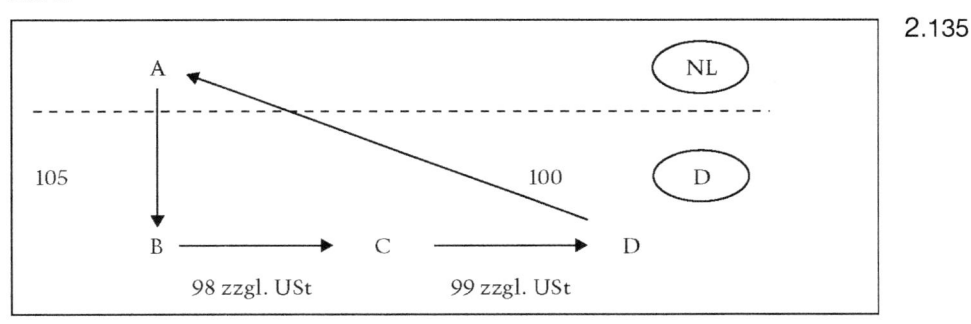

Hinterziehungsablauf::
Wie Fall 2, allerdings liefert D die Ware – deklariert als innergemeinschaftliche Lieferung – wieder an A. A kann die für 100 erworbene Ware wieder neu in den Kreislauf bringen. Die Geschäfte starten von Neuem. Erst bei diesem Fall wird ein „ech-

---

1 Siehe auch *Klawikowski/Leitmeier/Zühlke*, StBp. 2002, 121.

tes" **Karussell** gegründet. Die Ware kann beliebig oft im Kreis geliefert werden, wobei jedem Beteiligten ein Gewinn verbleibt. Aufgrund der Umsatzsteuerhinterziehung des B als missing trader können A, C und D durch günstige Einkaufs- bzw. Verkaufspreise Nettogewinne erzielen. Bei derartigen Karussellgeschäften existieren beliebig viele **Spielarten:** Die Anzahl der Beteiligten im In- und Ausland kann um eine Vielzahl von weiteren Mitspielern erweitert werden. Vereinzelt werden noch nicht einmal Waren bewegt, sondern nur Rechnungen im Kreis verschickt.

c) Compliance-Hinweise zur Differenzierung

2.136 Bei den vorbeschriebenen Beispielsfällen wird deutlich, dass zwischen „echten" Karussellgeschäften und solchen Geschäften zu unterscheiden ist, bei denen die Ware nicht im Kreis geliefert wird, sondern lediglich ein Bestandteil einer Lieferkette ist. Man kann von „**Streckengeschäften**" sprechen. Es handelt sich hierbei regelmäßig nicht um ein umsatzsteuerliches Reihengeschäft nach § 3 Abs. 6 Satz 5 UStG.

2.137 Umsatzsteuerbetrugsgeschäfte finden regelmäßig mit Waren statt, bei denen pro Lieferung **ein hoher Umsatz** erzielt und dementsprechend hohe Umsatzsteuerbeträge verkürzt werden können (Handys, CPU's, hochwertige Metalle, Kfz, etc.).

2.138 Insbesondere auf der Ebene der sog. buffer ist sehr sorgfältig zu prüfen, ob diese in die Hinterziehungsgeschäfte **bewusst eingebunden** sind. Häufig erfolgt die Umsatzsteuerhinterziehung allein auf der Ebene der missing trader. Sie wenden sich an gutgläubige Abnehmer, denen die Ware veräußert wird. Der missing trader taucht unter. Beim gutgläubigen Abnehmer beginnt der Streit um den Vorsteuerabzug.

2.139 Der Umsatzsteuerbetrug ist in **sämtlichen EU-Mitgliedstaaten** verbreitet. Missing trader lauern überall. Für den gutgläubigen Unternehmer kann sich das Risiko nicht nur auf der Seite des Vorsteuerabzugs, sondern auch beim Export realisieren: Wird per innergemeinschaftlicher Lieferung umsatzsteuerbefreit in das EU-Ausland geliefert und stellt sich der Abnehmer als missing trader heraus, versagt die Finanzverwaltung regelmäßig die Steuerbefreiung und versucht, den Vorgang im Inland der Umsatzsteuer zu unterwerfen.

d) Risikoerkennung: Typische Verdachtsanzeichen

2.140 Die **Finanzbehörden** sehen als typische Verdachtsmomente für Umsatzsteuerbetrugsgeschäfte z.B. an:
– Handel mit vergleichsweise großen Mengen kleiner Teile;
– außergewöhnlich hohe Umsätze in kurzer Zeit mit einem Lieferanten, der vorher nicht geliefert hat und seinen steuerlichen Pflichten nicht nachgekommen ist;
– Umsätze mit Lieferanten, welche die Steuerfahndung als Scheinunternehmen ansieht;

- viele Käufe von einem einzigen Lieferanten und Wiederverkäufer an einen oder jeweils eine beschränkte Zahl von Abnehmern;
- keine Erkennbarkeit von ernsthaften Preisverhandlungen oder Vorliegen persönlicher Kontakte zum Importeur;
- Vornahme von für den Betrieb bisher nicht typischen Geschäften.

2. Steuerbefreiung für innergemeinschaftliche Lieferungen

Innergemeinschaftliche Lieferungen sind nach §§ 4 Nr. 1b, 6a UStG umsatzsteuerbefreit. Voraussetzungen hierfür ist nach nationalem Recht 2.141
- die Lieferung in das EU-Ausland
- an einen Unternehmer
- für dessen unternehmerische Zwecke.

Die Voraussetzungen der Umsatzsteuerbefreiung sind von dem leistenden 2.142 Unternehmer nachzuweisen. Der nationale Gesetzgeber ist unter den Voraussetzungen von Art. 131 MwStSystRL ermächtigt, entsprechende Nachweisregelungen zu erlassen.[1] Der nationale Gesetzgeber hat von dieser Ermächtigung in §§ 17a ff. UStDV in Form des sog. **Buch- und Belegnachweises** Gebrauch gemacht. Klargestellt wurde in der Rechtsprechung aber, dass der Buch- und Belegnachweis allerdings **keine zwingende materielle Voraussetzung für die Steuerbefreiung** ist: Weist der Lieferant nach, dass der Gegenstand **in einen anderen Mitgliedstaat versandt oder befördert worden** ist und aufgrund dieses Versands oder dieser Beförderung den Liefermitgliedstaat physisch verlassen hat, kann die Steuerbefreiung auch bei Nichtvorliegen des Buch- oder Belegnachweises gewährt werden.[2]

Compliance-Hinweis: Eine Ausnahme von diesem Grundsatz, dass bei Erfüllung der gesetzlichen Tatbestandsmerkmale der §§ 4 Nr. 1b, 6a UStG die Steuerbefreiung auch ohne Rücksicht auf den Buch- oder Belegnachweis zu gewähren ist, gilt lediglich dann, wenn der Lieferant **wusste**[3] oder **hätte wissen müssen**,[4] dass die in Rede stehende Lieferung in einen **Umsatzsteuerbetrug** eingebunden ist. 2.143

Hieraus folgt: Eine Versagung der Steuerbefreiung allein wegen **fehlender/ 2.144 unzutreffender UStID-Nr.** ist unzulässig, wenn der Lieferant zumutbare

---

1 EuGH v. 7.12.2010 – Rs. C-285/09, BStBl. II 2011, 846 = UR 2011, 15 m. Anm. Sterzinger; BFH v. 11.8.2011 – V R 50/09, BStBl. II 2012, 151 = UR 2011, 916; v. 11.8.2011 – V R 19/10, BStBl. II 2012, 156 = UR 2012, 56.
2 EuGH v. 27.9.2007 – Rs. C-409/04 – Teleos ua., EuGHE I 2007, 7797 = UR 2007, 774.
3 EuGH v. 7.12.2010 – Rs. C-285/09, BStBl. II 2011, 846 = UR 2011, 15 m. Anm. Sterzinger; BFH v. 11.8.2011 – V R 50/09, BStBl. II 2012, 151 = UR 2011, 916; v. 11.8.2011 – V R 19/10, BStBl. II 2012, 156 = UR 2012, 56.
4 EuGH v. 6.9.2012 – Rs. C-273/11 – Mecsek-Gabona, UR 2012, 796 m. Anm. Maunz = DStR 2012, 1917.

Maßnahmen (insbesondere also die zeitnahe Abfrage der UStID-Nr.) zur Identifizierung ergriffen hat.[1]

2.145 Mit Urteil vom 24.7.2014 hat der **BFH** ferner klargestellt:

„Der Unternehmer handelt bei Inanspruchnahme der Steuerfreiheit nach § 6a UStG nur dann leichtfertig i.S.v. § 378 AO, wenn es sich ihm zumindest aufdrängen muss, dass er die Voraussetzungen dieser Vorschrift weder buchmäßig noch objektiv nachweisen kann."

Kann der liefernde Unternehmer die vorstehenden gesetzlichen Voraussetzungen der innergemeinschaftlichen Lieferung nicht nachweisen, gelangt allerdings wiederum dem Buch- und Belegnachweis entscheidende Bedeutung zu: Ein **Vertrauensschutz** nach § 6a Abs. 4 UStG kann nach ständiger Rechtsprechung bei fehlendem Buch- oder Belegnachweis nicht erfolgen.

2.146 Hierbei ist auch zu beachten, dass nach der BFH-Rechtsprechung der Belegnachweis gem. § 15a UStG eine **Rechnung** voraussetzt, in der auf die Steuerbefreiung der innergemeinschaftlichen Lieferung gem. § 14 Abs. 4 Nr. 8 UStG **hingewiesen** wird.[2]

2.147 Für den Nachweis der Steuerfreiheit ist seit dem 1.10.2013 der **§ 17a UStDV** maßgebend. In § 17a Abs. 2 UStDV ist seitdem die **Gelangensbestätigung** geregelt. Zu den Einzelheiten Abschnitt 6a.4 UStAE. Die Gelangensbestätigung kann auf elektronischem Weg beliebiger Art übermittelt werden. Sie muss nach Auffassung der Finanzverwaltung aber im „Original" elektronisch aufbewahrt werden, d.h. so, wie sie beim Unternehmer angekommen ist.[3] Nur so sei die Unversehrtheit des Inhalts und die Echtheit der Herkunft gewährleistet.

2.148 Ergänzend ermöglicht § 17a Abs. 3 UStDV auch den Belegnachweis durch andere Belege. In den Einzelheiten Abschnitt 6a.5 UStAE.

2.149 Mit Urteil vom 26.8.2014[4] hat der BFH zu den **zeitlichen Anforderungen** ferner noch einmal klargestellt:
– Die Nachweispflichten des Buch- und Belegnachweises haben keine materiell-rechtliche Bedeutung für die Steuerfreiheit. Die Belege und Aufzeichnungen unterliegen aber der Überprüfung durch die Finanzverwaltung.
– Den Belegnachweis kann der Unternehmer bis zum Ende der letzten mündlichen Verhandlung vor dem Finanzgericht führen.
– Der Buchnachweis muss bis zum Zeitpunkt der Umsatzsteuer-Voranmeldung vorliegen.

---

1 EuGH v. 27.9.2012 – C-587/10 – VSTR, DStR 2012, 2014.
2 BFH v. 12.5.2011 – V R 46/10, BStBl. II 2011, 957 = UR 2011, 824.
3 FM Schl.-Holst. v. 21.2.2014 – VI 358 - S 7141 - 024, MwStR 2014, 249.
4 BFH v. 26.8.2014 – V R 16/14, UR 2014, 893 = DStR 2014, 2124.

– Für den Buchnachweis kann auch die Verbuchung der Ausfuhrlieferungen auf einem separaten Konto unter Bezugnahme auf die jeweilige Rechnung ausreichen.

Einstweilen frei. 2.150

3. Praxisprobleme und Compliance-Hinweise
a) Identität des Abnehmers

Das **Standardargument der Finanzverwaltung** in den Fällen, in denen die Steuerbefreiung versagt werden soll, lautet regelmäßig, der Abnehmer sei nach Auskünften der ausländischen Finanzverwaltungen als „Scheinunternehmer" zu behandeln und der inländische Lieferant habe deshalb nicht die Daten und die Umsatzsteueridentifikationsnummer des wirklichen Abnehmers aufgezeichnet. 2.151

Diese Argumentation ist durch die Rechtsprechung des BFH nicht gedeckt.[1] Wer „Abnehmer" im Sinne des Umsatzsteuerrechts ist, ergibt sich prinzipiell aus den abgeschlossenen **zivilrechtlichen Vereinbarungen**.[2] Eine von dem Zivilrecht abweichende Bestimmung des Leistenden kommt nach der Rechtsprechung des BFH nur in Betracht, wenn bei einer innergemeinschaftlichen Lieferung nach den konkreten Umständen des Falls für den Steuerpflichtigen erkennbar eine andere Person als sein „Vertragspartner" unter dessen Namen auftritt und der Unternehmer mit einer Nichtbesteuerung durch den Empfänger rechnet oder rechnen muss.[3] Der BFH wendet insoweit die gleichen Grundsätze an, wie auch für den Vorsteuerabzug aus Rechnungen von „Scheinunternehmern" (Rz. 2.151). 2.152

Liefert der Unternehmer an eine ausländische Kapitalgesellschaft als „Empfänger", so kommt es entscheidend darauf an, neben dem Abschluss des Kaufvertrags im Namen der Gesellschaft auch die **Vertretungsmacht der handelnden natürlichen Person** nachzuweisen. Bei verbleibenden Zweifeln, in wessen Namen der Kaufvertrag geschlossen wurde oder widersprüchlichen Angaben hinsichtlich der erteilten Vollmacht versagt die Rechtsprechung die Steuerbefreiung. 2.153

b) Lieferung an „missing trader"

Die Fälle, in denen die Finanzverwaltung die Steuerbefreiung versagt, gehen in der Praxis regelmäßig darauf zurück, dass die von dem inländischen Unternehmer als Abnehmer aufgezeichneten Personen und Gesellschaften in dem Bestimmungsland ihren steuerlichen Verpflichtungen nicht nachgekommen sind. Die Betriebsprüfung oder Steuerfahndung verfügt zumeist über Auskünfte der ausländischen Finanzverwaltungen, in denen 2.154

---
1 Vgl. BFH v. 5.2.2004 – V B 81/03, BFH/NV 2004, 988 (989).
2 So auch BMF v. 9.2.2007 – IV A 5 - S 7242-a/07/0001 – DOK 2007/0056035, BStBl. I 2007, 218 = UR 2007, 236 Rz. 9.
3 BFH v. 5.2.2004 – V B 81/03, BFH/NV 2004, 988 (989).

mitgeteilt wird, dass der betreffende Abnehmer dort keine innergemeinschaftlichen Erwerbe erklärt hat, insgesamt steuerlich nicht geführt worden ist, die Umsatzsteueridentifikationsnummer nachträglich gelöscht wurde und auch bei einer Nachschau keine Büroräumlichkeiten etc. festgestellt werden konnten. Folglich wird der Abnehmer durch die Finanzverwaltung als „**missing trader**" (näher zum Begriff Rz. 2.133) behandelt.

2.155 Die Finanzverwaltung hat sich in der Vergangenheit sodann auf den Standpunkt gestellt, der in dieser Form festgestellte „missing trader" könne nicht Abnehmer einer steuerbefreiten innergemeinschaftlichen Lieferung sein. Der BFH ist dem allerdings klar entgegengetreten.[1] Es entspricht inzwischen gefestigter Rechtsprechung, dass die Verletzungen der steuerlichen Erklärungspflichten durch den Abnehmer im Bestimmungsland für die Frage der **Steuerbefreiung im Inland** irrelevant sind.[2]

2.156–2.163 Einstweilen frei.

c) Ermittlungsergebnisse der ausländischen Finanzverwaltung

2.164 Für den Streit um die Steuerbefreiung der innergemeinschaftlichen Lieferung ist bedeutsam, die Ermittlungsergebnisse der ausländischen Finanzverwaltung zu kennen. Hieraus können sich Informationen ergeben, nach denen das Finanzamt die physische Verbringung der Waren ins Ausland nicht mehr bestreiten kann. Auf dieser Grundlage lässt sich dann die Steuerbefreiung trotz der fehlenden formellen Voraussetzungen durchsetzen. Die maßgeblichen Informationen lassen sich vor allem durch die Akteneinsicht im Finanzgerichtsverfahren oder in einem parallel laufenden Steuerstrafverfahren gewinnen. Ergänzend kann es sinnvoll sein, in dem Bestimmungsland eine Strafanzeige gegen den (verschwundenen) Abnehmer zu stellen, um von den Ermittlungsergebnissen der dortigen Fahndungsbehörden profitieren zu können. Im Finanzgerichtsverfahren kann der tatsächliche Nachweis der Verbringung der Waren auch im Wege des Zeugenbeweises geführt werden, wenn beispielsweise Mitarbeiter der ausländischen Firmen oder der Speditionen als Zeugen im Finanzgerichtsverfahren gestellt werden können.[3]

d) Vertrauensschutz nach § 6a Abs. 4 UStG

2.165 Das deutsche Gesetz enthält eine Regelung über den **Gutglaubensschutz**, die dem Unternehmer die Steuerbefreiung erhält, wenn er unrichtigen Angaben seines Abnehmers aufgesessen ist. Seinem Wortlaut nach setzt § 6a Abs. 4 UStG zweierlei voraus, nämlich

– dass der Abnehmer über die Voraussetzungen der Steuerbefreiung unrichtige Angaben gemacht hat, weshalb der Unternehmer (zu Unrecht) die Steuerbefreiung in Anspruch genommen hat, und

---
[1] BFH v. 7.12.2006 – V R 52/03, BStBl. II 2007, 420 = UR 2007, 220 (422).
[2] Vgl. zuletzt etwa FG Rh.-Pf. v. 27.11.2008 – 6 K 1463/08, juris, Rz. 34; FG Köln v. 20.2.2008 – 7 K 5969/03, EFG 2008, 889 (890).
[3] Instruktiv hierzu FG BW v. 9.6.2008 – 9 K 408/04, juris, Rz. 54 bis 68.

– dass der Unternehmer die Unrichtigkeit der Angaben bei Beachtung der Sorgfalt eines ordentlichen Kaufmanns nicht erkennen konnte.

Nach der Rechtsprechung kann der Belegnachweis nicht durch eine mündliche, sondern nur durch eine **schriftliche Versicherung** geführt werden. Es entspreche nicht der Sorgfalt eines ordentlichen Kaufmanns, die Steuerbefreiung für eine innergemeinschaftliche Lieferung in Anspruch zu nehmen, ohne die schriftliche Versicherung des Abnehmers nach § 17a Abs. 2 Nr. 4 UStDV in den Händen zu halten. Die Inanspruchnahme der Vertrauensschutzregelung (§ 6a Abs. 4 UStG) scheide aus, wenn der Steuerpflichtige in dieser Weise gegen die Sorgfalt eines ordentlichen Kaufmanns verstoße. Nach geltender Rechtsprechung kommt ein Vertrauensschutz somit nur in Betracht, wenn alle formalen Voraussetzungen der UStDV erfüllt wurden und sich nachträglich ein abweichender Sachverhalt herausstellt.[1]

4. Vorsteuerabzug bei (vermeintlichen) Karussell- und Streckengeschäften

Für den Vorsteuerabzug aus Rechnungen eines missing traders oder eines buffers gelten die gleichen Grundsätze wie in den „Strohmannfällen" (Rz. 2.129): Maßgebend ist die **zivilrechtliche Betrachtungsweise**. Kann der Rechnungsempfänger nachweisen, dass zum Zeitpunkt des Leistungsbezugs keine hinreichenden Anhaltspunkte für abweichende Leistungsbeziehungen vorlagen, ist der Vorsteuerabzug zu gewähren. Auch insoweit empfiehlt sich Beweisvorsorge (Rz. 1.124, Rz. 2.91).

2.166

Dementsprechend hat der BFH die zu den Strohmannfällen entwickelte **Rechtsprechung** (s.o.) auch für Strecken- und Karussellgeschäfte fortgeführt: Auf der Basis der „Strohmann-Rechtsprechung" hat der BFH hervorgehoben, dass eine Lieferung des Rechnungsausstellers (nur) dann vorliegt, wenn sich die Verschaffung der Verfügungsmacht als dessen Lieferung erweist. Dies sei nicht der Fall, wenn nach den Umständen des Falls für den Leistungsempfänger erkennbar kein Eigengeschäft des „Vertragspartners" vorliegt, der die Leistung auch nicht als eigene Leistung der USt unterwirft und bei dem der Leistungsempfänger typischerweise mit der **Nichtversteuerung rechnet oder rechnen muss**.[2] Den Steuerpflichtigen träfe insoweit die Beweislast, so dass im Streitfall Zweifelsfragen zu seinen Lasten gingen. EuGH[3] und BFH haben in mehreren Entscheidungen ergänzt:

2.167

– **Jeder Umsatz ist für sich zu betrachten**. Vorausgehende oder nachfolgende Ereignisse ändern nichts am Charakter eines bestimmten Umsatzes in der Lieferkette.

---

1 Zur erfolgreichen Berufung auf § 6a Abs. 4 UStG vgl. etwa FG BW v. 9.6.2008 – V B 243/03, juris, Rz. 74 ff.
2 BFH v. 26.8.2004 – V B 243/03, UR 2005, 216 = BFH/NV 2005, 255 ff.
3 EuGH v. 12.1.2006 – Rs. C-354/03, C-355/03 und C-484/03 – Optigen Ltd., Fulcrum Electronics Ltd. und *Bond* House Systems Ltd., UR 2006, 157 ff.

- Die umsatzsteuerliche Beurteilung erlaubt **keine Differenzierung zwischen erlaubten und unerlaubten Geschäften**. Die Einstufung eines Verhaltens als strafbar führt nicht zur fehlenden Steuerbarkeit.
- Dementsprechend wird das Recht des Steuerpflichtigen auf Vorsteuerabzug nicht dadurch berührt, dass **innerhalb der Lieferkette** ein Umsatz mit einem Mehrwertsteuerbetrug behaftet ist. Dies gilt – so der EuGH – zumindest dann, wenn der Steuerpflichtige hiervon keine Kenntnis hat oder haben kann.
- Ob die Umsatzsteuer für vorausgegangene oder nachfolgende Verkäufe an den Fiskus **entrichtet** wurde, ist für das Recht des Steuerpflichtigen auf Vorsteuerabzug nicht von Bedeutung.[1]
- Steuerpflichtigen, die alle **Maßnahmen** treffen, die vernünftigerweise von ihnen verlangt werden können, um sicherzustellen, dass der Umsatz nicht in eine Steuerhinterziehung oder einen Betrug eingebunden ist, kann der Vorsteuerabzug nicht versagt werden.[2] Es besteht insoweit auch eine Obliegenheit, sich über die Existenz des Vertragspartners und die Richtigkeit der Rechnungsangaben zu vergewissern.
- Einem Steuerpflichtigen allerdings, der **wusste oder wissen musste**, dass der betreffende Umsatz in eine Steuerhinterziehung eingebunden ist, ist der Vorsteuerabzug zu versagen.
- Ob ein Steuerpflichtiger dies wissen konnte oder hätte wissen müssen, ist im Wesentlichen tatsächliche Würdigung, die dem FG obliegt. Die **Beweislast** für die Erfüllung der Vorsteueranspruchsvoraussetzungen – einschließlich des „Wissens oder Wissenkönnens" – verbleibt bei dem den Vorsteuerabzug begehrenden Unternehmer.[3]

2.168 **Compliance-Folgerung**: Allein die Steuerhinterziehung des Lieferanten rechtfertigt nicht die Versagung des Vorsteuerabzugs. Entscheidendes Kriterium ist, ob der den Vorsteuerabzug begehrende Unternehmer die Hinterziehung kannte oder kennen musste. Der Streit um den Vorsteuerabzug wird damit zur Sachverhaltsfrage. Zur Risikovorsorge und zum Risikomanagement s. Rz. 2.169 ff.

VI. Risikominimierung und Risikomanagementsysteme

1. Analyse der umsatzsteuerlichen Risikofelder

2.169 Neben den unter Rz. 2.129 ff., Rz. 2.136 ff. und Rz. 2.140 dargestellten Risikoanzeichen und Kontrollmechanismen gibt es allgemeine, **übergeordnete Maßnahmen** zur Gefahrenabwehr und -minimierung. Erster Schritt

---

[1] In diesem Sinne auch EuGH v. 3.3.2004 – Rs. C-395/02 – Transport-Service, UR 2004, 107.
[2] BFH v. 19.4.2007 – V R 48/04, UR 2007, 693 = DStR 2007, 1524; s. insoweit auch EuGH v. 11.5.2006 – Rs. C-384/04 – Federation of Technological Industries, UR 2006, 410 m. Anm. *Hahne* = DStR 2006, 897 ff. = BFH/NV 2006, Beilage 3, 312 ff.
[3] BFH v. 6.12.2007 – V R 61/05, BStBl. II 2008, 695 = UR 2008, 436.

eines umsatzsteuerlichen Risikomanagementsystems ist die Analyse der risikorelevanten Sachverhalte. Es wird das Unternehmen regelmäßig überfrachten, sämtliche Einzelumsätze, jeden Vorsteuerabzug einer gesonderten Überprüfung zu unterziehen. Vielmehr ist die Aufteilung in Risikogruppen erforderlich.

Entsprechend der umsatzsteuerlichen Problematik bieten sich folgende **Themenfelder** an, die Arbeitsgruppen zugeordnet werden können: 2.170
- Leistungsaustausch (Rz. 2.54 ff.),
- Organschaft (Rz. 2.38 ff.),
- Ort der Leistung und Besteuerung (Rz. 2.55 ff.),
- Bemessungsgrundlage und Steuersatz (Rz. 2.57 ff.),
- Steuerbefreiungen (Rz. 2.68 f.),
- Vorsteuerabzug (Rz. 2.77 ff.),
- umsatzsteuerliche Sonderthemen (Beispiele: Rz. 2.83 ff., Rz. 2.98 ff., Rz. 2.122 ff., Rz. 2.127),
- Betrugsanfälligkeit (Rz. 2.128 ff.),
- Erklärungs- und Zahlungsverhalten (Rz. 2.31 ff.).

Hinsichtlich der vorstehenden Bereiche ist sodann eine **Gewichtung** vorzunehmen und nach Risikogrößen zu unterteilen.

2. Schulung, Fortbildung, Kommunikation

Die umsatzsteuerliche Behandlung der Einzelumsätze ist **Tagesgeschäft**. 2.171
Die Entscheidung, ob ein Umsatz steuerpflichtig gestellt oder eine Rechnung akzeptiert wird, wird sowohl in größeren als auch kleineren Einheiten häufig unter Zeitdruck und von wenig geschulten Mitarbeitern getroffen. Im Rahmen von Compliance-Untersuchungen hört man von Seiten des steuerlichen Beraters oder der Steuerabteilung häufig die Klage „wir kommen regelmäßig zu spät". Das steuerliche Problembewusstsein entsteht erst, wenn der Schaden bereits eingetreten ist oder unmittelbar bevorsteht. Eine Tax Compliance im Bereich der Umsatzsteuer erfordert es daher, die entsprechenden Schulungs- und Fortbildungsprogramme für die an den (umsatz-)steuerlichen Schnittstellen tätigen Mitarbeiter zu schaffen. Ziel ist es, eine Unternehmenskultur und ein **Problembewusstsein** zu schaffen, in dem die steuerlich Verantwortlichen nicht als lästige Problemwälzer und Verhinderer angesehen werden, sondern das Umsatzsteuerrisiko als erhebliche Schadensquelle erkannt und kommuniziert ist. Insbesondere in größeren Einheiten ist es zudem zweckmäßig, innerhalb des Unternehmens **konkrete Ansprechpartner** für umsatzsteuerliche Fragen zu benennen. Es empfiehlt sich, hierzu auch innerhalb einer Steuerabteilung einzelne, konkrete Personen zu benennen, die gegenüber den betroffenen Mitarbeitern als kurzfristige Anlaufstelle zur Verfügung stehen und im Rahmen der Tax Compliance intern über die aufgelaufenen Fragen und Problemkreise richten.

3. Rechnungskontrolle

2.172 Zur Bedeutung der Rechnungskontrolle im Rahmen einer Tax Compliance s.o. Rz. 2.72 ff.: Empfehlenswert für die Implementierung eines **Risikomanagements** ist die Unterteilung der Arbeitsgruppen in die Bereiche Eingangsrechnung und Ausgangsrechnung. Innerhalb dieser Gruppen wird es sodann regelmäßig erforderlich sein, **Aufgriffsschwellen** festzulegen. Jedenfalls ab dem Erreichen einer gewissen Größenordnung sollte eine Zusatzkontrolle (Vier-Augen-Prinzip) durch einen umsatzsteuerlich geschulten Mitarbeiter obligatorisch sein.

4. Kontrolle des Geschäftspartners

2.173 Vor dem Hintergrund der unter Rz. 2.83 ff. und Rz. 2.128 ff. dargestellten Risiken hinsichtlich der (unbewussten) Einbindung in Strohmann-, Karussell- oder Streckengeschäfte gewinnt die Kontrolle des Geschäftspartners unter umsatzsteuerlicher Risikoerwägung eine entscheidende Rolle. Nach der Rechtsprechung hat der Unternehmer die Verpflichtung, sich über die Existenz und **steuerliche Redlichkeit des Geschäftspartners** zu vergewissern. Das Unternehmen muss das Notwendige unternehmen, um die Einbindung in umsatzsteuerliche Verfehlungen des Vertragspartners zu vermeiden (Rz. 2.129 ff.).

2.174 **Compliance-Maßnahmen** hierfür sind z.B.
- Risikoanalysen bei marktunüblichen Preisgestaltungen (vgl. auch § 25d UStG, Rz. 2.36),
- besondere Überprüfung neuer und junger Geschäftsbeziehungen,
- konsequente, qualifizierte Abfrage der USt-Identifikations-Nummer,
- Dokumentation des Kontakts zur Geschäftsleitung; bei anderweitigen Ansprechpartnern Bestätigung der Bevollmächtigung,
- Überprüfung des Unternehmenssitzes,
- Handelsregisterauszug,
- Überprüfung des Internet-Auftritts,
- Fotodokumentation,
- Einholung steuerlicher Unbedenklichkeitsbescheinigung,
- Einbehalt steuerlicher Sicherheiten,
- Vermeidung von Bargeschäften,
- Zahlungsverkehr ausschließlich per Überweisung, auf Konto des Vertragspartners,
- Zurückhaltung bei gleichbleibenden Ansprechpartnern mit wechselnden Rechtsträgern,
- gesonderte Überprüfung von jungen Unternehmen oder Branchenneulingen,
- schriftliche Dokumentation der Kundenkontakte.

5. Softwareeinsatz

Eine Vielzahl der vorbeschriebenen Maßnahmen lässt sich durch den Einsatz qualifizierter Software nicht ersetzen, aber unterstützen. Sind die umsatzsteuerlichen Risikofelder des Unternehmens benannt (Rz. 2.169, Rz. 2.129 ff.), können durch die Softwareunterstützung u.U. ein **Compliance-Signal** hervorgerufen oder Programme eingesetzt werden, die die Buchführung des Unternehmens systematisch auf Risikoanzeichen untersuchen.[1]

2.175

6. Evaluierung

Für eine effektive Tax Compliance ist schließlich die Evaluierung der getroffenen Maßnahmen und – vor allem – der aufgetretenen Fehler und Verstöße von entscheidender Bedeutung. Zwingend auszuwerten sind insbesondere die **Ergebnisse interner und externer Verfahren und Prüfungen**, wie

2.176

– Außenprüfung,
– Umsatzsteuer-Sonderprüfung,
– Bußgeldverfahren,
– Steuerfahndungsverfahren gegenüber dem Unternehmen,
– Steuerfahndungsverfahren gegenüber Dritten, durch die das Unternehmen mittelbar oder unmittelbar betroffen ist (Beispiel: Durchsuchung beim Unternehmen im Ermittlungsverfahren gegen einen Geschäftspartner, Kunden, Mitarbeiter oder Vorstand),
– eingeleitete (Steuer-)Strafverfahren.

C. Lohnsteuer

I. Gesetzliche Rahmenbedingungen

Unternehmen agieren – in steuerlichen Termini ausgedrückt – umsatzsteuerlich als Unternehmer (§ 2 Abs. 1 UStG), ertragsteuerlich klassischerweise als Gewerbetreibende (§§ 15 EStG, 2 GewStG) und, soweit sie in Abhängigkeit zu verrichtende Dienstleistungen nachfragen, gemeinhin **lohnsteuerrechtlich** als **Arbeitgeber** (§ 38 Abs. 1 Satz 2 EStG).

2.177

Die Lohnsteuer ist keine eigene Steuerart, sondern eine spezielle Erhebungsform der Einkommensteuer für Arbeitnehmer, eine **Vorauszahlung**[2] für die mit Ablauf des Kalenderjahrs entstehende Einkommensteuerschuld auf die Einkünfte aus nichtselbständiger Arbeit (§ 19 EStG). Im Rahmen des **Lohnsteuer-Abzugsverfahrens** handelt der Arbeitgeber – wie der Unternehmer bei der Umsatzsteuer – als „Beauftragter des Steuerfis-

2.178

---

1 Beispiele auch bei *Matheis/Groß*, UVR 2008, 309 ff.
2 BVerfG v. 10.4.1997 – 2 BvL 77/92, BVerfGE 96, 1 = FR 1997, 571; BFH v. 27.2.2014 – VI R 23/13, BStBl. II 2014, 894 = FR 2014, 992.

kus"; der mit der Indienstnahme verbundene Verwaltungsaufwand ist erheblich.[1] Die Lohnsteuer ist **Massenfallrecht**. Neben der Umsatzsteuer ist sie die ergiebigste Steuerquelle des Staatshaushalts.[2]

2.179 Die wesentlichen Normierungen des Lohnsteuerrechts finden sich daher im Einkommensteuergesetz (§§ 38–42g EStG) sowie der Lohnsteuer-Durchführungsverordnung (LStDV). In der Praxis ist Lohnsteuerrecht **Prüferrecht**. Dieses orientiert sich an den **Lohnsteuerrichtlinien** (LStR).

2.180 Die Lohnsteuer mindert als Bestandteil des Lohnaufwands den Gewinn des Unternehmens, ist ertragsteuerlich **Betriebsausgabe** (§ 4 Abs. 4 EStG) im Rahmen der Gewinnermittlung bzw. gehört zu den Werbungskosten (§ 9 Abs. 1 Satz 1 EStG) im Rahmen der Einnahmenüberschussermittlung. Wegen dieser Gegenläufigkeit wird die Lohnsteuer von der Unternehmensleitung bisweilen als Kostenfaktor nicht ernst genommen.[3] Nachzuentrichtende Lohnsteuer – einschließlich damit zusammenhängender Sozialabgaben – führt indessen (fast) immer zu einer Definitivbelastung des Arbeitgebers. Die Möglichkeit eines späteren Regresses beim Arbeitnehmer scheidet in der Praxis aus tatsächlichen[4] oder rechtlichen[5] Gründen zumeist aus.

2.181 Aus dem Charakter der Lohnsteuer als Quellensteuer folgt, dass das Lohnsteuerrecht, wiewohl Steuerschuldner der Arbeitnehmer ist, **primäres Pflichtenrecht des Arbeitgebers** ist. Es ist zudem – darin dem Umsatzsteuerrecht gleich – intensives „**Dauer**"-**Recht**, weil es permanente und aktuelle Informationsverarbeitung in einer Vielzahl gleichartiger, letztlich aber doch individueller Sachverhalte verlangt. Darüber hinaus ist es in besonderem Maße „**vernetztes**" **Recht**, d.h. in die lohnsteuerliche Behandlung spielen – im Einzelfall mehr oder weniger stark – immer auch andere Rechtsmaterien hinein, seien es allgemeine oder spezielle arbeitsrechtliche (z.B. AÜG oder – aktuell – MiLoG), ausländerrechtliche, berufsrechtliche, gesellschaftsrechtliche, insolvenzrechtliche, sozialabgabenrechtliche, strafrechtliche, zivilrechtliche (haftungsrechtliche) Aspekte oder Rahmenbedingungen. Bedingt durch den Zwang, in kurzen Intervallen immer aktuell Steueranmeldungen abgeben und kontinuierlich Zahlungen an die Finanzkasse leisten zu müssen, stellt diese Mixtur aus zeitnaher und komplexer Rechtsanwendung hohe Anforderungen an Organisation, Kontinuität und Professionalität im Management des Lohnbereichs.

---

1 BVerfG v. 2.3.1977 – 1 BvR 124/76, BVerfGE 44, 103; kritisch *Kruse*, DStJG 9, 1 (7).
2 Lohnsteueraufkommen 2014: ca. 167 Mrd. Euro (Quelle: Statistisches Bundesamt).
3 *Schwedhelm*, AnwBl. 2009, 90 (92): „mit linker Hand begleitet".
4 Z.B. Vermögenslosigkeit/unbekannter Aufenthalt des Arbeitnehmers.
5 Z.B. Anspruchsverjährung oder Rückgriffseinschränkung, vgl. § 28g Satz 3 SGB IV.

Verfahrenstechnisch erfolgt die Besteuerung der Löhne mittels – ab 2005 grundsätzlich elektronischer – Abgabe monatlicher **Lohnsteuer-Anmeldungen** (§ 41a EStG), die als Steuerbescheid unter dem Vorbehalt der Nachprüfung gelten (§§ 167, 168 Satz 1 AO).[1]

2.182

II. Risiko- und Gefahrenbereiche

1. Erklärungs- und Zahlungsverhalten

Das lohnsteuerliche Erklärungs- und Zahlungsverhalten ist intern wie extern ein wichtiger **Indikator für den steuerlichen Qualitätsstandard** eines Unternehmens. Allein die zeitgerechte und vollständige Erfüllung der lohnsteuerlichen Erklärungspflichten sowie zeitgerechte Zahlungen bzw. die rechtzeitige Abstimmung mit der Vollstreckungsstelle des Finanzamts bieten die Gewähr dafür, dass dem Unternehmen keine – vermeidbaren – Nachteile entstehen. Steuerliche Nachteile aufgrund des Erklärungsverhaltens können im Bereich der Lohnsteuer insbesondere durch Festsetzung von Verzögerungsgeld (§ 146 Abs. 2 b AO), **Verspätungszuschlägen** (§ 152 AO) oder Zwangsgeld (§ 329 AO) drohen. Auf der Vollstreckungsebene führt die nicht zeitgerechte Steuerzahlung regelmäßig zu **Säumniszuschlägen** (§ 240 AO) und Vollstreckungskosten. Auch können dem Unternehmen dadurch Regressansprüche der Arbeitnehmer drohen.[2]

2.183

2. Gesetzeskonformität

a) Fehleranfälligkeit des Lohnsteuerrechts

Neben dem Erklärungs- und Zahlungsverhalten als äußeren Abläufen, die das Unternehmen am einfachsten und sichersten beeinflussen kann, stellt die **materielle Gesetzeskonformität** der Anwendung des Lohnsteuerrechts durch das Unternehmen die maßgebliche Risiko- und Gefahrenquelle dar. Durch fachkundige, Möglichkeiten und Grenzen erkennende Steuerbearbeitung kann die Lohnsteuerlast auf das gesetzlich vorgeschriebene Maß begrenzt bzw. optimiert, können außerplanmäßige steuerliche Nachzahlungen zu Lasten des Unternehmens verhindert werden. Zugleich wird damit sichergestellt, dass der Arbeitnehmer wegen Fehlbehandlung keine internen Regressansprüche gegen das Unternehmen stellen kann. Nachträglich erkannte Unregelmäßigkeiten und Unkorrektheiten führen i.d.R. zur Haftung des Arbeitgebers für zu Unrecht nicht entrichtete Lohnsteuer (§ 42d EStG). Dies gilt sowohl für die Nichteinbehaltung und Nichtabführung der Lohnsteuer von für das Unternehmen abhängig tätigen Personen („dem Grunde nach")[3] wie auch für die unzu-

2.184

---

[1] BFH v. 30.10.2008 – VI R 10/05, BStBl. II 2009, 354 = FR 2009, 628.
[2] Z.B. BAG v. 20.6.2002 – 8 AZR 488/01, NZA 2003, 268.
[3] Z.B. BFH v. 18.6.2015 – VI R 77/12, BStBl. II 2015, 903 = FR 2015, 1086 m. Anm. *Bergkemper*; *Olgemöller*, Stbg. 2015, 456: Telefoninterviewer.

treffende Ermittlung der Bemessungsgrundlage („der Höhe nach").[1] Ungeachtet seiner einfachen Grundstruktur ist das Lohnsteuerrecht kompliziertes und deshalb fehleranfälliges Detailrecht.

b) Schlüsselbegriff Arbeitsverhältnis

2.185 Die grundlegende Fragestellung ist zunächst die nach dem Bestehen eines lohnsteuerlichen Arbeitsverhältnisses. Die Begriffe „Arbeitnehmer" und „Arbeitgeber" sind Schlüsselbegriffe des materiellen Lohnsteuerrechts, die sich komplementär zueinander verhalten. Für den Normalfall klar, kann diese Feststellung in bestimmten Konstellationen aus tatsächlichen und rechtlichen Gründen äußerst schwierig und komplex sein. Dies hängt zum einen damit zusammen, dass das Arbeitsverhältnis i.S.d. Lohnsteuerrechts zivilrechtlich von anderen Rechtsverhältnissen[2] und steuerlich von anderen Einkunftsarten[3] **abzugrenzen** ist.

2.186 Eine weitere Ursache liegt darin, dass der Begriff des Arbeitsverhältnisses kein klassifikatorischer, sondern ein sog. offener **Typusbegriff** ist.[4] Der Typusbegriff verlangt die Würdigung der Umstände des Einzelfalls („Gesamtbetrachtung"). Dazu sind in einem ersten Schritt alle Gesichtspunkte des Einzelfalls zu ermitteln, in einem zweiten Schritt die einzelnen Umstände zu gewichten und in einem dritten Schritt gegeneinander abzuwägen.[5]

2.187 Die Feststellung, wann von einem lohnsteuerlichen Arbeitsverhältnis auszugehen ist, wird nicht zuletzt dadurch kompliziert, dass es **keinen einheitlichen Arbeitnehmerbegriff** gibt.[6] Jedes Teilrechtsgebiet – Arbeitsrecht, Berufsrecht, Gesellschaftsrecht, Strafrecht, Steuerrecht, Sozial(abgaben)recht – setzt entsprechend seinen spezifischen Zwecken andere Akzente, so dass die Einordnung ein- und desselben Lebenssachverhalts innerhalb der einzelnen Teilrechtsgebiete zu unterschiedlichen Ergebnissen

---

1 Z.B. BFH v. 24.9.2013 – VI R 8/11, BStBl. II 2014, 124 = FR 2014, 75 m. Anm. *Bergkemper* – freiwillige RV-Zuschüsse.
2 Z.B. Gesellschaftsverhältnis, Subunternehmerverhältnis (BFH v. 18.1.1991 – VI R 122/87, BStBl. II 1991, 409 = FR 1991, 425), Darlehensverhältnis (FG München v. 26.9.2013 – 5 K 1660/12, EFG 2014, 142), Schenkung (BFH v. 7.8.2014 – VI R 57/12, BFH/NV 2015, 181) etc.
3 Z.B. BFH v. 5.10.2005 – VI R 152/01, BStBl. II 2006, 94 = FR 2006, 142 m. Anm. *Bergkemper*, Abgrenzung zu freiberuflichen Einkünften; v. 3.7.1991 – X R 163/87, X R 164/87, BStBl. II 1991, 802 = FR 1991, 598 = FR 1991, 598, Abgrenzung zu gewerblichen Einkünften; *Michel/Hernler*, BB 2009, 193: Abgrenzung zu Kapitaleinkünften (sog. Management-Investments).
4 BFH v. 23.4.2009 – VI R 81/06, BStBl. II 2012, 262 = FR 2009, 1069 m. Anm. *Bergkemper*; kritisch *Florstedt*, StuW 2007, 314.
5 BFH v. 14.7.2007 – VI R 5/06, BStBl. II 2009, 931, ausl. Fotomodell; Katalog der Abgrenzungskriterien in BFH v. 14.6.1985 – VI R 150/82, VI R 151/82, VI R 152/82, BStBl. II 1985, 661 = FR 1985, 624.
6 Zur Kritik *Lang*, DJStG 9, 15 (22): „teleologischer Leerraum".

führen kann.¹ Auch innerhalb eines lohnsteuerlichen Arbeitsverhältnisses können **besondere Konstellationen** auftreten. Zu diesen Besonderheiten gehören z.b. die Pauschalierungsregeln für geringfügig Beschäftigte (§§ 40–40b EStG),² die Behandlung von Arbeitnehmer-Entsendungen vom oder ins Ausland³ oder erhöhte Anforderungen an die Anerkennung von Arbeitsverhältnissen zwischen Angehörigen.⁴ Lohnsteuerliche Besonderheiten gilt es darüber hinaus z.b. bei der Nettolohnvereinbarung⁵ sowie der Lohnversteuerung des Gesellschafter-Geschäftsführers⁶ zu beachten. Schließlich gibt es Spezialregelungen z.b. für Arbeitnehmerüberlassung (§ 42d Abs. 6 ff. EStG; s. auch § 28e Abs. 2 SGB IV und AÜG).

c) Schlüsselbegriff Arbeitslohn

Der zweite Zentralbereich des Lohnsteuerrechts ist die zutreffende Ermittlung und Erfassung des Arbeitslohns. Dem Arbeitgeber werden weitgehende Kenntnisse dazu abverlangt, ob Bezüge des Arbeitnehmers steuerpflichtig, steuerfrei oder steuerbegünstigt sind. Aufgrund der weiten Definition des Arbeitslohnbegriffs⁷ hat der Arbeitgeber hier eine **umfangreiche Kasuistik** zu beachten. Zu den lohnsteuerpflichtigen Einnahmen aus nichtselbständiger Tätigkeit rechnen nicht nur wiederkehrende Vergütungen, sondern auch Einmalzahlungen und freiwillige Sonderzuwendungen (z.B. Abfindungen, Sondergratifikationen). Probleme ergeben sich immer wieder bei der – z.T. schwer erkennbaren, bisweilen auch bewusst verschleierten – Erfassung und Bewertung von Sachvorteilen (z.B. Spesen/Auslösungen, Incentives, Parkplatzgestellung, Versicherungen). Werden dem Arbeitnehmer Vorteile im ganz überwiegenden Interesse des Arbeitgebers gewährt, zählen diese nicht zum steuerpflichtigen Arbeitslohn.⁸ Für bestimmte Einnahmen können überdies Steuerbefreiungen greifen (z.B. § 3 Nr. 50 EStG: durchlaufende Posten und Auslagenersatz).

2.188

---

1 Die Abgrenzung Selbständigkeit – Nichtselbständigkeit soll indes für Zwecke der USt, ESt, GewSt nach einheitlichen Grundsätzen erfolgen, BFH v. 27.7.1972 – V R 136/71, BStBl. II 1972, 810; v. 20.10.2010 – VIII R 34/08, BFH/NV 2011, 585; kritisch *Obermair*, UR 2007, 921.
2 Instruktiv zum alten Recht BFH v. 29.5.2008 – VI R 57/05, BStBl. II 2009, 147 = FR 2009, 89 m. Anm. *Bergkemper*.
3 Dazu z.B. FG Düsseldorf v. 4.3.2008 – 17 K 3874/07 H (L), EFG 2008, 929; in diesem Zusammenhang spielen die Doppelbesteuerungsabkommen (DBA) eine wichtige Rolle.
4 BFH v. 1.12.2004 – X R 4/03, BFH/NV 2005, 549.
5 BFH v. 6.12.1991 – VI R 122/89, BStBl. II 1992, 441 = FR 1992, 524.
6 BFH v. 2.12.2005 – VI R 16/03, BFH/NV 2006, 544.
7 § 2 LStDV: Arbeitslohn sind alle Einnahmen, die durch das Dienstverhältnis **veranlasst** sind.
8 Prototyp: Vorsorgeuntersuchung (BFH v. 17.9.1982 – VI R 75/79, BStBl. II 1983, 39 = FR 1983, 99); zum „überwiegenden betrieblichen Eigeninteresse" *Krüger*, DStR 2013, 2029; *Heger*, DB 2014, 1277.

3. Spannungsfeld Schwarzarbeit

2.189 Die Lohnsteuer steht immer auch im Spannungsfeld der Schwarzarbeit. Werden Zuflüsse in Geld oder Geldeswert, die im Rahmen eines Arbeitsverhältnisses erfolgen, vorsätzlich verschwiegen oder nicht vollständig angezeigt, hat die Finanzbehörde bei späterer Kenntniserlangung die daraus erzielten Einnahmen innerhalb verlängerter Festsetzungsfristen (Zehnjahresfrist des § 169 Abs. 2 Satz 2 AO) nachzuerheben.

2.190 Die **Erscheinungsformen** der Schwarzarbeit sind vielfältig. Lohnsteuerlich stehen **drei Hauptmodalitäten** im Vordergrund:
- Das **Verschweigen bzw. Verdecken des Bestehens** eines Arbeitsverhältnisses („Schwarzarbeit" bzw. „Scheinselbständigkeit").
- Das **Verschweigen bzw. Verdecken des Umfangs** der Entlohnung. Dies ist insbesondere der Fall, wenn der Arbeitgeber Zusatzzahlungen, auch an nahestehende Personen, neben dem „offiziellen" Gehalt leistet („Teilschwarzlohn") oder wenn geringfügig Beschäftigte über die Grenze des Zulässigen hinaus entlohnt werden.
- Sog. **Lohnsplitting**,[1] das dadurch gekennzeichnet ist, dass eine Lohnsumme zwischen mehreren Arbeitnehmern so verteilt wird, dass insgesamt die Grenzen für geringfügig entlohnte Beschäftigung scheinbar nicht überschritten werden.

2.191 In vielen Fällen werden Schwarzlöhne aus „schwarzen", d.h. ihrerseits **nichtversteuerten Betriebseinnahmen** generiert. Schwarzlohnzahlungen gelten deshalb als Indikator dafür, dass der Arbeitgeber auch seinen umsatz- und ertragsteuerlichen Pflichten nicht bzw. nicht vollständig nachgekommen ist. Sie provozieren aus diesem Grund vielfach Umsatz- und Gewinnhinzuschätzungen der Finanzbehörde.[2]

2.192 Wird der Tatbestand der Schwarzarbeit oder illegalen Beschäftigung festgestellt, kann dies Auslöser für eine Reihe **weiterer (lohn)steuerrechtlicher Rechtsfolgen** sein. So wird im Regressverzicht des Arbeitgebers nach Lohnsteuerhaftung ein weiterer lohnsteuerlicher Vorteil des Arbeitnehmers gesehen.[3] Dasselbe soll in Höhe der Arbeitnehmeranteile gelten, wenn der Arbeitgeber auf einen Beitragsnachforderungsbescheid der Sozialversicherungsträger zahlt.[4] Übernimmt der Arbeitgeber Beraterkosten für die Verteidigung von Mitarbeitern in Straf- und Haftungsverfahren, stellt sich die Frage der lohnsteuerlichen Behandlung dieser Kostenüber-

---

1 Z.B. LSG NRW v. 24.6.2009 – L 8 B 4/09 R ER, juris; BayLSG v. 8.5.2007 – L 5 KR 12/04, juris; *Wegner* in Ignor/Rixen, Arbeitsstrafrecht², § 5 Rz. 98.
2 Beispiel: FG Hess. v. 24.2.2014 – 4 V 84/13, juris: Schätzung nach FKS-Prüfung.
3 BFH v. 29.10.1993 – VI R 26/92, BStBl. II 1994,197 = FR 1994, 160; v. 5.3.2007 – VI B 41/06, BFH/NV 2007, 1122; OFD Cottbus, Vfg. v. 19.7.1996 – S 2383 - 3 - St 117, FR 1996, 606.
4 BFH v. 13.9.2007 – VI R 54/03, BStBl. II 2008, 58 = FR 2008, 140 m. Anm. *Bergkemper*; kritisch *Wulf*, Stbg. 2010, 506.

4. Lohnsteuerhaftung

a) Dualismus Schuld – Haftung

Das deutsche Steuerschuldrecht differenziert traditionell zwischen Schuld und Haftung. Im Gegensatz zur Schuldnerschaft, bei der das Schuldnervermögen stets dem Gläubigerzugriff unterliegt,[2] ist **Haftung** das **Einstehenmüssen für fremde Schuld**.[3] Schuld und Haftung schließen einander aus.[4] Auf die Lohnsteuer bezogen bedeutet dies: Schuldner der Lohnsteuer ist der Arbeitnehmer. Parallel dazu tritt die Haftung des Arbeitgebers für die Lohnsteuer des Arbeitnehmers. Arbeitgeber und Arbeitnehmer sind der Finanzbehörde als **Gesamtschuldner** verpflichtet, d.h. die Finanzbehörde kann nach – pflichtgemäßem – Ermessen von jedem der Gesamtschuldner volle Erfüllung des gesetzlich geschuldeten Steueranspruchs verlangen (§ 44 Abs. 1 Satz 2 AO). Steuerschuld und Steuerhaftung unterscheiden sich in ihren Tatbestandsvoraussetzungen. Insbesondere setzt die Haftung stets die Existenz des Steueranspruchs („Primäranspruchs") nach Grund und Höhe voraus.[5] Lediglich im Sonderfall der **Lohnsteuerpauschalierung** ist der Arbeitgeber Schuldner der pauschalen Lohnsteuer (§ 40 Abs. 3 Satz 2 EStG).

2.193

b) Lohnsteuerhaftung des Arbeitgebers

Konsequenz einer **nicht ordnungsgemäßen Abführung** der Lohnsteuer ist in der Praxis die Lohnsteuerhaftung des Arbeitgebers. Von der Möglichkeit, zu wenig entrichtete Lohnsteuer im Rahmen der Einkommensteuerveranlagung des Arbeitnehmers nachzuerheben, machen die Finanzämter nur zurückhaltend Gebrauch. Im Mittelpunkt der Nacherhebung steht, wiewohl Steuerschuldner allein der Arbeitnehmer ist, der Arbeitgeber.[6]

2.194

Der lohnsteuerliche Arbeitgeberbegriff ergibt sich **spiegelbildlich** aus der von der Rechtsprechung entwickelten Arbeitnehmerdefinition.[7] Die Pflichten im Lohnsteuerabzugsverfahren knüpfen an den **inländischen** Arbeitgeber an (§ 38 Abs. 1 EStG). Im Normalfall unproblematisch, erfor-

2.195

---

1 *Olgemöller*, AG 2008, 495; kritisch zur einengenden Tendenz *Alvermann*, Stbg. 2014, 353.
2 „Eigenhaftung", s. *Loose* in Tipke/Kruse, AO/FGO, vor § 69 AO Rz. 10 (Okt. 2012).
3 BFH v. 2.5.1984 – VIII R 239/82, BStBl. II 1984, 695 = FR 1984, 505.
4 BFH v. 4.7.1986 – VI R 182/80, BStBl. II 1986, 921 = FR 1986, 656.
5 Str.; Meinungsstand bei *Krüger* in Schmidt, EStG[34], § 42d Rz. 2, m.w.N.
6 Zu den Hintergründen der Fokussierung auf den Arbeitgeber *Mösbauer*, FR 1995, 727.
7 BFH v. 17.2.1995 – VI R 41/92, BStBl. II 1995, 390 = FR 1995, 414; es gilt der zivilrechtliche, nicht der sog. wirtschaftliche Arbeitgeberbegriff, *Krüger* in Schmidt, EStG[34], § 38 Rz. 3f, m.w.N.

dert die Bestimmung in besonderen Konstellationen[1] und gesellschaftsrechtlichen Verbünden (z.B. bei Organschaft) genaues Hinsehen.

2.196 Die **Standardfälle** der Arbeitgeberhaftung resultieren aus Lohnsteueraußen-, allgemeinen Betriebs- oder Fahndungsprüfungen. Anlässlich einer Nachkontrolle durch die Finanzbehörden werden häufig personelle oder sachliche Nichterfassungen oder Fehler in der Berechnung der Lohnsteuer festgestellt. Daneben sind es nicht bedachte Sonderkonstellationen – Arbeitnehmerüberlassung, Ausländerbeschäftigung, Arbeitnehmer-Entsendung, Lohnzahlungen durch Dritte (z.B. Trinkgeld) –, die für das Unternehmen überraschend Lohnsteuernachforderungen auslösen.

c) Lohnsteuerhaftung Dritter

2.197 Sind Lohnsteuerschulden beim Unternehmen nicht mehr zu realisieren,[2] pflegt die Finanzbehörde auf die für das Unternehmen Handelnden durchzugreifen. Rechtsgrundlage bilden insoweit die **allgemeinen steuerlichen Haftungsvorschriften** (§§ 69–75 AO), deren Schwerpunkt auf der Geschäftsführer- (§ 69 AO),[3] Gesellschafter- (§ 128 HGB) oder Hinterzieher-Haftung (§ 71 AO) liegt. Die Rechtsprechung sieht in der Lohnsteuer eine treuhänderisch verwaltete Steuer, für die eine verschärfte Haftung gelten soll.[4]

5. Folgeansprüche

2.198 Die Aufdeckung nicht ordnungsgemäß der Versteuerung unterworfener – zumal schwarzer – Lohnzahlungen ist je nach Konstellation geeignet, eine Vielzahl vermögensrechtlicher Folgeansprüche in Form **zivilrechtlicher Ausgleichs- oder Freistellungsansprüche** auszulösen:

– Lohnsteuernachzahlungen können zivilrechtliche Ansprüche im **Verhältnis Arbeitgeber – Arbeitnehmer** nach sich ziehen. Einmal kommen Ausgleichsansprüche des Unternehmens (Arbeitgebers) gegenüber dem Arbeitnehmer in Betracht.[5] Dies vor dem Hintergrund, dass z.B. bei Schwarzlohnzahlungen der Regressverzicht des Arbeitgebers als Zuwendung eines weiteren lohnsteuerlichen Vorteils angesehen wird.[6] Umgekehrt kann dem Arbeitnehmer ein Schadensersatzanspruch gegen das Unternehmen zustehen.[7]

---

1 Z.B. Arbeitnehmer als Arbeitgeber (u.a. Chefarzt: BFH v. 8.11.1984 – IV R 186/82, BStBl. II 1985, 286 = FR 1985, 274).
2 Z.B. wegen vorheriger Auflösung des Unternehmens oder wegen Insolvenz.
3 Hier ist insb. die tückische Vorschrift des § 166 AO zu beachten!
4 BFH v. 27.2.2007 – VII R 60/05, BFH/NV 2007, 1731; zur Kritik *Loose* in Tipke/Kruse, AO/FGO, § 69 AO Rz. 41 (Mai 2015).
5 BAG v. 19.1.1979 – 3 AZR 330/77, BAGE 31, 236; v. 8.2.1964 – 5 AZR 371/63, BAGE 15, 270; LAG Düsseldorf v. 10.12.2014 – 4 Sa 400/14, juris.
6 BFH v. 5.3.2007 – VI B 41/06, BFH/NV 2007, 1122.
7 BAG v. 20.6.2002 – 8 AZR 488/01, NZA 2003, 268; BFH v. 20.9.1996 – VI R 57/95, BStBl. II 1997, 144.

- Lohnsteuernachzahlungen, die das Unternehmen treffen, können die Gewinnverteilung unter **Mitgesellschaftern** beeinflussen und Schadensersatz-, Ausgleichs- oder Freistellungsansprüche der Mitgesellschafter gegenüber den verantwortlichen Gesellschafter-Geschäftsführern begründen. Ebenso können dem Unternehmen selbst aus dem der Lohnsteuernachzahlung zugrunde liegenden Sachverhalt arbeitsvertragliche, gesellschaftsrechtliche oder deliktische Ansprüche gegen Mitarbeiter[1] zustehen.
- Je nach Situation, z.B. bei Schwarzlohnzahlungen, ist denkbar, dass auch **Geschäftspartnern** – Kunden, Lieferanten, Subunternehmern – Ansprüche zustehen können.
- Ist das Unternehmen zwischenzeitlich in neue Hände übergegangen, sind kaufvertragsrechtliche Ausgleichs- bzw. deliktische Schadensersatzansprüche des Unternehmens bzw. der **Neugesellschafter** gegen den (Anteils-)Veräußerer und/oder gegen den verantwortlichen Altgeschäftsführer zu vergegenwärtigen, insbesondere, wenn die geschlossenen Unternehmenskaufverträge – wie zumeist – Steuerklauseln[2] beinhalten.

6. Strafrechtliche Risiken

a) Verspätete Steueranmeldung

Lohnsteuernachzahlungen, gleich aus welchem Grund sie herrühren, tragen stets das Risiko in sich, in ein steuerstrafrechtliches Fahrwasser zu geraten. Bereits die verspätete, nicht durch eine Fristverlängerung abgedeckte Lohnsteueranmeldung, sofern sie zu einer Nachzahlung führt, erfüllt in objektiver Hinsicht den Tatbestand einer Steuerverkürzung. Steuerhinterziehung ist auch die **Steuerverkürzung auf Zeit** (§ 370 Abs. 4 Satz 1 AO). Nicht selten indiziert aus der Sicht der Finanzverwaltung das Vorliegen des objektiven Tatbestands auch das Vorliegen des subjektiven Tatbestands in Form des – notwendigen, aber auch hinreichenden – sog. **bedingten Vorsatzes** als unterster Vorsatzstufe.

2.199

b) Nicht-/Falscherklärung

Die vorsätzliche Nicht- oder Falscherklärung von lohnsteuerlich relevanten Sachverhalten und Bemessungsgrundlagen führt neben den abgabenrechtlichen Folgen der Nachzahlung zu straf- und ordnungswidrigkeitsrechtlichen Konsequenzen. So kann zunächst das Unternehmen selbst, wenn sich eine verantwortliche natürliche Person nicht ermitteln lässt,[3]

2.200

---

1 Insbesondere ggü. dem sog. „Compliance-Officer", dazu *Favoccia/Richter*, AG 2010, 137.
2 *Wollweber*, AG 2012, 789; AG 2013, 796.
3 BGH v. 8.2.1994 – KRB 25/93, NStZ 1994, 346; zur Bebußung nach § 130 OWiG wegen Verletzung konzernrechtlicher Aufsichtspflicht OLG München v. 23.9.2014 – 3 Ws 599/14, StraFo 2015, 82.

mit einer **Geldbuße nach § 30 OWiG** (sog. „Verbandsbuße") belegt werden.

Daneben drohen der Leitungsebene des Unternehmens und involvierten Mitarbeitern Geld- oder Freiheitsstrafen wegen Lohnsteuerhinterziehung. Hinzutreten **nicht-steuerstrafrechtliche Risiken** wegen parallel oder im Zusammenhang damit verwirklichter Verstöße wegen Betrugs (§ 263 StGB), Untreue (§ 266 StGB),[1] Urkundenfälschung (§ 267 StGB), Bestechlichkeit im Geschäftsverkehr (§ 299 StGB) u.Ä. Nicht aus den Augen zu verlieren sind schließlich Teilnahmetatbestände[2] sowie **außersteuerliche und außerstrafrechtliche Konsequenzen** wie z.B. der drohende Verlust von Konzessionen, des Ausschlusses von öffentlichen Aufträgen,[3] der Einleitung von Disziplinarmaßnahmen[4] oder des Entzugs des Jagd- oder Waffenscheins[5] etc.

c) Nacherklärungspflicht

2.201 Von großer praktischer strafrechtlicher Relevanz ist im Unternehmen die allgemeine **steuerliche Berichtigungspflicht** (§ 153 AO). Stellt sich heraus, dass in der Vergangenheit aus Nachlässigkeit, Fehleinschätzung der Rechtslage oder bedingtem Vorsatz heraus unvollständige oder unrichtige Lohnsteueranmeldungen abgegeben wurden und wird dies nachträglich[6] erkannt, ist das Unternehmen steuerlich zur Korrektur verpflichtet.[7] Die vorsätzliche Verletzung dieser Pflicht, um drohende (Lohn-)Steuernachzahlung zu vermeiden, kann als Steuerhinterziehung durch Unterlassen (§ 370 Abs. 1 Nr. 2 AO) strafbar sein.[8]

7. Strafrechtsinduzierte Steuerfolgen

2.202 Weist die Lohnsteuernachforderung eine strafrechtliche Dimension auf, knüpfen daran spezielle allgemeine, mithin auch für den Lohnsteueranspruch geltende Steuerfolgen an: Gilt eine Steuer als hinterzogen, verlängert sich die Frist, innerhalb derer die Finanzbehörde den Steueranspruch geltend machen kann. Anstelle der Regelverjährung von vier Jahren kommt die verlängerte **zehnjährige Festsetzungsfrist** (§ 169 Abs. 2

---

1 Zu Untreue bei „schwarzen Kassen" BGH v. 29.8.2008 – 2 StR 587/07, BGHSt 52, 323.
2 Z.B. Beihilfe zur Einkommensteuerhinterziehung des Arbeitnehmers, ferner Beihilfe zum Leistungsbetrug (§ 263 StGB) des Arbeitnehmers, wenn dieser während der Zeit seiner Beschäftigung Arbeitslosengeld bezieht.
3 „Schwarze Liste", § 21 SchwArbG; OLG München v. 22.11.2012 – Verg 22/12, NZBau 2013, 261: Bieterausschluss im Vergaberecht.
4 BFH v. 15.1.2008 – VII B 149/07, BStBl. II 2008, 337.
5 *Füllsack/Bach*, PStR 2009, 90; zu weiteren Nebenfolgen *Röth*, StraFo 2012, 354.
6 I.d.R. nach einem Führungswechsel oder als Folge interner Revision.
7 Beratungsüberlegungen aufgrund des neuen Selbstanzeigerechts dazu bei *Neuling*, DStR 2015, 558.
8 BGH v. 17.3.2009 – 1 StR 479/08, wistra 2009, 312; kritisch *Wulf*, PStR 2009, 185.

Satz 2 AO) zur Anwendung. Eine Steuerkorrektur ist unter der Voraussetzung der Hinterziehung auch für bereits betriebsgeprüfte Zeiträume zulässig (§ 173 Abs. 2 AO). Zum anderen gilt für hinterzogene Steuern eine **verschärfte Zinsregelung**.[1]

III. Risiko- und Gefahrenminimierung

1. Ebenen der Risikominimierung

Die Ansatzpunkte für eine Risiko- und Gefahrenminimierung sind **vielschichtig**. Zur ersten Ebene zählen Maßnahmen, die die Herstellung optimaler Grundbedingungen zur Erfüllung der auferlegten gesetzlichen Pflichten bezwecken (Rz. 2.204 ff.), zur zweiten Ebene Maßnahmen der Kontrolle und Früherkennung (nachfolgend Rz. 2.213 ff.), zur dritten Ebene schließlich Zugriffsvorbeugemaßnahmen (Rz. 2.216 ff., Rz. 2.222 f.).

2.203

2. Grundvoraussetzungen

a) Personelle Ausstattung

In Erinnerung zu rufen sind vorab banale Erkenntnisse bzw. Selbstverständlichkeiten, da die Praxis zeigt, dass nicht selten fahrlässige Unterschätzung im Spiel ist:

2.204

- Die Einheit innerhalb des Unternehmens, die mit Lohnaufgaben betraut ist, muss über **ausreichende personelle Kapazitäten** verfügen, damit die anfallenden Arbeiten zeitnah, sorgfältig und verständig erledigt werden können. Gerade kleinere Unternehmen fallen nicht selten in ein „Loch", wenn der einzige für den Lohnbereich zuständige Mitarbeiter von heute auf morgen kündigt, längerfristig erkrankt oder durch andere Aufgaben so in Anspruch genommen ist, dass er sich dem ihm zugewiesenen Lohnsteuerbereich nur „nebenbei" bzw. „mit halber Kraft" widmen kann. Wichtig ist in diesem Zusammenhang, dass eine **klare Vertretungsregelung** existiert, damit im Vertretungsfall nicht improvisiert werden muss.
- **Personalkontinuität** im Lohnbereich ist ein Gut für sich. Fehler und Reibungsverluste sind vorprogrammiert, wenn sich immer wieder wechselnde Mitarbeiter ohne sachkundige Anleitung und unter Zeit- und Fristendruck neu in Lohnsteuerangelegenheiten und -abläufe einarbeiten müssen.
- Verhängnisvoll ist – bei Auslagerung des Lohnbereichs – die Ansicht, es reiche aus, alles, was im weitesten Sinne mit Lohn zu tun haben könnte, an den beauftragten Steuerberater weiterzuleiten. Auch die **Zuarbeit** in Form der Sammlung, Bereitstellung und Verarbeitung von Informationen durch Mitarbeiter des Unternehmens bedarf bereits des Verständnisses für lohnsteuerliche Erfordernisse und Zusammenhänge.

---

[1] Weiterreichende Hinterziehungszinsen gem. § 235 AO statt „nur" Vollverzinsungszinsen gem. § 233a AO.

b) Strukturen

2.205 In größeren Unternehmenseinheiten ist auf die sorgfältige interne Einarbeitung neuer Mitarbeiter sowie auf regelmäßige Schulungen der bewährten Mitarbeiter Wert zu legen, um gute und fehlerfreie Arbeit leisten zu können. Hilfreich ist es, wenn alle Prozesse, die den Lohnbereich (und den Sozialabgabenbereich) betreffen, in einem **Nutzerhandbuch** – idealerweise ein den gesamten Steuerbereich einschließlich Sozialabgaben abdeckendes tax compliance manual – dokumentiert sind, das – laufend aktualisiert! – nicht nur für den elektronischen Zugriff, sondern alternativ auch zum jederzeitigen „Nachlesen/Nachschlagen" bereitsteht.

2.206 Wichtig ist der Informationsfluss zwischen Arbeitnehmer und Lohnabteilung. Eine **klare Ansprechpartnerregelung** ist unverzichtbar; die persönliche Ansprache der Arbeitnehmer bleibt die effektivste Form des Kontakts. Merkblätter, Aushänge an schwarzen Brettern oder Newsletter an Arbeitnehmer können bei größeren Unternehmen dazu beitragen, dass die notwendigen Individualdaten stets auf dem neuesten Stand sind und neueste Entwicklungen zeitnah auch den Arbeitnehmer erreichen.

2.207 Ebenso wichtig wie der reibungslose Informationsfluss innerhalb des Unternehmens ist der **Kontaktaufbau zu den Sachbearbeitern des Finanzamts**. Erste Information, wie das Finanzamt bestimmte Angelegenheiten zu handhaben pflegt, können bei persönlichem Kontakt auf kurzem Wege erlangt werden. Mit dem förmlichen Instrument der **Anrufungsauskunft** (§ 42e EStG) kann zwar nicht das „richtige" Recht, aber immerhin der Standpunkt der Finanzverwaltung zu Zweifelsfragen in Erfahrung gebracht werden.[1]

2.208 Zu den „soften" d.h. nicht messbaren Compliance-Faktoren im Unternehmen zählt die Schaffung eines Klimas der **Sensibilität für Lohnsteuersachen**. Sorgloser E-Mail-Verkehr, unreflektierte Vermerke über Lohnsteuerfragen, die die Finanzverwaltung im Nachhinein als Vorsatznachweis interpretieren könnte oder voreilige Stellungnahmen gegenüber der Finanzverwaltung können zu einem späteren Zeitpunkt und in anderen Zusammenhängen leicht zum Bumerang werden. Besondere abgaben(straf)rechtliche Sensibilität sollte auf der Leitungsebene des Unternehmens bei der Abfassung von Verträgen, Beschlüssen und der Diskussion von Lohnsteuerfragen an den Tag gelegt werden. Schon bei der Abfassung der Dokumente muss mitbedacht werden, welche steuerlichen Schlussfolgerungen ein Prüfer der Finanzverwaltung aus der oftmals durch veränderte Vorzeichen geprägten Retrospektive daraus ziehen könnte. Lohnsteuerliches Gespür ist natürlich auch gefragt bei arbeitsrechtlichen Maßnahmen, die auf mögliche Steuerfolgen zu untersuchen sind.

---

[1] BFH v. 7.5.2014 – VI R 28/13, BFH/NV 2014, 1734: kein Anspruch auf materiell „richtige" Beurteilung!

Besondere Strukturen sind erforderlich, wenn Probleme auftreten oder Zweifelsfragen in der lohnsteuerlichen Behandlung kurzfristig entschieden werden müssen. Hier muss den Mitarbeitern ein **Sofortzugriff** auf steuerjuristischen Fachverstand und professionellen – ggf. externen – Rat möglich sein.

2.209

Klare Regelungen sind erforderlich, wenn Lohnsteueraußenprüfungen anstehen. Die Ankündigung von Außenprüfungen sollte zweckgerichtete Vorbereitungsmaßnahmen auslösen, zu denen auch das Wissen um die Möglichkeit und Wirkungsweise der **Selbstanzeige** (§ 371 AO)[1] gehört. Im Übrigen gilt: **Lohnsteueraußenprüfungen** müssen **begleitet** werden. Im Idealfall kann das Unternehmen sicherstellen, dass seine Mitarbeiter dem Lohnsteuerprüfer in allem, was er tut und denkt, stets einen Schritt voraus sind.

2.210

Zum Umgang mit finanzamtlichen Prüfungen gehört auch, dass es eine **Handlungsanweisung** für den Fall gibt, dass die Finanzbehörden i.R.d. Lohnsteuer-Nachschau (§ 42g EStG)[2] oder Staatsanwaltschaft, Steuerfahndung oder Finanzkontrolle Schwarzarbeit (FKS)[3] – in eigener (§ 102 StPO) oder fremder Angelegenheit (§ 103 StPO) – unerwartet dem Unternehmen einen Besuch abstatten.[4] Ein wichtiger Aspekt, sofern sich Ermittlungshandlungen auch auf Lohnfragen erstrecken, ist dabei, **Arbeitnehmer-Spontanvernehmungen** zu vermeiden.

2.211

Eine Herausforderung eigener Art ist die Aufrechterhaltung steuerlicher Funktionen in der Krise des Unternehmens. Weniger die Lohnabteilung, wohl aber die Unternehmensleitung ist hier gefordert, ein **Krisenmanagement-Konzept** parat zu haben. Denn gerade in der Krise des Unternehmens nimmt die Steuerrechtsprechung die Leitung des Unternehmens – gerade auch lohnsteuerlich – besonders in die Pflicht.[5] Sofort abrufbares Basiswissen für effektives Krisenmanagement verlangt auch das Szenario, dass das Unternehmen durch steuerliche oder strafrechtliche **Arreste** (§§ 324 AO, 111b Abs. 2, 111d StPO) bedroht wird.[6]

2.212

3. Kontroll- und Früherkennungsmaßnahmen

Neben organisatorischen Absicherungen für Eilfälle und besondere Anlässe ist die Implementierung eines **routinemäßigen Kontrollsystems** sinnvoll und geboten. Die Durchführung turnusmäßiger interner Revisionen sowie eine externe Überprüfung der lohnsteuerlichen Rahmenbedin-

2.213

---

1 Siehe auch Rz. 3.94, 3.136 eingehend zur Selbstanzeige *Streck/Spatscheck*, Die Steuerfahndung[4], 43 ff.; zu den Änderungen ab 1.1.2015 *Talaska*, DB 2015, 944; *Wulf*, Stbg. 2015, 160.
2 Ausführlich dazu *Janssen-Heid/Hilbert*, BB 2015, 598.
3 Zu Aufbau und Tätigkeit der FKS *Olgemöller*, AG 2007, 619.
4 *Kusnik*, CCZ 2015, 22.
5 Stichworte: Pflicht zur anteiligen Kürzung des Lohns, Aufleben der Überwachungspflicht jedes Geschäftsführers ungeachtet interner Aufgabenverteilung.
6 *Olgemöller*, AG 2009, 492; Stbg. 2008, 299.

gungen – Überprüfung der Arbeitsverträge; Umfang der Lohnnebenleistungen etc. – stellt sicher, dass Veränderungen der tatsächlichen Verhältnisse frühzeitig erkannt und Fehlentwicklungen entgegengewirkt werden kann.

2.214 Jedes Unternehmen hat ferner Anlass, sich mit dem **Phänomen Schwarzarbeit** und seiner Prophylaxe auseinanderzusetzen. Dies ist nicht nur eine Frage der Größenordnung des eigenen Unternehmens oder eine Frage der Branche, in der das Unternehmen sein Geschäft betreibt, sondern auch eine Frage des Umgangs mit Geschäftspartnern, die möglicherweise ihren steuerlichen Pflichten nicht nachkommen. Lohnsteuerliche Implikationen der Schwarzarbeit liegen näher als der Laie dies für möglich hält.

2.215 Einmal geht es dabei um Aufdeckungsmechanismen für Wildwuchs im Sinne von ungewollter Schwarzarbeit innerhalb des eigenen Unternehmens, z.B. **in neu zugekauften Unternehmensteilen** oder Unternehmensbereichen, die sich aus den unterschiedlichsten Gründen gegenüber der Zentrale „verselbständigt" haben. Schwarzlöhne gehen klassischerweise mit schwarzen Betriebseinnahmen einher. Dies ist der Ansatzpunkt der internen Revision nach „schwarzen Kassen". Daneben gibt es **branchenspezifische Gefahrenlagen** und **klassische Indikatoren** für Unregelmäßigkeiten (z.B. hohe Lohnzusatzbestandteile; hoher Stand an Aushilfen; Subunternehmerproblematiken).[1] Abhilfe versprechen sich nicht wenige Unternehmen von der Installation sog. **Whistleblowing-Programme**, mit denen Arbeitnehmer (oftmals anonym) Verdachtsmomente melden können, denen das Unternehmen dann nachgeht. Interne Kontrollen und Revisionen werden allerdings durch das neue Arbeitnehmerdatenschutzrecht nicht erleichtert. Gerade in großen Betrieben müssen Kontrollen ohne konkreten Verdacht auf Regelverstöße genau dokumentiert werden, um Bespitzelungs-Vorwürfe zu vermeiden.[2]

4. Zugriffsvorbeugemaßnahmen

2.216 Nach dem Prinzip der **Tatbestandsmäßigkeit der Besteuerung** können einmal verwirklichte Steuersachverhalte – von Ausnahmen abgesehen – nicht nachträglich ungeschehen gemacht werden. Haben innerbetriebliche Kontroll- und Früherkennungsmaßnahmen daher lohnsteuerliche Fehlbehandlungen aufgedeckt oder lohnsteuerliche Risikobereiche zu Tage treten lassen, stellt sich die Frage, welche Vorkehrungen vor Aufgriff lohnsteuerlicher Sachverhalte durch die Finanzverwaltung möglich sind, um Schaden vom Unternehmen fernzuhalten.

2.217 Im Vorfeld abzusehender, aber noch nicht bekannt gegebener (vgl. § 371 Abs. 2 Nr. 1 a) AO) Lohnsteuer-Außenprüfungen oder in Situationen, in denen ein Besuch der Ermittlungsbehörden geradezu „in der Luft" liegt, sollte die Unternehmensleitung Möglichkeit, Wirkungsweise und Gren-

---

1 *Müller/Hierl*, PStR 2009, 161; s. auch Rz. 4.109.
2 *Wytibul*, BB 2009, 1582; *Klasen/Schäfer*, BB 2012, 641; *Benne*, CCZ 2014, 189.

zen[1] des Gestaltungsmittels **Selbstanzeige** (§ 371 AO) kennen und erwägen. Auch während schwebender Betriebsprüfungen und nach erfolgten Durchsuchungsmaßnahmen besteht Anlass zu prüfen, inwieweit die Selbstanzeige weiterhin möglich bleibt und Entlastung schaffen kann.

Ein eigenständiger Gesichtspunkt der Organisation des Lohnbereichs – wie des Steuerbereichs eines Unternehmens insgesamt – ist die Frage der **Abgrenzung der innerbetrieblichen Verantwortungssphären**. Wenngleich die Gesamtverantwortung für die Erfüllung der (lohn)steuerlichen Pflichten bei der Unternehmensleitung liegt, kann eine sinnvolle Abschichtung von Arbeitsaufgaben dazu beitragen, auch nach außen hin, d.h. gegenüber der Finanzverwaltung und Strafverfolgungsbehörden Verantwortlichkeiten einzugrenzen. 2.218

Folgende **Abstufung** bietet sich an: 2.219
- Auf unterster Ebene muss sichergestellt werden, dass alle zur technischen Abwicklung der Lohnsteuer erforderlichen Unterlagen und Informationen im Lohnbüro landen und dort zeitnah und zutreffend verarbeitet werden.
- Ebenso müssen Regeln vorhanden sein, die sicherstellen, dass dort, wo Entscheidungen über die lohnsteuerliche Behandlung zu treffen sind, diese von der zur Entscheidung bestimmten Stelle schnell und kompetent getroffen werden können. Dabei sind im Vorfeld die lohnsteuerlichen Wirkungen außersteuerlicher z.B. arbeitsrechtlicher Entscheidungen einzubeziehen, um nachteilige Steuereffekte (z.B. Nichteinhaltung lohnsteuerlicher Grenzen, Verkennen von Steuerbegünstigungen) vermeiden zu können.
- Schließlich muss sichergestellt sein, dass grundlegende lohnsteuerliche Entscheidungen nicht ohne Beteiligung bzw. gar an der Unternehmensleitung vorbei getroffen werden.

Ein derartiger hierarchischer Filter hat den positiven Nebeneffekt, dass damit nicht nur dem Vorwurf des **Organisationsverschuldens** wirksam entgegengetreten werden kann, sondern zugleich, dass durch diese Struktur eine **Abschirmwirkung** gegen strafrechtliche Vorwürfe – und damit einhergehend steuerhaftungsrechtliche Risiken – gegenüber der Unternehmensleitung erreicht wird. 2.220

Auch in Lohnsteuersachen ist das Einziehen strafrechtlicher – und damit zugleich steuerhaftungsrechtlicher – **Schutzzäune gegen den Übergriff** von Lohnsteuerproblematiken **auf die Führungsebene** des Unternehmens ein stets mitzubedenkender Aspekt. Kann das Unternehmen auf organisatorische Maßnahmen wie den Nachweis sorgfältiger Schulung und Überwachung des Lohnpersonals, regelmäßige Einschaltung Externer, Dokumentation stichprobenartiger Prüfungen bzw. des Nachgehens bei entdeckten Auffälligkeiten hinweisen, ist es für eine Ermittlungsbehörde 2.221

---

1 Z.B. Sperren; keine außersteuerlichen Wirkungen; eingehend *Streck/Spatscheck*, Die Steuerfahndung[4], 43 ff.

schwierig(er), den Vorwurf vorsätzlichen Verhaltens der Geschäftsleitung konkret festzumachen.

2.222 Nicht selten sind im Steuerrecht Situationen – Anwendung neuer Regelungen, steuerliche Abgrenzungsproblematiken – gegeben, in denen unterschiedliche Auffassungen zwischen Steuerpflichtigen und Finanzverwaltung vorgezeichnet sind. Bestehen über die Behandlung lohnsteuerlicher Sachverhalte zwischen Unternehmen und Finanzbehörde Meinungsverschiedenheiten, die nicht in Kooperation zu lösen sind, steht der Steuerstreit im Raum. Der Lohnsteuerbereich des Unternehmens sollte insoweit sinnvollerweise in ein übergreifendes, für alle das Unternehmen betreffende Steuern gültiges **Steuerstreit-Konzept** integriert sein. Für große Unternehmen mit eigener Rechtsabteilung stellt sich die Frage, ob oder ggf. bis zu welchem Punkt Einspruchs- oder finanzgerichtliche Klageverfahren hausintern geführt werden.

2.223 Für kleine Unternehmen wird sich die Frage in der Form stellen, ob die externe Streitführung durch den **Steuerberater** oder besser durch einen **Spezialisten** (Steueranwalt) erfolgen soll. Entscheidet sich das Unternehmen dafür, externe Hilfe in Anspruch zu nehmen, hat auch hier wieder die Sicherstellung des Informationsflusses während eines schwebenden outgesourcten Finanzgerichtsverfahrens ihren eigenen Stellenwert.[1]

IV. Schadensabwehr und -minimierung

2.224 Von der Organisation, der Optimierung von Prozessabläufen und Vorbeugungs- und Kontrollmaßnahmen zu trennen sind die **Handlungsoptionen** des Unternehmens, wenn die Finanzverwaltung bereits konkrete Maßnahmen zur Feststellung und Durchsetzung von (Lohn-)Steuer- und/oder Steuerstrafansprüchen auf den Weg gebracht hat, sei es,
– dass sich im Rahmen von Außenprüfungen Lohnsteuernachzahlungen konkret abzeichnen,
– oder ein Steuerstrafverfahren wegen des Vorwurfs der (Lohn-)Steuerhinterziehung eingeleitet worden ist,
– oder ein Lohnsteuerhaftungsbescheid bekanntgegeben wurde.

2.225 Das Unternehmen muss sich darüber klar werden, ob es über das notwendige Know-how verfügt, Steuerstreitverfahren – einschließlich des oftmals vorentscheidenden Nebenverfahrens der Aussetzung der Vollziehung – und ggf. damit zusammenhängende Steuerstrafverfahren selbst zu führen. Geht es dabei um eine reine **steuerliche Streitigkeit**, ist dies eine völlig andere Situation, als wenn wegen des Steueranspruchs zugleich ein **Steuerstrafverfahren** schwebt. Das Unternehmen ist hier in doppelter Hinsicht befangen. Es gilt der Grundsatz, dass jedermann ein schlechter Ratgeber in eigener Sache ist. Gerade Steuerstrafverteidigung ist zu einem wesentlichen Teil **Verteidigung über den objektiven Steueranspruch**. Alle

---

1 *Olgemöller*, AG 2006, 720.

Instrumentarien, die das Steuerverfahren beenden können, sind daraufhin zu mustern, inwieweit sie auch die strafrechtliche Erledigung fördern. Ist ein steuerliches Lösungsmodell gefunden und – ggf. mittels sog. **tatsächlicher Verständigung**[1] umgesetzt –, geht damit in der Praxis oftmals ein konsentierter strafrechtlicher Abschluss einher. Alternativ zu einer derartigen sog. Paketlösung kann ggf. auch bewusst eine Separatlösung mit Signalwirkung für noch offene Verfahren angestrebt werden.

2.226 Weist der Steueranspruch auch eine strafrechtliche Dimension auf, ist die Prüfung veranlasst, inwieweit auch nach dem Aufgriff durch die Finanzverwaltung strafrechtliche Entlastung durch eine **Teil-Selbstanzeige** für nicht gesperrte Zeiträume und/oder Steuerarten oder frühzeitige **Kooperation** bei der Ermittlung der Bemessungsgrundlagen bewirkt werden kann. Diese Prüfung kann, gerade wenn wegen Lohnsteueransprüchen ermittelt wird, aber auch eine Präferenz für das Durchstehen des Ermittlungsverfahrens ergeben, weil ansonsten – mit Blick auf parallele Sozialabgabenansprüche[2] und ein Strafmaßgefälle (Rz. 2.247) zwischen § 266a StGB und § 370 AO – „schlafende Hunde" geweckt werden können. Es kann daher ein Wert für sich sein, wenn die Sache im „steuerlichen Dunstkreis" gehalten werden kann und keine weiteren Kreise zieht.

2.227 Im Steuerstreit um die Lohnsteuerhaftung bedürfen neben dem Primäranspruch selbst die Haftungsvoraussetzungen einer eigenständigen und sorgfältigen Prüfung. Der Lohnsteuerhaftungsbescheid muss als Sammelhaftungsbescheid[3] den Bestimmtheitsanforderungen genügen. Zu problematisieren ist insbesondere, ob die Finanzbehörde ihre Ermessensentscheidung aufgrund eines „ausermittelten"[4] **Sachverhalts** getroffen hat und ihr **Auswahlermessen**[5] zutreffend ausgeübt hat. Sind die Arbeitnehmer der Finanzbehörde bekannt und lassen sich Mehrergebnisse einzelnen Arbeitern individuell zuordnen, ist darauf zu drängen, dass die Finanzbehörde die Arbeitnehmer anstelle des Arbeitgebers unmittelbar als Steuerschuldner in Anspruch nimmt.

2.228 Sind lohnsteuerliche Bemessungsgrundlagen schwierig zu ermitteln, kann es vorteilhaft sein, gerade auch vor strafrechtlichem Hintergrund die Unsicherheit einer steuerlichen Schätzung durch Abschluss einer sog. „tatsächlichen Verständigung"[6] (TV) zu dokumentieren. In anderen Fällen kann eine Lohnsteuer-Pauschalierung angeregt werden, die günstige Zins-

---

1 Zu den Grenzen tatsächlicher Verständigung BFH v. 7.7.2004 – X R 24/03, BStBl. II 2004, 975.
2 Für die eine „Selbstanzeige" – abseits des praxisuntauglichen § 266a Abs. 6 StGB – nicht möglich ist.
3 BFH v. 4.7.1986 – VI R 182/80, BStBl. II 1986, 921 = FR 1986, 656.
4 BFH v. 15.6.1983 – I R 76/82, BStBl. II 1983, 672 = FR 1983, 566; v. 4.10.1988 – VII R 53/85, BFH/NV 1989, 274.
5 Dazu und zur sog. „Vorprägung" des Ermessens BFH v. 12.2.2009 – VI R 40/07, BStBl. II 2009, 478.
6 Grundlegend BFH v. 11.12.1984 – VIII R 131/76, BStBl. II 1985, 354 = FR 1985, 306.

effekte hat.¹ Steht der Verdacht von Schwarzlohnzahlungen im Raum, ist ein Augenmerk darauf zu legen, dass die lohnsteuerlichen Bemessungsgrundlagen nicht unbesehen als Basisgröße auch für Umsatz- und Gewinnhinzuschätzungen herangezogen werden. Schätzt in Fahndungsfällen die Steuerfahndung umgekehrt Umsätze und Gewinne hinzu, sind die gegenläufigen Rechtsfolgen eines Ansatzes von Schwarzlöhnen in der ertragsteuerlichen Schätzung zu bedenken. Dem positiven ertragsteuerlichen Effekt, der darin liegt, dass zusätzlicher Lohnaufwand den Gewinn mindert, steht die Lohnversteuerung und – überkompensierend – die sozialabgabenrechtliche Belastung gegenüber.²

V. Schadensausgleich

2.229 Regelmäßig wird das Unternehmen als Haftungsschuldner für zu Unrecht nicht abgeführte Lohnsteuer herangezogen. Eine unmittelbare Heranziehung der Arbeitnehmer, wiewohl der Arbeitnehmer der eigentliche materielle Steuerschuldner ist, ist eher die Ausnahme (Rz. 2.194). Kann der Lohnsteuerhaftungsanspruch im Einspruchs- oder einem nachfolgenden finanzgerichtlichen Klageverfahren nicht erfolgreich abgewehrt werden, stellt sich für das Unternehmen die Frage des **Regresses gegenüber dem Arbeitnehmer**. Der zivilrechtliche Ausgleich beim Arbeitnehmer spielt in der Praxis eine nur geringe Rolle. Der Arbeitnehmer ist in vielen Fällen nicht mehr greifbar, nicht zahlungsfähig oder aber der Regressanspruch scheitert an rechtlichen Hindernissen.³ Wird indessen vom Rückgriff abgesehen, kann darin wiederum eine eigene lohnsteuerliche Problematik liegen: Im Falle der Zahlung des Arbeitgebers auf einen Lohnsteuerhaftungs- oder Beitragsnachforderungsbescheid kann der Regressverzicht gegen den Arbeitnehmer eine zusätzliche Vorteilszuwendung aus dem Arbeitsverhältnis sein und die Zahlung ihrerseits der Lohnversteuerung unterliegen (Rz. 2.192).⁴

2.230 Als weitere Möglichkeit der Schadloshaltung kann das Unternehmen das Bestehen zivilrechtlicher Ansprüche gegen **verantwortliche** Mitarbeiter – Geschäftsführer, Leiter der Steuerabteilung, Betriebs-/Niederlassungsleiter –, zumeist im Gefolge vorheriger Auflösung des Arbeitsverhältnisses, prüfen. Beliebt, aber schwer durchzusetzen, ist ferner der Regress gegen externe Berater, allen voran gegen den Steuerberater des Unternehmens.

Treten als Folge von Außenprüfungen Lohnnachzahlungen nach Unternehmenskäufen/-übernahmen ein, steht und fällt die Ausgleichsmöglich-

---

1 BFH v. 5.11.1993 – VI R 16/93, BStBl. II 1994, 557; *Streck/Mack/Schwedhelm*, Stbg. 1994, 175.
2 Sozialabgaben wirken sich bei Bilanzierung ihrerseits wiederum ertragsmindernd bereits im Entstehungsjahr (Verbindlichkeitsrückstellung) aus, BFH v. 16.2.1996 – I R 73/95, BStBl. II 1996, 592 = FR 1996, 454; kritisch *Aue*, PStR 2013, 191.
3 Z.B. Anspruchsverjährung; Nachweisschwierigkeiten bei steuerlicher Schätzung.
4 BFH v. 29.10.1993 – VI R 26/92, BStBl. II 1994, 197 = FR 1994, 160; *Krüger* in Schmidt, EStG³⁴, § 39b Rz. 16 m.w.N.

keit des **Erwerbers** oftmals mit der Existenz einer Steuerklausel im Unternehmens- bzw. Anteilskaufvertrag.

VI. Evaluierung

Eine Evaluierung der Qualität der Arbeit der für Löhne zuständigen Stelle(n) innerhalb des Unternehmens findet klassischerweise bei zwei Gelegenheiten statt; 2.231
- einmal, wenn ein **neues Management** antritt oder wenn das Unternehmen in neue Hände kommt. Beim Einkauf etablierter Unternehmen oder bei der Übernahme neuer Unternehmensteile ist daher stets das Altlastenrisiko zu prüfen und an Altlasten-Klauseln zu denken,
- ein andermal, wenn Schwächen der bestehenden Struktur auffällig geworden sind, also insbesondere, wenn ein **Systemversagen** zu strafprozessualen Maßnahmen oder zu vermeidbaren Lohnsteuernachzahlungen geführt hat.

D. Sozialabgaben

I. Einführung

Verortet ist das Sozialabgabenrecht im vierten der insgesamt zwölf „Bücher" des SGB, welches seit 1976 wichtigste kodifizierte Rechtsquelle des deutschen Sozialrechts ist. Die Einordnung des Sozialbeitrags in das Finanzverfassungssystem des GG[1] bereitet Schwierigkeiten.[2] Einigkeit besteht darin, dass die **Finanzierung Annexkompetenz**[3] zur Sachkompetenz des Bundes zur Regelung des Rechts der Sozialversicherung[4] ist. Das Beitragsvolumen der Sozialversicherung übertrifft das Lohnsteueraufkommen um ein Mehrfaches.[5] 2.232

II. Gesetzliche Rahmenbedingungen

Das Beitragsrecht ist übergreifend für alle Zweige der Sozialversicherung im **SGB IV** geregelt. Das SGB IV versteht sich als vor die Klammer gezogener **Allgemeiner Teil** des Beitragsschuldrechts. Daneben gelten die allgemeinen Regeln des SGB I sowie die Regeln des Verfahrensrechts, die für 2.233

---

1 Art. 104 ff. GG.
2 Nach BSG v. 17.12.1985 – 12 RK 38/83, SGb 1987, 169, m.w.N., Abgabe „sui generis"; m.E. zutreffend *Arndt/Jenzen*, Grundzüge des Allgemeinen Steuer- und Abgabenrechts[2], S. 65/66.: „fremdnützige" Sonderabgabe.
3 BVerfG v. 8.4.1987 – 2 BvR 909/82, BVerfGE 75, 108 (146).
4 Art. 74 Abs. 1 Nr. 12 GG.
5 Beitragsvolumen 2014: 450 Mdr. Euro (Quelle: www. aok-bv.de).

das Verwaltungsverfahren im Wesentlichen im SGB X, für das sozialgerichtliche Verfahren im SGG enthalten sind.

2.234 Eine umfassende Verwaltungsanweisung im Stellenwert der Lohnsteuerrichtlinien gibt es für die Beitragsverwaltung nicht. Wohl gibt es für den wichtigen Teilbereich des Arbeitsentgelts die Konkretisierung durch die **Sozialversicherungsentgeltverordnung (SvEV)**.[1] Darüber hinaus prägen Informationen der **Spitzenorganisationen der Sozialversicherungsträger**[2] wenngleich sie nur „soft law" darstellen,[3] die Praxis nachhaltig. Die Sozialversicherung wertet alle lohnsteuerrechtlichen Ergebnisse der Finanzverwaltung aus. §§ 31 Abs. 2, 31a AO schreiben Informationspflichten der Finanzbehörden an die Träger der Sozialverwaltung vor.

2.235 Schuldner des Sozialversicherungsbeitrags für alle Zweige der Sozialversicherung – Rentenversicherung (RV); Krankenversicherung (KV); Arbeitslosenversicherung (AV); Pflegeversicherung (PflVers) – ist gesetzestechnisch allein der Arbeitgeber, der die kumulierten Beitragsanteile als **Gesamtsozialversicherungsbeitrag** an die Einzugsstelle zu entrichten hat; im Innenverhältnis ist er berechtigt, die Hälfte des Beitrags von den laufenden Bezügen seines Arbeitnehmers einzubehalten (§ 28g SGB IV). Der Grundsatz der **paritätischen Lastenteilung** (§§ 249 Abs. 1 SGB V; 168 Abs. 1 Nr. 1 SGB VI; 58 Abs. 1 SGB XI) gilt nicht für die gesetzliche Unfallversicherung (UV); diese ist auch wirtschaftlich voll vom Arbeitgeber zu tragen (§ 150 SGB VII) und gesondert (§ 168 SGB VII) zu entrichten.

2.236 Die Höhe der Beiträge richtet sich in der Kranken-, Pflege-, Renten- und Arbeitslosenversicherung nach den **beitragspflichtigen Einnahmen** (prototypisch § 3 SGB V) des Versicherten; dies sind normalerweise die Bruttobezüge, nach oben limitiert durch Beitragsbemessungsgrenzen (BBG)[4] bzw. Jahresarbeitsentgeltsgrenzen (JAEG).[5] Die Beitragssätze werden von den zuständigen Stellen – für die Krankenversicherung von den einzelnen Kassen, im Übrigen bundeseinheitlich – i.d.R. jährlich neu festgelegt (§§ 341 SGB III; 158, 160 SGB VI; 55 SGB XI).

2.237 Der Arbeitgeber ist verpflichtet, für die vier Sozialversicherungssysteme monatliche Beitragsnachweise bei der gesetzlichen Krankenkasse als Einzugsstelle (§ 28h SGB IV) der Beiträge einzureichen und – seit 2006 – den Gesamtsozialversicherungsbeitrag regelmäßig bis spätestens zum drittletzten Bankarbeitstag des Monats, in dem die Arbeitsleistung ausgeübt ist, abzuführen (§ 23 Abs. 1 Satz 2 SGB IV). Der **Beitragsnachweis** ist nur durch Datenübermittlung zulässig (§ 28f Abs. 3 SGB IV).

---

1 SvEV v. 21.12.2006, BGBl. I 2006, 3385; Rechtsgrundlage: § 17 Abs. 1 SGB IV; näher *Schuchardt*, NWB F. 27, 6361 (2007); *Marburger*, PersV 2007, 387.
2 Insb. Rundschreiben oder Verlautbarungen der (gemeinsamen) Spitzenorganisationen.
3 LSG Berlin-Brandenburg v. 22.7.2008 – L 2 U 211/07, UV-Recht Aktuell 2008, 1289.
4 § 223 Abs. 3 SGB V.
5 Z.B. § 6 Abs. 6 SGB V.

D. Sozialabgaben

Steuerliche Behandlung: Der Gesamtsozialversicherungsbeitrag ist als Hauptanwendungsfall des gesetzlichen Pflichtbeitrags auf Seiten des Arbeitnehmers einkommensteuerfrei (§ 3 Nr. 62 EStG). Auf Seiten des Arbeitgebers führt die Nachentrichtung von Sozialbeiträgen bei Überschussrechnern im Veranlagungszeitraum der Zahlung zu Betriebsausgaben/Werbungskosten, bei Bilanzierenden zu nachträglich einzubuchenden Verbindlichkeitsrückstellungen im Veranlagungszeitraum der Anspruchsentstehung.[1] Beitragsnachforderungen führen daher bei bilanzierenden Steuerpflichtigen nicht selten zu **Ertragsteuer-Erstattungen** aus bereits abgeschlossenen, aber verfahrensrechtlich noch änderbaren Veranlagungen früherer Jahre.

2.238

III. Risiko- und Gefahrenbereiche

1. Erklärungs- und Zahlungsverhalten

Beitragsrechtliche Nachteile können dem Unternehmen durch Schlecht- oder Nichterfüllung der Zahlungspflichten entstehen. Eigenständige Sanktionen (Zwangsgelder, Verspätungszuschläge, Verzögerungsgeld) für den Verstoß gegen die Erklärungspflichten sieht das Beitragsrecht – anders als das Lohnsteuerrecht – nicht vor. Die fehlende Sanktion auf der Melde-Ebene wird kompensiert durch eine rigide, ab Anspruchsentstehung zu **Säumniszuschlägen** (§ 24 SGB IV) führende Fälligkeitsregelung (§§ 22 Abs. 1, 23 Abs. 1 Satz 2 SGB IV). Hinzu kommt bei zwangsweiser Beitreibung die Belastung mit Vollstreckungskosten.

2.239

2. Gesetzeskonformität

a) Grundsätzliches

Entsprechend dem zur Lohnsteuer Ausgeführten stellt auch hier die **materielle Gesetzeskonformität** der Anwendung der beitragsrechtlichen Regeln durch das Unternehmen die maßgebliche Risiko- und Gefahrenquelle dar. Durch professionelle Bearbeitung, die vor allem die Unterschiede zwischen lohnsteuerlicher und beitragsrechtlicher Situation nicht aus den Augen verliert, kann die Beitragslast auf das gesetzlich vorgeschriebene Maß begrenzt bzw. optimiert, können Beitragsnachzahlungen einschließlich des Anfalls damit verbundener – wegen der Fälligkeitsregelung i.d.R. erheblicher – Säumniszuschläge verhindert werden. Damit wird zugleich möglichen Regressansprüchen des Arbeitnehmers[2] gegen das Unternehmen der Boden entzogen.

2.240

Nachträglich erkannte Unregelmäßigkeiten und Unkorrektheiten führen zur Beitragsnacherhebung beim Arbeitgeber. Das Institut der **Haftung** kennt das Beitragsrecht aufgrund der im Vergleich zum Lohnsteuerrecht

2.241

---

1 BFH v. 16.2.1996 – I R 73/95, BStBl. II 1996, 592 = FR 1996, 454, kritisch *Aue*, PStR 2013, 191.
2 BAG v. 14.7.1960 – 2 AZR 485/59, NJW 1960, 2022.

anderen Anknüpfung[1] nur in Sonderkonstellationen.[2] Zur Beitragsnacherhebung kommt es – darin dem Steuerrecht gleich – sowohl bei Beitragsnichtabführung von für das Unternehmen tätigen Personen, deren persönliche Abhängigkeit zum Unternehmen nicht realisiert oder verdeckt wird („dem Grunde nach")[3] wie auch bei unzutreffender Ermittlung der Bemessungsgrundlage („der Höhe nach").

2.242 Gefahrenpotential gibt es reichlich, denn das Sozialbeitragsrecht ist nicht minder kompliziertes Detailrecht als das Lohnsteuerrecht. Verstärkt wird die Fehleranfälligkeit durch die Tendenz, lohnsteuerliche Ergebnisse und Wertungen unbesehen auf die beitragsrechtliche Würdigung zu übertragen, ohne dabei den konstruktiven dogmatischen Unterschieden oder **normspezifischen Besonderheiten** der verschiedenen Abgabenregime genügende Beachtung zu schenken.

b) Abhängiges Beschäftigungsverhältnis

2.243 Was dem Lohnsteuerrecht der Begriff des Arbeitsverhältnisses ist, ist dem Beitragsrecht der Begriff des Beschäftigungsverhältnisses. Für den Normalfall klar und durch die arbeitsrechtliche bzw. lohnsteuerliche Wertung präjudiziert, kann diese Feststellung in bestimmten Konstellationen aus tatsächlichen und rechtlichen Gründen mit Blick auf spezifische Schutzzwecke[4] – sogar innerhalb des Sozialrechts selbst – äußerst schwierig und komplex sein. Die Gründe für Divergenzen sind bereits aufgezeigt worden (Rz. 2.187). Hauptursache ist die **typologische** und – mangels Legaldefinition – **rechtsbereichsspezifische** Bestimmung des Arbeitnehmer-/Arbeitgeberbegriffs. Unerlässlich ist daher in Zweifelsfällen eine subtile Kenntnis der Rechtsprechungs-Kasuistik.

2.244 Zu den **wiederkehrenden Problemzonen** der Identifizierung eines Beschäftigungsverhältnisses, die hinsichtlich der Einordnung besondere Sensibilität erfordern und erhöhte Anforderungen an die Sachverhaltsermittlung stellen, sind an dieser Stelle – ohne Anspruch auf Vollständigkeit – zu erwähnen:

– Die Bestimmung der Sozialversicherungspflicht von (Gesellschafter-) Geschäftsführern,[5]

---

1 Schuldner der Lohnsteuer ist der Arbeitnehmer (§ 38 Abs. 2 Satz 1 EStG), Schuldner des Gesamtsozialbeitrags dagegen allein der Arbeitgeber (§ 28e Abs. 1 SGB IV), der lediglich einen – zeitlich beschränkten – Beitragsabzugsanspruch gegenüber seinem Arbeitnehmer hat (§ 28g SGB IV).
2 Z.B. Haftung bei AN-Überlassung, Reeder-Haftung; Haftung im Baugewerbe (§ 28e Abs. 2–3c SGB IV).
3 Bei Schwarzarbeit oder sog. Scheinselbständigkeit.
4 Nach LSG Saarl. v. 10.12.2004 – L 8 AL 34/03, juris, ist das Beschäftigungsverhältnis ein „sozialrechtlicher Zweckbegriff", der „funktionsdifferenziert" auszulegen ist.
5 Dazu *Klose*, GmbHR 2012, 1097; *Kempermann/Wirtz*, NWB-Spezial 2014, 463.

– die Abgrenzung freier von scheinfreier Tätigkeit[1] oder
– die Beurteilung atypischer Werkvertrags-/Subunternehmergestaltungen.[2]

Unsicherheiten treten überdies naturgemäß dort auf, wo neue Formen arbeitsteiliger Zusammenarbeit mit hergebrachtem Instrumentarium kategorisiert werden müssen.[3] Weitere Baustellen mit Langzeit- und Breitenwirkung sind die Aufarbeitung von Equal-Pay-Sachverhalten[4] sowie – absehbar – die beitragsrechtlichen Implikationen des jetzt flächendeckend eingeführten Mindestlohns (MiLoG).[5]

c) Arbeitsentgelt

Mit § 14 SGB IV hat der Gesetzgeber sowohl für die Sozialversicherung als auch für die Arbeitsförderung einen **eigenständigen Entgeltsbegriff**[6] geschaffen und diesen vom Steuerrecht abgekoppelt.[7] Der Entgeltsbegriff des Beitragsrechts weicht nicht nur sachlich, sondern auch zeitlich vom Arbeitslohnbegriff ab. Während lohnsteuerlich das Zuflussprinzip gilt, gilt beitragsrechtlich das **Entstehungsprinzip**.[8] Die Erfassung des Arbeitsentgelts als beitragsrechtlich maßgebliche Bemessungsgrundlage steht somit im Spannungsfeld lohnsteuerlicher Besonderheiten, die für das Beitragsrecht irrelevant sind und beitragsrechtlicher Besonderheiten, die von der Sichtweise des Lohnsteuerrechts abweichen. Trotz eines hohen Grads an – wegen des gemeinsamen Grundgedankens auch wünschenswerter[9] – Übereinstimmung hat der Arbeitgeber also auch auf diesem zweiten Kerngebiet des Beitragsrechts eine Fülle nicht immer einleuchtender Differenzierungen zu beachten.[10] Als markantes Beispiel abweichender, normspezifischer Bewertung zu nennen ist die beitragsrechtliche Ausklammerung „echter" Abfindungen,[11] immer einhergehend mit der Abgrenzungsproblematik zu „unechten", d.h. beitragspflichtigen Abfindungen.[12] Weitere Probleme ergeben sich in diesem Zusammenhang insbeson-

2.245

---

1 Dazu *Henrici*, Der rechtliche Schutz für Scheinselbständige; *Lanzinner*, Scheinselbständigkeit als Straftat; *Olgemöller*, SGb 2016, 11.
2 „Pseudo-Werkverträge", dazu *Seewald*, NZS 2014, 481; *Lanzinner/Nath*, NZS 2015, 210.
3 Z.B. Franchisesysteme, dazu *Berndt*, Sozialversicherungsrecht in der Praxis.
4 Aktuell die „CGZP-Fälle", z.B. LSG Berlin-Brandenburg v. 29.7.2014 – L 1 Kr 131/14 B ER, juris.
5 Dazu *Rittweger/Barkow von Creytz/Zieglmeier*, Beihefter zu DStR 17/2015.
6 BSG v. 9.5.1996 – 7 RAr 36/95, NZS 1997, 91.
7 Begründung des Gesetzesentwurfs zu § 14 SGB IV, BT-Drucks. 7/4122.
8 BSG v. 26.10.1982 – 12 RK 8/81, BSGE 54, 136; v. 14.7.2004 – B 12 KR 1/04 R, BSGE 93, 119; *Plagemann/Brand*, NJW 2011, 1488; anders § 23a SGB IV für Einmalzahlungen.
9 *Seewald* in Kasseler Kommentar Sozialversicherungsrecht, § 14 SGB IV Rz. 26 (Aug. 2008).
10 Synopse bei *Benner/Niermann*, BB-Special 2008, Nr. 2, 1–36.
11 BSG v. 21.2.2000 – 12 RK 20/88, BSGE 66, 219.
12 BSG v. 28.1.1999 – B 12 KR 14/98 R, BSGE 83, 266 = MDR 1999, 685.

dere bei der (zum Teil schwer erkennbaren, bisweilen auch bewusst verschleierten) Erfassung und Bewertung von Sachbezügen.[1] Werden Vorteile dem Arbeitnehmer im ganz überwiegenden Arbeitgeberinteresse gewährt, sind sie – insoweit lohnsteuerakzessorisch – nicht zum Entgelt zu zählen.

3. Schwarzarbeit

2.246   Gravierend, ja geradezu verheerend sind die sozialbeitragsrechtlichen Folgen von Schwarzarbeit. Die sozialabgabenrechtliche Belastung bei aufgedeckter Schwarzarbeit stellt infolge des Zusammenspiels von **Nettolohnfiktion** (§ 14 Abs. 2 Satz 2 SGB IV, seit 1.8.2002), Säumniszuschlägen[2] ab Anspruchsentstehung und dreißigjähriger Festsetzungsfrist (§ 25 Abs. 1 Satz 2 SGB IV bei hinterzogenen Beiträgen) die steuerlichen Belastungen der Schwarzarbeit i.d.R. weit in den Schatten.[3] Die Nettolohnfiktion soll auch bei Scheinselbständigkeit zur Anwendung kommen, da Scheinselbständigkeit unter Heranziehung der Definition von Schwarzarbeit in § 1 Abs. 2 SchwarzArbG jedenfalls bei Eventualvorsatz als Unterfall der „illegalen Beschäftigung" anzusehen sein soll.[4] Die Aufdeckung von Schwarzarbeit führt abgesehen von strafrechtlichen Sanktionen (§§ 370 AO, 266a StGB) über § 823 Abs. 2 BGB i.V.m. § 266a StGB als Schutzgesetz zur persönlichen **zivilrechtlichen Haftung des Geschäftsführers**[5] für die Beitragsnachforderungen.

4. Strafrechtliche Risiken und strafrechtsinduzierte Beitragsfolgen

2.247   Beitragsnachforderungen erlangen eine strafrechtliche Dimension – § 266a StGB[6] –, wenn die Vorenthaltung auf vorsätzliches Verhalten zurückgeht. Stehen Beitragsnachforderungen im Raum, geht dies in der Praxis fast standardmäßig mit der Unterstellung auch strafrechtlichen Fehlverhaltens einher. Die Strafvorschrift des § 266a StGB, früher hauptsächlich als typisches Begleitdelikt der Krise und Insolvenz von Unternehmen wahrgenommen,[7] hat – bedingt durch verstärkte Ermittlungstätigkeit zur Aufdeckung von Scheinselbständigkeit, Schein-Werkverträgen, Mindestlohn- und Equal-pay-Verstößen – eine **Eigendynamik** entwickelt. Dabei legt der BGH die hochgerechneten Beträge, die sich aus der Anwendung der Nettolohnfiktion ergeben, auch der strafrechtlichen Würdigung zu-

---

1 Stichworte: Auslösungen, Spesen, Incentives, Parkplatzgestellung ua.
2 Beginn: Ab Anspruchsfälligkeit, nicht erst – wie im Steuerrecht – bei Festsetzung.
3 Ertragsteuerlich ist die Lohnsteuer Betriebsausgabe; zur „rückwirkenden" Verbindlichkeits-Einbuchung bei bilanzierenden Unternehmen s. Rz. 2.238.
4 *Lanzinner*, Scheinselbständigkeit als Straftat, S. 80.
5 Zuletzt OLG Düsseldorf v. 16.9.2014 – (I-) 21 U 38/14, ZInsO 2015, 861: auch Mit-Geschäftsführer.
6 Die Gesetzesüberschrift „Vorenthalten und Veruntreuen" von Arbeitsentgelt ist historisch bedingt (*Thul* in *Müller-Guggenberger*[5], § 38 Rz. 12, 13); in der Praxis ist – in Parallelität zur Steuerhinterziehung (§ 370 AO) – vielfach synonym von Beitrags„hinterziehung" die Rede.
7 *Bittmann*, Insolvenzstrafrecht, § 21 Rz. 1.

grunde.[1] Geht Schwarzarbeit mit einem Leistungsbetrug[2] des Arbeitnehmers, der Arbeitslosengeld bezogen hat, einher, steht eine Tatbeteiligung des Arbeitgebers oftmals im Raum.

Der strafrechtliche Vorwurf der Vorsätzlichkeit der Nichtanmeldung oder Nichtabführung ebnet beitragsrechtlich den Weg zur sog. verlängerten Festsetzungsfrist. Sind Beiträge „hinterzogen", gilt für deren Nacherhebung nicht die reguläre vierjährige Frist, sondern eine **dreißigjährige** (!) **Festsetzungsfrist** (§ 25 Abs. 1 Satz 2 SGB IV). Die verlängerte Festsetzungsfrist des § 25 Abs. 1 Satz 2 SGB IV wirkt ihrerseits wiederum auf das Beitragsstrafrecht zurück.[3]

2.248

Eine gesetzlich normierte Nacherklärungspflicht entsprechend der steuerlichen Regelung des § 153 AO kennt das Beitragsrecht nicht. Die **Bösgläubigkeits-Rechtsprechung** des BSG[4] schafft allerdings eine vergleichbare Lage.

2.249

5. Zivilrechtliche Folgeansprüche

Denkbar ist, dass Beitragsnacherhebungen neben anderen (z.B. strafrechtlichen) Konsequenzen auch zu **zivilrechtlichen Ansprüchen Dritter** gegen das Unternehmen führen. Hat das Unternehmen zwar Beiträge vom Lohn einbehalten, aber nicht abgeführt, kommt ein Schadensersatzanspruch des Arbeitnehmers in Betracht.[5] Ferner ist an das Bestehen von Ausgleichspflichten im Gesellschafterkreis, zwischen Unternehmen und verantwortlichem Mitarbeiter oder nach Unternehmenskauf zu denken (Rz. 2.229 f.).

2.250

IV. Risiko- und Gefahrenminimierung

Die Ausführungen unter Rz. 2.204 ff. in Bezug auf die Lohnsteuer zur personellen Ausstattung, Strukturen, Kompetenzverteilung und Organisation von Prozessabläufen ausgeführt wurde, gelten grundsätzlich auch mit Blick auf die Sozialbeiträge. Von entscheidender Bedeutung ist aber, sich der **Grenzen des Parallellaufs** von Lohnsteuer und Sozialbeitrag bewusst zu bleiben.

2.251

Zur Klärung von Zweifelsfragen stellt das Beitragsrecht ein der Anrufungsauskunft des § 42e EStG vergleichbares Instrumentarium zur Ver-

2.252

---

1 Grundlegend BGH v. 2.12.2008 – 1 StR 416/08, BGHSt 53, 71; für Teilschwarzlohnzahlungen BGH v. 7.10.2009 – 1 StR 320/09, juris; m.E. ist eine (sozial)abgabenrechtliche Fiktion strafrechtlich irrelevant.
2 Leistungsbetrug (§ 263 StGB) zu Lasten der Bundesagentur für Arbeit (BAA).
3 BGH v. 7.3.2012 – 1 StR 662/11, wistra 2012, 235; d.h. im Extremfall kann für Beitragshinterziehungen der letzten 35 Jahre bestraft werden!, zu Recht kritisch *Hüls/Reichling*, StraFo 2011, 305.
4 BSG v. 30.3.2000 – B 12 KR 14/99 R, Stbg. 2001, 335.
5 BAG v. 14.7.1960 – 2 AZR 485/59, NJW 1960, 2022.

fügung. Arbeitgeber und auch Arbeitnehmer können außerhalb einer Betriebsprüfung (§ 28p Abs. 1 Satz 5 SGB IV) ein sog. **Statusfeststellungsverfahren** (Anfrageverfahren, § 7a SGB IV) bei der DRV einleiten[1] oder gem. § 28h Abs. 2 SGB IV eine personenbezogene Entscheidung der Einzugsstelle über Versicherungspflicht und Beitragshöhe herbeiführen.

2.253 Unter den Voraussetzungen des **§ 266a Abs. 6 StGB** kann der Arbeitgeber, der Arbeitsentgelt vorenthalten hat, nachträglich Straffreiheit erlangen. Als „kleine Schwester" der steuerlichen Selbstanzeige ist die Regelung in ihrer gegenwärtigen Form und Auslegung jedoch nicht praxistauglich.[2]

V. Schadensabwehr und -minimierung

1. Beitragsrecht

2.254 Liegen Beitragsnachforderungsbescheide vor, geht das Interesse des Unternehmens dahin, die Beitragsnachforderung – inklusive der damit verbundenen Nebenleistungen – abzuwehren oder zu reduzieren oder – ggf. – die Zahlungsverpflichtungen hinauszuzögern. Instrumentarien zur Erreichung dieser Zwecke sind das **Rechtsbehelfs-, Aussetzungs-, Stundungs- und Erlassverfahren**.

2.255 Soll oder muss das Unternehmen den Beitragsstreit führen, sind Spezialwissen und professionelles Verfahrens-Management unerlässlich. Wer den Steuerstreit kennt und zu führen versteht, hat das **Rüstzeug**, auch Beitragsstreitigkeiten mit Erfolg zu führen. Der Beitragsstreit ist für Sozialversicherungsträger und Sozialgerichte keineswegs ein so selbstverständlicher Teil des Alltagsgeschäfts wie es der Steuerstreit für den Steuerbereich ist. Die Sozialversicherungsträger pflegen hier bisweilen eine hoheitliche Attitüde – gepaart mit Unflexibilität und hausgemachter Rechtsanwendung – an den Tag zu legen.

2.256 Beitragsnachzahlungen kommen dem Unternehmen i.d.R. teurer zu stehen als Lohnnachzahlungen. Das Beitragsrecht sieht für Beitragsnachforderungen keine Verzinsung vor, sondern bestimmt, dass bereits mit Anspruchsentstehung – und nicht (wie im Steuerrecht, gem. § 240 Abs. 1 AO) erst mit Festsetzung der Nachforderung – Säumniszuschläge anfallen (§ 24 Abs. 1 SGB IV i.V.m. § 23 Abs. 2 SGB IV). Allein die Differenz zwischen 6 % pa. Zinsen und 12 % pa. Säumniszuschlag führt – neben weiteren Faktoren wie verlängerte Festsetzungsfrist und Hochschleusung mittels Nettolohnfiktion – dazu, dass im Beitragsrecht der **Nebenleistungsanteil** an der Gesamtnachforderung ein besonderes Ausmaß erreicht.

---

[1] Der Antrag nach § 7a SGB IV kann auch noch nach Beendigung des Beschäftigungsverhältnisses gestellt werden, BSG v. 4.6.2009 – B 12 KR 31/07 R, NZA-RR 2010, 435.
[2] *Fischer*, StGB[62], § 266a Rz. 30.

Für Beitragsnachforderungen, die i.d.R. das Ergebnis von Prüfungen sind, gilt die Besonderheit, dass die Nachforderungsbescheide nicht von der Einzugsstelle, sondern vom Träger der Rentenversicherung, d.h. von dem jeweils zuständigen Regionalbereich der DRV erlassen werden, der auch sich daran anschließende Rechtsbehelfsverfahren abwickelt (§ 28p Abs. 1 Satz 5 SGB IV). Diese Sonderzuweisung führt zu einem **Auseinanderfallen von Festsetzungs- und Erhebungszuständigkeit**, denn die Erhebungszuständigkeit bleibt bei den Einzugsstellen. Diese Zersplitterung hat Vor- und Nachteile. Zunächst einmal ist sie für das Unternehmen nicht selten misslich. Der Informationsfluss zwischen der DRV und den Vollstreckungsstellen der Einzugsstellen ist nicht immer optimal. Der erfahrene Berater kann der Kompetenzzersplitterung jedoch auch positive Aspekte für das Unternehmen abgewinnen.

2.257

Im Streit um die Rechtmäßigkeit der Beitragsnachforderung (Hauptforderung) stehen zumeist materielle Einwendungen gegen den Beitragsanspruch im Vordergrund. Daneben haben aber zeitraumbezogene Begleitüberlegungen stets ihren Platz. Umfasst die Nachforderung auch sog. „Altjahre" außerhalb der Regelverjährungsfrist, sind diese nur zu erreichen, wenn und soweit für diese Zeiträume eine Hinterziehung festgestellt werden kann. Dies verlangt die Vorsatzfeststellung mindestens in der Vorsatzform des sog. Eventualvorsatzes. Zum Vorsatznachweis muss das Vorliegen des inneren (subjektiven) Tatbestandes konkret und individuell anhand der Umstände des Einzelfalles festgestellt werden.[1] Die Vorsatzdiskussion bildet einen Schwerpunkt der Abwehrberatung. Hilfreich ist das Wissen, dass die Sozialrechtsprechung „*der im Zivilrecht herrschenden Vorsatztheorie und nicht der im Strafrecht maßgebenden eingeschränkten Schuldtheorie folgt.*"[2] Zumal in Scheinselbständigkeits-Konstellationen kann diese subtile Differenzierung streitentscheidend sein.

2.258

Meint der Sozialversicherungsträger, Schwarzarbeit/illegale Beschäftigung festgestellt zu haben, erfolgt die Berechnung der Nachforderungen seit dem 1.8.2002 auf der Basis der **Nettolohnfiktion**. Anwendungsbereich, Voraussetzungen und Berechnung der Nettolohnfiktion sind ungeachtet der Leitentscheidung des BSG[3] längst noch nicht in allen Einzelheiten geklärt bzw. weiterhin umstritten oder können kritisch hinterfragt werden, was dem Berater Argumentationsmöglichkeiten und Spielräume zugunsten des Beitragsschuldners eröffnet. Greift der Anspruch zeitlich weit zurück, lohnt sich die Prüfung, ob die Behörde die Zäsur beachtet hat.

2.259

Nachforderungsbescheiden liegen vielfach, in Schwarzarbeits-Sachverhalten fast immer, Schätzungen bzw. ein Schätzungs-Anteil zugrunde. Der Streit um die Zulässigkeit und die maßgeblichen Komponenten beitragsrechtlicher Schätzungen gem. § 28f Abs. 2 SGB IV – sog. **Summenbeitrags-**

2.260

---

1 Plakativ BSG v. 30.3.2000 – B 12 KR 14/99 R, Stbg. 2001, 335: Kein Schluss vom Sollen auf das Sein!
2 LSG NRW v. 16.9.2013 – L 8 R 361/13 B ER, juris.
3 BSG v. 9.11.2011 – B 12 R 18/09 R, BSGE 109, 254.

bescheide – ist analog zum Steuerrecht oftmals ein erfolgversprechender Ansatzpunkt zur Reduzierung von Beitragsansprüchen. Die Rechtsprechung[1] stellt – zu Recht – hohe formale und materielle Anforderungen für ein Absehen von personenbezogenen Feststellungen. Gegenwehr ist insbesondere angezeigt, wenn § 28 f Abs. 2 SGB IV behördenseits nicht allein zur Quantifizierung von Bemessungsgrundlagen herangezogen wird, sondern **Sachverhalts-Schätzungen**[2] legitimieren soll.

2.261 Eigenständiger Streitgegenstand sind die **Säumniszuschläge**. Säumniszuschläge sollen das Schicksal der Hauptforderung teilen, auch für sie soll die verlängerte Festsetzungsfrist gelten. In der Praxis sind bis zum Erlasszeitpunkt angefallene Säumniszuschläge Teil des Beitragsnachforderungsbescheids der DRV. Die Kompetenz der DRV zur Festsetzung auch von Säumniszuschlägen sollte problematisiert werden; m.E. handelt es sich nicht um eine Annexkompetenz. Soweit Säumniszuschläge auf Mehrergebnisse der fiktiven Hochschleusung gezahlter Nettolöhne auf Bruttolöhne im Rahmen der Nettolohnfiktion erfolgen, ist dies unter Verhältnismäßigkeitsgesichtspunkten (Übermaßverbot) angreifbar; zudem stellt sich für Altjahre die Frage, ob dieses Plus vom Vorsatz erfasst ist. Säumniszuschläge können schließlich erlassen werden (§ 76 Abs. 2 Nr. 3 SGB IV). Über Erlassanträge entscheidet auch in Nachforderungsfällen weiterhin die Einzugsstelle.

2.262 Ein wichtiges Instrument, um im Streit um die Rechtmäßigkeit der Beitragsnachforderung den Sofortvollzug zu verhindern, ist das Rechtsinstitut der **Aussetzung der Vollziehung** (§§ 86a Abs. 3, 86b Abs. 1 Nr. 2 SGG). Allerdings interpretiert die ganz h.M.[3] in der Sozialgerichtsbarkeit den Entscheidungsmaßstab in sozialrechtlichen Aussetzungsverfahren, d.h. die „ernstlichen Zweifel" i.S.d. § 86a Abs. 3 Satz 2 SGG als „überwiegende Erfolgswahrscheinlichkeit" im Hauptsacheverfahren. Dieser von der Auslegung[4] der steuerrechtlichen Mutternorm (§ 69 Abs. 2 Satz 2 FGO bzw. § 361 Abs. 2 Satz 2 AO) abweichende Entscheidungsmaßstab ist wenig überzeugend. Die Sozialgerichtsbarkeit – ebenso wie die Verwaltungsgerichtsbarkeit – interpretiert den Gesetzeszweck um. Während die § 361 Abs. 2 Satz 2 AO, § 69 Abs. 2 Satz 2 FGO, § 80 Abs. 4 Satz 3 VwGO, § 86a Abs. 3 Satz 2 SGG wortgleich übereinstimmend vorgeben, dass rechtlich zweifelhafte Bescheide auszusetzen sind, postuliert die Sozialrechtsprechung das Gegenteil: „Im Zweifel sind Beiträge zunächst zu erbringen".[5]

---

1 BayLSG v. 21.10.2013 – L 5 R 605/13 B ER, ASR 2014, 23; *Barkow von Creytz*, DStR 2015, 901 (903).
2 Beispiel: LSG Hess. v. 26.3.2009 – L 1 KR 331/08 BER, MMR 2009, 781; FG Hamburg v. 4.3.2014 – 3 K 175/13, juris.
3 Pro toto LSG BW v. 4.9.2013 – L 11 R 2315/13 ER-B, juris.
4 St. Rspr. des BFH seit BFH v. 10.2.1967 – III B 9/66, BStBl. II 1967, 182: keine überwiegende Erfolgswahrscheinlichkeit des Rechtsmittels erforderlich.
5 LSG NRW v. 17.1.2005 – 2 L B 9/03 KR ER, Breith 2005, 437; v. 13.10.2006 – L 16 B 1/06 R ER, juris.

2. Strafrechtliche Ermittlungsverfahren

Beitragsstrafrechtliche Ermittlungen, die die Aufdeckung von Schwarzarbeit zum Gegenstand haben, erfolgen ab 2004 regelmäßig durch die **Finanzkontrolle Schwarzarbeit (FKS)**. Der Umgang mit dieser Institution der Bundeszollverwaltung und den ihr verliehenen weitreichenden Befugnissen im Ermittlungsverfahren ist ein eigener Themenbereich,[1] der für das Unternehmen ohne professionelle Hilfe von außen kaum zu bewältigen ist. Eine Steigerung der Gefahrenlage stellt die strafprozessuale Durchsuchung – einzeln oder als „konzertierte" Aktion – durch die Trias von Zoll (FKS), Steuerfahndung und Staatsanwaltschaft dar. Der Paukenschlag der Durchsuchung kann sich in „großen" Fällen weiter verstärken durch zeitgleichen Vermögensbeschlag mittels steuerlichen (§ 324 AO) oder strafprozessualen (§§ 111b Abs. 2, 111d StPO) **Arrests** und im schlimmsten Fall obendrein von **U-Haft** begleitet sein.[2]

2.263

Die Ahndung beitragsrechtlicher Verfehlungen im Zusammenhang mit Schwarzarbeit, Scheinselbständigkeit, Pseudo-Werkverträgen oder illegaler Arbeitnehmerüberlassung steuert vielfach auf öffentliche Anklage und **strafrechtliche Hauptverhandlung** hinaus. Eine wirksame, am besten schon im Ermittlungsverfahren einsetzende Strafverteidigung ist unvermeidlich. Die Effektivität der Strafverteidigung steigt regelmäßig in dem Maße, in dem Verteidigungsansätze aus der beitragsrechtlichen Situation gewonnen werden können. Der Zeitfaktor hat seinen eigenen Stellenwert.[3] Vorteilhaft ist, wenn auch die steuerliche Seite von Anfang an als Teil der Gesamtsituation in die Strafverteidigung integriert werden kann.

VI. Schadensausgleich

Dem Unternehmen, das sich mit Beitragsnachforderungen belastet sieht und diese nicht abwehren kann, eröffnen sich i.d.R. lediglich eingeschränkte bzw. ungewisse Rückgriffsmöglichkeiten. Die anteilige Heranziehung des Arbeitnehmers für nachentrichtete Beiträge scheitert an § 28g Satz 3 SGB IV[4]. Eine Erstattungspflicht kann insoweit wegen der Verbotsnorm des § 32 SGB I auch nicht zivilrechtlich wirksam vereinbart werden. Denkbar ist, dass das Unternehmen internen Rückgriff gegen diejenigen Mitarbeiter, die eine Nachzahlung verschuldet haben, nehmen kann. Ferner sind bei gegebenen Anlass Regressansprüche gegen den Steu-

2.264

---

1 Näher dazu *Olgemöller*, AG 2007, 619.
2 Beispiele: OLG Frankfurt v. 7.3.2014 – 1 Ws 179/13, OLGST StGB § 266a Nr. 1; OLG München v. 22.11.2012 – Verg 22/12, NZBau 2013, 261, s. auch Rz. 3.221 ff. und Rz. 3.228 ff.
3 *Olgemöller*, AG 2013, 249.
4 LAG Hess. v. 25.11.2009 – Sa 1600/05, juris; BAG v. 14.1.1988 – 8 AZR 238/85, MDR 1988, 804 = NZA 1988, 803: nur Anspruch aus § 826 BGB nicht ausgeschlossen.

erberater zu prüfen. Die einschlägige zivilrechtliche Haftungsrechtsprechung ist durchaus streng.[1]

VII. Evaluierung

2.265 Zur Evaluierung kann auf die Ausführungen zur Lohnsteuer (Rz. 2.231) verwiesen werden.

E. Sonstige Steuern

I. Einführung

2.266 Neben der in diesem Buch bereits behandelten Ertragsteuern (Rz. 2.1 ff.), Umsatzsteuer (Rz. 2.16 ff.) und Lohnsteuer (Rz. 2.177) gibt es eine Vielzahl von Steuerarten, die maßgeblich zum Steueraufkommen in Deutschland beitragen. Dies sind grundsätzlich in der absteigenden Bedeutung hinsichtlich des **Steueraufkommens** die Gemeindesteuern,[2] Energiesteuer, Tabaksteuer, Versicherungsteuer, Kirchensteuer, Kraftfahrzeugsteuer, Stromsteuer, Grunderwerbsteuer, Erbschaft- und Schenkungsteuer, Branntweinsteuer, Rennwett- und Lotteriesteuer, Kaffeesteuer, Zölle (Rz. 5.1 ff.), Biersteuer, Schaumweinsteuer, Feuerschutzsteuer.[3] Von den vorgenannten und in diesem Buch zum Teil noch zu behandelnden Steuerarten kommen als sonstige Steuern im Rahmen der Tax Compliance der **Erbschaft- und Schenkungsteuer** sowie der **Grunderwerbsteuer** besondere Bedeutung zu.

II. Erbschaft- und Schenkungsteuer

1. Gesetzliche Rahmenbedingungen

a) Begriff, Zweck und Rechtsgrundlagen

2.267 Die Erbschaft- und Schenkungsteuer ist in erster Linie eine **Fiskalsteuer**, deren Rechtfertigung aus der Bereicherung des Zuwendungsempfängers abzuleiten ist. Zudem erfüllt sie auch eine Umverteilungsfunktion.[4] Damit stehen zum einen der Transfer steuerlicher Leistungsfähigkeit, zum anderen Sozialzwecke im Vordergrund. Angesichts des im Vergleich zu anderen Steuerarten geringen steuerlichen Aufkommens der Erbschaft- und Schenkungsteuer (gerundet im Jahre 2008: 4,2 Mrd. €, im Jahr 2012:

---

1 OLG Bdb. v. 7.11.2006 – 6 U 23/06, DB 2007, 1459; OLG Frankfurt v. 9.3.2010 – 14 U 52/09, juris.
2 Hierzu zählen insbesondere die Gewerbesteuer und die Grundsteuer.
3 Siehe die Übersicht bei *Hey* in Tipke/Lang, Steuerrecht[22], § 7 Rz. 19.
4 Hierzu und zum Vorherigen *Viskorf* in Viskorf/Knobel/Schuck, ErbStG[3], Einf. Rz. 21 ff.

4,3 Mrd. € im Jahr 2013: 4,6 Mrd. €)[1] und eines in den nächsten Jahren prognostizierten zu verteilenden Nachlassvermögens von mehr als 1 Billion € erscheint die **Umverteilungsfunktion** nicht erreicht zu werden. Dies gilt insbesondere vor dem Hintergrund, dass sich bei fast konstantem Aufkommen der Erbschaft- und Schenkungsteuer der Steuerwert des übertragenen Vermögens stetig erhöhte (gerundet im Jahr 2007: 33,7 Mrd. €, im Jahr 2008: 35,3 Mrd. €, im Jahr 2009: 37,5 Mrd. €, im Jahr 2010: 40,7 Mrd. €, im Jahr 2011: 54 Mrd. €, im Jahr 2012: 74,2 Mrd. €).[2] Gleichwohl können die Erbschaft- und Schenkungsteuer im **unternehmerischen Bereich** zu **erheblichen Belastungen** und teilweise zum Ruin des Unternehmens führen. Jährlich ist in ca. **71.000** deutschen **Unternehmen** mit rund 680.000 Beschäftigten die Nachfolgefrage zu klären.[3]

Die **Schenkungsteuer** ist ihrem Wesen nach eine **Ergänzung** zur Erbschaftsteuer. Sie ist notwendig, damit die Erbschaftsteuer für den künftigen Erbübergang nicht durch Schenkungen unter Lebenden umgangen werden kann. Dem entspricht es, dass Schenkungen unter Lebenden grundsätzlich nach denselben Maßstäben der Besteuerung unterworfen werden wie Erwerbe von Todes wegen.   2.268

Dies lässt sich auch der wichtigsten **Rechtsquelle** der Erbschaft- und Schenkungsteuer entnehmen. Es existiert hierfür nur ein einheitliches Gesetz, das „Erbschaftsteuer- und Schenkungsteuergesetz" (ErbStG). Gemäß § 1 Abs. 2 ErbStG gelten die Vorschriften des Gesetzes über die Erwerbe von Todes wegen auch für Schenkungen, soweit nichts anderes bestimmt ist.[4] Weitere wesentliche Rechtsgrundlage für die Erbschaftsteuer stellt das **Bewertungsgesetz** (BewG) dar. So verweist insbesondere § 12 ErbStG zur Frage der Bewertung des steuerpflichtigen Erwerbs auf das Bewertungsgesetz. Ferner sind wesentlich die **Erbschaftsteuer-Durchführungsverordnung** (ErbStDV) und die **Erbschaftsteuerrichtlinien**.   2.269

Sowohl das Erbschaftsteuergesetz als auch das Bewertungsgesetz sind grundlegend mit Wirkung zum 1.1.2009 durch das **Erbschaftsteuerreformgesetz**[5] geändert worden. Hintergrund der Reform war der Beschluss des **BVerfG** vom 7.11.2006, der das bis dahin geltende Erbschaftsteuergesetz in weiten Teilen für verfassungswidrig erklärt, allerdings eine Weitergeltung bis zum 31.12.2008 anordnete.[6]   2.270

---

1 Vgl. BVerfG v. 17.12.2014 – 1 BvL 21/12, BStBl. II 2014, 50 ff.; auch *Hey* in Tipke/Lang, Steuerrecht²², § 7 Rz. 19.
2 Vgl. BVerfG v. 17.12.2014 – 1 BvL 21/12, BStBl. II 2014, 50 ff.
3 Vgl. *Strunk/Bähr*, Stbg. 2013, 241.
4 Im Folgenden wird zur Vereinfachung der Begriff der Erbschaftsteuer sowohl für die Erbschaft als auch für die Schenkungsteuer genannt, soweit keine speziellen Hinweise erfolgen.
5 Vom 24.12.2008, BGBl. I 2008, 3018 ff.
6 BVerfG v. 7.11.2006 – 1 BvL 10/02, BStBl. II 2007, 192 ff. = ErbStB 2007, 64.

2.271 Nach Inkrafttreten des Erbschaftsteuerreformgesetzes am 1.1.2009[1] blieben und bleiben eine Vielzahl von offenen Fragen bezüglich des Besteuerungsrechts. Seit längerem existieren hierzu allgemeine Verwaltungsvorschriften zur Anwendung des Erbschaftsteuer- und Schenkungsteuerrechts (**Erbschaftsteuer-Richtlinien 2011** – ErbStR 2011) vom 19.12.2011.[2]

Das Erbschaftsteuerreformgesetz ist seit dessen Inkrafttreten bereits mehrfach **geändert** worden und hält erneut nicht den verfassungsrechtlichen Anforderungen stand. Der BFH legte mit Beschluss vom 27.9.2012[3] dem BVerfG in Form der konkreten **Normenkontrolle** gem. Art. 100 Abs. 1 GG, § 80 BVerfGG die Prüfung der Verfassungswidrigkeit des ErbStG vor.

Der darauf folgende **Tenor** des Urteils des BVerfG vom **17.12.2014** lautet (gekürzt):[4] „Mit Art. 3 Abs. 1 des GG sind unvereinbar §§ 13a und 13b des ErbStG jeweils i.V.m. § 19 Abs. 1 ErbStG. Das bisherige Recht ist bis zu einer Neuregelung weiter anwendbar. Der Gesetzgeber ist verpflichtet, eine Neuregelung spätestens bis zum 30.6.2016 zu treffen."

Eine solche Neuregelung lag zum Zeitpunkt des Redaktionsschlusses in Form eines Gesetzentwurfs der Bundesregierung samt Stellungnahme des Bundesrates vor: „Entwurf eines Gesetzes zur Anpassung des Erbschaftsteuer- und Schenkungsteuergesetzes an die Rechtsprechung des Bundesverfassungsgerichts, vom 8.1.2015".[5] Der Gesetzesentwurf sieht eine vom BVerfG ermöglichte Rückwirkung auf den Tag der Verkündung des Urteils nicht vor. Dieses Kapitel legt daher die **Rechtslage** zugrunde, wie sie zum 17.12.2014 bestand und derzeit (Dezember 2015) noch Geltung hat.

2.272 Die Tax Compliance ist im Zusammenhang mit der Erbschaft- und Schenkungsteuer weniger auf die **Kontrolle** und **Vermeidung** der Steuerpflicht des Unternehmens selbst ausgerichtet. Nur in seltenen Fällen wird z.B. eine Kapitalgesellschaft Zuwendungsempfängerin durch eine Schenkung oder einen Erbfall bzw. selbst Schenkerin sein.[6] Im Vordergrund steht die **Steuerpflicht** der **natürlichen Personen**, z.B. bei Unternehmensübertragungen im Wege der vorweggenommenen Erbfolge oder des Erbfalls oder spezieller gesellschaftsrechtlicher Gestaltungen. Vermei-

---
1 BGBl. I 2008, 3018 ff.
2 BStBl. I 2011, Sondernr. 1/2011, 2. Vgl. auch gleichlautende Erlasse der obersten Finanzbehörden der Länder vom 10.10.2013 zur Anwendung der §§ 13a und 13 b ErbStG in der Fassung des AmtshilfeRLUmsG, BStBl. I 2013, 1272 ff.
3 BFH v. 27.9.2012 – II R 9/11, BStBl. II 2012, 899 = FR 2012, 1044.
4 BVerfG v. 17.12.2014 – 1 BvL 21/12, BStBl. II 2014, 50 = FR 2015, 160 m. Anm. *Bareis*.
5 Gesetzesentwurf der Bundesregierung v. 8.7.2015 (BT-Drucks. 18/5923 v. 7.9.2015; BT-Drucks. 358/15 v. 14.8.2015); Stellungnahme des Bundesrats zum Gesetzesentwurf (BR-Drucks. 353/15 v. 25.9.2015); Gegenäußerung der Bundesregierung (BT-Drucks. 18/6279 v. 8.10.2015).
6 Vgl. allerdings zur Problematik der verdeckten Gewinnausschüttung als Schenkung *Kamps*, Stbg. 2006, 107 ff., 324 ff.; BFH v. 30.1.2013 – II R 6/12, BStBl. II 2013, 930 = ErbStB 2013, 136, m. Anm. *Binnewies*, GmbHR 2013, 449 (450).

dungs- oder Reduzierungsstrategien nehmen dann unmittelbaren **Einfluss auf die gesellschaftsrechtliche Ausgestaltung** oder auf die **aktive Führung** des Unternehmens. Letzteres wird insbesondere deutlich bei der Lohnsummenregelung oder der Überentnahmevorschrift des § 13a ErbStG (Rz. 2.291).

b) Systematik

aa) Steuerbare Vorgänge

Der Erbschaft- und Schenkungsteuer unterliegen eine ganze Reihe von Erwerbsvorgängen, die in die zwei Gruppen „Erwerb von Todes wegen" (mit dem Sonderfall der „Vor- und Nacherbschaft", § 6 ErbStG) und „Schenkung unter Lebenden" eingeteilt werden können. Diese Grundtatbestände des **„Erwerbs von Todes wegen"** und der **„Schenkung unter Lebenden"** (§ 1 Abs. 1 Nr. 1 und 2 ErbStG) werden in §§ 3 bis 7 ErbStG durch zahlreiche Ersatztatbestände ergänzt. Lediglich die Erbersatzsteuer für Familienstiftungen ist unmittelbar in § 1 Abs. 1 Nr. 4 ErbStG abschließend geregelt. Dabei werden auch ausländische Rechtsvorgänge erfasst. Was nicht unter die §§ 3 ff. ErbStG subsumiert werden kann, stellt **keinen** erbschaft- bzw. schenkungsteuerpflichtigen Tatbestand dar und bleibt somit steuerfrei.[1]

2.273

bb) Persönliche Steuerpflicht

Die durch die steuerbaren Vorgänge weitgefasste Erbschaftsteuerpflicht erfährt eine Beschränkung durch das Erfordernis der persönlichen Steuerpflicht des § 2 ErbStG. Hiernach ist zwischen der **unbeschränkten** und der **beschränkten Steuerpflicht** zu unterscheiden.[2] Die unbeschränkte Steuerpflicht erstreckt sich auf den gesamten Vermögensanfall des Erwerbers, wohingegen bei der beschränkten Steuerpflicht mit dem sog. Inlandsvermögen (§ 121 BewG) nur ein bestimmter Anteil des Vermögensanfalls erfasst wird. Die unbeschränkte Steuerpflicht knüpft an den Begriff des **Inländers** an (§ 2 Abs. 1 Nr. 1 Satz 2 a) ErbStG). Ungeachtet der Staatsangehörigkeit sind dies alle natürlichen Personen, die ihren Wohnsitz (i.S.d. § 8 AO) oder gewöhnlichen Aufenthalt (§ 9 AO) im Inland haben. Es werden jedoch nicht nur alle Erwerbe aus dem Nachlass eines inländischen Erblassers oder Schenkers, sondern alle Erwerbe durch einen Inländer, die von einem nicht als Inländer geltenden Erblasser oder Schenker stammen, erfasst. Damit reicht die unbeschränkte Erbschaftsteuerpflicht sehr weit.

2.274

Inländereigenschaft haben auch **Körperschaften**, **Personenvereinigungen** und **Vermögensmassen**, die ihre Geschäftsleitung (§ 10 AO) oder ihren Sitz (§ 11 AO) im Inland haben (§ 2 Abs. 1 Nr. 1 Satz 2 d) ErbStG).

---

1 Z.B. die Abfindungszahlung an den weichenden Erbprätendenten, vgl. BFH vom 4.5.2011 – II R 34/09, BStBl. II 2011, 725 = ErbStB 2011, 214.
2 Vgl. zu Einzelheiten *Kamps*, ErbStB 2003, 92 ff.; *Stein*, ErbStB 2003, 61 ff., und 97 ff.

2.275 In allen anderen Fällen, in denen weder der Erblasser zur Zeit seines Todes bzw. der Schenker zur Zeit der Ausführung der Zuwendung noch der Erwerber zur Zeit der Entstehung der Steuer Inländer ist, liegt ein Fall der beschränkten Steuerpflicht vor.[1] Die Steuerpflicht in Deutschland erfasst in diesen Fällen nur das **Inlandsvermögen i.S.d. § 121 BewG** einschließlich bestehender Nutzungsrechte an solchen Vermögensgegenständen. Zum Inlandsvermögen gehören insbesondere das in der Bundesrepublik Deutschland befindliche land- und forstwirtschaftliche Vermögen, Grundvermögen, Betriebsvermögen, mindestens 10%ige Beteiligungen an Kapitalgesellschaften, Grundpfandrechte sowie Nutzungsrechte an den in § 121 BewG genannten Vermögensgegenständen.[2]

2.276 Sowohl die unbeschränkte als auch die beschränkte Erbschaftsteuerpflicht sind durch **Hilfstatbestände** erweitert worden, um Umgehungen zu verhindern.[3]

Die Voraussetzungen der beschränkten und unbeschränkten Erbschaftsteuerpflicht weichen damit teilweise von der beschränkten und unbeschränkten **Einkommensteuerpflicht** ab. Dies ist i.R.d. Gestaltung bei der Tax Compliance zu berücksichtigen. Zudem ist es Aufgabe der Tax Compliance, Gestaltungen, die der Vermeidung der beschränkten oder unbeschränkten Erbschaftsteuerpflicht in der Bundesrepublik Deutschland dienen, zu überwachen. Im Extremfall kann es z.B. bei **Familiengesellschaften** angezeigt sein, **Zentralaufzeichnungen** über den gewöhnlichen Aufenthalt und den Wohnsitz der potentiellen Erwerber auf der einen Seite und des Erblassers auf der anderen Seite zu führen. Tax Compliance in diesem Zusammenhang bedeutet auch, **Alternativüberlegungen** in der Hinterhand zu haben, falls die geplante Struktur durch die Änderung persönlicher Lebensverhältnisse durchkreuzt wird. Ist z.B. der Unternehmensinhaber vor mehr als zehn Jahren zusammen mit seiner gesamten Familie in die Schweiz gezogen, um Erbschaftsteuer zu sparen, zieht jedoch der Alleinerbe zu einem späteren Zeitpunkt aufgrund einer Eheschließung in die Bundesrepublik Deutschland, waren die Bemühungen des Familienoberhaupts aus erbschaftsteuerlicher Sicht nutzlos. In diesem Fall sollte eine Kapitalreserve zur Begleichung der dann entstehenden Erbschaftsteuer zur Verfügung stehen.

---

1 Zur Wahlmöglichkeit der sog. fiktiven unbeschränkten Steuerpflicht des § 2 Abs. 3 ErbStG vgl. z.B. *Schulte/Sedemund*, BB 2011, 2080; zu erneuten Zweifel an der Konformität mit Europarecht vgl. Vorlagebeschluss des FG Düsseldorf v. 22.10.2014 – 4 K 488/14 Erb, EFG 2014, 2384; auch *Wachter*, DB 2014, 2146 mit Bezug auf EuGH v. 4.9.2014 – C 211/13, DStR 2014, 1818.
2 Einen guten Überblick über die wesentlichen Arten des Inlandsvermögens gibt R E 2.2 ErbStR 2011.
3 Erweiterte unbeschränkte Steuerpflicht gem. § 2 Abs. 1 Nr. 1 Satz 2 b) ErbStG (deutsche Staatsangehörige, die nicht länger als fünf Jahre im Ausland leben); erweiterte beschränkte Steuerpflicht gem. § 4 AStG.

E. Sonstige Steuern

cc) Ermittlung des steuerpflichtigen Erwerbs

Nachdem der Gegenstand der Besteuerung ermittelt ist, bestimmen die §§ 10 bis 13c ErbStG die **Bemessungsgrundlage** der Steuer, den sog. **steuerpflichtigen Erwerb** (§ 10 ErbStG). Als steuerpflichtigen Erwerb bezeichnet das Gesetz den aus dem steuerpflichtigen Vorgang stammenden Wert (in Euro-Beträgen), auf den der Steuersatz zur Anwendung kommt und der für die Höhe der Steuer durch Festlegung der jeweiligen Steuerklassen (§ 15 ErbStG) maßgeblich ist (vgl. § 19 ErbStG). Nach § 10 Abs. 1 ErbStG gilt als steuerpflichtiger Erwerb die **Bereicherung** des Erwerbers, soweit sie nicht steuerfrei ist.

2.277

Die **Steuerbefreiungen** sind geregelt in
- § 5 ErbStG (Zugewinngemeinschaft),
- § 13 ErbStG (Katalog der sachlichen Steuerbefreiungen),
- § 13a ErbStG (Steuerverschonung des Betriebsvermögens),
- § 13c ErbStG (Bewertungsabschlag für vermietete Grundstücke),
- § 16 ErbStG (persönliche Freibeträge),
- § 17 ErbStG (Versorgungsfreibetrag) und
- § 18 ErbStG (Mitgliederbeiträge).

Die Höhe des steuerpflichtigen Erwerbs ergibt sich aus der Differenz zwischen den Aktiva des Nachlassvermögens und den Passiva des Nachlassvermögens unter Berücksichtigung der Steuerfreistellungen. Die **Wertermittlung** der Aktiva und der Passiva des Nachlassvermögens richtet sich nach **§ 12 ErbStG**. § 12 ErbStG ist allerdings eine reine Blankett- und Verweisungsnorm. Inhaltlich wird auf die Regelungen des **Bewertungsgesetzes** verwiesen (§ 12 Abs. 1 ErbStG). Ausschließlich dort sind im Einzelnen die Bewertungsverfahren beschrieben.

§ 151 BewG bestimmt, dass für die einzelnen Vermögensgegenstände **gesonderte Wertfeststellungen** durch die örtlichen Finanzämter vorzunehmen sind, sobald diese Werte für die Festsetzung der Erbschaftsteuer von Bedeutung sind. Diese gesonderten Feststellungen haben seit dem 1.1.2009 eine **Ausdehnung** erfahren. Diese stellen gesonderte Feststellungen von Besteuerungsgrundlagen nach § 180 AO dar und sind gem. § 157 Abs. 2 AO gesondert anfechtbar. Werden diese gesonderten Feststellungen nicht **separat angefochten**, können die dort getroffenen Entscheidungen nicht mehr durch Anfechtung des Folgebescheids (hier Erbschaft- oder Schenkungsteuerbescheid) geltend gemacht werden (vgl. § 351 Abs. 2 AO).

2.278

dd) Steuerberechnung und Steuerschuldner

Die Höhe der Erbschaftsteuer steht im Zusammenhang mit den Steuerklassen, die nach den Verwandtschaftsverhältnissen differieren. Abhängig von der **Steuerklasse** (§ 15 ErbStG) gewährt das Gesetz persönliche **Freibeträge** (mind. 20.000 € bis max. 500.000 €, § 16 ErbStG). Die darüber hi-

2.279

nausgehenden Werte werden mit einem Steuertarif (§ 19 ErbStG) belastet, der seit dem 1.1.2009 zwischen 7 % und 50 % beträgt.

2.280 Verschenkt oder erwirbt eine **Kapitalgesellschaft** von Todes wegen oder durch Schenkung, scheidet ein Verwandtschaftsverhältnis zum Leistenden oder Erwerber aus. Damit fallen solche Vorgänge immer in die **Steuerklasse III** des § 15 ErbStG und unterliegen dem höchsten Steuersatz des § 19 ErbStG.

2.281 Erwirbt oder überträgt jedoch eine **Personengesellschaft** (z.B. OHG oder KG), gilt trotz der Teilrechtsfähigkeit der Gesellschaft im Zivilrecht **nur** deren **Gesellschafter** als Erwerbs- bzw. Zuwendungsbeteiligter.[1] Damit wird bei der Steuerberechnung das Verwandtschaftsverhältnis zwischen dem Zuwendenden und den Gesellschaftern berücksichtigt.[2] Die Gesellschafter sind Steuerschuldner i.S.d. § 20 ErbStG.

2.282 Gemäß § 14 ErbStG werden alle von derselben Person innerhalb von **zehn Jahren** anfallenden Erwerbe im Ergebnis so besteuert, als seien sie als Teil eines einheitlich zu besteuernden Gesamterwerbs an den Empfänger gelangt. Folglich steht für alle Erwerbe innerhalb des Zehn-Jahres-Zeitraums zusammengenommen **nur ein Freibetrag** zur Verfügung. Auch der Steuersatz wird so bemessen, dass er auf den Gesamterwerb berechnet ist.

2.283 Nach dem bereits zuvor erwähnten § 20 ErbStG ist **Steuerschuldner** der Erbschaft- bzw. Schenkungsteuer der Erwerber, bei einer Schenkung auch der Schenker. Soweit Schenker und Beschenkter nichts Gegenteiliges bestimmt haben, greift die Finanzverwaltung in Ausübung ihres **Auswahlermessens** regelmäßig auf den Beschenkten als Steuerschuldner zurück.

2. Risiko- und Gefahrenbereiche

a) Übersicht

2.284 Erbschaft- und schenkungsteuerliche Risiken resultieren regelmäßig aus erbrechtlichen und **gesellschaftsrechtlichen** Gestaltungen. Überlegungen zu **erbrechtlichen Gestaltungen** ohne gleichzeitige Berücksichtigung der erbschaftsteuerlichen Auswirkungen sind in den meisten Fällen undenkbar. Häufig sind erbrechtliche Gestaltungen sogar ausschließlich erbschaftsteuerlich motiviert. Vorzugsweise sollten erst die **Ziele** der Vermögensverteilung, der Einkommenssicherung des Unternehmers bzw. seiner Familie und der Erhalt des Unternehmens ins Auge gefasst werden.[3] Die danach in Betracht kommenden Gestaltungen sind dann erbschaftsteuerlich zu optimieren. Nur wer die notwendigen steuerlichen Kenntnisse hat, kann erbrechtlich sinnvoll gestalten und/oder im Rahmen der Tax Compliance überwachen. Die Sachverhaltskonstellationen

---

[1] Vgl. BFH v. 15.7.1998 – II R 82/96, BStBl. II 1998, 630 (631); *Gebel* in Troll/Gebel/Jülicher, ErbStG, § 20 Rz. 32 ff. (Sept. 2013).
[2] Vgl. *Gebel* in Troll/Gebel/Jülicher, ErbStG, § 20 Rz. 33 (Sept. 2013).
[3] Vgl. auch *Onderka*, NZG 2009, 522.

mit erbschaft- und schenkungsteuerrechtlichem Bezug sind jedoch mannigfaltig, so auch die Risiken.

Spiegelbildlich zu den Risiken ist das Interesse der Finanzverwaltung, Anhaltspunkte für erbschaft- und schenkungsteuerliche Mehrergebnisse verstärkt aufzugreifen. So rufen die Oberfinanzdirektionen die Veranlagungsstellen und die Außenprüfungen auf, in vermehrtem Maße **Kontrollmitteilungen** (Rz. 3.141 ff.) an die Erbschaftsteuerstellen zu schreiben.[1]

2.285

b) Maßgeblichkeit des Zivilrechts

Das ErbStG nimmt in vielen Bestimmungen ausdrücklich auf das BGB Bezug und verweist hierauf (vgl. z.B. § 3 Abs. 1 Nr. 1 und 2, § 4 oder § 5 ErbStG). Mit Rücksicht auf die zutage tretende enge Verbindung des Erbschaftsteuerrechts zum Zivilrecht wird hier von einem **Prinzip der Maßgeblichkeit des Zivilrechts** für das Erbschaftsteuerrecht gesprochen;[2] eine strikte Abhängigkeit des Erbschaftsteuerrechts vom Zivilrecht besteht allerdings nicht.

2.286

Dies führt häufig zu **Fehlvorstellungen** der Beteiligten, insbesondere im Rahmen der Frage, welche Voraussetzungen an den **subjektiven Tatbestand** einer Schenkung in zivilrechtlicher und schenkungsteuerrechtlicher Sicht zu stellen sind. So genügt nach ständiger Rechtsprechung des BFH zur Verwirklichung des subjektiven Tatbestands der freigebigen Zuwendung i.S.v. § 7 Abs. 1 Nr. 1 ErbStG[3] das Bewusstsein des Zuwendenden der (Teil-)Unentgeltlichkeit seiner Leistung. Ein auf die Bereicherung des Empfängers gerichteter Wille im Sinne einer Bereicherungsabsicht ist nicht erforderlich.[4] Andererseits gilt der Grundsatz: **Kaufleute** pflegen sich nichts zu schenken,[5] wodurch bei Zuwendungen auf dem Gebiet des Geschäftslebens das Bewusstsein von einer Unentgeltlichkeit einer Leistung verdrängt wird, wenn die Zuwendung auf einem Gesellschaftsverhältnis beruht.[6]

2.287

---

1 Vgl. OFD Koblenz v. 19.2.2002 – S 3900 A - St 53 5, DStR 2002, 591; Merkblatt der OFD Münster v. 13.1.1998 – S 3715 - 7 - St 15-35 Rz. 1.1 Buchst. j; OFD Erfurt v. 18.7.2002 – S 3900 A - 04 - L 215, Rz. 11; Letztere zitiert nach *Hartmann*, ErbStB 2003, 332; auf diesen Gesichtspunkt weist auch *Zimmermann*, DB 2005, 1650, hin.
2 Vgl. *Meincke*, ErbStG[15], Einf. Rz. 11.
3 Dies ist der Grundtatbestand der „Schenkung".
4 Vgl. FG Münster v. 26.7.2012 – 3 K 4434/09 Erb, EFG 2012, 2136; BFH v. 29.10.1997 – II R 60/94, BStBl. II 1997, 832 (834); BFH v. 12.7.2005 – II R 8/04, BStBl. II 2005, 845 (847). Kritisch u.E. zu Recht *Meincke*, ErbStG[15], § 7 Rz. 11, der für diese Abweichung vom Zivilrecht keine Rechtfertigung sieht. Er befürchtet, dass die Schenkungsteuer zum Auffangtatbestand für ungeklärte Vermögenszuwächse wird.
5 *Meincke*, ErbStG[15], § 7 Rz. 89, m.w.N.; kritisch *Gebel* in Troll/Gebel/Jülicher, ErbStG, § 7 Rz. 274 (Jan. 2012).
6 Vgl. zu Einzelheiten *Kamps*, Stbg. 2006, 324 ff.

2.288 Zudem können **Wertungsunterschiede** zum **Ertragsteuerrecht** auftreten. Der freie Widerrufsvorbehalt einer Schenkung von Anteilen an Personengesellschaften steht im Ertragsteuerrecht dem Erwerb der Mitunternehmerstellung entgegen, hindert jedoch nicht den Vermögensübergang und das Entstehen der Schenkungsteuer.[1] Ob in diesem Fall begünstigtes Vermögen i.S.v. § 13b Abs. 1 Nr. 2 ErbStG vorliegt, der auf die ertragsteuerliche Vorschrift des § 15 EStG Bezug nimmt, ist umstritten.[2]

c) Risiken bei gesellschaftsrechtlichen Gestaltungen

2.289 Eine Vielzahl gesellschaftsrechtlicher Gestaltungen führt zu Schenkungsteuer, obwohl weder auf Seiten des Verfügenden noch auf Seiten des Empfängers **eine Absicht** zu einer Schenkung bestand. Dies steht zum einen – wie bereits erwähnt – im Zusammenhang mit den geringen Anforderungen an den subjektiven Tatbestand einer freigebigen Schenkung i.S.v. § 7 Abs. 1 Nr. 1 ErbStG. So kann u.U. z.B. eine verdeckte Gewinnausschüttung im Ertragsteuerrecht[3] zusätzlich zu einer Schenkung des Gesellschafters oder der Gesellschaft führen.[4] Zum anderen verzichtet das ErbStG bei bestimmten Schenkungstatbeständen auf das **subjektive Element**; es **fingiert** eine Schenkung. Dies gilt z.B. für die Zuwendung eines Gewinnübermaßes (§ 7 Abs. 6 ErbStG), den Anteilsübergang bei Personen- oder Kapitalgesellschaften gegen nicht vollwertige Abfindung (§ 7 Abs. 7 ErbStG) sowie bei dem mit Wirkung zum 14.11.2011[5] eingefügten § 7 Abs. 8 Satz 1 ErbStG.

2.290 Insbesondere § 7 Abs. 7 ErbStG hat im Falle von **Buchwertabfindungen** durch die Erbschaftsteuerreform an Brisanz gewonnen. Gesellschaftsverträge von **Personengesellschaften** kennen in vielen Fällen solche Buchwertabfindungen z.B. für den Fall, dass ein Gesellschafter die Gesellschaft freiwillig oder zwangsweise verlassen will oder muss. Bis zum 31.12.2008 war dies im Hinblick auf § 7 Abs. 7 Satz 1 ErbStG unproblematisch, da die schenkungsteuerliche Bewertung der Personengesellschaft an den Steuerbilanzwerten ausgerichtet war und sich damit nach dem Buchwert richtete. Eine Differenz, auf die § 7 Abs. 7 Satz 1 ErbStG abstellt, griff nicht. Maßgeblich ist für (inländisches) Betriebsvermögen der **gemeine Wert** (§ 12 Abs. 5 ErbStG i.V.m. §§ 151 Abs. 1 Nr. 2, 95, 96, 109, 11 Abs. 2 BewG). Durch die Anknüpfung an den Ertragswert werden im Ergebnis stille Reserven und der Firmenwert in die Bewertung von Personenunternehmen einbezogen.[6] Damit führt das Ertragswertverfahren bei Personen-

---

1 Vgl. *Gebel* in Troll/Gebel/Jülicher, ErbStG, § 7 Rz. 54 (April 2014).
2 Vgl. zum Meinungsstand *Geck* in Kapp/Ebeling, ErbStG, § 13b Rz. 15 ff. (Sept. 2013).
3 § 8 Abs. 3 Satz 2 KStG, ausführlich dazu *Schwedhelm* in Streck, KStG,[7] § 8 Anh.
4 Eingehend und kritisch dazu *Kamps*, Stbg. 2006, 107 ff., 324 ff.; *Binnewies*, GmbHR 2013, 449 ff.; vgl. auch Ländererlasse v. 14.3.2012, BStBl. I 2012, 331.
5 BeitrRLUG v. 7.12.2011, BGBl. I 2011, 2592.
6 Vgl. *Crezelius*, DStR 2007, 2277 (2278).

gesellschaften regelmäßig zu wesentlich höheren Bewertungen.[1] Scheidet ab dem 1.1.2009 ein Gesellschafter zu Buchwerten aus der Gesellschaft aus, wird der Schenkungsteuertatbestand verwirklicht sein. Altverträge sollten daher überprüft werden.[2] Entsprechendes gilt auch für **Buchwertklauseln von Kapitalgesellschaften**.

In der Praxis besonderes Augenmerk ist bei Gestaltungen im Zusammenhang mit Kapitalgesellschaften auf den erwähnten neu eingefügten **§ 7 Abs. 8 Satz 1 ErbStG** zu werfen. Danach gilt als Schenkung auch die Werterhöhung von Anteilen an Kapitalgesellschaften, die eine an der Gesellschaft unmittelbar oder mittelbar beteiligte natürliche Person oder Stiftung (Bedachte) durch die Leistung einer anderen Person (Zuwendender) an die Gesellschaft erlangt. Der Gesetzeswortlaut geht – auch bedingt durch die Fiktion des subjektiven Elements – weit über den gewollten **Anwendungsbereich hinaus**.[3] Da z.B. eine andere Person auch der Mitgesellschafter sein kann, besteuert der Wortlaut auch solche verdeckten Einlagen, die von sämtlichen Gesellschaftern im zeitlichen Zusammenhang erbracht werden, bei jedem einzelnen Gesellschafter als Schenkung. Schenkungen eines Nichtgesellschafters an die Kapitalgesellschaft stellen Schenkungen an diese gem. § 7 Abs. 1 Nr. 1 ErbStG dar und würden zudem den Tatbestand des § 7 Abs. 8 Satz 1 ErbStG verwirklichen; eine Doppelerfassung ist nicht gerechtfertigt.[4] § 7 Abs. 8 **Satz 2** betrifft **Konzernstrukturen**.

d) Behaltensfristen, Mindestlohnsummen etc.

§ 13a und § 13b ErbStG sehen ein radikales **Verschonungssystem für Betriebsvermögen**, Betriebe der Land- und Forstwirtschaft und Anteile an **Kapitalgesellschaften** vor. Die Tarifvorschrift des § 19a ErbStG nimmt hierauf Bezug. Um in den Genuss des sog. **Verschonungsabschlags**[5] zu gelangen, sind u.a. spezielle **Behaltensfristen** und Mindestlohnsummen einzuhalten.[6] Die Behaltensfristen und **Mindestlohnsummen** müssen im Falle der Regelverschonung (Verschonungsabschlag i.H.v. pauschal 85 %) fünf Jahre und im Falle des Optionsmodells (Verschonungsabschlag i.H.v. 100 %) sieben Jahre eingehalten werden. Ein Verstoß gegen die Lohnsummenregelung oder die Vermögensbindung führt zum **Wegfall der Begünstigung** pro rata temporis.[7]

2.291

---

1 Vgl. z.B. *Kamps*, AG-Journal 2014, 620, m.w.N.
2 Vgl. *Kamps*, ErbR 2009, 136 (138).
3 Vgl. nur *Fischer* in Fischer/Jüptner/Pahlke/Wachter, ErbStG, § 7 Rz. 554, 558.
4 Hierzu und zum vorhergehenden *Fischer* in Fischer/Jüptner/Pahlke/Wachter, ErbStG, § 7 Rz. 558.
5 Vgl. dazu *Meincke*, ErbStG[15], § 13a Rz. 7.
6 Siehe hierzu ausführlich *Kamps*, FR 2009, 353 (358); *Geck* in Kapp/Ebeling, ErbStG, § 13a Rz. 21 ff., 68 (April 2014), 69 ff. (Okt. 2014), 90 ff. (April 2014), 119 ff. (Okt. 2014).
7 Dies gilt lediglich nicht bei sog. Überentnahmen i.S.d. § 13a Abs. 5 Satz 1 Nr. 3 ErbStG (Grenze 150.000 € innerhalb der fünf bzw. sieben Jahre). Hier entfällt die Begünstigung insgesamt.

2.292 Der Erwerber ist verpflichtet, dem für die Erbschaftsteuer zuständigen Finanzamt innerhalb bestimmter Fristen **Verstöße** gegen die Behaltensfristen oder Mindestlohnsummen **mitzuteilen** (§ 13a Abs. 6 ErbStG). Ein Unterlassen der Mitteilung kann eine Steuerhinterziehung begründen. Die Erbschaftsteuerbelastungen durch Verstöße gegen die Behaltensfristen oder Lohnsummenregelungen treffen den Schenker sowie den Erwerber. Sie sind – wie eingangs erwähnt – Gesamtschuldner nach § 20 ErbStG, § 44 Abs. 1 AO. Das **Unternehmen**, für das die vorgenannten Regelungen des § 13a ErbStG eingehalten werden müssen, ist **selbst nicht Schuldner** der Steuer. Gleichwohl muss im Rahmen der Tax Compliance innerhalb der betroffenen Unternehmen die Einhaltung der Voraussetzungen **kontrolliert** und gewährleistet werden. Tax Compliance bedeutet in diesem Zusammenhang auch Einflussnahme auf die **Betriebsführung**. Veränderungen in der Belegschaft, Veränderungen im Lohngefüge, die Ausgliederung von Unternehmensteilen und die Politik der Gewinnentnahme beeinflussen die Steuerbegünstigung. Dies gilt sowohl für den Zeitpunkt vor der Übertragung[1] als auch für den Zeitraum nach der Übertragung.

2.293 **Konfliktpotential** resultiert aus der Möglichkeit **mehrerer Erwerber**, das Optionsrecht getrennt und unabhängig voneinander auszuüben.[2] Hieraus resultieren für ein und dasselbe Unternehmen unterschiedliche Behaltensfristen und Lohnsummenregelungen. Konträre Interessen der Unternehmensführung können entstehen. Dann muss die Tax Compliance ggf. zweigleisig unter Beachtung der jeweils zutreffenden Fristen Kontroll- und Hinweisrechte ausüben.

2.294 Die Gewährung des Verschonungsabschlags für die Übertragung von Anteilen an Kapitalgesellschaften setzt eine Mindestbeteiligung von 25 % an dem Kapital der Gesellschaft voraus (§ 13b Abs. 1 Nr. 3 Satz 1 ErbStG). Wird die unmittelbare Beteiligung i.H.v. 25 % nicht erreicht, sieht § 13b Abs. 1 Nr. 3 ErbStG Möglichkeiten vor, die Anteile Dritter in die 25 %-Grenze einzurechnen. Voraussetzung sind Stimmrechts- und Verfügungsbeschränkungen **(sog. Pooling)**.[3] Auch insofern sind Überwachungsmechanismen wegen der **folgenden Risiken** einzuführen:

Aufhebungen der in der Poolvereinbarung getroffenen Beschränkungen führen zum **Wegfall** des **Verschonungsabschlags** (§ 13a Abs. 5 Satz 1 Nr. 5 ErbStG).

2.295 Zudem ist bei einem Poolvertrag darauf zu achten, dass **kein gesamthänderisch** gebundenes Vermögen gebildet wird.[4] Nach dem Gesetzeswort-

---

1 Dies kann nur bei einer Schenkung, nicht beim Erwerb von Todes wegen geplant werden.
2 Vgl. zu dieser Möglichkeit *Wachter* in Fischer/Jüptner/Pahlke/Wachter, ErbStG, § 13a Rz. 341; *Crezelius*, ZEV 2009, 1 (3).
3 Vgl. hierzu *Werner*, StBW 2010, 700 (702); *Groß*, ErbStB 2014, 284 (286); *Mannek*, ZEV 2012, 6 (11); *Geck* in Kapp/Ebeling, ErbStG, § 13b Rz. 55 f. (April 2014).
4 Vgl. *Söffing*, DStZ 2008, 867 (873); *Scholten/Korezkij*, DStR 2009, 73 (76).

laut zählen nur **unmittelbare** Beteiligungen zum begünstigten Vermögen.[1] Zwar führt ein Poolvertrag grundsätzlich nicht dazu, dass die Anteile an der Kapitalgesellschaft zum Gesamthandsvermögen der Poolgesellschaft werden. Um jeden Zweifel auszuräumen, sollte gleichwohl im Poolvertrag ausdrücklich geregelt werden, dass die Anteile im Eigentum der Mitglieder verbleiben.[2]

Die Finanzverwaltung[3] wertet Stimmrechtsvereinbarungen als „vergleichbaren Sachverhalt" i.R.d. § 8c KStG, der in bestimmten Fällen zum **Untergang körperschaftsteuerlicher** Verlustvorträge der Kapitalgesellschaft führen kann.[4] Zwar wird zutreffend die Auffassung vertreten, dass ein erbschaftsteuerlich motivierter Poolvertrag insoweit unschädlich sein muss.[5] Rechtssicherheit besteht aber nicht.

e) Erklärungspflichten

aa) Anzeigepflicht nach §§ 30 und 33 ErbStG

Das Erbschaftsteuergesetz normiert spezielle Anzeige- und Erklärungspflichten. Diese weichen von denjenigen der Einkommensteuer grundlegend ab. Hieraus ergeben sich **Risiken**, die im Rahmen der Tax Compliance zu kontrollieren sind. § 30 Abs. 1 ErbStG normiert eine eigenständige Anzeigepflicht des Erwerbers sowohl bei Erwerben von Todes wegen als auch bei Schenkungen unter Lebenden: Der Erwerber hat binnen einer Frist von drei Monaten nach erlangter Kenntnis von dem Anfall oder von dem Eintritt der Verpflichtung den Erwerb beim zuständigen Finanzamt anzuzeigen.

2.296

Eine **Besonderheit** gilt für den **Schenker**: Bei einer freigebigen Zuwendung unter Lebenden unterliegt nach § 30 Abs. 2 ErbStG auch der Schenker dieser Anzeigepflicht.

2.297

Die Anzeigepflicht trifft nicht den **Testamentsvollstrecker**.[6]

2.298

Die Erklärungspflicht des Erwerbers nach § 30 Abs. 1 ErbStG und des Beschenkten nach § 30 Abs. 2 ErbStG **entfällt** unter den Voraussetzungen des § 30 Abs. 3 ErbStG. Danach bedarf es einer Anzeige nicht, wenn der Erwerb auf einer von einem deutschen Gericht, einem deutschen Notar

2.299

---

1 Auch eine zwischengeschaltete bloß vermögensverwaltend tätige GmbH & Co. KG schadet der Begünstigung:, BFH v. 11.6.2013 – II R 4/12, BFH/NV 2013, 1486. Diese Entscheidung ist auf bloße GbR zu übertragen, vgl. *Jülicher* in Troll/Gebel/Jülicher, ErbStG, § 13b Rz. 217 (Okt. 2014).
2 Vgl. *Söffing*, DStZ 2008, 867 (873).
3 BMF-Schr. v. 4.7.2008 – IV C 7 - S 2745-a/08/10001, BStBl. I 2008, 736 (737).
4 Vgl. dazu auch *Richter/Viskorf/Philipp*, DB 2009, Beil. Nr. 2 zu Heft 6, 3; *Scholten/Korezkij*, DStR 2009, 73 (77), m.w.N.
5 Vgl. *Hannes/Onderka/Oertzen*, ZEV 2008, 591 (593); *Kamps*, FR 2009, 353 (358).
6 Vgl. *Jülicher* in Troll/Gebel/Jülicher, ErbStG, § 30 Rz. 7 (Okt. 2014); *Kamps*, ErbStB 2016, 11 (15); *Esskandari*, ErbStB 2012, 108 (112).

oder einem deutschen Konsul eröffneten Verfügung von Todes wegen beruht und sich aus der Verfügung das Verhältnis des Erwerbers zum Erblasser unzweifelhaft ergibt (§ 30 Abs. 3 Satz 1 Halbs. 1 ErbStG). Das Gleiche gilt, wenn eine Schenkung unter Lebenden gerichtlich oder notariell beurkundet ist (§ 30 Abs. 3 Satz 2 ErbStG). Seit dem 1.1.2009 sieht § 30 Abs. 3 Satz 1 Halbs. 2 ErbStG jedoch eine Einschränkung vor: Die Befreiung gilt im Falle des Erwerbs von Todes wegen nicht, wenn zum Erwerb Grundbesitz, Betriebsvermögen, Anteile an Kapitalgesellschaften, die nicht der Anzeigepflicht nach § 33 ErbStG[1] unterliegen, oder Auslandsvermögen gehört. In der Praxis ist diese Verschärfung relevant. Sie birgt die Gefahr einer Steuerhinterziehung.

bb) Steuererklärung nach § 31 ErbStG

2.300 Im Erbschaft- und Schenkungsteuerrecht besteht **keine generelle** Steuererklärungspflicht. Das Finanzamt kann von jedem an einem Erbfall oder an einer Schenkung Beteiligten die Abgabe einer Erbschaft- oder Schenkungsteuererklärung verlangen (§ 31 Abs. 1 Satz 1 ErbStG). Dies begründet für den Beteiligten eine Erklärungspflicht (§ 149 Abs. 1 Satz 2 AO).[2]

f) Festsetzungsverjährung

2.301 Ergeht erst geraume Zeit nach dem auslösenden Ereignis ein Steuerbescheid, führt der Blick unweigerlich auf die Prüfung einer möglicherweise eingetretenen **Festsetzungsverjährung**. Dies ist insbesondere bei Erbschaft- und Schenkungsteuerfällen der Fall, wenn die Betroffenen vergessen, die Schenkung oder den Erwerb von Todes wegen bzw. Teile davon dem Finanzamt mitzuteilen. Unter Beachtung der z.B. für das Ertragsteuerrecht geltenden Festsetzungsfristen stellt sich Freude über die vermeintliche Verjährung ein. Bei genauerem Hinsehen lassen sich jedoch **Besonderheiten** der Regeln der Festsetzungsverjährung im Erbschaft- und Schenkungsteuerrecht erkennen. Oft folgt die ernüchternde Erkenntnis, die absolute Zeit zwischen dem Todesfall oder der Schenkung einerseits und dem Eintritt der Verjährung andererseits ist regelmäßig **länger** als diejenige im **Ertragsteuerrecht**. Zu beachten sind teilweise **unterschiedliche** Regelungen der Verjährung für den **Erwerb von Todes** wegen und die **Schenkung**.

2.302 Die Besonderheiten resultieren zum einen aus speziellen **Hemmungstatbeständen** (Anlaufhemmung gem. § 170 Abs. 5 AO und Ablaufhemmung gem. § 171 Abs. 12 AO), zum anderen aus der Verknüpfung der allgemeinen Anlaufhemmung (§ 170 Abs. 2 Nr. 1 AO) mit den besonderen Anzeige- bzw. Erklärungspflichten der §§ 30 ff. ErbStG.[3]

---

1 Die Gegenausnahme des § 33 ErbStG regelt die Anzeigepflicht von Vermögensverwahrern, Vermögensverwaltern und Versicherungsunternehmen und bringt daher i.d.R. keine Entschärfung.
2 Vgl. zu Einzelheiten *Eich*, ErbStB 2004, 263 ff.; *Kamps*, ErbR 2014, 16.
3 Vgl. zu Einzelheiten *Hortense*, ZEV 2008, 222 ff.; *Halaczinsky*, DStR 2006, 828 ff.; *Eich*, ErbStB 2008, 76 ff.; *Kamps*, Stbg. 2005, 359 ff.; ErbR 2014, 16 ff.

g) Verfassungswidrigkeit und Europarecht

Wie ausgeführt (Rz. 2.271), hatte das BVerfG mit Entscheidung vom 17.12.2015 §§ 13a, § 13b i.V.m. § 19 ErbStG in der Fassung des seit dem 1.1.2009 geltenden Erbschaftsteuerreformgesetzes für unvereinbar mit der Verfassung erklärt und eine Neuregelung bis spätestens zum 30.6.2016 gefordert. Damit sind erhebliche Ungewissheiten für den Steuerpflichtigen verbunden. Zum einen ist ungewiss, ob tatsächlich bis zum 30.6.2015 ein neues ErbStG in Kraft treten wird. Richtigerweise würde ansonsten nach dem 30.6.2016 das ErbStG insgesamt unanwendbar sein.[1] Zum anderen bleibt abzuwarten, ob ein neues Gesetz[2] den verfassungsrechtlichen Vorgaben entsprechen oder erneut Gegenstand einer Kontrolle durch das Verfassungsgericht sein wird. Damit schwebt weiter das Damoklesschwert der **Verfassungswidrigkeit** über dem ErbStG.

2.303

Aufgabe der Tax Compliance innerhalb der Unternehmen oder für Privatpersonen ist daher die Abwägung, Erbschaft- und Schenkungsteuerbescheide, die auf der Grundlage des Erbschaftsteuerreformgesetzes ergangen sind, offenzuhalten, angedachte Übertragungen nach dem derzeitigem oder ggf. neuem Recht oder die Übertragungen ggf. unter einem Rückübertragungsvorbehalt mit der Rechtsfolge des § 29 Abs. 1 Nr. 1 ErbStG (Rz. 2.307) vorzunehmen.

2.304

Die **europarechtliche Dimension** des Erbschaftsteuerrechts gewinnt zunehmend an Bedeutung. Vornehmlich unter der Devise des Schutzes der Kapitalverkehrsfreiheit nimmt der EuGH auch auf das Erbschaftsteuergesetz Einfluss. Die Vorlagebeschlüsse zum Bewertungs- und Erbschaftsteuerrecht an den EuGH nehmen zu.[3] Nachdem der EuGH die Bewertungsregelungen und Befreiungstatbestände, die inländisches vor ausländischem Vermögen (im Bereich der EU) begünstigen, mit dem Gemeinschaftsrecht für unvereinbar erklärt hat, behandelt auch die deutsche **Finanzverwaltung** das Vermögen in anderen EU- und EWR-Mitgliedstaaten nach denselben Grundsätzen wie inländisches Vermögen.[4] Aus der möglichen EU-Rechtswidrigkeit der Vorschriften des Erbschaftsteuer-

2.305

---

1 Vgl. zur parallelen Rechtslage nach dem Beschluss des BVerfG v. 7.11.2006, der das bis dahin geltende Erbschaftsteuergesetz in weiten Teilen für verfassungswidrig erklärt, allerdings eine Weitergeltung bis zum 31.12.2008 anordnete (BVerfG v. 7.11.2006 – 1 BvL 10/02, BStBl. II 2007, 192 ff.); *Kamps*, ErbR 2008, 205. Die Überlegung, das BVerfG könne mangels Umsetzung bis zum 30.6.2015 im Wege einer einstweiligen Anordnung (§ 35 BVerfGG) selbst die Fortgeltung des bisherigen Rechts erzwingen (vgl. hierzu *Geck*, ZEV 2015, 129; *Piltz*, DStR 2015, 103), erscheint mit der Gewaltenteilung nicht vereinbar.
2 Siehe zum Gesetzgebungsstand oben Rz. 2.271.
3 Vgl. dazu *Meincke*, ErbStG[15], Einf. Rz. 6; ausführlich zu Einzelnormen *Jüptner* in Fischer/Jüptner/Pahlke/Wachter, ErbStG, Einf. Rz. 7.2.
4 EuGH v. 22.4.2010 – Rs. C-510/08 – „Vera Mattner", FR 2010, 528, m. Anm. *Billig*; vgl. FinMin. BW v. 16.7.2008 – 3 - S 3831/4, DStR 2008, 1537; zu damit im Zusammenhang stehenden Entscheidungen des BFH und zu einzelnen Vorschriften, die diskriminierende Wirkung haben könnten, vgl. *Eisele* in Kapp/Ebeling, ErbStG, § 2 Rz. 1 (Aug. 2014).

gesetzes resultieren dieselben **Handlungsüberlegungen** wie im Zusammenhang mit der möglichen Verfassungswidrigkeit des Erbschaftsteuergesetzes.

3. Risiko- und Gefahrenminimierung

2.306 Die **Grundsätze** zur Risiko- und Gefahrenminimierung, die im Rahmen der **Ertragsteuern** dargestellt sind (Rz. 2.12 ff.), gelten auch im Erbschaft- und Schenkungsteuerrecht.

2.307 Ein **gesondertes Instrumentarium** stellt das Erbschaftsteuergesetz durch § 29 ErbStG, der **sog. steuerneutralen Rückabwicklung** von Schenkungen, zur Verfügung. Wesentliche Bedeutung kommt § 29 Abs. 1 Nr. 1 ErbStG zu. Danach erlischt die Steuer mit Wirkung für die Vergangenheit, soweit ein Geschenk wegen eines Rückforderungsrechts herausgegeben werden musste.[1]

2.308 Das Rückforderungsrecht kann auch durch einen im Zeitpunkt der Übertragung vereinbarten **Widerrufs- oder Rücktrittsvorbehalt** geschaffen werden. Treten die im Vorbehalt bestimmten Tatbestandsvoraussetzungen ein und wird der Widerruf/Rücktritt ausgeübt, entsteht ein zivilrechtlicher Anspruch auf Rückübertragung. Wird dieser Anspruch geltend gemacht und der Gegenstand der Schenkung herausgegeben, erlischt die Schenkungsteuer rückwirkend. Stellt sich jedoch heraus, dass ein solcher Rückübertragungsanspruch zivilrechtlich nicht existiert, verwirklicht die vermeintliche Rückübertragung erneut den Schenkungstatbestand des § 7 ErbStG. Hieraus resultiert erhebliches **Haftungspotential**. Mit dem Instrumentarium des Widerrufs- bzw. Rücktrittsvorbehalts können auch die Früchte einer möglichen **Verfassungswidrigkeit** des Erbschaftsteuergesetzes geerntet werden.

2.309 § 29 ErbStG enthält keine Regeln, welche **ertragsteuerlichen Konsequenzen** aus einer steuerneutralen Rückabwicklung der Schenkung resultieren. Ein Rückgängigmachen von eingetretenen ertragsteuerlichen Folgen ist i.d.R. nicht möglich.[2]

III. Schadensabwehr und -minimierung, Schadensausgleich und Evaluierung

2.310 Die im Rahmen der **Ertragsteuer** dargestellten Grundsätze zur Schadensabwehr und -minimierung, Schadensausgleich und Evaluierung

---

[1] Zu den einzelnen Voraussetzungen und prozessualen Überlegungen vgl. *Kamps*, FR 2001, 717 ff.; ErbStB 2003, 69 ff.; auch *Jülicher* in Troll/Gebel/Jülicher, ErbStG, § 29 Rz. 72 ff. (Jan. 2013).

[2] Vgl. zur umstrittenen Frage, ob negativen Einnahmen des zur Rückgabe verpflichteten Beschenkten vorliegen *Escher*, FR 2008, 985; *Jülicher*, DStR 1998, 1977; *Loschelder* in Schmidt, EStG, § 9 Rz. 61.

(Rz. 2.12 ff.) gelten entsprechend für das Erbschaft- und Schenkungsteuerrecht.

Bei der **strafbefreienden Selbstanzeige** gem. § 371 AO besteht in vielen Fällen eine besondere Verknüpfung zwischen den Einkünften aus Kapitalvermögen und dem ererbten Vermögen. Oftmals resultiert der Kapitalstamm, dessen Erträgnisse nicht der Einkommensteuer unterworfen wurden, aus Vermögensübertragungen von Todes wegen. Unterblieb eine Erklärung der Kapitalerträgnisse, wurde auch nicht der Erwerb des Vermögens dem Finanzamt mitgeteilt. Im Zusammenhang mit einer strafbefreienden Selbstanzeige ist daher zu klären, ob auch für die entstandene Erbschaft- bzw. Schenkungsteuer eine Nacherklärung abzugeben ist.[1]

2.311

IV. Grunderwerbsteuer

1. Gesetzliche Rahmenbedingungen

a) Begriff, Zweck und Rechtsgrundlagen

Die Grunderwerbsteuer ist die **wichtigste Rechtsverkehrsteuer**.[2] Das Aufkommen im Jahre 2014 betrug 9,3 Mrd. €.[3] Die Grunderwerbsteuer knüpft an den inländischen Grundstücksverkehr an (§ 1 GrEStG) und möchte die wirtschaftliche **Leistungsfähigkeit** vom Veräußerer und Erwerber erfassen, die in der Durchführung dieser Verkehrsakte zum Ausdruck kommt.[4] Die Anknüpfung an die Leistungsfähigkeit wird dem Steuerpflichtigen jedoch nicht immer deutlich. Das Grunderwerbsteuergesetz geht **typisierend** vor, ein wirtschaftlicher Umsatz oder gar Zugewinn ist nicht Voraussetzung der Steuerbarkeit.[5] Im Gegenzug unterliegt allerdings der Grundstücksverkehr nicht der Umsatzsteuer (§ 4 Nr. 9 a) UStG).

2.312

Wesentliche Rechtsgrundlage ist das **Grunderwerbsteuergesetz**.[6] Eine gesonderte Grunderwerbsteuerdurchführungsverordnung oder Grunderwerbsteuerrichtlinie existiert nicht. Die **Verwaltungshoheit** auf dem Gebiet der Grunderwerbsteuer steht ausschließlich den Ländern zu (Art. 108 Abs. 2 GG), so auch das Steueraufkommen (Art. 106 Abs. 2 Nr. 4 GG). Der Landesgesetzgeber kann das Aufkommen ganz oder teilweise den Gemeinden oder Gemeindeverbänden überlassen (Art. 106 Abs. 7 Satz 2 GG).

2.313

---

1 Vgl. hierzu *Kamps*, ErbR 2010, 153 ff.
2 Vgl. *Birk/Desens/Tappe*, Steuerrecht, Rz. 1801.
3 Vgl. Monatsbericht des BMF Januar 2015, abrufbar unter www.bundesfinanzministerium.de/Content/DE/Monatsberichte/2015/01/Inhalte/Kapitel-3-Analysen/3-2-steuereinnahmen-im-haushaltsjahr-2014.html.
4 Vgl. *Hofmann/Hofmann*, GrEStG⁹, § 1 Rz. 1.
5 Vgl. *Birk/Desens/Tappe*, Steuerrecht, Rz. 1801.
6 In der Fassung der Bekanntmachung v. 26.2.1997, BGBl. I 1997, 418 (1804).

b) Systematik

aa) Steuergegenstand

2.314 **Gegenstand** des Erwerbsvorgangs sind Grundstücke i.S.d. BGB (§ 2 Abs. 1 Satz 1 GrEStG). Erfasst werden nur **inländische Grundstücke**.[1] Irrelevant ist, ob die Gesellschaft, zu deren Vermögen ein inländisches Grundstück gehört, ihren Sitz im Inland oder Ausland hat.[2]

2.315 Maschinen und sonstige Vorrichtungen aller Art, die zu einer **Betriebsanlage** gehören, werden ohne Rücksicht auf ihre Bestandseigenschaft – und damit im **Gegensatz zum zivilrechtlichen** Verständnis – nicht zu den Grundstücken gerechnet (vgl. § 2 Abs. 1 Satz 1 Nr. 1 GrEStG). Dies hat Einfluss auf die Umsatzsteuer, die die Lieferung von Betriebsanlagen umfasst. Hier fällt keine Grunderwerbsteuer, sondern Umsatzsteuer an.

bb) Erwerbsvorgänge

2.316 Die **Erwerbsvorgänge** sind in § 1 GrEStG **abschließend** aufgezählt. Es gilt das Enumerationsprinzip. **Grundtatbestand** sind der **Kaufvertrag** und sonstige Verpflichtungsgeschäfte gem. § 1 Abs. 1 Nr. 1 GrEStG. Liegt dem Eigentumsübergang des Grundstücks kein Verpflichtungsgeschäft zugrunde, wird der Erwerb gleichwohl gem. § 1 Abs. 1 Nr. 2 bis 4 GrEStG erfasst. Diese Tatbestände haben in der Praxis jedoch eher untergeordnete Bedeutung.

2.317 Um Umgehungen der Grunderwerbsteuerpflicht durch zivilrechtliche Sondergestaltungen zu vermeiden, erfasst § 1 Abs. 1 Nr. 5 bis 7 GrEStG auch **erwerbsähnliche** Rechtsgeschäfte, z.B. den Anspruch auf Abtretung von Übereignungsansprüchen.

2.318 **Allgemeiner Auffangtatbestand** ist § 1 Abs. 2 GrEStG. Hiernach unterliegen Rechtsvorgänge, die die rechtliche oder wirtschaftliche Verwertungsbefugnis für ein Grundstück begründen, der Grunderwerbsteuer. Erfasst werden insbesondere Erwerbe durch Treuhänder, Grundstücksleasing[3] oder die Veräußerung von Grundstücken im fremden Namen, aber auf eigene Rechnung (z.B. der Mehrerlös eines Grundstücksmaklers).[4]

2.319 Als weiterer Komplex werden der **Anteilsübergang** und die **Anteilsvereinigung** bei **Gesellschaften** erfasst (§ 1 Abs. 2 a, Abs. 3 GrEStG).[5]

---

1 Dies resultiert jedoch nicht aus § 2 GrEStG, sondern aus § 1 Abs. 1 GrEStG, da nur solche Erwerbsvorgänge erfasst sind, die sich auf inländische Grundstücke beziehen.
2 Vgl. *Hofmann/Hofmann*, GrEStG[9], § 2 Rz. 3.
3 Vgl. *Fischer* in Boruttau, GrEStG[16], § 1 Rz. 676.
4 Vgl. *Fischer* in Boruttau, GrEStG[16], § 1 Rz. 676, 701.
5 Siehe dazu weiter unten Rz. 2.331 f.

cc) Persönliche Steuerpflicht, Steuerschuldner

2.320 Im Unterschied zum Einkommensteuergesetz und Erbschaftsteuergesetz differenziert das Grunderwerbsteuergesetz **nicht** nach **beschränkter** und **unbeschränkter Steuerpflicht**. Es enthält auch keinen Sondertatbestand für die Bestimmung der persönlichen Steuerpflicht. Vielmehr ergibt sich diese aus der Bestimmung des Steuerschuldners in § 13 GrEStG. Danach sind regelmäßig **Steuerschuldner** die an einem Erwerbsvorgang als Vertragsteile beteiligten Personen (§ 13 Nr. 1 GrEStG), regelmäßig **Käufer** und **Verkäufer**. Sie stellen Gesamtschuldner gem. § 44 Abs. 1 Satz 1 AO, § 421 BGB dar.

2.321 Ähnlich wie bei der Erbschaft- und Schenkungsteuer hat die Finanzbehörde bei der Ausübung des **Auswahlermessens** auch die Vereinbarungen darüber, wer im Innenverhältnis die Steuern tragen soll, in ihre Erwägungen einzubeziehen.[1] Ist keine Vereinbarung getroffen, ist auf die zivilrechtliche Kostenverteilung abzustellen, wonach den **Käufer** die Kosten und damit auch die Grunderwerbsteuer treffen.[2]

2.322 **Steuerschuldner** können nicht nur natürliche Personen sowie juristische Personen des Privatrechts oder des öffentlichen Rechts sein, sondern auch Gesamthandsgemeinschaften und damit als **Personengesellschaften** insbesondere OHG, KG, Partnerschaftsgesellschaften, Erbengemeinschaft und GbR. Eine Steuerschuldnerschaft der einzelnen Gesellschafter scheidet aus.[3] Dies gilt auch, wenn die Grunderwerbsteuer durch gesellschaftsrechtliche Gestaltungen ausgelöst wird (vgl. § 13 Nr. 5 und 6 GrEStG).

dd) Steuerbefreiungen, Bemessungsgrundlage und Steuersatz

2.323 Die §§ 3 bis 7 GrEStG enthalten **Steuerbefreiungen**. So ist z.B. der Erwerb eines Grundstücks mit einer Bemessungsgrundlage bis 2.500 € steuerfrei (§ 3 Nr. 1 GrEStG). Auch Grundstücksübertragungen durch **Schenkung** oder **Erbfall** sind befreit (§ 3 Nr. 2, 3 GrEStG).[4] Gleiches gilt für Grundstückserwerbe unter **Ehegatten** oder in gerader Linie verwandten Personen (§ 3 Nr. 4 bis 7 GrEStG). Im Rahmen von **Anteilsübertragungen** und Umstrukturierungen im **Konzern** spielen insbesondere die §§ 5 bis 7 GrEStG eine Rolle. Grundstücksumsätze, die zwischen einer Personengesellschaft und ihren Mitgliedern erfolgen, werden anteilig von der Steuerpflicht befreit (§§ 5, 6 GrEStG).

2.324 Die **Bemessungsgrundlage** der Grunderwerbsteuer ist der Wert der Gegenleistung (§ 8 Abs. 1 GrEStG). § 9 GrEStG definiert die Gegenleistung. Ge-

---

1 Vgl. *Hofmann/Hofmann*, GrEStG[9], § 13 Rz. 22.
2 Vgl. *Hofmann/Hofmann*, GrEStG[9], § 13 Rz. 23.
3 Vgl. *Pahlke*, GrEStG[3], § 13 Rz. 31 f.; BFH v. 12.12.2001 – II B 5/01, BFH/NV 2002, 812 (813).
4 Siehe zu Abgrenzungsfragen und möglicher Doppelbelastung *Steger*, ZEV 2008, 505 ff.; *Meßbacher-Hönsch* in Boruttau, GrEStG, § 3 Rz. 98; *Pahlke*, GrEStG, § 3 Rz. 32.

nerell umfasst sie alles, was der Erwerber als Entgelt für das Grundstück gewährt oder der Veräußerer als Entgelt für die Veräußerung des Grundstücks empfängt.[1] Beim Kaufvertrag sind dies der **Kaufpreis** sowie sonstige Leistungen des Käufers und dem Käufer vorbehaltene Nutzungen (§ 9 Abs. 1 Nr. 1 GrEStG). Der Umfang der Gegenleistung richtet sich nach dem zivilrechtlichen Verpflichtungsgeschäft. Kauft der Erwerber ein bebautes Grundstück, bezieht sich der grunderwerbsteuerliche Erwerbsvorgang auf diesen einheitlichen Leistungsgegenstand.[2] Erstreckt sich der Erwerbsvorgang auf ein noch zu errichtendes Gebäude, bestimmt sich die Bemessungsgrundlage nach den tatsächlichen Verhältnissen im Zeitpunkt der Fertigstellung des Gebäudes (§ 8 Abs. 2 Satz 2 GrEStG). Dies erlangt insbesondere bei **Bauherrenmodellen** Bedeutung. Ergibt sich die Verpflichtung zur Übereignung des Grundstücks und zur Errichtung eines Gebäudes auf diesem Grundstück aus zwei oder mehreren an sich selbständigen Verträgen, ist grunderwerbsteuerlich Gegenstand des Erwerbsvorgangs gleichwohl das Grundstück im bebauten Zustand, sofern diese Verträge aufgrund ihres rechtlichen Zusammenhangs als einheitlicher Vertrag anzusehen sind.[3]

2.325 In Fällen, in denen kein Kaufpreis vereinbart oder die Umwandlung als Erwerbsvorgang erfasst wird, bestimmt sich der Wert nach den **Grundbesitzwerten** des § 138 Abs. 2 bis 4 BewG (§ 8 Abs. 2 Satz 1 Nr. 1 und 2 GrEStG).[4] Das **Bundesverfassungsgericht** hat mit Beschluss vom 23.6.2015[5] die Unvereinbarkeit der in § 8 Abs. 2 GrEStG normierten Ersatzbemessungsgrundlage mit Art. 3 Abs. 1 GG erklärt und den Gesetzgeber aufgefordert, bis zum 30.6.2016 eine auf den 1.1.2009 **rückwirkende** Neuregelung zu schaffen. Es ist mit einer **wesentlichen Erhöhung** der Bemessungsgrundlage zu rechnen.[6]

2.326 Der **Steuersatz** der Grunderwerbsteuer beträgt grundsätzlich **3,5 %** der Bemessungsgrundlage (§ 11 Abs. 1 GrEStG). Seit dem 1.9.2006 dürfen die Bundesländer den Steuersatz hiervon abweichend festlegen. In der Folge haben daher viele Bundesländer den Grunderwerbsteuersatz erhöht. In Nordrhein-Westfalen bspw. beträgt er für alle Rechtsvorgänge i.S.d. § 1 GrEStG, die ab dem 1.1.2015 verwirklicht werden, nach § 1 des Gesetzes

---

1 Vgl. BFH v. 18.6.2014 – II 12/13, BStBl. II 2014, 857; v. 11.2.2004 – II R 31/02, BStBl. II 2004, 521; v. 13.9.1995 – II R 80/92, BStBl. II 1995, 903 (906).
2 Vgl. BFH v. 19.6.2013 – II R 3/12, BStBl. II 2013, 965; v. 28.3.2012 – II R 57/10, BStBl. II 2012, 920; v. 29.7.2009 – II R 58/07, BFH/NV 2010, 63; v. 23.8.2006 – II R 42/04, DStRE 2007, 430 (431).
3 Vgl. BFH v. 26.2.2014 – II R 54/12; BFH/NV 2014, 1403; v. 19.6.2013 – II R 3/12, BStBl. II 2013, 965; v. 24.1.1990 – II R 94/87, BStBl. II 1990, 590 (591); v. 4.5.1983 – II R 6/82, BStBl. II 1983, 609 (610 f.).
4 Die Bewertung unterscheidet sich damit seit dem 1.1.2009 von derjenigen, die für die Erbschaft- und Schenkungsteuer maßgebend ist. Die §§ 138 bis 150 BewG haben nur noch Bedeutung für die Grunderwerbsteuer.
5 BVerfG v. 23.6.2015 – 1 BvL 13/11, 1 BvL 14/11, ErbStB 2015, 245.
6 Vgl. zu Einzelheiten *Braun/Eisele*, NWB 2015, 2648 ff.

zur Änderung des Gesetzes über die Festsetzung des Steuersatzes für die Grunderwerbsteuer vom 18.12.2014 6,5 %.[1]

Die Grunderwerbsteuer **entsteht** regelmäßig mit der Verwirklichung des Erwerbsvorgangs, d.h. mit dem Abschluss des Kaufvertrags.[2] Neben den normalen Vollstreckungsmöglichkeiten der AO sieht § 22 GrEStG eine weitere Unterstützung zur **Eintreibung der Grunderwerbsteuer** vor. Danach darf die Eintragung des Erwerbs in das Grundbuch erst erfolgen, wenn das Finanzamt bescheinigt, dass der Eintragung keine steuerlichen Bedenken entgegenstehen. Dies ist der Fall, wenn die Steuer entrichtet, sichergestellt oder gestundet wurde bzw. keine sachliche Steuerpflicht besteht (§ 22 Abs. 2 Satz 1 GrEStG). Da der Grundstückskäufer ein reges Interesse an der für den zivilrechtlichen Eigentumserwerb notwendigen Eintragung im Grundbuch hat, wird die Grunderwerbsteuer regelmäßig zügig geleistet.

2.327

2. Risiko- und Gefahrenbereiche

a) Übersicht

Parallel zum **Erbschaft-** und **Schenkungsteuerrecht** sind die Risiko- und Gefahrenbereiche im Grunderwerbsteuerrecht mannigfaltig.

2.328

Im **Unterschied** zum Recht der Erbschaft- und Schenkungsteuer sind die Unternehmen im Grunderwerbsteuerrecht oftmals selbst Steuerschuldner (Rz. 2.322). Die **Selbstbetroffenheit** der Unternehmen erleichtert es den Verantwortlichen der Tax Compliance, im Unternehmen Organisationsstrukturen zur Überwachung der Risiko- und Gefahrenbereiche zu schaffen.

2.329

b) Risiken bei gesellschaftsrechtlichen Gestaltungen

aa) Relevante Vorgänge

Die Gefahr, unerkannt grunderwerbsteuerliche Tatbestände zu verwirklichen, besteht i.R.d. Tax Compliance insbesondere bei **gesellschaftsrechtlichen** Gestaltungen, so auch im **M&A** Bereich. Sind an einer **Umwandlung** Gesellschaften beteiligt, die Grundbesitz halten, besteht regelmäßig ein Risiko zur Verwirklichung der Grunderwerbsteuerpflicht.[3]

2.330

Einen Sondertatbestand für die vollständige oder wesentliche **Änderung** des **Gesellschafterbestands** einer **Personengesellschaft** sieht § 1 Abs. 2a GrEStG vor. Gehen mindestens **95 %** der Anteile am Gesellschaftsvermögen, zu dem inländischer Grundbesitz gehört, auf neue Gesellschafter über, gilt dies als Übereignung eines Grundstücks auf eine neue Personen-

2.331

---

1 GV.NRW 2014, 954.
2 Dies ergibt sich aus der Grundregel des § 38 AO; § 14 GrEStG enthält nur Regelungen in besonderen Fällen; vgl. hierzu *Hofmann/Hofmann*, GrEStG[9], § 14 Rz. 3.
3 Vgl. zu Einzelheiten *Hofmann/Hofmann*, GrEStG[9], § 1 Rz. 47 ff.

gesellschaft. Voraussetzung ist jedoch, dass sich der Gesellschafterbestand innerhalb von **fünf** Jahren mittelbar oder unmittelbar in der vorgenannten Form ändert.

2.332 Eine weitere Gefahrenquelle im unternehmerischen Bereich begründet § 1 Abs. 3 GrEStG. Gehört zum Vermögen einer **Personengesellschaft** oder **Kapitalgesellschaft** ein inländisches Grundstück, entsteht Grunderwerbsteuer, wenn durch die Übertragung der **Anteile** an der Gesellschaft unmittelbar oder mittelbar mindestens **95 %** der Anteile der Gesellschaft in der Hand des Erwerbers oder in der Hand von herrschenden und abhängigen Unternehmen oder abhängigen Personen **vereint** werden. Damit können auch Anteilsvereinigungen im **Konzern** bzw. **Organkreis** steuerbar sein.[1]

bb) Erklärungspflichten

2.333 Ähnlich wie im Erbschaft- und Schenkungsteuerrecht (vgl. §§ 30 ff. ErbStG) normiert das Grunderwerbsteuergesetz **besondere Anzeigepflichten**. Gemäß § 18 GrEStG sind Gerichte, Behörden und Notare über beurkundete Rechtsvorgänge, Anträge auf Berichtigung des Grundbuchs oder sonstige Entscheidungen, durch die ein Wechsel im Grundstückseigentum bewirkt wird, anzeigepflichtig gegenüber dem Finanzamt. Ferner begründet § 19 GrEStG eine Anzeigepflicht des **Steuerschuldners**. Obwohl das Gesetz dies nicht ausdrücklich bestimmt, kommt die Erfüllung der Anzeigepflicht durch die Behörden, Gerichte oder Notare den nach § 19 GrEStG verpflichteten Steuerschuldnern zugute.[2]

2.334 Eine eigenständige Steuererklärung für die Grunderwerbsteuer ist nicht abzugeben. Vielmehr ist die zu erstattende Anzeige eine **Steuererklärung** i.S.d. Abgabenordnung (§ 19 Abs. 5 Satz 1 GrEStG). Damit gelten die allgemeinen Vorschriften für Steuererklärungen. Unzutreffende Angaben können zur Steuerhinterziehung führen und begründen sowohl für den Anzeigenden als auch den Gesamtrechtsnachfolger eine Pflicht zur Berichtigung der Anzeige gem. § 153 Abs. 1 AO.[3] Hieraus resultieren **steuerstrafrechtliche Gefahren** des Steuerschuldners, soweit die Erklärung des Dritten unvollständig ist oder die Höhe der Bemessungsgrundlage zu gering angegeben wurde. Als Maßnahme der Tax Compliance empfiehlt es sich, den Notar um Zusendung einer Kopie der Anzeige zu bitten und diese zu kontrollieren.

2.335 Die Anzeigepflicht nach § 19 GrEStG löst die maximal drei Jahre währende **Anlaufhemmung** der Festsetzungsfrist gem. § 170 Abs. 2 Satz 1 Nr. 1 AO aus. Da die Erfüllung der Anzeigepflicht durch den nach § 18 GrEStG Verpflichteten (Behörden, Gerichte, Notare) den Steuerschuld-

---

1 Vgl. dazu *Fischer* in Boruttau, GrEStG[16], § 1 Rz. 901 ff.
2 Vgl. BFH v. 6.7.2005 – II R 9/04, BStBl. II 2005, 780 (781); v. 11.6.2008 – II R 55/06, BFH/NV 2008, 1876 (1877).
3 Vgl. hierzu auch *Hofmann/Hofmann*, GrEStG[9], § 19 Rz. 15.

nern zugutekommt, lässt z.B. die Anzeige des Notars die vorgenannte Anlaufhemmung enden, auch wenn der Steuerschuldner selber keine Anzeige erstattet hat.[1]

3. Risiko- und Gefahrenminimierung, Schadensabwehr/-minimierung, Schadensausgleich und Evaluierung

Wie bei der Erbschaft- und Schenkungsteuer gelten auch bei der Grunderwerbsteuer die Grundsätze zur Risiko- und Gefahrenminimierung, die schon im Abschnitt zu den **Ertragsteuern** dargestellt sind (vgl. Rz. 2.12 ff.).

2.336

Auch bei der Grunderwerbsteuer steht ein gesondertes Instrumentarium der **Rückgängigmachung** von Erwerben zur Verfügung (§ 16 GrEStG). Möglich sind die Rückgängigmachung des Erwerbsvorgangs vor Eigentumsübergang (Abs. 1), nach demselben (Abs. 2) und die Herabsetzung der Gegenleistung (Abs. 3). § 16 GrEStG **unterscheidet** sich in den Voraussetzungen und Rechtsfolgen wesentlich von § 29 Abs. 1 Nr. 1 ErbStG. Insbesondere enthält er eine zeitliche Schranke (zwei Jahre seit Entstehen der Grunderwerbsteuer).

2.337

Die bei den Ausführungen zu den **Ertragsteuern** dargestellten Grundsätze zur Schadensabwehr und -minimierung, Schadensausgleich und Evaluierung (vgl. Rz. 2.15) gelten – wie im Erbschaft- und Schenkungsteuerrecht – auch bei der Grunderwerbsteuer.

F. Risiken der Umstrukturierung von Unternehmen

I. Einführung

Ein unternehmerisch implementiertes **Sicherungssystem**, das vor Gesetzesverstößen und ihren Folgen schützt (Rz. 1.1 f.), ist im **Bereich der Umstrukturierung** von großer Bedeutung. Die Umstrukturierung arbeitet am „offenen Herz": Häufig am Jahresende müssen Gesetzesänderungen, die erst wenige Tage alt sind oder sich noch im Gesetzgebungsverfahren befinden, bekannt sein und ggf. unter Zeitdruck umgesetzt werden. Die Klaviatur spielt auf allen Steuerarten. Die Umgestaltung der unternehmerischen Betätigung betrifft das Einkommen-, Körperschaft-, Gewerbe-, Umsatz-, Grunderwerb-, Schenkung- und Umwandlungsteuerrecht.

2.338

Gesteigerte Schadenswahrscheinlichkeit und der ggf. große Schadensumfang im Fall steuerlich fehlschlagender Umstrukturierung zwingen

2.339

---
1 Vgl. *Hofmann/Hofmann*, GrEStG[9], vor § 15 Rz. 18; Voraussetzung sind jedoch der Zugang beim zuständigen Finanzamt und die Bezeichnung als Anzeige nach dem Grunderwerbsteuergesetz, vgl. BFH v. 3.3.2105 – II R 30/13, BFH/NV 2015, 1056.

Unternehmen seit jeher, sich – bislang weitgehend unbewusst – mit Tax Compliance auseinanderzusetzen. Die steueroptimierte Umstrukturierung im Rahmen eines gesetzmäßigen Tax Risk Management ist originär richtig verstandenes Tax Compliance.

II. Typische Fehlerursachen

1. Unzureichende materielle Rechtskenntnis

2.340 Die Fehlerquellen für steuerlich fehlschlagende Umstrukturierungen sind **vielschichtig**. Sie können materieller, verfahrensrechtlicher, tatsächlicher oder taktischer Art sein.

Eines der Hauptrisiken ist **unzureichendes Know-how** der **steuerlichen Entscheidungsträger**. Gerade **veraltetes Wissen** um aktuelle Steuergesetze und Rechtsprechung sind Schadensquellen Nummer eins.[1] Die Steuerabteilung muss fortlaufend und aktuell über Entwicklung in Gesetzgebung und Rechtsprechung informiert sein. Dabei ist die Halbwertzeit des steuerlichen Wissens gering.

2.341 **Beispiel 1:**

Zwischen dem I. und dem IV. Senat des BFH ist umstritten, ob § 6 Abs. 5 EStG die **steuerneutrale**, unentgeltliche **Übertragung** von einzelnen **Wirtschaftsgütern** zwischen **Schwester-Personengesellschaften** möglich ist. Der I. Senat des BFH verneint, der IV. Senat des BFH bejaht die steuerneutrale Übertragungsmöglichkeit zwischen zwei Gesamthandsvermögen.[2] Der I. Senat hat die Frage zwischenzeitlich dem BVerfG im Rahmen eines Normenkontrollverfahrens zur Prüfung vorgelegt wegen Verstoßes gegen den Gleichheitssatz nach Art. 3 Abs. 1 GG.[3] Erfolgt – bspw. zwischen verbundenen Schwester-Personengesellschaften – die unentgeltliche Überführung von einem Gesamthandsvermögen in das andere Gesamthandsvermögen, besteht das Risiko einer Entnahme auf Ebene der übertragenden Gesellschaft zum Teilwert.

2.342 **Beispiel 2:**

Mit Urteil vom 17.7.2008 hat der BFH – entgegen dem Umwandlungssteuererlass – entschieden, dass die das **gesamte Nennkapital** umfassende Beteiligung an einer Kapitalgesellschaft keinen **Teilbetrieb** i.S.v. § 24 Abs. 1 UmwStG darstelle und daher nicht nach UmwStG steuerneutral in eine Personengesellschaft als Teilbetrieb eingebracht werden kann.[4]

2.343 **Beispiel 3:**

Häufiger Änderung unterliegen die Vorschriften zu den **Sperr- und Haltefristen** (vgl. beispielsweise §§ 6 Abs. 3 Satz 1, 15 Abs. 2, 18 Abs. 3, 22 Abs. 1 bis 2, 22 Abs. 3, 24

---

1 *Büssow*, BB 2005, 2437 (2444); vgl. auch *Wollweber/Schwedhelm*, BB 2008, 2208 ff.
2 BFH v. 25.11.2009 – I R 72/08, FR 2010, 381; v. 15.4.2010 – IV B 105/09, BStBl. II 2010, 971 = FR 2010, 760, vgl. zum Streitstand auch: *Röhring/Demant*, EStB 2011, 33 (77).
3 Vorlage des I. Senats des BFH an das BVerfG, BFH v. 10.4.2013 – I R 80/12, FR 2013, 1084 = DStR 2013, 2158, Az. des BVerfG: 2 BvL 8/13.
4 BFH v. 17.7.2008 – I R 77/06, BStBl. II 2009, 464 = FR 2008, 1149.

Abs. 5, 6 Abs. 3 Satz 2 UmwStG; §§ 6 Abs. 5 Satz 4, 16 Abs. 3 Satz 3 ff. EStG). Gleichermaßen müssen die Antragswahlrechte nach UmwStG, bspw. der Antrag auf Buchwertansatz nach § 3 Abs. 2 UmwStG bis spätestens zur Einreichung der Schlussbilanz ausgeübt worden sein.[1]

Beispiel 4: 2.344

Immer wieder übersehen werden aktuelle Entwicklungen in der Rechtsprechung zu Fragen der **wesentlichen Betriebsgrundlagen**. Eine Vielzahl von Regressverfahren ist zu der Qualifikation von Wirtschaftsgütern als wesentliche Betriebsgrundlage anhängig gewesen.

Ursprünglich war die Finanzverwaltung im Rahmen der Betriebsaufspaltung davon ausgegangen, dass allgemeine **Büro- und Verwaltungsgebäude**, die nicht besonders zur Nutzung durch den Betrieb hergerichtet sind, keine wesentlichen Betriebsgrundlagen sind (vgl. R 137 Abs. 5 Nr. 1 Satz 11 EStR 1990). Durch Entscheidung vom 23.5.2000 ist der BFH dem entgegen getreten: Auch solche Büro- und Verwaltungsgebäude, die nicht gesondert für die Bedürfnisse des Betriebs hergerichtet sind, sollen danach jedenfalls dann als wesentliche Betriebsgrundlage im Rahmen der Betriebsaufspaltung qualifiziert werden, wenn es die räumliche und funktionale Grundlage für die Geschäftstätigkeit der Betriebsgesellschaft darstellt.[2] Auf Grundlage dieser Rspr. ist davon auszugehen, dass für den Regelfall jedes allgemeine Büro- und Verwaltungsgebäude, das z.B. vom Besitzunternehmen an das Betriebsunternehmen überlassen wird, eine wesentliche Betriebsgrundlage darstellt und in der Folge eine sachliche Verflechtung nach den Grundsätzen der Betriebsaufspaltung begründet. Das Grundstück ist – soweit zusätzlich personelle Verflechtung vorliegt – steuerverstrickt und Betriebsvermögen. Die – ggf. unbeabsichtigte – Aufhebung der Betriebsaufspaltung führt zur Hebung der stillen Reserven.

Beispiel 5: 2.345

Gerne übersehen werden komplexe Vorschriften aus dem Bereich des **steuerlichen Anrechnungs-** und **Erstattungsrechts**:

Die A-GmbH soll zum 31.12.2003 formwechselnd in eine GmbH & Co. KG umgewandelt werden. Um das Körperschaftsteuerguthaben i.S.d. **§ 37 Abs. 2 KStG a.F.** i.H.v. € 900.000,– zu realisieren, schüttet sie ihr gesamtes verwendbares Eigenkapital aufgrund eines Beschlusses vom 30.12.2003 an ihre Gesellschafter aus. Hierdurch soll die Realisierung des Körperschaftsteuerguthabens erreicht werden.

Was **übersehen** wurde: Die Ausschüttung erfolgte im zeitlichen Geltungsbereich des Körperschaftsteuer-Moratoriums nach § 37 Abs. 2a KStG a.F. Danach konnte im Zeitraum 11.4.2003 bis zum 1.1.2006 eine ausschüttungsbedingte Minderung der Körperschaftsteuer nicht erfolgen.

Gegen das **Finanzamt** lässt sich **argumentieren**, dass es gleichheitswidrig ist, wenn § 10 UmwStG a.F. i.V.m. § 37 Abs. 2a KStG a.F. ein Verständnis zugrunde gelegt wird, nach dem – entgegen der gesetzgeberischen Zielsetzung – Körperschaftsteuerguthaben vollständig vernichtet wird, obwohl eine solche Vernichtung bei erweitertem Auslegungsverständnis des § 10 UmwStG, der die Realisierung des Körperschaftsteuerguthabens durch Ausschüttungen im zeitlich-sachlichen Zusammenhang zur Umwand-

---

[1] Zum Ganzen: *Koch*, BB 2011, 1067 ff.
[2] BFH v. 23.5.2000 – VIII R 11/99, BStBl. II 2000, 621 = FR 2001, 33 m. Anm. *Fischer*.

lung zulässt, ohne Abstriche an den gesetzgeberischen Zielen vermieden werden könnte.[1]

2. Unzureichende Sachverhaltsaufklärung

2.346 Wesentliche Gefahrenquelle in Umstrukturierungsfällen ist eine **unzureichende Sachverhaltsaufklärung** bzw. Information der steuerlichen Entscheidungsträger. Die Steuerabteilung muss in ein Informations- und Reporting-System eingebunden werden, durch das die Steuerabteilung umfassend und fortlaufend über sämtliche steuerrelevante Vorgänge und Planungen in Kenntnis gesetzt wird.[2] Auf Ebene der Steuerabteilung muss Klarheit bestehen, welche Informationen steuerrelevant sind. Es ergibt sich ein Konnex zwischen Informationsanforderung und Rechtskenntnis: Den Sachverhalt erschöpfend aufklären kann nur der, der weiß, welche Informationen er benötigt.

2.347 **Beispiel 1:**

Paradefall einer unzureichenden Sachaufklärung ist die aufgrund unzureichender Sachverhaltsaufbereitung übersehene **Betriebsgrundlage**:

Eine Personengesellschaft ist einzige Kommanditistin einer nachgelagerten Tochter-GmbH & Co KG. Das **Verwaltungsgrundstück**, das von beiden Gesellschaften anteilig genutzt wird, steht im Alleineigentum der Muttergesellschaft. Die Tochtergesellschaft hat für ihre Tätigkeit einen eigenen Gebäudetrakt in der Verwaltungsimmobilie angemietet. Das Verwaltungsgebäude ist bislang als „normales" Gesamthandsvermögen in der Steuerbilanz der Muttergesellschaft erfasst. Die Muttergesellschaft bringt ihre Kommanditbeteiligung an der Tochtergesellschaft in eine GmbH gegen Gewährung neuer Geschäftsanteile ein. Die Einbringung soll zu Buchwerten erfolgen. Das Verwaltungsgebäude, das in der Steuerbilanz der Muttergesellschaft steht, bleibt auch nach der Einbringung weiterhin im ungeteilten Alleineigentum der Muttergesellschaft.

Was nicht beachtet wurde: Der von der Tochtergesellschaft genutzte Gebäudetrakt ist nach § 15 Abs. 1 Nr. 2 EStG **Sonderbetriebsvermögen** der Tochtergesellschaft. Die Eigenschaft als Sonderbetriebsvermögen bleibt auch dann erhalten, wenn das Wirtschaftsgut zu einem anderen Betriebsvermögen des Gesellschafters – vorliegend der Muttergesellschaft – gehört. Das Verwaltungsgebäude war daher falsch bilanziert. Der auf die jeweilige Tochtergesellschaft entfallende Gebäudeteil hätte als deren Sonderbetriebsvermögen erfasst werden müssen.

Die fehlende Einbringung des von der Tochtergesellschaft genutzten Gebäudeteils in die GmbH führt zur **Aufdeckung sämtlicher stiller Reserven** des Kommanditanteils. § 20 UmwStG ist nicht anwendbar. Die Vorschrift setzt voraus, dass sämtliche wesentlichen Betriebsgrundlagen, die sich im Betriebsvermögen oder Sonderbetriebsvermögens eines Mitunternehmeranteils befinden, in die übernehmende Kapitalgesellschaft eingebracht werden.

---

[1] Vgl. hierzu: BVerfG v. 17.11.2009 – 1 BvR 2192/05, DStR 2010, 434 ff. = FR 2010, 472.
[2] *Büssow*, DB 2005, 2437 (2443).

Das Beispiel zeigt: Vor Umstrukturierungsmaßnahmen müssen **sämtliche** 2.348
Nutzungsüberlassungsverhältnisse zwischen den verbundenen Unternehmen **geprüft** werden. In jedem Fall sollten im Vorgriff auf die Umstrukturierung Checklisten erstellt werden, in denen u.a. sämtliche Nutzungsverhältnisse zwischen verbundenen Unternehmen, Gesellschaftern und nahestehenden Personen abgefragt werden. Eine bloße Durchsicht anhand der Bilanzen reicht keinesfalls. Sämtliche beteiligten Entscheidungsträger und zuständigen Personen sind nach den tatsächlichen Nutzungs- und Überlassungsverhältnissen zu fragen, dies gerade in Konzernen, in denen schriftliche Nutzungsvereinbarungen oftmals nur rudimentär ausgeprägt sind oder vollständig fehlen.

Beispiel 2: 2.349
Ein weiteres Beispiel mag das unbedingte Erfordernis zur Prüfung anhand der tatsächlich bestehenden Fakten verdeutlichen:
Der Einzelunternehmer A vertreibt in Deutschland Holzprodukte. Er ist zu 100 % an einer polnischen Kapitalgesellschaft beteiligt, die ca. 75 % des Holzes für den Vertrieb in Deutschland liefert. Der Steuerberater hat die polnische **Beteiligung** bislang **im Privatvermögen** erfasst. Zum 1.1.2008 bringt der Einzelunternehmer im Wege der Ausgliederung seinen Betrieb in Deutschland in eine neu gegründete GmbH gegen Gewährung von Anteilen ein. Die polnische Beteiligung wird nicht übertragen.

Das Finanzamt wird argumentieren, die polnische Beteiligung sei **notwendiges Betriebsvermögen** und zugleich **wesentliche Betriebsgrundlage** des Einzelbetriebs. Notwendiges Betriebsvermögen liegt vor, wenn die Beteiligung dazu bestimmt ist, die unternehmerische Betätigung des Steuerpflichtigen entscheidend zu fördern, wenn sie dazu dienen soll, den Absatz von Produkten des Steuerpflichtigen zu gewährleisten oder enge geschäftliche Beziehungen zwischen der Kapitalgesellschaft und dem Betrieb bestehen, so dass die Beteiligung an der Kapitalgesellschaft objektiv erkennbar unmittelbar dem Betrieb dient.[1] Eine solche Beteiligung ist zugleich wesentliche Betriebsgrundlage, wenn es sich um eine 100%ige Beteiligung an einer Kapitalgesellschaft handelt, die für einen produzierenden Betrieb bspw. den alleinigen Vertrieb übernimmt[2] oder Hauptlieferant ist. Da die polnische Beteiligung nicht in die übernehmende GmbH eingebracht wurde und § 20 UmwStG die Übertragung sämtlicher wesentlicher Betriebsgrundlagen voraussetzt, ist aus Sicht der Finanzverwaltung eine Buchwertführung nicht möglich. Sämtliche stillen Reserven werden aufgedeckt.

Eine unterbleibende Sachverhaltsaufklärung birgt auch Gefahren mit 2.350
Blick auf **Sperr-** oder **Haltefristen**. Das Steuerrecht kennt eine Fülle solcher Fristen, deren Übergehen zur Aufdeckung stiller Reserven führt, so

---
1 BFH v. 8.12.1993 – XI R 18/93, BStBl. II 1994, 296 = FR 1994, 252; v. 6.3.2003 – XI R 52/01, BStBl. II 2003, 658 = FR 2003, 846 m. Anm. *Weber-Grellet*.
2 *Patt* in Dötsch/Patt/Pung/Möhlenbrock, UmwStG⁷, § 20 UmwStG (SEStEG) Rz. 60, m.w.N.

z.B. §§ 6 Abs. 3 Satz 1, 15 Abs. 2, 18 Abs. 3, 22 Abs. 1 bis 2, 22 Abs. 3, 24 Abs. 5, 6 Abs. 3 Satz 2, §§ 6 Abs. 5 Satz 4 und 16 Abs. 3 Satz 4 ff. EStG.

2.351 **Beispiel 3:**
Eine Kapitalgesellschaft wird im Jahr 01 in eine Personengesellschaft formwechselnd umgewandelt. Nach vier Jahren entschließen sich die Gesellschafter, die Personengesellschaft zu liquidieren. Das Finanzamt verlangt auf den Aufgabegewinn vollständig Gewerbesteuer. **Nicht beachtet** wurde die **5-Jahres-Haltefrist** nach § 18 Abs. 3 Satz 1 UmwStG.

2.352 Im Rahmen von Umstrukturierungen sollten daher in jedem Fall die steuerlich nachlaufenden Halte- oder Sperrfristen in einem (Fristen-)Kalender notiert und überprüft werden.

3. Fehler in der Vertragspraxis

2.353 Häufig werden im Vorgriff auf Umstrukturierungsmaßnahmen die zivilvertraglichen Grundlagen nicht an die steuerlichen Erfordernisse angepasst oder nicht hinreichend auf ihre steuerliche Problematik untersucht. Regelmäßig greift das Gefühl der „Papierhoheit": Die Verträge zwischen **verbundenen Unternehmen** sind mit einer **gewissen Beliebigkeit** aufgesetzt, zum Teil allein für das Finanzamt oder aufgrund zivilrechtlicher Formnotwendigkeiten (z.B. Gesellschaftsvertrag einer Konzerngesellschaft). Gerade die nicht im Interessenwiderstreit zwischen fremden Dritten ausgehandelten Verträge müssen im Vorgriff zu einer Umstrukturierung genauestens überprüft werden.

2.354 **Beispiel 1:**
a) Der 30 Jahre alte Gesellschaftsvertrag einer in den Personengesellschaftskonzern eingebundenen GmbH & Co. KG sieht mit Blick auf das Eigenkapital allein ein festes Kapitalkonto I, im Übrigen nur ein „**Gesellschafterdarlehenskonto**" vor. Genaue Definitionsmerkmale, ob dieses „Gesellschafterdarlehenskonto" Teil des Eigen- oder Fremdkapitals ist, fehlen im Gesellschaftsvertrag. Im Rahmen einer Umstrukturierungsmaßnahme bringt die alleinige Kommanditistin der GmbH & Co. KG den Betrieb einer Schwestergesellschaft in die GmbH & Co. KG ein. Die Einbringung soll zu **Buchwerten** erfolgen. Die Gegenbuchung erfolgt auf dem „Gesellschafterdarlehenskonto".

Im Beispielsfall droht das nicht unerhebliche Risiko der **Aufdeckung** der **stillen Reserven**: § 24 UmwStG ist nur anwendbar, soweit die Einbringung „gegen Gewährung von Gesellschaftsrechten" erfolgt; wird die Gegenbuchung für die Aktivierung eines eingelegten Betriebs auf einem echten Kapitalkonto II des einbringenden Gesellschafters vorgenommen, erhält der Einbringende Gesellschaftsrechte i.S.d. § 24 Abs. 1 UmwStG.[1] Die bloße Buchung auf einem echten Darlehenskonto reicht hingegen nicht aus.[2] Die ungeprüfte Buchung der Einbringung auf dem „Gesell-

---
1 BMF v. 11.11.2011 – IV C 2 - S 1978-b/08/10001 – DOK 2011/0903665, BStBl. I 2011, 1314 (1399) Rz. 24.07; BFH v. 18.9.2007 – IV B 87/06, BFH/NV 2008, 105.
2 BMF v. 11.11.2011 – IV C 2 - S 1978-b/08/10001 – DOK 2011/0903665, BStBl. I 2011, 1314 (1399) Rz. 24.07.

schafterdarlehnskonto" führt damit zu einer erheblichen Gefahr hinsichtlich der Aufdeckung sämtlicher stillen Reserven.

b) Nicht hinreichend genau wird oftmals auch mit Blick auf die konkrete **vertragstechnische Umsetzung** gearbeitet:

Beispiel 2: 2.355
Frau S hält an einer GmbH einen Geschäftsanteil von 0,5 %. Diese sind nach § 17 EStG **nicht steuerverstrickt**. Außerdem hat ihr der Ehemann einen zweiten Geschäftsanteil von 0,4 % unentgeltlich übertragen. Letztgenannter Geschäftsanteil hatte zuvor zu einer **wesentlichen**, d.h. **steuerverstrickten Beteiligung** i.S.d. § 17 EStG gehört. Die GmbH wird formwechselnd in eine AG umgewandelt. Die im Rahmen der formwechselnden Umwandlung neu ausgegebenen Aktien sind zwar nummeriert, allerdings ist im Gründungsbericht versäumt worden, die ausgegebenen Aktien konkret jeweils einem der untergegangenen Geschäftsanteile zuzuordnen. Nach der formwechselnden Umwandlung veräußert die Ehefrau Aktien im Nennwert von 0,5 % des Nennkapitals.

Das Finanzamt unterwirft den erheblichen **Veräußerungsgewinn** zu 4/9 der **Besteuerung** nach **§ 17 Abs. 1 EStG**. Es sei – so die Argumentation des Finanzamts – nicht erkennbar, dass die veräußerten Aktien im Nennbetrag von 0,5 % des gesamten Nennbetrags allein auf denjenigen untergegangenen Geschäftsanteil entfallen, der vor der Umwandlung nicht steuerverstrickt war.

Das Beispiel zeigt: Der **präzise Zivilvertrag** zur Umsetzung der Umstrukturierungsmaßnahme ist unerlässlich, wenn Schadensrisiken vermieden werden sollen.

c) Häufig drohen Schäden wegen **fehlender** oder **unzureichender Steuerklauseln** in Gesellschafts- oder Übertragungsverträgen:

Beispiel 3: 2.356
An einer GmbH & Co. KG sind als Kommanditisten zwei GmbHs zu jeweils 25 % und 75 % beteiligt. Die Minderheitsgesellschafterin veräußert ihre gesamte Beteiligung an der KG an die Mehrheitsgesellschafterin. Weder im Gesellschaftsvertrag der GmbH & Co. KG noch im Anteilskaufvertrag ist die **Frage** der **Gewerbesteuer** geregelt.

Der Veräußerungsgewinn durch Veräußerung eines Mitunternehmeranteils einer Kapitalgesellschaft ist gem. § 7 Satz 2 GewStG gewerbesteuerpflichtig. Schuldner dieser Gewerbesteuer ist nicht der veräußernde Gesellschafter, sondern die Personengesellschaft gem. § 5 Abs. 1 Satz 3 GewStG. Damit ergibt sich ein **Gerechtigkeitsproblem**: Einerseits wird der mit der Veräußerung verbundene Gewerbesteueraufwand durch wirtschaftliche Vorgänge hervorgerufen, die allein dem veräußernden Gesellschafter zuzuordnen sind. Andererseits ist die Gewerbesteuer eine Verbindlichkeit der Gesamthand, die zu Lasten aller Gesellschafter passiviert wird. Die Literatur spricht von „fremdbestimmten Steuerauswirkungen" auf Ebene der Gesellschaft.¹ Sachgerecht ist es, diese fremdbestimmten Steuerauswirkungen im Rahmen der gesellschaftsvertraglichen Gewinnverteilung bzw. im Rahmen der kaufvertraglichen Bestimmungen dem veräußernden Gesellschafter zuzuweisen.² Sind derlei Regelungen nicht vorhanden, ist der Streit um die Zuweisung der Gewerbesteuer vorprogrammiert.³

d) Zuweilen fehlt bei Ausgestaltung zivilrechtlicher Verträge grundlegend das **Bewusstsein** der **Steuerrelevanz**:

2.357 In der zweigliedrigen GmbH, die u.a. Eigentümer einer Immobilie ist und über einen Verlustvortrag von € 1.000.000,- verfügt, tobt der Gesellschafterstreit. Der Mehrheitsgesellschafter wird vom Minderheitsgesellschafter durch Gesellschafterbeschluss zwangsweise aus wichtigem Grund ausgeschlossen. Der Gesellschaftsvertrag sieht eine Buchwertabfindung vor. Tatsächlich übersteigt der Verkehrswert den **Buchwert** um ein **Vielfaches**.

Gemäß § 7 Abs. 7 ErbStG i.V.m. § 3 Abs. 1 Nr. 2 Satz 2 ErbStG führt die Abfindung des Gesellschafters unterhalb des steuerlich zu ermittelnden Ertragswerts – z.B. auf Grundlage einer Buchwertklausel – i.H.d. Differenz zwischen Ertrags- und Buchwert zu einer **schenkungsteuerpflichtigen Schenkung** des **Gesellschafters** an die verbleibenden **Gesellschafter**.⁴ Gesellschafter und Gesellschaft sind gem. § 20 Abs. 1 Satz 1 ErbStG Gesamtschuldner der Schenkungsteuer. Das Finanzamt wird die Schenkungsteuer zunächst gegenüber dem Beschenkten, im Beispielsfall also gegenüber dem Minderheitsgesellschafter festsetzen.

Zudem wird die Einziehung zu einer Anteilsvereinigung beim Mehrheitsgesellschafter führen, die nach § 1 Abs. 3 GrEStG Grunderwerbsteuer auslöst. Schuldner der **Grunderwerbsteuer** ist die GmbH.

Schließlich droht der Verlust des Verlustvortrags, da die Einziehung ggf. ein „vergleichbarer Sachverhalt" zur Übertragung von GmbH-Anteilen i.S.d. § 8b Abs. 1 KStG darstellt dürfte mit der Folge, dass mehr als 50 % der GmbH-Anteile durch die Einziehung als übertragen gelten. Rechtsfolge ist grundsätzlich der vollständige Untergang des Verlustvortrags, soweit nicht kompensatorisch stille Reserven gegenüberstehen.

2.358 e) Die Beispiele verdeutlichen: **Verträge** in **Berührung mit Umstrukturierungen** können ohne steuerlich **fundierte Kenntnisse** nicht entworfen

---

1 Vgl. *Wollweber/Beckschäfer*, EStB 2010, 350 ff.; *Scheifele*, DStR 2006, 253, m.w.N.
2 Formulierungsbeispiel: *Wollweber/Beckschäfer*, EStB 2010, 350 ff.
3 Für eine Gewerbesteuerzuweisung an den veräußernden Gesellschafter kraft ergänzender Vertragsauslegung bzw. Treuepflicht: *Knobbe-Keuk*, StuW 1985, 382 (389); *Döllerer*, DStR 1985, 295 (301); *Uelner*, DStJG 14 (1991), 139 (148); *Füger/Rieger*, DStR 2002, 933 (926); *Scheifele*, DStR 2006, 253 ff.; anderer Auffassung: OLG München v. 23.7.1986 – 7 U 5095/85; v. 27.7.1986, nv (juris), zitiert nach *Scheifele*, DStR 2006, 252 (254); *Becher*, DB 2002, 2238 (2239); *Söffing*, DStZ 1993, 585 (590); zum Ganzen: *Wollweber/Beckschäfer*, EStB 2010, 350 ff.
4 Vgl. hierzu *Kamps*, ErbR 2009, 136, 138; *Groß*, ErbStB 2009, 154 ff.

werden. Zivilvertrag, Umstrukturierung und Steuerrecht stehen in untrennbarer, wechselseitiger Symbiose und bedürfen eines dauerhaften „Double-Checks": Keine Zivilgestaltung ohne Steuerecht, keine Steuergestaltung ohne Zivilrecht.

4. Formfehler

Auch **zivilrechtliche Formfehler** bergen erhebliches Schadenspotential: 2.359

a) Dazu **Beispiele**:

Der Alleingesellschafter einer Betriebs-GmbH überlässt der GmbH das in seinem Alleineigentum stehende Betriebsgrundstück zur Nutzung (Betriebsaufspaltung). Die GmbH soll im Rahmen einer Neustrukturierung auf eine **GmbH** gegen **Gewährung** einer **Aktienbeteiligung** von 40 % an den Mandanten verschmolzen werden (**Beendigung** der **personellen Verflechtung**). Um die Eigenschaft als **Betriebsvermögen** des **Grundstücks** gleichwohl **zu erhalten** und damit die Aufdeckung stiller Reserven zu verhindern, soll eine (gewerblich geprägte, § 15 Abs. 3 Nr. 2 EStG) GmbH & Co. KG gegründet werden, in die das Betriebsgrundstück eingebracht wird. Verschmelzungsvertrag und Gründung der GmbH & Co. KG werden am 31.12.2007 mit sofortiger Wirkung beschlossen. Zugleich wird die Übertragung des Grundstücks auf die GmbH & Co. KG beurkundet. Der Notar meldet die Eintragung der GmbH & Co. KG iGr. eine Woche später zum Handelsregister an. Die Eintragung erfolgt nach drei Wochen. 2.360

Durch die Verschmelzung der GmbH auf die AG ist die personelle Verflechtung zwischen Betriebs- und Besitzunternehmen entfallen. Damit ist die Betriebsaufspaltung beendet. Um die Zwangsprivatisierung des Grundstücks zu verhindern, sollte das Grundstück **steuerneutral** in die **GmbH & Co. KG** eingebracht werden.

Was nicht berücksichtigt wurde: Die GmbH & Co. KG, die kein Handelsgewerbe ausübt, entsteht nach § 2 Satz 1 HGB erst mit ihrer **Eintragung** in das Handelsregister. Bis dahin ist die „GmbH & Co. KG iGr." materiell-rechtlich „normale" GbR. Die bloße Grundstücksvermietung ist keine gewerbliche Tätigkeit i.S.d. § 15 Abs. 2 EStG. Ohne gewerbliche Tätigkeit liegt eine Mitunternehmerschaft i.S.d. § 15 Abs. 1 Satz 1 Nr. 2 EStG nicht vor. Das Gesamthandsvermögen der GbR ist in der Folge zwangsprivatisiert und – unter Aufdeckung der stillen Reserven – in das steuerliche Privatvermögen überführt worden. Die Versteuerung folgt aus § 16 EStG.[1] Der drohende Steuerschaden kann ggf. mit Argumenten der fortgeführten Vertriebsverpachtung im Ganzen verhindert werden.[2]

Die steuerlichen Folgen einer Umwandlung bedürfen daher einer genauen Prüfung des Ablaufs der zivilrechtlichen Formakte, wie auch das folgende Beispiel verdeutlichen mag:

---

[1] Vgl. BFH v. 24.10.2000 – VIII R 25/98, BStBl. II 2001, 321 = FR 2001, 352 m. Anm. *Kempermann*; *Schwedhelm/Wollweber*, DB 2008, 2208 (2209).
[2] BFH v. 11.10.2007 – X R 39/04, FR 2008, 424 m. Anm. *Kanzler* = DB 2008, 270, m.w.N.

2.361 b) Zwei **Schwester-GmbH's** sollen **verschmolzen** werden. Eine der beiden Schwester-Gesellschaften verfügt über einen erheblichen **Verlustvortrag**. Die verlustführende Gesellschaft wird auf die andere Schwestergesellschaft verschmolzen.

Durch die Verschmelzung der verlustführenden Gesellschaft auf die andere Schwester-GmbH **geht** der **Verlust unter**. Bei ggf. anders gewählter Verschmelzungsreihenfolge hätte der Verlust ggf. aufrechterhalten werden können.[1]

5. Lückenhafte steuerliche Gesamtprüfung

2.362 Erhebliche Fehlerquelle in Umstrukturierungsfällen bildet der steuerlich verstellte Blick: Auf „**Biegen und Brechen**" soll ein bestimmter steuerlicher Erfolg erzielt werden. Die starke Fokussierung verleitet, eine Prüfung auf sämtlichen Ebenen, für sämtliche Zeiträume und Steuerarten nicht oder nicht vollständig durchzuführen.

Dazu **Beispiele**:

2.363 a) Im Rahmen von Unternehmensumstrukturierungen soll **Grunderwerbsteuer** gespart werden. Das Grundstück wird nicht übertragen, obwohl es materiell-rechtlich als wesentliche Betriebsgrundlage zu qualifizieren ist und die Zurückhaltung zur Aufdeckung sämtlicher stiller Reserven auf Ebene der Einkommensteuer oder Körperschaftsteuer führt.

2.364 b) Häufig unterlassen wird die **steuerartübergreifende Prüfung**:
Eine GmbH vermietet an ihre Schwester-GmbH ein Betriebsgrundstück zu überhöhtem Mietzins. Von der Steuerabteilung wird das **Risiko** einer **möglichen verdeckten Gewinnausschüttung** und deren Versteuerung nach Ertragsteuerrecht **frühzeitig erkann**t.

Was **nicht geprüft** wird: Die durch den Gesellschafter veranlasste Zahlung überhöhter Vergütungen an eine nahestehende Person können schenkungsteuerpflichtige, freigiebige Zuwendungen der zuwendenden GmbH gegenüber der empfangenden GmbH sein.[2]

2.365 c) Ein weiteres Beispiel verdeutlicht die leicht zu übersehenden **Wechselwirkungen der verschiedenen Steuerarten**:
A ist an der GmbH zu 20 % beteiligt. Die GmbH verfügt über einen erheblichen Verlustvortrag. Er erwägt, im Wege der **vorweggenommenen Erbfolge** die Beteiligung auf den Sohn zu übertragen. Das Privileg nach **§§ 13 a, 13 b ErbStG** für begünstigtes Vermögen soll in Anspruch genommen werden. Die Voraussetzungen des § 13b Abs. 1 Nr. 3 ErbStG – eine Beteiligung von mehr als 25 % – liegen nicht vor. A plant daher eine Stimmpoolvereinbarung mit den übrigen Gesellschaftern, um die Anforderungen des § 13b Abs. 1 Nr. 3 Satz 2 ErbStG zu erfüllen.

2.366 Was **nicht beachtet** wurde: Stimmrechtsvereinbarungen können nach Auffassung der Finanzverwaltung zum Untergang des Verlustvortrags nach § 8c KStG führen. So gehen Verluste einer Kapitalgesellschaft unter, wenn innerhalb von fünf Jahren mittelbar oder unmittelbar mehr als

---

[1] BGH v. 5.12.1996 – IX ZR 61/96, NJW 1997, 1001; *Alvermann/Wollweber*, Stbg. 2008, 356 (359).
[2] BFH v. 7.11.2007 – II R 28/06, BStBl. II 2008, 258 = FR 2008, 585.

25 % des gezeichneten Kapitals oder der Stimmrechte an einer Körperschaft an einen Erwerber oder diesem nahestehende Person übertragen werden oder ein vergleichbarer Sachverhalt vorliegt, § 8c Abs. 1 Satz 1 KStG. Ein vergleichbarer Sachverhalt i.S.d. Vorschrift soll nach Ansicht des BMF[1] bei Stimmrechtsvereinbarungen vorliegen können.[2]

6. Unterbliebene Prüfung der Steuerfolgen für sämtliche Beteiligten

Fehlerursache ist zuweilen, dass eine **Prüfung** für **sämtliche beteiligte Personen unterbleibt**:

Der Alleingesellschafter einer GmbH vermietet das in seinem Alleineigentum stehende Betriebsgrundstück an die GmbH (Betriebsaufspaltung). Die Betriebsaufspaltung besteht seit 20 Jahren. Die **Tochter** soll nach dem Tod des Vaters die **GmbH** als Gesellschafter-Geschäftsführerin weiterführen. Der musisch begabte **Sohn** soll nur das **Grundstück** erhalten. Entsprechende testamentarische Verfügungen trifft der Vater in seinem Testament.

Was **nicht beachtet** wurde: Nach dem Tod des Vaters **entfällt** die **personelle Entflechtung**. Eine Betriebsaufspaltung endet mit dem Erbfall. Die Beendigung der Betriebsaufspaltung führt zur steuerpflichtigen Betriebsaufgabe i.S.d. § 16 Abs. 3 EStG.[3] Die hieraus entstehende einkommensteuerliche Belastung wird in der Person des Erblassers begründet und geht im Wege der Gesamtrechtsnachfolge auf die Erben als sog. Erblasserschuld über (§ 1922 BGB). Die Erben haften für diese Nachlassverbindlichkeit (§ 1967 Abs. 1 BGB).

7. Personenbezogene Wechselwirkungen

Die personenbezogenen Wechselwirkungen von Sachverhalt und Tatbestand sind zuweilen **komplex**:

A-GmbH und B-GmbH gründen eine Beteiligungs-GbR, über die eine 100 %ige Beteiligung einer Enkel-GmbH gehalten wird. Als Geschäftsführer der Beteiligungs-GbR sowie der Enkel-GmbH eingesetzt ist der G. G ist zugleich Geschäftsführer der A-GmbH und der B-GmbH. Gesellschafter der A-GmbH und B-GmbH ist wiederum die X-GmbH. Deren Gesellschafter und Geschäftsführer ist der S. Die Beteiligungs-GbR als vermeintlicher Organträger behandelt sämtliche Leistungsbeziehungen mit der Tochter-GmbH über Jahre als **umsatzsteuerliche Organschaft**.

Das Finanzamt wird die umsatzsteuerliche Organschaft wegen **fehlender organisatorischer Eingliederung** der Organgesellschaft nicht anerkennen: Die Gesellschafter der Beteiligungs-GbR, der Geschäftsführer S der X-GmbH, der in seiner Eigenschaft als Geschäftsführer u.a. die Beteiligungsführung der A-GmbH und der B-GmbH zu bestimmen hat, ist zumindest formell in der Lage, den durch G verkörperten Willen in der A-GmbH und B-GmbH zu torpedieren. Mithin besteht bei einer solchen mehrstöckigen Beteiligungssituation jedenfalls die Möglichkeit einer

---
1 BMF, Schr. v. 4.7.2008 – IV C 7 - S 2745-a/08/10001 – DOK 2008/0349554, BStBl. I 2008, 736 ff. Rz. 7.
2 Vgl. hierzu *Kamps*, FR 2009, 353 (358); ErbR 2009, 136 ff.
3 BFH v. 25.8.1993 – XI R 6/93, BStBl. II 1994, 23 = FR 1994, 18 m. Anm. *Kanzler*.

vom Willen der Beteiligungs-GbR abweichenden Willensbildung in der Tochter-GmbH.[1]

III. Maßnahmen der Compliance im Innenverhältnis

1. Qualifizierte Mitarbeiter

2.370 Maßnahmen der Compliance zur Durchführung von Umstrukturierungsmaßnahmen müssen **verfahrensmäßig abgeschichtet** und in **dauerhaften Unternehmensstrukturen** angelegt sein.

2.371 **Unzureichende** Qualifikation der Mitarbeiter in der Steuerabteilung ist naturgemäß Hauptursache, dass steuerliche Pflichten nicht ordnungsgemäß wahrgenommen, Gestaltungen nicht steueroptimiert oder gar steuerschädlich geplant, Steuerrisiken unzutreffend prognostiziert und Steuerchancen ggf. vertan werden.[2]

Umstrukturierungen sollten nur dann Inhouse vorbereitet werden, wenn die damit befassten Personen mit der Durchführung von Umstrukturierungsmaßnahmen ständig in Kontakt sind und tagesaktuell fortgebildet werden.

2. Richtlinienplanung

2.372 In den **Richtlinien** des Unternehmens sollte die steuerliche Betreuung von Umstrukturierungsvorgängen implementiert sein.[3]

Zunächst muss die Grundsatzentscheidung getroffen werden, ob und in welchen Fällen Umfang Umstrukturierungsmaßnahmen überhaupt **Inhouse** betreut werden.

Außerdem sollte mittels Richtlinien dem ggf. **unzureichenden Verständnis** der **Geschäftsleitung** für **Steuerrisiken** vorgebeugt werden.[4] Eine institutionalisierte, möglichst frühe Einbindung der Steuerabteilung in Umstrukturierungsprozesse ist unerlässlich. Die Steuerabteilung sollte durchgängig in entsprechenden Unternehmensgremien präsent sein, die mit der Planung, Vorbereitung, Durchführung und Nachbereitung von Umstrukturierungsmaßnahmen befasst sind. An die Geschäftsleitung der Tochtergesellschaft sollte richtlinienmäßig die Anweisung erteilt werden, keine Übertragungen oder Umstrukturierungen auf Ebene der Tochter- oder Enkelgesellschaften ohne zentrale gutachterliche Prüfung durch die Steuerabteilungen der Muttergesellschaft bzw. deren Genehmigung durchzuführen.

---

[1] Vgl. BFH v. 26.6.2007 – X B 224/06, UR 2007, 934 ff.
[2] *Büssow*, BB 2005, 2437 (2442).
[3] Vgl. hierzu *Hiller/Straub*, BB 2015, 791 ff.
[4] *Büssow*, BB 2005, 2437 (2442).

Durch organisatorische Maßnahmen ist die vollständige und aktuelle **Informationsverfügbarkeit** sicherzustellen:[1] Die Steuerabteilung muss fortlaufend und umfassend über geplante oder laufende Umstrukturierungen unterrichtet werden. Insofern kann es sich anbieten, der Vertriebs- oder Rechtsabteilung abstrakt vorzuschreiben, bei welchen Vertragstypen und ab welchen Vertragsvolumina ex ante, d.h. vor Vertragsabschluss, die Steuerabteilung oder der externe Berater zwingend vorab hinzuzuziehen, jedenfalls zu informieren sind.

2.373

In der Vorbereitungsphase ist die Kenntnis aller steuerrelevanten Tatsachen zwingend. Die Steuerabteilung sollte aus diesem Grund auf eine **einheitliche Dokumentenverwaltung** für das gesamte Unternehmen, idealer Weise in einem einheitlichen Archiv zurückgreifen können, in dem alle relevanten Dokumente und Verträge hinterlegt sind. Die aktuelle Gesellschaftsstruktur muss anhand sämtlicher Verträge und des Handelsregisters nachvollzogen werden können.

In der Vorbereitung muss jedes **Nutzungsüberlassungsverhältnis** und jede sonstige **Leistungsbeziehung** zwischen den verbundenen Unternehmen untersucht werden. Welche gemeinsam genutzten oder überlassenen Wirtschaftsgüter kommen als wesentliche Betriebsgrundlage in Betracht? Liegt eine – bislang unerkannte – Betriebsaufspaltung vor? Ist die Beteiligung an der ausländischen Vertriebsgesellschaft, ggf. unerkannt, wesentliche Betriebsgrundlage der Mutterpersonengesellschaft und Sonderbetriebsvermögen, das übertragen werden muss?

2.374

Die genaue Tatsachenprüfung muss auch mit Blick auf die **Sperr- und Haltefristen** erfolgen: Dies betrifft insbesondere Umwandlungs- und Übertragungsvorgänge unter Beteiligung von Kapitalgesellschaften. Es greift eine unübersehbare Fülle von Haltefristen.

2.375

3. Erstellen von Check-Listen und Ablaufpläne

Im Vorgriff auf eine Umstrukturierung sollten umfassende **Ablaufpläne** (term sheets) und **Check-Listen** erstellt sein. In den Check-Listen sollten sämtliche potentiell prüfungsrelevanten Fragen abgerufen werden. In den Ablaufplänen sollten die einzelnen durchzuführenden Schritte die tabellarisch und chronologisch ausgewiesen werden. Die Ablaufpläne sollten während der Umstrukturierung fortlaufend nach status aktualisiert werden („offen", „in Bearbeitung", „erledigt"). Alle beteiligten Mitarbeiter und Berater sollten permanenten Zugriff auf den Ablaufplan haben. In den Ablaufplänen sollten auch sämtliche steuerrelevanten Termine und Fristen für die Phase nach Beendigung der Umstrukturierung eingetragen werden, bspw. der Ablauf von Sperr- und Haltefristen, oder die Frist zum Antrag auf Buchwertfortführung nach § 3 Abs. 2 UmwStG.[2] Entsprechende Fristen sollten in jedem Fall auch in einem (Fristen-)**Kalender** erfasst und überprüft werden.

2.376

---

1 Vgl. hierzu auch *Wulf*, AnwBl. 2010, 656 ff.
2 Vgl. hierzu: *Koch*, BB 2011, 1067 (1070).

4. Materiell-rechtliche Prüfung

2.377 Die materiell-rechtliche Prüfung der **Steuerrechtslage** sollte losgelöst von der zunächst angestrebten steuerlichen Zielvorstellung erfolgen. Die alleinige Fokussierung auf ein bestimmtes steuerlich zu erreichendes Ziel verstellt den Blick für andere Steuerarten und andere betroffene Personen.

Im Grundsatz gilt:

Jeder Umwandlungsschritt muss einzeln, für jeden in der Kette, für jede von der Übertragung betroffene Leistungsbeziehung, für jedes von der Übertragung betroffene Wirtschaftsgut, für jede in Betracht kommende Steuerart und für jedes – rückwirkend oder zukünftig – betroffene Steuerjahr geprüft werden.

2.378 Sollten bei Vorbereitung einer Umstrukturierungsmaßnahme **steuerliche Risiken erkannt** werden, die bewusst in Kauf genommen werden, muss das **taktische Vorgehen** mit Blick auf die der Umstrukturierung zugrunde liegenden Verträge strategisch geplant werden: In der Regel helfen knappe, präzise Klauseln, die sich auf die technische Umsetzung beschränken. *Lange* Ausführungen in der Präambel oder in den einzelnen vertraglichen Bestimmungen zur steuerlichen Zielsetzung steigern die Argumentationsmöglichkeiten im Streitfall regelmäßig nicht, wirken auf den Betriebsprüfer aber verdächtig.

2.379 Nach durchgeführter Umstrukturierung sollte eine **Nachbereitung** erfolgen. Ggf. können drohende Haftungsrisiken kurzfristig beseitigt oder jedenfalls minimiert werden.

Auch hierzu ein **Beispiel**:

Im Sonderbetriebsvermögen einer GmbH & Co. KG befindet sich ein Betriebsgrundstück, das der Kommanditist der KG zur Nutzung überlässt. Die KG wird zu Buchwerten in eine GmbH gegen Gewährung neuer Anteile eingebracht. Das Betriebsgrundstück wird nicht übertragen.

In der **Nachbesprechung** einen **Monat nach Umstrukturierung** wird der **Fehler entdeckt**. Eine nachträgliche **Rettung** der Buchwertfortführung ist zu diesem Zeitpunkt ggf. noch **möglich**. § 20 UmwStG schreibt nicht zwingend vor, dass sämtliche Wirtschaftsgüter einer Mitunternehmerschaft in einem einheitlichen Übertragungsvorgang übergehen müssen. Gleichzeitiger Rechtsübergang ist nicht erforderlich; inhaltliche und zeitliche Verknüpfungen der Übertragungsakte reichen aus.[1] Selbst eine rund zwei Jahre andauernde Gesamtübertragung kann im Einzelfall noch als einheitlicher Vorgang beurteilt werden, wenn der erste und letzte Übertragungsakt durch besondere persönliche Umstände verknüpft sind.[2] Wird das Betriebsgrundstück unmittelbar nach der Nachbesprechung in die

---

1 *Schmitt* in Schmitt/Hörtnagl/Stratz, UmwStG[6], § 20 Rz. 208.
2 *Wacker* in Schmidt, EStG[34], § 16 Rz. 121; BFH v. 14.7.1993 – X R 74/90, X R 75/90, BStBl. II 1994, 15 = FR 1993, 841; v. 15.6.2005 – X B 180/03, BFH/NV 2005, 1843.

GmbH eingebracht, bestehen gute Argumentationsmöglichkeiten für die Buchwertfortführung nach § 20 UmwStG.

Bei der Nachbereitung von Umstrukturierungsmaßnahmen sollte auch für die zutreffende Erfassung der **externen Beraterkosten** gesorgt werden. Aus Sicht des Unternehmens ist es verlockend, die Beraterkosten als laufende Betriebsausgaben auf Ebene der umstrukturierten Gesellschaft zu erfassen. Tatsächlich entsteht der überwiegende Berateraufwand regelmäßig nicht auf Ebene der Gesellschaft, sondern auf Ebene der Gesellschafter und führt dort ggf. – auf Seiten der Erwerber – zu bloßen Anschaffungskosten. Für die unzutreffende Verteilung von Beraterkosten sind die Betriebsprüfungen – und auch die Steuerfahndungen – sensibilisiert. 2.380

Schließlich sollten in den Unternehmensrichtlinien **Kontrollmaßnahmen** zur **Überprüfung** der Tätigkeit der **Steuerabteilung** einbezogen werden. Die Report-Pflicht zur Unternehmensleitung ist hier geeignetes Instrument. Zudem muss eine Kontrolle durch die Compliance-Abteilung oder externe Berater erfolgen. 2.381

IV. Maßnahmen der Compliance im Außenverhältnis

In Umstrukturierungsfällen bietet es sich an, Planungssicherheit gegenüber den Finanzbehörden durch Einholung einer **verbindlichen Auskunft** zu schaffen.[1] Nach § 89 Abs. 2 Satz 1 können die Finanzämter verbindliche Auskünfte über die steuerliche Beurteilung von genau bestimmten, noch nicht verwirklichten Sachverhalten erteilen, wenn daran im Hinblick auf die erheblichen steuerlichen Auswirkungen ein besonderes Interesse besteht. Der von der Finanzverwaltung verbindlich zu prüfende Sachverhalt darf noch nicht verwirklicht sein. Die Erteilung einer verbindlichen Auskunft steht grundsätzlich im pflichtgemäßen Ermessen der Finanzbehörde. Gemäß Ziff. 3.5.4. des Anwendungserlasses zur Abgabenordnung erteilt die Finanzverwaltung verbindliche Auskünfte nicht für Angelegenheiten, bei denen die Erzielung eines Steuervorteils im Vordergrund steht (z.B. Prüfung von Steuersparmodellen, Feststellung von Grenzpunkten für das Handeln eines ordentlichen Geschäftsleiters etc.). Wird die verbindliche Zusage erteilt, ist das Finanzamt hieran grundsätzlich nach Treu und Glauben gebunden, wenn der Sachverhalt genauso wie mitgeteilt umgesetzt wird, vgl. Ziff. 3.6.1. AEAO. 2.382

Kann – aus zeitlichen oder sonstigen Gründen – im Vorgriff auf eine Umstrukturierungsmaßnahme **keine verbindliche Auskunft** eingeholt werden, oder verweigert die Finanzverwaltung die Gewährung – z.B. bei einer allein steuerlich motivierten Umstrukturierung –, müssen das im Haus verfügbare Know-how und die Steuerrisiken genau evaluiert werden: Wichtig ist eine ehrliche Selbsteinschätzung des eigenen Könnens und der 2.383

---

[1] Zur verbindlichen Auskunft bei Steuerplanung: *Olgemöller*, AG 2014, 393; *Wollweber/Olgemöller*, Stbg. 2008, 206.

bestehenden Risiken. Ggf. bietet es sich an, die Umstrukturierungsmaßnahmen auszulagern, dies nicht zuletzt mit Blick auf die damit einhergehende Haftungsverlagerung auf den externen Berater.

V. Risk Management im Verhältnis zum Berater

2.384 Regelmäßig werden Umstrukturierungsmaßnahmen in die Hände **externer Berater** – Rechtsanwälte, Steuerberater, Wirtschaftsprüfer – gegeben. Für das Risk Management sollten **formelle Punkte** beachtet werden:

1. Die Beauftragung des Beraters sollte **schriftlich** erfolgen. In der schriftlichen Beauftragung sollte der **Mandatsgegenstand** genau **benannt** werden. So können Schwierigkeiten in einem späteren Haftungsprozess minimiert werden: Die Darlegungs- und Beweislast im Haftungsprozess über den Umfang des Mandats trifft allein den anspruchstellenden Mandanten.[1] Im Falle eines fehlenden schriftlichen Mandatsvertrags sollte die – ggf. zuvor mündlich besprochene – Beauftragung jedenfalls schriftlich mit Zugangsnachweis bestätigt werden (z.B. Faxbericht). Es kann ratsam sein, **den Zweck** der **Umstrukturierungsmaßnahme** – z.B. die Erzielung eines bestimmten steuerlichen Erfolgs oder die Wahrung der Steuerneutralität – konkret zu benennen. Zum einen definiert die Nennung der Zielvorstellung den Mandatsgegenstand. Ist zudem die nachfolgende Beratung durch die externen Berater fehlerhaft und entsteht ein Schaden, ist die Beweisführung zur Kausalität zwischen Pflichtverletzung und Schaden leichter, ergibt sich doch aus der Mandatsvereinbarung, dass es dem Unternehmen gerade auf die Realisierung eines bestimmten Steuereffekts ankommt und es im Sinne eines rechtmäßigen Alternativverhaltens von Anfang an von der fehlerhaft empfohlenen Gestaltung Abstand genommen hätte, wenn ihm die damit einhergehende Steuerschädlichkeit bekannt gewesen wäre.

2. Bei schriftlicher Mandatsfixierung kann es sich anbieten, auch in **personeller Hinsicht** die **Reichweite** – beispielsweise zugunsten von **Tochtergesellschaften** – festzulegen. Zwar können Tochtergesellschaften der auftraggebenden Muttergesellschaft in den Schutzbereich des Steuerberatungsvertrags nach den Grundsätzen des Vertrags mit Schutzwirkung zugunsten Dritter fallen.[2] Eine ausdrückliche Darstellung im Mandatsvertrag schafft allerdings zusätzliche Rechtssicherheit.

3. Durch die Beauftragung externer Berater mit der Umstrukturierung kann das **Schadensrisiko ausgelagert** werden, dies auch dann, wenn die Steuerabteilung selbst über erhebliches Steuer-Know-how verfügt und bei der Planung und Umsetzung assistiert: Beauftragt die Steuerabteilung eines Unternehmens externe Berater umfassend, d.h. ohne Einschränkung des Mandatsgegenstands auf einzelne Spezialfragen, mit der Planung, Be-

---

[1] *Wollweber/Alvermann*, Stbg. 2008, 356; *Sieg* in Zugehör/Fischer/Sieg/Schlees, Handbuch Anwaltshaftung[2], Teil I, Abschn. 1 Rz. 438, m.w.N.
[2] Vgl. hierzu *Wollweber/Alvermann*, DStR 2008, 1707, 1709.

ratung und Durchführung einer Umstrukturierungsmaßnahme und erfolgt eine pflichtwidrige Falschberatung, greifen unterhalb der Vorsatzschwelle regelmäßig Argumente des Mitverschuldens der Steuerabteilung nicht durch: Das Mitverschulden des Mandanten, der einen Fehler seines vertraglichen Fachberaters nicht erkennt und verhindert, tritt grundsätzlich gegenüber dem Verschulden des beauftragten Fachberaters zurück.[1] Dies gilt selbst dann, wenn der Mandant Jurist oder Rechts- oder Steuerberater ist.[2]

4. Sofern die externen Berater **Allgemeine Auftragsbedingungen** verwenden oder gesonderte **Haftungsvereinbarungen** abschließen,[3] sind diese genau zu untersuchen: Die Reichweite der Einstandspflicht der Berater sollte mit Blick auf eine zutreffende Prognose des eigenen Schadensrisikos bereits vor Durchführung der Umstrukturierung bekannt sein. Abgeklärt werden sollte, wie hoch der Berater haftpflichtversichert ist. Bei schadensgeneigten Umstrukturierungsmaßnahmen kann es sich im Einzelfall anbieten, mit dem Berater über den Abschluss einer weitergehenden Einzelhaftpflichtversicherung für die geplante Umstrukturierung zu verhandeln.

Vorsicht ist geboten, soweit **Steuerberater** oder **Wirtschaftsprüfer** in **rechtlichen Angelegenheiten** beraten. Auch nach dem Inkrafttreten des Rechtsdienstleistungsgesetzes vom 1.7.2008 bleibt das Monopol der Rechtsberatung im Grundsatz bei den Anwälten. Steuerberater sind jenseits des § 1 StBG zur außergerichtlichen Rechtsberatung nach § 5 Abs. 1 RDG nur befugt, wenn diese Beratung als Nebenleistung zum Berufs- oder Tätigkeitsbild gehört. Die Rechtsberatung des Steuerberaters außerhalb der Steuerberatung i.S.d. § 1 StBG ist damit auch zukünftig unerlaubte Tätigkeit, wenn sie nicht bloße Nebenleistung ist. Eine unerlaubte rechtsberatende Tätigkeit ist nach den Allgemeinen Versicherungsbedingungen für steuerberatende Berufe nicht versichert. Es kann daher kurzsichtig sein, den Steuerberater oder Wirtschaftsprüfer mit der Erstellung umfassender Vertragsentwürfe im Zusammenhang mit Umstrukturierungen zu beauftragen, um Honorare für Anwälte zu sparen, wenn hierdurch zugleich der Haftpflichtversicherungsschutz entfällt.[4]

Schließlich sollte bekannt sein, ob für den von der Umstrukturierungsmaßnahme betroffenen Betrieb eine **Rechtsschutzversicherung** auch für abgabenrechtliche Streitigkeiten der Gesellschaft besteht oder – dies ist typisch – die abgabenrechtlichen Streitigkeiten entweder vollständig herausgenommen oder aber nur solche des Unternehmensinhabers umfasst werden.

---

1 BGH vom 28.11.1996 – IX ZR 39/96, GI 1997, 109; vom 12.3.1986, IV a ZR 183/84, WM 1986, 675, 677; vom 17.6.1993 – IX ZR 206/92, NJW 1993, 2797, 2799.
2 So wohl: BGH vom 19.12.1991 – IX ZR 41/91, NJW 1992, 820.
3 Hierzu *Wollweber/Alvermann*, DStR 2008, 1707 ff.
4 Vgl. hierzu *Wollweber/Alvermann*, DStR, 1707 (1710).

G. Grenzüberschreitende Beziehungen

I. Gesetzliche Rahmenbedingungen

2.385 Die steuerlichen Vorschriften für die Behandlung grenzüberschreitender Geschäftsbeziehungen sind besonders streng. Die Finanzverwaltung begegnet steuerlichen Sachverhalten mit Auslandsbezug mit großem Misstrauen, denn die ausländischen Komponenten des Sachverhalts entziehen sich einer effektiven Überprüfung. Die Finanzbehörden sind völkerrechtlich nicht befugt, hoheitliche Befugnisse außerhalb der Staatsgrenzen auszuüben. Deutsche Behörden dürfen keine eigenen Sachaufklärungsmaßnahmen im Ausland ergreifen, sondern sind auf die **internationale Amts- und Rechtshilfe** angewiesen. Die internationale Zusammenarbeit zwischen Steuerbehörden ist aber bis dato – auch innerhalb der EU – nicht annähernd so effektiv wie der Austausch zwischen innerstaatlichen Behörden.[1]

Der Gesetzgeber hat die eingeschränkten Ermittlungsmöglichkeiten der Finanzbehörden in Bezug auf ausländische Sachverhalte sehr weitgehend durch **erweiterte Mitwirkungspflichten** der Steuerpflichtigen selbst ausgeglichen. Als allgemeine Grundregel fungiert § 90 Abs. 2 Satz 1 AO: *„Ist ein Sachverhalt zu ermitteln oder steuerrechtlich zu beurteilen, der sich auf Vorgänge außerhalb des Geltungsbereichs dieses Gesetzes bezieht, so haben die Beteiligten diesen Sachverhalt aufzuklären und die erforderlichen Beweismittel zu beschaffen."*

Zwar bleibt es formal Aufgabe der Behörde, den Sachverhalt von Amts wegen aufzuklären und hierauf aufbauend eine zutreffende Besteuerungsentscheidung zu treffen. Auch bleibt das Finanzamt subjektiv beweispflichtig für alle steuererhöhenden oder steuerbegründenden Tatsachen. Es gilt aber ein stark eingeschränktes Beweismaß. Kommt der Steuerpflichtige seinen besonderen Mitwirkungspflichten für Auslandsbeziehungen nicht nach, so darf das Finanzamt hieraus nachteilige Schlüsse ziehen und gegebenenfalls einen Sachverhalt für die Besteuerung zugrunde legen, der sich an der **für den Steuerpflichtigen** denkbar ungünstigsten möglichen Sachverhaltsgestaltung orientiert.[2] Tax Compliance im Zusammenhang mit grenzüberschreitenden Beziehungen betrifft somit vorrangig die Einhaltung der besonderen Mitwirkungs- und Dokumentationspflichten, die der Gesetzgeber zur Konkretisierung des allgemeinen Grundsatzes aus § 90 Abs. 2 Satz 1 AO erlassen hat. Dies ist die eine Seite.

---

[1] Grundlegend zu diesem „Prinzip der formellen Territorialität" und den Möglichkeiten der zwischenstaatlichen Amts- und Rechtshilfe in Steuersachen § 117 AO sowie *Seer* in Tipke/Kruse, § 117 AO Rz. 1 ff. (Aug. 2013); zur Unzulässigkeit von Außenprüfungs- und Fahndungsmaßnahmen auf fremdem Hoheitsgebiet vgl. nur *Spatscheck/Alvermann*, IStR 2001, 33 ff.
[2] Vgl. nur *Seer* in Tipke/Kruse, § 90 AO Rz. 20 (Aug. 2013), m.w.N.

Andererseits bieten die Besteuerungsunterschiede im internationalen Bereich eine Vielzahl von Möglichkeiten, im Rahmen einer **internationalen** Steuerplanung die Steuerlast durch gezielte Gestaltung von grenzüberschreitenden Wirtschaftsbeziehungen zu beeinflussen, bis hin zur Erzielung von sog. „weißen Einkünften" (also Gewinnen, die keinerlei Besteuerung mehr unterliegen). Während eine „defensive" Steuerplanung zunächst nur darauf abzielt, die doppelte steuerliche Erfassung von grenzüberschreitenden Wirtschaftsbeziehungen zu vermeiden, kann eine „offensive" oder sogar „aggressive" Steuerplanung dahingehend charakterisiert werden, dass sie bewusst versucht, zu einer Steuerbelastung zu gelangen, die unterhalb der von den Staaten gewollten eigentlichen Steuerbelastung liegt, ohne dass es sich dabei bereits um eine illegale Praktik im eigentlichen Sinne handelt, die den Straftatbestand der Steuerhinterziehung erfüllt.[1]

2.386

Deutschland versucht wie andere Industriestaaten auch, eine **Verlagerung von Steuersubstrat** durch international operierende Steuerpflichtige aus Deutschland hinaus in das niedrig besteuernde Ausland zu verhindern. Im Rahmen dieses Spannungsfelds lassen sich eine Reihe typischer „Planungstechniken" der Steuerpflichtigen und damit korrespondierende „Gegenmaßnahmen" des Steuergesetzgebers identifizieren, bspw. sind die Regelungen über die Zinsschranke vor allem eine Reaktion auf den Versuch, durch Gesellschafterfremdfinanzierung Gewinne auf in Niedrigsteuerländern ansässige Konzerngesellschaften zu verlagern.[2] Die OECD hat eine weitreichende Initiative zur Bekämpfung von „schädlichen Steuerpraktiken" gestartet, an der sich auch das deutsche Bundesministerium der Finanzen beteiligt hat. Dieses **BEPS-Projekt** („Action Plan on **Base Erosion and Profit Shifting**") hat erhebliche öffentliche Aufmerksamkeit auf das Thema gelenkt. Es gliedert sich in 15 Unterpunkte. Eine Reihe der Zielvorgaben haben allerdings für Deutschland deshalb keine große Relevanz, da der deutsche Gesetzgebungsstandard den Vorstellungen des BEPS-Projekts bereits entspricht oder darüber hinausgeht. Über Einzelheiten informiert die laufend aktualisierte Website der OECD (http://www.oecd.org/ctp/beps.htm).[3] Bedeutsam aus deutscher Sicht sind insbesondere der Aktionspunkt 2 („Neutralisierung der Effekte hybrider Gestaltungen")[4] und der Aktionspunkt 13 („Überarbeitung der Anforderungen an die Verrechnungspreisdokumentation"), in dem für größere Unternehmen ein „Country-by-Country-Reporting" im Rahmen der Verrechnungspreisdokumentation gefordert wird. In welcher Form diese Projekte in Deutschland umgesetzt werden, muss die Zukunft zeigen.

2.387

---

1 Instruktiv zu den Grundstrukturen der internationalen Steuerplanung bspw. *Frotscher*, Internationales Steuerrecht⁴, Rz. 706 ff., m.w.N.
2 Weitere plastische Beispiele bei *Frotscher*, Internationales Steuerrecht⁴, Rz. 710 f.
3 Instruktiv zu den politischen Rahmenbedingungen *Fehling*, FR 2015, 817; ein knapper Gesamtüberblick findet sich bspw. bei *van Lück*, IWB 2015, 758 und bei *Benz/Böhmer*, DB 2015, 2535.
4 Ausführlich zu dem insoweit relevanten Entwurf eines neuen § 4 Abs. 5a EStG *Körner*, IStR 2015, 449.

2.388 Die maßgeblichen Vorschriften, welche es für eine Tax Compliance bei grenzüberschreitenden Beziehungen zu beachten gilt, finden sich vorrangig in den **Mitwirkungs- und Dokumentationspflichten der AO**, den besonderen Regelungen für die Besteuerung internationaler Sachverhalte aus dem **Außensteuergesetz (AStG)** sowie den **Doppelbesteuerungsabkommen (DBA)**, welche als völkerrechtliche Verträge bilateral zwischen zwei Staaten die Abgrenzung der jeweiligen Besteuerungsrechte (mit dem Ziel der Vermeidung einer Doppelbesteuerung) regeln. Die zunächst als völkerrechtliche Verträge zwischen den Staaten abgeschlossenen Doppelbesteuerungsabkommen werden jeweils durch innerstaatliche Anwendungsgesetze in das bundesdeutsche Recht inkorporiert. Als Vorlage dient häufig das von der OECD 1963 erstmals veröffentlichte und seitdem laufend überarbeitete Musterabkommen (**OECD-MA**).[1] Schließlich ist auch in diesem Bereich eine Vielzahl von Verordnungen und grundlegenden Erlassen der Finanzverwaltung ergangen.[2] Die Regelungen, mit denen der deutsche Gesetzgeber eine Verlagerung von Steuersubstrat in das Ausland zu verhindern versucht, benachteiligen tendenziell grenzüberschreitende Geschäftsbeziehungen gegenüber innerstaatlichen Geschäften gleicher Art. Die Regelungen geraten dadurch in den **Konflikt mit den Grundfreiheiten des EG-Vertrags** und sind daher stets europarechtlich zu hinterfragen.[3] Hier wird vorrangig die Situation von in Deutschland unbeschränkt steuerpflichtigen Personen behandelt, die Geschäftsbeziehungen ins Ausland unterhalten oder sich international engagieren („**Outbound-Fall**"). Die umgekehrte Konstellation, d.h. welche Vorschriften und Risiken für nicht deutsche Steuerpflichtige zu berücksichtigen sind, die Geschäftsbeziehungen ins Inland unterhalten („**Inbound-Fall**") werden nur am Rande dargestellt.

---

1 Weiterführend vgl. *Frotscher*, Internationales Steuerrecht[4], Rz. 46 ff.
2 Insbesondere die nach § 90 Abs. 3 Satz 5 AO erlassene „Gewinnabgrenzungsaufzeichnungs-Verordnung" (GAufzV v. 13.11.2003/14.8.2007/26.6.2013, BGBl. I 2003, 2296, BGBl. I 2007, 1912 sowie BGBl. I 2013, 1809), die nach § 1 Abs. 3 Satz 13 AStG erlassene Funktionsverlagerungs-Verordnung (FVerlV v. 12.8.2008, BGBl. I 2008, 1680) sowie die aufgrund von § 51 Abs. 1 Nr. 1 Buchst. f EStG und anderen Vorschriften erlassene Steuerhinterziehungsbekämpfungs-Verordnung (SteuerHBekV v. 18.9.2009, BGBl. I 2009, 3046); von weitreichender Bedeutung sind daneben z.B. der sog. „Betriebstätten-Erlass" (Betriebsstätten-Verwaltungsgrundsätze, BMF v. 24.12.1999 – IV B 4 - S 1300 – 111/99, BStBl. I 1999, 1076; geändert durch BMF v. 20.11.2000, BStBl. I 2000, 1509; BMF v. 29.9.2004, BStBl. I 2004, 917; BMF v. 25.8.2009, BStBl. I 2009, 888 und v. 20.6.2013, BStBl. I 2013, 980) sowie die „Verwaltungsgrundsätze" zur Einkünfteabgrenzung bei international verbundenen Unternehmen (BMF v. 23.2.1983 – IV C 5 - S 1341 – 4/83, BStBl. I 1983, 218, geändert durch BMF v. 30.12.1999, BStBl. I 1999, 1122 und v. 12.4.2005, BStBl. I 2005, 570) und die ergänzenden „Verwaltungsgrundsätze-Arbeitnehmerentsendung" (BMF v. 9.11.2001 – IV B 4 - S 1341 – 20/01, BStBl. I 2001, 796) und die zu den einzelnen Mitwirkungspflichten ergangenen „Verwaltungsgrundsätze-Verfahren" (BMF v. 12.4.2005 – IV B 4 - S 1341 – 1/05, BStBl. I 2005, 570); zuletzt ergänzt durch ein „Glossar Verrechnungspreise", BStBl. I 2014, 838, in dem eine Vielzahl von Fachbegriffen erläutert wird.
3 Einzelheiten z.B. bei *Frotscher*, Internationales Steuerrecht[4], Rz. 66 ff.

II. Risiko- und Gefahrenbereiche

1. Nichtanerkennung von Aufwendungen und Betriebsausgaben

Will der Steuerpflichtige Aufwendungen als Betriebsausgaben oder Werbungskosten steuermindernd geltend machen, so trifft ihn die Pflicht, den zugrunde liegenden Sachverhalt darzulegen und im Streitfall zu beweisen. § 90 Abs. 2 AO verschärft diese Grundregel für alle Sachverhalte, in denen Verbindlichkeiten oder Zahlungen mit Auslandsbezug als steuerwirksamer Aufwand geltend gemacht werden sollen. Bleiben Zweifel, ob tatsächlich eine Zahlung geleistet wurde, kann das Finanzamt die Position streichen. Die **Versagung des Betriebsausgaben- oder Werbungskostenabzugs** führt dazu, dass der Steuerpflichtige einen Gewinn oder Überschussbetrag zu versteuern hat, den er tatsächlich nicht erzielt hat. Die Nachteile liegen auf der Hand und können bis zur Existenzvernichtung führen.

2.389

Von besonderer Bedeutung im internationalen Zusammenhang ist die **Vorschrift des § 160 AO**. Betriebsausgaben oder Werbungskosten sind danach nur dann steuermindernd zu berücksichtigen, wenn der Steuerpflichtige den Empfänger zu benennen vermag. Dahinter steht der Gedanke, dass jeder Aufwand, der bei dem einen Steuerpflichtigen abzugsfähig ist, bei dem anderen Steuerpflichtigen (dem Empfänger) steuererhöhend wirken muss. Der Fiskus hat ein nachvollziehbares Interesse daran, zu erfahren, wer dies ist, um sicherzustellen, dass korrespondierend zu der steuerlichen Anerkennung des Aufwands auch die Einnahme auf Seiten des Empfängers steuerlich erfasst wird.

2.390

Das Verfahren der Empfängerbenennung ist zweistufig ausgestaltet: Erforderlich ist zunächst ein **„Benennungsverlangen" der Finanzbehörde**, bezogen auf den konkreten einzelnen Aufwand. Kommt der Steuerpflichtige diesem Benennungsverlangen nicht nach, so hat die Behörde auf der zweiten Ebene über den steuerlichen Umfang der Aberkennung des Aufwands zu entscheiden. Beides sind Ermessensentscheidungen. Das Benennungsverlangen des Finanzamts ist nur dann erfüllt, wenn der Steuerpflichtige **den „wahren Empfänger" der Zahlung** benannt hat. Empfänger in diesem Sinne ist derjenige, dem der in der Betriebsausgabe enthaltene wirtschaftliche Wert übertragen worden ist und bei dem folglich die steuerlichen Auswirkungen eintreten müssten. Eine bloß zwischengeschaltete Person, die keine eigene wirtschaftliche Betätigung entfaltet, ist folgerichtig nicht als „Empfänger" i.S.v. § 160 AO anzuerkennen.[1]

Dies führt dazu, dass **ausländische Domizil- und Briefkastengesellschaften** im Rahmen der Empfängerbenennung nach § 160 AO nicht anerkannt werden. Hierbei handelt es sich um wirksam gegründete und formal existierende juristische Personen des ausländischen Rechts, die vorrangig etwa in bestimmten Kantonen der Schweiz, in Liechtenstein, Gibraltar,

2.391

---

1 Vgl. nur BFH v. 17.11.2010 – I B 143/10, BFH/NV 2011, 198; v. 24.10.2006 – I R 90/05, BFH/NV 2007, 849; *Cöster* in Pahlke/Koenig, AO³, § 160 Rz. 23, m.w.N.

den britischen Kanalinseln oder auch den karibischen Staaten ihren Sitz haben, dort aber über keinen eingerichteten Geschäftsbetrieb verfügen. Vielfach sind Treuhänder als formal bestellte Geschäftsführer tätig, die ausschließlich auf Anweisung handeln und deren Tätigkeit sich im Wesentlichen auf die Weiterleitung von Posteingängen beschränkt (daher auch „Briefkastengesellschaften"). Zu den Auskünften der IZA in diesem Zusammenhang s. unter Rz. 2.423, Rz. 3.164. Um die Anforderungen des § 160 AO zu erfüllen, müssen in einem solchen Fall die hinter der Domizilgesellschaft stehenden, wahren wirtschaftlichen Empfänger benannt werden. Dies sind in der Praxis die Personen oder Unternehmen, die die eigentlichen Leistungen erbringen, welche bezahlt werden.

2.392 Zur genauen Benennung des Empfängers gehört die **Angabe des vollen Namens bzw. der Firma und der Adresse**, so dass die betreffende Person ohne zusätzliche Ermittlungen der Finanzbehörde ausfindig gemacht werden kann. Der Steuerpflichtige muss sich Gewissheit über die Richtigkeit der ihm erteilten Angaben verschaffen. Erweisen sich die eingeholten Auskünfte später als falsch, so wirkt dies zu Lasten des Steuerpflichtigen. Maßgeblich sind allerdings die Verhältnisse im Zeitpunkt der Leistungserbringung und nicht, ob die betreffende Adresse Jahre später – zum Zeitpunkt einer Betriebsprüfung – noch fortbesteht.

2.393 Kann der Steuerpflichtige dem Benennungsverlangen nicht entsprechen, so wird der **Betriebsausgabenabzug ganz oder teilweise versagt**. Ob der Steuerpflichtige schuldhaft oder unverschuldet in die Situation gelangt ist, ist steuerlich unerheblich. Die Rechtsprechung erwähnt zwar bestimmte Fälle der Unzumutbarkeit, wenn der Steuerpflichtige etwa einer nicht erkennbaren Täuschung aufgesessen ist. Die Maßstäbe sind aber streng, das Finanzamt wird Unzumutbarkeit in kaum einem Fall anerkennen.[1] Der Steuerpflichtige muss dieses Problem kennen, wenn er Zahlungen an ausländische Vertragspartner leistet. Vom Vertragspartner sind **Informationen einzufordern**, auf deren Grundlage ein späteres Benennungsverlangen erfüllt werden kann (Rz. 2.429).

2.394 Eine Nichtabzugsfähigkeit von Betriebsausgaben kann sich für konzerninterne Zinsaufwendungen zudem aus den **Regelungen über die Zinsschranke** ergeben (§ 4h EStG und § 8a KStG). Diese Regelungen sind gerade zu dem Zweck geschaffen worden, Gewinnverlagerungen in das Ausland über Gestaltungen der Gesellschafterfremdfinanzierung zu verhindern.[2] Der BFH sieht diese Regelung allerdings höchst kritisch und hat sie mit Beschluss vom 14.10.2015 dem BVerfG zur Prüfung vorgelegt.[3]

2.395 Schließlich hatte der Gesetzgeber mit dem **Steuerhinterziehungsbekämpfungsgesetz** besondere Rechtsgrundlagen geschaffen, die u.a. eine Ver-

---

1 Zur Rechtsprechung vgl. nur *Seer* in Tipke/Kruse, § 160 AO Rz. 18 (Jan. 2014), m.w.N.
2 Vgl. nur *Loschelder* in Schmidt, EStG[34], § 4h Rz. 1; *Schwedhelm* in Streck[8], § 8a Rz. 1 ff.; zu den grundlegenden Fragen bei der Inboundkonstellation *Prinz/Hick* in Grotherr, Handbuch der internationalen Steuerplanung[3], Teil 4, 3. Thema.
3 BFH v. 14.10.2015 – I R 20/15, n.v. (juris).

G. Grenzüberschreitende Beziehungen

sagung des Betriebsausgaben- und Werbungskostenabzugs ermöglichen sollten, wenn der Steuerpflichtige Rechtsbeziehungen in Staaten unterhält, die keine uneingeschränkte Amtshilfe in Steuersachen erteilen (sog. **"nicht kooperierende Jurisdiktionen"**). Solche Aufwendungen sind steuerlich nur abzugsfähig, wenn der Steuerpflichtige umfangreiche zusätzliche Aufzeichnungspflichten erfüllt. Einzelheiten sind in höchst unübersichtlicher Form in der StHBekV[1] geregelt, die auf Grundlage von Ermächtigungen aus § 51 Abs. 1 Nr. 1 Buchst. f EStG, § 33 Abs. 1 Nr. 2 Buchst. e KStG sowie § 90 Abs. 2 Satz 3 AO erlassen wurde. Die gesetzliche Regelung läuft aber bis heute ins Leere, da es keine Staaten gibt, die nach der maßgebliche Veröffentlichung des BMF unter den Anwendungsbereich fallen.[2]

2. Anerkennung von Auslandsgesellschaften

a) Grundlagen

Kapitalgesellschaften entfalten steuerlich grundsätzlich „Abschirmwirkung". D.h., die von der Kapitalgesellschaft erzielten Einkünfte werden nur in dem Staat besteuert, in dem die Kapitalgesellschaft ihren Sitz und ihre Geschäftsleitung hat (vgl. aus deutscher Sicht: § 1 Abs. 1 KStG i.V.m. §§ 10, 11 AO). Durch die **Gründung von ausländischen Kapitalgesellschaften** lassen sich somit legal die dieser Gesellschaft dann zuzuordnenden Einkünfte ins Ausland verlagern. Erst im Zeitpunkt der Ausschüttung an inländische Steuerpflichtige greift ggf. wieder das deutsche Besteuerungsrecht.

2.396

Bei **Personengesellschaften** funktioniert dies in ähnlicher Weise, wenn ein DBA existiert, welches das Besteuerungsrecht dem anderen Staat als Sitzstaat zuweist.

Einstweilen frei.

2.397

Der **Erwerb von Beteiligungen** an ausländischen Kapital- oder Personengesellschaften ist ebenso wie die Gründung ausländischer Betriebstätten **anzeigepflichtig** (vgl. § 138 Abs. 2 AO – bei Kapitalgesellschaften abhängig von der Überschreitung gewisser Mindestbeteiligungsgrenzen). Die Verletzung dieser Anzeigepflicht stellt eine Ordnungswidrigkeit dar, für die ein Bußgeld von bis zu 5.000 € verhängt werden kann (§ 379 Abs. 2 Nr. 1 AO).

2.398

b) Hinzurechnungstatbestände nach dem AStG

§ 8 AStG definiert bestimmte funktionsschwache Gesellschaften als sog. „**Zwischengesellschaften**". Hierunter fallen alle ausländischen Kapitalgesellschaften, die lediglich passive Einkünfte erzielen und einer Belastung durch Ertragsteuern von weniger als 25 % unterliegen. Passiv sind alle

2.399

---

[1] SteuerhinterziehungsbekämpfungsVO vom 18.9.2009, BGBl. I 2009, 3046.
[2] Vgl. nur *Rätke* in Klein, AO, 12. Aufl. 2014, § 90 Rz. 41.

Einkünfte, die durch § 8 Abs. 1 AStG nicht als aktiv anerkannt sind. Als aktiv anerkannt sind vor allem Produktionstätigkeiten. Dienstleistungs- oder Handelstätigkeiten können dagegen bereits als passiv einzuordnen sein, gerade wenn ein Leistungsaustausch mit im Inland unbeschränkt Steuerpflichtigen stattfindet. Sind an einer solchen Zwischengesellschaft unmittelbar oder mittelbar Personen **zu mehr als der Hälfte beteiligt**, die in Deutschland unbeschränkt steuerpflichtig sind, so wird jedem von ihnen unmittelbar ihr Anteil an dem im Ausland erzielten Gewinn der Zwischengesellschaft zugerechnet („Ausschüttungsfiktion", vgl. § 7 AStG).[1] Erzielt die Gesellschaft überwiegend Einkünfte aus Kapitalanlagetätigkeiten, so kann bereits eine Beteiligung von nur 1 % ausreichen, um die Hinzurechnung auszulösen (§ 7 Abs. 6 AStG). Verfahrensrechtlich wird der sog. „Hinzurechnungsbetrag" durch einen besonderen Feststellungsbescheid festgehalten. Er gilt dann unmittelbar nach Ablauf des maßgebenden Wirtschaftsjahres der ausländischen Gesellschaft in Deutschland als zugeflossen (§ 10 AStG).

2.400 Für **Personengesellschaften** finden die Regelungen über die Hinzurechnung von passiven Einkünften über § 20 Abs. 2 AStG entsprechende Anwendung. Kapital- und Personengesellschaften aus einem EU-Mitgliedstaat oder dem Bereich des EWR (Norwegen, Island, Liechtenstein) werden nach § 8 Abs. 2 AStG nur in Ausnahmefällen erfasst.

2.401 Für ausländische Stiftungen gelten die besonderen Regelungen über die Hinzurechnung von Erträgen einer **Familienstiftung nach § 15 AStG**.

2.402 Steuergestaltungen müssen die beschriebene Hinzurechnungsbesteuerung berücksichtigen und gegebenenfalls die Voraussetzungen des AStG vermeiden. Werden ausländische Kapitalgesellschaften als Zwischengesellschaft im Sinne des AStG erkannt, muss gegenüber dem Finanzamt eine **Feststellungserklärung nach § 18 AStG** abgegeben werden, damit diese Einkünfte steuerlich erfasst werden. Die Nichteinhaltung dieser Vorschriften führt zu **empfindlichen Steuernachforderungen**. Auf die Hinzurechnungstatbestände gestützte steuerstrafrechtliche Vorwürfe sind wegen der Komplexität der Regelungen allerdings selten. Die Steuerfahndung zieht einfacher strukturierte Missbrauchsvorschriften heran (§ 41 und § 42 AO).

c) Gestaltungsmissbrauch, § 42 AO

2.403 Neben dem AStG sind die Regelungen des Gestaltungsmissbrauchs nach § 42 AO zu beachten. Nach dieser (allgemeinen) Missbrauchsvorschrift kann das Steuergesetz durch den **Missbrauch von Gestaltungsmöglichkeiten** nicht umgangen werden. Wählt der Steuerpflichtige eine **unangemessene rechtliche Gestaltung**, die im Vergleich zu der „angemessenen Ge-

---

1 Zu weiteren Einzelheiten auch und gerade unter Compliance-Gesichtspunkten vgl. nur *Schaumburg* in Schaumburg/Peters, Internationales Steuerstrafrecht, 2015, Abschnitt 13.148 ff.

staltung" zu einem gesetzlich nicht vorgesehenen Steuervorteil führt, so wird diese Gestaltung nicht anerkannt; der Steuerpflichtige wird vielmehr (fiktiv) so behandelt, als habe er die angemessene Gestaltung gewählt. Die höchst unbestimmten Formulierungen des Gesetzes sind durch die **ständige Rechtsprechung** weitergehend konkretisiert worden. Ein Missbrauch i.S.v. § 42 AO liegt demzufolge vor,
– wenn eine rechtliche Gestaltung gewählt wird, die zur Erreichung des angestrebten wirtschaftlichen Ziels unangemessen ist (d.h. sie ist umständlich, kompliziert, schwerfällig, gekünstelt oder unpraktikabel),
– wenn die gewählte Gestaltung gegenüber der gewöhnlichen Gestaltung zu einer Steuerminderung führt und
– wenn für die gewählte Gestaltung **keine wirtschaftlichen oder sonst beachtlichen** außersteuerlichen Gründe vorhanden sind.[1]

Die Zwischenschaltung von Kapitalgesellschaften im niedrig besteuernden Ausland, die keine eigene wirtschaftliche Funktion erfüllen und insoweit erkennbar nur aus steuerlichen Gründen errichtet wurden (auch bezeichnet als „**Basisgesellschaften**"), erfüllt nach ständiger Rechtsprechung den Tatbestand des § 42 AO. Das Steuerrecht denkt sich die zwischengeschaltete Kapitalgesellschaft hinweg und behandelt die Gesellschafter der Kapitalgesellschaft so, als hätten sie die entsprechenden Einkünfte unmittelbar (etwa im Rahmen einer inländischen Personengesellschaft) erzielt.

2.404

§ 42 AO ist gegenüber den Regelungen des AStG nach allgemeiner Auffassung logisch vorrangig.[2] Die Anwendung von § 42 AO führt regelmäßig zu erheblichen Steuernachforderungen, wenn die Missbrauchskonstellation nicht rechtzeitig erkannt oder gestalterisch vermieden wird. Werden funktionslose Basisgesellschaften gezielt zum Zweck der Steuerumgehung eingesetzt, kann sich aus § 42 AO auch eine strafrechtliche Verfolgung ergeben.[3]

2.405

Erkennt der Steuerpflichtige selbst die gewählte Gestaltung nicht an und zeigt sein Verhalten, dass die gegründete Auslandsgesellschaft insgesamt nur zum Schein in Leistungsbeziehungen eingebunden wird, so kommt es nicht einmal auf die Voraussetzungen des Gestaltungsmissbrauchs an. In diesem Fall greift **§ 41 AO**, der in ähnlicher Weise wie § 117 BGB **Scheingeschäften** die steuerliche Anerkennung versagt. Die Strafsenate des BGH stützen ihre Verurteilungen wegen Steuerhinterziehung bei der

---

1 Vgl. nur *Koenig* in Pahlke/Koenig, AO[3], § 42 Rz. 17–26, m.w.N. zur Rechtsprechung.
2 Vgl. nur *Koenig* in Pahlke/Koenig, AO[3], § 42 Rz. 78 f.; *Drüen* in Tipke/Kruse, § 42 AO Rz. 98–100 (Jan. 2010) zur Gewinnverlagerung in das Ausland und Rz. 50–53 zu den Rechtsfolgen des § 42 AO, jeweils m.w.N.
3 Zur strafrechtlichen Bedeutung und dem Verhältnis zum strafrechtlichen Analogieverbot vgl. nur *Schmitz/Wulf* in MünchKomm/StGB[2], § 370 AO Rz. 23, m.w.N.; zu steuerstrafrechtlichen Vorwürfen aus der Verlagerung von Einkünften ins Ausland allgemein *Joecks* in Franzen/Gast/Joecks, Steuerstrafrecht[7], § 370 Rz. 215 ff.

missbräuchlichen Zwischenschaltung von Auslandsgesellschaften i.d.R. auf diese Vorschrift.[1]

d) Steuerpflicht von Auslandsgesellschaften infolge inländischer Geschäftsleitung

2.406 In der Praxis immer wieder übersehen wird das Problem des Orts der Geschäftsleitung. Dies betrifft sowohl „Outbound"- als auch „Inbound"-Transaktionen: Es wird eine Kapitalgesellschaft zur Abwicklung bestimmter Geschäfte gegründet, deren Satzungssitz bewusst im Ausland liegt. Sie wird zu steuerlichen Zwecken als im Ausland steuerpflichtiges Körperschaftsteuersubjekt behandelt. Für die Steuerpflicht im Inland kommt es aber **nicht nur auf den statutarischen Sitz** an, sondern die unbeschränkte Steuerpflicht greift auch dann ein, wenn der Ort der Geschäftsleitung im Inland liegt (§ 1 Abs. 1 KStG). Geschäftsleitung in diesem Sinne ist der **„Mittelpunkt der geschäftlichen Oberleitung"**, d.h. letztlich der Ort, an dem die für den gewöhnlichen Geschäftsbetrieb maßgeblichen Entscheidungen der Geschäftsführung getroffen werden.[2] Lebt bspw. einer der (tatsächlichen) Geschäftsführer in Deutschland oder hält er sich zumindest überwiegend im Inland auf – etwa weil er im Inland eine Lebensgefährtin hat –, so kann dies bereits als Anknüpfungspunkt für die inländische Steuerpflicht ausreichen. Die Gesellschaft gerät zumindest in die Zwangslage, die **Bildung der Geschäftsentscheidungen im Ausland** nachweisen zu müssen, was im Einzelfall schwierig sein kann (vgl. § 90 Abs. 2 AO). Haben die im Ausland beheimateten Geschäftsführungsorgane keine tatsächlichen Entscheidungsbefugnisse, sondern erhalten sie ihre Anweisungen faktisch stets von einem in Deutschland lebenden Gesellschafter, so liegt der Ort der Geschäftsleitung i.S.v. § 10 AO unzweifelhaft im Inland.

2.407 Die Folgen sind gravierend: Es greift die **unbeschränkte inländische Steuerpflicht**. Es drohen erhebliche Steuernachforderungen und ggf. steuerstrafrechtliche Sanktionen.

3. Beziehungen zu nahestehenden Personen und Verrechnungspreise

2.408 Werden Lieferungen und Leistungen zwischen verbundenen Unternehmen abgewickelt, die sich in verschiedenen Staaten befinden, so erlangen die zwischen ihnen vereinbarten Preise, die sog. „Verrechnungspreise", besondere Bedeutung. Da es an einem die Beziehungen zwischen fremden Dritten kennzeichnenden Interessengegensatz fehlt, lassen sich über die **Bestimmung der Verrechnungspreise** Gewinnverlagerungen in (theoretisch) unbegrenztem Umfang herbeiführen. Dies ruft die Finanzverwaltung auf den Plan. Das Verfahren zur Ermittlung der Verrechnungspreise im Fall von Geschäftsbeziehungen ins Ausland wird durch den Gesetz-

---

1 BGH v. 24.5.2007 – 5 StR 72/07, NStZ 2008, 412 f., nachfolgend BVerfG v. 26.6.2008 – 2 BvR 2067/07, wistra 2009, 17 ff.
2 *Drüen* in Tipke/Kruse, § 10 AO Rz. 1 ff. (Aug. 2014), m.w.N.

geber in § 1 Abs. 3 AStG beschrieben.¹ Man unterscheidet zwischen der **Ermittlung anhand konkret feststellbarer Fremdvergleichswerte** (in der Spielart der uneingeschränkt und der eingeschränkt vergleichbaren Werte) und dem **hypothetischen Fremdvergleich**. Als Standardmethoden werden durch das Gesetz die Preisvergleichsmethode, die Wiederverkaufspreismethode und die Kostenaufschlagsmethode genannt.² Die Bestimmung des angemessenen Verrechnungspreises ist keine exakte Wissenschaft. Das Ergebnis ist regelmäßig eine Bandbreite, innerhalb derer die dem Fremdvergleich entsprechenden Werte liegen.

Verletzt der Steuerpflichtige bei seiner Preisbestimmung den sich ergebenden Spielraum, so werden die tatsächlich vereinbarten Preise für die Zwecke der steuerlichen Betrachtung korrigiert. Entsprechend erhöht sich der im Inland zu besteuernde Gewinn. Insoweit sind zwei Regelungskomplexe zu unterscheiden: Zum einen gelten für die grenzüberschreitenden Beziehungen dieselben Vorschriften, welche auch für eine Einkünftekorrektur inländischer Geschäfte eingreifen, d.h. insbesondere die **Regelungen über die verdeckte Gewinnausschüttung** (§ 8 Abs. 3 KStG) und über die **verdeckte Einlage** (§ 4 Abs. 1 EStG/§ 8 Abs. 3 Satz 3 KStG). Zusätzlich steht dem Finanzamt bei grenzüberschreitenden Geschäftsbeziehungen die **Korrekturvorschrift des § 1 Abs. 1 AStG** zur Verfügung. Danach können die Einkünfte eines Steuerpflichtigen aus einer Geschäftsbeziehung zum Ausland mit einer ihm nahestehenden Person angepasst werden, wenn die zwischen den nahestehenden Personen vereinbarten Verrechnungspreise nicht dem Fremdvergleich entsprechen – sie also von dem abweichen, was voneinander unabhängige Dritte vereinbart hätten.³

2.409

In beiden Fällen wird die Preisbildung zu steuerlichen Zwecken korrigiert werden und das zu versteuernde Einkommen durch eine entsprechende außerbilanzielle Hinzurechnung erhöht, was zu **Steuernachzahlungen** führt. Existieren keine (eingeschränkt oder uneingeschränkt) vergleichbaren Fremdvergleichspreise, auf die bei der Festlegung der Verrechnungspreise zurückgegriffen werden kann, so droht dem Steuerpflichtigen eine besondere Gefahr. Denn in den Fällen der Bezugnahme auf einen hypothetischen Fremdvergleich schreibt der Gesetzgeber vor, dass ein **Anpassungsmechanismus** existieren muss, der eine nachträgliche Erhöhung der vereinbarten Preise zugunsten des inländischen Steuerpflichtigen abhängig von der weiteren Sachverhaltsentwicklung ermöglicht. Fehlt eine solche Anpassungsklausel, so darf die Finanzbehörde innerhalb eines Betrachtungszeitraums von zehn Jahren (!) selbständig einen Hinzurechnungsbetrag bestimmen (**§ 1 Abs. 3 Satz 11–12 AStG**).

2.410

---

1 Instruktiv hierzu *Baumhoff* in Flick/Wassermeyer/Baumhoff/Schönfeld, AStG, § 1 Rz. 551 ff. (Nov. 2015), m.w.N.
2 Zu Einzelheiten vgl. Tz. 2.1 und 2.2 ff. der Verwaltungsgrundsätze-Einkünfteabgrenzung, BMF v. 23.2.1983 – IV C 5 - S 1341 – 4/83, BStBl. I 1983, 218.
3 Zu Wirkungsweise und den maßgeblichen Unterschieden zwischen den angesprochenen Regelungskomplexen vgl. *Frotscher*, Internationales Steuerrecht⁴, Rz. 958 ff.

2.411 Da der „richtige Verrechnungspreis" nicht exakt zu bestimmen ist, sind die **Finanzbehörden bei ihrer Korrektur auf eine Schätzung angewiesen**. Der BFH hatte mit seinem grundlegenden Urteil vom 17.10.2001 entschieden, dass der Steuerpflichtige nach den regulären Buchführungsvorschriften nicht verpflichtet ist, gesonderte Aufzeichnungen zu erstellen und vorzulegen, wie er den konkreten Verrechnungspreis bestimmt hat. Das Finanzamt müsse nachweisen, dass der konkret vereinbarte Preis sich außerhalb der maßgeblichen Bandbreite angemessener Fremdvergleichspreise bewegt. Gelinge dieser Nachweis, so müsse sich die Hinzuschätzung stets an dem für den Steuerpflichtigen günstigsten Bandbreitenwert orientieren.[1] In Reaktion hierauf hat der Gesetzgeber weitreichende Regelungen eingeführt, die den Steuerpflichtigen dazu verpflichten, eine **Verrechnungspreisdokumentation** für steuerliche Zwecke zu erstellen. Die verfahrensrechtlichen Vorgaben befinden sich in § 90 Abs. 3 AO.[2] Für den Fall der **Verletzung von Dokumentationspflichten** durch den Steuerpflichtigen wird die Finanzverwaltung durch § 162 Abs. 3 AO explizit berechtigt, zu seinem Nachteil zu schätzen. Werden die durch das Gesetz vorgeschriebenen Aufzeichnungen nicht vorgelegt, erweisen sich diese als im Wesentlichen unverwertbar oder wird nur festgestellt, dass sie nicht zeitnah erstellt wurden, so wird widerlegbar vermutet, dass zu den erklärten Einkünften Hinzuschätzungen vorzunehmen sind. Bei dieser Schätzung darf sich das Finanzamt an der **äußersten Grenze der bestehenden Bandbreite zum Nachteil des Steuerpflichtigen** orientieren. Die Grundsätze der BFH-Entscheidung vom 17.10.2001 werden so auf den Kopf gestellt. In zeitlicher Hinsicht sind die Neuregelungen für alle Wirtschaftsjahre anzuwenden, welche nach dem 31.12.2002 beginnen.[3] Bei Verletzung der Dokumentationspflichten droht ab diesem Zeitpunkt nichts anderes als eine Strafbesteuerung.

2.412 Ergänzend zu den Steuernachforderungen, die bei einer Hinzuschätzung nach § 162 Abs. 2 AO drohen, sind bei der Verletzung der Dokumentationspflichten noch weitergehende Steuernachteile denkbar. Denn § 162 Abs. 4 AO belegt allein die Verletzung der Vorlagepflicht i.S.v. § 90 Abs. 3 AO mit einem **„Gewinnzuschlag"**, der sich auf wenigstens 5.000 € beläuft und den Steuerpflichtigen zur (ggf. verspäteten) Erstellung und Vorlage der Dokumentation anhalten soll. Der Zuschlag kann **bis zu 1.000.000 €** betragen.[4]

---

[1] BFH v. 17.10.2001 – I R 103/00, BStBl. II 2004, 171 ff.
[2] Einzelheiten bei *Seer* in Tipke/Kruse, § 90 AO Rz. 38 ff. (Aug. 2013); es handelt sich um eine Regelungstrias, aufbauend auf der gesetzlichen Regelung von § 90 Abs. 3 AO existiert die bereits zitierte GAufzV v. 13.11.2003/14.8.2007/26.6.2013, BGBl. I 2003, 2296, BGBl. I 2007, 1912 (1936 f.) sowie BGBl. I 2013, 1809 sowie hierauf aufbauend eine Verwaltungsvorschrift, die sog. „Verwaltungsgrundsätze-Verfahren" im BMF v. 12.4.2005 – IV B 4 - S 1341 – 1/05, BStBl. I 2005, 570 (576 ff.).
[3] *Seer* in Tipke/Kruse, § 90 AO Rz. 58 (Aug. 2013).
[4] Zu Recht kritisch mit zahlreichen Argumenten *Seer* in Tipke/Kruse, § 162 AO Rz. 72 ff. (Mai 2014).

4. Betriebsstättenbesteuerung

Große Bedeutung für die Zuordnung von unternehmerischen Einkünften im internationalen Bereich hat der **Begriff der „Betriebsstätte"**. Eine Betriebsstätte ist **jede feste Geschäftseinrichtung, die der Tätigkeit eines Unternehmens dient**. Eine gesetzliche Definition findet sich sowohl in § 12 AO als auch in den meisten Regelungen der Doppelbesteuerungsabkommen (vgl. nur Art. 5 OECD-MA). Sowohl in der AO als auch im OECD-MA wird der Begriff durch eine Reihe von Beispielen näher definiert, wobei die Definition in den Doppelbesteuerungsabkommen (entsprechend Art. 5 OECD-MA) enger ist als der Betriebsstättenbegriff des § 12 AO. Bei Bestehen eines DBA geht dieser engere Begriff vor.[1] Betriebsstätte ist insbesondere jede **Zweigniederlassung** eines gewerblichen Unternehmens, soweit es sich nicht nur um eine Einrichtung handelt, die ausschließlich dem Zweck dient, für das Unternehmen Waren einzukaufen oder Informationen zu beschaffen (vgl. Art. 5 Abs. 2 Buchst. b i.V.m. Art. 5 Abs. 4 Buchst. d OECD-MA).

2.413

Die über eine Betriebsstätte erzielten Einkünfte werden nach dem allgemeinen „Betriebsstättenprinzip" **in dem Staat besteuert, in dem die Betriebsstätte gelegen ist**. § 49 Abs. 1 Nr. 2 Buchst. a EStG begründet bspw. die beschränkte Steuerpflicht für Einkünfte, die von im Ausland ansässigen Unternehmen über eine deutsche Betriebsstätte erzielt werden.[2]

2.414

Unterhält ein deutsches Unternehmen eine ausländische Betriebsstätte, so muss der Gewinn dieser Betriebsstätte von dem Gewinn des Stammhauses und dem Gewinn anderer Betriebsstätten desselben Unternehmens abgegrenzt werden. Hier stellen sich vergleichbare Probleme wie bei der Gewinnabgrenzung zwischen einander nahestehenden Gesellschaften. Methodisch erfolgt die **Betriebsstättengewinnabgrenzung** auf zwei alternativen Wegen: Nach der „direkten Methode" werden der Betriebsstätte diejenigen Gewinne zugerechnet, die sie hätte erzielen können, wenn sie ihre Tätigkeit als selbständiges Unternehmen ausgeübt hätte. Es werden also gewissermaßen Lieferungs- und Leistungsbeziehungen zu dem Stammhaus fingiert und auf dieser Grundlage ein eigener Gewinn der Betriebsstätte ermittelt. Bei der sog. „indirekten Methode" wird dagegen der Gesamtgewinn des Unternehmens zugrunde gelegt und dann nach einem für den individuellen Fall passenden Schlüssel aufgeteilt. Als Aufteilungsschlüssel in diesem Sinne kommen etwa das Verhältnis der Lohnsummen, das Verhältnis der Umsätze, das Verhältnis der eingesetzten immateriellen Wirtschaftsgüter etc. in Betracht (vgl. nur Rz. 2.1 bis Rz. 2.10 des Betriebsstättenerlasses[3]).

---

1 Vgl. nur *Drüen* in Tipke/Kruse, § 12 AO Rz. 40 ff. (Aug. 2014) sowie *Frotscher*, Internationales Steuerrecht[4], Rz. 412 ff.
2 Ausführliche Regelungen befinden sich in dem entsprechenden Verwaltungserlass „Betriebsstätten-Verwaltungsgrundsätze", BMF v. 24.12.1999 – IV B 4 - S 1300 – 111/99, BStBl. I 1999, 1076 ff., geändert durch BMF v. 20.11.2000, BStBl. I 2000, 1509; v. 29.9.2004, BStBl. I 2004, 917; v. 25.8.2009, BStBl. I 2009, 888 und v. 20.6.2013, BStBl. I 2013, 980.
3 BMF v. 24.12.1999 – IV B 4 - S 1300 – 111/99, BStBl. I 1999, 1076 ff.

2.415 Steuerliche Risiken ergeben sich dann, wenn die Finanzbehörden eine abweichende Auffassung zu der sachgerechten Betriebsstättengewinnabgrenzung vertreten als sie der Steuerpflichtige geplant und in seinen Steuererklärungen zugrunde gelegt hat. Wird in der Betriebsprüfung etwa der auf eine ausländische Betriebsstätte entfallende Gewinn zugunsten des Stammhauses reduziert, **drohen** nicht nur **inländische** Steuernachforderungen, sondern eine **Doppelbesteuerung**, da im Zweifel der Betriebsstättengewinn in dem ausländischen Belegenheitsstaat auch bereits steuerlich erfasst wurde.

2.416 Steuerliche Risiken im Zusammenhang mit der Betriebsstättenbesteuerung bestehen im Übrigen durch die „Entstrickungsregelungen", welche in § 4 Abs. 1 Satz 3 EStG und § 12 Abs. 1 KStG durch Gesetzesänderung vom 7.12.2006 („SEStEG") eingeführt worden sind. Das Gesetz fingiert eine Veräußerung zum gemeinen Wert, wenn durch eine tatsächliche oder rechtliche Veränderung für ein bestimmtes Wirtschaftsgut das Besteuerungsrecht der Bundesrepublik Deutschland ausgeschlossen oder beschränkt wird. Als „Entstrickung" in diesem Sinne wird insbesondere die Verlagerung eines Wirtschaftsguts von dem in Deutschland ansässigen Hauptunternehmen in eine ausländische Betriebsstätte angesehen, soweit sich diese Betriebsstätte in einem DBA-Staat mit Freistellungsmethode befindet.[1] Denn bei einer nachfolgenden Veräußerung bliebe der Veräußerungsgewinn in Deutschland steuerfrei. Auch wenn rechtlich kein Eigentumswechsel stattfindet und dem Unternehmen erst recht kein Vermögenswert zufließt, führt die räumliche Verlagerung in dieser Konstellation dazu, dass auf die Differenz zwischen dem gemeinen Wert und dem Buchwert (d.h. die „stillen Reserven") Ertragsteuer anfällt. Solche Entstrickungstatbestände gilt es, frühzeitig zu erkennen und nach Möglichkeit zu vermeiden.

2.417 Neben der Betriebsstätte ist der **Begriff des „ständigen Vertreters"** von Bedeutung. Nach § 13 AO ist ständiger Vertreter eine Person, die nachhaltig die Geschäfte eines Unternehmens besorgt und dabei dessen Sachweisungen unterliegt, insbesondere also Verträge abschließt oder vermittelt, Aufträge einholt oder einen Bestand von Gütern oder Waren unterhält, um davon Auslieferungen vorzunehmen. Gewerbliche Einkünfte, die über einen **im Inland bestellten ständigen Vertreter** erzielt werden, unterliegen gem. § 49 Abs. 1 Nr. 2 Buchst. a EStG der Besteuerung in Deutschland. Dies wird im **„Inbound"-Fall** gelegentlich übersehen. Abkommensrechtlich ist die Konstellation des „ständigen Vertreters" als ein Unterfall der Betriebsstätte geregelt (Art. 5 Abs. 5 OECD-MA). Der abkommensrechtliche Begriff des ständigen Vertreters ist deutlich enger als der Begriff des § 13 AO, bspw. können **selbständige Kommissionäre** die Voraussetzungen des § 13 AO erfüllen, während hingegen Art. 5 Abs. 5 i.V.m. Art. 6 OECD-MA die unabhängigen Vertreter, welche im Rahmen ihrer ordentlichen Geschäftstätigkeit handeln, ausdrücklich ausnimmt. Die Tätigkeit von Abschlussvertretern eines ausländischen Unternehmens im Inland

---

[1] Vgl. nur *Olgemöller* in Streck, KStG[8], § 12 Rz. 9 ff., m.w.N.

begründet somit die Gefahr der deutschen Steuerpflicht, wenn es sich um einen Nicht-DBA-Fall handelt. Ist das ausländische Unternehmen dagegen in einem Staat ansässig, zu dem ein DBA nach Maßgabe von Art. 5 OECD-MA besteht, so kann es durch das Abkommen vor inländischen Steuerforderungen geschützt sein.

5. Sonderproblem Funktionsverlagerung

Der Gesetzgeber hat durch § 1 Abs. 1 Satz 9 bis 10 AStG mit Wirkung ab dem Veranlagungsjahr 2008 Regelungen über die **Besteuerung von Funktionsverlagerungen** eingeführt. Der grundlegende Begriff der Funktion ist gesetzlich nicht definiert und schwer zu fassen. Nach § 1 Abs. 1 Satz 1 der zugehörigen Rechtsverordnung (FVerlV) handelt es sich bei einer Funktion um eine *„Geschäftstätigkeit, die aus einer Zusammenfassung gleichartiger betrieblicher Aufgaben besteht, die von bestimmten Stellen oder Abteilungen eines Unternehmens erledigt werden"*. Vereinfacht gesprochen ist eine Funktion **jeder Teilbereich** des Gesamtunternehmens, dem sich ein eigenes Gewinnpotential zuordnen lässt, ohne dass es sich um einen Teilbetrieb im eigentlichen Sinne handeln muss.[1] Ein einfacher Beispielsfall für eine Funktionsverlagerung wäre die Konstellation, dass innerhalb eines Konzerns die Herstellung eines bestimmten Produkts oder der Vertrieb für eine bestimmte Region von der inländischen Muttergesellschaft auf eine ausländische Tochtergesellschaft verlagert werden. Nach dem Grundgedanken von § 1 Abs. 3 Satz 9 AStG hat die Tochtergesellschaft hierfür ein dem Fremdvergleich entsprechendes Entgelt zu bezahlen.

2.418

Die Besonderheit besteht darin, dass sich dieses Entgelt nicht allein nach den übertragenen körperlichen oder immateriellen Wirtschaftsgütern (also bspw. den Maschinen oder Lizenzen) bemessen soll. Vielmehr soll die unternehmerische Einheit als Ganzes anhand der zukünftigen Gewinnerwartungen und eines angemessenen Kapitalisierungszinses (im Rahmen eines sog. **„Transferpakets"**) bewertet werden. Im Ergebnis werden auf diesem Weg nicht nur die vorhandenen stillen Reserven oder der Wert einer konkretisierten Geschäftschance erfasst, sondern es werden zukünftige und im Ausland möglicherweise erst entstehende Gewinne der inländischen Besteuerung zugeführt.[2]

2.419

Die Finanzverwaltung lässt sowohl die **vollständige Aufgabe** wie auch die **Einschränkung einer bestehenden Funktion** für eine Funktionsverlagerung ausreichen. Wird eine Funktion im Ausland neu etabliert, ohne dass die gleichgelagerte Funktion im Inland eingeschränkt wird, bleibt dies als sog. „Funktionsverdoppelung" nur dann unschädlich, wenn die inländische Funktion zumindest für fünf Jahre uneingeschränkt fortbesteht (§ 1

2.420

---

1 Vgl. nur *Kraft* in Kraft, AStG, § 1 Rz. 360, m.w.N.
2 Zu Einzelheiten vgl. nur *Kraft* in Kraft, AStG, § 1 Rz. 363 ff., mit zahlreichen Nachweisen.

Abs. 6 FVerlV).[1] Es liegt auf der Hand, dass mit dem Thema der Funktionsverlagerungen ein **hohes steuerliches Risikopotential** verbunden ist, da die im Gesetz vorgesehene Bewertung des Transferpakets erhebliche Unsicherheiten enthält. Die Neuregelungen werden sich als **höchst streitanfällig** erweisen. In der Praxis drohen Nachzahlungen, sobald das Finanzamt nachträglich von einem abweichenden Fremdvergleichspreis ausgehen will. Es kommt hinzu, dass die Funktionsverlagerung als „außergewöhnlicher Geschäftsvorfall" i.S.v. § 90 Abs. 3 Satz 3 AO zeitnah zu dokumentieren ist; eine Verletzung dieser Dokumentationspflicht eröffnet die erweiterten Schätzungsmöglichkeiten zum Nachteil des Steuerpflichtigen gem. § 162 Abs. 3 AO.

2.421 Besonders prekär wird die Besteuerung von Funktionsverlagerungen schließlich in Kombination mit der **Preisanpassungsklausel** gem. § 1 Abs. 3 Satz 11 bis 12 AStG (Rz. 2.410), die in diesem Bereich regelmäßig eingreift, da der Verrechnungspreis wegen der mangelnden Vergleichbarkeit der verschiedenen Funktionsverlagerungen zumeist nach den Regeln des hypothetischen Fremdvergleichs zu bestimmen sein wird.

6. Internationale Amts- und Rechtshilfe

2.422 Die gegenseitige Unterstützung von Verwaltungsbehörden wird als **Amtshilfe** bezeichnet. Der Begriff der Rechtshilfe bezeichnet dagegen die Unterstützung zwischen Justizbehörden und den Gerichtsbarkeiten verschiedener Staaten. Im Steuerverfahren sind vorrangig die **Fragen des Auskunfts- und Informationsaustauschs** sowie die Fragen der Vollstreckungshilfe[2] zwischen den Finanzverwaltungen der beteiligten Staaten relevant. Als Zentralstelle für den Auskunftsaustausch fungiert in Deutschland grundsätzlich das Bundeszentralamt für Steuern (BZSt; früher: Bundesamt für Finanzen – BfF).[3]

2.423 Bei dem BZSt ist eine **Informationszentrale für steuerliche Auslandsbeziehungen** eingerichtet worden, die sog. „IZA". Die bundesdeutschen Finanzämter sind verpflichtet, ihre Erkenntnisse über Auslandsbeziehungen an diese IZA zu melden, um so eine Vernetzung von steuerrelevanten Informationen über Auslandsbeziehungen inländischer Steuerpflichtiger zu erreichen. Vor allem aber sammelt die IZA die ihr zugänglichen Informationen über ausländische Gesellschaften etc. aus öffentlichen einsehbaren Registern, von internationalen Wirtschaftsauskunfteien sowie in

---

1 Weitergehende Hinweise mit zahlreichen Beispielen zur Sichtweise der Finanzverwaltung finden sich in dem BMF-Schreiben zu den grenzüberschreitenden Funktionsverlagerungen („Verwaltungsgrundsätze-Funktionsverlagerung"), BMF v. 13.10.2010 – IV B 5 - S 1341/08/10003, DOK2010/0598886, BStBl. I 2010, 774.
2 Zur Beitreibung vgl. nur BMF v. 23.1.2014 – IV B 6 - S 1320/07/10011:011, BStBl. I 2014, 188.
3 Der Informationsaustausch erfolgt dann über das BZSt als Untergliederung des BMF, nur in Ausnahmefällen (bspw. im Verhältnis zu Österreich) dürfen die OFDen direkt Kontakt zu den ausländischen Finanzbehörden aufnehmen; vgl. nur *Frotscher*, Internationales Steuerrecht[4], Rz. 1237 ff.

zunehmenden Maße aus einfachen Internetrecherchen. Auf Anfrage erteilt die IZA Auskunft über die ihr vorliegenden Informationen an das für die Besteuerung des inländischen Steuerpflichtigen zuständige Finanzamt. Die erteilten Auskünfte sind von höchst unterschiedlicher Qualität. Jeder Steuerpflichtige muss aber damit rechnen, dass sein Finanzamt auf diesem relativ unkomplizierten Weg **Erkenntnisse bspw. über die Beteiligungsverhältnisse** oder über die (in manchen Ländern aus öffentlichen Registern einsehbaren) **Umsatzzahlen oder die Anzahl der Beschäftigten** ausländischer Geschäftspartner erhält. Zumindest innerhalb Europas kann das Finanzamt auf diesem Weg relativ sichere Erkenntnisse darüber gewinnen, ob der Vertragspartner des inländischen Steuerpflichtigen über einen eingerichteten Geschäftsbetrieb verfügt und ob möglicherweise gesellschaftsrechtliche Beziehungen zwischen den Beteiligten bestehen. Gerade im außereuropäischen Bereich sind die von der IZA erteilten Auskünfte mitunter allerdings auch grotesk falsch, einfach weil die zugrunde liegenden Informationsquellen ungenügend sind.

Will das inländische Finanzamt genaue Informationen über die ausländischen Verhältnisse erlangen, so kann es den Weg der zwischenstaatlichen Amtshilfe beschreiten. Die Rechtsgrundlagen finden sich in § 117 AO i.V.m. den maßgeblichen Vorschriften aus völkerrechtlichen Verträgen und europäischen Rechtsnormen. Praktisch bedeutsam sind die Regelungen der **EU-Amtshilferichtlinie i.V.m. dem hierzu ergangenen EG-AmtshilfeG** und die **Auskunftsklauseln der verschiedenen DBA**. Zu prüfen ist stets, für welche Bereiche und Steuerarten Auskünfte erteilt werden und ob der ersuchte Staat das Recht hat, die Auskunft unter Hinweis auf ein bestehendes Bank-, Treuhänder- oder sonstiges Geschäftsgeheimnis zu verweigern.[1]

2.424

Die Rechtsgrundlagen für den internationalen Auskunftsverkehr sind in der jüngeren Vergangenheit erheblich erweitert worden. §§ 117a und 117b AO enthalten Ermächtigungen für einen vereinfachten Auskunftsaustausch zwischen den Steuerfahndungsbehörden der Europäischen Union, die vorrangig der Bekämpfung der Steuerhinterziehung dienen. § 117c AO erweitert dies noch um die Möglichkeit des automatischen Auskunftsaustauschs. Diese Vorschrift ist geschaffen worden, damit Deutschland seinen Verpflichtungen aus dem FACTA-Abkommen mit den USA gerecht werden kann. Hinzu tritt das zum 31.12.2015 in Kraft getretene Gesetz zum automatischen Austausch von Informationen über Finanzkonten (FKAustG).

Theoretisch sind die **Mitgliedstaaten der EU** somit schon seit einigen Jahren untereinander umfassend zur Erteilung von Auskünften verpflichtet. Praktisch war das Instrumentarium lange Zeit schwerfällig. Mittlerweile erweist sich aber der Auskunftsverkehr innerhalb Europas mehr und

---

1 Zu den möglichen Einschränkungen und der entgegenstehenden Grundregel aus Art. 26 Abs. 5 OECD-MA vgl. nur *Engelschalk* in Vogel/Lehner, DBA⁶, Art. 26 Rz. 126 ff.

mehr als recht effektiv im Sinne der Finanzverwaltung, so dass heute kein Steuerpflichtiger mehr darauf vertrauen sollte, dass der Auskunftsverkehr in einen anderen Staat der Europäischen Union fehlschlägt. Anders ist dies auch heute noch außerhalb Europas.

2.425 Die sog. „Steueroasen", welche in der Vergangenheit keinerlei Auskünfte zu steuerlichen Zwecken erteilt haben, sind durch die jüngere politische Entwicklung erheblich unter Druck geraten. Sie sind zunächst dazu gezwungen worden, Auskunftsvereinbarungen unterhalb der Ebene eines DBA mit den westlichen Industriestaaten abzuschließen (sog. „Tax Information Exchange Agreements", **TIEA**).[1] Die Schweiz hat im Rahmen dieser Entwicklung einer Anpassung des Doppelbesteuerungsabkommens zugestimmt, so dass **Art. 27 des DBA Deutschland-Schweiz** heute eine Regelung zum Informationsaustausch beinhaltet, die der „großen Auskunftsklausel" nach dem DBA-Musterabkommen entspricht und kein Banken- oder Treuhändergeheimnis mehr kennt.

Einen noch darüber hinausgehenden Erfolg konnte die Deutsche Bundesregierung mit der in Berlin zustande gekommenen „**Mehrseitigen Vereinbarung vom 29.10.2014**" verbuchen, in der sich eine Vielzahl von Staaten zur Einführung eines automatisierten steuerlichen Datenaustauschs auf Basis der Vorschläge der OECD verpflichtet haben. In Deutschland sind die dort verabredeten Regelungen mit dem FKAustG umgesetzt worden. In diesem Gesetz wird ein gemeinsamer Meldestandard definiert, nach dem die Mitgliedstaaten des Abkommens Informationen zu Bank- und Finanzkonten untereinander in automatisierter Form austauschen werden.[2]

2.426 Die Erteilung von Auskünften erfolgt **grundsätzlich auf Gegenseitigkeit**. Ebenso wie die deutschen Finanzbehörden Informationen einholen können, sind sie auch zur Erteilung von Auskünften auf Ersuchen von ausländischen Finanzbehörden verpflichtet, soweit nach dem DBA oder der EU-Amtshilferichtlinie eine entsprechende Rechtsgrundlage existiert.

2.427 Bedeutsam und für Steuerpflichtige mitunter überraschend sind die Möglichkeiten zu sog. **Spontanauskünften**, geregelt in § 2 Abs. 2 EG-AmtshilfeG und den Auskunftsklauseln der DBA (in Anlehnung an Ziff. 9 des Musterkommentars zu Art. 26 OECD-MA[3]). Die deutschen Finanzbehörden können danach Auskünfte auch ohne ein entsprechendes Ersuchen erteilen, sobald nur Gründe bestehen, die eine Steuerverkürzung in dem

---

1 Aktuelle Übersichten, zwischen welchen Staaten entsprechende Abkommen bestehen, finden sich auf der Internetseite des BMF (www.bundesfinanzministerium.de) und auf der Internetseite der OECD www.oecd.org), jeweils unter dem Stichwort „TIEA".
2 Instruktiv zu den erweiterten Möglichkeiten des automatisierten Informationsaustauschs *Herrmann*, PStR 2015, 288.
3 Vgl. BFH v. 13.1.2006 – I B 35/05, BFH/NV 2006, 922, zu Spontanauskünften gegenüber den russischen Finanzbehörden; v. 17.9.2007 – I B 30/07, BFH/NV 2008, 51, zur Spontanauskunft in die USA; FG Köln v. 9.5.2007 – 2 V 1243/07, DStRE 2008, 841 (rkr.), zur Spontanauskunft in die Türkei; weiterführend *Engelschalk* in Vogel/Lehner, DBA[6], Art. 26 Rz. 39, m.w.N.

anderen Staat vermuten lassen.[1] Die Androhung solcher Spontanauskünfte wird in Betriebsprüfungen gelegentlich instrumentalisiert, um die Einigungsbereitschaft des Steuerpflichtigen zu erhöhen. Der inländische Steuerpflichtige ist vor der Erteilung einer solchen Auskunft aber jedenfalls anzuhören, was ihm die Möglichkeit gibt, gerichtlichen Rechtsschutz zu suchen.[2]

Kein vorheriges Anhörungsrecht existiert dagegen bei einer **automatisierten Auskunftserteilung**, die in § 2 Abs. 3 EG-AmtshilfeG geregelt und bei Vorliegen einer ergänzenden bilateralen Verwaltungsvereinbarung zulässig ist. Sie betraf zunächst insbesondere Fälle der Arbeitnehmerüberlassung und Fälle von Steuerbefreiungen, denen korrespondierende Belastungen im Ausland gegenüber stehen.[3] Ein automatisierter Informationsaustausch findet zudem seit einigen Jahren im Bereich des innereuropäischen Umsatzsteuersystems und für die Zwecke der Zinsbesteuerung statt.[4] Zuletzt wurde der Anwendungsbereich des automatisierten Informationsaustauschs für Zinserträge durch das FKAustG über den Bereich der Europäischen Union hinaus erweitert.

2.428

III. Risiko- und Gefahrminimierung

1. Identifikation von Zahlungsempfängern

Die Risiko- und Gefahrminimierung erfolgt für den Bereich der grenzüberschreitenden Beziehungen vorrangig durch eine ausreichende und den gesetzlichen Vorgaben entsprechende Dokumentation der besteuerungsrelevanten Sachverhalte. Die ausreichende Identifikation von Zahlungsempfängern ist essentiell, **um ein späteres** Benennungsverlangen **nach § 160 AO beantworten zu können**, welches regelmäßig im Rahmen der Betriebsprüfung erfolgt.

2.429

Die Aufforderung des Finanzamts (oder Prüfers) muss eindeutig formuliert sein und erkennen lassen, auf welche Betriebsausgaben oder Werbungskosten es sich bezieht. Das Verlangen ist nicht isoliert mit dem Einspruch anfechtbar, der Steuerpflichtige kann allerdings die schriftliche Abfassung verlangen. Es muss sich um steuerlich wirksamen Aufwand handeln, reine Passivposten der Bilanz oder gar als steuerlich nicht abzugsfähig erklärte Beträge sind kein tauglicher Gegenstand.

Beispiel:
Die Gewährung eines Darlehens führt in der Bilanz nur zu einem Aktivtausch, § 160 AO ermächtigt nicht zur Streichung des Darlehens, wenn der Darlehensneh-

---

1 *Seer* in Tipke/Kruse, § 117 AO Rz. 75 f. (Aug. 2013).
2 Geeigneter Rechtsbehelf gegen eine Spontanauskunft ist i.d.R. der Antrag auf Erlass einer einstweiligen Anordnung, mit der das Gericht die Erteilung (vorläufig) untersagt, Rz. 2.427.
3 Vgl. nur *Seer* in Tipke/Kruse, § 117 AO Rz. 73 (Aug. 2013).
4 Auf Grundlage der EU-MwSt-Zusammenarbeits-VO und der EG-Zins-RL, vgl. nur *Seer* in Tipke/Kruse, § 117 AO Rz. 88 f. (Aug. 2013).

mer nicht benannt wird; taugliche Position für ein Benennungsverlangen sind aber die gewinnmindernd verbuchten Zinsverbindlichkeiten.

2.430 Der Empfänger muss **mit Namen und postalischer Adresse** für die Finanzbehörde nachvollziehbar benannt werden. Dies klingt banal, stellt den Steuerpflichtigen in den Zeiten moderner Kommunikationsmittel aber häufig vor unerwartete Probleme: Wer mit seinem Vertragspartner lediglich über Mobiltelefon, Fax und E-Mail korrespondiert, hat keinerlei Gewissheit, ob die ihm erteilte Rechnungsanschrift des Gegenübers zutreffend ist. Stellt das Finanzamt fest, dass die betreffende Adresse im Leistungszeitraum nicht existiert oder dass der „Leistungsempfänger" dort im maßgeblichen Zeitraum nicht feststellbar ist (beliebt als „Versteck" sind z.B. existierende Adressen von großen Einkaufszentren oder Gewerbekomplexen im In- oder Ausland), so schlägt die Empfängerbenennung fehl. Rechnungen und Verträge sollten daher postalisch versandt werden (ggf. per Einschreiben/Rückschein oder Kurier mit Empfangsbestätigung), um zumindest die **Existenz der Postadresse** nachweisen zu können. Sicherer ist selbstverständlich noch die ergänzende Anforderung von offiziellen Dokumenten des Vertragspartners (Registerauszüge oder andere amtliche Bescheinigungen, Ausweiskopien, ggf. Bestätigungen des Vermieters etc.).

2.431 Es empfiehlt sich, im Rahmen eines Compliance-Systems für das konkrete Unternehmen passende **Grenzbeträge** zu definieren, ab deren Überschreitung entsprechende **qualifizierte Dokumente anzufordern** sind. Besonders täuschungsanfällig ist der Bezug von Dienstleistungen und Knowhow. Bei Zweifeln an der Seriosität der Vertragspartner empfiehlt sich der persönliche Besuch (in den Geschäftsräumen – nicht nur in einem nahe gelegenen Restaurant!), zu dem anschließend eine Dokumentation erstellt werden sollte. Ggf. kann sich die Einschaltung oder Abfrage einer Wirtschaftsauskunft oder sogar einer Detektei empfehlen.

2.432 Wem das zu aufwendig erscheint, der mag sich vor Augen halten, was passiert, wenn die entsprechende Betriebsausgabe komplett gestrichen wird. Insbesondere **Mitarbeitern** muss diese Konsequenz vor Augen geführt werden, anderenfalls wird der Identifikationsaufwand gerne vernachlässigt.

2.433 Wer in eine Geschäftsbeziehung zu ausländischen Kapitalgesellschaften tritt, der muss sich vergewissern, dass es sich um die „wahren Leistungsempfänger" und nicht nur um eine **zwischengeschaltete Domizilgesellschaft** handelt. Dies gilt nicht nur, aber besonders dringend bei den „bekannt problematischen Kandidaten": Aktiengesellschaften, Anstalten und Stiftungen mit Sitz in Liechtenstein und der Schweiz, Ltds. mit Sitz in Gibraltar, den englischen Kanalinseln oder der Karibik, US-amerikanische Gesellschaften mit Sitz in Delaware, aber auch allgemein kleineren Kapitalgesellschaften aus Süd- und Osteuropa sowie dem Nahen und Fernen Osten. Neben Registerauszügen können Auskünfte der dortigen Finanzbehörden und/oder Wirtschaftsauskünfte (bspw. von Dunn & Bradstreet und ähnlichen Auskunfteien) eine Orientierung geben. Ansprechpartner zur Erlangung weiterer Informationsquellen kann auch eine deutsche Außenhandelskammer sein.

Manche Geschäftspartner – etwa aus dem arabischen Raum oder Bereichen der ehemaligen Sowjetunion – sind nicht bereit, unter ihrer tatsächlichen Identität Geschäfte zu machen. Sie handeln ausschließlich über **Auslandsgesellschaften, die bei ausländischen Massendomizilträgern** angesiedelt sind. Um die Gefahr von nicht abzugsfähigen Betriebsausgaben aus solchen Geschäften zu verringern, können folgende Maßnahmen ergriffen werden:

2.434

– Gelegentlich verfügen diese Gesellschaften tatsächlich über **Büros und einen eingerichteten Geschäftsbetrieb**, der sich an dem wahren Geschäftssitz befindet (bspw. „XY Ltd." mit Sitz auf Guernsey, die als Handelsagent für russische Rohstoffkombinate fungiert und für diese Geschäfte über ein Büro mit Telefon, Fax und Mitarbeitern in Moskau verfügt). Kann die Existenz des tatsächlichen Geschäftsbetriebs nachgewiesen werden, wenn auch nicht am formellen Sitz der Gesellschaft, so ist dies ein starkes Argument für die Anerkennung der Ltd. als wahrer Leistungserbringer.[1]
– § 160 AO verfolgt den Zweck, das inländische Steueraufkommen zu schützen. Eine Versagung des Betriebsausgabenabzugs darf nicht erfolgen, wenn zweifelsfrei feststeht, dass die **wahren Empfänger im Ausland steuerpflichtig** sind (auch wenn ihre Identität unklar bleibt). In geeigneten Fällen kann der vorgeschobene Vertragspartner aufgefordert werden, zeitnah eine Erklärung oder Dokumentation über den steuerlichen Sitz der Hintermänner zu erbringen. Erweist sich dies den Umständen nach als glaubhaft, so kann die Erklärung ausreichend sein, um einer Anwendung von § 160 AO entgegenzutreten.[2]
– Schließlich kann man überlegen, besonders anfällige Geschäftsbereiche für eine Anwendung von § 160 AO auf gesonderte Tochtergesellschaften auszugliedern. Dahinter steht folgende Überlegung: § 160 AO führt erst im Zeitpunkt der Versagung und denknotwendig nach Stellung des Benennungsverlangens zu einem steuerlichen Mehrergebnis, indem zunächst ordnungsgemäß gewinnmindernd geltend gemachte Kosten nachträglich zu nicht abzugsfähigen Betriebsausgaben umqualifiziert werden. Die für die Tochtergesellschaft abgegebenen Steuererklärungen waren deshalb ursprünglich zutreffend, auch wenn es später in der Betriebsprüfung zur Anwendung von § 160 AO kommt. Dies macht es für die Finanzverwaltung schwierig, eine **Haftung von Geschäftsführung oder Gesellschaftern** zu begründen, wenn die Tochtergesellschaft in Folge der Anwendung von § 160 AO in die Insolvenz gerät; steuerstrafrechtliche Vorwürfe auf Basis von § 160 AO scheiden jedenfalls aus.[3]

---
1 Höchstrichterlich aber noch nicht entschieden, vgl. BFH v. 17.10.2001 – I R 19/01, DStRE 2002, 395 = BFH/NV 2002, 609; wie hier bspw. FG München v. 19.3.2002 – 6 K 5037/00, EFG 2002, 880.
2 Vgl. nur *Cöster* in Pahlke/König, AO³, § 160 Rz. 30 und 32, unter Hinweis auf BFH v. 25.8.1986 – IV B 76/86, BStBl. II 1987, 481; v. 25.2.2004 – I B 66/02, BFH/NV 2004, 919.
3 Zum Steuerstrafrecht instruktiv *Dannecker*, wistra 2001, 241 sowie *Schmitz/Wulf* in MünchKomm/StGB², § 370 AO Rz. 238; grundlegend aus der Rechtsprechung BGH v. 20.12.1985 – 2 StR 395/85, wistra 1986, 109.

2. Verrechnungspreisdokumentation

2.435 Um sich vor einer steuerlichen Korrektur der tatsächlich vereinbarten Verrechnungspreise zu schützen, einer **Strafschätzung nach § 162 Abs. 2 AO** zu entgehen und **Zuschläge nach § 162 Abs. 3 AO** zu vermeiden, ist es unerlässlich, eine Verrechnungspreisdokumentation zu erstellen. Die gesetzlichen Vorgaben finden sich § 90 Abs. 3 AO und der GAufzV. Die besonderen Aufzeichnungspflichten gelten für alle **Geschäftsbeziehungen zu nahestehenden Personen**. Zum Begriff der nahestehenden Person sei auf § 1 Abs. 2 AStG und die insoweit einschlägigen Kommentierungen verwiesen. Gemeint sind verbundene Unternehmen im weitesten Sinne. Der Begriff der „Geschäftsbeziehung" ist in § 1 Abs. 4 AStG gesetzlich definiert. Vorrangig betroffen sind schuldrechtliche Beziehungen, die zu betrieblichen Einkünften oder Vermietungseinkünften führen.[1] Die gesetzliche Definition und damit der Anwendungsbereich der Dokumentationsvorschriften wurde allerdings Ende 2014 über den Bereich der schuldrechtlichen Beziehungen hinaus erweitert und erfasst nunmehr auch Geschäftsvorfälle auf vertragsloser Basis oder im Verhältnis zwischen Betriebsstätte und Stammhaus.

2.436 Hält man die Dokumentationsvorschrift des § 90 Abs. 3 AO für einschlägig, so gilt es im ersten Schritt, Verrechnungspreise zu vereinbaren, die **materiell dem Fremdvergleich und den methodischen Vorgaben des Gesetzes entsprechen**. Einzelheiten sind gesetzlich in § 8 Abs. 3 AStG geregelt. Die Festlegung erfolgt entweder auf der Grundlage von tatsächlich ermittelten Daten (Ermittlung anhand uneingeschränkt oder eingeschränkt vergleichbarer Fremdvergleichswerte) oder auf der Basis eines hypothetischen Fremdvergleichs (also anhand fiktiver Werte). Die Praxis kennt neben den vom Gesetz angesprochenen Standardmethoden (Preisvergleichs-, Wiederverkaufspreis- und Kostenaufschlagsmethode) eine Vielzahl weiterer Verfahren.[2] Der Steuerpflichtige kann sich bei der Bestimmung seiner Verrechnungspreise an externen Datenbanken zur Verrechnungspreisanalyse orientieren, er muss dies aber nicht tun.[3]

2.437 Der gewählte Verrechnungspreis ist dann entsprechend den gesetzlichen Vorgaben zu dokumentieren. Hinsichtlich des **Umfangs und der Frist für eine Dokumentation** ist wie folgt zu differenzieren:
1. Belaufen sich die Entgelte des Unternehmens aus Geschäftsbeziehungen zu ausländischen nahestehenden Personen für Warenlieferungen im Wirtschaftsjahr auf max. 5 Mio. € und für sonstige Vergütungen auf

---

[1] Ein kompakter Überblick findet sich bei *Frotscher*, Internationales Steuerrecht⁴, Rz. 1116 ff.

[2] Für eine kompakte Übersicht vgl. nur *Frotscher*, Internationales Steuerrecht⁴, Rz. 984 ff. oder *Borstell* in Grotherr, Handbuch der internationalen Steuerplanung³, Teil 3.D.1.

[3] Vgl. nur *Seer* in Tipke/Kruse, § 90 AO Rz. 43 (Aug. 2013); *Kraft* in Kraft, AStG, § 1 Rz. 690; a.A. möglicherweise BMF in „Verwaltungsgrundsätze-Verfahren", BMF v. 12.4.2005 – IV B 4 - S 1341-1/05, BStBl. I 2005, 570, Tz. 3.4.12.4.

max. 500.000 € oder erzielt das Unternehmen aus diesen Geschäftsbeziehungen ausschließlich Überschusseinkünfte (d.h. Vermietungseinkünfte), so gilt das Unternehmen für Fragen der Verrechnungspreisdokumentation als ein „**kleineres Unternehmen**". Maßgeblich sind insoweit die Verhältnisse des vorangegangenen Wirtschaftsjahres. Eine Dokumentation in gesonderter Form ist dann nicht erforderlich. In der Betriebsprüfung vorzulegen sind lediglich alle vorhandenen Unterlagen, aus denen sich das ernsthafte Bemühen um die Einhaltung der Fremdvergleichsgrundsätze ergibt (§ 6 GAufzV i.V.m. § 90 Abs. 3 Satz 1 bis 4 AO).[1]
2. Alle anderen Unternehmen haben für ihre **gewöhnlichen Geschäftsabläufe** aus Geschäftsbeziehungen zu ausländischen nahestehenden Personen detaillierte Aufzeichnungen zu erstellen, deren Inhalt sich aus §§ 4 bis 5 GAufzV ergibt. Diese Aufzeichnungen können auch nachträglich (d.h. im Zusammenhang mit einer konkreten Anforderung durch die Betriebsprüfung) erstellt werden, die Vorlage muss dann aber innerhalb von 60 Tagen möglich sein.
3. Für die sog. „**außergewöhnlichen Geschäftsvorfälle**" gelten verschärfte Anforderungen. Hierbei handelt es sich um den Abschluss langfristiger Lieferverträge von einigem Umfang, Umstrukturierungen, Funktionsverlagerungen, Geschäftsvorfälle im Zusammenhang mit der Änderung der Geschäftsstrategie sowie dem Abschluss von Umlageverträgen (vgl. im Einzelnen § 3 Abs. 2 GAufzV). Diese Aufzeichnungen sind zeitnah, d.h. **innerhalb von sechs Monaten** nach Abschluss des Geschäftsjahres zu erstellen und in der Betriebsprüfung innerhalb von 30 Tagen nach der Aufforderung vorzulegen.

Die in den Konstellationen (2) und (3) erforderlichen Aufzeichnungen bestehen aus einer **Sachverhaltsdokumentation** und einer **Angemessenheitsdokumentation**. Erforderlich sind jeweils Erläuterungen zu den tatsächlichen und rechtlichen Verhältnissen sowie Erläuterungen zu den Überlegungen zur eigentlichen Preisfestlegung unter Beifügung aussagekräftiger Unterlagen. Die Unterlagen sind eigentlich jeweils bezogen auf den konkreten Geschäftsvorfall zu erstellen, in der Praxis wird die Notwendigkeit zur Zusammenfassung gleichartiger Sachverhalte aber anerkannt.[2] Die notwendigen Inhalte lassen sich am besten tabellarisch erfassen:[3]

2.438

---

[1] Zu Einzelheiten *Seer* in Tipke/Kruse, § 90 AO Rz. 55 (Aug. 2013), m.w.N.
[2] *Seer* in Tipke/Kruse, § 90 AO Rz. 44 (Aug. 2013) sowie § 2 Abs. 3 GAufzV.
[3] Eine detaillierte tabellarische Aufarbeitung, insbesondere zu den zusammenzustellenden Unterlagen, findet sich bspw. bei *Fischer/Looks/Schlaa*, BB 2007, 918 ff.

Erforderliche Angaben	Sachverhaltsdarstellung	Bewertung
1. Allgemeine Informationen		
a) Beteiligungsverhältnisse	X	
b) sonstige Umstände von Nahestehenden	X	
c) Konzernstruktur	X	
d) Tätigkeitsbereiche	X	
2. Geschäftsbeziehungen		
a) Darstellung der Geschäftsbeziehungen inkl. Verträge	X	
b) Liste der wesentlichen immateriellen Wertgegenstände	X	
3. Funktions- und Risikoanalyse		
a) Information über Funktion und Risiken	X	
b) Beschreibung der Wertschöpfungskette und der relativen Wertschöpfungsbeiträge	X	X
4. Verrechnungspreisanalyse		
a) Darstellung der gewählten Methode	X	
b) Begründung der Geeignetheit	X	X
c) Unterlagen über die Berechnung bei der Anwendung der Methode	X	X
d) Aufbereitung der zum Vergleich herangezogenen Preise und der Anpassungsrechnungen	X	X

Die Aufzeichnungen können körperlich oder elektronisch erfolgen. Grundsätzlich müssen sie in deutscher Sprache vorgelegt werden. Existieren in einem Konzernunternehmen **einheitliche Verrechnungspreisrichtlinien**, so kann es ausreichen, diese vorzulegen und zu dokumentieren, dass sie im konkreten Fall angewandt wurden.[1]

2.439 Strenge zeitliche Vorgaben bestehen nur im Fall von außergewöhnlichen Sachverhalten und Unternehmen, die die Grenzbeträge überschreiten. Gleichwohl sollte in allen Fällen auf eine **zeitnahe Dokumentation** Wert gelegt werden, denn die Erfahrung zeigt, dass eine Rekonstruktion umso größeren Aufwand verursacht, je länger die maßgeblichen Sachverhalte zurückliegen. Auch Unternehmen, die noch unter die begünstigte Größenordnung fallen, sollten sich ansatzweise an der beschriebenen **tabellarischen Informationssammlung** orientieren, allein schon weil sich die Einhaltung der betragsmäßigen Grenzen nicht immer eindeutig feststellen lässt (insbesondere können sich Verschiebungen durch die Betriebsprüfung selbst ergeben).

---

[1] Vgl. nur *Seer* in Tipke/Kruse, § 90 AO Rz. 44 (Aug. 2013).

Werden die gesetzlichen Dokumentationsvoraussetzungen erfüllt, so gehen dem Finanzamt zumindest die erweiterten Schätzungsbefugnisse des § 162 Abs. 3 AO verloren. Inwieweit die erstellte Dokumentation zumindest den Anschein der Ordnungsmäßigkeit begründet und insofern die Darstellungsanforderungen des Finanzamts erhöht, wenn es abweichende Fremdvergleichswerte zugrunde legen will, ist in der Praxis bislang nicht entschieden.

2.440

3. Dokumentation der Betriebsstättengewinnabgrenzung

Für die Dokumentation der Gewinnabgrenzung im Verhältnis zu ausländischen Betriebsstätten gelten die Grundsätze der Verrechnungspreisdokumentation entsprechend (**§ 90 Abs. 3 Satz 4 AO i.V.m. § 7 GAufzV**). Insoweit kann auf die vorstehenden Ausführungen verwiesen werden.

2.441

4. Anerkennung von Auslandsgesellschaften

Die dargestellten Risiken hinsichtlich der Anerkennung von Auslandsgesellschaften (Hinzurechnungsbesteuerung nach AStG, Rechtsmissbrauch i.S.v. § 42 AO etc.) lassen sich minimieren, wenn man sicherstellt, dass **entsprechende Problemkonstellationen überhaupt erkannt** werden. Denn steuerliche Nachteile lassen sich in diesem Bereich zumeist nur durch gestalterische Maßnahmen vermeiden. Ist der Sachverhalt bereits verwirklicht, so muss eine bewusste Entscheidung darüber getroffen werden, in welcher Form das Unternehmen seinen Erklärungspflichten genügt.

2.442

Die problematischen Konstellationen können nur erkannt werden, wenn bei den zuständigen Mitarbeitern des Unternehmens das erforderliche **steuerliche „Know-how"** vorhanden ist. Werden Auslandsgesellschaften gegründet oder wird erstmals eine Geschäftsbeziehung zu einer bereits existenten Auslandsgesellschaft aufgenommen, so muss sichergestellt sein, dass der Grundsachverhalt einmal von einer Person aus der Steuerabteilung oder einem externen steuerlichen Berater ins Auge gefasst wird, um zu prüfen, ob Tatbestände der Hinzurechnungsbesteuerung oder sogar allgemeine Missbrauchsklauseln (§§ 41, 42 AO) erfüllt sein können. Hierbei ist eine **kritische Selbstdistanz** gefragt. Häufig genug verschließt ein Unternehmer die Augen vor den „wahren wirtschaftlichen Sachverhalten" und beruhigt sich damit, dass aufgrund formaler Kriterien die steuerliche Gefahr gebannt sei (bspw. die Zwischenschaltung von Gesellschaftern, von denen der Unternehmer sich einredet, sie seien unabhängige Dritte, die aber in Wirklichkeit als weisungsgebundene Treuhänder agieren). Eine effektive Minderung des Risikos, dass aus einer Betriebsprüfung Steuernachforderungen in diesem Bereich resultieren, setzt voraus, dass alle vorhandenen Auslandsgestaltungen bereits vorab einmal kritisch hinterfragt werden. Mitarbeiter der eigenen Steuerabteilung sind gelegentlich zu „loyal", um eine effektive kritische Überprüfung vorzunehmen. Daher kann es sich empfehlen, zumindest **punktuell externe Berater** hinzuzuziehen.

2.443

5. Zusagen und verbindliche Auskünfte („Advance Pricing Agreements")

2.444 Die vielen Unsicherheiten und Schätzungsbandbreiten, die es im Bereich von grenzüberschreitenden Beziehungen zu berücksichtigen gilt, legen den Gedanken nahe, vorab eine **Verständigung** mit der Finanzverwaltung zu erreichen. Das Gesetz stellt zu diesem Zweck zunächst das Mittel der verbindlichen **Zusage nach §§ 204 ff. AO** zur Verfügung. Danach kann die Finanzverwaltung im Anschluss an eine Außenprüfung dem Steuerpflichtigen auf Antrag verbindlich zusagen, wie ein für die Vergangenheit bereits geprüfter Sachverhalt in Zukunft steuerrechtlich behandelt wird. Die Verwendung einer bestimmten Methode zur Bestimmung der Verrechnungspreise kann auf diesem Wege durch die Finanzverwaltung vorab als zulässig anerkannt werden, wodurch das Unternehmen Planungssicherheit erhält. Das maßgebliche Problem besteht stets darin, dass der in der Zusage zugrunde gelegte (und von dem Steuerpflichtigen zu beschreibende) zukünftige Sachverhalt mit der späteren Sachverhaltsentwicklung übereinstimmen muss. Entwickelt sich der Sachverhalt anders als vorhergesehen, so geht die **Bindungswirkung** verloren (§ 206 AO). Die Problematik der Zusage nach §§ 204 ff. AO ist, dass sie erst **im Anschluss an eine Außenprüfung** erfolgen kann, wenn also gewissermaßen ein Teil des Sachverhalts bereits verwirklicht ist. Das Instrument hat insoweit einen relativ geringen Anwendungsbereich. Die Rechtsprechung hat aus diesem Grunde, zunächst aus dem allgemeinen Grundsatz von Treu und Glauben, das Institut der verbindlichen Auskunft entwickelt. Seit 2006 ist diese **verbindliche Auskunft** gesetzlich in **§ 89 Abs. 2 AO** verankert.[1]

2.445 Im internationalen Bereich existiert zur verbindlichen Festlegung von geplanten Verrechnungspreisen das Institut des **„Advance Pricing Agreement"** (APA). In anderen Ländern, insbesondere der USA, existieren hierzu gesonderte Regelungen. In Deutschland fallen solche Auskünfte zu geplanten Verrechnungspreisen ebenfalls unter § 89 Abs. 2 AO. Um ihre volle Wirkung zu entfalten, muss neben dem Antrag an die deutschen Behörden ein entsprechender Antrag bei der Steuerverwaltung gestellt werden, die für die Besteuerung des anderen Teils des grenzüberschreitenden Sachverhalts zuständig ist.[2]

2.446 Die Erteilung von verbindlichen Auskünften ist **kostenpflichtig** (§ 89 Abs. 3 bis Abs. 5 AO). Für die Erteilung solcher Auskünfte bei grenzüberschreitenden Sachverhalten, die unter das AStG fallen, ist das Bundeszentralamt für Steuern zuständig. § 178a AO enthält hierfür eine besondere Gebührenregelung.[3]

---

1 Auf der Grundlage von § 89 Abs. 2 Satz 4 AO ist ergänzend die „Steuer-Auskunfts-Verordnung" vom 30.11.2007, BGBl. I 2007, 2783 erlassen worden.
2 Vgl. nur *Frotscher*, Internationales Steuerrecht[4], Rz. 1257 ff.; vgl. auch den *von Heinrich/Schmitt*, DB 2006, 2428, geschilderten Praxisfall.
3 Zu den näheren Voraussetzungen, die bei dem Antrag auf Erteilung der verbindlichen Auskunft zu beachten sind, vgl. nur *Seer* in Tipke/Kruse, § 89 AO Rz. 30 ff. (Jan. 2012).

6. Besonderheiten für den Fall von Funktionsverlagerungen

Für den Fall von Funktionsverlagerungen ist durch die übernehmende nahestehende Person im Ausland ein **Entgelt zu zahlen**, welches dem Fremdvergleich entsprechen muss. Für die Bestimmung dieses Preises gelten die oben genannten Anforderungen. Im Übrigen greifen die **allgemeinen Dokumentationserfordernisse**. Bei einer Funktionsverlagerung handelt es sich stets um einen „außergewöhnlichen Geschäftsvorfall", so dass die entsprechenden Aufzeichnungen zeitnah zu erstellen sind. Methodisch wird der Verrechnungspreis in aller Regel auf der Grundlage eines „hypothetischen Fremdvergleichs" gebildet werden müssen, denn vergleichbare Werte im Sinne eines echten Fremdvergleichs (d.h. aus einem gleichartigen Geschäft zwischen fremden Dritten) werden i.d.R. zumindest nicht zur Verfügung stehen. Dies bedeutet, dass ergänzend zu dem Verrechnungspreis zwischen den Beteiligten eine **Preisanpassungsklausel** vereinbart werden muss, die bei nicht vorhergesehenen Abweichungen der zukünftigen Sachverhaltsentwicklung eine (nachträgliche) Korrektur des vereinbarten Preises erlaubt. Fehlt eine solche Preisanpassungsklausel, so ist die Finanzverwaltung zehn Jahre lang selbständig zu einer entsprechenden Korrektur berechtigt (§ 1 Abs. 3 Satz 12 AStG).[1]

2.447

Im Fall einer Funktionsverlagerung ist bei der Ermittlung des Verrechnungspreises die Funktion als Ganzes, d.h. als sog. Transferpaket zu bewerten. Dies bringt besondere Probleme und Unsicherheiten mit sich. Der Gesetzgeber hat deshalb eine **„Escape-Klausel"** angeboten: § 1 Abs. 3 Satz 9 AStG erlaubte zunächst von der Transferpaket-Betrachtung Abstand zu nehmen, wenn entweder keine wesentlichen immateriellen Wirtschaftsgüter Bestandteil der übertragenen Funktion sind oder der Steuerpflichtige darlegen kann, dass die von ihm gewählte Einzelpreisbestimmung nicht zu einer von der Paketbetrachtung abweichenden Preisbestimmung führt. In dieser Form war die Escape-Klausel zunächst untauglich, denn dass einer Funktion keine wesentlichen immateriellen Wirtschaftsgüter zugrunde liegen, dürfte kaum denkbar sein und in der zweiten Variante wurde der Steuerpflichtige von der Verpflichtung eine Preisbestimmung für das Transferpaket vorzunehmen, gerade nicht befreit. Seit April 2010 hat der Gesetzgeber die Escape-Klausel des § 1 Abs. 3 Satz 9 AStG deshalb erweitert. Nach der Neuregelung ist eine Einzelbewertung der betroffenen Wirtschaftsgüter und Dienstleistungen auch dann zulässig, wenn der Steuerpflichtige glaubhaft macht, dass zumindest ein wesentliches immaterielles Wirtschaftsgut Gegenstand der Funktionsverlagerung ist und er dieses immaterielle Wirtschaftsgut genau bezeichnet.

2.448

In der Praxis läuft es darauf hinaus, alle Bewertungsprobleme, die sonst für das Transferpaket zu berücksichtigen wären, im Rahmen der **Bewertung „des einen immateriellen Wirtschaftsgutes"** abzubilden. Methodisch dürfte dies in der Tat zu einer Erleichterung führen, da das Problem da-

2.449

---

[1] Zur Kritik vgl. nur *Kraft* in Kraft, AStG, § 1 Rz. 450 ff. und Rz. 546.

durch eingegrenzt wird. Soweit sich innerhalb der Funktion ein wertbestimmendes immaterielles Wirtschaftsgut ausmachen lässt, dürfte es sich deshalb empfehlen, die **Escape-Klausel in dieser Variante in Anspruch** zu nehmen.

IV. Schadensabwehr und -minimierung

1. Schadensabwehr durch Steuerstreit

2.450 Steuernachforderungen, die von der Finanzverwaltung im Zusammenhang mit grenzüberschreitenden Beziehungen geltend gemacht werden, beruhen in der Mehrzahl der Fälle auf einer **Schätzung von Besteuerungsgrundlagen (§ 162 AO)**. Die Finanzverwaltung kann die ausländischen Sachverhaltskomponenten nicht ermitteln und greift – auch weil der Steuerpflichtige möglicherweise seinen besonderen Mitwirkungspflichten nicht vollständig nachgekommen ist – zu dem Instrument der Schätzung. In allen Schätzungskonstellationen besteht eine gute Chance, durch den Steuerstreit, d.h. durch die streitige Auseinandersetzung mit der Betriebsprüfung, durch eine Argumentation im Einspruchsverfahren oder schließlich durch die Führung von Klageverfahren eine Verringerung der Steuerbelastung zu erreichen. Die Finanzverwaltung tendiert dazu, die eingeräumte Schätzungsbefugnis bis zum Äußersten auszureizen. Selbst wenn sich die Schätzungsbefugnis des Finanzamts dem Grunde nach nicht „hinweg argumentieren" lässt, kann über die streitige Auseinandersetzung doch zumeist eine Reduzierung der Hinzuschätzung dem Umfang nach erreicht werden.

2.451 Diese Grundüberlegung betrifft auch die Nichtanerkennung von Betriebsausgaben nach **§ 160 AO**. Denn auch insoweit gilt, dass neben der Frage des „Ob" auch die Frage des „Inwieweit" zu diskutieren ist. Die Finanzverwaltung muss den Umfang der Kürzung ermessensgerecht bestimmen. Hier geschehen Fehler. Aus diesem Grunde lässt sich auch in den § 160 AO-Fällen im **Rechtsbehelfsverfahren** häufig zumindest eine Reduzierung der steuerlichen Nachforderung erreichen.

2.452 Schließlich sind die durch den Gesetzgeber neu eingeführten Dokumentationsanforderungen (insbesondere § 90 Abs. 2 und Abs. 3 AO) sowie die besonderen Schätzungsbefugnisse (§ 162 Abs. 3 AO) oder gar die Strafzuschläge (§ 162 Abs. 4 AO) bislang in der Gerichtspraxis wenig erprobt. Gegen die Neuregelungen bestehen **weitreichende rechtliche Einwände**. Insbesondere wird das Argument der Verfassungswidrigkeit und der mangelnden Europarechtskonformität geltend gemacht.[1] Allein diese grundsätzlichen Einwände können Anlass geben, sich gegen eine nachteilige Besteuerungsentscheidung des Finanzamts mit dem Rechtsbehelf des Einspruchs oder der Klage vor dem FG zu wehren.

---

1 Vgl. nur die Einwände von *Seer* in Tipke/Kruse, § 90 AO Rz. 57 (Aug. 2013), m.w.N.

Mögliche Nachteile, die aus der Erteilung von internationalen Auskünften entstehen können, lassen sich unter Umständen ebenfalls im Steuerstreit abwenden. Gegen Maßnahmen der Amtshilfe ist jeweils in dem ersuchten Staat ein Rechtsbehelfsverfahren zu führen (bei einem Auskunftsersuchen der deutschen Finanzbehörden gegenüber der Schweiz also bspw. vor den Schweizer Gerichten). Bei der Androhung von Spontanauskünften durch die deutschen Finanzbehörden ist eine einstweilige Anordnung zu beantragen, die gegen das Bundeszentralamt für Steuern zu richten und deshalb beim FG Köln einzulegen ist.[1]

2.453

2. Schadensminderung durch Verständigungsverfahren

Der eintretende Steuerschaden aus grenzüberschreitenden Beziehungen kann darin bestehen, dass durch eine hinzutretende deutsche Besteuerung im Ergebnis eine **Doppelbesteuerung** eintritt. Dies kann seine Ursache darin haben, dass die konkrete Konstellation durch ein bestehendes DBA nicht erfasst wird, dass die beteiligten Finanzbehörden der betreffenden Staaten die Vorschriften des DBA unterschiedlich interpretieren (sog. „Qualifikationskonflikt"), dass Tatsachen, die unter den Besteuerungstatbestand fallen, unterschiedlich gewertet werden (bspw. unterschiedliche Verrechnungspreise als angemessen betrachtet werden) oder dass die Behörden der beteiligten Länder schlicht über einen unterschiedlichen Kenntnisstand verfügen. Tritt eine Doppelbesteuerung ein, so kann der Steuerpflichtige versuchen, die beteiligten Staaten zu einer **einheitlichen Behandlung des Sachverhalts** zu veranlassen und auf diesem Weg eine Doppelbesteuerung zu beseitigen. Als Instrument stehen zum einen die **Verständigungsverfahren** aus dem jeweils einschlägigen DBA zur Verfügung. Das Musterabkommen unterscheidet die Einrichtung eines Verständigungsverfahrens im engeren Sinne (Art. 25 Abs. 1 oder Abs. 2 OECD-MA), die Einrichtung eines **Konsultationsverfahrens** (Art. 25 Abs. 3 OECD-MA) oder die Einrichtung und Durchführung eines besonderen Verständigungsverfahrens für den Fall der Einkünftekorrektur bei verbundenen Unternehmen (**Art. 9 Abs. 2 OECD-MA**). Maßgeblich ist jeweils, welche dieser Regelungen in dem einschlägigen DBA umgesetzt worden ist. Will sich ein in Deutschland ansässiges Unternehmen gegen eine eingetretene Doppelbesteuerung auf diesem Wege wehren, so ist der Antrag auf Einleitung des Verständigungsverfahrens bei dem deutschen Finanzamt zu stellen. Das Finanzamt prüft dann, ob die Doppelbesteuerung durch eine innerstaatliche Maßnahme beseitigt werden kann und nimmt – wenn dies nicht der Fall ist – im zweiten Schritt Kontakt zu der zuständigen Behörde des anderen Staates auf.

2.454

Das **Problem** besteht darin, dass die Einzelheiten des Verständigungsverfahrens weitergehend im Wesentlichen in das Ermessen der Behörden gestellt sind, so dass der Steuerpflichtige keinen unmittelbaren Einfluss

2.455

---

[1] Vgl. hierzu *Seer* in Tipke/Kruse, § 117 AO Rz. 111 ff. (Aug. 2013), mit Nachweisen zur Rechtsprechung.

nehmen kann und dass die Staaten vielfach nicht einmal verpflichtet sind, eine Einigung zu erzielen.[1]

2.456 Weitergehende Regelungen enthält die **EU-Schiedskonvention**. Die dortigen Regelungen gelten insbesondere für den Fall von Gewinnberichtigungen im Verhältnis zwischen verbundenen Unternehmen oder zwischen Stammhaus und Betriebsstätte, soweit die Unternehmen bzw. Betriebsstätten sich jeweils in einem EU-Staat befinden. Nach Art. 5 EU-Schiedskonvention ist zunächst das Unternehmen, dessen Gewinne berichtigt werden sollen, von der zuständigen Finanzbehörde zu informieren. Das Unternehmen kann dann seinerseits die Behörden des jeweils anderen Staates informieren. Besteht keine Übereinstimmung zwischen den beteiligten Staaten und dem Unternehmen über die vorzunehmende Gewinnkorrektur, so wird auf Antrag des Unternehmens das **Verständigungsverfahren** eingeleitet. Führt dieses Verständigungsverfahren nicht zu einer Einigung, so schließt sich das sog. **Schiedsverfahren** als dritte Stufe an, in dem dann eine Lösung gefunden werden muss. Das betroffene Unternehmen ist beteiligt, kann Beweismittel vorbringen oder Schriftsätze einreichen. Insoweit enthält die Schiedskonvention eine ganze Reihe von Verbesserungen gegenüber den Verständigungsverfahren der DBA, wenngleich es ein umständliches und zeitaufwendiges Verfahren bleibt.[2]

---

1 Vgl. zum Ganzen nur *Frotscher*, Internationales Steuerrecht[4], Rz. 1241 ff.
2 Weitere Einzelheiten bei *Frotscher*, Internationales Steuerrecht[4], Rz. 1251 ff. und *Vögele*, IStR 2006, 537.

Kapitel 3
Tax Compliance und die einzelnen Prüfungen

A. Betriebsprüfung

I. Gesetzliche Rahmenbedingungen

1. Einführung

Die Betriebsprüfung gehört wie die Steuerpflicht zu den notwendigen Lasten des Staates. Im Jahr 2014 führten die Betriebsprüfungen zu einem **Mehrergebnis** von rund 17,9 Mrd. €.[1] Insgesamt waren dazu 13.533 Prüfer im Einsatz und erzielten durchschnittlich ein Mehrergebnis von rund 1,28 Mio. € pro Prüfer. Pro Jahr werden 2,4 % der bei den Finanzämtern registrierten Betriebe geprüft. Davon erfasst werden rund 21,5 % der Großbetriebe,[2] 6,5 % der Mittelbetriebe und 3,2 % der Klein- und Kleinstbetriebe.[3]

3.1

Im Rahmen von **Tax Compliance** hat die Betriebsprüfung **doppelte Bedeutung**. Sie stellt zum einen die Wirksamkeit von Tax Compliance im Unternehmen auf die Probe. Der Prüfer stellt die Handhabung der Steuergesetze durch das Unternehmen in Frage. Stellt er fest, dass Gesetze nicht eingehalten wurden, so hat Tax Compliance versagt. Allerdings gilt das nur, sofern die Rechtsauffassung des Betriebsprüfers unstreitig zutreffend ist. Vertritt er lediglich eine abweichende, fiskalischere Rechtsauffassung als das Unternehmen, ist es ein Bestandteil von Tax Compliance, sich mit dieser auseinanderzusetzen und die eigene Rechtsposition durchzusetzen. Umgekehrt kann die **unentgeltliche Prüfung** durch den Fiskus als Audit der eigenen Tax Compliance gesehen werden (Rz. 3.195).

3.2

2. Begriff, Zweck und Rechtsgrundlagen

Die Begriffe **Außenprüfung** und **Betriebsprüfung** stehen nebeneinander. Die Abgabenordnung spricht in § 193 ff. AO von der Außenprüfung, die Praxis von der Betriebsprüfung; die Finanzverwaltung nennt die Richtlinien zur Abgabenordnung, die die Außenprüfung betreffen „Betriebsprüfungsordnung" (BpO).[4]

3.3

---

1 Monatsbericht des BMF Oktober 2015, abrufbar unter www.bundesfinanzministerium.de.
2 Zur Einteilung der Größenklassen s. § 3 BpO. S. dazu auch die erfolgte Neueinteilung der Größenklassen durch das BMF, Schr. v. 22.6.2012 – IV A 4 - S 1450/09/10001 – DOK 2012/0493846, BStBl. I 2012, 689 (690).
3 Monatsbericht des BMF Oktober 2015, abrufbar unter www.bundesfinanzministerium.de.
4 Aktuell BpO 2000 v. 15.3.2000, BStBl. I 2000, 368.

3.4 **Zweck** der Außenprüfung ist die **systematische Überprüfung** und **Ermittlung** der Besteuerungsgrundlagen. Zu unterscheiden ist sie von dem Veranlagungsverfahren, in dem erstmalig oder durch eine geänderte Veranlagung die Steuerschuld bescheidmäßig bestimmt wird. Eine Ausnahme gilt für die sog. veranlagende Betriebsprüfung, in der aus Gründen der Rationalisierung Prüfung und Veranlagung in einer Hand liegen.[1] Die Finanzverwaltung formuliert den Zweck der Außenprüfung in § 2 BpO wie folgt: „Zweck der Außenprüfung ist die Ermittlung und Beurteilung der steuerlich bedeutsamen Sachverhalte, um die Gleichmäßigkeit der Besteuerung sicherzustellen (§§ 85, 199 Abs. 1 AO). Bei der Anordnung und Durchführung von Prüfungsmaßnahmen sind im Rahmen der Ermessensausübung die Grundsätze der Verhältnismäßigkeit der Mittel und der geringstmöglichen Eingriffe zu beachten."

3.5 Eine Außenprüfung hat **zugunsten** des Steuerpflichtigen und ebenso zu seinen **Ungunsten** zu erfolgen (§ 199 Abs. 1 AO). Das Gesetz verbietet eine nur auf Mehrergebnisse abzielende Prüfung. Die Betriebsprüfung ist auf das **Wesentliche** abzustellen (§ 7 Satz 1 BpO). Ihre **Dauer** ist auf das notwendige Maß zu beschränken (§ 7 Satz 1 BpO). Auf diese Grundsätze muss manch ein detailverliebter Prüfer immer wieder hingewiesen werden.[2]

3.6 **Rechtsgrundlage** für die Außenprüfung sind im Wesentlichen die §§ 193–203 AO. Die wichtigste **Verwaltungsanweisung** für die Außenprüfung ist die bereits erwähnte **BpO**, daneben der Anwendungserlass zur Abgabenordnung[3] (**AEAO** zu §§ 193–203). Rechtlich handelt es sich um eine Steuerrichtlinie, womit der Steuerpflichtige aus der BpO keine unmittelbaren Rechte herleiten kann. Er hat jedoch einen durch Art. 3 GG (Gleichheitsgrundsatz) begründbaren Anspruch gegen die Verwaltung, dass er als Geprüfter gleich allen anderen Steuerpflichtigen nach der BpO behandelt wird. Umgekehrt hat die Verwaltung durch die BpO ihr Ermessen dahingehend eingeschränkt und gebunden, dass sie Steuerpflichtige gleichmäßig nach der BpO behandeln muss.[4]

3. Arten und Organisation der Betriebsprüfung

3.7 In der Regel liegt die Betriebsprüfung in der Hand der **Länderfinanzbehörden**. Seit Langem wird diskutiert, ob und in welchem Maße die Betriebsprüfung in den einzelnen Bundesländern unterschiedlich arbeitet.[5] Um die Effizienz der Betriebsprüfungen zu verbessern und zu vereinheitlichen, wird seitens des **Bundes** versucht, stärkeren **Einfluss** auf die Be-

---

1 Vgl. dazu ausführlich *Stoffers* in Schröder/Muuss, Handbuch der steuerlichen Betriebsprüfung, Rz. 5100 (8/2014).
2 Zu den Möglichkeiten von Einzelermittlungen des Außenprüfers, *Buse*, AO-StB 2012, 50 (51).
3 BStBl. I 2008, 26, zuletzt geändert am 26.1.2016, BStBl. I 2016, 155.
4 Sog. Selbstbindung der Verwaltung, vgl. *Koenig* in Koenig, AO³, § 5 Rz. 31.
5 Vgl. *Drüen*, StuW 2007, 112 (117); *Groh*, DStR 1985, 679 (680).

triebsprüfung zu gewinnen. Dies geht bis hin zu dem Vorschlag der Übernahme der Groß- und Konzernbetriebsprüfung durch das Bundesministerium der Finanzen.[1] Die Betriebsprüfung ist der allgemeine Außenprüfungsdienst, der sich grundsätzlich mit den Besteuerungsgrundlagen **aller Steuerarten** befassen kann. Sie ist **funktional aufgespalten** nach der Größe der zu prüfenden Betriebe. Die der Außenprüfung unterliegenden Betriebe werden in Großbetriebe, Mittelbetriebe und Kleinbetriebe sowie Kleinstbetriebe aufgeteilt. Betriebsmerkmale sind Umsatzerlöse und steuerlicher Gewinn.[2]

Die Außenprüfung ist in den Bundesländern **unterschiedlich organisiert**. Sie kann Teil eines Veranlagungsfinanzamts sein, eventuell mit einer Zuständigkeit für mehrere Finanzämter. Daneben stehen Prüfungsfinanzämter, die die Prüfungsdienste in einem selbständigen Finanzamt organisieren, ohne dass ihnen hierdurch gegenüber den Veranlagungsfinanzämtern eine besondere rechtliche Kompetenz zukommt. Allgemein verteilt sich die Prüfung – in den Ländern unterschiedlich – auf folgende Prüfungsstellen: 3.8

- **Amtsbetriebsprüfung** ist der geläufige Begriff für die Betriebsprüfungsstellen der Finanzämter. Die Amtsbetriebsprüfung prüft in der Regel Mittel-, Klein- und Kleinstbetriebe.
- **Großbetriebsprüfung** ist der Begriff für die besondere Dienststelle, die Großbetriebe prüft.
- Die **Konzernbetriebsprüfung**, die in der Betriebsprüfungsordnung eigens geregelt ist (vgl. §§ 13–19 BpO), prüft Konzerne i.S.d. § 18 AktG.[3]

Von der normalen ist die **abgekürzte Außenprüfung** zu unterscheiden (§ 203 AO).[4] Die abgekürzte Außenprüfung hat sich auf die wesentlichen Besteuerungsgrundlagen zu beschränken. Insofern verwischen die Konturen zur normalen Außenprüfung. Auch diese ist meist keine Total- oder Vollprüfung, sondern eine Prüfung, die sich auf das Wesentliche beschränkt oder auf einzelne Sachverhalte. Insofern ist die Abgrenzung misslungen.[5] 3.9

Eine weitere besondere Spielart stellt die **veranlagende Betriebsprüfung**[6] dar. Dort wird die Steuerfestsetzung vom Betriebsprüfungsdienst und 3.10

---

1 Z.B. Der Präsident des Bundesrechnungshofs als Bundesbeauftragter für die Wirtschaftlichkeit in der Verwaltung, Probleme beim Vollzug der Steuergesetze, 2006, 157 (179).
2 Z.B. bei Handelsgewerben in Euro: Großbetriebe Umsatzerlöse 7.300.000 oder steuerlicher Gewinn 280.000, Mittelbetriebe: Umsatzerlöse 900.000 oder steuerlicher Gewinn 56.000, Kleinbetriebe: Umsatzerlöse 170.000 oder steuerlicher Gewinn 36.000; s. im Einzelnen BMF, Schr. v. 22.6.2012 – IV A 4 - S 1450/09/10001 – DOK 2012/0493846, BStBl. I 2012, 689 (690).
3 Instruktiv *Drüen*, StuW 2007, 112 ff.
4 Vgl. dazu auch die Hinweise in AEAO zu § 203.
5 Vgl. *Seer* in Tipke/Kruse, Vor § 193 AO Rz. 12 (Okt. 2013).
6 Vgl. dazu oben 3.4.

nicht vom Veranlagungsbezirk durchgeführt.[1] Die Außenprüfung ist **keine Steuerfahndung** und umgekehrt.

3.11 **Zuständig** für die Außenprüfung ist grundsätzlich das Finanzamt, das für die Besteuerung zuständig ist (§ 195 AO). Dieses Finanzamt kann andere Finanzbehörden, z.B. die von einem gesonderten Finanzamt geführten Großbetriebsprüfungs- oder Konzernbetriebsprüfungsstellen mit der Außenprüfung beauftragen.

3.12 Innerhalb des Prüfungsdienstes liegt die Prüfung in der Hand der **Betriebsprüfer**, in der Regel Beamte des gehobenen Dienstes. Mehrere Prüfer sind in einem **Sachgebiet** zusammengefasst, das durch einen Sachgebietsleiter geführt wird. Dem Sachgebietsleiter ist der Leiter der Dienststelle oder der Behörde übergeordnet. Für die **Praxis** der Prüfung gilt: Die Bedeutung der Prüfungsbeamten für den Steuerpflichtigen ist umgekehrt proportional zu ihrer Funktionskompetenz. Der Prüfer ist der entscheidende Gesprächspartner, was im Einzelfall nicht ausschließt, dass im Einzelfall die stärkere, prägendere Hand des Sachgebietsleiters zu spüren ist.

3.13 Das **Bundeszentralamt für Steuern** darf an Außenprüfungen der Landesfinanzverwaltung mitwirken (§§ 5 Abs. 1 Nr. 1, 19 FVG). Einzelheiten regeln die §§ 20–24 BpO.

II. Risiko- und Gefahrenbereiche

1. Zulässigkeit einer Betriebsprüfung

a) Gegenstand der Prüfung

3.14 Zur Tax Compliance gehört, die Rechtmäßigkeit der Prüfungsanordnung dem Grunde und dem Umfang nach zu überprüfen. Betriebsprüfungen verursachen für das Unternehmen/den Steuerpflichtigen Kosten. Je öfter und umfassender **Betriebe** geprüft werden, desto höher wird er **belastet**, desto stärker ist der Eingriff in die Wettbewerbsneutralität.[2] Rechtswidrige Prüfungsanordnungen sind daher regelmäßig anzugreifen (Rz. 3.119 ff.). Die Zulässigkeit der Außenprüfung lässt sich in zwei Gesichtspunkte teilen: Was darf Gegenstand einer Prüfung sein? Dies ist in § 193 AO geregelt. Wie ist der zeitliche Umfang? Dies bestimmt § 194 AO.

3.15 Nach § 193 Abs. 1 AO ist die Prüfung bei Steuerpflichtigen möglich, die einen gewerblichen oder land- und fortwirtschaftlichen Betrieb unterhalten oder die freiberuflich tätig sind. Zulässig ist damit eine Prüfung bei jedem Steuerpflichtigen mit **Gewinneinkünften**. Auf die Höhe des betrieblichen Gewinns kommt es nicht an. Soweit eine inländische Steuerpflicht mit Gewinneinkünften gegeben ist, unterliegen auch **ausländische Steuerpflichtige** der Außenprüfung. Zudem ist eine Außenprüfung u.a.

---

1 Die gesetzliche Grundlage ist § 195 Satz 3 AO.
2 *Seer* in Tipke/Kruse, § 193 AO Rz. 42 (Okt. 2013); *Seer*, FR 1997, 553 (561).

auch dann zulässig, wenn geprüft werden soll, ob der Steuerpflichtige überhaupt einen gewerblichen Betrieb unterhält.[1]

Die Rechtsschwelle zur Zulässigkeit der Prüfung ist folglich äußerst gering. **Ob** das Finanzamt von der Prüfungsmöglichkeit nach § 193 Abs. 1 AO Gebrauch macht, steht grundsätzlich in seinem **Ermessen**.[2] Allerdings müssen sich die Ermessenserwägungen im Rahmen des § 193 Abs. 1 AO bewegen. Außenprüfungen, die sich als Ermittlung „ins Blaue hinein" darstellen, sind unzulässig.[3] Eine Prüfung kann nicht allein wegen eines Aufklärungsbedürfnisses im privaten Bereich angeordnet werden. Ermessensgerecht muss auch die Anordnung gerade einer Außenprüfung sein; reichen Einzelermittlungen aus, ist die Außenprüfung unverhältnismäßig.[4]

3.16

Außenprüfungen sind außerdem bei Steuerpflichtigen zulässig, soweit sie die Verpflichtungen dieser Steuerpflichtigen betrifft, für **Rechnung eines anderen** Steuern zu entrichten oder Steuern einzubehalten oder abzuführen (§ 193 Abs. 2 Nr. 1 AO). Mit dieser Vorschrift ist die Zulässigkeit der Lohnsteueraußenprüfung (Rz. 3.27), der Kapitalertragsteuerprüfung und anderer Prüfungen, deren Gegenstand die Abzugsteuer ist, gerechtfertigt. Hierzu zählt auch die Umsatzsteuersonderprüfung.[5]

3.17

Schließlich sind Außenprüfungen zulässig, wenn die für die Besteuerung erheblichen Verhältnisse der Aufklärung bedürften und eine Prüfung an Amtsstelle nach Art und Umfang des zu prüfenden Sachverhalts nicht zweckmäßig ist (§ 193 Abs. 2 Nr. 2 AO). Nach der Rechtsprechung des BFH besteht eine Aufklärungsbefugnis i.S.v. § 193 Abs. 2 Nr. 2 AO dann, wenn Anhaltspunkte vorliegen, die es nach den Erfahrungen der Finanzverwaltung als möglich erscheinen lassen, dass die Steuererklärung nicht vollständig oder unrichtig abgegeben ist. Deutlicher kann man das weit ausgedehnte Prüfungsrecht der Finanzverwaltung nicht ausdrücken. Für eine Prüfung nach § 193 Abs. 2 Nr. 2 AO kommen insbesondere Steuerpflichtige mit Einkünften aus **Vermietung und Verpachtung** oder **Kapitalvermögen** in Frage.

3.18

§ 194 Abs. 2 AO erlaubt, in die bei einer **Gesellschaft** durchzuführende Außenprüfung die Prüfung der steuerlichen **Verhältnisse** von **Gesellschaftern**[6] und Mitgliedern sowie von Mitgliedern der **Überwachungsorgane** einzubeziehen, wenn dies im Einzelfall zweckmäßig ist. Damit kann bei der Prüfung von Kapitalgesellschaften ebenfalls die Prüfung der Aktionäre/Gesellschafter und Aufsichtsratsmitglieder angeordnet werden.

3.19

---

1 Vgl. FG Hamburg v. 14.12.2011 – 2 K 39/11, n.v. (juris), m.w.N.
2 Zum Willkür- und Schikaneverbot bei Erlass einer Prüfungsanordnung s. BFH v. 28.9.2011 – VIII R 8/09, BStBl. II 2012, 395 (396) = AO-StB 2012, 99; allgemein zur Ermessensausübung bei der Anordnung einer Außenprüfung, *Heß*, NWB 2012, 3316 ff.
3 FG Köln v. 11.7.2012 – 2 V 1565/12, EFG 2012, 2264 (2265), m.w.N.
4 *Frotscher* in Schwarz, § 193 AO Rz. 21 ff. (April 2014).
5 Vgl. *Seer* in Tipke/Kruse, Vor § 193 AO Rz. 7 (Okt. 2013).
6 Vgl. hierzu *Matuszewski*, AO-StB 2009, 337 (338).

3.20 Zum sachlichen Umfang einer Außenprüfung bestimmt § 194 Abs. 1 AO allgemein, dass sie „der Ermittlung der steuerlichen Verhältnisse des Steuerpflichtigen" dient und insbesondere, dass sie sich auf eine oder mehrere Steuerarten, eine oder mehrere Besteuerungszeiträume erstrecken oder sich auf bestimmte Sachverhalte beschränken könne. Die Bestimmung des **Gegenstands** der Prüfung liegt im **Ermessen** des Finanzamts.[1]

b) Zeitlicher Umfang

3.21 **Prüfungszeiträume** sind die Besteuerungszeiträume, die geprüft werden sollen und die in der Prüfungsanordnung bestimmt werden. Die Abgabenordnung legt den Prüfungszeitraum **nicht fest**. Er steht im Ermessen der Finanzverwaltung. Die Finanzverwaltung hat hierzu in **§ 4 BpO** Regeln getroffen, auf die sich der Steuerpflichtige berufen kann.

3.22 Bei **Großbetrieben** soll der Prüfungszeitraum an den vorhergehenden Prüfungszeitraum anschließen (§ 4 Abs. 2 Satz 1 BpO). Dies ist das Prinzip der **sog. Anschlussprüfung**. Es werden fortlaufend alle Besteuerungszeiträume geprüft. Ob ein Großbetrieb vorliegt, bestimmt sich nach dem Zeitpunkt des Erlasses der Prüfungsanordnung. Wurde ein Betrieb zum Großbetrieb umgestuft, so kann insoweit auch die Regelung für Mittelbetriebe gelten (§ 4 Abs. 4 BpO).

3.23 Die BpO legt nicht fest, wie viele Jahre jeweils zu prüfen sind. Regelmäßig werden **drei** Jahre **zusammengefasst** (§ 4 Abs. 3 BpO).[2] Häufig finden sich jedoch auch Prüfungen, die sich auf vier bis fünf Jahre erstrecken. Die Betriebsprüfung erstreckt sich in der Praxis maximal auf den gesamten Zeitraum, der noch nicht verjährt ist.

3.24 Bei **Mittel-, Klein- und Kleinstbetrieben** „soll der Prüfungszeitraum nicht über die letzten **drei** Besteuerungszeiträume, für die bis zur Unterzeichnung der Prüfungsanordnung Steuererklärungen für die Ertragsteuern abgegeben wurden, zurückreichen". Anschlussprüfungen sind auch hier zulässig. Hier liegt der **Prüfungsturnus** bei **3,0** Jahren für Mittelbetriebe und bei 2,9 Jahren für Kleinstbetriebe.[3] Anschlussprüfungen sind auch bei Mittel- und Kleinbetrieben zulässig.[4] Aus dem Monatsbericht des BMF Oktober 2015 ergibt sich, dass der **Prüfungsturnus** bei Großbetrieben im Schnitt bei **3,3** Jahren liegt.[5]

---

1 Vgl. auch, *Heß*, NWB 2012, 3316 ff.
2 Vgl. zu Bestrebungen, die Prüfungszeiträume zu verkürzen („zeitnahe Prüfung", zur zeitnahen Betriebsprüfung s. BMF, Schr. v. 30.3.2011 – IV A 4 - S 1400/07/10001-02, zu einem Entwurf eines neuen § 4a BpO; s. auch *Risse*, FR 2011, 117 ff., sowie DB 2011, 667; *Hermenau*, FR 2011, 120 ff.; *Drüen*, FR 2011, 101 (111).
3 Monatsbericht des BMF Oktober 2015, abrufbar unter www.bundesfinanzministerium.de.
4 BFH v. 14.6.2007 – VIII B 201/06, BFH/NV 2007, 1804.
5 Monatsbericht des BMF Oktober 2015, abrufbar unter www.bundesfinanzministerium.de.

Nach § 4 Abs. 3 Satz 2 BpO kann bei Mittel-, Klein- und Kleinstbetrieben der Prüfungszeitraum in die Vergangenheit **ausgedehnt werden**, „wenn mit nicht unerheblichen Änderungen der Besteuerungsgrundlagen zu rechnen ist oder der Verdacht einer Steuerstraftat oder einer Steuerordnungswidrigkeit besteht". Auch diese Prüfungserweiterung stellt eine Ermessensentscheidung dar. Das Finanzamt muss z.B. im Einzelnen darlegen, aus welchen Tatsachen die nicht unerheblichen Steuernachforderungen hergeleitet werden; die konkrete Ermessensentscheidung dazu muss es in seiner Begründung jedoch nicht darstellen.[1] Nicht überzeugen kann das Urteil des FG Münster,[2] wonach bei Vorliegen der Voraussetzungen für eine Prüfungserweiterung nach § 4 BpO deren tatsächliche Anordnung davon abhängig gemacht werden könne, ob in Bezug auf Besteuerungsgrundlagen der zunächst geprüften Veranlagungszeiträume keine Einigung erzielt wird.

3.25

Nach § 200 Abs. 2 Satz 1 AO findet die Außenprüfung in der Regel in den **Geschäftsräumen**, d.h. in den Räumen des Betriebs, statt. Ist ein zur Durchführung der Außenprüfung geeigneter Geschäftsraum nicht vorhanden, so wird die Prüfung in den Wohnräumen oder an Amtsstelle (Finanzamt) durchgeführt.

3.26

2. Prüfungsanordnung

Die Prüfungsanordnung konkretisiert für den Steuerpflichtigen die Pflicht, eine Außenprüfung hinzunehmen (**Duldungsverpflichtung**). Sie bestimmt den Umfang der Außenprüfung (§ 196 AO) und gibt als Verwaltungsakt der Außenprüfung das Gerüst der rechtlichen Zulässigkeit. Im Ergebnis handelt es sich um einen Sammelbescheid, der eine Vielzahl von Anordnungen enthält.[3] **Alle Handlungen** und **Verwaltungsakte** während und aufgrund der Außenprüfung sind – insofern sie Teil der Prüfungstätigkeit sind – nur rechtmäßig, wenn sie durch die Prüfungsanordnung gedeckt sind. Die Prüfungsanordnung legt fest, **welche Steuern** (Einkommensteuer, Körperschaftsteuer, Umsatzsteuer, Gewerbesteuer, Lohnsteuer usw.), welche gesondert festzustellende Besteuerungsgrundlage (z.B. Einkünfte aus Gewerbebetrieb, aus Vermietung und Verpachtung etc.) oder welche Steuervergütungen geprüft werden. Geprüft werden können auch ausschließlich **besondere Sachverhalte** (§ 5 Abs. 2 BpO). Nicht nur die Prüfung selbst, sondern auch ihre Ausdehnung und ihre Einschränkung bedürfen der Prüfungsanordnung. Außerdem ist in der Prüfungsanordnung der **Prüfungszeitraum** sowie der **Name des Prüfers** angegeben. Mit der Prüfungsanordnung wird in der Regel auch der **Ort der Prüfung** festgelegt. Soll eine **abgekürzte Außenprüfung** durchgeführt werden,

3.27

---

1 BFH v. 2.9.2008 – X R 9/08, BFH/NV 2009, 3 (4); FG Münster v. 20.4.2012 – 14 K 4222/11 AO, EFG 2012, 1516 (1518) sowie *Leitner*, EFG 2011, 1273.
2 FG Münster v. 14.6.2013 – 14 K 135/13 AO, EFG 2013, 1383, bestätigt durch BFH v. 16.9.2014 – X R 30/13, BFH/NV 2015, 150.
3 Vgl. *Drüen*, AO-StB 2009, 88 (89); *Seer* in Tipke/Lang[22], § 21 Rz. 238.

ist dies in der Prüfungsanordnung ausdrücklich zu bezeichnen. Ein Wechsel zur abgekürzten Prüfung ist zulässig, bedarf jedoch einer ergänzenden Prüfungsanordnung.[1] Die Prüfungsanordnung ist **schriftlich** zu erteilen (§ 196 AO) und im Einzelfall zu begründen.[2] Die Prüfungsanordnung muss dem **Steuerpflichtigen bekannt gegeben** werden (§ 197 Abs. 1 AO). Eine förmliche Zustellung ist nicht erforderlich. Die Bekanntgabe erfolgt grundsätzlich an das zu prüfende Steuersubjekt.[3]

3.28 Soweit eine Gesellschaft im Wege der Gesamtrechtsnachfolge in ein anderes Unternehmen umgewandelt ist, ist die Prüfungsanordnung für die Zeit vor der Umwandlung an die Gesellschaft zu richten, in die umgewandelt wurde. Wird ein Einzelunternehmen in eine Personengesellschaft oder Kapitalgesellschaft eingebracht, ist entscheidend, ob der Zeitraum vor dem Übergang oder nach diesem geprüft wird. Für die Zeit vor dem Übergang ist noch der veräußernde Steuerpflichtige der richtige Adressat (AEAO zu § 197 Nr. 5.7.1.).

3.29 Werden **Gesellschafteraktionäre, Aufsichtsräte** usw. nach § 194 Abs. 2 AO mitgeprüft, wird ihnen die entsprechende Prüfungsanordnung bekannt gegeben (§ 197 Abs. 1 AO). Die Betriebsprüfungsanordnung kann dem **Bevollmächtigten** bekannt gegeben werden. Die Prüfungsanordnung muss angemessene Zeit **vor** der Prüfung **bekannt gegeben** werden. Angemessen ist bei Großbetrieben in der Regel eine Frist von vier Wochen, bei Mittelbetrieben eine Frist von zwei Wochen (vgl. § 5 Abs. 4 BpO). Auf die vorherige Bekanntgabe in angemessener Zeit kann verzichtet werden (§ 197 Abs. 1 Satz 2 AO). Außerdem bedarf es ihrer nicht, wenn der Prüfungszweck dadurch gefährdet wird (§ 197 Abs. 1 Satz 1 AO).

3.30 Die Prüfungsanordnung kann nicht nachgeholt werden. Eine solche Prüfungsanordnung ist rechtswidrig. Allerdings erlaubt der BFH, dass die Anordnung noch während der Prüfung ergeht.[4] Soweit eine Prüfungsanordnung aus formellen Gründen **aufgehoben** oder für **nichtig** erklärt wurde, kann eine erneute Prüfungsanordnung unter Vermeidung der Verfahrensfehler erlassen werden. Das gilt auch dann, wenn aufgrund der früheren Prüfungsanordnung bereits Prüfungshandlungen vorgenommen worden sind.[5] Allerdings dürften die Prüfungsfeststellungen nicht verwertet werden. Das Finanzamt muss **tatsächlich** eine **zweite Prüfung** durchführen.

---

1 Vgl. AEAO zu § 203 Nr. 3.
2 Zu Einzelheiten des Begründungserfordernisses vgl. *Ritzrow*, StBp 2006, 69 ff.
3 Ausführlich geregelt in AEAO zu § 197; eine Übersicht gibt *Ritzrow*, StBp 2006, 205 ff. und 245 ff.
4 BFH v. 16.3.1989 – IV R 6/88, BFH/NV 1990, 139; FG Münster v. 21.4.2010 – 6 K 3514/09 AO, EFG 2010, 1754 (1755), bestätigt durch BFH v. 19.10.2011 – IV B 61/10, BFH/NV 2012, 246.
5 Vgl. *Rüsken* in Klein, AO[12], § 196 Rz. 50.

3. Klassische Prüfungsfelder

Im Rahmen der Tax Compliance sollten die **typischen Sachverhalte** bekannt sein, denen der Prüfer seine Aufmerksamkeit i.d.R. widmen wird. Dies sind z.B.: 3.31

- **Verträge** zur **Unternehmensform**; **Umwandlungsvorgänge**;
- steuerliche Beurteilung der Unternehmensform, insbesondere Überprüfung, ob den **zivilrechtlich** gewollten Gestaltungen auch **steuerlich** gefolgt werden kann;
- steuerlich erhebliche **Verträge unter Angehörigen**: Neben den Verträgen über Personengesellschaften ist hier insbesondere an Arbeits-, Miet- und Verträge über Darlehensverhältnisse zu denken;
- Verträge und **Gestaltungen** über die **Grenze**, insbesondere mit ausländischen Gesellschaften, die möglicherweise mit dem inländischen Steuerpflichtigen verbunden sind;[1]
- **Privatabgrenzungen**: Auto-, Telefon-, Reise-, Bewirtungskosten und sonstige Spesen. Grundsätzliche Überprüfung der Betriebsbedingtheit von Aufwendungen, die auch den privaten Bereich berühren (Aufwendungen für Reisen, Sportveranstaltungen u.Ä.);
- **Geschenke**, offene und verdeckte **Schmiergelder**;
- aus der **Bilanzierung**: Hinreichende Aktivierungen, überhöhte Passivierungen von Rückstellungen u.Ä.;
- berechtigter **Schuldzinsenabzug**;
- **verdeckte Gewinnausschüttungen**, Leistungsbeziehungen und Wertzuflüsse zwischen einer Kapitalgesellschaft und ihren Gesellschaftern (Rz. 6.118);
- formeller **Zustand** der **Buchführung**;
- **materielle Richtigkeit** der **Buchführung**, insbesondere durch Überprüfung der Einnahmen aufgrund von Nachkalkulationen, Vermögenszuwachsrechnungen und dergleichen;
- **Versteuerung** der **Zinsen**.

4. Rechtsfolgen der Betriebsprüfung

a) Verfahrensrechtliche Folgen

Die rechtmäßige Prüfungsanordnung hat – neben der Rechtfertigung der Außenprüfung – bestimmte Rechtsfolgen innerhalb und außerhalb des Außenprüfungsverfahrens. Der **Vorbehalt** der Nachprüfung (§ 164 AO) wird nach einer Außenprüfung im Umfang der Prüfung aufgehoben. Damit tritt materielle Bestandskraft des Steuerbescheids ein. Der Beginn der Außenprüfung vor Ablauf der **Festsetzungsfrist** hemmt diese Festsetzungsfrist (§ 171 Abs. 4 Satz 1 AO), und zwar im Umfang der Außenprüfung, der wiederum durch die Prüfungsanordnung bestimmt wird. Die Anordnung der Betriebsprüfung verleiht der Finanzverwaltung somit die 3.32

---

[1] Stichwort: Dokumentationspflichten gem. § 90 Abs. 3 AO, Verrechnungspreise, vgl. dazu Rz. 1.119.

Chance, den Ablauf der regulären Festsetzungsfrist hinauszuschieben. Dies gilt nicht, wenn die Prüfungshandlungen unmittelbar nach Beginn mehr als sechs Monate unterbrochen werden (§ 171 Abs. 4 Satz 2 AO). Gemäß § 173 Abs. 2 AO können Steuerbescheide, soweit sie aufgrund einer Außenprüfung ergangen sind, nur aufgehoben oder geändert werden, wenn eine Steuerhinterziehung oder leichtfertige Steuerverkürzung vorliegt. Der damit **erhöhte Bestandsschutz** für Steuerbescheide nach erfolgter Außenprüfung erstreckt sich auf den in der Prüfungsanordnung bestimmten Umfang der Außenprüfung.

b) Mitwirkungs-, Aufzeichnungs- und Duldungspflichten

3.33 Nur im Bereich der angeordneten Außenprüfung kann die in der Außenprüfung gesteigerte Mitwirkungs- und Duldungspflichten realisiert werden (Rz. 3.44 ff.; 3.56 ff.). Auch stehen besondere Aufzeichnungspflichten im Raum (s. unten Rz. 3.64 ff.).

5. Zwangsmaßnahmen

3.34 Dem Außenprüfer stehen im Zusammenhang mit der Durchführung der Außenprüfung **keinerlei gesonderte Zwangsmittel** zur Verfügung (Ausnahme: § 146 Abs. 2b AO)[1]. Dies wird durch die gesetzlichen Regelungen in den §§ 193 bis 203 AO, die insofern keine Erweiterung vorsehen, klargestellt.[2] Dies gilt auch für die in den §§ 328 ff. AO genannten Zwangsmittel, Zwangsgeld, Ersatzvornahme, unmittelbarer Zwang.

3.35 Gleichwohl bleiben der Finanzverwaltung auch während der Durchführung einer Betriebsprüfung die **allgemeinen** Zwangsmittel der Abgabenordnung erhalten. So sieht AEAO zu § 200 Nr. 1 vor: Im Falle von Verzögerungen durch den Steuerpflichtigen oder von ihm benannten Auskunftspersonen soll nach den Umständen des Einzelfalls von der Möglichkeit der Androhung und Festsetzung von Zwangsmitteln (§ 328 AO) Gebrauch gemacht werden. Dies gilt jedoch nicht für den Außenprüfer selbst oder die Außenprüfungsstelle. Sie können allenfalls darauf hinwirken, dass die sachentscheidende Finanzbehörde diese Zwangsmittel zugunsten der Außenprüfung einsetzt.[3]

3.36 Das für den Steuerpflichtigen finanziell einschneidendste Mittel ist jedoch die **Schätzung** (§ 162 AO) durch die Betriebsprüfung. Obwohl es sich formal um kein Zwangsmittel handelt, kann diese bei Verzögerungen durch den Steuerpflichtigen in der Außenprüfung eingesetzt werden.[4]

---

1 Vgl. zu den Anforderungen an diese Ermessensentscheidung BFH v. 28.8.2012 – I R 10/12, BStBl. II 2013, 266 ff. = AO-StB 2013, 72.
2 *Sauer* in Beermann/Gosch, AO/FGO, § 200 AO Rz. 42 (Mai 2002).
3 Vgl. *Sauer* in Beermann/Gosch, AO/FGO, § 200 AO Rz. 43 (Mai 2002).
4 Vgl. *Seer* in Tipke/Kruse, § 200 AO Rz. 44, 44a (Okt. 2013).

III. Risiko- und Gefahrenminimierung

1. Einführung

Die notwendige und **sorgfältige Vorbereitung** einer Außenprüfung hat unter Compliance-Gesichtspunkten einen herausragenden Stellenwert, dem die Praxis zumeist nicht gerecht wird. Die Buchführung – einschließlich ihrer Probleme – glaubt man zu kennen, die Streitfragen hält man für vorbereitet, so dass die angesetzte Prüfung selbst keine eigentliche Vorbereitung mehr erfordert. Der Druck und die Hektik des Tagesgeschäfts, die Arbeitsbelastung tun das ihre, um die Notwendigkeit der Vorbereitung zu verdrängen. Überraschungen während der Außenprüfung zeigen später, wie viel vergessen und übersehen worden ist. 3.37

In diesem Zusammenhang sind die fortschreitende **Digitalisierung der Daten** und das **Zugriffsrecht** der Finanzverwaltung in der Außenprüfung von Bedeutung.[1] 3.38

Zu Compliance gehört es, die **Steuerabteilung** des Unternehmens zu einer sorgfältigen Vorbereitung zu führen. Besser ist es, die zeitaufwendige Vorbereitung erweist sich später als überflüssig, als das Bedauern, die Prüfung nicht ausreichend im Vorhinein bedacht zu haben. Es darf nur die Überraschung seitens des Geprüften geben, dass es keine überraschende Entdeckung gab. 3.39

2. Allgemeine Vorbereitung

Vorbereitung heißt, dass die Buchführung, Bilanzen, Vertragsgestaltungen des Prüfungszeitraums im **Vorfeld erörtert** werden. Empfehlenswert ist hier, die Diskussion zwischen Steuerabteilung und ggf. dem Wirtschaftsprüfer oder einem externen, speziell mit den Problemen in der Betriebsprüfung vertrauten Berater. Nur so tauchen verdrängte Fragekreise wieder auf. Die mögliche Auseinandersetzung mit dem Außenprüfer muss **antizipiert** werden. Verträge, Urkunden, Belege etc., die dem Prüfer zur Verfügung gestellt werden sollen, müssen im Vorfeld festliegen. Die unsortierte und unvorbereitete Übergabe von Belegen erweist sich in Prüfungen häufig als fatal. Hinhalte- und Verzögerungstaktiken bringen erfahrungsgemäß keinen Vorteil.[2] Dies gilt insbesondere, wenn der interne Verkehr im Unternehmen in einer **Fremdsprache**, z.B. Englisch, geführt wird. Die Sprache einer E-Mail im internen Kommunikationskreis eines Unternehmens ist nicht die Sprache des Prüfers. Dies gilt erst recht, wenn die interne Kommunikationsform das Englische ist und von Personen benutzt wird, deren Muttersprache nicht das Englische ist. Hier interpretiert der Prüfer die abgekürzt genutzte Fremdsprache ausschließlich im Fiskalinteresse. Langwierige, oft hochstreitige Auseinandersetzungen sind die Folge. 3.40

---

1 Vgl. dazu auch Rz. 3.69 ff.
2 Vgl. *Seer* in Tipke/Kruse, § 200 AO Rz. 5 (Okt. 2013).

3.41 Zu den wichtigsten Vorbereitungen gehört, die **Auskunftsperson** zu bestimmen. Es ist sinnvoll und notwendig, die Mitarbeiter, die möglicherweise mit dem Prüfer in Kontakt kommen, zu instruieren.[1] Insbesondere sind die übrigen Mitarbeiter des Unternehmens, die keine Auskunftspersonen sind, anzuweisen, dem Prüfer keine Fragen zu beantworten, sondern ihn stets an die benannte Auskunftsperson zu verweisen. Die Mitarbeiter müssen ggf. darin geschult werden, Fragen der Prüfer abzublocken, obwohl dies allgemein als unhöflich empfunden wird. Eine Belastung des Prüfungsklimas ist hiermit jedenfalls in der Regel nicht verbunden. Der Prüfer wird schnell spüren, dass die Mitarbeiter des Unternehmens über die Rechte und Pflichten unterrichtet sind und sich sodann korrekt verhalten. Im Einzelfall kann im Laufe der Prüfung auch angebracht sein, den Prüfer zur Rede zu stellen, wenn er sich wiederholt hinter dem Rücken der Auskunftsperson an sonstige Mitarbeiter wendet.

3.42 Zur Vorbereitung auf eine Betriebsprüfung gehört die Durchsicht des **Vorberichts** zum Betriebsprüfungsbericht (Rz. 3.161). Die dort aufgezeigten Schwachstellen wird der Prüfer erneut ins Visier nehmen und überprüfen, ob die seinerzeit aufgedeckten Mängel beseitigt wurden.[2]

3.43 Werden im Rahmen der Vorbereitung **Mängel festgestellt**, so sind die Instrumente der Selbstanzeige und der Berichtigung nach § 153 AO zu prüfen (Rz. 3.173 ff.).

3. Mitwirkungs- und Duldungspflichten

a) Allgemeine Mitwirkungs- und Duldungspflichten

3.44 Den Mitwirkungs- und Duldungspflichten während der Außenprüfung kommt eine **zentrale Bedeutung** innerhalb der Tax Compliance zu. Im Mittelpunkt stehen die Mitwirkungspflichten. Dem Steuerpflichtigen obliegen auch in der Außenprüfung die allgemeinen Mitwirkungspflichten der AO (§§ 85 ff. AO).[3] Zugeschnitten auf die Prüfung sind diese Pflichten, in **§ 200 AO** beispielsweise **konkretisiert**, zum Teil **erweitert**.[4]

3.45 Der Steuerpflichtige hat nach dem **Wortlaut** des § 200 Abs. 1 Sätze 1 und 2 AO insbesondere Auskünfte zu erteilen, Aufzeichnungen, Bücher, Geschäftspapiere und andere Urkunden zur Einsicht und Prüfung vorzulegen, erforderliche Erläuterungen zu geben und ihn beim Datenzugriff zu unterstützen. Die **Finanzverwaltung** interpretiert die gesetzlichen Vorgaben dahin gehend, der Steuerpflichtige habe alle Unterlagen vorzulegen, die nach Einschätzung des Prüfers erforderlich seien, ohne dass dies einer weiteren Begründung bedürfe (AEAO zu § 200 Nr. 1 Satz 2). Diese Ansicht

---

[1] Vgl. *Stahl/Durst*, Stbg. 2009, 149 (150).
[2] Vgl. *Stahl/Durst*, Stbg. 2009, 149 (151).
[3] Vgl. *Seer* in Tipke/Kruse, § 200 AO Rz. 1 (Okt. 2013); vgl. dazu auch Rz. 1.120; 3.101 ff.
[4] Vgl. BFH v. 28.10.2009 – VIII R 78/05, BStBl. II 2010, 455 (457) = AO-StB 2010, 68; *Rüsken* in Klein, AO[12], § 200 Rz. 2; *Sauer* in Beermann/Gosch, AO/FGO, § 200 AO Rz. 2 (Mai 2002).

ist **zu weitgehend**. Aus dem Wortlaut und dem Sinn und Zweck des Gesetzes ergibt sich, dass nur solche Unterlagen vorlagepflichtig sind, die für die Prüfung notwendig sind. Es kommt nicht auf die Einschätzung des Prüfers, sondern auf die objektive Prüfungsrelevanz an.[1]

Auch unter Zugrundelegung eines objektiven Maßstabs bleibt der **Umfang** der vorzulegenden Unterlagen **unklar**. Um eine nachvollziehbare Konkretisierung zu gewährleisten, sind nach zutreffender Ansicht einschränkend nur die nach § 147 AO **aufbewahrungspflichtigen** Unterlagen vorzulegen.[2] Gleichwohl bleibt die Abgrenzung schwierig. Gemäß § 147 Abs. 1 Nr. 5 AO besteht eine Aufbewahrungspflicht für sonstige Unterlagen, soweit sie für die Besteuerung von Bedeutung sind.[3] Sind Unterlagen betroffen, die der Steuerpflichtige nicht unter diese Vorschrift subsumiert und bestehen insoweit Zweifel, muss der Prüfer begründen, worin eine mögliche steuerliche Bedeutung liegen kann.[4] Hier besteht auch im Compliance-Bereich Spielraum.

3.46

Damit müssen aus dem **betrieblichen** Bereich insbesondere vorgelegt werden: Die Buchführung (Konten und Belege), Geschäftspapiere, Personalakten, betriebliche Sparbücher, Organisationspläne, interne Arbeitsanweisungen und Revisionsberichte; außerdem alle Verträge und sonstigen rechtlich erheblichen Urkunden. Grundsätzlich sind auch Aufsichtsrats- und Vorstandsprotokolle vorzulegen.[5] Hierzu sollte der Prüfer jedoch eine besondere Begründung geben.[6] AEAO zu § 200 Nr. 1 Satz 3 nennt auch einzelne Konzernunterlagen.[7] Nicht umfasst werden dagegen Papiere über steuerliche Wertungen oder Schlussfolgerungen, so z.B. Strategiepapiere, Untersuchungen (u.a. Tax Due-Diligence) und Gutachten, auch von Beratern.[8] Gleiches gilt für sonstige interne Unterlagen zur Unternehmensführung, wie betriebswirtschaftliche Berechnungen, Managementerfolgsrechnungen.[9] Kostenstellenpläne werden nur erfasst,

3.47

---

1 So *Intemann* in Koenig, AO³, § 200 Rz. 13; *Drüen*, StbJb. 2006/2007, 273 (283 ff.).
2 So FG Rh.-Pf. v. 25.4.1988 – 5 K 351/87, EFG 1988, 502; *Seer* in Tipke/Kruse, § 200 AO Rz. 8 (Okt. 2013); ähnlich *Intemann* in Koenig, AO³, § 200 Rz. 17; a.A. *Frotscher* in Schwarz, AO, § 200 Rz. 3 (Juli 2014); offengelassen vom BFH v. 24.6.2009 – VIII R 80/06, DStR 2009, 2006 (2007); überblicksartig auch *Nöcker*, AO-StB 2011, 251 (254).
3 Siehe dazu auch BFH v. 14.12.2011 – XI R 5/10, AO-StB 2012, 355 = BFH/NV 2012, 1921 (1923).
4 Vgl. *Drüen* in Tipke/Kruse, § 147 AO Rz. 22 (Juli 2015).
5 Siehe dazu BFH v. 13.2.1968 – GrS 5/67, BStBl. II 1968, 365 (367); v. 27.6.1968 – VII 243/63, BStBl. II 1968, 592 (594); die Entscheidungen sind noch aktuell; *Frotscher* in Schwarz, AO, § 200 Rz. 3 (Juli 2014); mit Einschränkungen *Intemann* in Koenig, AO³, § 200 Rz. 19; zur Vorlage von Compliance-Berichten s. *Werder*, BB 2014, 3094.
6 Vgl. *Frotscher* in Schwarz, AO, § 200 Rz. 3 (Juli 2014).
7 Zu Recht mit kritischem Blick *Seer* in Tipke/Kruse, § 200 AO Rz. 10 (Okt. 2013).
8 Vgl. *Seer* in Tipke/Kruse, § 200 AO Rz. 10 (Okt. 2013).
9 Vgl. FG Rh.-Pf. v. 13.6.2006 – 1 K 1743/05, EFG 2006, 1634 (1636) = AO-StB 2007, 5.

soweit sie für die Bewertung von Wirtschaftsgütern oder Passiva von Bedeutung sind.[1]

3.48 Entsprechendes gilt für den **Privatbereich**. Allerdings besteht eine Vorlagepflicht von reinen Privatkonten nicht.[2] Anders kann es sich bei Privatkonten verhalten, wenn hierüber auch betriebliche Zahlvorgänge abgewickelt werden.[3]

3.49 Bei fremdsprachlichen Unterlagen kann der Prüfer eine **Übersetzung** verlangen (§ 87 Abs. 2 AO).

3.50 Der Steuerpflichtige ist verpflichtet, **Erläuterungen** zu den vorgelegten Unterlagen zu geben (§ 200 Abs. 1 Satz 2 AO).

3.51 Im Übrigen kennt die Vorlagepflicht **Grenzen**: Der Steuerpflichtige ist zur Vorlage, nicht zur Beschaffung verpflichtet. Unabhängig davon, ob er bezüglich bestimmter Urkunden und Unterlagen aufbewahrungspflichtig ist, kann von ihm nur die Vorlage solcher Unterlagen verlangt werden, die sich in seinem **Gewahrsam** befinden.[4] Private Kontoauszüge, die vernichtet sind, kann er nicht vorlegen; das Gleiche gilt – ungeachtet der Aufbewahrungspflicht – für nicht vorhandene Buchführungsunterlagen. In beiden Fällen ist er **nicht** zur **Beschaffung** verpflichtet. Der Steuerpflichtige ist nicht verpflichtet, für die Betriebsprüfung bestimmte Dokumente, Zusammenstellungen, Statistiken oder Eigen- oder Nachkalkulationen **zu fertigen**.[5] Soweit er nicht aufbewahrungspflichtig war, können an die Unmöglichkeit der Vorlage **keine negativen Folgerungen** geknüpft werden; anders können die Rechtsfolgen sein, soweit er aufbewahrungspflichtig war.

3.52 Vorlagepflicht heißt, dass der Steuerpflichtige selbst die Urkunden und Unterlagen heraussuchen und vorlegen muss und zwar an dem Ort der Außenprüfung. Dem **Prüfer** ist **verwehrt**, sich selbst im Unternehmen ohne Zustimmung des Steuerpflichtigen die Unterlagen **herauszusuchen**. Er hat kein irgendwie geartetes steuerliches „Beschlagnahmerecht".[6] Der Steuerpflichtige sollte dem Prüfer i.d.R. nicht gestatten, sich im Unternehmen, in der Buchführung die Unterlagen selbst aus Schränken, Ordnern usw. zusammenzusuchen. Er würde jeden Überblick darüber verlieren, welche Unterlagen der Prüfer einsieht.

3.53 Im Rahmen der Tax Compliance ist zu überlegen, bei problematischen Prüfungen „**Spiegelbild-Akten**" anzufertigen, also eine Akte, die beleg-

---

1 Vgl. FG Rh.-Pf. v. 13.6.2006 – 1 K 1743/05, EFG 2006, 1634 (1636) = AO-StB 2007, 5.
2 Vgl. FG Rh.-Pf. v. 25.4.1988 – 5 K 351/87, EFG 1988, 502 (503); *Rüsken* in Klein, AO[12], § 200 Rz. 4.
3 Vgl. BFH v. 15.9.1992 – VII R 66/91, BFH/NV 1993, 76 (77); *Intemann* in Koenig, AO[3], § 200 Rz. 18.
4 Exemplarisch *Frotscher* in Schwarz, AO, § 200 Rz. 5 (Juli 2014).
5 Vgl. *Rüsken* in Klein, AO[12], § 200 Rz. 3; *Seer* in Tipke/Kruse, § 200 AO Rz. 15 (Okt. 2013).
6 *Seer* in Tipke/Kruse, § 200 AO Rz. 14 (Okt. 2013); *Streck*, KÖSDI 1978, 2809 (2812).

und urkundenmäßig den Akteninhalt des Prüfers wiedergibt. Dann weiß der Geprüfte stets, über welche Unterlagen der Prüfer verfügt.

Dem Prüfer ist ein **Raum oder Arbeitsplatz** für die Außenprüfung zur Verfügung zu stellen (§ 200 Abs. 2 Satz 2 AO). Ein Anspruch auf ein eigenes Zimmer besteht nicht. „**Erforderliche Hilfsmittel**" sind ebenfalls unentgeltlich nach § 200 Abs. 2 Satz 2 AO bereitzustellen; dies gilt nicht für das Fertigen von Fotokopien.[1] Mit den Hilfsmitteln sind nur solche Gegenstände gemeint, die gerade für den zu prüfenden Betrieb notwendig sind, z.B. Lampe, Heizung; zur EDV-Unterstützung s. Rz. 3.70. Der Prüfer hat keinen Anspruch auf Papier, Schreibzeug, Telefon, Personal u.Ä., um ihn bei der Prüfungstätigkeit zu unterstützen.[2] 3.54

Bei **Auslandsbeziehungen** gilt die gesteigerte Mitwirkungspflicht des § 90 Abs. 2 AO (Rz. 1.114 ff.). 3.55

Die geforderte Mitwirkung muss objektiv und subjektiv möglich sein.[3] Der Prüfer darf **nichts Unmögliches** verlangen. Eine weitere Grenze ist die **Zumutbarkeit**.[4] Der Prüfer darf nichts fordern, was für den Steuerpflichtigen unzumutbar ist. Die Zumutbarkeitsgrenze ist in der Praxis schwer zu bestimmen. 3.56

Mitwirkungspflichtig ist der **Steuerpflichtige selbst**. Bei Personengesellschaften sind die zur Vertretung berufenen Personen mitwirkungspflichtig; darüber hinaus kann sich der Prüfer auch, soweit die Prüfungsanordnung reicht, an die Personengesellschafter halten. Bei juristischen Personen wird die Mitwirkungspflicht, die grundsätzlich die juristische Person als solche trifft, durch die **gesetzlichen Vertreter** erfüllt. 3.57

Mitwirkungspflichtige können sich zur Erfüllung **Beauftragter** bedienen. Ist eine Auskunftsperson bestimmt, so erfüllt diese weitgehend die Mitwirkungspflichten für den Steuerpflichtigen. 3.58

Zu **Verweigerungsrechten** s. unten Rz. 3.143. 3.59

b) Duldungspflicht (Betretungs- und Besichtigungsrecht)

Die Außenprüfung ist in den Geschäftsräumen des Steuerpflichtigen durchzuführen (§ 6 Abs. 1 BpO).[5] Die Prüfer sind berechtigt, Grundstücke und Betriebsräume zu **betreten** und zu **besichtigen**.[6] Bei der Betriebsbesich- 3.60

---

1 Siehe dazu im Einzelnen *Felix*, KÖSDI 1988, 7180 (7181); *Seer* in Tipke/Kruse, § 200 AO Rz. 14 (Okt. 2013).
2 Vgl. *Rüsken* in Klein, AO[12], § 200 Rz. 3.
3 Vgl. *Papperitz*, StBp 1980, 245 (250); *Seer* in Tipke/Kruse, § 200 AO Rz. 25 (Okt. 2013).
4 Vgl. *Sauer* in Beermann/Gosch, AO/FGO, § 200 AO Rz. 34 (Mai 2002).
5 Zur Frage, wann ein Geschäftsraum zur Durchführung einer Außenprüfung geeignet ist, s. auch AEAO zu § 200 Nr. 2.
6 Inwieweit und unter welchen Voraussetzungen der Prüfer berechtigt ist, Fotos während der Außenprüfung zu fertigen, s. *Sterzinger*, DStR 2012, 887 (888).

tigung soll der Betriebsinhaber oder sein Beauftragter hinzugezogen werden (§ 200 Abs. 3 AO). Dieses Betretungs- und Besichtigungsrecht ist eine konkrete Ausformung des Rechts der Finanzbehörde, Gegenstände in Augenschein zu nehmen. Auch in der Außenprüfung gilt grundsätzlich ergänzend dieses Recht nach §§ 98, 99 AO. Augenscheinnahme und Betriebsbesichtigung sind **keine Durchsuchungen**.[1] Ohne die Zustimmung des Steuerpflichtigen dürfen keine Behältnisse, Schränke und sonstige Verwahrungsgeräte geöffnet werden.[2] Augenscheinnahme und Betriebsbesichtigung können **mehrmals** stattfinden, wenn dies ermessensgerecht ist.

3.61 Die **privaten Wohnräume** des Steuerpflichtigen dürfen gegen den Willen des Inhabers nicht betreten werden (§ 99 Abs. 1 Satz 3 AO). Dies ist unmittelbar Auswirkung des Art. 13 GG.[3] Dies gilt für den Betriebsprüfer – im Unterschied zur Regelung in § 99 Abs. 1 Satz 3 AO – auch dann, wenn das Betreten zur Verhütung dringender Gefahren für die öffentliche Sicherheit und Ordnung notwendig ist. Denn § 200 Abs. 3 Satz 3 AO erwähnt nur die „Grundstücke und Betriebsräume", nicht aber Wohnräume.[4]

3.62 Ist die Besichtigung der privaten Wohnung erforderlich, um bestimmte steuerliche Tatbestände zu ermitteln (Privatanteile, Arbeitszimmer etc.), so soll die Weigerung das Finanzamt berechtigen, eine **Schätzung** vorzunehmen.[5] Da das Verwehren des Zutritts zur Wohnung keine Pflichtverletzung darstellt, ist eine bestrafende Schätzung unzulässig.

3.63 Die Anordnung des Betretungs- und Besichtigungsrechts, die Anordnung einer Augenscheinnahme ist ein **Verwaltungsakt**, der ggf. mit dem Einspruch angefochten werden kann.[6]

c) Digitale Außenprüfung

aa) Grundlage

3.64 Nur Bücher und Aufzeichnungen, die den Vorschriften der §§ 140 bis 146 AO entsprechen, sind der Besteuerung zugrunde zu legen (§ 158 AO). Andernfalls ist die Finanzverwaltung gem. § 162 Abs. 2 Satz 2 AO grundsätzlich (s. aber unter Rz. 3.80) zur Schätzung befugt.[7] Danach ist auch die

---

1 Vgl. *Seer* in Tipke/Kruse, § 200 AO Rz. 22, 24 (Okt. 2013).
2 Vgl. *Sauer* in Beermann/Gosch, AO/FGO, § 200 AO Rz. 65 (Mai 2002).
3 Vgl. *Frotscher* in Schwarz, § 200 AO Rz. 21 (Juli 2014).
4 So auch *Seer* in Tipke/Kruse, § 200 AO Rz. 23 (Okt. 2013). Im Ergebnis gleich, soweit die Außenprüfung nicht zur Verhütung dringender Gefahren für die öffentliche Sicherheit und Ordnung dienen kann, *Frotscher* in Schwarz, § 200 AO Rz. 30 (Juli 2014).
5 Vgl. *Sauer* in Koenig, AO³, § 200 Rz. 59.
6 Vgl. *Frotscher* in Schwarz, § 200 AO Rz. 28 (Juli 2014); grundsätzlich gleich, aber differenzierend *Rüsken* in Klein, AO¹², § 200 Rz. 6.
7 Vgl. *Märtens* in Beermann/Gosch, AO/FGO, Vor §§ 140–148 AO Rz. 16 (März 2009); *Drüen* in Tipke/Kruse, § 146 AO Rz. 2 (Febr. 2015); *Seer* in Tipke/Kruse, § 162 AO Rz. 32 (Mai 2014).

Ordnungsvorschrift des § 146 AO (Ordnungsvorschrift für **Buchführung** und für **Aufzeichnungen**) zu beachten. Die Ordnungsmäßigkeit der Buchführung ist gem. § 146 Abs. 5 Satz 1 AO auch gewährleistet, wenn die Buchführung auf Datenträgern gespeichert ist. Damit ist die Buchführung in der Form der Speicherung auf Datenträger gestattet.

3.65 Gemäß § 146 Abs. 5 Satz 2 AO muss der Steuerpflichtige sicherstellen, dass während der Aufbewahrungsfrist die Daten jederzeit verfügbar und unverzüglich lesbar gemacht werden können. Die Form, wie diese Daten lesbar gemacht werden, ist in § 146 Abs. 5 AO nicht geregelt.[1] Gesetzliche Vorgaben, wie die Daten lesbar und nutzbar gemacht werden müssen, ergeben sich aus § 147 AO (Ordnungsvorschrift für die **Aufbewahrung** von Unterlagen) und dort aus § 147 **Abs. 5** AO (sog. Archivierung von gespeicherten Datenträgern). Diese Daten sind auf Verlangen der „**allgemeinen Finanzverwaltung**" zugänglich zu machen.

3.66 Der seit dem 1.1.2002 eingefügte § 147 **Abs. 6** AO[2] gewährt im Falle der datenverarbeitungsgestützten Buchführung speziell der **Betriebsprüfung** ein Zugriffsrecht auf diese Daten (sog. digitale Außenprüfung).[3] § 147 Abs. 6 AO eröffnet der Außenprüfung – und nur dieser[4] – das Recht, in elektronisch geführte Daten und Aufzeichnungen Einsicht zu nehmen und diese maschinell auszuwerten. Die **Ziele** des Gesetzgebers waren das Sicherstellen der Überprüfbarkeit der papierlosen Buchführung sowie das Schaffen der Voraussetzungen für den Einsatz rationeller Prüfmethoden und der damit verbundenen Verkürzung der Prüfungsdauer.[5]

3.67 Die Finanzverwaltung hat Ende 2014 neue „Grundsätze zur ordnungsgemäßen Führung und Aufbewahrung von Büchern, Aufzeichnungen und Unterlagen in elektronischer Form sowie zum Datenzugriff **(GoBD)**" veröffentlicht.[6] Die GoBD treten an die Stelle der bislang geltenden BMF-Schreiben (GoBS,[7] GDPdU,[8] inkl. der GDPdU-FAQ).[9]

---

1 Vgl. *Rätke* in Klein, AO[12], § 146 Rz. 110.
2 BGBl. I 2000, 1433.
3 Vgl. *Rätke* in Klein, AO[12], § 147 Rz. 60; *Huber/Wähnert*, NWB 2009, 2814 ff. Der Datenzugriff ist ebenfalls in den Fällen der USt-Sonderprüfung sowie in den Fällen des § 208 Abs. 1 Satz 1 Nr. 2 nach § 208 Abs. 1 Satz 3 AO zulässig, vgl. dazu *Tormöhlen*, AO-StB 2014, 243 (244).
4 Einschließlich zeitnaher und abgekürzter Betriebsprüfung, vgl. *Seer* in FS Streck, 2011, 411.
5 BT-Drucks. 14/2683, 129.
6 BMF, Schr. v. 14.11.2014 – IV A 4 - S 0316/13/10003 – DOK 2014/0353090, BStBl. I 2014, 1450; das BMF-Schreiben gilt für alle Veranlagungszeiträume, die nach dem 31.12.2014 beginnen.
7 Grundsätze ordnungsmäßer DV-gestützter Buchführungssysteme, BMF, Schr. v. 7.11.1995 – IV A 8 - S 0316 - 52/95, BStBl. I 1995, 738.
8 Grundsätze zum Datenzugriff und zur Prüfbarkeit digitaler Unterlagen, BMF v. 16.7.2001 – IV D 2 - S 0316 - 136/01, BStBl. I 2001, 415.
9 Siehe dazu *Goldshteyn/Thelen*, DStR 2015, 326; *Roser*, GmbHR 2015, R 33, bereits am ersten Diskussionsentwurf des BMF zu den GoBS 2013 wurde frühzeitig Kritik laut, s. dazu *Kleemann/Kalina-Kerschbaum*, DStR 2013, 1098.

3.68 Die GoBD fassen die **Aufbewahrungsregeln** der GoBS und die Anwendungsregeln zum **Datenzugriff** der ursprünglichen GDPdU zusammen und enthalten nun die Anforderungen, die an eine ordnungsgemäße elektronische Buchhaltung zu stellen sind.[1] Die Vorgaben bezüglich des Datenzugriffsrechts sind im Vergleich zu den bislang geltenden GDPdU jedoch im Wesentlichen unverändert geblieben.

Ergänzend zu den GoBD hat das BMF am 14.11.2014 in einem weiteren Schreiben zusammengefasst, wie die **Datenüberlassung** im Rahmen einer (digitalen) Außenprüfung durch den Steuerpflichtigen zu erfolgen hat. Das Schreiben regelt, welche Dateiformate die Finanzverwaltung unterstützt. Die Ergänzung erfolgte insbesondere vor dem Hintergrund, dass zum einen die Finanzverwaltung nun bundeseinheitlich die Prüfungssoftware IDEA benutzt und zum anderen, dass kleineren bis mittleren Unternehmen die benötigten Standardformate nicht ausreichend bekannt waren. Durch das Schreiben sollen die möglichen „erheblichen Probleme" bei der Datenträgerüberlassung vermieden werden. Zum **Umfang** des Zugriffs i.R.d. der digitalen Außenprüfung s. unten Tz. 3.101.

bb) Arten des Zugriffs

3.69 Gemäß § 147 Abs. 6 AO stehen dem Prüfer **drei Möglichkeiten** des Zugriffs auf die digitalen Daten und Aufzeichnungen des Steuerpflichtigen zu:[2]

Unmittelbarer Datenzugriff (§ 147 Abs. 6 Satz 1 AO, „Z1-Zugriff").

Mittelbarer Datenzugriff (§ 147 Abs. 6 Satz 2 Alt. 1 AO, „Z2-Zugriff").

Datenträgerüberlassung (§ 147 Abs. 6 Satz 2 Alt. 1 AO, „Z3-Zugriff").

3.70 aaa) **Unmittelbarer Datenzugriff**: Bei Nutzung des unmittelbaren Datenzugriffs **(Z1)** nimmt der Außenprüfer unmittelbar in Form eines „Nur-Lesezugriffs" Einsicht in die gespeicherten Daten. Dem Prüfer stehen bei dieser Form des Zugriffs das **Lesen**, **Filtern** und **Sortieren** der Daten einschließlich der **Nutzung** der im **DV-System** des Steuerpflichtigen vorhandenen Auswertungsmöglichkeiten zu. Der Prüfer ist jedoch nicht berechtigt, eigene Auswertungssoftware auf dem Datenverarbeitungssystem des Steuerpflichtigen zu installieren.[3] Ebenso kann der Außenprüfer **nicht verlangen**, sich mithilfe seines Notebooks in das DV-System des Steuerpflichtigen „einzuklinken",[4] oder dass der Steuerpflichtige bestimmte,

---

1 Vgl. *Goldshteyn/Thelen*, DStR 2015, 326 (327); *Roser*, GmbHR 2015, R 33.
2 Zur Terminologie s. auch FG Rh.-Pf. v. 13.6.2006 – 1 K 1743/05, EFG 2006, 1635 (1636); *Intemann/Cöster*, DStR 2004, 1981; zu den Datenzugriffsmöglichkeiten der Finanzverwaltung bei Verlagerung der Buchführung ins Ausland, s. *Goldshteyn/Thönnes*, DStZ 2010, 416.
3 Vgl. FG FG Hamburg v. 13.11.2006 – 2 K 198/05, DStRE 2007, 441; *Rätke* in Klein, AO[12], § 147 Rz. 63; *Drüen* in Tipke/Kruse, § 147 AO Rz. 78 (Juli 2015).
4 Vgl. *Schüßler*, Der Datenzugriff der Finanzverwaltung im Rahmen der (digitalen)

bisher nicht vorhandene Auswertungsmöglichkeiten auf seinem DV-System installiert.[1] Diese Beschränkung dient auch dem Schutz vor Vireninfektionen des Systems des Geprüften. Dem Prüfer muss jedoch für den Zeitraum der Prüfung eine Zugangsberechtigung eingeräumt und in die Benutzung der EDV-Anlage eingewiesen werden. Eine darüber hinausgehende Pflicht, wie z.B. die Bereitstellung von eigenem Personal, besteht nicht.[2]

Der unmittelbare Datenzugriff dient dazu, die Prüfung im Rahmen der **technischen Gegebenheiten** des zu prüfenden Betriebs durchzuführen. Es ist daher nicht vorgeschrieben, wie das Datenverarbeitungssystem auszugestalten ist, um den Zugriff zu ermöglichen.[3] 3.71

Der unmittelbare Datenzugriff ermöglicht dem Außenprüfer somit einen umfangreichen **Prüfungsspielraum**. Mithilfe der eigenen Unternehmenssoftware kann der Prüfer schon vor Ort in alle steuerlich relevanten Konten „einsteigen", umfangreiche Plausibilitätsprüfungen vornehmen und so atypische Buchungen aufdecken.[4] 3.72

bbb) Mittelbarer Datenzugriff: Der mittelbare Datenzugriff (**Z2**) berechtigt den Prüfer, **vom Steuerpflichtigen** zu verlangen, die Daten nach seinen Vorgaben **auszuwerten** oder von einem Dritten auswerten zu lassen. 3.73

Der Steuerpflichtige muss tun, was zur steuerlichen Aufklärung **notwendig, verhältnismäßig** und **zumutbar** ist. Er darf jedoch nicht zum „Hilfsprüfer" gemacht werden. Die Sachaufklärungspflicht der Finanzverwaltung kann nicht auf den Steuerpflichtigen übertragen werden.[5] So ist er insbesondere nicht dazu verpflichtet, aktiv auf den Außenprüfer zuzugehen und diesen auf eine sinnvolle Verknüpfung von bestimmten Daten hinzuweisen oder eigene Auswertungsvorschläge zu entwickeln.[6] 3.74

Vor allem kann der Prüfer nur solche Auswertungen verlangen, die das System selbst zulässt.[7] Da die Zugriffsform identisch mit derjenigen des unmittelbaren Zugriffs ist,[8] darf der Prüfer eigene Programme zur Daten-

---

1 Vgl. *Höreth/Schiegl*, BB 2001, 2509 (2511); *Eberlein*, DStZ 2002, 249 (250); *Drüen* in Tipke/Kruse, § 147 AO Rz. 78 (Juli 2015); a.A. aber *Burchert*, INF 2001, 230 (232).
2 Vgl. *Drüen* in Tipke/Kruse, § 147 AO Rz. 78a (Juli 2015); *Tormöhlen*, AO-StB 2014, 243 (244).
3 Vgl. *Intemann/Cöster*, DStR 2004, 1981 (1983); *Drüen* in Tipke/Kruse, § 147 AO Rz. 78 (Juli 2015).
4 Vgl. *Schaumburg*, DStR 2002, 829 (831); *Tormöhlen*, AO-StB 2014, 243 (244).
5 *Drüen* in Tipke/Kruse § 147 AO Rz. 79 (Juli 2015).
6 *Schaumburg*, DStR 2002, 829 (834); *Schüßler*, Der Datenzugriff der Finanzverwaltung im Rahmen der (digitalen) Außenprüfung, S. 23; *Rätke* in Klein, AO[12], § 147 Rz. 63.
7 *Tormöhlen*, AO-StB 2014, 243 (245), m.w.N. In diesem Zusammenhang ist strittig, ob der Prüfer eigene Programme zur Datenanalyse zuschalten darf.
8 BMF, Schr. v. 14.11.2014 – IV A 4 - S 0316/13/10003 – DOK 2014/0353090, BStBl. I 2014, 1450 (1456).

analyse nicht zuschalten.¹ Der Prüfer muss die Kriterien, nach denen die Daten verknüpft werden, selber festlegen und kann nur ergänzende EDV-spezifische Fragen an den Steuerpflichtigen stellen; der Auswertungsaufwand darf dem Steuerpflichtigen nicht aufgebürdet werden.² Dies ist letztlich eine Abwägungsfrage der Verhältnismäßigkeit des Eingriffs. Diese Zugriffsvariante soll etwa bei der Prüfung von Großbetrieben zum Einsatz kommen, falls Abfragen mit langen Laufzeiten durchgeführt werden sollen, die das System des Unternehmens im regulären Betrieb stark belasten.³

3.75 **ccc) Datenträgerüberlassung**: Der Z3-Zugriff stellt die **größere Neuerung** dar, da dieser Zugriff die elektronische Weiterverarbeitung der Daten ermöglicht. Die Finanzbehörde kann den Datenzugriff auch per Datenträgerüberlassung **(Z3)** vornehmen. Dabei sind dem **Prüfer** die Daten auf einem maschinell verwertbaren Datenträger (CD, DVD, Blu-Ray-Disc, USB-Stick) zur Verfügung zu stellen, damit dieser die Auswertung **selber** vornehmen kann. Dies gilt auch dann, wenn sich die Daten bei Dritten (z.B. Steuerberater, DATEV) befinden.⁴

3.76 Der Außenprüfer ist **nicht berechtigt**, den Datenexport selbst vorzunehmen, insbesondere besteht keine Ermächtigung dazu, die Daten auf einen Rechner der Finanzverwaltung herunterzuladen.⁵ Eine Überspielung der Daten auf den Rechner des Außenprüfers ist daher nur mit der Einwilligung des Steuerpflichtigen möglich.⁶ Weiterhin fehlt es für einen Online-Zugriff auf die Daten des Steuerpflichtigen an einer Ermächtigungsgrundlage. Ein solcher Zugriff ist dem Prüfer nicht erlaubt.

3.77 Im Rahmen von § 146 Abs. 6 Satz 2 AO ist **strittig**, was unter „zur Verfügung gestellt" zu verstehen ist, sodass fraglich ist, ob dem Prüfer die ihm überlassenen Datenträger auch **außerhalb** der Räume des Steuerpflichtigen überlassen werden müssen.⁷ Eine solche Pflicht ist jedoch aufgrund des restriktiven Charakters der Norm wohl nicht geschuldet. Gegen eine Überlassung spricht der Wortlaut des § 147 Abs. 6 AO, der lediglich eine „Zurverfügungstellung" und nicht die „Überlassung" vorsieht.⁸

---

1 *Drüen* in Tipke/Kruse, § 147 AO Rz. 79 (Juli 2015).
2 *Drüen* in Tipke/Kruse, § 147 AO Rz. 79 (Juli 2015).
3 *Burchert*, INF 2006, 744 (746).
4 *Rätke* in Klein, AO¹², § 147 Rz. 65; *Sauer* in Beermann/Gosch, § 147 AO Rz. 57 (Aug. 2014).
5 Vgl. *Tormöhlen*, AO-StB 2014, 243 (245).
6 Siehe *Schaumburg*, DStR 2002, 829 (834).
7 So ausdrücklich die GoBD, die davon ausgehen, dass die Datenträgerüberlassung auch die Mitnahme der Daten aus der Sphäre des Steuerpflichtigen umfasst. Allerdings soll die Mitnahme der Datenträger im Regelfall nur in Abstimmung mit dem Steuerpflichtigen erfolgen, vgl. GoBD Rz. 168.
8 So auch die Literatur, vgl. *Drüen* in Tipke/Kruse, § 147 AO Rz. 80a (Juli 2015); *Tormöhlen*, AO-StB 2014, 243 (245); a.A. FG BW v. 16.11.2011 – 4 K 4819/08, EFG 2012, 577, m.w.N.; trotz alledem ist die Überlassung wohl in der Praxis der Regelfall, s. dazu *Hennigfeld*, EFG 2013, 271 (272).

Aufgrund des mit der Datenträgerüberlassung verbundenen Verlusts der Kontrollmöglichkeit, bietet es sich an, nur **schreibgeschützte** Datenträger zur Verfügung zu stellen und eine Sicherheitskopie anzufertigen. Als zulässig wird angesehen, den überlassenen Datenträger mit einem maschinellen **Ablaufdatum** zu versehen, der auch bei einem PC-Wechsel weiterwirkt. Die Zeitspanne der Befristung sollte sich an der voraussichtlichen Dauer der Betriebsprüfung und des anschließenden Festsetzungsverfahrens orientieren.[1] Die überlassenen Daten sind zwingend nach Bestandskraft der auf die Betriebsprüfung ergangenen Steuerbescheide **zurückzugeben** oder zu **löschen**.[2]

3.78

cc) Datenanalyse und Auswertungsmöglichkeiten der Finanzverwaltung

Während die Datenanalyse und Auswertungstiefe beim unmittelbaren und mittelbaren Datenzugriff von der jeweilig eingesetzten Software des Steuerpflichtigen abhängt, stehen der Finanzverwaltung für die Auswertung bei der Datenträgerüberlassung eigene **Prüf- und Analyseprogramme** zur Verfügung.

3.79

Die Finanzverwaltung setzt bundesweit die Prüfungssoftware **IDEA** ein – sowie das auf IDEA basierende Programm **AIS Tax Audit**.[3] Diese Software ermöglicht relativ unproblematisch eine Auswertung der Daten des Steuerpflichtigen in Form des Zeitreihenvergleichs und der statischen Datenanalyse.[4] Die besondere Stärke dieser Programme liegt in der Bewältigung und Bearbeitung von Massendaten.[5]

3.80

Mit IDEA kann die Finanzverwaltung Daten umfangreich **analysieren**, **extrahieren** und **Stichprobenkontrollen** durchführen sowie (nachträglich eingefügte) Manipulationen der Daten aufdecken.[6]

3.81

Typische Schwachstellen, die mit IDEA aufgedeckt werden können, betreffen im Wesentlichen negative Kassenbestände, fehlende oder doppelte Rechnungen, fehlende Lagerbuchungen, ungerechtfertigte Zahlungen, steuerfreie Reisekosten trotz Anwesenheit, mögliche Scheingeschäfte und -arbeitsverhältnisse sowie die Aufdeckung von Karussellgeschäften.[7]

3.82

---

1 *Drüen* in Tipke/Kruse, § 147 AO Rz. 80a (Juli 2015).
2 Die Betriebsprüfung hat lediglich für den Zeitraum der Prüfung ein Besitzrecht; der Rückgabeanspruch ergibt sich unmittelbar aus § 985 BGB; s. dazu auch GoBD Rz. 169.
3 Vgl. *Hauschildt/Wähnert*, NWB F 17, 2181 ff. (Okt. 2007); *Watrin/Struffert*, DB 2006, 1748; FG Rh.-Pf. v. 13.6.2006 – 1 K 1743/05, EFG 2006, 1634, (1635) = AO-StB 2007, 5; zu praktischen Auswirkungen in der Betriebsprüfung vgl. *Stahl/Durst*, Stbg. 2009, 149 (152 f.).
4 Daneben geht die Finanzverwaltung auch innovative Wege und prüft den Einsatz von neuen interaktiven Prüfungstechniken, wie z.B. der Summarischen Risikoprüfung, vgl. *Huber/Wähnert*, NWB 2009, 2814.
5 Vgl. *Buchert*, INF 2002, 677.
6 Vgl. *Götzenberger*, Der gläserne Steuerbürger[3], S. 140 ff.
7 Vgl. *Stahl/Durst*, Stbg. 2009, 149 (153); weitere Anwendungsbeispiele bei *Groß/Georgius*, Stbg. 2006, 157 (158 ff.); umfassend *Vogelsang* in Vogelsang/Stahl, Bp.-Handbuch, I Rz. 91 ff.; *Schüßler*, Der Datenzugriff der Finanzverwaltung im Rahmen der (digitalen) Außenprüfung, S. 21.

3.83 Da es sich bei IDEA um eine frei zugängliche Software handelt, können diese **Tests** auch i.R.d. Tax Compliance **vorab** durchgeführt werden.[1] Ziel ist die **Risiko- und Gefahrenminimierung** durch EDV-gestützte Plausibilitätsprüfung. Angestrebt werden sollte eine möglichst umfassende Installierung von EDV-Instrumenten, die es ermöglichen, unerklärliche Abweichungen oder Häufungen von Unstimmigkeiten herauszuarbeiten, um sodann gezielte Bereiche des Rechnungswesens einer Einzelfallprüfung zu unterziehen.[2]

3.84 Darüber hinaus ermöglicht IDEA relativ unproblematisch eine Auswertung der Daten des Steuerpflichtigen in der Form des **Zeitreihenvergleichs (ZRV)** und der statistischen Datenanalyse, z.B. Prüfung der Zahlen vor nach mittels sog. „**Chi-Quadrat-Test**" bzw. „**Benford**"-Gesetz.[3] Diesen statistischen Testverfahren liegt die gemeinsame Annahme zugrunde, dass manipulierte Datensätze andere Eigenschaften als natürliche Daten aufweisen.[4]

3.85 ZRV: Besonderer Bedeutung in der Betriebsprüfung kommt dem ZRV zu. Er stellt eine Unterart des internen **Betriebsvergleichs** dar, mit dem der Umsatz sowie der Gewinn eines Unternehmens überprüft und ggf. **nachkalkuliert** werden kann.[5] Diese spezielle Kalkulationsmethode hat zum Ziel, die **Rohgewinnaufschläge** des Unternehmens auf seine Schlüssigkeit zu prüfen. Die Methode dient primär dazu, Fälle aufzudecken, in denen sowohl die Erlöse als auch der Wareneinsatz nicht zutreffend verbucht worden sind. Die Betriebsprüfung geht von dem Erfahrungssatz aus, dass es einem Unternehmen praktisch nicht möglich ist, den Wareneinkauf vollständig in der Buchhaltung zu verschweigen, mit dem nicht verbuchte Erlöse erzielt werden.[6]

3.86 Der ZRV ist keine klar definierte Prüfungsmethode, sondern weist zahlreiche Varianten auf. Sie zeichnen sich grundsätzlich durch die folgenden **Gemeinsamkeiten** aus:[7] Bestimmte über einen längeren Zeitraum ermittelte betriebliche Daten werden zahlreichen sehr kurzen Zeitabschnitten zugeordnet („Zeitreihen"), um dann das Verhältnis dieser Daten zueinander über die einzelnen kurzen Zeitabschnitte hinweg zu betrachten. Es erfolgt eine Gegenüberstellung der gebuchten Erlöse und Wareneinsätze.

---

1 Vgl. zu diesem Gedanken auch *Groß/Georgius*, DStR 2006, 2067 (2070).
2 So *Ehlers*, NWB 2012, 1535 (1540).
3 Umfassend zu den Prüfungsmethoden, *Vogelsang* in Vogelsang/Stahl, Bp.-Handbuch, S. 353 ff.
4 *Watrin/Struffert*, DB 2006, 1748; *Schüßler*, Der Datenzugriff der Finanzverwaltung im Rahmen der (digitalen) Außenprüfung, S. 141.
5 Das Verfahren des ZRV wird von den FG grundsätzlich anerkannt, vgl. FG Münster v. 26.7.2012 – 4 K 2071/09 E, U, AO-StB 2013, 9; FG Köln v. 27.1.2009 – 6 K 3954/07, AO-StB 2009, 265 = EFG 2009, 1092 (1095); s. jedoch zu der Einschränkung durch den BFH nachfolgend.
6 *Bisle/Epple*, PStR 2012, 15; *Blenkers/Maier-Siegert*, BC 2005, 54 (55).
7 Vgl. ausführlich *Wiggen*, StBp 2008, 168 ff.; *Kulosa*, DB 2015, 1797 (1799 ff.); *Wulf/Ruske*, Steueranwaltsmagazin 2015, 158 ff.

Häufig betrachtet der Betriebsprüfer dabei Wochenzeiträume. Aus den wöchentlichen Wareneinkäufen versucht er, durch Abzug des Eigen- und Personalverbrauchs sowie durch Verteilung der eingekauften Warenmenge über den Zeitraum bis zum nächsten Einkauf gleichartiger Waren auf den wöchentlichen Wareneinsatz zu schließen. Aus dem Verhältnis zwischen Wareneinsatz und Erlösen wird für jede Woche des Jahres ein individueller Rohgewinnaufschlagsatz ermittelt. Aus diesen wöchentlichen Rohgewinnaufschlagsätzen bildet der Prüfer gleitende Durchschnittswerte für jeweils zehn aufeinanderfolgende Wochen. Die Zehn-Wochen-Periode mit dem höchsten Rohgewinnaufschlagsatz des Jahres sieht der Prüfer als **repräsentativ** für das Gesamtjahr an. Er unterstellt, dass dieser Rohgewinnaufschlagsatz auch in allen anderen Wochen des Jahres – in denen der sich aus der Buchführung ergebende Rohgewinnaufschlagsatz geringer war – erzielt worden ist.   3.87

Die erstellte Schätzung führt regelmäßig zu horrenden Steuernachforderungen. Der **BFH** schränkt **zugunsten** des Steuerpflichtigen mit Gerichtsbescheid vom 25.3.2015[1] die Anwendungsmöglichkeit des ZRV ein, indem er zunächst die folgenden vier Grundsätze aufstellt: 3.88

Die Durchführung eines Zeitreihenvergleichs setzt voraus, dass im Betrieb das Verhältnis zwischen dem Wareneinsatz und den Erlösen im betrachteten Zeitraum weitgehend konstant ist. Es darf zudem im maßgebenden Zeitraum **nicht** zu solchen **Änderungen** in der **Betriebsstruktur** gekommen sein, die – nicht anderweitig behebbare – wesentliche Unsicherheiten bei der Aufstellung und Interpretation des Zahlenwerks mit sich bringen.   3.89

Bei einer Buchführung, die **formell ordnungsgemäß** ist oder nur **geringfügige** formelle Mängel aufweist, kann der Nachweis der materiellen Unrichtigkeit grundsätzlich nicht allein aufgrund der Ergebnisse eines Zeitreihenvergleichs geführt werden.   3.90

Ist die Buchführung formell **nicht ordnungsgemäß**, sind aber materielle Unrichtigkeiten der Einnahmenerfassung nicht konkret nachgewiesen, können die Ergebnisse eines Zeitreihenvergleichs nur dann einen Anhaltspunkt für die Höhe der erforderlichen Hinzuschätzung bilden, **wenn andere Schätzungsmethoden**, die auf betriebsinternen Daten aufbauen oder in anderer Weise die individuellen Verhältnisse des jeweiligen Steuerpflichtigen berücksichtigen, **nicht sinnvoll** einsetzbar sind. Bei verbleibenden Zweifeln können Abschläge in einem Umfang geboten sein, der über eine bloße Abrundung hinausgeht.   3.91

Steht bereits aus anderen Gründen **fest**, dass die **Buchführung** sowohl formell als auch materiell **unrichtig** ist und übersteigt die nachgewiesene materielle Unrichtigkeit eine von den Umständen des Einzelfalls abhängige Bagatellschwelle, können die Ergebnisse eines – technisch korrekt   3.92

---

1 BFH v. 25.3.2015 – X R 20/13, BStBl. II 2015, 743 ff. = AO-StB 2015, 255; hierzu *Wulf/Ruske*, Steueranwaltsmagazin 2015, 158 ff.

durchgeführten – Zeitreihenvergleichs auch für die Ermittlung der erforderlichen Hinzuschätzung der Höhe nach **herangezogen** werden, sofern sich im Einzelfall keine andere Schätzungsmethode aufdrängt, die tendenziell zu genaueren Ergebnissen führt und mit vertretbarem Aufwand einsetzbar ist.

3.93 Gleichwohl verbleiben dem Geprüften **Einwendungen**, um den ZRV anzugreifen (z.B. Zuordnungsfehler, betriebliche Besonderheiten).[1]

3.94 In der Entscheidung vom 25.3.2015 äußert sich der BFH – zugunsten des Geprüften – auch zur grundsätzlich dem Finanzamt obliegenden **Feststellungslast**:[2] Der Betriebsprüfer muss seinen Zeitreihenvergleich nicht nur sorgfältig durchführen, sondern auch von Amts wegen – nicht erst auf Nachfrage – erläutern. Dies wird nicht ausschließlich softwaregestützt möglich sein, sondern eine individuelle Befassung und Auseinandersetzung mit den betrieblichen Besonderheiten erfordern.[3] Möglicherweise ist daher damit zu rechnen, dass die Betriebsprüfer diese Methode schon wegen der nun zu leistenden Mehrarbeit seltener anwenden.[4]

3.95 Einen wesentlichen **Wermutstropfen** schenkt der BFH in seiner Entscheidung vom 25.3.2015[5] jedoch ein: Bei einem **programmierbaren Kassensystem** die Betriebsanleitung sowie die Protokolle nachträglicher Programmänderungen aufzubewahren. Deren Fehlen stellt einen formellen Mangel dar, der grundsätzlich schon für sich genommen zu einer Hinzuschätzung berechtigt.

3.96 **Chi-Quadrat-Test**: Eine weitaus verbreitete statistische Prüfungsmethode stellt der sog. **Chi-Quadrat-(Anpassungs-)Test** dar.[6] Dabei wird die Verteilungseigenschaft einer Datenmenge untersucht. Konkret, ob die empirisch beobachtete mit der theoretisch erwarteten Häufigkeit übereinstimmt.[7] Die Vermutung der Finanzverwaltung für die Unrichtigkeit bzw. Manipulation der untersuchten Aufzeichnungen lautet, dass eine manipulierte Buchführung gerade nicht der erwarteten Verteilung entspricht (zumeist: **Gleichverteilung**).[8] Denn jeder Mensch verwende im Zusammenhang mit frei erfundenen Zahlen – bewusst oder unbewusst – vermehrt eine oder mehrere Lieblingsziffern und vermeide gleichzeitig nach denselben Grundsätzen wiederum eine oder mehrere andere Ziffern, gegen die er eine Abneigung hat. Letztere würden entsprechend – wiederum

---

1 Vgl. *Kulosa*, DB 2015, 1797 (1802).
2 BFH v. 25.3.2015 – X R 20/13, BStBl. II 2015, 743 (750, 752) = AO-StB 2015, 255.
3 Vgl. *Kulosa*, DB 2015, 1797 (1801).
4 Vgl. *Kulosa*, DB 2015, 1797 (1801).
5 BFH v. 25.3.2015 – X R 20/13, BStBl. II 2015, 743 (746 f.); *Wulf/Ruske*, Steueranwaltsmagazin 2015, 158 (161).
6 Grundlegend zum Chi-Quadrat-Test vgl. *Blenkers*, StBp 2003, 261 sowie *Huber/Huber*, StBp 2009, 65 ff., 93 ff. und 121 ff.
7 *Cöster* in König, § 162 Rz. 108; ausführlich (mit Beispielen) dazu auch *Freitag*, BB 2014, 1693 ff.
8 Vgl. *Bisle/Epple*, PStR 2012, 15.

bewusst oder unbewusst – seltener verwendet. Die Diskrepanz zwischen erwarteter Verteilung und hiervon abweichender tatsächlicher Verteilung wird nach Durchführung des Tests angezeigt. Ein auffallend hoher Wert stellt dann in den Augen der Finanzverwaltung ein Merkmal für eine manipulierte Datenbasis dar bzw. eine Abweichung „mit besonderer Ursache".[1]

Benford-Gesetz: Im Kontext des Chi-Quadrat-Tests wird als weitere statisch-mathematische Methode, um z.B. die Plausibilität einer Buchführung eines Unternehmens zu überprüfen, das **Benford-Gesetz** genannt.[2] Dabei bereitet das Benford-Gesetz – jedenfalls bei **mehrstelligen** Zahlen – i.d.R. die Grundlage, den Chi-Quadrat-Test zutreffend durchzuführen.[3] Es besagt, dass Ziffern und Ziffernfolgen einer bestimmten statistischen Häufigkeitsverteilung folgen. Benford hatte empirisch herausgefunden, dass die Ziff. 1–9 in „natürlich" vorkommenden (mehrstelligen) Zahlen ungleich verteilt sind, wobei insbesondere die Ziff. 1 am häufigsten vorkommt und die Häufigkeit der Ziff. 2–9 jeweils abnimmt.[4] Diese ungleiche Verteilung der Ziff. 1–9 verändert sich nochmals bezogen auf die jeweilige Stelle der mehrteiligen Zahl. Sie nimmt mit jeder weiteren Stelle ab, so dass z.B. bei einer vierstelligen Zahl die letzte Ziffer für sämtliche Zahlen von 1–9 eine ähnliche Häufigkeit aufweist. Erst wenn diese Verteilungshäufigkeit feststeht, kann anhand des Chi-Quadrat-Tests die Abweichung ermittelt werden. Vereinfacht gesprochen, analysiert das Benford-Gesetz die statisch vorkommenden Muster, der Chi-Quadrat-Test die Häufigkeit der verwendeten Zahl.

3.97

Die Aussagekraft des Testergebnisses im Rahmen der Schätzungsbefugnis der Betriebsprüfung ist jedoch nur beschränkt: Im Ergebnis ist gemeinsam mit Literatur[5] und Rechtsprechung[6] davon auszugehen, dass die aus ei-

3.98

---

1 Vgl. *Kühnen*, EFG 2012, 12; *Groß/Georgius*, Stbg. 2006, 157; zur Ermittlung der Bemessungsgrundlage und die Berechnungsformel s. *Blenkers*, StBp 2003, 261 (262 f.); *Watrin/Struffert*, DB 2006, 1748; *van Meegen*, Stbg. 2003, 488 (489); auch FG Nds. v. 17.11.2009 – 15 K 12031/08, n.v. (juris).
2 Vgl. z.B. *Seer* in Tipke/Kruse, § 162 AO Rz. 58 (Mai 2014); *Cöster* in König, § 162 Rz. 108.
3 Vgl. zu Abgrenzungsfragen *Watrin/Struffert*, DB 2006, 1748 f.; *Freitag*, BB 2014, 1693 (1694 ff.).
4 So *Freitag*, BB 2014, 1693 (1694). Nach Benford steht die Ziff. 1 in 30 % an erster Stelle, hingegen die Ziff. 9 lediglich in 4,5 % der Fälle. Eine Übersicht über die genaue Häufigkeitsverteilung der Ziff. 1 findet sich bei *Diller/Schmid/Späth/Kühne*, DStR 2015, 311 (312).
5 Vgl. *Freitag*, BB 2014, 1693, (1698 ff.); *Meyer*, DStR 2005, 2114 (2116); *Seer*, DStR 2008, 1553 (1559); *Schützeberg*, StBp 2009, 33 (35); *Drüen*, PStR 2004, 18 (22); *Braun*, PStR 2008, 116 (118); *Blenkers*, StBp 2003, 261 (264); *Watrin/Struffert*, DB 2006, 1748 (1750); *Carlé*, KÖSDI 2005, 14717 (14721); *Krömker*, AO-StB 2004, 184 (185); *van Meegen*, Stbg. 2003, 488 (489); *Groß/Georgius*, DStR 2006, 2067 (2069); *Trossen*, EFG 2004, 11 (12); *Pfützenreuter*, EFG 2007, 816 (817); a.A. hinsichtlich eines Fahrtenbuchs nur *Zimmermann*, EFG 2006, 653.
6 FG Münster v. 14.8.2003 – 8 V 2651/03 E, U, EFG 2004, 9; FG Rh.-Pf. v. 24.8.2011 – 2 K 1277/10, EFG 2012, 10; FG Nds. v. 17.11.2009 – 15 K 12031/08, n.v. (juris).

nem Chi-Quadrat-Test resultierenden Auffälligkeiten **keinen Beweis** im juristischen Sinne darstellen, jedoch als Indiz im Zusammenhang mit weiteren Gesichtspunkten – wie z.b. einer Geldverkehrs- oder Vermögenszuwachsrechnung – zur Rechtfertigung einer Schätzung bei formell ordnungsgemäßer Buchführung führen können.

3.99 Der Argumentation der Betriebsprüfung mit einem Chi-Quadrat-Test bzw. der Prüfung nach Benford sollte stets **entgegengetreten** werden. Auf die Ergebnisse einer solchen Verprobung kann sich nur berufen, wer in der Lage ist, die zugrunde liegenden mathematischen Gesetzmäßigkeiten und Effekte zu erklären.[1] Der Prüfer ist dazu regelmäßig ebenso wenig in der Lage wie der Steuerpflichtige oder der Finanzrichter.

3.100 Schließlich können auch **andere Umstände** die Abweichung von den Benford'schen Gesetzen rechtfertigen, z.b. aus der Preisgestaltung des Steuerpflichtigen.[2] Die Zahlen der Buchhaltung können von einer Vielzahl solcher Effekte beeinflusst werden.[3]

dd) Umfang des Zugriffs im Rahmen der digitalen Außenprüfung – Aufzeichnungs- und Aufbewahrungspflichten

3.101 Der Umfang des Zugriffs i.R.d. der digitalen Außenprüfung ist weder gesetzlich gesondert normiert noch seitens der Finanzverwaltung durch eindeutige Regelungen vorgegeben.[4] Er richtet sich – unter Einbeziehung des Gegenstands der Außenprüfung – nach den Aufzeichnungs- und Aufbewahrungsvorschriften.[5] Denn das Datenzugriffsrecht nach § 147 Abs. 6 AO korrespondiert mit den steuerlichen Aufzeichnungs- und Aufbewahrungspflichten.[6] Mit der Einführung des Datenzugriffs ist der Umfang der Außenprüfung gerade nicht erweitert worden, lediglich die Art des Zugriffs hat sich geändert.[7] Aufbewahrungspflichtig sind alle Unterlagen des § 147 Abs. 1 AO.

3.102 Insbesondere gibt es **kein Recht**, auf alle digitalisierten Daten des Steuerpflichtigen zuzugreifen.[8] So ist z.b. eine Steuerberatersozietät nicht verpflichtet, die über die Aufzeichnungspflichten eines Einnahmeüber-

---

1 Ähnlich auch *Freitag*, BB 2014, 1693.
2 Vgl. *Cöster* in König, § 162 Rz. 108.
3 Vgl. nur *Wähnert*, Stbg. 2007, 289 ff.
4 Vgl. *Drüen* in Tipke/Kruse, § 147 Rz. 71 f. (Juli 2015).
5 Vgl. *Cöster* in König, § 147 Rz. 38; *Drüen* in Tipke/Kruse, § 147 Rz. 71 (Juli 2015).
6 BFH v. 24.6.2009 – VIII R 80/06, DStR 2009, 2006 (2007). Davon zu unterscheiden ist die Frage, ob sich die Vorlagepflicht in der Außenprüfung nach § 200 Abs. 1 AO auch auf nicht aufbewahrungspflichtige Unterlagen bezieht, s. dazu oben Rz. 3.48; allgemein zum Datenzugriff und Aufzeichnungspflichten, *Engelberth*, NWB 2010, 2307; sowie *Tormöhlen*, AO-StB 2013, 279.
7 Vgl. *Rätke* in Klein, AO[12], § 147 Rz. 61; BFH v. 24.6.2009 – VIII R 80/06, DStR 2009, 2006 (2007) = AO-StB 2009, 289; FG Rh.-Pf. v. 13.6.2006 – 1 K 1743/05, EFG 2006, 1634.
8 Vgl. FG BW v. 16.11.2011 – 4 K 4819/08, EFG 2012, 577.

schussrechners hinausgehenden Sachkonten im Rahmen der digitalen Betriebsprüfung zur Verfügung zu stellen.[1]

Der Steuerpflichtige ist nicht zur elektronischen Erfassung verpflichtet. Setzt er jedoch Datenverarbeitungssysteme ein, muss er den Zugriff darauf dulden.[2] Dies insbesondere dann, wenn er papierene Eingangsrechnungen digitalisiert, scannt und speichert.[3] 3.103

Welche Daten dem Zugriff unterliegen, hat primär der Steuerpflichtige zu entscheiden, dem das Recht der **Erstqualifikation** des Datenbestands zukommt. Der Qualifikation kommt besondere Bedeutung zu, soweit Daten außerhalb der Buchhaltung im engeren Sinne betroffen sind.[4] 3.104

Es ist Sache des Steuerpflichtigen, seine nicht steuerlich relevanten Daten in der EDV gegen eine Einsichtnahme durch die Außenprüfung abzusichern.[5] Zur Vermeidung eines Datenzugriffs auf nicht steuerliche Daten sollten dem Betriebsprüfer die Daten auf einem vom internen Netz abgekoppelten PC zur Verfügung gestellt werden („digitale Spiegelakte"). Eine solche Vorgehensweise ist zulässig, da § 147 Abs. 6 AO nicht das Recht gewährt, sämtliche DV-Systeme zu überprüfen, sondern lediglich „Einsicht in die gespeicherten Daten zu nehmen und das Datenverarbeitungssystem zur Prüfung dieser Unterlagen zu nutzen".[6] Dies ist bei der Strukturierung der Datenspeicherung, spätestens bei der Vorbereitung der Außenprüfung zu berücksichtigen.[7] 3.105

Das Verlangen zum Zugriff auf Daten ist rechtswidrig, wenn Informationen dem Prüfer bereits in verwertbarer Form vorliegen oder wenn sie für die Besteuerung nicht von Bedeutung sein können.[8] 3.106

Die Archivierung von E-Mails ist noch nicht abschließend geklärt.[9] Richtigerweise besteht jedenfalls dann keine Archivierungspflicht, wenn die E-Mails nach der betrieblichen Praxis zur weiteren Verwendung im Unternehmen ausgedruckt und danach gelöscht werden.[10] 3.107

---

1 BFH v. 24.6.2009 – VIII R 80/06, DStR 2009, 2006 (2008) = AO-StB 2009, 289; allgemeine Hinweise zur Außenprüfung des Steuerberaters *Kaligin*, Betriebsprüfung und Steuerfahndung, 2014, S. 247 f.
2 FG Hamburg v. 13.11.2006 – 2 K 198/05, DStRE 2007, 441 (442).
3 Vgl. BFH v. 26.9.2007 – I B 53,54/07, BStBl. II 2008, 415; *Tormöhlen*, AO-StB 2012, 154.
4 Vgl. *Drüen* in Tipke/Kruse, § 147 Rz. 72 (Juli 2015), mit Hinweisen zur Abgrenzung zum sekundären Qualifikationsrecht der Finanzverwaltung; FG Rh.-Pf. v. 13.6.2006 – 1 K 1743/05, AO-StB 2007, 5 = EFG 2006, 1634 ff.
5 Vgl. *Ditz*, DStR 2004, 2038 (2040); *Rätke* in Klein, AO^{12}, § 147 Rz. 12.
6 Vgl. *Burckhard/Adler*, Betriebsprüfung und Steuerfahndungsprüfung, 2001, § 196 Rz. 19.
7 Vgl. dazu auch *Wagner*, EFG 2010, 1966.
8 FG Rh.-Pf. v. 13.6.2005 – 1 K 1743/05, AO-StB 2007, 5 = EFG 2006, 1634 (1637).
9 *Burchert*, INF 2006, 699 (703); *Cöster* in *König*, § 147 Rz. 22.
10 So *Stahl*, KÖSDI 2005, 14532 (14534); *Intemann/Cöster*, DStR 2004, 1981 (1984); *Drüen* in Tipke/Kruse, § 147 Rz. 73. (Juli 2015); weitergehend BMF, Schr. v. 14.11.2014 – IV A 4 - S 0316/13/10003 – DOK 2014/0353090, BStBl. I 2014, 1450 (1461 ff.).

ee) Auswahl des Zugriffs, Kosten, Rechtsschutz, Sanktionen

3.108 Der Prüfer hat die Auswahl der Einsichtnahme nach pflichtgemäßem Ermessen[1] auszuüben; ein Rangverhältnis bestimmt das Gesetz nicht.[2] Er kann auch mehrere Zugriffsmöglichkeiten kombinieren, wobei die Variante der Datenträgerüberlassung im Allgemeinen als der am wenigsten belastende Eingriff angesehen wird und in der Praxis den Normalfall darstellt.[3]

3.109 Nach § 147 Abs. 6 Satz 3 AO trägt der Steuerpflichtige die Kosten für die Durchführung des Datenzugriffs.[4]

3.110 Die Aufforderungen, dem Prüfer Einsicht in die gespeicherten Daten zu gewähren, das Datenverarbeitungssystem zur Prüfung nutzen zu können, die Daten nach Verfahren der Finanzbehörde aufzubereiten oder ihr auf einem Datenträger zur Verfügung zu stellen, sind jeweils gesonderte Verwaltungsakte, die mit dem Einspruch und der Anfechtungsklage angegriffen werden können.[5] Vorläufiger Rechtsschutz kann durch AdV gewährt werden.[6] Der Datenzugriff kann bei Verweigerung auch mit Zwangsgeld i.S.v. § 328 AO durchgesetzt werden.

3.111 Bei Überschreiten der Grenzen des Zugriffsrechts kann ein Verwertungsverbot entstehen.[7] Dies gilt insbesondere, wenn die Grenzen des Datenzugriffs bewusst überschritten wurden.

3.112 **Fehler** in den Aufzeichnungen oder die fehlende maschinelle Auswertbarkeit können im Betriebsprüfungsbericht vermerkt werden. Dies hat möglicherweise Negativauswirkungen, wenn ein Wirtschaftsprüfer auf diese Berichte zugreift und den Hinweis auf formelle Mängel in seinen Bericht übernimmt.

3.113 Wie ausgeführt (Rz. 162), ist gem. § 162 Abs. 2 Satz 2 AO die Finanzverwaltung insbesondere dann zur Schätzung der Besteuerungsgrundlagen berechtigt, wenn der Steuerpflichtige Bücher oder Aufzeichnungen, die er nach den Steuergesetzen zu führen hat, nicht vorlegen kann. Gleiches gilt, wenn die Bücher oder Aufzeichnungen der Besteuerung nicht nach

---

1 S. dazu auch *Drüen*, StuW 2003, 365; zur Unzulässigkeit beim Ermessensnichtgebrauch s. *Tormöhlen*, AO-StB 2014, 243.
2 So BFH v. 27.9.2010 – II B 164/09, AO-StB 2011, 76 = BFH/NV 2011, 193; *Drüen* in Tipke/Kruse, § 147 AO Rz. 76a (Juli 2015).
3 Vgl. *Hennigfeld*, EFG 2013, 271; *Tormöhlen*, AO-StB 2014, 243.
4 Zu der Frage, ob Rückstellungen für die Kosten einer künftigen Betriebsprüfung zu bilden sind, s. BFH v. 6.6.2012 – I R 99/10, DB 2012, 2019 sowie *Eckert*, DB 2012, 2187; *Zeidler/Mißbach*, NWB 2012, 3368.
5 Vgl. FG Nds. v. 10.5.2012 – 6 K 27/12, EFG 2012, 1519; BFH v. 8.4.2008 – VIII R 61/06, BFH/NV 2008, 1223 (1225) = AO-StB 2008, 213; *Schaumburg*, DStR 2002, 829 (832); zur Aufbewahrungspflicht von gescannten Belegen, *Wagner*, EFG 2010, 1966.
6 Vgl. *Drüen* in Tipke/Kruse, § 147 AO Rz. 82 (Juli 2015).
7 Zu Einzelheiten vgl. *Intemann/Cöster*, DStR 2004, 1981 (1984); *Ritzrow*, StBp 2006, 55 ff.

§ 158 AO zugrunde gelegt werden. Nach § 158 AO müssen die Bücher oder Aufzeichnungen den §§ 140 bis 148 AO entsprechen. Damit würde auch eine unzureichende Archivierung und maschinelle Auswertbarkeit der digitalen Daten i.S.v. § 147 Abs. 6 AO zur Schätzung ermächtigen[1] und damit ein erhebliches Risiko in der Betriebsprüfung begründen. Alleine die Tatsache, dass die Finanzverwaltung sich nicht der neuen Methode der digitalen Prüfung bedienen kann, rechtfertigt eine Schätzungsbefugnis nicht.[2] Wenn etwa Papieraufzeichnungen vollständig geführt wurden, besteht allein aufgrund des Verstoßes gegen die Ordnungsvorschrift des § 147 Abs. 6 AO keine Schätzungsbefugnis.[3] **Anders** verhält es sich, wenn auch die in Papierform vorgelegten Unterlagen Zweifel an der sachlichen Richtigkeit der Buchführung begründen.[4]

Hinsichtlich sonstiger **allgemeiner** Rechtsschutz- und Sanktionsmittel (Rz. 3.115). 3.114

4. Verlegung des Prüfungsbeginns

Die Prüfungsanordnung gibt den voraussichtlichen Prüfungsbeginn an (§ 197 Abs. 1 Satz 1 AO). 3.115

Auf Antrag des Steuerpflichtigen soll der Beginn der Außenprüfung auf einen anderen Zeitpunkt verlegt werden, wenn dafür wichtige Gründe glaubhaft gemacht werden (§ 197 Abs. 2 AO). Dies stellt keinen Verzicht, sondern eine Verschiebung der Prüfung dar. Es handelt sich um eine Soll-Vorschrift, nach der i.d.R. die Verschiebung vorzunehmen ist, wenn der Steuerpflichtige wichtige Gründe glaubhaft macht.[5] § 5 Abs. 5 BpO nennt als wichtige Gründe für die Hinausschiebung beispielhaft: Erkrankung des Steuerpflichtigen, seines steuerlichen Beraters oder eines für Auskünfte maßgeblichen Betriebsangehörigen; beträchtliche Betriebsstörungen durch Umbau oder höhere Gewalt. Nach zutreffender Ansicht liegt ein wichtiger Grund auch dann vor, wenn der Steuerpflichtige glaubhaft macht, dass er bis zu dem angeordneten Prüfungsbeginn nicht in der Lage wäre, sich in einer Weise auf die Prüfung einzustellen, dass ein möglichst reibungsloser Ablauf der Prüfung unter weitgehender Vermeidung von Störungen des Geschäftsbetriebs des Unternehmens möglich wäre.[6] 3.116

Der Antrag auf Verlegung kann daher insbesondere im Rahmen der Tax Compliance instrumentalisiert werden, wenn eine ausreichende Vorbereitung nicht erfolgt ist. Die Gründe müssten jedoch glaubhaft gemacht wer- 3.117

---

1 So wohl Ansicht der Finanzverwaltung im Frage-Antwort-Katalog, Rz. II 10, die dies „je nach den Umständen des Einzelfalls" für angezeigt hält.
2 Zutreffend *Intemann/Cöster*, DStR 2004, 1981 (1985); *Stahl*, KÖSDI 2005, 14532 (14539).
3 So *Stahl*, KÖSDI 2005, 14532 (14539); *Rätke* in Klein, AO[12], § 147 Rz. 70; *Drüen* in Tipke/Kruse, § 147 AO Rz. 64 (Juli 2015).
4 Vgl. *Rätke* in Klein, AO[12], § 147 Rz. 70.
5 Vgl. *Seer* in Tipke/Kruse, § 197 AO Rz. 15 (Okt. 2013).
6 So *Seer* in Tipke/Kruse, § 197 AO Rz. 15 (Okt. 2013).

den. Bloßes Behaupten genügt nicht, jedoch ist auch ein Beweis nicht erforderlich.[1]

3.118 Der Antrag auf Prüfungsverlegung sollte zudem unverzüglich nach Bekanntgabe der Prüfungsanordnung gestellt werden. Wird zunächst weiter abgewartet und der Antrag erst wenige Tage vor dem anberaumten Prüfungstermin gestellt, so erweckt dies Misstrauen. Die Verwaltung wird hier eine Verzögerungstaktik vermuten, die das Klima von vorneherein belastet.[2]

IV. Schadensabwehr und -minimierung

1. Anfechtung der Betriebsprüfungsanordnung

a) Einspruch, Klage

3.119 Die Schadensabwehr beginnt mit der rechtlichen Kontrolle der Prüfungsanordnung und ggf. mit deren Anfechtung.[3] Ist die Prüfungsanordnung rechtswidrig, wird sie mit dem Einspruch angefochten. Dies gilt für die Prüfungsanordnung selbst und für die mit ihr verbundenen sonstigen Verwaltungsakte. Hat der Einspruch keinen Erfolg, ist die Anfechtungsklage zum FG (§ 40 FGO) gegeben. Anfechtungsberechtigt ist grundsätzlich der Adressat der Prüfungsanordnung.[4]

3.120 Im Falle der **einheitlichen** und gesonderten Feststellung gewerblicher Einkünfte steht das Recht nur der Gesellschaft, nicht den Gesellschaftern zu.[5] Anders, wenn die Gemeinschaft oder Gesellschaft Einkünfte aus Vermietung und Verpachtung erzielt.[6] Auf die Sondervorschriften des § 48 FGO kommt es nicht an.[7] Im Ergebnis können daher die Klagebefugnis gegen den aufgrund der Außenprüfung ergehenden Feststellungsbescheid und die Klage gegen die Prüfungsanordnung abweichen. Hier ist eine Tücke des Prozessrechts versteckt.

3.121 Die **Frist** für den Einspruch beträgt einen Monat, sofern die Prüfungsanordnung eine Rechtsbehelfsbelehrung enthält. Die Rechtsbehelfsbelehrung ist Pflicht. Fehlt die Rechtsbehelfsbelehrung, so hat der Steuerpflich-

---

1 Vgl. *Rüsken* in Klein, AO[12], § 197 Rz. 22.
2 Vgl. *Gosch* in Beermann/Gosch, AO/FGO, § 197 AO Rz. 78 (Jan. 1998).
3 S. das Schaubild zu Angriffsmöglichkeiten bei *Gosch* in Beermann/Gosch, AO/FGO, § 196 AO Rz. 165 (Juli 2001); zu typischen Einwendungen gegen die Prüfungsanordnung vgl. *Seibel*, AO-StB 2002, 417 ff.
4 Vgl. BFH v. 30.8.1994 – IX R 65/91, BFH/NV 1995, 517 (519); *Rüsken* in Klein, AO[12], § 196 Rz. 56; FG Köln v. 20.1.2010 – 7 K 4391/07, EFG 2010, 895.
5 BFH v. 19.2.1996 – VIII B 4/95, BFH/NV 1996, 660 (661); *Rüsken* in Klein, AO[12], § 196 Rz. 56.
6 BFH v. 19.2.1996 – VIII B 4/95, BFH/NV 1996, 660 (661).
7 BFH v. 30.8.1994 – IX R 65/91, BFH/NV 1995, 517 (519), zu § 48 FGO in der Fassung vor der Gesetzesänderung am 31.12.1995 (BGBl. I 1994, 1395); *Brandis* in Tipke/Kruse, § 48 FGO Rz. 6 (Okt. 2013); i.E. gleich *Rüsken* in Klein, AO[12], § 196 Rz. 56.

tige die Möglichkeit, die Anordnung innerhalb der Jahresfrist des § 356 Abs. 2 AO anzufechten. Die Jahresfrist gilt auch dann, wenn der zu Prüfende die Prüfung rügelos geschehen lässt.[1]

Wird die Prüfung durchgeführt, obwohl die Prüfungsanordnung angefochten worden ist, erledigt sich das Einspruchsverfahren nicht. Vielmehr ändert sich nach der Durchführung (i.d.R. mit Zusendung des Prüfungsberichts)[2] das Rechtsbehelfsbegehren. Es geht sodann nicht mehr um die Anfechtung der Prüfungsanordnung, sondern um die Feststellung, dass die Prüfung rechtswidrig war. Der Einspruch setzt sich als Fortsetzungsfeststellungseinspruch, die Anfechtungsklage als sog. Fortsetzungsfeststellungsklage (§ 100 Abs. 1 Satz 4 FGO) fort, jeweils mit dem Begehren, festzustellen, dass die Prüfungsanordnung rechtswidrig war.[3]

3.122

Während ein rechtswidriger Verwaltungsakt i.d.R. angefochten werden sollte, gilt dies nicht unbesehen für das Betriebsprüfungsverfahren. Außenprüfungen sind keine typischen förmlichen Streitverfahren. Die einvernehmliche Außenprüfung ist die Regel; sie sollte auch das Ziel sein. Folgende Überlegungen sprechen für eine Anfechtung:

3.123

Bestehen an der Prüfungsberechtigung Zweifel, muss das Rechtsbehelfsverfahren gegen die Prüfungsanordnung durchgeführt werden, um eine Verwertung der Prüfungsergebnisse zu verhindern. Geschieht dies nicht, kann trotz objektiver Rechtswidrigkeit der Prüfungsanordnung diese im Rechtsbehelfsverfahren gegen den Auswertungsbescheid nicht mehr geltend gemacht werden. Dies ist insbesondere dann ärgerlich, wenn die Einwendungen gegen den Auswertungsbescheid auf Fragen der Festsetzungsverjährung gestützt werden und sich erst später die Relevanz des § 171 Abs. 4 AO herauskristallisiert.

3.124

Die Ausdehnung der Außenprüfung sollte regelmäßig angefochten werden. Nach § 4 Abs. 3 BpO hängt die Ausdehnungsmöglichkeit von den zu erwartenden Mehrsteuern ab. Niemand wird nach einer vollzogenen Außenprüfung in der Lage sein, die zu erwartende Mehrsteuer von den tatsächlichen Mehrsteuern zu trennen.

3.125

Zu bedenken sind stets jedoch auch Überlegungen, die gegen eine Anfechtung oder Beanstandung sprechen: Eine Prüfung, die durch den Prüfungsauftrag nicht gedeckt ist, hemmt z.B. nicht den Ablauf der Festsetzungsverjährung. Wird der Mangel gerügt, so verursacht man eine Korrektur der Prüfungsanordnung und folglich eine heilende Wirkung im Hinblick auf

3.126

---

1 Entgegen einiger Finanzgerichte tritt in einem solchen Fall keine Verwirkung des Einspruchsrechts ein, so zutreffend BFH v. 7.11.1985 – IV R 6/85, BStBl. II 1986, 435 (436).
2 Vgl. *Seer* in Tipke/Kruse, § 196 AO Rz. 41 (Okt. 2013); dies kann von der Frage abweichen, wann die Sperre für die strafbefreiende Selbstanzeige des § 371 Abs. 2 Nr. 1a AO wieder entfällt, vgl. dazu *Streck/Spatscheck*, Die Steuerfahndung[4], Rz. 262, und unten Rz. 3.128.
3 Vgl. *Seer* in Tipke/Kruse, § 196 AO Rz. 41 (Okt. 2013); für die Fortsetzungsfeststellungsklage BFH v. 30.8.1994 – IX R 65/91, BFH/NV 1995, 517 (518).

die Festsetzungsfrist. Lassen sich Mängel aufspüren, die zur Unwirksamkeit der Prüfungsanordnung führen, sollte dies nicht bereits gegen die Prüfungsanordnung im Wege des Rechtsbehelfs geltend gemacht werden. Hier empfiehlt sich die Rüge erst im Rechtsbehelfsverfahren gegen die Auswertungsbescheide zu erheben.[1] Die Nichtigkeit der Prüfungsanordnung führt zum Verwertungsverbot, ohne dass es der Anfechtung der Prüfungsanordnung bedarf.[2] Würde die Nichtigkeit bereits zum Zeitpunkt des Erlasses der Prüfungsanordnung geltend gemacht, hätte das Finanzamt die Möglichkeit, eine wirksame Prüfungsanordnung zu erlassen. Gleiches gilt für unwirksame Prüfungshandlungen.[3]

3.127 Vorsicht ist geboten, wenn aufgrund der unwirksamen Prüfungsanordnung Prüfungshandlungen mit eigenem Verwaltungsaktcharakter vorgenommen werden (z.B. Aufforderung zur Vorlage von Unterlagen). Hier erfasst das Verwertungsverbot der Prüfungsanordnung den eigenständigen Verwaltungsakt nicht. Die Prüfungshandlung muss aber gleichwohl angefochten werden, sofern die Einwendungen im Rechtsbehelfsverfahren gegen den Auswertungsbescheid geltend gemacht werden sollen.[4]

3.128 Ist eine Außenprüfung zulässig und wird sie voraussichtlich keine Probleme bringen, ist sie möglicherweise sogar erwünscht, hat eine Anfechtung, z.B. wegen förmlicher Fehler, wenig Sinn.

b) Aussetzung der Vollziehung

3.129 Die Prüfungsanordnung kann trotz Einspruchs durch Beginn der Außenprüfung vollzogen werden. Dies gilt nicht, wenn aufgrund eines Antrags oder von Amts wegen durch das Finanzamt (§ 361 AO) oder aufgrund eines Antrags durch das FG (§ 69 FGO) AdV verfügt wird. Wenn gewichtige Gründe gegen die Prüfung sprechen, sollte der Einspruch stets mit dem Antrag auf AdV gekoppelt werden, anders allenfalls bei nur formellen Bedenken gegen die Anordnung. Der Antrag auf AdV ist insbesondere dann zwingend geboten, wenn die Ausdehnung einer Außenprüfung angefochten wird. Anderenfalls steht das Mehrergebnis, auf dessen Erwartung die Ausdehnung gestützt wird, bereits fest (Rz. 3.1).

3.130 Ist der Antrag auf AdV gestellt, aber noch nicht beschieden, sollte regelmäßig alles unternommen werden, dem Prüfer den Beginn der Prüfung solange zu verwehren, wie der Antrag auf AdV nicht bestands- oder rechtswirksam beschieden ist. Zwar führt später ein Erfolg des Einspruchs oder

---

1 Vgl. *Gosch* in Beermann/Gosch, AO/FGO, § 196 AO Rz. 205 (Juli 2001).
2 Vgl. BFH v. 4.10.1991 – VIII B 93/90, BStBl. II 1992, 59 (60); *Rüsken* in Klein, AO[12], § 196 Rz. 48; vgl. auch Rz. 3.100.
3 Vgl. *Gosch* in Beermann/Gosch, AO/FGO, § 196 AO Rz. 182, 183 (März 1998); vgl. *Frotscher* in Schwarz, AO, § 196 AO Rz. 18 (Nov. 2008).
4 Vgl. *Frotscher* in Schwarz, AO, § 196 AO Rz. 18 (Nov. 2008), m.w.N. aus der Rspr.; nach teilweiser Ansicht kommt es auf die Anfechtung nicht an, vgl. *Carlé*, AO-StB 2003, 346 (347), m.w.N.; differenzierend *Seer* in Tipke/Kruse, § 196 AO Rz. 35 f. (Okt. 2013).

der Klage gegen die Prüfungsanordnung zum Verbot der Verwertung des tatsächlich Geprüften. Das Wissen im Kopf des Beamten ist jedoch nicht mehr zu löschen. Gelingt es nicht, den Betriebsprüfer und seinen Sachgebietsleiter davon zu überzeugen, bis zur Entscheidung über die Aussetzung von Prüfungshandlungen Abstand zu nehmen, empfiehlt es sich, jede Prüfungsanordnung als Einzelmaßnahme mit dem Einspruch anzufechten. Zudem besteht die Möglichkeit, dem Prüfer den Zugang zu den Betriebsräumen zu versagen. Dies führt insbesondere in Fällen der Konzernprüfung dazu, dass Prüfungshandlungen praktisch ausgeschlossen sind; die Prüfer sind i.d.R. auf die Räumlichkeiten des Unternehmens angewiesen.

In der Praxis zeigt sich, dass die Prüfungsstellen für das Anliegen des Steuerpflichtigen ein breites Verständnis haben und die Prüfung regelmäßig so lange zurückstellen, bis über den Antrag auf AdV, häufig auch bis über den Einspruch gegen die Prüfungsanordnung selbst entschieden ist. Die Beamten haben die verständliche Befürchtung, anderenfalls Prüfungsergebnisse zu erarbeiten, die später nicht verwertet werden können. 3.131

c) Rechtsfolgen der Anfechtung

Die Prüfungsanordnung bestimmt den Umfang der durch die Betriebsprüfung gewonnenen Erkenntnisse. Sie bestimmt über deren Verwertbarkeit. Ist die Prüfungsanordnung nichtig oder wird sie aufgrund einer Klage vom FG aufgehoben oder als rechtswidrig erkannt, dürfen die aufgrund der nichtigen oder rechtswidrigen Prüfungsanordnung gewonnenen Prüfungsfeststellungen für einen berichtigten Steuerbescheid nicht verwertet werden.[1] 3.132

Dies gilt nicht für den Erlass von Steuerbescheiden zur Erstveranlagung und für Änderungen solcher Bescheide, die gem. § 164 AO unter dem Vorbehalt der Nachprüfung stehen.[2] 3.133

Lediglich formelle Fehler der Prüfungsanordnung führen nicht zum Verwertungsverbot.[3] 3.134

Ein steuerliches Verwertungsverbot in der Betriebsprüfung gewonnener Erkenntnisse resultiert nach der Rechtsprechung des BFH auch nicht daraus, dass ein Steuerstrafverfahren eingeleitet ist, der Steuerpflichtige da- 3.135

---

1 Vgl. BFH v. 20.2.1990 – IX R 83/88, BStBl. II 1990, 789 (790); v. 28.6.2007 – V B 174/05, BFH/NV 2007, 1807 (1808); differenzierend *Seer* in Tipke/Kruse, § 196 AO Rz. 32 ff. (Okt. 2013).
2 Vgl. BFH v. 10.5.1991 – V R 51/90, BStBl. II 1991, 825 (826); v. 25.11.1997 – VIII R 4/94, BStBl. II 1998, 461 (466); v. 4.10.2006 – VII R 54/04, AO-StB 2005, 192 = BFH/NV 2007, 190; *Rüsken* in Klein, AO[12], § 196 Rz. 47; ablehnend zu Recht *Frotscher* in Schwarz, § 196 AO Rz. 20 (Nov. 2008).
3 Vgl. BFH v. 25.11.1997 – VIII R 4/94, BStBl. II 1998, 461 (466); im Einzelnen ist die Diskussion um das Verwertungsverbot noch nicht abgeschlossen; vgl. *Gosch* in Beermann/Gosch, AO/FGO, § 196 AO Rz. 143 (Juli 2001); *Seer* in Tipke/Kruse, § 196 AO Rz. 35 ff. (Okt. 2013).

rüber in der Betriebsprüfung jedoch nicht belehrt wurde.[1] Die Belehrungspflicht ist auch in § 10 BpO genannt.

3.136 Fraglich ist, wie lange eine Prüfungsanordnung wirkt, wie lange sie Rechtsgrundlage für die Prüfungstätigkeit sein kann. U.E. ist die Wirksamkeit der Prüfungsanordnung beendet, wenn die Finanzverwaltung durch endgültige Auswertungsbescheide zu erkennen gibt, dass sie die Prüfungstätigkeit für beendet ansieht. Entscheidend ist die Bekanntgabe der Auswertungsbescheide.

3.137 Dies hat, wie bereits oben mehrfach angedeutet, auch Bedeutung für die Sperrwirkung einer Selbstanzeige mit strafbefreiender Wirkung (§ 371 Abs. 2 Nr. 1 a), c) und e) AO). S. dazu Rz. 3.175.

2. Handlungen des Prüfers

3.138 Die Prüfung als das Handeln des Prüfers, die Durchsicht der Unterlagen, die Überprüfung der Zahlen, das Vergleichen von Buchungsvorgängen und Belegen sind keine angreifbaren Verwaltungsakte.[2] Dies gilt auch für die Methode und Art der Prüfungstätigkeit, ihre Einschränkung, Wiederaufnahme und Fortsetzung. Die Abgrenzung ist oftmals schwierig.[3]

3.139 Solche Maßnahmen ohne Verwaltungsaktcharakter können erst im Rahmen des Einspruchsverfahrens gegen den Steuerbescheid, der aus der Betriebsprüfung resultiert, überprüft werden.[4]

3.140 Rechtsakte werden aus dieser Tätigkeit erst, wenn der Prüfer konkrete Anforderungen an den Steuerpflichtigen oder an Dritte stellt, dies pflichtwidrig unterlässt oder in anderer Weise mit rechtlichen Auswirkungen handelt. Die schriftliche Aufforderung durch den Prüfer, bestimmte Fragen zu beantworten, stellt nach sich wandelnder Rechtsprechung des BFH jedoch i.d.R. keinen Verwaltungsakt dar.[5] Anderes gilt, wenn der Steuerpflichtige die Aufforderung als Maßnahme zur Schaffung einer Rechtslage für die Einleitung von Erzwingungsmaßnahmen verstehen musste.[6] Im Einzelfall kann um diese Frage immer gestritten und in Zukunft Einspruch eingelegt werden.[7]

---

1 BFH v. 23.1.2002 – XI R 10/01, XI R 11/01, BStBl. II 2002, 328 (329); v. 19.12.2011 – V B 37/11, BFH/NV 2012, 956; a.A. z.B. *Bilsdorfer*, StBp 2002, 25 (26); *Seer* in Tipke/Kruse, § 200 AO Rz. 33a (Okt. 2013) und § 208 AO Rz. 135 (Mai 2011).
2 Vgl. *Seer* in Tipke/Lang, Steuerrecht²², § 21 Rz. 243, differenzierend jedoch für den Fall eines Mitwirkungsverlangens.
3 Vgl. die Übersicht bei *Drüen*, AO-StB 2009, 88 ff.
4 *Drüen*, AO-StB 2009, 88.
5 BFH v. 10.11.1998 – VIII R 3/98, BStBl. II 1999, 199; in Abgrenzung zu BFH v. 23.2.1984 – IV R 154/82, BStBl. II 1984, 512 (513); kritisch *Seer* in Tipke/Kruse, § 200 AO Rz. 6 (Okt. 2013); für die Annahme eines Verwaltungsakts FG Nds. v. 10.5.2012 – 6 K 27/12, EFG 2012, 1519.
6 BFH v. 10.11.1998 – VIII R 3/98, BStBl. II 1999, 199 (200); v. 4.9.2001 – VIII B 119/00, BFH/NV 2002, 157.
7 Vgl. *Drüen*, AO-StB 2009, 88 (91); zum Rechtsschutz bei der Verwendung von Fragebögen anlässlich einer Außenprüfung *Wacker*, DStR 2012, 783.

A. Betriebsprüfung

Grundsätzlich liegt die Art und Weise der Prüfung im Ermessen des Prüfers.[1] Der Steuerpflichtige hat keinen Anspruch auf eine bestimmte Art oder auf eine bestimmte Dauer der Prüfung. Weder Art der Prüfung noch ihre Dauer sind Verwaltungsakte. Dies berührt allerdings nicht den Anspruch des Steuerpflichtigen auf eine Schlussbesprechung. 3.141

Umfangreiche, aber auch „gespannte" Prüfungen weichen häufig mehr und mehr auf ein schriftliches Verfahren aus. Der Prüfer wendet sich mit „Prüfungsfeststellungen" oder „Prüfungsanfragen" an den geprüften Steuerpflichtigen. Soweit diese Feststellungen und Anfragen Anforderungscharakter haben, handelt es sich nach der hier vertretenen Ansicht um Verwaltungsakte. Sie sind mit dem Einspruch anfechtbar. Rechtlich hat der Geprüfte nur geringe Einflussmöglichkeiten. Tatsächlich kann durch Gespräche, Argumente, Verhaltensweisen, Mitwirkungshandlungen und Verweigerungen Einfluss auf den Prüfer genommen werden. Im Einzelfall kann es auch richtig sein, mit den in der Außenprüfung zur Verfügung stehenden Rechtsbehelfen den Versuch zu unternehmen, das Prüfungsgeschehen zu steuern. Prüfungshandlungen können dann mit dem Einspruch angefochten werden, wenn sie rechtswidrig sind oder wenn sich in ihnen ein fehlgebrauchtes Ermessen zeigt. Solche Einspruchsverfahren sind selten. Sie sollten auch erst dann eingesetzt werden, wenn die Mittel des Argumentierens versagen. Ist dieses Stadium jedoch erreicht, können mit Einsprüchen auch ganze Prüfungsfelder blockiert werden. 3.142

3. Verweigerungsrechte bei Mitwirkungspflichten

Der Steuerpflichtige selbst hat grundsätzlich kein **Mitwirkungsverweigerungsrecht** in der eigenen Außenprüfung.[2] Umstritten ist die Frage, ob dem Steuerpflichtigen nach Einleitung des gegen ihn gerichteten Steuerstrafverfahrens im Besteuerungsverfahren Mitwirkungsverweigerungsrechte zustehen. Als Ausfluss des „nemo tenetur-Prinzips" ist dies zu bejahen.[3] Die Auswirkung kann jedoch nicht erzwungen werden. Dies führt in diesen Fällen jedenfalls zu einem praktischen Aussageverweigerungsrecht.[4] 3.143

Die Mitwirkungsverweigerungsrechte sind auch bei Kontrollmitteilungen zu berücksichtigen (Rz. 3.191 f.). 3.144

Vom Steuerpflichtigen selber benannte Auskunftspersonen oder sonstige Dritte können nach §§ 101 bis 103 AO auskunftsverweigerungsberechtigt sein. Machen sie ihr Recht geltend, ist der Steuerpflichtige aufgefordert, 3.145

---

1 Vgl. *Wenzig*, StBp 1982, 1 (4).
2 Vgl. *Sauer* in Beermann/Gosch, AO/FGO, § 200 AO Rz. 37 (Mai 2002); *Seer* in Tipke/Kruse, § 200 AO Rz. 30 (Okt. 2013).
3 Vgl. *Streck/Spatscheck*, Die Steuerfahndung[4], Rz. 506 ff.; a.A. BFH v. 19.2.2001 – XI B 6/01, BStBl. II 2002, 4 (6) = AO-StB 2002, 36, im Einklang mit § 393 Abs. 1 Satz 1 AO bleibt die Auskunftspflicht bestehen.
4 Vgl. hierzu ausführlich *Streck/Spatscheck*, Die Steuerfahndung[4], Rz. 506 ff.

entweder selbst mitzuwirken oder andere Auskunftspersonen zu benennen.[1] Werden Berufsgeheimnisträger gem. § 102 AO – insbesondere Rechtsanwälte, Steuerberater, Ärzte – selber geprüft, können sie in ihrer Außenprüfung die Vorlage ihrer Handakten bzw. bei Ärzten die Vorlage ihrer Patientenkarteien grundsätzlich verweigern.[2] Dies gilt jedoch nicht, soweit diese Unterlagen für ihre (Berufsgeheimnisträger) eigenen Steuerverhältnisse von Bedeutung sind. Das Verweigerungsrecht besteht danach grundsätzlich nicht, soweit in diesen Unterlagen Aussagen über die Abrechnung von Honoraren enthalten sind und diese damit nicht dem Geheimnisschutz unterliegen.[3] Im Rahmen der Tax Compliance sollten daher Berater engagiert werden, die den Rechnungsverkehr, die Honorarabrechnungen usw. von den sonstigen Akten trennen. Damit wird von vorneherein der Gefahr begegnet, der Verschwiegenheit unterliegende Tatsachen zu offenbaren. Entsprechendes gilt für die eigene Tax Compliance der beratenden oder heilenden Berufe.

4. Dienstaufsichtsbeschwerde, Befangenheitsantrag

3.146 Gegen Maßnahmen der Betriebsprüfung kann mit der Dienstaufsichtsbeschwerde vorgegangen werden. Die Dienstaufsichtsbeschwerde ist ein nicht förmlicher Rechtsbehelf. Es entscheidet der Dienstvorgesetzte. Die Gerichte können i.d.R. nicht angerufen werden, da es sich um eine bloße innerdienstliche Kontrolle handelt. Hier wird ein persönliches Verhalten des Prüfers gerügt. Die Dienstaufsichtsbehörde könnte damit insbesondere bei solchen Maßnahmen zum Zuge kommen, die keine Verwaltungsaktqualität haben.

3.147 Die Dienstaufsichtsbeschwerde ist ein Kampfmittel, das in der Hand eines Beraters sehr schnell wirkungslos wird. Wer häufig Dienstaufsichtsbeschwerden einlegt, nimmt diesen Beschwerden zunehmend das Gewicht, also konträr zu formalisierten Rechtsbehelfen wie den Einsprüchen.[4] Die Dienstaufsichtsbeschwerde sollte daher nur als „Notbremse" eingesetzt werden. Sie führt häufig zu einem äußeren Zusammenschluss des Beamtenkorps und wirkt dann kontraproduktiv. Ist gleichwohl eine Dienstaufsichtsbeschwerde im Einzelfall angebracht, sollte sie vom Steuerpflichtigen selbst, nicht vom Berater eingelegt werden. Die Wirkung ist – als „unmittelbarer Bürgerzorn" – spürbar intensiver.

3.148 Erfolgversprechender als die Dienstaufsichtsbeschwerde ist der Befangenheitsantrag nach § 84 AO. Dieser setzt voraus, dass ein Grund vorliegt, der geeignet ist, Misstrauen gegen die Unparteilichkeit des Amtsträgers zu rechtfertigen. Gleiches gilt, wenn das Vorliegen eines solchen Grundes

---

1 Vgl. *Seer* in Tipke/Kruse, § 200 AO Rz. 32 (Okt. 2013).
2 Vgl. BFH v. 28.10.2009 – VIII R 78/05, BStBl. II 2010, 455 = AO-StB 2010, 68; FG BW v. 16.11.2011 – 4 K 4819/08, EFG 2012, 577, rkr.; *Steinhauf*, NWB 2011, 1156.
3 Vgl. *Seer* in Tipke/Kruse, § 200 AO Rz. 30 ff. (Okt. 2013).
4 Vgl. *Streck/Spatscheck*, Die Steuerfahndung⁴, Rz. 952.

von einem Beteiligten behauptet wird. Hier geht es nicht um eine konkret nachgewiesene Pflichtverletzung des Beamten. Es reicht aus, wenn Sachverhaltsumstände vorliegen, die dem Steuerpflichtigen den Schluss aufdrängen, der Prüfer könne nicht mehr unparteiisch – mag er in Wirklichkeit auch korrekt handeln – prüfen. Ist eine Außenprüfung völlig zerstritten, so ist u.E. regelmäßig ein Befangenheitsgrund gegeben.[1]

3.149 § 83 AO sieht keine Besonderheiten für Betriebsprüfer vor. Aufgrund des intensiven Kontakts zum Prüfer ist die Gefahr, dass ein Misstrauen gegen dessen Unparteilichkeit entsteht, größer als in sonstigen Fällen. Gleichwohl sollte in einem solchen Fall ernsthaft überlegt werden, den Antrag nach § 83 AO nicht zu stellen. Es gibt Sachgebietsleiter der Außenprüfung, die dem Antrag sofort folgen. An die Stelle des „unmöglichen", „widerborstigen" usw. Prüfers tritt ein – auch im Benehmen – exzellenter Prüfer, dessen Prüfungsergebnisse jedoch sehr viel schärfer ausfallen können. Verschwendet hingegen ein Außenprüfer Energie in der persönlichen Auseinandersetzung, fehlt ihm diese Energie für die sachliche Prüfung.

3.150 Über den Befangenheitsantrag entscheidet der Leiter der Behörde. Betrifft ihn selber das Verfahren, so entscheidet die Aufsichtsbehörde (§ 83 Abs. 1 Satz 2 AO). Die Entscheidung ist nach herrschender Auffassung kein Verwaltungsakt, sondern eine innerdienstliche Maßnahme. Folglich kann die Entscheidung nicht mit dem Rechtsbehelf angefochten werden.[2]

3.151 Wirkt der für befangen erachtete Prüfer gleichwohl bei der Außenprüfung weiter, so ist die von ihm getroffene Maßnahme rechtswidrig. Der Beteiligte kann demnach den Verwaltungsakt, der aufgrund und im Anschluss an die Mitwirkung des für befangen gehaltenen Amtsträgers ergeht, mit der Begründung der Befangenheit anfechten.[3]

5. Schlussbesprechung

3.152 Über das Ergebnis der Außenprüfung ist eine Besprechung abzuhalten (Schlussbesprechung), es sei denn, dass sich nach dem Ergebnis der Außenprüfung keine Änderung der Besteuerungsgrundlagen ergibt oder dass der Steuerpflichtige auf die Besprechung verzichtet (§ 201 Abs. 1 AO). Die Schlussbesprechung ist ein äußerst wichtiges Instrument der Außenprüfung. Auf sie sollte grundsätzlich nicht verzichtet werden. Ihr Ziel ist regelmäßig die Einigung. Diese Intention ist bereits im Gesetzestext angelegt. Bei der Schlussbesprechung sind insbesondere strittige Sachverhalte sowie die rechtliche Beurteilung der Prüfungsfeststellungen und ihre steuerlichen Auswirkungen zu erörtern (§ 201 Abs. 1 Satz 2 AO).

3.153 Dort, wo die Betriebsprüfung – vorläufig – zu steuerlichen Mehrergebnissen führen kann, dient die Schlussbesprechung und damit die Einigung

---

1 S. zu einzelnen Gründen *Wünsch* in Koenig, AO³, § 83 Rz. 8 und 9.
2 Vgl. BFH v. 29.5.2012 – IV B 70/11, BFH/NV 2012, 1412; *Brandis* in Tipke/Kruse, § 83 AO Rz. 8 (Okt. 2013).
3 Vgl. *Carlé*, AO-StB 2003, 55 (57).

der Schadensabwehr bzw. Schadensminimierung im Rahmen der Tax Compliance. Im Wesentlichen sind drei Arten der Verständigungen in der Schlussbesprechung zu unterscheiden:

3.154 Der Grundfall ist die Einigung über einzelne Punkte, die in den Prüfungsbericht einfließen. Diese, auch als „Absprache bei einer Außenprüfung"[1] genannte Variante, kann sowohl Tatsachen und Vorgänge als auch Rechtsfolgen und geplantes steuerliches Verhalten betreffen. Der Betriebsprüfungsbericht enthält dann den Hinweis: „Über die Prüfungsfeststellungen wurde Übereinstimmung erzielt." Der Prüfungsbericht selbst entfaltet eine Bindungswirkung jedoch weder in tatsächlicher noch in rechtlicher Hinsicht (Rz. 3.170). Gleichwohl hält sich das Festsetzungsfinanzamt im Rahmen der Auswertungsbescheide als Ausdruck des „Fairplays" an die getroffene Verständigung.

3.155 Für die Einigung von höherem Gewicht ist die sog. tatsächliche Verständigung (Rz. 3.166 ff.). Die Frage, inwieweit der Prüfungsbericht mit dem Hinweis, es sei Übereinstimmung erzielt worden, bereits eine tatsächliche Verständigung darstellt, ist umstritten und von einer Einzelfallwertung abhängig.[2] Oftmals wird es an den Formvorschriften, insbesondere der Zuständigkeit fehlen. Sollte eine tatsächliche Verständigung gewollt sein, empfiehlt es sich, dies durch den Wortlaut des Schriftstücks zum Ausdruck zu bringen, z.B. durch die Worte „Vertrag" oder „tatsächliche Verständigung".

3.156 Als dritte Variante kommt eine einseitige behördenverpflichtende Zusage gem. §§ 204 bis 207 AO in Betracht. Diese wird nur auf Antrag des Steuerpflichtigen erteilt und kann im Unterschied zur bloßen Absprache bei der Außenprüfung bzw. tatsächlichen Verständigung nur für die steuerliche Behandlung eines noch nicht verwirklichten Sachverhalts abgegeben werden.[3] Damit kommt der verbindlichen Zusage gem. § 204 AO im Wesentlichen nur Bedeutung zu bei Sachverhalten mit Dauerwirkung oder Dauerwiederkehr. In der **Praxis** hat sie, verglichen mit der tatsächlichen Verständigung, nur eine untergeordnete Bedeutung.[4]

3.157 Die wesentlichen Parameter zur Erzielung einer Einigung, sei es im Wege der Absprache in der Außenprüfung oder der tatsächlichen Verständigung, sind im Wesentlichen gleich. I.d.R. wird eine „Paketlösung", die den gesamten Prüfungszeitraum umfasst, angestrebt.[5] Die zu beachtenden Grundsätze und Einigungstechniken sind vielfältig und hängen jeweils vom Einzelfall ab.[6] Gegenstand der Schlussbesprechung und damit einer

---
1 Vgl. *Sauer* in Beermann/Gosch, AO/FGO, Vor §§ 204 bis 207 AO Rz. 11 (März 2003).
2 S. hierzu *Seer* in Tipke/Kruse, § 201 AO Rz. 12 f. (Okt. 2013).
3 Vgl. *Rüsken* in Klein, AO[12], § 204 Rz. 11; BFH v. 13.12.1995 – XI R 43/89, XI R 44/89, XI R 45/89, BStBl. II 1996, 232 (236).
4 Vgl. *Seer* in Tipke/Kruse, § 204 AO Rz. 1 (Mai 2011).
5 Vgl. *Buse*, AO-StB 2007, 269 (271).
6 Vgl. hierzu ausführlich *Streck*, Die Außenprüfung[3], Rz. 502 ff.

möglichen Einigung sind tatsächliche Feststellungen und die rechtlichen Folgerungen der Prüfung. Um ein Gesamtpaket schnüren zu können, muss der Steuerpflichtige bzw. der Berater hervorragend vorbereitet sein. Nach Möglichkeit darf es aufseiten des Steuerpflichtigen keine Überraschungen geben. Die Vorinformation muss vollständig sein.

Zur Vorbereitung werden die Besprechungspunkte dem Steuerpflichtigen angemessene Zeit vor der Schlussbesprechung bekannt gegeben. Dies sieht die Betriebsprüfungsordnung zwingend vor (§ 11 Abs. 1 BpO). In der Praxis ist es bei größeren Prüfungen üblich, dem geprüften Steuerpflichtigen vor der Schlussbesprechung ein „Exposé" oder eine „Zusammenstellung" der Prüfungspunkte oder einen „vorbereiteten Vermerk" über das Ergebnis der Prüfung zuzusenden oder auszuhändigen. Geschieht die Vorinformation nicht, verletzt der Prüfer seine Informationspflicht nach § 199 Abs. 2 AO.[1] Hier sollte der Steuerpflichtige sich nicht scheuen, die Schlussbesprechung abzubrechen oder einen neuen Termin vorzuschlagen.

3.158

Mehrere streitige Punkte müssen in ihrer Gesamtheit gesehen werden. Es empfiehlt sich, Lösungsmodelle zu erarbeiten, die alle streitigen Punkte erfassen, für den Steuerpflichtigen vertretbar und für das Finanzamt akzeptabel sind. Die Vorgabe eines Lösungsmodells erleichtert dem Finanzamt die Arbeit und die Kompromisslösung. Hierbei sind die Punkte zu berücksichtigen, von denen die Betriebsprüfung ohne Verlust ihres Gesichts nicht abweichen kann. Unerschütterliche Tatsachenfeststellungen müssen akzeptiert und möglicherweise mit rechtlich strittigen Punkten kompensiert werden. Sollte das angedachte Lösungsmodell erkennbar auf unüberbrückbaren Widerstand stoßen, sind Flexibilität und Fantasie gefragt. Es erweist sich als günstig, ein weiteres Einigungsmodell in der Hinterhand zu haben. Wird es erst in der Schlussbesprechung auf den Tisch gebracht, hat es den Vorteil, noch nicht mit Pro und Contra belegt zu sein und einer möglicherweise verfahrenen Situation eine Wendung zu geben.

3.159

Eine wichtige Rolle spielt auch die Anzahl der Teilnehmer der Schlussbesprechung. Je größer die Anzahl, desto bewegungsloser sind die Fronten. Dies gilt nicht nur aufseiten des Finanzamts, sondern auch des Steuerpflichtigen. Der Steuerpflichtige ist nicht nur monetär, sondern auch in seiner Privatsphäre betroffen. Hier kann die Wahrnehmung der Schlussbesprechung alleine durch den Berater Vorteile entfalten. Ist die Einigung erreicht, ist ein Stück steuerlicher Rechtsfrieden geschaffen.[2]

3.160

6. Prüfungsbericht

Über das Ergebnis der Außenprüfung wird ein schriftlicher Prüfungsbericht mit der Darstellung der steuerrelevanten Prüfungsfeststellungen

3.161

---

1 Vgl. BFH v. 8.4.2008 – VIII R 61/06, BStBl. II 2009, 579 ff = AO-StB 2008, 213.
2 Der Schlussbesprechung kommt im hohen Maße Befriedungsfunktion zu, vgl. *Buse*, AO-StB 2007, 269 (270); *Seer* in Tipke/Lang, Steuerrecht[22], § 21 Rz. 246.

in tatsächlicher und rechtlicher Hinsicht sowie der Änderungen der Besteuerungsgrundlagen erstellt (**§ 202 Abs. 1 AO**). Der Prüfungsbericht besitzt eine Dokumentations- und Protokollfunktion für die nachfolgenden Verwaltungsentscheidungen. Er soll dem Steuerpflichtigen ermöglichen, die Feststellungen der Außenprüfung nachzuvollziehen. Er stellt damit eine Form der Gewährung rechtlichen Gehörs dar.[1]

3.162 Dem Steuerpflichtigen ist der Bericht vor Auswertung zuzusenden, um ihm die Möglichkeit zu geben, Stellung zu nehmen (§ 202 Abs. 2 AO). Auch im Rahmen der Tax Compliance sollte der Steuerpflichtige hierauf nicht verzichten. Er hat sodann die Möglichkeit, sich zum Bericht zu äußern, bevor dieser in Steuerbescheide umgesetzt wird. Er kann überprüfen, ob das Ergebnis der Schlussbesprechung richtig dargestellt ist.

3.163 Auch hat er Gelegenheit, zu den einzelnen strittigen Punkten noch einmal Stellung zu nehmen. In Streitfällen macht dies jedoch nur wenig Sinn, wenn längst bekannte Sachverhaltshinweise oder Argumente wiederholt werden. Sinnvoll ist die Stellungnahme nur dann, wenn Prüfungsberichte mit einschneidend neuen Angriffsmitteln angegangen werden.[2] Von einer Stellungnahme zum Prüfungsbericht sollte auch dann Abstand genommen werden, wenn einerseits die Rechtswidrigkeit der Auswertungsbescheide erkannt wird, andererseits dem Finanzamt ein entsprechender Hinweis nicht gegeben werden soll. Dies ist z.B. bei potenziell nichtigen Auswertungsbescheiden oder bei Ermessensfehlern der Fall. Der Steuerpflichtige kann ein Interesse daran haben, dass dem Finanzamt die Fehler erst nach Ablauf der Festsetzungsfrist bekannt werden, um nicht innerhalb der Frist rechtmäßige Bescheide zu erlassen.

3.164 Rechtsschutz gegen den Prüfungsbericht wird nicht gewährt; es handelt sich mangels Außenwirkung nicht um einen Verwaltungsakt.[3] Der Prüfungsbericht bindet die Finanzbehörde weder in tatsächlicher noch in rechtlicher Hinsicht.[4] Das für die Steuerfestsetzung zuständige Finanzamt kann somit vom Inhalt des Prüfungsberichts abweichen, es sei denn, dieser beinhaltet eine tatsächliche Verständigung oder eine Zusage.

3.165 Besondere Bedeutung kommt dem Inhalt des Betriebsprüfungsberichts zu, soweit eine erhöhte Bestandskraft nach § 173 Abs. 2 AO erreicht werden soll (Rz. 3.32). Hier sollte darauf geachtet werden, dass die geprüfte Steuer sowohl nach Gegenstand als auch nach Steuerjahren nicht nur in der Prüfungsanordnung, sondern auch im Prüfungsbericht erwähnt wird.

7. Tatsächliche Verständigung

3.166 Die sog. tatsächliche Verständigung stellt eines der zentralen Werkzeuge der Einigung in der Betriebsprüfung dar (Rz. 3.157). Der BFH hat begin-

---
1 Vgl. *Seer* in Tipke/Lang, Steuerrecht[22], § 21 Rz. 246.
2 Vgl. zum Ganzen *Buse*, AO-StB 2008, 50 ff.
3 Vgl. *Rüsken* in Klein, AO[12], § 202 Rz. 5; *Drüen*, AO-StB 2009, 88 (89).
4 Vgl. *Schallmoser* in Hübschmann/Hepp/Spitaler, § 202 AO Rz. 27 (Febr. 2011).

nend mit seinem Urteil vom 11.12.1984[1] das Rechtsinstitut der tatsächlichen Verständigung als richterliches Gewohnheitsrecht eingeführt und seitdem konsequent fortentwickelt.[2] Rechtsdogmatisch wird die tatsächliche Verständigung von der Rechtsprechung unmittelbar aus dem Grundsatz von Treu und Glauben hergeleitet.[3]

Folgende drei Voraussetzungen müssen vorliegen:[4]

3.167

Erstens: Die Verständigung darf keine Rechtsfragen, sondern nur Fälle erschwerter Sachverhaltsermittlung zum Gegenstand haben, insbesondere Schätzungsfälle. Hiervon macht der BFH nur eine Ausnahme, wenn die Rechtsfragen in einem so engen Zusammenhang mit Tatsachen stehen, dass eine sachgerechte Trennung nicht möglich ist, wie z.B. bei der tatsächlichen Verständigung über die „Angemessenheit" einer Geschäftsführer-Gesamtvergütung als Grenze zur vGA i.S.v. § 8 Abs. 3 Satz 2 KStG.[5] Ob die Bindungswirkung bei Dauersachverhalten über die Streitjahre hinaus auch für zukünftige Veranlagungszeiträume Geltung hat,[6] ist noch nicht abschließend geklärt.

Zweitens: Die zuständige Behörde, also regelmäßig das Veranlagungsfinanzamt, muss durch einen Amtsträger, der zur Entscheidung über die Steuerfestsetzung befugt ist, mitwirken. Für die Finanzbehörde muss ein innerbehördlich zur Entscheidung über die Steuerfestsetzung zuständiger Amtsträger beteiligt sein. Das sind regelmäßig der Vorsteher, dessen ständiger Vertreter, der jeweilige Veranlagungssachgebietsleiter und in Rechtsbehelfssachen der Leiter der Rechtsbehelfsstelle.[7] Hierzu gehören nicht: Betriebsprüfer, Steuerfahnder oder ein Vollstreckungsbeamter. Wurde das Veranlagungsfinanzamt nicht beteiligt, ist die tatsächliche Verständigung „schwebend unwirksam". Die Heilung tritt durch die Umsetzung der Verständigung durch Auswertungsbescheide des Veranlagungsfinanzamts ein.[8] Eine Ausnahme gilt in der veranlagenden Betriebsprüfung (Rz. 3.10); es genügt die Unterschrift des Sachgebietsleiters der Be-

3.168

---

1 BFH v. 11.12.1984 – VIII R 131/76, BStBl. II 1985, 354.
2 BFH v. 12.8.1999 – XI R 27/98, BFH/NV 2000, 537 (538); v. 22.4.2010 – V B 86/09, BFH/NV 2010, 1472; allgemein zu Kooperationsformen im Besteuerungsverfahren s. *Drüen*, FR 2011, 101; *Richter/Welling*, FR 2011, 123; zu Kooperationsformen in den Niederlanden, *Meussen*, FR 2011, 114.
3 BFH v. 12.8.1999 – XI R 27/98, BFH/NV 2000, 537 (538); v. 22.4.2010 – V B 86/09, BFH/NV 2010, 1472; kritisch hierzu die Lehre, die einen öffentlich-rechtlichen Vertrag annimmt (*Offerhaus*, DStR 2001, 2093 (2097), m.w.N.).
4 *Seer* in Tipke/Kruse, Vor § 118 AO Rz. 10 ff. (Okt. 2015).
5 BFH v. 13.8.1997 – I R 12/97, BFH/NV 1998, 498 (499).
6 *Seer* in Tipke/Kruse, Vor § 118 AO Rz. 28 ff. (Okt. 2015), mit umfassenden Nachweisen.
7 Organschaftliche Vertretungsmacht nach außen haben i.d.R. nur die Sachgebietsleiter.
8 FG Hamburg v. 4.12.1991 – II 125/89, EFG 1992, 379; FG BW v. 26.3.1992 – 3 K 132/86, EFG 1992, 706; FG Saarl. v. 30.9.1992 – 1 K 8/92, EFG 1993, 279; *Streck*, StuW 1993, 367.

triebsprüfungsstelle.¹ Sind von der Verständigung z.B. der Steuerpflichtige, dessen GmbH oder die Personengesellschaft, an der er beteiligt ist, betroffen, müssen mehrere tatsächliche Verständigungen mit den jeweils neu zu ermittelnden Beteiligten gefertigt werden.

3.169 Drittens: Die Verständigung darf zu keinem offensichtlich unzutreffenden Ergebnis führen. Die Grenze der Bindungswirkung stellt die Nichtigkeit der tatsächlichen Verständigung dar. Sie wird z.B. angenommen, wenn der Verständigungsinhalt zu einer offensichtlich unzutreffenden Besteuerung führt² oder gegen das Koppelungsverbot verstoßen wird.³ Die Frage, ob eine Anfechtung nach §§ 119 ff. BGB analog zulässig ist, wurde zwischenzeitlich vom BFH geklärt; danach sind die Anfechtungsvorschriften der §§ 119, 123 BGB auf tatsächliche Verständigungen im Steuerverfahren grundsätzlich anwendbar.⁴

3.170 Während der BFH eine formlose, mündliche tatsächliche Verständigung grundsätzlich anerkennt,⁵ ist aus Beweisgründen dringend zur Schriftform zu raten. Üblicherweise wird dies in einer Urkunde bei Anwesenheit aller Beteiligten oder im Umlaufverfahren umgesetzt. Es reicht jedoch aus, dass der Vertragsschluss durch einen konkreten Briefwechsel oder ein an Amtsstelle aufgenommenes Protokoll nachweisbar ist.⁶

Rechtsfolge der tatsächlichen Verständigung ist ein materieller Einwendungsausschluss des Steuerpflichtigen.⁷

3.171 Zur praktischen Durchführung der tatsächlichen Verständigung: Die tatsächliche Verständigung erfüllt nur dann ihren Zweck, wenn sie inhaltlich klar und eindeutig ist. Je einfacher und schnörkelloser der Verständigungstext ist, desto weniger ist er später angreifbar. Begründungen, warum ein bestimmter Ansatz gewählt wurde, gehören ebenso wenig in eine tatsächliche Verständigung wie Absichtserklärungen. Wie oben erwähnt, erlaubt die BFH-Rechtsprechung zur tatsächlichen Verständigung die Einigung über den Sachverhalt, nicht aber die Einigung über das Recht.

---

1 Vgl. *Stoffers* in Schröder/Muuss, Handbuch der steuerlichen Betriebsprüfung, Rz. 5100, IV (Aug. 2014).
2 BFH v. 11.7.2012 – X B 136/11, BFH/NV 2012, 1815; v. 20.2.2014 – XI B 85/13, BFH/NV 2014, 828 f. Die bewusste Herbeiführung einer offensichtlich unzutreffenden tatsächlichen Verständigung kann selbst als Steuerhinterziehung oder Beihilfe hierzu strafbar sein (BGH v. 26.10.1998 – 5 StR 746/97, wistra 1999, 103 (106); *Spatscheck/Mantas*, PStR 1999, 198).
3 Akzeptiert der Stpfl. z.B. eine Hinzuschätzung im Gegenzug zu der Zusage, kein Ermittlungsverfahren einzuleiten, werden Besteuerung und Strafverfolgung dysfunktional auf sachfremde Weise miteinander verkoppelt (FG Münster v. 29.1.1996 – 8 V 5581/95 E, EFG 1996, 464).
4 Vgl. BFH v. 1.9.2009 – VIII R 78/06, BFH/NV 2010, 593.; a.A. *Seer* in Tipke/Kruse, Vor § 118 Rz. 33 (Okt. 2015).
5 BFH v. 21.6.2000 – IV B 138/99, BFH/NV 2001, 2; allerdings: Das Fehlen der Schriftlichkeit stelle ein Indiz gegen den Rechtsbindungswillen dar.
6 *Seer* in Tipke/Kruse, Vor § 118 AO Rz. 27 (Okt. 2015).
7 *Seer* in Tipke/Kruse, Vor § 118 AO Rz. 28 (Okt. 2015).

Diese Differenzierung ist schon theoretisch zweifelhaft. Denn letztlich „sind alle Fragen, die für eine rechtliche Entscheidung von Bedeutung sind, Rechtsfragen".[1] Für die Praxis stellt sie kein Problem dar. Jeder qualifizierte Finanzbeamte oder Berater ist in der Lage, jeden Einigungsgehalt in den Sachverhalt zu verlagern, auch wenn es im Grunde um rechtliche Streitigkeiten geht. Der BFH verbietet eine Verständigung über die (rechtliche) Steuerfreiheit von Einnahmen.[2] Also vereinbart man, dass solche Einnahmen nicht anfallen oder ihnen in gleicher Höhe Betriebsausgaben gegenüberstehen. Wenn nicht in einer Schlussbesprechung ein eindeutiger Text formuliert werden kann, dem die Beteiligten zustimmen können, so empfiehlt sich, zuerst Entwürfe auszutauschen und sodann die tatsächliche Verständigung in einem abschließenden Treffen oder im Umlaufverfahren zu zeichnen.

Besonderheiten resultieren auch für die tatsächliche Verständigung, wenn zusätzlich ein steuerstrafrechtliches Ermittlungsverfahren anhängig ist.[3]   3.172

8. Selbstanzeige

Die strafbefreiende Selbstanzeige gem. § 371 AO stellt ein besonderes Instrumentarium in der Betriebsprüfung zur Schadensabwehr und -minimierung dar. Die Selbstanzeige ist die im Steuerstrafrecht einzigartige Möglichkeit, rückwirkend eine Steuerstraftat, und zwar die vorsätzliche Steuerhinterziehung und leichtfertige Steuerverkürzung, wieder zu beseitigen. Rechtstechnisch handelt es sich um einen Strafaufhebungsgrund (Rz. 4.87).   3.173

Wie bereits oben in anderem Zusammenhang erwähnt, tritt die **Straffreiheit** einer Selbstanzeige unter zwei spezifischen Voraussetzungen, die im speziellen Zusammenhang mit einer Betriebsprüfung stehen, nicht ein (Sperrgründe).   3.174

Ursprünglich hemmte die Bekanntgabe der Prüfungsanordnung die strafbefreiende Selbstanzeige noch nicht. Erst das **Erscheinen** des Prüfers stellte eine Sperre dar (§ 371 Abs. 2 Nr. 1 a) AO).[4]   3.175

Allerdings **verschärfte** der Gesetzgeber die Sperrgründe mit Wirkung zum 3.5.2011.[5] Die Neuregelung stellt auf die **Bekanntgabe** einer „Prüfungsanordnung nach § 196 AO" ab. Mündliche oder telefonische Ankündigungen entfalten keine Sperrwirkung, denn § 196 AO setzt ausdrücklich die **Schriftform** voraus. Für den Zeitpunkt der Bekanntgabe gilt § 122 AO. Da-   3.176

---

1 *Schick*, Vergleiche und sonstige Vereinbarungen zwischen Staat und Bürger, 1967, 33; vgl. ablehnend auch *Seer*, StuW 1995, 213 (222).
2 BFH v. 11.12.1984 – VIII R 131/76, BStBl. II 1985, 354.
3 Zu Einzelheiten vgl. *Streck/Spatscheck*, Die Steuerfahndung⁴, Rz. 852 ff.
4 Sofern keine der weiteren Sperrtatbestände verwirklicht sind (Einleitung des Strafverfahrens oder Entdeckung der Tat). Der Gesetzgeber plant, die Sperrwirkung auf den Zeitpunkt der Bekanntgabe der Prüfungsanordnung vorzuverlegen.
5 Durch das Schwarzgeldbekämpfungsgesetz vom 28.4.2011, BGBl. I 2011, 676.

mit finden auch die gesetzlichen **Bekanntgabefiktionen** von § 122 Abs. 2 und Abs. 2a AO Anwendung.[1] Für die Neuregelung hat dies erhebliche Bedeutung, indem sich ein – kleines – Zeitfenster für die Abgabe der Selbstanzeige öffnet. Die Selbstanzeige bleibt möglich, bis die Drei-Tages-Fiktion des § 122 Abs. 2 AO eingetreten und die Prüfungsanordnung damit wirksam bekannt gegeben worden ist. Erst am dritten Tag nach Aufgabe zur Post kann die Anordnung wirksam werden. Dies ist steuerrechtlich u.E. eindeutig und knüpft an die klare Rechtsprechung des BFH zum Merkmal der Bekanntgabe als Wirksamkeitsvoraussetzung der Prüfungsanordnung an.[2] Die Kritik von einzelnen BGH-Richtern[3] übersieht, dass es hier nicht um eine steuerliche Sachverhaltsfiktion geht, die strafrechtlich ggf. unbeachtlich sein könnte.

3.177 In Anbetracht der beschriebenen Probleme könnten manche Betroffene auf den Gedanken kommen, den **Zugang der Prüfungsanordnung zu bestreiten**, um den Weg zu einer strafbefreienden Selbstanzeige offen zu halten. Praktisch dürfte dies in den meisten Fällen erfolgreich sein, denn der Zugang einer mit einfachem Brief versandten Prüfungsanordnung ist de facto nur im Ausnahmefall zu beweisen. Für den betroffenen Steuerpflichtigen selbst wäre ein solches Bestreiten zum Zwecke der **Selbstbegünstigung** auch **tatbestandslos**. Schwieriger wird es für den Berater: Denn die bewusst wahrheitswidrige Behauptung, die Prüfungsanordnung sei im Büro nicht eingegangen, um dem Mandanten noch die Abgabe einer Selbstanzeige zu ermöglichen, dürfte erhebliche Probleme unter dem Gesichtspunkt der **Strafvereitelung** (§ 258 StGB) aufwerfen und insoweit nicht anzuraten sein.

3.178 Keine Prüfung i.S.v. § 371 Abs. 2 Nr. 1 c) AO ist nach zutreffender (aber umstrittener) Ansicht die **Umsatzsteuernachschau** (§ 27b UStG), **die Lohnsteuer-Nachschau** (§ 42g EStG) oder eine Liquiditätsprüfung.[4] Für die Nachschau hat der Gesetzgeber dies mittelbar bestätigt, indem zum 1.1.2015 in § 371 Abs. 2 Nr. 1 e) AO ein **gesonderter** Sperrgrund geschaffen worden ist.[5]

3.179 Keine die Selbstanzeige sperrende steuerliche Prüfung sind bspw. **Ermittlungsmaßnahmen der Zollkontrolle Schwarzarbeit** (ZKS), selbst wenn die Zöllner von Beamten der Steuerfahndung als „Sachverständige" begleitet werden.[6]

---

1 Vgl. *Wulf/Kamps*, DB 2011, 1714; *Joecks* in Joecks/Jäger/Randt, Steuerstrafrecht, § 371 Rz. 208.
2 Vgl. BFH v. 13.12.2000 – X R 96/98, BStBl. II 2001, 274 = AO-StB 2001, 10 – ggf. unter Einrechnung weiterer Tage, wenn der dritte Tag auf ein Wochenende oder einen gesetzlichen Feiertag fällt, vgl. nur *Brockmeyer* in Klein, AO[12], § 122 Rz. 52, m.w.N.
3 *Jäger* in Klein, AO[12], § 371 Rz. 39 b.
4 *Joecks* in Joecks/Jäger/Randt, Steuerstrafrecht, § 371 Rz. 224; *Schauf* in Kohlmann, Steuerstrafrecht, § 371 Rz. 437 (Aug. 2015).
5 Vgl. *Joecks*, DStR 2014, 2264 ff.
6 *Holewa*, PStR 2013, 121.

A. Betriebsprüfung

Keine Sperrwirkung entfaltet eine **nichtige** Prüfungsanordnung.[1] Im Rahmen der Rechtswidrigkeit **ist die Frage umstritten und wird hinsichtlich formeller und materieller Fehler, die zur Rechtswidrigkeit führen, differenziert.**[2] **In jedem Fall sollte dann die Prüfungsanordnung mit dem Einspruch angefochten werden.**

3.180

§ 371 Abs. 2 Nr. 1 c) AO sieht einen weiteren Sperrgrund im Rahmen der Betriebsprüfung vor: Mit dem Erscheinen des Prüfers ist eine Selbstanzeige nicht mehr möglich. Maßgeblich ist das **körperliche Erscheinen** des **Prüfers** auf dem Grundstück mit den Betriebs- oder Wohnräumen des Steuerpflichtigen.[3] Nach der **Vorverlegung der Sperrwirkung** auf den Zeitpunkt der Bekanntgabe der Prüfungsanordnung hat dieser Sperrgrund nur noch einen geringen praktischen Anwendungsbereich. Liegt eine wirksame Prüfungsanordnung vor, so kommt es auf das Erscheinen nicht mehr an. Liegt hingegen entgegen § 196 AO keine wirksame Prüfungsanordnung vor, so kann auch das Erscheinen des Prüfers keine Sperrwirkung herbeiführen.[4] Das Erscheinen des Prüfers zur steuerlichen Prüfung kann demnach nur von Relevanz sein, wenn es sich um eine Prüfung handelt, für die eine Anordnung nach § 196 AO nicht erforderlich ist.

3.181

Der **Umfang** der **Sperrwirkung** der Betriebsprüfung nach § 371 Abs. 2 Nr. 1 a) Alt. 1 AO richtete sich **zeitlich** bei einer Außenprüfung nach der Prüfungsanordnung.[5] Das Schwarzgeldbekämpfungsgesetz vom 28.4.2011 hatte jedoch gegenüber der alten Rechtslage auch für die Sperrgründe der Bekanntgabe der Prüfungsanordnung und des Erscheinens des Prüfers das Prinzip der „**Infektionswirkung**" eingeführt.[6] So sperrte die Außenprüfung bei einer GmbH für die KSt, GewSt und USt 2009 bis 2011 die Abgabe einer Selbstanzeige für diese Steuerarten auch in allen anderen Zeiträumen (sog. Berichtigungsverbund). Für die dauergeprüften Unternehmen hatte dies zur Folge, dass die Korrektur von Fehlern weitgehend unmöglich gemacht wurde.[7]

3.182

Das „Gesetz zur Änderung der Abgabenordung und des Einführungsgesetzes zur Abgabenordnung" vom 22.12.2014 sieht mit Bezug auf die Prüfungsanordnung mit Wirkung zum **1.1.2015** eine **Erleichterung** im Hinblick auf die **gesperrten Zeiträume** vor. Die Sperrwirkung wird beschränkt auf den „sachlichen und zeitlichen Umfang der angekündigten Außenprüfung" (§ 371 Abs. 2 Nr. 1 a) und Nr. 1 c) AO). Veranlagungszeiträume, die

3.183

---

1 BGH v. 16.6.2005 – 5 StR 118/05, wistra 381, 383.
2 Vgl. zum Meinungsstand *Apitz*, StBp 2007, 1 (6 f.); *Jäger* in Klein, AO, § 371 Rz. 39c.; *Joecks* in Joecks/Jäger/Randt, Steuerstrafrecht[7], § 371 Rz. 213; restriktiv *Jäger* in Klein, AO, § 371 Rz. 39d – keine Sperrwirkung nur bei Nichtigkeit.
3 Vgl. zur Abgrenzung *Joecks* in Joecks/Jäger/Randt, Steuerstrafrecht, § 371 Rz. 226.
4 Vgl. BGH v. 16.6.2005 – 5 StR 118/05, wistra 2005, 381 (383).
5 Vgl. exemplarisch BGH v. 5.4.2000 – 5 StR 226/99, wistra 2000, 219 (225); *Streck/Spatscheck*, Die Steuerfahndung, Rz. 259.
6 Vgl. *Wulf*, wistra 2015, 166 (170).
7 Vgl. *Wulf*, wistra 2015, 166 (170).

nicht Gegenstand der Prüfungsanordnung sind, fallen nicht in den Berichtigungsverbund; für diese bleibt der Weg zur Strafbefreiung damit offen. Im dem vorgenannten Beispiel wäre also nach neuer Rechtslage trotz der laufenden Außenprüfung eine Korrektur für die KSt, GewSt und/oder USt der Jahre bis 2008 und der Jahre ab 2012 möglich.

Der Umfang der Sperrwirkung der Außenprüfung ist seit dem 1.1.2015 in **persönlicher** Hinsicht **ausgeweitet**.

3.184 In § 371 Abs. 2 Nr. 1 a) AO (Bekanntgabe einer Prüfungsanordnung) wird zu diesem Zweck anstelle des „Täters" auf den „an der Tat Beteiligten" abgestellt, um auch **Anstifter** und **Gehilfen** zu erfassen. Zudem führt das Gesetz den neuen Terminus des „**Begünstigten** i.S.d. § 370 Abs. 1 AO" ein. Hierunter dürfte der Schuldner der verkürzten Steuer zu verstehen sein.[1] Für den Bereich von Kapitalgesellschaften wird damit letztlich eine sehr umfassende Sperrwirkung herbeigeführt. Bei einer zu kritisierenden weiten Auslegung würden z.B. ausgeschiedene Mitarbeiter von der Abgabe von Selbstanzeigen abgehalten werden, da für sie das Vorliegen eines Sperrgrunds überhaupt nicht mehr zu erkennen ist.[2]

3.185 Abgrenzungsprobleme ergeben sich auch im Bereich der **Personengesellschaften**.[3] Nach zutreffender herrschender Ansicht zur Rechtslage **bis zum 1.1.2015** trat die Sperrwirkung nur für die nach der Anordnung zu prüfenden Steuerarten ein.[4] Umfasste die gegenüber einer Personengesellschaft erlassene Betriebsprüfungsanordnung Umsatzsteuer, Gewerbesteuer und die Gewinnfeststellung und wurden z.B. Sonderbetriebseinnahmen verschwiegen, griff die Sperrwirkung nicht für eine Selbstanzeige des persönlich haftenden Gesellschafters oder des Kommanditisten hinsichtlich dessen Einkommensteuer.[5] Nach anderer Auffassung war auf einen hinreichend engen Sachzusammenhang abzustellen.[6]

3.186 Hieran dürfte sich durch die aktuelle Rechtslage **nichts geändert** haben. Allenfalls die Nachforderungen zur Umsatzsteuer und zur Gewerbesteuer werden erfasst – denn nur insoweit ist die Personengesellschaft Steuerschuldnerin. Für die Einkommensteuer wird man die Gesellschaft dagegen nicht als „Begünstigte" der Tat ansehen können, sodass zunächst keine Sperrwirkung eintritt, wenn die Prüfungsanordnung dem nicht eingeweihten Geschäftsführer der KG bekannt gegeben wird. Abhilfe ver-

---

1 *Wulf*, Stbg. 2013, 166 (171), a.A. *Hunsmann*, NJW 2015, 113 (114), der auf § 371 Abs. 3 AO abstellt.
2 *Joecks*, DStR 2014, 2261 (2263); *Benecke*, BB 2015, 408.
3 Vgl. dazu und nachfolgend *Wulf*, Stbg. 2013, 166 (171 f.).
4 Vgl. BGH v. 15.1.1988 – 3 StR 465/87, wistra 1988, 151; *Schauff* in Kohlmann, Steuerstrafrecht, § 371 Rz. 434 (Aug. 2015); *Joecks* in Joecks/Jäger/Randt, Steuerstrafrecht[7], § 371 AO Rz. 207.
5 So hinsichtlich der Gewinnfeststellung bei einer atypisch stillen Gesellschaft BGH v. 15.1.1988 – 3 StR 465/87, wistra 1988, 151; *Schauff* in Kohlmann, Steuerstrafrecht, § 431 Rz. 51 (Aug. 2015).
6 So *Franzen* in der Erstauflage in Franzen/Gast/Samson, Steuerstrafrecht[3], § 371 Rz. 86.

schafft in dieser Situation erst das Erscheinen des Prüfers. Denn der (ergänzende) Sperrgrund des § 371 Abs. 1c AO verzichtet unverändert auf jede persönliche Eingrenzung und führt deshalb auch die Sperre für den Gesellschafter herbei.

Greift **die** Sperrwirkung (**z.B. wegen einer Anschlussprüfung**), kann eine Lösung durch den Austausch des Organs (z.B. Geschäftsführer oder Vorstand), das an der Steuerhinterziehung beteiligt war, durch ein nichtbeteiligtes Organ gefunden werden.[1] Das neue Organ ist gem. **§ 153 AO** zur Berichtigung der unzutreffenden Steuererklärungen verpflichtet, wenn es die Fehlerhaftigkeit erkennt. Erstattet es die in § 153 AO vorgesehene Anzeige rechtzeitig und ordnungsgemäß, wird ein Dritter (§ 371 Abs. 4 Satz 1 AO), der die ursprüngliche Erklärung unrichtig oder unvollständig abgegeben hat (hier das an der Steuerhinterziehung beteiligte Organ), strafrechtlich nicht verfolgt. Wer als Dritter in den Begünstigungskreis fällt, ist umstritten. Richtigerweise kommt auch der Ursprungstäter, der die unrichtige Steuererklärung abgegeben hat, in den Genuss der strafbefreienden Wirkung.[2]

3.187

Gleichwohl kann die Abgabe einer Selbstanzeige in zwei Fällen auch dann noch sinnvoll sein, wenn sie durch das Erscheinen des Prüfers in ihrer Wirkung gesperrt ist: Zum einen wird von der Steuerstrafverfolgung auch die sog. „**verunglückte Selbstanzeige**" strafmildernd berücksichtigt. Zum anderen gibt es anzuzeigende Sachverhalte, die sich auch auf Zeiträume **außerhalb** des Prüfungszeitraums erstrecken. Bezüglich jener Zeiträume entfaltet die Selbstanzeige seit dem 1.1.2015 erneut Wirkung.[3] Der strafrelevante Sachverhalt kann auf diese Weise so reduziert werden, dass die Sanktionen weitaus geringer ausfallen.

3.188

Eine Selbstanzeige kann auch für die geprüften Steuerarten und -abschnitte wieder erstattet werden, sobald die Prüfung abgeschlossen ist, d.h. die (berichtigten) Steuerbescheide abgesandt wurden oder die Mitteilung gem. § 202 Abs. 1 Satz 3 AO erfolgte.[4]

3.189

Zu **weitergehenden** Fragen im Zusammenhang mit der Selbstanzeige vgl. Rz. 3.238 ff.

3.190

---

1 Vgl. *Joecks* in Joecks/Jäger/Randt, Steuerstrafrecht[7], § 371 Rz. 412.
2 So *Wulf/Frank*, Stbg. 2013, 507 (509 f.); *Joecks* in Joecks/Jäger/Randt, Steuerstrafrecht[7], § 371 AO Rz. 410 f., jeweils m.w.N. auch aus der Rspr.; a.A. OLG Stuttgart v. 31.1.1996 – 1 Ws 1/96, wistra 1996, 190 ff.
3 S. oben.
4 Vgl. BGH v. 15.1.1988 – 3 StR 465/87, BGHSt 35, 188 (190); v. 23.3.1994 – 5 StR 38/94, wistra 1994, 228 (229); *Beckemper* in Hübschmann/Hepp/Spitaler, § 371 AO Rz. 207 (Aug. 2015); *Kamps*, ErbR 2010, 153 (156). Vgl. jedoch zur Einschränkung der „Teilselbstanzeige" *Kamps*, DB 2010, 1488.

9. Kontrollmitteilungen

3.191 Werden anlässlich einer Außenprüfung Feststellungen getroffen, die auch für die Besteuerung eines Dritten von Bedeutung sind, so kann die Außenprüfung diese Feststellungen dem Finanzamt, das für die Besteuerung des Dritten zuständig ist, mitteilen. Das Finanzamt des Dritten darf die Feststellungen verwerten. Diese Mitteilungen heißen Kontrollmitteilungen.[1] Diese werden ohne Ersuchen, d.h. spontan erteilt. Sie fallen damit unter den Begriff der Amtshilfe.[2] Die Abgabenordnung rechtfertigt das Schreiben von Kontrollmitteilungen in § 194 Abs. 3 AO. Diese Vorschrift legitimiert zum einen die Fertigung von Kontrollmitteilungen und zum anderen die Auswertung der Informationen beim Dritten.[3] Die Abgabenordnung sieht in den §§ 31, 31a und 93a Spezialermächtigungen für entsprechende Mitteilungen vor.

3.192 Die Finanzverwaltung geht mehr und mehr dazu über, sich auch im internationalen Bereich Kontrollmitteilungen zuzuleiten (vgl. § 9 Satz 2 BpO; AEAO zu § 160 Nr. 4 Satz 5).[4] Dies erfolgt über das Bundeszentralamt für Steuern in Bonn (Rz. 2.422 ff., 3.13). Die Feststellung von Kontrollmaterial darf nicht selbst zum Zweck der Außenprüfungen werden, d.h. zu einer eigenständigen Prüfung des Dritten ausarten. Begrenzend wirkt insofern der Wortlaut des § 194 Abs. 3 AO, wonach die Kontrollmitteilungen nur „anlässlich" einer Außenprüfung gefertigt werden dürfen.[5] Kontrollmitteilungen sind damit nur als „Nebenprodukt" der Außenprüfung zulässig. Bestrebungen des Gesetzgebers, diese Beschränkungen zu eliminieren, sind bisher gescheitert.[6]

3.193 Gesetzlich nicht ausdrücklich geregelt sind die Schranken des Rechts, Kontrollmitteilungen zu schreiben. Ursprünglich sah § 8 Abs. 1 Satz 2 BpO folgende Beschränkung vor: „Soweit der Steuerpflichtige ein Auskunftsverweigerungsrecht nach § 102 der Abgabenordnung hat und hierauf nicht ausdrücklich verzichtet, hat die Fertigung von Kontrollmitteilungen zu unterbleiben." Diese Bestimmung ist inzwischen aus der Betriebsprüfungsordnung eliminiert worden. Gleichwohl ist in der Literatur allgemeine Auffassung, dass das Aussageverweigerungsrecht des Berufsträgers, bei dem die Betriebsprüfung stattfindet, verhindert, dass solche Informationen der Mandanten, die beim Berufsträger zur Kenntnis des Finanzamts kommen, im Wege der Kontrollmitteilungen weitergeleitet

---

1 Vgl. z.B. *Seer* in Tipke/Kruse, § 194 AO Rz. 27 (Okt. 2013).
2 I.S.v. Art. 35 Abs. 1 GG, §§ 111 ff. AO; vgl. *Frotscher* in Schwarz, AO, § 194 Rz. 44 (Feb. 2010).
3 Vgl. BFH v. 23.2.1984 – IV R 154/82, BStBl. II 1984, 512 (513).
4 Z.B. Zahlungen (Honorare) an Personen oder Firmen, die mit den empfangenen Geldern im Ausland steuerpflichtig sind.
5 Vgl. BFH v. 4.10.2006 – VIII R 53/04, BStBl. II 2007, 227 = AO-StB 2007, 61; v. 4.11.2003 – VII R 28/01, BStBl. II 2004, 1032 (1034) = AO-StB 2004, 121; v. 4.4.2005 – VII B 305/04, AO-StB 2005, 223 = BFH/NV 2005, 1226 (1227); AEAO zu § 194 Nr. 5.
6 Vgl. *Seer* in Tipke/Kruse, § 194 AO Rz. 30 (Okt. 2013).

werden.¹ Dies muss über das in § 102 AO geregelte Auskunftsverweigerungsrecht hinaus auch für Auskunfts- und Eidesverweigerungsrechte der Angehörigen (§ 101 AO), des Auskunftsverweigerungsrechts bei Gefahr der Verfolgung wegen einer Straftat oder einer Ordnungswidrigkeit (§ 103 AO) und im Falle des Verweigerungsrechts zur Erstattung eines Gutachtens oder der Vorlage von Urkunden (§ 104 AO) gelten.² Der BFH hat die Frage bisher offengelassen.³

Da die Betriebsprüfungsanordnung ab dem Jahre 2000 eine Beschränkung der Kontrollmitteilungen im oben genannten Sinne nicht mehr vorsieht, kommt es in der Praxis auch in den Fällen der §§ 101 bis 104 AO zu Kontrollmitteilungen.   3.194

V. Schadensausgleich

Ein besonderer Schadensausgleich für Mehrsteuern, die aus einer Betriebsprüfung resultieren, existiert nicht. Die Betriebsprüfung stellt jedoch i.d.R. die erste wirksame steuerliche Kontrolle der Verhältnisse des Steuerpflichtigen im Prüfungszeitraum dar. Einerseits wird kontrolliert, ob die der Besteuerung bisher zugrunde gelegten Sachverhalte der Realität entsprechen. Andererseits kommen die rechtlichen Wertungen auf den Prüfstand. Im Hinblick auf einen möglichen Schadensausgleich werden damit zwei Problemfelder ans Tageslicht befördert.   3.195

Zum einen sind Fehlverhalten des Steuerpflichtigen bzw. seines Personals oder seiner Organe betroffen. Dies führt nicht selten zu Überraschungen im Fall des Wechsels des Personals, insbesondere der Geschäftsführung. Werden hierbei Versäumnisse oder Vergehen der einzelnen Personen entdeckt, können diese Personen möglicherweise durch den Steuerpflichtigen zivilrechtlich in Regress genommen werden. Problematisch ist in solchen Fällen der Nachweis der Kausalität des Fehlverhaltens für das steuerliche Mehrergebnis.   3.196

Zum anderen werden fehlerhafte steuerschädliche Gestaltungen deutlich. Beliebt, aber schwer durchzusetzen, sind in solchen Fällen Regresse gegen den externen Berater, insbesondere den Steuerberater des Unternehmens.   3.197

Eine besondere Rolle spielt die Außenprüfung bei Unternehmens- bzw. Anteilskäufen. Die Betriebsprüfung erfasst Zeiträume der Vergangenheit   3.198

---

1 Vgl. *Streck*, StuW 1981, 135 (137); *Gosch* in Beermann/Gosch, AO/FGO, § 194 AO Rz. 246 ff.; *Frotscher* in Schwarz, AO, § 194 Rz. 50 f (April 2014); *Seer* in Tipke/Kruse, § 194 AO Rz. 34 (Okt. 2013); *Wengert/Widmann*, StBp 1998, 57 (58 ff.); *Schallmoser* in Hübschmann/Hepp/Spitaler, § 194 AO Rz. 171 (Feb. 2011); *Rüsken* in Klein, AO¹², § 194 Rz. 30; *Intemann* in Koenig, AO³, § 194 Rz. 61.
2 Vgl. *Frotscher* in Schwarz, AO, § 194 Rz. 50 f. (April 2014); *Streck*, StuW 1981, 135 (137); *Seer* in Tipke/Kruse, § 194 AO Rz. 34 (Okt. 2013); a.A. z.B. *Rüsken* in Klein, AO¹², § 194 Rz. 30.
3 BFH v. 8.4.2018 – VIII R 61/06, BStBl. II 2009, 579 (581) = AO-StB 2008, 213.

und damit vor dem Übergang des Unternehmens bzw. der Anteile auf den Erwerber. Das steuerliche Mehrergebnis belastet das geprüfte Unternehmen.[1] Um den Schadensausgleich der Erwerber sicherzustellen, sollten der Unternehmens- bzw. Anteilskaufvertrag entsprechende Steuerklauseln enthalten.

VI. Evaluierung

3.199 Die Betriebsprüfung selber ist die Evaluierung der steuerlichen Behandlung der Verhältnisse des Steuerpflichtigen. Eine gesonderte Evaluierung der Betriebsprüfung findet i.d.R. nicht statt. Als solche könnte allenfalls die Anschlussprüfung (§ 4 Abs. 2 Satz 1 BpO, Rz. 3.18 ff.) gesehen werden. Die Mängel, die während der ursprünglichen Betriebsprüfung festgestellt werden, sollten – soweit wie möglich – in den Folgejahren behoben werden. Ob dies gelungen ist, offenbart die Anschlussprüfung. Hierbei ist jedoch zu berücksichtigen, dass die Betriebsprüfung nicht unmittelbar nach Abschluss des letzten geprüften Veranlagungszeitraums erfolgt, sondern etwas Zeit ins Land geht. Die Anschlussprüfung erfasst damit auch Zeiträume, in denen das Ergebnis der ursprünglichen Prüfung noch nicht bekannt war und deren Erkenntnisse noch nicht umgesetzt werden konnten.

B. Steuerfahndung im Unternehmen – und wie man sich darauf vorbereitet

I. Zweck, Kompetenz und Organisation der „Steuerfahndung"

1. Zweck und gesetzliche Grundlage

a) Die Aufgaben nach § 208 AO

3.200 Die **Steuerfahndungsbehörden** verfolgen regelmäßig **zwei Ziele:** Sie sind zunächst Fiskalbehörde und unterliegen insofern den Regeln der Abgabenordnung.[2] Gleichzeitig sind sie aber auch Strafverfolgungsbehörde und unterfallen insoweit – wie alle anderen Ermittlungsbehörden, z.B. die Kriminalpolizei – dem Normenkomplex der Strafprozessordnung. Die **Hauptaufgabe** ist in § 208 Abs. 1 Nr. 1 AO definiert. Demnach erforscht die Steuerfahndung Straftaten und Steuerordnungswidrigkeiten. Mit Steuerstraftaten meint das Gesetz im Wesentlichen die Steuerhinterziehung (§ 370 AO), aber auch den Bannbruch (§ 372 AO, § 369 Abs. 1 Nr. 2 AO),

---

1 Dies ist jedenfalls in Form der Kapitalgesellschaft der Fall. Werden Anteile an einer Personengesellschaft erworben, wirkt sich bei dieser das Mehrergebnis nur hinsichtlich der Umsatzsteuer und Gewerbesteuer, ggf. der Lohnsteuer aus. Ein höher festgestellter Gewinn schlägt unmittelbar auf die Einkommensteuer der Altgesellschafter durch.
2 Vgl. *Streck/Spatscheck*, Die Steuerfahndung[4], Rz. 1–20.

die Wertzeichenfälschung (§ 369 Abs. 1 Nr. 3 AO) und die Begünstigung (§ 257 StGB, § 369 Abs. 1 Nr. 4 AO). Letztere ist gegeben, wenn jemand dem Täter hilft, die aus der Steuerhinterziehung eingeräumten Vorteile zu sichern, also beispielsweise sein Bankkonto anbietet, um die hinterzogenen Beträge vor dem Zugriff des Fiskus zu sichern. Die Abgrenzung zur Beihilfe zur Steuerhinterziehung und zur Strafvereitelung (§ 258 StGB) ist schwierig. Nach § 377 AO sind Steuerordnungswidrigkeiten Zuwiderhandlungen, die nach den Steuergesetzen mit einer Geldbuße geahndet werden, also insbesondere die „leichtfertige Steuerverkürzung" nach § 378 AO. Ferner wird in verschiedenen **spezialgesetzlichen Regelungen** auf die Vorschriften über die Verfolgung von Steuerstraftaten verwiesen, wie beispielsweise in § 8 Investitionszulagengesetz 1999 für den Subventionsbetrug oder in § 29a Berlinförderungsgesetz.

Es versteht sich von selbst, dass die Steuerfahndung hinsichtlich der Steuerstraftaten und Steuerordnungswidrigkeiten auch die relevanten **Besteuerungsgrundlagen** zu ermitteln hat (§ 208 Abs. 1 Nr. 2 AO). Bis zur Entscheidung des BFH[1] war unklar, ob diese Aufgabe auch besteht, wenn die regelmäßige kürzere strafrechtliche Verjährung der Hinterziehungen bereits eingetreten ist. Der BFH hat diese Frage entschieden und klargestellt, dass die Steuerfahndung auch für die strafrechtlich verjährten Zeiträume die steuerlichen Ermittlungen übernehmen darf. 3.201

Nach § 208 Abs. 1 Nr. 3 AO hat die Steuerfahndung schließlich die Aufgabe, **unbekannte Steuerfälle** aufzudecken und zu ermitteln – unabhängig davon, ob daraus später eine Steuerstraftat oder Steuerordnungswidrigkeit werden kann. In der Praxis sind diese Fälle eher selten.

b) Aufgaben nach § 404 AO

In dieser Norm wird der Steuerfahndung die Aufgabe der „**steuerstrafrechtlichen Polizei**" zugewiesen. Beamte arbeiten insofern als Ermittlungspersonen der Staatsanwaltschaft, die Herrin der Strafermittlungen ist. 3.202

2. Ermächtigungsgrundlagen

Im **Besteuerungsverfahren** verfügt die Steuerfahndung über die **Ermittlungsrechte** der **Finanzverwaltung**, d.h. über alle Möglichkeiten, die die Abgabenordnung einräumt, § 208 Abs. 1 Satz 2 AO. Abweichend zu den normalen Dienststellen der Finanzverwaltung hat sie das uneingeschränkte Recht auf Auskünfte Dritter und des Betroffenen. Normalerweise ist das Finanzamt bei der Informationsbeschaffung verpflichtet, sich zuerst an den Betroffenen zu halten, § 93 Abs. 1 Satz 3 AO. Das gilt für die Steuerfahndung nicht, § 208 Abs. 1 Satz 3 AO. Ferner haben Dritte nach § 208 Abs. 1 Satz 3 AO i.V.m. § 93 Abs. 2 Satz 2 AO kein Recht auf ein schriftliches Auskunftsersuchen. Die Steuerfahndung ist nicht darauf 3.203

---
[1] BFH v. 15.6.2001 – VII B 11/00, BStBl. II 2001, 625 = AO-StB 2001, 131.

angewiesen, die Vorlage von Büchern, Aufzeichnungen etc. erst subsidiär zu der Auskunft des Steuerpflichtigen oder Dritten zu fordern, § 208 Abs. 1 Satz 3 AO i.V.m. § 97 Abs. 2 und 3 AO.

Im **steuerstrafrechtlichen** Ermittlungsverfahren hat die Steuerfahndung alle Rechte der **Strafprozessordnung**, wie insbesondere Durchsuchung, Beschlagnahme etc. (Rz. 3.336).

3. Örtliche Zuständigkeit und Organisation

3.204 Die örtliche Zuständigkeit der Steuerfahndung richtet sich nach der **Finanzbehörde**, der sie **zugeordnet** ist. **Ausnahmsweise** kann nach § 17 Abs. 2 FVG die Zuständigkeit der Steuerfahndung auf mehrere Finanzämter ausgedehnt oder auf bestimmte Teile eines Finanzamts eingeschränkt werden. Hiervon zu trennen ist die Frage, wo die Steuerfahndung zur Durchführung von Ermittlungen tätig werden kann. Insofern besteht innerhalb der Bundesrepublik Deutschland keine räumliche Einschränkung. Im Ausland darf die Steuerfahndung nicht tätig werden. So ist beispielsweise für das Unternehmen U, das seine Steuererklärung beim Finanzamt München abgibt, die Steuerfahndung München zuständig. Ermitteln kann diese deutschlandweit, wenn z.B. vermutet wird, dass die Eingangsrechnungen eines Unternehmens in Hamburg bloße Scheinrechnungen darstellen. In diesem Falle dürfte sich die Steuerfahndung München unmittelbar an das Hamburger Unternehmen wenden. Die Organisationsform der Steuerfahndung ist je nach **Bundesland unterschiedlich**. Im Normalfall ist sie einem Finanzamt angegliedert, für das sie auch zuständig ist. In einigen Bundesländern, wie beispielsweise Niedersachsen, Berlin und Nordrhein-Westfalen wurden besondere „Steuerfahndungs"-Finanzämter geschaffen, die die Funktionen der Steuerfahndung sowie der Bußgeld- und Strafsachenstellen zentralisiert wahrnehmen. In den meisten Bundesländern sind die Steuerfahndungsstellen und die Strafsachenstellen dagegen einem „regulären" Finanzamt zugeordnet. Innerhalb der Behörden ist der Aufbau jeweils hierarchisch (im Regelfall: Sachbearbeiter – Sachgebietsleiter – Finanzamtsvorsteher).

Soweit es um die Verarbeitung der Ergebnisse der Steuerfahndung geht, werden diese im Besteuerungsverfahren vom jeweiligen Veranlagungsfinanzamt eigenverantwortlich umgesetzt.

Über die Fragen der **Strafverfolgung** entscheidet die Bußgeld- und Strafsachenstelle, die – soweit ausschließlich Hinterziehungsdelikte betroffen sind – die Funktion der Staatsanwaltschaft ausübt, § 386 AO. Regelmäßig gibt es Absprachen zwischen den Staatsanwaltschaften und den Straf- und Bußgeldsachenstellen, dass ab einem bestimmten Hinterziehungsvolumen die Sache an die Staatsanwaltschaft abzugeben ist, § 386 Abs. 4 AO. Diese Grenze ist von Bundesland zu Bundesland verschieden und liegt häufig bei 50.000 € oder darüber. Die Rechtsprechung hat darauf gedrängt, dass Verfahren früher mit der Staatsanwaltschaft abgestimmt werden sollen.[1]

II. Im Vorfeld des Steuerfahndungseingriffs

1. Steuerstrafrechtlicher Anfangsverdacht

Die Steuerfahndung wird als Ermittlungsbehörde tätig, sobald ein „**Anfangsverdacht**" für das Vorliegen einer Steuerstraftat bzw. Steuerordnungswidrigkeit gegeben ist (§ 152 Abs. 2 StPO). Das ist der Fall, wenn zureichende tatsächliche Anhaltspunkte vorliegen, d.h. nach kriminalistischen Erfahrungen muss das Vorliegen einer Straftat als möglich erscheinen.[2]

3.205

Die **Steuerstraftaten** sind in § 369 ff. AO definiert. Kernvorschrift ist hier die Steuerhinterziehung in § 370 AO. Demnach wird mit Freiheitsstrafe bis zu **fünf Jahren** oder **Geldstrafe** bestraft, wer

3.206

– den Finanzbehörden oder anderen Behörden über steuerlich erhebliche Tatsachen unrichtige oder unvollständige Angaben macht,
– die Finanzbehörden pflichtwidrig über steuerlich erhebliche Tatsachen in Unkenntnis lässt oder
– pflichtwidrig die Verwendung von Steuerzeichen oder Steuerstempeln unterlässt

und dadurch Steuern verkürzt oder für sich oder einen anderen nicht gerechtfertigte Steuervorteile erlangt.

Die Steuerhinterziehung ist folglich ein „Erklärungsdelikt", das in den Erfolg einer unzutreffenden (oder unterbliebenen) Veranlagungsentscheidung mündet. Für die Erfüllung des Tatbestands ist es unerheblich, ob die Steuerschuld beglichen wird oder nicht. Folglich muss sich der „Anfangsverdacht" allein auf die unzutreffende oder verspätete Erklärung bzw. eine Nichterklärung beziehen.

Was die **Person** des **Täters** anbelangt, ist hinsichtlich der Begehung durch Handeln (§ 370 Abs. 1 Nr. 1 AO) und der Begehung durch Unterlassen (§ 370 Abs. 1 Nr. 2 AO) zu differenzieren.

Geht es um **unrichtige oder unvollständige Erklärungen**, so kann jedermann Täter sein. In der Regel werden sich die Ermittlungen gegen Geschäftsführer und Vorstände richten, die für die Erfüllung der steuerlichen Pflichten des Unternehmens zuständig sind. Diese tragen jedenfalls die Verantwortung für eine ordnungsgemäße steuerliche Organisation. Die Verletzung solcher Organisationspflichten kann zum Vorwurf der Steuerhinterziehung führen. Bei einem Begehungsdelikt kann der Hinterziehungsvorwurf aber einfache Mitarbeiter treffen, die im Bereich des Hin-

---
1 BGH v. 30.4.2009 – 1 StR 90/09, NJW 2009, 2319.
2 *Schmitt* in Meyer-Goßner/Schmitt, StPO[53], § 152 Rz. 4.

terziehungssachverhalts tätig gewesen sind. Besonders relevant ist dies für die Mitarbeiter der Steuerabteilungen von mittleren oder größeren Unternehmen, die rein faktisch mit der Vorbereitung und Erstellung der Steuererklärungen befasst sind. Fehler in diesem Bereich können Vorwürfe auslösen, die sich unmittelbar gegen die Mitarbeiter richten. Wenn man sich die Vielzahl der steuerlichen Fallstricke vor Augen führt, wird klar, dass die Feststellung von Mehrsteuern auch in seriös geführten Unternehmen ohne weiteres einen Strafbarkeitsvorwurf gegen Mitarbeiter der Steuerabteilungen nach sich ziehen kann. In jüngerer Zeit haben solche Fälle eher zu- als abgenommen.

Etwas andere Regeln gelten für den Fall, dass wegen einer **Steuerhinterziehung durch Unterlassen** ermittelt wird. Denn Täter und damit Beschuldigte in einem solchen Verfahren kann nur derjenige sein, der persönlich zur Abgabe der entsprechenden Steuererklärung verpflichtet ist bzw. war.[1] Bei Unternehmen sind dies im Regelfall die gesetzlichen Vertreter (vgl. § 34 AO), also Vorstände und Geschäftsführer etc., eine Ausweitung auf Prokuristen und andere nicht umfassend vertretungsberechtigte Personen findet nur ausnahmsweise statt.[2]

2. Steuerstrafrechtliche Risiken erkennen – Fallbeispiele

a) Risikosachverhalte

3.207 Steuerstrafverfahren können ihren Ursprung darin haben, dass bspw. **steuerliche Formvorschriften** nicht eingehalten werden und dies gegenüber den Finanzbehörden verschwiegen wird oder Korrektur- und Berichtigungspflichten vernachlässigt werden. Dies gilt z.B. für das Fehlen von ordnungsgemäßen Rechnungen bei Leistungen zwischen Konzerngesellschaften. Eine objektive Steuerverkürzung tritt hier ein, wenn trotz der fehlenden Rechnungen aus den **Intercompany-Umsätzen** der Vorsteuerabzug geltend gemacht wird.

3.208 Gleiches galt in der Vergangenheit für die Inanspruchnahme der **Körperschaftsteueranrechnung** trotz fehlender Steuerbescheinigung nach § 44 KStG a.F. und betrifft aktuell bspw. Fälle des unterlassenen Steuereinbehalts bei Lizenzzahlungen und fehlender Freistellungsbescheinigung (§ 50d EStG). Ein Unrechtsbewusstsein ist hier häufig kaum vorhanden, da es sich vermeintlich nur um unbedeutende Formvorgaben handelt. Gleichwohl kann formal der Straftatbestand erfüllt sein.

3.209 Erhebliche praktische Bedeutung haben Steuerstrafverfahren im Zusammenhang mit der Inanspruchnahme der **Steuerbefreiung für Ausfuhrlieferungen oder innergemeinschaftliche Lieferungen**, wenn die maßgeblichen Dokumentationsvorschriften nicht eingehalten werden.[3]

---

1 BGH v. 9.4.2013 – 1 StR 586/12, DStR 2013, 1177 m.w.N.
2 Relevant sind insoweit die Erweiterungen auf „Verfügungsberechtigte" i.S.v. § 35 AO und auf „Betriebsbeauftragte" nach § 14 Abs. 2 Nr. 2 StGB; zu Einzelheiten vgl. *Schmitz/Wulf* in MünchKomm/StGB § 370 AO Rz. 325–330.
3 Vgl. BGH v. 20.10.2011 – 1 StR 41/09, NJW 2011, 3797.

Bei den Steueranmeldungen i.S.v. § 168 AO stellt die verspätete und nicht durch eine Fristverlängerung abgedeckte Abgabe der Anmeldung, soweit sie zu einer Nachzahlung führt, bei strenger Sichtweise stets eine Verkürzung i.S.v. § 370 AO dar. Eine **hinausgezögerte Umsatz- oder Lohnsteueranmeldung** kann somit die Einleitung eines Steuerstrafverfahrens nach sich ziehen.[1]

3.210

Andere Fälle betreffen die **unvollständige Erfüllung von Anzeigepflichten**, etwa bei im Ausland beurkundeten Umwandlungsvorgängen und der daraus resultierenden Grunderwerbsteuerbelastung oder bei der nachträglichen Option zur Steuerpflicht bei zunächst steuerbefreiten Leistungen i.S.v. § 9 UStG. Wird die vorgeschriebene Anzeige der Optionsausübung (§ 153 Abs. 2 AO) aus Nachlässigkeit zunächst zurückgestellt und führt dies dazu, dass die angefallene Steuer um einige Monate verspätet festgesetzt wird, so ist der Tatbestand der Steuerverkürzung durch Unterlassen erfüllt (§ 370 Abs. 1 Nr. 2 AO).

3.211

Von zentraler Bedeutung im Unternehmen ist schließlich die **allgemeine Berichtigungspflicht nach § 153 Abs. 1 AO**. Stellt sich heraus, dass in der Vergangenheit aus Nachlässigkeit oder aus einer Fehleinschätzung der Rechtslage heraus unvollständige oder unrichtige Steuererklärungen abgegeben worden sind, so sind sowohl die alte Geschäftsführung als auch etwaige neue Verantwortungsträger zur Anzeige des Sachverhalts gegenüber dem Finanzamt verpflichtet. Die Verletzung dieser Pflicht, um die drohende Steuernachzahlung zu vermeiden, kann zu einer vorsätzlichen Steuerhinterziehung durch Unterlassen nach § 370 Abs. 1 Nr. 2 AO führen.[2]

3.212

Auslandsbeziehungen und der damit zusammenhängende **Vorwurf von Gewinnverlagerungen** sind immer wieder Gegenstand von steuerstrafrechtlichen Verfahren. Der BGH hat etwa die Übertragung von Patenten auf eine irische Ltd. in einem Fall als Scheingeschäft i.S.v. § 41 AO beurteilt und darauf basierend die nach Irland gezahlten Lizenzvergütungen als verdeckte Gewinnausschüttungen eingestuft, was zu einer Verurteilung wegen Steuerhinterziehung führte.[3] Insgesamt tendiert der 1. Strafsenat des BGH zu einer sehr weitgehenden Anwendung von § 41 AO, um die von den Steuerpflichtigen gewählten Gestaltungen auch steuerstraf-

3.213

---

1 Die nachgereichte Erklärung kann ggf. als strafbefreiende Selbstanzeige gewertet werden, dies führt aber nur im Bereich von Lohnsteuer- und Umsatzsteuervoranmeldungen zur Straffreiheit im eigentlichen Sinne (vgl. § 371 Abs. 2a AO), in allen anderen Fällen sind Auflagezahlungen nach § 398a AO zu befürchten.
2 Vgl. bspw. BGH v. 11.7.2008 – 5 StR 156/08, NStZ 2009, 273, Rz. 39, wonach der Verantwortliche eines Unternehmens nach § 153 AO auch dann zur Berichtigung verpflichtet ist, wenn der Notar im Rahmen seiner Anzeige nach dem GrEStG unrichtige Angaben macht; weiterführend zu den Praxisproblemen des § 153 AO *Wulf*, steueranwaltsmagazin 2014, 132.
3 BGH v. 24.5.2007 – 5 StR 72/07, DStRE 2008, 169; die dagegen gerichtete Verfassungsbeschwerde wurde nicht zur Entscheidung angenommen, BVerfG v. 26.6.2008 – 2 BvR 2067/07, NJW 2008, 3346; ähnlich BGH v. 26.7.2012 – 1 StR 492/11, wistra 2012, 477 – „Velourband".

rechtlich würdigen zu können.¹ Es bleibt abzuwarten, ob die Verschärfungen der Verrechnungspreisvorgaben durch die GAufzV sowie § 1 AStG und die Funktionsverlagerungsverordnung tatsächlich – wie von manchen befürchtet – auch in diesen Bereichen verstärkt zu Steuerstrafverfahren führen werden.²

3.214 Großen Raum nimmt bereits jetzt die **Bekämpfung von Korruptionssachverhalten** im Rahmen von internationalen Geschäftsbeziehungen ein. Wegen des Abzugsverbots nach § 4 Abs. 5 Nr. 10 EStG drohen hier regelmäßig auch steuerstrafrechtliche Sanktionen, wenn die Vertriebsabteilungen im Ausland Vorgaben zur Vermeidung von Bestechungszahlungen nicht genau nehmen und diese Aufwendungen dann in Deutschland gewinnmindernd als Betriebsausgaben angesetzt werden. Die Praxis der Finanzbehörden, solche Sachverhalte bereits bei Vorliegen eines Anfangsverdachts ohne weitere Prüfung an die Staatsanwaltschaften weiterzugeben, ist durch den BFH für rechtmäßig erklärt worden,³ auch wenn gegen die entsprechende Einschränkung des Steuergeheimnisses in § 393 AO durchgreifende verfassungsrechtliche Einwände bestehen.⁴

b) Erkenntnisquellen

3.215 Die Art und Weise des **Beginns** einer **Steuerfahndungsmaßnahme** ist vielfältig. Solche Verfahren können aus **Betriebsprüfungen** entstehen, wenn dort steuerstrafrechtlich relevante Sachverhalte aufgedeckt oder der Betriebsprüfung die angeforderten Informationen über längere Zeit nicht vorgelegt werden. Gleiches gilt für die Umsatzsteuernachschau, § 27b UStG. Immer problematisch ist die Durchführung von Betriebsprüfungs- und Steuerfahndungsmaßnahmen bei **Geschäftspartnern**, wenn dort unredliches Verhalten vermutet wird. Im **Insolvenzfall** des Unternehmens ist es die Aufgabe des Insolvenzverwalters, die Unternehmensfinanzen und die Büroorganisation wieder „in Ordnung" zu bringen. Hierzu gehört auch die Buchhaltung sowie die Übernahme der steuerlichen Erklärungspflichten. Hierbei fallen häufig Fehler und Versäumnisse der bisherigen Geschäftsleitung auf. **Gerichte** und **Behörden** sind bei dem Verdacht auf eine Steuerstraftat **anzeigepflichtig** (§ 116 AO). So kann bspw. der Vortrag, ein bestimmter Anspruch stünde dem Steuerpflichtigen zu, weil er schon seit längerer Zeit an einer GmbH als Treugeber beteiligt sei, steuerlich unangenehme Folgen haben, sollte das Treuhandverhältnis dem Finanzamt nicht bekannt sein. Im Streit ausgeschiedene Mitarbeiter und ge-

---

1 Instruktiv BGH v. 6.9.2012 – 1 StR 140/12, wistra 2013, 21.
2 In diesem Sinne etwa *Sidhu/Schemmel*, BB 2005, 2549; *Kiesel/Theisen*, IStR 2006, 284; sowie *Schauf* in Kohlmann, Steuerstrafrecht, § 370 Rz. 1586 ff. (Nov. 2010), m.w.N.
3 BFH v. 14.7.2008 – VII B 92/08, BStBl. II 2008, 850 = AO-StB 2008, 268.
4 Instruktiv BVerfG v. 27.4.2010 – 2 BvL 13/07, wistra 2010, 341; in diesem Beschluss wird die Problemlage umfangreich erörtert, im Ergebnis hat das BVerfG die Vorlage durch das LG (LG Göttingen v. 11.12.2007 – 8 KLs 1/07, wistra 2008, 231) aber für unzulässig erklärt, weshalb das Problem höchstrichterlich nicht geklärt ist.

schiedene Ehepartner neigen dazu, anonyme Anzeigen bei der Steuerfahndung abzugeben. In der Praxis ist diese Erkenntnisquelle der Finanzbehörden von erheblicher Bedeutung. Die **Informationszentrale Ausland (IZA)** des Bundeszentralamts für Steuern in Bonn/Berlin erhebt und sammelt steuerlich relevante Informationen über ausländische Gesellschaften, Steuerpflichtige etc. So führt z.B. die Unterrichtung der IZA, dass es sich bei einem bestimmten Zahlungsempfänger im Ausland um eine reine „Briefkastengesellschaft" handelt, regelmäßig dazu, dass zumindest der Betriebsausgabenabzug nach § 160 AO versagt wird, weil die Gesellschaft nicht als der wirkliche wirtschaftliche Empfänger anzusehen ist. Sind darüber hinaus noch Zahlungen an inländische Steuerpflichtige zu vermuten oder liegen Korruptionssachverhalte vor, ist die Einleitung eines Ermittlungsverfahrens so gut wie sicher.

3. Überlegungen und Reaktionsmöglichkeiten

a) Verjährung

aa) Steuerliche Verjährung

Kommen steuerstrafrechtlich relevante **Risiken** auf den Steuerpflichtigen bzw. Steuerverantwortlichen zu, steht dieser vor der Entscheidung, wie er darauf **reagiert**. Hinterziehungstaten, die steuerlich und/oder strafrechtlich bereits verjährt sind, geben zwar Anlass zu unternehmensinternen Reaktionen, doch ist die Gefahr von Steuerfahndungsmaßnahmen gebannt, wenn die Taten bereits **verjährt** sind. Insofern ist zwischen der **steuerlichen Festsetzungsverjährung**, d.h. der Frage, ob die Bescheide noch geändert werden können und die Steuern noch nachgezahlt werden müssen sowie der **strafrechtlichen Verfolgungsverjährung**, d.h. der Frage, ob noch eine Bestrafung erfolgen kann, zu **differenzieren**. 3.216

Nach **Ablauf** der **Festsetzungsfrist** i.S.v. § 169 AO ist die Steuerfestsetzung nicht mehr zulässig, d.h. die Steuer ist **verjährt**. Die **Festsetzungsfrist** beträgt für Einkommen-, Gewerbe-, Umsatz- sowie Körperschaftsteuer, d.h. für alle praxisrelevanten Steuern, **vier Jahre** (§ 169 Abs. 2 Satz 1 Nr. 2 AO). Bei den Verbrauchsteuern, d.h. insbesondere bei der Energiesteuer, beträgt die Verjährungsfrist ein Jahr (§ 169 Abs. 2 Nr. 1 AO). Für die Zölle und die bei der Einfuhr erhobenen Verbrauchsteuern findet der Zollkodex Anwendung, der eine entsprechende Frist von drei Jahren vorgibt.[1] 3.217

Die Festsetzungsfrist beträgt **fünf Jahre**, soweit Steuern **leichtfertig verkürzt** wurden (§ 169 Abs. 2 Satz 2 AO) und **zehn Jahre**, wenn ein **Hinterziehungsfall** vorliegt (§ 169 Abs. 2 Satz 2 AO). 3.218

Die Festsetzungsfrist **beginnt** mit Ablauf des Kalenderjahres, in dem die Steuer entstanden ist (§ 170 Abs. 1 AO). In § 170 Abs. 2 Nr. 1 AO wird für die Einkommen-, Lohn-, Körperschaft-, Gewerbe- sowie Umsatzsteuer, 3.219

---

[1] Vgl. nur *Rüsken* in Klein, AO¹², § 169 Rz. 18.

d.h. Steuern, für die Erklärungen oder Anmeldungen abzugeben sind, eine Sonderregelung getroffen. In diesen Fällen beginnt die Festsetzungsfrist mit Ablauf des Kalenderjahres, in dem die Steuererklärung oder Steueranmeldung eingereicht wird, spätestens mit Ablauf des dritten Kalenderjahres, das auf das Kalenderjahr folgt, in dem die Steuer entstanden ist.

Beispiel:
Wenn in 2006 die Erklärung 2005 abgegeben wird, beginnt die Festsetzungsfrist für die Einkommensteuer 2005 mit dem Ablauf des Jahres 2006 (Variante 1), bei Nicht-Abgabe mit dem Ablauf des Jahres 2008 (Variante 2). Sie endet dann im Fall der Steuerhinterziehung in der Variante 1 zum 31.12.2016 bzw. in Variante 2 erst zum 31.12.2018. Bis zu diesem Tag muss die Steuerfestsetzung wirksam erfolgt, d.h. der entsprechende Bescheid bekannt gegeben worden sein, oder es muss eine sog. Ablaufhemmung eingetreten sein. Anderenfalls verjährt der Anspruch, was ihn gem. § 47 AO erlöschen lässt.

3.220 In § 171 AO sind verschiedene **Ablaufhemmungen** aufgeführt. Beginnt eine Steuerfahndungsprüfung, so läuft die steuerliche Verjährung nicht ab, bis die Prüfungsmaßnahme wieder beendet wurde (§ 171 Abs. 5 AO). Relevant ist zudem die Ablaufhemmung nach § 171 Abs. 7 AO, wonach die steuerliche Festsetzungsverjährung nicht abläuft, solange die korrespondierende strafrechtliche Verfolgungsverjährung nicht abgelaufen ist.

bb) Strafrechtliche Verjährung

3.221 Die strafrechtliche Verjährung bezieht sich auf jede abgegebene oder nicht abgegebene Jahres- bzw. Monatserklärung. **Im Normalfall beträgt sie fünf Jahre** (§ 78 Abs. 3 Nr. 4 StGB).

Sie beginnt mit der **Bekanntgabe des unzutreffenden Steuerbescheids**. Bei zu niedrigen Steueranmeldungen beginnt sie in dem Zeitpunkt, in dem die Erklärung bei dem Finanzamt eingeht. Im dem Fall, dass im Anmeldungsverfahren eine überhöhte Erstattung geltend gemacht wird, kommt es auf den Zeitpunkt der Zustimmung an (vgl. § 168 Satz 2 AO).

Tritt der Erfolg durch Nicht-Festsetzung (also das Ausbleiben eines Steuerbescheids) ein und handelt es sich um eine Steuer, die in einem sich laufend wiederholenden Veranlagungsverfahren erhoben wird (also insbesondere ESt, KSt, GewSt), so beginnt die strafrechtliche Verjährung zu dem Zeitpunkt, zu dem die allgemeinen Veranlagungsarbeiten abgeschlossen sind. Bei den Steueranmeldungen ist auf den Tag abzustellen, an dem die Anmeldungen spätestens abzugeben gewesen wäre.[1]

Die strafrechtliche Verjährung kann durch die in § 78c Abs. 1 StGB einzeln aufgezählten Handlungen unterbrochen werden mit der Folge, dass sie nach ihrer Unterbrechung von Neuem beginnt (§ 78c Abs. 3 Satz 1 StGB).

---
[1] Weiterführend mit einer Berechnung anhand von Beispielsfällen *Wulf*, Stbg. 2008, 445; PStR 2010, 13.

Mit dem Jahressteuergesetz 2009[1] wurde als **Ausnahmevorschrift** § 376 Abs. 1 AO mit folgendem Wortlaut eingeführt: 3.222

„In den in § 370 Abs. 3 Satz 2 Nr. 1 bis 5 genannten Fällen besonders schwerer Steuerhinterziehung beträgt die Verjährungsfrist zehn Jahre."

Die Verlängerung der strafrechtlichen Verjährungsfrist erfasst somit nur die Fälle, die im Rahmen der Strafzumessungsvorschrift des **§ 370 Abs. 3 AO** als **Regelbeispiele** formuliert sind. Die Neuregelung **verweist** ausdrücklich auf die „in den in § 370 Abs. 3 Satz 2 Nr. 1 bis 5 genannten Fälle (...)". Die in diesen Ziffern aufgeführten Voraussetzungen werden damit zu Tatbestandsmerkmalen einer aus § 376 Abs. 1 und § 370 Abs. 3 Satz 2 AO bestehenden Verjährungsvorschrift transformiert. Für die Dauer der Verfolgungsverjährung ist maßgebend, ob die in den Nr. 1 bis 5 beschriebenen Merkmale erfüllt sind.[2]

Steuerhinterziehung „in großem Ausmaß": Der 1. Strafsenat des BGH hat – für die Strafzumessungsregel in § 370 Abs. 3 AO – in seiner Grundsatzentscheidung vom 2.12.2008 vorgegeben, ein „großes Ausmaß" sei ab einem Betrag von 50.000 € anzunehmen.[3] Diese Rechtsprechung ist auf die Bestimmung der strafrechtlichen Verjährungsfrist zu übertragen. Im Ausgangspunkt kommt somit für jede Einzeltat mit einem Verkürzungsbetrag von 50.000 € oder mehr eine Verjährungsfrist von zehn Jahren in Betracht. Nach der Folgerechtsprechung, die zu Fragen der Strafzumessung ergangen ist,[4] aber für die Bestimmung der Verjährungsfrist ebenfalls einschlägig sein dürfte, sollte weitergehend zu differenzieren sein: 3.223

– Im Falle der schlichten „Nicht-Festsetzung" sollte der **Grenzbetrag bei 100.000 €** liegen. Dies sind die Fälle der Steuerhinterziehung durch Unterlassen, aber auch Fälle nach § 370 Abs. 1 Nr. 1 AO, in denen sich das Unrecht in der Nicht-Mitteilung von steuerbegründenden Tatsachen

---

1 Das Jahressteuergesetz 2009 vom 19.12.2008 ist im Bundesgesetzblatt vom 24.12.2008 veröffentlicht worden (BGBl. I 2008, 2794 ff.); das Gesetz ist – von Sonderregelungen abgesehen – am Tag nach der Verkündung in Kraft getreten.
2 Nach h.M. kommt es nicht darauf an, ob im Einzelfall auch die Voraussetzungen für die Anwendung des erweiterten Strafrahmens aus § 370 Abs. 3 AO individuell erfüllt sind, vgl. nur *Wulf* in MünchKomm/StGB, § 376 AO Rz. 5–7.
3 BGH v. 2.12.2008 – 1 StR 416/08, AO-StB 2009, 63 = BB 2009, 312.
4 BGH v. 28.7.2010 – 1 StR 332/10, wistra 2010, 449 – zum Versuch; v. 5.5.2011 – 1 StR 116/11, wistra 2011, 247 = AO-StB 2011, 237; v. 5.5.2011 – 1 StR 168/11, n.v. (juris); v. 12.7.2011 – 1 StR 81/11, wistra 2011, 396 und BGH v. 29.11.2011 – 1 StR 459/11, wistra 2012, 151 – jeweils zur allgemeinen Abgrenzung der Schwellenwerte; v. 15.12.2011 – 1 StR 579/11, wistra 2012, 191 = AO-StB 2012, 138 – zum „Griff in die Kasse"; v. 21.8.2012 – 1 StR 257/12, wistra 2013, 28 – zum unbenannten besonders schweren Fall; v. 25.9.2012 – 1 StR 407/12, wistra 2013, 67 – Vorsteuerbeträge und mildernde Umstände sowie BGH v. 22.12.2012 – 1 StR 537/12, wistra 2013, 1999 = AO-StB 2013, 130 – zur Vorteilserlangung; vgl. im Übrigen auch BGH v. 7.2.2012 – 1 StR 525/11, wistra 2012, 236 = AO-StB 2012, 103; v. 22.5.2012 – 1 StR 103/12, wistra 2012, 350 = AO-StB 2012, 236 und BGH v. 26.9.2012 – 1 StR 423/12, wistra 2013, 31 jeweils zur zur für die Frage einer Freiheitsstrafe relevanten „Millionengrenze".

erschöpft (also bspw. die Fälle der Erklärung von zu niedrigen Einnahmen).
- Dagegen sollte die niedrige Schwelle (**Grenzbetrag von über 50.000 €**) Anwendung finden, wenn Steuererstattungen erschlichen werden oder wenn die Steuerverkürzung dadurch erreicht wird, dass steuermindernde Umstände vorgetäuscht werden (also z.B. bei Geltendmachung von überhöhten Betriebsausgaben).
- Die beschriebene Abgrenzung wird in der Literatur kritisiert, da sie teilweise zu widersprüchlichen Ergebnissen führt, Teilbereiche wie bspw. die Fälle der Vorteilserlangung ausspart und verfassungsrechtlich wegen der mangelnden Bestimmtheit der gesetzlichen Grundlagen fragwürdig ist.[1] Der BGH hat auf diese Kritik in der Form reagiert, dass er mit Urteil vom 27.10.2015[2] die betragsmäßigen Differenzierungen für obsolet erklärt hat. Nach der neuen Rechtsprechung soll die Grenze im großen Ausmaß **für alle Fälle bei 50.000 €** liegen.[3]
- Der BGH geht im Übrigen davon aus, dass es für die verlängerte Verjährung allein auf die Überschreitung der Grenzbeträge ankommt, auch wenn das Regelbeispiel aus § 370 Abs. 3 Nr. 1 AO in der Fassung bis zum 31.12.2007 zusätzlich noch das Vorliegen von „grobem Eigennutz" voraussetzte – was bei einer Steuerhinterziehung durch einen angestellten Manager zugunsten seines Unternehmens bspw. ausscheidet. Taten aus der Zeit bis zum 31.12.2007 sollen nach Ansicht des BGH unter die Verlängerung der Verjährung fallen, auch wenn der Täter die zu dieser Zeit geltenden Voraussetzungen des Regelbeispiels mangels „grobem Eigennutzes" nicht erfüllte.[4]

3.224 Neben der Frage des Grenzbetrags stellt sich auch für § 376 AO die Frage, ob und inwieweit **verschiedene Vorwürfe zusammenzurechnen** sind. Für die Strafzumessung gilt der Begriff der Tateinheit nach § 52 StGB. Dort kommt eine Zusammenrechnung in Betracht, wenn – im Bereich des Begehens durch Unterlassen – durch eine Erklärung die Festsetzung unterschiedlicher Steueransprüche hätte herbeigeführt werden sollen (also bspw. die Festsetzung von Körperschaftsteuer und Solidaritätszuschlag auf Basis der Körperschaftsteuererklärung) oder – im Bereich des Begehens durch Handeln – wenn gleichzeitig abgegebene Erklärungen identisch unrichtige Angaben beinhalten (also bspw. fehlende Einnahmen in den zeitgleich abgegebenen Körperschaftsteuer-, Gewerbesteuer und Umsatzsteuererklärungen eines Veranlagungszeitraums).[5] Die überwiegende Ansicht will diese Betrachtung auf die Prüfung der Verjährung nach § 376 AO i.V.m. § 370 Abs. 3 Nr. 1 AO übertragen. Für die Verjährung ist allerdings zu überlegen, ob nicht für die Berechnung der Verjährungsfrist zusätzlich noch nach den einzelnen Steuerarten innerhalb der Taten zu differenzie-

---

1 Vgl. nur *Wulf* in MünchKomm/StGB, § 376 AO Rz. 14–15a m.w.N.
2 BGH v. 27.10.2015 – 1 StR 373/15, wistra 2016, 157.
3 Zu den damit verbundenen Problemen vgl. *Talaska*, DB 2016, 673; *Rolletschke*, NZWiSt 2016, 81.
4 BGH v. 13.6.2013 – 1 StR 226/13, wistra 2013, 471.
5 Zu Einzelheiten vgl. *Schmitz/Wulf* in MünchKomm/StGB § 370 Rz. 527 ff.

ren ist. Inhaltlich liegt dies nahe, da auch für den Beginn der Verjährungsfrist trotz tateinheitlicher Begehung durch unrichtige Angaben (§ 370 Abs. 1 Nr. 1 AO) zwischen der Umsatzsteuer-, der Einkommensteuer- und der Gewerbesteuer-Hinterziehung zu unterscheiden ist.[1]

Bei einer Steuerhinterziehung durch Unterlassen (§ 370 Abs. 1 Nr. 2 AO) stellt sich diese Frage allerdings kaum, da dort die Verletzung jeder Erklärungspflicht stets jeweils eine selbständige Tat bildet, die isoliert auf das Vorliegen einer Verkürzung „großen Ausmaßes" hin zu untersuchen ist.[2]

Beteiligung eines Amtsträgers, der seine Befugnisse missbraucht (§ 370 Abs. 3 Satz 2 Nr. 2 und Nr. 3 AO): Die Regelbeispiele in Nr. 2 und Nr. 3, welche auf die **Beteiligung** eines **Amtsträgers** abstellen, erweisen sich in der Interpretation als weniger problematisch. Es gilt die Begriffsdefinition des Strafgesetzbuchs (§ 11 Abs. 1 Nr. 2 StGB), als Amtsträger kommen somit nicht nur Finanzbeamte in Betracht.[3] Nach der Rechtsprechung kann auch der sachlich und örtlich zuständige Veranlagungsbeamte Täter einer Steuerhinterziehung sein, wenn er selbst die unzutreffende Veranlagungsentscheidung veranlasst.[4] Große praktische Relevanz hat diese Fallgruppe naturgemäß nicht.

3.225

Fortgesetzte Begehung unter Verwendung gefälschter Belege (§ 370 Abs. 3 Satz 2 Nr. 4 AO): Das Regelbeispiel aus § 370 Abs. 3 Satz 2 Nr. 4 AO setzt eine fortgesetzte Begehung unter „**Verwendung nachgemachter oder verfälschter Belege**" voraus. Für den Begriff der Belege finden die Grundsätze der Urkundendelikte Anwendung. Ein falscher Beleg in diesem Sinne setzt demnach eine Täuschung über den Aussteller der Erklärung voraus, nicht ausreichend ist die sog. „schriftliche Lüge". Die Verwendung von Scheinrechnungen erfüllt also nicht das Regelbeispiel, soweit jene tatsächlich von dem anderen Unternehmer ausgestellt wurden. Ein „nachgemachter Beleg" liegt erst dann vor, wenn die Scheinrechnung im Namen eines anderen Unternehmers als vermeintlicher Aussteller erstellt wird und dieser hierzu nicht i.S.d. sog. „Geistigkeitstheorie" sein Einverständnis erklärt hatte.[5] Die falschen Urkunden müssen zur Erfüllung des Regelbeispiels den Finanzbehörden im Besteuerungsverfahren **vorgelegt** werden. Eine Ablage in der Buchhaltung oder die Übersendung an den Steuerberater ist nicht ausreichend.[6] Der Tatbestand verlangt zudem eine

3.226

---

1 Für eine Differenzierung bereits bei der Strafzumessung in diesem Sinne *Schauf* in Kohlmann, Steuerstrafrecht, § 370 Rz. 1099.5 (Aug. 2008), der allerdings selbst darauf hinweist, dass dem Täter damit eine Modifizierung des Strafbarkeitsrisikos durch Aufspaltung des Erklärungsvorgangs ermöglicht wird.
2 So ausdrücklich BGH v. 5.2.2004 – 5 StR 580/03, wistra 2004, 185.
3 Vgl. nur *Joecks* in Franzen/Gast/Joecks, Steuerstrafrecht[7], § 370 Rz. 272.
4 BGH v. 6.6.2007 – 5 StR 127/07, NJW 2007, 2864, m.w.N.
5 Zur möglichen Stellvertretung bei der Ausstellung der Erklärung und dem Grundprinzip, wonach auf den „geistigen Urheber" abzustellen ist, vgl. nur *Fischer*, StGB[57], § 267 Rz. 18 f., m.w.N.
6 BGH v. 12.1.2005 – 5 StR 301/04, wistra 2005, 144 (145); v. 5.4.1989 – 3 StR 87/89, wistra 1989, 228.

fortgesetzte Begehung, d.h. der Täter muss mehr als einmal in der beschriebenen Art und Weise unrichtige Angaben i.S.v. § 370 Abs. 1 Nr. 1 AO gemacht haben.

3.227 **Bandenmäßige Umsatz- und Verbrauchsteuerhinterziehung:** Der Gesetzgeber hat zum 1.1.2008 in § 370 Abs. 3 Satz 2 Nr. 5 AO ein neues Regelbeispiel geschaffen, welches an die Stelle des Verbrechenstatbestands der schweren Steuerhinterziehung (§ 370a AO) getreten ist. Vorausgesetzt wird hier die Begehung als **Mitglied** einer **Bande**, die sich zur fortgesetzten **Begehung** von Umsatz- oder Verbrauchsteuerhinterziehungen verbunden hat. Der **Begriff** der „**Bande**" setzt nach der Rechtsprechung einen Zusammenschluss von mindestens drei Personen voraus, die sich für eine künftige Begehung von Straftaten zusammengefunden haben.[1] Einzelheiten des Bandenbegriffs in seiner Funktion im Steuerstrafrecht sind bislang noch unklar, da es an einer höchstrichterlichen Rechtsprechung fehlt. Fraglich ist insbesondere, ob das Bandenmerkmal bereits dadurch erfüllt werden kann, dass sich drei oder mehr Beteiligte – sei es im Rahmen einer Personengesellschaft oder als mehrköpfige Geschäftsführung einer Körperschaft – zu einem legalen Zweck zusammenfinden, um ein Unternehmen zu betreiben, wenn dann innerhalb dieser Unternehmenstätigkeit (auch) Umsatz- oder Verbrauchsteuern hinterzogen werden. Im **Ergebnis** ist dies zu **verneinen:** Erforderlich ist nach zutreffender Gesetzesauslegung eine Bandenabrede mit deliktischem Inhalt, d.h. der Zweck des Zusammenschlusses muss gerade in der Begehung von Steuerstraftaten bestehen.[2] Bei dieser Auslegung werden durch das Regelbeispiel in § 370 Abs. 3 Satz 2 Nr. 5 AO vorrangig die Strukturen aus dem Bereich der organisierten Kriminalität erfasst, wie sie etwa aus dem Bereich bandenmäßig organisierter Umsatzsteuerbetrügereien („Umsatzsteuer-Karusselle") oder aus dem Zigaretten- und Alkoholschmuggel bekannt sind. Allerdings stellt sich auch hier die **Frage**, ob der Begriff der „Bande" als Tatbestandsmerkmal einer Vorschrift, die zu einer Verlängerung der systemkonformen Verjährungsfrist führt, **hinreichend bestimmt** ist.

3.228 **Zeitlicher Anwendungsbereich:** Nach § 23 EGAO gilt die Verlängerung der Verfolgungsverjährung nur für die Steuerstraftaten, die bei **Inkrafttreten** des Gesetzes **noch nicht verjährt** sind. In Kraft getreten ist die Neuregelung am Tag nach ihrer Verkündung, also am **25.12.2008**. Die Verlängerung der Verfolgungsverjährung greift somit nicht für diejenigen Taten, für die die Verfolgungsverjährung mit Ende des 24.12.2008 (24:00 Uhr) bereits abgelaufen war. Für die **Praxis empfiehlt** es sich, **in Grenzfällen den Ablauf der Verjährungsfrist zunächst nach der alten Rechtslage zu berechnen**.[3] Ist der Erfolg bspw. durch Bekanntgabe des unrichtigen Steuerbescheids am 24.12.2003 eingetreten, so endete die Verfolgungsverjährung nach altem Recht mit Ablauf des 23.12.2008. Gleiches gilt, wenn z.B. die

---
1 BGH v. 22.3.2001 – GSSt 1/00, BGHSt 46, 321 ff.
2 Vgl. im Einzelnen *Wulf*, wistra 2008, 321 (322 ff.), m.w.N.
3 Zu Einzelheiten der Berechnung anhand eines Beispiels vgl. *Wulf*, Stbg. 2008, 445 (447).

strafrechtliche Verjährung älterer Vorwürfe letztmalig am 24.12.2003 durch Unterzeichnung einer richterlichen Anordnung oder durch eine schriftliche Einleitungsverfügung unterbrochen wurde. Für solche Fälle wäre die Verjährungsfrist vor dem 25.12.2008 abgelaufen und die neue Regelung insoweit nicht mehr relevant. Für die anderen Fälle, in denen die alte fünfjährige Verjährungsfrist unter Berücksichtigung einer möglichen Unterbrechung (§ 78c StGB) oder Hemmung (§ 78b StGB) der Frist bis zum Abend des 24.12.2008 noch nicht abgelaufen war, gilt ab dem 25.12.2008 **rückwirkend** die **verlängerte Verjährungsfrist** von zehn Jahren. Eine solche nachträgliche Verlängerung von Verjährungsfristen beinhaltet nach der Rechtsprechung des BVerfG keine verfassungsrechtlich unzulässige, rückwirkende Strafgesetzgebung und keinen Verstoß gegen Art. 103 Abs. 2 GG.[1]

b) Risikovorsorge durch Abgabe von Nacherklärungen

Steuerstrafrechtliche Risiken zeichnen sich dadurch aus, dass sie sich (im besten Fall) auch dann noch aus der Welt schaffen lassen, wenn es im Rechtssinne eigentlich schon zu spät ist und der Betroffene den Straftatbestand verwirklicht hat. Die Rede ist hier von der **strafbefreienden Selbstanzeige nach § 371 AO**. Die Selbstanzeige ist gewissermaßen das letzte und ultimative Mittel der Risikovorsorge. Richtig eingesetzt kann sie auch dazu dienen, dem Unternehmensverantwortlichen die Last der strafrechtlichen Risiken von den Schultern zu nehmen, wenn sich eine Gestaltung nur im Grenzbereich des steuerlich Zulässigen bewegt hat, ohne dass damit die steuerliche Position der Finanzverwaltung endgültig anerkannt werden müsste. Die Abgabe der strafbefreienden Selbstanzeige wird dann kombiniert mit einer Stellungnahme und ggf. Einspruchsverfahren gegenüber den nachfolgend erlassenen Steuerbescheiden. Setzt der Steuerpflichtige sich in diesem (steuerlichen) Verfahren mit seiner tatsächlichen und rechtlichen Bewertung durch, so ist strafrechtliche Sicherheit herbeigeführt, ohne dass im Ergebnis Steuern nachbezahlt werden müssten.

3.229

Große Bedeutung hat neben der strafbefreienden Selbstanzeige die **steuerliche Anzeigepflicht aus § 153 AO**. Sie wird vielfach gewissermaßen als Gegenstück zur Selbstanzeige nach § 371 AO behandelt. Dies verstellt aber den Blick auf die zutreffenden Verhältnisse. Denn beide Vorschriften sind in ihrer Rechtsnatur vollkommen unterschiedlich: § 153 AO statuiert eine Pflicht, die zum Handeln zwingt und im Fall der Verletzung eine Strafbarkeit (wegen Steuerhinterziehung durch Unterlassen) begründen kann. Dagegen eröffnet § 371 AO nur eine Option, nämlich die Möglichkeit, Straffreiheit zu erlangen. § 153 AO hat rein steuerliche Rechtsnatur; § 371 AO ist eine reine Straf(befreiungs)vorschrift. Gleichwohl sind beide Vorschriften in der praktischen Handhabung eng miteinander verknüpft, da im echten Leben für die Beteiligten und die Behörden vielfach nicht si-

3.230

---

1 BVerfG v. 26.2.1969 – 2 BvL 15/68 und 2 BvL 23/68, BVerfGE 25, 269 ff.; v. 31.1.2000 – 2 BvR 104/00, NStZ 2000, 251, m.w.N.

cher zu erkennen ist, ob in der konkreten Situation die Pflicht zur Anzeige und Berichtigung besteht oder ob bereits eine Strafbarkeit vorliegt, aus der der Betroffene sich durch Abgabe einer Selbstanzeige befreien kann.

3.231 Als **Oberbegriff** lässt sich die Bezeichnung der „**Nacherklärung**" verwenden. Durch eine Nacherklärung kann der Steuerpflichtige in verschiedenerlei Hinsicht entstandene Risiken verringern oder aus der Welt schaffen. Die Details sind von so großer Bedeutung, dass sie nachfolgend in einem gesonderten Abschnitt behandelt werden sollen.

III. Strafbefreiende Selbstanzeige nach § 371 AO und die steuerliche Anzeige- und Berichtigungspflicht aus § 153 AO

1. Strafbefreiende Selbstanzeige (§ 371 AO)

a) Grundlagen und jüngste Reformmaßnahmen

3.232 Mit der Selbstanzeige (§ 371 AO) hat das Steuerstrafrecht die bemerkenswerte Rechtsfolge geschaffen, **rückwirkend die Strafbarkeit der Steuerhinterziehung zu beseitigen**. Nach dem ursprünglichen Konzept waren nur die Steuern nachzuentrichten, die bereits bei ordnungsgemäßer Steuererklärung zu zahlen gewesen wären. Ein „Aufgeld" wurde in der Vergangenheit vom Staat nicht verlangt.

3.233 Dieses Grundkonzept wurde durch die **Reform der Selbstanzeige** im Verlauf des Jahres 2011 erheblich eingeschränkt. Seit den durch das Schwarzgeldbekämpfungsgesetz eingeführten Änderungen differenziert das Gesetz zwischen der „normalen" Selbstanzeige für die kleinen und mittleren Fälle und den Sonderregelungen der „**Selbstanzeige zweiter Klasse**" für die größeren Fälle. Für die zweite Gruppe wird keine Strafbefreiung mehr gewährt, sondern der Täter erlangt nur einen Anspruch auf Einstellung des Verfahrens gegen **Zahlung eines Aufgelds nach § 398a AO**.

3.234 Die Neuregelungen gelten für alle Selbstanzeigen, die ab dem 3.5.2011 eingereicht wurden.
– In der Zeit zwischen dem 3.5.2011 und dem 31.12.2014 galt die Sonderregelung des § 398a AO für alle Fälle, bei denen die verkürzte Steuer oder der nicht gerechtfertigte Steuervorteil einen Betrag von 50.000 € je Tat überstieg (§ 371 Abs. 2 Nr. 3 AO a.F.).
– Ab dem 1.1.2015 hat der Gesetzgeber die Regelung nochmals verschärft. § 398a AO ist seitdem einschlägig, sobald die Steuerverkürzung oder Vorteilserlangung den Betrag von 25.000 € je Tat übersteigt sowie betragsunabhängig in allen sonstigen Fällen der durch Regelbeispiele beschriebenen besonders schweren Fälle (§ 371 Abs. 2 Nr. 3 und Nr. 4 AO n.F.).

3.235 Die Höhe des Aufgelds nach § 398a AO beträgt heute zwischen 10 % und 20 % der verkürzten Steuer, in der Zeit zwischen Mai 2011 und Dezember 2014 galt ein Satz von generell 5 %.

3.236 Der Gesetzesreform vorausgegangen war eine **Grundsatzentscheidung des BGH (Beschluss vom 20.5.2010)**, in welcher der 1. Strafsenat richtungsweisend zur Verschärfung der strafbefreienden Selbstanzeige aufgerufen hatte.[1] Der Beschluss ist rechtspolitisch höchst bedeutsam. Er wird angeführt, wann immer es Ermittlungsbehörden darum geht, die geltenden Vorschriften möglichst eng auszulegen. Es lohnt sich mitunter, in solchen Fällen kritisch zu hinterfragen, ob die behaupteten Aussagen sich aus dem Beschluss überhaupt entnehmen lassen.

3.237 Unverändert ist die **Freiwilligkeit** nicht Bedingung der Selbstanzeige. Insoweit unterscheidet sich die Selbstanzeige von der Möglichkeit zum strafbefreienden Rücktritt vom Versuch (§ 24 StGB). Selbstanzeigen wegen der Gefahr der Entdeckung sind wirksam; in der Praxis ist die Entdeckungsgefahr häufig gerade Auslöser für eine Selbstanzeige. In Grenzbereichen ist der Ausschlussgrund nach § 371 Abs. 2 Nr. 2 AO im Auge zu behalten, der bei objektiv eingetretener Tatentdeckung die Selbstanzeige ausschließt und sehr streitanfällig ist. In **Fällen der versuchten Steuerhinterziehung** sind § 371 AO und § 24 StGB als Strafbefreiungsvorschriften nebeneinander anwendbar. Dies ist insoweit wichtig, als der **Rücktritt vom Versuch** zur Straffreiheit führt, ohne dass die Steuer nachgezahlt werden muss und ohne dass eine zusätzliche Auflagenzahlung nach § 398a AO verlangt werden kann.

b) Inhalt der Nacherklärung

aa) Form und Bezeichnung

3.238 Das Gesetz schreibt für die Selbstanzeige **keine Form** vor. Sie kann schriftlich oder mündlich erstattet werden. Um späteren Streit um die Frage auszuschließen, ob, wann und mit welchem Inhalt eine Selbstanzeige erstattet wurde, sollte die Selbstanzeige aber stets **schriftlich** erfolgen.

3.239 Die Selbstanzeige muss **nicht den Begriff „Selbstanzeige" beinhalten oder als solche erkennbar sein.** Es ist auch nicht erforderlich, dass sich der Anzeigende einer Hinterziehung bezichtigt. Er kann sich auf die reine Nacherklärung der relevanten Zahlen beschränken.

bb) Vollständigkeit in sachlicher und zeitlicher Hinsicht

3.240 Nach § 371 Abs. 1 AO müssen „nur" die unrichtigen oder unvollständigen Angaben berichtigt oder unterlassene Angaben nachgeholt werden. Maßstab für den Umfang und den Inhalt ist die ordnungsgemäße Ursprungserklärung, darüber hinausgehende Angaben können keinesfalls

---

[1] BGH v. 20.5.2010 – 1 StR 577/09, DStR 2010, 1133 ff. = AO-StB 2010, 195.

verlangt werden. Mindestvoraussetzung ist, dass das Finanzamt aufgrund der nachgereichten Informationen in Kombination mit den bei der Veranlagungsstelle bereits vorhandenen Informationen in der Lage ist, korrigierte Steuerbescheide zu erlassen. Entscheidend ist nicht die Form, sondern die Substanz der Informationen (sog. **"Materiallieferung"**). Eine gewisse Denk- und Auswertungstätigkeit wird dem Finanzamt durchaus zugemutet. In Ausnahmesituationen kann die Überlassung der Buchführung mit der Bezeichnung des strafbezogenen Bereichs ausreichend sein, ohne dass der Steuerpflichtige die relevanten Zahlen selbst zusammenstellt.[1]

3.241 Seit der zum 3.5.2011 in Kraft getretenen Reform sind die strengen gesetzlichen Vorgaben an die **Vollständigkeit der Erklärung** zu beachten. Alle betroffenen Jahre müssen vollständig korrigiert werden. „Teilselbstanzeigen" sind prinzipiell unwirksam.[2] Ausgenommen sind nur Umsatzsteuervoranmeldungen und Lohnsteueranmeldungen (vgl. § 371 Abs. 2a AO). Im Rahmen des strengen allgemeinen Vollständigkeitsgebots differenziert das Gesetz zwischen der sachlichen und der zeitlichen Vollständigkeit. Die hierdurch definierten Taten bilden einen **„Berichtigungsverbund"**, für den nur einheitlich durch Abgabe einer vollständigen Erklärung Straffreiheit erreicht werden kann.

3.242 Unklar ist, ob dies auch bedeutet, dass die **Nachbesserung einer zunächst unvollständigen Nacherklärung** ausgeschlossen ist.

Beispiel:
Der Kaufmann berichtigt die von ihm abgegebenen Einkommensteuererklärungen, da er in den vergangenen drei Jahren AfA-Beträge falsch berechnet hat. Das Finanzamt korrigiert die Bescheide. Nachfolgend reicht der Kaufmann erneut berichtigte Steuererklärungen ein, dieses Mal werden offensichtlich bewusste Schwarzeinnahmen nacherklärt.

3.243 Manche Behörden behaupten in solchen Fällen, der Steuerpflichtige habe nur „einen Schuss" und die Vervollständigung einer Nacherklärung sei prinzipiell ausgeschlossen. Auf Basis dieser Argumentation wird dann im Beispiel die Strafbefreiung für die nacherklärten Einnahmen in Frage gestellt. Der Wortlaut der Vorschrift gibt das aber nicht her. Richtigerweise sind nachgereichte Angaben nur unwirksam, wenn durch die erste Erklärung bereits ein Sperrgrund aus § 371 Abs. 2 AO ausgelöst wurde, wobei insbesondere Tatentdeckung in Betracht kommt. Entscheidend ist mithin, ob das Finanzamt bereits nach Eingang der ersten Erklärung erkennbar von einer begangenen Steuerhinterziehung ausgegangen ist.

3.244 **In sachlicher Hinsicht** müssen durch die Nacherklärung die unrichtigen (oder bislang fehlenden) Angaben *„einer Steuerart in vollem Umfang"*

---
1 BGH v. 16.6.2005 – 5 StR 118/05, NJW 2005, 2723, unter Hinweis auf BGH v. 5.5.2004 – 5 StR 548/03, wistra 2004, 309.
2 Beachte aber die durch den Gesetzgeber vorgenommene Klarstellung in Art. 97 § 24 EGAO, wonach für alle bis zum 28.4.2011 abgegebenen Erklärungen strafbefreiende Teilselbstanzeigen möglich bleiben.

korrigiert bzw. nachgemeldet werden. Danach ist im Fall der Selbstanzeige jeder Fehler zu korrigieren, der in der Vergangenheit in Bezug auf die betreffende Steuerart begangen wurde, unabhängig davon, welcher Lebenssachverhalt betroffen ist und auf welcher Ebene der Steuerberechnung der Fehler sich ausgewirkt hat. Für den **Begriff der „Steuerart"** ist zwischen den verschiedenen Steuergesetzen zu differenzieren (also Körperschaftsteuer, Einkommensteuer, Umsatzsteuer, Grunderwerbsteuer etc.). Mithin kann für den Bereich der Umsatzsteuer eine wirksame (vollständige) Selbstanzeige nur abgegeben werden, wenn innerhalb der betreffenden Jahreserklärung alle fehlenden Erlöse nachgemeldet, alle formell oder materiell fehlerhaften Vorsteuerbeträge korrigiert und auch z.B. zu Unrecht in Anspruch genommene Tarifbegünstigungen bereinigt werden. Dagegen muss eine parallel eingereichte Erklärung zur Körperschaftsteuer rechtlich nicht zwingend berichtigt werden, da das Gesetz kein steuerartenübergreifendes Vollständigkeitsgebot kennt.

Über die Grenzen der Steuerart hinweg wirkt freilich ein **faktischer Zwang zur Vollständigkeit**. Denn selbstverständlich würde vielfach die Selbstanzeige bei der einen Steuerart unmittelbar zur Entdeckung der Tat auch bei der anderen Steuerart führen.   3.245

Unklar ist, ob durch die gesetzliche Formulierung auch die in einem Gesetz geregelten **Abzugssteuern als „eine Steuerart"** anzusehen sind (also z.B. Lohnsteuer nach § 38 EStG und der Steuereinbehalt nach § 50d EStG). Folge wäre in dem Beispielsfall, dass Fehler bei der Lohnsteuer nur wirksam korrigiert werden könnten, wenn zugleich auch Unvollständigkeiten beim Quellensteuereinbehalt für Lizenzzahlungen bereinigt werden würden etc. Unklar ist auch, ob eine **Feststellungserklärung als eigene „Steuerart"** angesehen werden kann oder ob der Geschäftsführer einer GmbH & Co. KG Fehler im betrieblichen Bereich wirksam nur dann korrigieren kann, wenn er zugleich auch die überhöhten Fahrtkosten aus seiner persönlichen Einkommensteuererklärung bereinigt (et vice versa). Schließlich stellt sich insbesondere **in Konzernstrukturen** die Frage, ob ein bei mehreren Tochter-GmbH bestellter Geschäftsführer eine straffreie Selbstanzeige nur abgeben kann, wenn er gleichzeitig die Erklärungen aller von ihm vertretenen Gesellschaften zur Körperschaftsteuer korrigiert (selbst wenn es sich um völlig unterschiedliche Sachverhalte handelt). Bis zu einer höchstrichterlichen Klärung dieser Frage wird man bei der Planung einer Selbstanzeige vorsorglich einen strengen Maßstab zugrunde legen müssen.   3.246

Das Gebot zur sachlichen Vollständigkeit kann schnell verletzt werden, wenn kleinere Fehler neben größeren Beträgen unberücksichtigt bleiben oder wenn der Betroffene auf Schätzungen angewiesen ist und in einzelnen Jahren zu niedrig kalkuliert. Um die Selbstanzeige nicht zu einem unkalkulierbaren Risiko werden zu lassen hat die Rechtsprechung einen gewissen Toleranzbereich eingeführt. Abweichungen i.H.v. **bis zu 5 % der steuerlichen Auswirkungen** sollen unschädlich sein, solange es sich nicht   3.247

um bewusste Auslassungen handelt.¹ Richtigerweise sollte dieser Maßstab auf die Gesamtsumme des Berichtigungsverbunds angewandt werden, so dass Mehr- und Minderbeträge aus verschiedenen Jahren zu saldieren sind, ohne dass es auf das 5 %-Kriterium ankommt.²

3.248 **In zeitlicher Hinsicht** sind zwei kumulative Anforderungen zu berücksichtigen. Zunächst sind alle „unverjährten Steuerstraftaten" einzubeziehen. Damit ist die **strafrechtliche Verfolgungsverjährung** i.S.v. § 78 StGB gemeint. Gedanklich ist somit – ggf. unter Einbeziehung der verlängerten strafrechtlichen Verjährungsfrist nach § 376 AO – zu ermitteln, welche Taten aus der Vergangenheit noch strafrechtlich verfolgt werden können. Diese Sachverhalte sind jedenfalls in die Nacherklärung einzubeziehen.

Ergänzend ist dann für alle ab dem 1.1.2015 eingereichten Erklärungen der sog. „**Mindestberichtigungszeitraum**" zu bedenken. Die Nacherklärung muss Angaben zu allen Steuerstraftaten „*innerhalb der letzten zehn Kalenderjahre*" beinhalten (vgl. § 371 Abs. 1 Satz 2 AO in der seit dem 1.1.2015 geltenden Fassung). Gemeint sind die letzten zehn Kalenderjahre vor dem Jahr der Abgabe der Erklärung (bei der Abgabe im Jahr 2016 also die Jahre 2006 bis 2015). Was genau der Bezugspunkt dieser zeitlichen Eingrenzung sein soll, ist allerdings unklar. Die wohl überwiegende Ansicht wendet eine strafrechtliche Betrachtungsweise an und will alle Taten einbeziehen, die in den vergangenen zehn Kalenderjahren begangen wurden. Damit wären – im Beispiel einer Nacherklärung aus dem Jahr 2016 – alle Sachverhalte relevant, für die in den Jahren 2006 bis 2015 eine falsche Steuererklärung abgegeben wurde oder für die innerhalb dieses Zeitraums eine bislang nicht erfüllte Erklärungsfrist abgelaufen ist.³ Nach anderer Auffassung sollen die innerhalb der letzten zehn Jahre liegenden Veranlagungsjahre bzw. Besteuerungszeiträume gemeint sein.⁴

Die Position der Finanzverwaltung ist bislang unklar. Im Verlaufe des Jahres 2016 soll der **Anwendungserlass zur AO** ergänzt und zu diesem Komplex Stellung genommen werden. Vorerst dürfte zu empfehlen sein, jedenfalls alle (im Fall von unterstellter Steuerhinterziehung) steuerlich noch offenen Veranlagungsjahre und Sachverhalte einzubeziehen. Denn die Interpretation der Finanzverwaltung wird letztlich darauf ausgerichtet sein, zu diesen Zeiträumen vollständige Angaben zu erlangen (auch wenn der Wortlaut des Gesetzes eine andere Sprache spricht).

3.249 Ausnahmen von dem so formulierten Vollständigkeitsgebot gelten für die **Umsatzsteuervoranmeldungen und die Lohnsteueranmeldungen** (vgl.

---

1 BGH v. 25.7.2011 – 1 StR 631/10, wistra 2011, 428, Rz. 56–57 = AO-StB 2011, 356.
2 So auch die Sichtweise der Finanzverwaltung, vgl. OFD Nds. v. 9.6.2011 – S 0702 – 30 - St 131, Tz. 2.1; kritisch hierzu *Jäger* in Klein, AO¹², § 371 Rz. 289.
3 Gesetzlicher Anknüpfungspunkt ist die Definition des Begehungszeitpunkts in § 8 StGB; in diesem Sinne bspw. *Geuenich*, NWB 2015, 29 (31) und *Benecke*, BB 2015, 407.
4 So u.a. *Schwarz*, PStR 2015, 37; *Wulf*, wistra 2015, 166 (168).

§ 371 Abs. 2a AO). Diese Erklärungen werden unter hohem Zeitdruck erstellt, weshalb in der Praxis vielfach zunächst vorläufige Zahlen verwendet werden, die nachfolgend (ggf. mehrfach) korrigiert werden. Um diese kaum vermeidbare Praxis nicht übermäßig zu kriminalisieren, hat der Gesetzgeber mit Wirkung zum 1.1.2015 die Möglichkeit der Teilselbstanzeige für diesen Bereich wieder eingeführt. Fehler bei Umsatzsteuervoranmeldungen und den Lohnsteueranmeldungen können deshalb stückchenweise korrigiert werden und mit jeder Teilberichtigung tritt ein Stück Strafbefreiung ein. Es ist aber Vorsicht geboten, denn nach dem klaren Wortlaut gilt dies nicht für die Korrektur von Fehlern bei der Abgabe der Umsatzsteuer-Jahreserklärung. Umsatzsteuerliche Korrekturen sollten deshalb zunächst auf Ebene der Voranmeldungen erfolgen, bei Ablauf der Frist zur Abgabe der Jahreserklärung müssen dann endgültige Zahlen stehen oder verbleibende Unsicherheiten mit großzügigen Schätzungen überbrückt werden.

Bei der Umsatzsteuer werden zudem die laufenden Voranmeldungszeiträume von den bereits abgeschlossenen Jahresveranlagungen entkoppelt. Für abgeschlossene Jahre kann eine Selbstanzeige abgegeben werden, ohne die laufenden Voranmeldungen einbeziehen zu müssen. 3.250

Wegen des strafrechtlichen „Meistbegünstigungsgebots" wirken die beschriebenen Begünstigungen auch rückwirkend. Sie gelten heute also auch für vor dem 1.1.2015 eingereichte Nacherklärungen.[1] 3.251

cc) Zahlenangaben und die „Selbstanzeige in Stufen"

Die Selbstanzeige sollte **so formuliert** sein, **dass das Finanzamt sofort Steuerbescheide fertigen kann**. Auf Zahlenangaben darf auf keinen Fall verzichtet werden. Eine Ausnahme besteht nur dann, wenn die bisher erklärten Zahlen zutreffend und nur die bisherige Qualifikation bzw. Zuordnung unrichtig war. Hier kann man sich auf die Korrektur der Qualifikation bzw. Zuordnung beschränken. 3.252

Häufig können die konkreten Zahlen nicht in der erforderlichen Zeit beschafft werden. In einem solchen Fall bietet sich die Selbstanzeige in Stufen an: Dem Finanzamt werden **zunächst geschätzte Zahlen** nacherklärt, verbunden mit der **Bitte, die konkreten Zahlen innerhalb einer bestimmten Frist nachreichen zu können** oder im Rahmen einer angekündigten Betriebsprüfung zusammen mit dem Finanzamt abzustimmen. Eine solche Selbstanzeige in Stufen wird in der Praxis und auch durch den BGH als **ausreichend** angesehen.[2] 3.253

Wichtig ist die **Abgrenzung zur schädlichen „pauschalen" Selbstanzeige**. Es müssen immer – wenn auch geschätzte – Zahlen mitgeteilt werden, die den einzelnen Steuern konkret zugeordnet werden. Die Schätzung ist ausdrücklich als solche zu bezeichnen. Die Schätzungen sollten **begründ-** 3.254

---

[1] *Wulf*, wistra 2015, 166 (171).
[2] BGH v. 20.5.2010 – 1 StR 577/09, AO-StB 2010, 195 = wistra 2010, 304 (Tz. 34 ff.).

bar sein. Die Schätzungsgrundlagen können, müssen aber nicht, in die Selbstanzeige aufgenommen werden. Um die Wirkung der Selbstanzeige abzusichern, wird der Steuerpflichtige zu seinen Lasten **eher zu hoch als zu niedrig** schätzen. Unter strafrechtlichen Gesichtspunkten muss allerdings nicht so hoch geschätzt werden, wie unter steuerrechtlichen Gesichtspunkten veranlagt werden könnte. Der Steuerpflichtige muss also die mögliche Bandbreite einer Schätzung nicht zu seinem Nachteil ausschöpfen, auch wenn das Finanzamt steuerlich wegen der Verletzung der Mitwirkungspflichten entsprechend veranlagen dürfte.

3.255 Die Angabe zu hoher Beträge zum Zwecke einer möglichst sicheren Straffreiheit führt **nicht** dazu, dass man **an diese Zahlen auch steuerlich gebunden** ist. Der Steuerpflichtige kann gegen die Steuerbescheide, welche die Selbstanzeige auswerten, Einspruch einlegen. Sogar ein Antrag auf AdV ist möglich. Hat das Finanzamt eine strafrechtliche Nachzahlungspflicht gesetzt, sollte allerdings vorläufig gezahlt und erst dann der Antrag auf Aufhebung der Vollziehung gestellt werden.[1] Gestritten werden kann sowohl um die Höhe der nacherklärten Beträge als auch um die rechtliche Qualifikation. Dennoch darf nicht übersehen werden, dass man in der Praxis von dem selbst genannten Schätzungsniveau nur wieder herunterkommt, wenn man ausnahmsweise in der Lage ist, nachträglich einen klaren Nachweis über den tatsächlichen Umfang der Beträge beizubringen (wie z.B. Bankunterlagen im Fall der Schätzung von Kapitalerträgen).

dd) Adressat der Nacherklärung

3.256 Die Selbstanzeige ist „**gegenüber der Finanzbehörde**" zu erstatten. Damit ist unzweifelhaft das **örtlich und sachlich zuständige Finanzamt** richtiger Adressat. Die Abgabe bei einer unzuständigen Finanzbehörde wird allgemein aber auch als wirksam angesehen. Denn schließlich sind die Finanzbehörden untereinander zur Weitergabe von Nacherklärungen verpflichtet.[2] Sind mehrere Finanzämter für einen Hinterziehungstatbestand zuständig (Einkommensteuer beim Finanzamt A, Umsatzsteuer beim Finanzamt B), kann die gesamte Selbstanzeige somit bei einem Finanzamt einheitlich abgegeben werden. Ist für mehrere Personen eine Selbstanzeige abzugeben (z.B. GmbH und verschiedene Gesellschafter bei einer Hinterziehung durch vGA), empfiehlt sich gleichwohl, jedes der zuständigen Finanzämter einzubeziehen, um eine reibungslose Abwicklung sicherzustellen.

3.257 **Abzuraten ist von der** Abgabe einer **Selbstanzeige gegenüber der Staatsanwaltschaft**. Zwar ist auch diese als Behörde zur Weitergabe an das zuständige Finanzamt verpflichtet. Höchstrichterlich ist aber nicht geklärt, ob dies ausreicht oder ob nicht vor dem Wirksamwerden durch Weiterleitung der Sperrgrund der Tatentdeckung gegeben ist.[3]

---

1 Dies ist gem. BFH v. 22.1.1992 – I B 77/91, BStBl. II 1992, 618 (621) zulässig.
2 So auch *Jäger* in Klein, AO[12], § 370 Rz. 34.
3 Offen gelassen in BGH v. 18.6.2003 – 5 StR 489/02, wistra 2003, 385 (388).

c) Wer kann Selbstanzeige erstatten? – Offene und verdeckte Stellvertretung

Jeder Beteiligte, sei er Alleintäter, Mittäter, mittelbarer Täter, Anstifter oder Gehilfe, **kann Selbstanzeige erstatten.** Jeder erstattet grundsätzlich für sich **persönlich** Selbstanzeige, es ist jedoch nicht erforderlich, dass die Selbstanzeige höchstpersönlich abgegeben wird. Der Täter **kann sich vertreten lassen. Der Bevollmächtigte muss jedoch aufgrund einer entsprechenden Vollmacht handeln.** Wie die Vollmacht erteilt worden ist, bleibt irrelevant. Es reicht eine mündliche oder telefonische Bevollmächtigung.

3.258

Beispiel:
Eine GmbH hat zu Unrecht Vorsteuern in Anspruch genommen. Daran beteiligt waren der Fremd-Geschäftsführer, der Alleingesellschafter und dessen in der Buchhaltung angestellte Ehefrau. Die Selbstanzeige ist unzweifelhaft für alle wirksam, wenn der Geschäftsführer sie im Auftrag aller erklärt. Legt er dabei nicht offen, dass auch die anderen ihn beauftragt haben, so spricht man von einer „verdeckten Stellvertretung".

Vorsichtshalber sollte in einem solchen Fall in einem **internen Protokoll** festgehalten werden, dass die Selbstanzeige auch für die – namentlich benannten (!) – anderen Beteiligten erklärt wird. Erkennt das Finanzamt die Beteiligung der anderen und eröffnet es gegen diese ein Strafverfahren, kann die bisher **verdeckte Stellvertretung** unter Vorlage der Vollmachten und des internen Protokolls offengelegt werden.

3.259

Der BGH hat allerdings Zweifel geäußert, ob die Selbstanzeige zugunsten des anderen im Wege der **verdeckten Stellvertretung** in allen Fällen wirksam ist. Denn gegenüber dem unbekannten Beteiligten sei es nicht möglich, eine strafrechtliche Zahlungsfrist nach § 371 Abs. 3 AO zu setzen.[1] Im Anwendungsbereich von § 398a AO soll nach strenger Auffassung zudem jeder der Beteiligten eine Auflagenzahlung zu entrichten haben, was dann konsequenterweise auch voraussetzen würde, dass er namentlich genannt werden muss, um die Verfolgungssperre zu erreichen.[2] Dies spricht dafür, in den genannten Fällen mit der Nacherklärung **vorsorglich alle Personen namentlich zu nennen, die an der Strafbefreiung teilhaben sollen.** In der Praxis ist dies allerdings kaum umzusetzen: Betroffene Mitarbeiter haben vielfach kein Verständnis dafür, dass es für sie vorteilhaft sein kann, in der Nacherklärung namentlich genannt zu werden. Zudem ist die namentliche Nennung natürlich auch ambivalent, da durch sie das Risiko einer Auflagenfestsetzung nach § 398a AO für den Mitarbeiter erheblich ansteigt. In der Praxis wird sich ein Mittelweg empfehlen: Namentlich aufgenommen werden alle Personen, die für den betreffenden Bereich rechtlich verantwortlich sind oder erkennbar als einfache Mitarbeiter an Manipulationen teilgenommen haben. Andere untergeordnete

3.260

---
1 BGH v. 5.5.2004 – 5 StR 548/03, wistra 2004, 309 (310); vgl. hierzu auch *Jäger* in Klein, AO[12], § 371 Rz. 35 mit dem Hinweis, die Erkennbarkeit sei entbehrlich, wenn mit der Selbstanzeige unmittelbar gezahlt würde.
2 In diesem Sinne *Jäger* in Klein, AO[12], § 398a Rz. 53.

Beteiligte werden von der Steuerfahndung vielfach nicht ins Visier genommen, so dass es vertretbar sein kann, sie nicht einzubeziehen.

3.261 Problematisch wird es, wenn die Tatbeteiligten nicht in einem Lager stehen.

Beispiel:
Der Händler erzielt Schwarzeinnahmen und kauft die erforderlichen Waren schwarz bei seinem Lieferanten ein.

Hier ist zu beachten, dass die Selbstanzeige eines Beteiligten die **Sperre des § 371 Abs. 2 Nr. 2 AO** für den anderen Beteiligten eintreten lässt, wenn die Selbstanzeige eine Beteiligung des anderen erkennen lässt. In derartigen Fällen sollten sich die Beteiligten vor der Selbstanzeige abstimmen. Jedoch **Vorsicht bei Meinungsverschiedenheiten:** Jeder der sich jetzt streitenden Beteiligten kann dem anderen durch eine „voreilige" Selbstanzeige die Möglichkeit zu einer eigenen Selbstanzeige nehmen.

d) Die gesetzlichen Ausschlussgründe nach § 371 Abs. 2 AO

3.262 Vor der Abgabe der Selbstanzeige **muss geprüft werden, ob eine der gesetzlichen Sperren** eingetreten ist. Die Sperren aus § 371 Abs. 2 AO sind:
– Bekanntgabe einer Außenprüfungsanordnung (Nr. 1 Buchst. a);
– Bekanntgabe der Einleitung eines Ermittlungsverfahrens (Nr. 1 Buchst. b);
– Erscheinen des Prüfers zur steuerlichen Prüfung (Nr. 1 Buchst. c);
– Erscheinen eines Amtsträgers zur Ermittlung einer Steuerstraftat (Nr. 1 Buchst. d);
– Erscheinen eines Amtsträgers zur Durchführung einer steuerlichen Nachschau (Nr. 1 Buchst. e);
– Entdeckung der Tat (Nr. 2);
– Überschreitung des Grenzbetrags von 25.000 € pro Tat (Nr. 3);
– Vorliegen eines der Regelbeispiele aus § 370 Abs. 3 Nr. 2 bis Nr. 5 AO (Nr. 4).

3.263 Die gesetzlichen Sperren sind mit Wirkung zum 1.1.2015 neu gefasst und geordnet worden. Inhaltlich sind **drei Gruppen von Sperrgründen** zu unterscheiden: (a) die prüfungsbedingten Sperren aus Nr. 1, (b) die Tatentdeckung aus Nr. 2 und (c) die auf die materiellen Rechtsgrundlagen bezogenen Sperren nach Nr. 3 und Nr. 4. Letztere führen nicht zum Ausschluss der Selbstanzeige insgesamt, sondern nur dazu, dass das besondere Verfahren der Einstellung gegen Geldzahlung nach § 398a AO Anwendung findet.

aa) Die prüfungsbedingten Sperren (Nr. 1)

3.264 Im Fall einer steuerlichen Außenprüfung ist die Selbstanzeige seit der zum 3.5.2011 in Kraft getretenen Neuregelung bereits dann ausgeschlossen, wenn die **Prüfungsanordnung** erlassen und **wirksam bekannt gegeben** worden ist. Das Gesetz verweist ausdrücklich auf die Vorgaben aus § 196 AO, der die schriftliche Bekanntgabe vorschreibt. Telefonische Terminabsprachen oder mündliche Ankündigung führen damit keine Sperrwirkung herbei. Gleiches gilt, wenn die Prüfungsanordnung wegen fehlerhafter Bekanntgabe oder anderer schwerwiegender Mängel als nichtig einzuordnen ist.

Das nachfolgende **Erscheinen des Prüfers** ist als eigener Sperrgrund bestehen geblieben, hat aber in der Praxis kaum noch einen eigenen Anwendungsbereich. Liegt keine Prüfungsanordnung vor, fehlt es an einer Rechtsgrundlage, so dass auch das körperliche Erscheinen keine Sperre nach § 371 Abs. 2 Nr. 1 Buchst. c AO herbeiführen kann. Erweist sich dagegen die Prüfungsanordnung nur als rechtswidrig, so dürfte dies den Eintritt der Sperrwirkung durch die Anordnung selbst und das nachfolgende Erscheinen wohl nicht hindern.[1]

3.265

In § 371 Abs. 2 Nr. 1 Buchst. e AO hat der Gesetzgeber mit Wirkung zum 1.1.2015 angeordnet, dass auch die **Durchführung einer steuerlichen Nachschau** eine Sperrwirkung herbeiführen soll. Praktisch relevant sind insbesondere die ausdrücklich genannten Fälle der Umsatzsteuernachschau und der Lohnsteuernachschau. Das Verfahrensrecht sieht hier keine Anordnung durch schriftlichen Verwaltungsakt wie in § 196 AO vor. Deshalb verlangt der Ausschlussgrund ersatzweise, dass der Prüfer sich ausgewiesen hat, um für den Betroffenen klare Verhältnisse zu schaffen.

3.266

Der **Umfang der Sperrwirkung** bestimmt sich sachlich und zeitlich bei einer Außenprüfung **nach der Prüfungsanordnung**. Der Gesetzgeber hat dies in § 371 Abs. 2 Nr. 1 Buchst. a und Nr. 1 Buchst. c AO ausdrücklich klargestellt. Hieraus folgt, dass die Abgabe einer wirksamen Selbstanzeige für diejenigen Zeiträume und Steuerarten möglich bleibt, die nicht von der Prüfungsanordnung betroffen sind (so ausdrücklich auch die Anordnung ist § 371 Abs. 2 Satz 2 AO). Richtigerweise muss dies dazu führen, dass auch das gesetzliche Gebot der Vollständigkeit aus § 371 Abs. 1 AO durchbrochen wird, denn anderenfalls würde man von dem Betroffenen eine Selbstbelastung für die Prüfungszeiträume verlangen. In der Praxis wird es sich gleichwohl empfehlen, auch für die gesperrten Zeiträume Angaben zu machen, um dann in einem Gespräch über eine Verfahrenseinstellung für die gesperrten Zeiträume auf der Basis von § 153a StPO einzutreten.[2]

3.267

In **personeller Hinsicht** soll die Bekanntgabe der Prüfungsanordnung nach dem Willen des Gesetzgebers eine denkbar weitreichende Sperrwirkung herbeiführen und insbesondere auch bereits ausgeschiedene Mitarbeiter von der Möglichkeit zur Erlangung der Straffreiheit ausschließen.[3] Die

3.268

---

1 *Jäger* in Klein, AO[12], § 371 Rz. 39d.
2 Ausführlich *Talaska*, DB 2015, 944.
3 Kritisch zu dieser Intention des Gesetzgebers z.B. *Joecks*, DStR 2014, 2264.

Formulierung ist etwas ungeschickt und lässt Lücken, wenn man den Gesetzeswortlaut ernst nimmt. Gesellschafter einer Personengesellschaft, die nicht vertretungsberechtigt sind und im Rahmen von Sonderbetriebseinnahmen Fehler begangen haben, werden von dem geltenden Wortlaut bspw. nicht erfasst.[1] Orientiert man sich eng am Wortlaut, dann wird die erweiterte Sperrwirkung erst durch das Erscheinen des Prüfers herbeigeführt, denn die Sperre nach Nr. 1 Buchst. c ist offener formuliert. Steuerpflichtige müssen aber davon ausgehen, dass die Ermittlungsbehörden versuchen werden, die Lücken in Nr. 1 Buchst. a durch eine über den Gesetzeswortlaut hinausgehende Interpretation der Vorschrift zu schließen.

3.269 Der sachliche **Umfang der Sperrwirkung bei einer steuerlichen Nachschau** ist durch das Gesetz nicht geregelt. Systematisch kann sie jedenfalls nicht über die Steuerart hinauswirken, zu deren Prüfung die Nachschau gerade durchgeführt wird.

3.270 **Nach Abschluss einer steuerlichen Außenprüfung** lebt die Möglichkeit der Selbstanzeige wieder auf. Maßgebend für das Wiederaufleben ist die Bekanntgabe des Berichtigungsbescheids[2] bzw. die Mitteilung gem. § 202 Abs. 1 Satz 3 AO.[3] In Unternehmen, die einer dauernden Betriebsprüfung unterliegen, kann es zum faktischen Ausschluss der Selbstanzeigemöglichkeit kommen, wenn Dauersachverhalte korrigiert werden sollen und eine Prüfung nahtlos in die Folgebetriebsprüfung übergeht. Ähnliches gilt, wenn sich verschiedene Arten von Prüfungsmaßnahmen, wie z.B. Lohnsteuersonderprüfung, Umsatzsteuersonderprüfung etc., abwechseln und von der Berichtigungserklärung mehrere Steuerarten angesprochen werden. Allerdings ist durch die seit dem 1.1.2015 geltende Fassung klargestellt, dass eine Selbstanzeige auch in diesen Fällen immerhin für die Zeiträume und Steuerarten wirksam bleibt, die nicht von der aktuell anhängigen Prüfung betroffen sind. Wenn umfassende Strafbefreiung erreicht werden soll muss ggf. auf eine zeitliche Lücke gewartet werden, in die hinein dann die ggf. bereits vorbereitete Erklärung eingereicht wird.

3.271 Die **Einleitung eines Straf- oder Bußgeldverfahrens (§ 371 Abs. 2 Nr. 1 Buchst. b AO)** ist in der Handhabung zumeist unproblematisch. Die Einleitung des Verfahrens als solches reicht nicht aus. Zusätzlich ist die amtliche **Bekanntgabe erforderlich**. Der **Umfang** der Sperre richtet sich nach dem Inhalt der Einleitung.

3.272 Gleiches gilt für das **Erscheinen von Amtsträgern zur Ermittlung von Steuerstraftaten**, d.h. insbesondere für den Fall einer Durchsuchung. Abzustellen ist hier auf den Inhalt des Durchsuchungsbeschlusses. Mit dessen Übergabe wird zugleich auch die Einleitung des Verfahrens bekannt gegeben. Das Erscheinen der Fahndung kann aber eine inhaltlich über die Einleitung hinausgehende Sperre auslösen. Denn nach der Rechtsprechung des BGH sollen bei dem Erscheinen der Steuerfahndung auch die

---
1 Ausführlich dazu *Wulf*, wistra 2015, 166 (172).
2 BGH v. 23.3.1994 – 5 StR 38/94, wistra 1994, 228.
3 Vgl. *Jäger* in Klein, AO[12], § 371 Rz. 55.

in einem engen zeitlichen oder sachlichen Zusammenhang mit dem eigentlichen Verfahren stehenden Sachverhalte erfasst sein[1].

Beispiel:
Das Strafverfahren ist wegen des Verdachts von verschwiegenen Provisionseinnahmen im Jahr 2011 eingeleitet worden. Während der Durchsuchung klärt der Beschuldigte den Sachverhalt auf und weist nach, dass der Großteil der verschwiegenen Einnahmen erst im Jahr 2012 zugeflossen ist. Nach Ansicht des BGH kann diese Erklärung wegen des engen inhaltlichen Zusammenhangs mit der formal das Jahr 2011 betreffenden Durchsuchung nicht als Selbstanzeige für 2012 wirken.

Die strafrechtlichen Sperrgründe Nr. 1 Buchst. b und Nr. 1 Buchst. d haben deshalb besondere Brisanz, da mit ihnen eine sog. „**Infektionswirkung**" verbunden ist. Wird nur für ein Jahr ein Ermittlungsverfahren eingeleitet und bekannt gegeben, so ist damit die Selbstanzeige insgesamt für alle Taten gesperrt, die zu derselben Steuerart zählen und insoweit einen Berichtigungsverbund bilden. Besonders ärgerlich sind Fälle, in denen aufgrund eines nichtigen Anlasses ein Ermittlungsverfahren läuft, für das mit Sicherheit die sanktionslose Einstellung erwartet werden kann, nunmehr aber wegen eines anderen Sachverhalts (für dieselbe Steuerart) eine echte Selbstanzeige abzugeben ist. Hier sperrt die Verfahrenseinleitung insgesamt, ohne dass es darauf ankommt, welcher Sachverhalt Gegenstand der bisherigen Ermittlungen ist. 3.273

Auch bei Nr. 1 Buchst. b und Nr. 1 Buchst. d lebt die Möglichkeit zur Selbstanzeige **nach dem Abschluss des Straf- oder Bußgeldverfahrens** wieder auf. Dieses Wiederaufleben wird jedoch nur bei Einstellungen nach § 153 StPO, § 398 AO oder § 170 Abs. 2 StPO relevant. Soweit der Abschluss des Verfahrens in einer Form erfolgt, die den **Strafklageverbrauch** bewirkt (z.B. Freispruch, Urteil, Strafbefehl, Einstellung gegen Geldauflage nach Erfüllung der Auflage gem. § 153a StPO), stellt sich diese Frage nicht mehr, da der unentdeckte Teil der Tat nicht mehr verfolgbar ist. 3.274

bb) Sperre durch Tatentdeckung (Nr. 2)

§ 371 Abs. 2 Nr. 2 AO regelt den Ausschlussgrund der Tatentdeckung. Danach ist die Abgabe einer wirksamen Selbstanzeige ausgeschlossen, wenn die Tat ganz oder teilweise entdeckt ist (objektive Komponente) und der Täter dies wusste oder bei verständiger Würdigung der Sachlage damit rechnen musste (subjektive Komponente). Die **Schwierigkeit dieses Tatbestands** liegt darin, dass sowohl die **objektive Komponente der Tatentdeckung** als auch die **subjektive Komponente nicht klar und eindeutig** zu konkretisieren sind. Wann ist die Tat entdeckt? Wann muss der Täter bei „verständiger Würdigung" damit rechnen? Die **Strafverfolgungsbehörden** versuchen hier naturgemäß eine möglichst **weitgehende Auslegung**. Die Rechtsprechung hat zunächst versucht, diese Tendenz **einzuschränken**, 3.275

---
1 BGH v. 20.5.2010 – 1 StR 577/09, AO-StB 2010, 195 = wistra 2010, 304; BFH v. 26.2.2013 – R 6/11, wistra 2014, 152 (zu § 7 StraBEG); *Jäger* in Klein, AO[12], § 371 Rz. 52b.

mit der **Entscheidung des BGH vom 20.5.2010** hat sich diese Tendenz dann aber ins Gegenteil verkehrt, so dass heute die Grenzen des Sperrgrundes vielfach nicht klar zu erkennen sind.

3.276 Immerhin besteht im Ausgangspunkt Einigkeit: Eine **Tatentdeckung liegt noch nicht vor, wenn nur ein bloßer Tatverdacht gegeben ist.** Gleiches gilt, wenn erste Ermittlungen aufgenommen worden sind. Eine Tatentdeckung liegt selbst dann noch nicht vor, wenn das Finanzamt bspw. durch Kontrollmaterial sichere Kenntnis davon hat, dass objektiv eine Steuerverkürzung eingetreten ist. Vielmehr müssen auch Erkenntnisse zur subjektiven Seite einer „Tat" vorliegen (also Anhaltspunkte für Vorsatz oder zumindest grobe Fahrlässigkeit). Nach der von der Rechtsprechung verwendeten Formel muss eine **Konkretisierung des Tatverdachts** vorliegen, nach der *„bei vorläufiger Tatbewertung die Wahrscheinlichkeit eines verurteilenden Erkenntnisses gegeben ist".*[1]

3.277 Werden z.B. bei einer **Grenzkontrolle** Belege über Konten bei ausländischen Banken gefunden, so ist die Tat regelmäßig erst dann entdeckt, wenn ergänzend festgestellt wird, dass der Steuerpflichtige entsprechende Einkünfte in seiner Steuererklärung nicht erklärt hat. Dies setzt im Normalfall den **Abgleich mit der Steuerakte** voraus. Allerdings sind Sonderfälle denkbar, bei denen sich aus der Art der Verschleierung von Einkunftsquellen unmittelbar eine Tatentdeckung ergibt, ohne dass noch der Blick in die Steuerakte erforderlich ist. Dies soll z.B. für die Fälle gelten, in denen die Finanzbehörden Kenntnis von Erzielung von Kapitaleinkünften unter Zwischenschaltung von Treuhand-Stiftungen oder Versicherungsmänteln erlangen.

3.278 **Wer die Tat entdeckt** ist im Übrigen unerheblich, solange davon ausgegangen werden muss, dass er die Information unmittelbar an die Strafverfolgungsbehörden weitergibt. Unter diesen Voraussetzungen kommen nicht nur Finanzbeamte, sondern **auch Konkurrenten oder bspw. Richter in einem Zivilprozess** als „Tatentdecker" in Betracht.[2] Solange allerdings die erlangten Erkenntnisse noch als Druckmittel benutzt werden („Wenn Du nicht auf meine Forderungen eingehst, zeige ich Dich bei der Steuerfahndung an ..."), liegt noch keine Tatentdeckung vor. Denn in dieser Situation ist eine unbedingte Weitergabe an die Behörden ja gerade nicht geplant, so dass der Betroffene sich aus der Nötigungssituation noch durch die Abgabe einer Selbstanzeige befreien kann.

3.279 Subjektiv hinzutreten muss positive **Kenntnis von der Entdeckung** oder, dass der Täter damit rechnen musste. Letzteres setzt den Nachweis von Begleitumständen voraus, aus denen der Täter mit (weit) überwiegender Wahrscheinlichkeit auf seine Entdeckung schließen musste.[3] Details sind

---

1 BGH v. 5.4.2000 – 5 StR 226/99, wistra 2000, 219 (225), m.w.N.; formal bestätigt durch BGH v. 20.5.2010 – 1 StR 577/09, AO-StB 2010, 195 = DStR 2010, 1133 ff.
2 *Jäger* in Klein, AO[12], § 371 Rz. 66.
3 BayObLG v. 24.1.1972 – 4 St 135/81, BB 1972, 524; *Rüping* in Hübschmann/Hepp/Spitaler, § 371 AO Rz. 193 (März 2012).

hoch umstritten. **In der Praxis betraf dies z.B.** die **Presseberichte über die Datenankäufe** der deutschen Finanzbehörden und die sich daran anschließenden Selbstanzeigen der betroffenen Kapitalanleger. Strafverfolgungsbehörden wollen regelmäßig aus den Presseberichten auf ein „Damit-Rechnen-Müssen" folgern. Strafverteidiger sehen dies anders.[1] In der Praxis endet dieser Streit vielfach mit dem Kompromiss einer Einstellung nach § 153a StPO.

Auf die subjektive Komponente der Tatentdeckung kommt es auch in Fällen an, in denen der Täter vom Finanzamt auf mögliche Fehler in seinen Erklärungen hingewiesen wird und daraufhin eine Selbstanzeige abgibt. Entscheidende Bedeutung hat in diesen Fällen der **Wortlaut der vom Finanzamt verfassten Anschreiben:** Sobald nur der Anfangsverdacht einer Steuerhinterziehung im Raum steht, muss das Finanzamt ein Verfahren einleiten (§ 152 StPO) und strafrechtlich belehren, wenn es den Betroffenen befragt (vgl. §§ 393, 397 AO). Fehlt die Belehrung und die Mitteilung zur Verfahrenseinleitung, so kann der Betroffene darauf vertrauen, dass sein Verhalten noch nicht als „Tat" entdeckt ist. Steuerfahndungsstellen machen sich dies mitunter bewusst zu Nutze und fordern im Verfahren nach § 208 Abs. 1 Nr. 3 AO (also ausdrücklich außerhalb eines eingeleiteten Ermittlungsverfahrens) zur Selbstanzeige auf. Solche **„Goldene-Brücke-Schreiben"** sind ernst zu nehmen und sollten in der Regel zur Abgabe einer Nacherklärung genutzt werden.

3.280

Ist zweifelhaft, ob die Tat entdeckt ist, sollte i.d.R. gleichwohl eine Selbstanzeige erstattet werden. Die Begründung ist einfach: Ist die Tat noch nicht entdeckt, wirkt die Selbstanzeige strafbefreiend. Ist die Tat bereits entdeckt, kann durch die Selbstanzeige nur selten etwas verschlimmert werden. Im Gegenteil, auch die missglückte Selbstanzeige kann zumindest auf der Strafzumessungsebene Vorteile bringen.

3.281

Allerdings entfaltet auch der Sperrgrund der Tatentdeckung „**Infektionswirkung**" – ist die Tat eines Jahres entdeckt, so ist damit die Abgabe einer wirksamen Selbstanzeige für den betroffenen Berichtigungsverbund insgesamt ausgeschlossen.

3.282

cc) Die materiellen Sperrgründe (Nr. 3 bis Nr. 4) und das Verfahren nach § 398a AO

Gemäß § 371 Abs. 2 Nr. 3 AO scheidet eine Strafbefreiung aus, wenn die verkürzte Steuer den **Betrag von 25.000 € pro Tat** überschreitet. Der Grenzbetrag ist jeweils bezogen auf die einzelne Tat im materiellen Sinne anzuwenden. Eine Tat wird in diesem Sinne durch die Steuerart, das Ver-

3.283

---

1 Vgl. z.B. AG Kiel v. 27.11.2014 – 48 Ls 1/14, SchlHA 2015, 110 mit kritischer Anmerkung von *Wulf*, Steueranwaltsmagazin 2015, 109; zu den Ermittlungen im LGT-Komplex ausführlich *Randt/Schauf*, DStR 2008, 489; *Schwedhelm/Wulf*, Stbg. 2008, 294 ff.; weiterführend *Schöler*, DStR 2015, 503; *Endel*, StB 2014, 193; *Wulf*, PStR 2012, 53; *Fehling/Rothbäcker*, DStZ 2008, 821 und *Buse*, DStR 2008, 2100.

anlagungsjahr und den Steuerpflichtigen konkretisiert, jede Erklärung ist prinzipiell für sich zu betrachten. Eine Zusammenrechnung mehrerer Steuerarten erfolgt deshalb nur, wenn sie durch eine Erklärung veranlagt werden (z.B. KöSt und SolZ). Darüber hinaus kann ausnahmsweise eine Zusammenrechnung mehrerer Erklärungen zu einer Tat erfolgen, wenn in ihnen inhaltlich übereinstimmende Fehler enthalten sind (KöSt, SolZ, GewSt und USt im Hinblick auf verschwiegene Einnahmen/Erlöse eines Jahres).[1] Eine Zusammenrechnung von Steuerbeträgen aus verschiedenen Jahren scheidet generell aus.

3.284 Der Sperrgrund der Überschreitung der 25.000-Euro-Grenze ist auf die Nachholung oder Korrektur von **Lohnsteueranmeldungen oder Umsatzsteuervoranmeldungen nicht anwendbar**. Die Korrektur oder Nachholung von Umsatzsteuerjahreserklärungen ist dagegen nicht begünstigt (vgl. § 371 Abs. 2a AO).

3.285 Gemäß **§ 371 Abs. 2 Nr. 4 AO** ist die Strafbefreiung auch in den Fällen ausgeschlossen, in denen die Voraussetzungen eines anderen Regelbeispiels aus dem Katalog des § 370 Abs. 3 AO erfüllt sind. Es handelt sich um die Fälle der Einbeziehung eines Amtsträgers, der fortgesetzten Verwendung gefälschter Urkunden oder der bandenmäßigen Umsatz- oder Verbrauchsteuerhinterziehung.[2] Hier gilt **keine betragsmäßige Grenze**. Dieser Ausschlussgrund gilt auch für die Lohnsteueranmeldungen und die Umsatzsteuervoranmeldungen. Gleichwohl ist die praktische Bedeutung dieser Vorschrift gering, denn Selbstanzeigen im Bereich der so qualifizierten Steuerhinterziehung kommen kaum vor.

3.286 In beiden Fällen, sowohl bei § 371 Abs. 2 Nr. 3 als auch bei Nr. 4 AO, wird die Selbstanzeige nicht vollkommen ausgeschlossen, sondern der Täter ist auf die **Anwendung von § 398a AO** angewiesen. Das dortige Prozedere ist der Regelung des § 153a StPO nachempfunden. Der Täter wird nicht straffrei, sondern hat gem. § 398a AO lediglich einen Anspruch auf **Einstellung des Verfahrens**, wenn er neben der hinterzogenen Steuer einen weitergehenden Betrag der hinterzogenen Steuer an die Staatskasse zahlt.

3.287 In der Zeit zwischen der Einführung der Vorschrift (3.5.2011) und dem 31.12.2014 betrug die Auflage 5 % der verkürzten Steuer. Nach neuem Recht ergibt sich ab dem 1.1.2015 folgende Staffelung:

Verkürzung	Prozent	Zahlungsauflage pro Tat
bis 25.000 €	–	keine Auflage
ab 25.001 €	10 %	2.500 bis 10.000 €
ab 100.001 €	15 %	15.000 bis 150.000 €
ab 1.000.001 €	20 %	200.000 € oder mehr

---

1 Maßgeblich ist der materielle Tatbegriff, vgl. hierzu *Schmitz/Wulf* in MünchKomm/StGB, § 370 Rz. 527 ff.
2 Zu den Einzelheiten *Schmitz/Wulf* in MünchKomm/StGB, § 370 Rz. 482 ff.

Höchst **problematisch ist die personelle Reichweite** von § 398a AO. Nach Ansicht vieler Strafverfolgungsbehörden gilt der Ausschlussgrund nach § 371 Abs. 2 Nr. 3 AO und die sich daran anschließende Verpflichtung zur Auflagenzahlung für jeden Tatbeteiligten, unabhängig davon ob er Täter oder nur Teilnehmer ist. **Jeder Beteiligte habe die Auflage in voller Höhe selbst zu entrichten.** Es soll auch nicht darauf ankommen, ob der Täter oder Teilnehmer eigennützig oder fremdnützig (d.h. z.B. nur zugunsten seines Arbeitgebers) gehandelt hat.[1] Dies kann für die Mitarbeiter eines Unternehmens bei hohen Verkürzungsbeträgen zu existenzbedrohenden Auflagenbeträgen führen.

3.288

Weiter verschärft wird dieses Problem dadurch, dass nach Auffassung der Strafverfolgungsbehörden die **Berechnung der Auflagenbeträge auf Basis der nominellen Steuerverkürzung** zu erfolgen hat, die jeweils eingetreten ist. Der Gesetzeswortlaut spricht in gewisser Hinsicht für die strenge Interpretation, als das steuerstrafrechtliche Kompensationsverbot ausdrücklich für anwendbar erklärt wird. Die Überschreitung der Frist zur Abgabe der Umsatzsteuerjahreserklärung um wenige Tage würde dann bei einer Abschlusszahlung i.H.v. 200.000 € eine Auflage i.H.v. 30.000 € auslösen, obwohl der für die Strafzumessung relevante Schaden (vgl. § 46 StGB: „*Auswirkungen der Tat*") sich als Verspätungsschaden möglicherweise nur auf wenige Euro beläuft.

3.289

In der Literatur wird die Regelung – in der Interpretation der Strafverfolgungsbehörden – **als verfassungswidrig kritisiert**.[2] Die Verfechter der strengen Gesetzinterpretation verteidigen ihre Auffassung dagegen mit dem Hinweis, dass § 398a AO dem Täter **nur eine Option eröffne** und in den Fällen, in denen die Vorschrift zu unangemessenen Auflagen führe, ggf. eine Einstellung des Verfahrens nach § 153a StPO oder gegen Zahlung einer deutlich niedrigeren Geldstrafe in Betracht komme.[3]

3.290

Der **Verfahrensablauf** orientiert sich an der **zu § 153a StPO geläufigen Vorgehensweise**: Die Strafverfolgungsbehörde (d.h. die Staatsanwaltschaft oder – an ihrer Stelle – die Strafsachenstelle des Finanzamts) verfügt die vorläufige Einstellung des Verfahrens und teilt ihre Entscheidung dem Betroffenen mit. Gleichzeitig wird der Täter über die im Gesetz vorgesehene Zahlungspflicht für Steuernachzahlung und den Zuschlag belehrt. Erfolgt die Zahlung dann fristgemäß, folgt die endgültige Verfahrenseinstellung nach § 398a AO.

3.291

Das Gesetz regelt nicht, wie der Betroffene **Rechtsschutz gegen eine Zahlungsaufforderung nach § 398a AO** erlangen kann. Natürlich kann er die Zahlung verweigern. Die Strafsachenstelle wird das Verfahren dann durch den Antrag auf Erlass eines Strafbefehls abschließen oder an die Staatsanwaltschaft zum Zweck der Anklageerhebung abgeben. Ob § 398a AO einschlägig ist, wäre dann im Einspruchsverfahren gegen den Strafbefehl

3.292

---

1 In diesem Sinne bspw. *Jäger* in Klein, AO[12], § 398a Rz. 58.
2 Ausführlich *Wulf*, wistra 2015, 166 (174 f.).
3 *Jäger* in Klein, AO[12], § 398a Rz. 2.

oder bei Eröffnung des Hauptverfahrens durch das Gericht zu entscheiden. Praktisch würde die Frage vielfach erst im Rahmen einer anberaumten Hauptverhandlung geklärt. Dies ist für den Betroffenen selbstverständlich keine attraktive Option. Allgemein wird deshalb ein eigener Rechtsbehelf für erforderlich gehalten. Die überwiegende Ansicht will **§ 98 Abs. 2 StPO analog** anwenden. Der Antrag auf Überprüfung der geforderten Auflage wäre danach an den Strafrichter am Amtsgericht zu richten. Gegen dessen Entscheidung wäre eine Beschwerde zum Landgericht zulässig.[1]

In der Praxis kommt es jedenfalls darauf an, zunächst im Kontakt mit der Strafsachenstelle (oder der Staatsanwaltschaft) die **Zahlungsfrist aufheben zu lassen**. Sodann können die inhaltlichen Fragen diskutiert werden, was anschließend ggf. in das Rechtsbehelfsverfahren mündet.

e) Nachzahlung von Steuern und Zinsen

3.293 Die Straffreiheit einer Selbstanzeige tritt gem. § 371 Abs. 3 AO nur ein, soweit innerhalb einer vom Finanzamt bestimmten, angemessenen Frist die **Steuern einschließlich der Zinsen nachgezahlt werden**. Diese Bedingung muss bei der **Abwägung**, ob eine Selbstanzeige zu erstatten ist, berücksichtigt werden. Ist absehbar, dass der Steuerpflichtige die Zahlung nicht erbringen kann, scheidet eine Selbstanzeige häufig aus.

3.294 Allerdings trifft die Verpflichtung zur Steuernachzahlung als Voraussetzung der Strafbefreiung **nur denjenigen, der zu eigenen Gunsten hinterzogen hat**.[2] Anders als bei einer Auflage nach § 398a AO ist der Mitarbeiter eines Unternehmens, der am Unternehmensergebnis nicht beteiligt ist und deshalb keinen Vorteil aus der Verkürzung erlangt hat, nicht betroffen. **Wie die Tilgung erfolgt, ist im Übrigen irrelevant**. Auch ein unbeteiligter Dritter kann die noch zu entrichtenden Steuern zahlen.

3.295 Seit der zum 1.1.2015 in Kraft getretenen Reform muss der eigennützig handelnde Täter im Normalfall neben den verkürzten Steuern auch die **angefallenen Zinsen nach § 233a AO und § 235 AO** zahlen, um straffrei zu werden. Ausgenommen von diesem Erfordernis sind wiederum die Lohnsteueranmeldungen und die Umsatzsteuervoranmeldungen. Unklar ist, ob sich das Erfordernis der Steuer- und Zinsnachzahlung bei Dauersachverhalten nur auf die strafrechtlich noch verfolgbaren Taten oder auf den gesamten Mindestberichtigungszeitraum von zehn Jahren bezieht. Einige Finanzbehörden wollen den letztgenannten, strengeren Maßstab anlegen, auch wenn diese Interpretation vom Gesetzeswortlaut kaum gedeckt ist.

3.296 Praktische Probleme sind in diesem Bereich allerdings selten: Wer die verkürzte Steuer nachzahlen kann, wird zumeist auch die angefallenen Zin-

---

1 AG Hamburg v. 28.11.2012 – 234 Gs 40/12, n.v. (juris); LG Aachen v. 27.8.2014 – 86 Qs 11/14, wistra 2014, 493.
2 Zu Einzelheiten vgl. *Joecks* in Joecks/Jäger/Randt, § 371 AO Rz. 142 ff.

sen aufbringen können. Wenn es knapp wird, sollte der Betroffene eine **Tilgungsbestimmung** vornehmen und vorrangig auf die Steuern und Zinsen aus den noch nicht strafverfolgungsverjährten Jahren zahlen. Über die Frage, ob auch die Tilgung der Altjahre Voraussetzung der Strafbefreiung ist, kann dann gestritten werden.

Die Verletzung der Pflicht zur Steuernachzahlung wird strafrechtlich nur relevant, wenn dem Täter eine entsprechende Frist gesetzt worden ist. Bei der **Fristbestimmung** handelt es sich um eine **strafrechtliche Anordnung, die durch die zuständige Strafverfolgungsbehörde (Strafsachenstelle des Finanzamts oder Staatsanwaltschaft) erlassen worden sein muss.** Sie muss ausdrücklich als solche bestimmt werden. Die üblichen steuerlichen Fristen auf dem Steuerbescheid sind isoliert gesehen keine Fristen i.S.d. § 371 AO.[1] Der Betroffene kann erforderlichenfalls einen Antrag auf Verlängerung stellen. 3.297

f) Sonstige Folgen der Selbstanzeige

Die **steuerlichen Folgen** einer Hinterziehung werden durch eine Selbstanzeige nicht eingeschränkt. Dies gilt insbesondere für: 3.298
- die Haftung des Hinterziehers nach § 71 AO;
- die Verlängerung der Festsetzungsfrist nach § 169 Abs. 2 Satz 2 AO;
- die Abänderungsbefugnis nach § 173 Abs. 2 AO;
- die Hinterziehungszinsen nach § 235 AO.

Auch in diesem Bereich hat die Selbstanzeige aber mitunter **Vorteile**: Stellt die Strafverfolgungsbehörde wegen der Selbstanzeige das Strafverfahren ein, muss das Finanzamt selbständig die Hinterziehung dem Grunde und der Höhe nach ermitteln. Es trägt die objektive Beweislast und kann nicht auf Strafakten zurückgreifen. Insbesondere sind im verbleibenden Steuerverfahren keine strafprozessualen Eingriffe wie Durchsuchung oder Beschlagnahme zulässig. 3.299

Die Selbstanzeige ist **kein Geständnis** im strafrechtlichen Sinne.[2] Auch wer „vorsorglich" eine Selbstanzeige erstattet, kann später jede Hinterziehung verneinen. Er kann auch um die Höhe der nacherklärten Beträge streiten. Dieser rein steuerrechtliche Streit um die richtige Besteuerung ist nicht mit dem **Widerruf der Selbstanzeige** zu verwechseln, der zur Unwirksamkeit der Selbstanzeige führen kann.[3] 3.300

Der Nacherklärende ist steuerlich nicht an die zunächst genannten Zahlen gebunden. Dies ist insbesondere bei der Selbstanzeige in Stufen wichtig. Die bewusst zu hoch geschätzten **Beträge können im Besteuerungsverfahren korrigiert werden.** Gegen die Steuerbescheide kann damit das reguläre Rechtsbehelfsverfahren geführt werden. Wichtig ist vor dem Hin- 3.301

---
1 OLG Karlsruhe v. 22.12.2006 – 3 Ss 129/06, wistra 2007, 159.
2 *Streck/Spatscheck*, Die Steuerfahndung[4], Rz. 285.
3 Instruktiv *Weinbrenner*, DStR 2013, 1268.

tergrund des § 371 Abs. 3 AO nur, dass zunächst die festgesetzten Steuern gezahlt werden. Eine eventuelle AdV der auswertenden Steuerbescheide sollte deshalb – wenn überhaupt – nur im Nachhinein durch den Antrag auf Aufhebung der Vollziehung versucht werden.

3.302 Die Selbstanzeige unterliegt zwar dem **Steuergeheimnis** nach § 30 AO, dieses kennt aber Durchbrechungen. Trotz der Selbstanzeige bleiben **Disziplinarmaßnahmen** gegen Beamte, Richter und Soldaten zulässig. Ähnliches gilt für gewerberechtliche oder **sonstige Aufsichtsmaßnahmen**, soweit für deren Eingreifen keine Verurteilung wegen Steuerhinterziehung Voraussetzung ist (z.B. § 35 GewO). Auch hier gilt allerdings: Eine wirksame Selbstanzeige belässt die objektive Beweislast hinsichtlich eines strafrechtlich relevanten Verschuldens bei der Behörde.

2. Pflicht zur Anzeige und Berichtigung nach § 153 AO

a) Grundstrukturen

3.303 Das deutsche Steuerrecht gilt allgemein als kompliziert. Die Erstellung der Steuererklärungen erfordert eine Vielzahl von Sachverhalten rechtlich und steuerlich zutreffend einzuordnen, um dann die entsprechenden Eintragungen in den Erklärungsvordrucken der Finanzverwaltung vornehmen zu können. Die **Erstellung von Steuererklärungen ist höchst fehleranfällig**. Werden Sachverhalte übersehen oder falsch eingeordnet, führt dies zu unrichtigen Erklärungen und unrichtigen Steuerfestsetzungen. Die Probleme verschärfen sich, je komplexer und vielfältiger die Sachverhalte sind, die steuerlich berücksichtigt werden müssen, zumal wenn Erklärungen für verschiedene Steuerarten abzugeben sind.

3.304 Besonders gilt dies für die mittleren oder größeren Unternehmen. Die **Mitarbeiter der Steuerabteilung**, die für die Erstellung der Steuererklärungen zuständig sind, sind hier an der Verwirklichung der steuerbaren Sachverhalte zumeist gar nicht mehr beteiligt. Sie sind darauf angewiesen, innerhalb enger Zeiträume von anderen Abteilungen die maßgeblichen Sachverhaltsinformationen zu erhalten, um diese dann zutreffend verarbeiten zu können. Ab einer gewissen Größe der wirtschaftlichen Einheit sind Verzögerungen allerdings nicht sicher zu vermeiden. Selbst wenn dies gelingt, können Flüchtigkeiten oder unzutreffende rechtliche Bewertungen noch zu Fehlern führen.[1]

3.305 Es ist deshalb an der Tagesordnung, dass die Verantwortlichen der Steuerabteilung erkennen, dass bei der Abgabe vorangegangener Erklärungen **Sachverhalte fehlerhaft oder unvollständig abgebildet** worden sind. Während in der Vergangenheit vielfach einfach auf die nächste Betriebsprüfung gewartet wurde, um die Fehler dann im Einvernehmen mit dem Prüfer zu bereinigen, sind sich die Unternehmen heute zunehmend des Umstands bewusst, dass sie steuerlich selbständig **zur Korrektur der**

---

1 Anschaulich zu den Problemen von Steuerabteilungen *Geberth/Welling*, DB 2015, 1742 ff.

vorangegangenen Erklärungen verpflichtet sind. Rechtsgrundlage hierfür ist § 153 AO. Auch der Umgang der Finanzbehörden mit diesen Fällen hat sich verändert.[1] Dies ist von einiger Brisanz, da die Verletzung der Berichtigungspflicht im Extremfall durch die Finanz- und Ermittlungsbehörden als Steuerhinterziehung durch Unterlassen (§ 370 Abs. 1 Nr. 2 AO) sanktioniert werden kann.

Die Voraussetzungen für die **Entstehung der in § 153 AO geregelten Pflicht** lassen sich wie folgt aufgliedern:
– Es muss eine unrichtige oder unvollständige Erklärung abgegeben worden sein;
– der Steuerpflichtige muss dies nachträglich erkennen;
– es muss eine Steuerverkürzung eingetreten sein (oder drohen) und
– die Festsetzungsfrist für die entsprechende Veranlagung darf noch nicht abgelaufen sein.

3.306

In der Rechtsfolge verpflichtet § 153 Abs. 1 AO dann zu **zwei verschiedenen Handlungen**:

3.307

(1) Im ersten Schritt muss die erkannte Unrichtigkeit der abgegebenen Erklärung gegenüber dem zuständigen Finanzamt angezeigt werden. Diese Erklärung soll nachfolgend zur Klarstellung und zur Vermeidung von (verbreiteten) Missverständnissen als „Korrekturanzeige" bezeichnet werden.

(2) Im zweiten Schritt ist dann eine weitere Erklärung erforderlich. Dies ist die eigentliche Berichtigung, d.h. die Mitteilung der aufgearbeiteten und zutreffenden Besteuerungsgrundlagen gegenüber dem Finanzamt. Diese zweite Erklärung wird nachfolgend als die eigentliche „Berichtigungserklärung" bezeichnet.

Von zentraler Bedeutung für das Verständnis der Regelung und für die Lösung von Praxisfragen ist die Erkenntnis, dass das Gesetz hinsichtlich der Frist zwischen der Korrekturanzeige und der Berichtigungserklärung differenziert: Nur die **Anzeige hat „unverzüglich" zu erfolgen**, also ohne schuldhaftes Zögern, nachdem der Berichtigungsbedarf erkannt worden ist.

3.308

Für die **inhaltliche Berichtigung** bestimmt das Gesetz dagegen **keine Frist**, sie ist nicht „unverzüglich" zu erstatten.[2] Eine Frist gilt insoweit nur, wenn sie vom Finanzamt ausdrücklich gesetzt wird. Rechtsgrundlage für eine solche Fristsetzung wäre § 149 Abs. 1 Satz 2 AO. Richtigerweise steht die Festsetzung und Bemessung der Frist zur Abgabe der „Berichtigungserklärung" im Ermessen der Finanzbehörde. Setzt das Finanzamt eine Frist, so muss sie den Umständen nach angemessen sein.[3]

3.309

---

1 Das BMF hat mit einem Schr. v. 23.5.2016 – IV A 3 - S 0324/15/10001 – DOK 2016/0470583, BStBl. I 2016, 490 zur Auslegung der Vorschrift Stellung genommen (hier zitiert als AEAO zu § 153 mit der jeweiligen Tz.).
2 Instruktiv *Samson*, wistra 1990, 245 (247) sowie OLG Karlsruhe v. 8.2.1996 – 2 Ss 107/95, NStZ-RR 1996, 372.
3 *Dumke* in Schwarz, AO, § 153 Rz. 2 und Rz. 2a (Mai 2012); *Stöcker* in Beermann/Gosch, AO, § 153 Rz. 23 (April 2000); *Cöster* in Pahlke/Koenig, AO², § 153 Rz. 6.

b) Strafbarkeit wegen Steuerhinterziehung durch Unterlassen bei Verletzung der Anzeigepflicht

3.310 Eine Strafbarkeit wegen Steuerhinterziehung durch Unterlassen setzt neben der Verletzung von § 153 AO weitergehende Merkmale voraus. Die Verletzung der Anzeigepflicht aus § 153 AO erfüllt zunächst nur das Merkmal der „**Pflichtwidrigkeit**" i.S.v. § 370 Abs. 1 Nr. 2 AO. Objektive Voraussetzung der Strafbarkeit ist weitergehend, dass sich die Finanzbehörde „in Unkenntnis" befindet, dass ihr also die Informationen, die hätten mitgeteilt werden müssen, nicht aus anderer Quelle bekannt sind. Schließlich muss es durch die Pflichtwidrigkeit zu einer **Steuerverkürzung als Taterfolg** gekommen sein.

3.311 Der objektive Tatbestand der Strafvorschrift ist erst in dem **Zeitpunkt** erfüllt, in dem **bei ordnungsgemäßem Verhalten die Steuerfestsetzung nachgeholt** oder korrigiert worden wäre. Bei genauer Betrachtung kommt es insoweit auf den (hypothetischen) Zeitpunkt der Bekanntgabe einer zutreffenden Steuerfestsetzung an. Für die Bestimmung dieses Zeitpunkts gilt zugunsten des Beschuldigten der strafrechtliche Zweifelsgrundsatz („in dubio pro reo").

3.312 Objektiv lässt sich die Pflichtwidrigkeit eines Verhaltens allerdings nur feststellen, wenn für den konkreten Fall rechtswirksam eine Frist bestimmt ist, innerhalb derer die vorgeschriebene Handlung vorgenommen worden sein muss. Dies bedeutet für § 370 Abs. 1 Nr. 2 AO i.V.m. § 153 AO: Eine Steuerhinterziehung durch Unterlassen kann prinzipiell **nur durch die unterlassene Korrekturanzeige begangen** werden. Für die Prüfung der Vollendung ist dann die Fristsetzung zur Abgabe der Berichtigungserklärung durch das Finanzamt und die Erfüllung dieser nachgelagerten Pflicht durch das Unternehmen hinzuzudenken. Die strafrechtliche Betrachtung entspricht insoweit den Fällen der Erbschaftsteuerhinterziehung durch Verletzung der Anzeigepflicht aus § 30 ErbStG.

Bleibt der Steuerpflichtige hingegen untätig, nachdem er fristgerecht die Unrichtigkeit als solche angezeigt hat, so führt dieses Unterlassen nicht zur Strafbarkeit, solange das Finanzamt nicht eine Frist zur Einreichung der Berichtigungserklärung gesetzt hat.

3.313 Subjektive Voraussetzung der Strafbarkeit ist, dass der betroffene Steuerpflichtige **vorsätzlich die Pflicht zur Korrektur verletzt und den Taterfolg herbeiführt**. Allerdings sind diese Voraussetzungen schnell erfüllt: Ausreichend ist Eventualvorsatz. Die Kenntnis der in § 153 AO beschriebenen Merkmale reicht für den subjektiven Tatbestand des § 370 Abs. 1 Nr. 2 AO zumeist aus, hieraus ergibt sich regelmäßig auch bereits der Eventualvorsatz hinsichtlich des Erfolgseintritts in der Form der Beibehaltung der Steuerverkürzung.

Die Kenntnis der aus § 153 AO folgenden Rechtspflicht ist nicht erforderlich. Denn der Irrtum über die entstandene Verpflichtung ist nach allgemeiner Auffassung nur ein Verbotsirrtum i.S.v. § 17 StGB. Er führt nur zur Straffreiheit, wenn er unvermeidbar war – was in der Praxis schwer vorstellbar ist.

Wichtig ist schließlich die **Beschränkung des Kreises der tauglichen Täter**, also der Personen, die mit dem Strafbarkeitsrisiko aus § 153 AO belastet sind. Die Pflicht entsteht im Unternehmen nur für die Personen, die entweder gesetzliche Vertreter (§ 34 AO, also Geschäftsführer, Vorstände etc.) oder Verfügungsbefugte i.S.v. § 35 AO sind (vgl. § 153 Abs. 1 Satz 2 AO). Untergeordnete Mitarbeiter bis hin zu Prokuristen sind nicht zur Abgabe einer Korrekturanzeige verpflichtet, soweit sie nicht ausnahmsweise die Voraussetzungen des § 35 AO erfüllen. Gleiches gilt für externe Steuerberater. 3.314

c) Detailprobleme, insbesondere aus dem unternehmerischen Bereich

aa) Vorhergehende unrichtige Sachverhaltsangaben

Die Anzeigepflicht entsteht nur, wenn zuvor eine **in tatsächlicher Hinsicht unzutreffende oder unvollständige Ursprungserklärung** abgegeben worden ist. Dies muss nicht notwendigerweise eine förmliche Steuererklärung gewesen sein, auch andere Ursprungserklärungen sind erfasst.[1] Wichtig ist aber, dass **keine Anzeigepflicht** besteht, **wenn die Erklärung nur in rechtlicher Hinsicht unzutreffend war**. Zwar wird in der Literatur vereinzelt Abweichendes behauptet und die Ansicht vertreten, der Steuerpflichtige sei auch zur Korrektur verpflichtet, wenn er eine allein in rechtlicher Hinsicht fehlerhafte Steuererklärung abgegeben habe.[2] Diese Ansicht beruht aber auf einer ungenauen Analyse. Sie verstößt gegen das Grundprinzip, wonach die steuerlichen Mitwirkungspflichten nur darauf ausgerichtet sein können, den Finanzbehörden die maßgeblichen Sachverhaltsinformationen zu vermitteln.[3] Im Ergebnis besteht eine Korrekturverpflichtung nur dann, wenn zuvor unrichtige Angaben über steuerlich erhebliche Tatsachen gemacht worden sind. Auf reine Rechtsfehler muss nicht hingewiesen werden. 3.315

In der Praxis sollte allerdings ein Unternehmen mit diesem Argument nur dann von der Korrekturanzeige absehen, wenn eindeutig ist, dass dem Finanzamt mit der Ursprungserklärung alle erforderlichen Sachverhaltsangaben offengelegt wurden. Denn nur in einem solchen Fall besteht nach der **maßgeblichen Rechtsprechung des BGH** Sicherheit darüber, dass die unzutreffende rechtliche Würdigung nicht zu unzutreffenden Angaben über steuerlich erhebliche Tatsachen im Sinne des steuerlichen Verfahrensrechts geführt hat.[4] 3.316

Hat das **Finanzamt selbst bei der Veranlagung einen Fehler begangen**, besteht unzweifelhaft keine Anzeigepflicht. Denn wenn der Steuerpflichtige 3.317

---

1 *Rätke* in Klein, AO[12], § 153 Rz. 2, mit Nachweisen zur Gegenauffassung.
2 *Stöcker* in Beermann/Gosch, AO, § 153 Rz. 11.
3 Wie hier deshalb *Seer* in Tipke/Kruse, § 153 AO Rz. 8.
4 BGH v. 10.11.1999 – 5 StR 221/99, wistra 2000, 137, 139 f.

seine gesetzlichen Erklärungspflichten erfüllt hat, darf er eine für ihn günstige, aber fehlerhafte Veranlagung ruhig entgegennehmen, ohne das Finanzamt auf den Fehler hinweisen zu müssen.[1] Dies gilt auch, wenn ein Unternehmen das Finanzamt von einer falschen, aber für sich günstigen Rechtsansicht überzeugen konnte.

3.318 Nach einheitlicher Auffassung besteht keine Pflicht zur Anzeige gem. § 153 AO in dem Fall einer aufgrund **geänderter Rechtsprechung** unrichtig gewordenen Erklärung.[2] Dies folgt schon daraus, dass es in diesem Fall an unrichtigen Angaben über steuerlich erhebliche Tatsachen in der Ursprungserklärung fehlt. In dieser Situation hat der Steuerpflichtige mit seiner Erklärung keine Ursache für den Berichtigungsbedarf gesetzt, was erforderlich wäre, um ihn zur Korrektur zu verpflichten.[3] Im Übrigen hat die Behörde die geänderte Rechtsprechung auch von Amts wegen zu berücksichtigen. Gleiches gilt im Fall einer **(rückwirkenden) Gesetzesänderung** oder wenn die Finanzverwaltung ihre in den Richtlinien etc. veröffentlichte Rechtsauffassung ändert. Eine Pflicht zur Anzeige und Berichtigung besteht in diesen Fällen nicht.

3.319 Nach der zutreffenden Auffassung in der Literatur[4] und der veröffentlichten Rechtsprechung der Finanzgerichte[5] besteht auch keine Pflicht zur Abgabe einer Korrekturanzeige, wenn sich aus der **zwischenzeitlichen Bekanntgabe von Feststellungsbescheiden** eine Abweichung zu der abgegebenen Ursprungserklärung ergibt. Erstmalige oder geänderte Feststellungen nach dem AStG, einheitliche und gesonderte Gewinnfeststellungen für nachgelagerte Personengesellschaften oder Feststellungen gem. § 14 Abs. 5 KStG n.F. für Organgesellschaften lösen keine Korrekturpflicht aus.[6]

bb) Sicheres Wissen als pflichtauslösender Kenntnisgrad?

3.320 Werden die Organe im Unternehmen auf möglichen Korrekturbedarf aufmerksam, müssen vielfach zunächst Mitarbeiter oder Berater zur Aufklä-

---

1 BFH v. 4.12.2012 – VIII R 50/10, AO-StB 2013, 244 = DStR 2013, 703 (Rz. 33 ff.); *Seer* in Tipke/Kruse, a.a.O., § 153 AO Rz. 10, m.w.N. zur Rechtsprechung; *Möller*, Die Berichtigungspflicht nach § 153 AO und die strafrechtlichen Folgen einer Pflichtverletzung, 1996, 126.
2 Vgl. nur FG Berlin v. 11.3.1998 – 6 K 6305/93, EFG 1998, 1166, 1170; *Heuermann* in Hübschmann/Hepp/Spitaler, § 153 AO Rz. 9 (März 2007); *Leopold* in Leopold/Madle/Rader, AO, § 153 Rz. 5 (Okt. 2011); *Trame* in Pump/Lohmeyer, AO, § 153 Rz. 30 (Juni 2002).
3 BFH v. 4.12.2012 – VIII R 50/10, AO-StB 2013, 244 = DStR 2013, 703 (Tz. 35) unter Hinweis auf BFH v. 5.10.1966 – VI 328/65, BStBl. III 1967, 231 und *Heuermann* in Hübschmann/Hepp/Spitaler, § 153 AO Rz. 8 f. (März 2007).
4 *Seer* in Tipke/Kruse, § 153 AO Rz. 15 (Juni 2012).
5 FG München v. 10.6.2011 – 8 K 1016/08, EFG 2011, 2123; nachfolgend BFH v. 23.7.2013 – VIII R 32/11, DStR 2013, 1999 = AO-StB 2013, 327, die Revisionsentscheidung des BFH hat das Urteil des FG in dem hier maßgeblichen Punkt bestehen lassen, vgl. BFH, a.a.O., Rz. 19, die Revision des Finanzamts war aus anderen Gründen erfolgreich.
6 So auch FG München v. 10.6.2011 – 8 K 1016/08, EFG 2011, 2123.

rung eingesetzt werden. Die **Aufarbeitung komplexer Sachverhalte** kann sich über Wochen hinziehen. Das legitime Unternehmensinteresse wird häufig dahin gehen, Informationen erst nach außen zu geben, wenn intern Klarheit über die begangenen Fehler und die betragsmäßigen Konsequenzen besteht. Fraglich ist in diesem Zusammenhang, ab welchem Punkt nachträgliche Kenntnis im Sinne des pflichtauslösenden Tatbestands vorliegt.

Sicher ist: Der bloße **Verdacht** von Fehlern oder Unregelmäßigkeiten **löst noch keine Anzeigepflicht aus**. Das Gesetz spricht von „Kenntnis". Für den Grad der Kenntnis, ab dem eine Pflicht zur Berichtigung besteht, könnten strafrechtliche Grundsätze herangezogen werden. Würde man davon ausgehen, dass Eventualvorsatz i.S.v. § 15 StGB ausreichend ist, so müsste der Steuerpflichtige korrigieren, sobald er einen Fehler nur konkret für möglich hält.[1] Dies wäre ein recht strenger Maßstab. Die Rechtsprechung vertritt eine andere Auffassung. Der 1. Strafsenat des BGH hat klar entschieden, dass die nachträgliche Kenntnis in § 153 Abs. 1 AO mit der **Erlangung sicheren Wissens** gleichzusetzen ist.[2] Die Finanzverwaltung und die herrschende Ansicht haben sich dem angeschlossen.[3]

3.321

Schwer zu bestimmen ist, welche Zeit den Verantwortlichen nach Bekanntwerden eines Sachverhalts verbleibt, bis die Korrekturanzeige beim Finanzamt eingegangen sein muss. In der Praxis wird dieses Problem dadurch entschärft, dass nach herrschender Auffassung die Pflicht erst im Zeitpunkt der Erlangung sicherer Kenntnis entsteht. Denn dies bedeutet zugleich, dass bei unklaren Sachverhalten **in der Ermittlungsphase noch keine Verpflichtung zur Anzeige** gegenüber dem Finanzamt besteht. Die Aufklärung des Sachverhalts kann prinzipiell abgewartet werden.

3.322

cc) Maßstab der „unverzüglichen" Korrektur und Rechtsfolgen von verspäteten Anzeigen

Liegen gesicherte Erkenntnisse vor, so verlangt das Gesetz „unverzügliches" Handeln. Unverzüglich bedeutet hier wie allgemein **„ohne schuldhaftes Zögern"**. Die angemessene Frist bemisst sich nach den Umständen des Einzelfalls.

3.323

Diese Vorgaben näher zu konkretisieren bereitet erhebliche Probleme.[4] Fraglich ist, ob dem Steuerpflichtgen eine gewisse „**Mindestreaktions-**

3.324

---

1 So im Ergebnis auch FG München v. 6.9.2006 – 1 K 55/06, DStRE 2007, 1054 (1056).
2 BGH v. 17.3.2009 – 1 StR 479/08, wistra 2009, 312 = AO-StB 2009, 231; aus dem Erfordernis sicheren Wissens leitet der BGH ab, dass eine Anzeigepflicht nach § 153 Abs. 1 AO auch dann in Betracht kommt, wenn der Täter zunächst mit Eventualvorsatz unrichtige Angaben macht und später sichere Kenntnis von der Unrichtigkeit seiner Tatsachenangaben erlangt; kritisch hierzu *Wulf*, PStR 2009, 190.
3 AEAO zu § 153 Tz. 2.4; *Rätke* in Klein, AO[12], § 153 Rz. 9.
4 Zum Versuch einer weiteren Präzisierung vgl. *Jehke/Dreher*, DStR 2012, 2467.

zeit" zuzubilligen ist, also eine Zeitspanne, die dem Betroffenen jedenfalls zusteht, bevor sein Verhalten die Grenze zur Pflichtwidrigkeit überschreitet. Die Abgabenordnung selbst geht hinsichtlich der Wiedereinsetzung in den vorherigen Stand davon aus, dass noch fristgerecht handelt, wer **innerhalb eines Monats** nach Wegfall des Hindernisses die versäumte Handlung nachholt. U.E. sollte dies als Parallele herangezogen werden, um überhaupt einen Anhaltspunkt zu gewinnen, so dass noch pflichtgemäß handelt, wer die Korrekturanzeige spätestens einen Monat nach Erlangung sicherer Kenntnis beim Finanzamt einreicht.

3.325 Unabhängig hiervon führt die verspätete Korrekturanzeige jedenfalls nicht unmittelbar zur Strafbarkeit. Bei genauer Betrachtung verbleibt ein gewisser „Puffer": Denn zögert der Steuerpflichtige zu lange, so stellt die verspätete Anzeige zunächst einen **Rücktritt vom Versuch (§ 24 StGB)** dar. Erst wenn der Zeitpunkt verstrichen ist, zu dem bei hypothetisch ordnungsgemäßem Verhalten ein korrigierter Steuerbescheid ergangen wäre, schlägt der Versuch in Vollendung um. Erfolgt die Anzeige nach diesem Zeitpunkt, kann sie immer noch sanktionsbefreiend wirken, soweit sie inhaltlich die Voraussetzungen einer Selbstanzeige i.S.v. § 371 AO erfüllt.

3.326 Schon aus diesem Grunde sollte die Erklärung möglichst „**selbstanzeigetauglich" ausgestaltet sein**. D.h., man sollte sich in Zweifelsfällen gerade nicht auf die schlichte Anzeige der Unrichtigkeit beschränken (obwohl dies nach § 153 AO eigentlich ausreichend wäre), sondern die Erklärung unmittelbar als „Materiallieferung" mit veranlagungsfähigen Zahlen ausgestalten, um sich für den Notfall auch auf § 371 AO berufen zu können.

dd) Veranlagungsfinanzamt als Adressat der Korrekturanzeige

3.327 Die Anzeige muss nach der gesetzlichen Systematik gegenüber dem für die jeweilige Erklärung **zuständigen Veranlagungsfinanzamt** abgegeben werden.[1]

3.328 Streitig ist, was hieraus für den Umgang mit neuen Erkenntnissen **innerhalb einer anhängigen Betriebsprüfung** folgt. Teilweise wird vertreten, dass eine Anzeigepflicht nicht besteht, soweit der Betriebsprüfer im Rahmen seiner Prüfungshandlungen einen Fehler in den abgegebenen Steuererklärungen des Prüfungszeitraums erkennt und den Steuerpflichtigen hierüber informiert.[2] Andere gehen prinzipiell vom Bestehen einer Anzeigepflicht aus, soweit der Erklärende aufgrund des Hinweises des Prüfers vom Vorliegen eines Fehlers überzeugt ist. Allerdings dürfe der Steuerpflichtige regelmäßig darauf vertrauen, dass der Prüfer das Veranlagungs-

---

[1] Einheitliche Auffassung, vgl. nur BFH v. 28.2.2008 – VI R 62/06, BStBl. II 2008, 595 = AO-StB 2008, 151.
[2] So insbesondere *Seer* in Tipke/Kruse, § 153 AO Rz. 12 (Juni 2012).

finanzamt eigenständig informiert, so dass das Unterlassen der Anzeige nicht sanktionswürdig sei.[1]

3.329 In der Tat erscheint es wenig sinnvoll, eine **Anzeige bei der Veranlagungsstelle** einzureichen, wenn der Sachverhalt Gegenstand der laufenden Außenprüfung ist und dem Prüfer zur Bearbeitung vorliegt. Die Veranlagungsstelle würde mit der Bearbeitung in aller Regel abwarten, bis die Außenprüfung abgeschlossen ist. Soweit nicht ein Ausnahmefall vorliegt, bei dem eine unmittelbare Reaktion des Veranlagungsfinanzamts zu erwarten wäre, erscheint es deshalb vertretbar, den **Korrekturbedarf zunächst nur mit dem Prüfer zu erörtern**.

ee) Verhältnis von Korrekturanzeige und Selbstanzeige bei mehreren Beteiligten (§ 371 Abs. 4 AO)

3.330 In der Praxis kann die Konstellation eintreten, dass nebeneinander ein Beteiligter zur Abgabe einer Korrekturanzeige nach § 153 Abs. 1 AO verpflichtet ist, während parallel für einen anderen Beteiligten bereits eine Strafbarkeit nach § 370 AO eingetreten ist, so dass für ihn eine Selbstanzeige nach § 371 AO erforderlich wäre.

Beispiel:
A, B und C bilden im Jahr 2016 die Geschäftsführung der S-GmbH. A ist bereits seit langen Jahren im Amt. Für das Jahr 2012 ist von ihm vorsätzlich eine falsche Steuererklärung abgegeben worden, in der nicht-abzugsfähige Betriebsausgaben steuerlich geltend gemacht wurden. B hat im Jahr 2014 sein Amt angetreten, die unrichtige Erklärung und den daraufhin ergangenen zu niedrigen Bescheid für 2012 erkannt und gleichwohl nichts unternommen. C wird in 2016 zum Geschäftsführer ernannt und erkennt jetzt die Gesamtsituation.

3.331 Befolgt C die Verpflichtung aus § 153 AO, so bringt er seine Geschäftsführungskollegen A und B in die Gefahr einer strafrechtlichen Verfolgung. Um diesen Konflikt zu lösen, hat der Gesetzgeber in § 371 Abs. 4 AO eine Sonderregelung getroffen. Danach tritt ein besonderes **Strafverfolgungshindernis zugunsten der anderen Beteiligten** ein, wenn C seiner Pflicht zur Abgabe einer Korrekturanzeige nachkommt. Diese „strafhindernde Drittanzeige" ist erst dann gesperrt, wenn ein Strafverfahren eingeleitet wurde; sie kann also auch in der laufenden Betriebsprüfung noch abgegeben werden. Dem Gesetzwortlaut nach tritt das Strafverfolgungshinder-

---

1 *Dumke* in Schwarz, AO, § 153 Rz. 15 (Mai 2012); in diesem Sinne auch *Stöcker* in Beermann/Gosch, AO/FGO, § 153 AO Rz. 17 (April 2000); ähnlich FG Münster v. 20.1.2009 – 1 K 1873/06 U, EFG 2009, 982 = AO-StB 2009, 262: Zwar sei ein Unternehmer nach der einvernehmlichen Feststellung von Erklärungsfehlern in der Schlussbesprechung einer laufenden Betriebsprüfung zur Abgabe einer Berichtigungserklärung gegenüber dem Finanzamt verpflichtet. Ein darauf aufbauender Haftungsbescheid gegen den Geschäftsführer sei aber in besonderem Maße begründungsbedürftig, denn der Geschäftsführer habe von einer zeitnahen Information des Finanzamts durch die Betriebsprüfung ausgehen dürfen; im Ergebnis wurde die Sache zur erneuten Ermessensausübung an das Finanzamt zurückverwiesen.

nis zudem unabhängig von der Größenordnung ein. § 398a AO ist nicht anwendbar.

3.332 Die **Reichweite diese Sondervorschrift ist höchst streitig.** Eine Auffassung will nur denjenigen begünstigen, der vorhergehend seine Pflicht aus § 153 Abs. 1 AO verletzt hat (im Beispiel also den B)[1], während die Gegenauffassung auch denjenigen begünstigen will, der die falsche Ursprungserklärung abgegeben hat (im Beispiel also den A).[2] Die enge Auffassung ist erkennbar von der Sorge motiviert, der Steuerpflichtige könne die Vorschrift als „**Gestaltungsmittel**" nutzen und einen neuen Geschäftsführer ernennen, um gesetzlichen Sperrgründen aus § 371 Abs. 2 AO zu entgehen. Sie lässt allerdings die Vorschrift weitgehend leer laufen, was dem Gesetzeszweck widerspricht.[3] Richtig ist die zweite Gesetzesauslegung. Wer sich auf sie beruft, wird sich aber auf eine Diskussion mit den Strafverfolgungsbehörden einstellen müssen.

IV. Der Tag X – Wenn die Steuerfahndung kommt

1. Vorbereitung

3.333 In jedem Unternehmen, gleich welcher Branche, ob gut oder schlecht geführt, kann es zu Steuerfahndungsmaßnahmen kommen. Es reicht aus, dass z.B. ein Lieferant oder Kunde missverständliche Angaben in seinem eigenen Ermittlungsverfahren macht, um eine Hausdurchsuchungsmaßnahme wegen des Verdachts der Beihilfe auszulösen. Es ist also nicht einmal erforderlich, dass es „im eigenen Haus" zu Unkorrektheiten kam. Deshalb muss **zwingend** eine **Vorbereitung** für diesen möglichen, wenn nicht gar wahrscheinlichen Tag X getroffen werden, an dem die Steuerfahndung sich morgens beim Pförtner zu erkennen gibt.[4]

2. Ansprechpartner

3.334 Werden **keine Vorkehrungen** getroffen, führt das Eintreffen der Staatsanwaltschaft und der Steuerfahndung regelmäßig zu einem **Chaos**. Der überforderte Pförtner bzw. die „Empfangsdame" wissen nicht genau, an wen sie sich wenden sollen und „telefonieren sich durch", während die Ermittlungsbeamten im Empfangsbereich stehen, wo Lieferanten und Kunden warten und die eigenen Mitarbeiter allmorgendlich eintreffen. Spätestens danach ist jeder im Unternehmen über die Durchsuchungsmaßnahme informiert. Deshalb ist an der ersten Anlaufstelle der Ermittler (Pförtner, Empfang) ein **konkreter Ansprechpartner** (und ein Vertreter) zu hinterlegen, der am besten auch später intern das Verfahren koor-

---

1 OLG Stuttgart v. 31.1.1996 – 1 Ws 1/96, wistra 1996, 190; *Jäger* in Klein, AO[12], § 371 Rz. 112, m.w.N.
2 LG Bremen v. 26.6.1998 – 42 Qs 84 b DS, wistra 1998, 317; *Joecks* in Joecks/Jäger/Randt, § 371 AO Rz. 410–412, m.w.N.
3 Ausführlich dazu *Wulf/Frank*, Stbg. 2013, 507 ff.
4 Vgl. *Streck/Spatscheck*, Die Steuerfahndung[4], Rz. 304 ff.

diniert. Regelmäßig wird das der Leiter der Innenrevision, der Compliance Officer oder Leiter der Rechtsabteilung sein. Ferner sollten die Ermittler in einen Besprechungsraum geführt werden, wenn sie sich nicht direkt im Haus verteilen, um Verdunklungshandlungen zu vermeiden.

3. Grundregeln

- Selbst wenn die Steuerfahndung schon vor Ort ist und mit der Prüfung begonnen hat, ist es nicht vergeblich, über eine **Selbstanzeige** im Hinblick auf andere Sachverhalte, Steuerarten und Veranlagungszeiträume sowie Konzernunternehmen nachzudenken.
- Sobald die Steuerfahndung tätig wird, beginnt in der Sache das Strafverfahren, sei es förmlich eingeleitet oder nicht. Jeder Schritt steht ab sofort unter einem Doppelaspekt: Die Steuerfahndung ermittelt im **Strafverfahren** und im Steuerverfahren.
- Vor dem Erscheinen, nach dem Erscheinen: Die Steuerfahndung **ist besser** und **weiß mehr**, als der Betroffene glaubt. Vorsicht vor Unterschätzung.
- Die Steuerfahndung **beginnt** i.d.R. mit einer **Hausdurchsuchung**. Gleichzeitig im Betrieb, am Arbeitsplatz, in der Privatwohnung und im Wochenendhaus. Fahnder sind geübte Durchsucher. Gegenstände, auf die sich das Augenmerk der Fahnder richtet: Briefe, Notizzettel, Notizbücher, Kalender, Schmierzettel, Bankmitteilungen, Kontoauszüge, Schlüssel (Safe), Verträge. Die Durchsuchung muss „durchgestanden" werden; Rechtsbehelfe haben i.d.R. wenig Sinn.
- **Beschlagnahme:** Die Steuerfahndung hat das Recht, alle Papiere durchzusehen. Die Unterlagen, die sie mitnehmen will, kann sie beschlagnahmen, regelmäßig auch dann, wenn sie noch nicht über einen richterlichen Beschlagnahmebeschluss verfügt. Der Betroffene sollte auf einer Beschlagnahme bestehen; keine freiwillige Herausgabe von Unterlagen.
- Achtung: Richterliche Durchsuchungs- und Beschlagnahmebeschlüsse werden spätestens nach **sechs Monaten unwirksam**.
- Die Steuerfahndung muss gegenständlich **genau aufzeichnen**, was sie mitnimmt (Nachweisung). Eine Ausfertigung dieser „Inventur" muss dem Betroffenen auf Verlangen ausgehändigt werden. Insofern ist auf eine genaue Auflistung zu achten. Also nicht: „40 Leitzordner Buchhaltungsunterlagen". Eine spätere Suche nach beschlagnahmten Schriftstücken ist sonst unmöglich.
- Nach dem Erscheinen sofort den **Steuerberater** und/oder den **Anwalt verständigen**. Der Steuerbürger darf telefonieren, was hin und wieder von den Durchsuchenden bestritten wird.
- Ohne Beistand eines Beraters oder Verteidigers sind **Aussagen** unmittelbar anlässlich der Durchsuchung, von den Fahndern häufig angestrebt, **nicht ratsam**.
- Überhaupt gilt während des gesamten Verfahrens: **Keine Einlassung**, keine Auskünfte ohne Beratung.

3.335

- Auch Zeugen sollten in dieser Überraschungssituation keine Angaben machen. Sie sind hierzu ohne einen **Zeugenbeistand** auch nicht verpflichtet.
- **Vorsicht** vor **Kurzschlussreaktionen**. Reise ins Ausland, Leerräumen von Konten können Haftgründe darstellen.
- Das erkennbare **Bemühen**, die **Fahnder** von bestimmten Ermittlungen **abzuhalten**, verursacht oft diese Ermittlungen.
- Falls die Fahndung bei Kunden, Lieferanten, Arbeitgebern, Arbeitnehmern usw. ermitteln wird oder will, sollte der Betroffene vorher mit ihnen **Kontakt aufnehmen**. Das unvorbereitete Erscheinen der Steuerfahndung bei dem besten Kunden kann für einen Unternehmer verheerend sein. **Zeugenbeeinflussung** darf jedoch **nicht** stattfinden.
- Die Fahndung kann sich bei ihren Ermittlungen an die **Banken** wenden. Ein Bankgeheimnis besteht gegenüber der Fahndung nicht. Der Betroffene sollte seine Hausbank rechtzeitig informieren, falls mit Fahndungsermittlungen zu rechnen ist, um die Rufschädigung gering zu halten. Die Bitte der Fahnder, der Betroffene möge selbst Bankunterlagen zusammentragen, erfüllt regelmäßig nicht den angestrebten Zweck, den Besuch der Fahnder bei der Bank zu verhindern; die Steuerfahndung neigt schnell zu dem Verdacht, bei jeder freiwilligen Mithilfe werde etwas verschwiegen.
- Bei Aussagen der Fahndung über die **Straffolgen** einer Hinterziehung – „Sagen Sie alles, dann ist auch die Strafe gering" – ist große **Vorsicht** geboten. Die Fahndung entscheidet nicht über die strafrechtlichen Folgen.
- Das Gleiche gilt, wenn sich die Fahndung zu **Steuererlass-, Steuerstundungs-** oder **Vollstreckungsmaßnahmen** äußert. Hier ist nicht die Fahndung, sondern das Finanzamt zuständig.
- Folgt der Steuerfahndungsmaßnahme unmittelbar ein **Arrest** zur Sicherung der Steuerschuld, so sollte mit der Vollstreckungsstelle ein Arrangement getroffen werden. Die Höhe der Steuerschuld, die der Betroffene sichert, präjudiziert nicht die endgültig festgesetzte Schuld. Ein Anerkenntnis liegt nicht vor. Der Streit an zwei Fronten – Steuerfahndung und Vollstreckungsstelle – muss vermieden werden.
- **Nach** dem **ersten** Sturm gibt es in der Praxis nur zwei Varianten: Eine Einigung kann in seltenen Fällen unmittelbar nach der Durchsuchung erzielt werden. Andernfalls muss man sich auf ein langes Verfahren (18 Monate bis 20 Jahre) einrichten: Zwei bis drei Jahre sind ein Mittelwert. Praxiserfahrung: Erledigungseile bewirkt eher das Gegenteil.

V. Die verschiedenen Eingriffsmöglichkeiten der Steuerfahndung

1. Durchsuchung und Beschlagnahme

3.336 Die **Hausdurchsuchung** (§ 102 StPO und § 103 StPO) und die **Beschlagnahme** von **Beweisgegenständen** (§ 94 StPO) werden durch den Richter angeordnet. Antragsbefugt ist im Steuerstrafverfahren die Straf- und Bußgeldsachenstelle des Finanzamts als Vertreterin der Staatsanwaltschaft. Die Steuerfahndung selbst ist nicht antragsbefugt.

Besteht **Gefahr im Verzug**, so kann ausnahmsweise die Hausdurchsuchung oder die Beschlagnahme auch durch die Beamten der Steuerfahndung als „Ermittlungspersonen der Staatsanwaltschaft" angeordnet werden. Gefahr im Verzug liegt allerdings nur vor, wenn im Zeitpunkt der zu beurteilenden Anordnung schon der Versuch, eine Entscheidung des eigentlich zuständigen Richters einzuholen, den Erfolg der Durchsuchung gefährdet hätte.[1] Angesichts der bei den AG eingerichteten Bereitschaftsdienste und der damit vorhandenen Möglichkeit, am Tage jederzeit einen zuständigen Richter zumindest telefonisch zu erreichen, scheidet die Anordnung durch die Steuerfahndung selbst deshalb im Regelfall aus.[2]

3.337

Wird der Richtervorbehalt durch die Ermittlungsbehörden bewusst missachtet und umgangen, so kann dies zu einem **Verwertungsverbot** für die aus der Durchsuchung gewonnenen Beweismittel führen.[3]

3.338

Materielle Voraussetzungen für den Erlass eines Durchsuchungsbeschlusses sowie für den Erlass einer Beschlagnahmeanordnung sind:
– Verdacht auf Vorliegen einer Straftat;
– Verdacht, dass durch die Durchsuchung/durch die Beschlagnahme ein für das Verfahren relevantes Beweismittel gewonnen werden kann;
– Verhältnismäßigkeit von Zweck und Mitteln.

3.339

Die Eingriffsvoraussetzungen sind **außerordentlich weit**. Der Einwand, die materiellen Eingriffsvoraussetzungen seien nicht erfüllt, ist nur in ganz wenigen Ausnahmefällen erfolgreich.[4] Allerdings bestehen einige formale Vorgaben: Die schriftliche Durchsuchungsanordnung des Gerichts muss erkennen lassen, dass das Gericht sich mit den inhaltlichen Voraussetzungen auseinandergesetzt hat. Insbesondere muss zum Zweck der Kennzeichnung der Beweismittel, nach denen gesucht wird, **der konkrete Tatvorwurf bezeichnet** werden. Bei der Steuerhinterziehung setzt dies eine Bezeichnung der Tat nach **Steuerart, Steuerpflichtigem und Veranlagungszeitraum** voraus.[5]

Das **materielle Recht** kann insoweit Auswirkungen auf die Reichweite der Beschlagnahme entfalten. Denn wenn die **Zehn-Jahres-Frist** aus § 376

3.340

---

1 BVerfG v. 20.2.2001 – 2 BvR 1444/00, NJW 2001, 1121; v. 4.2.2005 – 2 BvR 308/04, NJW 2005, 1637; v. 16.6.2015 – 2 BvR 2718/10, StV 2015, 606; BGH v. 18.4.2007 – 5 StR 546/06, NJW 2007, 2269; LG Magdeburg v. 1.9.2005 – 24 Qs 24/05, wistra 2006, 276, mit kritischer Anm. *Hitz*.
2 Dies verkennt das LG Magdeburg v. 1.9.2005 – 24 Qs 24/05, wistra 2006, 276.
3 BGH v. 18.4.2007 – 5 StR 546/06, NJW 2007, 2269; v. 30.8.2011 – 3 StR 210/11, NStZ 2012, 104.
4 So bspw. BVerfG v. 15.12.2005 – 2 BvR 372/05, AO-StB 2006, 303 = StV 2006, 565; v. 29.11.2004 – 2 BvR 1034/02, NJW 2005, 1640.
5 BVerfG v. 17.3.2009 – 2 BvR 1940/05, wistra 2009, 227 ff.; BGH v. 5.4.2000 – 5 StR 226/99, wistra 2000, 219 (223).

Abs. 1 AO greift, dann erstreckt sich auch das Recht zur Beschlagnahme auf alle beweisrelevanten Unterlagen zu diesen alten Zeiträumen. Die Rechtsprechung lässt allerdings zu, dass Unterlagen aus eigentlich verjährten Zeiträumen sichergestellt werden, wenn sich hieraus **Rückschlüsse** auf verfolgbare Taten ergeben. Da solche Rückschlüsse von den AG regelmäßig angenommen werden, ist im Hinblick auf die Reichweite des Durchsuchungsbeschlusses der Unterschied zwischen der fünf- und der zehnjährigen strafrechtlichen Verfolgungsverjährung bei der Steuerhinterziehung praktisch ohne große Bedeutung.

3.341 Problematisch ist in der Praxis regelmäßig die Frage, welche Unterlagen bei einem **Steuerberater** beschlagnahmt werden dürfen. Zu unterscheiden ist, ob bei dem Berater als Dritten (§ 103 StPO) oder als Beschuldigten (§ 102 StPO) durchsucht wird. Soweit die Durchsuchung bei dem Steuerberater nach § 103 StPO erfolgt, gelten für die Beschlagnahme die **Beschränkungen des § 97 Abs. 1 Nr. 1 bis Nr. 3 StPO**. Geschützt sind alle schriftlichen Mitteilungen zwischen dem Mandanten als Beschuldigten und dem Steuerberater sowie alle Aufzeichnungen, die der Steuerberater über die ihm anvertrauten Mitteilungen gemacht hat. Der Steuerberater selbst ist gem. § 53 Abs. 1 Nr. 3 StPO zur Zeugnisverweigerung berechtigt. Eindeutig beschlagnahmefrei sind nach diesen Regelungen die persönlichen Aufzeichnungen in der **Handakte des Steuerberaters**. Problematisch ist die Einordnung von Buchführungsunterlagen des Mandanten, die sich beim Steuerberater befinden. Nach neuerer Rechtsprechung der Landgerichte erstreckt sich die Beschlagnahmefreiheit nur auf die dem Steuerberater übergebenen Buchhaltungsunterlagen, solange der Berater sie **zur Erledigung noch nicht abgeschlossener Arbeiten**, auf die sich sein Zeugnisverweigerungsrecht bezieht, in Gewahrsam hat.[1] Erfasst werden allerdings auch die eigentlich nicht beschlagnahmefreien Unterlagen – soweit diese mit eigenen Anmerkungen des Beraters versehen sind –, die Aufschluss über Beratungen zwischen ihm und dem Auftraggeber geben.[2]

3.342 Die Beschlagnahmefreiheit gem. § 97 Abs. 1 StPO besteht nur im Verhältnis zwischen dem zeugnisverweigerungsberechtigten Berufsträger gem. § 53 Abs. 1 Satz 1 Nr. 3 StPO und dem beschuldigten Mandanten. Besteht das Mandatsverhältnis zwischen dem **Berufsträger und einer juristischen Person**, so unterliegen Gegenstände/Unterlagen im Gewahrsam des Berufsträgers in einem Ermittlungsverfahren gegen den Geschäftsführer dieser juristischen Person nicht dem Beschlagnahmeverbot nach § 97 Abs. 1 StPO.[3] Die Beschlagnahmefreiheit nach § 97 Abs. 1 StPO gilt auch nicht für Untersuchungsberichte eines Rechtsanwaltes, der im Auftrag einer juristischen Person unternehmensinterne Untersuchungen über das recht-

---

1 LG Saarbrücken v. 12.3.2013 – 2 Qs 15/13, NStZ-RR 2013, 183 f.; LG Dresden v. 22.1.2007 – 5 Qs 34/06, DStR 2007, 1931; LG Hamburg v. 4.7.2005 – 608 Qs 3/05, wistra 2005, 394.
2 Vgl. LG Hamburg v. 4.7.2005 – 608 Qs 3/05, wistra 2005, 394.
3 *Schmitt* in Meyer-Goßner/Schmitt, StPO, 58. Aufl. 2015, § 97 Rz. 10a; *Menges* in Löwe-Rosenberg, StPO, Bd. III[26], § 97 Rz. 52.

mäßige Verhalten der Vorstandsmitglieder angefertigt hat.[1] Das BVerfG hat sich in einem Nichtannahmebeschluss zu diesem Problem entsprechend geäußert: „Die rechtliche Selbständigkeit einer juristischen Person darf nicht außer Acht gelassen werden, auch wenn sie nur durch ihre Organe handeln kann. Das Vertrauensverhältnis zwischen Berufsgeheimnisträger und juristischer Personen erstreckt sich nicht auf deren Organe."[2]

Die Anordnung der Hausdurchsuchung oder die Anordnung einer Beschlagnahme kann – soweit sie durch den Richter erfolgt ist – mit der **Beschwerde** angefochten werden. Es gilt § 304 StPO. Gegen Anordnungen der Fahndungsbehörden ist dagegen zunächst ein Antrag auf Feststellung der Rechtswidrigkeit der Maßnahme bzw. deren Aufhebung zu stellen. Für dieses Verfahren gilt einheitlich § 98 Abs. 2 StPO.   3.343

2. Untersuchungshaft

Die Untersuchungshaft des Beschuldigten kann angeordnet werden, wenn folgende **Voraussetzungen** gegeben sind: 3.344

– Dringender Tatverdacht;
– Vorliegen eines Haftgrunds, insbesondere Fluchtgefahr oder Verdunklungsgefahr;
– (strenge) Verhältnismäßigkeitsprüfung.

Die **gesetzlichen** Voraussetzungen ergeben sich aus §§ 112 ff. StPO. Vom Ablauf her gilt Folgendes: Will die ermittelnde Finanzbehörde einen Antrag auf Erlass eines Haftbefehls stellen lassen, so gibt sie das Verfahren an die **Staatsanwaltschaft ab (§ 386 Abs. 3 AO)**. Der Staatsanwalt entwirft einen Haftbefehl (oder lässt diesen durch die Steuerfahndung entwerfen) und legt ihn dem zuständigen Richter mit der Akte zur Unterschrift vor. Der Richter unterschreibt. Rückfragen der zuständigen Richter sind selten, im Wege der Akteneinsicht kann zumeist nicht einmal festgestellt werden, ob der Richter die Akte überhaupt gelesen hat. Auf der Grundlage des erlassenen Haftbefehls wird der Mandant festgenommen. Der Haftbefehl ist dann dem Beschuldigten innerhalb von 48 Stunden **durch den zuständigen Richter zu eröffnen (§ 115 StPO)**. Ist dies zeitlich nicht möglich, so erfolgt die Eröffnung des Haftbefehls von dem Richter des nächsten AG (§ 115a StPO).

Bereits bei Eröffnung des Haftbefehls ist darüber zu entscheiden, ob i.R.d. **Verhältnismäßigkeitsprüfung** die Haftgründe durch weniger einschneidende Maßnahmen ausgeräumt werden können. Beruht der Haftbefehl auf der Annahme von Fluchtgefahr, so ist obligatorisch zu überlegen, ob der Haftbefehl gegen **Auflagen (insbesondere Meldeauflagen und eine Sicherheitsleistung)** außer Vollzug gesetzt werden kann. Beruht der Haftbefehl auf der Annahme von Verdunklungsgefahr, so soll es nach der Recht-   3.345

---
1 LG Hamburg v. 15.10.2010 – 608 Qs 18/10, NJW 2011, 942.
2 BVerfG v. 27.10.2003 – 2 BvR 2211/00, NStZ-RR 2004, 83.

sprechung zulässig sein, die Aussetzung des Haftbefehls davon abhängig zu machen, dass der Beschuldigte aufklärende Angaben zur Sache macht. Denn eine solche Aufklärung könne die Verdunklungsgefahr beseitigen.

3.346 In der Zukunft ist zu erwarten, dass sich die Steuerfahndung verstärkt des Druckmittels eines Haftbefehls bedient. Die **Höhe einer möglichen Freiheitsstrafe** wird drohend in den Raum gestellt werden. Ergänzend wird eine **Verjährungsfrist von zehn Jahren** behauptet werden, um mit der vermeintlich drohenden „langjährigen Freiheitsstrafe" das Szenario einer Flucht- oder Verdunklungsgefahr zu begründen.

3.347 Rechtlich darf eine mögliche **Straferwartung** allein die Fluchtgefahr nicht begründen, sie kann aber Ausgangspunkt der notwendigen Gesamtabwägung sein.[1] Der Berater muss deshalb **möglichst früh im Verfahren** auf die für den Steuerpflichtigen streitenden Strafzumessungsgesichtspunkte hinweisen und ggf. auch dazu vortragen, warum eine Verlängerung der strafrechtlichen Verfolgungsverjährung nach § 376 Abs. 1 AO nicht einschlägig ist.

3.348 Wird die Untersuchungshaft weiter vollstreckt, so kann der Beschuldigte zwischen dem Rechtsbehelf der **Beschwerde** und dem **Antrag auf Haftprüfung (§ 117 StPO)** wählen. Spätestens im Beschwerdeverfahren ist dem Beschuldigten bzw. seinem Verteidiger **Akteneinsicht** zu gewähren; das LG kann der Beschwerdeentscheidung jedenfalls nur die Erkenntnisse zugrunde legen, welche auch dem Verteidiger im Wege der Akteneinsicht bekannt gegeben worden sind.[2] Nach spätestens sechs Monaten hat dann eine Haftprüfung durch das OLG zu erfolgen (§§ 121 f. StPO).

In der Praxis gilt: **Je länger ein Haftbefehl in Kraft ist**, desto höher werden die Anforderungen an seine Aufrechterhaltung. Mit der Zeit steigt also die Wahrscheinlichkeit und die Chance, den Mandanten – ggf. gegen geeignete Auflagen – aus der Untersuchungshaft befreien zu können.

3. Dinglicher Arrest im Steuerfahndungsverfahren

a) Verfall

3.349 Für die Überprüfung der vorläufigen Vermögensbeschlagnahme muss man sich zunächst vergegenwärtigen, unter welchen Voraussetzungen **am Ende eines Strafverfahrens** – also in einem rechtskräftigen Strafurteil – **Vermögensbestandteile durch den Staat eingezogen werden können**. Das Gesetz kennt den **Verfall von Originalgegenständen** (§ 73 Abs. 1 StGB), die aus einer Straftat stammen, ergänzt durch den **Verfall von Nutzungen und Surrogaten** (§ 73 Abs. 2 StGB). Weiterhin regelt das Gesetz den sog. **Wertersatzverfall** (§ 73a StGB). Dies betrifft die Konstellationen, in denen der aus der Straftat erlangte Vermögensvorteil nicht (mehr) in einem konkreten Gegenstand verkörpert ist. Im Ergebnis wird hier im Strafurteil ge-

---

[1] *Schmitt* in Meyer-Goßner/Schmitt, StPO[53], § 112 Rz. 23–25.
[2] *Schmitt* in Meyer-Goßner/Schmitt, StPO[53], § 147 Rz. 25a.

gen den Verurteilten die Zahlung einer Geldsumme festgesetzt, die der Höhe nach dem aus der Straftat erlangten Vorteil entspricht. Schließlich kennt das Gesetz noch den **erweiterten Verfall** (§ 73d StGB), der keinen unmittelbaren Zusammenhang zwischen der abgeurteilten Straftat und dem verfallenen Gegenstand mehr voraussetzt, aber nur Anwendung findet, wenn der Straftatbestand im Sinne eines Blanketts auf ihn verweist.

Nach allgemeiner Auffassung kann auch eine Verurteilung wegen Steuerhinterziehung die Anordnung des Verfalls rechtfertigen. Im Regelfall der Steuerverkürzung erlangt der Täter aus der Tat die Befreiung von einer Verbindlichkeit (in dem Sinne, dass die Steuer zunächst nicht festgesetzt und infolgedessen auch nicht entrichtet wird). Der Natur nach handelt es sich um ersparte Aufwendungen. Da diese im Vermögen des Täters nicht körperlich vorhanden sind, wäre zum Zwecke der Vermögensabschöpfung der **Wertersatzverfall in Höhe der verkürzten Steuer** anzuordnen. Handelte der Täter als gesetzlicher Vertreter eines anderen, also bspw. als Geschäftsführer einer GmbH, so wäre die **Verfallsanordnung gegen die vertretene Gesellschaft** zu richten (§ 73 Abs. 3 StGB).

I.d.R. scheidet die Anordnung des Wertersatzverfalls in einem Urteil wegen Steuerhinterziehung allerdings aus. Dies liegt an **§ 73 Abs. 1 Satz 2 StGB**. Nach dieser Vorschrift kann kein Verfall angeordnet werden, soweit dem Verletzten aus der Tat ein Anspruch zusteht, dessen Erfüllung dem Täter den erlangten Vorteil entziehen würde. Bei den Ansprüchen des Staats ist zwischen dem Justizfiskus, welchem der Zahlungsanspruch aus der Verfallsanordnung zustünde, und dem Steuerfiskus zu unterscheiden.[1] Die **Steuerforderungen des Finanzamts** zählen somit, obwohl sie zugleich Objekt der begangenen Steuerverkürzung sind, zu den **Restitutionsansprüchen** im Sinne dieser Vorschrift.[2] Der Fortbestand der Steueransprüche schließt die Anordnung des Verfalls im Urteil deshalb prinzipiell aus.

3.350

b) Vermögensbeschlagnahme und dinglicher Arrest nach § 111b StPO

aa) Rechtsgrundlagen

In der Praxis bedeutsam ist dagegen die Möglichkeit, bereits im laufenden Strafverfahren die Vermögensabschöpfung mit einer vorläufigen Maßnahme vorwegzunehmen und **das Vermögen „einzufrieren"**. In der Praxis sieht dies häufig so aus, dass die Steuerfahndung zeitgleich mit der ersten Durchsuchung umfangreiche Arreste ausbringt und in diesem Zusammenhang alle Bankverbindungen des Beschuldigten sperrt, Bargeld, Fahrzeuge und andere Wertgegenstände beschlagnahmt und/oder Arresthypotheken in dessen Grundvermögen eintragen lässt.

3.351

---

1 LG Berlin v. 6.3.2006 – 526 Qs 47 - 49/2006, wistra 2006, 358.
2 BGH v. 5.3.2013 – 1 StR 52/13, wistra 2013, 227, v. 28.11.2000 – 5 StR 371/00, NJW 2001, 638; v. 29.9.2015 – 1 StR 187/15, n.v. (juris), für den Spezialfall des § 111i Abs. 2 StPO.

Rechtsgrundlage hierfür ist § 111b StPO. Das Gesetz unterscheidet zwischen der vorläufigen Sicherstellung durch Beschlagnahme (§ 111b Abs. 1 StPO) und der vorläufigen **Sicherstellung durch dinglichen Arrest** (§ 111b Abs. 2 StPO). Die Beschlagnahme nach Abs. 1 der Vorschrift ist den Fällen des Verfalls und der Einziehung von aus der Tat erlangten, konkreten Gegenständen vorbehalten. Der dingliche Arrest nach Abs. 2 der Vorschrift ist die **vorläufige Maßnahme in Bezug zum Wertersatzverfall**. Wird wegen des Vorwurfs der Steuerhinterziehung ermittelt, so wäre in der Hauptsache der Verfall von Wertersatz anzuordnen (s.o.). Rechtsgrundlage für alle vorläufigen Maßnahmen der Vermögensabschöpfung im Steuerstrafverfahren ist deshalb die Anordnung eines dinglichen Arrests nach § 111b Abs. 2 StPO.

3.352 Die Anordnung des dinglichen Arrests ist von vier Voraussetzungen abhängig:
– Es muss ein Tatverdacht, d.h. hier ein Verdacht auf Vorliegen einer Steuerhinterziehung, bestehen;
– es müssen hinreichende Gründe für die Annahme vorhanden sein, dass der Verfall von Wertersatz angeordnet werden könnte;
– es muss ein Arrestgrund nach § 111d StPO i.V.m. § 917 ZPO bestehen;
– die Maßnahme muss verhältnismäßig sein.

bb) Einfacher Tatverdacht

3.353 Ausreichend ist das Vorliegen eines **einfachen Tatverdachts i.S.v. § 152 Abs. 2 StPO**. Ein solcher Anfangsverdacht liegt vor, wenn es nach kriminalistischen Erfahrungen möglich erscheint, dass eine verfolgbare Straftat vorliegt.[1] Diese Eingriffsschwelle ist denkbar niedrig. Die grundrechtsschützende Funktion des Tatbestandsmerkmals ist damit im Wesentlichen verloren gegangen.[2] Die niedrige Verdachtsschwelle **verleitet zu missbräuchlichen Maßnahmen**, etwa, indem der Arrest angeordnet wird, um auf einen schweigenden Beschuldigten Druck auszuüben.[3]

cc) Verdacht für das Vorliegen der Voraussetzungen von Wertersatzverfall

3.354 Es muss der Verdacht bestehen, dass der Täter aus der Straftat einen Vermögensvorteil erlangt hat, der die Anordnung von Wertersatzverfall rechtfertigen würde. Dieses Merkmal bildet gemeinsam mit der Voraussetzung des Tatverdachts gewissermaßen den **„Arrestanspruch"** für die vorläufige Sicherstellung. Der Verdachtsgrad entspricht ebenfalls dem Maßstab des Anfangsverdachts. Für den Vorwurf der Steuerhinterziehung kommt diesem Merkmal nach verbreiteter Praxis keine weitergehende Bedeutung zu, denn **mit dem Verdacht** der Steuerhinterziehung besteht zwingend auch der Verdacht, dass der Steuerpflichtige aus der Tat **einen Vermögens-**

---
1 Vgl. nur *Schmitt* in Meyer-Goßner/Schmitt, StPO[53], § 152 Rz. 4.
2 Vgl. hierzu *Rönnau*, Vermögensabschöpfung in der Praxis, Rz. 87 ff.
3 *Wehnert/Mosiek*, StV 2005, 569 f., mit Beispielen.

vorteil erlangt hat. Wichtig ist in diesem Zusammenhang allein der Hinweis auf § 111b Abs. 5 StPO. Dort ist ausdrücklich geregelt, dass die vorläufige Sicherstellung nicht etwa deshalb zu unterbleiben hat, da der Verfall im Hauptsacheverfahren wegen der vorrangigen Steueransprüche des Staats nicht angeordnet werden kann. Vielmehr werden die Strafverfolgungsorgane in diesen Fällen im Wege der zulässigen „**Zurückgewinnungshilfe**" tätig, indem sie durch die vorläufige Sicherstellung die Vermögensgegenstände für den eigentlich Berechtigten sichern.

Zusammenfassend lässt sich sagen, dass **mit dem Anfangsverdacht** auf Vorliegen einer Steuerhinterziehung strafprozessual zugleich auch die gesetzlichen **Voraussetzungen eines „Arrestanspruchs"** für die vorläufige Sicherstellung von Vermögensgegenständen erfüllt sind. Aus der Sicht des Steuerpflichtigen, der schließlich auch zu Unrecht in Verdacht geraten kann, stimmt dies mit Sicherheit bedenklich. 3.355

Durch die 2008 eingeführte **Verlängerung der strafrechtlichen Verjährung** steigt der mögliche Umfang eines strafprozessualen Arrests an: War nach vorheriger Rechtslage nur für die Steueransprüche der vergangenen fünf Jahre eine „Zurückgewinnungshilfe" möglich, so kann der Arrest nach § 376 Abs. 1 AO auf die verkürzten Steuern aus zehn Jahren erstreckt werden. Das **Arrestvolumen verdoppelt sich**. Dies macht die Maßnahme für die Fahndung umso interessanter – auch weil das Druckpotential steigt, um über den Arrest eine Mitwirkung oder sogar ein Geständnis zu erzwingen. 3.356

dd) Arrestgrund

§ 111b Abs. 2 StPO verweist für die weiteren Voraussetzungen des dinglichen Arrests auf § 111d StPO. Danach ist das Vorliegen eines **Arrestgrunds** i.S.v. § 917 ZPO erforderlich. Ein Arrestgrund liegt vor, wenn die feststellbaren Umstände die Annahme rechtfertigen, dass eine **Vollstreckung** einer Verfallsanordnung in der Zukunft ohne die Anordnung der vorläufigen Maßnahme vereitelt oder wesentlich **erschwert werden würde**.[1] Es müssen Umstände vorliegen, die auf eine Verschlechterung der gegenwärtigen Vollstreckungsmöglichkeiten hindeuten, insbesondere also Anhaltspunkte, nach denen der Beschuldigte im Begriff ist, seine Vermögensbestandteile vor einer Vollstreckung beiseitezuschaffen. Hierfür müssen konkrete Verdachtsmomente gegeben sein.[2] Entgegen einer in der Literatur vertretenen Ansicht[3] reicht das Vorliegen einer vorangegangenen Vermögensstraftat bzw. der darauf gerichtete Verdacht als solcher nicht aus.[4] In der Praxis begnügen sich die Gerichte an dieser Stelle vielfach mit formelhaften Wendungen. 3.357

---

1 Vgl. nur *Spillecke* in Karlsruher Kommentar, StPO[5], § 111d Rz. 6; LG Hamburg v. 13.4.2004 – 620 Qs 13/04, NStZ-RR 2004, 215; LG Kiel v. 22.7.1998 – 36 Qs 28/98, wistra 1998, 363, mit Anm. *Wulf*.
2 *Johann* in Löwe-Rosenberg, StPO[26], § 111d Rz. 20; *Wehnert/Mosiek*, StV 2005, 569 f.
3 Vgl. *Bittmann/Kühn*, wistra 2002, 248.
4 Überzeugend *Rönnau*, Vermögensabschöpfung in der Praxis, Rz. 341 ff., m.w.N.

ee) Verhältnismäßigkeit

3.358 Wie jede strafprozessuale Zwangsmaßnahme i.R.d. Ermittlungsverfahrens steht auch die Anordnung eines dinglichen Arrests unter dem **Vorbehalt der Verhältnismäßigkeit**. Nachdem dieses Merkmal in der Rechtsprechung der AG und LG zunächst überaus großzügig behandelt worden ist, hat das BVerfG in seinen jüngeren Entscheidungen die besondere Bedeutung dieses Merkmals hervorgehoben.[1] Das Finanzamt hat die Möglichkeit, selbst eine **steuerliche Arrestanordnung nach § 324 AO** zu erlassen und sich dadurch einen vorläufigen Vollstreckungstitel zu schaffen, der den Steuerpflichtigen seiner Natur nach weniger belastet. Die strafprozessuale Maßnahme wäre demzufolge nicht das mildeste aller gleich geeigneten Mittel. Die Rechtsprechung der Strafgerichte geht bislang überwiegend davon aus, dass die Finanzbehörden zwischen dem Mittel des steuerlichen und des strafrechtlichen Arrests frei wählen können.[2] In der Rechtsprechung geäußerte Gegenstimmen, wie z.B. das **LG Berlin**, das sich in einer bemerkenswerten Entscheidung prinzipiell gegen die Anordnung eines strafprozessualen Arrests im Steuerstrafverfahren gewandt hat,[3] haben sich nicht dauerhaft durchgesetzt.[4] Dennoch folgen manche LG der zutreffenden Überlegung, dem Steuerfiskus stehe als originäres Sicherungsmittel der steuerliche Arrest zur Verfügung. Mache das Finanzamt hiervon keinen Gebrauch, so bestehe für das Strafgericht kein Anlass zum Tätigwerden im Rahmen der Zurückgewinnungshilfe.[5] Ähnlich hat – unter Verweis auf die Alt-Kommentierungen von *Meyer-Goßner* und *Nack* – das **LG Mannheim** entschieden:[6] Ein Bedürfnis für den Erlass eines strafprozessualen Arrests bestehe nicht, soweit der Gläubiger seine Rechte selbst effektiv durchsetzen könne.[7] Der Steuerfiskus kann nach § 324 AO einen steuerlichen Arrest erlassen. Für eine Rückgewinnungshilfe zugunsten der Steuerbehörde sei deshalb regelmäßig kein Raum.[8]

---

1 BVerfG v. 13.7.2015 – 1 BvR 2480/13, NJW-Spezial 2015, 600; v. 14.6.2004 – 2 BvR 1136/03, wistra 2004, 378; v. 5.5.2004 – 2 BvR 1012/02, StV 2004, 411; v. 3.5.2005 – 2 BvR 1378/04, wistra 2005, 335; v. 19.1.2006 – 2 BvR 1075/05, NJW 2006, 1048; v. 29.5.2006 – 2 BvR 820/06, wistra 2006, 337.
2 LG Hamburg v. 18.3.2004 – 164 Gs 632/02, NStZ-RR 2004, 215; v. 13.11.2003 – 620 Qs 99/03, wistra 2004, 116; OLG Schl.-Holst. v. 8.1.2002 – 1 Ws 407/01, n.v. (juris); LG Berlin v. 26.2.1990 – 505 Qs 27/89, NStZ 1991, 437, mit Anm. *Dörn*, wistra 1990, 181.
3 LG Berlin v. 6.3.2006 – 526 Qs 47 – 49/2006, wistra 2006, 359.
4 Z.B. OLG Hamm v. 9.1.2014 – III-1 Ws 579/13, 1 Ws 579/13, NStZ-RR 2014, 154; v. 26.2.2013 – III-1 WS 534/12, BeckRS 2013, 08884.
5 LG Saarbrücken v. 19.3.2008 – 2 Qs 5/08, wistra 2008, 240.
6 LG Mannheim v. 21.12.2006 – 25 Qs 14/06, StraFo 2007, 115, unter Bezugnahme auf *Cierniak* in Meyer-Goßner, StPO[53], § 111d Rz. 4; *Nack* in Karlsruher Kommentar, StPO[5], § 111b Rz. 18; vgl. auch BVerfG v. 7.6.2005 – 2 BvR 1822/04, StraFo 2005, 338, zur Aufhebung eines Arrests wegen der Untätigkeit der Behörde im sozialgerichtlichen Verfahren sowie AG Hamburg v. 27.2.2006 – 168 Gs 202/06, StraFo 2006, 198, zur Rückgewinnungshilfe zugunsten eines Großunternehmens.
7 OLG Oldenburg v. 26.11.2007 – 1 Ws 554/07, wistra 2008, 119.
8 Vgl. auch *Wulf/Talaska*, Stbg. 2008, 413.

Für die Verhältnismäßigkeit im eigentlichen Sinne gilt Folgendes: Nach der Rechtsprechung des BVerfG verlangt im laufenden Ermittlungsverfahren das Eigentumsgrundrecht des Beschuldigten eine sorgfältige Abwägung mit dem Sicherstellungsinteresse des Staats.[1] Mit der Intensität des Eingriffs steigen die Anforderungen an die Rechtfertigung dieses Eingriffs. Gerade wenn im Wege der vorläufigen Sicherungsmaßnahme **das gesamte oder nahezu das gesamte Vermögen der Verfügungsbefugnis des Beschuldigten entzogen wird**, fordert der Verhältnismäßigkeitsgrundsatz nicht lediglich eine Vermutung, sondern eine „besonders sorgfältige Prüfung" und eine „eingehende Darlegung der dabei maßgeblichen tatsächlichen und rechtlichen Erwägungen".[2]

3.359

Im Steuerstrafverfahren legen Steuerfahndung und Staatsanwaltschaft ihrem Begehren auf Erlass einer Arrestanordnung regelmäßig die denkbar höchsten Verkürzungsbeträge zugrunde. Dies folgt schon daraus, dass sich das Verfahren zumeist noch im Anfangsstadium befindet und der Anfangsverdacht (einschließlich des insoweit möglichen Verkürzungsvolumens) Grundlage der strafprozessualen Maßnahmen ist. Infolgedessen tritt häufig die Situation ein, dass die **Sicherungsmaßnahmen das gesamte Vermögen des Betroffenen arrestieren** und sperren. Nach der Rechtsprechung des BVerfG ist für diese schwerwiegende Maßnahme das bloße Bestehen einer Vermutung, d.h. der Verdachtsgrad eines Anfangsverdachts, nicht ausreichend. Die Rechtsprechung des BVerfG ist dahin gehend zu interpretieren, dass in einem solchen Falle eine höhere Wahrscheinlichkeit für das Vorliegen einer Steuerverkürzung und damit das Vorliegen der Verfallsvoraussetzungen gegeben sein muss.[3] Es finden die **Maßstäbe Anwendung, die auch im Falle der Vollstreckung eines Untersuchungshaftbefehls gelten**.[4] Auf diese besonderen Voraussetzungen ist gegenüber dem Gericht hinzuweisen, soweit der zunächst erlassene Beschluss dies nicht berücksichtigt.

3.360

Bedeutung hat zudem der **Zeitablauf**. Nach dem Gesetz reicht der einfache Anfangsverdacht nur für einen Zeitraum von sechs Monaten aus. Nach dieser Zeit ändern sich die Voraussetzungen erheblich: Dauert der dingliche Arrest an, so sind dringende Gründe für seine Fortdauer erforderlich (§ 111b Abs. 3 StPO). Können die Ermittlungsbehörden besondere Ermittlungsschwierigkeiten geltend machen, so beträgt die Frist, ab der ein dringender Tatverdacht erforderlich wird, **zwölf Monate**. Nach Ablauf dieser Zeit steigen dann die Anforderungen an die Verhältnismäßigkeit.

3.361

---

1 BVerfG v. 14.6.2004 – 2 BvR 1136/03, wistra 2004, 378; v. 5.5.2004 – 2 BvR 1012/02, StV 2004, 411; v. 3.5.2005 – 2 BvR 1378/04, wistra 2005, 335; v. 19.1.2006 – 2 BvR 1075/05, NJW 2006, 1048; v. 29.5.2006 – 2 BvR 820/06, wistra 2006, 337.
2 BVerfG v. 14.6.2004 – 2 BvR 1136/03, wistra 2004, 378, unter B.II.2.d; v. 17.7.2008 – 2 BvR 2182/06, WM 2008, 1588 f.
3 Vgl. zuletzt BVerfG v. 29.5.2006 – 2 BvR 820/06, wistra 2006, 337.
4 BVerfG v. 5.5.2004 – 2 BvR 1012/02, StV 2004, 411, unter Ziff. II.2.d. zum rechtlichen Gehör.

Es gilt insgesamt der gleiche Maßstab wie bei der Anordnung einer Untersuchungshaft.[1] Ggf. hat das Gericht den Arrest von Amts wegen aufzuheben.

3.362 Diesen Rechtsgedanken zum Zeitablauf hat die Rechtsprechung verallgemeinert: Bei der Arrestierung von Vermögen im Wege der Zurückgewinnungshilfe **verändert sich mit zunehmendem Zeitablauf die Relation zwischen dem betroffenen Eigentumsrecht und dem Sicherstellungsinteresse** des Geschädigten. Hat der Geschädigte der Steuerhinterziehung nach Monaten nicht die Möglichkeit zur Titulierung seiner Ansprüche ergriffen – der Fiskus also keinen Arrest- oder Steuerbescheid erlassen –, so entfällt sein Schutzbedürfnis. Der dingliche Arrest ist dann aufzuheben.[2] Die Änderung der Umstände aufgrund des Zeitablaufs sollten von der Verteidigung mit einem Antrag auf Aufhebung des Arrests geltend gemacht werden (Rz. 3.249). Allerdings ist in der Rechtsprechung bislang keine klare zeitliche Grenze herausgearbeitet worden.

c) Die Sicherstellung in Vertretungsverhältnissen

3.363 Hat der Beschuldigte im Zusammenhang mit den erhobenen Vorwürfen für einen Dritten, insbesondere **als Organ für eine von ihm vertretene Gesellschaft**, gehandelt und hat der Dritte aus der Tat etwas erlangt, so ermöglicht das Gesetz die Anordnung des Verfalls gegen diesen Dritten (§ 73 Abs. 3 StGB). Dementsprechend ist auch die Anordnung eines Arrests gegen die vertretene Gesellschaft etc. möglich. Wird also dem Geschäftsführer einer GmbH die Hinterziehung von betrieblichen Steuern (Körperschaftsteuer, Gewerbesteuer, Umsatzsteuer) vorgeworfen, so richtet sich die **Arrestanordnung gegen die GmbH**, welche durch die Steuerverkürzung begünstigt wurde.

3.364 Problematisch ist in diesen Fällen, ob auch gegen das Organ selbst – also in **das persönliche Vermögen des Geschäftsführers oder Vorstands** – der dingliche Arrest angeordnet werden kann. Das BVerfG hat zwischenzeitlich in drei Beschlüssen betont, dass die pauschale Annahme einer Vermögensverschiebung zwischen der Gesellschaft und ihrem Vertreter eine Arrestanordnung gegen das Organ nicht rechtfertigen kann.[3] Es bedarf vielmehr konkreter Feststellungen zur Begründung der Annahme, dass auch das Organ neben der eigentlich begünstigten Gesellschaft „etwas" aus der Tat erlangt hat, bspw. der Darlegung, dass der inkriminierte Vermögensvorteil unmittelbar von der Gesellschaft an ihren Vertreter weiter-

---

1 *Spillecke* in Karlsruher Kommentar, StPO[5], 7. Aufl. 2013; § 111b Rz. 9.
2 LG Bochum v. 5.12.2007 – 12 Qs 20/07, wistra 2008, 237; LG Landshut v. 4.11.2002 – 3 Qs 364/02, wistra 2003, 199, für den Zeitraum von 18 Monaten; ähnlich LG Düsseldorf v. 13.12.2000 – III 8/00 SH 6, StV 2001, 446, für den Zeitraum von fünf Monaten; LG Hildesheim v. 11.12.2002 – 15 Qs 38/02, StraFo 2003, 166, für den Zeitraum von drei Monaten; vgl. auch OLG Köln v. 10.2.2004 – 2 Ws 704/03, StV 2004, 413, mit Anm. *Marel*, m.w.N.
3 BVerfG v. 14.6.2004 – 2 BvR 1136/03, wistra 2004, 378; v. 3.5.2005 – 2 BvR 1378/04, wistra 2005, 335; v. 29.5.2006 – 2 BvR 820/06, wistra 2006, 337.

geleitet wurde. Gerade im Falle von Vermögensvorteilen aus abgewehrten Ansprüchen – und damit auch beim Vorwurf der Steuerverkürzung – erfordert dies eine eingehende Darstellung.[1] Arrestanordnungen insbesondere gegen die Gesellschafter oder Geschäftsführer von GmbHs werden in der Praxis diesen Anforderungen vielfach nicht gerecht. Solche Entscheidungen sind unter Hinweis auf die Rechtsprechung des BVerfG anzugreifen.

d) Verfahren und Durchführung des dinglichen Arrests

3.365
Für die Anordnung der vorläufigen Maßnahme der Beschlagnahme und des Arrests ist **grundsätzlich der Richter zuständig**. Funktional ist dies der Richter am AG als Ermittlungsrichter. Nur ausnahmsweise – bei Gefahr im Verzug – kann der dingliche Arrest auch durch den Staatsanwalt angeordnet werden. Im Steuerstrafverfahren steht somit auch der BuStra diese Eilbefugnis zu (§ 399 Abs. 1 AO). Hinweis: **Keinesfalls haben Steuerfahnder das Recht**, bei einer Durchsuchung aufgefundenes Bargeld ohne Rücksprache mit BuStra/Staatsanwaltschaft zu arrestieren! In der Praxis wird hier vielfach eine Beschlagnahme als „Beweismittel" nach §§ 94, 98 StPO fingiert, was eindeutig rechtswidrig ist.

3.366
In der Praxis sieht man immer noch Beschlüsse, die von der Finanzbehörde selbst ausgestellt werden und sich auf das Vorliegen von Gefahr im Verzug berufen. Diese Beschlüsse sind – von wenigen Ausnahmekonstellationen abgesehen – evident rechtswidrig. Denn der strafprozessuale Begriff der „Gefahr im Verzug" setzt nach höchstrichterlicher Rechtsprechung voraus, dass ein richterlicher Beschluss vor Durchführung der Maßnahme nicht erlangt werden kann bzw. nicht erlangt werden konnte. Die Finanzbehörde ist bei **Gefahr im Verzug** nur dann zuständig, wenn sie zuvor vergeblich versucht hat, eine richterliche Entscheidung herbeizuführen (und **keinen Richter erreichen konnte**) oder bereits die zeitliche Verzögerung infolge des Versuchs die durchzuführende Maßnahme gefährden würde.[2] Einer Arrestanordnung, die sich die Finanzverwaltung selbst schreibt und zu einer Durchsuchung mitbringt, ist daher ihre Rechtswidrigkeit klar und eindeutig auf die Stirn geschrieben. Diese Anordnungen sind nicht nur rechtswidrig, sondern u. E. unwirksam und nichtig.[3]

3.367
Die Arrestanordnung selbst **muss schriftlich ergehen**. Sie muss den Arrestgrund benennen und die Höhe des Arrests mit einem konkreten Geldbetrag angeben (vgl. § 920 ZPO). Weiterhin muss schriftlich nach § 923 ZPO festgehalten werden, dass der Beschuldigte durch Hinterlegung eines

---

1 BVerfG v. 3.5.2005 – 2 BvR 1378/04, wistra 2005, 335, für die betrügerische Abwehr von Zivilklagen zugunsten einer GmbH. BVerfG v. 17.7.2008 – 2 BvR 2182/06, WM 2008, 1588 f.
2 So ausdrücklich BVerfG v. 20.2.2001 – 2 BvR 1444/00, NJW 2001, 1121 (1125), unter Ziff. III.2.b.
3 In diesem Sinne auch *Spillecke* in Karlsruher Kommentar, StPO[5], § 111e Rz. 2.

konkret zu bezeichnenden Geldbetrags die Hemmung und Aufhebung des Arrests veranlassen kann. Dieser Punkt ist wichtig: Kann der Beschuldigte eine Sicherheit in der genannten Höhe leisten, so entfällt mit Leistung der Sicherheit der Arrestgrund. Der Beschuldigte kann dann die Aufhebung des Arrests und der damit einhergehenden Beschlagnahmen etc. beantragen.

3.368 Die Arrestanordnung selbst ist **dem Betroffenen nicht mitzuteilen**. Mitteilungspflichtig ist nach dem Gesetz nur deren Vollzug, und zwar durch die Staatsanwaltschaft gegenüber dem Geschädigten, § 111e Abs. 3 StPO.

3.369 Für die Vollstreckung des dinglichen Arrests gelten folgende Zuständigkeiten:
- Die Vollstreckung in bewegliche Sachen erfolgt durch Pfändung, angeordnet durch die Staatsanwaltschaft und ihre Ermittlungspersonen, also ggf. auch die Steuerfahndung (§ 111f Abs. 3 Satz 1 StPO).
- Die Vollstreckung in Forderungen und Rechte erfolgt durch Pfändung, angeordnet durch das Gericht oder die Staatsanwaltschaft bzw. BuStra (§ 111f Abs. 3 Satz 1 StPO). Eine Einziehung von Forderungen erfolgt nicht, da es sich nur um eine Sicherungsmaßnahme handelt.
- Die Vollstreckung in Grundstücke erfolgt durch Eintragung einer Arresthypothek seitens des Grundbuchamts, angeordnet durch das Gericht oder die Staatsanwaltschaft bzw. die BuStra (§ 111f Abs. 3 StPO).

3.370 Der **Justizfiskus hat einen subsidiären Zahlungsanspruch** für den Fall, dass wegen objektiv bestehender Drittrechte zwar kein Verfall angeordnet wird, die Gläubiger ihre Rechte hieraus aber nicht geltend machen (**§ 111i Abs. 7 StPO**). Das Vermögen fällt dann nach Ablauf von drei Jahren an den Justizfiskus.

e) Rechtsbehelfe

3.371 Die Anordnung des dinglichen Arrests durch das Gericht kann generell mit der einfachen **Beschwerde (§ 304 StPO)** angefochten werden. Adressat ist das Amtsgericht, welches die Arrestanordnung erlassen hat. Hilft das AG nicht ab, so entscheidet abschließend das LG. Gegen die Entscheidung des LG ist bei einem **Wert von mehr als 20.000 € die weitere Beschwerde** nach § 310 Abs. 1 Satz 1 Ziff. 3 StPO zulässig. Dann entscheidet das OLG. Der Gesetzgeber hat die Situation bei der Anfechtung eines Arrestbeschlusses insoweit der Situation bei Anfechtung eines Haftbefehls angeglichen. Arrestbeträge von mehr als 20.000 € sind in der Steuerfahndungspraxis eher die Regel als die Ausnahme.

3.372 Zum **Zeitablauf** ist zu bedenken: Regelmäßig nach sechs, spätestens aber nach zwölf Monaten ist die weitere Aufrechterhaltung des Arrests nur noch bei Vorliegen dringender Verdachtsmomente möglich (§ 111b Abs. 2 StPO). Dies sollte mit einem **Antrag auf Aufhebung des Arrests** geltend gemacht werden. Ein solcher Aufhebungsantrag wegen des nachträglichen

Entfallens der Anordnungsvoraussetzungen ist jederzeit möglich.[1] Erst gegen die ablehnende Entscheidung des AG ist dann Beschwerde einzulegen.

Wichtig ist schließlich der Gesichtspunkt der **Akteneinsicht**. Nach der neueren Rechtsprechung des BVerfG gelten für die gerichtliche Anfechtung von Arrestanordnungen die für die Untersuchungshaft maßgeblichen Grundsätze. Danach kann die Beschwerdeentscheidung nur auf die Tatsachen und Beweismittel gestützt werden, die dem Beschuldigten durch die Akteneinsicht bekannt gemacht worden sind.[2] Erforderlich ist eine **umfassende Akteneinsicht**, dem Betroffenen bzw. dessen Strafverteidiger dürfen **keine Aktenbestandteile vorenthalten werden**.[3] Letztlich bedeutet das: Verweigert die Staatsanwaltschaft die Akteneinsicht, so ist die Arrestanordnung aufzuheben. Es verbleibt dann keine Tatsachengrundlage, auf die das Gericht seine Beschwerdeentscheidung zulässigerweise stützen könnte.[4] Wie das LG Kiel griffig formuliert: „Solange es den Ermittlungsbehörden gem. § 147 Abs. 2 StPO erforderlich erscheint, die Ermittlungen dem Beschuldigten nicht zur Kenntnis zu geben, muss auf Eingriffsmaßnahmen wie Untersuchungshaft oder Arrest verzichtet werden."[5]

3.373

VI. Interne Organisation und Handling von Steuerfahndungsmaßnahmen

Für ein Unternehmen kann es **existenzbedrohend** sein, wenn sich **bspw.** Folgendes ereignet: Gegen acht Mitarbeiter, darunter zwei Geschäftsführer, wird ein steuerstrafrechtliches Ermittlungsverfahren eingeleitet, das mit einer Durchsuchungsmaßnahme an verschiedenen Stellen Deutschlands in Werken und Büros beginnt. Schnell berichtet die Presse über die Ermittlungen gegen das Unternehmen X wegen Hinterziehungsverdachts in zweistelliger Millionenhöhe. Lieferanten, Kunden und vor allem Banken sind beunruhigt und fordern eine Erklärung. Ferner ist intern völlig unklar, wie man mit den betroffenen Mitarbeitern und vor allem den ebenfalls im Ermittlungsverfahren stehenden Geschäftsführern mit dem Verantwortungsbereich „Steuern und Finanzen" umgehen soll. Eigentlich gilt die Unschuldsvermutung. Doch drängen gerade die Banken, sich von den ins Visier der Ermittler geratenen Mitarbeitern möglichst früh zu trennen, um in der Zukunft unbelastet zu sein. Parallel hierzu machen sich die Geschäftspartner und Mitarbeiter Gedanken über den Fortbestand des Unternehmens, da noch völlig offen ist, in welcher Höhe genau Steuern nachgefordert werden und vor allem, ob das Unternehmen diese bezahlen kann. Diese Schilderung ist nicht erfunden.

3.374

---
1 *Spillecke* in Karlsruher Kommentar, StPO⁵, § 111e Rz. 16.
2 BVerfG v. 5.5.2004 – 2 BvR 1012/02, StV 2004, 411; v. 19.1.2006 – 2 BvR 1075/05, NJW 2006, 1048; v. 9.9.2013 – 2 BvR 533/13, NStZ-RR 2013, 379 f.
3 BVerfG v. 29.5.2006 – 2 BvR 820/06, wistra 2006, 337.
4 Vgl. BVerfG v. 19.1.2006 – 2 BvR 1075/05, NJW 2006, 1048.
5 LG Kiel v. 14.6.2006 – 46 Qs 42/06, StV 2006, 465.

3.375 Gerade in dieser Situation müssen zwingend **Maßnahmen unternommen** werden, um den Unternehmensfortbestand nicht zu gefährden. An Folgendes ist zu denken:
- Es muss eine für das unternehmensinterne Handling der Steuerfahndungsmaßnahme **verantwortliche Person** bestimmt werden. Insofern kommen z.B. der Leiter der Innenrevision, nicht belastete Geschäftsleitungsmitglieder, Aufsichtsratsmitglieder oder ein externer „Profi", regelmäßig ein Rechtsanwalt, in Betracht.
- Sodann sollten alle Beschuldigten Verteidiger und aktuelle sowie potentielle Zeugen **Zeugenbeistände** mandatieren. Zeugenbeistände sind wichtig, um einen ordnungsgemäßen Gang der Befragungen und Vernehmungen zu garantieren. Ermittler neigen dazu, bei Vernehmungen den von ihnen vermuteten Sachverhalt als deren Ziel und Ergebnis anzusehen. So kann es vorkommen, dass später Streit über die Auslegung von Zeugenantworten entsteht. Der Fahnder glaubt, das gehört zu haben, was er schon seit langer Zeit vermutete. Der Zeuge hingegen ist sich sicher, dass er etwas anderes meinte, aber in der Hektik der für ihn ungewohnten Vernehmung versehentlich den missverständlichen Text unterzeichnete.
- Es darf nicht vergessen werden, dass auch das **Unternehmen** in dieser schwierigen Situation **professionelle Hilfe** benötigt. Der insofern mandatierte Berater sollte nicht gleichzeitig Individualbeschuldigte vertreten, da nie ausgeschlossen werden kann, dass Kollisionsfälle eintreten, d.h., dass sich das Unternehmen z.B. von einem der Beschuldigten trennen muss, weil erkennbar wird, dass dieser rechtswidrig gehandelt hat. Schlimmstenfalls müssten gegen diesen Schadensersatzansprüche wegen der entstandenen Steuerschuld, aber vor allem wegen der angefallenen Verfahrenskosten geltend gemacht werden.

3.376 Die Aufgabe des Unternehmensvertreters bezieht sich auf folgende Bereiche:
- Umgang mit der Durchsuchung und Beschlagnahme. Häufig werden Buchhaltungsunterlagen und die Computeranlage zur Aufrechterhaltung des Geschäftsbetriebs dringend benötigt und müssen von den Ermittlungsbehörden zurückgefordert werden.
- Vorgehen gegen die Maßnahmen der Vermögensabschöpfung, wie z.B. Arrest und späteren Verfall, oder bei einer Verbandsgeldbuße.
- Vertretung des Unternehmens im Besteuerungs- und ggf. Steuerstreitverfahren.
- Unterstützung im unternehmensinternen Umgang mit den Beschuldigten.
- Kontaktaufnahme mit den Ermittlungsbehörden, um die Belange des Unternehmens in das Verfahren einzubringen.
- Aufrechterhaltung der Kommunikation zwischen den Individualverteidigern der Beschuldigten und dem Unternehmen. Hier leistet der Unternehmensvertreter Servicearbeiten für seine Kollegen. Häufig ist nur das Unternehmen selbst in der Lage, den Sachverhalt intern aufzuberei-

ten und gegenüber den Ermittlungsbehörden vorzutragen. Hierauf bauen dann die Individualverteidiger in ihren Argumentationen auf.
- Ergänzend ist darüber nachzudenken, einen professionellen Berater für die **Pressearbeit** zu beauftragen. Wichtig ist hier, dass diese seriös und zurückhaltend geführt wird. Die Auseinandersetzung wird unmittelbar mit den Ermittlungsbehörden und nicht über die Presse geführt. Nur ungern lässt sich der Vorsitzende einer Wirtschaftsstrafkammer von Journalisten sagen, wie er ein bestimmtes Verfahren zu entscheiden hat und wertet das als schädlichen Einmischungsversuch.

C. Nützliche Abgaben

I. Gesetzliche Rahmenbedingungen

Wer sich mit dem Thema der Tax Compliance beschäftigt, der muss sich notgedrungen auch mit dem Thema der „**nützlichen Abgaben**" auseinandersetzen. Unter dem **Begriff der nützlichen Abgaben** werden hier alle Zuwendungen verstanden, die durch das Unternehmen in der Hoffnung oder Erwartung erbracht werden, den Zuwendungsempfänger bei seinen weiteren amtlichen oder wirtschaftlichen Entscheidungen zugunsten des Unternehmensinteresses zu beeinflussen. Es geht somit *auch* um strafbare Korruption. Allerdings ist der Begriff der „nützlichen Abgaben" insofern weiter, als es auch Zuwendungen geben kann, die zu dem beschriebenen Zweck erfolgen, aber gleichwohl nicht tatbestandsmäßig i.S.d. Vorschriften des Korruptionsstrafrechts sind. Es kann sich mithin auch um legales Verhalten handeln. Die Korruptionsbekämpfung ist in Deutschland auf das Engste mit dem Besteuerungsverfahren verknüpft. Vehikel hierfür ist **§ 4 Abs. 5 Nr. 10 EStG**: Nach dieser Vorschrift handelt es sich bei der Zuwendung von Vorteilen sowie den damit zusammenhängenden Aufwendungen um steuerlich nicht abzugsfähige Betriebsausgaben, wenn die Zuwendung den Tatbestand eines Strafgesetzes erfüllt oder die Voraussetzungen eines anderen Gesetzes verwirklicht, das die Ahndung mit einer Geldbuße zulässt. Die Finanzverwaltung und insbesondere die Beamten der Betriebsprüfung sind gesetzlich verpflichtet, gegenüber der Staatsanwaltschaft Mitteilungen über Sachverhalte abzugeben, die den Verdacht einer Korruptionsstraftat begründen (§ 4 Abs. 5 Nr. 10 Satz 3 EStG). Die Finanzbehörden haben insoweit keinen Ermessensspielraum, sondern sind bei Vorliegen eines Anfangsverdachts zwingend zur Weitergabe von Informationen verpflichtet.[1] Die **Betriebsprüfung** ist auf diesem Weg zu einem der **wirkungsvollsten Mittel bei der Aufdeckung von Korruptionssachverhalten** geworden.

3.377

---
1 BFH v. 14.7.2008 – VII B 92/08, BStBl. II 2008, 850.

II. Rechtsentwicklung

1. Steuerlich

3.378 Zu berücksichtigen ist die **zeitliche Entwicklung** sowohl in steuerlicher wie auch in strafrechtlicher Hinsicht. Vor 1996 existierte keine steuerliche Abzugsbeschränkung für „Bestechungsgelder" in dem beschriebenen Sinne. Solche Zahlungen waren prinzipiell steuerlich abzugsfähig, was dem Grundgedanken der Besteuerung nach der wirtschaftlichen Leistungsfähigkeit und dem Grundprinzip des § 40 AO entspricht. Die Nichtabzugsfähigkeit von Bestechungszahlungen wurde dann durch das JStG 1996 mit Wirkung ab dem **1.1.1996** eingeführt.[1] Zunächst war allerdings Bedingung für die Nichtabzugsfähigkeit, dass zuvor eine strafrechtliche Sanktion erfolgt war. Die Regelung lief damit weitgehend leer. Ab dem **1.1.1999** ist die Regelung dann dahin gehend verschärft worden, dass die Nichtabzugsfähigkeit nicht erst mit dem Vorliegen einer strafrechtlichen Verurteilung etc. eintritt, sondern eine Hinzurechnung als nicht abzugsfähige Betriebsausgabe bereits zu erfolgen hat, wenn die **Zuwendung nur rechtlich den Tatbestand des Strafgesetzes erfüllt**.[2] Die Entscheidung über das Vorliegen der strafrechtlichen Tatbestandsvoraussetzungen obliegt insoweit den Finanzbehörden,[3] was nicht unproblematisch ist, da Finanzbeamte für die Prüfung solcher Rechtsfragen i.d.R. kaum ausgebildet sind.

2. Strafrechtlich

3.379 Bis 1999 war die Bestechung ausländischer Amtsträger nach deutschem Recht straflos. Im Inland waren Zuwendungen an Amtsträger ohne eine besondere „Unrechtsvereinbarung", d.h. ohne konkreten Bezug zu einer Gegenleistung, weitestgehend legal. Dies wurde durch das KorrBekG[4] und die – in Umsetzung internationaler Vereinbarungen verabschiedeten – ergänzenden Vorschriften des IntBestG[5] und des EUBestG geändert.[6] Die Bestechung von Mitarbeitern eines anderen Unternehmens zur Erlangung von Wettbewerbsvorteilen war früher als „wettbewerbswidriges Verhalten" in § 12 UWG (a.F.) geregelt. Mit dem KorrBekG wurde die Strafvorschrift in das Strafgesetzbuch verlagert, um dem Vorwurf größere Bedeutung zu verleihen. Seit dem 14.8.1997 wird die „Angestelltenbestechung" nunmehr nach § 299 StGB bestraft. Mit Wirkung ab dem 30.8.2002 wurde in den Straftatbestand ausdrücklich auch die Bestechung im internationalen Wirtschaftsverkehr aufgenommen. Mit dem Gesetz zur Bekämpfung

---

1 BGBl. I 1995, 1250, BStBl. I 1995, 438.
2 Zu Einzelheiten der Rechtsänderung *Stapf*, DB 2000, 1092 ff.; *Rand*, BB 2000, 1006 ff. sowie die Entgegnung hierauf von *Walter*, wistra 2001, 321 ff.
3 Ausführliche Vorgaben enthält das BMF-Schr. v. 10.10.2002 – IV A 6 - S 2145 - 35/02, BStBl. I 2002, 1031 ff.
4 Mit Wirkung vom 14.8.1997.
5 Mit Wirkung vom 11.9.1998 bzw. 15.2.1999 (Inkrafttreten des IntBestG).
6 Zur Entstehungsgeschichte *Sowada* in Leipziger Kommentar-StGB[12], vor § 331 Rz. 20 ff.

der Korruption vom 20.11.2015[1] wurden die Vorschriften in Teilbereichen nochmals verschärft und an internationale Abkommen angepasst. Anwendungsfälle des EuBestG und des IntBestG werden fortan unmittelbar durch das StGB erfasst.

In der Praxis hat das Korruptionsstrafrecht in den vergangenen Jahren erheblich an Bedeutung gewonnen, was sich nicht zuletzt an einer Reihe von öffentlichkeitswirksamen Skandalen und Strafverfahren zeigt.[2] Mehr und mehr geraten auch internationale Sachverhalte in den Fokus der Ermittlungsbehörden.

III. Risiko- und Gefahrenbereiche

1. Steuernachzahlungen aufgrund nicht abzugsfähiger Betriebsausgaben (§ 4 Abs. 5 Nr. 10 EStG)

§ 4 Abs. 5 Nr. 10 EStG ordnet die Nichtabzugsfähigkeit von Betriebsausgaben an, soweit es sich um Zuwendungen handelt, die einen Straftatbestand erfüllen oder unter einen Ordnungswidrigkeitentatbestand zu subsumieren sind, der eine Geldbuße zulässt. Nach allgemeiner Auffassung gilt die Vorschrift nicht nur für die Gewinneinkünfte, sondern entsprechend auch für die Abzugsfähigkeit von Werbungskosten bei den Überschusseinkünften. 3.380

Nach Auffassung der Finanzverwaltung[3] kommen die folgenden **Tatbestände des Straf- und Ordnungswidrigkeitenrechts** in Betracht: 3.381
– Wählerbestechung (§ 108b StGB);
– Bestechung von Abgeordneten des EU-Parlaments und des Bundestags oder von Volksvertretungen der Länder, Gemeinden und Gemeindeverbänden (§ 108e StGB)[4];

---

1 BGBl. I 2015, 2025.
2 BGH v. 11.11.2004 – 5 StR 299/03, NJW 2005, 300 ff.; v. 11.10.2005 – 5 StR 65/05, NJW 2005, 3584, jeweils zum „System Schreiber" und den Provisionszahlungen im Zusammenhang mit Panzerlieferungen an Saudi-Arabien; v. 2.12.2005 – 5 StR 190/05, NStZ 2006, 210 (214), zu „Kick-Back"-Zahlungen im Zusammenhang mit der Errichtung der Kölner Müllverbrennungsanlage; v. 9.5.2006 – 5 StR 453/05, NJW 2006, 2050 ff., zu Korruptionszahlungen an Wuppertaler Kommunalpolitiker; v. 9.8.2006 – 1 StR 50/06, NJW 2006, 3290 ff., zu den Vorgängen um den Bau der Allianz Arena in München; v. 29.8.2008 – 2 StR 587/07, wistra 2009, 61 ff., zu Bestechungszahlungen im Bereich der Kraftwerkssparte der Siemens AG; v. 9.7.2009 – 5 StR 263/08, NJW 2009, 3248 ff., zu verdeckten Provisionen an den Geschäftsführer des Hamburgischen Anwaltsversorgungswerks; v. 27.11.2009 – 2 StR 104/09, NJW 2010, 784 ff., zu Produktionskostenzuschüssen an einen ARD-Sportredakteur; v. 14.10.2008 – 1 StR 260/08, BGHSt 53, 6, zum Versand von WM-Tickets an verschiedene Mandatsträger durch den Energieversorger EnBW AG.
3 S. Abschnitt 4.14 der EStR.
4 Zum Problem, ob Gemeinderatsmitglieder als Verwaltungsbeamte und damit als „Amtsträger" oder als Mandatsträger und damit als „Abgeordnete" einzuordnen sind, vgl. nur *Fischer*, StGB[57], § 108e Rz. 5, m.w.N.

- Bestechung von Mitarbeitern oder Beauftragten anderer Unternehmen im geschäftlichen Verkehr (§ 299 StGB);
- Vorteilsgewährung gegenüber inländischen Amtsträgern (§ 333 StGB);
- Bestechung von inländischen oder ausländischen Amtsträgern (§ 334 StGB, ggf. in Zusammenhang mit den Vorschriften des IntBestG und des EUBestG);
- Bestechung ausländischer Abgeordneter im Zusammenhang mit dem internationalen Zahlungsverkehr (Art. 2 IntBestG);
- Bestechung oder Vorteilsgewährung im Zusammenhang mit der Wahl von Arbeitnehmervertretungen oder der Tätigkeit von Arbeitnehmervertretungen (§ 119 Abs. 1 BetrVG);
- Vorteilsgewährung für wettbewerbsbeschränkendes Verhalten (§ 81 Abs. 3 Nr. 2 i.V.m. § 21 Abs. 2 GWB);
- Vorteilsgewährung in Bezug auf das Stimmverhalten in einer Hauptversammlung (§ 405 Abs. 2 Nr. 7 AktG);
- Vorteilsgewährung in Bezug auf das Abstimmungsverhalten in einer Genossenschafts-Generalversammlung (§ 152 Abs. 1 Nr. 2 GenG) und
- Vorteilsgewährung in Bezug auf die Abstimmung in einer Gläubigerversammlung (§ 23 Abs. 1 Nr. 4 SchVG).

Die genannten Vorschriften weisen alle eine ähnliche Struktur auf: Strafbar ist jeweils die **Zuwendung oder das Versprechen von Vorteilen zu dem Zweck**, das zukünftige Verhalten des Versprechensempfängers zu beeinflussen. Regelmäßig muss die zu beeinflussende Person nicht zugleich Empfänger der gewährten oder versprochenen Vorteile sein, sondern auch eine Drittzuwendung reicht aus.

3.382 § 4 Abs. 5 Nr. 10 EStG greift jeweils erst ein, wenn **tatsächlich** eine Zuwendung **geflossen** ist. Das Versprechen allein hat noch keine steuerlichen Auswirkungen. Allerdings wäre (selbstverständlich) etwa die Bildung einer Rückstellung für zukünftige Bestechungszahlungen ebenfalls unzulässig bzw. steuerlich nicht wirksam. Die Erfüllung des Tatbestands der beschriebenen Gesetze setzt jeweils **vorsätzliches Verhalten** voraus. Eine nicht vorsätzliche „Bestechung" ist nicht denkbar. Bei der Prüfung der Frage, ob bestimmte Zahlungsvorgänge im Unternehmen unter nicht abzugsfähige Betriebsausgaben des § 4 Abs. 5 Nr. 10 EStG fallen, sind stets **vier zentrale Punkte** zu begutachten: Welche Position hat der Empfänger des Zuwendungsversprechens? In welchem sachlichen Zusammenhang erfolgt die Zuwendung? Welche Verknüpfung besteht zwischen der Zuwendung und der erhofften/erwarteten „Gegenleistung"? Handelt es sich um einen Auslandssachverhalt und unterfällt dieser den Regelungen des deutschen Rechts?

3.383 Für die in der Praxis bedeutsamsten Korruptionsvorschriften (Vorteilsgewährung, § 333 StGB, Bestechung von Amtsträgern, § 334 StGB, und Bestechung im geschäftlichen Verkehr, § 299 StGB) lassen sich die Voraussetzungen **kurzgefasst** wie folgt **darstellen:**

Frage	Vorteilsgewährung § 333 StGB	Bestechung § 334 StGB	Angestelltenbestechung § 299 StGB
1. Empfänger der Zuwendung?	Amtsträger	Amtsträger	Angestellter oder Beauftragter eines geschäftlichen Betriebs
2. Zusammenhang mit ...?	... irgendeiner Diensthandlung, ob rechtmäßig oder rechtswidrig ist irrelevant	... einer konkreten rechtswidrigen Diensthandlung, allerdings reicht die Beeinflussung bei einer Ermessensentscheidung aus	... einer unlauteren Bevorzugung im Wettbewerb oder (ab 26.11.2015) einer Verletzung von Pflichten gegenüber dem Geschäftsherrn
3. Verknüpfung von Leistung und Gegenleistung?	Keine inhaltliche Verknüpfung erforderlich, auch bloße „Klimapflege" und nachträgliche Zuwendungen reichen aus	Leistung und konkrete Gegenleistung erforderlich („Unrechtsvereinbarung")	Leistung und konkrete Gegenleistung erforderlich („Unrechtsvereinbarung")
4. Geltung für Zuwendungen im Ausland?	Nein	Ja, ab 1999; für Vorfälle außerhalb der EU ist ein Zusammenhang mit dem internationalen Geschäftsverkehr erforderlich	Ja, seit dem 30.8.2002 uneingeschränkt; zuvor nur, wenn ein deutscher Mitbewerber benachteiligt werden sollte

Handelt es sich um eine Zuwendung, welche die beschriebenen Voraussetzungen erfüllt und die dem Steuerpflichtigen (bei einer Körperschaft den Organen) zugerechnet werden kann, so dürfen die aus der Zuwendung selbst und den damit zusammenhängenden Kosten bestehenden Aufwendungen steuerlich nicht abgezogen werden. Wird der Gewinn auf der Grundlage der Handelsbilanz ermittelt, in der diese Positionen zunächst als betriebliche Aufwendungen erfasst sind, so sind die **Kosten als nicht abzugsfähige** Betriebsausgaben außerbilanziell hinzuzurechnen. Dies führt, soweit das Unternehmen im Übrigen positive Einkünfte erzielt, zu einer Mehrbelastung bei der Einkommensteuer oder der Körperschaftsteuer sowie ggf. der Gewerbesteuer.

Werden also durch die Betriebsprüfung nachträglich Zuwendungen i.S.v. § 4 Abs. 5 Nr. 10 EStG festgestellt, so führt dies zu Steuernachzahlungen, die **für die Vergangenheit mit 6 % p.a. zu verzinsen** sind (entweder nach § 233a AO oder § 235 AO). 3.384

Für Kosten, die durch eine Vorteilszuwendung entstehen, können neben § 4 Abs. 5 Nr. 10 EStG auch die Abzugsverbote aus § 4 Abs. 5 Nr. 1 (Ge- 3.385

schenke über 50 €), Nr. 2 (Bewirtungsaufwendungen ohne Aufzeichnung der Teilnehmer), Nr. 3 (Kosten für Gästehäuser) oder Nr. 4 (Repräsentationsaufwendungen für Jagd, Segelboote etc.) einschlägig sein. Die Finanzverwaltung kann **nach verfahrensökonomischen Gesichtspunkten entscheiden, welches Abzugsverbot sie in Stellung bringt.**[1]

3.386 Ergänzend zu § 4 Abs. 5 Nr. 10 EStG greift die Vorschrift über die **Benennung von Zahlungsempfängern nach § 160 AO**. Das Finanzamt trägt die Feststellungslast, wenn es den Betriebsausgabenabzug nach § 4 Abs. 5 Nr. 10 EStG versagen will. D.h., im Streitfall muss das Finanzamt gegenüber einem Finanzgericht nachweisen, dass ein Sachverhalt vorliegt, der die Tatbestandsmerkmale einer strafbaren Zuwendung erfüllt. Lässt sich dieser Beweis nicht erbringen, so kann das Finanzamt auf die Empfängerbenennung nach § 160 AO ausweichen. Vermag der Steuerpflichtige denjenigen, dem der wirtschaftliche Wert der Zuwendung übertragen worden ist, nicht hinreichend genau mit Namen und Adresse zu benennen, so kann das Finanzamt gem. § 160 AO ebenfalls gewinnerhöhend von nicht abzugsfähigen Betriebsausgaben ausgehen (Rz. 2.390 ff.).

2. Steuerhinterziehung bei der Verschleierung von nicht abzugsfähigen Betriebsausgaben

3.387 Ist der Tatbestand einer Zuwendung i.S.v. § 4 Abs. 5 Nr. 10 EStG erfüllt und werden die entsprechenden Aufwendungen gleichwohl in den Steuererklärungen einkommensmindernd berücksichtigt und sodann der Steuerveranlagung zugrunde gelegt, so ist regelmäßig der **Tatbestand der Steuerhinterziehung nach § 370 Abs. 1 Nr. 1 AO erfüllt**. Zwar setzt der Tatbestand voraus, dass unrichtige Angaben über steuerlich erhebliche Tatsachen gemacht werden und die Frage, ob eine Zuwendung unter § 4 Abs. 5 Nr. 10 EStG zu subsumieren ist, stellt zunächst nur eine Rechtsfrage dar. Im Regelfall allerdings sind Korruptionszahlungen durch den Unternehmer, der sie veranlasst hat, unzweifelhaft als solche einzuordnen, so dass es sich nicht mehr um eine „vertretbare Rechtsauslegung" handelt, wenn diese Zahlungen gleichwohl steuerlich abgezogen werden. Dies führt dann zu unrichtigen Tatsachenangaben i.S.d. Straftatbestands nach § 370 AO. Hat derjenige, der die Steuererklärung unterzeichnet, Kenntnis von den Korruptionssachverhalten, so liegt eine vorsätzliche Steuerhinterziehung vor.

3.388 Werden solche Sachverhalte aufgedeckt, so droht **neben der Steuernachforderung** eine **Geld- oder Freiheitsstrafe**. Bei Steuerverkürzungen, die auf diesem Wege herbeigeführt werden und die über den Betrag von 50.000 € pro Veranlagungsjahr hinausgehen, liegt nach neuerer Rechtsprechung des BGH regelmäßig eine Steuerverkürzung „in großem Ausmaß" vor. In diesen Fällen sollen regelmäßig nicht mehr nur Geldstrafen, sondern Freiheitsstrafen zu verhängen sein (die allerdings bis zur

---

[1] BMF v. 10.10.2002 – IV A 6 - S 2145 - 35/02, BStBl. I 2002, 1031 ff. Rz. 35.

Grenze von zwei Jahren bei Ersttätern regelmäßig zur Bewährung ausgesetzt werden).[1]

3. Strafrechtliche Sanktionen und Nebenfolgen auf Seiten des Zuwendenden

Neben den steuerlichen und steuerstrafrechtlichen Risiken sind die **sonstigen Sanktionen** in die Betrachtung miteinzubeziehen, die aus der Begehung und Aufdeckung von Korruptionssachverhalten drohen. Gegen diejenige Person, die sich **individuell** wegen der Begehung einer Korruptionsstraftat zu verantworten hat, können **Geld- und Freiheitsstrafen** verhängt werden. Die Amtsträgerbestechung (§ 334 StGB) ist ein Verbrechenstatbestand, hier ist im Falle einer Verurteilung zwingend eine Freiheitsstrafe von mindestens einem Jahr zu verhängen.

3.389

Bedeutsam sind auch die nachteiligen Folgen, die gegenüber dem Unternehmen angeordnet werden können, für welches die betreffende Person gehandelt hat: Für alle Vorteile, die für das Unternehmen aus der begangenen Korruptionsstraftat entstanden sind, kann der **Wertersatzverfall nach § 73a StGB** angeordnet werden. Im Ergebnis führt dies dazu, dass zugunsten des Justizfiskus ein Zahlungsanspruch entsteht, welcher durch das Strafgericht tituliert wird und den aus der Straftat stammenden Vermögensvorteil des Täters selbst oder eines begünstigten Dritten (d.h. hier des Unternehmens) abschöpfen soll. Nach der geltenden Rechtsprechung des BGH bemisst sich der Wert des „aus der Tat Erlangten" in diesem Sinne nach dem zum Zeitpunkt der durch Korruption erlangten Auftragserteilung zu erwartenden Gewinn aus dem betreffenden Vertragsabschluss.[2] In seiner „Siemens"-Entscheidung hatte das Landgericht Darmstadt bspw. gegen die Siemens AG einen Wertersatzverfall i.H.v. 38 Mio. € angeordnet.[3]

3.390

Neben den individuellen Sanktionen gegen den Täter und den Wertersatzverfall beim Unternehmen kann zusätzlich gegen das Unternehmen selbst eine **Unternehmensgeldbuße nach § 30 OWiG** verhängt werden, soweit die Unternehmensleitung selbst Bestechungsstraftaten zugunsten des Unternehmens begangen hat oder die Begehung der Korruptionsstraftaten durch eine Verletzung von Aufsichtspflichten der Unternehmensleitung ermöglicht worden ist.[4] Als empfindliche Sanktion kann zudem die

3.391

---

1 BGH v. 2.12.2008 – 1 StR 416/08, NJW 2009, 528 (mit Differenzierung zwischen 50.000 € und 100.000 €); nachfolgend BGH v. 27.10.2015 – 1 StR 373/15, NJW 2016, 965 (einheitlich abstellend auf 50.000 €); ausführlich hierzu *Schmitz/Wulf* in MünchKomm/StGB[2], Bd. 7., § 370 AO Rz. 499 ff.
2 BGH v. 2.12.2005 – 5 StR 119/05, BGHSt 50, 299 (309); ergänzend *Fischer*, StGB[57], § 73 Rz. 11, m.w.N.
3 Im Revisionsverfahren wurde die Anordnung des Wertersatzverfalls dann allerdings aufgehoben, da die entsprechenden Sachverhalte vor 2002 verwirklicht worden waren und deshalb nicht unter den Anwendungsbereich von § 299 StGB a.F. fielen; BGH v. 29.8.2008 – 2 StR 587/07, wistra 2009, 61.
4 Einzelheiten bei *Greeve* in Hauschka, Corporate Compliance[2], § 24 Rz. 34 ff.

Aufnahme des Unternehmens in ein Korruptionsregister erfolgen, was de facto dazu führt, dass das Unternehmen von der Auftragsvergabe durch die öffentliche Hand ausgeschlossen wird.[1] Schließlich führen Korruptionshandlungen von Mitarbeitern des Unternehmens regelmäßig zu **Schadensersatzansprüchen der Mitbewerber oder Vertragspartner**, die auf dem Zivilrechtswege durchgesetzt werden können.[2]

4. Beteiligung an Steuerstraftaten des Zuwendungsempfängers

3.392 Die Zahlung von „Bestechungsgeldern" führt i.d.R. zu steuerpflichtigen Einnahmen auf der Seite des Empfängers. Für die Besteuerung ist es unerheblich, ob ein Verhalten strafbar oder bloß rechtswidrig ist oder ob es gegen die guten Sitten verstößt; maßgeblich ist allein, ob das Verhalten des Steuerpflichtigen den Tatbestand des Steuergesetzes erfüllt oder nicht (§ 40 AO). Wer als Amtsträger oder als Angestellter eines fremden Betriebs geldwerte Vorteile entgegennimmt, um im Gegenzug eine rechtswidrige Diensthandlung zu erbringen oder eine Bevorzugung des Zahlenden im geschäftlichen Verkehr zu veranlassen, der erzielt Einkünfte aus der Erbringung von Leistungen. Damit ist der Besteuerungstatbestand nach § 22 Abs. 1 Nr. 3 Satz 1 EStG erfüllt. **Die erlangten Zuwendungen stellen einkommensteuerpflichtige Einnahmen dar.**[3]

3.393 Handelt der Empfänger unter der wiederholten Ausnutzung gleichartiger Gelegenheiten und erbringt er in diesem Sinne gleichsam „beruflich" entgeltliche Leistungen, so kann es sich bei den empfangenen Schmiergeldern auch um gewerbliche Einkünfte i.S.v. § 15 EStG handeln. Neben **Einkommensteuer** fällt dann auch **Gewerbesteuer** und **Umsatzsteuer** an (soweit die Freibeträge des § 11 GewStG bzw. die Grenzen des Kleinunternehmens nach § 19 UStG überschritten sind). Die Rechtsprechung hat unter Anwendung dieser Rechtsgrundsätze bspw. einen kommunalen Mandatsträger, der wiederholt Zahlungen zur Ermöglichung von Bauprojekten entgegengenommen hatte, als gewerblichen Unternehmer eingestuft.[4]

3.394 Verschweigt der Zahlungsempfänger die Beträge in seinen Steuererklärungen, so begeht er eine strafbare **Steuerhinterziehung nach § 370 AO**. Der Empfänger bleibt nach der Rechtsprechung des BGH verpflichtet, die entsprechenden Einnahmen oder Umsätze steuerlich zu deklarieren, selbst wenn er damit rechnen muss, dass das Finanzamt die aus der Steuererklä-

---

1 Vgl. *Greeve* in Hauschka, Corporate Compliance², § 24 Rz. 46 ff.; und beispielhaft die Informationen über das Korruptionsregister des Landes Berlin unter www.stadtentwicklung.berlin.de/service/korruptionsregister/index.shtml.
2 Einzelheiten bei *Greeve* in Hauschka, Corporate Compliance², § 24 Rz. 55 ff.
3 Zu Einzelheiten vgl. *Weber-Grellet* in Schmidt, EStG³⁵, § 22 Rz. 131 ff. sowie Rz. 150 Stichwort „Schmier- und Bestechungsgelder", unter Hinweis auf BFH v. 20.3.2001 – IX R 97/97, BStBl. II 2001, 482 = FR 2001, 748 und v. 20.7.2007 – XI B 193/06, BFH/NV 2007, 1887.
4 BGH v. 9.5.2006 – 5 StR 453/05, NJW 2006, 2050 ff., „Wuppertaler Korruptionsskandal".

rung stammenden Informationen zum Anlass nimmt, um ihn wegen der möglichen Korruptionstaten bei der Staatsanwaltschaft anzuzeigen. Der BGH meint, der Empfänger sei zumindest dazu verpflichtet, die erzielten Einnahmen und Umsätze ohne konkrete Sachverhaltsschilderung – d.h. ohne Hinweis auf das strafbare Verhalten – dem Finanzamt gegenüber zu offenbaren.[1]

Zahlt das Unternehmen nützliche Abgaben in diesem Sinne, die bei dem Empfänger zu steuerpflichtigen Einnahmen führen, welche dort nicht deklariert werden, so kann gegen die Unternehmensverantwortlichen neben dem Vorwurf der Korruption auch der Vorwurf der Beihilfe zur Steuerhinterziehung erhoben werden. Allerdings führt nicht jede Zahlung eines bei dem Empfänger „schwarz" vereinnahmten Bestechungsgeldes zu einer **Beihilfe zur Steuerhinterziehung gem. § 370 AO i.V.m. § 27 StGB**. Nur wenn der Zahlende zusätzliche organisatorische Vorkehrungen trifft, um dem Empfänger eine Verheimlichung seiner Einnahmen gegenüber dem Finanzamt zu ermöglichen, kommt richtigerweise der Vorwurf einer strafbaren „Förderung" der fremden Tat in Betracht. Allein der Umstand, dass das zahlende Unternehmen auf Anweisung des Empfängers bspw. einen Geldbetrag auf ein Auslandskonto überweist, dürfte noch nicht für eine Beihilfe ausreichend sein.[2]

3.395

5. Besonderheiten bei der Bildung „schwarzer Kassen"

Der Umstand, dass aus der Buchführung des Unternehmens ersichtliche Aufwendungen spätestens i.R.d. Betriebsprüfung dahin gehend untersucht werden können, ob eine strafbare Vorteilszuwendung vorliegt, verleitet dazu, im Unternehmen eine separate **schwarze Kasse zu schaffen**, um **Mittel für die Erbringung von Bestechungszahlungen** zur Verfügung zu haben. Naheliegend ist der Gedanke, über die Einschaltung von Treuhändern im Ausland Briefkastengesellschaften oder Stiftungen zu errichten, in denen das entsprechende Vermögen angesammelt werden kann.

3.396

Steuerlich führt dies zunächst zu den Problemen, dass die dort hinfließenden Gelder im Zeitpunkt ihrer Erwirtschaftung konsequenterweise auch nicht als Einnahmen der operativen Gesellschaften erklärt werden können. Die Ausstattung der „schwarzen Kasse" führt somit regelmäßig zu einer Gewinnverkürzung und damit möglicherweise zur Begehung einer

3.397

---

1 BGH v. 2.12.2005 – 5 StR 190/05, NStZ 2006, 210, 214, „Kölner Müllskandal"; sowie v. 5.5.2004 – 5 StR 139/03, wistra 2004, 391, m.w.N.; zur Kritik an dieser Rechtsprechung *Schmitz/Wulf* in MünchKomm/StGB, § 370 AO Rz. 341 ff. sowie *Wulf*, Steuererklärungspflicht und „nemo tenetur", wistra 2006, 89.

2 Als Beispiel für ein ganzes System, in dem nützliche Abgaben verschleiert werden sollen, vgl. nur die Entscheidung des BGH v. 11.10.2005 – 5 StR 65/05, NJW 2005, 3584, zum „System Schreiber" und den dortigen Vorwürfen gegen Max Strauß; ausführlich zu den Voraussetzungen der Beihilfe zur Steuerhinterziehung und den insoweit zu beachtenden Grenzen strafbaren Verhaltens *Schmitz/Wulf* in MünchKomm/StGB, § 370 AO Rz. 396 ff.

Hinterziehung der einschlägigen Ertragsteuer (Einkommensteuer, Körperschaftsteuer, Gewerbesteuer oder entsprechende ausländische Steuern).

3.398 Der BGH hat in seiner „Siemens"-Entscheidung darüber hinaus klargestellt, dass die Einrichtung, insbesondere aber auch die bloße Fortführung solcher Kassen den **Untreuetatbestand nach § 266 StGB** erfüllen kann. In der dortigen Fallkonstellation waren vertrauenswürdige Mitarbeiter aus dem unteren Management damit betraut, die in liechtensteinischen Stiftungen und Schweizer Domizilgesellschaften „geparkten" Gelder zu verwalten und auf Anweisung für Bestechungszahlungen im ausländischen Wettbewerb zur Verfügung zu stellen. Die maßgeblichen Entscheidungen hierüber wurden durch einen Bereichsvorstand getroffen, der eigenverantwortlich über die Finanzen seiner Unternehmenssparte entscheiden konnte, ohne formell Mitglied des geschäftsleitenden Vorstands der Aktiengesellschaft zu sein. Entsprechende Bestechungszahlungen waren nach der offiziellen Compliance-Politik des Unternehmens ausdrücklich verboten. Nachdem die Mitglieder des Vorstands als formelle Geschäftsleitungsorgane in Abrede gestellt hatten, von der Existenz der Konten Kenntnis zu haben, sah der BGH den Tatbestand der Untreue bereits dadurch als erfüllt an, dass der Bereichsvorstand in dem Zeitpunkt, als er erstmals Kenntnis von der Existenz der schwarzen Kassen erlangte, diese **nicht pflichtgemäß wieder in den offiziellen Finanzkreislauf und das Buchführungswesen des Unternehmens zurückgeführt** hatte. Bereits dieses Unterlassen führte zu einem Schaden des Unternehmens i.S.d. Untreuetatbestands, da der Vorstand als eigentliches Geschäftsleitungsorgan über die betreffenden Gelder nicht verfügen konnte.[1]

3.399 Soweit sich die Geschäftsleitung selbst **nicht** zur Existenz und der Verwaltung der „schwarzen Kasse" im Interesse des Unternehmens **bekennt**, wird nach den Grundsätzen der BGH-Entscheidung die Einrichtung und Fortführung solcher Töpfe stets den Straftatbestand der Untreue erfüllen. Erklärt die Unternehmensleitung dagegen nach der Aufdeckung derartiger „schwarzer Kassen", dass diese bewusst eingerichtet und im Interesse des Unternehmens verwendet wurden, so wird damit durch die Mitglieder der Geschäftsführung die Begehung von Korruptionsstraftaten eingeräumt. Darüber hinaus hat der BGH offengelassen, ob er im Hinblick auf eine mögliche Untreuestrafbarkeit bereit wäre, die **aus den Bestechungen erlangten Geschäftsvorteile als Kompensation und Schadensausgleich** im Hinblick auf die durch die korruptiven Zahlungen verursachte Minderung des Unternehmensvermögens anzuerkennen.

6. Besonderheiten bei „Kick-Back"-Sachverhalten

3.400 Bietet das Unternehmen Leistungen zu einem **erhöhten Preis** an, um aus dem erzielten Entgelt Rückflüsse an Entscheidungsträger des Vertragspartners zu finanzieren, so spricht man gemeinhin von „Kick-Back"-Zahlungen. Unter der Geltung von § 4 Abs. 5 Nr. 10 EStG führen auch solche

---

[1] BGH v. 29.8.2008 – 2 StR 587/07, wistra 2009, 61 ff.

Sachverhalte zwingend zu **steuerstrafrechtlichen Vorwürfen**: Entweder das (überhöhte) Entgelt wird nicht vollständig erfasst, so dass eine Ertragsteuerverkürzung durch die unzutreffende Erfassung von steuerpflichtigen Einnahmen stattfindet oder die Vermögensabflüsse werden kaschiert und steuerlich geltend gemacht, wodurch eine Ertragsteuerverkürzung wegen der überhöhten Berücksichtigung von nach § 4 Abs. 5 Nr. 10 EStG nicht abzugsfähigen Betriebsausgaben erfolgt.

Darüber hinaus sind nach der Rechtsprechung des BGH in diesen Fällen regelmäßig **Untreuevorwürfe** gegen die Verantwortlichen des zahlenden Vertragspartners zu erheben. Denn die Rechtsprechung geht von der Standardvermutung aus, dass der leistende Unternehmer seine Ware regelmäßig auch zu dem um das „Kick-Back" geminderte Entgelt erbracht hätte. Dies ist konsequent, denn wirtschaftlich steht der Unternehmer im Ergebnis gleich, ob er das erhöhte Entgelt vereinnahmt und einen Teil zurückgibt oder ob er von Beginn an nur das eigentlich angemessene Entgelt erhält. Die Vereinbarung der überhöhten Zahlung führt für die Leitungsorgane des zahlenden Unternehmens somit zu einem Untreuevorwurf nach § 266 StGB. Die Verantwortlichen des Unternehmens, welches sich auf den geforderten „Kick-Back" einlässt und den Rückfluss ermöglicht, machen sich im Regelfall zumindest wegen **Beihilfe zur Untreue** strafbar.[1]

3.401

IV. Risiko- und Gefahrminimierung

1. Korruptionsbekämpfung und -vorsorge (allgemein)

Der beste Weg, um die beschriebenen steuerlichen und strafrechtlichen Risiken „nützlicher Abgaben" zu begrenzen, ist selbstverständlich die **Einführung eines effektiven Systems zur Verhinderung korruptiven** Verhaltens im Unternehmen. Werden keine strafbaren Zuwendungen ausgeführt, so stellen sich auch die steuerlichen Probleme nicht. Die maßgeblichen Wertentscheidungen sind durch die Unternehmensleitung vorzugeben. **Compliance-Richtlinien**, in denen sich das Unternehmen und alle seine Mitarbeiter zur Einhaltung des geltenden Rechts und damit insbesondere zur Ächtung von strafbaren Bestechungshandlungen bekennen, bilden die Basis einer wirksamen Organisation zur Vermeidung von Korruptionsstraftaten.[2] Hierauf aufbauend ist ein **internes Kontrollsystem** zu schaffen, welches die Aufdeckung von Compliance-Verstößen ermöglicht, zur Sanktionierung möglichen Fehlverhaltens führt und auf diesem Wege die Einhaltung der unternehmensinternen und staatlichen Normvorgaben gewährleistet.[3] Ergänzend hat sich ab einer gewissen Größenordnung des

3.402

---

1 Ausführlich zu den Rechtsfolgen solcher „Kick-Back"-Zahlungen BGH v. 2.12.2005 – 5 StR 119/05, NStZ 2006, 210 ff., „Kölner Müllskandal".
2 Zu den grundlegenden Organisationsfragen und der Bedeutung der unternehmensinternen Kommunikation vgl. nur *Lampert* in Hauschka, Corporate Compliance[2], § 9 Rz. 7 ff. und Rz. 17.
3 Zu den inhaltlichen Anforderungen und zur praktischen Umsetzung eines solchen Kontrollsystems s. nur *Greeve* in Hauschka, Corporate Compliance[2], § 25 Rz. 68 ff.

Unternehmens die **Bestellung von Ombudsleuten** als hilfreich erwiesen, um einen weiteren Informationskanal zu schaffen, über den das Unternehmen Informationen über Verstöße gegen die geltenden Richtlinien erlangen kann.[1]

2. Sachgerechte Abgrenzung legaler Vertriebsmethoden von strafbarem und korruptivem Verhalten

3.403 Die nachteiligen steuerlichen Folgen nützlicher Abgaben setzen gem. § 4 Abs. 5 Nr. 10 EStG dann ein, wenn Zuwendungen vorliegen, die den Straftatbestand eines Gesetzes erfüllen. Jede Form von Vertriebsförderung, Unternehmenswerbung oder Sponsoring, welche sich außerhalb der Tatbestandsmerkmale der Strafvorschriften bewegt, kann somit steuerlich unschädlich vorgenommen werden – selbst dann, wenn es sich um ethisch fragwürdige Formen der Geschäftsförderung und damit um nützliche Abgaben im weiteren Sinne handelt. Um die beschriebenen steuer- und strafgesetzlichen Risiken zu minimieren, ist es wichtig, sich über die **Grenzen der Strafbarkeit** bewusst zu sein.

3.404 Die Verteilung von Annehmlichkeiten, Sachzuwendungen und geldwerten Vorteilen ist im geschäftlichen Leben weit verbreitet, in bestimmten Grenzen unabdingbar und sozial allgemein akzeptiert. Dies reicht von einfachen „Bewirtungen" – wie der Tasse Kaffee und dem Wasser, welches einem Gesprächspartner in der Besprechung angeboten wird – bis hin zu kostspieligen Einladungen zu Sport- oder Kulturveranstaltungen. Regelmäßig werden solche Vergünstigungen durch das Unternehmen nicht im Zusammenhang oder der Erwartung einer konkreten Gegenleistung erbracht, sondern sie dienen der allgemeinen Geschäfts- und Beziehungspflege. Entscheidende Bedeutung zur Vermeidung von strafrechtlichen Vorwürfen in diesem Zusammenhang hat der **Begriff** des „Amtsträgers". Denn Zuwendungen gegenüber diesen Personen begründen den Vorwurf der Vorteilsgewährung gem. § 333 StGB, sobald ein – wenn auch unspezifizierter – inhaltlicher Zusammenhang mit einer zukünftigen oder einer vergangenen Diensthandlung besteht. Bewirtungseinladungen zur „Klima-Pflege" oder „Dankeschön-Spenden" im Anschluss an eine Diensthandlung gegenüber einem Amtsträger sind nach § 333 StGB strafbar.

3.405 Es existiert generell **keine gesetzlich definierte „Geringfügigkeitsgrenze"**. Bei extremer Sichtweise kann selbst das Anbieten einer Tasse Kaffee in der Schlussbesprechung mit dem Außenprüfer oder die Einladung des Bürgermeisters zum kostenlosen Besuch einer Sportveranstaltung als strafbares Verhalten angesehen werden.[2] Zwar besteht allgemein Einigkeit darüber, dass solche geringfügigen oder dem Amt angemessenen Zuwendungen i.R.d. Verkehrssitte oder der allgemein üblichen Höflichkeit kein Fall

---

1 Zu praktischen Erfahrungen beispielhaft *Burchert*, Kriminalistik 2006, 665 ff.
2 Zu dem Versuch der Einschränkung über das Merkmal der „Sozialadäquanz" *Sowada* in Leipziger Kommentar-StGB[12], § 331 Rz. 70 ff., mit zahlreichen Beispielen.

für den Staatsanwalt werden sollen, allerdings sind die konkreten Grenzen bis heute relativ unklar.[1]

Jeder **Aufwand, der zu einem materiellen oder immateriellen Vorteil für einen Amtsträger** führt, ist deshalb **kritisch zu hinterfragen**. Der Begriff des Amtsträgers ist gesetzlich in § 11 Abs. 1 Nr. 2 StGB definiert. Neben den Staatsbeamten und Richtern im formellen Sinne zählen hierzu alle Personen, die in einem anderen öffentlich-rechtlichen Amtsverhältnis stehen (bspw. Notare) oder sonst dazu bestellt sind, bei einer Behörde oder **bei einer sonstigen Stelle bzw. in deren Auftrag Aufgaben der öffentlichen Verwaltung** wahrzunehmen. Der Amtsträgerbegriff ist durch die Rechtsprechung zuletzt relativ weit ausgelegt worden. Angestellte von öffentlich-rechtlichen Körperschaften, wie bspw. einem Versorgungswerk oder den öffentlichen Rundfunkanstalten, zählen regelmäßig dazu. Auch juristische Personen des Privatrechts können als „sonstige Stelle" mit Aufgaben der öffentlichen Verwaltung betraut sein, solange sie funktional als „verlängerter Arm des Staats" erscheinen, wie z.B. kommunale Energieversorgungsunternehmen oder die Sparkassen. Nicht ausreichend hingegen ist, wenn es sich lediglich um ein Wirtschaftsunternehmen handelt, dessen Anteile im Eigentum der öffentlichen Hand stehen (wie bspw. die Flughafen AG Frankfurt). Auch die Beteiligung von Privatinvestoren, die über eine Sperrminorität der Anteile verfügen, steht der Behandlung als „sonstiger Stelle" entgegen.[2]

3.406

Um das Risiko einer Strafbarkeit im Zusammenhang mit Zuwendungen im weiteren Sinne an Amtsträger zu verringern, sollte über die **Einbindung und Inkenntnissetzung der vorgesetzten Stellen** nachgedacht werden. Denn eine strafbare Vorteilsgewährung scheidet aus, wenn die hierfür zuständige Behörde die Annahme des Vorteils durch den Empfänger genehmigt (§ 333 Abs. 3 StGB). Selbstverständlich ist eine solche **Genehmigung** aber nicht wirksam, wenn sie offenkundig rechtswidrig ist – etwa weil der Vorgesetzte ebenfalls Begünstigter einer Zuwendung ist.

3.407

Betrifft ein Aufwand Personenkreise, die nicht unter den Amtsträgerbegriff fallen, so gilt ein großzügigerer Maßstab. Eine **„Bestechung" von Angestellten oder Beauftragten anderer Unternehmen** (§ 299 StGB) liegt erst dann vor, wenn ein materieller oder immaterieller Vorteil für eine konkrete oder zumindest grob erkennbare zukünftige Gegenleistung angeboten, versprochen oder gewährt wird (sog. „Unrechtsvereinbarung"). Das sog. „Anfüttern", die „Klimapflege", um allgemein das Wohlwollen eines zukünftigen Auftraggebers zu gewinnen oder zu erhalten, die Vorteilsgabe ohne den Bezug zu einer absehbaren zukünftigen Handlung ist

3.408

---

1 Zu Einzelheiten vgl. nur *Bannenberg* in Wabnitz/Janovsky, Handbuch des Wirtschafts- und Steuerstrafrechts[3], Abschnitt 12 Rz. 64 ff. sowie beispielhaft die Entscheidung des BGH im Fall „Lutz Claaßen", BGH v. 14.10.2008 – 1 StR 260/08, BGHSt 53, 6.
2 Zu den Einzelheiten vgl. nur *Fischer*, StGB[57], § 11 Rz. 17 ff., mit zahlreichen Nachweisen.

im privaten Wirtschaftsverkehr ebenso straflos wie das reine „Dankeschön" nach einer Auftragsvergabe.

3.409 Besteht eine die Strafbarkeit nach § 299 StGB begründende Gegenseitigkeitsvereinbarung – ausdrücklich oder stillschweigend –, so ist dies bei selbstkritischer Betrachtung und Prüfung nicht zu übersehen. Man muss an dieser Stelle der Wahrheit ins Auge sehen, dann lassen sich Bestechungstaten nach § 299 StGB im persönlichen Verantwortungsbereich sicher vermeiden. Ergänzend hinzutreten muss an dieser Stelle die **Schulung und Kontrolle der eigenen Vertriebsmitarbeiter**.[1] Denn Bestechungstaten von eigenen Angestellten oder Beauftragten führen auch dann zu nicht abzugsfähigen Aufwendungen i.S.v. § 4 Abs. 5 Nr. 10 EStG, wenn die Unternehmensleitung hiervon keine Kenntnis hatte und das Verhalten der Mitarbeiter gegen unternehmensinterne Vorgaben verstieß.

3.410 **Probleme** hinsichtlich der Einordnung, ob eine „Angestelltenbestechung" vorliegt oder nicht, können sich gerade **im internationalen Wirtschaftsverkehr** daraus ergeben, dass nicht klar ist, welche Position der Empfänger einer „Provision" auf der Gegenseite hat bzw. für wen die verlangte Zahlung tatsächlich bestimmt ist.

3.411 Prinzipiell gilt: Der **Unternehmensinhaber** ist kein tauglicher Empfänger einer strafbaren Bestechungszahlung, er darf (selbstverständlich) den Abschluss des Geschäfts von dem Erhalt beliebiger Zuwendungen abhängig machen. Verlangt bspw. ein ausländischer Geschäftspartner, dass Teile des Kaufpreises an ihn zurückfließen und auf ein Konto in der Schweiz einzuzahlen sind, so mag der deutsche Lieferant eine Beihilfe zur Steuerhinterziehung nach dem Recht des ausländischen Staats begehen – eine Bestechungstat nach deutschem Recht liegt hingegen nicht vor, da der begünstigte Inhaber nicht „Angestellter oder Beauftragter" des Vertragspartners ist. Dies gilt nach herrschender Ansicht auch für Zahlungen oder Rückflüsse an den **Alleingesellschafter einer Kapitalgesellschaft**.[2] Treten „Vermittlungsagenten" auf, die den Geschäftsabschluss fördern und hierfür Provisionszahlungen verlangen, so bleibt diese Zahlung zulässig, solange nicht objektiv erkennbar ist, dass diese von Angestellten des Geschäftspartners vorgeschoben werden oder sie offen im Interesse und im Lager des Vertragspartners tätig sind (dann wären sie Beauftragte des anderen Geschäftsbetriebs).

3.412 In Zweifelsfällen kann es sich empfehlen, die Vermittlungsprovision offen abzuwickeln und dem Vertragspartner zur Kenntnis zu bringen, um den Vorwurf der Angestelltenbestechung zu vermeiden. Denn **Zahlungen, die offen und mit Billigung des anderen Geschäftsherrn erfolgen**, fallen regelmäßig nicht unter den Tatbestand der Angestelltenbestechung.[3] Han-

---

1 Beispielhaft *Jakob*, CCZ 2010, 61, zur Prüfung von Einladungen und Geschenken und den entsprechenden Richtlinien für die Mitarbeiter.
2 *Tiedemann* in Leipziger Kommentar-StGB[12], § 299 Rz. 14; zweifelnd allerdings *Fischer*, StGB[57], § 299 Rz. 10c, m.w.N.
3 *Fischer*, StGB[57], § 299 Rz. 18, m.w.N.

delt es sich hingegen um Zuwendungen, bei denen alle Beteiligten davon ausgehen, dass sie im Verborgenen stattfinden müssen, so ist dies häufig ein Indiz dafür, dass die vermeintlich legale Fassade nur vorgeschoben ist.

3. Zutreffende steuerliche Erfassung und Deklaration strafbefangener Zahlungen

Der ideale Weg ist es selbstverständlich, strafbare Zuwendungen i.S.d. § 4 Abs. 5 Nr. 10 EStG zu vermeiden. Allerdings wird dieser Weg nicht immer beschritten. Wenn das Unternehmen auf einem Auslandsmarkt tätig ist und meint, ohne dort „landestypische" Zuwendungen nicht bestehen zu können oder wenn nachträglich – bspw. im Rahmen von internen Revisions- und Compliance-Maßnahmen – durch Mitarbeiter ausgelöste Bestechungszahlungen der Unternehmensleitung bekannt werden, so gilt es, zusätzlich zu der vorliegenden Korruptionstat **nicht auch noch eine Steuerstraftat** zu begehen. Der richtige Umgang mit entsprechenden Zahlungen in der Steuererklärung ist auf den ersten Blick denkbar einfach: Es handelt sich um **nicht abzugsfähige Ausgaben**. Als solche sind sie in der Buchführung zu behandeln und dem betriebswirtschaftlichen Ergebnis für die Zwecke der steuerlichen Gewinnermittlung wieder hinzuzurechnen.

3.413

Das Problem besteht darin, dass der Gesetzgeber die Finanzbehörden in § 4 Abs. 5 Nr. 10 Satz 3 EStG verpflichtet, alle Tatsachen, die den Verdacht einer strafbaren Zuwendung i.S.v. Satz 1 der Vorschrift begründen, den Strafverfolgungsbehörden mitzuteilen. Der Wortlaut des Gesetzes erlaubt es, eine solche Mitteilungspflicht auch für den Fall anzunehmen, dass die Aufwendungen als steuerlich nicht abzugsfähige Betriebsausgaben gebucht worden sind;[1] jedenfalls wird eine **Mitteilung an die Staatsanwaltschaft unter Durchbrechung des Steuergeheimnisses** nach § 30 Abs. 4 AO in der Praxis von vielen Finanzbehörden für zulässig gehalten. Wer ausdrücklich nicht abzugsfähige Ausgaben nach § 4 Abs. 5 Nr. 10 EStG erklärt, der muss folglich damit rechnen, dass das Finanzamt die Staatsanwaltschaft auf den Plan ruft. Der richtige Weg besteht deshalb darin, nicht abzugsfähige Betriebsausgaben zu erklären und zu **dem Grund der Nichtabzugsfähigkeit keinerlei Angaben zu machen**. Hier ist Sorgfalt gefragt, jeder Hinweis auf den wirtschaftlichen und rechtlichen Hintergrund ist zu tilgen, Mitarbeiter zu strengstem Stillschweigen zu vergattern. Steuerlich ist dies unproblematisch, denn zu steuerlich nicht geltend gemachten Abzugsposten hat das Finanzamt auch keinen Anspruch auf Erläuterungen irgendeiner Art.

3.414

Verfügt die Finanzbehörde (d.h. im Zweifel die Betriebsprüfung) über keinerlei Unterlagen, aus denen sich ein Hinweis ergibt, warum und nach welcher Vorschrift der entsprechende Aufwand als nicht abzugsfähig be-

3.415

---

[1] Kritisch hierzu *Preissing/Kiesel*, DStR 2006, 118 ff.; *Wied* in Blümich, EStG § 4 Rz. 911 (Aug. 2013), m.w.N.; offengelassen in der Anweisung des BMF v. 10.10.2002 – IV A 6 - S 2145 - 35/02, BStBl. I 2002, 1031 Rz. 31.

handelt wurde und werden durch die Unternehmensmitarbeiter auch mündlich keinerlei Auskünfte hierzu erteilt, so besteht eine begründete Aussicht dahin gehend, dass die Finanzbehörde keine Mitteilung an die Staatsanwaltschaft macht. Denn **es fehlt dann an entsprechenden Anhaltspunkten**, die den Verdacht einer strafbaren Zuwendung begründen könnten.

3.416 Vorsorglich ist darauf hinzuweisen, dass die Entscheidung von Betriebsprüfern über die Weitergabe von Informationen in einer solchen Situation wenig vorhersehbar ist. Manche Prüfer sind großzügig, weil sie die eigene Prüfung nicht durch ein Eingreifen der Staatsanwaltschaft behindern lassen wollen. Andere Prüfer haben vorrangig Angst, sich selbst angreifbar zu machen und leiten Informationen über nicht abzugsfähige Betriebsausgaben ungeprüft weiter, ohne sich mit dem Fehlen von Verdachtstatsachen näher zu befassen. Einem solchen Prüfer gegenüber kann der Hinweis angebracht sein, dass die pauschale Weitergabe von Informationen ohne eine rechtfertigende Tatsachenbasis ihrerseits eine **strafbare Verletzung des Steuergeheimnisses (§ 355 StGB)** darstellt. Der Betriebsprüfer muss rechtlich prüfen, ob die gesetzlich normierten Voraussetzungen aus § 4 Abs. 5 Nr. 10 EStG oder § 30 Abs. 4 Nr. 5 AO vorliegen. Ist dies nicht der Fall, so verletzt eine Weitergabe von Informationen das Steuergeheimnis.

3.417 Eine gewisse Hilfestellung in dieser Argumentation bietet ein **Beschluss des BVerfG vom 9.2.2005**, der bislang wenig bekannt ist. Das BVerfG hat dort ausdrücklich entschieden, dass allein die Verbuchung von Aufwendungen als nicht abzugsfähige Betriebsausgaben keine ausreichende Grundlage ist, um strafprozessuale Maßnahmen, wie eine Durchsuchung von Geschäftsräumen, zu rechtfertigen. Der Umstand, dass ein Steuerpflichtiger bestimmte Ausgaben nicht als Betriebsausgaben gewinnmindernd geltend macht und den Verwendungszweck sowie die Zahlungsempfänger nicht offenlegt, sei nicht ausreichend, um den Verdacht von Bestechungstaten zu begründen. Ein solches Verhalten sei rechtmäßig und könne verschiedene Gründe haben. Aus diesem „nicht strafbaren und darüber hinaus rechtmäßigen Verhalten auf das Begehen einer Straftat zu schließen, hätte weiterer Anhaltspunkte bedurft".[1]

3.418 Um die Diskussion über den Hintergrund von nicht abzugsfähigen Betriebsausgaben und eine mögliche Pflicht zur Information der Staatsanwaltschaft gar nicht erst entstehen zu lassen, könnte man auf den Gedanken kommen, entweder eine andere und „harmlose" Begründung für die Nichtabzugsfähigkeit zu erfinden oder aber die vorgenommenen Zahlungen auf anderem Wege nicht ergebniswirksam werden zu lassen, etwa indem man sie lediglich als Darlehen verbucht und entsprechende Darlehensforderungen aktiviert. Solchen Versuchen ist mit Vorsicht zu begegnen. Der **Versuch, eine Fassade für den Hintergrund der Zahlungen auf-**

---

[1] BVerfG v. 9.2.2005 – 2 BvR 1108/03, HFR 2005, 900 (902); zur verfahrensrechtlichen Geltendmachung dieser Einwände Rz. 3.426.

zubauen, schlägt häufig fehl und hält kritischen Nachfragen der Betriebsprüfung nicht stand. Wer Zuwendungen als „Darlehensauszahlungen" oder ähnlich verbucht, bekommt spätestens ein Problem, wenn das Darlehen fällig ist oder die Darlehensforderung (vermeintlich) abgeschrieben werden muss. Sobald eine Erklärung des Steuerpflichtigen den Prüfer nicht überzeugt, wird bei der Finanzbehörde erst recht der Verdacht von möglicherweise strafbaren Zuwendungen aufkommen. Die Glaubwürdigkeit des Steuerpflichtigen ist dann beschädigt, schließlich sagt bereits der Volksmund: „Wer einmal lügt, dem glaubt man nicht." Insofern ist es regelmäßig der bessere Weg, die Nichtabzugsfähigkeit der Ausgaben ohne jede weitere Erläuterung in den Büchern zu vermerken und dann auf eine Durchsetzung seiner Rechte zu vertrauen.

Schließlich ist nochmals zu betonen: All diese Probleme entstehen für denjenigen nicht, der sich **von Beginn an gesetzmäßig verhält** und Korruptionszahlungen im eigenen Unternehmen unterlässt bzw. vermeidet. 3.419

4. Anzeige- und Berichtigungspflicht nach § 153 AO

Im Zusammenhang mit steuerlichen Nachzahlungen und steuerstrafrechtlichen Vorwürfen, die aus der Vornahme von Korruptionszahlungen im Unternehmen folgen können, ist ergänzend auf die Berichtigungspflichten des § 153 AO hinzuweisen. Sind in der Vergangenheit durch die Unternehmensleitung oder durch Mitarbeiter strafbare Zuwendungen i.S.v. § 4 Abs. 5 Nr. 10 EStG ausgeführt worden und sind diese Zuwendungen dann gleichwohl steuerlich geltend gemacht worden, so ist eine Steuerverkürzung entstanden. Erhält die Geschäftsführung **nachträglich** Kenntnis von diesen Sachverhalten oder wird ein **neues Mitglied der Geschäftsleitung** bestellt, welches dann Kenntnis von den vorangegangenen Verfehlungen erhält, so entsteht steuerlich eine Anzeigepflicht nach § 153 AO. Wer als Geschäftsleiter nachträglich von abgegebenen unrichtigen Steuererklärungen und den darauf beruhenden Steuerverkürzungen Kenntnis erlangt, der muss dies unverzüglich dem Finanzamt gegenüber anzeigen und die Erklärungen aus der Vergangenheit sodann berichtigen.[1] 3.420

Verletzt das Organ seine Anzeigepflicht, unterlässt der Vorstand oder Geschäftsführer die Information des Finanzamts, so begeht er selbst eine **strafbare Steuerhinterziehung nach § 370 Abs. 1 Nr. 2 AO**. Der Anzeigepflicht ist also unbedingt Folge zu leisten, wenn der nachträglich informierte Vorstand oder der hinzugekommene Geschäftsführer sich nicht persönlich einem Strafbarkeitsrisiko aussetzen will.

Erfolgt die Anzeige und werden die Steuererklärungen aus der Vergangenheit korrigiert, so stellt dies ggf. steuerstrafrechtlich eine **Selbstanzeige** dar, die in erweitertem Umfang – etwa auch im Rahmen einer laufenden 3.421

---

1 Zur Anwendung von § 153 AO in der Praxis vgl. bspw. *Wulf*, Stbg. 2010, 295 ff. sowie *Helmrich*, DStR 2009, 2132, jeweils m.w.N.; die Finanzverwaltung hat die aus ihrer Sicht maßgeblichen Grundsätze in einem BMF-Schreiben v. 23.5.2016 veröffentlicht.

Betriebsprüfung – noch Straffreiheit bzw. ein Strafverfolgungshindernis für die anderen Geschäftsführungsorgane wegen der unzutreffenden steuerlichen Behandlung der Zahlen herbeiführen kann (vgl. § 371 Abs. 4 AO).[1] Durch die Vornahme der Anzeige und die Information des Finanzamts lässt sich allerdings **keine Straffreiheit für die in der Vergangenheit begangenen Bestechungszahlungen** erreichen. Im Zweifel muss deshalb versucht werden, die unzutreffenden Steuerveranlagungen zu korrigieren, ohne damit das Eingeständnis einer Korruptionstat zu verbinden, soweit nicht das Unternehmen sich insgesamt zur Aufklärung und Offenlegung aller Verstöße aus der Vergangenheit entscheidet. Sollen nur die steuerlichen Verfehlungen bereinigt werden, so kommt es auch hier darauf an, eine Korrektur allein durch die Offenlegung von „unbenannten" nicht abzugsfähigen Betriebsausgaben zu erreichen.

3.422 Die Anzeige- und Berichtigungspflicht nach § 153 AO greift im Übrigen erst dann ein, wenn das Geschäftsleitungsorgan **Kenntnis von den Verfehlungen der Vergangenheit** hat. Ein „Erkennen-Müssen" oder „Erkennen-Können" genügt nicht.[2] Das Steuergesetz gibt dem Steuerpflichtigen in § 153 AO somit nicht auf, nach Unrichtigkeiten zu suchen. Wer als neu eintretender Geschäftsführer lediglich eine unbestimmte Ahnung von möglichen Verstößen aus der Vergangenheit hat, der muss sich folglich bewusst entscheiden, ob er der Sache auf den Grund gehen will und dann ggf. seinen Anzeigepflichten nachkommt oder ob er weitergehende Ermittlungen unterlässt und sich damit seine Gutgläubigkeit bewahrt. Letzteres ist steuerlich nicht pflichtwidrig, solange tatsächlich keine Kenntnis i.S.v. § 153 AO eingetreten ist.[3]

V. Schadensabwehr und -minimierung

1. Steuerstreit und Strafverteidigung

3.423 Werden durch die Ermittlungsbehörden Zuwendungen nach § 4 Abs. 5 Nr. 10 EStG aufgegriffen, so muss das Unternehmen die Auseinandersetzung regelmäßig an zwei Fronten führen: Die Staatsanwaltschaft ermittelt wegen der möglichen Begehung von Korruptionsstraftaten. Das Finanzamt schließt sich diesen Ermittlungen an und befindet über die Nichtabzugsfähigkeit von Betriebsausgaben. Hier ist es wichtig, die **Strafverteidigung** (d.h. die Individualverteidigung der Betroffenen und die rechtliche Vertretung des Unternehmens im Ermittlungsverfahren) einerseits mit der **steuerlichen Interessenvertretung** gegenüber der Betriebsprüfung oder der beauftragten Steuerfahndung **zu koordinieren**.

---

[1] Die sog. Drittanzeige wirft eine Reihe von Problemen auf (vgl. nur *Joecks* in Franzen/Gast/Joecks, Steuerstrafrecht[7], § 371 Rz. 220 ff.); in der beschriebenen Situation sollte unbedingt externer Rat eingeholt werden.

[2] So ausdrücklich auch BMF v. 23.5.2016 – IV A 3 - S 0324/15/1001, IV A 4 - S 0324/14/1001 – DOK 2016/0470583, BStBl. I 2016, 490, Tz. 2.4.

[3] Vgl. hierzu nur *Seer* in Tipke/Kruse, § 153 AO Rz. 12 (Juni 2012), m.w.N.

C. Nützliche Abgaben

Die Unternehmensführung muss die Grundentscheidung treffen, ob man bei der Aufarbeitung den Ermittlungsbehörden zuarbeiten will oder ob man sich auf eine Verteidigung gegen die (u.U. unberechtigten) Vorwürfe beschränkt. Im ersteren Fall entsteht regelmäßig ein **Interessengegensatz** im Verhältnis zu den seinerzeit handelnden Personen, die im Rahmen ihrer Individualverteidigung erfahrungsgemäß nicht bereit sein werden, ein mögliches Fehlverhalten einzugestehen. Hier muss frühzeitig darauf geachtet werden, mit diesem Interessengegensatz für alle Beteiligten fair umzugehen, damit es möglichst nicht zu Auseinandersetzungen zwischen dem Unternehmen und seinen Mitarbeitern kommt. Es empfiehlt sich, für jeden der Beteiligten einen Individualverteidiger und daneben für die Vertretung des Unternehmens im Ermittlungsverfahren und die Vertretung im Besteuerungsverfahren jeweils unabhängige Vertreter zu bestellen, die auch die Aufgabe übernehmen können, die Individualverteidigungen und -interessen zu koordinieren. Die beteiligten Anwälte können dann untereinander nach Möglichkeit zusammenarbeiten und sich darum bemühen, die entstehenden Interessenkonflikte auszugleichen. 3.424

Je früher man den Ermittlungen entgegentritt, desto eher lässt sich zumeist eine Ausweitung des Verfahrens und der Ermittlungen verhindern. Erwägt die Finanzbehörde, in der Betriebsprüfung eine Mitteilung nach § 4 Abs. 5 Nr. 10 Satz 3 EStG an die Staatsanwaltschaft zu machen, so kann das Unternehmen versuchen, dem mit dem **Antrag auf Erlass einer einstweiligen Anordnung beim Finanzgericht** entgegenzutreten (§ 114 FGO). Auf entsprechenden Antrag hin hat dann das Finanzgericht zu entscheiden, ob Sachverhalte vorliegen, die eine Information der Strafverfolgungsbehörden nach § 4 Abs. 5 Nr. 10 EStG oder § 30 Abs. 4 Nr. 5 AO rechtfertigen können. Anderenfalls ist die Finanzbehörde durch das Steuergeheimnis an einer Weitergabe von Informationen gehindert. 3.425

Solange die Auseinandersetzung auf der Ebene der Finanzbehörden geführt wird, kann das Unternehmen damit rechnen, dass **keine Informationen an die Öffentlichkeit** gelangen. Erreichen die Informationen dagegen die Staatsanwaltschaft und wird dort ein Verfahren eröffnet, so ist es leidvolle Erfahrung, dass diese Informationen von dort sehr viel eher den Weg zur Presse und in die Öffentlichkeit finden werden. 3.426

Auch gegenüber den Maßnahmen der Staatsanwaltschaft, wie bspw. der Durchführung von Durchsuchungen etc., ist ggf. ein **Antrag zum Amtsgericht** zu stellen bzw. der **Beschwerdeweg** zu beschreiten, um die vom BVerfG definierten Grenzen der strafprozessualen Eingriffsbefugnisse zu wahren.[1]

2. Konfliktlösung über § 160 AO

Ausgangspunkt für Korruptionsermittlungen in der beschriebenen Form sind regelmäßig Betriebsprüfungen. Die Prüfer des Finanzamts sind **fis-** 3.427

---

1 Vgl. die bereits zitierte Entscheidung BVerfG v. 9.2.2005 – 2 BvR 1108/03, HFR 2005, 900.

kalisch orientiert. Ihnen geht es nicht nur, aber auch um eine zutreffende steuerliche Erfassung; überspitzt formuliert um ihr steuerliches Mehrergebnis. In der Auseinandersetzung mit dem Finanzamt lassen sich weitergehende strafrechtliche Folgen u.U. durch die **Heranziehung von § 160 AO** vermeiden. Die Finanzbehörde ist auf eine weitergehende Ermittlung des Sachverhalts angewiesen, soweit sie das Abzugsverbot nach § 4 Abs. 5 Nr. 10 EStG in Stellung bringen will. Dagegen kann eine Versagung des Betriebsausgabenabzugs bereits auf die mangelnde Mitwirkung des Steuerpflichtigen gestützt werden, wenn es nur um die Empfängerbenennung nach § 160 AO geht. Fragwürdige Zahlungen können folglich einvernehmlich mit der Finanzbehörde dahin gehend behandelt werden, dass eine weitergehende Aufklärung des Sachverhalts und auch eine Empfängerbenennung durch den Steuerpflichtigen nicht möglich ist. Dies führt zu nicht abzugsfähigen Betriebsausgaben, ohne dass für das Finanzamt eine Pflicht zur Information der Strafverfolgungsbehörden nach § 4 Abs. 5 Nr. 10 Satz 3 EStG entsteht. § 160 AO ist im Übrigen auch hinsichtlich der Rechtsfolge höchst flexibel, da das Finanzamt ermessensgerecht über den Umfang der Nichtanerkennung der Betriebsausgaben zu entscheiden hat. Bei entsprechender Argumentation lässt sich gemeinsam mit dem Betriebsprüfer jeder beliebige Prozentsatz für den **Umfang der Nichtabzugsfähigkeit** begründen.

3.428 In ähnlicher Weise lässt sich auch **§ 159 AO** einsetzen, wenn es um die Frage geht, wem Einnahmen oder Konten zuzurechnen sind, aus denen dann später Zahlungen geleistet wurden.

VI. Schadensausgleich

3.429 Verstoßen Mitarbeiter oder Organe gegen interne Compliance-Richtlinien hinsichtlich der Zulässigkeit von nützlichen Aufwendungen, so sind diese Individualpersonen dem Unternehmen gegenüber zum Schadensersatz verpflichtet. **Steuernachforderungen** gegenüber dem Unternehmen, die auf der Anwendung von § 4 Abs. 5 Nr. 10 EStG beruhen, dürften allerdings **regelmäßig nicht zum ersatzfähigen Schaden** in diesem Sinne zählen. Denn wenn die strafbare Zuwendung als zum Schadensersatz verpflichtendes Verhalten nicht vorgenommen worden wäre, dann wäre der Betrag der Zuwendung selbstverständlich ebenfalls nicht als Aufwendung steuerlich abzugsfähig gewesen. Schließlich wäre die Aufwendung dann gar nicht erfolgt. Die aus der Aufdeckung des Sachverhalts resultierende Nachzahlung der Ertragsteuer stellt somit keinen zurechenbaren Schaden dar.

3.430 Anders kann dies hinsichtlich der **Nachzahlungszinsen** zu beurteilen sein, wenn das Unternehmen nachweislich geringeren Zinsbelastungen als dem gesetzlichen Nachzahlungszins von 6 % p.a. unterliegt.

3.431 Darüber hinaus können die dem Unternehmen entstandenen Kosten der Rechtsverteidigung ggf. einen Schaden darstellen, der erstattungsfähig ist.

Kapitel 4
Verantwortliche für Tax Compliance

A. Steuerrechtliche und steuerstrafrechtliche Risiken für Organmitglieder

I. Haftung von Vorständen und Geschäftsführern für Steuern der Gesellschaft

1. Gesetzliche Rahmenbedingungen

a) Steuerschuldner

Steuerschuldner der von der Gesellschaft als Steuersubjekt verwirklichten Steuern (KSt, GewSt, KapESt, LSt) ist ausschließlich die Gesellschaft. Ein **Durchgriff auf Organmitglieder** derart, dass die Finanzverwaltung Mitglieder der Vertretungs- bzw. Aufsichtsorgane persönlich aufgrund eines an die Gesellschaft gerichteten Steuerbescheids in Anspruch nimmt, ist grundsätzlich unzulässig. 4.1

b) Haftungsschuldner

Beabsichtigt die Finanzverwaltung, Organmitglieder für Steuerschulden der Gesellschaft als Haftungsschuldner in Anspruch zu nehmen, erfolgt dies in der Praxis ausschließlich im Wege des Haftungsbescheids nach den **Haftungsregelungen der AO (§§ 69, 34, 191 AO)**, nicht hingegen aufgrund zivilrechtlicher Regelungen (z.B. § 92 AktG, § 64 GmbHG, § 823 Abs. 1 BGB)[1]. Haftung für Steuerschulden bedeutet das Einstehen für eine fremde Steuerschuld. Der Haftungsanspruch entsteht kraft Gesetzes durch Erfüllung eines Haftungstatbestands. Die Verwirklichung des Haftungsanspruchs gem. § 218 Abs. 1 Satz 1 AO erfolgt sodann durch Haftungsbescheid gem. § 191 Abs. 1 Satz 1 AO. 4.2

c) Bestehen der Steuerschuld

Die Haftung ist vom Bestehen der originären Steuerschuld abhängig. Entsteht der **originäre Steueranspruch** nicht oder erlischt er, entsteht auch die Haftungsschuld nicht bzw. sie erlischt. Ansprüche aus dem Steuerschuldverhältnis erlöschen insbesondere durch: 4.3

- Zahlung (§§ 224, 224a, 225 AO),
- Aufrechnung (§ 226 AO),
- Erlass (§§ 163, 227 AO),
- Festsetzungsverjährung (§§ 169 bis 171 AO),
- Zahlungsverjährung (§§ 228 bis 232 AO).

---

[1] Ablehnend auch FG Köln v. 28.4.2006 – 14 K 2789/03, n.v. (juris).

4.4 Gemäß § 191 Abs. 5 Satz 1 AO darf ein Haftungsbescheid nicht mehr ergehen, soweit die Steuer gegen den Steuerschuldner (Gesellschaft) nicht festgesetzt worden ist und wegen **Ablauf der Festsetzungsfrist** auch nicht mehr festgesetzt werden kann sowie bei Eintritt der **Zahlungsverjährung** oder **Gewährung** eines Erlasses. Anderes gilt gem. § 191 Abs. 5 Satz 2 AO für den Fall der Steuerhinterziehung. Danach kann ein Haftungsbescheid auch für eine festsetzungs- oder zahlungsverjährte oder erlassene Steuer ergehen, wenn die Haftung auf einer vom Haftungsschuldner begangenen Steuerhinterziehung beruht.

d) Voraussetzung der Inhaftungnahme der Vertretungsorgane

4.5 Voraussetzungen für die **Inhaftungnahme** der Vertretungsorgane von Gesellschaften sind:
– Haftungsschuld,
– Pflichtverletzung des Haftungsschuldners (Geschäftsführer, Vorstand),
– Kausalität zwischen Pflichtverletzung und Steuerausfall und
– Verschulden des Haftungsschuldners (Vorsatz oder grobe Fahrlässigkeit).

e) Ermessen der Finanzverwaltung

4.6 Sind die Haftungsvoraussetzungen erfüllt, steht die Inhaftungnahme im pflichtgemäßen Ermessen der Finanzverwaltung. Das Finanzamt ist nicht verpflichtet, sich zunächst an den Steuerschuldner (Gesellschaft) und erst im Anschluss daran durch Haftungsbescheid an den Haftungsschuldner (Geschäftsführer, Vorstand) zu halten. Der **Haftungsanspruch** entsteht ohne Rücksicht darauf, ob der Steuerschuldner die Steuerschuld erfüllen kann oder nicht. In der Praxis ergehen Haftungsbescheide regelmäßig erst, wenn feststeht, dass vom Steuerschuldner eine Erfüllung der Steuerschuld nicht zu erwarten ist. I.d.R. liegen daher Steuerbescheide für die Gesellschaft vor. Voraussetzung für eine Haftung der Haftungsschuldner ist dies nicht. Die Haftungsschuld (Steuer) muss lediglich entstanden, nicht bereits festgesetzt sein. § 219 AO ändert hieran nichts. Zwar darf danach ein Haftungsschuldner auf Zahlung erst in Anspruch genommen werden, wenn die Vollstreckung in das bewegliche Vermögen des Steuerschuldners ohne Erfolg geblieben bzw. die Erfolglosigkeit abzusehen ist. Die Einschränkung des § 219 AO bezieht sich jedoch nicht auf den Haftungsbescheid als solchen, sondern lediglich auf das darin enthaltene **Zahlungsgebot**. Ferner gilt diese Einschränkung nicht für die Geschäftsführer-/Vorstandshaftung (§ 219 Satz 2 AO).

f) Rechtsfolge der Inhaftungnahme

4.7 Werden Vorstand/Geschäftsführer zu Recht als Haftungsschuldner herangezogen, haften sie ohne Beschränkung. Zur **Haftungsmasse** gehört das gesamte Privatvermögen. Der Haftungsschuldner tritt nicht an die Stelle, sondern neben den Steuerschuldner. Beide sind Gesamtschuldner (§ 44

AO). Mehrere Haftungsschuldner sind ebenfalls **Gesamtschuldner** i.S.v. § 44 AO. Sämtliche Haftungsschuldner haften auf den vollen Steuerbetrag, die Leistung ist insgesamt aber nur einmal zu bewirken.

2. Risiko- und Gefahrenbereiche (Haftungstatbestand)

a) Einführung

Wichtigster Haftungstatbestand in der Praxis ist § 69 Abs. 1 AO. Danach haften die in den §§ 34 und 35 AO genannten Personen (gesetzliche Vertreter oder ihnen Gleichgestellte, insbesondere also Vorstände einer AG und Geschäftsführer einer GmbH), soweit Ansprüche aus dem Steuerschuldverhältnis (§ 37 AO) infolge vorsätzlicher oder grob fahrlässiger Verletzung der ihnen auferlegten Pflichten nicht, nicht rechtzeitig festgesetzt oder erfüllt werden oder soweit infolgedessen Steuervergütungen oder Steuererstattungen ohne rechtlichen Grund gezahlt werden. Die **Haftungsgrundsätze für Vertreter von Kapitalgesellschaften** sind vom BFH anhand der Haftung von Geschäftsführern einer GmbH für deren Steuerschulden entwickelt worden.[1] Die für die Geschäftsführer einer GmbH entwickelten Grundsätze gelten für Vorstände einer AG gleichermaßen und werden auf diese übertragen.[2]

4.8

b) Haftungsvoraussetzung des § 69 AO

aa) Haftungsschuld

Gemäß dem **Grundsatz der Akzessorietät** ist Grundvoraussetzung für die Inhaftungnahme von Geschäftsführern oder Vorständen das Bestehen der im Haftungsbescheid als Haftungssumme ausgewiesenen Steuerschuld der Gesellschaft. Die Steuerschuld muss bestehen, d.h. sie darf nicht erloschen sein.[3] Die Zustimmung zum Insolvenzplan der AG, nach dem die Gläubiger, also auch das Finanzamt, nur mit 0,5 % befriedigt werden, steht einer Inhaftungnahme des Vorstands in voller Höhe nicht entgegen. Die Steuerschuld der AG bleibt bestehen. Sie ist nur nicht durchsetzbar. Ein Erlass i.S.v. § 191 Abs. 5 Satz 1 Nr. 2 AO, ist nicht gegeben.[4] Nachweispflichtig für das Bestehen der Steuerschuld ist das Finanzamt. Nach Eröffnung des Insolvenzverfahrens ist der Insolvenzverwalter auskunftspflichtig, da sich bei ihm die Buchhaltungsunterlagen befinden.[5] Dies gilt auch für Zeiträume vor der Insolvenzeröffnung. Der frühere Vertreter der Gesellschaft (Geschäftsführer/Vorstand) ist nicht mehr zur Auskunft verpflichtet, zumindest gilt dies, soweit er nicht aus dem Gedächtnis heraus oder aus ihm vorliegenden Unterlagen Auskunft geben kann.[6]

4.9

---

1 Vgl. nur *Stahlschmidt*, GmbHR 2005, 677; *Eich*, KÖSDI 2006, 15060.
2 Vgl. nur *Mertens/Cahn* in KölnKomm/AktG³, § 93 Rz. 229 ff.; *Müller* in Semler/Peltzer, Arbeitshandbuch für Vorstandsmitglieder, § 8 Rz. 155 ff.
3 Vgl. FG Köln v. 23.1.2007 – 1 K 334/02, DStRE 2008, 51.
4 BFH v. 15.5.2013 – VII R 2/12, AG 2013, 756.
5 BFH v. 23.8.1994 – VII R 134/92, BFH/NV 1995, 570.
6 Vgl. *Nacke*, Die Haftung für Steuerschulden², Rz. 644 f.

Wenn die Haftungsschuld als solche zwar besteht, aber von der Existenz von **Gegenansprüchen**, z.B. Erstattungsansprüchen, der Gesellschaft auszugehen ist, kann die Inhaftungnahme ermessenswidrig sein. Ist erkennbar, dass die Festsetzung des Anspruchs mit Sicherheit geändert und der Anspruch herabgesetzt werden wird, ist eine Inanspruchnahme des Haftenden für den vollen Betrag ebenfalls ermessensfehlerhaft.[1]

4.10 Die Haftungsschuld muss in der **Amtszeit des Vorstands bzw. Geschäftsführers** fällig geworden sein. Vertreter der Gesellschaft haften nicht für Steuern, die fällig geworden sind, nachdem die Vertretungsbefugnis beendet war (Abberufung, Niederlegung, Eröffnung des Insolvenzverfahrens). Entsprechendes gilt für Zinsen und Säumniszuschläge. Der Vorstand/Geschäftsführer kann nur für Säumniszuschläge haften, die in der Zeit seines Amts als Vertreter der Gesellschaft angefallen sind. Von der Haftung für Säumniszuschläge sind Säumniszuschläge auf die per Haftungsbescheid festgesetzte Haftungsschuld zu unterscheiden. Letztere ermitteln sich nach den normalen Regeln und fallen beim Haftungsschuldner an, wenn er die Haftungsschuld bei Fälligkeit nicht leistet und keine Aussetzung der Vollziehung oder Stundung ausgesprochen wurde.

bb) Haftungsschuldner

4.11 Die steuerliche Haftung gem. § 69 AO knüpft an die gesellschaftsrechtliche Bestellung als Vorstand oder Geschäftsführer an. Ob dieser „Vorstand" bzw. „Geschäftsführer" tatsächlich die Geschicke der Gesellschaft verantwortlich lenkt oder nur pro forma bestellt ist, ist für die Haftung unerheblich. Vertreter i.s.v. §§ 69, 34 AO sind **gesellschaftsrechtlich bestellte und im Handelsregister eingetragene Organe**. Die Pflichtenstellung endet mit Ausscheiden aus dem Amt (Abberufung, Niederlegung, Insolvenz). Der Zeitpunkt, an dem die Geschäftsführereigenschaft endet, ist die Wirksamkeit der Abberufung bzw. der Zugang des Widerrufs sowie der Zugang der Erklärung der Niederlegung des Amts. Auf die handelsregisterliche Eintragung kommt es nicht an, da diese nur deklaratorischen Charakter hat. Die Finanzverwaltung kann sich nicht auf die Rechtsscheinswirkung des Handelsregisters berufen, da Haftungsansprüche nur auf Gesetz beruhen.[2]

4.12 Ein Vorstandsmitglied/Geschäftsführer kann sich nicht damit rechtfertigen, er sei von der ordnungsgemäßen Führung der Geschäfte ferngehalten oder die **Geschäfte seien tatsächlich von einer anderen Person geführt** worden.[3] Wer den Anforderungen an eine verantwortungsvolle Ausübung des Vorstandsamts bzw. des Geschäftsführeramts nicht genügt, sollte von der Übernahme eines solchen Amts absehen. Ist ein Vorstandsmitglied nicht in der Lage, die Geschäftsführungstätigkeit gem. § 76 AktG bzw. ist

---

1 Vgl. *Loose* in Tipke/Kruse, § 69 AO Rz. 14 (Mai 2015).
2 BFH v. 24.10.1987 – VII R 12/84, BFH/NV 1988, 485; v. 22.1.1985 – VII R 112/81, BStBl. II 1985, 562.
3 *Loose* in Tipke/Kruse, § 69 AO Rz. 6 ff. (Mai 2015).

ein Geschäftsführer nicht in der Lage, die Geschäftsführungstätigkeit gem. § 43 GmbHG auszuüben, muss er das Amt niederlegen, um einem Haftungsrisiko zu entgehen.[1] Die Stellung des Haftungsschuldners ist damit objektiviert. Es kommt nicht darauf an, ob der Vorstand oder der Geschäftsführer subjektiv die steuerlichen Pflichten der Gesellschaft kennt oder ob er überhaupt Einblick in die Geschäfte der Gesellschaft hat. Maßstab ist, dass ein **ordnungsgemäß handelndes Vorstandsmitglied** oder ein **ordnungsgemäß handelnder Geschäftsführer** die entsprechende Kenntnis hätte. Auch individuelles Unvermögen und daraus resultierende Unwissenheit mindert eine Steuerhaftung daher nicht. Andererseits haftet auch derjenige gem. §§ 69, 34, 191 AO, der die Gesellschaft wie ein Vorstand bzw. Geschäftsführer führt, ohne formal bestellt zu sein. Der „**faktische Vorstand/Geschäftsführer**" steht dem gesellschaftsrechtlich wirksam Bestellten gleich.[2] Für die Feststellung des faktischen Vertretungsverhältnisses ist auf das Gesamtbild des Auftretens des faktischen Vorstands/Geschäftsführers abzustellen.[3] Die faktische Geschäftsführung endet mit der Anzeige der Beendigung gegenüber den Gläubigern.[4]

cc) Pflichtverletzung

(1) Steuerliche Pflichten

Die Haftung des Vorstands bzw. Geschäftsführers gem. § 69 AO setzt eine Pflichtverletzung voraus. Zu den Pflichten des Vorstands bzw. Geschäftsführers gehört die **Erfüllung der steuerlichen** Pflichten der Gesellschaft. Solche Pflichten sind:

4.13

- Aufzeichnungs- und Buchführungspflichten gem. §§ 135 ff. AO,
- Auskunfts- und Vorlagepflichten nach §§ 93, 97 AO,
- Steuererklärungspflichten gem. §§ 149 ff. AO,
- Pflicht zur Steuererklärungsberichtigung gem. § 153 AO,
- Einbehaltungs- und Abführungspflichten bei Abzugsteuern (LSt, KapESt),
- Zahlungspflichten.

Gemäß § 34 Abs. 1 AO hat der Vorstand bzw. Geschäftsführer die steuerlichen Pflichten zu erfüllen und dafür Sorge zu tragen, dass die Steuern aus Mitteln der Gesellschaft bezahlt werden. Der Vorstand/Geschäftsführer hat damit dafür Sorge zu tragen, dass Steuererklärungen und Steueranmeldungen inhaltlich zutreffend und fristgerecht abgegeben werden sowie die Steuer pünktlich gezahlt wird. Eine **Pflichtverletzung** als Vorstand/Geschäftsführer begeht auch, wer bei Amtsantritt vorgefundene

---
1 FG Köln v. 28.4.2006 – 14 K 2789/03, n.v. (juris); BFH v. 1.4.2004 – VII B 338/03, n.v. (juris); v. 11.3.2004 – VII R 52/02, BStBl. II 2004, 579.
2 BFH v. 27.2.2007 – VII R 67/05, DStRE 2007, 1129; v. 19.11.2002 – VII B 191/01, BFH/NV 2003, 442.
3 Vgl. BGH v. 11.7.2005 – II ZR 235/03, DStR 2005, 1704.
4 FG Nds. v. 6.6.2008 – 11 K 573/06, EFG 2009, 1610.

Steuerschulden nicht korrekt abwickelt, d.h. nicht für alsbaldige Tilgung sorgt.[1]

4.14 Diese Pflicht trifft jedes Vorstandsmitglied bzw. jeden Geschäftsführer der Gesellschaft. Wird eine Gesellschaft von mehreren Vorständen bzw. Geschäftsführern geleitet, so trifft jedes Mitglied des Vorstands bzw. der Geschäftsführung diese steuerliche Pflicht.[2] Der **Grundsatz der Gesamtverantwortung** eines jeden Vorstands- bzw. Geschäftsführungsmitglieds verlangt eine Überwachung der Geschäftsführung im Ganzen. Es entsteht eine solidarische Verantwortung aller Vorstände/Geschäftsführer für die ordnungsgemäße Erfüllung der steuerlichen Pflichten der Gesellschaft.[3]

(2) Delegation der steuerlichen Pflichten

4.15 Wird die Erfüllung dieser Pflichten auf Hilfspersonen (Steuerabteilung, Steuerberater, Buchhalter) delegiert, führt dies nicht zur Entlastung des Vorstands/Geschäftsführers. Bei ihm verbleibt die Pflicht, die Erfüllung der delegierten Angelegenheit laufend und **sorgfältig zu überprüfen und zu überwachen**. Die Verteidigung, sich um die steuerlichen Angelegenheiten nicht gekümmert, sondern sie einem anderen voll verantwortlich überlassen zu haben, entlastet im Haftungsverfahren nicht.[4] Zur Möglichkeit der Delegation durch **Geschäftsverteilungsplan** Rz. 4.29.

(3) Grundsatz der anteiligen Tilgung

4.16 Das größte Risiko für eine Inhaftungnahme wegen KSt, GewSt oder USt ist ein Verstoß gegen den Grundsatz der anteiligen Tilgung. Der Vorstand bzw. die Geschäftsführung mit beschränkten liquiden Mitteln sind nicht gezwungen, allein das Finanzamt voll zu befriedigen. Stehen Vorstand/Geschäftsführung nicht genügend Mittel zur Verfügung, um alle fälligen Verbindlichkeiten der Gesellschaft zu erfüllen, **darf das Finanzamt nicht schlechter behandelt werden** als andere Gläubiger.[5] Der Vorstand einer AG ist auch **in der Krise** nicht verpflichtet, von Geschäften Abstand zu nehmen, weil diese Steuern auslösen (z.B. USt), welche die AG später ggf. nicht bezahlen kann.[6] Der **Grundsatz der anteiligen Tilgung** gilt auch in den Fällen der nicht ordnungsgemäß oder nicht rechtzeitig abgegebenen Steuererklärung und Steuervoranmeldung.[7] Zur Begründung eines Haftungsbescheids muss das Finanzamt den Betrag ermitteln, mit dem der

---

1 BFH v. 9.12.2005 – VII B 124-125/05, BFH/NV 2006, 897.
2 BFH v. 11.5.1962 – VI B 195/60 U, BStBl. III 1962, 342.
3 Vgl. BFH v. 26.4.1984 – V R 128/79, BStBl. II 1984, 776; v. 17.5.1988 – VII R 90/85, BFH/NV 1989, 4.
4 BFH v. 26.11.2008 – V B 210/07, BFH/NV 2009, 362; FG Nds. v. 13.2.2007 – 11 V 205/06, EFG 2007, 1050; *Loose* in Tipke/Kruse, § 69 AO Rz. 32 (Mai 2015).
5 Ständige Rechtsprechung des BFH, vgl. nur BFH v. 27.2.2007 – VII R 60/05, BFH/NV 2007, 1731.
6 Vgl. BFH v. 7.9.2007 – VII B 181/06, BFH/NV 2007, 2233.
7 BFH v. 11.6.1996 – I B 60/95, BFH/NV 1997, 7.

Vorstand angeblich die Quote der anteiligen Tilgung unterschritten hat.[1] Die fällige Steuer muss ins Verhältnis gesetzt werden mit den übrigen fälligen Verbindlichkeiten der AG. In Höhe der **Quote** ist sodann aus den vorhandenen Mitteln das Finanzamt zu befriedigen.[2] Nicht erforderlich ist eine exakte Berechnung der Quote. Es genügt vielmehr eine auf den Haftungszeitraum bezogene, nachvollziehbare überschlägige Berechnung.[3]

Bei der Berechnung der anteiligen **Haftung für USt** kommt es auf die Liquiditätslage im **jeweiligen Voranmeldungszeitraum** an. Zu niedrig vorangemeldete Beträge werden zwar erst später fällig. Für die Haftungsquote ist gleichwohl die Liquiditätslage im jeweiligen Voranmeldungszeitraum maßgeblich.[4] Darüber hinaus erfüllt die zu niedrige USt-Voranmeldung den Tatbestand der Steuerhinterziehung auf Zeit.

4.17

(4) Pflicht zur gekürzten Lohnauszahlung

Eine Ausnahme vom Grundsatz der anteiligen Tilgung gilt im Rahmen der **Haftung für LSt**. Nach ständiger Rechtsprechung des BFH stellt die abzuführende LSt einen Teil des Arbeitslohns der Arbeitnehmer dar und wird daher vom Arbeitgeber treuhänderisch für den Arbeitnehmer verwaltet. Der Arbeitgeber hat gem. § 41a Abs. 1 Satz 1 Nr. 1 EStG die einzubehaltene LSt anzumelden. Einzubehalten ist die entstandene LSt. Die entstandene LSt ist auch maßgeblich für die Pflicht zur Abführung an das Finanzamt. Die Haftung des Vorstands/Geschäftsführers nach § 42d Abs. 1 Nr. 1 EStG bezieht sich auf den entstandenen Betrag und nicht auf die tatsächlich einbehaltene und angemeldete LSt.[5] Im Ergebnis sind der Vorstand bzw. die Geschäftsführung gezwungen, die Auszahlungsbeträge an die Mitarbeiter so zu reduzieren, dass anteilige Löhne, darauf entfallende LSt und Sozialabgaben vollständig bezahlt werden können. Die gebotenen Kürzungen bei den Lohnauszahlungen führen dazu, dass die wirtschaftlichen Schwierigkeiten der Gesellschaft nach außen getragen werden und unter Umständen Sanierungsbemühungen scheitern. Dies führt nach ständiger Rechtsprechung des BFH haftungsrechtlich nicht zu einer Entlastung von Vorstand bzw. Geschäftsführung.

4.18

dd) Steuerlicher Schaden

Voraussetzung für die Haftung des Vorstands bzw. Geschäftsführers ist der **Steuerausfall bei der Gesellschaft**. Ein Schaden entsteht, wenn:
- Eine Festsetzung von Steuern unterbleibt oder zu niedrig ausfällt,
- eine Festsetzung der Steuern nicht rechtzeitig erfolgt,

4.19

---
1 *Loose* in Tipke/Kruse, § 69 AO Rz. 34 (Mai 2015).
2 BFH v. 7.11.1989 – VII R 34/87, BStBl. II 1990, 201. Zur Nichtberücksichtigung von gezahlter LSt vgl. BFH v. 27.2.2007 – VII R 60/05, BFH/NV 2007, 1731.
3 BFH v. 14.7.1987 – VII R 188/82, BStBl. II 1988, 172.
4 BFH v. 12.4.1988 – III R 131/85, BStBl. II 1988, 742.
5 BFH v. 7.7.2004 – VI R 171/00, FR 2004, 1292 = BFH/NV 2004, 1569.

– Steuern zum Fälligkeitszeitpunkt nicht oder nicht vollständig gezahlt werden.

ee) Kausalität zwischen Pflichtverletzung und Schaden

4.20 Zwischen der Pflichtverletzung des Vorstands/Geschäftsführers und dem eingetretenen **Steuerschaden bei der Gesellschaft** muss Kausalität bestehen. Für den Schaden sind nur solche Pflichtverletzungen kausal, die erfahrungsgemäß geeignet sind, diesen Steuerschaden zu verursachen. Eine Haftung kommt nicht in Betracht, wenn der Steuerschaden auch ohne die Pflichtverletzung eingetreten wäre. Der BFH geht von einer **kausalen Pflichtverletzung** aus, dass eine nicht oder nicht rechtzeitig abgegebene Steuererklärung dazu führt, wenn aussichtsreiche Vollstreckungsmaßnahmen des Finanzamts vereitelt worden sind.[1] Bei der **Verletzung von Steuererklärungspflichten** kommt es darauf an, ob die Gesellschaft nach Entstehung der Steuerschulden bei rechtzeitiger Erklärung und Festsetzung in der Lage gewesen wäre, diese zu begleichen oder Vollstreckungsmöglichkeiten für das Finanzamt bestanden hätten.

4.21 Geschäftsführer und Vorstände sind aus Sicht des BFH zur **Mittelvorsorge** verpflichtet. Im Fall der Aussetzung der Vollziehung ist Vorsorge für eine spätere Steuerzahlung für den Fall des Unterliegens zu treffen.[2] Die Aussetzung der Vollziehung schiebt die Fälligkeit der Steuerschuld nicht hinaus. Dementsprechend kann eine Pflichtverletzung des Vorstands darin liegen, dass er während der Dauer der **Aussetzung der Vollziehung** keine für die spätere Begleichung der Steuerschuld erforderlichen Mittel zurückstellt. Die **Stundung** der Steuerschuld schiebt die Fälligkeit hinaus. Infolgedessen ist der Vorstand u. E. von seiner Vorsorgepflicht befreit, wenn er vor Fälligkeit Stundung beantragt und mit deren Gewährung auch rechnen konnte.[3]

4.22 Sperrt der eingesetzte **vorläufige Insolvenzverwalter** aufgrund seines Zustimmungsvorbehalts das Konto, ist dem Vorstand die Zahlung nicht möglich. Eine Haftung scheidet aus.[4]

ff) Verschulden

4.23 Der Vorstand bzw. Geschäftsführer muss die ihm obliegenden Pflichten schuldhaft, d.h. **vorsätzlich oder grob fahrlässig**, verletzt haben. Vorsätzlich handelt, wer die Pflichten gekannt und ihre Verletzung gewollt bzw. in Kauf genommen hat.[5] Grob fahrlässig handelt, wer die Sorgfalt, zu der er nach seinen subjektiven Kenntnissen und Fähigkeiten verpflichtet und im

---

1 BFH v. 5.3.1991 – VII R 93/88, BStBl. II 1991, 678; FG Köln v. 31.3.2009 – 8 K 1483/06, EFG 2009, 1359.
2 BFH v. 11.3.2004 – VII R 19/02, BStBl. II 2004, 967.
3 Vgl. *Rüsken*, BFH-PR 2004, 372 (373); a.A. *Jatzke*, HFR 2004, 831.
4 BFH v. 5.6.2007 – VII R 19/06, BFH/NV 2007, 2225.
5 BFH v. 12.7.1983 – VII B 19/83, BStBl. II 1983, 655.

Stande ist, in ungewöhnlich hohen Maß verletzt.¹ Mangelnde Entscheidungskompetenzen des Geschäftsführers durch Einflussnahme der Gesellschafter, fachliche Inkompetenz oder Unerfahrenheit können den Schuldvorwurf der groben Fahrlässigkeit nicht ausschließen.² Ein Geschäftsführer, der keinerlei steuer- bzw. handelsrechtliche Grundkenntnisse hat, begeht eine grob fahrlässige Verletzung der Sorgfaltspflichten dadurch, dass er sich zum Geschäftsführer bestellen lässt. Der Geschäftsführer bzw. Vorstand ist verpflichtet, sich entweder die entsprechenden Kenntnisse anzueignen oder sich nicht bestellen zu lassen.³ Grob fahrlässig handelt insbesondere, wer die Pflicht zur anteiligen Tilgung von Steuerschulden sowie die Pflicht zur Kürzung ausgezahlter Löhne nicht kennt.⁴ Die **unterlassene Überwachung** eines sorgfältig ausgewählten Mitarbeiters, dem die Erfüllung der steuerlichen Pflichten übertragen wurde, kann ein grob fahrlässiges Verhalten des Vorstands/Geschäftsführers begründen. Die unterlassenen Überwachungsmaßnahmen müssen geeignet gewesen sein, den Steuerausfall zu verhindern.⁵ Haben Vorstände/Geschäftsführer konkrete Anhaltspunkte für eine unzureichende Pflichterfüllung des Mitarbeiters oder eingeschalteten Beraters und schreiten nicht ein, stellt dies ebenfalls ein grob fahrlässiges Verhalten dar.⁶ Wird ein Steuerberater mit der Wahrnehmung der steuerlichen Angelegenheiten der Gesellschaft beauftragt, kann sich der Vorstand bzw. Geschäftsführer auf mangelndes Verschulden berufen, es sei denn, der Steuerberater wurde nicht sorgfältig ausgewählt, hinreichend informiert und überwacht.⁷

Leichte Fahrlässigkeit begründet keine Haftung.⁸ Auf mangelndes Verschulden kann sich der Geschäftsführer z.B. berufen, wenn er im Fall steuerrechtlich nicht einfacher Sachverhalte die falschen Schlüsse zieht.⁹   4.24

gg) Mitverschulden des Finanzamts

Sofern dem Finanzamt am Eintritt des Steuerschadens ein Mitverschulden nachgewiesen werden kann, ist die Haftung zu reduzieren. **Ansatzpunkte für ein Mitverschulden** des Finanzamts können sein: 4.25
– Verspätete Steuerfestsetzung gegen den Steuerschuldner,¹⁰
– unterlassene Vollstreckungsmaßnahmen,

---
1 FG Münster v. 1.9.1997 – 1 K 1959/97, EFG 1998, 617.
2 Vgl. BFH v. 13.2.1996 – VII B 245/95, BFH/NV 1996, 657.
3 Vgl. BFH v. 31.3.2000 – VII B 187/99, GmbHR 2000, 1211.
4 Vgl. BFH v. 11.6.1996 – I B 60/95, BFH/NV 1997, 7; v. 11.3.2004 – VII R 52/02, BStBl. II 2004, 579.
5 BFH v. 18.8.1999 – VII B 106/99, GmbHR 2000, 392.
6 Vgl. BFH v. 29.5.1990 – VII R 81/89, BFH/NV 1991, 283.
7 BFH v. 4.5.2004 – VII B 318/03, BFH/NV 2004, 1363; v. 7.1.2003 – VII B 19/01, BFH/NV 2007, 445.
8 BFH v. 5.3.1998 – VII B 36/97, BFH/NV 1998, 1325.
9 BFH v. 22.11.2005 – VII R 21/05, FR 2006, 435 = BFH/NV 2006, 652; FG Köln v. 4.9.2003 – 3 K 7676/00, EFG 2004, 226.
10 BFH v. 6.10.1982 – II R 34/81, BStBl. II 1983, 135.

– die Steuerforderung wird infolge grober Pflichtverletzung des Finanzamts uneinbringlich.[1]

4.26 In der Praxis wird ein Mitwirken des Verschuldens der Finanzverwaltung von der **Finanzrechtsprechung** selten angenommen. In der Regel ist das FG der Auffassung, für eine Minderung der Haftung sei kein Raum wegen des eindeutig überwiegenden Verschuldens des Vorstands/Geschäftsführers.

c) Sonderregelungen im Vorfeld des Insolvenzantrags

4.27 In Literatur und Rechtsprechung war streitig, ob für die Haftung ein Sonderrecht gilt, soweit der Zeitraum der letzten **drei Monate vor Stellung des Insolvenzantrags** betroffen ist. Gemäß § 130 InsO sind Zahlungen anfechtbar, wenn diese vom Kläger innerhalb von drei Monaten vor Stellung des Antrags auf Eröffnung des Insolvenzverfahrens geleistet worden sind. Daraus wurde gefolgert, dass kein kausaler Schaden entstehe, wenn ein Vorstand bzw. Geschäftsführer im 3-Monats-Zeitraum vor dem Insolvenzantrag fällige Steuern nicht bezahle, da der Insolvenzverwalter die Zahlung anfechten könne (sog. „hypothetische Kausalität").[2] Der BFH lehnt diese Auffassung ab und erklärt „hypothetische Kausalverläufe" insoweit für irrelevant.[3] Werden fällige Steuerbeträge vom Vorstand/Geschäftsführer pflichtwidrig nicht an das Finanzamt gezahlt, wird nach Auffassung des BFH die Kausalität dieser Pflichtverletzung für den dadurch beim Fiskus entstandenen Vermögensschaden nicht nachträglich durch die Annahme eines „hypothetischen Kausalverlaufs" beseitigt. Darüber hinaus ist der BFH der Auffassung, dass Vorstände/Geschäftsführer auch für den Schaden haften, der durch die spätere – erfolgreiche – Anfechtung einer verspäteten Lohnsteuerzahlung entsteht. Anknüpfungspunkt für die kausale Pflichtverletzung soll insoweit die Verspätung der Zahlung sein.[4]

4.28 Nicht abschließend geklärt ist, ob eine Sonderregel für die Haftung im **3-Wochen-Zeitraum der § 92 AktG, § 64 GmbHG** gilt. Nach neuerer Rechtsprechung des BFH zu § 64 GmbHG besteht während dieser Zeit nicht mehr die Verpflichtung zur Vollabführung der LSt, da der Geschäftsführer sonst in den Konflikt zu der Regelung des § 64 GmbHG geraten würde.[5] Unter Hinweis auf die Rechtsprechung des II. Zivilsenats des BGH – der eine einschränkende Auslegung von § 64 GmbHG vertritt – hat der VII. Senat des BFH seine alte Rechtsprechung inzwischen wieder für zutreffend erklärt, wonach auch im Zeitraum der 3-Wochen-Frist ein bedingter Vorrang des Steuerrechts gelten soll.[6]

---

1 BFH v. 16.10.1986 – VII R 161/83, BFH/NV 1987, 616.
2 Vgl. FG Berlin v. 27.2.2006 – 9 K 9114/05, EFG 2006, 1122; FG Düsseldorf v. 10.1.2006 – 10 K 4216/02 H (L), EFG 2006, 618; *Loose* in Tipke/Kruse, § 69 AO Rz. 21 (Mai 2015).
3 BFH v. 5.6.2007 – VII R 65/05, BFH/NV 2007, 1942; v. 5.6.2007 – VII R 30/06, BFH/NV 2008, 1.
4 BFH v. 11.11.2008 – VII R 19/08, DStR 2009, 427.
5 BFH v. 27.2.2007 – VII R 67/05; v. 4.7.2007 – VII B 268/06, BFH/NV 2007, 2059.
6 BFH v. 23.9.2008 – VII R 27/07, BStBl. II 2009, 129.

3. Risiko-/Gefahrenminimierung

a) Geschäftsverteilung

Grundsätzlich trifft zwar jedes Vorstands-/Geschäftsführungsmitglied die Verantwortung für die Erfüllung der steuerlichen Pflichten der Gesellschaft. Das Haftungsrisiko kann jedoch durch eine **interne Vereinbarung im Rahmen der Geschäftsverteilung** begrenzt werden. Nach Auffassung des BFH muss eine interne Geschäftsverteilung, um haftungsrechtlich relevant zu sein, von vornherein eindeutig und vorzugsweise schriftlich vereinbart worden sein.[1] Ein ordnungsgemäß aufgestellter Geschäftsverteilungsplan kann daher zu einer Entlastung der Vorstands-/Geschäftsführungsmitglieder führen, in deren Aufgabenbereich es nicht fällt, sich um den kaufmännischen Bereich und damit um die steuerlichen Angelegenheiten zu kümmern. Haftungsadressat sind zunächst die nach dem Geschäftsverteilungsplan für steuerrechtliche Angelegenheiten zuständigen Vorstands-/Geschäftsführungsmitglieder. Dies entbindet die Finanzverwaltung allerdings nicht, ihr Auswahlermessen tatsächlich auszuüben und dabei als Kriterium den Geschäftsverteilungsplan zugrunde zu legen.

4.29

Die Haftungsverantwortlichkeit der nach dem Geschäftsverteilungsplan für steuerliche Angelegenheiten nicht zuständigen Vorstands-/Geschäftsführungsmitglieder tritt nur so lange zurück, wie nach den Maßstäben der Sorgfalt eines ordentlichen Geschäftsmanns kein Anlass besteht, zu vermuten, dass die steuerlichen Pflichten der Gesellschaft nicht erfüllt werden. Bei – für die steuerrechtlichen Angelegenheiten nicht zuständigen Vorstands-/Geschäftsführungsmitglieder – erkennbaren Unregelmäßigkeiten wird die **Gesamtverantwortung aller vertretungsberechtigten Organmitglieder** wieder wirksam. Trotz Geschäftsverteilungsplans trifft jedes Mitglied des Vorstands bzw. der Geschäftsführung eine Pflicht zur gewissenhaften Überwachung der Geschäftsführung im Ganzen.[2] Insoweit ist im Geschäftsverteilungsplan eine Regelung aufzunehmen, nach der die für die steuerlichen Angelegenheiten zuständigen Vorstände/Geschäftsführer die übrigen Organmitglieder unmittelbar informieren müssen, sofern erkennbar wird, dass den steuerlichen Pflichten nicht mehr in vollem Umfang nachgekommen werden kann.

4.30

Gibt die wirtschaftliche Lage der Gesellschaft oder die Person des zuständigen Vorstands/Geschäftsführers dazu Anlass, trifft **sämtliche Vorstands-/Geschäftsführungsmitglieder** eine inhaltliche Überprüfungspflicht der gesamten Geschäftstätigkeit.[3] Spätestens bei nahender Zahlungsunfähigkeit oder Überschuldung erlöschen damit alle internen Zuständigkeitsvereinbarungen und Zuständigkeitsgrenzen im Hinblick auf die Verantwortlichkeit der Einhaltung der steuerlichen Pflichten.

4.31

---

1 BFH v. 21.10.2003 – VII B 353/02, BFH/NV 2004, 157.
2 BFH v. 21.10.2003 – VII B 353/02, BFH/NV 2004, 157; v. 26.1.2006 – VII B 220/02, BFH/NV 2006, 906; FG München v. 15.7.2010 – 14 V 1552/10, BB 2011, 227.
3 BFH v. 6.7.2005 – VII B 296/04, BFH/NV 2005, 1753; v. 20.4.2006 – VII B 280/05, BFH/NV 2006, 1441.

b) Niederlegung des Amts

4.32 Vorstands-/Geschäftsführungsmitglieder, die an der verantwortungsvollen Überwachung der steuerrechtlichen Pflichten aus subjektiven oder objektiven Gründen gehindert sind, sind zur **Vermeidung von Haftungsrisiken** zur Niederlegung des Amts verpflichtet. Dies gilt sowohl für den Fall der subjektiven Inkompetenz, der Vorenthaltung notwendiger Informationen, der Einflussnahme durch die Gesellschafter sowie der Bestellung als „**Strohmann**" (insbesondere relevant für Angehörige z.B. Kinder).[1] Gesellschaftsrechtlich nicht wirksam bestellte, d.h. sog. „**faktische Vorstände bzw. Geschäftsführer**", sind in dieser Situation ebenfalls gehalten, zur Vermeidung weiterer Haftungsrisiken ihre Tätigkeit im Zweifel zu beenden.

4.33 Vorstände bzw. Geschäftsführer, die in Krisensituationen ihr Amt niederlegen, sollten darauf achten, dass die gegenüber der Gesellschaft abzugebende Erklärung über die Amtsniederlegung aus Gründen der **Beweisvorsorge** schriftlich und mit Nachweis des Zugangsdatums versehen erfolgt. Erst mit der wirksamen Niederlegung des Amts endet die Haftung für nach der Niederlegung entstehende bzw. fällig werdende Steuern, nicht aber für bereits entstandene Steuern. Entscheidend ist die gesellschaftsrechtliche Beendigung, also der Zugang der Niederlegungserklärung des Vorstands beim Aufsichtsrat bzw. des Geschäftsführers bei der Gesellschafterversammlung. Ob die Amtsniederlegung durch wichtige Gründe gerechtfertigt ist, ist diesbezüglich unerheblich.

c) Sicherstellung des Informationsflusses

4.34 Im Rahmen der Geschäftsverteilung muss sichergestellt sein, dass sämtliche Vorstands-/Geschäftsführungsmitglieder informiert werden, wenn die ordnungsgemäße Erfüllung der steuerrechtlichen Pflichten nicht mehr gewährleistet ist. Im Geschäftsverteilungsplan ist zu fixieren, dass die für die Erfüllung der steuerrechtlichen Pflichten zuständigen Vorstände/Geschäftsführer zur unmittelbaren **Information des Gesamtvorstands bzw. der Gesamtgeschäftsführung** verpflichtet sind, sobald sich Anzeichen dafür ergeben, dass die ordnungsgemäße Erfüllung der steuerlichen Pflichten nicht mehr sichergestellt ist. Die ordnungsgemäße Information des Gesamtvorstands bzw. der Gesamtgeschäftsführung hat zwar zur Konsequenz, dass die Gesamtverantwortung aller Vorstands- bzw. Geschäftsführungsmitglieder zum Tragen kommt.[2]

4.35 Nur vor dem Hintergrund ordnungsgemäßer Information können aber alle Vorstands-/Geschäftsführungsmitglieder dem **Risiko der Haftung** durch entsprechende Maßnahmen entgehen. In Betracht kommen:

---

1 BFH v. 9.1.1996 – VII B 189/95, BFH/NV 1996, 589; v. 7.3.1995 – VII B 172/94, BFH/NV 1995, 941; FG München v. 15.7.2010 – 14 V 1552/10, BB 2011, 227.
2 Vgl. nur BFH v. 19.3.2003 – VII B 343/02, n.v. (juris); v. 26.1.2006 – VII B 220/05, BFH/NV 2006, 906; v. 6.7.2005 – VII B 296/04, BFH/NV 2005, 1753; v. 20.4.2006 – VII B 280/05, BFH/NV 2006, 1441.

- Überwachung der Einhaltung der anteiligen Tilgung von Steuerverbindlichkeiten,
- Überwachung der Einhaltung der Pflicht zur gekürzten Lohnauszahlung,
- Überwachung der Insolvenzantragspflicht,
- Niederlegung des Vorstands-/Geschäftsführungsamts.

4. Schadensabwehr und -minimierung

a) Mitwirkung bei Bestimmung des Haftungszeitraums und der Haftungsquote

Zur Vorbereitung der Inhaftungnahme von Organmitgliedern versenden viele Finanzämter **Fragebögen** an potentielle Haftungsschuldner zur Bestimmung des Haftungszeitraums und der Haftungsquote. Der **Haftungszeitraum** beginnt am Tag der ältesten Fälligkeit der entsprechenden Steuerschulden der Gesellschaft. Das ist der Tag, an dem der Steueranspruch bei ordnungsgemäßer Erfüllung der Steuererklärungspflichten fällig geworden wäre.[1] Der Haftungszeitraum endet bei Zahlungsunfähigkeit der Gesellschaft, bei Auflösung der Gesellschaft, bei Ausscheiden des Vorstands/Geschäftsführers, der in Haftung genommen werden soll, und bei Insolvenzeröffnung. 4.36

Die Finanzverwaltung trägt die **Feststellungslast** bezüglich sämtlicher haftungsbegründender Tatsachen.[2] Dies gilt auch für den Haftungszeitraum und die Haftungsquote.[3] Die Organmitglieder tragen die Feststellungslast nur bezüglich der Tatsachen, die den Haftungsanspruch aufheben oder einschränken. Im Regelfall empfiehlt es sich daher, das Ausfüllen etwaiger Fragebögen gegenüber dem Finanzamt zu verweigern. Das Finanzamt hat zunächst von Amts wegen zu ermitteln. U. E. besteht aufgrund der **Mitwirkungspflicht** (§ 90 AO) keine Pflicht des potentiellen Haftungsschuldners, Fragebögen der Finanzverwaltung auszufüllen. Von den potentiellen Haftungsschuldnern kann allenfalls die Vorlage konkret angeforderter Unterlagen verlangt werden, aus denen sodann das Finanzamt die Haftungsquote berechnen kann.[4] Eine Pflicht für die Auskunftserteilung in bei Dritten befindlichen Unterlagen Einsicht zu nehmen besteht nicht.[5] 4.37

Fehlerhafte Berechnungen oder gar **Schätzungen** des Finanzamts sollten sodann im Rechtsbehelfsverfahren angegriffen werden. Sind die Berechnungen des Finanzamts nicht nachvollziehbar, ist gem. **§ 364 AO** die Erfüllung der Verpflichtung zur Mitteilung der Besteuerungsunterlagen ein- 4.38

---

1 BFH v. 26.4.1984 – V R 128/79, BStBl. II 1984, 776 = UR 1984, 277.
2 BFH v. 21.11.1981 – VII R 3/88, BFH/NV 1990, 650.
3 BFH v. 25.4.1995 – VII R 100/94, BFH/NV 1996, 97.
4 Vgl. BFH v. 2.10.1986 – VII R 190/82, BFH/NV 1987, 223; v. 26.9.1989 – VII R 99/87, BFH/NV 1990, 351 ff.
5 BFH v. 23.8.1994 – VII R 134/92, BFH/NV 1995, 570; v. 14.10.1998 – VII B 102/98, BFH/NV 1999, 447 (449).

zufordern. Solange das Finanzamt dieser Pflicht nicht nachkommt, ist die Aussetzung der Vollziehung zu gewähren.[1] Der **Antrag auf Aussetzung der Vollziehung** ist stets sinnvoll, da Aussetzungszinsen im Haftungsverfahren nicht anfallen.

b) Auswirkungen von Steuerbescheiden gegen die Gesellschaft gem. § 166 AO

4.39 Es besteht die Gefahr, dass den in der Krisensituation der Gesellschaft ergehenden Steuerbescheiden nicht die erforderliche Sorgfalt entgegengebracht wird. Dies gilt insbesondere im Hinblick auf die **Einhaltung der Rechtsbehelfsfristen**. Tritt Bestandskraft ein, kann dies für die Haftung der Vorstands-/Geschäftsführungsmitglieder nachteilige Konsequenzen haben. Wer als Vorstand/Geschäftsführer während seiner Amtszeit einen an die Gesellschaft gerichteten Steuerbescheid nicht anficht, obwohl er dazu in der Lage gewesen wäre, muss in einem späteren Haftungsverfahren die festgesetzte Steuer gegen sich gelten lassen (§ 166 AO). Mit Einwendungen gegen die der Haftung zugrunde liegenden Steuer wird das Vorstands-/Geschäftsführungsmitglied nicht gehört. Die Wirkung des § 166 AO reicht bis zu dem Zeitpunkt, in dem die Vertretungsbefugnis des Vorstands-/Geschäftsführungsmitglieds endet, d.h. im Regelfall bis zur Niederlegung des Amts oder im Fall der Insolvenz bis zur Eröffnung des Insolvenzverfahrens. Mit Erlöschen der Vertretungsbefugnis erlischt auch das Recht, Rechtsmittel für die AG einlegen zu können.

4.40 Wird seitens der Gesellschaft der Streit nur vor dem Hintergrund des § 166 AO geführt, also zur Haftungsprophylaxe, verfügt die Finanzverwaltung über ein Mittel, das Rechtsbehelfsverfahren ohne Entscheidung in der Sache beenden zu können. Das Finanzamt kann einen Haftungsbescheid mit der Haftungssumme „null" erlassen, also entsprechend § 155 Abs. 1 Satz 3 AO einen **Haftungsfreistellungsbescheid**.[2] Ein Antrag auf Erlass eines Haftungsfreistellungsbescheids mit dem Ziel, sich alsbald Gewissheit über eine mögliche Inanspruchnahme im Haftungsweg zu verschaffen, kann bei entsprechender Sachlage jederzeit gestellt werden. Die positive Mitteilung der Nichtinanspruchnahme hat die Rechtswirkung eines Haftungsfreistellungsbescheids, der nur gem. § 130 Abs. 2 AO korrigiert werden kann.[3] Allerdings sind die Finanzämter diesbezüglich zurückhaltend. Darüber hinaus kann durch einen entsprechenden Antrag die Inhaftungnahme erst „provoziert" werden.

c) Ermessen

4.41 Anders als der Erlass von Steuerbescheiden steht der Erlass von Haftungsbescheiden im Ermessen des Finanzamts. Liegen die Tatbestandsvoraussetzungen der Haftung vor, hat das Finanzamt gem. § 191 Abs. 1 Satz 1

---

1 BFH v. 4.4.1978 – VII R 71/77, BStBl. II 1978, 402.
2 Vgl. *Loose* in Tipke/Kruse, § 191 AO Rz. 116 (Jan. 2014).
3 Vgl. FG Köln v. 28.9.1983 – XI (V) 506/81 H (L), EFG 1984, 99; bestätigt durch BFH v. 25.7.1986 – VI R 216/83, BStBl. II 1986, 779.

AO in eigener Kompetenz darüber zu entscheiden, ob ein Haftungsbescheid erlassen wird (**Entschließungsermessen**). Kommen mehrere Haftungsschuldner in Betracht, muss das Finanzamt die Inhaftungnahme sämtlicher in Betracht kommender Personen prüfen (**Auswahlermessen**).

Das Finanzamt ist verpflichtet, sowohl im Hinblick auf das Entschließungsermessen als auch im Hinblick auf das Auswahlermessen die Ausübung des Ermessens sachgerecht vorzunehmen und nachvollziehbar zu begründen.[1] Der Verweis seitens des Finanzamts auf das Vorliegen der Haftungsvoraussetzungen genügt nicht. Voraussetzung für eine **korrekte Ermessensentscheidung** ist, dass das Finanzamt den Sachverhalt ausermittelt hat und sich seines Ermessensspielraums bewusst ist.[2] Wenn das Finanzamt beispielsweise ausführt, der Vorstand/Geschäftsführer „sei wegen Vorliegens der gesetzlichen Merkmale in Haftung zu nehmen", liegt nahe, dass das Finanzamt sein Ermessen gar nicht ausgeübt hat. Bei einer **Beteiligung an einer Steuerhinterziehung** ist das Ermessen nach Auffassung des BFH vorgeprägt, so dass die Inanspruchnahme eines Gehilfen auch ohne nähere Darlegung der Ermessenserwägungen als ermessensgerecht angesehen wird.[3] Gleichwohl kann es ermessensfehlerhaft sein, den Beteiligten wegen einer Steuerhinterziehung in Anspruch zu nehmen, wenn er selbst keinen Vorteil erlangt hat und dem Steuerschuldner die Steuerschuld erlassen wurde.

4.42

Unterlaufen der Finanzverwaltung Fehler bei der Begründung der Ermessensentscheidung, kann sie diese bis zur letzten Verwaltungsentscheidung (Einspruchsentscheidung) heilen, eingeschränkt sogar bis zur mündlichen Verhandlung (§ 102 Abs. 2 FGO). Daher sollten **Ermessensfehler** regelmäßig erst im Klageverfahren gerügt werden. Problematisch ist dies, wenn erst im Klageverfahren neue Tatsachen vorgetragen werden. Werden neue – bisher nur dem Haftungsschuldner bekannte – Tatsachen vorgetragen und gewinnt daraufhin der Haftungsschuldner das Klageverfahren, kann das FG dem Haftungsschuldner die Kosten auferlegen.

4.43

Beispiel:
Erklärt das Finanzamt in der Einspruchsentscheidung, der Haftungsschuldner sei als einziger Vorstand/Geschäftsführer der Gesellschaft in Haftung zu nehmen und kommt es erst im finanzgerichtlichen Verfahren zur Sprache, dass es einen weiteren Vorstand/Geschäftsführer gab, gewinnt der Haftungsschuldner mangels Ausübung des Auswahlermessens seitens des Finanzamts das Klageverfahren, ohne negative Kostenfolgen befürchten zu müssen.[4] Das Finanzamt hätte das Handelsregister einsehen können und müssen.[5]

---

1 BFH v. 8.11.1988 – VII R 78/85, BStBl. II 1989, 118; v. 29.5.1990 – VII R 85/89, BStBl. II 1990, 1008.
2 BFH v. 15.6.1983 – I R 76/82, BStBl. II 1983, 672; v. 4.10.1988 – VII R 53/85, BFH/NV 1989, 274.
3 BFH v. 21.1.2004 – XI R 3/03, BStBl. II 2004, 919; vgl. aber FG Münster v. 11.12.2001 – 1 K 3310/98 E, PStR 2002, 197.
4 BFH v. 12.2.2009 – VI R 40/07, BStBl. II 2009, 478.
5 Zum Auswahlermessen zwischen faktischem und formell bestelltem Geschäftsführer vgl. BFH v. 11.3.2004 – VII R 52/02, BStBl. II 2004, 579; FG Hamburg v. 23.5.2002 – II 313/01, EFG 2002, 1342; v. 14.8.2002 – V 248/98, EFG 2003, 202.

d) Hinweise für das Rechtsbehelfsverfahren

4.44 Im Zeitpunkt der Inhaftungnahme von Vorstands-/Geschäftsführungsmitgliedern liegen häufig bereits **Einkommensteuerbescheide** der betroffenen Arbeitnehmer vor. Sind die sich aus der Veranlagung des Arbeitnehmers ergebenden Steuerschulden bereits bezahlt, ist für eine Lohnsteuerhaftung kein Raum. In Fällen der Lohnsteuerhaftung ist daher zunächst zu prüfen, wie der Veranlagungs- und Zahlungsstand bei den Arbeitnehmern ist. Die Frage der **Verjährung** der Haftungsschuld ist gem. § 191 Abs. 3 AO gesondert von der Frage der Verjährung der der Haftung zugrunde liegenden Steuerschuld zu prüfen. Haftungsbescheide dürfen nur bis zum Ablauf der für sie geltenden Festsetzungsfrist erlassen werden (§ 169 Abs. 1 Satz 1 AO). Gemäß § 191 Abs. 3 Satz 2 AO beträgt die Festsetzungsfrist grundsätzlich vier Jahre, in Fällen der Steuerhinterziehung (§ 71 AO) zehn Jahre. Die verlängerte Festsetzungsfrist gilt nur, wenn auch der Haftungsbescheid auf § 71 AO gestützt wird. Sie gilt nicht, wenn Rechtsgrundlage des Haftungsbescheids § 69 AO ist. Dies gilt selbst dann, wenn der Sache nach eine Steuerhinterziehung vorliegt. Gemäß § 191 Abs. 3 Satz 3 AO beginnt die **Festsetzungsfrist** mit Ablauf des Kalenderjahrs, in dem der Tatbestand, der die Haftung begründet, verwirklicht worden ist. Es kommt auf den Zeitpunkt der Pflichtverletzung an. Für die Ablaufhemmung gilt die Sonderregelung des § 191 Abs. 3 Satz 4 AO. Solange die Steuer noch nicht festgesetzt ist, endet die Festsetzungsfrist für den Haftungsbescheid nicht vor Ablauf der für die Steuerfestsetzung geltenden Festsetzungsfrist. Ist die Steuerschuld bereits festgesetzt, gilt gem. § 191 Abs. 3 Satz 4 AO, § 171 Abs. 10 AO, dass die Festsetzungsfrist für den Erlass des Haftungsbescheids nicht vor Ablauf von zwei Jahren nach Bekanntgabe des Steuerbescheids abläuft.

5. Schadensausgleich

4.45 Mehrere Vorstandsmitglieder/Geschäftsführer haften gesamtschuldnerisch. Für den internen Ausgleich gelten die allgemeinen Regelungen (§ 426 BGB). Für die Haftungsquote ist insbesondere maßgeblich, wer nach dem internen Geschäftsverteilungsplan für die Erfüllung der steuerlichen Pflichten zuständig war. Darüber hinaus kann die Verletzung der Pflicht zur Information des Gesamtvorstands erheblich sein, wenn die Verletzung von Informationspflichten kausal für die Auslösung der Steuerhaftung ist.

II. Haftung von Aufsichtsräten und Beiräten für Steuern der Gesellschaft

4.46 Aufsichtsräte und Beiräte kommen als Haftungsschuldner für Steuern der Gesellschaft grundsätzlich nicht in Betracht. Der zentrale Haftungstatbestand der §§ 69, 34 AO kommt mangels **Vertretungsmacht** von Aufsichtsräten und Beiräten grundsätzlich nicht zur Anwendung. Dies gilt auch für die Nichtabführung der Lohnsteuer für die Vorstände bzw. Geschäftsführer. Auch wenn Aufsichtsräte bzw. Beiräte gegenüber den Vorständen bzw. Geschäftsführern zur Vertretung der Gesellschaft befugt sind (vgl. § 112 AktG), erwächst insoweit keine Vertretungsmacht im Außenverhältnis zur Finanzverwaltung. Nur im Ausnahmefall kommt Aufsichtsräten bzw. Beiräten Vertretungsmacht zu (vgl. z.B. § 105 Abs. 2 AktG). Im Übrigen haften Aufsichtsrats-/Beiratsmitglieder, wenn sie Teilnehmer einer Steuerstraftat sind (§ 71 AO, Rz. 4.48 ff.).

III. Steuerstrafrechtliche Risiken für Organmitglieder

1. Gesetzliche Rahmenbedingungen

Die **Steuerhinterziehung** gem. § 370 AO wird begangen durch: 4.47

– Unrichtige oder unvollständige Angaben über steuererhebliche Tatsachen (§ 370 Abs. 1 Nr. 1 AO) oder
– das pflichtwidrige in In-Unkenntnis-Lassen der Finanzbehörden über steuerlich erhebliche Tatsachen oder
– das pflichtwidrige Nicht-Verwenden von Steuerzeichen/Steuerstemplern.

Die Steuerhinterziehung ist **vollendet**, wenn der Erfolg:

– In der Form der Steuerverkürzung oder
– in der Form der Gewährung von nicht gerechtfertigten Steuervorteilen eintritt.

2. Risiko- und Gefahrenbereiche (Straftatbestand, Haftungstatbestand)

a) Steuerverkürzung

In der Praxis ist der Regelfall der Erfolg in der Form der Steuerverkürzung. Eine Steuerverkürzung liegt vor, wenn Steuern nicht, nicht in voller Höhe oder nicht rechtzeitig festgesetzt werden (§ 370 Abs. 4 Satz 1 AO). D. h. die Steuerhinterziehung ist **vollendet**, wenn entweder ein Steuerbescheid ergangen ist, der eine zu niedrige Steuer festsetzt, oder wenn kein Steuerbescheid erlassen wurde. 4.48

In der Variante der Nichtfestsetzung der Steuer stellt sich die Frage, zu welchem Zeitpunkt der Erfolg eintritt. Hierzu muss **hypothetisch** die Frage gestellt werden, wann der **Steuerbescheid** erlassen worden wäre, wenn der Steuerpflichtige sich vollständig ordnungsgemäß verhalten hätte. Es ist zu differenzieren: 4.49

– Bei den **Steueranmeldungen**, d.h. insbesondere den Umsatzsteuervoranmeldungen und den Lohnsteueranmeldungen, muss der Steuerpflichtige die zu bezahlende Steuer selbst in der Steueranmeldung berechnen. Die Steueranmeldung gilt, sobald sie beim Finanzamt eingeht, als Steuerbescheid (Festsetzung unter dem Vorbehalt der Nachprüfung, § 164 f. AO). In diesen Fällen lässt sich sicher sagen, dass bei ordnungsgemäßer Abgabe der Steuererklärung (also beispielsweise der Umsatzsteuerjah-

reserklärung zum 31.5. des Folgejahrs) eine Steuerfestsetzung vorgelegen hätte.
- Bei den sog. **Veranlagungssteuern**, d.h. z.B. der Einkommensteuer, der Körperschaftsteuer, der Gewerbesteuer, aber auch etwa der Erbschaft- und Schenkungsteuer, setzt der Steuerbescheid voraus, dass zunächst eine Steuererklärung abgegeben wird und dass das Finanzamt dann im Rahmen eines Veranlagungsverfahrens über die konkret festzusetzende Steuer mit einem gesonderten Bescheid entscheidet. Hier tritt der Erfolg der Verkürzung in der Form der Nichtfestsetzung ein, wenn das Veranlagungsverfahren für den betreffenden Steuerbezirk und die betreffende Steuerart abgeschlossen ist, ohne dass für den Täter eine Steuerveranlagung erfolgte.[1] Fehlt ein solches allgemeines Veranlagungsverfahren für bestimmte Zeiträume, so ist beim Finanzamt zu ermitteln, wann nach regelmäßigem Ablauf nach Abgabe der Erklärung ein Steuerbescheid erlassen worden wäre. Bei der Erbschaft- und Schenkungsteuer hat der BGH entschieden, dass eine Steuerhinterziehung bei Nichtabgabe vier Monate nach Kenntnis um den Erbfall bzw. den schenkungsteuerlichen Vorgang vollendet und beendet ist.[2]

4.50 Unerheblich ist, ob die festgesetzte Steuer tatsächlich **bezahlt** wird. Der Erfolg ist die fehlerhafte oder fehlende Steuerfestsetzung. Im anschließenden **Erhebungs- und Beitreibungsverfahren** kommt es nur ausnahmsweise zu einer Steuerhinterziehung, z.B. wenn der Steuerpflichtige sich unter Vorspiegelung falscher Voraussetzungen eine Stundung erschleicht oder etwa, wenn der Steuerpflichtige durch unrichtige Angaben herbeiführt, dass die Finanzbehörden einen Teil der Steuerforderungen erlassen[3] oder etwa, wenn der Steuerpflichtige im Vollstreckungsverfahren eine wahrheitswidrige Vermögensauskunft nach § 284 AO erteilt und dadurch die Beitreibung der geschuldeten Steuern vereitelt.[4]

b) Unrichtige Angaben über steuerlich erhebliche Tatsachen

4.51 Strafbar ist die unzutreffende Angabe von Tatsachen. Werden im Rahmen der Steuererklärung rechtliche Einordnungen vorgenommen, so handelt es sich lediglich um einen Subsumtionsvorschlag an das Finanzamt. Eine **Täuschung über Tatsachen** ist damit nur verbunden, wenn dem Finanzamt eine eigene Sachentscheidung nicht ermöglicht wird. Nach Auffassung des BGH darf der Steuerpflichtige in seinen Steuererklärungen jede ihm günstige Rechtsansicht vertreten.[5] Eine Steuerhinterziehung scheidet aus, wenn der Steuerpflichtige mit der Erklärung dem Finanzamt alle maßgeblichen Tatsachen mitteilt, die für eine eigene Rechtsentscheidung

---
1 Zuletzt OLG Düsseldorf v. 4.4.2005 – III 2 Ss 139/04, wistra 2005, 353; *Joecks* in Franzen/Gast/Joecks, Steuerstrafrecht[7], § 370 Rz. 37, m.w.N.
2 BGH v. 25.7.2011 – 1 StR 631/10, wistra 2011, 428.
3 BGH v. 19.12.1997 – 5 StR 569/96, wistra 1998, 180, Fall „Zwick".
4 BGH v. 21.8.2012 – 1 StR 26/12, wistra 2012, 482 = ZWH 2013, 112 m. Anm. *Kudlich*.
5 BGH v. 10.11.1999 – 5 StR 221/99, wistra 2000, 137.

des Finanzamts erforderlich sind, oder wenn der Steuerpflichtige in seiner Steuererklärung ausdrücklich darauf hinweist, von welcher Rechtsansicht er bei der Verfassung seiner Erklärung ausgegangen ist (bspw. durch den Hinweis, dass abweichend von den Richtlinien der Finanzverwaltung einer bestimmten Auffassung in der Kommentarliteratur gefolgt wird). Es liegen somit keine unrichtigen Angaben über steuerlich erhebliche Tatsachen i.S.d. Tatbestands vor, wenn der Steuerpflichtige entweder der Steuererklärung eine **Sachverhaltsschilderung** einschließlich aller maßgeblichen Details beifügt oder in der Steuererklärung (bspw. unter Hinweis auf eine entsprechende Kommentarstelle) die bei der rechtlichen Einordnung des Sachverhalts zugrunde gelegte **Rechtsauffassung** dokumentiert. Diese Rechtsprechung ist auch als Leitlinie bei der Abfassung von Steuererklärungen zu rechtlich zweifelhaften Fragen zu verwenden.

Neben der inhaltlichen Frage, welche Tatsachen bei genauer Betrachtung aus der Steuererklärung zu entnehmen sind, stellt sich weiter die Frage, wem die Erklärung zuzurechnen ist. Dies gilt insbesondere bei Erklärungen, die von **mehreren Personen** unterschrieben werden. Der BFH hat für zusammenveranlagte Ehegatten entschieden, dass der mitunterschreibende Ehegatte nicht für die unrichtige Erklärung von Einkünften haftet, die ausschließlich dem anderen Ehegatten zuzurechnen sind.[1] Dagegen gilt bei Gesellschaftsorganen, dass grundsätzlich jedes Organmitglied für die abgegebene Steuererklärung mitverantwortlich ist und bei entsprechender Kenntnis auch strafrechtlich haftet.

4.52

Beispiel:
Werden entgegen § 4 Abs. 5 Nr. 10 EStG „nützliche Aufwendungen" – also jede Form von Bestechungszahlungen – steuerlich als Betriebsausgaben geltend gemacht, so liegen unrichtige Angaben i.S.v. § 370 AO vor. Die Betriebsprüfer sind gesetzlich verpflichtet, Verdachtsfälle an die Staatsanwaltschaft zu melden.

c) Unterlassen als Verstoß gegen Erklärungspflichten

Für den Vorwurf der Steuerhinterziehung durch Unterlassen ist jeweils konkret zu überprüfen, ob eine **Steuererklärungspflicht** im Einzelfall bestand und bis zu welchem Zeitpunkt die Erklärungspflicht zu erfüllen war. Hebt das Finanzamt etwa die Verpflichtung zur Abgabe von monatlichen Umsatzsteuervoranmeldungen zu Beginn des Jahrs auf (vgl. § 18 UStG), so bleibt die Nichtabgabe von Erklärungen bis zum Verstreichen der Frist für die nachfolgende Jahreserklärung (31.5. des Folgejahrs, vgl. § 149 Abs. 2 AO) straflos. Kritisch zu hinterfragen ist die Existenz einer wirksamen Erklärungspflicht gerade in den steuerlichen „Nebengebieten", wie beispielsweise dem GrEStG, dem MinÖStG oder auch dem ErbStG.

4.53

Höchst problematisch ist die Frage, inwieweit der Steuerpflichtige zur Abgabe von Steuererklärungen verpflichtet ist, wenn er sich dadurch der **Gefahr einer eigenen Strafverfolgung** aussetzt. Dies gilt zunächst für die Fäl-

4.54

---
1 BFH v. 16.4.2002 – IX R 40/00, wistra 2002, 353 = FR 2002, 1377.

le, in denen das Finanzamt bei einem bereits laufenden Steuerstrafverfahren zur Abgabe der Erklärungen für die nachfolgenden Zeiträume auffordert. Der BGH hat hierzu entschieden, dass die Verpflichtung zur Abgabe von Steuererklärungen bestehen bleiben soll, auch wenn für die vorangegangenen Jahre wegen gleichartiger Sachverhalte bereits ein Steuerstrafverfahren läuft. Der Steuerpflichtige soll hier durch ein Verwertungsverbot geschützt sein.[1] D.h., die Daten aus der wahrheitsgemäßen Steuererklärung des Jahrs 2014 dürfen nicht für das laufende Steuerstrafverfahren der Jahre 2009 bis 2013 verwendet werden.

4.55 Ist für den gleichen Zeitraum, für den der Steuerpflichtige eine Steuererklärung abzugeben hat, bereits ein Steuerstrafverfahren eingeleitet, so ist in Anlehnung an § 393 Abs. 1 Satz 3 AO die Rechtspflicht zur Abgabe der Erklärung wegen **Unzumutbarkeit suspendiert**.

Beispiel:
Einleitung des Steuerstrafverfahrens für Umsatzsteuervoranmeldungen des Jahrs 2014 – die Nichtabgabe der Umsatzsteuerjahreserklärung zum 31.5.2010 ist straflos.[2]

4.56 Ein ähnliches Problem stellt sich bei der Frage, ob auch die **Einkünfte aus rechtswidrigem Verhalten** dem Finanzamt gegenüber erklärt werden müssen. Hierzu hat der BGH entschieden, dass auch bei Einkünften aus Straftaten, insbesondere bei Einkünften aus Bestechungsgeldern, die Erklärungspflicht im Grundsatz fortbesteht. Das bedeutet: Der Vorstand, der Bestechungsgelder von 50.000 € erhalten hat, muss diese Bestechungsgelder in seiner Einkommensteuererklärung als sonstige Einkünfte deklarieren.[3] Das Finanzamt wird diese Erkenntnisse an die Staatsanwaltschaft weiterleiten, die dann ein Korruptionsverfahren einleiten wird. Der Steuerpflichtige soll sich dadurch schützen können, dass er die Einkünfte nur „unbenannt" angibt.[4] Dies wird in der Praxis regelmäßig nichts nützen. Unter verfassungsrechtlichen Gesichtspunkten dürfte diese Rechtsprechung wegen eines klaren Verstoßes gegen den „nemo-tenetur"-Grundsatz rechtswidrig sein.[5]

d) Zur Feststellung der Steuerverkürzung

aa) Höhe der festgesetzten Steuerschuld

4.57 Für die Feststellung der Steuerverkürzung ist jeweils zu überprüfen, ob der tatsächlich vorliegende **Bescheid** eine niedrigere Steuer ausweist, als dies nach den maßgeblichen steuerlichen Vorschriften zutreffend wäre. Im Falle der Nichtfestsetzung ist zu prüfen, ob überhaupt ein Steuer-

---

1 BGH v. 12.1.2005 – 5 StR 191/04, wistra 2005, 148.
2 Vgl. BGH v. 10.1.2002 – 5 StR 452/01, wistra 2001, 341; v. 26.4.2001 – 5 StR 587/00, wistra 2002, 150.
3 BGH v. 5.5.2004 – 5 StR 139/03, StV 2004, 578; zuletzt BGH v. 2.12.2005 – 5 StR 119/05, NStZ 2006, 210.
4 BGH v. 2.12.2005 – 5 StR 119/05, NStZ 2006, 210, 214.
5 Vgl. nur *Wulf*, wistra 2006, 89 ff.

anspruch bestand, der festgesetzt werden musste. Hier stellen sich vorrangig Fragen des materiellen Steuerrechts, d.h. Fragen aus den Einzelsteuergesetzen wie dem EStG, KStG, GewStG, UStG, ErbStG, UmwStG etc.

bb) Schätzung

In einer Vielzahl der Steuerfahndungsfälle sind die steuerlich relevanten Sachverhalte im Nachhinein nicht rekonstruierbar. Häufig beruht dies darauf, dass die Steuerpflichtigen ihren Buchführungs- und Aufzeichnungspflichten nicht nachgekommen sind. Das Finanzamt kann in diesen Fällen die Besteuerungsgrundlagen nach § 162 AO schätzen. Die **Möglichkeit der Schätzung** gilt auch für das strafrechtliche Verfahren. Anwendbar sind die steuerlich allgemein anerkannten Methoden: Interner Betriebsvergleich anhand von Vorjahresergebnissen oder teilweise vorhandenen Aufzeichnungen und externer Betriebsvergleich anhand von Vergleichsbetrieben oder Richtsatzsammlungen. Anhand der Nachkalkulation muss mit der im Strafprozess erforderlichen Gewissheit – also zur persönlichen Überzeugung des Gerichts jenseits eines vernünftigen Zweifels – der Sachverhalt festgestellt werden.[1] In der Praxis werden regelmäßig die steuerlichen Schätzungen zugrunde gelegt und dann anhand eines Abschlags an die strafrechtlichen Beweisgrundsätze angepasst. Der Umstand, dass die Aufzeichnungspflichten verletzt wurden, rechtfertigt im Strafverfahren keine Ausschöpfung der Schätzungsbandbreite zum Nachteil des Steuerpflichtigen. Es gilt der strenge Grundsatz des „in dubio pro reo".[2]

4.58

cc) Formalia

Problematisch ist, welche Bedeutung die **formellen Nachweis- und Aufzeichnungspflichten** des Steuerrechts für den Straftatbestand der Steuerhinterziehung haben. Im Grundsatz gilt, dass die Entstehung des Steueranspruchs im Strafverfahren allein nach den strafprozessualen Grundsätzen nachzuweisen ist. Steuerliche Beweiserleichterungen und Nachweispflichten des Steuerpflichtigen finden keine Anwendung. Entsprechendes gilt für § 160 AO, die Vorschrift, nach der Betriebsausgaben nur anzuerkennen sind, wenn der wirtschaftliche Empfänger namentlich benannt wird: Nicht abzugsfähige Betriebsausgaben i.S.d. § 160 AO begründen keine Steuerhinterziehung.[3] Ausnahmsweise relevant werden die steuerlichen Formvorschriften, wenn ihnen der Charakter einer materiellen Anspruchsvoraussetzung zukommt. Unstreitig ist dies der Fall für die Erstattung von Vorsteuer im Umsatzsteuerrecht. Der Erstattungsanspruch besteht nach § 15 UStG nur, wenn der Steuerpflichtige über eine ordnungsgemäße Rechnung mit Vorsteuerausweis verfügt.

4.59

---

1 Grundlegend zuletzt BGH v. 24.5.2007 – 5 StR 58/07, wistra 2007, 345.
2 Zur Schätzung der Betriebsausgaben, nach der der Beschuldigte seine Buchhaltungsunterlagen vernichtet hatte, vgl. etwa BGH v. 19.7.2007 – 5 StR 251/07, wistra 2007, 470.
3 Eingehend *Dannecker*, wistra 2001, 241 ff.

e) Steuerverkürzung auf Zeit

4.60 Tatbestandsmäßig i.S.d. § 370 Abs. 4 Satz 1 AO ist auch die **nicht rechtzeitige Steuerfestsetzung** in der gesetzlich vorgegebenen Höhe. Werden bspw. die monatlichen **Umsatzsteuervoranmeldungen** in zu geringer Höhe abgegeben, während die Umsatzsteuerjahreserklärung zutreffend erfolgt, so liegt im Hinblick auf die monatlich zu gering vorangemeldeten Beträge eine Steuerhinterziehung vor. Bei der Hinterziehung von Umsatzsteuern bemisst sich der Umfang der verkürzten Steuern oder Steuervorteile nach der neueren Rechtsprechung des BGH auch dann nach deren Nominalbetrag, wenn die Tathandlung in der pflichtwidrigen Nichtabgabe oder der Abgabe einer unrichtigen Umsatzsteuervoranmeldung i.S.v. § 18 Abs. 1 UStG liegt. Der Umstand, dass in solchen Fällen im Hinblick auf die Verpflichtung zur Abgabe einer Umsatzsteuerjahreserklärung (§ 18 Abs. 3 UStG) zunächst nur eine Steuerhinterziehung **„auf Zeit"** gegeben ist, führt dazu, dass der tatbestandsmäßige Erfolg lediglich in Höhe der Hinterziehungszinsen zu erblicken wäre.[1] Dass in dieser Konstellation faktisch nur ein Zinsschaden eingetreten ist, ist lediglich auf der Ebene der Strafzumessung zu berücksichtigen. Unabhängig davon ist insoweit zu prüfen, ob eine wirksame Selbstanzeige i.S.d. § 371 Abs. 2a AO vorliegt.

f) Vorsatz und Verschulden

4.61 Die Strafbarkeit wegen Steuerhinterziehung setzt den Vorsatz im Hinblick auf alle objektiven Tatbestandsmerkmale voraus. Hierzu gehört das **Bewusstsein, Steuern zu verkürzen**. Es liegt mangels Vorsatz keine Steuerhinterziehung vor, wenn der Steuerpflichtige keine Vorstellung davon hat, dass ein entsprechender Steueranspruch entstanden ist. Das bedeutet: Irrt der Steuerschuldner über das Bestehen des Steueranspruchs, so liegt ein **Tatbestandsirrtum nach § 16 StGB** vor, der den Vorsatz ausschließt (nicht etwa ein Verbotsirrtum gem. § 17 StGB). In einem solchen Fall bleibt nur eine Ahndung als Ordnungswidrigkeit nach § 378 AO (leichtfertige Steuerverkürzung). Eine leichtfertige Tat in diesem Sinne liegt vor, wenn der Täter zwar nicht vorsätzlich, aber in besonders schwerer Weise sorgfaltswidrig gehandelt hat.[2]

g) Strafzumessung und Verjährung

4.62 Die strafrechtliche Verfolgung von Steuerstraftaten hat sich 2009 verschärft, indem der Gesetzgeber die Verjährungsfrist für die Fälle des § 370 Abs. 3 AO von fünf auf **zehn Jahre** verdoppelt und der BGH eine schärfere

---

1 BGH v. 17.3.2009 – 1 StR 627/08, wistra 2009, 355; entgegen BFH v. 4.2.1997 – 5 StR 680/96, wistra 1997, 186.
2 Zuletzt BFH v. 16.3.2007 – VII B 21/06, DStRE 2007, 789, zur Einfuhr von Zigaretten im Reisegepäck und unrichtigen Angaben durch Benutzung des „grünen Ausgangs" am Flughafen.

Sanktionierung für die Fälle von Steuerverkürzungen i.H.v. mehr als 50.000 € in einer Reihe von Entscheidungen angemahnt hat.[1]

h) Haftung von Organmitgliedern nach § 71 AO

Wer nach den vorgenannten Grundsätzen den Tatbestand der Steuerhinterziehung erfüllt, der **haftet** gem. § 71 AO für den entstehenden Steuerschaden. Gleiches gilt für denjenigen, der Beihilfe zur Steuerhinterziehung leistet (§ 27 StGB) oder zur Steuerhinterziehung anstiftet (§ 26 StGB). Insoweit sind von der Haftung nicht nur Vertretungsorgane (Vorstand/Geschäftsführer), sondern auch Aufsichtsorgane (Aufsichtsrat/Beirat) betroffen.   4.63

Von Bedeutung für die Auseinandersetzung mit dem Finanzamt ist die Frage der **Feststellungslast**: Nach gefestigter Rechtsprechung des BFH sind die Voraussetzungen der Haftung nach **strafprozessualen Beweisgrundsätzen** festzustellen. Es gilt der Grundsatz des „in dubio pro reo". Steuerliche Beweiserleichterungen finden für die Haftungsschuld aus § 71 AO dem Grunde und der Höhe nach keine Anwendung.[2] Die Zustimmung zu einer strafrechtlichen Verfahrenseinstellung nach § 153a StPO reicht zur Begründung des Hinterziehungsvorwurfs im Haftungsverfahren nicht aus.[3]   4.64

Von erheblicher praktischer Bedeutung ist auch die BFH-Entscheidung vom 21.1.2004 zur Haftung nach § 71 AO wegen Beihilfe zur Steuerhinterziehung:[4] Demnach sieht der BFH den Tatbestand der **Beihilfe zur Steuerhinterziehung** bereits dann als erfüllt an, wenn potentiellen Steuerhinterziehern der Schwarzeinkauf erleichtert wird.   4.65

Dies gilt insbesondere dann, wenn die Täter annehmen können, in der Buchführung des Gehilfen nicht in Erscheinung zu treten.   4.66

Beispiel:
Die A-AG betreibt einen Lebensmittelgroßhandel. Der Vorstand ermöglicht es den Kunden – insbesondere Restaurantbesitzern – über anonyme Sammelkonten schwarz einzukaufen. Die Restaurantbetreiber nutzen die schwarz eingekaufte Ware zum Schwarzverkauf.

Nach den Grundsätzen der BFH-Entscheidung kann der Vorstand der A-AG als Gehilfe der Steuerhinterziehung der Restaurantbesitzer für de-   4.67

---

[1] Vgl. BGH v. 2.12.2008 – 1 StR 416/08, BGHSt 53, 71, v. 5.5.2011 – 1 StR 116/11, wistra 2011, 347 = ZWH 2012, 69 m. Anm. *Spatscheck/Beckschäfer*; v. 12.7.2011 – 1 StR 81/11, wistra 2011, 396; v. 15.12.2011 – 1 StR 579/11, wistra 2012, 191 = ZWH 2012, 150 m. Anm. *Beckschäfer*; v. 7.2.2012 – 1 StR 525/11, BGHSt 57, 123 ZWH 2012, 148; v. 27.10.2015 – 1 StR 373/15, ZWH 2016, 81.
[2] BFH v. 7.11.2006 – VIII R 81/04, BStBl. II 2007, 364; v. 29.1.2002 – VIII B 91/01, wistra 2002, 350; v. 4.3.1999 – II B 52/98, BFH/NV 1999, 1185.
[3] BFH v. 20.12.2000 – I B 93/99, BFH/NV 2001, 639.
[4] BFH v. 21.1.2004 – XI R 3/03, BStBl. II 2004, 919 ff.

ren hinterzogene Steuern nach § 71 AO in Haftung genommen werden. In dem vom BFH entschiedenen Fall hatte das Finanzamt alle Abnehmer des Großhändlers ermittelt und ihre Steuerverhältnisse geklärt. Für die sich so konkret ergebende Mehrsteuer wurde die Haftung ausgesprochen und vom BFH bejaht.

4.68 Immer wieder ist in der Praxis jedoch zu erleben, dass das Finanzamt die BFH-Entscheidung vom 21.1.2004 als Vorgabe für Fälle ins Feld führt, die anders liegen: Hat das Finanzamt die Abnehmer und infolgedessen auch die Steuer nicht ermittelt, scheidet die Inhaftungnahme des Großhändlers unter Berufung auf die vorgenannte BFH-Entscheidung aus. Nach dem Grundsatz der **Akzessorietät der Haftung** muss feststehen, wer welche Steuern hinterzogen hat. Nur dann kann eine Haftung ausgesprochen werden.

4.69 Auch die Ermessensentscheidung der Finanzbehörde ist nach § 71 AO eingeschränkt. Bei einer vorsätzlichen Beihilfe zur Steuerhinterziehung ist nach dem BFH die Inhaftungnahme auch ohne nähere Darlegung der Ermessenserwägungen als ermessensgerecht anzusehen.[1] Diese Vorprägung der Ermessensentscheidung gilt nicht nur für den Anspruch dem Grunde, sondern auch der Höhe nach.[2]

3. Risiko- und Gefahrenminimierung

4.70 Durch entsprechende **Organisation** ist die Erfüllung der steuerlichen Pflichten sicherzustellen. Die ordnungsgemäße Erfüllung der steuerlichen Pflichten setzt insbesondere voraus, dass Steuererklärungen rechtzeitig sowie zutreffend und vollständig erstellt werden. Zur Vermeidung steuerstrafrechtlicher Risiken ist in Zweifelsfällen im Rahmen eines Anschreibens zur Steuererklärung eine vollständige Schilderung streitiger Sachverhalte vorzunehmen.

4.71 Bei **streitigen Rechtsansichten** ist darauf hinzuweisen, wenn die Gesellschaft von der Auffassung der Finanzverwaltung abweicht. Die Organmitglieder sind berechtigt, eine für die Gesellschaft günstige Rechtsauffassung zu vertreten. Hat das Finanzamt eine vollständige Sachverhaltsschilderung und/oder den Hinweis auf eine im Rahmen der Steuererklärung vertretene abweichende Rechtsauffassung erhalten, sind steuerstrafrechtliche Risiken gemieden. Sollte das Finanzamt steuerliche Konsequenzen aus dem streitigen Sachverhalt oder der streitigen Rechtsauffassung ziehen, kann hierüber im steuerrechtlichen Rechtsbehelfsverfahren gestritten werden, ohne dass ein steuerstrafrechtliches Risiko besteht.

---

1 BFH v. 21.1.2004 – XI R 3/03, BStBl. II 2004, 919 ff.
2 BFH v. 21.1.2004 – XI R 3/03, BStBl. II 2004, 919 ff.

4. Schadensabwehr/-minimierung

a) Selbstanzeige (§ 371 AO)

aa) Straffreiheit

Mit der Selbstanzeige nach § 371 AO sieht das Gesetz ein Instrument vor, mit dem **rückwirkend die Strafbarkeit der Steuerhinterziehung beseitigt** werden kann. Abgesehen von anfallenden Hinterziehungszinsen hat die wirksame Selbstanzeige lediglich die Nachzahlung der Steuern zur Konsequenz, die bei ordnungsgemäßer Erklärung zu entrichten gewesen wären. Geldauflagen oder Strafen fallen im Regelfall nicht an. In den Jahren 2010/2011 und 2014 wurden die Voraussetzungen für die Anerkennung der Selbstanzeige verschärft.

4.72

bb) Abgabeberechtigter Personenkreis

Jeder Beteiligte, der den Tatbestand der Steuerhinterziehung gem. § 370 AO verwirklicht hat, sei er Alleintäter, Mittäter, mittelbarer Täter, Anstifter oder Gehilfe, kann Selbstanzeige erstatten. Im vorliegenden Zusammenhang kommen daher in Betracht:
– Vorstands-/Geschäftsführungsmitglieder,
– Aufsichtsrats-/Beiratsmitglieder,
– Mitarbeiter,
– Gesellschafter.

4.73

Bei Kapitalgesellschaften ist bei der Selbstanzeige die Hinterziehung auf der Ebene der Gesellschaft von der auf der Ebene der Gesellschafter zu unterscheiden (Beispiel: vGA). In solchen Konstellationen sind **Selbstanzeigen auf beiden Ebenen** zu erstatten. Handelt es sich um ein Finanzamt, so können die Nacherklärungen in einem Schreiben zusammengefasst werden.

cc) Bevollmächtigung

Jeder erstattet grundsätzlich für sich **persönlich** Selbstanzeige. Es ist jedoch nicht erforderlich, dass die Selbstanzeige höchstpersönlich abgegeben wird. Der Täter **kann sich vertreten lassen**.[1] Der Bevollmächtigte muss jedoch aufgrund einer entsprechenden **Vollmacht** handeln. Eine Selbstanzeige eines Dritten in Geschäftsführung ohne Auftrag ist nach allgemeiner Auffassung nicht möglich.[2] Die Vollmacht muss damit vor der Selbstanzeige erteilt werden. Eine nachträgliche Genehmigung reicht nicht aus.[3] Wie die Vollmacht erteilt worden ist, ist irrelevant. Es reicht eine **mündliche oder telefonische** Bevollmächtigung. Aus Nachweisgründen sollte die Vollmacht **schriftlich** erfolgen. Es ist nicht erforderlich, dass der Bevollmächtigte **Strafverteidiger** ist. **Auch der Steuerberater** kann

4.74

---

1 BGH v. 13.11.1952 – 3 StR 398/52, BGHSt 3, 373.
2 Vgl. *Joecks* in Franzen/Gast/Joecks, Steuerstrafrecht[7], § 371 Rz. 80.
3 Vgl. *Kohlmann*, Steuerstrafrecht, § 371 Rz. 42 ff. (Okt. 1998).

für seinen Mandanten eine Selbstanzeige abgeben. Das Steuerberatungsverhältnis umfasst jedoch regelmäßig nicht bereits aus sich selbst heraus den Auftrag zur Selbstanzeige. Auch der laufende Steuerberater muss ausdrücklich **separat bevollmächtigt** werden. Da es sich bei der Selbstanzeigeberatung um eine steuerliche Beratung handelt, ist § 146 StPO nicht anwendbar.[1] Der Berater kann damit **mehrere Personen** zur Selbstanzeige beraten und die Selbstanzeige für mehrere abgeben.[2]

dd) Verdeckte Selbstanzeige

4.75 Die Vertretung muss dem Finanzamt gegenüber nicht offen als solche ausgewiesen werden.[3] Es sollte damit eine **verdeckte Stellvertretung** möglich sein. Dies kann insbesondere dann Sinn haben, wenn einzelne Tatbeteiligte zunächst nicht als solche in Erscheinung treten wollen.

Beispiel:
Eine AG hat zu Unrecht Vorsteuern in Anspruch genommen. Daran beteiligt waren der Fremd-Vorstand, der Alleingesellschafter und dessen in der Buchhaltung angestellte Ehefrau. Soll die Rolle des Alleingesellschafters und dessen Ehefrau zunächst nicht offengelegt werden, könnte der Bevollmächtigte gegenüber dem Finanzamt zunächst nur für den Fremd-Vorstand Selbstanzeige erstatten.

4.76 Der 5. Strafsenat des BGH hat die Möglichkeit zur Abgabe einer Selbstanzeige in verdeckter Stellvertretung eingeschränkt. In der Entscheidung ging es um einen Fall, in dem der faktische Inhaber einer Scheinfirma, die ungerechtfertigte Vorsteuererstattungen geltend gemacht hatte, im Namen des vorgeschobenen Strohmanns eine Selbstanzeige abgab. Der BGH ließ dies nur deshalb zu, da die Steuererstattungen noch nicht ausgezahlt worden waren und somit eine Rückforderung nicht in Betracht kam. In der Regel sei es erforderlich, dass dem Finanzamt aus der Selbstanzeige die **Person des Vertretenen bekannt werde**, damit ihm eine Zahlungsfrist i.S.d. § 371 Abs. 3 AO gesetzt werden kann.[4]

4.77 In einer anderen Entscheidung hatte der BGH die durch den Geschäftsführer einer GmbH abgegebene Selbstanzeige zwar prinzipiell zugunsten eines „verdeckten Dritten" gelten lassen, dem Dritten dann aber auch die gegenüber der GmbH erfolgte **Fristsetzung nach § 371 Abs. 3 AO zugerechnet**. Mangels fristgerechter Zahlung sei im Ergebnis zugunsten des Dritten keine Strafbefreiung eingetreten.[5] Ist die Zahlung sichergestellt, kann weiterhin verdeckt vorgegangen werden. Bei Gesellschaften ist durch die Rechtsprechung ausdrücklich anerkannt, dass die Selbstanzeige des zuständigen Geschäftsführers/Vorstands auch für die anderen Organe

---

1 *Kohlmann*, Steuerstrafrecht, § 371 Rz. 40 (Okt. 1998).
2 *Joecks* in Franzen/Gast/Joecks, Steuerstrafrecht[7], § 371 Rz. 81.
3 Vgl. *Kohlmann*, Steuerstrafrecht, § 371 Rz. 41 (Okt. 1998); *Joecks* in Franzen/Gast/Joecks, Steuerstrafrecht[7], § 371 Rz. 82, jeweils m.w.N.
4 BGH v. 5.5.2004 – 5 StR 548/03, wistra 2004, 309.
5 BGH v. 21.6.1994 – 5 StR 105/94, HFR 1995, 225; zum Problem auch *Joecks* in Franzen/Gast/Joecks, Steuerstrafrecht[7], § 371 Rz. 83 f.

und Mitarbeiter strafbefreiend wirkt, selbst wenn diese in der Nacherklärung nicht gesondert aufgelistet sind.[1] Dies bleibt auch nach der neueren Rechtsprechung richtig, solange eine Fristsetzung ihnen gegenüber mangels eines persönlichen Vorteils der Mitarbeiter nicht in Betracht kommen kann. Die verdeckte Selbstanzeige bietet sich insbesondere dann an, wenn die Beteiligten **aus einem Lager** kommen und die Selbstanzeige mit allen abgestimmt ist. Problematisch wird es jedoch, wenn die Tatbeteiligten nicht in einem Lager stehen. Hoch **problematisch** ist die verdeckte Stellvertretung in den Fällen des § 371 Abs. 2 Nr. 3 AO, also bei Fällen mit einer Steuerverkürzung pro Tat von mehr als 25.000 €. Denn hier kommt nach geltendem Recht unabhängig vom persönlichen Vorteil für jeden Beteiligten ein Strafzuschlag nach § 398a AO in Betracht.[2] Höchstrichterlich ist dies noch nicht entschieden. Der Berater sollte jedoch in diesen Fällen von einer verdeckten Stellvertretung absehen und möglichst alle Beteiligten namentlich nennen.

Bei der Beteiligung einer Mehrzahl von Personen kann auch eine „Salami-Taktik" angewendet werden: Für jeden Beteiligten wird eine gesonderte Vollmacht und ein gesondertes internes Protokoll gefertigt. Wird ein weiterer Beteiligter vom Finanzamt „entdeckt", können die nur diese Person betreffenden Unterlagen vorgelegt werden, ohne die Beteiligung der anderen Personen offenlegen zu müssen.

Beispiel:
Die Aufsichtsräte (ihre Teilnahme an der Tat unterstellt) erstatten Selbstanzeige, um für sich Straffreiheit zu erlangen. Sodann soll der Vorstand als Haupttäter aus wichtigem Grund abberufen werden.

Hier ist zu beachten, dass die Selbstanzeige eines Beteiligten die **Sperre des § 371 Abs. 2 Satz 1 Nr. 2 AO** für den anderen Beteiligten eintreten lässt, wenn die Selbstanzeige die Beteiligungsform erkennen lässt. Es entsteht ein „Wettlauf". Sind die Beteiligten durch besondere Pflichten miteinander verbunden (z.B. Treuepflichten bei Vorständen/Geschäftsführern, Aufsichtsräten/Beiräten, Gesellschaftern), kann die Abgabe einer Selbstanzeige, ohne dem anderen die Möglichkeit zu geben, sich anzuschließen, **Schadensersatzansprüche und Kündigungsgründe** auslösen.[3]

ee) Überprüfung einer möglichen Sperrwirkung

Das Gesetz normiert in § 371 Abs. 2 AO acht **gesetzliche Sperrgründe**: 4.78
- Die Bekanntgabe einer Prüfungsanordnung nach § 196 AO (§ 371 Abs. 2 Satz 1 Nr. 1 Buchst. a AO);
- das Erscheinen eines Amtsträgers der Finanzbehörde zur steuerlichen Prüfung (§ 371 Abs. 2 Satz 1 Nr. Buchst. c AO);

---

1 BGH v. 24.10.1984 – 3 StR 315/84, wistra 1985, 74.
2 I.d.S. beispielsweise *Jäger* in Klein, AO[12], § 398a Rz. 50 ff.
3 Vgl. *Streck*, DStR 1996, 288.

- das Erscheinen eines Amtsträgers der Finanzbehörde zur Ermittlung einer Steuerstraftat-/-ordnungswidrigkeit (§ 371 Abs. 2 Satz 1 Nr. 1 Buchst. d AO);
- das Erscheinen eines Amtsträgers der Finanzbehörde zu einer steuerlichen Nachschau (§ 371 Abs. 2 Satz 1 Nr. 1 Buchst. e AO);
- die Bekanntgabe eines eingeleiteten strafrechtlichen Ermittlungsverfahrens wegen der Tat (§ 371 Abs. 2 Satz 1 Nr. 1b);
- die Entdeckung der Tat, verbunden mit einer entsprechenden Kenntnis des Täters hiervon (§ 371 Abs. 2 Satz 1 Nr. 2 AO);
- eine Steuerverkürzung bzw. ein Steuervorteil von mehr als 25.000 € je Tat (§ 371 Abs. 2 Satz 1 Nr. § i.V.m. § 398a AO);
- das Vorliegen der Voraussetzungen eines Regelbeispiels aus dem Katalog des § 370 Abs. 3 Nr. 2 bis 5 AO (§ 371 Abs. 2 Satz 1 Nr. 4 i.V.m. § 398a AO).

Ist keiner der Tatbestände erfüllt, kann eine Selbstanzeige abgegeben werden.

ff) Form und Inhalt der Selbstanzeige

4.79 Das Gesetz schreibt für die Selbstanzeige keine Form vor. Sie kann schriftlich oder mündlich erstattet werden. Das OLG Köln ließ sogar eine beiläufige Bemerkung im Rahmen einer Besprechung bei dem Finanzamt für die Selbstanzeige ausreichen.[1] Die Selbstanzeige muss **nicht den Begriff „Selbstanzeige" beinhalten**. Es ist auch nicht erforderlich, dass sich der Anzeigende einer Hinterziehung bezichtigt. Er kann sich auf die reine Nacherklärung der relevanten Zahlen beschränken.

4.80 Nach § 371 Abs. 1 AO müssen **„nur" die unrichtigen oder unvollständigen Angaben** berichtigt oder unterlassene Angaben nachgeholt werden. Maßstab für den Umfang und den Inhalt ist die ordnungsgemäße Erklärung. Das Finanzamt muss aufgrund der Selbstanzeige in der Lage sein, die notwendigen Steuerfolgen zu ziehen und die Steuerbescheide zu verfügen (sog. **Materiallieferung**). Hinreichend ist damit, dass das Finanzamt ohne langwierige Nachforschungen den Sachverhalt aufklären und die Steuern berechnen kann. Eine gewisse eigene Ermittlungstätigkeit wird dem Finanzamt aber durchaus noch zugemutet.[2] In Ausnahmesituationen soll die Überlassung der Buchführung mit der Bezeichnung des strafbezogenen Bereichs ausreichend sein, ohne dass der Steuerpflichtige die relevanten Zahlen selbst zusammenstellt.[3]

4.81 Die Selbstanzeige sollte **so formuliert** sein, **dass das Finanzamt sofort Steuerbescheide fertigen kann**. Auf Zahlenangaben darf auf keinen Fall

---
1 OLG Köln v. 28.8.1979 – 1 Ss 574-575/79, OLGSt zu § 371 AO 1977 = StRK AO § 371 Rz. 4.
2 Vgl. BGH v. 13.11.1952 – 3 StR 398/52, BGHSt 3, 373; v. 5.9.1974 – 4 StR 369/74, NJW 1974, 2293.
3 Vgl. *Joecks* in Franzen/Gast/Joecks, Steuerstrafrecht[7], § 371 Rz. 57.

verzichtet werden. Eine Ausnahme besteht nur dann, wenn die bisher erklärten Zahlen zutreffend und nur die bisherige Qualifikation bzw. Zuordnung unrichtig war. Hier kann man sich auf die Korrektur der Qualifikation bzw. Zuordnung beschränken. Können die konkreten Zahlen nicht in der erforderlichen Zeit beschafft werden, bietet sich **die Selbstanzeige in Stufen**[1] an (Rz. 3.209, Rz. 4.77), zunächst werden Zahlen großzügig geschätzt und später in einem weiteren Schritt konkretisiert.

Problematisch sind die Fälle, in denen es dem Betroffenen (z.B. Aufsichtsräte, die als Anstifter beteiligt sind) objektiv unmöglich ist, die richtigen Besteuerungsgrundlagen überhaupt zu ermitteln und mitzuteilen. Dies gilt **insbesondere für Gehilfen und Mittäter** einer Steuerhinterziehung, die keinen Zugang zu den Besteuerungsgrundlagen des „Haupttäters" (Vorstand) haben. Da auch diese Personen nicht von der Wohltat des § 371 AO ausgeschlossen sein können, können auch sie wirksam Selbstanzeige erstatten, wenn sie „nur" ihr beschränktes Wissen um die Tat und **ihren Tatbeitrag dem Finanzamt mitteilen**.[2] Letztlich muss der Teilnehmer zumindest den Beitrag eliminieren und offenlegen, den er selbst zu der Begehung der Tat geleistet hat.

4.82

gg) Empfänger der Selbstanzeige

Die Selbstanzeige ist „**bei der Finanzbehörde**" zu erstatten. Damit ist sicherlich zunächst das **örtlich und sachlich zuständige Finanzamt** richtiger Adressat. Sind mehrere Finanzämter für einen Hinterziehungstatbestand zuständig (KSt beim FA A, USt bei dem FA B), kann die gesamte Selbstanzeige bei einem Finanzamt abgegeben werden.[3] Ist für mehrere Personen eine Selbstanzeige abzugeben (Gesellschaft, Gesellschafter bei einer Hinterziehung durch vGA), muss die Selbstanzeige bei jedem der zuständigen Finanzämter abgegeben werden. Hier ist besondere Sorgfalt darauf zu legen, dass die Anzeigen zeitgleich eingehen.

4.83

Die Selbstanzeige sollte **grundsätzlich schriftlich** erfolgen. Da es häufig auf den **Zeitpunkt der Selbstanzeige** – d.h. den Zugang beim Finanzamt – ankommt, muss dieser **dokumentiert** werden. Hier sind mehrere Wege gangbar:
– Die Selbstanzeige wird **per Fax** übermittelt und es wird telefonisch nachgefragt, ob das Schreiben vom ... (nicht die Selbstanzeige) angekommen ist (Sendeprotokoll und Aktennotiz über das Telefonat sind zu den Akten zu nehmen).

4.84

---

1 Der 1. Strafsenat des BGH hat die beschriebene Vorgehensweise in seiner Leitentscheidung zur Verschärfung des Selbstanzeigerechts v. 20.5.2010 – 1 StR 577/09, NJW 2010, 2146, ausdrücklich als wirksam anerkannt.
2 Vgl. OLG Hamburg v. 21.11.1985 – 1 Ss 108/85, wistra 1986, 116 – dort ging es um einen Steuerberater, der für seinen Mandanten USt-Voranmeldungen erstellt und abgegeben hatte, ohne wahre Zahlen zu kennen; vgl. auch *Joecks* in Franzen/Gast/Joecks, Steuerstrafrecht[7], § 371 AO Rz. 62 ff.
3 So auch *Bilsdorfer*, NWB F. 13, 909, 914 (8/98).

- Die Selbstanzeige wird in den **Briefkasten** des Finanzamts geworfen. Der Zeitpunkt des Einwurfs sowie der Inhalt des Schreibens muss von Dritten protokolliert werden (z.B.: „Selbstanzeige für Herrn Mustermann und die Mustermann AG für die Jahre 1991 bis 1992 wurde am ... um ... in den Briefkasten des FA ... von Herrn Stb. Emsig eingeworfen. Gez. Redlich").
- Die Selbstanzeige wird **persönlich überbracht**, wobei die Dienstperson des Finanzamts die Übernahme der Selbstanzeige quittiert oder der Überbringer ein Abgabeprotokoll fertigt.
- Die Selbstanzeige sollte **nicht nur per Post** verschickt werden. Hier wäre zu unsicher, ob und wann das Schreiben zugegangen ist.

hh) Zahlung der Steuer und Zinsen

4.85 Die Straffreiheit einer Selbstanzeige tritt nur ein, soweit die hinterzogenen Steuern innerhalb einer vom Finanzamt bestimmten, angemessenen Frist gezahlt werden (**§ 371 Abs. 3 AO**). Der Umfang der Nachzahlungsverpflichtung wurde zum 1.1.2015 verschärft. Nach neuem Recht zählen die **regulären Zinsen und die Hinterziehungszinsen** mit zu dem Betrag, der zu leiten ist, um Strafbefreiung zu erlangen. Durch das Gesetz nicht eindeutig geregelt ist, ob die Nachzahlungsverpflichtung sich ab dem 1.1.2015 auf den gesamten Berichtigungszeitraum bezieht oder ob die Nachzahlung als Voraussetzung der Strafbefreiung nur hinsichtlich der strafrechtlich noch verfolgbaren Jahre erbracht werden muss. Nach der Zielrichtung des Gesetzgebers werden die Strafverfolgungsbehörden die schärfere Auslegung des Gesetzes vertreten und eine **Nachzahlung (einschließlich Zinsen) für den Gesamtzeitraum** verlangen. Dadurch können dann vermehrt Fälle auftauchen, in denen die vollständige Strafbefreiung scheitert. Wie in diesem Zusammenhang Teilzahlungen zu verrechnen wären, ist allerdings völlig unklar. Auch ein unbeteiligter **Dritter** kann die noch zu entrichtenden Steuern zahlen.[1] Bei der Fristbestimmung handelt es sich nach h.M. um eine **strafrechtliche Frist**.[2] Sie muss ausdrücklich als solche bestimmt werden. Die üblichen steuerlichen Fristen auf dem Steuerbescheid sind keine Fristen i.S.d. § 371 AO.[3] Eine teilweise Nachzahlung führte nach altem Recht zur anteiligen Strafbefreiung. Ob dies nach neuem Recht Bestand hat, ist wegen des geänderten Wortlauts fraglich, gerichtlich aber bislang nicht entschieden.

4.86 Die Strafbefreiung ist nur für denjenigen von der Nachzahlung abhängig, der als Steuerpflichtiger oder als nicht steuerpflichtiger Dritter „zu eigenen Gunsten" Steuern hinterzogen hat. Es muss sich also um eine vollendete Tat handeln, mögliche Steuererstattungen etc. müssen ausgezahlt worden sein. Der Täter muss **bei wirtschaftlicher Betrachtung einen unmittelbaren Vorteil aus der Tat** erlangt haben. Dies kann z.B. die durch

---
1 Vgl. *Joecks* in Franzen/Gast/Joecks, Steuerstrafrecht[7], § 371 Rz. 126 ff.
2 Vgl. *Kohlmann*, Steuerstrafrecht, § 371 Rz. 103 (Okt. 1998).
3 Ausdrücklich zuletzt OLG Karlsruhe v. 22.12.2006 – 3 Ss 129/06, wistra 2007, 159.

die Hinterziehung ermöglichte Unterschlagung sein.[1] Für den Vorstand/ Geschäftsführer einer Gesellschaft können das laufende Gehalt und das erst aus der Tat stammende Risiko der Lohnsteuerhaftung (bzw. dessen Vermeidung) nicht als Vorteil in diesem Sinne angesehen werden.[2] Die Kriterien sind relativ unbestimmt. Man kann deshalb nur dadurch Sicherheit erreichen, dass auch die Selbstanzeige des Nicht-Steuerschuldners **zur Absicherung der rechtzeitigen Zahlung** bedarf. Die **Teilzahlung** führt zur Teil-Straffreiheit.[3]

ii) Umfang der Straffreiheit

Die Selbstanzeige wirkt als **persönlicher Strafaufhebungsgrund**[4] nur für die erklärte **Steuerhinterziehung** und die leichtfertige Steuerverkürzung, nicht jedoch für andere Straftatbestände. Soweit diese **anderen Straftatbestände** verfolgt werden, darf die Steuerhinterziehung weder bei der Strafzumessung noch im Tenor des wegen dieser anderen Straftat ergehenden Urteils oder Strafbefehls erwähnt werden.[5] Die Verfolgbarkeit dieser anderen Straftaten wird durch das Verwertungsverbot nach § 393 Abs. 2 AO eingeschränkt.[6] Hinzu kommt theoretisch die Beschränkung durch das Steuergeheimnis gem. § 30 AO, das jedoch nicht gegenüber den Sozialversicherungsträgern gilt (§§ 31 Abs. 2, 31a AO) und auch sonst in den praktischen Fallkonstellationen wenig Schutz bietet.

4.87

Die Selbstanzeige ist kein Geständnis im strafrechtlichen Sinne.[7] Auch wer „vorsorglich" eine Selbstanzeige erstattet, kann später jede Hinterziehung verneinen. Er kann auch um die Höhe der nacherklärten Beträge streiten. Dieser rein steuerrechtliche Streit um die richtige Besteuerung ist nicht mit dem Widerruf der Selbstanzeige zu verwechseln, der zur Unwirksamkeit der Selbstanzeige führen kann.[8] Allerdings ist Vorsicht geboten: Wer nachträglich einen anderen Sachverhalt vorträgt, als den Sachverhalt, der mit der Selbstanzeige mitgeteilt wurde, der riskiert einen schädlichen „Widerruf". Sachverhaltskorrekturen sollten also nur dann vorgenommen werden, wenn die „neuen Tatsachen" sicher belegt werden können. Nachgeschobene rechtliche Argumente sind dagegen weitgehend unproblematisch. Selbstverständlich bleibt es dem Steuerpflichtigen unbenommen, auch in den Fällen des § 398a AO um die Höhe der tatsäch-

4.88

---

1 Vgl. BGH v. 4.7.1979 – 3 StR 130/79, NJW 1980, 248.
2 Zweifelhaft BGH v. 19.2.1985 – 5 StR 789/84, wistra 1985, 104, wo auf das Haftungsrisiko abgestellt wird; zutreffend dagegen BGH v. 22.7.1987 – 3 StR 224/87, wistra 1987, 343, zum Gehalt; LG Kassel v. 2.4.2004 – 6 Qs 16/03, StV 2006, 697, zum Gesellschafter-Geschäftsführer bei Überschuldung der GmbH.
3 Vgl. *Kohlmann*, Steuerstrafrecht, § 371 Rz. 114 (Okt. 1998).
4 Vgl. dazu nur *Joecks* in Franzen/Gast/Joecks, Steuerstrafrecht[7], § 371 Rz. 32, m.w.N.
5 Vgl. *Joecks* in Franzen/Gast/Joecks, Steuerstrafrecht[7], § 371 Rz. 211.
6 *Klos*, NJW 1996, 2336.
7 *Streck/Spatscheck*, Die Steuerfahndung[4], Rz. 285.
8 So auch LG Heidelberg v. 16.11.2012 – 1 Qs 62/12, wistra 2013, 78, mit Anm. *Weinbrenner*, DStR 2013, 1268 = ZWH 2013, 73 m. Anm. *Rolletschke*.

lichen Steuernachzahlungen und damit ggf. auch um die Höhe und das Eingreifen der Zuschlagszahlung zu streiten.

4.89 In dem Zeitraum, für den eine Steuer-Freiheitsstrafe zur Bewährung ausgesetzt ist, kann eine Selbstanzeige über eine **Hinterziehung im Bewährungszeitraum** nach allgemeiner Ansicht nicht zum Widerruf der Bewährung führen.[1]

4.90 Da die Selbstanzeige ein persönlicher Strafaufhebungsgrund ist, bleiben der objektive und der subjektive Tatbestand der Steuerhinterziehung gegeben. Dies ist für die Strafverfolgung von an der Hinterziehung **beteiligten Dritten** (insbesondere Anstifter und Gehilfen) wichtig.[2] Haben diese nicht selbst rechtzeitig Selbstanzeige erstattet, kann gegen sie ein Strafverfahren eingeleitet werden.

jj) Außerstrafrechtliche Folgen

4.91 Die **steuerlichen Folgen** einer Hinterziehung werden durch eine Selbstanzeige nicht eingeschränkt. Dieses gilt insbesondere für:
– Die Haftung des Hinterziehers nach § 71 AO;
– die Verlängerung der Festsetzungsfrist nach § 169 Abs. 2 Satz 2 AO;
– die Abänderungsbefugnis nach § 173 Abs. 2 AO;
– die Hinterziehungszinsen nach § 235 AO.

b) Berichtigungserklärung nach § 153 AO und Verhältnis zur Selbstanzeige

aa) Problemstellung

4.92 Besondere Bedeutung für Vertretungsorgane von Gesellschaften hat die Vorschrift des § 153 AO. Nach dieser Vorschrift ist der Vorstand/Geschäftsführer zunächst zur Berichtigung von eigenen Erklärungen verpflichtet, in denen er vorsatzlos unrichtige Angaben über steuerlich erhebliche Tatsachen gemacht hat. Darüber hinaus ist er aber auch zur unverzüglichen Anzeige und zur Berichtigung verpflichtet, wenn er erkennt, dass durch seine Vorgänger versehentlich oder vorsätzlich falsche Angaben gemacht wurden. Die Pflicht erfasst alle Jahre, für die die Festsetzungsfrist noch nicht abgelaufen ist. Im Falle von vorsätzlich falschen Angaben muss also für einen Zeitraum von 10 Jahren und mehr korrigiert werden. Unterlässt der Vorstand/Geschäftsführer dies, so begeht er selbst eine strafbare Steuerhinterziehung durch Unterlassen.

4.93 Kommt der Vorstand/Geschäftsführer der Berichtigungspflicht nach, so wirkt dies zugunsten der ehemaligen Geschäftsführung als Selbstanzeige (§ 371 Abs. 4 AO), allerdings ist dies nicht unumstritten.[3] Ob die anderen

---
[1] So auch *Streck/Spatscheck*, NStZ 1995, 269.
[2] *Joecks* in Franzen/Gast/Joecks, Steuerstrafrecht[7], § 371 Rz. 33.
[3] *Joecks* in Franzen/Gast/Joecks, Steuerstrafrecht[7], § 371 Rz. 228 f., m.w.N.

Vorstände/Geschäftsführer oder die Gesellschafter mit einer Korrektur einverstanden sind, ist für die Pflicht zur Berichtigung irrelevant. Dies kann selbstverständlich zu Loyalitätskonflikten führen. Zögert der neu eintretende Vorstand/Geschäftsführer mit seiner Berichtigung zu lange, dann tritt auch für ihn eine Strafbarkeit wegen Steuerhinterziehung ein. Die Pflicht zur Berichtigung verwandelt sich dann in die Option, über eine Selbstanzeige Straffreiheit zu erlangen.

Richtigerweise handelt es sich um zwei völlig verschiedene Regelungskomplexe: § 371 AO befasst sich ausschließlich mit den möglichen strafrechtlichen Folgen einer Nacherklärung. Unter näheren Voraussetzungen ordnet die Vorschrift die persönliche Strafbefreiung für den Erklärenden an. § 153 AO ist dagegen **eine rein steuerliche Vorschrift** und ordnet für bestimmte Konstellationen die Entstehung einer Pflicht zur Abgabe von Erklärungen gegenüber dem Finanzamt an. 4.94

bb) Tatbestand des § 153 AO

§ 153 Abs. 1 Satz 1 AO lässt unter den folgenden Voraussetzungen eine Erklärungspflicht entstehen: 4.95
- Es muss eine **unrichtige** oder unvollständige Steuererklärung abgegeben worden sein;
- auf der Grundlage der nicht ordnungsgemäßen Erklärung muss eine **Steuerverkürzung** entweder bereits eingetreten sein oder es muss der Eintritt einer Steuerverkürzung drohen;
- der Steuerpflichtige muss beides **nachträglich erkennen** und
- die **Festsetzungsfrist** darf noch nicht abgelaufen sein, so dass eine Korrektur der ergangenen fehlerhaften Steuerfestsetzung noch möglich ist.

§ 153 Abs. 1 Satz 2 AO erweitert den Kreis der Erklärungspflichtigen auf den **Gesamtrechtsnachfolger**, die **gesetzlichen Vertreter i.S.v. § 34 AO** und damit insbesondere Vorstände und Geschäftsführer. Diese Personen sind also ebenfalls nach § 153 AO zur Abgabe einer Berichtigung verpflichtet, wenn sie nachträglich erkennen, dass durch sie selbst oder durch ihre Rechts- und Amtsvorgänger unrichtige Erklärungen abgegeben wurden.

cc) Erklärungspflicht nach § 153 AO

In der Rechtsfolge **verpflichtet** § 153 Abs. 1 AO zu Folgendem: 4.96
- Der Steuerpflichtige (bzw. sein Rechtsnachfolger oder Vertreter) muss gegenüber dem Finanzamt **anzeigen**, dass eine unrichtige Erklärung abgegeben worden ist; diese Anzeige hat **unverzüglich** zu erfolgen;
- der Verpflichtete ist weiterhin zur Richtigstellung, d.h. also zur inhaltlichen Korrektur der bisherigen Angaben verpflichtet, für die Abgabe dieser **Berichtigungserklärung** ordnet das Gesetz aber **keine zeitliche Frist** an.

4.97 Voraussetzung der Anzeige- und Berichtigungspflicht ist, dass eine **Steuerverkürzung droht oder bereits eingetreten ist**. Der Begriff ist entsprechend der Definition in § 370 Abs. 4 AO zu verstehen. Die Steuerverkürzung liegt vor, wenn eine Steuer nicht oder nicht vollständig festgesetzt worden ist.

4.98 Der Begriff der unrichtigen oder unvollständigen Angaben ist ebenfalls in Anlehnung an § 370 AO zu interpretieren: Voraussetzung sind **unrichtige oder unvollständige Angaben über steuerlich erhebliche Tatsachen**. Unzutreffende Rechtsausführungen in einer Steuererklärung, die durch den Steuerpflichtigen nachträglich erkannt werden, führen nicht zu einer Berichtigungspflicht. Gleiches gilt für den Fall, dass das Finanzamt von sich aus einen Fehler im Rahmen der Veranlagungsarbeiten gemacht hat, der zu einer Steuerverkürzung führt: In diesem Fall besteht keine Pflicht des Steuerpflichtigen, auf eine Berichtigung der Steuerfestsetzung hinzuwirken.

4.99 Anders als bei § 371 AO steht bei § 153 AO nicht die unmittelbare Ermöglichung der zutreffenden Festsetzung im Mittelpunkt, sondern der Hinweis auf den bisherigen Erklärungsfehler. Nur **die Anzeige** muss unmittelbar erfolgen. Für die inhaltliche Berichtigung hat der Steuerpflichtige mehr Zeit, eine gesetzliche Frist besteht nicht. Notfalls müsste das Finanzamt erst eine Frist setzen, wenn die Berichtigung nach seiner Auffassung zu viel Zeit in Anspruch nimmt.

4.100 Die **erforderliche nachträgliche Kenntnis** kann sich beispielsweise auch aus den Ergebnissen einer Betriebsprüfung ergeben: Ergibt sich aus dem Bp.-Bericht für den Steuerpflichtigen, dass (auch) für die Vor-Bp.-Zeit unrichtige Erklärungen abgegeben wurden, so besteht für die noch nicht festsetzungsverjährten Zeiträume streng genommen eine Pflicht zur Berichtigung. Allerdings dürfte die Verletzung dieser Pflicht regelmäßig nicht als Steuerhinterziehung strafbewehrt sein. Denn § 370 Abs. 1 Nr. 2 AO setzt voraus, dass sich die Finanzbehörde in Unkenntnis von den maßgebenden Tatsachen befindet. Weiß das Veranlagungsfinanzamt aus den Bp.-Ergebnissen von den Fehlern der Vergangenheit, so liegt die notwendige „Unkenntnis" nicht vor.

4.101 Keine Berichtigungspflicht besteht, wenn der **Fehler in der Ursprungserklärung vorsätzlich (d.h. wissentlich) begangen** wurde. Denn in dieser Situation erkennt der Steuerpflichtige nicht „nachträglich" i.S.v. § 153 Abs. 1 AO. Der BGH hat dies eingeschränkt für den Fall, dass ursprünglich bedingt vorsätzlich eine unrichtige Erklärung abgegeben wurde.[1] Eine steuerrechtliche Anzeige- und Berichtigungspflicht i.S.d. § 153 Abs. 1 Satz 1 Nr. 1 AO bestehe auch dann, wenn der Steuerpflichtige die Unrichtigkeit seiner Angaben bereits bei Abgabe der Steuererklärung billigend in Kauf genommen habe. Der Steuerpflichtige habe im Zeitraum der Abgabe der Steuererklärung nicht sicher gewusst, dass die Erklärung falsch ist,

---

[1] BGH v. 17.3.2009 – 1 StR 479/08, BGHSt 53, 210.

A. Steuerrechtliche und steuerstrafrechtliche Risiken für Organmitglieder

sondern dies nur ernsthaft für möglich gehalten und billigend in Kauf genommen. Erst im Nachhinein habe er sichere Kenntnis von der Unrichtigkeit der Erklärung erlangt, was sowohl nach dem Wortlaut als auch nach Sinn und Zweck der Norm unter den Tatbestand des § 153 Abs. 1 Satz 1 Nr. 1 AO zu subsumieren sei.

Wurde der Ursprungsfehler **leichtfertig** begangen, so liegen **§ 153 und § 371 AO nebeneinander** vor: Der Täter der leichtfertigen Steuerverkürzung erkennt diesen nachträglich und ist deshalb zur Anzeige und Berichtigung verpflichtet. Seine Nacherklärung stellt gleichzeitig eine Selbstanzeige i.s.v. § 378 AO dar.   4.102

Gemäß **§ 371 Abs. 4 AO** wird ein Dritter, der diese Erklärung abzugeben unterlassen oder unrichtig abgegeben hat, strafrechtlich nicht verfolgt, wenn die Anzeige nach § 153 AO durch einen anderen erfolgt, es sei denn, dass ihm die Einleitung eines Straf- oder Bußgeldverfahrens bekanntgegeben worden ist. Nur dann, wenn der Dritte zum eigenen Vorteil gehandelt hat, gilt § 371 Abs. 3 AO (Nachzahlungsfrist) entsprechend.   4.103

Die Erklärung nach § 153 AO hat **drei** entscheidende **Vorteile:**   4.104
- Es gibt **nur eine Sperre** entsprechend § 371 Abs. 2 Satz 1 Nr. 1 b) AO.
- Die **Nachzahlungsverpflichtung** des Dritten gilt nur sehr eingeschränkt.
- Es muss **keine vollständige Berichtigungserklärung** abgegeben werden.¹

In Problemfällen scheint sich zur Rettung der Straffreiheit damit folgende **Gestaltung** anzubieten:² Der Vorstand/Geschäftsführer einer Gesellschaft hat zugunsten der Gesellschaft Steuern hinterzogen. Da eine Betriebsprüfung schwebt, kann er selbst keine Selbstanzeige mehr abgeben. Die Gesellschafter der Gesellschaft bestellen deshalb einen „unwissenden" Vorstand/Geschäftsführer, der die Tat feststellt und sofort eine Erklärung nach § 153 AO abgibt. Nach dem Wortlaut des § 371 Abs. 4 AO ließe sich die Ansicht vertreten, die Erklärung nach § 153 AO wirke auch für den ersten Vorstand/Geschäftsführer. Gleichwohl ist Vorsicht geboten. Es ist durchaus streitig, ob der § 371 AO auch für die ursprüngliche Steuerhinterziehung oder nur für den Fall der Steuerhinterziehung aufgrund von § 153 AO selbst gilt.³ Zudem besteht die Gefahr, dass die Behörden den Vorwurf des Rechtsmissbrauchs erheben.⁴   4.105

Neben § 153 Abs. 1 AO hat auch **Abs. 2 der Vorschrift** eine erhebliche praktische Bedeutung. Danach ist der Steuerpflichtige (oder sein Rechts-   4.106

---

1 Vgl. *Joecks* in Franzen/Gast/Joecks, Steuerstrafrecht⁷, § 371 Rz. 224.
2 Vgl. dazu auch *Joecks* in Franzen/Gast/Joecks, Steuerstrafrecht⁷, § 371 Rz. 230, m.w.N.; *Kottke*, DStR 1996, 1350.
3 So OLG Stuttgart v. 31.1.1996 – 1 Ws 1/96, wistra 1996, 190, m.w.N.; vgl. auch *Bilsdorfer*, StBp. 1996, 272; *Dörn*, Inf. 1997, 329; *Füllsack*, wistra 1997, 285; *Jäger* in Klein, AO¹², § 371 Tz. 112; a.A. LG Bremen v. 26.6.1998 – 42 Qs 846 Ds 860 Js 22051/97, wistra 1998, 317; *Talaska*, AG 2013, 875.
4 Vgl. *Joecks* in Franzen/Gast/Joecks, Steuerstrafrecht⁷, § 371 Rz. 230.

nachfolger, gesetzlicher Vertreter etc.) auch in dem Fall zur Anzeige und Berichtigung verpflichtet, in dem die **Voraussetzungen einer Steuerbefreiung oder Steuervergütung nachträglich entfallen**. Wichtige Anwendungsfälle betreffen z.b. das UStG: Entfällt durch eine nachträgliche Option das Recht zur Inanspruchnahme einer Steuerbefreiung oder entfällt wegen der Insolvenz des Rechnungsempfängers das Recht zum Vorsteuerabzug, so ist der Steuerpflichtige zur Korrektur verpflichtet.

dd) Strafrechtliche Konsequenzen

4.107 § **153 Abs. 1 AO** hat – wie jede steuerliche Erklärungspflicht – auch strafrechtliche Bedeutung. Der vorsätzliche Verstoß gegen die Anzeige- und Berichtigungspflicht und die daraus resultierende Nicht-Festsetzung der vollständigen Steuer ist als **Steuerhinterziehung durch Unterlassen** (§ 370 Abs. 1 Nr. 2 AO) strafbar. Wer also versehentlich in der Steuererklärung Werbungskosten doppelt ansetzt und dies im Nachhinein erkennt, der begeht eine Steuerhinterziehung, wenn er den Fehler gegenüber dem Finanzamt nicht berichtigt.

B. Mitarbeiter

I. Motivation

4.108 Compliance mindert rechtliche Risiken. Risiken werden durch Menschen vermittelt. Im Unternehmen werden **Risiken** in erster Linie durch **Mitarbeiter begründet**, verursacht und ausgelöst; hier soll es um die Mitarbeiter gehen, die mit **Steuern** befasst sind. Diese Mitarbeiter verursachen Risiken, deren Folgen beim Arbeitgeber eintreten oder bei ihnen selbst. Hier konzentrieren wir uns auf letztere.

II. Betroffene Personen

4.109 Betroffen sind in erster Linie die Personen, die mit den **steuerlichen Angelegenheiten** des Unternehmens zu tun haben.
– Angesprochen sind die **Leitungsebene** der **Steuerabteilung**, aber auch alle **Sachbearbeiter** in der nachfolgenden Hierarchie.
– Eine besondere Bedeutung kommt in der Regel im Unternehmen den Personen zu, die mit der **Lohnsteuererklärung** und **Umsatzsteuervoranmeldung** zu tun haben. Die monatliche Abgabepflicht erhöht das Risiko. Auch hier sind die Leitungsebene und alle Sachbearbeiter angesprochen.
– Bestimmte Personen im Unternehmen verwalten „**Bilanzansätze**" und damit „**Besteuerungstatbestände**". Wir greifen hier zwei Personengruppen heraus, die nach unserer Erfahrung in Steuerverfahren, in Steuerfahndungsverfahren, eine Rolle spielen.

– Einmal geht es um die Mitarbeiter, in deren Zuständigkeit die **Beauftragung** von **Subunternehmern** fällt. Die gesamte Problematik der echten Subunternehmer, der Scheinsubunternehmer und der fingierten Subunternehmer liegt in ihrer Hand. Sie wissen um die Sachverhalte, die dem Steuerrechtler die Subsumtionen ermöglichen, nämlich die Antwort auf die Frage, ob die Beauftragung an einen echten Unternehmer erfolgt, ob ein Scheinvertragsverhältnis vorliegt oder ob Arbeitsverhältnisse durch Subunternehmerverträge verdeckt werden.
– Eine andere Gruppe sind die Personen, die mit der **Lagerverwaltung** zu tun haben. Sie sind die Herren über die Inventuren. Sie können dem Unternehmer in einer Betriebsprüfung geradezu in den Rücken fallen. Begründet z.B. ein Baustoffhändler in einer Betriebsprüfung dem Prüfer den doch offensichtlichen Schwund seiner Lagerbestände, teilt der Lagerverwalter voller Stolz dem Betriebsprüfer mit, bei ihm sei noch zu keinem Zeitpunkt irgendein Gegenstand verloren gegangen oder entwendet worden.
– Zur Risikogruppe der Mitarbeiter gehören weiterhin die Leitungsebenen und alle Mitarbeiter von **Revisions-** und **Controllingabteilungen**. Zu dieser Gruppe gehören schließlich auch Leitungsebene und Mitarbeiter der **Compliance-Abteilung**, was zu einer gewissen Selbstreferentialität des Systems führt. Angestellte des Unternehmens, die mit Tax Compliance befasst sind, müssen sich selbst als Risikofaktoren begreifen.
– Zur Risikogruppe gehören schließlich die Leitungsebene und alle Mitarbeiterinnen und Mitarbeiter der **EDV-Abteilung**. Der gesamte steuerliche Informationsfluss über die Online-Vernetzung, über Server und PC liegt in ihrer Hand.
– Nicht vergessen werden soll das **enge Mitarbeiterumfeld** der Chefs. Wir sprechen hier das Sekretariat an, die „rechte Hand" des Chefs, Personen, die in der Regel in alle Interna des Unternehmens eingebunden sind. Im steuerlichen Bereich mögen sie von der steuerlichen Problematik nicht viel verstehen. Aber jede Sekretärin des Chefs weiß zu deuten, wenn Belege inhaltlich nicht richtig sind oder wenn sie im Inland auf Briefpapier einer ausländischen Gesellschaft, das sich in ihrem Schreibtisch befindet, Briefe schreibt, die den Anschein erwecken, als seien sie im Ausland geschrieben und abgesendet worden.

III. Die Risiken

Die angesprochenen Mitarbeiterinnen und Mitarbeiter sind **Wissensträger**. Sie wissen nicht nur das, was ohnehin auf den Festplatten und in den Ordnern gespeichert ist, sondern darüber hinaus Motive, Zwecke und das „Weitere", nicht Festgehaltene. Die Mitarbeiter sind „**Herren**" der **Server**, der **Papier-** und **Dokumentationserzeugung**. Sie sind Aktenverwalter. „Nur was du schwarz auf weiß besitzt, kannst du beruhigt nach Hause tragen." Umgewandelt in die heutige Zeit: Was der Server gespeichert hat, ist die Wirklichkeit und ist die Wahrheit. Es waren die Herren der Bank-

4.110

server, die CDs mit Bankdaten brennen konnten, um sie der deutschen Finanzverwaltung zu verkaufen. Dies lag nicht in der Sachherrschaft des einzelnen Bankberaters. Man musste Zugang zu den hochgeschützten EDV-Anlagen haben.

4.111 Die Mitarbeiter sind **Zeugen**. Sie können Zeugen in strafrechtlichen Ermittlungsverfahren sein. Das Gleiche gilt für Steuerverfahren und sonstige justizielle Verfahren (Zivilprozesse, Verwaltungsprozesse, Sozialgerichtsbarkeiten). Die Mitarbeiter sind aber auch mögliche **Auskunftspersonen** bei **internen** Untersuchungen. Sie können bei Compliance-Ermittlungen befragt werden.[1] Darüber hinaus sind sie Informanten in **externen** und **internen Auskunftssystemen**, seien diese anonym oder offen. Jeder Mitarbeiter ist ein **potentieller „Anzeiger"**. Hier meinen wir nicht den eben erwähnten Informanten in vom Unternehmen eingerichteten Informationssystemen, sondern denjenigen, der das Unternehmen bei Strafverfolgungsbehörden, bei der Steuerfahndung anzeigt, auch hier mit Namensnennung oder anonym.

4.112 Erwähnt werden muss der besondere **Loyalitätskonflikt**, in denen diese Mitarbeiter in mehr oder weniger intensiver Weise stehen. Die Sekretärin des Chefs fühlt sich dem Unternehmen, fühlt sich ihrem Chef verpflichtet und könnte geneigt sein, falsche Aussagen zu machen, um in guter Absicht dem Unternehmen zu dienen. Mit einer solchen falschen Aussage geht sie womöglich später vor Gericht, bleibt bei der Aussage und macht sich wegen Falschaussage oder Meineid strafbar. Mit der richtigen Aussage schadet sie dem Unternehmen und sich selbst.

4.113 Jede Information, sei sie in Urkunden, sei sie in EDV-Systemen gespeichert oder sei sie Gegenstand einer Aussage, steht unter der binären Möglichkeit von **richtig** oder **falsch**. Das heißt für unsere Risikogruppe: Eine Aussage, eine Information von einem Mitarbeiter trägt nicht nur das Risiko in sich, als richtige Information einen Schaden auszulösen, sondern unterliegt zunächst der Frage, ob sie überhaupt richtig oder unrichtig ist. Sowohl eine unrichtige als auch eine richtige Aussage können schaden.

IV. Persönliche Risiken der Mitarbeiter

4.114 In der **subjektiven** Bewertung steht das **Risiko** des **Arbeitsplatzes** im Mittelpunkt der Befürchtungen des Mitarbeiters: Wie wird der Arbeitgeber auf eine Informationspreisgabe über eigenes Fehlverhalten oder das eines Kollegen – reagieren? Wird er kündigen? Auf niedrigeren Ebenen ist die **Kündigung** das weit schärfere Sanktionsmittel als die Durchsetzung von Schadensersatzansprüchen, denen oft keine Vermögenssubstanz gegenübersteht.

---

1 Die Ergebnisse (Protokoll etc.) unterliegen keinem Beschlagnahmeverbot, LG Hamburg v. 15.10.2010 – 608 Qs 18/10, StV 2011, 148; Kritik: *Jahn/Kirsch* StV 2011, 151 und *von Galen*, NJW 2011, 945; eher zustimmend *Bauner*, StV 2012, 277; zu Compliance-Bericht in der Betriebsprüfung *Werder/Rudolf*, BB 2014, 3094.

Verbunden damit, aber sicher nachrangig, sind die Möglichkeiten einer **zivilrechtlichen** Inhaftungnahme. Diese Möglichkeit, Schadensersatzansprüche gegen Angestellte des Unternehmens geltend zu machen, ist in den letzten Jahren auch in den Medien hervorgehoben worden. Es handelt sich jedoch durchweg um Ansprüche gegen Vorstandsmitglieder von Aktiengesellschaften. Dies war u.a. Folge der Rechtsprechung des BGH, wonach der Aufsichtsrat verpflichtet ist, Ansprüche gegen Vorstandsmitglieder geltend zu machen und durchzusetzen.

4.115

Anders gelagert ist die **steuerliche Haftung**. Geschäftsleiter[1] haften bei grob fahrlässiger Verletzung von Steuerpflichten für den Steuerschaden nach § 69 AO. Jeder, der an einer Steuerhinterziehung beteiligt ist, haftet für die hinterzogenen Steuern nach § 71 AO. Hiervon – insbesondere von der Haftung nach § 71 AO – können Mitarbeiter aller Ebenen betroffen sein. Finanzbeamte neigen dazu, auch Haftungsbescheide zu verfügen, die in keiner Relation zu dem Vermögen desjenigen stehen, der in Haftung genommen wird. Für jeden Beamten ist es sicherer, einen Haftungsbescheid zu verfügen als die Ermessensentscheidung (die möglich ist) zu treffen, jemanden nicht in Haftung zu nehmen. Die Inhaftungnahme bedarf keiner Rechtfertigung, die Nichtinhaftungnahme muss ggf. später gerechtfertigt werden.

4.116

Schließlich bleiben für den Mitarbeiter die **strafrechtlichen** Risiken. Bezogen auf die Tax Compliance steht hier im Mittelpunkt die Begehung einer **Steuerhinterziehung** (§ 370 AO) oder die **Beteiligung** als Anstifter und Gehilfe an einer solchen Steuerhinterziehung.

4.117

Die **Haftung** für **hinterzogene Steuern** und die Verfolgung wegen der **Beteiligung** an einer **Steuerhinterziehung** scheinen in einem **zwingenden Sachzusammenhang** zu stehen. Rechtlich ist dies **nicht** so. Auch dann, wenn die Strafsachenstelle eines Finanzamts oder die Staatsanwaltschaft zu dem Ergebnis kommt, ein Steuerstrafverfahren gegen einen Mitarbeiter nicht durchzuführen, ist das Finanzamt frei, gleichwohl eine Beteiligung an einer Steuerhinterziehung zu bejahen und einen Haftungsbescheid zu verfügen. Die Strafverfolgungsbehörden und die Steuerbehörden beurteilen die Steuerhinterziehung selbständig. Keine ist an das Urteil des anderen gebunden. Wenn ein Mitarbeiter die Sicherheit hat, nicht der Steuerstrafverfolgung zu unterliegen, so heißt dies noch nicht, dass er auch sicher vor einem Haftungsbescheid des Finanzamts ist.

4.118

V. Risikominimierung

Voraussetzung einer Risikoverminderung ist in erster Linie, dass alle Beteiligten die **Risiken kennen** und die Risiken **kommuniziert** werden. Diese Feststellung scheint trivial. Oft **konzentriert** sich der Risikoschutz sehr **einseitig** und **vermehrt** zugleich das Risiko in anderen Bereichen.

4.119

---

1 Speziell zur steuerlichen Haftung der Organe *Talaska*, BB 2012, 1195.

Dies zeigt sich insbesondere im Hinblick auf Steuerfolgen. In Großunternehmen werden im außerordentlichen Umfang Vermerke geschrieben, dokumentiert, Mails versandt und gespeichert. Ein hoher Prozentsatz dieser Dokumentation dient der Absicherung des einzelnen Sachbearbeiters oder der Leitungsebene. Zugleich werden Dokumente geschaffen, die Fundstücke für steuerliche Prüfungsdienste werden. Der Sachbearbeiter der Steuerabteilung hält in einem Vermerk fest, dass er eine Gewährleistungsrückstellung für zu hoch halte, dass er dies auch dem Vorstand berichtet habe, sodann aber gleichwohl angewiesen worden sei, die Rückstellung entsprechend zu bilden. Der Mitarbeiter selbst ist „gerettet". Zugleich ist ein Papier geschaffen, das steuerlich und steuerstrafrechtlich von hoher Relevanz ist.

4.120 Dieses Beispiel zeigt, dass **jede Dokumentation** einen **Zweck verfolgt**. Wer sich eindeutig auf einen bestimmten Zweck festlegt, vernachlässigt andere Zwecke. Keine Dokumentation vermittelt die „Wahrheit". Alles, was formuliert ist, ist zweckgerichtet. Jeder Kundige weiß, dass die Protokollführung und Protokollformulierung mitnichten eine niedere Tätigkeit ist, sondern eine eigene Wirklichkeit und Wahrheit schafft. Steuerrisiken werden durch solche schriftlichen Fixierungen nur vermieden, wenn alle damit Befassten auch die möglichen steuerlichen Implikationen kennen und berücksichtigen.

4.121 Gibt es in einem Unternehmen ein **Anzeigesystem**,[1] so muss entschieden sein, ob dieses Anzeigesystem auch für steuerliche Informationen zur Verfügung steht. Dies ist eigentlich selbstverständlich, da selten ein Mitarbeiter letztlich entscheiden kann, ob eine ihm wichtige Information steuerliche Relevanz hat oder nicht. Im Übrigen kann nur bei einer Offenheit des Anzeigesystems auch für steuerliche Informationen das Unternehmen angemessen reagieren, um Steuerrisiken zu minimieren.

4.122 Jede Mitarbeit eines Angestellten, der über steuerliches Wissen verfügt, funktioniert nur dann, wenn der Mitarbeiter **keine Sanktionen** zu **befürchten** hat.[2] Weder sein Arbeitsplatz muss gefährdet sein noch muss er sich steuerlichen Haftungsrisiken ausgesetzt sehen. Ist Letzteres der Fall, so müssen diese vom Unternehmen abgedeckt sein. Dies gilt natürlich nicht, wenn der Mitarbeiter selbst in kriminelle Machenschaften verwickelt ist oder wenn die mögliche steuerliche Beteiligung eine gewisse Intensität erreicht hat.

4.123 Die persönlichen Risiken der Mitarbeiter müssen durch eine ausführliche Information über **Auskunfts-** und **Aussageverweigerungsrechte** der Mitarbeiter gestützt werden. Sind sie **selbst Beschuldigte**, so haben sie die Aussageverweigerungsrechte in strafrechtlichen und steuerlichen Verfahren nach der StPO und nach der AO. Sie müssen darüber informiert sein,

---

1 Zum externen Ombudsmann *Bernhard* CCZ 2014, 152; s. hierzu auch *Benne*, Whistleblowing – Wenn Wissen Sensibilität erfordert, CCZ 2014, 189.
2 Zu dem Konflikt eines Compliance-Offices zwischen interner Eskalation und externen Anzeige s. *Raus/Lützler*, CCZ 2012, 96.

dass die Ausübung eines Aussageverweigerungsrechts nicht schädlich ist. Hierauf hinzuweisen ist wichtig, da in der Regel der Laie davon ausgeht, dass Schweigen schädlicher ist als Reden und dass der Spruch „Reden ist Silber und Schweigen ist Gold" eher ein Märchen darstellt, obwohl er pure Wahrheit ist.

Bei **internen Untersuchungen** hat arbeitsrechtlich durchweg der Mitarbeiter kein Aussageverweigerungsrecht. Der Auftrag an den untersuchenden Dritten kann jedoch beinhalten, dass der Ermittler dem betroffenen Mitarbeiter das Recht gewährt, keine Aussage zu machen, wenn er sich selbst belastet. Das sollte auch so sein, denn es kann nicht richtig sein, dass bei internen Untersuchungen der Mitarbeiter eine schlechtere Rechtsposition hat als bei Untersuchungen durch die Finanzbehörden und die Staatsanwaltschaft.[1]

4.124

Der Mitarbeiter muss auch über das Recht informiert sein, jederzeit einen **Anwalt** zu **konsultieren**. Dies gilt dann, wenn er Beschuldigter ist. Dies gilt aber auch dann, wenn er als Zeuge vernommen wird (sog. Zeugenbeistand). Auch bei internen Untersuchungen sollte das Unternehmen dem Mitarbeiter das Recht gewähren, einen Anwalt beizuziehen, wenn er selbst vernommen wird. Bei der Hinzuziehung von Anwälten muss die Kostenfrage geregelt werden. Trägt sie der Mitarbeiter? Übernimmt die Kosten des Anwalts das Unternehmen? Damit stellt sich auch die oft recht heikle Frage danach, **wer** den **Anwalt aussucht**. Kann der Mitarbeiter ein Vertrauen in einen Anwalt haben, der vom Arbeitgeber ausgesucht und bezahlt wird? Allgemeine Regeln gibt es hier nicht. Eine offene Kommunikation über diese Problematik löst jedoch oft die Schwierigkeiten.

4.125

Zahlt der Arbeitgeber eine „**Prämie**" für Informationen, rechnet diese zu den Einkünften aus nichtselbständiger Tätigkeit; sie ist also **steuerpflichtig**. Zahlen Dritte eine solche Prämie, können sie nach **§ 22 Nr. 3 EStG** steuerpflichtig sein.[2]

4.126

C. Gesellschafter und Nahestehende

I. Risiko- und Gefahrenbereiche

Seit jeher hat die Rechtsprechung für die steuerliche Anerkennung von Leistungsbeziehungen zwischen dem Unternehmen und dem Eigentümer bzw. dem Eigentümer nahestehenden Personen **besondere Anforderungen** gestellt. Hierbei geht es zum einen um die Frage, ob Aufwendungen, die

4.127

---

1 Zu „Amnestieprogrammen" s. *Kohlenberg/Schwinn*, CCZ 2012, 81. Hinzuweisen ist auch auf *Klasen/Schäfer*, Whistleblower, Zeuge und Beschuldigter – Informationsweitergabe im Spannungsfeld grundrechtlicher Positionen, DB 2012, 641.
2 FG Nürnberg v. 10.12.2015 – 4 K 1449/14, EFG 2016, 198.

das Unternehmen tätigt, betrieblich oder durch die besondere Beziehung zu dem Eigentümer bzw. der ihm nahestehenden Person veranlasst sind. Bei Einzelunternehmen und Personengesellschaften führt die steuerliche Nichtanerkennung der betrieblichen Veranlassung zur Versagung des Betriebsausgabenabzugs. In diesen Bereich gehört die gesamte Rechtsprechung zur sog. Liebhaberei[1] und den Angehörigenverträgen.[2] Die Nichtanerkennung von Betriebsausgaben führt zur Erhöhung des Gewinns bzw. zur Minderung etwaiger Verluste und hat damit unmittelbar negative steuerliche Auswirkung. Die Kontrolle der betrieblichen Veranlassung gilt grundsätzlich auch umgekehrt. So sind Vermögensmehrungen, die das Unternehmen durch die besondere persönliche Beziehung zum Eigentümer erzielt, keine Betriebseinnahmen, sondern Einlagen. Sie haben auf der Ebene des Unternehmens den umgekehrten Effekt. Der Gewinn mindert sich, der Verlust erhöht sich. Sie sind daher auf der Ebene des Unternehmens i.d.R. steuermindernd. Dies kann auf der Ebene des Eigentümers anders sein, wenn Entnahmehandlungen aus einem anderen Betriebsvermögen vorliegen oder ein privates Veräußerungsgeschäft gegeben ist.

4.128 Besonderer Problematik unterliegen die **Rechtsbeziehungen** zwischen einer Kapitalgesellschaft und ihrem **Gesellschafter**. Während bei einer Personengesellschaft der Gesellschafter das Besteuerungssubjekt ist, sind Kapitalgesellschaft und Gesellschafter gesonderte Steuersubjekte. Von daher formuliert das Gesetz den Zwang, Vermögensminderungen oder Vermögensmehrungen, die durch das Gesellschaftsverhältnis veranlasst sind, steuerlich zu korrigieren. Rechtsgrundlage hierfür ist § 8 Abs. 3 KStG, wonach vGA das Einkommen nicht mindern.

II. Die verdeckte Gewinnausschüttung

1. Begriff

4.129 Eine vGA i.S.d. § 8 Abs. 3 KStG ist bei einer Kapitalgesellschaft[3] eine Vermögensminderung oder verhinderte Vermögensmehrung, die durch das Gesellschaftsverhältnis veranlasst ist, sich auf die Höhe des Unterschiedsbetrags gem. § 4 Abs. 1 Satz 1 EStG i.V.m. § 8 Abs. 1 KStG auswirkt und in keinem Zusammenhang mit einer offenen Ausschüttung steht.[4] Doch nicht jede durch das Gesellschaftsverhältnis veranlasste Unterschiedsbetragsminderung ist eine vGA. Die Annahme einer vGA setzt zusätzlich voraus, dass die Unterschiedsbetragsminderung bei der Körperschaft die „abstrakte" Eignung hat, beim Gesellschafter einen sonstigen Bezug i.S.d. § 20 Abs. 1 Nr. 1 Satz 2 EStG auszulösen (sog. „Vorteilsgeeig-

---

1 S. hierzu *Weber-Grellet* in Schmidt, EStG[35], § 2 Rz. 23 ff., m.w.N.
2 *Heinicke* in Schmidt, EStG[35], § 4 Rz. 520 „Angehörige", m.w.N.
3 Zu den Besonderheiten bei einer AG *Binnewies*, DStR 2003, 2105.
4 Ständige Rechtsprechung seit BFH v. 22.2.1989 – I R 9/85, BStBl. II 1989, 631 = FR 1989, 562; zuletzt BFH v. 5.3.2008 – I R 45/07, BFH/NV 2008, 1534; *Wassermeyer*, Stbg. 1996, 481; *Wichmann*, Stbg. 1997, 64; *Gosch* in Gosch, KStG[2], 2009, § 8 Rz. 170; *Schwedhelm* in Streck, KStG[8], § 8 Rz. 160 ff.

netheit").[1] Die Rechtsprechung des BFH nimmt eine Verursachung im Gesellschaftsverhältnis i.d.R. an, wenn ein ordentlicher und gewissenhafter Geschäftsleiter (§ 43 Abs. 1 GmbHG) den Vermögensvorteil einer Person, die nicht Gesellschafter ist, unter sonst gleichen Umständen nicht gewährt hätte.[2] Kriterium der vGA ist jedoch nicht nur die Angemessenheit, also die Frage, ob die Leistung der GmbH den Gegenwert der Leistung des Gesellschafters übersteigt, sondern auch die Üblichkeit des Vereinbarten.[3] Ausgangspunkt der Prüfung ist für den BFH, ob der Aufwand zugunsten eines Gesellschafters betrieblich oder gesellschaftsrechtlich veranlasst ist. Kriterium dieser Prüfung ist, ob Vereinbarungen, wie sie der Vermögensminderung zugrunde liegen, **auch zwischen Personen** geschlossen würden, die **nicht** gesellschaftsrechtlich miteinander verbunden sind. Zur Konkretisierung dieses Vergleichs ist auf die Sorgfaltspflicht eines ordentlichen und gewissenhaften Geschäftsleiters abzustellen. Es wird geprüft, ob ein ordentlicher und gewissenhafter Geschäftsleiter die Vereinbarung auch mit einem Nichtgesellschafter getroffen hätte. Dieser Maßstab – so der BFH – sei jedoch nicht für alle Fälle geeignet. Diese Prüfung erfolge nur aus Sicht der Kapitalgesellschaft. Der Fremdvergleich erfordere auch die Einbeziehung des Vertragspartners. Wenn ein Dritter einer für die Gesellschaft vorteilhaften Vereinbarung nicht zugestimmt hätte, kann deren Veranlassung im Gesellschaftsverhältnis liegen (sog. doppelter Fremdvergleich). Der BFH wendet dieses Kriterium jedoch nicht einheitlich an.[4] Bei dem Fremdvergleich handele es sich nicht um eine Tatbestandsvoraussetzung, sondern um – widerlegbare – Indizien.[5] Ein subjektives Merkmal, nämlich ein Wissen oder Nichtwissen wird für die vGA nicht vorausgesetzt.[6]

Gegenstand einer vGA kann **jeder geldwerte Vorteil** sein. 4.130

Beispiele:
- Nutzungsüberlassung;
- Befreiung von einer Verbindlichkeit;

---

1 BFH v. 7.8.2002 – I R 2/02, BStBl. II 2004, 131 = FR 2003, 132; v. 21.7.2011 – I B 27/11, BFH/NV 2011; 2116; *Gosch* in Gosch, KStG[2], § 8 Rz. 170; *Schwedhelm* in Streck, KStG[8], § 8 Rz. 166.
2 Vgl. z.B. BFH v. 7.12.1983 – I R 70/77, BStBl. II 1984, 384 = FR 1984, 288; *Schwedhelm* in Streck, KStG[8], § 8 Rz. 236 ff.
3 S. BFH v. 13.12.1989 – I R 99/87, BStBl. II 1990, 454 = FR 1990, 517, mit Anm. HFR 1990, 439; v. 2.12.1992 – I R 54/91, BStBl. II 1993, 311 = FR 1993, 238, zu einer Nur-Gewinntantieme; v. 16.12.1992 – I R 2/92, BStBl. II 1993, 455 = FR 1993, 274 = GmbHR 1993, 302, zu einer sofort unverfallbaren Pensionszusage; zu einer „Nur-Pension" BFH v. 17.5.1995 – I R 147/93, BStBl. II 1996, 204 = FR 1995, 833, mit Anm. *Kempermann*, BB 1995, 2054.
4 S. BFH v. 19.5.1998 – I R 36/97, BStBl. II 1998, 689 = FR 1998, 902, Verlängerung der Dienstzeit; hierzu *Hoffmann*, DStR 1998, 1625; modifiziert durch BFH v. 23.7.2003 – I R 80/02, BB 2003, 2549.
5 BFH v. 29.10.1997 – I R 24/97, FR 1998, 482 = BB 1998, 776; v. 8.4.1997 – I R 39/96, BFH/NV 1997, 902; *Schwedhelm* in Streck, KStG[8], § 8 Rz. 271.
6 S. FG Berlin-Brandenburg v. 9.3.2011 – 12 K 12267/07, EFG 2011, 1737.

- Gewährung eines uneinbringbaren Darlehens, nicht hingegen eine fehlende Besicherung[1] oder unübliche Darlehensvereinbarungen[2]; die Teilwertabschreibung auf ein nicht gesichertes Darlehen kann zu einer Gewinnkorrektur führen, beinhaltet aber noch keinen Zufluss beim Gesellschafter, dies ist erst bei einem Verzicht der Fall;[3]
- Risikogeschäfte, wie z.B. Devisentermingeschäfte, führen i.d.R. nicht zur vGA;[4]
- eine vGA kann in dem Verzicht auf die Geltendmachung einer Schadensersatzforderung nur gesehen werden, wenn der Schadensersatzanspruch zivilrechtlich voraussichtlich durchsetzbar gewesen wäre;[5] ob das Entstehen eines Schadensersatzanspruchs die vGA vermeidet, ist streitig;[6]
- eine Forderungsverrechnung ist i.d.R. keine vGA, da es an der Gewinnausschüttung fehlt;[7]
- Spende an einen „nahestehenden" Verein[8], Kirche[9] oder eine Stiftung[10];
- Lizenzgebühren;[11]
- Erwerb eigener Anteile;[12]

---

[1] BFH v. 18.2.1999 – I R 62/98, BFH/NV 1999, 1515; v. 20.10.2004 – I R 7/04, BFH/NV 2005, 916, zur Darlehensgewährung an Schwestergesellschaften; FG Düsseldorf v. 22.6.1993 – 6 K 314/89 K, EFG 1994, 124; FG Bdb. v. 23.10.2002 – 2 K 1337/00, EFG 2003, 261; zur Darlehensgewährung unter Verstoß gegen § 30 GmbHG *Wienands/Teufel*, GmbHR 2004, 1301: keine vGA.

[2] FG Nds. v. 26.2.1997 – VI 384/96 V, EFG 1997, 825; BFH v. 29.10.1997 – I R 24/97, FR 1998, 482 = BB 1998, 776.

[3] BFH v. 14.7.2004 – I R 16/03, BStBl. II 2004, 1010 = FR 2004, 1281, gegen FG Nürnberg v. 9.4.2002 – I 139/1999, EFG 2003, 1039.

[4] BFH v. 16.2.2005 – I B 154/04, GmbHR 2005, 1003; v. 31.3.2004 – I R 83/03, FR 2004, 1229 = DB 2004, 1968; v. 11.2.2003 – I B 159/01, BFH/NV 2003, 1093; v. 15.5.2002 – I R 92/00, GmbHR 2002, 1033, mit Anm. *Hoffmann*; v. 8.8.2001 – I R 106/99, BStBl. II 2003, 487; *Wassermeyer*, FR 1997, 563, gegen BMF v. 19.12.1996 – IV B 7 - S 2742 - 57/96, BStBl. I 1997, 112; s. auch BMF v. 20.5.2003 – IV A 2 - S 2742 - 26/03, BStBl. I 2003, 333; *Prinz*, FR 2002, 1171.

[5] BFH v. 17.9.2003 – I R 91, 92/02, GmbHR 2004, 190; v. 14.9.1994 – I R 6/94, BStBl. II 1997, 89 = FR 1995, 112; dazu BMF v. 19.12.1996 – IV B 7 - S 2742 - 57/96, BStBl. I 1997, 112; dazu *Wassermeyer*, FR 1997, 563; *Paus*, FR 1997, 565; zur Schadensersatzhaftung des alleinigen Gesellschafter-Geschäftsführers s. BGH v. 31.1.2000 – II ZR 189/99, DStR 2000, 645; für eine AG s. BFH v. 12.10.2010 – I B 1/10, BFH/NV 2011, 69.

[6] S. BFH v. 25.5.2004 – VIII R 4/01, FR 2005, 199 = GmbHR 2005, 60, mit Anm. *Schwedhelm/Binnewies*; *Wassermeyer*, GmbHR 2005, 149.

[7] FG Nds. v. 1.10.1999 – VI 156/99 V, VI 387/99 V, GmbHR 2000, 191.

[8] FG Schl.-Holst. v. 16.6.1999 – I 338/96, EFG 2000, 193, m.E. unzutreffend.

[9] BFH v. 19.12.2007 – I R 83/06, BFH/NV 2008, 988.

[10] FG Hamburg v. 12.12.2007 – 6 K 131/06, EFG 2008, 634; die NZB hatte keinen Erfolg, BFH v. 10.6.2008 – I B 19/08, BFH/NV 2008, 1704.

[11] BFH v. 9.8.2000 – I R 12/99, FR 2001, 246.

[12] FG Sa.-Anh. v. 29.4.2003 – 3 V 74/02, EFG 2003, 1267; *Schwedhelm* in Streck, KStG[8], § 8 Anh. Rz. 598.

– Nichtteilnahme an einer Kapitalerhöhung;[1]
– durch fehlerhafte Bilanzierung ausgelöste Vermögensverschiebungen sind keine vGA.[2]

Empfänger des Vorteils muss der **Gesellschafter** (Mutterunternehmen) oder eine ihm **nahestehende Person** sein.[3] Nahestehender kann eine natürliche oder juristische Person sein. Nahestehende sind insbesondere Verwandte, Kinder, aber auch Gesellschaften, an denen der Gesellschafter beteiligt ist. Schwestergesellschaften sind danach grundsätzlich nahestehend, während für das Verhältnis zwischen Mutter- und Tochterkapitalgesellschaften die Grundsätze der vGA zwischen Gesellschaft und Gesellschafter gelten. Die Zuwendung an den Nahestehenden muss keinen Vorteil für den Gesellschafter selbst zur Folge haben.[4] Dennoch hat der Gesellschafter den Zufluss zu versteuern. In Ausnahmefällen können auch Zahlungen an einen „Noch-nicht-" oder „Nicht-mehr-Gesellschafter" vGA sein, wenn sie ihren Rechtsgrund in dem vorgesehenen bzw. beendeten Gesellschaftsverhältnis haben.[5]

4.131

2. Sonderbedingungen für beherrschende Gesellschafter

Die steuerliche Anerkennung von Leistungsbeziehungen mit beherrschenden Gesellschaftern oder beherrschenden Gesellschaftern nahestehenden Personen setzt grundsätzlich **klare** und **eindeutige** sowie **zivilrechtlich wirksame** Verträge voraus, die rechtzeitig abgeschlossen und durchgeführt sein müssen.[6] Das Fehlen einer solchen Vereinbarung führt jedoch nicht automatisch zu einer vGA, sondern nur, wenn dieser Umstand zusätzlich den Schluss erlaubt, dass dieselbe nicht ernstlich gemeint sein könnte.[7] Eine ursprünglich bestehende Unklarheit des Vereinbarten führt nicht zwingend zu einer vGA.[8] Die Vereinbarungen sind zunächst auszulegen.[9] Unklarheiten können später ausdrücklich oder durch

4.132

---

1 FG Münster v. 14.11.2003 – 9 K 4487/99 K, G, F, EFG 2004, 368, aufgehoben durch BFH v. 15.12.2004 – I R 6/04, BStBl. II 2009, 197 = FR 2005, 843 = GmbHR 2005, 633, mit Anm. *Fritsche*, nach der Entscheidung ist eine vGA nur gegeben, wenn die GmbH für ihr Bezugsrecht ein Entgelt erzielen konnte.
2 BFH v. 24.3.1998 – I R 88/97, GmbHR 1998, 1044.
3 S. im Einzelnen *Schwedhelm* in Streck, KStG[8], § 8 Rz. 191.
4 BFH v. 18.12.1996 – I R 139/94, FR 1997, 350 = GmbHR 1997, 359; BMF v. 20.5.1999 – IV C 6 - S 2252 – 8/99, BStBl. I 1999, 514.
5 S. BFH v. 24.1.1989 – VIII R 74/84, BStBl. II 1989, 419 = FR 1989, 283; FG BW v. 11.7.2001 – 2 K 364/99, EFG 2001, 1440.
6 *Schwedhelm* in Streck, KStG[8], § 8 Rz. 320 ff.
7 BFH v. 8.4.1997 – I R 39/96, BFH/NV 1997, 902; v. 29.10.1997 – I R 24/97, BStBl. II 1998, 573 = FR 1998, 482; v. 16.12.1998 – I R 96/95, GmbHR 1999, 667.
8 S. BFH v. 15.10.1997 – I R 19/97, BFH/NV 1998, 746; v. 8.4.1997 – I R 39/96, BFH/NV 1997, 902.
9 BFH v. 24.3.1999 – I R 20/98, FR 1999, 1056 mit Anm. *Pezzer* = DB 1999, 1783; v. 30.7.1997 – I R 65/96, FR 1998, 161 = GmbHR 1998, 47; v. 11.2.1997 – I R 43/96, GmbHR 1997, 909: „Unternehmensgewinn".

ständige Übung beseitigt werden.¹ Nicht ausreichend ist eine Vereinbarung, wonach die Bestimmung einer angemessenen Vergütung dem Steuerberater überlassen wird.² Vereinbarungen sind dann nicht erforderlich, wenn zivilrechtlich ein gesetzlicher Anspruch gegen den Gesellschafter besteht.³ Ansprüche des Gesellschafters gegen die Kapitalgesellschaft müssen hingegen selbst dann vertraglich vereinbart werden, wenn ein gesetzlicher Anspruch besteht (z.B. Arbeitsleistung, § 612 Abs. 2 BGB; Darlehensgewährung, §§ 352, 354 HGB).⁴

4.133 Die **„tatsächliche Durchführung"** ist kein Tatbestandsmerkmal des Betriebsausgabenabzugs, sondern nur ein Indiz für ernst gemeinte Vereinbarungen.⁵ Die Nichtdurchführung lässt – widerlegbar – auf eine nicht ernstlich gewollte Vereinbarung und damit auf eine vGA schließen.⁶ Die Sonderbedingungen gelten auch für beherrschenden Gesellschaftern nahestehende Personen.⁷ Beherrschung vermittelt eine Beteiligung von über 50 %. Maßgebend sind die Stimmrechtsverhältnisse im Zeitpunkt des der Leistung zugrunde liegenden Vertragsabschlusses.⁸ Im Einzelfall kann Beherrschung auch dann angenommen werden, wenn keine gesellschaftsrechtliche Beherrschung vorliegt, jedoch ein Gesellschafter mit anderen Gesellschaftern zusammen bzgl. eines Geschäfts als beherrschender Gesellschafter anzusehen ist.⁹

---

1 BFH v. 4.12.1991 – I R 63/90, BStBl. II 1992, 362; FG Nds. v. 21.6.1994 – VI 303/88, EFG 1995, 284; v. 8.9.1998 – VI 687/96, GmbHR 1999, 137, zu Urlaubs- und Weihnachtsgeld und Pkw; s. jedoch auch FG Hamburg v. 23.9.1999 – II 212/97, EFG 2000, 146; BFH v. 31.5.1995 – I S 2/95, BFH/NV 1996, 178; v. 25.10.1995 – I R 9/95, FR 1996, 220 mit Anm. *Pezzer* = GmbHR 1996, 299; FG Saarl. v. 21.5.2001 – 1 K 326/97, EFG 2001, 1233.
2 BFH v. 17.12.1997 – I R 70/97, FR 1998, 625 = GmbHR 1998, 647.
3 BFH v. 30.7.1997 – I R 65/96, FR 1998, 161 = GmbHR 1998, 47; v. 24.3.1998 – I R 88/97, GmbHR 1998, 1044; FG Köln v. 7.12.1999 – 13 K 6191/95, EFG 2000, 582; anders BFH v. 2.3.2005 – VIII B 298/03, BFH/NV 2005, 1528; FG München v. 27.4.2005 – 7 K 130/02, EFG 2005, 1299, mit m.E. zu Recht kritischer Anm. *Neu*; FG Berlin-Brandenburg v. 7.5.2008 – 12 K 8229/05, DStRE 2008, 1336.
4 BFH v. 15.10.1997 – I R 19/97, BFH/NV 1998, 746; v. 20.10.2004 – I R 4/04, GmbHR 2005, 494 = BFH/NV 2005, 723, gegen FG Hamburg v. 28.11.2003 – III 78/01, DStRE 2004, 644.
5 BFH v. 25.1.2012 – I B 17/11, BFH/NV 2012, 1003; v. 28.7.1993 – I B 54/93, BFH/NV 1994, 345.
6 BFH v. 13.3.1997 – I B 124/96, BFH/NV 1997, 712; s. auch FG München v. 21.2.2000 – 7 K 126/99, GmbHR 2000, 828, eine teilweise Durchführung anerkennend; bestätigt durch BFH v. 18.12.2002 – I R 44/01, BFH/NV 2003, 945; v. 15.12.2004 – I R 32/04, GmbHR 2005, 940 ebenso.
7 *Schwedhelm* in Streck, KStG⁸, § 8 Rz. 324.
8 BFH v. 18.12.1996 – I R 139/94, BStBl. II 1997, 301 = FR 1997, 350; v. 11.2.1997 – I R 43/96, GmbHR 1997, 909.
9 Beherrschung bei gleichgerichteten Interessen, vgl. Abschn. 31 Abs. 6 KStR und BFH v. 9.4.1997 – I R 52/96, GmbHR 1997, 908; v. 27.10.1998 – I B 48/98, GmbHR 1999, 666; v. 18.2.1999 – I R 51/98, DStRE 1999, 631; FG Berlin-Brandenburg v. 7.5.2008 – 12 K 8065/06, EFG 2008, 1408, bestätigt durch BFH v. 19.11.2008 – I B 108/08, GmbHR 2009, 440.

Das Sonderrecht für beherrschende Gesellschafter hebt die allgemeinen Bedingungen der vGA nicht auf. Die Sonderbedingungen werden **vorgeschaltet**. Liegen sie nicht vor, so kann bereits aufgrund der nicht vorliegenden Sondervoraussetzungen eine vGA gegeben sein.

4.134

3. Rechtsfolgen der vGA

Bei der GmbH erfolgt eine **Korrektur** des Einkommens (§ 8 Abs. 3 Satz 2 KStG).[1]

4.135

Es fällt Körperschaftsteuer und Gewerbesteuer, ggf. auch Umsatzsteuer an. Bei dem Anteilseigner wird die vGA den Einkünften aus Kapitalvermögen zugerechnet, womit bei natürlichen Personen oder Personengesellschaften das Teileinkünfteverfahren oder die Abgeltungsteuer, im Konzern § 8b KStG zur Anwendung kommt.

4. Risiken

Dem Grunde nach resultiert die Gefahr, sich nicht rechtmäßig („compliance") zu verhalten, aus der Komplexität des Ertragsteuerrechts.[2] Ausgangspunkt der Besteuerung ist die Gewinnermittlung des Unternehmens, die bereits eine vielschichtig gestufte Subsumtion von Lebenssachverhalten voraussetzt. Die handelsrechtliche Gewinnermittlung erfährt zahlreiche steuerliche Korrekturen und Anpassungen, bevor das Ergebnis als reines Zahlenresultat in verschiedene Steuererklärungen mündet. Jede einzelne dieser Abstraktionsstufen birgt die Gefahr objektiv falscher Ergebnisse und damit falscher Erklärungen. Dies gilt im Besonderen, wo das Steuergesetz keine Tatbestandsmerkmale formuliert, sondern unbestimmte Rechtsbegriffe verwendet oder Bewertungsspielräume gewährt. Hier tritt an die Stelle einer objektiven „rechnerischen" Richtigkeit das **judizierte Recht**. Ab welchem Grad der Rechtsunsicherheit den Steuerpflichtigen eine Erklärungspflicht in Form der „Sachverhaltsaufklärungspflicht" trifft, ist weitestgehend ungeklärt.[3]

4.136

Stellt sich – i.d.R. nach Durchführung eines Rechtsbehelfsverfahrens – heraus, dass die vorgenommene Bewertung oder Abgrenzung fehlerhaft war, ist die abgegebene Erklärung falsch, der objektive Tatbestand der Steuerhinterziehung erfüllt. Den Erklärenden, sei es der Steuerpflichtige selbst oder das für ihn handelnde Organ, schützt nur der **Grad seines Wissens** vor der Bestrafung. Der Grad der Erkenntnis eines Menschen ist aber wiederum nicht messbar, sondern wird aus den dem Urteilenden zur Verfügung stehenden Erkenntnisquellen geschöpft. Damit offenbart sich das Dilemma des Erklärenden: Dokumentiert er seine Prüfung nicht hinreichend, trifft ihn der Vorwurf der mangelnden Sorgfalt, strafrechtlich

4.137

---

1 S. eingehend BMF v. 28.5.2002 – IV A 2 - S 2742 - 32/02, BStBl. I 2002, 603.
2 Zur Streitführung eingehend *Olgemöller*, GmbH-StB 2004, 310.
3 S. dazu *Schmitz/Wulf* in MünchKomm/StGB, Bd. 6/1, 2010, § 370 AO Rz. 213 ff., m.w.N.

„Leichtfertigkeit" genannt, dokumentiert er seine Überlegungen umfangreich unter Darstellung des Für und Wider, steht schnell die Aussage im Raum, er habe billigend in Kauf genommen, dass seine Auffassung falsch sein könne und daher mit bedingtem Vorsatz gehandelt. Die Probleme steigen mit der **Größe** und **Internationalität** des Unternehmens. Im Inland steuerrelevante Sachverhalte werden durch Personen im Ausland initiiert, von denen die inländische Steuerabteilung keine oder nur verspätete Kenntnis erlangt.

4.138 Auch die **Nichterklärung von vGA** kann daher den Tatbestand der Steuerhinterziehung erfüllen.[1] Sie ist damit für Tax Compliance von Relevanz.

5. Gefahrenminimierung

4.139 Die Erkennung materieller Steuerprobleme ist in erster Linie eine Frage der Qualitäten der Organisation eines Unternehmens. Hierbei ist nicht nur die **Kapazität**, sondern vor allem die **Struktur** entscheidend. Ein Unternehmen ohne Steuerabteilung, aber mit exzellenter externer Beratung kann einen besseren Standard bieten, als eine schlecht organisierte übergroße Unternehmenssteuerabteilung.

Welcher Grad der Rechtssicherheit bei der rechtlichen Subsumtion angestrebt wird, ist eine individuelle Entscheidung. Der Vorsichtige orientiert sich einseitig an der Gesetzesauslegung der Finanzverwaltung und wählt dort, wo diese Richtschnur fehlt, die „steuerungünstige" Lösung. Dies ist im Rahmen von Tax Compliance nicht zwingend oder gar wünschenswert, da hierbei – insbesondere wenn Organe handeln – das Interesse des Unternehmens und damit der Eigentümer hinter das des Fiskus gestellt wird. Es gilt hier, das **richtige Maß** zu finden. Abstrakt lässt sich dies wie folgt **abstufen**: Zunächst gilt es, das steuerliche Problem zu erkennen. Dies setzt laufende Befassung mit der steuerlichen Literatur und Rechtsprechung, kurz gefasst Fortbildung der steuerrechtlichen „Entscheider" voraus.

4.140 Wird ein Problem erkannt, gilt es, die Fragestellung sorgfältig zu prüfen. Entspricht die gewünschte Rechtsfolge der Rechtsprechung, kann ihr gefolgt werden, selbst wenn die Finanzverwaltung bekanntermaßen eine andere Auffassung (z.B. in Form von Nichtanwendungserlassen) vertritt. Hier widersetzt sich die Finanzverwaltung der Judikative. Eine Pflicht, dem im Rahmen der Steuererklärung zu folgen, kann es in diesem Fall ebenso wenig geben, wie eine Verpflichtung zur Offenbarung, dass in der Erklärung der Rechtsprechung und nicht der Verwaltungsmeinung gefolgt wurde. Problematisch sind die Fälle, in denen es weder eine klare Verwaltungsauffassung noch eine „herrschende Meinung" gibt. Hier besteht nach unserer Ansicht **keine Erklärungspflicht**, selbst wenn eine gewisse, möglicherweise sogar über 50 % liegende Wahrscheinlichkeit besteht, dass die Finanzverwaltung der Rechtsauffassung oder Subsumtion des

---
1 BGH v. 24.5.2007 – 5 StR 72/07, DStRE 2008, 164.

Steuerpflichtigen nicht folgen wird. Nur in den Fällen eines klar erkennbaren, d.h. von der Finanzverwaltung offiziell – sei es durch Erlasse oder durch die Veröffentlichung von Rechtsprechung im Bundessteuerblatt – kommunizierten Rechtsstandpunkts, muss die Abweichung der eigenen Steuererklärung von der Position der Finanzverwaltung offengelegt werden.

Gibt es eine klare Verwaltungsmeinung oder zumindest eine ganz einhellige Literatur, der nicht durch höchstrichterliche Rechtsprechung widersprochen wurde, bleibt eine Abweichung von dieser Rechtsauffassung zulässig, sie muss aber gegenüber dem Finanzamt erkennbar offengelegt werden. 4.141

Unklarheit über das Vorliegen einer vGA dem Grunde und der Höhe nach geht zwar zu Lasten des Finanzamts.[1] Wo aber eindeutig eine vGA vorliegt und dies auch von den Organen erkannt wird, kann die Strafbarkeit gegeben sein. Für **Compliance** ist die vGA daher von besonderer Problematik. Die Prüfung etwa der Angemessenheit beinhaltet immer auch das Risiko, durch die Darstellung und Dokumentation des „Für-und-Widers" sich später dem Vorwurf auszusetzen, die mögliche Unangemessenheit gesehen zu haben. Die richtige Handhabung im Rahmen von Tax Compliance erfordert daher einerseits, die Dokumentation jedes denkbaren Zweifels zu vermeiden und andererseits solche Probleme aufzuwerfen, die ernsthafte Risiken der steuerlichen Fehlbeurteilung beinhalten. Hierbei kann es hilfreich sein, **externe Beratung** in Anspruch zu nehmen, um den unternehmensinternen Dokumentationsgrad auf das Angemessene und Notwendige zu beschränken. 4.142

Wichtig ist die Erkennbarkeit der Unternehmensstruktur für die verantwortlich Handelnden. Der Geschäftsführer der Enkelgesellschaft muss wissen, dass die Gesellschaft, mit der er Geschäfte abschließt, von seiner Gesellschafterin beherrscht wird, um erkennen zu können, dass hier die Vertragsbedingungen zur Vermeidung einer vGA nicht nur angemessen, sondern auch im Voraus klar vereinbart sein müssen. 4.143

---

[1] BFH v. 4.4.2002 – I B 140/01, BFH/NV 2002, 1179; v. 13.7.1994 – I R 43/94, BFH/NV 1995, 548; zu gegenteiligen Ansätzen im Schrifttum vgl. *Eppler*, DStR 1988, 339; *Wassermeyer*, FR 1989, 218 (223); *Kempermann*, FR 1990, 441.

Kapitel 5
Zoll, nationale Grenzabgaben und Zollfahndung

A. Standortbestimmung

I. Charakter des Zolls

Der Zoll ist Grenzabgabe und **Archetyp**[1] einer öffentlichen Last. Kennzeichen von Grenzabgaben ist, dass sie anlässlich der Überführung[2] einer Ware[3] von einem Herrschaftsgebiet in ein anderes erhoben werden.[4] Zölle sind Abgaben, die als solche bezeichnet sind und mit denen Waren bei der Einfuhr oder Ausfuhr belastet werden, ohne dass eine entsprechende Abgabe für gleichartige inländische Waren besteht.[5] Während der historische Zoll bis weit in die Neuzeit hinein in erster Linie Einnahmequelle („Finanzzoll") war, begegnet der moderne Zoll dem Wirtschaftsteilnehmer[6] als Lenkungsmittel (**„Wirtschaftszoll"**)[7], dessen primäre Zielsetzung die Abgrenzung von Wirtschaftsräumen durch Steuerung des Marktzugangs ist.[8] Unbeschadet der Okkupation für Zwecke der Wirtschaftspolitik[9] ist der Abgabencharakter (§ 3 Abs. 3 AO)[10] des Zolls – wenngleich der Einnahmezweck bei den führenden Industrienationen

5.1

---

1 *Bayer*, Steuerlehre, 1998, Rz. 931 (S. 398).
2 Zollrechtlicher Terminus: *Verbringung* – Die *Sprache des Zolls* ist ein Konglomerat aus – teils archaischer – abgabenrechtlicher Fachterminologie und internationaler – englisch dominierter – Handelssprache, *Glashoff*, StbKongrRep. 1994, 371 (379).
3 Wenngleich warenbezogen, ist der moderne Zoll als persönliche Zahlungspflicht (Art. 4 Nr. 9 ZK) ausgestaltet, die von der Sachhaftung (vgl. § 76 AO) zu unterscheiden ist.
4 Letztlich ist Belastungsgrund nicht der formale Akt des Grenzübertritts, sondern der Eintritt der Ware in den Wirtschaftskreislauf eines Zollgebiets (*Rüsken* in Dorsch, Zollrecht, Einf. Rz. 9 [März 2001]).
5 EuGH v. 5.2.1976 – C-87/75, Slg. 1976, 129.
6 Der Begriff *Wirtschaftsteilnehmer* bzw. *Wirtschaftsbeteiligter* (vgl. Art. 5a ZK) ist das außenwirtschaftsrechtliche Pendant zum *Steuerpflichtigen* des nationalen Steuerrechts.
7 Zum *Wirtschaftszollgedanken* Müller-Eiselt/Vonderbank, EG-Zollrecht, Fach 4100, Rz. 10; *Rüsken* in Dorsch, Zollrecht, Einführung Rz. 17 ff. (März 2001); *Wolffgang* in Witte/Wolffgang, Lehrbuch des Europäischen Zollrechts[5], S. 32 ff.
8 Zur Entwicklung des Zollrechts *Stobbe*, ZfZ 1997, 430; *Bayer*, Steuerlehre, 1998, Rz. 931; *Rüsken* in Dorsch, Zollrecht, Einführung (März 2001); *Witte* in Witte, ZK[6], Einführung Rz. 13 ff.
9 Stichworte: *„Bananenstreit"* (*Verlage*, EuZW 2009, 9); *Weerth*, ZfZ 2008, 70: *„Geflügelfleisch-Fiasko"*; WTO-Verfahren *„EC Customs"* (*Lux/Rovetta*, ZfZ 2007, 255) sowie aktuell die Diskussion um Billigimporte von Solarpaneelen aus China oder *TTIP* (*Mayer/Ermes*, ZRP 2014, 237).
10 Zum Zoll im Abgabensystem allgemein *Friedrich*, StuW 1987, 133.

nur noch *Nebeneffekt*[1] ist – geblieben, weshalb der Rechtsanwender im Zollrecht alle **Strukturprinzipien** eines modernen Steuerrechts (wieder)findet.

II. Internationalität

5.2 Als Teil des seinerseits in globale Strukturen[2] eingebetteten Außenwirtschaftsrechts ist das Zollrecht in besonderer Weise multilateralen bzw. internationalen Konventionen verpflichtet.[3] Wiewohl das Zollrecht im Einigungsprozess der EU eine Vorreiterrolle innehatte, dauerte es annähernd 40 Jahre, bis auf Gemeinschaftsebene ein einheitliches Regelungswerk (Rz. 5.6) realisiert werden konnte, das zollschuldrechtlich qualitativ mehr ist als die Summe der Einzelrechte der Mitgliedstaaten[4] und auf Gemeinschaftsebene die Basis für einheitlichen Rechtsvollzug[5] trotz dezentraler Verwaltung schafft.

III. Ausfuhrabgaben

5.3 Vom Zoll als Prototypen der Eingangsabgabe zu unterscheiden sind Ausfuhrabgaben.[6] Wegen des Exportinteresses der EU beschränkt sich der Anwendungsbereich von Ausfuhrzöllen auf den Agrarsektor. Im Rahmen der gemeinsamen Marktorganisationen kann die EU Ausfuhrabgaben für Agrarprodukte festsetzen, um Störungen des Binnenmarkts zu verhindern, wenn der Weltmarktpreis über das Inlandsniveau gestiegen ist. Diese Marktordnungsabgaben (**„Abschöpfungen"**)[7] sind in ihrer Bedeutung stark zurückgegangen und werden nur noch in Sonderfällen erhoben.

---

1 *Seer* in Tipke/Lang, Steuerrecht[22], § 2 Rz. 11 – eine Aussage voller Relativität: Für Entwicklungsländer stellen Zölle nach wie vor eine wichtige Einnahmequelle des Staatshaushalts dar (*Lux*, Das Zollrecht der EG[3], 23); eine *„quantite negligeable"* sind die Zolleinnahmen auch für den EU-Haushalt nicht (Rz. 5.5, 5.19).

2 Geprägt durch die unter dem Dach der UN vereinte Trias von Welthandelsorganisation (World Trade Organisation – WTO), Internationaler Währungsfonds (IWF) und Weltbank (IBRD).

3 Als Organisationen sind hier zu nennen die Weltzollorganisation (World Customs Organisation – WCO, vormals Brüsseler Zollrat) sowie die Streitschlichtungsgremien (Dispute Settlement Body – DSB) der WTO, als Regelwerk das GATT (= General Agreement on Tariffs and Trade); dazu *Weiß* in *Weiß/Herrmann*, Welthandelsrecht[2], § 6–10.

4 Dies war der Rechtszustand in der Ägide von Zollschuld- und ZollschuldnerVO.

5 Zum Problem der homogenen Anwendung des EU-Zollrechts s. das WTO-Streitbeilegungsverfahren zwischen den USA und der EG – *EC Selected Customs Matters*; dazu *Lux/Rovetta*, ZfZ 2007, 225 und *Niestedt*, AW-Prax 2006, 518; kritisch *Weerth*, ZfZ 2008, 178; *Rogmann*, ZfZ 2008, 57.

6 Die Erhebung von Ausfuhrabgaben erfolgt im Rahmen des Ausfuhrverfahrens – Art. 4 Nr. 16 Buchst. h) i.V.m. Art. 161 ZK.

7 Näher dazu *Ehle*, DStJG 11 (1988), 217; *Ehlers/Wolffgang* (Hrsg.), Rechtsfragen der Europäischen Marktordnungen, 1998.

Im Schwerpunkt geht es heute um **Ausfuhrerstattungen**,[1] die der Regulierung spezieller Agrarprodukte dienen und Subventionscharakter[2] aufweisen.

IV. Nationale Grenzabgaben

Zu den Grenzabgaben zählen neben dem vergemeinschafteten Zoll auch alle nationalen mitgliedstaatlichen Steuern, die anlässlich des Grenzübertritts erhoben werden. Dies trifft für die **Einfuhrumsatzsteuer – EUSt –** als allgemeine nationale Verbrauchsteuer sowie für die sog. **speziellen Verbrauchsteuern**[3] zu. Für sie gelten die Zollregelungen kraft nationaler Verweisung[4] – soweit dies erforderlich ist –, um ein einheitliches Verfahren der Erhebung zu gewährleisten. Die Belastung mit nationalen Grenzabgaben hat hier den Sinn, die eingeführten Waren, die i.d.R. zuvor von den entsprechenden Verbrauchsteuern des Ausfuhrlandes entlastet worden sind, dem inländischen Steuerniveau anzupassen und so Wettbewerbsverzerrungen zu vermeiden.

5.4

Die nachfolgende Darstellung **konzentriert** sich auf den **Zoll**. Die Ausführungen zum Zoll gelten entsprechend für die Compliance bezüglich der nationalen Grenzabgaben.

V. Wirtschaftliche Bedeutung

Die Einfuhren in die EU belaufen sich auf ca. 20 % des Welthandelsvolumens.[5] Daraus resultiert ein Zoll-Einnahmevolumen in einer Größenordnung von 10–16 Mrd. € pro Jahr,[6] die als traditionelle **Eigenmittel** in die Kasse der Gemeinschaft fließen.[7] Der Beitrag der deutschen Zollverwaltung zu dieser Summe liegt in einer über die Jahre hinweg relativ konstanten Größenordnung von ca. 4 Mrd. €.[8] Die nationalen Grenzabgaben sind demgegenüber betragsmäßig wesentlich ergiebiger.[9]

5.5

---

1 Zentral zuständige Stelle ist das Hauptzollamt Hamburg-Jonas.
2 Gegen diese Klassifizierung *Schrömbges*, wistra 2009, 249.
3 Alkohol- und Energiesteuern, Kaffee-, Mineralöl-, Tabaksteuer; monographisch dazu *Bongartz/Schröer-Schallenberg*, Verbrauchsteuerrecht[2], 2011.
4 Prototypisch § 21 Abs. 2 UStG: Die EUSt ist „*mit dem Zoll durch den Zoll wie ein Zoll*" zu erheben; zu den Grenzen des Synchronlaufs *Schrömbges*, AW-Prax 2014, 47.
5 WTO, International Trade Statistics; Zoll.Online; *Krause/Prieß* in MAH Verteidigung in Wirtschafts- und Steuerstrafsachen, § 31 Fn. 2; *Weerth*, AW-Prax 2008, 168; *von Bernstorff*, RIW 2016, 777: 16 %.
6 Quelle: Europäischer Rechnungshof (ERH), Jahresberichte; Zölle tragen gut 10 % jährlich zu den Einnahmen des Gemeinschaftshaushalts bei (*Witte* in Witte, ZK[6], Einführung Rz. 18).
7 Netto nach Abzug einer Verwaltungsgebühr von 25 % (vormals 10 %) für die Mitgliedstaaten.
8 Quelle: www.zoll.de; BMF, Jahresstatistiken.
9 Zahlen bei *Duric*, ZfZ 2008, 30.

B. Gesetzliche Rahmenbedingungen (Zoll)

I. Gemeinschaftsmaterie

5.6 Zollrecht ist Gemeinschaftsrecht par excellence. Durch den **Zollkodex**[1] – ZK – und die dazugehörige Durchführungsverordnung – ZK-DVO[2] – wurde mit Beginn des Jahres 1994 die vormalige unübersichtliche Gemengelage zwischen mitgliedstaatlichem und Gemeinschaftsrecht abgelöst. Dieser Gewinn an Transparenz stellt die entscheidende Kodifikationsleistung des ZK dar.[3] Fortentwickelt wird der erreichte Rechtszustand im **Unionszollkodex**[4] – UZK –, dessen volle Wirksamkeit ab 1.5.2016 vorgesehen ist.[5] Bis dahin gelten die Regelungen des ZK fort (Art. 288 Abs. 2 UZK). Der vorliegende Beitrag stellt das Zollrecht der EU auf der Basis des ZK-Rechts dar. Wo der UZK inhaltlich Neues bringt, wird darauf hingewiesen. Soweit der ZK Regelungsvorbehalte und explizite Öffnungen enthält, bleibt ein **nationaler Restbestand** an Normen anwendbar, der für die BRD durch das Zollverwaltungsgesetz (ZollVG) und – lückenfüllend, soweit dadurch ein höheres einzelstaatliches Schutzniveau gewährleistet ist – durch die AO als Mantelgesetz repräsentiert wird.[6]

II. Sanktionskompetenz

5.7 Das Gemeinschaftsrecht kann zwar Verwaltungssanktionen aussprechen, jedoch besitzt die EU **keine strafrechtliche Sanktionskompetenz**.[7] Wohl ergibt sich aus dem Grundsatz der Unionstreue (Art. 4 Abs. 3 AEUV) wie auch aus Art. 325 AEUV die Verpflichtung der Mitgliedstaaten, die Erfüllung (auch) der Zollverpflichtungen mit wirksamen Sanktionen zu flankieren.[8] Diesen Zweck erfüllen die allgemeinen Strafvorschriften der §§ 369 ff. AO, insbesondere der Steuerhinterziehung, § 370 AO und der gewerbsmäßigen Steuerhinterziehung, § 373 AO. Darüber hinaus schaffen § 370 Abs. 6 und 7 AO eine Rechtsgrundlage für die Strafverfolgung exter-

---

1 EG-VO v. 12.10.1992, 2193/92, ABl. EG 1992 Nr. L 302/1.
2 EG-VO v. 2.7.1993, 2454/93, ABl. EG Nr. L 252/1.
3 Zur Bewertung des ZK werden gerne pathetische Bezeichnungen wie „Jahrhundertwerk" (*Witte/Wöhner* in *Birk/Ehlers*, Rechtsfragen des europäischen Steuer-Außenwirtschafts- und Zollrechts, S. 120, 141), „historisches Datum der Zollrechtsgeschichte in Europa" (*Witte* in Witte, ZK[6], Einf. Rz. 1) etc. verwandt.
4 EU-VO 952/2013 v. 9.10.2013, ABl. 2013 Nr. L 269, zur bemerkenswerten Genese *Klötzer-Assion*, wistra 2014, 92; *Zeilinger*, ZfZ 2013, 141: „Der Unionszollkodex – des Kaisers neue Kleider?".
5 Zu den Neuregelungen des UZK: *Witte*, AW-Prax 2013, 373; *Lux*, ZfZ 2014, 178; ZfZ 2014, 243; ZfZ 2014, 270; ZfZ 2014, 314; *Hülskramer*, AW-Prax 2015; 2; *von Bernstorff*, RIW 2016, 777.
6 Monographisch *Gellert*, Zollkodex und Abgabenordnung, 2003.
7 *Möller/Retemeyer*, AW-Prax 2014, 99; AW-Prax 2014, 174; *Weerth*, ZfZ 2012, 173; *Prieß/Niestedt*, AW-Prax 2004, 346.
8 EuGH v. 16.12.1992 – C-210/91, Slg. 1992, I-6735; zur Umsetzung *Weerth*, ZfZ 2012, 173.

ritorial begangener Zollstraftaten (Rz. 5.32). Seit 1999 unterstützt **OLAF**,[1] die zum Schutz der finanziellen Interessen der EU ins Leben gerufene Betrugsbekämpfungseinheit der Kommission, u.a. auch die Arbeit der nationalen Zollverwaltungen durch Weitergabe von Daten und Erkenntnissen.

III. Bausteine des Zollkodexes

1. Zollschuldrecht

Der ZK spiegelt die **Doppelnatur** des Zollrechts wider: Einerseits gibt er (die klassischen) Antworten auf abgabenrechtliche Fragestellungen, andererseits kleidet er Institute der Handelspolitik in ein Rechtsgewand. Klassische Gegenstände des Abgabenrechts sind das Zollschuld-, Zolltarif- und Zollwertrecht, während mit der Regelung der einzelnen (besonderen) Zollverfahren[2] Instrumente der Handelspolitik der Gemeinschaft konturiert und mit abgabenrechtlichen Belangen abgestimmt werden. Die wichtigsten Einzelkomponenten im Überblick: Das Zollschuldrecht – geregelt im VII. Titel des ZK (Art. 201–242 ZK) – normiert das **Entstehen** und **Erlöschen** der **Zollschuld**, die Modalitäten ihrer Erhebung und legt den Zollschuldner fest.

– Das Zollschuldrecht ist geprägt durch den **Dualismus**[3] zwischen (formell) vorschriftsgemäßen einerseits und vorschriftswidrigen Einfuhren („*Verfehlungen*") andererseits. Im ersteren Fall – der für die überwiegende Mehrheit der Einfuhren zutrifft – entsteht die Zollschuld (gem. Art. 201 ZK), wenn eine abgabenpflichtige **Nichtgemeinschaftsware** – nach Gestellung und Anmeldung – in den zollrechtlich freien Verkehr überführt wird (Art. 79 ZK: „Statuswechsel"). Im letzteren Fall (Art. 202–204 ZK) entsteht die Zollschuld als – oftmals vorsätzliche – Folge der Zuwiderhandlung gegen zollrechtliche Vorschriften, indem Pflichten nicht erfüllt oder Waren unter Verstoß gegen die Gestellungs- und Anmeldepflicht verbracht oder der zollamtlichen Überwachung entzogen wurden. Es sieht einen weiten, abschließend[4] definierten Kreis von Verpflichteten vor.

– Im weiteren Sinne sind die Vorschriften über Sicherheitsleistung (Art. 189–200) und über die Erstattung oder den Erlass von Abgaben gleichfalls dem Zollschuldrecht zuzuweisen. Von erheblicher Bedeutung[5] sind die Erstattungs- bzw. Erlassregelungen der Art. 235 ff. ZK und hier insbesondere die **Billigkeits-Generalklausel** des Art. 239 ZK,

5.8

5.9

5.10

---

1 **Office Europeen de Lutte Anti-Fraude**; dazu *Dannecker/Bülte* in Wabnitz/Janovsky, Handbuch des Wirtschafts- und Steuerstrafrechts[4], 2. Kap., Rz. 324 ff.; *Hetzer*, ZfZ 2005, 185.
2 Zu den „Besonderen Zollverfahren" nach dem UZK *Witte*, AW-Prax 2015, 77.
3 *Schmidt* in Grabitz/v. Bogdandy/Nettesheim, Europäisches Außenwirtschaftsrecht, S. 137; *Kareseit*, ZfZ 1988, 130 (136).
4 Streitig ist der Rückgriff auf nationales Haftungsrecht, dazu *Olgemöller*, ZfZ 2006, 74.
5 Nach *Glashoff/Reimer*, Beilage 39 zu DStR 1997, 1 (4) „*dürfte) die Zahl (der) Erstattungsanträge kaum geringer sein als die der formellen Einsprüche*".

wonach Zollschulden erlassen werden müssen, wenn *„besondere Umstände"* vorliegen.[1]

2. Zolltarifrecht

5.11 Die Grundlagen der Erhebung von Einfuhrabgaben regelt der III. Titel des ZK. Art. 20 Abs. 1 bestimmt: *„Die bei Entstehen einer Zollschuld gesetzlich geschuldeten Abgaben stützen sich auf den Zolltarif der Europäischen Gemeinschaften."* Die Höhe der Zollschuld ist abhängig zum einen vom Zollwert der Einfuhrware und zum anderen vom Zollsatz – seit jeher als *„Zolltarif"* bezeichnet –, der sich aus der Einreihung der Ware in ein **Warenverzeichnis** ergibt, soweit keine Sonderregeln greifen.

5.12 Die **Einreihung** der Ware in das Warenverzeichnis – Zolltarifschema – bildet den Ausgangspunkt für sämtliche sich an die Wareneinfuhr anschließenden Maßnahmen (Erstellung von Handelsstatistiken, Einfuhr- und Exportbeschränkungen, Ausfuhrerstattungen oder Produktionsbeihilfen, Bestimmung der Umsatz- oder Verbrauchsteuerpflicht, Festlegung von Ursprungsregeln). Maßgebliches Zolltarifschema ist der **Gemeinschaftszolltarif** (GZT), der seinerseits auf dem internationalen System der Kombinierten Nomenklatur (KN) beruht. Eine einheitliche Interpretation und Anwendung der Zollnomenklaturen bildet eine Schlüsselrolle im internationalen Handel.

5.13 Die Ermittlung des Zollsatzes setzt zunächst die Einordnung in ein Zolltarifschema voraus. Das Zolltarifschema weist jeder Ware einen Zollsatz zu.[2] Die Zollsätze des GZT sind heutzutage überwiegend Wertzollsätze.[3] Ein Wertzollsatz gibt an, wieviel Prozent Zollabgabe von der Bezugsgröße Zollwert zu erheben sind. Aus seiner Zielrichtung als **Instrument der Wirtschaftspolitik** heraus weist das Zolltarifrecht eine Vielzahl optionaler und flexibler Elemente auf, die für ein klassisches, d.h. primär einem verstetigten Finanzaufkommen verpflichtetes Abgabenrecht untypisch sind. Die Steuerung der Warenströme durch tarifäre Maßnahmen ist Kerninstrument der Außenhandelspolitik.[4]

5.14 Zu unterscheiden sind:
– **Regelzollsätze** (Art. 20 Abs. 3 Buchst. c ZK) sind die Zollsätze, die die Gemeinschaft allgemein und unbefristet gegenüber Drittstaaten anwendet. Die Regelzollsätze beruhen zumeist auf vertraglichen Vereinbarungen[5] und steigen i.d.R. mit dem Verarbeitungsgrad[6] der einge-

---

1 *Wiener*, AW-Prax 2010, 60, m.w.N. zur Erstattung nach dem UZK *Gellert*, AW-Prax 2014, 72.
2 Dies ist entweder der Regelzollsatz (Drittlandszollsatz) oder ein besonderer Zollsatz.
3 Daneben kommen gelegentlich noch spezifische Zölle (z.B. Gewicht, Volumen, Alkoholgehalt) und Mischzölle (Kombination aus Wert- und spezifischem Zoll) vor.
4 Zu den Motiven im Einzelnen s. *Lux*, DStJG 11 (1988), 153 ff.
5 Im Rahmen des GATT.
6 Sog. *Tarifeskalation*, *Schmidt* in Grabitz/v. Bogdandy/Nettesheim, Europäisches Außenwirtschaftsrecht, S. 99.

führten Ware. Sie können jedoch nach Bedarf zeitlich – *Zollaussetzung* – und/oder mengenmäßig – *Kontingentierung*[1] – beschränkt werden.[2]
- **Präferenzzollsätze** stellen eine Vorzugsbehandlung dar, die ein Zollregime privilegierten Handelspartnern, z.B. Freihandelszonen oder Entwicklungsländern, einräumt. Zollpräferenzmaßnahmen sollen dazu beitragen, Handelsschranken abzubauen und internationalen Handel zu fördern. Entscheidendes Kriterium für die Inanspruchnahme von Präferenzen ist der *Warenursprung*. Angesichts der internationalen Arbeitsteilung und der unterschiedlichen Zwecke hat sich ein kompliziertes, abgestuftes System von Ursprungsregeln etabliert.[3] Ein wichtiges Abgrenzungsmerkmal ist der sog. *Tarifsprung*.[4]
- **Antidumping-** und **Ausgleichszölle** versetzen die EU in die Lage, ihre produzierende Wirtschaft vor unlauteren Handelspraktiken zu schützen. Von Dumping spricht man, wenn Waren zu Preisen, die unter dem Normalwert der Ware auf dem Heimatmarkt liegen, in die Gemeinschaft exportiert werden.[5] Ausgleichszölle dienen der Abwehr von (drohenden) Schädigungen gemeinschaftlicher Wirtschaftszweige durch die Einfuhr von Waren aus Drittländern, die durch staatliche Subventionen verbilligt worden sind. Das Procedere ist geregelt in den sog. *Grundverordnungen*.[6] Es handelt sich um ein Sondergebiet des Zollrechts, das für einen beschränkten Wirtschaftskreis, dann aber wegen der Höhe der Abgaben und einhergehender strafrechtlicher Risiken von besonderer Bedeutung ist.
- **Schutzzölle** ermöglichen eine zeitlich begrenzte Möglichkeit der Korrektur von Wettbewerbsbedingungen infolge überraschender und schädigender Handelsentwicklung.[7]
- **Retorsionszölle** sind – nach GATT zulässige – Kampfmittel im Handelskrieg. Kennzeichen ist gemeinhin ihre *Nichtkonnexität*.[8] Sie pflegen gezielt auf wirtschaftlich sensible Wareneinfuhren von Handelsnationen verhängt zu werden, mit denen die EU wegen anderer Fragen in Streit geraten ist.

---

[1] Die Verteilung erfolgt nach dem sog. „Windhundverfahren", Art. 308a Abs. 1 ZK-DVO.
[2] *Möllenhoff*, AW-Prax 2008, 206.
[3] *Monographisch* dazu *Möller/Schumann*, Warenursprung und Präferenzen[7] und *Kaufmann*, Ursprungsregeln, 1996; zum Zollpräferenzmanagement *Hülskramer*, ZfZ 2015, 33.
[4] Dazu EuGH v. 10.12.2009 – C-260/08, ZfZ 2010, 16 mit Anm. *Lieber*, AW-Prax 2010, 55, damit einhergehend das Problem der sog. *Minimalbehandlungen*.
[5] Eingehend *Wenig/Müller*, EWS 2003, 498.
[6] VO (EG) Nr. 1225/2009 – ABl. 2009 Nr. L 343/51; VO (EG) Nr. 597 – ABl. 2009 Nr. L 188/93.
[7] Vgl. VO (EG) Nr. 2200/2004, ABl. 2004 L 374/1; Beispiel: Vorlagebeschluss FG Hamburg v. 13.5.2009 – 4 K 5/08, n.v. (juris): prohibitiver Schutzzoll auf Pilze.
[8] Art. 23.3 DSU lässt Strafzölle auch in streitfremden Marktbereichen zu.

3. Zollwertrecht

5.15 Bezugsgröße für die Anwendung des Zolltarifs ist der Zollwert. Das Zollwertrecht[1] ist das Rechtsgebiet, das den Verzollungsmaßstab vorgibt, d.h. die Bemessungsgrundlage festlegt. Die Bedeutung des Zollwertrechts ergibt sich daraus, dass durch einheitliche Maßstäbe für die Warenbewertung der Verlagerung von Warenströmen, damit verbunden Einnahmeverlagerungen und Wettbewerbsverzerrungen, vorgebeugt wird. Das moderne Zollwertrecht wird durch den *Wertzoll* beherrscht. Spezifische Verzollungsmaßstäbe bilden die Ausnahme.[2] Rechtsgrundlage für die Zollwertermittlung sind die Art. 28–36 ZK. Charakteristisch ist eine genau einzuhaltende Stufenfolge,[3] deren Regelfall der **Transaktionswert** ist. Darunter ist der bei einem Verkauf zur Einfuhr in das EG-Zollgebiet tatsächlich gezahlte oder zu zahlende Preis für die Ware zu verstehen, sofern dieser nicht durch Verbundenheit beeinflusst ist. Diesem Wert sind bestimmte Kosten hinzu- bzw. abzurechnen, sofern sie im Rechnungspreis nicht bzw. enthalten sind.

4. Zollverfahren

5.16 Breiten Raum[4] widmet der ZK den Regelungen der einzelnen Zollverfahren, die Art. 4 Nr. 16 ZK als Numerus clausus vorgibt. Die Überführung der Ware in ein Zollverfahren verlangt eine **zollrechtliche Bestimmung**, zu deren Erhalt es einer Zollanmeldung oder Mitteilung des Wirtschaftsbeteiligten bedarf. Das Zollverfahren, zu dem die Masse aller Einfuhren abgefertigt wird, ist das Zollverfahren der **„Überführung in den zollrechtlich freien Verkehr"**, durch den Nichtgemeinschaftsware – gemeinhin nach Festsetzung und Entrichtung der Grenzabgaben – zu Gemeinschaftsware wird.[5] In den **besonderen Zollverfahren**[6] kommt der Wirtschaftszollcharakter zum Ausdruck. Ihre besondere wirtschaftliche Bedeutung gewinnen die verschiedenen Zollverfahren dadurch, dass hier die Zollvolumina gemeinhin im reziproken Verhältnis zum begrenzten Kreis der Nutzer stehen.

---

1 Umfassende Information bei *Müller-Eiselt/Vonderbank*, EG-Zollrecht.
2 Daneben kommen gelegentlich noch spezifische Zölle (z.B. Gewicht, Volumen, Alkoholgehalt) und Mischzölle (Kombination aus Wert- und spezifischem Zoll) vor.
3 „Zollwert-Treppe", Beispiel in *Müller-Eiselt/Vonderbank*, EG-Zollrecht, F. 4229, Art. 29 Rz. 19 (März 2010).
4 Standort ist Titel IV des ZK (Art. 58–182 ZK), d.h., fast die **Hälfte** (!) der insgesamt 253 Art. des ZK befassen sich mit dieser Materie; der UZK benötigt gut 50 Art.
5 Sog. *Statuswechsel*, Art. 79 ZK; Art. 29 AEUV.
6 So der Oberbegriff des Art. 201 UZK. Art. 84 ZK differenziert noch zwischen *Nichterhebungsverfahren* und *Zollverfahren mit wirtschaftlicher Bedeutung*; hervorzuheben sind Zollagerverfahren (dazu *Henke/Witte*, Das Zollager²), Veredelungsverkehre und das Versandverfahren; zur UZK-Regelung *Witte*, AW-Prax 2015, 77.

5. Gemeinsame Bestimmungen

Von Bedeutung für die Entwicklung des Zollrechts sind die allgemeinen Bestimmungen, die die vorstehend in Tz. 1.–4. behandelten Teilgebiete des ZK einrahmen. Die Bestimmungen des Titel I des ZK (Art. 1–19 ZK) enthalten die Grundstruktur eines *Allgemeinen Teils* des Gemeinschaftszollrechts, der Titel VIII des ZK (Art. 243–246 ZK) normiert – erstmalig – einen gemeinschaftsweit verbindlichen **Mindeststandard**[1] an Rechtsschutz.

5.17

IV. Zollverwaltung

Die Anwendung des Gemeinschaftszollrechts erfolgt – dem europarechtlichen Subsidiaritätsprinzip entsprechend – durch die **nationalen Zollverwaltungen**. In der BRD war dies bis Ende 2015 eine Bundesverwaltung mit analoger dreistufiger[2] Struktur zur Steuerverwaltung in Länderhoheit. Zum 1.1.2016 werden die bisherigen Mittelbehörden (BFD u.a.) in eine neu gegründete Generalzolldirektion (GZD) als Bundesoberbehörde überführt.

5.18

1. Auftragsverwaltung

Die Mittelerhebung und -verwaltung durch die mitgliedstaatlichen Zollverwaltungen erfolgt – abzgl. eines Verwaltungsanteils – für Rechnung der EU.[3] Die Zolleinnahmen sind ein nicht zu vernachlässigender Bestandteil des EU-Haushalts (Rz. 5.5). Das Verhältnis der EU zu den nationalen Zollverwaltungen ist bisweilen gespannt. Die EU argwöhnt mitunter eine zu wenig energische Durchsetzung ihrer Finanzinteressen durch die Mitgliedstaaten. Die nationale Zollverwaltung wiederum fürchtet nichts so sehr wie die **Anlastung**.[4]

5.19

2. Zollfahndung

Organisatorisch verselbständigt sind die **Zollfahndungsämter** – ZFÄ – mit dem Zollkriminalamt – ZKA – Köln als Zentralstelle, die die Funktion der Strafverfolgung und Bekämpfung von Zollstraftaten sowie typischen Begleitstraftaten[5] im Zusammenhang mit dem Grenzübertritt haben. Rechtsgrundlage ist das ZFdG,[6] ergänzt durch die AO.

5.20

---

1 EuGH v. 11.1.2001 – C-226/99, ZfZ 2001, 119; *Lux/Sack* in Dauses, Handbuch des EU-Wirtschaftsrechts, C.II. Rz. 96 (April 2008).
2 Hauptzollamt (HZA) – Bundesfinanzdirektion (BFD) – Bundesministerium der Finanzen (BMF).
3 Überblick zum Eigenmittel-System der Gemeinschaft bei *Weerth*, AW-Prax 2008, 168, m.w.N.
4 Dazu *Gellert*, AW-Prax 2008, 29; *Vögele*, AW-Prax 2008, 377 (378 f.) (ZRT-Diskussionsbericht); sowie EuGH v. 15.11.2005 – C-392/02, ZfZ 2006, 18.
5 Geldwäsche, Rauschgiftkriminalität, Marken- und Produktpiraterie, Artenschutz.
6 Zollfahndungsdienstgesetz v. 16.8.2002, BGBl. I 2002, 3202; dazu der gleichnamige Handkommentar von *Fehn/Wamers* (Hrsg.) aus 2003; s. auch *Ricke*, AW-Prax 2007, 288.

3. Finanzkontrolle Schwarzarbeit

5.21 Die Verschiebung der Binnengrenzen infolge der EU-Erweiterung hat zur Freisetzung personeller Kapazitäten beim deutschen Zoll geführt. Als neues inländisches Betätigungsfeld ist der Zollverwaltung seit 2004 insbesondere die Bekämpfung der Schwarzarbeit übertragen worden. Die **Finanzkontrolle Schwarzarbeit** – FKS – ist organisiert als eigene Abteilung der Zollverwaltung (Sachgebiet E) mit ca. 7.000 Mitarbeitern an über 30 Standorten, die damit vom Diener zum Herrn aufgestiegen ist.[1]

C. Risiko- und Gefahrenquellen

I. Abgabenrecht

1. Unterlassene Optimierung

5.22 Zollrisiken können als abgabenrechtliche Nachteile in Form von vermeidbaren Zahlungsverpflichtungen oder Nachzahlungen und – auf letztere Alternative bezogen – als hinzutretende strafrechtliche Risiken in Erscheinung treten. Abgabenrechtliches Risiko in Zollsachen materialisiert sich augenfällig in der **Nacherhebung**. Art. 220 Abs. 1 ZK, der die *nachträgliche buchmäßige Erfassung* regelt, ist Rechtsgrundlage aller nachträglichen Inanspruchnahmen. Die Nacherhebung ist regelmäßige Folge von Zoll- und Zollfahndungsprüfungen (Rz. 5.56). Ebenso realisieren sich wirtschaftliche Nachteile, wenn die Zollabfertigung zu Zahllasten führt, die bei optimaler Handhabung des Zollrechts vermeidbar oder reduzierbar gewesen wären. Zollrechtliches Risiko kann sich des Weiteren im Nichterwerb oder Verlust wirtschaftlich vorteilhafter Verfahrenspositionen manifestieren. Schließlich – und dies ist ein Spezifikum des Zollrechts – kann es bereits in der unterlassenen Gestaltung oder Optimierung des außergebietlichen Warenverkehrs, d.h. in der Nichtausschöpfung von Kostensenkungsmöglichkeiten,[2] seinen Ausdruck finden. Die Gründe hierfür sind vielschichtig: Unkenntnis, Unverständnis, Überforderung, mangelnde Sorgfalt, fehlende Aktualität des Wissens oder Unsensibilität in zollrechtlichen Fragestellungen – Ursachen, die nicht selten kumulativ auftreten.

5.23 In Zollsachen verfügt der Wirtschaftsbeteiligte über – im Vergleich zu nationalen Abgaben – größere, vor allem **strategische Spielräume**[3] der Einflussnahme auf den Anfall oder den Umfang zu entrichtender Grenzabgaben. Durch eine optimierte Ausrichtung der Leistungsbezüge kann der Anfall von Grenzabgaben vermieden, verringert oder zumindest hinaus-

---

1 *Olgemöller*, AG 2007, 619.
2 *Wolffgang*, Stbg. 1996, 402 (403).
3 *Friedrich*, Unternehmerische Zollstrategie, RIW 1988, 538; zum Aufbau einer Einkaufsorganisation im *Ausland Möbus/Masorsky/Freudenberg*, BB 2012, 931.

gezögert werden.¹ Dies setzt eine exakte Analyse und Gestaltung der Bezugs- und Absatzwege, insbesondere bei langfristigen Lieferbeziehungen zum außereuropäischen Ausland voraus. Überlegungen zur Optimierung der Lieferkette haben hier ebenso ihren Platz wie Fragen der Sicherheit innerhalb der Lieferkette, die durch zivilrechtliche Vertragsgestaltung[2] gefördert werden kann. Zu den Optimierungselementen zählen auch die frühzeitige Kenntnis aktueller Entwicklungen sowie eine flexible Aufstellung, die die Mitnahme bzw. optimale Nutzung von (temporären) Vergünstigungen[3] erlaubt. Langfristig angelegter Abgabenminimierung dient insbesondere die Inanspruchnahme von Zollverfahren mit wirtschaftlicher Bedeutung[4] (z.B. Kreditierungsfunktion des Zolllagers; Differenzmethode bei Veredelungsverkehren). Last, not least sind in diesem Zusammenhang Maßnahmen zulässiger Zollwertbeeinflussung zu erwähnen, die – bei entsprechendem Problembewusstsein – einfach umzusetzen sind, z.B. Ansatz von **Vorerwerberpreisen**,[5] separater Rechnungsausweis von Zusatzkosten, gesonderte Inrechnungstellung von Einkaufsprovisionen,[6] zollrechtliche Aspekte berücksichtigende Abfassung von Lizenzverträgen.[7]

2. Erwerb und Erhalt von Vorzugsstellungen

Ein besonderer Stellenwert kommt im Zollrecht dem Erwerb bzw. der Vermeidung des Verlusts vorteilhafter Verfahrenspositionen zu.[8] Solche Vorzugsstellungen können resultieren aus Verfahrensinhaberschaften oder Statuseinräumungen.

5.24

Der Erwerb bzw. der Erhalt von **Verfahrensinhaberschaften** bzw. -erleichterungen[9] ist für die Wirtschaftsbeteiligten, die diese Art der Vergünstigungen in Anspruch nehmen, durchweg von vitaler Bedeutung

5.25

---

1 Die Grenze zwischen legaler/illegaler Optimierung ist mitunter schwer zu ziehen; zu Recht daher die Warnung von *Kühle*, NWB 2004 F. 14, 263, vor fragwürdigen (Zollwert-)Optimierungsratschlägen; zum Gestaltungsmissbrauch im Zollrecht *Killmann*, AW-Prax 2009, 334; *Felderhoff*, AW-Prax 2014, 88.
2 Zur zivilrechtlichen Vertragsgestaltung bei Auslandsgeschäften unter Nutzung der INCOTERMS, vgl. *Piltz*, AW-Prax 2004, 180; zur zollrechtliche Aspekte berücksichtigenden, vorbeugenden Vertragsberatung *Glashoff/Reimer*, Beihefter DStR 2007, 1 (13 ff.).
3 Zur Ausnutzung von Zollaussetzungen und Zollkontingenten *Möllenhoff*, AW-Prax 2008, 206; zu Präferenzen s. Rz. 5.14 ff.
4 *Wolffgang*, DStR 2007, 1550 (1551).
5 Eine Amtspflicht des Zollprüfers zur ungefragten Information über die Möglichkeit, den günstigeren Vorerwerberpreis anzusetzen, besteht insoweit nicht, vgl. BGH v. 2.10.2003 – III ZR 420/02, HFR 2004, 266, mit Anm. *Middendorf*, AW-Prax 2004, 68.
6 BFH v. 4.11.1999 – VII R 43/98, BFH/NV 2000, 529.
7 Dazu und zu weiteren Einzelaspekten *Glashoff/Reimer*, Beihefter DStR 1997, 1 (9 f.); zu Lizenzzahlungen außerdem UZK *Wahlig/Mertgen*, BB 2016, 791.
8 *Witte*, AW-Prax 2015, 185; *Hohmann*, AW-Prax 2012, 49, 51.
9 Z.B. zugelassener Ausführer (ZA); zur UZK-Neuregelung *Böhne*, AW-Prax 2014, 343; *Witte*, AW-Prax 2016, 77, 122.

(Rz. 5.16). Bei Neuaufnahme von Geschäftsbeziehungen zu Unternehmen außerhalb des Zollgebiets ist zu prüfen, ob für den Warenverkehr ein vorteilhaftes Zollverfahren in Anspruch genommen werden kann. Beispielhaft ist die Einrichtung eines Veredelungsverkehrs bei aktiver oder passiver Lohnveredelung mit dem Charme der Differenzverzollung zu erwähnen, was notwendig – dies gilt für alle besonderen Zollverfahren – vorherige Beantragung und Genehmigung voraussetzt.

5.26 Im Rahmen der europäischen Zollsicherheitsinitiative ist der Status des zugelassenen Wirtschaftsbeteiligten (ZWB)[1] – in der lingua franca des Zollrechts als **„Authorised Economic Operator" (AEO)** bezeichnet – von zentraler Bedeutung. Die Stellung als Sicherheitspartner[2] der Zollverwaltung wirkt sich zwar nicht unmittelbar auf die Zolllast, wohl aber mittelbar aus.[3] Mittels des Gütesiegels des AEO – so das Kalkül aus Brüssel – soll das zertifizierte Bekenntnis herausgehobener Wirtschaftsbeteiligter zur Compliance dem Interesse der Verwaltung nutzbar gemacht und eine Anhebung des zollrechtlichen Sicherheitsstandards bewirkt werden.

3. Unwissenheit

5.27 Wie für Exotenrechte typisch, ist eine wesentliche Fehlerquelle des Zollrechts **Unkenntnis, Unverständnis** und daraus resultierende **mangelnde Sorgfalt**. *„Recht, das nur noch wenigen geläufig ist, ist gefährliches Recht."*[4] Nachteile realisieren sich, weil Wirtschaftsbeteiligte das Thema Zoll nicht ernst nehmen[5] und seine Folgen unterschätzen, was sich in der Praxis darin äußert, dass

– Einsatzmöglichkeiten von Zollverfahren nicht erkannt werden,
– Zollentstehungstatbestände übersehen werden,
– zolltarif- und zollwertrechtliches Gestaltungspotential nicht ausgeschöpft wird.

Gerade letzterer Bereich bietet reichhaltiges Anschauungsmaterial:
– Die **Einreihung** der Ware kann eine komplexe und diffizile Angelegenheit sein, die detailliertes technisches oder stoffliches Vorverständnis voraussetzt.[6] Die Wareneinreihung (insbesondere neuer Waren) durch die Zollverwaltung hat nichts Zwingendes an sich. Auch ist die Einreihung durch die Zollverwaltungen der Mitgliedstaaten keineswegs immer einheitlich.

---

1 Art. 5a ZK, dazu zuletzt *Weerth*, AW-Prax 2015, 90 sowie *Ludwig*, IWB 2015, 296.
2 Das Vorbild für Sicherheitspartnerschaften ist das amerikanische *customs-trade partnership against terrorism (C-TPAT)*.
3 Es gilt der Grundsatz: *„time is money"*, *Kreuder*, CCZ 2008, 166 (170).
4 *Friedrich*, ZfZ 1996, 394; StuW 1987, 133; vgl. auch *Reuter*, ZfZ 2010, 156.
5 *Wolffgang*, DStR 2007, 1550; bei Nacherhebungen ist eine „Weitergabe" der Mehrbelastung ohnehin kaum möglich, s. Rz. 5.71.
6 *Glashoff*, StbKongrRep. 1994, 371 (382).

- Der Zolltarif ist nicht statisch; auch hier zeigt sich, dass Zollrecht sehr **"aktuelles" Recht** ist. Ob Zollaussetzung, Erschöpfung von Kontingenten, Antidumpingzoll: Vorteile nutzen oder Nachteile meiden kann nur der Wirtschaftsbeteiligte, der sein Ohr nahe an Brüssel hat und über aktuelle Entwicklungen (zumindest seine Branche betreffend) im Bilde ist.[1]
- Ebenso können bei der Bestimmung des Transaktionswerts als Regel-Bemessungsgrundlage Probleme auftreten.[2] Ob es nun um die Frage geht, wann bei Lieferketten der sog. **"Vorerwerberpreis"**[3] zugrunde zu legen ist oder welche Erwerbsnebenkosten[4] unter welchen Bedingungen in den Zollwert einzubeziehen oder herauszurechnen[5] sind: All dies setzt detaillierte Kenntnisse der Auffassungen der Zollverwaltung, der Kommission, der nationalen Zollrechtsprechung(en) und/oder supranationaler Institutionen[6] voraus.
- Im Windschatten der steuerlichen Diskussion über das Reizthema **Verrechnungspreise**[7] bleibt oftmals unbeachtet, dass die Ermittlung des Werts für konzerninterne Lieferungen aus Drittländern nach Deutschland ein gemeinsames Problem von Steuer und Zoll ist.[8] Nach Angaben der OECD erfolgen 60 % des internationalen Handels zwischen verbundenen Unternehmen.[9] Zollrechtlich maßgebliche Vorschrift für die Prüfung der Preisbeeinflussung aufgrund Verbundenheit zwischen Verkäufer und Käufer und die damit zusammenhängenden zumeist komplexen Sachverhalts- und Rechtsfragen ist Art. 29 Abs. 1 d) ZK. Die vertraute steuerliche Rechtsfigur des Fremdvergleichs hat sich ein zollrechtliches Gewand übergestreift!

4. Geringschätzung von Förmlichkeiten

Zollrecht ist – noch von alters her – ein durch und durch **formenstrenges** Recht.[10] Werden Regeln, Formen und Fristen nicht eingehalten, führt allein dies zu irreparablem Rechtsverlust oder Rechtsnachteilen.[11] Eine

5.28

---

1 Z.B. das *Windhundverfahren* für Kontingente, Art. 308a Abs. 1 ZK-DVO.
2 *Wolffgang*, Stbg. 1996, 402 (403) spricht von *„Fallstricken"*.
3 Art. 147 Abs. 1 Satz 3 ZK-DVO; zur Rechtslage nach UZK *Rinnert*, ZfZ 2015, 142.
4 Der Klassiker: *Lizenzgebühren*, dazu aktuell BFH v. 28.1.2014 – VII R 17/12, BFH/NV 2014, 1003, mit Anm. *Bärsch*, ISR 2014, 157; *Thaler*, ZfZ 2014, 209; *Vonderbank*, ZfZ 2014, 227.
5 Art. 33 ZK: getrennter Rechnungsausweis (EuGH v. 5.12.2005 – C-379/00, ZfZ 2003, 126; *Hünebeck*, AW-Prax 2005, 520) genügt; man muss es nur wissen!
6 Z.B. sog. *Einreihungsavise*, Kenntnis schwebender GATT-Verfahren.
7 Im Jargon: *„intercompany-prices"*.
8 FG Hamburg v. 6.3.1990 – IV 196/88 H, EFG 1990, 607; *Rädler*, IStR 2000, 189; *Möller*, ZfZ 2014, 147.
9 *Möller*, PIStR 2005, 208.
10 *Columbus*, Stbg. 1986, 347 (351); *Glashoff/Reimer*, Beihefter zu DStR 1997, 1 (7); BFH v. 30.7.1985 – VII R 142/82, ZfZ 1986, 55 (56); v. 10.3.2005 – VII B 134/04, BFH/NV 2005, 1399 (1400).
11 *Wolffgang*, Stbg. 1986, 402 (403).

nachträgliche Reparatur von Versäumnissen lässt das Zollrecht nur in engen Grenzen zu.[1] Mangelnde Erfahrung, Irrtum, Unachtsamkeit oder selbst einfache Fahrlässigkeit im täglichen Umgang mit dem Zollrecht haben daher nicht selten ungeahnte Auswirkungen für den Wirtschaftsbeteiligten. Dies trifft nicht nur für Unternehmen, sondern ebenso für Privatleute zu, die bei der Einfuhr von Nichtgemeinschaftswaren unversehens böse Überraschungen erleben können. Das moderne Zollrecht ist **IT-Recht** und wird es in Zukunft noch stärker sein.[2] Die Vernetzung ist in keinem Abgabenbereich so hoch wie im Zollrecht. Die elektronische Datenbearbeitung und Datenübermittlung weist spezifische zollschuldrechtliche Risiken, z.B. Eingabe-Risiken, auf.

II. Strafrechtliche Risiken

1. Falschtarifierung

5.29 Zollnachforderungen werden vielfach vom Vorwurf strafrechtlich relevanten Fehlverhaltens begleitet. Strafverfahren auf dem Gebiete des Zollrechts erhalten ein besonderes Gewicht dadurch, dass Zollstraftaten traditionell **härter sanktioniert** werden als Steuerstraftaten.[3] Bei Zollnacherhebungen aufgrund **falscher Einreihung** pflegt die Zollverwaltung standardmäßig zumindest Bußgeldverfahren einzuleiten. In eine zollstrafrechtliche (von Abgabenmaßnahmen begleitete) Gefahrenlage kann unversehens auch der inländische Erwerber in der Lieferkette geraten, wenn sich herausstellt, dass Schmuggelware weitergeliefert worden ist. Zollstrafrechtliche Risiken haben nicht nur Unternehmen, sondern auch Privatpersonen (Reisende!)[4] zu vergegenwärtigen.

2. Unzutreffende Zollwerte

5.30 Einen zollstrafrechtlich sensiblen Bereich stellt auch das Zollwertrecht dar. Abseits des klaren Falls der Unter- oder Überfakturierung sind in der Praxis immer wieder Sachverhalte strafrechtlich zu beurteilen, in denen sich aus unterschiedlichsten Gründen Abweichungen zwischen Rechnungspreis (Kaufpreis) und Zollwert ergeben, sei es, weil Nebenleistungen nicht einbezogen wurden, sei es, weil unzutreffend Vorerwerberpreise zugrunde gelegt wurden, sei es, dass der Vorwurf der Kaufpreisverlagerung erhoben wird.[5]

---

1 Zu *Heilungsmöglichkeiten* s. – beispielhaft – den Katalog des Art. 859 ZK-DVO.
2 *Lux*, AW-Prax 2009, 217; *Reuter*, ZfZ 2010, 156 (157).
3 *Frick*, DStR 1983, 346; *Krause/Prieß*, MAH Verteidigung in Wirtschafts- und Steuerstrafsachen, § 31 Rz. 68.
4 Beispiele bei *Beil* in Wannemacher, Steuerstrafrecht[6], Rz. 1689 ff.; *Möller*, ZfZ 2013, 313 – Fußballspieler s. auch LG Dresden v. 12.12.1997 – 8 Ns 101 Js 44995/95, NStZ-RR 1999, 371.
5 *Möller/Retemeyer* in Bender/Möller/Retemeyer, Steuerstrafrecht, C V Rz. 915 (Juni 2013).

3. Sonderbereiche – Sonderrisiken

Resultieren Zollnachforderungen aus Sonderbereichen des Zollrechts, z.B. bei nachträglicher Festsetzung von Antidumpingzöllen oder aberkannten Präferenzen,[1] kommt vergleichsweise schnell der **Qualifikationstatbestand** des § 373 AO *("gewerbsmäßiges Handeln")* ins Spiel.[2] Der höhere Strafrahmen steigert das strafrechtliche Risiko beträchtlich.

5.31

4. Zusammenhangs(straf)taten

Zollstraftaten gehen nicht selten mit anderen Straftaten steuerlicher[3] oder außersteuerlicher Art[4] einher.[5] Ebenso selbstverständlich kommen im Zollstrafrecht die allgemeinen Regeln der Teilnahmestrafbarkeit zur Anwendung mit der Folge, dass aufgedeckte Unregelmäßigkeiten **Kreise ziehen**, sprich, strafrechtliche Ermittlungen gegen weitere Beteiligte einer Lieferkette auslösen können.[6]

5.32

5. Auslandsstraftaten

Beachtenswert sind die Sondervorschriften des § 370 Abs. 6 und 7 AO. Erstere Norm erweitert den Anwendungsbereich der Steuerhinterziehung auf die Hinterziehung mitgliedstaatlicher Einfuhr- und Ausfuhrabgaben, letztere stellt die Hinterziehung von Grenzabgaben auch außerhalb des Geltungsbereichs der AO unter Strafe.[7] Wenngleich diese Bestimmungen in der Praxis derzeit eher ein Schattendasein führen und ihre Anwendung vielfältige Probleme[8] aufwirft, lauern hier versteckte Strafbarkeitsrisiken.

5.33

6. Vermögensbeschlag

Infolge der Möglichkeit zur Vermögensarrestierung (§§ 324 AO, 111b Abs. 2 und 3d StPO)[9] bereits zu Beginn eines Strafverfahrens kann das Zollstrafverfahren neben der strafrechtlichen zudem unversehens eine akut-bedrohliche wirtschaftliche Komponente erhalten.

5.34

---

1 Z.B. bei Vorlage falscher oder gefälschter *Warenverkehrsbescheinigungen* (WBV) EUR.1 oder *Lieferantenerklärungen* (LE); *Pickett*, AW-Prax 2014, 328.
2 BGH v. 27.8.2010 – 1 StR 217/10, n.v. (juris).
3 Insbesondere parallele Ertrag- und Umsatzsteuerhinterziehung (§ 370 AO); s. *Beil* in Wannemacher, Steuerstrafrecht[6], Rz. 1817 f.
4 Z.B. Betrug (§ 263 StGB), Untreue (§ 266 StGB), Urkundenfälschung (§ 267 StGB), Insolvenz- (§§ 283 ff. StGB) oder Korruptionsdelikte (§§ 299 ff. StGB), aber auch Verstöße gegen das WaffG oder BtMG.
5 Begriffsbildung „Zusammenhangsstraftaten" in Anlehnung an die Kommentierung von *Fehn* in Fehn, Schwarzarbeitsbekämpfungsgesetz, 2006, § 1 SchwArbG Rz. 21.
6 Sog. „Flechtenwirkung", dazu *Streck/Spatscheck*, Die Steuerfahndung[4], Rz. 172.
7 BGH v. 30.10.2003 – 5 StR 274/03, wistra 2004, 63, betr. italienische Einfuhrabgaben.
8 Dazu *Keßeböhmer/Schmitz*, wistra 1995, 5; *Schmitz/Wulf*, wistra 2001, 361.
9 Zu § 111d ff. StPO; s. LG Hamburg v. 13.4.2004 – 620/Qs 13/04, NStZ-RR 2004, 215.

D. Risiko- und Gefahrenminimierung

I. Legaldefinition

5.35 Was ein **Risikomanagement** auf dem Gebiet des Zolls ausmacht, gibt – als Vorgabe der Legislative an die Exekutive – seit 2005 Art. 4 Nr. 26 ZK im Wege einer Legaldefinition vor: Risikomanagement wird darin beschrieben als *„die systematische Ermittlung des Risikos und Durchführung aller zur Begrenzung* des Risikos erforderlichen Maßnahmen. Dazu gehören Tätigkeiten wie das Sammeln von Daten und Informationen, die Analyse und Bewertung von Risiken, das Vorschreiben und Umsetzen von Maßnahmen sowie die regelmäßige Überwachung und Überarbeitung dieses Prozesses und seiner Ergebnisse auf der Basis internationaler, gemeinschaftlicher und einzelstaatlicher Quellen und Strategien."

II. Zielvorstellung des Unternehmens

5.36 Die Zielvorstellungen der Administration sind **nicht identisch** mit der Sicht des Unternehmens. Aus mikroökonomischer Sicht des Unternehmens lässt sich ein auf den Zollbereich bezogenes Risikomanagement definieren als die Summe aller Maßnahmen, durch die erreicht wird, dass das Unternehmen

– die zollrechtliche Behandlung seines Außenwirtschaftsverkehrs so schnell wie möglich, so effektiv wie möglich und so kostengünstig wie möglich abwickeln kann,
– dabei die Zollzahllast auf das unvermeidbare Minimum beschränkt werden kann,
– Vorzugsstellungen zu erhalten bzw. auszubauen (Rz. 5.16),
– Unternehmen und Mitarbeiter von strafprozessualen Maßnahmen und abgabenstrafrechtlichen Sanktionen verschont bleiben.

5.37 Zielführende Maßnahmen müssen auf allen Ebenen des Unternehmens ansetzen. Entscheidend ist die Zusammenführung der Informationen aus den verschiedenen Bereichen des Unternehmens.[1] Der Zoll liegt auf der Schnittstelle von Einkauf, Verkauf, Logistik und Finanzen. Die Summe der Einzelprozesse sollte in ein für das Unternehmen maßgeschneidertes zollspezifisches Konzept einmünden. Dieses wiederum sollte idealerweise in ein abgabenrechtliches **Gesamtkonzept**[2] einmünden bzw. in ein solches integriert sein. Für Unternehmen, die bereits aus anderen Gründen[3] über eine Compliance-Struktur verfügen, bietet es sich an, die zollrechtlichen Belange in bereits bestehende Compliance-Konzepte zu integrieren.

---
1 Zum *„Wissensfluss"* am Beispiel der Rechnung im Zoll- und Umsatzsteuerrecht *Lux*, AW-Prax 2013, 395.
2 Für Integration auch *Witte*, AW-Prax 2015, 185, 187.
3 Z.B. Unternehmen, die zur Stellung eines *Ausfuhrbeauftragten* i.S.d. Außenwirtschaftsgesetzes (AWG) verpflichtet sind, dazu *Kreuder*, CCZ 2008, 166 (167), für Integration auch *Witte*, AW-Prax 2012, 185 (187).

III. Spannbreite Ist-Zustand

Die Kluft zwischen mit Zollsachen befassten Unternehmen kann größer kaum sein: Zollangelegenheiten werden entweder **höchst professionell**, geradezu generalstabsmäßig oder aber **höchst stiefmütterlich** behandelt. Während Konzerne sich eigene Zollabteilungen „leisten" und versierte Unternehmen *Zollarbitrage* in Form von *tariff-shopping*[1] betreiben, behandeln viele Unternehmen den Zoll immer noch als lästiges Pflichten-Anhängsel des Wareneinkaufs.[2] Die Geringschätzung von Zollsachen durch Unternehmen, für die der Import nicht die vitale Bedeutung hat, hat lange Tradition. Genährt wird diese Einstellung – neben der psychologischen Einstiegshürde in die Rechtsmaterie – durch den unausrottbaren, scheinbar betriebswirtschaftlichen Trugschluss, Zölle – wie andere Betriebssteuern auch – seien für das Unternehmen ein durchlaufender Posten.[3]

5.38

IV. Weichenstellung

Unternehmen, die Waren aus Drittländern beziehen oder Warenverkehre mit Drittländern unterhalten, müssen zunächst die Grundentscheidung treffen, ob sie die Zollabwicklung[4] auf den drittländischen Verkäufer verlagern,[5] sich durch Speditionen oder Logistik-Unternehmen bei der Einfuhr/Ausfuhr *vertreten*[6] lassen oder die Sache selbst in die Hand nehmen wollen. Generell gilt: Je sachkundiger das eigene Personal, je gewichtiger die Zollabfertigung, je häufiger die Einfuhren für das Unternehmen, desto größer die Vorteile eigener Zollabfertigung.[7] Dabei zu bedenken ist, dass auch eine Vertretungslösung nicht uneingeschränkt von jedwedem zollrechtlichen Risiko und undelegierbaren Rechtspflichten befreit, die aus der Zurechnung zur eigenen Verantwortungssphäre resultieren.[8]

5.39

---

1 *Weerth*, AW-Prax 2008, 23 ff., 68 ff.
2 *Wolffgang*, DStR 2007, 1550 (1552); *Jung*, ZfZ 2013, 113 (115) Fn. 5.
3 Derselbe Trugschluss einer scheinbar betriebswirtschaftlich orientierten Sichtweise begegnet bei der Lohnsteuer wie auch bei der im B2B-Bereich nur scheinbar „neutralen" Umsatzsteuer, s. auch Rz. 5.51.
4 Der in diesem Zusammenhang gern gebrauchte Begriff der *Zollförmlichkeiten* spiegelt insoweit symptomatisch den auf reine Verfahrensbewältigung verengten Blickwinkel wider.
5 Durch Vereinbarung der *DDP-Klausel* (= *Delivery Duty Paid*), dazu *Jung*, ZfZ 2010, 225; *Ritz*, AW-Prax 2015, 115; allg. zur Bedeutung der INCOTERMS im Zoll- und Umsatzsteuerrecht *Schröder*, UVR 2000, 283.
6 Zum „*Outsourcing im Zollrecht*" *Witte*, AW-Prax 2010, 10, nach *Zimmermann/Schwoon*, AW-Prax 2010, 25 (26) stieg die Auslagerungsquote auf Logistikdienstleister von 2007 auf 2009 von 45 % auf 52 %.
7 *Friedrich*, RIW 1988, 538 (543).
8 Vgl. Art. 201 Abs. 3 UA 2 ZK: (fakultative) Zollschuldnerschaft des „*Beschaffers falscher Angaben*".

V. Anforderungen an Zollabteilung

1. Grundsituation des umfunktionierten Abgabenrechts

5.40 Die Grenzgängerstellung des Zollrechts als für Zwecke der Außenwirtschaftspolitik **umfunktioniertes Abgabenrecht** manifestiert sich in der Zollabwicklung. Zollrecht ist einerseits klassisches, durch Formstrenge gekennzeichnetes Abgabenrecht, andererseits modernstes, d.h. vor allem digitalisiertes Handelsgeschäft. Die Teilnahme an gemeinsamen Systemen (z.B. NCTS,[1] TARIC)[2] sowie die Pflicht zur Teilnahme am Ausfuhrverfahren ATLAS[3] setzen zwingend voraus, dass zunächst ausreichend sachliche Mittel, aber auch ausreichend qualifiziertes Bedienungspersonal für die Zollabwicklung zur Verfügung stehen.

2. Personal

5.41 Einweisung, Prozessdokumentation (materialisiert in einem Nutzerhandbuch, *„customs manual"*), Meldesystem, Schulungen, Erfahrungsaustausch tragen dazu bei, das **Risiko** von Falscherklärungen oder Verfahrensfehlern zu **senken**. Die Formen der Zollabwicklung sollten auch gegenüber den Geschäftspartnern kommuniziert werden.[4] Idealzustand ist auch hier ein alle Ebenen des Unternehmens durchziehendes Klima der Sensibilität für Zollsachen.[5]

3. IT-Ausstattung

5.42 In keinem anderen Abgabenbereich sind **Automatisierung** und **Vernetzung** so groß wie im Zollrecht. Erklärtes Ziel der EU ist ein *papierloses Arbeitsumfeld für Zoll und Handel*.[6] Wegen der fortgeschrittenen und weiter fortschreitenden Digitalisierung der Zollabfertigung (z.B. Nutzung gemeinsamer Systeme wie bspw. NTCS,[7] Pflicht zur Teilnahme am IT-Verfahren ATLAS)[8] sowie der überwiegend datenbasierten Informationswege setzt die Zollabwicklung einen hohen Grundstandard an Ausrüstung, Organisation und Benutzerkompetenz – und damit erhebliche Investitionen[9] der Unternehmen voraus. Die elektronische Datenüber-

---

1 New Computerised Transit System (NCTS) zur Abwicklung von Versandverfahren.
2 **Tar**if Integre Communautaire (Integrierter Zolltarif der EG).
3 **A**utomatisiertes **T**arif- und **L**okales Zoll-**A**bwicklungs-**S**ystem (ATLAS).
4 *Friedrich*, RIW 1988, 538 (541), zu Zollrecht als Kundenservice.
5 *Reuter*, ZfZ 2010, 156.
6 „e-customs", vgl. Entscheidung Nr. 253/2003/EG v. 11.3.2003, ABl. C 305/2003: Zoll 2007; *Fraedrich*, Zoll-Leitfaden für die Betriebspraxis[14], 1.11; *Blegen*, AW-Prax 2012, 376: „Globally networked Customs" (GNC); *Limbach*, DVBl. 2016, 547.
7 New Computerised Transit System.
8 **A**utomatisiertes **T**arif- und **L**okales Zoll-**A**bwicklungs-**S**ystem.
9 *Hölscher*, BB 2005, 2446; *Kußmaul/Sopp*, IWB 2008, F. 11, 567 (574).

mittlung hat ihre eigenen zollschuldrechtlichen Risiken, z.B. Eingabe-Risiken,[1] und verändert die hergebrachte Prüfungspraxis.[2]

4. Sonderberechtigungen

Verfahrensinhaberschaften und **Vorzugsstellungen** (z.B. AEO) setzen erhöhte Investitionen im Personalbereich (Mitarbeiterintegrität, Schulungsaufwand), in der Ausstattung (Gebäudesicherheit, Fuhrparksicherheit) sowie des IT-Bereichs (Stammdatenpflege) voraus und können weiteren Aufwand in Form externer Zertifizierung erforderlich machen.[3]

5.43

VI. Zollabwicklung

1. Lückenlose Begleitung des Warentransfers

(Idealtypische) Aufgabe der Zolleinheit ist es, die abgabenrechtliche Seite des Warentransfers vom Anfang vor dem Anfang bis zum Ende nach dem Ende zu begleiten. Dieser Prozess setzt schon ein, wenn die Ware sich noch im Drittlandsgebiet befindet und ist nicht zwingend mit der Zahlung der Eingangsabgaben abgeschlossen, sondern erst mit Ablauf von im Auge zu behaltener Erstattungsfristen. Dazwischen liegen die Etappen der *Gestellung*,[4] der Zollanmeldung bzw. zollrechtlichen Bestimmung, der Sicherheitsleistung, der (nachträglichen) Entrichtung der Zollabgaben, der Prüfung von Erstattungsvoraussetzungen.

5.44

2. Aspekte der Dokumentenkontrolle

Eine wichtige Funktion kommt der **Dokumentenkontrolle** zu, die folgende Aspekte umfasst:
- Vollständigkeit und Richtigkeit der der Zollverwaltung vorzulegenden Papiere (Versandpapiere, Rechnungspapiere, Warenverkehrsbescheinigungen),
- Beachtung des *„getrennten"* Rechnungsausweises bei Zusatzleistungen und ggf. frühzeitiges Erkennen und Berichtigung mangelhafter Rechnungen,
- Vorlage der *„richtigen"* Rechnung, z.B. Ansatz von Vorerwerberpreisen (Rz. 5.27),

5.45

---

1 Z.B. BFH v. 17.3.2009 – VII R 17/07, BFH/NV 2009, 1053: Eingabe falscher Codenummer.
2 Stichwort: Digitale Zollprüfung, dazu *Becker/Beckmann*, AW-Prax 2014, 172; AW-Prax 2015, 45.
3 Zu den Sicherheitsstandards s. *Reinhard/Fischer/Jaeckel*, AW-Prax 2010, 123 (126).
4 Legaldefinition in Art. 4 Nr. 19 ZK: förmliche Mitteilung des körperlichen Eintreffens der Ware im Gemeinschaftsgebiet gegenüber der Zollbehörde, vgl. Art. 40 f. ZK.

– Berücksichtigung anteiliger Beförderungskosten je nach INCOTERMS-Klausel.[1]

3. Kontrolle bei der Zoll(vor)anmeldung

5.46 Der Prozess setzt sich bei der **Zoll(vor)anmeldung**[2] fort, indem z.B. ungenaue Warenansprache vermieden bzw. berichtigt[3] wird oder bei elektronischer Übermittlung[4] sichergestellt ist, dass Eingabefehler rechtzeitig erkannt und korrigiert werden. Durch effizientes Zahlungsverhalten lassen sich schließlich weitere Zahlungsverpflichtungen/Nebenleistungen vermeiden bzw. optimieren.[5]

4. „Nachbetreuung" von Eingangsabgabenbescheiden

5.47 Einen eigenen Stellenwert nimmt die „**Nachbetreuung**" ein. Sind Eingangsabgabenbescheide ergangen, ist deren formelle und materielle Rechtmäßigkeit – auch zahlenmäßig – zu kontrollieren. Über die Einrichtung einer Fristenkontrolle ist sicherzustellen, dass alle Arten von Fristen, insbesondere natürlich Anfechtungsfristen, gewahrt werden. Da im Gegensatz zum allgemeinen Steuerrecht im (formalisierten) Zollrecht der Anwendungsbereich für Billigkeitsmaßnahmen tendenziell weiter ist (vgl. Art. 236–239 ZK), endet Zoll-Compliance nicht mit Eintritt der Unanfechtbarkeit auf Festsetzungsebene, sondern erst mit Ablauf der Fristen[6] für Erstattungs- und Erlassanträge, sofern eine Prüfung ergibt, dass auch bis zu diesem ultimativen Zeitpunkt die sachlichen Voraussetzungen dieser Korrekturinstrumente nicht gegeben sind.

VII. Zollkontrollen

5.48 Klare Verhaltensregeln sind erforderlich, wenn Zollkontrollen[7] anstehen. Allen voran die Ankündigung von **Zoll-Betriebsprüfungen** sollte zweckgerichtete Vorbereitungsmaßnahmen auslösen, zu denen auch das Wissen um die Möglichkeit und Wirkungsweise der **Selbstanzeige**[8] gehört. Im Übrigen gilt der allgemeine abgabenrechtliche Merksatz, dass jede Außen-

---

1 *International Commercial* **Terms**, s. dazu Rz. 5.23.
2 Art. 59 ff. ZK. Aufgrund der veränderten Risikosituation im Warenverkehr wird die **vor** der Verbringung (d.h. Überführung) abzugebende *Summarische Anmeldung (SumA)*, Art. 36a–c ZK immer wichtiger.
3 Zur Berichtigung von Falschanmeldungen *Henke* in Witte, ZK[6], Art. 65 Rz. 4.
4 Zur Internetzollanmeldung (IZA) *Weerth*, AW-Prax 2004, 36.
5 Z.B. durch Einrichtung eines „Aufschubkontos", *Tervooren/Kalski*, UStB 2008, 177.
6 Zu beachten sind unterschiedliche Fristen, z.B. Art. 236 Abs. 2 ZK: Dreijahresregelfrist, Art. 239 Abs. 2 ZK: Jahresfrist.
7 Rechtsgrundlagen: Art. 13, 78 ZK sowie §§ 193 ff. AO, soweit nicht durch ZK überlagert; Zollprüfungen erfolgen zunehmend in digitalisierter Form, Rz. 5.42.
8 § 371 AO; s. auch Rz. 5.63, zum neuen Selbstanzeigerecht *Talaska*, DB 2015, 944; *Wulf*, Stbg 2015, 160.

prüfung, mithin auch Zollaußenprüfungen, **begleitet**[1] werden müssen. Im Idealfall kann das Unternehmen sicherstellen, dass seine Mitarbeiter dem Zollprüfer in allem, was er tut und denkt, stets einen Schritt voraus sind. Nur so kann frühzeitig *erahnt*[2] werden, wann die Zollprüfung in eine Zollfahndungsprüfung umzuschlagen droht.

VIII. Strafprozessualer Eingriff

Zum festen Bestandteil eines Compliance-Systems gehört, dass es eine **Handlungsanweisung** für den Fall gibt, dass die Zollfahndung – in eigener oder fremder Angelegenheit (§ 103 StPO) – überraschend dem Unternehmen einen Besuch abstattet. Ein wichtiger Aspekt des geforderten Krisenmanagements[3] ist hier – wie auch sonst –, Mitarbeiter-Spontanvernehmungen zu verhindern.[4]

5.49

IX. Vorbehaltsentscheidungen

Strategische Aspekte des Zolls gehören grundsätzlich auf die Leitungsebene. Dass die Zollverantwortung auf oberster Stufe zu verankern ist, ist ständige, mit Einführung des AEO nochmals verstärkte Botschaft aus Brüssel. Zu den strategischen Aspekten rechnet alles, was – im Einzelnen abhängig von Geschäftsgegenstand, Größe und Struktur des Unternehmens – über das Alltagsgeschäft hinausgeht, bspw.:

5.50

– Die Entscheidung, Verfahrensberechtigungen zu erwerben oder **verbindliche Zolltarif-** *(vZTA)* oder **Ursprungsauskünfte** *(vUA)*[5] einzuholen,
– **Sofortzugriff** auf professionellen – ggf. externen – Rat,
– **Selbstanzeigeberatung**,
– Erstellung eines **Krisenmanagement-Konzepts**,
– Außerhausvergabe von **Zollstreitverfahren**/Erlassverfahren,
– Implementierung eines **routinemäßigen Kontrollsystems** zur Aufdeckung von Manipulationen durch Mitarbeiter oder Lieferanten.

X. Streitführung

Die Streitbereitschaft ist im Zollrecht weniger ausgeprägt als im allgemeinen Steuerrecht. Dazu trägt – neben den bereits erwähnten Faktoren

5.51

---

1 *Columbus*, Stbg. 1986, 347 (351); *Jung*, AW-Prax 2015, 31, 36; s. auch Rz. 3.37; zur Vorbereitung auf digitale Zollprüfungen *Becker/Beckmann*, AW-Prax 2015, 45.
2 Zu den Vorboten eines Fahndungseingriffs *Streck/Spatscheck*, Die Steuerfahndung[4], Rz. 144 ff.
3 Allg. Ratschläge bei *Stoffers*, wistra 2009, 379; *Szesny*, CB 2014, 159.
4 Dazu *Streck/Spatscheck*, Die Steuerfahndung[4], Rz. 569.
5 Art. 12 ZK; zur Fortgeltung nach UZK *Möllenhoff/Panhe*, AW-Prax 2016, 51.

(Rz. 5.22 ff.) – sicher auch die anscheinend unausrottbare Fehleinschätzung der wirtschaftlichen Abwälzbarkeit der Zölle bei.[1] Spätestens wenn nach einer Zoll- oder gar Zollfahndungsprüfung – regelmäßig hohe und nicht selten existenzgefährdende[2] – Nacherhebungen im Raum stehen, ist der Zollstreit jedoch unausweichlich. Der Zollbereich des Unternehmens sollte insoweit sinnvollerweise in ein übergreifendes, für alle das Unternehmen betreffende Abgaben[3] gültiges **Steuerstreit-Konzept** integriert sein. Entscheidet sich das Unternehmen dafür, gegen belastende Eingangsabgabenfestsetzungen fremde Hilfe in Anspruch zu nehmen *("Co-Sourcing")*, hat die Sicherstellung des Informationsflusses zum externen Streitführer ihren eigenen Stellenwert.[4]

E. Schadensabwehr und -minimierung

I. Abgabenebene

1. Der Zollstreit

5.52 Der Zoll gilt als *"Spezialmaterie der spezialisierten Spezialisten"*.[5] Auf dem Gebiet des Zolls ist das faktische **Kräfteungleichgewicht** zwischen der – ohnehin machtvollen – Verwaltung und dem einzelnen Wirtschaftsbeteiligten besonders krass. Unbekanntes Recht – da nur selten auf die Probe gestellt – ist gefährliches Recht.[6] Fakt ist jedoch: Eine Hemmschwelle für den Zollstreit muss es nicht geben. Wer die Regeln des Steuerstreits beherrscht, verfügt damit zugleich über eine solide Basis, um – angereichert um spezielles Zollrechts-Know-how – erfolgreich auch den Zollstreit zu führen.[7]

2. Streitfelder und Streitebenen

a) Sachverhaltsstreit

5.53 Die zielgerichtete Führung des Zollstreits verlangt, in jeder Lage des Verfahrens die unterschiedlichen Streitfelder und Streitebenen im Blick zu halten. Auf der Ebene der Zollverwaltung, zumal der Prüfungsdienste, steht die **Ermittlung des Sachverhalts im Vordergrund**. Im Einspruchsverfahren und mehr noch im finanzgerichtlichen Verfahren wandelt sich die Blickrichtung: Der Schwerpunkt liegt nun primär auf der Beurteilung des

---

1 Vernachlässigt wird dabei sowohl das Kostensenkungspotential, *Wolffgang*, DStR 2007, 1550 (1551), als auch die – typische – Situation der *Nach*erhebung, *Glashoff/Reimer*, Beihefter DStR 1997, 1 (4); s. auch Rz. 5.38.
2 *Glashoff*, StbKongrRep. 1994, 371 (372).
3 Den Schwerpunkt werden die klassischen Abgaben, d.h. in erster Linie die nationalen Steuern (Einkommen-, Körperschaft-, Gewerbe-, Umsatz- und Lohnsteuer) sowie die Sozialabgaben bilden.
4 *Olgemöller*, AG 2006, 720 und vice versa, s. Rz. 1.266.
5 *Kruse*, DStJG 11 (1988) 1, 1 ff. – Einführung.
6 *Friedrich*, ZfZ 1996, 394.
7 *Streck/Olgemöller*, DStR 1996, 1105 (1112).

Sachverhalts „*so, wie er sich nach Aktenlage darstellt*". Hinzu tritt ggf. die Entscheidung von streitigen Rechtsfragen. Ansatzpunkt für die Abwehr des Zollanspruchs kann es mithin sein, den Sachverhalt aufzurollen, denn mitunter fehlt es entgegen erstem Anschein an einem *ausermittelten* Sachverhalt.[1] Zumal in Verbund- und Umfangverfahren kann die Frage aufgeworfen werden, ob die Zollbehörde überhaupt alle ihr zugänglichen Informationen und Erkenntnisquellen (z.B. Zollfahndungsakten, Strafakten von Mitbeteiligten, Steuerakten Dritter) herangezogen und – z.B. mit Blick auf eine Haftung bzw. Gesamtschuldnerauswahl – gehörig ausgewertet hat.[2] Ein erfolgversprechender Streitansatz kann ferner darin liegen, Übernahme von Sachverhaltsfeststellungen von Strafverfahren in das Abgabenverfahren und vice versa durch substantiiertes Bestreiten zu verhindern.[3] Grundsätzlich ist in beide Richtungen zu prüfen. Deckungsgleichheit ist in der Praxis vielfach nicht gegeben. Insbesondere Feststellungen, die in einem (vorgängigen) Strafverfahren getroffen werden, haben einen anderen Fokus. Sie reichen zumeist zeitlich weniger weit – Auswirkung der unterschiedlichen Verjährungsfristen – und sind nicht selten insofern lückenhaft, als bestimmte Komplexe, die aus strafrechtlicher Sicht nicht ins Gewicht fallen, nicht aufgeklärt werden bzw. eine genaue Aufklärung z.B. wegen eines pauschalen Geständnisses unterbleibt. Hinzu tritt, soweit die Rechtmäßigkeit von Schätzungen zu überprüfen ist, der ewige Streit um die Schätzungsbasis: Die abgabenrechtliche Rückspiegelung auf frühere Zeiträume, für die keine Feststellungen getroffen werden konnten oder für die keine Belege existieren, ist nicht ohne weiteres zulässig.

b) Aussetzung der Vollziehung

Wie aus dem nationalen Abgabenrecht geläufig, muss auch im Zollstreit der Sofortvollziehbarkeit von Zollbescheiden ab der ersten Minute ihres Erlasses Rechnung getragen werden. Entsprechend den nationalen Regelungen der §§ 361 Abs. 2 Satz 2 AO, 86a Abs. 3 Satz 2 SGG, 80 Abs. 4 Satz 3 VwGO ermöglicht Art. 244 ZK die Wiederherstellung des Suspensiveffekts des Rechtsmittels (in abgabenrechtlicher Terminologie: *Aussetzung der Vollziehung*), wenn „*begründete Zweifel*" an der Rechtmäßigkeit der angefochtenen Abgabenverwaltungsakte bestehen. Die Vollziehungsvoraussetzungen für Zollbescheide, wiewohl sie im Kern der Regelung des nationalen Rechts entsprechen, weisen kleine, aber feine Besonderheiten[4] auf, die von Beginn an bei allen Abwehr- und Verteidigungsüberlegungen ins Kalkül gezogen werden müssen.

5.54

---

1 Zur Bedeutung des Streits um den Sachverhalt (konkret zu verdeckten Gewinnausschüttungen, aber weitestgehend verallgemeinerbar) *Olgemöller*, GmbH-StB 2004, 310.
2 Zur Bedeutung des Rechts auf Akteneinsicht *Streck/Mack/Schwedhelm*, Stbg. 2007, 326.
3 Dazu *Bender*, AW-Prax 2004, 140.
4 Z.B. (i.d.R.) obligate Sicherheitsleistung, Art. 244 Abs. 3 ZK; Sondervoraussetzungen bei Angriffen gegen die Gültigkeit zugrunde liegender Verordnungen (*Alexander* in Witte, ZK[6], Art. 244 Rz. 21–23).

3. Prüfung der Zollschuldnerschaft

5.55 Die Abwehr der Nacherhebung setzt sich in der Prüfung fort, ob der richtige **Zollschuldner** in Anspruch genommen worden ist. Während im statistischen Hauptfall der Überführung in den freien Verkehr (Art. 201 Abs. 3 ZK) diese Frage sich allenfalls bei der im Zollrecht praktischen sog. *indirekten Vertretung* (Art. 5 Abs. 2 ZK)[1] stellen kann, greift der ZK bei Zuwiderhandlungen (Art. 202–204, jeweils Abs. 3 ZK) nach einem abgestuften System auf Beteiligte als weitere Zollschuldner zurück. Da Abgrenzungskriterium für deren Inanspruchnahme ein *„hinkender"* Bösgläubigkeitsnachweis[2] ist, lohnt sich der Streit, ob der festgestellte Sachverhalt diese Hürde nimmt. Hat die Zollverwaltung neben dem im ZK normierten Kreis der Zollschuldner weitere Personen für Zollschulden als **Haftungsschuldner** kraft nationaler Haftungsvorschriften (§§ 69–75 AO bzw. § 191 Abs. 4 AO) herangezogen, sollte dies nicht widerspruchslos akzeptiert werden.[3] Stehen der Finanzverwaltung schließlich mehrere Zollschuldner zur Auswahl, die als Gesamtschuldner haften, stellen sich die typischen, aus dem allgemeinen Steuerrecht bekannten Fragen des Auswahlermessens im Rahmen der Gesamtschuldnerschaft.[4]

4. Streit um Zollschuld

a) Absehen von Nacherhebung

5.56 Von enormer praktischer Bedeutung im Zusammenhang mit der Nacherhebung ist zunächst die Prüfung, ob die Vertrauensschutzvorschrift des Art. 220 Abs. 2 Buchst. b) ZK greifen könnte. Danach ist ein Absehen von der Nacherhebung geboten, wenn der geschuldete Abgabenbetrag aufgrund eines sog. *aktiven Irrtums*[5] der Zollbehörde unterblieben ist, sofern er für den Zollschuldner nicht erkennbar war und er gutgläubig gehandelt und die Verfahrensvorschriften eingehalten hat.

b) Nacherhebungszeitraum

5.57 Nacherhebungsbescheide sollten stets in zeitlicher Hinsicht einer Prüfung unterzogen werden. Zollrechtlich gilt eine kurze – ablaufhemmungsresistente[6] – dreijährige Regelverjährungsfrist,[7] die sich nur bei Vorliegen

---

1 Zur Stellvertretung im Zollrecht allg. *Witte*, AW-Prax 2004, 152, 153; *Ovie*, TranspR 2009, 398; *Scheller/Zaczek*, UR 2016, 225.
2 Art. 202 Abs. 3 zweiter und dritter Anstrich ZK: *„vernünftigerweise hätten wissen müssen"*.
3 Gegen die sog. *Nadelöhrthese* der h.M. *Olgemöller*, ZfZ 2006, 74, m.w.N.
4 Mit Blick auf § 102 Satz 2 FGO kann hierbei der richtige Zeitpunkt entsprechenden Sachvortrags von prozessentscheidender Bedeutung sein.
5 Kasuistik bei *Alexander* in Witte, ZK[6], Art. 220 Rz. 12 ff.
6 Ablaufhemmungstatbestände, wie sie in § 171 AO geregelt sind, sind dem Gemeinschaftszollrecht fremd.
7 Art. 221 Abs. 3 Satz 1 ZK; auch ist dem ZK das Prinzip der Kalenderverjährung fremd.

strafrechtlich verfolgbarer Handlungen[1] verlängert. Die aus dem Abgabenrecht bekannte Auseinandersetzung um den Hinterziehungsnachweis gehört zum Standardeinwand guter Abwehrberatung.

c) Schätzung von Bemessungsgrundlagen

Zollnachforderungen, die sich auf Zeiträume außerhalb der Regelverjährung erstrecken, liegen stets gemutmaßte Hinterziehungssachverhalte zugrunde. Bei so gut wie allen Hinterziehungssachverhalten ist die Quantifizierung der Bemessungsgrundlagen für die sog. *„Altjahre"* schwierig und ohne Schätzungen praktisch kaum möglich. Schätzungen im Zollrecht eröffnen ein breites Verteidigungsfeld, das zur Minimierung der Nacherhebung ggf. im Wege der **tatsächlichen Verständigung**[2] genutzt werden kann. Die Furcht vor Anlastung (Rz. 5.19) erschwert bisweilen Verhandlungen mit dem Zoll. Erkennt man sie als Berater an und berücksichtigt sie bei Erledigungsbemühungen, können festgefahrene Auseinandersetzungen manchmal wieder bewegt werden.[3]

5.58

d) Tarifierungsfragen

Der Streit um die richtige **Tarifierung** oder die zutreffende **Zollwertermittlung** kann lohnendes Streitfeld sein. Die Frage nach der richtigen Einreihung einer Ware in das vorhandene geschlossene Zolltarifschema ist ein zollrechtlicher Dauerbrenner.[4] Die Vielzahl von einschlägigen Gerichtsentscheidungen[5] zeigt, dass keine Veranlassung besteht, die Einreihung der Zollverwaltung unkritisch hinzunehmen. In Tarifsachen ist es ratsam, um die Revisionszulassung zum BFH[6] zu kämpfen bzw. die Vorlage[7] an den EuGH zu beantragen. Die Rechtsprechung selbst ist nicht immer konsistent und nimmt durchaus auch schon einmal eine verdeckte

5.59

---

1 Dazu EuGH v. 27.11.1991 – C-273/90, ZfZ 1992, 73: nur Straftaten, keine Ordnungswidrigkeiten.
2 Die EU steht diesem deutschen Lieblingskind kritisch gegenüber. Da nach Ansicht des BFH v. 9.6.2005 – VII B 19/02, BFH/NV 2005, 1893 (1895), m.w.N.; v. 18.5.1993 – VI R 44/92, ZfZ 1993, 353 (354) die tatsächliche Verständigung Instrument der Sachverhaltsfeststellung ist, die wiederum Teil des den Mitgliedstaaten vorbehaltenen Verfahrensrechts ist, ist kein rechter Grund erkennbar, das Zollrecht hiervon auszunehmen; s. auch *Seer*, RIW 2005, 838.
3 *Streck/Olgemöller*, DB 2006, 974 (976).
4 Monographisch dazu *Weerth*, Einheitliche Anwendung des Gemeinsamen Zolltarifs beim Zugang zum Europäischen Binnenmarkt, 2007; feuilletonistisch dazu *Olgemöller* in Binnewies/Spatscheck, Festschrift Michael Streck, 2011, S. 131 ff.; zu divergierenden vZTA *Hohmann*, AW-Prax 2012, 49, 51.
5 Pars pro Toto: BFH v. 18.12.2001 – VII R 78/00, ZfZ 2002, 203 – „Überraschungseier" mit Besprechungen von *Hülsmeier*, ZfZ 2002, 327 und *Buerstedde/Gelse*, ZfZ 2003, 298.
6 Dazu *Jäger*, ZfZ 2008, 240 – zuständig ist der VII. (Zoll-)Senat des BFH; allg. zu dessen Rechtsprechung *Landry*, ZfZ 2008, 221.
7 Vorabentscheidungsverfahren, Art. 267 AEUV; zur Vorlagepflicht z.B. EuGH v. 15.9.2005 – C-493/03, HFR 2005, 1236, betr. Tarifierung von Spezialfahrzeugen.

Kehrtwende vor.¹ Begleitend empfiehlt sich stets auch die Nachkontrolle des Umfangs vorgenommener Hinzurechnungen. Nicht vergessen werden sollte die Regelung des Art. 212a ZK, die die nachträgliche Berücksichtigung zolltariflicher Begünstigungen erlaubt.

5. Billigkeitsmaßnahmen

5.60 Das Gemeinschaftszollrecht trennt, darin mit dem nationalen deutschen Steuerrecht übereinstimmend, strikt zwischen der – nur auf Rechtmäßigkeit hin zu kontrollierenden – **Abgabenfestsetzung** einerseits und **Billigkeitsmaßnahmen** andererseits. Wegen der Formstrenge des Zollrechts kommt den Billigkeitsmaßnahmen in den Formen der Erstattung bzw. des Erlasses eine eigene Bedeutung zu. Es kann – zumal in den Fällen der Zollschuldentstehung durch Entziehen gem. Art. 203 ZK² – eine ergänzende Überlegung wert sein, parallel zur Anfechtung der Zollfestsetzung die Billigkeitsschiene zu aktivieren.³

II. Strafrechtsebene

1. Distanz zum Verfahrensgegenstand

5.61 Die im **zollstrafrecht**lichen **Mandat** geforderte Verknüpfung von Kenntnissen dieses speziellen Abgabenrechts mit denen des (formellen und materiellen) Strafrechts weist die Materie externen Spezialisten zu. Für das Zollstrafrecht gelten insoweit keine anderen Grundsätze als für die Strafverteidigung an sich: Eine an den objektiven Interessen des Beschuldigten ausgerichtete Strafverteidigung ist ohne **Distanz** zum Verfahrensgegenstand nicht zielführend. Zollstrafrechtliche Interessensvertretung aus dem Unternehmen oder aus dem unmittelbaren Umfeld heraus managen zu wollen, unterschätzt die Gefahr blinder Flecke.

2. Prävention

5.62 Nimmt ein Unternehmen zollstrafrechtliche Aspekte seiner Geschäftstätigkeit erstmals zur Kenntnis, nachdem gegen die Geschäftsleitung oder Mitarbeiter ein Zollstrafverfahren bereits eingeleitet worden ist, kann vielfach nur noch Schadensbegrenzung betrieben werden. Allemal besser ist auch hier natürlich Prophylaxe. Strafrechtliche Präventionsberatung im Zollrecht ist zum einen auf die **Vermeidung von Organisationsverschulden** zu richten, zum anderen hat sie die Risiken individueller Schuldzuweisung der an der Zollabwicklung beteiligten Unternehmensangehörigen aller Hierarchie-Ebenen in den Blick zu nehmen. Es gilt: Die

---

1 Beispiel: EuGH v. 15.5.2014 – C-297/13, ZfZ 2014, 194 mit Anm. *Krüger*.
2 *Witte* in Witte, ZK⁶, Art. 203 Rz. 4b–c, m.w.N.
3 Vgl. hierzu BFH v. 9.9.2009 – VII B 11/09, BFH/NV 2010, 263; Antragserfordernis und unterschiedliche Fristen sind zu beachten, z.B. Art. 236 Abs. 2 ZK: Dreijahresregelfrist, Art. 239 Abs. 2 ZK: Jahresfrist!

3. Selbstanzeige

Die Selbstanzeige (Rz. 5.48) gewährt **Straffreiheit** um den Preis der nachträglichen Aufdeckung und Nachzahlung. Wichtig ist zum einen, die sachliche und persönliche Reichweite des Rechtsinstituts richtig zu bestimmen. In sachlicher Hinsicht besteht die Selbstanzeigemöglichkeit nur für die unter § 370 AO zu subsumierende (Zoll-)Hinterziehung, nicht für andere Zollstraftaten (§§ 372–374 AO) oder begleitende außersteuerliche Straftaten[2] und auch nur, solange nicht die „*Sperren*" des § 371 Abs. 2 AO eingreifen. In Zollsachen ist zudem schneller als im allgemeinen Steuerstrafrecht der Bereich der Qualifizierung (besonders schwerer Fall gem. § 370 Abs. 3 AO/gewerbsmäßige Steuerhinterziehung gem. § 373 AO)[3] erreicht, was mit Blick auf die Verjährungsregelung des § 376 AO zu bedenkende Konsequenzen für den zeitlichen Umfang der Selbstanzeige hat.[4] Nicht aus den Augen verloren werden darf ferner der Umstand, dass die Selbstanzeige betreffend Eingangsabgaben eine parallele Korrekturnotwendigkeit von Umsatz und Gewinn des Unternehmens nach sich ziehen kann.[5] Die Einleitung eines Ermittlungsverfahrens in Deutschland im Zusammenhang mit grenzüberschreitenden Sachverhalten schließt den Hinweis auf die Notwendigkeit einer Beratung darüber ein, ob in den anderen Ländern Nacherklärungen einzureichen sind.[6] In personeller Hinsicht ist darauf zu achten, dass der Wirkungsbereich der Selbstanzeige ausreichend weit gezogen wird, wobei auch die Möglichkeit der verdeckten Stellvertretung[7] erwogen werden kann. Vor Abgabe der Selbstanzeige gehört mithin die Reflexion über ihre Förderlichkeit. Es gibt keinen Zwang zur Selbstanzeige. Vor- und Nachteile der Selbstanzeige müssen – zumal nach der wiederholten Verschärfung des Selbstanzeigerechts zum 1.1.2015 – gründlich gegeneinander abgewogen werden.[8] Dies kann auch zu dem Ergebnis führen, von der Möglichkeit der Selbstanzeige bewusst keinen oder noch keinen Gebrauch zu machen.

5.63

---

1 S. dazu das – zwanglos in den Zollbereich übertragbare – Beispiel Rz. 2.11 („we need a story for the tax authorities") als Muster fehlinterpretierbarer Geschäftskorrespondenz; zur Dokumentations(un)kultur in Unternehmen allgemein Rz. 1.302 ff.
2 *Jäger* in Klein, AO[12], § 371 Rz. 10.
3 Z.B. bei „Umgehung" von Antidumpingzöllen oder „Erschleichen" von Präferenzen.
4 *Spatscheck/Birkenmaier*, Stbg. 2009, 361.
5 *Krause/Prieß*, MAH Verteidigung in Wirtschafts- und Steuerstrafsachen, § 31 Rz. 93.
6 *Prieß/Niestedt*, AW-Prax 2004, 236 (348); s. auch *Abramowski*, DStZ 1992, 300.
7 Dazu *Alvermann*, Stbg. 2008, 544; *Wollweber/Beckschäfer*, AG 2010, 207; *Wulf/Kamps*, DB 2011, 1711; *Ruhmannseder*, StBW 2014, 382.
8 *Möller/Retemeyer*, AW-Prax 2014, 271.

4. Zollstreit als Verteidigungsinstrumentarium
a) Angreifen des objektiven Abgabenanspruchs

5.64 Es gilt – wie im Steuer- und Beitragsrecht – der Grundsatz: Die effektivste Form der Strafverteidigung in Steuer- wie auch in Zollsachen ist die **Verteidigung über den objektiven Abgabenanspruch**.[1] Das Zollabgabenverfahren muss unabhängig von Erfolgsaussichten streitig geführt werden, um die Zweifelhaftigkeit des Abgabenanspruchs zu dokumentieren, um gerichtsüberprüfte Gewissheit über die Nichtabwendbarkeit des Abgabenanspruchs zu haben, um aus dem Ergebnis des Abgabenverfahrens Argumente gegen den Vorsatz zu ziehen oder schlicht um das Strafverfahren unter Hinweis auf die streitige Abgabenfestsetzung in die Länge zu ziehen und ihm damit einen Teil seiner ursprünglichen Schärfe zu nehmen.

b) Sachverhaltsstreit

5.65 Die effektivste Art des Streits über den objektiven Abgabenanspruch ist wiederum der Streit über den Sachverhalt (Rz. 5.53). Der Sachverhalt wird allein auf der Ebene der Prüfungsdienste ermittelt. **Sachverhaltsnachermittlungen** zu einem späteren Zeitpunkt sind ein mühsames und ungeliebtes Unterfangen. Auch die Finanzgerichte lieben die Sachverhaltsermittlung nicht. Einerseits wollen sie nicht der „Schrottabladeplatz der Verwaltung" sein. Andererseits zwingt sie die Rechtsprechung des BFH,[2] allen substantiiert gestellten Beweisanträgen nachzugehen. Der BFH[3] wiederum achtet sehr darauf, ob die Beurteilung des Finanzgerichts auf einer ausreichenden Tatsachenbasis beruht. Gelingt es daher dem Verteidiger, Zweifel am Sachverhalt oder die Einsicht in der Schwierigkeit gerichtsverwertbarer Sachverhaltsfeststellungen zu erwecken, kann dies der erste Schritt in Richtung Verständigung sein.

c) Verständigung über den Zollanspruch

5.66 Die Einigung mit der Zollverwaltung über die Höhe des Abgabenanspruchs, sofern sie dessen Unsicherheit – förmlich oder nicht[4] – festhält, kann gezielt als Instrument auch im Zollstrafverfahren genutzt werden. Dies nicht zuletzt auch vor dem Hintergrund, dass zollrechtliche Fiktionen[5] und Vermutungsregeln[6] im Zollstrafrecht keine Geltung beanspruchen können. Um den **höheren strafrechtlichen Nachweisanforderungen** gerecht zu werden, pflegt die Praxis von den Ergebnissen einer steuer-

---

1 *Streck/Spatscheck*, Die Steuerfahndung[4], Rz. 113.
2 Nachweise bei *Seer* in Tipke/Kruse, § 81 FGO, Rz. 37–56 (Okt. 2014).
3 BFH v. 14.6.2005 – VII R 17/04, ZfZ 2006, 21.
4 Zur Frage der Zulässigkeit der tatsächlichen Verständigung im Zollverfahren bzw. alternativer Techniken der Verständigung s. Rz. 5.58; *Streck/Olgemöller*, DB 2006, 974 (976).
5 Art. 234 Abs. 2 ZK-DVO: Fiktion vorschriftswidrigen Verbringens.
6 Art. 70 ZK: Warenbeschaffenheitsvermutung nach Teilbeschau, dazu *Stiehle*, RIW 1998, 786; Art. 215 Abs. 2 ZK: fiktiver Ort der Zollschuldentstehung.

lichen tatsächlichen Verständigung Abschläge vorzunehmen. Auf diese Weise kann mittelbar das Strafmaß reduziert werden. Ferner erschwert der Abschluss einer tatsächlichen Verständigung regelmäßig die Annahme des strafrechtlichen Vorsatzes.

d) Kalkulierte Streitlosstellung

Vice versa kann aus steuertaktischen Überlegungen heraus im Einzelfall eine Begrenzung der Strafverfahrensfeststellungen, die sich u.U. durch ein wohlkalkuliertes **(Teil-)Geständnis** im rechten Augenblick[1] – in Kombination mit einem Abscheiden von Tatkomplexen nach § 154a StPO – erreichen lässt, sinnvoll sein, um eine negative Sachverhaltsübernahme oder Präjudizwirkung für den (existentielleren) Abgabenstreit zu vermeiden.

5.67

5. Vorsatznachweis

Das vom Schuldprinzip beherrschte Strafrecht verlangt auch abgabenstrafrechtlich den Vorsatznachweis. Der Zollstreit kann als Forum für die Darstellung der Komplexität des Rechtsrahmens dienen und damit den ursprünglichen Strafvorwurf in einem anderen, milderen Licht erscheinen lassen. Die **Herabzonung des Strafvorwurfs** in sachlicher, zeitlicher, persönlicher Hinsicht (bei mehreren Beteiligten) kann positives Begleitergebnis des in der Sache erfolglosen Streits um die Zollfestsetzung sein. Konstatiert das FG nur fehlende Sorgfalt, kann dies wichtiges Indiz für die Nichtnachweisbarkeit vorsätzlichen Handelns sein; umgekehrt kann ein positiver finanzgerichtlicher Aussetzungsbeschluss zollrechtliche Zweifel zu einem frühen Zeitpunkt auch strafrechtlich dokumentieren.

5.68

6. Streitfeld Täterschaft und Teilnahme

Der exzessiven Regelung des Kreises der potentiellen Zollschuldner korrespondiert das **zollstrafrechtliche Risiko** aller an **inkriminierten Einfuhren Beteiligter**. Vor diesem Hintergrund liefert das Zollstrafrecht – zumal im Bereich des gewerbsmäßigen Schmuggels – reiches, mitunter lehrbuchhaftes Anschauungsmaterial zu Fragen der Täterschaft und Teilnahme. Die Beihilfe in all ihren Erscheinungsformen bildet dabei ebenso einen Schwerpunkt der Verteidigertätigkeit wie das Ringen um die Abwehr einer Hochzonung von Tatbeiträgen zur Mittäterschaft[2] oder der im Zollstrafrecht umstrittenen Rechtsfigur der mittelbaren Täterschaft.[3]

5.69

---

[1] Zum richtigen Zeitpunkt des Geständnisses *Hammerstein*, StV 2007, 48.
[2] Zur Abgrenzung Mittäterschaft – Beihilfe *Beil* in Wannemacher, Steuerstrafrecht[6], Rz. 1670 ff.; BGH v. 15.7.1999 – 5 StR 155/99, wistra 1999, 386.
[3] Dazu *Wiedemann*, wistra 2003, 241; FG Saarl. v. 4.6.2009 – 2 K 2119/05, n.v. (juris).

7. Strafschadensermittlung

5.70 Die Schwierigkeiten, mit der die Praxis immer wieder bei der Berechnung der **strafbefangenen Abgabenhöhe** zu kämpfen hat,[1] ist Verteidigungszwecken fruchtbar zu machen. Der Verteidiger muss in der Lage sein, hier kleinste Schwachstellen aufzugreifen. So sind z.B. entgegen dem materiellen Zollrecht für strafrechtliche Zwecke auch nicht getrennt ausgewiesene Kosten[2] zollwertmindernd zu berücksichtigen, sofern sie nachweisbar angefallen sind.[3] Im Zollstrafrecht ist die Neigung der Strafgerichte nicht minder ausgeprägt als im Steuerstrafverfahren, die Zahlen der Zollverwaltung ungeprüft zu übernehmen.[4]

F. Schadensausgleich

I. Mangelnde Abwälzbarkeit von Zollnachforderungen

5.71 Der Handlungsspielraum, sich für erlittene Nachteile aufgrund Zollnachforderungen bei Dritten schadlos zu halten, ist in der Praxis zumeist begrenzt. Zum einen, weil zollrechtliche Risiken als solche nicht/nicht rechtzeitig identifiziert oder unterschätzt werden, zum anderen, weil die Marktverhältnisse oder faktische Gegebenheiten die – vorausschauende oder nachgängige – Abwälzung eigener zollrechtlicher Risiken auf Geschäftspartner des Unternehmens nicht zulassen.[5]

II. Vertragsgestaltung

5.72 Die – rechtliche oder faktische – Weiterbelastungsmöglichkeit von Mehrkosten, die aus Zollnachforderungen resultieren, an Kunden/Abnehmer des Unternehmens wird die Ausnahme sein. Regelmäßig können Zollnachbelastungen nicht weitergereicht werden, werden also zum definitiven Kostenfaktor für das Unternehmen (was deren verkannte oder unterschätzte Gefahr ausmacht). Rechtsgrundlagen für eine Durchsetzung von Ansprüchen gegenüber Dritten lassen sich i.d.R. nur aus vertraglichen Regelungen ableiten. Vertragliche Ansprüche kommen in Betracht, wenn in Warenliefervertragen – zumal in Dauerverträgen – ausdrücklich Nachberechnungsmöglichkeiten (**„Zollklausel"**) vereinbart worden sind.[6]

---

1 Dazu *Gaede*, wistra 2008, 184; für Zigaretten gibt das BMF Richtwerte zur Zollwertermittlung vor, BMF v. 13.10.2006 – III B 2 - Z 5302/06/0001, n.v.; dazu *Krüger* in Dorsch, Zollrecht, Art. 31 ZK Rz. 6 (Okt. 2012).
2 Z.B. Transport- oder Montagekosten, Einkaufsprovisionen, Finanzierungszinsen, ausl. Abgaben.
3 *Krause/Prieß*, MAH Verteidigung in Wirtschafts- und Steuerstrafsachen, § 31 Rz. 80.
4 BGH v. 26.4.2001 – 5 StR 448/00, wistra 2001, 308.
5 Zu den Problemen und praktischen Grenzen bei Vertragsschlüssen im Auslandsgeschäft exemplarisch *von Bernstorff*, AW-Prax 2008, 207.
6 *Piltz*, AW-Prax 2004, 180, zu Strafzöllen.

III. Regress

Je nach Sachlage können zivilrechtliche Ausgleichsansprüche gegen Beteiligte bestehen. Zu denken ist an eine Einstandspflicht des mit der Zollabfertigung beauftragten Spediteurs, an einen **Regress** gegen einen externen (Zoll- oder Steuer-) Berater[1] wegen Falschberatung oder auch an einen Regress gegen Arbeitnehmer als Schadensverursacher auf arbeitsrechtlicher Grundlage.[2] Regressüberlegungen vorgenannter Art sind bei den Mandanten sehr beliebt, pflegen in der Praxis aber an tausend Gründen zu scheitern.

5.73

Beschlagnahmt das Hauptzollamt Ware im Wege der **Sachhaftung**, kann dies – neben amtshaftungsrechtlichen – auch zivilrechtliche Ansprüche der Beteiligten innerhalb der Lieferkette auslösen.[3]

IV. Unternehmenskauf und Steuerklausel

Kommt es infolge von Unternehmenskäufen/-übernahmen oder Anteilskäufen zu einem Wechsel der wirtschaftlichen Inhaberschaft, können Ausgleichsansprüche im Raum stehen, wenn für Zeiträume vor dem Übergang nachträglich Mehrergebnisse infolge einer Zollbetriebsprüfung/Zollfahndungsprüfung festgesetzt werden. In der Praxis angesprochen ist damit der Bereich der **Steuerklauseln**,[4] die eine explizite Regelung latenter Abgabenrisiken treffen: Ohne sie gelingt eine zivilrechtliche Überwälzung auch zollrechtlicher Schäden nicht.

5.74

V. Amtshaftungsansprüche

Im Einzelfall kann zu prüfen sein, ob der eingetretene Schaden über eine **Amtshaftungsklage**[5] kompensiert werden kann. In – seltenen – Ausnahmefällen lässt sich so eine überstrenge EuGH-Rechtsprechung in ihren wirtschaftlichen Ergebnissen korrigieren. Ebenso können Staatshaftungsansprüche im Einzelfall im Antidumpingrecht ggf. unmittelbar gegen die EU durchgesetzt werden.[6]

5.75

---

1 Zum Beraterregress *Alvermann/Wollweber*, Stbg. 2008, 356.
2 Zu Haftungsbeschränkungen für Mitarbeiter der Zoll- und Exportabteilung *Vischer*, Der Zollprofi 2008, 8.
3 Vgl. den Fall BGH v. 3.3.2005 – III ZR 273/03, NJW 2005, 1865.
4 *Streck/Mack*, BB 1992, 1398; *Hülsmann*, DStR 2008, 2402; *Wollweber*, AG 2012, 789 und AG 2013, 796.
5 BGH v. 3.3.2005 – III ZR 273/03, BFH/NV 2005, 272; *Middendorf*, Amtshaftung und Gemeinschaftsrecht (Diss.); AW-Prax 2002, 462; 2006, 76; *Schrömbges*, ZfZ 1998, 110; AW-Prax 1998, 208.
6 EuGH v. 10.7.2003 – C-472/00, EWS 2003, 367, mit Anm. *Wurmnest*, EWS 2003, 373; EuGH v. 18.3.2010 – C-419/08 P, Slg. I-2010, 2259.

VI. Versicherung

5.76 Ein Schadensausgleich im weiteren Sinne kann schließlich durch den Abschluss einer **Versicherung** bewirkt werden. Diese führt zur Risikoverlagerung, die allerdings – so sich ein Versicherer findet – durch Prämienzahlung erkauft werden muss und zudem branchenüblich einen Ausschluss für Vorsatzfälle enthält, was auch aus diesem Grunde die Attraktivität dieser Maßnahme nochmals erheblich schmälert.

G. Evaluierung

I. Zollprüfung

5.77 Die klassische Form der Bewährungsprobe der Compliance-Struktur des Unternehmens auf dem Zollsektor ist die **Zoll-Außenprüfung** durch die Zollverwaltung (Rz. 5.48). Ist die turnusmäßige Betriebsprüfung der Standardtest für das Zollregime des Unternehmens, ist die Zollfahndungsprüfung der Härtetest. Darüber hinaus findet eine (partielle) zollbehördliche Evaluierung der Zollabläufe im Unternehmen im Rahmen von Zulassungs- und Bewilligungsverfahren (z.B. AEO) statt (Rz. 5.25 f.).

II. Führungswechsel

5.78 Externe Evaluierung außerhalb der Zollverwaltung findet üblicherweise nur statt, wenn sich Rahmenbedingungen im Unternehmen verändern, z.B. bei Inhaberwechsel, Übernahme neuer Unternehmensteile, Outsourcing bislang inhouse abgewickelter Zollfunktionen auf externe Berater. Insbesondere **Erwerbsvorgänge** sind ein klassischer Anlass, das Altlastenrisiko – auch in Bezug auf Eingangsabgaben – zu analysieren.

III. Zertifizierung

5.79 Interne Überprüfungen der Leistungsfähigkeit der vorhandenen Zollstrukturen schließlich können aus personellen Veränderungen der Zollabteilung und/oder der Geschäftsleitung, Ausweitung von Tätigkeitsfeldern oder Neustrukturierungen im Zusammenhang mit dem Erwerb neuer Verfahrensberechtigungen (AEO, Rz. 5.26) resultieren. Zunehmende Bedeutung erlangt eine **Zertifizierung** durch marktunabhängige Dritte („Tax-Audit" bzw. **„Customs-Audit"**).[1]

---

[1] Zur *Sogwirkung* auf die Umsatzsteuer vgl. *Jochum*, UR 2008, 578.

Kapitel 6
Sonderbereiche für Tax Compliance

A. Vereine, Verbände, Stiftungen und übrige Non-Profit-Organisationen

I. Betroffene Rechtsträger und Strukturen

1. Vereine

Non-Profit-Organisationen (NPO) stehen eine Vielzahl von Rechtsformen für ihren Zusammenschluss zur Verfügung. Als häufigster Rechtsträger im Non-Profit-Bereich unterliegen Vereine eigenen steuerlichen Pflichten und damit der Tax Compliance. Das Gesetz unterscheidet zwischen **wirtschaftlichen und nicht wirtschaftlichen Vereinen**. Wirtschaftliche Vereine (§ 22 BGB) sind nach ihrem Zweck auf einen wirtschaftlichen Geschäftsbetrieb ausgerichtet. In der Praxis sind sie in ihrer klassischen Form aufgrund der konkurrierenden Rechtsformen AG, GmbH oder Genossenschaft nur noch selten gebräuchlich.[1] Nachfolgend werden im Wesentlichen die nicht wirtschaftlichen, sog. Idealvereine (§ 21 BGB) behandelt.

6.1

Bedeutsamer ist die Unterscheidung zwischen **rechtsfähigen und nicht rechtsfähigen Vereinen**: Der rechtsfähige Verein ist juristische Person. Er kann Eigentum erwerben, Vermögen bilden, Verträge schließen, haften, erben, klagen und verklagt werden. Über sein Vermögen kann das Insolvenzverfahren eröffnet werden. Der nicht in das Vereinsregister eingetragene Idealverein ist nicht rechtsfähig. Er ist keine juristische Person, kann nicht eigenständig am Rechtsverkehr teilnehmen, verpflichten oder verpflichtet werden. Die Rechtsfähigkeit schafft im Vergleich transparentere Vereinsstrukturen, erleichtert den Geschäftsverkehr und begrenzt das Haftungsrisiko seiner Vertreter. Je größer der Handlungs- und Geschäftsumfang des Vereins nach außen ist, desto eher wird er die Rechtsfähigkeit anstreben.

6.2

2. Verbände

Der Verband im gesellschaftspolitischen Sinn ist eine auf Dauer angelegte Vereinigung von natürlichen oder juristischen Personen mit dem Ziel der gemeinsamen Zweckverfolgung und organisierten Interessenvertretung. Eine einheitliche rechtliche **Definition** für den Verbandsbegriff existiert nicht. Im juristischen Sprachgebrauch werden als Verband vor allem sol-

6.3

---

1 Vgl. aber die jüngere Rechtsprechung zur Qualifizierung von gemeinnützigen „Zweckbetriebsvereinen" (z.B. Museen, Theater, Musikschulen, Kindergärten) als wirtschaftliche Vereine: KG Berlin v. 18.11.2011 – 25 W 14/10, ZStV 2012, 62; v. 7.3.2002 – 25 W 95/11, DStR 2012, 1195.

che Vereinigungen auf Landes- oder Bundesebene bezeichnet, die nach ihrer Organisation und Bedeutung über die Einzelvereine hinausgehen.[1] Verbände können auch in allen anderen Rechtsformen, z.B. einer Kapitalgesellschaft betrieben werden.

6.4 In der Praxis sind vor allem folgende **Organisationsformen** gebräuchlich:
- **Vereinsverband** ist ein Verein, dessen Mitglieder ausschließlich oder überwiegend Körperschaften sind.[2] Der Zusammenschluss erfolgt horizontal. Der Vereinsverband kann als rechtsfähiger oder nicht rechtsfähiger Verein bestehen, wobei seine Rechtsform nicht mit der seiner Mitglieder identisch sein muss. So können (nicht) rechtsfähige Vereine, Kapitalgesellschaften oder Körperschaften des öffentlichen Rechts Mitglieder eines eingetragenen oder nicht eingetragenen Vereins sein. Die Willensbildung in der Mitgliederversammlung erfolgt durch die Vertreter der Mitgliedsvereinigungen.
- Demgegenüber gliedert der **Großverband** bzw. Großverein seine Organisation vertikal und hierarchisch. Üblich ist eine lokale Untergliederung, z.B. in Landes-, Bezirks-, Kreis- und Ortsbezirke. Möglich ist aber auch eine Unterteilung nach sachlichen Aufgaben, z.B. Abteilungen eines Sportvereins. Oft bestehen die Unterebenen ihrerseits in Vereinsform. Im Unterschied zu den Vereinsverbänden sind die Mitglieder der Unterebenen zumeist auch Mitglieder des Großvereins. Es kommt zu gestuften oder Doppelmitgliedschaften. Großverbände führen häufig aufgrund ihrer Größe keine Mitglieder- sondern Delegiertenversammlungen durch.

Insbesondere auf den unteren Stufen von Großverbänden kommt es häufig zu – auch steuerlich relevanten, s. Rz. 6.62 ff. – Abgrenzungsschwierigkeiten, ob es sich hierbei lediglich um **unselbständige Organisationseinheiten** oder eigenständige, nicht rechtsfähige Zweigvereine handelt.

6.5 Die **Organisationsform** der Untergliederungen kann wechseln: Der dem Hauptverein angehörende selbständige Zweigverein kann per Mitgliederbeschluss in eine unselbständige Untergliederung umgewandelt werden. Bislang unselbständig tätige Mitglieder können durch Vereinsgründung mit anschließendem Vereinsbeitritt in den Hauptverein einen Zweigverein installieren.

3. Stiftungen

a) Stiftungsformen

6.6 Eine Stiftung ist eine Organisation, die die Aufgabe hat, mit Hilfe des ihr übertragenen Vermögens einen festgelegten Stiftungszweck zu verfolgen.[3]

---

[1] Vgl. *van Randenborgh* in Schauhoff, Handbuch der Gemeinnützigkeit[2], § 2 Rz. 222.
[2] *Reichert*, Handbuch Vereins- und Verbandsrecht[12], Rz. 2663.
[3] *v. Campenhausen* in Seifart/v. Campenhausen, Stiftungsrechtshandbuch[3], § 1 Rz. 6, m.w.N.

Die wesentlichen Elemente der Stiftung sind Stiftungszweck, Stiftungsvermögen und Stiftungsorganisation. Hintergrund ihrer Gründung ist der Wille des Stifters, ein vorhandenes Vermögen einem dauerhaft zu verfolgenden, von ihm selbst bestimmten Zweck zu widmen.

Der **Stiftungszweck** kann mannigfaltig sein. Der Sprachgebrauch kennt z.B.
- **gemeinnützige** Stiftungen,
- **kirchliche** Stiftungen,
- **Familienstiftungen**,
- **Unternehmensstiftungen**,
- **kommunale** Stiftungen,
- Bürgerstiftungen.

Eine Stiftung kann **privatrechtlich** oder **öffentlich-rechtlich** errichtet werden. Im letzteren Falle ist sie in das System der staatlichen Verwaltung eingegliedert und übernimmt öffentliche Aufgaben. Die rechtliche Charakterisierung richtet sich hierbei nicht nach der Zugehörigkeit des Trägers zum Bereich der öffentlich-rechtlichen oder privatrechtlichen Körperschaften, sondern nach der Rechtsform der eigenen Entstehung. Stiftungen können **unter Lebenden** oder **von Todes wegen** errichtet werden.

b) Rechtsfähige Stiftungen

Für die Beratung ist ferner die Unterscheidung zwischen rechtsfähigen und nicht rechtsfähigen Stiftungen wesentlich. Die rechtsfähige Stiftung im deutschen Recht ist juristische Person. Ihre Besonderheit liegt in der **Verselbständigung ihres Vermögens**. Eine Stiftung hat weder Eigentümer noch Gesellschafter noch Mitglieder. Sie gehört „sich selbst". Zivilrechtliche Grundlage sind die §§ 80 ff. BGB. Sie werden ergänzt durch die einzelnen Stiftungsgesetze der Länder, insbesondere zur staatlichen Stiftungsgenehmigung und -aufsicht. Die Ländergesetze stimmen in den Grundzügen überein, können jedoch in Einzelfragen voneinander abweichen.

6.7

c) Nicht rechtsfähige Stiftungen

Überträgt der Stifter einer natürlichen oder juristischen Person seines Vertrauens Vermögenswerte mit der Maßgabe, diese zur Verfolgung der vom Stifter festgelegten Zwecke zu verwenden, spricht man von einer **nicht rechtsfähigen, unselbständigen Stiftung**.[1] Auch hier wird ein bestimmtes Vermögen vom Stifter auf Dauer gewidmet. Wesentlicher Unterschied ist lediglich, dass die unselbständige Stiftung keine juristische Person ist. Sie unterliegt keiner staatlichen Aufsicht und bedarf zu ihrer Entstehung keiner behördlichen Genehmigung. Sie kann kurzfristig durch Vertrag errichtet werden. Die nicht selbständige Stiftung ist zivilrechtlich nicht geson-

6.8

---
1 Vgl. *Hof* in Seifart/v. Campenhausen, Stiftungsrechtshandbuch[3], § 36 Rz. 1.

dert geregelt. Rechtsgrundlage ist allein der Vertrag zwischen Stifter und empfangendem Rechtsträger. Dieser Vertrag kann Treuhandvertrag, Schenkung unter Auflage oder Vertrag sui generis sein.

6.9 Taugliche **Rechtsträger** sind alle natürlichen (Ausnahme) oder juristischen Personen (Regelfall). Auch die nicht rechtsfähige Stiftung zeichnet sich durch die Verselbständigung von Vermögen aus, das allerdings zur Verwaltung und Trägerschaft auf einen Dritten übertragen und dessen Verwaltung mit einer festgelegten Organisation versehen wird.

6.10 Die nicht rechtsfähige Stiftung kann in eine rechtsfähige Stiftung oder eine andere juristische Person **umgestaltet** werden. Sie kann im Ausnahmefall auch von vornherein als Vorstufe zur selbständigen Stiftung errichtet werden, z.B. wenn das für eine Genehmigung erforderliche Vermögen noch nicht vollständig zur Verfügung steht.

4. Gemeinnützige Kapitalgesellschaften

6.11 Im Non-Profit-Bereich sind nicht nur Vereine, Verbände und Stiftungen, sondern auch Kapitalgesellschaften präsent: Insbesondere gemeinnützige Zwecke können von sämtlichen Körperschaften i.S.d. § 1 KStG verwirklicht werden. Dementsprechend kennt der Rechtsverkehr gemeinnützige GmbH (**gGmbH**) und gemeinnützige Aktiengesellschaften (**gAG**). Strukturell unterscheiden sich gemeinnützige von herkömmlichen Kapitalgesellschaften vor allem durch ihren altruistischen Satzungszweck und die hieraus folgende fehlende Möglichkeit zur Gewinnausschüttung. Sie können sowohl von natürlichen als auch von juristischen Personen als Gesellschafter errichtet werden. Sie sind gängiges Gestaltungsinstrument vor allem für Zweckbetriebstätigkeiten (§§ 65 ff. AO) und Joint Ventures.

5. Zusammenschlüsse/Kooperationen

6.12 Träger von steuerlichen Pflichten im Non-Profit-Bereich können auch Zusammenschlüsse, Kooperationen oder sonstige **Gemeinschaften** von mehreren Rechtsträgern sein. Schließen sich zwei oder mehrere Organisationen für ein gemeinsames Projekt, eine Veranstaltung, eine Sportgemeinschaft, ein Turnier, zum Betrieb einer Einrichtung o.Ä. zusammen, können aus diesen Gemeinschaften gesonderte steuerliche Pflichten, im Einzelfall auch neue Steuersubjekte entstehen. Hieraus können weitere Risiken entstehen (Rz. 6.65 ff.).

II. Steuergesetzliche Anforderungen

1. Besteuerung von Non-Profit-Organisationen

6.13 Der Steuergesetzgeber stellt an die unter Rz. 6.1 ff. aufgeführten Rechtsträger eine Vielzahl von gesetzlichen Anforderungen. Non-Profit-Organisationen können ebenso wie alle anderen Steuersubjekte nahezu **sämtli-**

chen **steuergesetzlichen Bestimmungen** unterliegen. Im Folgenden ein Überblick über die wesentlichen steuerlichen Pflichtenkreise von Non-Profit-Organisationen.

2. Ertragsteuern

a) Körperschaftsteuer

Die **ertragsteuerlichen Pflichten** von NPO sind durch ein Zusammenspiel von Ertragsteuerpflicht und Ertragsteuerbefreiung gekennzeichnet: NPO, seien sie rechtsfähig oder nicht rechtsfähig, sind grundsätzlich körperschaftsteuerpflichtig nach § 1 Abs. 1 Nr. 4 und Nr. 5 KStG. Die Körperschaftsteuerpflicht betrifft die positiven Einkünfte, sofern sie einer Einkunftsart des Einkommensteuergesetzes zugeordnet werden können, § 8 Abs. 1 KStG. Verbände sind zumeist rechtsfähige oder nicht rechtsfähige Vereine. Für die Besteuerung der Verbände gelten dann in ihrem Ausgangspunkt die gleichen Grundsätze wie für die Vereinsbesteuerung. Wird der Verband – was ohne weiteres möglich ist – in einer anderen Rechtsform betrieben, gelten die Besteuerungsregeln für diese Rechtsform. **Steuersubjekt** ist die Körperschaft, unabhängig von ihrer Rechtsfähigkeit (§ 1 Abs. 1 Nr. 4 und 5 KStG). 6.14

Rechtsfähige wie nicht rechtsfähige Körperschaften können nach § 5 KStG **befreit** sein. In der Praxis bedeutsam sind vor allem die Befreiungen der Gemeinnützigkeit (Rz. 6.44 ff.) und der Berufsverbände (§ 5 Abs. 1 Nr. 5 KStG). 6.15

b) Gewerbesteuer

Die **Gewerbesteuerpflicht** entsteht bei gewerblicher Tätigkeit der Körperschaft. Auch hier gilt die Befreiung gemeinnütziger Körperschaften (§ 3 Nr. 6 GewStG) und der Berufsverbände (§ 3 Nr. 10 GewStG). 6.16

c) Einkommensteuer

Leistet die NPO **Zuwendungen an Begünstigte** (Destinatäre), können diese bei dem Begünstigten steuerpflichtig sein. Die Steuerpflicht kann beim Begünstigten in nahezu allen Einkunftsarten anfallen. Die Steuerpflicht tritt nicht ein, soweit die Leistungen an den Begünstigten im Rahmen eines gemeinnützigen Satzungszwecks erbracht werden, § 22 Nr. 1 Satz 2 a EStG. Regelmäßige Zuwendungen außerhalb eines gemeinnützigen Satzungszwecks (z.B. Leistungen einer Familienstiftung) sind entweder als Leistungen i.S.d. § 20 Abs. 1 Nr. 9 EStG oder als Bezüge (§ 22 Satz 1 Nr. 1 Satz 2 Buchst. a EStG) beim Begünstigten steuerpflichtig. Im ersteren Fall unterliegen die Zahlungen dem Kapitalertragsteuerabzug (Rz. 6.23). Die Einkommensteuerpflicht des Empfängers gelangt damit in den steuerlichen Pflichtenkreis der auskehrenden Körperschaft. 6.17

6.18 Erbringt die NPO **Vergütungen** an Organe, Mitarbeiter, Helfer, Berater, Dienstleister, unterliegen diese Zahlungen i.d.R. ebenfalls beim Empfänger der Einkommensteuer. Aber auch hier kann der Pflichtenkreis der zahlenden NPO betroffen sein: Die Zahlung muss satzungskonform sein (Rz. 6.127 f.). Sie kann dem Lohnsteuerabzug (Rz. 6.81 ff.) unterliegen.

6.19 Auch in den Fällen, in denen die NPO **Zuwendungen** oder Zahlungen erbringt, bei denen sie nicht selbst erklärungs- oder abzugspflichtig ist, bestehen Anknüpfungspunkte für Tax Compliance: Die NPO hat ein Interesse, dass Zahlungs- und Zuwendungsempfänger die erhaltenen Beträge zutreffend erfassen und versteuern. Insbesondere in gemeinnützigen Organisationen entstehen erhebliche atmosphärische Störungen und Imageschäden, wenn Organe, freiwillige Helfer, Zuwendungsempfänger oder Kooperationspartner unvorbereitet mit Steuernachforderungen, Haftungs- oder Steuerstrafverfahren konfrontiert werden.

d) Spendenrecht

6.20 Spenden sind Ausgaben zur Förderung steuerbegünstigter Zwecke. Sie dienen damit insbesondere der Unterstützung **gemeinnütziger Zwecke**. Spenden sind beim Zuwendenden innerhalb der Höchstgrenzen der §§ 10b Abs. 1, Abs. 1a EStG, 9 Abs. 1 Nr. 2 KStG abziehbar. Sie sind im Regelfall nur abzugsfähig, wenn sie durch eine Zuwendungsbestätigung i.S.d. § 50 Abs. 1 EStDV nachgewiesen werden.

6.21 Für den gemeinnützigen Zuwendungsempfänger erwächst hieraus die steuerliche Pflicht, **Zuwendungsbestätigungen** nur für solche Zuwendungen auszustellen, die den gesetzlichen Anforderungen genügen. Insbesondere folgende Voraussetzungen müssen erfüllt sein:
1. Die Spende muss **freiwillig und unentgeltlich** erfolgen.[1]
2. Abziehbar sind nur **Geld- oder Sachspenden**. Nutzungen und Leistungen dagegen gehören nicht dazu, §§ 10b Abs. 3 Satz 1 EStG, 9 Abs. 2 Satz 2 KStG.
3. Zum Abzug zugelassen sind nur Zuwendungen zur **Förderung der steuerbegünstigten Zwecke**. Spenden, die z.B. für den wirtschaftlichen Geschäftsbetrieb einer gemeinnützigen Körperschaft bestimmt sind, dürfen nicht bestätigt werden.

Sind eine oder mehrere der vorstehenden Kriterien nicht erfüllt, kann hierdurch nicht nur der Spendenabzug beim Zuwendenden, sondern auch die Ertragsteuerfreiheit beim Zuwendungsempfänger entfallen.

6.22 Auf der Seite der empfangenden Organisation ist der Empfang von Spenden somit mit **steuerlichen Pflichten** verbunden: Die Zuwendung muss ordnungsgemäß bestätigt werden. Wird diese Pflicht verletzt, kann dies eine Spendenhaftung (§ 10b Abs. 4 EStG), im Einzelfall auch strafrechtliche Konsequenzen nach sich ziehen. Zu typischen Einzelproblemen

---
[1] BFH v. 12.9.1990 – I R 65/86, BStBl. II 1991, 258.

Rz. 6.157 ff. Die Zuwendung verpflichtet die gemeinnützige Körperschaft auch zur satzungsgemäßen, **gemeinnützigen Mittelverwendung** (Rz. 6.127 ff.).

e) Kapitalertragsteuer

Zahlungen oder Zuwendungen von NPO können der Pflicht zum Kapitalertragsteuerabzug unterliegen. Dies gilt insbesondere dann, wenn nicht von der Körperschaftsteuer befreite Organisationen Leistungen auskehren, die beim Empfänger zu Einkünften aus Kapitalvermögen i.S.d. § 20 Abs. 1 Nr. 9 EStG führen. In diesem Fall unterliegen die Auskehrungen dem Steuerabzug nach § 43 Abs. 1 Nr. 7 Buchst. a EStG. 6.23

3. Lohnsteuer/Sozialabgaben

Als **Arbeitgeber** ist die NPO verpflichtet, Lohnsteuer und Sozialversicherungsbeiträge einzubehalten und abzuführen. Steuerliche Privilegierungen – insbesondere hinsichtlich der Gemeinnützigkeit – greifen nicht. Mit Ausnahme geringer Freibeträge (s. z.B. § 3 Nr. 26 EStG und 26a EStG) können die NPO als Arbeitgeber und ihre Arbeitnehmer keine Besonderheiten, keine Vergünstigungen für sich in Anspruch nehmen. 6.24

Zu den erheblichen **Steuerrisiken** im Rahmen der Lohnsteuer und Sozialabgaben s. Rz. 6.81 ff.; Rz. 2.177 ff. 6.25

4. Umsatzsteuer

Die Umsatzbesteuerung der Vereine, Verbände und Stiftungen richtet sich nach **allgemeinen Grundsätzen**. Sie sind mit jeder nachhaltigen Einnahmeerzielung Unternehmer i.S.d. § 2 Abs. 1 Satz 1 und 3 UStG. Die Lieferungen und Leistungen sind nach Maßgabe der §§ 1, 3 ff. UStG umsatzsteuerbar und umsatzsteuerpflichtig. Werden im Rahmen unternehmerischer Tätigkeit Lieferungen oder Leistungen von anderen Unternehmern bezogen, kann aus deren Rechnungen der Vorsteuerabzug geltend gemacht werden. 6.26

Entgegen einer weit verbreiteten Vorstellung ist die Umsatzsteuerpflicht **unabhängig von steuerbegünstigten Zwecken** i.S.d. §§ 51 ff. AO oder der Existenz eines wirtschaftlichen Geschäftsbetriebs (§§ 14, 64 AO). Auch die Umsatzbesteuerung der gemeinnützigen Körperschaft richtet sich nach allgemeinen Grundsätzen. Auch die Lieferungen und Leistungen außerhalb eines wirtschaftlichen Geschäftsbetriebs (z.B. im Rahmen der Vermögensverwaltung, vgl. § 14 Satz 1 AO a.E.) oder in einem Zweckbetrieb (§ 65 AO) sind grundsätzlich umsatzsteuerbar. Die Gemeinnützigkeit führt zur partiellen Ertrag-, nicht aber zur Umsatzsteuerbefreiung. 6.27

Nicht umsatzsteuerbar ist innerhalb des Vereins somit lediglich der Bereich, in dem der Verein seinen eigentlichen satzungsmäßigen Vereinszweck ausübt, ohne hierfür gesondertes Entgelt zu erzielen. Da der Verein 6.28

bei seinen originären, ideellen Tätigkeiten lediglich seiner satzungsmäßigen Verpflichtung nachkommt, fehlt es an dem für die Umsatzsteuerbarkeit erforderlichen Leistungsaustausch.

6.29 In allen anderen Fällen wird die Körperschaft ihrer Unternehmereigenschaft allenfalls entgegenhalten können, nicht **nachhaltig** i.S.d. § 2 Abs. 1 Satz 2 UStG tätig zu sein. Dies ist nach allgemeinen Kriterien[1] zu beurteilen, im Einzelfall aber schwierig zu begründen. Zumindest bei nur einmaligen oder kurzfristigen Tätigkeiten braucht die Unternehmereigenschaft allerdings nicht widerspruchslos hingenommen zu werden. Eine nur auf begrenzte Zeit angelegte Tätigkeit kann nach dem maßgebenden Gesamtbild der Verhältnisse nur dann als nachhaltig angesehen werden, wenn in dem kurzen Zeitraum der Betätigung eine intensive Beteiligung am Marktgeschehen stattfindet.[2]

6.30 Differenziert wird nur bei den **Steuersätzen**: Im Rahmen der Gemeinnützigkeit unterliegen die umsatzsteuerbaren und -pflichtigen Lieferungen und Leistungen regelmäßig dem ermäßigten Umsatzsteuersatz von 7 %, § 12 Abs. 2 Nr. 8 Buchst. a) Satz 1 UStG. Werden die Lieferungen und Leistungen innerhalb eines wirtschaftlichen Geschäftsbetriebs erbracht, findet demgegenüber der allgemeine Steuersatz von 19 % Anwendung, § 12 Abs. 2 Nr. 8 Buchst. a) Satz 2 UStG. Schließen sich mehrere gemeinnützige Körperschaften – z.B. im Rahmen eines nicht rechtsfähigen Vereins – zu einer nicht rechtsfähigen Personenvereinigung bzw. einem Verband zusammen, unterliegt diese Vereinigung nach § 12 Abs. 2 Nr. 8 Buchst. b) UStG mit ihren Leistungen dem ermäßigten Umsatzsteuersatz, wenn die Leistungen bei den einzelnen Körperschaften – hätten sie die Leistungen selbst ausgeführt – gleichfalls der Steuerermäßigung unterlägen.

6.31 Eine **Einschränkung** des Anwendungsbereichs des ermäßigten Steuersatzes gilt nach § 12 Abs. 2 Nr. 8 Buchst. a) Satz 3 UStG für Leistungen, die in erster Linie der Erzielung zusätzlicher Einnahmen durch die Ausführung von Umsätzen dienen, die in unmittelbarem Wettbewerb mit dem allgemeinen Steuersatz unterliegenden Leistungen anderer Unternehmer ausgeführt werden, oder wenn die Körperschaft mit den Leistungen ihrer in den §§ 66 bis 68 AO bezeichneten Zweckbetriebe ihre steuerbegünstigten satzungsgemäßen Zwecke selbst verwirklicht.

6.32 Weiter gilt die **Kleinunternehmergrenze** des § 19 UStG.

6.33 Auch für die Prüfung, ob **umsatzsteuerpflichtige Lieferungen oder Leistungen** vorliegen, gelten die allgemeinen Grundsätze. Leistungen, durch die der Abnehmer befähigt wird, im eigenen Namen über einen Gegenstand zu verfügen, unterliegen als Lieferungen i.S.d. § 3 Abs. 1 UStG, alle anderen Leistungen als sonstige Leistungen nach § 3 Abs. 9 UStG der

---

1 Dauer und Intensität der Tätigkeit, planmäßige, wiederholte Ausübung, Auftreten am Markt.
2 BFH v. 27.10.1993 – XI R 86/90, BStBl. II 1994, 274.

Umsatzsteuer. So unterliegen der Verkauf von Speisen und Getränken in der Vereinsgaststätte als Lieferung, sportliche Veranstaltungen und das Dulden von Werbemaßnahmen gegen Entgelt als sonstige Leistungen der Umsatzsteuer.

Erbringt die NPO umsatzsteuerbare Lieferungen oder Leistungen, können diese nach Maßgabe des § 4 UStG **umsatzsteuerbefreit** sein. Greift ein Befreiungstatbestand, ist allerdings auch dies nicht nur mit Privilegien, sondern auch mit steuerlichen Risiken verbunden: Die Organisation verliert durch die Befreiung ihr **Vorsteuerabzugsrecht**, § 15 Abs. 2 Nr. 1 UStG. 6.34

Zu den **besonderen Risiken** im Bereich der Umsatzsteuer (Rz. 2.63, Rz. 2.95 ff.). 6.35

5. Erbschaft- und Schenkungsteuer

Der Vermögensübergang auf eine NPO im Wege der Schenkung oder Erbschaft unterliegt der Erbschaft- und Schenkungsteuer. Auch hier gelten die **allgemeinen Grundsätze**. 6.36

Zuwendungen an den ideellen Bereich von **gemeinnützigen Körperschaften** sind nach § 13 Abs. 1 Nr. 16 Buchst. b) ErbStG erbschaft- und schenkungsteuerbefreit. Die Befreiung gilt auch für die Übertragung an nicht rechtsfähige Körperschaften.[1] Die Erbschaft- und Schenkungsteuerbefreiung gilt nicht, wenn die Zuwendung in den wirtschaftlichen Geschäftsbetrieb der gemeinnützigen Körperschaft geflossen ist. Für Zuwendungen an einen Zweckbetrieb (§ 65 ff. AO) ist die Befreiung anwendbar. Nach § 13 Abs. 1 Nr. 17 ErbStG bleiben Zuwendungen steuerfrei, die ausschließlich kirchlichen, gemeinnützigen oder mildtätigen Zwecken gewidmet sind, sofern die Verwendung zu dem bestimmen Zweck gesichert ist. Der Anwendungsbereich der Vorschrift ist nicht allein auf Zweckzuwendungen i.S.v. § 8 ErbStG beschränkt.[2] Die Finanzverwaltung will die Erbschaft- und Schenkungsteuerbefreiung nicht anwenden, wenn die Körperschaft lediglich als Vorerbin einer nicht gemeinnützigen (z.B. natürlichen) Person eingesetzt wird.[3] Dies ist weder mit dem Gesetzestatbestand zu vereinbaren[4] noch steuersystematisch gerechtfertigt oder erforderlich, da der Nacherbfall selbst ein steuerbarer Vorgang (§§ 1 Abs. 1 Nr. 1, 6 ErbStG) ist. 6.37

Greift kein Befreiungstatbestand, ist **Steuerschuldner** beim Erwerb von Todes wegen die erwerbende Körperschaft. Bei der Schenkung unter Lebenden schulden Schenker und beschenkte Körperschaft die Steuer nebeneinander (§ 20 Abs. 1 ErbStG). Allgemein zur Tax Compliance der Erbschaft- und Schenkungsteuer s. Rz. 2.267 ff. Zu speziellen Schenkungsteuerrisiken für NPO (Rz. 6.88 ff.). 6.38

---
1 Siehe z.B. OFD München v. 7.3.2003 – S 3840 - 5 St 353, ZEV 2003, 239.
2 BFH v. 4.9.1996 – II R 21/95, BFH/NV 1997, 231.
3 FinMin. Bayern v. 12.11.2003 – 34 - S 3812 - 044 - 37478/03, ZEV 2004, 65.
4 Siehe auch *Söffing/Thoma*, BB 2004, 855.

6. Grunderwerbsteuer

6.39 Die Grunderwerbsteuer ist für NPO risikoanfällig. Auch hier gelten die **allgemeinen Grundsätze**. Ein besonderer Befreiungstatbestand für steuerbegünstigte Körperschaften existiert nicht.

6.40 Häufig übersehen wird, dass Grunderwerbsteuer auch bei **Umwandlungen und Umstrukturierungen** entstehen kann. Dies gilt insbesondere dann, wenn Vermögensbestandteile (z.B. Immobilien) auf neue Rechtsträger übertragen werden und der übernehmende Rechtsträger im Zuge der Übertragung bestehende Verbindlichkeiten (z.B. Bankdarlehen) übernimmt.

6.41 Bei der Stiftung von Todes wegen fällt keine Grunderwerbsteuer an (§§ 1 Abs. 1 Nr. 3 Satz 1, 3 Nr. 2 Satz 1 GrEStG). Unterliegt die Vermögensübertragung der **Schenkungsteuer** (Rz. 6.36), ist sie von der **Grunderwerbsteuer befreit** (§ 3 Nr. 2 Satz 1 GrEStG). Dies gilt auch dann, wenn – z.B. aufgrund Gemeinnützigkeit, vgl. § 13 Abs. 1 Nr. 16 Buchst. b) ErbStG – keine Schenkungsteuer erhoben wird.

6.42 Erfolgt die Schenkung unter **Auflagen**, ist sie mit Verbindlichkeiten (z.B. Darlehen) belastet, fällt aufgrund der (Teil-)Entgeltlichkeit Grunderwerbsteuer an (vgl. auch § 3 Nr. 2 Satz 2 GrEStG). Dies gilt auch dann, wenn die Körperschaft gemeinnützig ist.

6.43 Allgemein zu Tax Compliance und **Grunderwerbsteuer** s. Rz. 2.312 ff.

7. Gemeinnützigkeitsrecht

a) Grundlagen

6.44 Die Besteuerung von NPO ist sehr stark durch das Gemeinnützigkeitsrecht geprägt. Die Mehrzahl der hier in Rede stehenden Organisationen nimmt **steuerliche Privilegien der Gemeinnützigkeit** (Rz. 6.1 ff., Rz. 6.27 ff. und Rz. 6.36 f., §§ 5 Abs. 1 Nr. 9 KStG, 12 Abs. 2 Nr. 8 UStG, 13 Abs. 1 Nr. 16 Buchst. b ErbStG) für sich in Anspruch. Die Gemeinnützigkeit bestimmt sich nach §§ 51 ff. AO; Definition und Katalog in § 52 AO. Die Voraussetzungen der Gemeinnützigkeit müssen bei der Körperschaft selbst gegeben sein. Die Gemeinnützigkeit eines Trägers, eines beherrschenden Anteilseigners, des zivilrechtlichen Treuhänders oder der öffentlich-rechtlichen Körperschaft ist nicht ausreichend.

b) Gemeinnützige Tätigkeiten, Satzung

6.45 Eine Körperschaft verfolgt **gemeinnützige Zwecke**, wenn ihre Tätigkeit darauf gerichtet ist, die Allgemeinheit auf materiellem, geistigem oder sittlichem Gebiet selbstlos zu fördern, § 52 Abs. 1 Satz 1 AO. Die gemeinnützigen Zwecke sind in § 52 Abs. 2 AO aufgezählt.

6.46 Eine Förderung der Allgemeinheit liegt nicht vor, wenn der Kreis der profitierenden Personen fest abgeschlossen oder so begrenzt ist, dass er dauerhaft nur klein sein kann, § 52 Abs. 1 Satz 2 AO. Das Gesetz nennt beispielhaft eine Begrenzung auf Familien- oder Unternehmensangehörige bzw. nach räumlichen oder beruflichen Merkmalen. Die Förderung von **Sonderinteressen** oder exklusiver Kreise ist nicht steuerbegünstigt.[1] Durch § 52 Abs. 1 Satz 2 AO werden Eingrenzungen nicht generell ausgeschlossen.[2] Auch eine gemeinnützige Körperschaft darf (und muss häufig) den Kreis der Zugangsberechtigten in sachlicher, regionaler, beruflicher oder persönlicher Hinsicht begrenzen.[3] Ausreichend ist, wenn der Kreis der Profitierenden einen Ausschnitt aus der Allgemeinheit darstellt.[4] **Unternehmensnahe Körperschaften** (z.B. Betriebssportverein, Betriebskindergarten) können gemeinnützig sein, wenn durch Satzung und Geschäftsführung auch Unternehmensfremden der Zugang ermöglicht wird.

Die Steuervergünstigung wird gewährt, wenn sich die ausschließliche und unmittelbare Verfolgung der gemeinnützigen Zwecke aus der **Satzung** ergibt, § 59 AO. Die Satzungszwecke und ihre Verwirklichung müssen dort so genau beschrieben sein, dass die satzungsmäßigen Voraussetzungen für die Steuervergünstigung überprüft werden können (§ 60 Abs. 1 AO). Der Gesetzgeber erwartet die Verwendung von Musterformulierungen, § 60 Satz 2 i.V.m. Anlage 1 der AO. 6.47

Die satzungsmäßige Gemeinnützigkeit wird von der Finanzbehörde als Feststellungsbescheid bestätigt, § 60a AO. Er bietet der Körperschaft Sicherheit, damit die Gemeinnützigkeit nicht bereits aus formellen Gründen gefährdet ist. 6.48

c) Verfahren

aa) Gründungsphase

In der Gründungsphase (d.h. vor dem eigentlichen Gründungsakt der Körperschaft) ist eine (Satzungs-)Überprüfung weder in Gesetz noch Verwaltungsanweisungen vorgesehen. Der (empfehlenswerten) Praxis entspricht es jedoch, den **Satzungsentwurf** dem zuständigen (Körperschaftsteuer-)Finanzamt zur Prüfung einzureichen. Auf diese Weise können mit der Finanzbehörde bereits im Vorfeld Unklarheiten bereinigt und ggf. Anpassungen vorgenommen werden, um den umständlichen Weg der späteren Satzungsänderung zu vermeiden. Die Stellungnahme der Finanzbehörde ist in diesem Stadium regelmäßig eine unverbindliche Auskunft, auf die kein Rechtsanspruch besteht. Dennoch verläuft die Abstimmung im Regelfall kooperativ und schafft Satzungssicherheit. 6.49

---

1 BFH v. 26.1.1973 – III R 40/72, BStBl. II 1973, 430; v. 13.12.1978 – I R 39/78, BStBl. II 1979, 482.
2 Siehe auch *Schleder*, Steuerrecht der Vereine[9], Rz. 103.
3 *Wallenhorst* in Wallenhorst/Halaczinsky, Besteuerung gemeinnütziger Vereine, Stiftungen und der juristischen Personen des öffentlichen Rechts[6], D. Rz. 37.
4 Siehe auch *Buchna*, Gemeinnützigkeit im Steuerrecht[9], 49.

bb) Nach der Gründung

6.50 Bei neu gegründeten Körperschaften erteilt das zuständige Finanzamt auf Antrag zunächst den Feststellungsbescheid gem. § 60a AO. Die neu gegründete Körperschaft ist damit zur Entgegennahme von Spenden berechtigt. Die „Erteilung" der Gemeinnützigkeit erfolgt nicht in einem gesonderten Verfahren. Es erfolgt keine einmalige, isolierte „Anerkennung" als gemeinnützige Körperschaft. Die Entscheidung darüber, ob die Voraussetzungen der Steuerbefreiung vorliegen, wird in dem **Veranlagungsverfahren** für die jeweilige Steuer und den jeweiligen Veranlagungszeitraum gefällt.[1] Die Entscheidung, ob z.B. eine Körperschaft im Jahr 01 gemeinnützig und damit steuerbefreit ist, ergeht also im Körperschaftsteuerbescheid des Jahres 01, die Entscheidung über die Gemeinnützigkeit im Jahr 02 im Körperschaftsteuerbescheid 02 usw.

6.51 Die Gemeinnützigkeit kann auch durch einen steuerlichen **Freistellungsbescheid** (§ 155 Abs. 1 Satz 3 AO) ergehen, der an die Stelle der vorläufigen Bescheinigung tritt. Der Freistellungsbescheid ist Steuerbescheid (s. § 155 AO) und regelt verbindlich die Freistellung von der Steuerfestsetzung. Er ist kein Grundlagenbescheid i.S.d. § 171 Abs. 10 AO, aber dennoch auch für andere Steuerarten maßgebend.[2] Die Freistellung wird spätestens alle drei Jahre von Amts wegen überprüft (AEAO zu § 59 Rz. 7).

cc) Erhaltung der Gemeinnützigkeit und laufende Veranlagung

6.52 Die Befreiungsvoraussetzungen müssen während des **gesamten Veranlagungszeitraums** vorliegen (vgl. §§ 60 Abs. 2 Satz 2, 63 Abs. 2 AO). Bei abweichendem Wirtschaftsjahr ist dieses maßgebend.[3] Besteht partielle **Steuerpflicht** im wirtschaftlichen Geschäftsbetrieb (Rz. 6.54, Rz. 6.96 ff.), erfolgt die Veranlagung mit **Körperschaftsteuerbescheid**. Ein ergänzender Freistellungsbescheid für den gemeinnützigen Bereich ergeht nicht.

dd) Versagung der Gemeinnützigkeit

6.53 Wird die Gemeinnützigkeit versagt, hat dies den **Verlust der Steuerbefreiung** für die betroffenen Jahre zur Folge. Werden die Gemeinnützigkeitsregeln verletzt, kann die Körperschaft die Gemeinnützigkeit mit zehnjähriger Rückwirkung verlieren, vgl. §§ 61 Abs. 3, 63 Abs. 2 AO. Will die Finanzbehörde die steuerliche Veranlagung der gemeinnützigen Körperschaft aufgrund einer Versagung der Gemeinnützigkeit ändern, unterliegt dies grundsätzlich den Änderungs- und Verjährungsregeln der Abgabenordnung. Für die rückwirkende Versagung nach § 61 Abs. 3 Satz 2 AO sind die Regeln der Festsetzungsverjährung allerdings insoweit außer Kraft gesetzt, als eine Änderung als rückwirkendes Ereignis i.S.d. § 175

---

1 BFH v. 7.5.1986 – I B 58/85, BStBl. II 1986, 677.
2 S. *Buchna/Leichinger/Seeger/Brox*, Gemeinnützigkeit im Steuerrecht[9], S. 378 ff.; *Wachter*, ZEV 2003, 46.
3 OFD Frankfurt/M. v. 20.6.2005 – S 0170 A -17 - St II 1.03, DB 2005, 1547.

Abs. 1 Satz 1 Nr. 2 AO erfolgt: Nach § 175 Abs. 1 Satz 2 AO beginnt die Festsetzungsfrist in diesem Fall erst mit Ablauf des Kalenderjahrs, in dem das Ereignis eintritt. Die auf zehn Jahre rückwirkende Änderung kann somit regelmäßig auch dann vorgenommen werden, wenn reguläre Festsetzungsverjährung nach §§ 169 ff. AO bereits eingetreten ist. Insbesondere muss die Finanzbehörde zu einer Änderung von Altjahren nicht auf die Festsetzungsverjährung wegen Steuerhinterziehung (§ 169 Abs. 2 Satz 2 AO) zurückgreifen.

d) Einnahmesphären

Für die steuerliche Beurteilung der gemeinnützigen Körperschaften ist zwischen **vier Einnahmesphären** zu unterscheiden: 6.54

1. Die Einnahmen der Körperschaft aus Spenden und öffentlichen Zuschüssen fallen in ihren **ideellen Bereich**. Dieser Bereich ist ertragsteuerfrei. Auch Umsatzsteuer fällt mangels unternehmerischer Tätigkeit nicht an.
2. Die **Vermögensverwaltung** der gemeinnützigen Körperschaft ist ertragsteuerfrei. Sie liegt nach § 14 Abs. 1 Satz 3 AO i.d.R. dann vor, wenn Vermögen genutzt, z.B. Kapitalvermögen verzinst oder unbewegliches Vermögen vermietet oder verpachtet wird. Die Leistungen in diesem Bereich sind häufig im Rahmen des § 4 UStG auch umsatzsteuerbefreit. Greift keine Befreiung nach § 4 UStG, besteht Umsatzsteuerpflicht.
3. Gemeinnützige Körperschaften, die grundsätzlich befreit sind, sind mit ihrem **wirtschaftlichen Geschäftsbetrieb** ertragsteuerpflichtig, § 5 Abs. 1 Nr. 9 Satz 2 KStG, §§ 64 Abs. 1, 14 AO. Regelmäßig fällt auch Umsatzsteuer zum Regelsteuersatz an. Der wirtschaftliche Geschäftsbetrieb ist kein eigenständiges Steuersubjekt, sondern Bestandteil der gemeinnützigen Körperschaft. Steuersubjekt bleibt allein die Körperschaft, die innerhalb des Geschäftsbetriebs der (partiellen) Steuerpflicht unterliegt. Die Steuerfreiheit des übrigen gemeinnützigen Bereichs bleibt unberührt.
4. Bestimmte wirtschaftliche Geschäftsbetriebe der gemeinnützigen Körperschaft können wiederum als **Zweckbetriebe** ertragsteuerbefreit sein. Dies sind solche wirtschaftlichen Geschäftsbetriebe, die die Kriterien der §§ 65 ff. AO erfüllen und derart die gemeinnützige Tätigkeit bedingen und unterstützen, dass auch auf sie die Steuerbefreiung Anwendung findet. Zweckbetriebe können im Rahmen von § 4 UStG umsatzsteuerbefreit, ansonsten nach § 12 Abs. 2 Nr. 8 Buchst. a) Satz 3 UStG sowohl mit dem ermäßigten als auch dem Regelsteuersatz umsatzsteuerpflichtig sein.

Innerhalb der **Systematik** ist entscheidend, dass auch der Zweckbetrieb grundsätzlich ein wirtschaftlicher Geschäftsbetrieb ist. Zu prüfen ist zunächst, ob ein wirtschaftlicher Geschäftsbetrieb vorliegt, sodann, ob er als Zweckbetrieb steuerbefreit sein kann. Liegen die Bedingungen des wirt- 6.55

schaftlichen Geschäftsbetriebs nicht vor, müssen die Bedingungen des Zweckbetriebs nicht weiter geprüft werden.

e) Geschäftsführung, Vermögensbindung und Mittelverwendung

6.56 Dass die Satzung i.d.R. den Gemeinnützigkeitsanforderungen entspricht (§ 60 AO), ist fast selbstverständlich. Übersehen wird häufig, dass auch die **tatsächliche Geschäftsführung** die gemeinnützigen Zwecke realisieren muss, § 63 AO. Geschieht dies nicht, kann die Gemeinnützigkeit mit zehnjähriger Rückwirkung versagt werden, §§ 61 Abs. 3, 63 Abs. 2 AO. Die tatsächliche Geschäftsführung muss insbesondere auch den Satzungsbestimmungen entsprechen, § 63 Abs. 1 Halbs. 2 AO. Dementsprechend ist auch die Verfolgung von für sich genommen gemeinnützigen, aber satzungsfremden Zwecken schädlich.

6.57 Für die **Buchführungs-** und Aufzeichnungspflichten von steuerbefreiten Körperschaften gelten die allgemeinen Grundsätze (§§ 140 ff. AO). Daneben kann der Umfang eines wirtschaftlichen Geschäftsbetriebs dazu führen, dass eine nach kaufmännischen Gesichtspunkten erstellte Buchführung einzurichten ist (§§ 238 ff. HGB, 140 AO).[1]

6.58 Bei der Einnahmen-/Überschussrechnung einer steuerbefreiten Körperschaft sollten die einzelnen steuerpflichtigen und steuerbefreiten **Bereiche getrennt voneinander** dargestellt werden, d.h. nach ideellem Bereich, Vermögensverwaltung, wirtschaftlichen Geschäfts- und Zweckbetrieben.

6.59 Die Verfolgung gemeinnütziger Zwecke muss selbstlos erfolgen, § 52 Abs. 1 Satz 1 AO. Hierzu ist nach § 55 Abs. 1 AO erforderlich, dass die Förderung der Allgemeinheit nicht in erster Linie zu eigenwirtschaftlichen Zwecken erfolgt. Insbesondere dürfen die **Mittel der Körperschaft nur für die satzungsmäßigen Zwecke** verwendet werden, § 55 Abs. 1 Nr. 1 Satz 1 AO.

6.60 Der Begriff der gemeinnützig gebundenen „Mittel" nach § 55 Abs. 1 Nr. 1 AO erfasst nicht nur die Einnahmen i.S.d. § 8 EStG, sondern **sämtliche Vermögenswerte** der Körperschaft.[2] Es sind also auch die Gewinne der Körperschaft aus wirtschaftlichem Geschäftsbetrieb und Zweckbetrieb von der Vermögensbindung erfasst.[3] Nicht vom Mittelverwendungsgebot umfasst sind angeordnete Vermächtnisse oder vor der Vermögensübertragung angeordnete Nießbrauchsrechte oder sonstige Belange.[4] Allerdings ist sicherzustellen, dass der Körperschaft an der Zuwendung nach Erfüllung der Verpflichtungen bzw. Belastungen noch ausreichend Erträge oder

---

[1] Hierzu *Kümpel*, DStR 1999, 1505 (1509); *Galli*, DStR 1998, 263.
[2] BFH v. 23.10.1991 – I R 19/91, BStBl. II 1992, 62.
[3] Siehe nur BFH v. 15.7.1998 – I R 156/94, BStBl. II 2002, 162 = FR 1998, 1089; AEAO zu § 55 Rz. 3 Satz 2.
[4] AEAO zu § 55 Rz. 12 und 14 und zu § 58 Rz. 5 Satz 7; s. auch BFH v. 21.1.1998 – II R 16/95, BStBl. II 1998, 758.

Vermögenswerte verbleiben, um die satzungsmäßigen Zwecke zu erfüllen.[1]

Das gesetzliche Gebot zur satzungsmäßigen, gemeinnützigen Mittelverwendung (§ 55 Abs. 1 Nr. 1 AO) führt nicht nur zu einem Mittelverwendungsverbot für andere, nicht steuerbegünstigte Zwecke. Es schließt darüber hinaus mit ein, dass die Mittel der Körperschaft nicht thesauriert, sondern fast **zeitnah verwendet** werden müssen.[2] Die Mittel müssen möglichst umgehend dem gemeinnützigen Zweck zugeführt werden. Die gemeinnützige Körperschaft hat die Pflicht, die Mittel spätestens in dem auf den Zufluss folgenden Kalender- oder Wirtschaftsjahr für die steuerbegünstigten satzungsmäßigen Zwecke zu verwenden, § 55 Abs. 1 Nr. 5 Satz 3 AO.

6.61

III. Risikobereiche

1. Steuersubjekte

a) Abgrenzung des nicht rechtsfähigen Vereins

Bei nicht rechtsfähigen Vereinen kann die **Abgrenzung zur GbR** Probleme bereiten. Dies gilt insbesondere dann, wenn die Mitglieder von vornherein auf einen bestimmten Kreis begrenzt sind, freie Ein- und Austritte nicht ohne Weiteres möglich sind. Der „Verein" ist tatsächlich GbR, seine Einkünfte werden auf die „Mitglieder" verteilt und unmittelbar dort besteuert. Die Körperschaftsteuerpflicht entfällt (s. auch § 3 Abs. 1 KStG), die Vorteile einer evtl. Gemeinnützigkeit können nicht genutzt werden.

6.62

Wesentlich ist, wer wirtschaftlich als **Vermögensträger** anzusehen ist. Bei Vereinen überwiegt die Eigenständigkeit des Vermögens gegenüber den Individualrechten des Einzelnen.[3] Ist die Besteuerung als Körperschaft gewollt, muss eine entsprechende körperschaftliche Organisation dargelegt werden. **Kriterien** sind vereinstypische Satzung und Organe (Vorstand, Mitgliederversammlung), Vereinsname, fehlende Abfindungsansprüche im Falle des Ausscheidens, freier Ein- und Austritt und vor allem die Unabhängigkeit des Vereinsbestehens vom Mitgliederwechsel.[4]

6.63

b) Untergliederungen

In anderen Fällen ist die Annahme eines nicht rechtsfähigen Vereins für die Finanzverwaltung der Anlass, Tätigkeiten aus dem **steuerbefreiten Bereich herauszulösen** und der Besteuerung zu unterwerfen. Veranstaltet

6.64

---

1 *Möller*, DStR 2000, 1289 (1291).
2 Siehe nur BFH v. 13.9.1989 – I R 19/85, BStBl. II 1990, 28; *Wallenhorst* in Wallenhorst/Halaczinsky, Die Besteuerung gemeinnütziger Vereine, Stiftungen und der juristischen Personen des öffentlichen Rechts[6], C. Rz. 38.
3 *Streck* in Streck, KStG[8], § 1 Rz. 40.
4 Einzelfallübersicht bei *Streck* in Streck, KStG[8], § 3 Rz. 3.

z.B. eine Ortsgruppe der Feuerwehr ein Sommerfest, das finanziell nicht aus der Gemeinde-, sondern über eine gesondert geführte Kasse abgewickelt wird, können die hieraus erzielten Einnahmen für die Löschgruppe als nicht rechtsfähiger Verein steuerpflichtig werden.[1] **Untergliederungen von Großvereinen** sind grds. keine selbständigen Steuersubjekte, vgl. § 51 Satz 3 AO. Ab einer gewissen Verselbständigung können sie jedoch ihrerseits nicht rechtsfähige Vereine bilden, deren Einkünfte dann der Besteuerung unterworfen werden. Entscheidendes Kriterium für die Finanzverwaltung ist auch hier, ob die Untergliederung organisatorisch verselbständigt ist und eigenes Vermögen hält, das dem Zugriff des (Haupt-)Vereins entzogen ist.

c) Kooperationen, Gemeinschaften, Joint Ventures

6.65 Fehler und Unklarheiten in der steuerlichen Behandlung können auch bei **gemeinsamen Veranstaltungen** oder Projekten von mehreren Rechtsträgern auftreten: Veranstalten z.B. zwei Vereine eine gemeinsame Ausstellung, kann hierdurch – i.d.R. in der Rechtsform der GbR – ein gesondertes Steuersubjekt entstehen. Entscheidend für die steuerliche Beurteilung ist, ob sich der Zusammenschluss auf eine bloße Innengesellschaft beschränkt oder die Veranstaltungsgemeinschaft auch nach außen eigenständig in Erscheinung tritt.

Beispiel:

Die Vereine A und B richten gemeinsam ein Sportfest aus. Treten die beiden Vereine als „Veranstaltungs-GbR" auf, sind die bei der Veranstaltung erzielten Einnahmen einheitlich und gesondert festzustellen (§ 180 AO). Vor allem aber wird die Gemeinschaft zum eigenständigen Umsatzsteuersubjekt. Werden die Eingangsrechnungen für die Veranstaltungskosten nicht ebenfalls auf die Gemeinschaft ausgestellt, kann schon aufgrund der fehlenden ordnungsgemäßen Bezeichnung des Leistungsempfängers der Vorsteuerabzug versagt werden (§ 15 UStG).

6.66 Das Entstehen unerwünschter Steuersubjekte kann vermieden werden, indem sich die Gemeinschaft auf eine bloße **Innengesellschaft** beschränkt und beim Außenauftritt darauf geachtet wird, dass die Eigenständigkeit der Rechtsträger erhalten bleibt.

d) Stiftung in der Gründungsphase

6.67 Die Körperschaftsteuerpflicht der Stiftung zu Lebzeiten beginnt nach Auffassung der Finanzverwaltung bei rechtsfähigen Stiftungen mit der staatlichen Anerkennung (R 2 Abs. 4 KStR), bei nicht rechtsfähigen Stiftungen mit der „Errichtung, Feststellung der Satzung oder Aufnahme einer geschäftlichen Tätigkeit" (R 2 Abs. 4 KStR). Bei der **rechtsfähigen Stiftung** stellt sich damit die Frage der Besteuerung des Stiftungsvermögens im Stadium zwischen Gründung und Anerkennung. Dies ist vor allem für die Frage relevant, ab welchem Zeitpunkt die Vorteile der Gemeinnützigkeit genutzt werden können. Da die herrschende Ansicht die Existenz ei-

---

[1] Vgl. BFH v. 18.12.1996 – I R 16/96, BStBl. II 1997, 361 f. = FR 1997, 385.

ner Vorstiftung ablehnt, ist u.E. bis zum Abschluss des Anerkennungsverfahrens das Stiftungsvermögen als ein **Zweckvermögen**[1] (§ 1 Abs. 1 Nr. 5 KStG) als Steuersubjekt anzusehen, wenn sich der Stifter vertraglich unwiderruflich seines Vermögens entäußert und seine Verfügungsbefugnis nach Maßgabe der Stiftungssatzung eingeschränkt hat.[2] Die Errichtung eines gesonderten Kontos reicht hierfür allerdings noch nicht aus.[3] Mit ihrer Anerkennung ist die Stiftung Körperschaftsteuersubjekt. In Zweifelsfällen sollte die **Abstimmung mit der Finanzverwaltung** gesucht werden.

2. Mitgliedsbeiträge

a) Ertragsteuerliche Behandlung

Mitgliedsbeiträge sind keine steuerpflichtigen Einnahmen, § 8 Abs. 5 KStG. Freigestellt sind satzungsgemäß, nicht freiwillig erhobene Beiträge, die **ohne Rücksicht auf eine Gegenleistung** gezahlt werden.[4] Die Beiträge müssen in der Satzung festgelegt oder durch die zuständigen Vereinsorgane beschlossen werden. Ist der Beitrag offenes oder verdecktes Entgelt für eine bestimmte Leistung des Vereins an seine Mitglieder, entfällt die Steuerfreiheit.[5] Abzustellen ist darauf, ob den Beiträgen eine konkrete Gegenleistung zuzuordnen ist, die im Hinblick auf die Zahlung der Mitgliedsbeiträge erfolgte.[6]

6.68

Die Rechtsprechung unterscheidet hierbei zwischen steuerunschädlichen Vereinsleistungen, die im Allgemeininteresse der Mitglieder stehen, und anderen, entgeltlichen Leistungen, die im Sonderinteresse einzelner Mitglieder erbracht werden.[7] Letztes wird insbesondere dann angenommen, wenn der Beitrag nach dem individuellen Vorteil des Mitglieds bemessen wird.[8]

6.69

Die **Gefahr der Entgeltlichkeit** besteht vor allem dann, wenn bestimmte Vereinsleistungen bei der Bemessung der Mitgliedsbeiträge berücksichtigt werden.[9] Staffelbeiträge, bei denen die Beitragshöhe vom individuellen Leistungsbezug des Mitglieds abhängig ist, indizieren (Teil-)Entgeltlichkeit und damit (teilweise) Steuerpflicht des Beitrags. Wesentliches Indiz für die Annahme „echter" (steuerfreier) Mitgliedsbeiträge ist dementspre-

6.70

---

1 Grundlegend *Streck*, StuW 1975, 135.
2 Ebenso *Wachter*, ZEV 2003, 445 (447).
3 Siehe hierzu FG Köln v. 12.5.1999 – 1 K 1996/97, EFG 1999, 834; *Streck* in Streck, KStG[7], § 1 Rz. 20.
4 *Schwedhelm* in Streck, KStG[8], § 8 Rz. 461.
5 R 42 Abs. 2 KStR; BFH v. 28.6.1989 – I R 86/85, BStBl. II 1990, 550 = FR 1989, 693; v. 16.11.1954 – I 114/53 U, BStBl. III 1955, 12.
6 BFH v. 18.12.2002 – I R 60/01, BFH/NV 2003, 1025 (1027).
7 So BFH v. 29.8.1973 – I R 234/71, BStBl. II 1974, 60 (62); v. 20.12.1984 – V R 25/76, BStBl. II 1984, 176, zur USt; FG Berlin v. 11.9.2000 – 8 K 8516/97, rkr., EFG 2001, 104 (105); FG BW v. 19.12.1990 – 3 K 7/87, EFG 1992, 766.
8 BFH v. 21.4.1993 – XI R 84/90, BFH/NV 1994, 60; FG München v. 28.5.1999 – 7 K 1332/95, EFG 1999, 1096 (1098).
9 Vgl. BFH v. 18.12.2002 – I R 60/01, BFH/NV 2003, 1025 (1027).

chend die gleichmäßige Erhebung nach einem für alle Mitglieder verbindlichen Bemessungsmaßstab. Die Differenzierung nach persönlichen Kriterien (z.B. Alter, Einkommen, Familienstatus, Betriebsgröße) ist unschädlich. Im Ausnahmefall nehmen Rechtsprechung und Finanzverwaltung aber auch bei gleichmäßiger Beitragszahlung Entgeltlichkeit an, wenn sich die Vereinstätigkeit im Wesentlichen darin erschöpft, den **Mitgliedern** gegen Beitragszahlungen **individuelle Leistungen** zukommen zu lassen.[1]

6.71 Liegt Entgeltlichkeit vor, führt dies – entgegen häufiger Finanzverwaltungspraxis – nicht automatisch zur vollen Steuerpflicht des Mitgliedsbeitrags. In der Regel verbleiben nicht steuerbare Allgemeinleistungen. Ist der Beitrag also nur teilweise Gegenleistung, ist eine **Aufteilung** – meist im Schätzungswege – erforderlich.[2]

6.72 **Beispiele** aus Rechtsprechung und Beratungspraxis:
- Die kostenlose Ausgabe einer **Vereinszeitung** und anderer Druckerzeugnisse ist überraschend häufig Anlass für die Finanzverwaltung, die (teilweise) Entgeltlichkeit der Mitgliedsbeiträge anzunehmen. Dies insbesondere dann, wenn sie besonders hochwertig gestaltet ist oder Fachliteratur darstellt, die im freien Handel gegen Entgelt erworben werden müsste.[3] Bei Berichterstattung über das allgemeine Vereinsleben liegt aber keine Entgeltlichkeit vor. Die Finanzverwaltung muss darlegen, dass die Ausgabe der Zeitschrift bei der Bemessung des Mitgliedsbeitrags einbezogen wurde.[4]
- Überlassung der Stallanlagen eines **Reitvereins** gegen höhere Mitgliedsbeiträge führt zur Steuerpflicht des gezahlten Mehrbetrags.
- Nach Größe des Bootes gestaffelte Beiträge an einen **Bootsverein** für die Bereitstellung der Liegeplätze sind steuerpflichtig.[5]
- Beiträge zu **Lohnsteuerhilfevereinen** sind regelmäßig entgeltlich.[6]
- Mitgliedsbeiträge zu einer **Tierpension** sind steuerpflichtig, wenn sich die Vereinstätigkeit letztlich darin erschöpft, den zahlenden Mitgliedern die Beaufsichtigung und Pflege ihrer Haustiere abzunehmen.
- Kostenlose **Rechtsberatung** und Prozessvertretung kann zur partiellen Steuerpflicht führen.[7]
- Vermittlung von **Versicherungsschutz**.[8]

---

[1] Siehe z.B. BFH v. 9.5.1974 – V R 128/71, BStBl. II 1974, 530, zu Lohnsteuerhilfevereinen.
[2] BFH v. 5.6.1953 – I 104/52 U, BStBl. II 1953, 212; v. 9.2.1965 – I 25/63 U, BStBl. III 1965, 294.
[3] Siehe Abschn. 4 Abs. 6 UStR; FG Düsseldorf v. 12.2.1969 – VII 477-482/66 U, EFG 1969, 432.
[4] BFH v. 18.12.2002 – I R 60/01, BFH/NV 2003, 1025 (1027).
[5] BFH v. 23.1.2001 – V B 129/00, BFH/NV 2001, 940, zur USt.
[6] BFH v. 29.8.1973 – I R 234/71, BStBl. II 1974, 60.
[7] FG Berlin v. 11.9.2000 – 8 K 8516/97, rkr., EFG 2001, 104.
[8] FG Berlin v. 11.9.2000 – 8 K 8516/97, rkr., EFG 2001, 104.

– Allein die preisgünstige Ausgabe von **Speisen** und Getränken an Mitglieder führt nicht zur Steuerpflicht des Mitgliedsbeitrags.[1]
– Beschränkt sich die Vereinstätigkeit auf die Vermittlung von preisgünstigen **Reisen** und zinsgünstigen **Darlehen**, ist der gesamte Beitrag steuerpflichtiges Entgelt.[2]
– Erschöpft sich die Vereinstätigkeit in gemeinsamer **Werbung** und **PR-Arbeit** für einen überschaubaren Mitgliederkreis, kann (teilweise) Entgeltlichkeit gegeben sein.[3]
– Zu Haus- und Grundeigentümervereinen, Mieter-, Tierzucht- oder Fremdenverkehrsvereinen s. R 43, 44 KStR.

Die Beispiele und Richtlinien sind für die Praxis **nicht zwingend**. Maßgebend ist stets der Einzelfall.

b) Umsatzsteuer

Auch umsatzsteuerlich sind Mitgliedsbeiträge nach **bisheriger Rechtsprechung und Verwaltungspraxis** nicht steuerbar, wenn sie vom Verein lediglich zur Erfüllung seines satzungsmäßigen Gemeinschaftszwecks und der allgemeinen Belange der Mitglieder vereinnahmt werden.[4] Sie unterliegen aber der Umsatzsteuer, wenn sie als Entgelt für eine bestimmte Leistung des Vereins gegenüber dem Mitglied gezahlt werden.[5] Die unter Rz. 6.1 ff. dargestellten ertragsteuerlichen Abgrenzungskriterien werden somit von der Finanzverwaltung auch umsatzsteuerlich herangezogen (1.4 UStAE).

6.73

Die **Rechtsprechung** hat demgegenüber schon seit geraumer Zeit klargestellt, dass Mitgliedsbeiträge zu einem Verein im umsatzsteuerbaren Leistungsaustausch stehen, wenn die Mitglieder für die Beiträge das Recht erhalten, Vereinsanlage oder Vereinsleistungen in Anspruch zu nehmen.[6] Die Differenzierung der Finanzverwaltung zwischen „echten" und „unechten" Beiträgen wurde aus umsatzsteuerlicher Sicht verworfen.[7] Vielmehr sind Mitgliedsbeiträge nach der Rechtsprechung bereits dann umsatzsteuerbar, wenn die Mitglieder an den Vereinsleistungen einen konkreten Vorteil erhalten.[8]

6.74

---

1 FG Münster v. 16.4.1999 – 9 K 599/96 K, G, U, F, rkr., EFG 1999, 729, zur Offiziersheimgesellschaft.
2 BFH v. 28.6.1989 – I R 86/85, BStBl. II 1990, 550 = FR 1989, 693.
3 FG BW v. 19.12.1990 – 3 K 7/87, EFG 1992, 766.
4 BFH v. 27.7.1995 – V R 40/93, BStBl. II 1995, 753 (754); v. 20.12.1984 – V R 25/76, BStBl. II 1985, 176 (179).
5 BFH v. 8.9.1994 – V R 46/92, BStBl. II 1994, 957 (958); v. 4.7.1985 – V R 107/76, BStBl. II 1985, 153 (154 f.); s. zuletzt auch BFH v. 23.1.2001 – V B 129/00, BFH/NV 2001, 940 (941).
6 EuGH v. 21.2.2002 – C-174/00, UR 2002, 320; BFH v. 18.6.2009 – V R 77/07, BFH/NV 2009, 324; v. 20.3.2014 – V R 4/13, BFH/NV 2014, 1470.
7 BFH v. 20.3.2014 – V R 4/13, BFH/NV 2014, 1470.
8 BFH v. 18.6.2009 – V R 77/07, BFH/NV 2009, 324.

6.75 Die **Folgen der Rechtsprechung** sind gravierend: Erhalten die Mitglieder für ihren Beitrag eine wie auch immer geartete Gegenleistung, ist der umsatzsteuerliche Tatbestand erfüllt. Von der Umsatzsteuerbarkeit ist die weit überwiegende Zahl der Vereine betroffen. Greift kein Befreiungstatbestand (§ 4 UStG), sind die Beiträge umsatzsteuerpflichtig.

6.76 Maßgebend sind stets die Umstände des Einzelfalls. **Beispiele** zu einigen Fallgruppen:
– Die Mitgliedsbeiträge zu Sportvereinen werden regelmäßig umsatzsteuerbar sein, da mit der Zahlung des Mitgliedsbeitrags das Recht zur Nutzung der Sportanlagen erworben wird.
– Bei Berufsverbänden wird ebenfalls häufig Umsatzsteuerbarkeit gegeben sein. Beschränkt sich die Verbandstätigkeit jedoch auf die allgemeine Interessenwahrnehmung des Berufsstands, ohne den Mitgliedern konkrete Leistungen zur Verfügung zu stellen, bleiben die Leistungen nicht umsatzsteuerbar.[1]
– Die Leistungen von Fördervereinen sind auch weiterhin regelmäßig nicht umsatzsteuerbar.
– Die Förderung ideeller Zwecke, die im Interesse der Mitglieder liegen, begründet für sich genommen noch keinen Leistungsaustausch. Erhält das Mitglied durch seinen Mitgliedsbeitrag keinen unmittelbaren Nutzungsvorteil, fehlt es an der Umsatzsteuerbarkeit. Beispiele:[2] Förderung von Umwelt- oder Tierschutz, Völkerverständigung, Förderung von Hochschulen, Denkmalschutz oder junger Künstler.

6.77 Die **Finanzverwaltung** hat die Rechtsprechung aber bislang **nicht umgesetzt**. Vielmehr wurde die bisherige Differenzierung zwischen echten und unechten Mitgliedsbeiträgen in den Verwaltungsrichtlinien fortgeführt (1.4 UStAE).

6.78 Die politisch gewollte Untätigkeit der Finanzverwaltung begründet derzeit noch ein faktisches Wahlrecht: Nach gegenwärtiger nationaler Rechtslage besteht die Möglichkeit, die Mitgliedsbeiträge im Falle eines Leistungsaustauschs umsatzsteuerpflichtig zu stellen und den **Vorsteuerabzug** geltend zu machen. Da die Finanzverwaltung die bisherige Unterscheidung zwischen echten und unechten Mitgliedsbeiträgen in den UStR fortführt, besteht umgekehrt bis zu einer Verwaltungs- oder Gesetzesänderung **Vertrauensschutz** für alle Vereine, die die bisherige Praxis fortführen wollen.

6.79 Besteht Umsatzsteuerpflicht, sind die Mitgliedsbeiträge bei **gemeinnützigen** Vereinen u.E. regelmäßig mit dem ermäßigten Steuersatz von 7 % nach § 12 Abs. 2 Nr. 8 Buchst. a) UStG zu besteuern, da die Vereinstätigkeit untrennbar und unvermeidbar mit dem Satzungszweck verknüpft ist. Die durch den Mitgliedsbeitrag abgegoltene Gegenleistung des Vereins erfolgt daher regelmäßig im Zweckbetrieb nach § 65 AO. Die Rechtspre-

---
1 Eingehend zu Berufsverbänden *Möhlenkamp*, UStR 2003, 173 ff.
2 Nach *Stadie* in Rau/Dürrwächter/Flick/Geist, UStG, § 2 Rz. 188.

chung nimmt demgegenüber im Hinblick auf § 12 Abs. 2 Nr. 8 Buchst. a) Satz 3 UStG einen Regelsteuersatz an, wenn ein Wettbewerbsrisiko besteht.[1] Ferner soll bei nicht kostendeckenden Beiträgen geprüft werden, inwieweit auch Spenden und Zuschüsse als Drittentgelt in die umsatzsteuerliche Besteuerungsgrundlage mit einzubeziehen sind.[2]

Bei der Entscheidung, ob Mitgliedsbeiträge nach gegenwärtiger Rechtslage umsatzsteuerpflichtig gestellt werden sollen, ist auch die **Vorsteuerberichtigung nach § 15a UStG** zu berücksichtigen: Die Berichtigung kann sowohl zugunsten als auch zuungunsten des Steuerpflichtigen angewendet werden.

6.80

3. Lohnsteuer und Sozialabgaben

a) Arbeitnehmer

Lohnsteuer- und Sozialversicherungsprobleme bei Vereinen, Verbänden und Stiftungen sind Standardprobleme. Die **Prüfung** der Lohnsteuerpflicht erfolgt regelmäßig zweistufig. Zum einen muss die für die Stiftung tätige Person Arbeitnehmer sein, zum anderen muss sie für ihre Tätigkeit mehr als bloßen Aufwendungsersatz erhalten. Arbeitnehmer sind alle Personen, die aus einem gegenwärtigen oder früheren Dienstverhältnis Arbeitslohn beziehen (§ 1 Abs. 1 LStDV). Die Abgrenzung ist fließend. Maßgebend sind die gesamten Umstände des Einzelfalls.[3] Insbesondere im Sportbereich sind Vereine sehr schnell geneigt, zu Unrecht von einem „freien" Dienstleistungsverhältnis auszugehen. Anzuwenden sind die allgemeinen Abgrenzungskriterien.[4] Für Arbeitnehmereigenschaft sprechen:

6.81

– Persönliche Abhängigkeit,
– Weisungsgebundenheit hinsichtlich Ort, Zeit und Inhalt der Tätigkeit,
– feste Arbeitszeiten,
– Ausübung der Tätigkeit gleichbleibend an einem bestimmten Ort,
– feste Bezüge,
– Urlaubsanspruch,
– Anspruch auf sonstige Sozialleistungen,
– Fortzahlung der Bezüge im Krankheitsfall,
– Überstundenvergütung,
– zeitlicher Umfang der Dienstleistung,
– Unselbständigkeit in Organisation und Durchführung der Tätigkeit,
– kein Unternehmerrisiko,
– keine Unternehmerinitiative,
– kein Kapitaleinsatz,
– keine Pflicht zur Beschaffung von Arbeitsmitteln,

---
1 BFH v. 20.3.2014 – V R 4/13, UR 2014, 732 = BFH/NV 2014, 1670.
2 BFH v. 20.3.2014 – V R 4/13, UR 2014, 732 = BFH/NV 2014, 1670.
3 BFH v. 23.10.1992 – VI R 59/91, BStBl. II 1993, 303 (304) = FR 1993, 401, m.w.N.
4 Vgl. BFH v. 15.6.1985 – VI R 150-152/82, v. 14.6.1985 – VI R 150/82, VI R 151/82, VI R 152/82, BStBl. II 1985, 661 ff. = FR 1985, 624.

- Notwendigkeit der engen ständigen Zusammenarbeit mit anderen Mitarbeitern,
- Eingliederung in den Betrieb,
- Schulden der Arbeitskraft und nicht des Arbeitserfolgs.

Nach den vorstehenden Kriterien sieht die Finanzverwaltung insbesondere auch **Amateursportler** regelmäßig als Arbeitnehmer an. Auch **freiwillige Helfer** können als Arbeitnehmer der Lohnsteuer und Sozialversicherung unterliegen.

b) Aufwendungsersatz

6.82 Arbeitslohn liegt nicht vor, wenn die Vergütungen die mit der Tätigkeit zusammenhängenden Aufwendungen nur **unwesentlich übersteigen**.[1] Fraglich ist, in welcher Höhe die gezahlten Beträge noch als „unwesentliche" und damit lohnsteuerunschädliche Überschreitung des **Aufwendungsersatzes** anzusehen sind. Vertreten wird, die „Unwesentlichkeitsgrenze" entsprechend § 46 Abs. 3 EStG bei 410 € pro Jahr anzusetzen.[2] Das FG Bremen[3] hat die tatsächlichen Aufwendungen im Kalenderjahr um rund 2.700 DM übersteigende Zuwendungen als Arbeitslohn angesehen. *Reiner* Fahrtkostenersatz begründet jedenfalls noch kein Arbeitsverhältnis.[4]

Arbeitslohn verliert nicht dadurch die Qualifikation, Arbeitslohn zu sein, dass man ihn **Aufwendungs-** oder **Reisekostenersatz** nennt. Wird Kostenersatz fingiert (z.B. durch überhöhte Fahrtkostenabrechnungen), ist dies regelmäßig Anknüpfungspunkt für die Einleitung eines Steuerstrafverfahrens.

c) Sonn-, Feiertags- und Nachtzuschläge

6.83 Insbesondere im Bereich des Sports ist die Zahlung von steuerbegünstigten Sonn-, Feiertags- und Nachtzuschlägen häufig. Hierbei ist zu beachten, dass das Steuerprivileg nur dann in Anspruch genommen werden kann, wenn die Zahlungen als „echte" Zuschläge erfolgen. Die konkrete Höhe des Arbeitsentgelts muss also von dem tatsächlichen Einsatz zu den gesetzlich festgelegten Zeiten abhängig sein. Gerade im Sportbereich ist es allerdings weit verbreitet, dass mit den Sportlern Festvergütungen vereinbart und dann im Nachhinein nur die zuschlagsfähigen Arbeitszeiten herausgerechnet werden. Die Voraussetzungen der Steuerbefreiung sind dann nicht erfüllt. Im Missachtungsfall bestehen auch hier erhebliche **strafrechtliche Risiken**.

---

[1] BFH v. 23.10.1992 – VI R 59/91, BStBl. II 1993, 303 = FR 1993, 401.
[2] *Enneking/Denk*, DStR 1996, 450, 453; *Jansen*, FR 1995, 461.
[3] FG Bremen v. 30.6.1999 – 1 99 024 K 6, EFG 1999, 1125.
[4] FG Köln v. 1.4.1987 – 11 K 513/84, EFG 1987, 524; FG Rh.-Pf. v. 10.3.1986 – 5 K 166/85, EFG 1986, 494; *Lutz*, DStZ 1998, 279 (282).

d) Lohnzahlungen an und von Dritten

Steuerpflichtiger Arbeitslohn ist **alles**, was der **Arbeitnehmer** vom Arbeitgeber als Entgelt für seine Arbeitsleistung **erhält**. Hiervon eingeschlossen sind auch Zahlungen des Arbeitgebers, die die Arbeitstätigkeit des Arbeitnehmers abgelten sollen, auf dessen Wunsch allerdings an einen Dritten (z.B. Familienmitglieder) entrichtet werden. Anknüpfungspunkt für steuerstrafrechtliche Ermittlungen ist hier z.B. die Praxis, den Ehegatten/Lebensgefährten des Arbeitnehmers im Rahmen eines geringfügigen Beschäftigungsverhältnisses zu vergüten, ohne dass dieser eine nennenswerte Arbeitsleistung erbringt.

6.84

Ebenso sind der Lohnsteuer und Sozialversicherung solche Zahlungen an den Arbeitnehmer zu unterwerfen, die nicht unmittelbar durch den Arbeitgeber, sondern **durch Dritte** erfolgen. Zu nennen sind hier beispielhaft Zahlungen von Vereinsgönnern an die Mannschaftssportler. Zu beachten ist, dass die steuerlichen Risiken im Falle der Aufdeckung über die Lohnsteuer- und Sozialversicherung hinausreichen können. Übernimmt der Gönner/Sponsor eines Vereins ganz oder teilweise die Lohnzahlungen an die Spieler, kann dies neben der Besteuerung des Lohnzuflusses darüber hinaus eine ertrag-, umsatz- oder schenkungsteuerpflichtige Leistung an den Verein beinhalten, da der Zahlende den Verein von seinen Lohnverpflichtungen gegenüber dem Spieler befreit.

6.85

e) Handgelder/Abstandszahlungen

Auch Zahlungen, die von einem **zukünftigen Arbeitgeber** im Vorgriff des Arbeitsverhältnisses gezahlt werden, können steuerpflichtigen Arbeitslohn darstellen. Dies gilt z.B. bei einem Spielerwechsel für die Handgeldzahlung des übernehmenden Vereins an den Spieler.

6.86

f) Geldwerte Vorteile

Werden Arbeitnehmern **Sachleistungen** zugewendet, unterliegen auch diese der Lohnsteuerpflicht. Auch Barzahlungen oder Sachleistungen von Dritten sind lohnsteuerpflichtig, wenn sie für die Arbeitstätigkeit gewährt werden. Beispielhaft sei die Zurverfügungstellung von **Mahlzeiten, Sportkleidung, Pkw, Eintrittskarten** an Spieler eines Sportvereins genannt.

6.87

4. Schenkungsteuer

Schenkungsteuerliche Risiken bestehen bei Vereinen, Verbänden und Stiftungen immer dann, wenn Freunde, Förderer, Gönner oder Sponsoren „ihrem" Verein Gelder oder geldwerte Vorteile zukommen lassen. Erfolgen die Zuwendungen unentgeltlich, unterliegen sie grundsätzlich der Schenkungsteuer. Ist die empfangende Organisation gemeinnützig, kann die Schenkungsteuerbefreiung nach § 13 Abs. 1 Nr. 16 Buchst. b) ErbStG in

6.88

Anspruch genommen werden. Dies gilt allerdings nicht, sofern die **Zuwendung für einen wirtschaftlichen Geschäftsbetrieb** geleistet wird.

Beispiel:
Der Mäzen eines gemeinnützigen Vereins erbringt Zahlungen für die Profifußballmannschaft.

6.89 Zu beachten ist, dass Schenkungen häufig auch mit vordergründig **entgeltlichen Geschäften verbunden** sein können: Auch die Gewährung eines Darlehens kann – z.B. durch einen Zins- oder Forderungsverzicht, unangemessene Konditionen – Schenkungsteuer auslösen. Gleiches gilt für sonstige teilentgeltliche Geschäfte wie z.B. die Überlassung von Sachmitteln zu unangemessen niedrigen Kaufpreisen.

5. Risiken für die Gemeinnützigkeit

a) Umfangreiche wirtschaftliche Geschäftsbetriebe

6.90 Die Gemeinnützigkeit einer Körperschaft wird grundsätzlich noch nicht dadurch berührt, dass der wirtschaftliche Geschäftsbetrieb die **gemeinnützigen Aktivitäten übersteigt**.[1] Entscheidend ist allein, dass die Tätigkeit der gemeinnützigen Vereinigung darauf gerichtet ist, die Allgemeinheit selbstlos zu fördern.[2] Auch Körperschaften, die ihre Einnahmen nahezu ausschließlich durch die Unterhaltung von wirtschaftlichen Geschäftsbetrieben erzielen, können als gemeinnützig anerkannt werden.[3] Die frühere Geprägetheorie, „d.h. Schädlichkeit von prägenden" wirtschaftlichen Geschäftsbetrieben, hat die Finanzverwaltung aufgegeben.

6.91 Auch wenn eine Körperschaft den überwiegenden Teil ihrer Einnahmen aus einem wirtschaftlichen Geschäftsbetrieb erzielt, ist dies für sich genommen unschädlich.[4] Der BFH hat noch einmal betont, dass ein Verstoß gegen das Gebot der Selbstlosigkeit nicht allein deshalb vorliegt, weil die Körperschaft einen wirtschaftlichen Geschäftsbetrieb unterhält und die nicht begünstigten die gemeinnützigen Aktivitäten übersteigen.[5] Maßgebend ist vielmehr, „ob das Vermögen der gemeinnützigen Körperschaft zweckgerichtet für die ideellen Zwecke eingesetzt wird und die Einnahmen aus der nicht begünstigten Tätigkeit für die begünstigte Tätigkeit verwendet werden". **Wirtschaftliche Tätigkeiten** zur Erhöhung der Einkünfte mit dem Ziel, den gemeinnützigen Satzungszweck durch Zuwendungen von Mitteln zu fördern, sind nicht schädlich.[6]

---

1 BFH v. 15.7.1998 – I R 156/94, BStBl. II 2002, 162 = FR 1998, 1089.
2 BFH v. 15.7.1998 – I R 156/94, BStBl. II 2002, 162 = FR 1998, 1089.
3 OFD Frankfurt/M. v. 6.8.2003 – S 0174 A - 20 - St II 1.03, DB 2003, 1932.
4 BFH v. 4.4.2007 – I R 76/05, FR 2007, 963 = DStR 2007, 1121.
5 BFH v. 4.4.2007 – I R 76/05, FR 2007, 963 = DStR 2007, 1121.
6 BFH v. 4.4.2007 – I R 76/05, FR 2007, 963 = DStR 2007, 1121 (1123); s. auch *Strahl*, DStR 2000, 2163 (2167), m.w.N.

Allerdings darf die wirtschaftliche Aktivität einer gemeinnützigen Körperschaft **nicht zum Selbstzweck** werden. Andernfalls verstößt sie gegen das Ausschließlichkeitsgebot des § 56 AO. Dieses Gebot besagt, dass eine Körperschaft nicht gemeinnützig ist, wenn sie neben ihrer gemeinnützigen Zielsetzung weitere Zwecke verfolgt und diese Zwecke nicht gemeinnützig sind. Im Zusammenhang mit wirtschaftlichen Geschäftsbetrieben folgert der BFH hieraus, dass deren Unterhaltung der Gemeinnützigkeit entgegensteht, wenn sie in der Gesamtschau zum Selbstzweck wird und damit neben die Verfolgung des gemeinnützigen Zwecks tritt.[1] Die Unterhaltung des wirtschaftlichen Geschäftsbetriebs muss daher stets „um des gemeinnützigen Zwecks willen" erfolgen, indem sie also z.B. der Beschaffung von Mitteln zur Erfüllung der gemeinnützigen Aufgabe dient.[2] Ist der wirtschaftliche Geschäftsbetrieb dagegen nicht dem gemeinnützigen Zweck untergeordnet, sondern ein davon losgelöster Zweck, scheitert die Gemeinnützigkeit an § 56 AO. In einem solchen Fall kann die Betätigung der Körperschaft nach dem BFH auch nicht in einen steuerfreien und einen steuerpflichtigen Teil aufgeteilt werden, vielmehr ist die Körperschaft dann insgesamt steuerpflichtig.[3]

6.92

b) Höhe der Mitgliedsbeiträge

Der **Zugang der Allgemeinheit** und damit die Gemeinnützigkeit kann auch durch die Höhe der Mitgliedsbeiträge gefährdet sein. Werden bei Vereinen, deren Tätigkeit im Wesentlichen den Mitgliedern zugutekommt (z.B. Sportvereinen), die Aufnahmegebühren oder Beiträge in einer Höhe erhoben, die großen Teilen der Bevölkerung einen Beitritt unmöglich macht, steht dies der Gemeinnützigkeit entgegen.[4] Dies betrifft vor allem kostenintensive Sportvereine, z.B. Golfclubs[5] oder Segelvereine.[6] Nach den Verwaltungsrichtlinien[7] wird bei Vereinen, deren Tätigkeit in erster Linie den Mitgliedern zugutekommt, die Erhebung von **Beiträgen** und Umlagen i.H.v. durchschnittlich[8] 1.023 € je Mitglied und Jahr und Aufnahmegebühren von durchschnittlich bis zu 1.534 € als unschädlich angesehen. **Investitionsumlagen** sind 5.113 € je Mitglied innerhalb von zehn Jahren zulässig.[9]

6.93

---

1 BFH v. 4.4.2007 – I R 76/05, FR 2007, 963 = DStR 2007, 1121.
2 BFH v. 4.4.2007 – I R 76/05, FR 2007, 963 = DStR 2007, 1121.
3 BFH v. 20.12.1978 – I R 21/76, BStBl. II 1979, 496; v. 28.11.1990 – I R 38/86, BFH/NV 1992, 90; v. 4.4.2007 – I R 76/05, FR 2007, 963 = DStR 2007, 1121 (1123).
4 BFH v. 13.8.1997 – I R 19/96, BStBl. II 1997, 794; v. 13.12.1978 – I R 64/77, BStBl. II 1979, 488 = FR 1997, 860.
5 Siehe BFH v. 13.12.1978 – I R 64/77, BStBl. II 1979, 488; FG Münster v. 15.12.1976 – II 462/76 K, EFG 1977, 341.
6 BFH v. 17.2.1982 – II R 25/81, BStBl. II 1982, 336.
7 1.1 AEAO zu § 52 im Anschluss an BMF v. 20.12.1988 – IV C 6 - S 0171 - 11/98, BStBl. I 1998, 1424.
8 Zur Berechnung des Durchschnittssatzes s. BMF v. 20.12.1998 – IV C 6 - S 0171 - 11/98, BStBl. I 1998, 1424 und *Schleder*, Steuerrecht der Vereine[9], Rz. 115 ff.
9 Zu Einzelfragen s. AEAO 1.2 zu § 52.

6.94 Die Finanzverwaltung stellt – u.E. unzutreffend – im Rahmen einer widerlegbaren Vermutung auch **erwartete Spenden** einer Aufnahmegebühr gleich, wenn mehr als 75 % der neuen Mitglieder eine gleich oder ähnlich hohe „Spende" zahlen.[1] Besteht aber keine rechtliche, sondern allenfalls eine moralische Verpflichtung, kann eine solche Spende nur bei faktischem Zahlungszwang einer Eintrittsgebühr gleichgestellt werden.[2]

6.95 Aufgrund der Höchstgrenzen für Mitgliederzahlungen versuchen viele Vereine, den **Kapitalbedarf** auf andere Weise zu decken: Verpflichten sich die Mitglieder zur Hingabe von **Aufnahmedarlehen** an den Verein, sind die Darlehen bei einer angemessenen Verzinsung gemeinnützigkeitsunschädlich.[3] Erfolgt keine oder nur eine geringe Verzinsung, ist der **Zinsverzicht** – nicht das gesamte Darlehen – als zusätzlicher Mitgliedsbeitrag anzusetzen.[4] Die Finanzverwaltung behandelt eine Verzinsung von mindestens 5,5 % als unschädlich.[5] Verpflichten sich die Mitglieder bei der Aufnahme zum Erwerb einer **Beteiligung** an einer neben dem Verein bestehenden (Kapital- oder Personen-)Gesellschaft – die z.B. Eigentümerin der Sportanlage ist –, behandelt die Finanzverwaltung auch dies als zusätzlichen Mitgliedsbeitrag.[6] Gleiches gilt für die Verpflichtung zum Erwerb einer **Spielberechtigung** bei der Aufnahme.

c) Abgrenzung: Vermögensverwaltung – wirtschaftlicher Geschäftsbetrieb

aa) Kriterien

6.96 Die Vermögensverwaltung der gemeinnützigen Körperschaft ist ertragsteuerfrei. Sie liegt nach § 14 Abs. 1 Satz 3 AO i.d.R. dann vor, wenn Vermögen genutzt, z.B. Kapitalvermögen verzinst oder unbewegliches Vermögen vermietet oder verpachtet wird. Von wesentlicher Bedeutung für die Bestimmung der ertragsteuerfreien Vermögensverwaltung ist die Abgrenzung zum steuerpflichtigen wirtschaftlichen Geschäftsbetrieb. Für die Abgrenzung der beiden Vermögenssphären schließt die ganz herrschende Auffassung[7] an die Kriterien zur einkommensteuerlichen Unterscheidung zwischen den Einkünften aus Gewerbebetrieb einerseits und den Einkünften aus Kapitalvermögen und Vermietung und Verpachtung andererseits an. Die Grenze von der Vermögensverwaltung zum wirtschaftlichen Geschäftsbetrieb ist damit regelmäßig dann überschritten,

---

1 AEAO 1.3.1.7 zu § 52.
2 Vgl. BFH v. 13.8.1997 – I R 19/96, BStBl. II 1997, 794 = FR 1997, 860; *Gersch* in Klein, AO[12], § 52 Rz. 6.
3 Vgl. BFH v. 13.11.1996 – I R 152/93, BStBl. II 1998, 711 = FR 1997, 231.
4 BFH v. 13.11.1996 – I R 152/93, BStBl. II 1998, 711 = FR 1997, 231.
5 AEAO 1.3.1.5 zu § 52.
6 Vgl. BMF v. 20.12.1998 – IV C 6 - S 0171 – 11/98, BStBl. I 1998, 1424; *Schleder*, Steuerrecht der Vereine[9], Rz. 123.
7 Siehe z.B. *Seer* in Tipke/Kruse, § 14 AO Rz. 11; abweichend und eingehend *Hüttemann*, Wirtschaftliche Betätigung und steuerliche Gemeinnützigkeit, Diss. Bonn, 1990, 147 ff.

wenn die Tätigkeit der Körperschaft auf einen **wirtschaftlichen Leistungs- oder Güteraustausch** gerichtet ist. Eine Absicht zur **Gewinnerzielung** ist **nicht** erforderlich, § 14 Satz 2 AO. Ein wirtschaftlicher Geschäftsbetrieb kann auch dann vorliegen, wenn die Organisation nur Kostendeckung anstrebt.[1] Erfolgt eine solche wirtschaftliche Betätigung der gemeinnützigen Körperschaft, ist eine Teilnahme am allgemeinen wirtschaftlichen Verkehr für die Erfassung als wirtschaftlicher Geschäftsbetrieb nicht erforderlich. Auch eine ausschließliche Tätigkeit gegenüber anderen gemeinnützigen Körperschaften ist ausreichend.

bb) Einzelfragen und typische Risikobereiche

(1) Nutzung von Kapitalvermögen

Die Nutzung des Kapitalvermögens durch Kapitalanlage ist einer der beiden „klassischen" Bereiche der Vermögensverwaltung, vgl. § 14 Satz 3 AO. Hierunter ist allerdings nicht nur die verzinsliche Anlage von Kapitalvermögen zu verstehen. Auch der Erwerb und die Verwaltung von Wertpapieren und die Erzielung von Dividendeneinnahmen zählen grundsätzlich zu diesem steuerfreien Bereich. Dementsprechend fallen auch Aktienverkäufe in den Rahmen der Vermögensverwaltung.[2] Die Grenze zum wirtschaftlichen Geschäftsbetrieb wäre erst dann überschritten, wenn sich die gemeinnützige Körperschaft wie ein gewerblicher Wertpapierhändler verhält. Dies wird angesichts der engen Kriterien der BFH-Rechtsprechung zum gewerblichen Wertpapierhandel[3] nur in krassen Ausnahmefällen der Fall sein. Die Nutzung von Kapitalvermögen wird nach alledem regelmäßig erst dann dem wirtschaftlichen Geschäftsbetrieb zugerechnet werden, wenn sie nachhaltig auch **für Dritte** (z.B. Vereinsmitglieder) betrieben wird, um auch für diese wirtschaftliche Vorteile erzielen zu können.[4] So kann auch die planmäßige jährliche Vergabe einer Vielzahl von Darlehen an Mitglieder über den Rahmen der reinen Vermögensverwaltung hinausgehen.[5]

6.97

Die (entgeltliche) **Gestellung von Sicherheiten** durch eine gemeinnützige Körperschaft ist u.E. ebenfalls noch der Vermögensverwaltung zuzurechnen, sofern sie nicht planmäßig und für eine Vielzahl von Mitgliedern oder Dritten erfolgt.[6] Stets sorgfältig zu prüfen ist aber, ob in der Stellung der Sicherheit aufgrund der Vermögensgefährdung eine Mittelfehlverwendung liegt (Rz. 6.127 ff.).[7]

6.98

---

1 Siehe BFH v. 27.10.1993 – I R 60/91, BStBl. II 1994, 573 = FR 1994, 547 (576).
2 Siehe FG Nds. v. 24.11.1988 – VI 308/87, EFG 1989, 253.
3 Vgl. nur BFH v. 20.12.2000 – X R 1/97, BStBl. II 2001, 706 f. = FR 2001, 655; v. 29.10.1998 – XI R 80/97, BStBl. II 1999, 448 = FR 1999, 313 (449), m.w.N.
4 Siehe *Gersch* in Klein, AO[12], § 14 Rz. 17.
5 BFH v. 28.6.1989 – I R 86/85, BStBl. II 1990, 550 = FR 1989, 693 – Rund 100 Darlehen jährlich an Mitglieder.
6 Siehe auch *Söffing/Thoma*, BB 2003, 1091.
7 Siehe auch *Söffing/Thoma*, DB 2003, 1091.

(2) Vermietung und Verpachtung

6.99 Der zweite in § 14 Satz 3 AO gesetzlich festgelegte Hauptanwendungsfall der Vermögensverwaltung ist die Vermietung und Verpachtung. Die Vermögensverwaltung ist in diesem Bereich nicht auf die Nutzung des Immobilienvermögens beschränkt. Auch z.B. die Verpachtung von Werberechten oder Werbeflächen ist grundsätzlich noch dem Bereich der Vermögensverwaltung zuzuordnen.[1] Die Größe des vermieteten oder verpachteten Vermögens ist für die Einstufung als Vermögensverwaltung unerheblich. Auch die **Verpachtung eines Gewerbebetriebs** ist der Vermögensverwaltung zuzuordnen. Zu beachten sind in diesem Zusammenhang allerdings die Regeln der **Betriebsaufspaltung**: Überlässt die gemeinnützige Körperschaft ein Wirtschaftsgut an eine Gesellschaft, mit der sie personell verflochten ist (z.B. Tochter-GmbH), und stellt das überlassene Wirtschaftsgut bei diesem Unternehmen eine wesentliche Betriebsgrundlage dar, fallen sowohl die Beteiligung an dem Unternehmen selbst als auch der Pachtzins in den wirtschaftlichen Geschäftsbetrieb.[2]

6.100 Nicht nur die Vermietung und Verpachtung selbst, sondern auch der Verkauf der Wirtschaftsgüter ist der steuerfreien Vermögensverwaltung zuzuordnen. Die Grenze zum wirtschaftlichen Geschäftsbetrieb ist erst bei **gewerblichem Grundstückshandel** überschritten (sog. 3-Objekt-Grenze).[3] Schädlich ist hierbei insbesondere der Kauf, die Teilung oder der Umbau einer Mehrzahl von Objekten zum Zweck des Weiterverkaufs. Der Verkauf von Geschenktem, Ererbtem oder Gestiftetem ist aber auch bei Überschreiten der 3-Objekt-Grenze regelmäßig nicht als gewerblicher Grundstückshandel zu qualifizieren.[4]

6.101 Bei der Vermietungstätigkeit ist die Anzahl der vermieteten oder verpachteten Objekte grundsätzlich unerheblich. Auch hier wird die Grenze zum wirtschaftlichen Geschäftsbetrieb erst dann überschritten, wenn die bei der Vermögensnutzung entfalteten Tätigkeiten das übliche Maß überschreiten: Die Rechtsprechung nimmt dies insbesondere bei **ständig wechselnder** Vermietung eines Objekts an eine Vielzahl von verschiedenen Mietern an: So ist die Überlassung von Standplätzen bei Ausstellungen, Kongressen und Messen der gemeinnützigen Organisation ein wirtschaftlicher Geschäftsbetrieb.[5]

6.102 **Probleme** in der Abgrenzung zwischen Vermögensverwaltung und wirtschaftlichem Geschäftsbetrieb bereiten die Fälle, in denen die gemeinnüt-

---

1 Siehe z.B. BFH v. 8.3.1967 – I 145/64, BStBl. II 1967, 373.
2 Siehe BFH v. 21.5.1997 – I R 164/94, BFH/NV 1997, 825; v. 5.6.1985 – I S 2/85, 3/85, BFH/NV 1986, 433.
3 Siehe BFH v. 6.4.1990 – III R 28/87, BStBl. II 1990, 1057 = FR 1990, 512; v. 7.3.1996 – IV R 2/92, BStBl. II 1996, 369 = FR 1996, 525; BMF v. 20.12.1990 – IV B 2 - S 2240 - 61/90, BStBl. I 1990, 884; s. zum Ganzen *Wacker* in Schmidt, EStG[34], § 15 Rz. 62 ff.
4 Siehe *Wacker* in Schmidt, EStG[35], § 15 Rz. 62 ff.
5 Siehe *Schauhoff* in Schauhoff, Handbuch der Gemeinnützigkeit[2], § 6 Rz. 63.

zige Körperschaft Räumlichkeiten oder Objekte, die gewöhnlich im gemeinnützigen Bereich genutzt werden, vorübergehend oder langfristig Dritten zur anderweitigen Nutzung zur Verfügung stellt: U.E. ist die vorübergehende Überlassung des gemeinnützig genutzten Objekts (z.B. Kunstgalerie) an Mieter für Feiern, Tagungen oder andere Veranstaltungen unschädlich. Auch das entgeltliche Erbringen von **Nebenleistungen** (z.B. Reinigung) ist unschädlich. Die Grenze zum wirtschaftlichen Geschäftsbetrieb kann allerdings dann überschritten werden, wenn im Rahmen eines Gesamtangebots Zusatzleistungen (z.B. Bereitstellung von Getränken, Personal oder vollständig eingerichteten Tagungsräumen) erbracht werden, die der Überlassung insgesamt ein gewerbliches Gepräge geben. Unabhängig hiervon sind jedenfalls die entgeltlichen Zusatzleistungen regelmäßig im wirtschaftlichen Geschäftsbetrieb zu erfassen.

(3) Beteiligungen

Die bloße Beteiligung an einer anderen (gemeinnützigen oder nicht gemeinnützigen) Körperschaft ist grundsätzlich steuerfreie Vermögensverwaltung und begründet keinen wirtschaftlichen Geschäftsbetrieb.[1] Etwas anderes kann dann gelten, wenn die beteiligte gemeinnützige Körperschaft unmittelbar in die laufende Geschäftsführung eingreift oder sie übernimmt. Rechtsprechung und Finanzverwaltung wollen bei „**entscheidendem Einfluss**" auf die Geschäftsführung einen wirtschaftlichen Geschäftsbetrieb annehmen.[2] Die bloße Möglichkeit der Einflussnahme ist jedoch nicht ausreichend.[3] Auch eine Mehrheits- oder sogar 100 %-Beteiligung reicht für sich genommen nicht aus. Entscheidend ist, ob durch entsprechende organisatorische Maßnahmen (z.B. **Personalunion** in der Geschäftsführung)[4] der entscheidende Einfluss sichergestellt ist. Betreibt die Körperschaft bloße Vermögensverwaltung oder ist sie ihrerseits gemeinnützig, fällt eine Beteiligung der haltenden Körperschaft auch dann nicht in den wirtschaftlichen Geschäftsbetrieb, wenn wesentlicher Einfluss auf die Geschäftsführung genommen wird.[5]

6.103

Beherrscht die gemeinnützige Körperschaft eine voll steuerpflichtige GmbH, die von ihr wesentliche Betriebsgrundlagen anmietet, gelten die Regeln der **Betriebsaufspaltung**.[6] Die **Beteiligung** an einer **Personengesellschaft** ist jedenfalls dann wirtschaftlicher Geschäftsbetrieb, wenn die Per-

6.104

---

1 BFH v. 30.6.1971 – I R 57/70, BStBl. II 1971, 753.
2 BFH v. 30.6.1971 – I R 57/70, BStBl. II 1971, 753; s. zum Ganzen *Alvermann* in Streck, KStG[8], § 5 Rz. 35 „Beteiligung an einer Körperschaft".
3 Siehe auch *Engelsing/Muth*, DStR 2003, 917, m.w.N.
4 Vgl. *Engelsing/Muth*, DStR 2003, 917; *Kümpel*, DStR 1999, 1505 (1508).
5 Siehe auch Rz. 3 AEAO zu § 64 Abs. 1; *Kümpel*, DStR 1999, 1505 (1508).
6 BFH v. 21.5.1997 – I R 164/94, BFH/NV 1997, 825; v. 5.6.1985 – I S 2/85, 3/85, BFH/NV 1986, 433; FG Köln v. 9.9.1994 – 13 K 2355/94, EFG 1995, 360; s. auch OFD Frankfurt/M. v. 22.2.1999 – S 2729 A - 3 - St II 12, DStR 1999, 1111; a.A. *Hüttemann*, Wirtschaftliche Betätigung und steuerliche Gemeinnützigkeit, Diss. Bonn, 1990, 159.

sonengesellschaft selbst den Kriterien des Geschäftsbetriebs entspricht.[1] Ist die Personengesellschaft selbst nur vermögensverwaltend tätig, ist selbst die Beteiligung an einer GmbH & Co. KG der Vermögensverwaltung zuzuordnen.[2]

(4) Personalgestellung

6.105 **Personalgestellung** gegen Entgelt ist – ebenso wie das Zurverfügungstellen von Sachmitteln – grundsätzlich wirtschaftlicher Geschäftsbetrieb. Dies wird in gemeinnützigen Körperschaften häufig übersehen. Eine Ausnahme gilt u.E. aber dann, wenn – den Anforderungen von § 58 Nr. 4 AO entsprechend – die Überlassung an eine gemeinnützige Körperschaft zur Verwendung in deren steuerbegünstigtem Bereich erfolgt.[3] Soweit Rechtsprechung und Finanzverwaltung in diesem Fall vereinzelt dennoch den wirtschaftlichen Geschäftsbetrieb bejahen und darüber hinaus sogar einen Zweckbetrieb ablehnen,[4] findet dies keine gesetzliche Grundlage. Abschn. 16 Abs. 6 Satz 4 und 5 KStR beurteilt demgegenüber die Zurverfügungstellung von Personal und Sachmitteln zwischen **Berufsverbänden** nicht als wirtschaftlichen Geschäftsbetrieb. U.E. kann für die Überlassung zwischen gemeinnützigen Körperschaften nichts anderes gelten.

d) Enger Zweckbetriebsbegriff

6.106 Bestimmte wirtschaftliche Geschäftsbetriebe, die sich in die **gemeinnützige Zweckverfolgung** einordnen lassen, sind als Zweckbetriebe nicht steuerpflichtig (§ 64 Abs. 1 AO a.E.). Kann die Zweckbetriebseigenschaft nicht aus den spezialgesetzlichen Regelungen der §§ 66–68 AO hergeleitet werden, ist ein Zweckbetrieb nach § 65 AO nur gegeben, wenn

1. der wirtschaftliche Geschäftsbetrieb in seiner Gesamteinrichtung dazu dient, die steuerbegünstigten satzungsmäßigen Zwecke der Körperschaft zu verwirklichen,
2. die Zwecke nur durch einen solchen Geschäftsbetrieb verwirklicht werden können und
3. der wirtschaftliche Geschäftsbetrieb zu nicht begünstigen Betrieben derselben oder ähnlichen Art nicht in größeren Umfang in Wettbewerb tritt, als es bei der Erfüllung der steuerbegünstigten Zwecke unvermeidbar ist.

---

1 BFH v. 27.3.2001 – I R 78/99, BStBl. II 2001, 449; hierzu *Pezzer*, FR 2001, 837; s. auch BFH v. 27.7.1988 – I R 113/84, BStBl. II 1989, 134.
2 BFH v. 25.5.2011 – I R 60/10, BStBl. II 2011, 858 = FR 2011, 811 m. Anm. *Kirchhain*.
3 Siehe auch *Schauhoff* in Schauhoff, Handbuch der Gemeinnützigkeit², § 6 Rz. 128.
4 Vgl. BFH v. 30.11.1995 – V R 29/91, BStBl. II 1997, 189 (191) = UR 1996, 195; OFD Frankfurt/M. v. 12.8.1992 – S 0171 A - 88 - St II 12, DB 1992, 2064; s. zum Ganzen auch *Buchna*, Gemeinnützigkeit im Steuerrecht⁹, 199 ff.

Die Rechtsprechung behandelt den Zweckbetrieb nach § 65 AO grundsätzlich als **eng begrenzte Ausnahme**. Eine wirtschaftliche Betätigung soll nur dann zur Ausnahme eines steuerbegünstigten Zweckbetriebs führen, wenn diese Zwecke ohne die wirtschaftliche Betätigung nicht erreichbar wären und deshalb potentielle Konkurrenten, die der Besteuerung unterliegen, dies aus übergeordneten Gesichtspunkten hinzunehmen haben.[1] Hohe Hürden für die Annahme eines Zweckbetriebs sind die untrennbare Verknüpfung mit dem gemeinnützigen Zweck (§ 65 Nr. 1 und 2 AO) und der Wettbewerbsvorbehalt nach § 65 Nr. 3 AO. Entscheidend ist vor allem, ob die Verwirklichung des konkreten satzungsmäßigen Zwecks ohne die Erhebung der geforderten Entgelte denkbar ist.[2]

6.107

Der Zweckbetrieb muss unmittelbar auf die satzungsmäßigen Zwecke der Körperschaft ausgerichtet sein, die ihn betreibt. Die Verfolgung von begünstigten Zwecken, die nicht **satzungsmäßige Zwecke** der tragenden Körperschaft sind, ist nicht ausreichend (s. AEAO zu § 65 Nr. 2). Die Tätigkeit des Zweckbetriebs muss unmittelbar dem steuerbegünstigten Zweck dienen.[3] Auch eine bloß mittelbare Förderung des satzungsmäßigen Zwecks – z.B. durch Verwendung der Einnahmen für den gemeinnützigen Bereich – genügt nicht.[4] Soweit im Zusammenhang mit der Zweckbetriebstätigkeit **weitere Leistungen** außerhalb des gemeinnützigen Zwecks erbracht werden, steht dies der Steuerbegünstigung nicht entgegen, wenn die Zusatzleistung von untergeordneter Bedeutung ist. Der BFH zieht hierbei eine 10 %-Grenze vom Gesamtumsatz, bis zu der Leistungen an Außenstehende von untergeordnetem Umfang unschädlich sein sollen.[5]

6.108

Hinsichtlich des Wettbewerbsvorbehalts nach § 65 Nr. 3 AO reicht ein sog. **potentielles Wettbewerbsverhältnis** zur Versagung der Zweckbetriebseigenschaft aus. Der Annahme eines Zweckbetriebs steht es somit bereits dann entgegen, wenn noch nicht vorhandene, aber potentielle Wettbewerber sich am Markteintritt aufgrund der Steuerbefreiung der gemeinnützigen Stiftung gehindert sehen. Ein solcher potentieller Wettbewerb liegt aber dann nicht vor, wenn für andere Teilnehmer kein Markt vorhanden ist, da sich das Angebot für gewinnorientierte Unternehmen nicht lohnt.[6] Der Wettbewerb ist jedoch nur dann schädlich, soweit er

6.109

---

1 BFH v. 13.8.1986 – II R 246/81, BStBl. II 1986, 831; v. 15.12.1993 – X R 115/91, BStBl. II 1994, 314 = FR 1994, 301 m. Anm. *Weber-Grellet*.
2 Siehe *Hüttemann*, Wirtschaftliche Betätigung und steuerliche Gemeinnützigkeit, Diss. Bonn, 1990, 173 ff.; *Schauhoff* in Schauhoff, Handbuch der Gemeinnützigkeit², § 6 Rz. 85.
3 BFH v. 26.4.1995 – I R 35/93, BStBl. II 1995, 767 = FR 1995, 787.
4 BFH v. 9.11.1988 – I R 200/85, BStBl. II 1989, 342; v. 21.8.1985 – I R 60/80, BStBl. II 1986, 88 (92) = FR 1986, 23.
5 BFH v. 10.1.1992 – III R 201/90, BStBl. II 1992, 684, für Überlassung einer Tennishalle an Nichtmitglieder; v. 18.1.1995 – V R 139/92, 140/92, 141/92, 142/92, BStBl. II 1995, 446 = UR 1995, 481, zur Übernachtung von Erwachsenen in Jugendherbergen in geringfügigem Umfang.
6 Siehe *Fischer* in Hübschmann/Hepp/Spitaler, AO/FGO, § 65 AO Rz. 28.

nicht bei Erfüllung der steuerbegünstigten Zwecke unvermeidbar ist. Hierauf kann sich die gemeinnützige Körperschaft insbesondere dann berufen, wenn sich ihr Angebot im Rahmen des gemeinnützigen Zwecks in erster Linie auf einen Markt ausrichtet, der für gewinnorientierte Unternehmen eher uninteressant ist. Ein verbleibender Restwettbewerb durch Überschneidungen mit gewerblichen Anbietern ist in diesem Fall unschädlich.[1]

e) Sponsoring

aa) Steuerliche Ausgangs- und Interessenlage

6.110 Die richtige **Gestaltung** des Sponsorings ist ein Dauerbrenner in der Risikoanalyse von NPO. Von wesentlicher Bedeutung ist es, einen Gleichklang der Interessen zwischen Sponsor und empfangender Körperschaft herzustellen. Der steuerlichen Einordnung des Sponsorings kommt hierbei wesentliche Bedeutung zu. Dies umso mehr, als die weit überwiegende Mehrzahl der gesponserten Organisationen gemeinnützig und an einer möglichst steuerfreien Vereinnahmung des Sponsorenentgelts interessiert ist.

6.111 In vielen Fällen kann den steuerlichen Interessen der Sponsoren und der empfangenden Körperschaft gleichermaßen Rechnung getragen werden. Dem Sponsor wird der Betriebsausgabenabzug, dem Empfänger die Ertragsteuerfreiheit ermöglicht. Regelmäßig setzt dies aber im Vorfeld eine **genaue Abstimmung** der zu erbringenden Werbeleistung und eine zutreffende Umsetzung im Sponsoringvertrag voraus.

6.112 Für die steuerliche Behandlung der Zuwendungen muss zwischen der Ebene des Sponsors und der des Zuwendungsempfängers unterschieden werden:

– Der Sponsor will den unbeschränkten **Betriebsausgabenabzug**, weil er in mehrfacher Hinsicht vorteilhaft ist:[2] Betriebsausgaben erfordern keinen qualifiziert gemeinnützigen Spendenempfänger, auch natürliche Personen oder nicht gemeinnützige Körperschaften können gefördert werden. Es bedarf keiner Zuwendungsbestätigung, der Abzug ist unbegrenzt.

– Die gemeinnützige Körperschaft will die Zuwendung möglichst **ertragsteuerfrei empfangen**. Im Ausnahmefall kann die empfangende gemeinnützige Körperschaft aber auch an einer Zuordnung einer Einnahme zum wirtschaftlichen Geschäftsbetrieb interessiert sein, um z.B. im Wege des Verlustausgleichs (§ 64 Abs. 2 AO) negative Ergebnisse anderer Geschäftsbetriebe zu kompensieren, die ansonsten die Gemeinnützigkeit der Körperschaft gefährden würden.

---

1 Siehe auch *Schauhoff* in Schauhoff, Handbuch der Gemeinnützigkeit[2], § 6 Rz. 88.
2 Siehe auch *Kasper*, DStZ 2005, 397 (398 f.).

Die Finanzverwaltung hat sich mit diesen Fragen in ihrem sog. **Sponsoringerlass** beschäftigt.¹ Sie geht sehr weit, beim Sponsor die Betriebsbedingtheit einer solchen Zahlung und beim gemeinnützigen Empfänger eine steuerfreie Vermögensverwaltung anzunehmen. Der Berater muss wissen, dass die Handhabung der Finanzverwaltung zwar in vielen Einzelpunkten unterschiedlich und oft widersprüchlich, allerdings in ihrer Gesamtrichtung großzügig ist. Rechtsbehelfs- und finanzgerichtliche Verfahren, die über den Sponsoringerlass hinausgehende steuerliche Vergünstigungen anstreben, sind nur selten erfolgreich.

6.113

bb) Der typische Praxisfall

Die gemeinnützige Stiftung S betreibt ein Museum. Sie eröffnet eine Kunstausstellung, die bundesweit in Presse, Funk und Fernsehen Beachtung findet. Die Ausstellung wird von einer Vielzahl von Sponsoren unterstützt, mit denen teils mündliche, teils auch sehr detaillierte schriftliche Sponsoringvereinbarungen geschlossen werden. Die Stiftung weist im Rahmen einer Danksagung in der Eröffnungsveranstaltung, auf ihrer Homepage und den Ausstellungsplakaten auf ihre Sponsoren hin. Dem Hauptsponsor gegenüber verpflichtet sich die Stiftung, einen Ausstellungsraum nach dem Sponsor zu benennen und ihn auf Veranstaltungsplakaten deutlich hervorzuheben. Darüber hinaus erzielt die Stiftung Einnahmen aus Fernsehgeldern, Werbeanzeigen im Veranstaltungskatalog und „Standgeldern" von dritten Unternehmen, denen die Stiftung die Werbung mit eigenen Produkten auf dem Museumsgelände gestattet.

6.114

cc) Steuerliche Behandlung beim Sponsor

Die Finanzverwaltung erkennt die Zuwendungen des Sponsors als Betriebsausgabe an, wenn dieser hierdurch einen wirtschaftlichen Vorteil für sein Unternehmen erstrebt oder dessen Produkte bewerben will. Ein ausreichender Vorteil – und dies ist für die Praxis wesentlich – kann auch in einem bloßen **Ansehensgewinn** liegen.² Die Finanzbehörden zeigen sich bislang großzügig, den Betriebsausgabenabzug vor diesem Hintergrund anzuerkennen. Das betrieblich veranlasste Sponsoring ist auch kein Geschenk und unterliegt nicht der Abzugsbeschränkung des § 4 Abs. 5 Satz 1 Nr. 1 EStG. Auch die **Rechtsprechung** stellt als Abgrenzungskriterium auf die Motivation des Zuwendenden ab.³ Demnach wird von einer Spende nur ausgegangen werden können, wenn die Zuwendung ersichtlich ohne die Erwartung eines bestimmten Vorteils erfolgte.

6.115

---

1 BMF v. 18.2.1998 – IV B 2 - S 2144 - 40/98, BStBl. I 1998, 212 ff.
2 BMF v. 18.2.1998 – IV B 2 - S 2144 - 40/98, BStBl. I 1998, 212 ff., unter Hinweis auf BFH v. 3.2.1993 – I R 37/91, BStBl. II 1993, 441 (445).
3 BFH v. 9.8.1989 – I R 4/84, BStBl. II 1990, 237 = FR 1990, 254; FG Hess. v. 23.11.1998 – 4 K 1309/97, EFG 1999, 497; s. auch die Übersicht bei *Becker*, DStZ 2002, 663 (665).

6.116 **Praxishinweis:** Von einem erstrebten wirtschaftlichen Vorteil des Unternehmens ist insbesondere auszugehen, wenn die Sponsoren vom Empfänger oder den berichterstattenden Medien **öffentlichkeitswirksam** genannt werden (z.B. auf Plakaten, Anzeigen, Homepage, Katalog oder in Durchsagen; Berichterstattung in Zeitung, Fernsehen).

6.117 Ebenso unerheblich für den Abzug ist, ob die Zuwendung üblich oder zweckmäßig ist und ob sie in einem **angemessenen Verhältnis** zum Vorteil des Unternehmens steht.[1] Nur bei besonders krassem Missverhältnis will die Finanzverwaltung den Betriebsausgabenabzug nach § 4 Abs. 5 Satz 1 Nr. 7 EStG versagen.[2] Dann muss aber nicht nur die Unangemessenheit, sondern auch eine persönliche Verbindung des Sponsors zum Empfänger offensichtlich sein.

6.118 Liegen weder Betriebsausgabe noch Spende vor, handelt es sich um nicht abziehbare Aufwendungen. Bei Kapitalgesellschaften rechtfertigt dies noch nicht die Annahme einer **verdeckten Gewinnausschüttung**.[3] Hierfür müsste eine zumindest mittelbare Begünstigung des Gesellschafters nachgewiesen werden.

6.119 Zur Abzugsfähigkeit für Aufwendungen für **Hospitality** s. Rz. 6.264 ff.

dd) Steuerliche Behandlung beim Empfänger

6.120 Die **Finanzverwaltung** hat für die Abgrenzung zwischen Vermögensverwaltung und wirtschaftlichem Geschäftsbetrieb im Sponsoringerlass[4] folgende **Kriterien** aufgestellt:
– **Duldet** die gemeinnützige Körperschaft lediglich die Werbemaßnahme des Sponsors mit ihrem Namen, ohne sich selbst an der Werbemaßnahme zu beteiligen, ist dies steuerfreie Vermögensverwaltung (Beispiel: Der Sponsor wirbt in eigenen Anzeigen mit dem Zusatz: „Partner/Sponsor/Ausrüster des ...").[5] U.E. gilt dies auch, wenn dem Sponsor gegen Entgelt/Kostenbeteiligung gestattet wird, auf Veranstaltungen der Körperschaft mit eigenen Produkten/Ausstellungen zu werben.[6] Zumindest Letzteres ist allerdings häufiger Prüfungsstreitpunkt.
– Besteht die Gegenleistung des Empfängers in einem bloßen **Hinweis** auf die Unterstützung des Sponsors oder einer **Danksagung**, bleibt dies nach dem Sponsoringerlass ebenfalls noch ertragsteuerfrei. Gefordert

---
1 A.A. wohl FG Hess. v. 23.11.1998 – 4 K 1309/97, EFG 1999, 497 (498).
2 BMF v. 18.2.1998 – IV B 2 - S 2144 - 40/98, BStBl. I 1998, 212 ff. Rz. 5.
3 Siehe auch FG Hess. v. 23.11.1998 – 4 K 1309/97, EFG 1999, 497 (498), der anders lautende 6. Leitsatz der Entscheidung wird von den Entscheidungsgründen nicht getragen.
4 BMF v. 18.2.1998 – IV B 2 - S 2144 - 40/98, BStBl. I 1998, 212 ff.
5 Zu wettbewerbsrechtlichen Bedenken gegenüber dieser Werbeform *Schauhoff* in Schauhoff, Handbuch der Gemeinnützigkeit[2], § 6 Rz. 52.
6 Str.; a.A. FG München v. 20.11.2000 – 7 V 4362/00, EFG 2001, 539; aufgehoben – allerdings aus anderen Erwägungen – durch BFH v. 25.7.2001 – I B 41, BFH/NV 2001, 1445.

wird allerdings, dass der Hinweis oder die Danksagung nicht übermäßig herausgehoben wird.[1] Dies gilt auch dann, wenn sich der Empfänger hierzu vertraglich verpflichtet.[2] Ob die Finanzverwaltung die Hinweise und Danksagungen dem Bereich der Vermögensverwaltung zuordnet oder es sich hierbei nach dem Verständnis des BMF um eine Billigkeitsmaßnahme handelt, lässt der Erlass offen.[3]
– Die Grenze zum wirtschaftlichen Geschäftsbetrieb sieht die Finanzverwaltung dann als überschritten an, wenn eine „**Mitwirkung** der Körperschaft an den Werbemaßnahmen" erfolgt, die über Hinweis und Danksagung hinausgeht.[4]

Praxishinweis: Die **Grenze** zwischen steuerunschädlicher Duldung und Hinweisen sowie schädlicher aktiver Mitwirkung ist im Erlass – wohl bewusst – **unscharf** gehalten. In der Finanzverwaltungspraxis besteht eine hohe Bereitschaft, Sponsoringeinnahmen dem steuerfreien Bereich zuzuordnen. 6.121

f) Mittelverwendung

aa) Zahlungen/Vergütungen an Organe und Mitarbeiter

Zahlungen und Vergütungen der gemeinnützigen Körperschaft an ihre Mitarbeiter müssen **angemessen** sein. Der gemeinnützigen Körperschaft ist es nicht verwehrt, Arbeitnehmer gegen angemessenes Entgelt zu beschäftigen. Werden jedoch unangemessene Arbeitsverhältnisse begründet, kann dies die Versagung der Gemeinnützigkeit nach sich ziehen. 6.122

Einen besonderen Problembereich stellt die **Vergütung von Organen** der gemeinnützigen Körperschaft dar: Deren Vergütung bedarf – im Gegensatz zur Mitarbeitern – einer **expliziten Satzungsgrundlage**. Fehlt es an einer solchen Satzungsgrundlage, kann die Zahlung einer Vergütung auch dann die Gemeinnützigkeit gefährden, wenn die Zahlung im Verhältnis zum Arbeitsaufwand des Organmitglieds verhältnismäßig gering ausfällt. 6.123

bb) Vorteile für Mitglieder

Nach § 55 Abs. 1 Nr. 1 AO dürfen Mittel der Körperschaft nur für die satzungsmäßigen Zwecke verwendet werden. Die Mitglieder oder Gesellschaften dürfen **keine Gewinnanteile** und in ihrer Eigenschaft als Mitglieder auch keine sonstigen Zuwendungen aus Mitteln der Körperschaft er- 6.124

---

1 BMF v. 18.2.1998 – IV B 2 - S 2144 - 40/98, BStBl. I 1998, 212 ff.; *Kümpel*, DStR 1999, 1605 (1606).
2 *Schleder*, Steuerrecht der Vereine[9], Rz. 880.
3 Vgl. *Schleder*, Steuerrecht der Vereine[9], Rz. 881: Vermögensverwaltung; a.A. *Schauhoff* in Schauhoff, Handbuch der Gemeinnützigkeit[2], § 6 Rz. 52: Billigkeitsmaßnahme.
4 BMF v. 18.2.1998 – IV B 2 - S 2144 - 40/98, BStBl. I 1998, 212 ff. Rz. 9.

halten, § 55 Abs. 1 Nr. 1 Satz 2 AO. Im Vereinsbereich ist insoweit zu beachten, dass die Zurverfügungstellung von Einrichtungen oder Vorteilen an die Mitglieder angemessen entgolten wird. Verdeckte Vorteile für Mitglieder können zur Versagung der Gemeinnützigkeit und durchaus auch zur Einleitung von Steuerstrafverfahren führen.

cc) Verwaltungskosten

6.125 Nach § 55 Abs. 1 Nr. 1 Satz 1 AO darf die gemeinnützige Körperschaft ihre Mittel nur für die satzungsmäßigen Zwecke verwenden. Dieser strenge Wortlaut schließt die Verwendung gemeinnützig gebundener Mittel für Kosten der Organisation und Verwaltung nicht aus. Die Steuervergünstigungen der Gemeinnützigkeit werden allerdings mit dem Ziel gewährt, steuerbegünstigte Zwecke zu fördern. Dementsprechend kann ein Verstoß gegen die Pflicht zur gemeinnützigen Mittelverwendung vorliegen, wenn die gemeinnützig gebundenen Mittel nicht **überwiegend auch für die steuerbegünstigten Zwecke**, sondern zur Deckung der Verwaltungskosten oder zur Öffentlichkeitsarbeit (z.B. Spendenwerbung) verwendet werden.[1] Dementsprechend darf auch nach § 55 Abs. 1 Nr. 3 AO die gemeinnützige Körperschaft keine Person durch unverhältnismäßig hohe oder niedrige Vergütungen begünstigen.

6.126 Gesetz und Rechtsprechung haben – zu Recht – keine absoluten oder prozentualen Obergrenzen für die Verwaltungskosten und die Aufwendungen für die Öffentlichkeitsarbeit festgelegt. Der BFH hat lediglich hervorgehoben, dass der steuerbegünstigte Zweck verfehlt wird, wenn die gemeinnützigen Mittel „weitgehend" nicht für die steuerbegünstigten Ziele eingesetzt werden.[2] Entscheidendes Kriterium ist deshalb, ob bei Berücksichtigung der Umstände des Einzelfalls das Ausgabeverhalten der Körperschaft **angemessen** ist.[3] Angemessen ist ein Ausgabeverhalten, wenn es wirtschaftlich sinnvoll ist und dazu beiträgt, dass ein möglichst hoher Anteil der Mittel unmittelbar und effektiv den hilfsbedürftigen Personen zugutekommt.[4]

6.127 Entscheidend für die Beurteilung der Angemessenheit sind stets die **Umstände des Einzelfalls**.[5] Hierbei verbietet sich eine reine ex post Betrachtung der Verwaltungskosten. Maßgebend für die Beurteilung muss vielmehr eine schlüssige Prognoseentscheidung der gemeinnützigen Körper-

---

1 BFH v. 23.9.1998 – I B 82/98, BStBl. II 2000, 320 (324) = FR 1998, 1033 m. Anm. *Kempermann*.
2 BFH v. 23.9.1998 – I B 82/98, BStBl. II 2000, 320 (324) = FR 1998, 1033 m. Anm. *Kempermann*.
3 BFH v. 23.9.1998 – I B 82/98, BStBl. II 2000, 320 (324) = FR 1998, 1033 m. Anm. *Kempermann*; v. 21.2.1999 – XI B 128/98, BFH/NV 1999, 1055 (1056); v. 21.2.1999 – XI B 130/98, BFH/NV 1999, 1089 (1091).
4 BFH v. 23.9.1998 – I B 82/98, BStBl. II 2000, 320 (324) = FR 1998, 1033 m. Anm. *Kempermann*.
5 BFH v. 18.12.2002 – I R 60/01, BFH/NV 2003, 1025 (1026).

schaft über die Angemessenheit des Aufwands im Verhältnis zum Ertrag sein.[1]

Der BFH billigt den gemeinnützigen Körperschaften darüber hinaus eine **Gründungs- oder Aufbauphase** zu, in der auch ein sehr hoher Anteil für die Verwaltung und Spendenwerbung eingesetzt werden darf. Eine solche Aufbauphase kann durchaus mehrere Jahre umfassen.[2] In einer Entscheidung aus 1998 hat der BFH einem karitativen Verein, dessen Einnahmen ausschließlich aus Spenden stammten, nach Abschluss der Aufbauphase eine Obergrenze von 50 % für das Verhältnis der Spendeneinnahmen zu den Kosten der Verwaltung und Spendenwerbung vorgegeben.[3] Da der BFH in der gleichen Entscheidung aber ausdrücklich hervorgehoben hat, dass sich absolute oder prozentuale Obergrenzen für die Verwaltungskosten und Aufwendungen für die Spendenwerbung verbieten, kann die 50 %-Grenze allenfalls als Richtschnur für die Praxis dienen. Es bleibt bei dem Grundsatz, dass im Einzelfall auch Verwaltungskosten oberhalb der 50 %-Grenze gemeinnützigkeitsunschädlich sein können. Umgekehrt können bei fehlender Angemessenheit im Einzelfall auch Verwaltungsausgaben unterhalb von 50 % die Gemeinnützigkeit gefährden (s. auch Satz 5 AEAO zu § 55 Rz. 18).

6.128

Die **Finanzverwaltung** hat im Anschluss an die BFH-Entscheidung **striktere Grenzen** vorgegeben.[4] Zwar wird die Maßgeblichkeit der Einzelfallprüfung anerkannt.[5] Eine Aufbauphase von vier Jahren wird als absolute Obergrenze verstanden, in der Regel will die Finanzverwaltung nur eine kürzere Aufbauphase zubilligen.[6] Auch die 50 %-Grenze wird von der Finanzverwaltung häufig schematisch angewendet. Darüber hinaus will sie Kosten eines Geschäftsführers stets bei der Bemessung der Verwaltungsausgaben miteinbeziehen und nur bei nachgewiesener Mitarbeit bei gemeinnützigen Projekten teilweise ausklammern.[7] Diese schematische Sichtweise ist mit den Vorgaben der BFH-Rechtsprechung nicht zu vereinbaren.

6.129

Hervorzuheben ist allerdings, dass für die Angemessenheit der Verwaltungskosten nicht immer das allgemeine Verhältnis, sondern auch **einzelne konkrete Ausgaben** maßgebend sein können.[8] Wird z.B. einem Geschäftsführer oder Mitarbeiter ein deutlich unangemessenes Gehalt gezahlt, ist die Gemeinnützigkeit auch dann gefährdet, wenn das all-

6.130

---

1 Siehe auch *Schauhoff* in Schauhoff, Handbuch der Gemeinnützigkeit², § 8 Rz. 19.
2 Siehe BFH v. 23.9.1998 – I B 82/98, BStBl. II 2000, 320 (324) = FR 1998, 1033 m. Anm. *Kempermann*: vier Jahre.
3 BFH v. 23.9.1998 – I B 82/98, BStBl. II 2000, 320 (324 f.) = FR 1998, 1033 m. Anm. *Kempermann*.
4 AEAO zu § 55 Rz. 18 bis 21.
5 AEAO zu § 55 Rz. 18 Satz 4.
6 AEAO zu § 55 Rz. 19 Sätze 3 und 4.
7 AEAO zu § 55 Rz. 21.
8 Siehe auch AEAO zu § 55 Rz. 20.

gemeine Verhältnis der Verwaltungskosten zu den gemeinnützig gebundenen Mitteln nicht zu beanstanden ist.

dd) Darlehensvergabe

6.131 Bei der Darlehensvergabe durch eine gemeinnützige Körperschaft ist nach Auffassung der Finanzverwaltung zu unterscheiden:[1] Aus **zeitnah zu verwendenden Mitteln** ist die Darlehensvergabe nur zulässig, wenn sie

- entweder unmittelbar den **satzungsmäßigen Zweck verwirklicht** (Beispiele: Übergangsdarlehn im Rahmen der Schuldnerberatung, Darlehen an Nachwuchskünstler, Stipendien). Die Darlehensvergabe soll allerdings zu vergünstigten Bedingungen (z.B. Zinslosigkeit oder -verbilligung) erfolgen.[2] Die Finanzverwaltung verlangt hierbei zusätzlich, dass die Darlehen im Rechnungswesen entsprechend kenntlich gemacht werden, um insbesondere die Rückflüsse überprüfen zu können.[3] Letztere Voraussetzung findet u.E. im Gesetz keine Grundlage.
- Oder der **Darlehensempfänger eine andere steuerbegünstigte Körperschaft** ist und die Zuwendungen im Rahmen von § 58 Nr. 1 und 2 AO erfolgen. Nach diesen Vorschriften ist die Mittelbeschaffung (§ 58 Nr. 1 AO) oder Mittelzuwendung (§ 58 Nr. 2 AO) für oder an andere steuerbegünstigte Körperschaften oder Körperschaften des öffentlichen Rechts zur Verwendung im steuerbegünstigten Bereich zulässig.

6.132 Die Finanzverwaltung setzt ferner voraus, dass im Falle der Zuwendung nach § 58 Nr. 1 und 2 AO die empfangende Körperschaft die darlehensweise erhaltenen Mittel unmittelbar für die steuerbegünstigten Zwecke innerhalb der für eine **zeitnahe Mittelverwendung** vorgeschriebenen Frist verwendet.[4] Diese Anforderung ist vom Gesetzeswortlaut nicht gedeckt: Anders als im Fall der Hilfspersonenstellung nach § 57 Abs. 1 Satz 2 AO braucht im Rahmen der Zuwendung nach § 58 Nr. 1 und 2 AO die zuwendende Körperschaft nicht für die Handlungen des externen Dritten einzustehen. Die ordnungsgemäße und zeitnahe Mittelverwendung der empfangenden Körperschaft liegt nicht in der Verantwortungssphäre des Zuwendenden.

6.133 Aus nicht zeitnah zu verwendenden Mitteln ist die Darlehensvergabe als Vermögensverwaltung ebenfalls zulässig. Die Finanzverwaltung fordert hier, dass die Darlehensvergabe zu **angemessenen Konditionen** (insbesondere marktübliche Verzinsung) erfolgt.

6.134 Die Darlehensvergabe ohne Bezug zum steuerbegünstigten Satzungszweck sollte nur in begründeten Ausnahmefällen erfolgen. Zumindest ist auf entsprechende **Sicherung und Bonität** zu achten. Bei Darlehen an Na-

---

1 Vgl. AEAO zu § 55 Rz. 15 bis 17.
2 AEAO zu § 55 Rz. 15 Satz 3.
3 AEAO zu § 55 Rz. 15 Satz 5 und 6.
4 AEAO zu § 55 Rz. 15 Satz 4.

hestehende (z.B. Stifter und dessen Angehörige) muss das Darlehen jedenfalls unter fremdüblichen Konditionen erfolgen.

Zur Vergabe von **Sicherheiten** gelten weitgehend die gleichen Grundsätze wie für die Darlehensvergabe. Erhält die gemeinnützige Körperschaft für die Sicherheitsstellung ein Entgelt, ist dies regelmäßig der Vermögensverwaltung und nicht dem wirtschaftlichen Geschäftsbetrieb zuzuordnen. Auch die Besicherung eines Darlehens für den wirtschaftlichen Geschäftsbetrieb begründet für sich genommen noch keine Mittelfehlverwendung.

6.135

ee) Personal- und Raumüberlassung

Nach § 58 Nr. 4 AO kann die gemeinnützige Körperschaft ihre Arbeitskräfte anderen Personen, Unternehmen oder Einrichtungen für steuerbegünstigte Zwecke zur Verfügung stellen. Systematisch ist hierbei Folgendes zu beachten: § 58 Nr. 4 AO begründet keinen eigenständigen steuerbegünstigten Zweck.[1] Die Vorschrift normiert lediglich eine Ausnahme vom Grundsatz der Unmittelbarkeit (§ 57 AO).[2] Die Überlassung von Arbeitskräften ist im Rahmen von § 58 Nr. 4 AO zulässig, lässt die steuerliche Qualifizierung der Personalüberlassung aber unberührt. Erfolgt die Überlassung entgeltlich, begründet sie bei der überlassenden gemeinnützigen Körperschaft einen wirtschaftlichen Geschäftsbetrieb, im Ausnahmefall einen Zweckbetrieb. Die Personalüberlassung muss im Hinblick auf § 55 Abs. 1 Nr. 3 AO grundsätzlich zu einem **angemessenen, marktüblichen Entgelt** erfolgen. Der Regelungsbereich von § 58 Nr. 4 AO ist daher auf Folgendes beschränkt: Erfolgt die Personalüberlassung für steuerbegünstigte Zwecke, kann die Personalüberlassung abweichend vom Grundsatz des § 55 Abs. 1 Nr. 3 AO auch zu einem nicht kostendeckenden Entgelt oder sogar unentgeltlich erfolgen. Die Überlassung muss hierbei nicht an steuerbegünstigte Einrichtungen, sondern lediglich zu steuerbegünstigten Zwecken erfolgen. Die Überlassung an andere steuerbegünstigte Körperschaften ist ein Anwendungsfall des **§ 58 Nr. 2 AO**.

6.136

Die Personalüberlassung an eine nicht steuerbegünstigte Organisation im Rahmen von § 58 Nr. 4 AO darf **ausschließlich** im Rahmen des von vornherein konkretisierten steuerbegünstigten Zwecks erfolgen. Die Arbeitskräfte dürfen bei der empfangenden Körperschaft nur zu diesen Zwecken eingesetzt werden.[3]

6.137

Beispiel:
Ein gemeinnütziges Krankenhaus überlässt Pflegepersonal an ein anderes, steuerpflichtiges Krankenhaus, um dort im Rahmen eines Notfalls die Krankenversorgung sicherzustellen. Im Vordergrund muss hierbei das krankenpflegerische Ansinnen, nicht aber die Entlastung des steuerpflichtigen Unternehmens von Kosten ste-

---

1 Siehe auch *Fischer* in Hübschmann/Hepp/Spitaler, AO/FGO, § 58 AO Rz. 47.
2 Siehe auch BFH v. 30.11.1995 – V R 29/91, BStBl. II 1997, 189 = UR 1996, 195.
3 *Fischer* in Hübschmann/Hepp/Spitaler, AO/FGO, § 58 Rz. 48.

hen.¹ Steuerlich unschädlich ist bei § 58 Nr. 3 AO nicht nur die Überlassung von Arbeitskräften, sondern auch von **Arbeitsmitteln** (AEAO zu § 58 Nr. 3 Rz. 3).

6.138 § 58 Nr. 5 AO erlaubt der gemeinnützigen Körperschaft, ihr gehörende **Räume** einer anderen steuerbegünstigten Körperschaft zur Benutzung für deren steuerbegünstigte Zwecke zu überlassen. Die Raumüberlassung an nicht steuerbegünstigte Körperschaften wird durch § 58 Nr. 5 AO ebenso wenig ausgeschlossen wie die Überlassung an eine steuerbegünstigte Organisation für deren nicht steuerbegünstigten Bereich.² Eine solche Überlassung bleibt zulässig, muss allerdings im Hinblick auf § 55 Abs. 1 Nr. 4 AO gegen ein angemessenes und marktübliches Entgelt erfolgen. Die hieraus erzielten Einnahmen sind regelmäßig der Vermögensverwaltung, nur in Ausnahmefällen einem wirtschaftlichen Geschäftsbetrieb oder einem Zweckbetrieb zuzuordnen. Der Regelungsgehalt des § 58 Nr. 4 AO ist insoweit darauf beschränkt, dass für die Raumüberlassung an eine steuerbegünstigte Körperschaft auch die teil- oder unentgeltliche Überlassung gestattet wird.³

6.139 Eine verbilligte oder nicht marktübliche Überlassung kann aufgrund eines Verstoßes gegen den Grundsatz der Selbstlosigkeit (§ 55 Abs. 1 Nr. 1 AO) zur **Versagung der Gemeinnützigkeit** im Veranlagungszeitraum des Verstoßes führen, rechtfertigt aber nicht die rückwirkende Versagung nach §§ 61 Abs. 3, 63 Abs. 2 AO wegen Verstoßes gegen die Vermögensbindung.⁴

ff) Verluste

6.140 Mittel der gemeinnützigen Körperschaft dürfen nur für die satzungsmäßigen Zwecke verwendet werden (§ 55 Abs. 1 Nr. 1 Satz 1 AO). Die Verwendung gemeinnützig gebundener Mittel im steuerpflichtigen wirtschaftlichen Geschäftsbetrieb ist daher grundsätzlich unzulässig. Dies bedeutet aber gleichzeitig, dass der wirtschaftliche Geschäftsbetrieb der gemeinnützigen Körperschaft „zum Gewinn verdammt" ist. Denn Verluste im wirtschaftlichen Geschäftsbetrieb müssen zwangsläufig durch das gemeinnützig gebundene Vermögen aufgefangen werden, ansonsten liegt grundsätzlich eine Mittelfehlverwendung vor. Das Mittelverwendungsverbot für den wirtschaftlichen Geschäftsbetrieb dient auch dazu, die Wettbewerbsneutralität des Steuerrechts zu wahren.⁵ Aus diesem Grund dürfen wirtschaftliche Geschäftsbetriebe nicht mit Mitteln aus dem steuerbegünstigten Bereich alimentiert werden.⁶

---

1 *Schauhoff* in Schauhoff, Handbuch der Gemeinnützigkeit², § 8 Rz. 61.
2 Siehe auch *Fischer* in Hübschmann/Hepp/Spitaler, AO/FGO, § 58 Rz. 52; a.A. wohl *Buchna*, Gemeinnützigkeitsrechts im Steuerrecht⁹, 158.
3 *Fischer* in Hübschmann/Hepp/Spitaler, AO/FGO, § 58 Rz. 52.
4 FG München v. 11.3.2005 – 9 K 1567/00, rkr., EFG 2005, 1003.
5 BFH v. 13.11.1996 – I R 152/93, BStBl. II 1998, 711 (714) = FR 1997, 231; *Hüttemann*, Wirtschaftliche Betätigung und steuerliche Gemeinnützigkeit, Diss. Bonn, 78 ff., 87.
6 BFH v. 13.11.1996 – I R 152/93, BStBl. II 1998, 711 = FR 1997, 231.

6.141 Verluste im wirtschaftlichen Geschäftsbetrieb sind nur dann unschädlich, soweit sie nach § 64 Abs. 2 AO mit Gewinnen aus anderen wirtschaftlichen Geschäftsbetrieben ausgeglichen werden können. Dies gilt auch dann, wenn einzelne solcher Geschäftsbetriebe ohne Gewinnerzielungsabsicht oder zumindest zeitweise bewusst defizitär betrieben werden (sog. **Dauerverlustbetriebe**).[1] Ist ein Verlustausgleich gem. § 64 Abs. 2 AO nicht möglich, verbleibt zur Vermeidung einer Mittelfehlverwendung allenfalls der Ausgleich durch hierfür bestimmte Umlagen, Zuschüsse oder andere nicht steuerbegünstigte Zuwendungen. Zu beachten ist, dass solche Zuwendungen schenkung- oder ertragsteuerpflichtig sein können.

6.142 Nach Rechtsprechung und Finanzverwaltung begründet grundsätzlich jeder Verlust im wirtschaftlichen Geschäftsbetrieb eine Mittelfehlverwendung.[2] Dies würde allerdings die gemeinnützigen Körperschaften beim Betrieb des – grundsätzlich als Mittelbeschaffungsbetrieb erwünschten – wirtschaftlichen Geschäftsbetriebs unkalkulierbaren Risiken aussetzen. Vor diesem Hintergrund werden folgende **Ausnahmen** zugelassen: Nach der Rechtsprechung ist der Verlust unschädlich, wenn er auf einer Fehlkalkulation beruht und dem gemeinnützigen Bereich bis zum Ende des folgenden Wirtschaftsjahres die erforderlichen Mittel in der Verlusthöhe wieder zugeführt werden.[3] Die Mittelzuführung darf nicht aus einem Zweckbetrieb, dem Vermögensverwaltungsbereich oder aus anderen steuerbegünstigten Zuwendungen stammen.

6.143 Die **Finanzverwaltung** sieht darüber hinausgehend die Verlustentstehung unter folgenden Voraussetzungen als unschädlich an:[4]

– Der Verlust kann durch die in den **vergangenen sechs Jahren** insgesamt erwirtschafteten **Gewinne** ausgeglichen werden.
– Alternativ ist ein Verlustausgleich mit dem **Gewinn des Folgejahres** möglich.
– **Anlaufverluste** eines neu gegründeten wirtschaftlichen Geschäftsbetriebs sind in den **ersten drei Jahren** unschädlich, sofern im vierten Jahr bemessen auf den Gesamtzeitraum ein positives Gesamtergebnis erreicht wird.[5]

6.144 Unschädlich ist ein nach ertragsteuerlichen Grundsätzen ermittelter Verlust eines wirtschaftlichen Geschäftsbetriebs ferner dann, wenn er ausschließlich auf anteiligen **Abschreibungen** gemischt genutzter Wirtschaftsgüter oder anderen **gemischten Aufwendungen** (z.B. zeitweiser Einsatz von Personal oder Sachmitteln) beruht. Die Finanzverwaltung hat diese Ausnahme allerdings an ergänzende Voraussetzungen gebunden (s. AEAO zu § 55 Rz. 5).

---

1 Siehe *Wallenhorst*, DStZ 2004, 711.
2 BFH v. 13.11.1996 – I R 152/93, BStBl. II 1998, 711 (713) = FR 1997, 231; AEAO zu § 55 Rz. 4.
3 BFH v. 13.11.1996 – I R 152/93, BStBl. II 1998, 711 (714) = FR 1997, 231.
4 BMF v. 19.10.1998 – IV C 6 - S 0171 – 10/98, BStBl. I 1998, 1423; AEAO zu § 55 Rz. 4 ff.
5 AEAO zu § 55 Rz. 8 Satz 4.

6.145 Der **Verlustausgleich** kann grundsätzlich auch durch Umlagen oder hierfür bestimmte Zuschüsse erfolgen, die in diesem Fall aber nicht als Spenden abzugsfähig sind (AEAO zu § 55 Rz. 3 und 4). Auch der Ausgleich durch Darlehen ist ausreichend, wenn Tilgung und Zinsen aus dem wirtschaftlichen Geschäftsbetrieb bestritten werden. Die Finanzverwaltung sieht es als unschädlich an, wenn das Darlehen durch eine Grundschuld auf ideelles Vermögen gesichert wird (s. zum Ganzen AEAO zu § 55 Rz. 7).

6.146 Die Verwaltungsvorgaben sind im Verhältnis zur Rechtsprechung großzügig, aber zu schematisch, um zu sachgerechten Ergebnissen zu führen.[1] In der **Verwaltungspraxis** werden sie nicht durchgängig angewendet, sondern vereinzelt zugunsten der steuerbegünstigten Körperschaft modifiziert: Kann die gemeinnützige Körperschaft nachweisen, bei der Begründung des wirtschaftlichen Geschäftsbetriebs von Anfang an mit **Gewinnerzielungsabsicht** gehandelt zu haben, akzeptiert die Finanzverwaltung auch nicht innerhalb der Verwaltungsvorgaben ausgeglichene Verluste, sofern im Falle der Verlustentstehung oder dauerhafter Verlustprognose die Konsequenzen gezogen und defizitäre wirtschaftliche Geschäftsbetriebe eingestellt werden. Die Beurteilung wirtschaftlicher Betätigungen wird insoweit – trotz § 14 Satz 2 AO – an die Prüfung der Gewinnerzielungsabsicht bei einkommensteuerlichen Einkünften angeglichen.[2]

6.147 Die Finanzverwaltung will die vorstehenden Grundsätze zum Verlustausgleich beim wirtschaftlichen Geschäftsbetrieb auch auf Verluste aus der **Vermögensverwaltung** anwenden.[3] Eine derartige Prüfung der Ertragslage im Vermögensverwaltungsbereich geht an der **Realität vorbei**.[4] Vermögensanlagen, z.B. in den Bereichen Vermietung und Verpachtung oder in Wertpapieren, unterliegen zu starken Schwankungen, als dass sie anhand der Verlustkriterien der Finanzverwaltung bemessen werden könnten. Darüber hinaus ist zu berücksichtigen, dass dem Mittelverwendungsverbot im wirtschaftlichen Geschäftsbetrieb Wettbewerbsgesichtspunkte zugrunde liegen, die im Bereich der Vermögensverwaltung nicht gelten.

6.148 In der **Praxis** spielt die Verlustprüfung im Bereich der Vermögensverwaltung bislang keine nennenswerte Rolle.

gg) Zeitnahe Mittelverwendung

6.149 Das gesetzliche Gebot zur satzungsmäßigen, gemeinnützigen Mittelverwendung (§ 55 Abs. 1 Nr. 1 AO) führt nicht nur zu einem Mittelverwen-

---

1 Siehe auch *Schauhoff* in Schauhoff, Handbuch der Gemeinnützigkeit[2], § 6 Rz. 6; *Hüttemann*, FR 2002, 1337 ff.
2 Siehe nur *Hüttemann*, FR 2002, 1337 (1341).
3 AEAO zu § 55 Rz. 9; demgegenüber war das BMF, Schr. v. 19.10.1998 – IV C 6 - S 0171 - 10/98, BStBl. I 1998, 1423, noch auf Verluste im wirtschaftlichen Geschäftsbetrieb beschränkt. Für eine entsprechende Anwendung auf die Vermögensverwaltung auch *Buchna*, Gemeinnützigkeit im Steuerrecht[9], 108; OFD Hannover v. 29.7.1999 – S 0177 - 8 - StO 214, S 2729 - 326 - StH 233, DStR 1999, 1565.
4 Zutreffend *Hüttemann*, FR 2002, 1337 (1341).

dungsverbot für andere, nicht steuerbegünstigte Zwecke. Es schließt darüber hinaus mit ein, dass die Mittel der Körperschaft **nicht thesauriert**, sondern zeitnah verwendet werden müssen.[1] Die Mittel müssen möglichst umgehend dem gemeinnützigen Zweck zugeführt werden. Die gemeinnützige Körperschaft hat die Pflicht, die Mittel spätestens in den beiden auf den Zufluss folgenden Kalender- oder Wirtschaftsjahren für die steuerbegünstigten satzungsmäßigen Zwecke zu verwenden, § 55 Abs. 1 Nr. 5 Satz 3 AO. Die rigide Vorgabe des Gesetzes wird in der Praxis oft durch § 63 Abs. 4 AO gemildert: Das Finanzamt kann eine längere Frist zur Mittelverwendung setzen. Die Finanzverwaltung ist hier oft großzügig. Die Fristsetzung steht grundsätzlich im Ermessen der Finanzverwaltung. Bei pflichtgemäßer Ermessensausübung ist das Finanzamt aber im Regelfall zur Fristsetzung verpflichtet, bevor die Gemeinnützigkeit versagt werden kann.[2] Eine Ausnahme ist nur bei vorsätzlichen, planmäßigen oder wiederholten Verstößen denkbar.[3]

g) Versagung der Gemeinnützigkeit
aa) Gefahren für die Gemeinnützigkeit
(1) Satzungsmängel

Die gemeinnützigen Zwecke und die Art ihrer Verwirklichung müssen in der Satzung genau bestimmt sein, § 60 Abs. 1 AO. Die Satzung muss den Gemeinnützigkeitsanforderungen während des gesamten Steuererhebungszeitraums entsprechen, § 60 Abs. 2 i.V.m. Anlage 1 AO. Die **formelle Satzungsmäßigkeit** stellt für gemeinnützige Stiftungen regelmäßig die **geringste Gefährdung** dar. Bei Errichtung einer steuerbegünstigten Körperschaft werden die Satzungsentwürfe oft mit der zuständigen Finanzbehörde abgestimmt. Vorhandene Satzungsmängel werden auf diese Weise im Vorfeld behoben. Auch bei der **Satzungsänderung** sind die Gemeinnützigkeitsvorschriften und insbesondere die Anforderungen der Mustersatzung (Anlage 1 AO) zu beachten.

6.150

(2) Geschäftsführungsverstöße

Dass die Satzung i.d.R. den Gemeinnützigkeitsanforderungen entspricht (§ 60 AO), ist fast selbstverständlich. Übersehen wird häufig, dass auch die **tatsächliche Geschäftsführung den gemeinnützigen Anforderungen entsprechen** muss, § 63 AO. Verstöße hiergegen sind ein Versagungsgrund nach §§ 63 Abs. 2, 60 Abs. 2 AO.

6.151

---

1 Siehe nur BFH v. 13.9.1989 – I R 19/85, BStBl. II 1990, 28; *Wallenhorst* in Wallenhorst/Halaczinsky, Die Besteuerung gemeinnütziger Vereine, Stiftungen und der juristischen Personen des öffentlichen Rechts[6], C. Rz. 38.
2 Siehe auch *Gersch* in Klein, AO[12], § 63 Rz. 4; *Seer* in Tipke/Kruse, § 63 AO Rz. 13 (Mai 2013).
3 *Gersch* in Klein, AO[12], § 63 Rz. 3; *Seer* in Tipke/Kruse, § 63 AO Rz. 15 (Mai 2013).

(3) Verstöße gegen die Vermögensbindung

6.152 Nach § 55 Abs. 1 Nr. 1 AO dürfen Mittel der steuerbegünstigten Körperschaft ausschließlich für die satzungsmäßigen Zwecke verwendet werden.

Beispiele:

- Auch **unverhältnismäßige Vergütungen oder zu hoher Auslagenersatz** können nach § 55 Abs. 1 Nr. 3 AO gemeinnützigkeitsschädlich wirken.[1] Ob die Vergütung angemessen ist, richtet sich nach der Art der Tätigkeit und den sonstigen Verdienstmöglichkeiten des Steuerpflichtigen.[2]
- **Mittelfehlverwendung:** Unzulässig ist insbesondere die Verwendung gemeinnützig gebundener Mittel im steuerpflichtigen wirtschaftlichen Geschäftsbetrieb. Auch ein im Zweckbetrieb erwirtschafteter Überschuss muss für die begünstigten gemeinnützigen Zwecke der Körperschaft verwendet werden.[3]
- **Verluste im wirtschaftlichen** Geschäftsbetrieb können bei der Besteuerung mit Gewinnen anderer wirtschaftlicher Geschäftsbetriebe ausgeglichen werden. Verbleibt dennoch ein Verlust und muss zum Verlustausgleich nachhaltig gemeinnützig gebundenes Vermögen eingesetzt werden, wird gegen die Gemeinnützigkeitsbindung verstoßen.
- Die **nicht zeitnahe Mittelverwendung** begründet ebenfalls einen Gemeinnützigkeitsverstoß: Die Mittel müssen spätestens in dem auf den Zufluss folgenden Kalender- oder Wirtschaftsjahr für die steuerbegünstigten satzungsmäßigen Zwecke verwendet werden, § 55 Abs. 1 Nr. 5 Satz 3 AO. Das der Körperschaft bei ihrer Gründung zugewendete Vermögen unterliegt nicht dem Gebot der zeitnahen Mittelverwendung.[4] Allerdings kann das Finanzamt nach **§ 63 Abs. 4 AO** eine **längere Frist** für die Mittelverwendung setzen, die zumindest zwei bis drei Jahre betragen kann.[5] Dies führt u.E. dazu, dass die nicht zeitnahe Mittelverwendung i.R.d. ordnungsgemäßen Ermessensausübung erst nach fruchtlosem Fristablauf zur Versagung führen kann.

bb) Folgen von Gemeinnützigkeitsverstößen

6.153 Die Folge von Gemeinnützigkeitsverstößen ist nach dem Grundsatz der **Verhältnismäßigkeit** zu prüfen. Die Versagung der Gemeinnützigkeit ist also keinesfalls zwingend. Wie § 63 Abs. 4 AO zeigt, soll die Versagung in bestimmten Fällen lediglich ultima ratio sein. Aber auch sonst hat die Finanzverwaltung im Wege der ordnungsgemäßen Ermessensausübung zu prüfen, ob der Gemeinnützigkeitsverstoß derart schwerwiegend ist, dass er die Versagung der Gemeinnützigkeit für einen oder mehrere Veranlagungszeiträume rechtfertigt.

6.154 Die **Versagung der Gemeinnützigkeit** ist die schwerwiegendste Sanktion für den Gemeinnützigkeitsverstoß. Dementsprechend kann eine Ver-

---

1 Siehe auch BMF v. 7.6.1999 – IV C 4 - S 2223 – 111/99, BStBl. I 1999, 591, Rz. 5.
2 BFH v. 8.8.2001 – I B 40/01, BFH/NV 2001, 1536.
3 *Alvermann* in Streck, KStG[7], § 5 Rz. 25.
4 AEAO § 55 Rz. 11.
5 Vgl. OFD Frankfurt/M. v. 4.3.1993 – S 0177 A – 1 – St II 12, DStR 1993, 1144 (1145).

sagung nicht bei jedem kleineren Verstoß, sondern lediglich bei gravierenden Verstößen erfolgen. Es ist stets das Übermaßverbot zu prüfen.[1]

Liegt ein gravierender Verstoß vor, der die Versagung der Gemeinnützigkeit rechtfertigt, ist in zeitlicher Hinsicht je nach **Art des Verstoßes** wie folgt zu unterscheiden: 6.155
- Wird gegen die Vorschriften der **ordnungsgemäßen Geschäftsführung** verstoßen, führt dies nach §§ 63 Abs. 2, 60 Abs. 2 AO grundsätzlich zur Versagung der Gemeinnützigkeit in dem Veranlagungszeitraum, in dem der Geschäftsführungsverstoß begangen wurde.
- Wird gegen die Vorschriften über die **Vermögensbindung** verstoßen, gilt die Vermögensbindung als von Anfang an steuerlich nicht bestehend, §§ 63 Abs. 2, 61 Abs. 3 Satz 1 AO. Die Versagung der Gemeinnützigkeit kann rückwirkend für die letzten **zehn Kalenderjahre** erfolgen, §§ 61 Abs. 3 Satz 2, 175 Abs. 1 Satz 1 Nr. 2 AO. Das Gleiche gilt im Rahmen von §§ 63 Abs. 2, 61 Abs. 3 AO, wenn ein Verstoß gegen die tatsächliche Geschäftsführung derart schwerwiegend ist, dass er einem Verstoß gegen die Vermögensbindung gleichkommt (s. auch AEAO zu § 61 Rz. 8).

Insbesondere im letzten Fall der rückwirkenden Versagung ist allerdings das **Übermaßverbot** zu beachten: § 61 Abs. 3 AO ist u.E. auf Fälle zu begrenzen, in denen das gemeinnützige Vermögen dauerhaft seiner Zweckbestimmung entzogen wird.[2] Wird die gemeinnützige Zielrichtung beibehalten, besteht für die Anwendung der rückwirkenden Versagungsvorschrift kein Raum.[3] Dies gilt z.B. dann, wenn das Gepräge der Gemeinnützigkeit nur kurzzeitig verloren geht, alsbald aber wieder hergestellt wird.[4] Auch einfache Mittelverwendungsverstöße rechtfertigen noch keine rückwirkende Versagung wegen Verstoßes gegen die Vermögensbindung.[5]

Wird die Gemeinnützigkeit versagt, drohen **einschneidende Folgen** für Körperschaft und Organe: 6.156
- **Verlust der Ertrag- sowie Erbschaft- und Schenkungsteuerbefreiung** für die betroffenen Jahre,
- **Verlust der Umsatzsteuerermäßigung** für den gemeinnützigen Bereich,
- **Spendenhaftung** im Falle der Fehlverwendung oder zumindest grob fahrlässiger Falschausstellung von Zuwendungsbestätigungen, § 10b Abs. 4 EStG,
- ggf. **persönliche Steuerhaftung** der Geschäftsführer und Vorstände,

---

1 Seer in Tipke/Kruse, § 61 AO Rz. 5 (Mai 2013).
2 Siehe auch Seer in Tipke/Kruse, § 61 AO Rz. 5 (Mai 2013): Verfassungs- und systemkonforme Auslegung zur Vermeidung eines Übermaßes.
3 Strahl, KÖSDI 2004, 14291 (14295).
4 Strahl, KÖSDI 2004, 14291 (14295).
5 Siehe z.B. FG München v. 11.3.2005 – 9 K 1567/00, rkr., EFG 2005, 1003: verbilligte Raumüberlassung.

– hinzu treten mögliche **strafrechtliche Konsequenzen** bei vorsätzlichen Verstößen.

6. Spenden

a) Unrichtiger Spendenausweis

6.157 Spenden müssen **freiwillig**, d.h. ohne Rechtspflicht erfolgen.[1] Dies unterscheidet sie von Mitgliedsbeiträgen, Aufnahmegebühren und Umlagen, die verpflichtend sind. Die Zahlung auf eine nicht verpflichtende Bitte der Körperschaft an alle Mitglieder, einen bestimmten Betrag zu spenden, ist demgegenüber freiwillig.[2] Das Motiv für die Spende ist unerheblich, solange es nicht der Freiwilligkeit entgegensteht. Nicht freiwillig sind z.B. auferlegte Vermächtniszahlungen,[3] Auflagen, Geldauflagen zur Einstellung von Straf- oder Bußgeldverfahren.[4] Die Verpflichtung ist aber dann unschädlich, wenn sie – z.B. im Wege einer Spendenrahmenvereinbarung – freiwillig eingegangen wird.

6.158 **Aufnahme-** oder **Eintrittsspenden** zu Vereinen etc. sind regelmäßig keine Spenden, wenn sie faktisch die Eintrittsgebühr für die Mitgliedschaft sind.[5] Besteht kein rechtlicher oder faktischer Zahlungszwang, ist eine Qualifizierung als Spende möglich.[6] Auch erwartete Spenden sind unter diesen Voraussetzungen noch freiwillig. Die Finanzverwaltung geht allerdings – unzutreffend – widerlegbar von einer Aufnahmegebühr aus, wenn mehr als 75 % der Mitglieder eine gleiche oder ähnliche Spende zahlen.[7]

6.159 Spenden müssen **unentgeltlich** erfolgen. Die bloße Veröffentlichung der Spenden oder Danksagungen ist unschädlich. Erfolgt die „Spende" aber ganz oder teilweise als Entgelt für eine Leistung der Körperschaft, ist der Spendenabzug ausgeschlossen. Allerdings kann in diesem Fall der Betriebsausgabenabzug gegeben sein. Beim gemeinnützigen Empfänger begründet die Entgeltlichkeit i.d.R. einen wirtschaftlichen Geschäftsbetrieb und umsatzsteuerbaren Leistungsaustausch.

6.160 **Aufwandsspenden** (z.B. Fahrt-/Benzinkosten für ehrenamtliche Helfer) sind nur unter den Voraussetzungen der §§ 10b Abs. 3 Satz 4 und 5 EStG, 9 Abs. 2 Satz 4 und 5 KStG abzugsfähig: Demnach können Zuwendungen auch durch Verzicht auf Geldansprüche erfolgen. Der Anspruch auf Aufwendungsersatz muss allerdings durch Vertrag oder Satzung eingeräumt und nicht von vornherein an die Bedingung des Verzichts geknüpft worden sein. Auch für im Auftrag der Körperschaft durchgeführte Fahrten

---

1 BFH v. 12.9.1990 – I R 65/86, BStBl. II 1991, 258.
2 Siehe *Olgemöller* in Streck, KStG[8], § 9 Rz. 15.
3 BFH v. 22.9.1993 – X R 107/91, BStBl. II 1993, 874 = FR 1994, 15 m. Anm. *Schmidt*; v. 12.10.1993 – X B 122/93, BFH/NV 1994, 712.
4 BFH v. 19.12.1990 – X R 40/86, BStBl. II 1991, 234 = FR 1991, 201.
5 FG Münster v. 26.4.2001 – 14 K 3980/97 E, EFG 2001, 1273.
6 FG Hamburg v. 17.12.2001 – II 657/99, rkr., EFG 2002, 545.
7 BMF v. 19.10.1998 – IV C 6 - S 0171 - 10/98, BStBl. I 1998, 1423 (1424).

mit dem Privat-Pkw ist ein Spendenabzug möglich.[1] Die Finanzverwaltung verlangt eine vor Tätigkeitsbeginn erfolgte schriftliche Grundlage des Anspruchs.[2] Die Zuwendungsbestätigung erfordert den Hinweis, dass die Spende durch den Verzicht auf die Erstattung von Aufwendungen oder durch eine Entgeltspende erfolgt. Über den Umfang und den Anlass des Aufwands muss die Zuwendungsbescheinigung konkrete Angaben enthalten.[3] „Aufwendungen zugunsten einer Körperschaft, die zum Empfang steuerlich abziehbarer Zuwendungen berechtigt ist, können nur abgezogen werden, wenn ein Anspruch auf die Erstattung der Aufwendungen durch Vertrag oder Satzung eingeräumt und auf die Erstattung verzichtet worden ist. Der Anspruch darf nicht unter der Bedingung des Verzichts eingeräumt worden sein", § 10b Abs. 3 Satz 5 und 6 EStG.

Nach diesen Kriterien sind auch **Lohn- und Gehaltsspenden** zu beurteilen:[4] Verzichtet der Arbeitnehmer auf seinen Arbeitslohn zugunsten der gemeinnützigen Organisation, liegt insoweit mangels Zufluss kein steuerpflichtiger Arbeitslohn, dementsprechend auch keine abzugsfähige Spende des Arbeitnehmers vor. Entscheidet sich der Arbeitnehmer zur Rückgabe unter Verwendungsabrede, bezieht er zunächst steuerpflichtigen Arbeitslohn, hat aber die Berechtigung zum Spendenabzug. Ein in diesem Zusammenhang vom Arbeitgeber ausgeübter Druck zur Spende sollte unterbleiben, kann aber nur in Extremfällen wegen fehlender Freiwilligkeit zur Versagung des Spendenabzugs führen.[5]

6.161

Nicht abzugsfähig sind Spenden, die **für den wirtschaftlichen Geschäftsbetrieb** der Körperschaft bestimmt sind. In diesem Fall entfällt auch die Schenkungsteuerbefreiung nach § 13 Abs. 1 Nr. 16 Buchst. b) ErbStG. Wird die Zuwendung aber aus Sicht des Spenders für die gemeinnützigen Zwecke gewährt, aber sodann ohne Zutun des Spenders seitens der Körperschaft fehlverwendet, wird hierdurch der Spendenabzug nicht berührt. Wird durch die Zuwendung ein wirtschaftlicher Geschäftsbetrieb begründet, ist dies sowohl für den Spendenabzug als auch schenkungsteuerlich unschädlich.

6.162

Zuwendungen aus dem steuerbefreiten Bereich einer gemeinnützigen Stiftung sind nicht als Spende abzugsfähig.[6] Werden Mittel aus dem wirt-

6.163

---

1 Zu Einzelheiten s. OFD Frankfurt/M. v. 21.2.2002 – S 2223 A 22 St II 25, DStR 2002, 805.
2 Vgl. BMF, Schr. v. 7.6.1999 – IV C 4 - S 2223 - 111/99, BStBl. I 1999, 591: auch schriftlicher, den Mitgliedern bekannt gegebener Vorstandsbeschluss ausreichend; s. auch *Heinicke* in Schmidt, EStG[35], § 10b Rz. 5.
3 BFH v. 29.11.1989 – X R 154/88, BStBl. II 1990, 570 = FR 1990, 227; BMF, Schr. v. 7.6.1999 – IV C 4 - S 2223 - 111/99, BStBl. I 1999, 591.
4 *Koss*, DB 2005, 414 ff.; s. auch BMF, Schr. v. 14.1.2005 – IV C 4 - S 2223 - 48/05, BStBl. I 2005, 52, Seebebenopfer; und BMF v. 1.10.2002 – IV C 4 - S 2223 - 301/02, BStBl. I 2002, 960, Hochwasser.
5 Siehe aber OFD Berlin v. 20.5.2003 – St 172 – 2223 - 5/03, DStR 2003, 1299: „erhebliche Zweifel" bei starkem Arbeitgeberdruck.
6 BFH v. 27.3.2001 – I R 78/99, BStBl. II 2001, 449 (451) = FR 2001, 836 m. Anm. *Pezzer*.

schaftlichen Geschäftsbetrieb in den steuerbefreiten Bereich zur Förderung der steuerbegünstigten Zwecke verlagert, ist dies keine Spende, sondern Gewinnverwendung.[1]

b) Spendenhaftung

6.164 Nach §§ 10b Abs. 4 Satz 1 EStG, 9 Abs. 3 Satz 1 KStG, 9 Nr. 5 Satz 8 GewStG darf der Steuerpflichtige auf die Richtigkeit ausgestellter Spendenbestätigungen vertrauen, soweit ihm nicht Vorsatz oder grobe Fahrlässigkeit im Hinblick auf die Unrichtigkeit nachgewiesen werden kann. Der Gutglaubensschutz besteht auch für die Beurteilung, ob es sich überhaupt um eine Spende handelt.[2] Diese Großzügigkeit des Gesetzgebers beim Spendenabzug wird durch die gegenläufige **Spendenhaftung des Ausstellers** der unrichtigen Bescheinigung (§§ 10b Abs. 4 Satz 2, Alt. 1, 9 Abs. 3 Satz 2, Alt. 1 KStG, 9 Nr. 5 Satz 9, Alt. 1 GewStG) bzw. des **Veranlassers** einer zweckwidrigen Verwendung der Spende (§§ 10b Abs. 4 Satz 2, Alt. 2, 9 Abs. 3 Satz 2, Alt. 1 KStG, 9 Nr. 5 Satz 9, Alt. 2 GewStG) ausgeglichen.

6.165 Der Zusammenhang zwischen **Gutgläubigkeit** des Spenders und Haftung des Spendenempfängers ist im Haftungsverfahren zu beachten. Eine Inhaftungnahme ist nur zulässig, wenn auf der Spenderseite ein Steuerschaden eingetreten ist.

6.166 Die Spendenhaftung setzt eine Zuwendungsbestätigung voraus. Sowohl der Aussteller einer unrichtigen (§ 10b Abs. 4 Satz 2, Alt. 1 EStG) als auch der Veranlasser einer zweckwidrigen Verwendung der Spende (§ 10b Abs. 4 Satz 2, Alt. 2 EStG) haften nur im Falle zumindest grober Fahrlässigkeit.

6.167 Die **Veranlasserhaftung** greift bei Fehlverwendung der Spendengelder, z.B. im wirtschaftlichen Geschäftsbetrieb. Sie kann auch greifen, wenn die Spende nur im ideellen Bereich, aber nicht zu dem in der Zuwendungsbestätigung angegebenen Zweck verwendet wird.[3] Die Verwendung im Zweckbetrieb ist unschädlich.

6.168 Auch im Falle einer **Versagung der Gemeinnützigkeit** kann die Spendenhaftung greifen. Der BFH hat klargestellt, dass zwar für die Veranlasserhaftung wegen Fehlverwendung kein Raum ist, sofern die Körperschaft die Zuwendung tatsächlich zu den in der Zuwendungsbestätigung angegebenen Zwecken verwendet hat.[4] Allerdings kann die Ausstellerhaftung greifen.[5]

---

1 BFH v. 27.3.2001 – I R 78/99, BStBl. II 2001, 449 (451) = FR 2001, 836 m. Anm. *Pezzer*.
2 BFH v. 12.8.1999 – XI R 65/98, BStBl. II 2000, 65; v. 26.4.2002 – XI R 30/01, BFH/NV 2002, 1029, und die Vorinstanz FG Schl.-Holst. v. 28.3.2001 – II 883/97, EFG 2001, 815.
3 *Wallenhorst*, DStZ 2003, 531 (532).
4 BFH v. 10.9.2003 – XI R 58/01, BStBl. II 2004, 352; kritisch *Fischer*, FR 2004, 341 f.
5 BFH v. 10.9.2003 – XI R 58/01, BStBl. II 2004, 352 = FR 2004, 340 m. Anm. *Fischer*.

Die Inanspruchnahme erfolgt durch **Haftungsbescheid** (§ 191 AO), dessen besonderen formellen und inhaltlichen Anforderungen[1] zu beachten sind. Häufig übersehen wird der im Vergleich zur Steuerfestsetzung frühere Beginn der **Festsetzungsfrist**, § 191 Abs. 3 Satz 3 AO.

6.169

7. Steuerrisiken der Berufsverbände

Die Steuerbefreiung des Berufsverbands nach § 5 Abs. 1 Nr. 5 KStG ist ausgeschlossen, soweit er einen **wirtschaftlichen Geschäftsbetrieb** unterhält (§ 5 Abs. 1 Nr. 5 Satz 2 Buchst. a) KStG) oder mehr als 10 % seiner Mittel für die unmittelbare oder mittelbare Unterstützung oder Förderung von politischen Parteien verwendet (§ 5 Abs. 1 Nr. 5 Satz 2 Buchst. b) KStG).

6.170

Der häufig anzutreffenden Vorstellung, die Bezeichnung wie auch immer strukturierter Vereinigungen als „Verband" sei ein Freibrief im Hinblick auf die Ertragsteuerpflicht, sollte der Berater entgegenwirken. Die Befreiungsvorschrift wird von der **Finanzverwaltung restriktiv** gehandhabt. Die Voraussetzungen des Berufsverbands müssen schlüssig dargelegt werden.[2] Die Bedingungen des Berufsverbands müssen in jedem Veranlagungszeitraum erfüllt sein.[3] Sie müssen nicht notwendig in der Satzung zum Ausdruck kommen. Entscheidend ist die nachweisbare, tatsächliche Betätigung.[4]

6.171

Schädlich für die Steuerbefreiung als Berufsverband ist die Vertretung von **Individualinteressen**. Ein Verband, der nicht den Interessen des gesamten Berufsstands, sondern nur einer geringen Anzahl von Berufsangehörigen dient, erlangt keine Steuerfreiheit.[5] Die Verfolgung ganz untergeordneter Einzelinteressen ist allerdings unschädlich.[6] Für die Erlangung der Steuerbefreiung ist aber nicht erforderlich, dass der Verband sämtliche oder eine Vielzahl aller wirtschaftlichen Interessen des Berufsverbands wahrnimmt.[7] Auch ein Verband, der nur in einem bestimmten Bereich die berufsständischen Interessen wahrnimmt, erfüllt die Befreiungsvoraussetzungen.

6.172

Berufsverband und Gemeinnützigkeit schließen sich vom Zweck her gegenseitig aus.[8] Ausnahmen sind denkbar, aber in jedem Fall angreifbar und problembehaftet: Der Berufsverband vertritt die Interessen einer be-

6.173

---

1 Siehe hierzu *Streck/Mack/Kamps*, Steuerstreit³, Rz. 594 ff.
2 Zum Verfahren bei der Überprüfung der Körperschaftsteuerpflicht von Berufsverbänden s. FinMin. Saarl. v. 6.3.1996 – B/3 - 104/96 - S 2725, DStR 1996, 830.
3 BFH v. 22.7.1952 – I 44/52 U, BStBl. III 1952, 221.
4 Vgl. BFH v. 22.11.1955 – I 67/54 U, BStBl. III 1956, 29; v. 22.7.1952 – I 44/52 U, BStBl. III 1952, 221.
5 BFH v. 29.8.1973 – I R 234/71, BStBl. II 1974, 60; v. 26.6.2002 – I B 148/00, BFH/NV 2002, 1617 (1618) m.w.N.; zur Umsatzsteuer BFH v. 20.8.1992 – V R 2/88, BFH/NV 1993, 204.
6 *Alvermann* in Streck, KStG⁸, § 5 Rz. 77.
7 BFH v. 4.6.2003 – I R 45/02, BStBl. II 2003, 891 = FR 2003, 1283; a.A. noch die Vorinstanz: FG Köln v. 14.9.2000 – 13 K 3298/00, EFG 2003, 116; s. auch BFH v. 26.6.2002 – I B 148/00, BFH/NV 2002, 1618 f.
8 *Alvermann* in Streck, KStG⁸, § 5 Rz. 45.

grenzten Berufsgruppe und ist damit schon nach seinem Selbstzweck nicht auf die Förderung der Allgemeinheit (vgl. § 52 Abs. 1 Satz 1 und 2 AO) ausgerichtet.

8. Umsatzsteuer

6.174 Zu den besonderen umsatzsteuerlichen Problemen von NPO und Maßnahmen für das **Risikomanagement** s. Rz. 2.95 ff.

9. Zusammenfassend: Drohende Schäden bei unzureichender Tax Compliance

6.175 Treten NPO den vorstehend beschriebenen Steuerrisiken nicht durch geeignete Vorsorgemaßnahmen entgegen, bestehen verschiedene **Schadensebenen**:
- Die Organisation kann mit **Steuernachforderungen** der Finanzverwaltung konfrontiert werden.
- Die Organisation kann in die **Haftung für Steuern Dritter** geraten.[1]
- Die Organe können persönlich im Wege der **steuerlichen Organhaftung** in Anspruch genommen werden.[2]
- Im Falle des Verdachts auf vorsätzliches Handeln besteht das Risiko der Einleitung von **Steuerstrafverfahren**.
- Aus steuerlichen Verfehlungen – insbesondere im Bereich der Mittelfehlverwendung und im Falle von steuerstrafrechtlichen Ermittlungen – können für NPO erhebliche **Imageschäden** resultieren.
- Durch den Verlust der Gemeinnützigkeit kann die **Zuwendungsberechtigung entfallen**.
- Schlimmstenfalls droht die **Existenzgefährdung**: Zum einen durch Insolvenz infolge der Steuernachforderung, zum anderen aufgrund der Tatsache, dass die Satzungen gemeinnütziger Körperschaften regelmäßig den Vermögensanfall an eine andere Körperschaft im Falle des Gemeinnützigkeitsverlusts vorsehen.

IV. Systematische Maßnahmen zur Risikominderung

1. Rechtsformwahl

6.176 Das steuerliche Risikomanagement beginnt mit der Wahl der **geeigneten Rechtsform**. Gründer und Organe müssen prüfen,
- welche Rechtsform für die neu zu gründende Organisation geeignet ist,
- ob die bestehende Rechtsform weiterhin den Anforderungen und Risiken Rechnung trägt,

---

[1] Z.B. Spendenhaftung, Rz. 6.169 ff.; Steuerhaftung nach § 71 AO im Falle der Beihilfe; Umsatzsteuerhaftung.
[2] Z.B. persönliche Spendenhaftung, Rz. 6.169; zur Haftung nach §§ 34, 69, 71 AO s. Rz. 6.164 ff.

A. Vereine, Verbände, Stiftungen und übrige Non-Profit-Organisationen

- ob Tätigkeitsbereiche und Untergliederungen in Tochter- oder Schwesterorganisationen ausgegliedert werden sollten,
- ob Kooperationen und gemeinsame Veranstaltungen mit anderen Organisationen nur durch losen Zusammenschluss oder durch gesonderte Rechtsträger durchgeführt werden.

Vor- und Nachteile der Rechtsform **Verein** sind:
- Vertraute Rechtsform,
- geringe Kapitalausstattung erforderlich,
- auf wechselnden Mitgliederbestand ausgerichtet, „join the club",
- hoher Organisationsaufwand,
- Willensbildung in Mitgliederversammlung,
- Recht des Einzelmitglieds gering,
- Haftungsrisiko mittel bis gering,
- u.U. Gefährdung des Vereinszwecks durch wirtschaftliche Tätigkeit.

Vor- und Nachteile der Rechtsform **Stiftung** sind:
- Noch keine vertraute Rechtsform,
- Perpetuierung über den Tod hinaus,
- Kapitalausstattung erforderlich,
- keine Anteilseigner, keine Mitglieder,
- Marketingvorteil „Stiftung",
- zusätzliche Steueranreize,
- bei rechtsfähiger Stiftung: Stiftungsaufsicht.

Vor- und Nachteile der Rechtsform **GmbH** sind:
- Vertraute Rechtsform,
- nicht auf eine Vielzahl von Mitgliedern ausgerichtet,
- Übertragbarkeit der Anteile,
- Haftungsprivileg,
- Kapitalausstattung,
- einfaches Handling,
- Einfluss der Gesellschafter,
- kein Marketingvorteil,
- Vorteil für Projektentwicklungen,
- Bilanzierung.

Vor- und Nachteile der Rechtsform **AG** sind:
- Seltene Rechtsform im Non-Profit-Bereich,
- Vielzahl von Mitgliedern möglich,
- Einfluss der Gesellschafter,
- Haftungsprivileg,
- Übertragbarkeit der Anteile,
- aufwendiges Handling,

- kaum Marketingvorteile,
- Kapitalausstattung,
- Bilanzierung.

2. Satzungskontrolle

6.177 NPO sind gut beraten, bei ihrer Satzungsgestaltung und -kontrolle intensive Sorgfalt walten zu lassen. **Risiken** einer mangelhaften Satzung sind insbesondere:

- Gemeinnützigkeitsrisiken,
- Streitigkeiten innerhalb der Organisation bei fehlender oder unklarer Satzungsregelung.

Beispiel:
Vergütungen an Organe bedürfen regelmäßig einer Satzungsgrundlage (Rz. 6.18, Rz. 6.81 ff.). Lässt die Satzung – wie häufig – eine solche Vergütung nicht explizit zu, kann die insoweit unberechtigte Auszahlung zur Versagung der Gemeinnützigkeit führen. Wurde dies nicht bereits bei der Gründungssatzung berücksichtigt, kann die nachträgliche Satzungsänderung erhebliche Schwierigkeiten bereiten (z.B. Verweigerung der Zustimmung durch die Mitgliederversammlung oder die Stiftungsbehörde).

Eine professionelle Satzungsgestaltung und Satzungskontrolle erfordert daher folgende **Maßnahmen**:

- Bei der Neugründung ist eine **individuelle Satzungsgestaltung** notwendig, die auf das beabsichtigte Vorhaben angepasst ist. Musterformulierungen in Formularhandbüchern sind taugliche Arbeitsgrundlagen, müssen allerdings auf die Interessen im Einzelfall abgestimmt werden. Die Satzung einer NPO ist ein Maßanzug;
- bei **gemeinnützigen Organisationen** ist die Mustersatzung der Finanzverwaltung (Anlage 1 zur AO) zwingend zu beachten;
- bei nachträglichen **Satzungsänderungen** ist ebenfalls die Mustersatzung der Finanzverwaltung zwingend zu beachten;
- die Organe der Körperschaft sollten die Satzung auf **Wiedervorlage** zur Prüfung legen, ob diese noch den tatsächlichen Gegebenheiten und Anforderungen der Körperschaft entspricht;
- neue Satzungen und Satzungsänderungen sollten vor der endgültigen Beschlussfassung den zuständigen Behörden (Stiftungsbehörde, Finanzbehörde) im **Entwurf zur Prüfung** vorgelegt werden.

3. Risikoabwägung zur Gemeinnützigkeit

6.178 Die Gemeinnützigkeit ist etwas Positives. Sie zu verlieren, ist etwas Negatives. Dies sind Postulate, über die wenig nachgedacht wird, obwohl das Nachdenken lohnt. Die Entscheidung für eine gemeinnützige Körperschaft sollte **kein Automatismus**, sondern bewusste Entscheidung nach vorheriger Risikoabwägung sein. Der Vorteil der Gemeinnützigkeit liegt vor allem in ihrem Steuerprivileg: Ertragsteuern fallen im ideellen Bereich nicht an, Spenden können empfangen werden. Außerdem können Lieferungen und Leistungen der gemeinnützigen Körperschaft außerhalb von wirtschaftlichen Geschäftsbetrieben umsatzsteuerlich mit dem ermäßigten Steuersatz versteuert werden (§ 12 Abs. 1 Nr. 8 UStG). Dagegen steht der Nachteil der strengen Vermögensbindung des Gemeinnützigkeitsrechts. Das Vermögen ist dem gemeinnützigen Zweck verpflichtet. Die tatsächliche Geschäftsführung ist ebenso gebunden. Zudem birgt die Gemeinnützigkeit erhebliche zusätzliche Haftungsgefahren für ihre Organe. Zu berücksichtigen ist weiter, dass die Ertragsteuerfreiheit oft nur ein virtueller Vorteil ist, da bei vielen Körperschaften nur selten steuerpflichtige Gewinne anfallen. Fallen sie an, so kann auch die Ertragsteuer zu verschmerzen sein. In der Mehrzahl der Fälle ist die Gemeinnützigkeit dennoch ein erstrebenswerter oder notwendiger Vorteil. Dies gilt insbesondere bei

– profitablen Zweckbetriebstätigkeiten;
– erheblichen Vermögensübertragungen (z.B. im Stiftungsbereich);
– erheblichen Spendenaufkommen;
– erheblicher Finanzierung durch Zuschüsse;
– Zugehörigkeit zu Verbänden, Gemeinschaften oder sonstigen Organisationen, die für die Zugehörigkeit die Gemeinnützigkeit voraussetzen.

Ist keines der vorstehenden Kriterien erfüllt, kann eine **Risikoabwägung** allerdings zu Lasten der Gemeinnützigkeit ausfallen.

4. Absicherung der Gemeinnützigkeit

a) Kommunikation der Einnahmensphären

Um dem Risiko eines **Gemeinnützigkeitsverlusts** vorzubeugen, sind in gemeinnützigen Organisationen regelmäßig folgende Maßnahmen erforderlich: Sämtliche Einnahmen der Körperschaft müssen von den Organen und ihrem steuerlichen Berater **katalogisiert** und den vier Einnahmensphären (Rz. 6.54) zugeordnet werden. Die handelnden Mitarbeiter sind über die typischen Risikobereiche der Sphärenabgrenzung (Rz. 6.96 ff.) zu unterrichten.

6.179

b) Kontrolle der Zuwendungsbestätigungen

Vor dem Hintergrund des Risikos einer Spendenhaftung (Rz. 6.164 ff.) und einer möglichen strafbaren Beihilfe zur Einkommensteuerhinterziehung des Spenders sollten in gemeinnützigen Organisationen konkrete **Zuständigkeiten** zur Ausstellung der Zuwendungsbestätigung festgelegt werden. Jedenfalls ab einer gewissen Größenordnung sollte zudem im Wege des **Vier-Augen-Prinzips** gehandelt werden. Mitarbeiter und Organe sind auf die strikte Beachtung der **Freiwilligkeit und Unentgeltlichkeit** einer Spende hinzuweisen. Dem Ansinnen des Spenders, eine wie auch immer geartete Gegenleistung für seine „Spende" zu erhalten, ist entgegenzutreten. Insbesondere in größeren Organisationen empfiehlt es sich insoweit,

6.180

Merkblätter zum Umgang mit Spenden und dem Ausstellen von Zuwendungsbestätigungen auszugeben.

c) Ausgabekontrolle

6.181 Gemeinnützige Organisationen haben die Verpflichtung zur Verwendung ihrer Mittel **für den gemeinnützigen Satzungszweck**, vgl. § 55 AO. Dies beinhaltet das Risiko einer Versagung der Gemeinnützigkeit durch unverhältnismäßige Ausgaben (Rz. 6.127 ff.).

Geeignete Maßnahmen zur Ausgabenkontrolle in gemeinnützigen Organisationen sind

– Budgetierung;
– ordnungsgemäße Mittelverwendungsrechnungen;
– Vier-Augen-Prinzip;
– Genehmigungsvorbehalte für Leistungen und Vertragsbeziehungen mit Organen, Mitarbeitern, Angehörigen und Nahestehenden;
– regelmäßige Überprüfung der Preisgestaltung im Rahmen der Vermögensverwaltung und der wirtschaftlichen Geschäftsbetriebe;
– Untersagungen oder Genehmigungsvorbehalte für Leistungsbeziehungen und Überlassungen außerhalb der typischen Satzungstätigkeit;
– Genehmigung der Organvergütung durch Kontrollorgane;
– Transparenz des Ausgabeverhaltens durch Veröffentlichung der Jahresabschlüsse und Mittelverwendungsrechnungen;
– vorherige Abstimmung von Vergütungen und umfangreichen Leistungsbeziehungen mit Finanzverwaltung und Stiftungsbehörde.

d) Umsatzsteuerkontrolle

6.182 Die Umsatzsteuer stellt ein stetig **wachsendes Risikofeld** für NPO dar (Rz. 2.63, Rz. 6.26 ff.). Zu geeigneten Maßnahmen für ein steuerliches Risikomanagement (Rz. 2.95 ff.).

e) Behördliche Abstimmungen

6.183 Steuerliche Risiken für NPO können in erheblicher Weise durch vorherige Abstimmungen mit den zuständigen Behörden, insbesondere **Finanzbehörde und Stiftungsaufsicht**, vermieden werden. Es empfiehlt sich, Satzungen, Satzungsänderungen, wesentliche Vertragsbeziehungen, umfangreichere Gestaltungsvorhaben im **Vorfeld** mit der Finanzverwaltung abzustimmen. Verträge und Projekte können im Entwurf mit der Bitte um Überprüfung übermittelt werden. Vollständige steuerliche Sicherheit kann durch die Einholung einer **verbindlichen Auskunft** der Finanzbehörde (§ 208 AO) erreicht werden. Diese ist allerdings zum einen arbeits- und kostenaufwendig, zum anderen im Gemeinnützigkeitsbereich häufig nur schwer zu erlangen. Als Alternative hierzu hat sich in der Praxis aber die **formlose Abstimmung** bewährt.

5. Auswahl der steuerlichen und rechtlichen Berater

NPO neigen dazu, ihre steuerlichen und rechtlichen Berater „**aus ihrer Mitte**" auszuwählen. Dies geschieht häufig aus zwei Motiven: Zum einen setzt man bei dem Nahestehenden eine entsprechende Kenntnis der Organisation und ihrer Bedürfnisse voraus. Zum anderen erhofft man sich regelmäßig eine verbilligte oder gar unentgeltliche Hilfe des Beraters. Eine derartige Motivationslage birgt **erhebliche Risiken**:

6.184

– Das Organisationsmitglied kann als Berater **befangen** sein. Angesichts der erheblichen steuerlichen Risiken und rechtlichen Schwierigkeiten sind NPO auf eine objektive Beratung dringend angewiesen. Ist der Berater selbst Bestandteil der Organisation, läuft er Gefahr, diese Objektivität zu verlieren.
– Die Kenntnis der Organisation ist nur ein Qualitätskriterium des Beraters. Viel entscheidender ist seine steuerliche und rechtliche Kompetenz in den **spezifischen steuerlichen Fragen** der Organisation. Dieses Kriterium wird bei der Auswahl oft vernachlässigt.
– Der aus Gefälligkeit tätige Berater läuft ferner Gefahr, die Beratung „nebenbei" und nicht mit der gebotenen **Sorgfalt** durchzuführen.
– Im Fall einer unentgeltlichen Tätigkeit des Beraters kann u.U. die **Haftpflichtdeckung** gefährdet sein: Im Haftungsfall könnte die Berufshaftpflichtversicherung einwenden, der Berater sei nicht im Rahmen seiner beruflichen Tätigkeit, sondern seines (nicht versicherten) ehrenamtlichen Engagements tätig geworden.

In der Praxis empfiehlt sich daher für NPO die Einholung einer **externen, fachkundigen und entgeltlichen Beratung**.

6. Organisationskultur und Fortbildung

Wesentlich für ein effektives Tax Compliance ist ferner die Schaffung einer Organisationskultur, die die **Beachtung der steuerlichen Vorschriften** als Leitbild und Qualitätsmerkmal der Organisation hervorhebt. Organe und Mitarbeiter sollten übereinstimmend festlegen, dass steuerliche Verfehlungen keine „Kavaliersdelikte" sind, sondern die gemeinnützige Organisation in ihrer Existenz gefährden können.

6.185

Insbesondere in größeren Organisationen empfiehlt sich daher die regelmäßige **Schulung** der Mitarbeiter zu den steuerlichen Risikobereichen der jeweiligen Organisation.

V. Schadensabwehr und -minimierung

1. Begrenzung des Gemeinnützigkeitsverlust

In der Praxis zeigt sich, dass die Finanzverwaltung von der Möglichkeit der bis zu zehnjährigen Rückwirkung der Gemeinnützigkeitsversagung (§ 61 Abs. 3 AO, § 63 Abs. 2 AO, Rz. 6.53, Rz. 6.159 ff.) nur zurückhaltend

6.186

Gebrauch macht. In Gesprächen und Verhandlungen kann regelmäßig eine Begrenzung der Gemeinnützigkeitsversagung auf den **Prüfungszeitraum** erreicht werden. Zu beachten ist darüber hinaus, dass die Versagung der Gemeinnützigkeit **keine zwingende Zukunftswirkung** entfaltet. Über die Versagung oder Gewährung der Gemeinnützigkeit ist grundsätzlich für jeden Veranlagungszeitraum gesondert zu entscheiden. Wird die Gemeinnützigkeit für die Jahre 01 bis 03 versagt, kann sie ab dem Jahr 04 wieder erlangt werden oder bestehen bleiben.

2. Steuerliche Rechtsbehelfe

6.187 Im Falle einer streitigen Auseinandersetzung mit der Finanzverwaltung unterschätzen NPO regelmäßig die **Chancen des steuerlichen Rechtsbehelfsverfahrens**. Zu den Techniken des Steuerstreits Rz. 1.181 ff. Unzutreffend ist insbesondere das Vorurteil, die Führung eines steuerlichen Rechtsbehelfsverfahrens, brächte der Organisation zukünftige Nachteile im Umgang mit der Finanzverwaltung. Wird die Auseinandersetzung professionell, sachbezogen und emotionsfrei geführt, wird das steuerliche Rechtsbehelfsverfahren keine negativen Auswirkungen auf das **laufende Verhältnis zur Finanzverwaltung** haben. Für gemeinnützige Körperschaften besteht die Besonderheit, dass steuerliche Rechtsbehelfsverfahren auch gegen „Null-Bescheide" geführt werden können. Im Falle der Versagung der Gemeinnützigkeit ist eine für die Zulässigkeit des Rechtsbehelfs ausreichende Beschwer auch dann vorhanden, wenn im Streitjahr hieraus keine unmittelbare Steuernachforderung resultiert.

3. Billigkeitsanträge

6.188 Anträge auf **Erlass** (§ 227 AO) oder Festsetzungsverzicht (§ 163 AO) im Billigkeitswege haben in der steuerlichen Praxis regelmäßig eine geringe Erfolgsaussicht, da sie in Rechtsprechung und Finanzverwaltung mit hohen Hürden versehen sind. In der NPO-Praxis ist dies anders: Bei sorgfältiger Argumentation und professioneller Kontaktaufnahme mit den Behörden ist die Finanzverwaltung u.U. geneigt, die gemeinnützige Körperschaft von unverhältnismäßigen Steuernachforderungen freizustellen.

4. Begrenzung auf Untergliederungen

6.189 Werden steuerliche Verfehlungen in einer rechtlich unselbständigen Untergliederung der Organisation begangen, kann der steuerliche Schaden u.U. dadurch reduziert werden, dass die **Untergliederung als eigenes Steuersubjekt** aus der Organisation herausgelöst wird (Rz. 6.62 ff.).

5. Ermessensspielraum der Finanzbehörde

6.190 Steuerliche Maßnahmen, insbesondere die Versagung der Gemeinnützigkeit, können einem **faktischen oder rechtlichen** Ermessensspielraum der Finanzverwaltung unterliegen. Im Schadensfall sollte die Finanzverwaltung hierauf hingewiesen werden. Im Falle eines angemessenen Auftritts und der Sicherstellung, dass zukünftig die steuerlichen Pflichten ordnungsgemäß erfüllt werden, kann die Finanzbehörde u.U. geneigt sein, diesen Ermessensspielraum zugunsten der NPO auszuüben.

VI. Schadensausgleich

1. Schadensausgleich durch die Organisation selbst

Ist der steuerliche Schaden – insbesondere in Form von **belastenden Steuerbescheiden** – eingetreten, sind die Möglichkeiten eines Schadensausgleichs zu prüfen: Leistet die Organisation die Steuerzahlung aus ihren vorhandenen Mitteln, ist stets die Möglichkeit einer **Mittelfehlverwendung** (s. oben Rz. 6.127 ff.) zu prüfen. Z.B. dürfen Steuernachbelastungen aus dem wirtschaftlichen Geschäftsbetrieb nicht durch gemeinnützig gebundene Mittel bestritten werden. Die gemeinnützige Organisation muss hier u.U. durch externe Mittelzuflüsse sicherstellen, dass die Begleichung der Steuerforderung nicht die Gemeinnützigkeit gefährdet. Im Zweifelsfall empfiehlt sich die vorhergehende Kommunikation mit der Finanzbehörde.

6.191

2. Rückgriff auf Dritte

a) Zivilrechtlicher Rückgriff

Ist der Steuerschaden durch **persönliches Fehlverhalten** entstanden, hat die NPO die Möglichkeit eines zivilrechtlichen Rückgriffs zu prüfen.

6.192

– Im Fall einer Mittelfehlverwendung durch **nicht gerechtfertigte Zahlungen** (z.B. an Organe) ist die Rückforderung nach den Grundsätzen der ungerechtfertigten Bereicherung (§§ 812 ff. BGB) zu prüfen.
– Erfolgte die Zahlung mit Rechtsgrundlage, kann u.U. ein Rückforderungsanspruch nach den Grundsätzen des **Wegfalls der Geschäftsgrundlage** zu prüfen sein. Dies gilt insbesondere dann, wenn der Zahlungs- oder Leistungsempfänger das Erhaltene zweckwidrig verwendet.
– Bei persönlichem Fehlverhalten von Organen oder Mitarbeiten der Körperschaft kann ein **allgemeiner zivilrechtlicher Schadensersatzanspruch** bestehen. Hierbei ist allerdings der erhöhte Haftungsmaßstab für ehrenamtlich Tätige (§ 31a BGB) und Mitarbeiter zu beachten.

b) Steuerlicher Rückgriff

Wird die gemeinnützige Organisation im Wege der **Spendenhaftung** in Anspruch genommen, ist stets zu prüfen, ob § 10b Abs. 4 EStG nicht auch die persönliche Haftung des Ausstellenden oder des Veranlassers der zweckwidrigen Verwendung ermöglicht.[1] Ferner ist zu prüfen, ob nicht

6.193

---
1 S. aber § 10b Abs. 4 Satz 4 EStG: Im Falle der verschuldensunabhängigen Veranlasserhaftung haftet vorrangig die empfangende Körperschaft.

der **Spender selbst** aufgrund fehlenden Gutglaubensschutzes (vgl. § 10b Abs. 4 Satz 1 EStG) durch die Finanzverwaltung in Anspruch genommen werden kann. Auch eine **Lohnsteuerhaftung** kann u.U. durch eine vorrangige Änderung der Einkommensteuerveranlagung vermieden werden.

c) Versicherungen

6.194 Insbesondere mittlere bis große Organisationen sollten den Abschluss von sog. **D&O-Versicherungen** prüfen.

VII. Evaluierung

6.195 Die Qualität des eingerichteten Tax Compliance wird regelmäßig durch folgende **Prüfungsanlässe** evaluiert:
- Spätestens turnusmäßige Drei-Jahres-Prüfung der gemeinnützigen Körperschaft (AEAO zu § 59 Nr. 7);
- Betriebsprüfungen;
- Steuernachforderungen im Rahmen der laufenden Veranlagung;
- Haftungsinanspruchnahmen (z.B. Spendenhaftung);
- steuerstrafrechtliche Ermittlungsverfahren.

Die Ergebnisse der vorstehenden Prüfungen sind auszuwerten und daraufhin zu überprüfen, ob die unter Rz. 6.176 ff. beispielhaft aufgeführten Maßnahmen optimiert werden können. Um im Vereinsbild zu bleiben: Nach dem Spiel ist vor dem Spiel.

B. Öffentliche Hand

I. Betroffene Rechtsträger

1. Juristische Personen des öffentlichen Rechts

6.196 Juristische Personen des öffentlichen Rechts sind rechtsfähige Körperschaften, die ihre Rechtsfähigkeit und ihre rechtliche Gestaltung aus dem **öffentlichen Bundes- und Landesrecht** herleiten.[1] Dies gilt unabhängig davon, ob es sich in der Sache um eine Körperschaft, Anstalt, Zweckvermögen oder Personenvereinigung handelt.

Beispiele:
Bund, Land, Gemeinde, Gemeindeverbände, Kreise, Kreisverbände, Zweckverbände, Landschaftsverbände (NRW), Universitäten, Studentenwerke, IHK, Handwerkskammern, Innungen, Anwalts-, Steuerberater-, Ärzte-, Landwirtschaftskammern, LZB, Bundesbank, Rundfunkanstalten,[2] öffentlich-rechtliche Religionsgesellschaften.[3]

---
1 BFH v. 1.3.1951 – I 52/50 U, BStBl. III 1951, 120.
2 Hierzu BFH v. 13.3.1974 – I R 7/71 BStBl. II 1974, 391.
3 Hierzu BFH v. 16.5.1975 – III R 54/74, BStBl. II 1975, 746.

Der öffentlichen Hand stehen verschiedene **Gestaltungsformen** zur Verfügung.¹ In Betracht kommt zum einen die Betätigung durch die öffentliche Körperschaft selbst, sei es ohne organisatorische Selbständigkeit oder verselbständigt innerhalb der Verwaltung, also ohne eigene Rechtspersönlichkeit (sog. Eigenbetrieb). Zum anderen kommt die Betätigung als selbständiges Rechtssubjekt in Betracht, sei es als rechtsfähige Anstalt des öffentlichen Rechts (z.B. Sparkasse) oder als Privatrechtssubjekt (z.B. GmbH, AG, Rz. 6.197).

2. Organisationen des Privatrechts

Entscheidet sich die öffentliche Hand für eine Betätigung im Rechtskleid einer privatrechtlichen Organisation, stehen ihr hierfür **sämtliche Rechtsformen des privaten Rechts** offen (z.B. GmbH, Personengesellschaft, Verein, Stiftung). Hinsichtlich des möglichen Spektrums kann exemplarisch auf die Betätigungsformen der NPO (Rz. 6.1 ff.) verwiesen werden.   6.197

II. Steuergesetzliche Anforderungen

1. Besteuerung der öffentlichen Hand

Der Steuergesetzgeber stellt an die unter Rz. 6.1 ff. aufgeführten Rechtsträger eine Vielzahl von gesetzlichen Anforderungen. Die öffentliche Hand kann – je nach Betätigungsform – nahezu **sämtlichen steuergesetzlichen Bestimmungen** mittelbar oder unmittelbar unterliegen.   6.198

2. Körperschaftsteuer

Betätigt sich die öffentliche Hand in einer **Rechtsform des Privatrechts**, gelten die Besteuerungs- (und Compliance-)Regeln dieser Rechtsform. Insbesondere die Besteuerungssystematik des § 4 KStG ist insoweit nicht anwendbar. Handelt es sich bei der gewählten Rechtsform um eine Körperschaft i.S.d. § 1 KStG, ist diese unbeschränkt körperschaftsteuerpflichtig. Sie kann ihrerseits dann Steuerbefreiungen nach § 5 KStG (z.B. als gemeinnützige Körperschaft, Rz. 6.1 ff.) in Anspruch nehmen.   6.199

Im Übrigen sind die ertragsteuerlichen Pflichten der öffentlichen Hand durch ein Zusammenspiel von Steuerpflicht und Steuerfreiheit gekennzeichnet: Im Katalog der steuerpflichtigen Körperschaften in § 1 KStG werden die **juristischen Personen des öffentlichen Rechts** nur mit ihrem Betrieb gewerblicher Art (BgA) als körperschaftsteuerpflichtig eingestuft, § 1 Abs. 1 Nr. 6 KStG. Im Umkehrschluss folgt hieraus, dass außerhalb eines BgA keine Körperschaftsteuerpflicht gegeben ist.

Der Begriff der **Betriebe gewerblicher Art (BgA)** und ihre gesetzlichen Voraussetzungen werden in § 4 KStG näher definiert und abgegrenzt. BgA   6.200

---
1 Siehe *Binnewies*, DB 2006, 465.

sind demnach vorbehaltlich § 4 Abs. 5 KStG alle Einrichtungen, die einer nachhaltigen wirtschaftlichen Tätigkeit zur Erzielung von Einnahmen außerhalb der Land- und Forstwirtschaft dienen und die sich innerhalb der Gesamtbetätigung der juristischen Person wirtschaftlich herausheben, § 4 Abs. 1 Satz 1 KStG. Die Absicht, Gewinn zu erzielen, und die Beteiligung am allgemeinen wirtschaftlichen Verkehr sind nicht erforderlich, § 4 Abs. 1 Satz 2 KStG. Ein BgA ist auch dann unbeschränkt steuerpflichtig, wenn er selbst eine juristische Person des öffentlichen Rechts ist, § 4 Abs. 2 KStG.

6.201 Nicht zu den BgA gehören solche Betriebe, die überwiegend der Ausübung der öffentlichen Gewalt dienen (sog. **Hoheitsbetriebe**, § 4 Abs. 5 KStG). Für die Qualifizierung als Hoheitsbetrieb reichen Zwangs- oder Monopolrechte allein nicht aus, § 4 Abs. 5 Satz 2 KStG. Ob der Begriff des Hoheitsbetriebs gegenüber der allgemeinen Definition des BgA in § 4 Abs. 1 gesonderte Bedeutung hat oder dem Kriterium der „wirtschaftlichen Tätigkeit" immanent ist, ist im Schrifttum streitig.[1] Diese Streitfrage ist jedoch meist theoretischer Natur. Jedenfalls scheidet die Annahme eines BgA aus, wenn die Tätigkeit der öffentlichen Hand überwiegend der Ausübung der öffentlichen Gewalt dient.

6.202 **Steuersubjekt** ist die juristische Person des öffentlichen Rechts.[2] Nach der Rechtsprechung ist sie Zuordnungssubjekt für jeden einzelnen Betrieb gewerblicher Art; das Einkommen eines jeden Betriebs soll gesondert ermittelt und gesondert gegen die juristische Person des öffentlichen Rechts festgesetzt werden.[3]

6.203 Nach § 4 Abs. 6 KStG können BgA unter den in Satz 1 genannten, engen Voraussetzungen mit einem oder mehreren anderen **BgA zusammengefasst** werden. Eine Zusammenfassung mit Hoheitsbetrieben ist nicht möglich, § 4 Abs. 6 Satz 2 KStG.

3. Gewerbesteuer

6.204 Das **Gewerbesteuergesetz** (GewStG) enthält keine gesonderte Vorschrift zur Besteuerung von Betrieben der öffentlichen Hand. Nach § 2 Abs. 1 der **Gewerbesteuer-Durchführungsverordnung** (GewStDV) sind Unternehmen von juristischen Personen des öffentlichen Rechts gewerbesteuerpflichtig, wenn sie als stehende Gewerbebetriebe anzusehen sind. Die Ho-

---

[1] Siehe nur *Küffner*, DStR 2003, 1606 f.; *Heizmann/Heizmann/Schroeder*, Beilage 1224 NWB Nr. 34/2003, 1 ff.
[2] So für die Ertragsteuern erstmalig BFH v. 13.3.1974 – I R 7/71, BStBl. II 1974, 391, in Abkehr von der bis dahin h.L., die den Betrieb gewerblicher Art (vgl. § 1 Abs. 1 Nr. 6 und § 4 KStG) als Steuersubjekt ansah; folgend H 6 KStR; die Auswirkungen dieser Rechtsänderung sind bis heute noch nicht abgeschlossen, vgl. hierzu *Rader*, BB 1977, 1441; *Seer*, DStR 1992, 1790.
[3] BFH v. 13.3.1974 – I R 7/71, BStBl. II 1974, 391; u.E. wäre es folgerichtiger, wie bei den wirtschaftlichen Geschäftsbetrieben der gemeinnützigen Körperschaften ein einheitliches Einkommen zu ermitteln, vgl. § 64 Abs. 2 AO.

heitsbetriebe (Rz. 6.201) werden von der Steuerpflicht ausgenommen, § 2 Abs. 2 GewStDV. Weder GewStG noch GewStDV verwenden den Begriff des Betriebs gewerblicher Art. Das Gewerbesteuerrecht knüpft also nicht an das Körperschaftsteuerrecht (Rz. 6.199) an. Es verbleibt bei den **allgemeinen Regelungen** des § 2 GewStG. Für eine Steuerpflicht ist also insbesondere ein Unternehmen erforderlich, dass sich mit Gewinnerzielungsabsicht am allgemeinen wirtschaftlichen Verkehr beteiligt und über den Rahmen bloßer Vermögensverwaltung hinausgeht.[1]

Hinsichtlich der Möglichkeit einer **Zusammenfassung** von mehreren Gewebebetrieben durch die Verweisung in § 2 Abs. 1 Halbs. 2 GewStDV wird eine entsprechende Anwendung der körperschaftsteuerlichen Regelung (§ 4 Abs. 6 KStG, Rz. 6.203) hergestellt.

6.205

4. Einkommensteuer und Kapitalertragsteuer

Leistungen eines BgA mit eigener Rechtspersönlichkeit können zu steuerpflichtigen Einkünften aus Kapitalvermögen führen, § 20 Abs. 1 Nr. 10 Buchst. a) EStG.

6.206

Für **Gewinnverlagerungen** aus einem rechtlich unselbständigen BgA begründet § 20 Abs. 1 Nr. 10 Buchst. b) EStG ebenfalls eine Steuerpflicht, die im Wege der Einbehaltung von Kapitalertragsteuer zu vollziehen ist.

6.207

Erbringt die öffentliche Hand **Zuwendungen an Dritte**, können diese beim Begünstigten steuerpflichtig sein (Rz. 6.81 ff.).

Vergütungen an Organe, Mitarbeiter, Helfer, Berater sowie Dienstleister unterliegen beim Empfänger regelmäßig der Einkommensteuer. Aber auch hier kann der Pflichtenkreis der öffentlichen Hand – z.B. durch die Lohnsteuerabzugspflicht – betroffen sein.

6.208

Aber auch in den Fällen, in denen die öffentliche Hand Zuwendungen oder Zahlungen erbringt, bei denen sie nicht selbst erklärungs- oder abzugspflichtig ist, bestehen **Anknüpfungspunkte für Tax Compliance**: Die öffentliche Hand hat ein Interesse, dass ihre **Zahlungs- und Zuwendungsempfänger** die erhaltenen Beträge zutreffend erfassen und versteuern. Es drohen atmosphärische Störungen und Imageschäden, wenn Mitarbeiter, Organe, Helfer, Zuwendungsempfänger oder Kooperationspartner der öffentlichen Hand steuerliche oder gar steuerstrafrechtliche Verfehlungen begehen

6.209

5. Spendenrecht

Die öffentliche Hand ist tauglicher **Empfänger steuerbegünstigter Spenden**, vgl. § 10 Abs. 1 Satz 2 Nr. 1 EStG, § 9 Abs. 1 Nr. 2 KStG. Sie unterliegen insoweit den Anforderungen und Risiken des Spendenrechts. Siehe hierzu die gesonderte Darstellung in Rz. 6.20 f. und Rz. 6.162 ff.

6.210

---

1 Vgl. *Hüttemann*, Die Besteuerung der öffentlichen Hand, S. 22.

6. Lohnsteuer, Sozialabgaben

6.211 Als **Arbeitgeber** ist die öffentliche Hand verpflichtet, Lohnsteuer und Sozialversicherungsbeiträge einzubehalten und abzuführen. Steuerliche Privilegierungen greifen nicht. Mit Ausnahme geringer Freibeträge (s. z.B. § 3 Nr. 26 und 26a EStG) können die öffentliche Hand als Arbeitgeber und ihre Arbeitnehmer keine Besonderheiten und keine Vergünstigungen für sich in Anspruch nehmen.

6.212 Zu den erheblichen **Steuerrisiken** im Rahmen der Lohnsteuer und Sozialabgaben s. Rz. 6.81 ff., und die zusammenfassende Darstellung Rz. 2.177 ff.

7. Umsatzsteuer

a) Bis VZ 2016: § 2 Abs. 3 UStG a.F.

6.213 Der deutschen Umsatzbesteuerung unterliegen nach § 1 Abs. 1 Nr. 1 UStG u.a. Lieferungen und sonstige Leistungen, die ein **Unternehmer** im Inland gegen Entgelt im Rahmen seines Unternehmens ausführt. Unternehmer ist, wer eine gewerbliche oder berufliche Tätigkeit selbständig ausübt, § 2 Abs. 1 Satz 1 UStG. Gewerblich oder beruflich ist grundsätzlich jede nachhaltige Tätigkeit zur Erzielung von Einnahmen, § 2 Abs. 1 Satz 3 UStG.

6.214 Für **juristische Personen des öffentlichen Rechts** gilt dieser Unternehmerbegriff nur eingeschränkt. Sie sind zumindest bis 2016 nur im Rahmen ihrer BgA (§ 1 Abs. 1 Nr. 6 KStG, § 4 KStG) und ihrer land- oder forstwirtschaftlichen Betriebe gewerblich oder beruflich tätig, § 2 Abs. 3 Satz 1 UStG. Nach herrschender Auffassung ist § 2 Abs. 3 UStG nicht lex specialis zum allgemeinen Unternehmerbegriff des § 2 Abs. 1 UStG, sondern schränkt den Unternehmerbegriff für den Bereich der juristischen Personen des öffentlichen Rechts lediglich ein.[1] Diese Beschränkung ist allerdings nach dem Gesetzeswortlaut des § 2 Abs. 3 Satz 1 UStG eindeutig ausgefallen: Juristische Personen sind nur dann gewerblich oder beruflich i.S.d. § 2 Abs. 1 UStG tätig, wenn sie einen BgA unterhalten. Für die Umsatzbesteuerung der öffentlichen Hand sind somit bis 2016 die Voraussetzungen des § 4 KStG zu prüfen.

6.215 Für die Umsatzsteuerpflicht der öffentlichen Hand sollen also zumindest bis 2016 die ertragsteuerlichen Kriterien (Rz. 6.199 ff., Rz. 6.226) maßgebend sein. Dies führt zu erheblichen **Spannungsverhältnissen zum EU-Recht** (Rz. 6.249). So hat der XI. Senat des BFH diesen Verweis des § 2 Abs. 3 UStG auf das Körperschaftsteuerrecht für den Bereich einer Vermietungs- oder Verpachtungstätigkeit als nicht gemeinschaftsrechtskonform erachtet.[2] Hieraus kann jedoch keinesfalls der Schluss gezogen werden, dass § 2 Abs. 3 UStG mit seiner Verweisung auf § 4 KStG generell als

---
1 Eingehend *Lange*, UR 2000, 1 ff.; *Offerhaus*, UR 2005, 119.
2 BFH v. 11.6.1997 – XI R 65/95, BStBl. II 1999, 420; v. 11.6.1997 – XI R 33/94, BStBl. II 1999, 418.

nicht EU-rechtskonform anzusehen ist.[1] Die Vorschrift ist vielmehr EU-rechtskonform auszulegen.[2] Dementsprechend hat auch der BFH bei seinen jüngeren Entscheidungen zur Umsatzbesteuerung der öffentlichen Hand die Vorschrift des § 2 Abs. 3 UStG angewendet, ohne sich zur Frage der Gemeinschaftswidrigkeit des § 2 Abs. 3 Satz 1 UStG zu äußern.[3] Der BFH ging also von der Gemeinschaftsrechtskonformität der Vorschrift aus. Damit blieb bislang der Begriff des Betriebs gewerblicher Art nach § 4 KStG für die nationale Umsatzbesteuerung zumindest insoweit maßgebend, als die Besteuerung nicht in offenkundigem Widerspruch zum Gemeinschaftsrecht steht.[4]

Aufgrund der Notwendigkeit zur EU-rechtskonformen Auslegung des § 2 Abs. 3 UStG spielt für die Umsatzbesteuerung der öffentlichen Hand insbesondere die **Wettbewerbsrelevanz** ihrer Tätigkeit eine entscheidende Rolle (Rz. 6.247 f.). Zu den hieraus folgenden Compliance-Überlegungen Rz. 6.248, Rz. 6.259. Ist die öffentliche Hand nach den vorstehenden Kriterien umsatzsteuerbar, richtet sich ihre Umsatzbesteuerung nach **allgemeinen Grundsätzen**. Zu allgemeinen Compliance-Kriterien im Bereich Umsatzsteuer s. die gesonderte Darstellung s. Rz. 2.16 ff. Zu Compliance-Fragen im Zusammenhang mit der – auch für viele Bereiche der öffentlichen Hand relevanten – Umsatzbesteuerung gemeinnütziger Körperschaften s. Rz. 6.26 ff.

6.216

b) Ab 2017: (optionale) Besteuerung nach § 2b UStG

aa) Gesetzeswortlaut

§ 2b Juristische Personen des öffentlichen Rechts

6.217

(1) Vorbehaltlich des Absatzes 4 gelten juristische Personen des öffentlichen Rechts nicht als Unternehmer im Sinne des § 2, soweit sie Tätigkeiten ausüben, die ihnen im Rahmen der öffentlichen Gewalt obliegen, auch wenn sie im Zusammenhang mit diesen Tätigkeiten Zölle, Gebühren, Beiträge oder sonstige Abgaben erheben. Satz 1 gilt nicht, sofern eine Behandlung als Nichtunternehmer zu größeren Wettbewerbsverzerrungen führen würde.

(2) Größere Wettbewerbsverzerrungen liegen insbesondere nicht vor, wenn

1. der von einer juristischen Person des öffentlichen Rechts im Kalenderjahr aus gleichartigen Tätigkeiten erzielte Umsatz voraussichtlich 17 500 Euro jeweils nicht übersteigen wird oder

---

[1] Siehe nur *Lange*, UR 2000, 3 ff.; *Heizmann/Heizmann/Schroeder*, Beilage 12 zu NWB Nr. 34/2003, 28 ff.
[2] *Lange*, UR 2000, 1 ff.
[3] Siehe BFH v. 8.1.1998 – V R 32/97, BStBl. II 1998, 410; v. 27.2.2003 – V R 78/01, BStBl. II 2004, 431; v. 12.10.2000 – V R 74/99, BFH/NV 2001, 653; v. 21.6.2001 – V R 80/99, UR 2001, 446.
[4] *Offerhaus*, UR 2005, 117 (119); *Bunjes/Geist*, UStG[9], § 2 Rz. 154 f.

2. vergleichbare, auf privatrechtlicher Grundlage erbrachte Leistungen ohne Recht auf Verzicht (§ 9) einer Steuerbefreiung unterliegen.

(3) Sofern eine Leistung an eine andere juristische Person des öffentlichen Rechts ausgeführt wird, liegen größere Wettbewerbsverzerrungen insbesondere nicht vor, wenn
1. die Leistungen aufgrund gesetzlicher Bestimmungen nur von juristischen Personen des öffentlichen Rechts erbracht werden dürfen oder
2. die Zusammenarbeit durch gemeinsame spezifische öffentliche Interessen bestimmt wird. ²Dies ist regelmäßig der Fall, wenn
   a) die Leistungen auf langfristigen öffentlich-rechtlichen Vereinbarungen beruhen,
   b) die Leistungen dem Erhalt der öffentlichen Infrastruktur und der Wahrnehmung einer allen Beteiligten obliegenden öffentlichen Aufgabe dienen,
   c) die Leistungen ausschließlich gegen Kostenerstattung erbracht werden und
   d) der Leistende gleichartige Leistungen im Wesentlichen an andere juristische Personen des öffentlichen Rechts erbringt.

(4) Auch wenn die Voraussetzungen des Absatzes 1 Satz 1 gegeben sind, gelten juristische Personen des öffentlichen Rechts bei Vorliegen der übrigen Voraussetzungen des § 2 Absatz 1 mit der Ausübung folgender Tätigkeiten stets als Unternehmer:
1. die Tätigkeit der Notare im Landesdienst und der Ratschreiber im Land Baden-Württemberg, soweit Leistungen ausgeführt werden, für die nach der Bundesnotarordnung die Notare zuständig sind;
2. die Abgabe von Brillen und Brillenteilen einschließlich der Reparaturarbeiten durch Selbstabgabestellen der gesetzlichen Träger der Sozialversicherung;
3. die Leistungen der Vermessungs- und Katasterbehörden bei der Wahrnehmung von Aufgaben der Landesvermessung und des Liegenschaftskatasters mit Ausnahme der Amtshilfe;
4. die Tätigkeit der Bundesanstalt für Landwirtschaft und Ernährung, soweit Aufgaben der Marktordnung, der Vorratshaltung und der Nahrungsmittelhilfe wahrgenommen werden;
5. Tätigkeiten, die in Anhang I der Richtlinie 2006/112/EG des Rates vom 28. November 2006 über das gemeinsame Mehrwertsteuersystem (ABl. L 347 vom 11.12.2006, S. 1) in der jeweils gültigen Fassung genannt sind, sofern der Umfang dieser Tätigkeiten nicht unbedeutend ist.

bb) Option zur Anwendung des alten Rechts bis 2020

6.218 Der Gesetzgeber hat juristischen Personen des öffentlichen Rechts in § 27 Abs. 22 UStG allerdings die Möglichkeit eingeräumt, in den Besteuerungszeiträumen 2017 bis 2020 weiterhin das alte Recht (§ 2 Abs. 3 UStG) anzuwenden. Hierzu ist **bis zum 31.12.2016** eine entsprechende Erklärung gegenüber der Finanzbehörde abzugeben. Unterbleibt diese Erklärung, gilt zwingend das neue Recht. Wird die Erklärung abgegeben, hat die juristische Person des öffentlichen Rechtes innerhalb des Übergangszeitraums bis 2020 die Möglichkeit, auch vorzeitig zum neuen Recht überzugehen, § 27 Abs. 22 Satz 6 UStG.

cc) Wettbewerbskriterium

Nach § 2b UStB und dem zugrunde liegenden Art. 13 Abs. 1 Unterabs. 2 MwStSystRL sind Einrichtungen des öffentlichen Rechts als Steuerpflichtige zu behandeln, sofern eine Behandlung als Nichtunternehmer „*zu größeren Wettbewerbsverzerrungen führen würde*". Es sollen also Rechtssubjekte des öffentlichen Rechts dennoch als Steuerpflichtige angesehen werden, wenn sie Tätigkeiten ausüben, die auch von Privaten nach einer zivilrechtlichen Regelung oder beispielsweise aufgrund von Beleihungen ausgeübt werden können. Mit diesen Privaten stehen die Rechtssubjekte des öffentlichen Rechts dann in unmittelbarem Wettbewerb. 6.219

Um nicht durch die bestehende bzw. fehlende Umsatzbesteuerung eine Verzerrung des Wettbewerbs herbeizuführen, sind die Mitgliedstaaten nach Art. 13 MwStSystRL verpflichtet, die öffentlichen Einrichtungen in diesem Fall als Steuerpflichtige (Unternehmer) zu behandeln. Zweck der Regelung ist somit die Gewährleistung der Neutralität der Umsatzsteuer. Maßgeblich ist insofern, dass entweder bereits tatsächlich eine **Wettbewerbssituation** besteht oder dass eine solche potentiell zu befürchten ist.[1] 6.220

Nicht ausreichend ist, dass es sich um eine Aufgabe handelt, die nur theoretisch und ohne Anhalt in der Realität auch von einem Privaten ausgeführt werden könnte. Wäre dies bereits ausreichend, so liefe das Tatbestandsmerkmal der Wettbewerbsverzerrung regelmäßig leer, da bei ausreichender Fantasie fast immer „private" Konkurrenz und somit eine **hypothetische Gefahr** der Verzerrung des Wettbewerbs bestehen würde.[2] Insofern ist die Wettbewerbsverzerrung in erster Linie so zu verstehen, dass eine nicht steuerpflichtige Einrichtung des öffentlichen Rechts gegebenenfalls günstiger anbieten kann als ein privater Konkurrent, der der Umsatzsteuerpflicht unterliegt und somit seinen dem Endkunden gegenüber genannten Preis um den Umsatzsteuerbetrag erhöhen müsste.[3] 6.221

---

1 Vgl. EuGH v. 17.10.1989 – C-231/87, C-129/88, UR 1991, 77.
2 *Offerhaus*, UR 2005, 117 (126); *Hidien*, UR 2002, 165 (169); jeweils m.w.N.
3 *Offerhaus*, UR 2005, 117.

8. Weitere Steuern

6.222 Die öffentliche Hand kann den **Pflichtenkreisen** weiterer Steuergesetze unterfallen, z.B. Grunderwerbsteuer,[1] Grundsteuer,[2] UmwStG[3] oder Erbschaft- und Schenkungsteuer.[4]

9. Gemeinnützigkeitsrecht

6.223 Für die steuerlichen Pflichtenkreise der öffentlichen Hand ist schließlich das Gemeinnützigkeitsrecht von erheblicher Bedeutung. Berührungspunkte bestehen an folgenden **Schnittstellen**:

– Auch Juristische Personen des öffentlichen Rechts können sich auf die Steuerbefreiung nach § 5 Abs. 1 Nr. 9 KStG berufen, soweit sie die gesetzlichen Voraussetzungen der §§ 51 ff. AO erfüllen.[5] In der Praxis wird dies für die Fälle relevant, in denen die Steuerpflicht als Betrieb gewerblicher Art durch die Steuerbegünstigung als **Zweckbetrieb** (§§ 65 ff. AO) vermieden werden soll.

– Die öffentliche Hand ist den Anforderungen des **Spendenrechts** unterworfen (Rz. 6.20 f.), welches wiederum auf die steuerbegünstigten Zwecke nach § 52 ff. AO abstellt.

– Schließlich können Einrichtungen der öffentlichen Hand ihrerseits **gemeinnützige Körperschaften** (z.B. als Verein oder Stiftung) errichten oder sich an solchen beteiligen (z.B. als Gesellschafter an einer gemeinnützigen GmbH). Die öffentliche Hand ist dann als Gründer, Stifter oder Gesellschafter einer gemeinnützigen Organisation u.U. zumindest mittelbarer Adressat der gemeinnützigen Anforderungen und sei es nur durch die Wahrnehmung von Überwachungspflichten.

6.224 Zu den durch das Gemeinnützigkeitsrecht gestellten **Anforderungen und Compliance-Fragen** im Einzelnen s. Rz. 6.1 ff.

III. Risikobereiche

1. Steuersubjekte

a) Unerkannte Steuersubjekte

6.225 Angesichts der vielfältigen **Tätigkeitsbereiche** der öffentlichen Hand ergeben sich fehlerhafte steuerliche Zuordnungen dadurch, dass Steuersubjekte unerkannt bleiben oder fehlerhaft behandelt werden. Dies gilt insbesondere für

---

1 Siehe aber die Befreiung nach § 4 Nr. 1 GrEStG.
2 Siehe aber die Befreiungen nach § 3 GrStG.
3 Vgl. § 21 Abs. 3 Nr. 1 UmwStG.
4 Siehe aber die Befreiung nach § 13 Abs. 1 Nr. 15 ErbStG.
5 Eingehend *Hüttemann*, Die Besteuerung der öffentlichen Hand, 2002, S. 182 ff.; *Hüttemann*, Gemeinnützigkeits- und Spendenrecht, 2008, § 2 Rz. 66 ff.; *Hey*, StuW 2000, 467.

- Untergliederungen;[1]
- Kooperationen, Gemeinschaften und Joint-Ventures (Rz. 6.65 ff.).

b) Steuersubjekt Betrieb gewerblicher Art

Die öffentliche Hand wird regelmäßig nur insoweit zum Steuersubjekt, als sie einen BgA unterhält (Rz. 6.199 ff.). Vielfältige Probleme bereitet insoweit die konkrete **Prüfung** und Erkenntnis, dass die gesetzlichen Kriterien erfüllt sind. BgA ist eine Einrichtung, die einer nachhaltigen wirtschaftlichen **Tätigkeit zur Erzielung von Einnahmen** oder anderen wirtschaftlichen Vorteilen dient. Damit wird jeder Funktionszusammenhang und jede wirtschaftliche Einheit angesprochen, die auf nachhaltige Einnahmeerzielung ausgerichtet sind und das Bild eines Gewerbebetriebs bieten.[2] Von wesentlicher Bedeutung ist insoweit die Nachhaltigkeit, die dem Merkmal des § 15 Abs. 2 EStG entspricht.[3] Einmalige Verkäufe führen z.B. nicht zur Nachhaltigkeit. Werden die Entgelte als Gebühr erhoben oder bezeichnet, hindert dies nicht die Annahme eines BgA.[4]

6.226

Für die Annahme eines BgA muss sich die Einrichtung innerhalb der Gesamtbetätigung der juristischen Person des öffentlichen Rechts **wirtschaftlich herausheben**. Diese wirtschaftliche Selbständigkeit kann z.B. in einer besonderen Leistung, in einem geschlossenen Geschäftskreis, in der Buchführung oder in einem ähnlich auf eine Einheit hindeutenden Merkmal bestehen (R 6 Abs. 4 KStR). „Selbständigkeit" bedeutet aber keine völlige Loslösung von der juristischen Person des öffentlichen Rechts; der BgA bleibt dieser stets untergeordnet.

Weitere **Kriterien**:
- Eine getrennte Aufzeichnung der Entgelte kann ausreichen.[5]
- Auch die Art der Tätigkeit kann zur Heraushebung führen.[6]
- Besondere Zuständigkeiten und Haushaltsplanausweis.[7]
- Eigenes Personal ist nicht erforderlich,[8] spricht aber, falls vorhanden, für einen BgA.[9]

---

1 Exemplarisch BFH v. 18.12.1996 – I R 16/96, BStBl. II 1997, 361 f. = FR 1997, 385: Eine Ortsgruppe der Feuerwehr veranstaltet ein Sommerfest, das finanziell nicht aus der Gemeinde-, sondern über eine gesondert geführte Kasse abgewickelt wird. Die hieraus erzielten Einnahmen für die Löschgruppe wurden von FinVerw. und BFH im Rahmen eines nicht rechtsfähigen Vereins als steuerpflichtig angesehen.
2 Vgl. zum Begriff Abschn. 6 KStR und BFH v. 13.3.1974 – I R 7/71, BStBl. II 1974, 391; v. 22.9.1976 – I R 102/74, BStBl. II 1976, 793.
3 Zu Einzelheiten s. die umfangreiche Kommentarliteratur zu § 15 EStG und § 2 GewStG.
4 Vgl. BFH v. 26.5.1977 – V R 15/74, BStBl. II 1977, 813.
5 BFH v. 26.5.1977 – V R 15/74, BStBl. II 1977, 813.
6 BFH v. 26.5.1977 – V R 15/74, BStBl. II 1977, 813.
7 BFH v. 26.2.1957 – I 327/56 U, BStBl. III 1957, 146, für Marktbetrieb.
8 BFH v. 26.5.1977 – V R 15/74, BStBl. II 1977, 813.
9 BFH v. 11.1.1979 – V R 26/74, BStBl. II 1979, 746; s. auch R 6 Abs. 4 KStR.

6.227 Die wirtschaftliche Selbständigkeit setzt eine Tätigkeit von einigem Gewicht und damit nach h.M. indiziell **Mindesteinnahmen** voraus. Die Finanzverwaltung verneint im Regelfall einen Betrieb gewerblicher Art, wenn der Jahresumsatz nachhaltig 30.678 € nicht übersteigt.[1] Diese Typisierung ist nicht bedenkenfrei. Die Rechtsprechung hat eine feste Umsatzgrenze verworfen.[2] Betriebe, die die Grenzen unterschreiten, können insbesondere bei Wettbewerbsverzerrungen steuerpflichtig sein. Auf das Verhältnis der Einnahmen zum Gesamthaushalt der Körperschaft kommt es nicht an.[3]

6.228 Eine **Beteiligung am allgemeinen wirtschaftlichen Verkehr** ist für die Annahme eines BgA nicht erforderlich. Dies betrifft insbesondere die sog. Eigen- oder Selbstversorgungsbetriebe der öffentlichen Hand, die ebenfalls BgA darstellen.

2. Abgrenzung BgA – Hoheitsbetrieb

6.229 Das Vorliegen eines Hoheitsbetriebs schließt einen Betrieb gewerblicher Art aus, § 4 Abs. 5 KStG. Die Grenzen sind in der Praxis oft fließend und beinhalten ein **steuerliches Hauptrisiko** der öffentlichen Hand.[4] Der Hoheitsbetrieb dient „überwiegend der Ausübung der öffentlichen Gewalt", § 4 Abs. 5 Satz 1 KStG. Eine befriedigende Definition ist noch nicht gefunden. Nach Verwaltungssicht liegt ein Hoheitsbetrieb insbesondere dann vor, wenn es sich um Leistungen handelt, zu deren Annahme der Leistungsempfänger aufgrund gesetzlicher oder behördlicher Anordnung verpflichtet ist.[5] Nach der Rechtsprechung sind unter Ausübung öffentlicher Gewalt die Tätigkeiten zu verstehen, die der juristischen Person des öffentlichen Rechts „eigentümlich und vorbehalten" sind.[6] Kennzeichnend hierfür ist die Erfüllung **spezifischer öffentlich-rechtlicher Aufgaben**, die aus der Staatsgewalt abgeleitet sind und staatlichen Zwecken dienen[7] und zu deren Annahme der Leistungsempfänger aufgrund gesetzlicher oder behördlicher Anordnung verpflichtet ist.[8] Maßgebend ist, ob die öffentliche Hand ihre Tätigkeit im Rahmen einer eigens für sie gelten-

---
1 Keine Realisierung von stillen Reserven bei Neubestimmung der Grenze, vgl. BMF v. 5.8.1975 – IV B 7 - S 2706 - 35/75, BStBl. I 1975, 934.
2 BFH v. 11.1.1979 – V R 26/74, BStBl. II 1979, 746; v. 25.10.1989 – V R 111/85, BStBl. II 1990, 868.
3 BFH v. 2.3.1983 – I R 100/79, BStBl. II 1983, 386 = FR 1983, 334; R 6 Abs. 5 KStR.
4 Ausführlich mit Beispielen: *Alvermann* in Streck, KStG[8], § 4 Rz. 40 ff.
5 So bereits § 4 KStDV 1968 und nachfolgend R 9 Abs. 1 KStR, mit Beispielen: Forschungsanstalten, Wetterwarten, Schlachthöfe, Friedhöfe, Anstalten zur Lebensmitteluntersuchung, zur Desinfektion, zur Leichenverbrennung, zur Müllbeseitigung, zur Straßenreinigung und zur Abführung von Abwässern und Abfällen.
6 BFH v. 22.9.1976 – I R 102/74, BStBl. II 1976, 793; v. 21.9.1989 – V R 89/85, BStBl. II 1990, 95; v. 25.1.2005 – I R 63/03, BStBl. II 2005, 501 = FR 2005, 846.
7 BFH v. 21.9.1989 – V R 89/85, BStBl. II 1990, 95; v. 25.1.2005 – I R 63/03, BStBl. II 2005, 501 = FR 2005, 846.
8 BFH v. 25.1.2005 – I R 63/03, BStBl. II 2005, 501 = FR 2005, 846; s. auch H 9 KStR.

den Regelung und nicht unter den gleichen rechtlichen Bedingungen wie private Wirtschaftsteilnehmer ausübt.[1]

Allein die Zuweisung von Tätigkeiten durch Gesetz ist jedoch für die Annahme eines Hoheitsbetriebs nicht ausreichend.[2] Zu prüfen ist stets auch die **Wettbewerbssituation**: Eine Ausübung öffentlicher Gewalt ist ausgeschlossen, soweit sich die juristische Person des öffentlichen Rechts in den allgemeinen wirtschaftlichen Verkehr einschaltet und sich ihre Tätigkeit von der eines privaten gewerblichen Unternehmens nicht wesentlich unterscheidet.[3] Der Wettbewerbsschutz macht in diesem Fall eine Besteuerung der öffentlichen Hand erforderlich.[4]

6.230

Compliance-Hinweis: In der Praxis ist die Wahrung der Wettbewerbsneutralität oberster Prüfungsmaßstab für die Abgrenzung zwischen BgA und Hoheitsbetrieb geworden. Entscheidend ist, ob private Wirtschaftsteilnehmer in gleicher Weise tätig werden und ob eine unterschiedliche steuerliche Behandlung nachteilige Folgen für den Wettbewerb haben könnte.[5] Die Möglichkeit der Übertragung auf beliebige Unternehmer reicht für eine Wettbewerbssituation aber nicht aus.[6]

6.231

Ist eine juristische Person des öffentlichen Rechts sowohl **hoheitlich als auch nicht hoheitlich** tätig, so sind die Bereiche – soweit möglich – zu trennen. Stellt die nicht hoheitliche Tätigkeit einen Betrieb gewerblicher Art dar, besteht insoweit Steuerpflicht. Besteht im Rahmen eines Hoheitsbetriebs auch ein Betrieb gewerblicher Art (z.B. Kantine, Kiosk, Verkaufsstelle) greift die Steuerpflicht auch insoweit (s. H 9 KStR). Die Trennung kann auch z.B. nach zeitlicher Beanspruchung von Personal oder Maschinen erfolgen.

6.232

3. Abgrenzung BgA – Vermögensverwaltung

Ein **weiterer Prüfungsschwerpunkt** der Finanzverwaltung ist die Abgrenzung des steuerpflichtigen BgA von der ertragsteuerbefreiten Vermögensverwaltung. Es bestehen insoweit weitgehend die gleichen Compliance-Kriterien und Praxisfragen, wie sie unter Rz. 6.96 ff. für die Abgrenzung der Vermögensverwaltung zu wirtschaftlichen Geschäftsbetrieben gemeinnütziger Organisationen umfassend dargestellt wurden. Auf die dortigen Ausführungen kann verwiesen werden.

6.233

Typische Problembereiche sind z.B.:
– Personalgestellung und Beistandsleistungen (Rz. 6.105, Rz. 6.136),
– Sponsoring (Rz. 6.110 ff.),

---

1 Siehe auch *Lange*, UR 2000, 1.
2 BFH v. 30.6.1988 – V R 79/84, BStBl. II 1988, 910; H 9 KStR.
3 BFH v. 23.10.1996 – X R 75/94, BStBl. II 1997, 239 = FR 1997, 178 m. Anm. *Weber-Grellet*; v. 25.1.2005 – I R 63/03, BStBl. II 2005, 501 = FR 2005, 846; H 9 KStR.
4 BFH v. 25.1.2005 – I R 63/03, BStBl. II 2005, 501 = FR 2005, 846.
5 Siehe auch BFH v. 11.6.1997 – XI R 33/94, BStBl. II 1999, 418 zur USt.
6 BFH v. 25.1.2005 – I R 63/03, BStBl. II 2005, 501 = FR 2005, 846.

- Beteiligungen (Rz. 6.103),
- Betriebsaufspaltung (Rz. 6.99, Rz. 6.103),
- Gewerbliche/nicht gewerbliche Vermietung (Rz. 6.99 ff.),
- Sportstätten.[1]

4. Zusammenfassung mehrerer Betriebe – Querverbund

6.234 In der Besteuerungspraxis der öffentlichen Hand besteht ein hohes Bedürfnis, einen **Verlustausgleich** durch eine Zusammenfassung von Verlust- und Gewinnbetrieben zu erreichen. Die Erscheinungsformen sind vielfältig.[2] Kann ein Verlustausgleich nicht herbeigeführt werden, droht der öffentlichen Körperschaft nicht unerheblicher wirtschaftlicher Schaden, da defizitäre BgA zwar das wirtschaftliche Ergebnis schmälern, steuerlich in diesem Falle aber nicht mit steuerpflichtigen Gewinnen anderer BgA verrechnet werden könnten. Im Extremfall droht der juristischen Person des öffentlichen Rechts eine Steuernachzahlung, ohne per Saldo einen Gewinn zu erwirtschaften. **Hoheitsbetrieb und BgA** können nicht zusammengefasst werden,[3] § 8 Abs. 6 Satz 2 KStG.

6.235 Die **Zusammenfassung von mehreren BgA** (Querverbund) war in der Verwaltungspraxis früher grundsätzlich anerkannt. Diese Verwaltungspraxis hat der **BFH** sodann mit seinem Urteil vom 22.8.2007 infrage gestellt.[4] Die Finanzverwaltung reagierte postwendend mit einem Nichtanwendungserlass.[5]

6.236 Für die Sicherstellung des steuerlichen Querverbunds war somit eine **gesetzliche Regelung** erforderlich. In § 8 Abs. 6 KStG ist die Zulässigkeit des Querverbunds explizit im Gesetz normiert. Demnach kann ein BgA mit einem oder mehreren anderen BgA zusammengefasst werden, wenn (§ 4 Abs. 6 Satz 1 KStG)

1. sie gleichartig sind,
2. zwischen ihnen nach dem Gesamtbild der tatsächlichen Verhältnisse objektiv eine enge wechselseitig technisch-wirtschaftliche Verflechtung von einigem Gewicht besteht oder
3. BgA i.S.d. § 4 Abs. 3 KStG[6] vorliegen.

---

1 Siehe z.B. FG BW v. 24.10.2003 – 9 K 139/00, EFG 2005, 235.
2 Siehe *Alvermann* in Streck, KStG[8], § 4 Rz. 21.
3 So bereits BFH v. 10.7.1962 – I 164/59 S, BStBl. III 1962, 448: Wasserversorgung und Kanalwerk; v. 26.5.1977 – V R 15/74, BStBl. II 1977, 813: Friedhof und Grabpflege.
4 BFH v. 22.8.2007 – I R 32/06, BStBl. II 2009, 961 = FR 2007, 1160 m. Anm. *Orth*.
5 BMF v. 7.12.2007 – IV B 7 - S 2706/07/0011, DStZ 2008, 6.
6 Also Betriebe, die der Versorgung der Bevölkerung mit Wasser, Gas, Elektizität oder Wärme, dem öffentlichen Verkehr oder dem Hafenbetrieb dienen.

Die Finanzverwaltung hat zur gesetzlichen Neuregelung umfangreiche Verwaltungsanweisungen erlassen.[1] Typische **Praxisfragen** sind:[2]
- Für den zusammengefassten BgA muss steuerlich eine eigenständige Gewinnermittlung vorgenommen werden.[3]
- Frage der Gleichartigkeit der Versorgungs- und Verkehrsbetriebe.[4]
- Zulässigkeit von Zusammenfassungen in der Kette.[5]
- Verpachtungs-BgA.[6]

Compliance-Hinweis: Sind auf der Grundlage der früheren Verwaltungsauffassung vor der gesetzlichen Neuregelung **verbindliche Auskünfte** erteilt worden, bleiben diese auch nach Ergehen der gesetzlichen Regelung wirksam.[7]

6.237

5. Verdeckte Gewinnausschüttungen

Verträge zwischen BgA und juristischen Personen des öffentlichen Rechts werden grundsätzlich nach den für verdeckte Gewinnausschüttungen (vGa) geltenden Bedingungen anerkannt.[8] Sie müssen klar und ernst gewollt, rechtzeitig abgeschlossen und durchgeführt sein. Da i.d.R. eine zivilrechtlich wirksame Verpflichtung zwischen BgA und der juristischen Person hier nicht vorliegt, ähneln die Vertragsbedingungen einer steuerrechtlichen Spiegelfechterei. Die gefährdeten Einzelfälle sind vielzählig.[9]

6.238

Praxiskriterien:
- Eine tatsächliche **langjährige Übung** nach bestimmten Bedingungen lässt vermuten, dass eine entsprechende Vereinbarung vorliegt. Insbesondere bei alten Nutzungsverhältnissen muss nicht unbedingt ein ausdrücklicher Vertrag gefordert werden
- **Miet- und Pachtverträge** zwischen Betrieben gewerblicher Art und Trägerkörperschaften werden – obwohl zivilrechtlich unwirksam – steuerlich anerkannt, wenn sie üblich und angemessen sind.[10] Nicht anerkannt werden aber Miet- oder Pachtverträge über Gegenstände, die eine wesentliche Grundlage des Betriebs gewerblicher Art sind.[11]
- Die vGA-Grundsätze sind insbesondere auch bei **Entgeltvereinbarungen** zu beachten: Erbringt der BgA Leistungen gegenüber der Trägerkör-

---

1 Siehe BMF v. 12.11.2009 – S 2706/08/10004, BStBl. I 2009, 1303; hierzu eingehend *Leippe*, DStZ 2010, 107 ff.
2 Siehe auch *Leippe*, DStZ 2010, 107 ff.
3 BMF v. 12.11.2009 – S 2706/08/10004, BStBl. I 2009, 1303, Rz. 3.
4 Hierzu *Leippe*, DStZ 2010, 107 (108).
5 Hierzu *Alvermann* in Streck, KStG[8], § 4 Rz. 24.
6 *Leippe*, DStZ 2010, 107 (110).
7 BMF v. 12.11.2009 – S 2706/08/10004, BStBl. I 2009, 1303, Rz. 19 Satz 2.
8 Vgl. *Binnewies*, DB 2006, 465.
9 Einzelfall-Übersicht bei *Alvermann* in Streck, KStG[8], § 4 Rz. 55.
10 BFH v. 3.2.1993 – I R 61/91, BStBl. II 1993, 459 = FR 1993, 372; H 33 KStR.
11 BFH v. 17.5.2000 – I R 50/98, BStBl. II 2001, 558 = FR 2000, 1039; v. 24.4.2002 – I R 20/01, BStBl. II 2003, 412 = FR 2002, 1222.

perschaft zu unüblich niedrigem Entgelt, kann dies eine vGA begründen. Gleiches gilt, wenn der Betrieb die Leistungen oder Arbeitsergebnisse unentgeltlich zur Verfügung stellt, obwohl im Geschäftsverkehr ein Entgelt üblich wäre.[1]

– Nach den gleichen Maßstäben sind die Verhältnisse zwischen von der öffentlichen Hand betriebenen **Kapitalgesellschaften** und ihren Gesellschaftern zu beurteilen.[2] Allein der Verzicht auf Einnahmen oder Gewinne begründet für sich genommen aber noch keine vGA. So kann der BgA oder die Eigengesellschaft z.B. schon aus verwaltungsrechtlichen Gründen gehalten sein, unentgeltlich oder lediglich kostendeckend zu arbeiten.[3]

Zu **Vermögensübertragungen** zwischen BgA s. Rz. 6.239 ff., zu **verlustbringenden Betrieben** s. Rz. 6.241 ff.

6. Vermögensübertragungen

6.239 Werden Wirtschaftsgüter unentgeltlich auf einen anderen Betrieb gewerblicher Art derselben Trägerkörperschaft oder in den hoheitlichen oder vermögensverwaltenden Bereich derselben Trägerkörperschaft übertragen, führt die fiktive Verselbständigung des BgA zur Annahme einer **verdeckten Gewinnausschüttung**.[4] Rechtsfolge ist die Aufdeckung der stillen Reserven in den übertragenen Wirtschaftsgütern auf der Ebene des BgA sowie die Kapitalertragsteuerpflicht des Vorgangs. Im Ergebnis finden die Grundsätze zur Vermögensübertragung zwischen Schwestergesellschaften Anwendung (Rz. 4.131). Zu einer entsprechenden vGA kann es auch kommen, wenn das Wirtschaftsgut durch einfache **Nutzungsänderung** (z.B. Nutzung für einen anderen BgA) aus dem bisherigen Funktionszusammenhang herausgelöst wird.[5]

6.240 Die Aufdeckung der stillen Reserven ist auch dann vorzunehmen, wenn **sämtliche Wirtschaftsgüter** auf einen anderen BgA übertragen werden. § 20 UmwStG findet keine Anwendung, da die Voraussetzung der Ausgabe neuer Gesellschaftsanteile nicht vorliegt. Teilweise wird die Anwendung von § 6 Abs. 3 Satz 1 EStG in Erwägung gezogen.[6] Zur Aufdeckung stiller Reserven kommt es aber nicht, wenn mehrere BgA zulässigerweise in einem zusammengefasst werden und somit die einzelnen Unternehmungen des jeweiligen BgA fortgeführt werden.[7]

---

[1] BFH v. 10.7.1996 – I R 108-109/95, I R 108/95, I R 109/95, BStBl. II 1997, 230 = FR 1997, 108; v. 28.1.2004 – I R 87/02, BFH/NV 2004, 736.
[2] BFH v. 6.4.2005 – I R 15/04, BStBl. II 2006, 196 = FR 2005, 1205.
[3] BFH v. 6.4.2005 – I R 15/04, BStBl. II 2006, 196 = FR 2005, 1205; *Binnewies*, DB 2006, 465.
[4] BFH v. 24.4.2002 – I R 20/01, BStBl. II 2003, 412 = FR 2002, 1222.
[5] *Binnewies*, DB 2006, 465.
[6] Vgl. *Bauschatz/Strahl*, DStR 2004, 489.
[7] Siehe BFH v. 4.12.1991 – I R 74/89, BStBl. II 1992, 432; zur Zusammenfassung s. Rz. 6.203.

7. Verluste, dauerdefizitäre Betriebe

Ein Dauerproblem in der Besteuerung der öffentlichen Hand war ferner die Frage der **verdeckten Gewinnausschüttungen** im Falle von Verlusttätigkeiten, insbesondere bei dauerdefizitären Betrieben.[1] So sollten Verluste, die ein als Regiebetrieb (Rz. 6.196) geführter BgA erzielt, nach der Rechtsprechung im Verlustjahr als durch die Trägerkörperschaft ausgeglichen gelten und zu einem entsprechenden Zugang im steuerlichen Einlagekonto führen.[2]

6.241

In § 8 Abs. 7 bis 10 KStG hat der Gesetzgeber hierzu folgende **Prüfungssystematik** geregelt:

6.242

– Gemäß § 8 Abs. 7 KStG sind die Rechtsfolgen einer vGA nicht bereits deshalb zu ziehen, weil innerhalb eines BgA ein Dauerverlustgeschäft ausgeübt wird.

– Gleiches gilt für Kapitalgesellschaften, deren Anteile mehrheitlich von einer juristischen Person des öffentlichen Rechts gehalten werden und bei denen die Gesellschafter die Verluste aus den Dauerverlustgeschäften tragen.

– Ergänzend bestimmt § 8 Abs. 8 KStG, dass in einem bestimmten BgA entstandene Verluste nur von diesem Betrieb genutzt werden können. Kommt es zur Zusammenfassung (Rz. 6.234 ff.) oder werden verschiedene BgA wieder getrennt, so wird ein bisheriger Verlustvortrag festgeschrieben. Eine Nutzung in einem anderen Betrieb ist danach nicht möglich.

– Eine Zusammenfassung im vorstehenden Sinne ist dann nicht gegeben, wenn zwei bisher eigenständige BgA zu einem neuen BgA zusammengefasst werden. Auch Zusammenfassungen in der Kette werden hierdurch erfasst.

– Für Tätigkeiten, die nach den gesetzlichen Neuregelungen des § 4 Abs. 6 Satz 1 KStG zusammengefasst werden können (Rz. 6.236), sind Sparten nach Maßgabe des § 8 Abs. 9 KStG zu bilden. Mit dieser Spartenteilung soll erreicht werden, dass bei einer Eigengesellschaft keine größeren Möglichkeiten in der Ergebnisverrechnung eintreten können als bei unmittelbar durch die juristische Person gehaltenen BgA.

8. Kapitalertragsteuer

Praxisprobleme bereitet der öffentlichen Hand die komplizierte Regelung zur Kapitalertragsteuerpflicht für **Gewinne, die den BgA** verlassen, §§ 20 Abs. 1 Nr. 10, 43 Abs. 1 Nr. 7 Buchst. b) und Buchst. c) EStG.

6.243

---

1 Ausführlich *Alvermann* in Streck, KStG[8], § 4 Rz. 24.
2 BFH v. 23.1.2008 – I R 18/07, FR 2008, 875 m. Anm. *Pezzer* = FR 2008, 1114 m. Anm. *Pezzer* = DStR 2008, 1040.

Typische Problemkreise sind
- Abgrenzung Regie- und Eigenbetrieb,[1]
- Bestimmung des Zuflusszeitpunkts,[2]
- Bestimmung des maßgeblichen Gewinns,[3]
- Führung des steuerlichen Einlagekontos nach § 27 KStG,[4]
- Einlagenrückgewähr,[5]
- Rücklagenbildung.[6]

9. Umsatzsteuer

a) Probleme und Ursachen

6.244 Die Umsatzsteuer hat sich in den vergangenen Jahren zu einem **steuerlichen Brennpunkt** der öffentlichen Hand entwickelt. Gründe hierfür sind
- die fehlende Harmonisierung zwischen nationalem und EU-Recht (Rz. 6.215),
- die fehlende Abstimmung zwischen Ertrag- und Umsatzsteuerrecht (Rz. 6.214),
- die Vielfältigkeit der umsatzsteuerlichen Risiken (Rz. 2.31 ff.),
- das oft fehlende Problembewusstsein in der öffentlichen Hand,
- die gestiegene Prüfungsintensität seitens der Finanzverwaltung,
- der Übergang zum neuen § 2b UStG (Rz. 6.217 f.).

In Zeiten leerer öffentlicher Kassen können die Auswirkungen von Betriebs- und Umsatzsteuersonderprüfungen im umsatzsteuerlichen Bereich existentielle Folgen haben. Die Praxiserfahrung zeigt, dass die größeren Steuerfälle der öffentlichen Hand in den vergangenen Jahren vor allem durch **unvorhergesehene Umsatzsteuernachforderungen** entstanden sind.

b) Compliance-Schwerpunkte

aa) Unternehmereigenschaft der öffentlichen Hand nach § 2 Abs. 3 UStG a.F./§ 2b UStG n.F.

6.245 Die bestehenden rechtlichen Schwierigkeiten durch den gesetzlichen Verweis des § 2 Abs. 3 UStG auf das Ertragsteuerrecht (§ 4 KStG) wurden be-

---

1 Hierzu *Alvermann* in Streck, KStG[8], § 4 Rz. 2; zu Verrechnung von Gewinnen i.S.v. § 20 Abs. 1 Nr. 10 Buchst. b) EStG mit Verlustvorträgen beim Regiebetrieb s. BFH v. 23.1.2008 – I R 18/07, BStBl. II 2008, 1260 = FR 2008, 875 m. Anm. *Pezzer*.
2 Hierzu BFH v. 11.7.2007 – I R 105/05, BStBl. II 2007, 841 = FR 2008, 97.
3 Siehe BMF v. 11.9.2002 – IV A 2 - S 1910 – 194/02, BStBl. I 2002, 935; BFH v. 23.1.2008 – I R 18/07, BStBl. II 2008, 1260 = FR 2008, 875 m. Anm. *Pezzer*.
4 BFH v. 21.8.2007 – I R 78/06, FR 2008, 419 = BFH/NV 2008, 495; BMF v. 11.9.2002 – IV A 2 - S 1910 - 194/02, BStBl. I 2002, 935.
5 BFH v. 11.7.2007 – I R 105/05, BStBl. II 2007, 841 = FR 2008, 97; BMF v. 11.9.2002 – IV A 2 - S 1910 - 194/02, BStBl. I 2002, 935; Ergänzung durch BMF v. 8.8.2005 – IV B 7 - S 2706a - 4/05, BStBl. I 2005, 831.
6 BMF v. 8.8.2005 – IV B 7 - S 2706a - 4/05, BStBl. I 2005, 831; v. 9.8.2005 – IV B 7 - S 2706a - 5/05, DB 2005, 1935.

reits unter Rz. 6.217 ff. beschrieben. Zu den Abgrenzungsproblemen innerhalb des § 4 KStG s. Rz. 6.226 ff.

Auch für die Umsatzsteuer hat der BFH insoweit in bislang ständiger Rechtsprechung unter den Begriff der **„öffentlichen Gewalt"** sämtliche Tätigkeiten subsumiert, die den juristischen Personen des öffentlichen Rechts „eigentümlich und vorbehalten sind".[1] Kennzeichnend hierfür ist die Erfüllung öffentlich-rechtlicher Aufgaben, die aus der Staatsgewalt abgeleitet sind und staatlichen Zwecken dienen.[2] Maßgebend ist, ob die juristische Person des öffentlichen Rechts *„die Tätigkeit gegenüber dem Leistungsempfänger* im Rahmen einer eigens für sie geltenden rechtlichen Regelung und nicht unter den gleichen rechtlichen Bedingungen wie private Wirtschaftsteilnehmer ausübt".[3] Diese Abgrenzung ist insbesondere nach allgemeinem Verwaltungsrecht vorzunehmen.[4]

6.246

Ergänzend ist darüber hinaus für die Beurteilung als Betrieb gewerblicher Art auf die **Wettbewerbsrelevanz** der jeweiligen Tätigkeit der öffentlichen Hand abzustellen. Die Rechtsprechung hat dieses Wettbewerbskriterium in ständiger Rechtsprechung bereits für den bisherigen § 4 Abs. 3 UStG a.F. mehrfach besonders hervorgehoben.[5] Im neuen § 2b UStG (Rz. 6.217) ist das Kriterium nunmehr auch gesetzlich festgeschrieben. Von entscheidender Bedeutung ist, ob die Nichtbesteuerung als Hoheitsbetrieb zu Wettbewerbsverzerrungen führen kann.[6] Für die steuerliche Beurteilung der öffentlichen Hand wird vor allem darauf abgestellt, ob sie in größerem Umfang Tätigkeiten ausführt, die auch von Privatpersonen ausgeführt werden können und hierdurch ein Wettbewerb zur privaten Wirtschaft eintritt.[7] Denn nur soweit privatrechtliche Unternehmen zur öffentlichen Hand in Wettbewerb treten können, bedarf dies unter dem Gesichtspunkt der Wettbewerbsneutralität der Besteuerung. Können privatrechtliche Unternehmen hingegen schon aus gesetzlichen Gründen zu juristischen Personen des öffentlichen Rechts nicht in Wettbewerb treten, bedarf es keiner Besteuerung der öffentlichen Hand.[8]

6.247

---

1 BFH v. 8.1.1998 – V R 32/97, BStBl. II 1998, 410; v. 21.9.1989 – V R 89/85, BStBl. II 1990, 95; v. 30.6.1988 – V R 79/84, BStBl. II 1988, 910.
2 Siehe z.B. BFH v. 23.10.1996 – I R 1/94, 2/94, BStBl. II 1997, 139 (142).
3 *Lange*, UR 2000, 1 (12).
4 *Lange*, UR 2000, 1 (9); *Ramme*, UR 1991, 80.
5 Siehe nur BFH v. 30.6.1988 – V R 79/84, BStBl. II 1988, 910 (912); v. 11.6.1997 – XI R 33/94, BStBl. II 1999, 418; v. 8.1.1998 – V R 32/97, BStBl. II 1998, 410 (411 f.); sämtlich m.w.N.
6 Siehe nur *Küffner*, DStR 2003, 1606 f.; *Heizmann/Heizmann/Schroeder*, Beilage 1224 NWB Nr. 34/2003, 1 ff.
7 BFH v. 30.6.1988 – V R 79/84, BStBl. II 1988, 910 (911); v. 21.9.1989 – V R 89/85, BStBl. II 1990, 95 (97).
8 *Küffner*, DStR 2003, 1606 f.

6.248 **Compliance-Hinweis:** Die Wettbewerbsneutralität ist damit zum entscheidenden Kriterium für die Umsatzsteuerbarkeit der öffentlichen Hand geworden.[1] Zu **prüfen** ist insbesondere:
- Ob die juristische Person des öffentlichen Rechts aufgrund öffentlich-rechtlicher Regelungen ausschließlich selbst tätig wird bzw. tätig werden kann;[2]
- ob die in Rede stehende Aufgabe nur durch eine juristische Person des öffentlichen Rechts ausgeführt werden kann oder die Aufgabe nach den rechtlichen Vorgaben auch auf private Dritte übertragen werden könnte;[3]
- ob im Tätigkeitsbereich der öffentlichen Hand private Wirtschaftsteilnehmer in gleicher Weise tätig werden und ob eine unterschiedliche (umsatz-)steuerliche Belastung intensive und nachhaltige Auswirkungen in dieser Branche zur Folge haben könnte.[4]

6.249 Als Folge der unter Rz. 6.215 und Rz. 6.246 ff. dargestellten Rechtsprechungsentwicklung sind in den vergangenen Jahren Bereiche der öffentlichen Hand in den Fokus der Umsatzbesteuerung geraten, die in früherer Praxis als nicht umsatzsteuerbar behandelt wurden. Aufgrund des Verweises in § 2 Abs. 3 UStG auf § 4 KStG ging die Verwaltungspraxis davon aus, dass die ertragsteuerliche Vermögensverwaltung auch nicht umsatzsteuerbar sein könne. Dem stand jedoch das EU-Recht (Rz. 6.217 ff.) entgegen, wonach das Umsatzsteuerprivileg der öffentlichen Hand nur in Bereichen gelten solle, in denen eine **Wettbewerbsverzerrung** durch die fehlende Umsatzbesteuerung nicht zu befürchten ist. Die jüngere Rechtsprechung hat vor diesem Hintergrund deutlich gemacht, dass auch innerhalb der – grundsätzlich ertragsteuerfreien – Vermögensverwaltung eine **Umsatzbesteuerung möglich** ist.[5] In der Praxis ist insoweit auch hier das **Wettbewerbskriterium** für die Prüfung einer möglichen Umsatzbesteuerung der Vermögensverwaltung maßgebend (Rz. 6.216, Rz. 6.219 f.). Bei Anwendung des neuen § 2b UStG (Rz. 6.217) ist dies ohnehin zwingend.

Zu beachten ist hierbei, dass eine Unternehmereigenschaft auch bei **öffentlich-rechtlicher Grundlage** möglich ist, d.h. z.B. auch bei
- Beliehenen,
- gesetzlich festgelegter Vergütung (Gebühren).

Ein **privatrechtlicher Vertrag** ist regelmäßig Indiz für einen umsatzsteuerlichen Leistungsaustausch, macht die grundsätzliche Prüfung nach den vorstehenden Kriterien aber nicht entbehrlich (Beispiele: Zuschuss, Mitteltransfer, Spende). Entscheidend bleibt allein die Entgeltlichkeit der Tätigkeit.

---
1 *Küffner*, DStR 2003, 1606.
2 *Küffner*, DStR 2003, 1606 (1608).
3 Siehe auch *Reiß* in Reiß/Kraeusel/Langer, UStG, § 2 Rz. 159.
4 BFH v. 11.6.1997 – XI R 33/94, BStBl. II 1999, 418.
5 EuGH v. 4.6.2009 – C-102/08 – Salix, UR 2009, 484 m. Anm. *Widmann*; BFH v. 20.8.2009 – V R 70/05, BFH/NV 2009, 2077.

B. Öffentliche Hand

Der BFH hat darüber hinaus festgestellt, dass die **Umsatzgrenzen** der Finanzverwaltung für die Prüfung irrelevant sind.[1] Demgegenüber wendet die Finanzverwaltung die Umsatzgrenzen weiterhin an, Abschnitt 2.11 Abs. 4 UStAE.

Für die **Prüfung der Unternehmereigenschaft** ergibt sich somit nach der Rechtsprechung folgendes Schaubild:

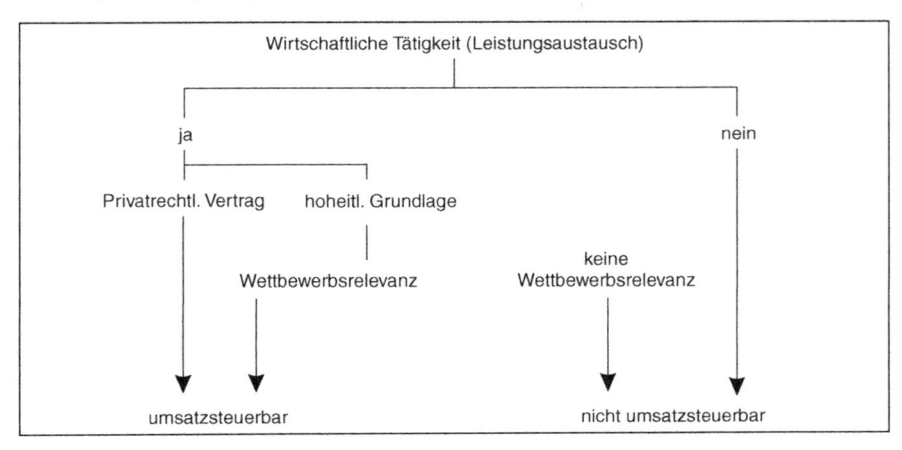

```
                    Wirtschaftliche Tätigkeit (Leistungsaustausch)
                    ┌──────────────────────────┴──────────────────────────┐
                   ja                                                    nein
         ┌──────────┴──────────┐
   Privatrechtl. Vertrag   hoheitl. Grundlage
                                   │
                          Wettbewerbsrelevanz         keine
                                                Wettbewerbsrelevanz
         │                         │                  │                  │
         ▼                         ▼                  ▼                  ▼
   umsatzsteuerbar                              nicht umsatzsteuerbar
```

Die **Verwaltungsrichtlinien** haben bislang die vorstehend beschriebene Rechtsprechungsentwicklung noch **nicht übernommen**.[2] Nach den Richtlinien gilt bei Anwendung des § 2 Abs. 3 UStG weiterhin:
– Die Frage der Umsatzsteuerpflicht erfordert weiterhin einen BgA.
– Weiterhin maßgebend sind die ertragsteuerlichen Kriterien.
– Die Vermögensverwaltung bleibt nicht umsatzsteuerbar.
– Es bleibt bei der Umsatzgrenze von 30.678 €.

Compliance-Hinweis: Zu verzeichnen ist allerdings eine zunehmende Prüfungsintensität und verstärkte Auseinandersetzung in der Betriebsprüfung.

bb) Leistungsaustausch innerhalb der öffentlichen Hand

In der **Verwaltungspraxis** werden bislang Leistungen, die Körperschaften des öffentlichen Rechtes untereinander gegen bloßen Kostenersatz erbringen, regelmäßig als nicht umsatzsteuerbar behandelt. Diese Verwaltungspraxis ist nur schwerlich mit EU-Recht (Art. 13 MwStSystRL) und der Rechtsprechung zu § 2 Abs. 3 UStG (s.o. Rz. 6.215 ff.) zu vereinbaren. Da bei einem Leistungsbezug für den hoheitlichen oder umsatzsteuerbefreiten Bereich die Umsatzsteuer mangels gegenläufigem Vorsteuerabzug zu

6.250

---

1 BFH v. 17.3.2010 – XI R 17/08, BFH/NV 2010, 239; v. 15.4.2012 – V R 10/09, BFH/NV 2010, 1574.
2 2.11 UStAE.

einem erheblichen Kostenfaktor für die öffentliche Hand wird, hat der Gesetzgeber in § 2b Abs. 3 UStG versucht, gegenzusteuern. Unter den dort normierten Voraussetzungen – die im Wesentlichen dem Vergaberecht entnommen wurden – soll ein Leistungsaustausch zwischen Körperschaften des öffentlichen Rechtes weiterhin als nicht umsatzsteuerbar behandelt werden. Ob dies EU-rechtlich haltbar ist, ist völlig offen. Verwaltungsrichtlinien zu den Kriterien des § 2b Abs. 3 UStG waren bei Drucklegung dieses Werkes noch nicht veröffentlicht. Körperschaften des öffentlichen Rechtes müssen daher bei Anwendung des neuen Rechts sehr sorgfältig auch die Leistungsbeziehungen innerhalb der öffentlichen Hand einer **Umsatzsteuerkontrolle** unterziehen.

cc) Zuschüsse

6.251 Zur Problematik der Umsatzsteuerbarkeit von Zuschüssen und der Abgrenzung zwischen **echten und unechten** Zuschüssen s. Rz. 2.103 ff.

dd) Vorsteuerabzug

6.252 Eine Umsatzsteuerbarkeit ist für die öffentliche Hand nicht ausschließlich negativ. Im Falle ihrer Umsatzsteuerpflicht kann der gegenläufige Vorsteuerabzug (§ 15 UStG) genutzt werden. Problematisch ist, dass Gesetzgeber und Finanzverwaltung den Vorsteuerabzug mit **hohen formalen Hürden** versehen haben. Zu Risiken und Compliance-Maßnahmen s. Rz. 2.77 ff.

6.253 Für den Bereich der öffentlichen Hand treten die unter Rz. 2.101 ff. dargestellten Probleme der **Zuordnung zum unternehmerischen Bereich** hinzu. Die Finanzverwaltung unterscheidet zwischen unternehmerischen und nicht unternehmerischen Sphären. Ein Vorsteuerabzug ist nur für den unternehmerischen Bereich möglich.[1]

ee) Sponsoring

6.254 Das Sponsoring hat sich in der Vergangenheit als wichtige Einkommensquelle für die öffentliche Hand erwiesen. Zu den hieraus resultierenden **Praxisproblemen** und Besteuerungsfragen s. Rz. 6.110 ff.

6.255 Für den Bereich der öffentlichen Hand tritt ergänzend die Frage der **Umsatzsteuerbarkeit der Vermögensverwaltung** hinzu (Rz. 6.249). Nach den Verwaltungsrichtlinien werden die auf dem Boden des sog. Sponsoring-Erlasses (Rz. 6.113) als ertragsteuerfrei qualifizierten Werbemaßnahmen auch als nicht umsatzsteuerbar behandelt. Dem dürfte bei vielen Werbeformen aus umsatzsteuerlicher Sicht entgegenstehen, dass das Sponsoring wettbewerbsrelevant ist. Bei konsequenter Anwendung des EU-Rechts und der Rechtsprechungskriterien (Rz. 6.246 ff., Rz. 6.249) dürfte das Sponsoring daher in vielen Fällen umsatzsteuerbar sein.

6.256 Zu **Vorsorgemaßnahmen** bei der Vertragsgestaltung s. Rz. 6.260.

---

[1] EuGH v. 13.3.2008 – C-437/06 – Securenta, UR 2008, 344 m. Anm. *Eggers* = DStR 2008, 615.

ff) Organschaft

Die unter Rz. 2.38 ff. sowie unter Rz. 2.108 ff. dargestellten Praxisprobleme der Organschaft gelten in erheblichem Maße auch für die öffentliche Hand.

6.257

Als weiteres Praxisproblem im Rahmen der Organschaft hat sich für die öffentliche Hand in jüngerer Zeit die Verwendung für nicht unternehmerische Zwecke erwiesen: Verwendet der Organträger von der Organgesellschaft bezogene Leistungen oder Gegenstände für nicht unternehmerische Zwecke, kann dies zu einer **Entnahmebesteuerung/unentgeltlichen Wertabgabe** führen.[1]

gg) Steuersatz

Die unter Rz. 2.57 ff. dargestellten Probleme im Rahmen der Abgrenzung zum **ermäßigten Steuersatz** gelten in erheblichem Maße auch für die öffentliche Hand.

6.258

Typische Probleme sind insbesondere

- Hauswasseranschlüsse,[2]
- Restaurationsumsätze (Rz. 2.64 ff.),
- ermäßigter Steuersatz bei gemeinnütziger Tätigkeit (Rz. 2.114 ff.).

IV. Maßnahmen zur Risikovermeidung

1. Wettbewerbskontrolle

Als **entscheidendes Praxiskriterium** für die Ertrags- und Umsatzbesteuerung der öffentlichen Hand hat sich in den vergangenen Jahren die Frage der Wettbewerbstätigkeit herausgebildet (Rz. 6.216, Rz. 6.219 f., Rz. 6.230 f.). Dies macht ein entsprechendes Risikomanagement innerhalb der öffentlichen Hand erforderlich.

6.259

Prüfungsreihenfolge für das Bestehen einer Wettbewerbstätigkeit sollte sein:
1. Besteht eine Konkurrenzsituation (Kriterien Rz. 6.219 ff., Rz. 6.230)? Falls ja, besteht das Risiko einer Steuerpflicht.

---

[1] BFH v. 20.8.2009 – V R 30/06, BFH/NV 2009, 2080.
[2] Siehe hierzu BFH v. 8.10.2008 – V R 27/06, BStBl. II 2009, 325 = UR 2009, 165 und BFH v. 8.10.2008 – V R 61/03, BStBl. II 2009, 321 = UR 2009, 56; EuGH v. 3.4.2008 – C-442/05, BFH/NV-Beilage 2008, 212; zu einigen wesentlichen Praxiskonstellationen s. sodann insbesondere das BMF v. 7.4.2009 – IV B 8 - S 7100/07/10024 – DOK 2009/0215132, BStBl. I 2009, 531; zu früheren Regelungen s. BMF v. 5.8.2004 – IV B 7 - S 7220 - 46/04, BStBl. I 2004, 638. Ergänzende Regelungen durch Bayerisches Landesamt für Steuern v. 25.6.2009 – S 7221.1.1-1/16 St 34, n.v. (juris) und FinMin. Schl.-Holst. v. 31.8.2009 – S 7100 - VI 359, n.v. (juris).

2. Falls nein: Ist der Marktzutritt eines Konkurrenten konkret zu erwarten? Falls nein, besteht keine Steuerpflicht.
3. Falls ja: Besteht die realistische Möglichkeit einer Beeinträchtigung des Konkurrenten durch eine fehlende Steuerpflicht?

Besteht nach den vorstehenden Prüfungskriterien das Risiko einer Steuerpflicht, sollte die **Abstimmung mit der Finanzverwaltung** gesucht werden. Ggf. kann durch Anträge auf verbindliche Auskunft die Umsatzbesteuerung verbindlich geregelt werden.

2. Vertragsgestaltung

6.260 Den vorstehend in diesem Kapitel beschriebenen Steuerrisiken muss die öffentliche Hand durch ein effektives Compliance in der Vertragsgestaltung begegnen. Insbesondere durch **Steuerklauseln** kann das Risiko einer unvorbereiteten Steuerpflicht reduziert werden.

Insbesondere sollte vertraglich geregelt werden, wer das Umsatzsteuerrisiko trägt, falls die Finanzverwaltung im Nachhinein eine Umsatzsteuerpflicht der Leistungsbeziehungen annimmt. Bei fehlender vertraglicher Regelung trägt das Umsatzsteuerrisiko regelmäßig der Leistende/Lieferant.

3. Schulung und Fortbildung

6.261 Der Fortbildungsstand innerhalb der öffentlichen Hand zu den steuerlichen Risiken ist derzeit unzureichend. Durch ein entsprechendes **Risikomanagement** sollte sichergestellt werden, dass
- die in den vorstehend beschriebenen Risikobereichen tätigen Mitarbeiter geschult und sensibilisiert werden;
- steuerliche Beanstandungen ausgewertet und durch Rückmeldungen innerhalb der öffentlichen Hand in der Zukunft berücksichtigt werden.

4. Kommunikation mit der Finanzverwaltung

6.262 Als sinnvolle Compliance-Maßnahme hat sich in der Vergangenheit die Schaffung einer Kommunikationskultur mit der Finanzverwaltung erwiesen. Insbesondere können Steuerschäden durch eine **frühzeitige Abstimmung** mit den Sachbearbeitern der Finanzverwaltung vermieden werden.

In **Streitfällen** sollten typische Fehler in der Auseinandersetzung mit der Finanzverwaltung vermieden werden:
- Die Aufbereitung und Darstellung des Sachverhalts wird häufig vernachlässigt. Eine ausschließlich rechtliche Argumentation geht regelmäßig an der Betriebsprüfung vorbei.
- Die öffentliche Hand neigt zu einer frühzeitigen Einschaltung von Oberbehörden. Dies ist allenfalls dann sinnvoll, wenn die Auseinandersetzung ausschließlich auf der höheren rechtlichen Ebene geführt wird. In der Praxis empfiehlt es sich aber regelmäßig, zunächst die Überzeugung des zuständigen Prüfers anzustreben. Eine zu frühe Hinzuziehung

der Oberbehörden kann im Gegenzug zu einer entsprechenden Verfestigung der negativen Verwaltungsauffassung führen.
- Vermeintliche „Beziehungen" und politische Kontakte werden überschätzt.
- Im Streitfall ist eine professionelle Führung der Einspruchs- und finanzgerichtlichen Verfahren erforderlich. Streitfälle sollten regelmäßig extern vergeben werden.

5. Umsatzsteuerliches Risikomanagement

Angesichts der erheblichen umsatzsteuerlichen Risiken der öffentlichen Hand (Rz. 6.244 ff.) ist insbesondere ein umsatzsteuerliches Risikomanagement sinnvoll und erforderlich. Insbesondere müssen die umsatzsteuerlichen Folgen aus dem **Übergang zum neuen Recht** (§ 2b UStG, s.o. Rz. 6.217 ff.) geprüft werden. Die Körperschaft des öffentlichen Rechtes muss die einzelnen Leistungsbereiche identifizieren, nach denen – spätestens ab 2021 – umsatzsteuerbarer Leistungsaustausch anzunehmen ist. Hierzu ist insbesondere zu prüfen: 6.263

- Welche Leistungsbereiche haben Wettbewerbsrelevanz (s.o. Rz. 6.247 f.)?
- Greifen evtl. Ausnahmetatbestände des § 2b Abs. 2 und 3 UStG?
- Kann bei einer Umsatzsteuerpflicht ein gegenläufiger Vorsteuerabzug genutzt werden?
- Ist eine umsatzsteuerliche Rechnungskontrolle sowohl hinsichtlich der Ein- als auch der Ausgangsrechnungen gewährleistet?
- Ist innerhalb der Körperschaft des öffentlichen Rechtes ein Informationsfluss gewährleistet, so dass bei umsatzsteuerrelevanten Tatbeständen eine Erfassung und steuerliche Erklärung erfolgt?

Da die entsprechende Umstellung nach der Praxiserfahrung erhebliche Zeit in Anspruch nimmt und die alte Rechtslage für viele Körperschaften öffentlichen Rechtes im Rahmen einer Gesamtbetrachtung günstiger war, hat sich in der Praxis die **Optionsausübung** zur Anwendung des alten Rechts bis 2020 empfohlen (vgl. § 27 Abs. 22 UStG und Rz. 6.218).

Zu geeigneten **Maßnahmen** im Übrigen s. ferner die Beispiele Rz. 2.169 ff.

C. Hospitality

I. Steuerliche Problemkreise

Hospitality-Maßnahmen sind für die Sponsoring-Strategien von Unternehmen von überragender Bedeutung. Richtig eingesetzt, sind sie ein wichtiges Mittel zur Begründung und Pflege von Kundenbeziehungen. Bei der strategischen Planung und Durchführung von Hospitality-Maßnahmen sind allerdings steuerliche Spielregeln zu beachten. Werden sie ver- 6.264

nachlässigt, ist häufig auch der Erfolg der gesamten Hospitality-Maßnahme gefährdet – denn eine fehlerhafte Steuerplanung wirkt sich regelmäßig nicht nur finanziell nachteilig für den Gastgeber, sondern auch für die Eingeladenen aus.[1]

Aus steuerlicher Sicht sind bei der Planung von Hospitality-Maßnahmen regelmäßig folgende **Problemkreise**[2] zu beachten:

1. Der Gastgeber ist an einem steuerlichen **Betriebsausgabenabzug** interessiert, um die – häufig beträchtlichen – Aufwendungen für die Hospitality-Maßnahmen steuermindernd geltend machen zu können.
2. Sowohl der Gastgeber als auch der Eingeladene sind ferner daran interessiert, eine **Besteuerung beim Empfänger** möglichst zu vermeiden. Denn die positive Erinnerung an eine Hospitality-Veranstaltung wird beim Eingeladenen regelmäßig geschmälert, wenn er die empfangenen Annehmlichkeiten im Nachhinein aus eigener Tasche versteuern muss.
3. Schließlich ist die zutreffende **umsatzsteuerliche Behandlung** von Hospitality-Maßnahmen zu beachten.[3] Insbesondere im B2B-Bereich soll die Hospitality-Maßnahme möglichst umsatzsteuerlich neutral ablaufen, d.h. die in den Kosten der Maßnahme enthaltene Umsatzsteuer als Vorsteuer abzugsfähig sein.

Der Gastgeber einer Hospitality-Veranstaltung tut gut daran, alle drei vorgenannten Problembereiche im Vorfeld sorgfältig zu beleuchten. Hospitality-Einladungen haben sich in der jüngeren Vergangenheit zu einem **Dauerbrenner der steuerlichen Betriebsprüfung** entwickelt.[4] Die Finanzverwaltung überwacht hierbei regelmäßig nicht nur die zutreffende steuerliche Behandlung beim Gastgeber – auch die Fertigung von Kontrollmitteilungen zu den Steuerakten der Eingeladenen gehört zur Routine des Betriebsprüfers. Im Falle der Verletzung steuerlicher Pflichten ist es in der Vergangenheit nicht nur zu unangenehmen Steuernachforderungen, sondern vereinzelt auch sogar zur Einleitung von Steuerstrafverfahren gekommen. Dies ist umso ärgerlicher, als derartige Steuerrisiken – wie nachfolgend beschrieben – regelmäßig minimiert werden können.

II. Betriebsausgabenabzug beim Gastgeber

6.265   Um einen möglichst weitgehenden Betriebsausgabenabzug aus den Kosten der Hospitality-Maßnahme beim Gastgeber sicherstellen zu können, sind folgende **Grundregeln** zu beachten:

---

1 Siehe auch *Egner/Jäck*, SpuRt 2006, 90.
2 Siehe auch *Mann/Bierstedt*, BB 2006, 1366; *Fabry*, GmbHR 2005, 1366; *Steiner*, Steuerrecht im Sport, Rz. 564 ff.
3 Hierzu zuletzt OFD Frankfurt v. 18.3.2009 – S 7100 A - 203 - St 110, UR 2009, 464.
4 Siehe nur die Zahl der ergangenen BMF-Schreiben: BMF v. 22.8.2005 – IV B 2 - S 2144 - 41/05, BStBl. I 2005, 845; v. 30.3.2006 – IV B 2 - S 2144 - 26/06, BStBl. I 2006, 307; v. 11.7.2006 – IV B 2 - S 2144 - 53/06, BStBl. I 2006, 447; v. 28.11.2006 – IV A 5 - S 7109 - 14/06, BStBl. I 2006, 791.

1. Insbesondere bei sog. **Business-Paketen, VIP-Packages** und Aufwendungen für **VIP-Logen** wird zwischen dem Anbieter und dem Nutzer regelmäßig ein Gesamtentgelt verhandelt und vereinbart. Dieses Paket beinhaltet ein Bündel von mehreren Einzelleistungen, insbesondere Eintrittsberechtigungen, Bewirtung, Werbung und Möglichkeiten zur Raumnutzung.
2. Steuerlich ist das Gesamtentgelt für das Paket in folgende **Leistungsbestandteile** aufzuteilen:
   - Der Erwerber des Pakets erhält von dem Anbieter **Werbeleistungen**, z.B. in Form von Werbebannern, Logoplatzierung, Hervorhebung in Publikationen, etc. Der auf die Werbung entfallende Preisanteil ist für das erwerbende Unternehmen in vollem Umfang steuerlich nutzbar. Der vollständige Betriebsausgabenabzug des Werbeanteils kann regelmäßig erreicht werden.[1]
   - Weiterer Leistungsbestandteil des Pakets sind regelmäßig **Bewirtungsleistungen (Catering)**. Der auf diese Bewirtungsleistungen entfallende Preisanteil des Pakets ist nur beschränkt abzugsfähig, nach derzeitiger Gesetzeslage mit 70 % der Aufwendungen (§ 4 Abs. 5 Nr. 2 EStG).
   - Der Preisanteil für die **Eintrittsberechtigung** zu einer Sportveranstaltung ist aus steuerlicher Sicht am problematischsten:[2] Für die Einladung von Geschäftskunden besteht regelmäßig kein Betriebsausgabenabzug, da die steuerlichen Höchstgrenzen (derzeit 35 €, § 4 Abs. 5 Nr. 2 Satz 2 EStG) für Geschenke in der Regel überschritten werden. Soweit Arbeitnehmer eingeladen werden, ist ein Betriebsausgabenabzug möglich, allerdings zu dem Preis, dass der Arbeitnehmer die empfangene Wohltat im Wege des Lohnsteuerabzugs zu versteuern hat.
3. Grundsätzlich sind die Beteiligten frei, für die vorstehenden **Einzelleistungen** auch Einzelpreise zu vereinbaren und in den Rechnungen gesondert auszuweisen. Der Erwerber hat hierbei natürlich regelmäßig ein Interesse, einen möglichst hohen Anteil dem unbeschränkt abzugsfähigen Werbeaufwand zuzuordnen. Derartige individuelle Aufteilungen sind allerdings häufig streitanfällig[3] und geben der Finanzverwaltung Anlass, abweichende Aufteilungsmaßstäbe anzusetzen.
4. Insbesondere im Zuge der Fußballweltmeisterschaft 2006 in Deutschland waren Politik, Verwaltung und Sportorganisationen bestrebt, **Vereinfachungsregelungen** zur steuerlichen Behandlung von Hospitality-Maßnahmen herbeizuführen. Diese sind sodann durch die Finanzverwaltung in Form von mehreren BMF-Schreiben auch eingeführt

---

[1] Siehe hierzu auch den sog. Sponsoring-Erlass der Finanzverwaltung: BMF v. 18.2.1998 – IV B 2 - S 2144 - 40/98, BStBl. I 1998, 212.
[2] Siehe hierzu bereits FG Bremen v. 7.3.2000 – 2 00 088 K 3, EFG 2000, 724 = SpuRt 2001, 123.
[3] Siehe beispielhaft FG Bremen v. 7.3.2000 – 2 00 088 K 3, EFG 2000, 724 = SpuRt 2001, 123.

worden.[1] Nach diesen Verwaltungsregelungen können auch bei der Vereinbarung eines Gesamtpakets die für Hospitality-Maßnahmen gezahlten Gesamtbeträge wie folgt **pauschal aufgeteilt** werden:
- **40 %** des Gesamtaufwands können dem unbeschränkt abzugsfähigen **Werbeaufwand** zugeordnet werden.
- **30 %** des Gesamtaufwands entfallen auf die – beschränkt, aber überwiegend abzugsfähigen – **Bewirtung**sleistungen.
- **30 %** des Gesamtaufwands sind als Preisanteil für die **Eintrittsberechtigung** zuzuordnen. Dieser Anteil wiederum ist hälftig zu jeweils 15 % aufzuteilen auf die Einladung von Geschäftskunden (regelmäßig nicht abzugsfähig) und Arbeitnehmern (abzugsfähig).
- Enthält das Hospitality-Paket zugleich die Möglichkeit zur **Raumnutzung** über die jeweiligen Sportveranstaltungen hinaus, ist die hierin enthaltene Raummiete in vollem Umfang abzugsfähig, sofern die Räumlichkeiten für betriebliche Veranstaltungen genutzt werden. Aus Vereinfachungsgründen kann insoweit ein Anteil von 15 % des Gesamtaufwands vorab der sofort abzugsfähigen Raummiete zugeordnet und der verbleibende Anteil nach dem vorstehend beschriebenen Schlüssel (40:30:30) aufgeteilt werden.

5. Zusammenfassend zur Vereinfachungsregelung folgendes Schaubild:

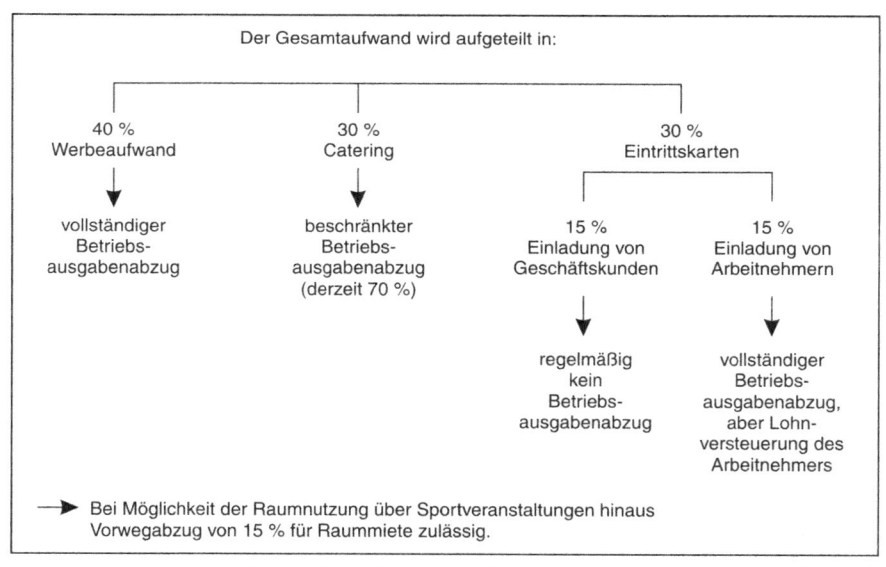

```
Der Gesamtaufwand wird aufgeteilt in:

    40 %              30 %                    30 %
Werbeaufwand        Catering               Eintrittskarten
     ↓                 ↓              ┌──────────┴──────────┐
vollständiger     beschränkter      15 %                  15 %
  Betriebs-         Betriebs-    Einladung von        Einladung von
ausgabenabzug     ausgabenabzug   Geschäftskunden      Arbeitnehmern
                  (derzeit 70 %)       ↓                    ↓
                                   regelmäßig          vollständiger
                                      kein               Betriebs-
                                    Betriebs-          ausgabenabzug,
                                   ausgabenabzug       aber Lohn-
                                                       versteuerung des
                                                       Arbeitnehmers

→ Bei Möglichkeit der Raumnutzung über Sportveranstaltungen hinaus
  Vorwegabzug von 15 % für Raummiete zulässig.
```

6. Die Finanzverwaltung hat die vorstehende Vereinfachungsregelungen auch auf **andere** (z.B. kulturelle) **Veranstaltungen** in Sportstätten ausgeweitet. Die vorstehenden Regelungen können insoweit uneingeschränkt übernommen werden.

---

[1] BMF v. 22.8.2005 – IV B 2 - S 2144 - 41/05, BStBl. I 2005, 845; v. 30.3.2006 – IV B 2 - S 2144 - 26/06, BStBl. I 2006, 307 und v. 11.7.2006 – IV B 2 - S 2144 - 53/06, BStBl. I 2006, 447.

7. Für die sog. **Business-Seats**, bei denen im Gesamtbetrag in der Regel nur die Leistungen „Eintrittskarten" und „Bewirtung" enthalten sind, kann eine vereinfachte Aufteilung von 50 % als Geschenke und 50 % als Bewirtungsleistungen angesetzt werden. Gelingt der Nachweis, dass im Zusammenhang mit dem Erwerb von Business-Seats auch Werbeleistungen bezogen werden, kann auch auf die vorstehend beschriebene Aufteilung bei Business-Paketen (40:30:30) zurückgegriffen werden.[1]

III. Vermeidung von Besteuerungsnachteilen beim Empfänger

Die **steuerliche Ausgangslage** ist zunächst kritisch: 6.266

- Sind Geschäftspartner Empfänger der Geschenke, so ist der **geldwerte Vorteil** aufgrund der betrieblichen Veranlassung im B2B-Bereich als Betriebseinnahme zu erfassen.
- Werden Angestellte eines Geschäftspartners eingeladen, stellt sich zudem das Problem der **Lohnversteuerung auf der Empfängerseite**.
- Wird der Unternehmensinhaber selbst eingeladen, ist ihm die private Nutzung als **Entnahme** oder Gewinnausschüttung zuzurechnen.
- Soweit ein Unternehmen schließlich **eigene Arbeitnehmer** zu Hospitality-Maßnahmen einlädt, stellt dieses Geschenk für den Arbeitnehmer als geldwerter Vorteil steuerpflichtigen Arbeitslohn dar, sofern die Zuwendungen durch den Arbeitgeber nicht im ganz überwiegenden betrieblichen Interesse (z.B. im Rahmen von Betriebsveranstaltungen mit Anwesenheitspflicht oder Geschäftstreffen mit Geschäftspartnern) erfolgen.

Die sich hieraus ergebenden Probleme können ebenfalls durch **Vereinfachungsregelungen** vermieden werden, die allerdings einen zusätzlichen finanziellen Aufwand des Einladenden erfordern:

- Der Einladende kann auf eine Benennung des Empfängers und die steuerliche Erfassung des geldwerten Vorteils verzichten, wenn zur Abgeltung dieser Besteuerung **60 %** des auf **Geschäftskunden** entfallenden Anteils zusätzlich beim Einladenden der Besteuerung unterworfen werden.
- Soweit **eigene Arbeitnehmer** eingeladen werden, kann der Arbeitgeber die Lohnsteuer für diese Zuwendungen mit einem Pauschalsteuersatz i.H.v. **30 %** des auf eigene Arbeitnehmer entfallenden Anteils am Gesamtbetrag übernehmen.

Die Praxis zeigt, dass die einladenden Unternehmen von diesen Vereinfachungsregelungen regelmäßig Gebrauch machen, um die nachteiligen Steuer- und Abwicklungsfolgen einer Empfängerbenennung und eine individuelle Versteuerung der erhaltenen Vorteile zu vermeiden.

---

1 Siehe auch *Mann/Bierstedt*, BB 2006, 1366.

IV. Umsatzsteuerliche Behandlung

6.267 Schließlich ist bei der steuerlichen Planung von Hospitality-Maßnahmen die zutreffende umsatzsteuerliche Behandlung nicht zu vernachlässigen:[1] Die vorstehend beschriebenen **Aufteilungsmaßstäbe** ([40:30:30] sowie ggf. 15 % für Raumnutzung) können auf die umsatzsteuerliche Behandlung übertragen werden. Die Finanzverwaltung akzeptiert auch hier die Anwendung der Vereinfachungsregelung ohne Einzelnachweis.

Die einzelnen Leistungsanteile (Werbung, Bewirtung und Eintrittsberechtigung) unterliegen dem **Steuersatz** von 19 %, soweit der Anbieter des Hospitality-Pakets nicht als gemeinnützige Einrichtung den ermäßigten Steuersatz von 7 % für sich in Anspruch nehmen kann. Dies ist bei Hospitality-Maßnahmen allerdings der Ausnahmefall.

Soweit ein Preisanteil – ggf. pauschaliert i.H.v. 15 %, s.o. – für die **Raumnutzung** anzusetzen ist, handelt es sich hierbei grundsätzlich um eine umsatzsteuerbefreite Vermietungsleistung. Allerdings hat der Anbieter in der Regel die Möglichkeit, zur Umsatzsteuer zu optieren und sich auf diese Weise den Vorsteuerabzug für seine Eingangsleistungen zu sichern.

Im B2B-Bereich stellt die Umsatzsteuer regelmäßig aufgrund der Vorsteuerabzugsberechtigung der beteiligten Unternehmen keinen Kostenfaktor dar. Voraussetzung hierfür ist allerdings, dass auf eine **ordnungsgemäße Rechnungserteilung** geachtet wird.

Eine zusätzliche Umsatzbesteuerung greift lediglich hinsichtlich der Einladung von Arbeitnehmern: Deren Einladung stellt grundsätzlich eine **unentgeltliche Wertabgabe** dar, deren geldwerter Vorteil mit 19 % der Umsatzsteuer zu unterwerfen ist.

V. Sonderfall Incentive-Reisen

6.268 Zu beachten ist, dass die vorstehenden Ausführungen regelmäßig nicht auf sog. Incentive-Reisen zu übertragen sind. Wenn ein Unternehmen Geschäftskunden oder Arbeitnehmer zu Reiseveranstaltungen einlädt, unterliegen diese Reiseveranstaltungen regelmäßig den Abzugsbeschränkungen für Geschenke. Dies gilt nur ausnahmsweise dann nicht, wenn den Veranstaltungen ein straff organisiertes **Geschäfts- oder Fortbildungsprogramm** zugrunde liegt, das kaum Gelegenheit bietet, Freizeitaktivitäten wahrzunehmen.

VI. Compliance-Hinweis

6.269 Die steuerlichen Rahmenbedingungen für Hospitality-Maßnahmen sind nicht optimal, aber **gestaltbar**. Insbesondere die von der Finanzverwaltung

---

[1] Siehe hierzu BMF v. 18.2.1998 – IV A 5 - S 7109 - 14/06, BStBl. I 1998, 212; OFD Frankfurt v. 18.3.2009 – S 7100 A - 203 - St 110, UR 2009, 464; *Kasper*, DStZ 2005, 397; *Möhlenkamp*, DStR 2006, 981; *Klünemann*, UStB 2007, 40.

eingeführten Vereinfachungs- und Pauschalierungsregelungen geben dem Einladenden die Möglichkeit, Nachteile bei seiner Eigenbesteuerung und bei den eingeladenen Geschäftspartnern und Arbeitnehmern zu vermeiden. Jede Hospitality-Maßnahme bedarf jedoch im Vorfeld einer sorgfältigen Prüfung auf vorhandene steuerliche oder gar steuerstrafrechtliche Risiken.

D. Sanierung und Insolvenz

I. Gesetzliche Rahmenbedingungen

6.270 In der Krise eines Unternehmens treten neben das **allgemeine Steuerrecht** besondere Vorschriften des **Sanierungs- und Insolvenzrechts**. In der Krise werden von der Geschäftsleitung je nach Unternehmenstyp bestimmte Verhaltensweisen eingefordert, die sich aus dem **Gesellschaftsrecht, Strafrecht** und dem **Insolvenzrecht** ergeben:

- Die Geschäftsleitung muss die Gesellschafter über die Krise informieren (z.B. § 93 Abs. 1 AktG, § 49 Abs. 3 GmbHG).
- Die Geschäftsleitung muss rechtzeitig Insolvenzantrag stellen (§ 15a InsO).
- Bis zur Entscheidung über den Insolvenzantrag dürfen nur eingeschränkt Zahlungen erfolgen (z.B. § 93 Abs. 2 AktG, § 64 GmbHG, § 21 InsO).
- Im Übrigen ist die Geschäftsleitung gehalten, das Unternehmen „normal" zu führen, ohne einzelne Personen zu bevorzugen oder zu benachteiligen (§§ 283 ff. StGB).
- Spätestens mit der Insolvenzeröffnung übernimmt der Verwalter fast alle Rechte und Pflichten des Schuldners (§ 80 InsO).

Das Kernproblem der Tax Compliance im Rahmen der Sanierung und Insolvenz ist, dass sich die Krise in der Regel über einen **längeren Zeitraum** hinzieht (zunächst unerkannt, dann nicht ernst genommen, dann – nicht immer geeignet – bekämpft, um – u.U. zu spät – am Ende den Antrag auf Eröffnung des Insolvenzverfahrens zu stellen). Zudem nimmt das Steuerrecht keine Rücksicht auf die Krise. Es fordert normgerechtes – d.h. pro fiskalisches – Verhalten. Schließlich kommt erschwerend hinzu, dass im Laufe der Krise **verschiedene Personen** auftreten (Gesellschafter, Geschäftsleitung, Sanierungsberater, vorläufiger Verwalter, Verwalter), deren Rechte und Pflichten abzugrenzen sind. Dabei muss sich gerade in der Krise eines Unternehmens die Qualität der Tax Compliance beweisen. Insbesondere ist die Buchhaltung fortzuführen, Steuererklärungen und Voranmeldungen sind fristgerecht einzureichen, die Steuern sind termingerecht zu zahlen.

6.271 Auch in der Krise kommen die **allgemeinen Grundsätze** der **Tax Compliance** zur Anwendung. So gelten z.B. die umsatzsteuerrechtlichen Grundsätze unabhängig davon, ob ein „gesundes" Unternehmen einen Gegenstand ins innereuropäische Ausland liefert oder ein sanierungsbedürftiges Unternehmen. Hinzu kommen drei krisenbedingte, **besonders haftungsrelevante Umstände**:

- **Aufgabenverteilung** der an der Sanierung/Insolvenz beteiligten Personen,
- Auswirkungen der **Liquiditätsprobleme** auf steuerliche Pflichten,
- Berücksichtigung von gesetzlich gebotenen bzw. betriebswirtschaftlich notwendigen **Sanierungs- bzw. Abwicklungsmaßnahmen** bei der Besteuerung.

II. Risiko- und Gefahrenbereiche

1. Aufgabenverteilung

a) Gesellschafter

6.272 Die **nicht zur Geschäftsführung berechtigten Gesellschafter** (insbesondere der Kommanditist bei der KG sowie die Gesellschafter bei der GmbH und AG) treffen grundsätzlich keine steuerrechtlichen Rechte und Pflichten der notleidenden Gesellschaft. Lediglich bei **Personengesellschaften** ist ab der Insolvenzeröffnung die gesonderte Gewinnfeststellungserklärung gem. § 180 Abs. 1 Nr. 2 AO von den Gesellschaftern abzugeben (§ 181 Abs. 2 Nr. 1 AO[1]). Die Finanzverwaltung hat den Feststellungsbescheid an die einzelnen Gesellschafter bekanntzugeben.[2] Der einzelne Gesellschafter muss das Rechtsbehelfsverfahren führen. Dieses gilt auch für Zeiträume vor der Insolvenzeröffnung. Für die Gewinnermittlung und die Abgabe einer Gewerbesteuererklärung bleibt der Insolvenzverwalter zuständig.

Engagiert sich der Gesellschafter darüber hinaus in der Krise gegenüber Dritten (führt er z.B. Verhandlungen über die Stundung und/oder Teilerlass von Verbindlichkeiten), besteht die Gefahr, dass der Gesellschafter zum sog. **faktischen Geschäftsführer** wird. In diesem Fall treffen ihn alle steuerlichen Pflichten des Unternehmens nach § 34 AO.[3]

b) Geschäftsleitung

6.273 Die steuerlichen Pflichten richten sich primär an die **gesetzlichen Vertreter** (im Folgenden auch Geschäftsleitung genannt) des notleidenden Unternehmens (§ 34 AO): Die geschäftsführenden Gesellschafter bei der Personengesellschaft (insbesondere § 709 BGB; §§ 114, 164 HGB), der Geschäftsführer bei der GmbH, der Vorstand bei der AG. Den Aufsichtsrat

---

[1] BFH v. 12.11.1992 – IV B 83/91, FR 1993, 309 = ZIP 1993, 374.
[2] BFH v. 24.8.2004 – VIII R 14/02, BStBl. II 2005, 246 = FR 2005, 217 mit Anm. *Kempermann*.
[3] BFH v. 27.2.2007 – VII R 67/05, DStRE 2007, 1129; v. 19.11.2002 – VII B 191/01, BFH/NV 2003, 442.

bei der AG bzw. den Beirat bei der GmbH treffen keine steuerlichen Pflichten.

Bei einer **mehrköpfigen Geschäftsleitung** ist es möglich, durch einen Geschäftsverteilungsplan bestimmte Aufgabenbereiche einzelnen Mitgliedern der Geschäftsleitung zuzuweisen. Dieser Geschäftsverteilungsplan begrenzt die Verantwortlichkeit der einzelnen Mitglieder der Geschäftsleitung nach außen.[1] Das nicht zuständige Mitglied ist grundsätzlich nicht verantwortlich für Fehlverhalten des zuständigen Mitglieds. Eine Verantwortung besteht für das nicht zuständige Mitglied nur dann, wenn es entgegen der Zuständigkeitsverteilung an dem Fehlverhalten des anderen mitwirkt, es von dem Fehlverhalten positiv wusste und es nicht verhindert hat oder das Fehlverhalten hätte erkennen und verhindern müssen. 6.274

In der Krise des Unternehmens kommt eine weitere Ausnahme hinzu. In der Krise verliert der Geschäftsverteilungsplan seine Wirkung. Alle Mitglieder sind wieder für alles zuständig und verantwortlich.[2] In Einzelfällen kann das Gremium einzelne Mitglieder mit der Durchführung bestimmter Maßnahmen beauftragen. Die Durchführung dieses Auftrags ist aber von allen Mitgliedern der Geschäftsleitung zu kontrollieren. 6.275

Die für die Tax Compliance relevante Krise ist in der Regel eine Liquiditätskrise. Als **Anzeichen** hierfür werden angesehen: 6.276

– Umfinanzierungsverhandlungen mit den Kreditgebern,
– Einschränkung des Kontokorrentkredits,
– Einforderung zusätzlicher Sicherheiten,
– Ausschöpfen und Überschreiten von Zahlungszielen,
– Reduzierung der Zahlungsziele,
– Lieferung an das Unternehmen nur gegen Vorkasse,
– Übergang von der Bezahlung in vollen Beträgen zu Ratenzahlungen,
– Steuer- und Gehaltsrückstände sowie rückständige Sozialversicherungsbeiträge,
– Mahn- und Vollstreckungsbescheide,
– fruchtlose Pfändungen.

c) Sanierungsberater

Den Sanierungsberater treffen **grundsätzlich keine steuerlichen Pflichten** im Hinblick auf das notleidende Unternehmen. Im Zusammenhang mit der Insolvenzantragspflicht beim notleidenden Unternehmen wird hingegen derzeit kontrovers diskutiert, ob der Berater auf die rechtzeitige Insolvenzantragstellung hinwirken muss, um einer eigenen Haftung wegen 6.277

---

1 BFH v. 21.10.2003 – VII B 353/02, BFH/NV 2004, 157.
2 BFH v. 7.7.2009 – VII B 248/08, BFH/NV 2009, 1968; v. 20.4.2006 – VII B 280/05, BFH/NV 2006, 1441.

Insolvenzverschleppung zu entgehen.[1] Erfüllt er seine Beratungsleistung fehlerhaft, kann dieses eine Haftung gegenüber dem Auftraggeber (i.d.R. das sanierungsbedürftige Unternehmen) und Dritten auslösen.[2] Sein Honoraranspruch unterliegt einem besonderen Anfechtungsrisiko nach §§ 129 ff. InsO, da der Sanierungsberater i.d.R. aufgrund seiner Tätigkeit im notleidenden Unternehmen „bösgläubig" ist.[3] Besondere steuerrechtliche Pflichten werden hingegen begründet, wenn dem Berater die **Bearbeitung steuerrelevanter Bereiche** übertragen wird. Fehler können zu einer Strafbarkeit nach § 370 AO und einer Haftung nach § 71 AO führen. Andererseits ist der Berater nicht verpflichtet, die Finanzverwaltung auf Fehler der Geschäftsleitung hinzuweisen. Die Verantwortung, Fehler nach § 153 AO bzw. § 371 AO zu korrigieren, liegt bei der Geschäftsleitung.

6.278 Übernimmt der Sanierungsberater hingegen nach außen Geschäftsführungsaufgaben, besteht die Gefahr, dass er als **faktischer Geschäftsführer** angesehen wird. In diesem Fall treffen ihn alle steuerlichen Pflichten, auch wenn er nicht organschaftlich zum Geschäftsleiter bestellt ist.[4] Neben dem faktischen Geschäftsleiter bleiben die organschaftlichen Geschäftsleiter in ihrer vollen Verantwortung.[5] Sie können sich nicht damit exkulpieren, dass ein Dritter die Geschäfte geführt habe. Es bleibt bei der in der Krise bestehenden Alleinverantwortlichkeit. Die organschaftliche Geschäftsleitung muss das Handeln des faktischen Geschäftsleiters unterbinden oder kontrollieren und sich zurechnen lassen.

d) Vorläufiger Verwalter

aa) Allgemein

6.279 Wird ein Insolvenzantrag (§§ 13 ff. InsO) gestellt, **entscheidet das Insolvenzgericht** i.d.R. **nicht sofort über den Antrag**. Es ist insbesondere festzustellen, ob der Antrag zulässig ist, ob ein Insolvenzgrund gegeben ist und ob genügend Masse für die Durchführung des Verfahrens vorhanden ist. In der Zwischenzeit bis zur Entscheidung über die Eröffnung des Insolvenzverfahrens (§§ 26 ff. InsO) hat das Insolvenzgericht **Sicherungsmaßnahmen** nach § 21 InsO zu ergreifen, um nachteilige Veränderungen in der Vermögenslage zu verhindern. In aller Regel wird ein vorläufiger Verwalter nach § 21 Abs. 2 Nr. 1 InsO bestellt. Welchen Einfluss die Bestellung des vorläufigen Verwalters auf die steuerlichen Pflichten hat, hängt davon ab, mit welchen Rechten das Insolvenzgericht den vorläufigen Verwalter nach § 22 InsO ausstattet.

---

1 Vgl. dazu *Weber/Buchert*, ZInsO 2009, 1731 sowie *Ditges*, NWB 2014, 1670.
2 Vgl. dazu *Gräfe*, DStR 2010, 618 und 669.
3 Vgl. dazu *Heidbrink*, BB 2008, 958.
4 BFH v. 27.2.2007 – VII R 67/05, DStRE 2007, 1129; v. 19.11.2002 – VII B 191/01, BFH/NV 2003, 442.
5 BFH v. 12.5.2009 – VII B 266/08, BFH/NV 2009, 1589.

bb) Starker vorläufiger Verwalter

Ordnet das Insolvenzgericht ein **allgemeines Veräußerungsverbot** an, geht die Verwaltungs- und Verfügungsbefugnis über das Vermögen auf den vorläufigen Verwalter über. Man spricht vom „starken" vorläufigen Verwalter. Alle **steuerrechtlichen Pflichten** gehen auf ihn über (§ 34 Abs. 3 AO). Er hat die laufenden steuerlichen Pflichten zu erfüllen. Die von ihm begründeten Steuerschulden gelten nach der Eröffnung als Masseverbindlichkeiten gem. § 55 Abs. 2 InsO. Es wird lediglich kontrovers diskutiert, ob der starke vorläufige Verwalter zur Steuerabführung verpflichtet ist.[1] Fällt dem starken vorläufigen Verwalter bei seiner Tätigkeit auf, dass vor seiner Bestellung Fehler begangen wurden, muss er diese nach § 153 AO richtig stellen. Unterlassene Handlungen (wie Buchführung, Steuererklärungen, Voranmeldungen und Meldungen) muss er nachholen. Wegen der relativen Kürze des Eröffnungsverfahrens kommt diesen Korrektur- und Nachholpflichten i.d.R. eine geringe Bedeutung zu.

6.280

Die **bisherige Geschäftsleitung** ist von der Erfüllung der laufenden steuerlichen Pflichten weitestgehend ausgeschlossen. Sie ist nicht für das Tun oder Unterlassen des starken vorläufigen Verwalters verantwortlich. Sie bleiben aber im sog. **insolvenzfreien Bereich** verpflichtet. Ein solcher Bereich kann bei Unternehmen nur bei Personengesellschaften bestehen. Hier bleiben die Geschäftsführer zur fristgerechten Abgabe zutreffender Gewinnfeststellungserklärungen verpflichtet. Darüber hinaus hat die Geschäftsleitung das Recht, auch ohne bzw. gegen den Willen des starken vorläufigen Verwalters eine **Selbstanzeige** nach § 371 AO abzugeben bzw. **Berichtigungen** nach § 153 AO vorzunehmen.

6.281

cc) Schwacher vorläufiger Verwalter

Weitaus häufiger ordnet das Insolvenzgericht **kein allgemeines Verfügungsverbot** an. Nach § 22 Abs. 2 InsO bestimmt es vielmehr die **einzelnen Kompetenzen** des sog. „schwachen" vorläufigen Verwalters. Das Insolvenzgericht kann z.B. für einzelne Bereiche ein besonderes Verfügungsverbot oder einen allgemeinen bzw. speziellen Zustimmungsvorbehalt anordnen. Häufig ermächtigt das Gericht zur vorläufigen Unternehmensfortführung. In diesem Fall kann der vorläufige Verwalter ohne Zutun der bisherigen Geschäftsleitung handeln. Besondere Bedeutung hat auch die Übertragung der Kassenführung auf den vorläufigen Verwalter, hier kann nur der vorläufige Verwalter Zahlungen veranlassen und mit schuldbefreiender Wirkung entgegennehmen.[2]

6.282

Welche **steuerlichen Pflichten** damit auf den vorläufigen Verwalter übergehen, hängt von der von dem Insolvenzgericht eingeräumten Machtstellung ab.[3] Bei einer Unternehmensfortführung ist der vorläufige Verwalter nach § 34 Abs. 3 AO für den von ihm verwalteten Bereich zuständig. Bei

6.283

---

1 Vgl. *Frotscher*, Besteuerung bei Insolvenz[8], 46 ff.
2 Vgl. zum Ganzen *Thiemann* in Leonhardt/Smid/Zeuner, InsO[3], § 22 Rz. 73 ff.
3 Vgl. dazu *Thiemann* in Leonhardt/Smid/Zeuner, InsO[3], § 22 Rz. 194 ff.

besonderen Verfügungsverboten und der Übertragung der Kassenführung hat der vorläufige Verwalter die Stellung eines Verfügungsberechtigten nach § 35 AO. Ansonsten hat er keine steuerlichen Pflichten des Unternehmens zu erfüllen.[1]

6.284 Mit Ausnahme der Unternehmensfortführung durch den vorläufigen Verwalter bleibt die Verfügungsmacht und damit die steuerrechtliche Verantwortung vollumfänglich bei der **bisherigen Geschäftsleitung**. Sie muss alle Pflichten erfüllen und die fälligen Steuern zahlen. Je nach Anordnung des Insolvenzgerichts kann dazu die **Mitwirkung des vorläufigen Verwalters** erforderlich sein. Steht die Steuerzahlung z.B. unter dem Zustimmungsvorbehalt des Verwalters, muss sich die Geschäftsleitung nachweislich um eine solche Zustimmung bemühen.[2] Nur wenn die Erfüllung der steuerlichen Pflicht an einer mangelnden Mitwirkung des vorläufigen Verwalters scheitert, kann die Geschäftsleitung nicht von der Finanzverwaltung zur Verantwortung gezogen werden.[3] An der steuerlichen Pflichtenstellung bezogen auf den schwachen vorläufigen Verwalter hat sich durch Einführung des neuen **§ 55 Abs. 4 InsO** nichts geändert. Die mit Zustimmung des vorläufig schwachen Verwalters begründeten Steuerforderungen gelten zwar mit der Verfahrenseröffnung als Masseverbindlichkeit. Bis dahin hat der vorläufig schwache Verwalter jedoch keine unmittelbare eigene steuerliche Verantwortung für das Unternehmen.

e) Verwalter

6.285 Mit der Eröffnung des Insolvenzverfahrens geht die gesamte Verfügungsbefugnis auf den Verwalter über (§ 80 InsO). Es wird nicht mehr nach stark und schwach differenziert. Der Verwalter ist **Vermögensverwalter nach § 34 Abs. 3 AO** und hat als solcher alle steuerlichen Pflichten zu erfüllen. Lediglich die Pflicht zur Steuerabführung von Steuern, die als Insolvenzforderung nach § 38 InsO zu qualifizieren ist, ist eingeschränkt. Diese Steuerforderungen nehmen an dem allgemeinen Feststellungsverfahren nach §§ 174 ff. InsO teil und sind im Rahmen der Verteilung nach § 187 InsO nur mit der auf sie entfallenden Quote zu berücksichtigen. Der Verwalter ist hingegen nicht für die Einhaltung der steuerlichen Pflichten der Gesellschafter und der Geschäftsleitung verantwortlich.

Die **Geschäftsleitung** trägt im Gegenzug nicht mehr die Verantwortung für die Erfüllung der laufenden steuerlichen Pflichten des Unternehmens (§ 81 InsO). Sie kann jedoch weiterhin von der Finanzverwaltung für bereits verwirklichte Sachverhalte zur Verantwortung gezogen werden. Der Geschäftsleitung bleibt es zudem unbenommen, für die Zeit vor Insol-

---

1 BFH v. 27.5.2009 – VII B 156/08, BFH/NV 2009, 1591.
2 BFH v. 19.2.2010 – VII B 190/09, BFH/NV 2010, 1120; v. 30.12.2004 – VII B 145/04, BFH/NV 2005, 665.
3 FG Münster v. 2.7.2009 – 10 K 1549/08 L, EFG 2009, 1616, zum Widerspruch des vorläufigen Verwalters zum Lasteneinzug; BFH v. 3.12.2005 – VII B 178/04, BFH/NV 2005, 661, zur Stornierung eines Überweisungsauftrags durch den vorläufigen Verwalter.

venzeröffnung Selbstanzeigen nach § 371 AO und Berichtigungserklärungen nach § 153 AO abzugeben. Bei Personengesellschaften gibt es zudem steuerrechtlich einen insolvenzfreien Bereich. Wie unter Rz. 6.272 dargestellt, sind die Gesellschafter für die Gewinnfeststellungserklärung zuständig.

f) Haftungsnormen

Auch hier gelten zunächst die **allgemeinen Grundsätze**. Für die Personen, die steuerliche Pflichten nach §§ 34, 35 AO zu erfüllen haben, steht die Haftung gegenüber der Finanzverwaltung nach § 69 AO im Mittelpunkt (hier Geschäftsleiter und Verwalter, u.U. Sanierungsberater und vorläufiger Verwalter). Daneben steht die strafrechtliche Verantwortung nach § 370 AO sowie die damit verbundene Haftungsnorm nach § 71 AO. Hier ist der Kreis der Betroffenen weiter gesteckt, da als Täter und Teilnehmer auch die Personen in Betracht kommen, die außerhalb von §§ 34 und 35 AO stehen (hier insbesondere Sanierungsberater). Steuerliches Fehlverhalten kann zu einem Schaden der Gesellschaft, des Gesellschafters oder Dritter führen. Auch insoweit gelten die allgemeinen Grundsätze.

6.286

Besondere Haftungsvorschriften gelten für den vorläufigen sowie den (endgültigen) **Verwalter**. Neben die steuerliche Haftung nach § 69 AO tritt die insolvenzrechtliche Haftung nach §§ 60 ff. InsO. Die Haftung nach §§ 60 ff. InsO weicht in mehreren Punkten von der nach § 69 AO ab:
- Für die Haftung nach § 60 InsO genügt einfache Fahrlässigkeit.
- Hingegen ist die Haftung für Erfüllungsgehilfen nach § 60 Abs. 2 InsO eingeschränkt.
- Die Verjährung richtet sich nach § 62 InsO.
- Die Haftung kann nicht durch Haftungsbescheid geltend gemacht werden.

6.287

Die **insolvenzspezifische Haftung** nach §§ 60 ff. InsO kommt zur Anwendung, wenn der (vorläufige) Verwalter gegen insolvenzrechtliche Vorschriften verstößt (insbesondere Verstoß gegen §§ 174 ff. InsO durch nicht, nicht rechtzeitige bzw. nicht ausreichende Erfüllung von Steuern, die Insolvenzforderung sind). Der Verstoß gegen rein steuerrechtliche Pflichten (z.B. Verletzung von Steuererklärungspflichten oder die Nichtzahlung von Steuerforderungen, die Masseverbindlichkeiten sind) richtet sich nach § 69 AO.[1]

2. Liquiditätsprobleme

Die Krise führt über kurz oder lang zu Liquiditätsproblemen. Diese entbinden die **Geschäftsleitung** nicht von der Einhaltung der steuerlichen Pflichten. Die Erfüllung der steuerlichen Pflichten hat ihre Grenzen an den finanziellen Möglichkeiten. Sind keine Mittel für die Buchhaltung

6.288

---

[1] Ständige Rechtsprechung seit BGH v. 1.12.1988 – IX ZR 61/88, ZIP 1989, 50.

oder zur Fertigung der Steuererklärung vorhanden, ist i.d.R. Zahlungsunfähigkeit gegeben, mit der Folge, dass der Insolvenzantrag ohne schuldhaftes Zögern nach § 15a InsO gestellt werden muss. Das Unterlassen der steuerlichen Pflichten aus Liquiditätsproblemen ohne die Stellung eines Insolvenzantrags ist außerhalb der Drei-Wochen-Frist des § 15a InsO pflichtwidrig. Es dürfen hingegen neue Geschäfte eingegangen werden, auch wenn die Geschäftsleitung davon ausgehen muss, die daraus resultierenden Steuern nicht entrichten zu können.[1]

6.289 Bei der Auszahlung von Lohn muss sichergestellt sein, dass die darauf entfallende **Lohnsteuer** entrichtet werden kann. Der Lohn ist zur Not soweit zu kürzen, dass die auf den gekürzten Lohn entfallende Lohnsteuer entrichtet werden kann. Dieses soll sogar dann gelten, wenn die Geschäftsleitung die für die Lohnzahlung erforderlichen Mittel privat aufbringt.[2] **Andere Steuern** sind anteilig wie andere Verbindlichkeiten zu zahlen. Die Zahlung der Steuern darf auch innerhalb der Drei-Wochen-Frist des § 15a InsO vor dem Hintergrund einer möglichen Haftung nach § 92 Abs. 2 AktG bzw. § 64 GmbHG nicht unterbleiben.[3] Die Geschäftsleitung kann die Zahlung nicht mit dem Hinweis unterlassen, bei einer späteren Insolvenzeröffnung sei die Zahlung nach §§ 129 ff. InsO anfechtbar.[4]

6.290 Auch der **Verwalter** kann sich nur eingeschränkt auf mangelnde Liquidität berufen. Sind die **Steuern** als Insolvenzforderungen zu qualifizieren, werden sie von Gesetzes wegen nur mit einer Quote nach §§ 187 ff. InsO berücksichtigt. Sind die Steuern Masseverbindlichkeit nach § 55 InsO, müssen sie vollständig vorweg befriedigt werden. Reicht das verwaltete Vermögen wider Erwarten nicht aus, um die Masseverbindlichkeiten zu erfüllen, muss der Verwalter unverzüglich die Masseunzulänglichkeit nach § 208 InsO erklären. Anderenfalls haftet der Verwalter nach § 61 InsO persönlich.

6.291 Mangelnde finanzielle Mittel entbinden ihn grundsätzlich nicht von der Verpflichtung, zur **Bücherführung**, die **Gewinnermittlung** vorzunehmen und **Steuererklärungen** abzugeben. Der BFH[5] ist hier besonders streng. Solange sich die Masseunzulänglichkeit nicht herausgestellt hat, gelten die Pflichten uneingeschränkt. Bei Masseunzulänglichkeit ist der als Verwalter tätige Rechtsanwalt oder Steuerberater zur Not selbst verpflichtet, diese Aufgaben zu erfüllen. Ausnahmen sind nur zulässig, wenn es sich um besonders schwierige und umfangreiche Arbeiten handelt. Für Stundungsverfahren nach § 4a InsO hat der BGH[6] eine beschränkte Erleichterung zugelassen: In Ausnahmefällen ist eine Erstattung der angemessenen Kosten für die Beauftragung eines Steuerberaters als Auslagen möglich.

---

1 BFH v. 28.11.2002 – VII R 41/01, BStBl. II 2003, 337, zur USt.
2 BFH v. 22.11.2005 – VII R 21/05, BStBl. II 2006, 397 = FR 2006, 435.
3 BFH v. 23.9.2008 – VII R 27/07, BStBl. II 2009, 129.
4 BFH v. 11.11.2008 – VII R 19/08, BStBl. II 2009, 342.
5 BFH v. 23.8.1994 – VII R 143/92, ZIP 1994, 1969.
6 BGH v. 22.7.2004 – IX ZB 161/03, ZIP 2004, 1717.

3. Notwendige Maßnahmen

6.292 Die **Sanierung** eines **notleidenden Unternehmens** erfordert vielfältige Maßnahmen, um weitere Verluste zu vermeiden (z.B. Einstellung eines (Teil-)Betriebs) oder um Liquidität zu schaffen, die anderweitig benötigt wird (z.B. Verkauf eines Wirtschaftsguts, um damit Verbindlichkeiten zurückzuführen oder notwendige Investitionen zu tätigen).

Der vorläufige Verwalter wie auch der **Verwalter** kann verpflichtet sein, einen verlustträchtigen Betrieb kurzfristig zu schließen (vgl. § 23 Abs. 1 Nr. 2 sowie §§ 157 f. InsO), um eine weitere Minderung des Vermögens zu verhindern. Das Vermögen des Unternehmens muss dann verwertet werden (§ 159 InsO). Auch bei einer Unternehmensfortführung wird i.d.R. zumindest in Teilbereichen der Geschäftsbetrieb eingeschränkt. Auch hier werden die Wirtschaftsgüter über kurz oder lang veräußert. Die dauerhafte Fortführung des Unternehmens, z.B. im Rahmen des Insolvenzplanverfahrens, ist die Ausnahme.

6.293 Bei diesen gesetzlich vorgesehenen und/oder betriebswirtschaftlich notwendigen Maßnahmen treten zunächst die **allgemeinen steuerlichen Folgen** ein. Bei einer Veräußerung können ertragsteuerliche Gewinne anfallen; hinzukommt i.d.R. die Umsatzsteuer. Die Freigabe von Masse an den Schuldner oder dessen Gesellschafter stellt eine Entnahme dar, die nach § 6 Abs. 1 Nr. 4 EStG ebenfalls zu einer Gewinnrealisierung führen und nach § 3 Abs. 1b Nr. 1 UStG der Umsatzsteuer unterliegen kann. Weniger bekannt sind die **mittelbaren Steuerfolgen** der Veräußerung eines Wirtschaftsguts oder der Einstellung des Geschäftsbetriebs. Um eine Haftung der Beteiligten zu vermeiden, sind diese mittelbaren Steuerfolgen bei der Entscheidung über die Sanierungsmaßnahme bzw. der Entscheidung des Verwalters zu berücksichtigen. So kann die Veräußerung eines Wirtschaftsguts die Entnahme eines anderen Wirtschaftsguts zur Folge haben. Besteht zwischen dem insolventen Unternehmen und einem Tochterunternehmen eine Betriebsaufspaltung und wird das an das Tochterunternehmen vermietete Grundstück verkauft, findet nicht nur eine Gewinnrealisation bei dem verkauften Grundstück statt, sondern auch hinsichtlich der Beteiligung an dem Tochterunternehmen, wenn dadurch die Voraussetzungen für die Betriebsaufspaltung wegfallen.

6.294 Mittelbare Steuerfolgen treten ebenfalls ein, wenn gegen sog. **Haltefristen** verstoßen wird. Das Steuerrecht gewährt an verschiedenen Stellen Vergünstigungen unter der Voraussetzung, dass der geförderte Zustand eine bestimmte Zeit aufrechterhalten bleibt.[1]

6.295 Als **Beispiel** sei auf § 13a ErbStG hingewiesen. Die unentgeltliche Übertragung von Betriebsvermögen ist nach § 13a Abs. 1 ErbStG durch einen Verschonungsabschlag und nach § 13a Abs. 2 ErbStG durch einen Abzugsbetrag privilegiert. Wird der Betrieb jedoch innerhalb von fünf Jahren eingestellt oder veräußert, fallen diese Privilegien nach § 13a Abs. 5 ErbStG

---

1 Vgl. dazu *Olbing*, GmbH-StB 2005, 376.

zumindest teilweise mit Rückwirkung wieder weg. Der BFH hat klargestellt, dass es insoweit **kein allgemeines Sanierungs- oder Verwalterprivileg** gibt. Der Wegfall der Vergünstigung nach § 13a ErbStG tritt auch dann ein, wenn der Verwalter den Betrieb einstellen oder verkaufen muss.[1] Es besteht darüber hinaus i.d.R. kein Grund, die daraus entstehende Steuer aus sachlicher Unbilligkeit nach § 227 AO zu erlassen.[2] Die Haltefristen sind damit von dem Sanierer und Verwalter zu beachten. Das Problem an den Haltefristen ist, dass sie unsystematisch im Gesetz verteilt und geregelt sind. Ob eine Haltefrist besteht, ist i.d.R. nicht sofort ersichtlich. Das **Haftungspotential** ist damit hoch.[3]

III. Risiko- und Gefahrenminimierung

1. Geschäftsleiter

6.296 Zunächst hat die Geschäftsleitung die **allgemeinen Risiko- und Gefahrenminimierungsobliegenheiten** einzuhalten, die in diesem Handbuch zu den einzelnen Steuerarten und Sondersituationen dargestellt sind. Vor dem Hintergrund der Krise sind folgende Maßnahmen von **besonderer Bedeutung**:

6.297 Bei einer **mehrköpfigen Geschäftsleitung** ist bereits in „normalen" Zeiten auf eine klare Kompetenzverteilung zu achten. Diese Einhaltung der Verteilung und die Kontrolle ist bereits vor der Krise regelmäßig zu kontrollieren. In der Krise muss die Kontrolle verdichtet werden. Dies kann bis zu einer täglichen Kontrolle aller relevanten Geschäftsbereiche führen. Diese Kontrolle ist zeitnah zu dokumentieren, um in einem späteren Haftungsfall beweisen zu können, dass man seine Sorgfaltspflichten eingehalten hat. Diese Kontrollpflicht gilt auch, wenn man **Mitarbeiter** oder **fremde Dienstleister** mit einzelnen steuerrelevanten Pflichten beauftragt hat.

6.298 Vor dem Hintergrund der Haftung für nicht gezahlte Steuern sollten in der Krisenzeit **Zahlungen an die Finanzverwaltung** nicht zurückgestellt werden. Vielmehr ist zu zahlen unter ausdrücklichem Hinweis auf die Krise. Hiermit macht man den Empfänger bösgläubig und ermöglicht eine spätere Anfechtung der Zahlung durch den Insolvenzverwalter nach §§ 129 ff. InsO. Unabhängig davon sollte das **Finanzamt frühzeitig eingebunden** werden. Es können Fristverlängerungsanträge für die Abgabe der Steuererklärungen gestellt werden (§ 109 AO). Bestehen Probleme mit der Einhaltung der Buchführungspflichten, können Erleichterungen nach § 148 AO beantragt werden. Zur Not sind Erklärungen mit geschätzten Zahlen abzugeben, wobei ausdrücklich auf die Schätzung hinzuweisen ist. Hinsichtlich der Abführungspflicht können Stundungs- und Erlass-

---

[1] BFH v. 21.3.2007 – II R 19/06, BFH/NV 2007, 1321.
[2] BFH v. 4.2.2010 – II R 25/08, FR 2010, 768 = DB 2010, 880.
[3] Vgl. dazu *Olbing*, GmbH-StB 2005, 376.

anträge gestellt werden (§§ 222, 227 AO). Hierbei handelt es sich i.d.R. um Ermessensentscheidungen der Finanzverwaltung.

Ferner ist zu dokumentieren, wann und wie man von der Krise erfahren hat. Ebenso sind **Sanierungsbemühungen zu dokumentieren**. I.d.R. sollte man spätestens zu diesem Zeitpunkt einen Rechtsanwalt hinzuziehen, der die Geschäftsleitung hinsichtlich der Pflichten in der Krise berät. Man muss darauf bestehen, die Auskünfte des Rechtsanwalts schriftlich zu erhalten. 6.299

Im Zweifel ist **frühzeitig** der **Insolvenzantrag** zu stellen, da die Insolvenzantragspflicht innerhalb von maximal drei Wochen seit Krisenerkennung besteht. Auch bei erfolgsversprechenden Sanierungsbemühungen verlängert sich diese Frist nicht. Sollte die Sanierung nach Antragstellung erfolgreich sein, kann der Antrag bis zur Eröffnung des Verfahrens zurückgenommen werden (§ 13 Abs. 2 InsO). 6.300

Weisungen der **Gesellschafter** sind irrelevant. Sie entbinden nicht von der eigenen Verantwortung. Verlangen die Gesellschafter normwidriges Verhalten, muss man sich im Zweifel abberufen lassen. Bis dahin muss die Geschäftsleitung gegen den Willen der Gesellschafter gesetzeskonform handeln. 6.301

Zwischen Antragstellung und der Eröffnung des Insolvenzverfahrens muss die Geschäftsleitung versuchen, insbesondere die Steuerabführungspflichten einzuhalten. Verweigert der vorläufige Verwalter die erforderliche Mitwirkung (z.B. Verweigerung der Zustimmung, Widerruf des Überweisungsauftrags), muss dokumentiert werden, dass man sich um eine fristgerechte Zahlung bemüht hat. 6.302

Im eröffneten Verfahren sollte die Geschäftsleitung **mit dem Verwalter zusammenarbeiten**. Ihm sind die erforderlichen Auskünfte zu geben. Er sollte auf bisher von ihm nicht erkannte Risiken hingewiesen werden. Die Mitwirkung ist zu dokumentieren. 6.303

2. Sanierungsberater

Der Sanierungsberater hat insbesondere darauf zu achten, nicht in die Rolle des **faktischen Geschäftsführers** zu geraten. Sein Beratungsauftrag ist klar zu formulieren und zu dokumentieren. Der Berater sollte darauf achten, dass nach außen weiterhin die bisherige Geschäftsleitung als gesetzlicher Vertreter auftritt und er bei Kontakten mit Dritten stets darauf hinweist, dass er als Berater des Unternehmens nur mit einer beschränkten Vertretungsmacht auftritt. Die Beschränkungen sind nach außen deutlich zu machen und einzuhalten. Rechtsverbindliche Erklärungen sollten grundsätzlich von der bisherigen Geschäftsleitung abgegeben werden. Nur in Ausnahmesituationen sollte er als Vertreter ohne Vertretungsmacht auftreten, um dann unverzüglich die erforderliche Genehmigung der Geschäftsleitung einzuholen. Auch hier ist auf eine saubere Dokumentation zu achten. Um dem Vorwurf der Beihilfe zur Steuerhin- 6.304

terziehung zu entgehen, sollte er seine **Beratungsleistung** gegenüber dem notleidenden Unternehmen dokumentieren. Hierbei ist auch von Bedeutung, welche **Informationen** er von dem notleidenden Unternehmen erhalten hat.

3. Verwalter

6.305 Die Vorgaben der steuerlichen Risiko- und Gefahrenminimierung für den Verwalter sind von **besonderer Bedeutung**. Er hat in kürzester Zeit ein für ihn fremdes Unternehmen zu übernehmen und zumindest teilweise fortzuführen bzw. abzuwickeln. Hierzu ist unbedingte Voraussetzung, dass er **eigene Sachkunde** in steuerlichen Fragen hat. Er muss sich durch eigene und fremde Mitarbeiter eine Infrastruktur schaffen, so dass er zur Not kurzfristig die Buchführung sowie andere steuerrelevante Bereiche übernehmen kann.

6.306 Bei der Übernahme der Verwaltung muss er rasch die Entscheidung treffen, ob er die bisherige **Infrastruktur (Mitarbeiter und Berater) des Unternehmens** nutzen kann oder durch eigene sachkundige Personen ganz oder teilweise ersetzt. Hierbei ist von entscheidender Bedeutung, dass er sich das Wissen im Unternehmen sichert. Viele relevante Informationen sind nicht dokumentiert. Sind sie dokumentiert, benötigt man die bisherigen Mitarbeiter, um die Dokumente zu finden. Im Vordergrund steht die Aufdeckung der bereits bestehenden steuerlichen Probleme. Vor dem Hintergrund eines eventuellen Verstoßes gegen Haltefristen ist auch bei anstehenden Gestaltungen und Verwertungshandlungen das Wissen der bisherigen Mitarbeiter von großer Bedeutung.

6.307 Der Verwalter muss kurzfristig **Kontakt mit der Finanzverwaltung** aufnehmen. Wichtige Information erhält man nur von dort. Die Finanzverwaltung kann sich gegenüber dem Verwalter nicht auf das Steuergeheimnis berufen.[1] Zudem sollte man zunächst versuchen, die Probleme mit dem Finanzamt im Konsens zu lösen. Die Mittel sind hierzu die gleichen, die der Geschäftsleitung in der Krise zur Verfügung stehen (insbesondere Fristverlängerungen, Buchführungserleichterungen nach § 148 AO, geschätzte Steuererklärungen). Dieses schließt den **Konflikt mit dem Finanzamt** nicht aus. Das Insolvenzrecht kennt (noch) keine Vorrechte des Fiskus. Forderungsanmeldungen der Finanzverwaltung bzw. Steuerbescheide gegenüber der Masse sind vom Verwalter auf ihre Rechtmäßigkeit hin zu überprüfen. Im Zweifel sind Rechtsmittel einzulegen (Nichtanerkennung der Forderungsanmeldung, Einspruch gegen den Steuerbescheid). Nur in Ausnahmesituationen kann davon abgesehen werden, wenn die Kosten der Rechtsmittel mit dem erhofften Vorteil für die Masse in keinem Verhältnis stehen.

---

[1] *Waza/Uhländer/Schmittmann*, Insolvenzen und Steuern[10], Rz. 614.

IV. Schadensabwehr und -minimierung

Bei der Schadensabwehr und -minimierung gelten die **allgemeinen Grundsätze**. Als Schaden kommen eine Steuermehrbelastung, die Haftung für fremde Steuern sowie die strafrechtliche Verantwortlichkeit für ein Fehlverhalten in Betracht. Vorrangig sind unsichere Gestaltungen vorher mit der Finanzverwaltung im Rahmen einer **verbindlichen Auskunft** (insbesondere nach § 89 Abs. 2 AO) abzuklären. Hierbei ist jedoch zu berücksichtigen, dass in der Krise häufig rasche Entscheidungen zu fällen sind und die Zeit für eine solche Auskunft fehlt. Signalisieren die Finanzbehörden informell eine bestimmte Handhabung (z.B. Erlass einer Steuer), kann man in der Regel davon ausgehen, dass sich die Verwaltung entsprechend verhält. Eine sichere Gestaltungsgrundlage ist das jedoch nicht.

6.308

Im Übrigen bleibt der **Streit**, um den Steuerschaden zu reduzieren, die Inhaftungnahmen abzuwehren bzw. eine Bestrafung zu vermeiden. Im Insolvenzverfahren besteht die Besonderheit, dass die Finanzverwaltung nur eingeschränkt Bescheide erlassen kann. Insolvenzforderungen sind nach §§ 174 ff. InsO zur Tabelle anzumelden. Masseforderungen und Haftungsansprüche gegenüber dem Verwalter und/oder der Geschäftsleitung können weiterhin durch Bescheid festgesetzt werden.

6.309

Bei der Abwehr von Haftungsansprüchen ist es von Vorteil, wenn die Maßnahmen zur Risiko- und Gefahrenminimierung **zeitnah dokumentiert** wurden und im Rechtsbehelfsverfahren dargelegt werden können.

6.310

V. Schadensausgleich

Es gelten für den Schadensausgleich die **allgemeinen Grundsätze**. Da in der Krise mehrere Personen steuerliche Sorgfaltspflichten zu erfüllen haben, kann die Finanzverwaltung oft **mehrere Personen** in Haftung nehmen. Grundsätzlich ist es zulässig, den Haftungsanspruch gegen alle Personen kumulativ geltend zu machen. Dennoch muss das Finanzamt im Haftungsbescheid darlegen, dass und wie es das Auswahlermessen ausgeübt hat. Zwischen den in Haftung genommenen Personen ist ein Ausgleich nach § 430 BGB vorzunehmen.

6.311

Die Verletzung von steuerlichen Pflichten in der Krise kann zu einem **Steuerschaden bei einem Dritten** führen. So kann die Einstellung des Betriebs einer GmbH zu einer Erbschaftsteuer beim Gesellschafter nach § 13a ErbStG führen. Hier findet ein Schadensausgleich nach den allgemeinen Regeln nur statt, wenn die betreffende Person auch Sorgfaltspflichten gegenüber dem Dritten hat und diese schuldhaft verletzt. Soweit die betreffende Person sanierungs- bzw. insolvenzrechtliche Vorgaben erfüllt, ist sie i.d.R. nicht zum Ersatz des daraus dem Dritten entstandenen Schadens verpflichtet.

6.312

Sind die Insolvenzgläubiger geschädigt (z.B. der Insolvenzverwalter erkennt eine unberechtigte Steuerforderung als Insolvenzforderung an), ist

6.313

nach § 92 Satz 2 InsO ein **Sonderinsolvenzverwalter** zu bestellen, der den Schadensersatzanspruch prüft und gegebenenfalls gegen den Verwalter durchsetzt.

VI. Evaluierung

1. Notleidende Unternehmen

6.314 Die Erarbeitung von **Risikoerkennungs- und -vermeidungssystemen** ist für das krisenbedrohte Unternehmen nur eingeschränkt möglich. Da sich Krisen i.d.R. über einen längeren Zeitraum hinziehen, muss ständig überprüft werden, ob die steuerrechtlichen Kernforderungen (Buchhaltung, fristgerechte Steuererklärungen/Voranmeldungen/Anmeldungen sowie Steuerentrichtung) eingehalten werden. Fehlende Fachkompetenz ist zu ergänzen.

6.315 **Nach erfolgreicher Sanierung** ist die Krise nicht nur hinsichtlich ihrer Ursachen, sondern auch ihrer steuerrechtlichen Bewältigung kritisch zu überprüfen. Erkannte Mängel (z.B. in der Sicherstellung der erforderlichen Mittel für die Lohnsteuer) sind abzustellen. Die Einhaltung dieser neuen Regeln ist auch nach der Krisenüberwindung sorgsam zu kontrollieren. Ist die **Sanierung nicht erfolgreich**, entfällt die Evaluierung bei dem betroffenen Unternehmen. Es wird abgewickelt.

2. Gesellschafter und Geschäftsleitung

6.316 Das zum Unternehmen Ausgeführte gilt grundsätzlich auch für dessen Gesellschafter und Geschäftsleitung. Die **gescheiterte Sanierung** hat für sie jedoch andere Konsequenzen. Sie sind zum einem mit den oben beschriebenen Haftungsfragen konfrontiert. Sie können jedoch i.d.R. einen Neuanfang mit einem anderen Unternehmen wagen. Hier ist die Evaluierung der vorangegangenen Insolvenz besonders wichtig. Zum einen kann die Krise wertvolle Erfahrungen vermitteln, wie man es in Zukunft nicht, sondern besser macht. Zum anderen gehört die Evaluierung der vorangegangenen Krise zu den selbstverständlichen Sorgfaltspflichten, die in einem späteren Haftungsfall geprüft werden, sollte der Gesellschafter bzw. Geschäftsleiter erneut in die Krise geraten.

3. Sanierungsberater und Verwalter

6.317 **Unverzichtbar** ist die Evaluierung bei den Sanierungsberatern und Verwaltern. Für sie gehört die Krise zum Alltag. Sie müssen ständig überprüfen, ob sie selbst das steuerliche Fachwissen haben oder ob sie ausreichend qualifizierte Mitarbeiter haben, die den steuerlichen Bereich von jetzt auf gleich von der Buchhaltung über Steuererklärungen bis hin zu Rechtsbehelfsverfahren von dem krisenbehafteten Unternehmen übernehmen können oder ob sie zumindest auf entsprechendes externes Fachwissen zurückgreifen können.

Festgestellte Mängel sind noch **im laufenden Verfahren** abzustellen. Besondere Erfahrungen können für kommende Verfahren genutzt werden. Häufig lohnt es sich, besonders qualifizierte Mitarbeiter des krisenbehafteten Unternehmens (z.B. Buchhalter, Fachleute für Zollfragen) zu übernehmen bzw. diesen eine Selbständigkeit zu ermöglichen, um in Zukunft auf sie immer wieder zurückgreifen zu können.

6.318

Die Evaluierung ist zu **institutionalisieren**. Sie gehört zum Abschluss einer jeden Sanierung bzw. eines Insolvenzverfahrens. Die Evaluierung ist schriftlich zu dokumentieren, um die Einhaltung der Sorgfaltspflichten später in einem eventuellen Haftungsprozess darlegen und beweisen zu können.

6.319

Anhang 1
Tax Compliance-Richtlinie

Diese Tax Compliance-Richtlinie unterteilt sich in einen Allgemeinen Teil und einen Besonderen Teil. Der Allgemeine Teil ist mehr oder weniger unabhängig vom konkreten Unternehmen und formuliert die generellen Inhalte und Vorgaben. Der Besondere Teil ist individuell auszufüllen, er enthält einen Rahmen, innerhalb dessen die allgemeinen Grundsätze auf das konkrete Unternehmen anzuwenden sind. Eine umfangreiche „Konzernsteuerrahmenrichtlinie" findet sich bei Besch/Starck in Hausch, Formularhandbuch Compliance, 2013, 553.

Allgemeiner Teil

1. Compliance im Unternehmen ist die strategische und organisatorische Vorsorge, dass geltendes Recht angewandt wird.
2. Tax Compliance fordert, dass das Unternehmen strategisch und organisatorisch das Ziel verfolgt, die Steuergesetze anzuwenden. Hierzu gehören die bewusste Gestaltung und Feststellung der Tatbestände, an die Steuergesetze Steuerfolgen knüpfen sowie die Erfüllung steuerlicher Dokumentations-, Aufzeichnungs- und Erklärungspflichten.
3. Tax Compliance bezweckt nicht, über die gesetzlichen Pflichten hinaus der Finanzverwaltung die Steuererhebung zu erleichtern. Tax Compliance ist mithin kein Mittel eines effektiveren Gesetzesvollzugs durch die Steuerbehörde. Mit Tax Compliance sind die Steueroptimierung zu Lasten des Fiskus und die steuerliche Auseinandersetzung mit der Finanzverwaltung vereinbar. Allerdings kann die Unterstützung der Finanzverwaltung bei der Steuererhebung im Einzelfall im Interesse des Unternehmens liegen.
4. Mit Tax Compliance ist ein steuerliches Vertragsmanagement zu verbinden, das Verträge daraufhin untersucht, ob sie nicht nur steuerliche Risiken vermeiden, sondern auch steuerlich optimal gestaltet sind.
5. Tax Compliance ist in der Unternehmensstruktur ausgewiesen. Die Verantwortlichen für Tax Compliance sind jederzeit feststellbar. Das Verhältnis zu den übrigen Abteilungen und Untergliederungen des Unternehmens/Konzerns (z.B. Steuerabteilung, Rechtsabteilung, Compliance allgemein) ist definiert.
6. Werden Dritte mit der Erfüllung steuerlicher Pflichten und steuerlicher Rechtswahrung betraut (Steueranwälte, Steuerberater, Wirtschaftsprüfer, Konzerngesellschaften), so ist ihr Mandat genau bestimmt. Es gibt eine klare Bindung an das Unternehmen und an die für sie zuständigen Verantwortlichen, die ihnen innerhalb des Mandats Weisung erteilen können und denen sie zu berichten haben.
7. Steuerdaten im Unternehmen sind höchst sensible Informationen. Sie sind grundsätzlich nicht allgemein der Öffentlichkeit zugänglich. Sol-

len sie öffentlich gemacht werden, so gibt es hierfür ausgewiesene Entscheidungs- und Verantwortungsträger. Das Gleiche gilt für eine offensive Öffentlichkeitsarbeit, die sich an die Medien wendet.

8. Die Erfüllung steuerlicher Pflichten ist mit einer Vielzahl steuerlicher Fristen verbunden. Ein Fristversäumnis kann gravierende Nachteile mit sich bringen. Eine ordnungsgemäße Fristenorganisation ist eingerichtet. Die Zuständigkeit ist geregelt.
9. Für die Feststellung steuererheblicher Tatbestände und die Erfüllung der relevanten gesetzlichen Dokumentations- und Aufzeichnungspflichten gibt es festgelegte Zuständigkeiten.
10. Für die Fertigung von Steuererklärungen gibt es, sowohl was die Erfassung der zu erklärenden Besteuerungsgrundlagen anbelangt als auch was die Zeichnung der Steuererklärungen betrifft, festgelegte Zuständigkeiten.
11. Es gibt festgelegte Zuständigkeiten für die Prüfung von Steuerbescheiden und die Entscheidung über einzulegende Rechtsbehelfe. Ebenfalls ist geregelt, wer Rechtsbehelfs- und Klageverfahren führt. Es ist konkret bestimmt, wer über die Steuerzahlung entscheidet. Dieser Entscheidungsträger stimmt sich mit demjenigen, in dessen Hand die Prüfung der Steuerbescheide liegt, ab, ob Aussetzung der Vollziehung oder Billigkeitsmaßnahmen beantragt werden.
12. Nr. 8–11 gelten entsprechend für die Kapitalertragsteuer, die Umsatzsteuer sowie die sonstigen Verbrauchsteuern, die Lohnsteuer und für die Anmeldung der Sozialabgaben.
13. Festgelegt ist, wer für die Vorbereitung und Begleitung einer steuerlichen Außenprüfung zuständig ist. Er bestimmt auch im Einzelnen, wie die Betreuung einer Außenprüfung zu erfolgen hat.
14. Erfolgt die Einleitung eines Steuerstrafverfahrens oder drohen steuerstrafrechtliche Ermittlungen, so ist von Beginn an zu beachten, dass es die Interessen des Unternehmens und die Interessen der möglicherweise beschuldigten Personen gibt. Auch können Interessen möglicher Zeugen berührt sein. Die Interessen können widerstreitend sein. Sie erfordern differenzierende Entscheidungen. Die Zuständigkeit für Entscheidungen und eine Kommunikation zwischen den Betroffenen und Abteilungen ist festgelegt.
15. Für den Fall der Einleitung eines Steuerstrafverfahrens gegen Organe und Mitarbeiter gibt es eine besondere Anweisung.
16. Erscheint die Staatsanwaltschaft oder/und die Steuerfahndung mit einem Durchsuchungsbeschluss, gibt es eine besondere Anweisung, die zu beachten ist. Die Zuständigkeit für die Regie des Steuerfahndungseingriffs auf der Seite des Unternehmens ist geregelt.
17. Die Zuständigkeit für alle Zollverfahren und Verfahren, die sich mit EU-Abgaben befassen, ist geregelt. Diese Regelung bezieht sich auch auf das Eingreifen der Zollfahndung, wobei gegebenenfalls die Anweisung für den Fall des Erscheinens der Steuerfahndung entsprechend gilt.

18. Alle Organe und Mitarbeiter, die mit Steuersachen befasst sind, werden fortgebildet. Sie haben Zugang zu betriebsinternen Informationssystemen über steuerrechtliche Gegebenheiten (Bibliothek, Datenbanken etc.).
19. Alle Organe und Mitarbeiter, die mit Steuersachen befasst sind, sind über die Grundsätze folgender Risiken belehrt:
    – Steuerliche Risiken aus eigenen Steuern des Unternehmens. Bei den Risiken ist zwischen endgültigen Steuerschäden und Schäden aus der zeitlichen Verschiebung von Steuerfolgen zu unterscheiden.
    – Risiken eines steuerlichen Haftungsanspruchs gegen das Unternehmen oder gegen natürliche Personen. Haftungsanspruch heißt: Es droht ein Schaden aus der Inanspruchnahme für eine fremde Steuer.
    – Steuerstrafrechtliche und bußgeldrechtliche Sanktionen.
    – Risiken des Unternehmens oder für natürliche Personen, für einen Steuerschaden zivilrechtlich auf Schadensersatz in Anspruch genommen zu werden.
20. Jeder Mitarbeiter, der mit steuerlichen Angelegenheiten befasst ist, hat über für die Besteuerung relevante Fehler oder konkretes steuerliches Fehlverhalten einer zuständigen Person im Unternehmen zu berichten. Diese zuständige Person ist im Unternehmen definiert oder – falls eine solche Festlegung nicht erfolgt ist – sein Vorgesetzter. Gibt es im Unternehmen ein allgemeines „Compliance-Informations-System", so ist innerhalb dieses Systems geregelt, ob dieses Informations-System auch für steuerliche Informationen gilt oder nicht. Ist es für steuerliche Informationen anzuwenden, so ist es auch hierfür zu nutzen.
21. Die Verantwortlichkeit und Zuständigkeit für diese Hinweise und ihre Ergänzung und Änderung ist geregelt.

Besonderer Teil

I. Tax Compliance im Unternehmen

...

(Grundsätzliche Zuständigkeiten; hier ist auch das Verhältnis zur Steuerabteilung, zur allgemeinen Compliance-Organisation, zur Revision und zur Personalabteilung sowie zu anderen Konzernunternehmen und deren Abteilungen zu regeln.)

II. Steuerdaten als Betriebsgeheimnis und Öffentlichkeitsarbeit

...

(Zuständigkeit für die Veröffentlichung von Steuerdaten; Öffentlichkeitsarbeit; Zusammenarbeit mit den Medien.)

III. Steuerliches Vertragsmanagement

...

(Zuständigkeiten und Organisationsanweisungen zur Überprüfung von Verträgen hinsichtlich steuerlicher Optimierung und Risikovermeidung sowie zur rechtzeitigen Hinzuziehung der Steuerabteilung; Vorgaben zur Erlangung verbindlicher Auskünfte seitens der Finanzverwaltung.)

IV. Steuerliches Beschluss- und Beteiligungsmanagement

...

(Zuständigkeiten und Organisationsanweisungen hinsichtlich der Fassung und Dokumentation von Gesellschafterbeschlüssen; Regelungen zur vorherigen Hinzuziehung der Steuerabteilung; Zuständigkeit und Organisation für das Beteiligungsmanagement, d. h. insbesondere für die Berücksichtigung steuerlicher Haltefristen und die Erfüllung von Anzeigepflichten bei Änderungen von Beteiligungsstrukturen.)

V. Fristenorganisation

...

(Besondere Anweisung zur Fristenorganisation und Fristenkontrolle; Anweisungen, was zu geschehen hat, wenn Fristen versäumt sind.)

VI. Erfassung der steuerlichen Tatbestände; Erfüllung der steuerlichen Dokumentationspflichten und der steuerlichen Erklärungspflichten

...

(Zuständigkeit für die Sachverhaltsfeststellung und die Erfüllung von Aufzeichnungspflichten hinsichtlich der Vorbereitung von Steuererklärungen; Definition der Zeichnungsberechtigung; ggf. bereichsspezifische Einzelprozesse für Ertragsteuern, Umsatzsteuer, besondere Verkehrsteuern wie Grunderwerbsteuer.)

VII. Steuerbescheide und Steuerzahlungen

...

(Zuständigkeit für die laufende Kommunikation mit der Finanzverwaltung; Zustellung von Steuerbescheiden; Prüfungszuständigkeit; Abstimmung mit der Fristenorganisation; Entscheidung über Rechtsbehelfe und Klagen; Entscheidungen zur Steuerzahlung, zu Aussetzungs- und Billigkeitsanträgen.)

VIII. Lohnsteuer und Sozialabgaben

...

(Evtl. besondere Anweisungen; insbesondere auch zur Abstimmung zwischen Personal- und Steuerabteilung.)

IX. Konkretisierung für besondere Steuern

...

(Abhängig von der konkreten Tätigkeit des Unternehmens; beispielsweise Prozessbeschreibung zur Vornahme, Dokumentation und Überwachung steuerfreier Auslandslieferungen oder zur Begründung und Überwachung von Organschaftsverhältnissen etc.)

X. Außenprüfungen

...

(Zuständigkeiten; Anweisungen zur Vorbereitung und zur Durchführung; Vorgaben zur Erlangung und Dokumentation von verbindlichen Zusagen; Berichtspflichten.)

XI. Steuerstrafverfahren und Steuerfahndung

...

(Zuständigkeiten; Besondere Anweisungen bei Einleitung eines Steuerstrafverfahrens gegen Organe und Mitarbeiter; Besondere Anweisungen für den Eingriff der Steuerfahndung; Berichtspflichten gegenüber der Geschäftsleitung und anderen Abteilungen; Vorgaben zum Umgang mit Interessenkollisionen sowie zur Information von Geschäftspartnern.)

XII. Zollerhebung, EU-Abgaben, Zollfahndung

...

(Zuständigkeit; Anweisungen im Einzelnen.)

XIII. Fortbildung im Steuer- und Zollrecht

...

(Information über Fortbildungsmöglichkeiten; Zugang zur Literatur, zur Bibliothek und zu Datenbanken.)

XIV. Information über steuerliche und steuerstrafrechtliche Haftungsrisiken

...

(Zuständigkeit; Einweisung von Organmitgliedern und leitenden Mitarbeitern in die grundlegenden Haftungsproblematiken; Information über die besondere Bedeutung der Tax Compliance in der Unternehmenskrise; Delegation von Aufgaben und Verantwortungsbereichen sowie deren Rückfall in der Krisensituation; Art und Weise der Information und eine Pflege des Wissens.)

XV. Die steuerlichen Dienstleister außerhalb des Unternehmens

...

(Zuständigkeit für die Beauftragung; Definition des Mandats; Berichtspflichten; Besonderheiten bei der Erledigung von steuerlichen Aufgaben durch andere Konzerngesellschaften und verbundene Unternehmen.)

XVI. Compliance-Informations-System

...

(Erläuterung, welches System es gibt; Information, dass es auch für steuerliche Informationen zu nutzen ist; evtl. sind typische Sachverhalte festzulegen, die sofort zu melden sind; Zuständigkeiten; Evaluation und Festlegung eines Turnus zur Überprüfung der Abläufe.)

Anhang 2
Struktur eines Mandatsangebots

l. Gegenstand

1. Gegenstand dieses Anhangs ist ein Mandat für die Entwicklung und Implementierung eines Tax Compliance Systems.

2. Mandatiert werden soll ein Anwalt, eine Anwältin oder Anwaltsorganisation. Dies heißt: Der rechtliche Rahmen und die rechtlichen Bedingungen des Tax Compliance Systems stehen im Mittelpunkt, nicht betriebswirtschaftliche oder unternehmenspolitische Ziele. Diese letzteren, die ein Tax Compliance Systems gebieten, sind die Basis des Mandats, aber nicht sein Inhalt.

3. Wir haben solche Mandate angenommen und durchgeführt und standen vor der Frage, ob wir in diesem Buch einfach ein „Muster" vorstellen sollten, das wir einem solchen Mandat entnehmen. Diese Möglichkeit haben wir verworfen. Das Mandat, ein Tax Compliance System einzurichten, ist – bezogen auf die letzten Jahre – relativ neu; es entzieht sich noch einer Standardisierung. Ob ein Standardmandat in Zukunft überhaupt formulierbar ist, ist offen; es lässt sich auch mit guten Gründen bezweifeln. Das Mandat ist im hohen Maße mandantenbezogen. Es muss sich auf ein konkretes Unternehmen beziehen, dem ein Standardvertrag nicht „übergestülpt" werden kann. Selbst die Ziele von Tax Compliance müssen auch mit dem Mandanten i.d.R. neu diskutiert und definiert werden. Bei dieser Überlegung denken wir nicht an ein einfaches Vertragsformular, wonach der Anwalt beauftragt wird, ein Tax Compliance System einzurichten, und hierfür ein Stundensatz oder Pauschalhonorar vereinbart wird. Ein solcher Vertrag ist zivilrechtlich möglich. Er sagt dem Mandanten jedoch wenig und ist für jede Überraschung, das Scheitern oder ein letztlich nicht dem Mandanten gerechtes System offen.

4. Der Mandatsvertrag, der mit dem Mandanten erarbeitet wird und ihm sagt, wozu sich der Anwalt verpflichtet, ist i.d.R. eine eigenständige Leistung, die honoriert werden kann und auch honoriert werden sollte. Das aber führt dazu, dass es erhebliche rechtliche Bedenken gibt, einen solchen Vertrag ohne Zustimmung des Mandanten zu publizieren.

5. Auf der Grundlage unserer Erfahrung abstrahieren wir eine Struktur, die zumindest dem Anwalt, der Anwältin oder der Anwaltsorganisation helfen kann, einen Mandatsvertrag zu entwickeln.

ll. Das Mandat zur Entwicklung und Implementierung eines Tax Compliance Systems

1. Einleitend sollte festgelegt werden, wer der Vertragspartner ist und welche Teilbereiche des Unternehmens oder Einheiten einer Unternehmensgruppe von dem zu entwickelnden Tax Compliance System umfasst sein sollen. Das Ziel ist zu definieren: Soll eine umfassende Struktur aufgebaut oder nur in Teilbereichen eine Optimierung erreicht werden? Wichtig ist, die Schnittstellen zu angrenzenden Bereichen wie bspw. der Anmeldung und Abführung von Sozialversicherungsabgaben, der Rechtsabteilung und dem Vertragsmanagement oder dem allgemeinen Compliance Ressort (soweit vorhanden) sauber zu erfassen.

2. Projektstufen
Es hat sich als sinnvoll erwiesen, das Projekt in verschiedene Projektstufen zu gliedern, die nacheinander abgearbeitet werden und eine Bewertung von Zwischenständen erlauben. Die erzielten Zwischenergebnisse können dem Mandanten nach jeder Stufe präsentiert werden, um die weitere Vorgehensweise zu konkretisieren und ggf. Änderungen am Projektplan vorzunehmen.

3. Projektstufe retrorespektive Risikoanalyse
In dieser Stufe werden anhand der vom Unternehmen überlassenen Unterlagen bereits aufgetretene steuerliche (und ggf. sozialabgabenrechtliche) Problembereiche aus der Vergangenheit ausgewertet. Es bietet sich an, in Anlehnung an die verlängerte steuerliche Festsetzungsverjährung einen Zeitraum von zehn Jahren einzubeziehen.

4. Projektstufe Ist-Analyse
Die Stufe „Ist-Analyse" kann in der Führung von Interviews mit Mitarbeiter bestehen. Einzubeziehen sind alle Personen, die im weitesten Sinne mit Steuern (und Sozialabgaben) befasst sind. Die ausgewählten Personen sind zu den bestehenden Zuständigkeiten und den tatsächlichen Abläufen im Unternehmen zu befragen. Wichtig ist, die Befragung nicht auf die Leitungspersonen zu beschränken. Eine vertrauliche, unmittelbare Befragung der Mitarbeiter bietet einen unverstellten und direkten Einblick darüber, wie vorhandene Prozesse tatsächlich im Unternehmen „gelebt" werden.

5. Projektstufe Externe-Risikoprognose
Die in den bisherigen Stufen gewonnenen Erkenntnisse werden mit den Erfahrungen des Beraters aus Betriebsprüfungen, Steuerstreitverfahren und Ermittlungsverfahren abgeglichen, um weitere potentielle Risiken zu identifizieren. Hierzu gehören von den Behörden regelmäßig aufgegriffene Sachverhalte sowie insbesondere auch strafrechtlich sensible Organisationsstrukturen. Wird der Themenbereich der Lohnsteuer behandelt, so müssen selbstverständlich die

damit verbundenen Sozialabgaben in die Prüfung einbezogen werden.

6. Lösungsansätze/Entwicklung einer Tax Compliance-Richtlinie
Das Ergebnis des Mandats kann eine auf die individuellen Verhältnisse des Unternehmens abgestimmte Tax Compliance-Richtlinie sein, die im Sinne eines „Nutzerhandbuchs" alle Prozesse abdeckt, die den Bereich der Steuern und Abgaben berühren. Das Ziel des Mandats lässt sich jedoch auch beschränken.

7. Evaluierung der Zielvorgaben
Die Arbeitsschritte sind jeweils mit den Zielvorgaben abzugleichen, die mit der Einrichtung des Tax Compliance Systems verknüpft sind.
Primärnutzen der Tax Compliance-Richtlinie ist eine bestmögliche Erfüllung der steuerlichen (und sozialabgaberechtlichen) Pflichten einschließlich einer rechtzeitigen Fehlerkorrektur bei einer Pflichtverletzung.

lll. Organisationsinformationen zum Mandat

Der Mandatsvertrag wird i.d.R. die Personen benennen, die auf Seiten des Beauftragten tätig sind. Außerdem erwartet der Mandant eine grobe Zeit- und Kostenschätzung.

Anhang 3
Betriebsprüfungsordnung und ausgewählte Gesetzesnormen

Abdruck von Vorschriften, die vielleicht nicht immer unmittelbar zur Hand genommen werden können.

I. Allgemeine Verwaltungsvorschrift für die Betriebsprüfung – Betriebsprüfungsordnung – (BpO 2000)

v. 15.3.2000 (Bundesanzeiger Nr. 58, S. 4898; BStBl. I 2000, 358), zuletzt geändert durch Art. 1 der allgemeinen Verwaltungsvorschrift v. 20.7.2011 (BStBl. I 2011, 710)

Inhaltsübersicht

I. Allgemeine Vorschriften

§ 1 Anwendungsbereich der Betriebsprüfungsordnung

§ 2 Aufgaben der Betriebsprüfungsstellen

§ 3 Größenklassen

II. Durchführung der Außenprüfung

§ 4 Umfang der Außenprüfung

§ 4a Zeitnahe Betriebsprüfung

§ 5 Anordnung der Außenprüfung

§ 6 Ort der Außenprüfung

§ 7 Prüfungsgrundsätze

§ 8 Mitwirkungspflichten

§ 9 Kontrollmitteilungen

§ 10 Verdacht einer Steuerstraftat oder -ordnungswidrigkeit

§ 11 Schlußbesprechung

§ 12 Prüfungsbericht und Auswertung der Prüfungsfeststellungen

III. Außenprüfung von Konzernen und sonstigen zusammenhängenden Unternehmen

§ 13 Konzernprüfung

§ 14 Leitung der Konzernprüfung

§ 15 Einleitung der Konzernprüfung

§ 16 Richtlinien zur Durchführung der Konzernprüfung

§ 17 Abstimmung und Freigabe der Konzernprüfungsberichte

§ 18 Außenprüfung bei sonstigen zusammenhängenden Unternehmen

§ 19 Außenprüfung bei international verbundenen Unternehmen

IV. Mitwirkung des Bundes an Außenprüfungen der Landesfinanzbehörden

§ 20 Art der Mitwirkung

§ 21 Auswahl der Betriebe und Unterrichtung über die vorgesehene Mitwirkung

§ 22 Mitwirkung durch Prüfungstätigkeit

§ 23 (weggefallen)

§ 24 Verfahren bei Meinungsverschiedenheiten zwischen dem Bundesamt für Finanzen und der Landesfinanzbehörde

V. Betriebsprüfer, Sachgebietsleiter für Betriebsprüfung, Prüferbesprechungen

§ 25 Verwendung von Beamten als Betriebsprüfer

§ 26 Verwendung von Verwaltungsangestellten als Betriebsprüfer

§ 27 Einsatz als Betriebsprüfer und Sachgebietsleiter für Betriebsprüfung

§ 28 Betriebsprüfungshelfer

§ 29 Prüferausweis

§ 30 Prüferbesprechungen

§ 31 Fach-(Branchen-)Prüferbesprechungen

VI. Karteien, Konzernverzeichnisse

§ 32 Betriebskartei

§ 33 Konzernverzeichnis

VII. Prüfungsgeschäftsplan, Jahresstatistik

§ 34 Aufstellung von Prüfungsgeschäftsplänen

§ 35 Jahresstatistik

VIII. Betriebsprüfungsarchiv, Kennzahlen, Hauptorte

§ 36 Betriebsprüfungsarchiv

§ 37 Kennzahlen

§ 38 Hauptorte

IX. Inkrafttreten

§ 39 Inkrafttreten

I. Allgemeine Vorschriften

§ 1 Anwendungsbereich der Betriebsprüfungsordnung

(1) Diese Verwaltungsvorschrift gilt für Außenprüfungen der Landesfinanzbehörden und des Bundeszentralamtes für Steuern.

(2) Für besondere Außenprüfungen der Landesfinanzbehörden und des Bundeszentralamtes für Steuern (z.B. Lohnsteueraußenprüfung und Umsatzsteuersonderprüfung) sind die §§ 5 bis 12, 20 bis 24, 29 und 30 mit Ausnahme des § 5 Abs. 4 Satz 2 sinngemäß anzuwenden.

§ 2 Aufgaben der Betriebsprüfungsstellen

(1) Zweck der Außenprüfung ist die Ermittlung und Beurteilung der steuerlich bedeutsamen Sachverhalte, um die Gleichmäßigkeit der Besteuerung sicherzustellen (§§ 85, 199 Abs. 1 AO). Bei der Anordnung und Durchführung von Prüfungsmaßnahmen sind im Rahmen der Ermessensausübung die Grundsätze der Verhältnismäßigkeit der Mittel und des geringstmöglichen Eingriffs zu beachten.

(2) Den Betriebsprüfungsstellen können auch Außenprüfungen im Sinne des § 193 Abs. 2 AO, Sonderprüfungen sowie andere Tätigkeiten mit Prüfungscharakter, z.B. Liquiditätsprüfungen, übertragen werden; dies gilt nicht für Steuerfahndungsprüfungen.

(3) Die Finanzbehörde entscheidet nach pflichtgemäßem Ermessen, ob und wann eine Außenprüfung durchgeführt wird. Dies gilt auch, wenn der Steuerpflichtige eine baldige Außenprüfung begehrt.

§ 3 Größenklassen

Steuerpflichtige, die der Außenprüfung unterliegen, werden in die Größenklassen

- Großbetriebe (G)
- Mittelbetriebe (M)
- Kleinbetriebe (K) und
- Kleinstbetriebe (Kst)

eingeordnet. Der Stichtag, der maßgebende Besteuerungszeitraum und die Merkmale für diese Einordnung werden jeweils von den obersten Finanzbehörden der Länder im Benehmen mit dem Bundesministerium der Finanzen festgelegt.

II. Durchführung der Außenprüfung

§ 4 Umfang der Außenprüfung

(1) Die Finanzbehörde bestimmt den Umfang der Außenprüfung nach pflichtgemäßem Ermessen.

(2) Bei Großbetrieben und Unternehmen i.S.d. §§ 13 und 19 soll der Prüfungszeitraum an den vorhergehenden Prüfungszeitraum anschließen. Eine Anschlussprüfung ist auch in den Fällen des § 18 möglich.

(3) Bei anderen Betrieben soll der Prüfungszeitraum in der Regel nicht mehr als drei zusammenhängende Besteuerungszeiträume umfassen. Der Prüfungszeitraum kann insbesondere dann drei Besteuerungszeiträume übersteigen, wenn mit nicht unerheblichen Änderungen der Besteuerungsgrundlagen zu rechnen ist oder wenn der Verdacht einer Steuerstraftat oder einer Steuerordnungswidrigkeit besteht. Anschlussprüfungen sind zulässig.

(4) Für die Entscheidung, ob ein Betrieb nach Absatz 2 oder Absatz 3 geprüft wird, ist grundsätzlich die Größenklasse maßgebend, in die der Betrieb im Zeitpunkt der Bekanntgabe der Prüfungsanordnung eingeordnet ist.

(5) Hält die Finanzbehörde eine umfassende Ermittlung der steuerlichen Verhältnisse im Einzelfall nicht für erforderlich, kann sie eine abgekürzte Außenprüfung (§ 203 AO) durchführen. Diese beschränkt sich auf die Prüfung einzelner Besteuerungsgrundlagen eines Besteuerungszeitraums oder mehrerer Besteuerungszeiträume.

§ 4a Zeitnahe Betriebsprüfung

(1) Die Finanzbehörde kann Steuerpflichtige unter den Voraussetzungen des Absatzes 2 für eine zeitnahe Betriebsprüfung auswählen. Eine Betriebsprüfung ist zeitnah, wenn der Prüfungszeitraum einen oder mehrere gegenwartsnahe Besteuerungszeiträume umfasst.

(2) Grundlage zeitnaher Betriebsprüfungen sind die Steuererklärungen im Sinne des § 150 der Abgabenordnung der zu prüfenden Besteuerungszeiträume (Absatz 1 Satz 2). Zur Sicherstellung der Mitwirkungsrechte des Bundeszentralamtes für Steuern ist der von der Finanzbehörde ausgewählte Steuerpflichtige dem Bundeszentralamt für Steuern abweichend von der Frist des § 21 Absatz 1 Satz 1 unverzüglich zu benennen.

I. Allgemeine Verwaltungsvorschrift für die Betriebsprüfung (BpO 2000)

(3) Über das Ergebnis der zeitnahen Betriebsprüfung ist ein Prüfungsbericht oder eine Mitteilung über die ergebnislose Prüfung anzufertigen (§ 202 der Abgabenordnung).

§ 5 Anordnung der Außenprüfung

(1) Die für die Besteuerung zuständige Finanzbehörde ordnet die Außenprüfung an. Die Befugnis zur Anordnung kann auch der beauftragten Finanzbehörde übertragen werden.

(2) Die Prüfungsanordnung hat die Rechtsgrundlagen der Außenprüfung, die zu prüfenden Steuerarten, Steuervergütungen, Prämien, Zulagen, ggf. zu prüfende bestimmte Sachverhalte sowie den Prüfungszeitraum zu enthalten. Ihr sind Hinweise auf die wesentlichen Rechte und Pflichten des Steuerpflichtigen bei der Außenprüfung beizufügen. Die Mitteilung über den voraussichtlichen Beginn und die Festlegung des Ortes der Außenprüfung kann mit der Prüfungsanordnung verbunden werden. Handelt es sich um eine abgekürzte Außenprüfung nach § 203 AO, ist die Prüfungsanordnung um diese Rechtsgrundlage zu ergänzen. Soll der Umfang einer Außenprüfung nachträglich erweitert werden, ist eine ergänzende Prüfungsanordnung zu erlassen.

(3) Der Name des Betriebsprüfers, eines Betriebsprüfungshelfers und andere prüfungsleitende Bestimmungen können in die Prüfungsanordnung aufgenommen werden.

(4) Die Prüfungsanordnung und die Mitteilungen nach den Absätzen 2 und 3 sind dem Steuerpflichtigen angemessene Zeit vor Beginn der Prüfung bekanntzugeben, wenn der Prüfungszweck dadurch nicht gefährdet wird. In der Regel sind bei Großbetrieben 4 Wochen und in anderen Fällen 2 Wochen angemessen.

(5) Wird beantragt, den Prüfungsbeginn zu verlegen, können als wichtige Gründe z.B. Erkrankung des Steuerpflichtigen, seines steuerlichen Beraters oder eines für Auskünfte maßgeblichen Betriebsangehörigen, beträchtliche Betriebsstörungen durch Umbau oder höhere Gewalt anerkannt werden. Dem Antrag des Steuerpflichtigen kann auch unter Auflage, z.B. Erledigung von Vorbereitungsarbeiten für die Prüfung, stattgegeben werden.

(6) Werden die steuerlichen Verhältnisse von Gesellschaftern und Mitgliedern sowie von Mitgliedern der Überwachungsorgane in die Außenprüfung einbezogen, so ist für jeden Beteiligten eine Prüfungsanordnung unter Beachtung der Voraussetzungen des § 193 AO zu erteilen.

§ 6 Ort der Außenprüfung

Die Außenprüfung ist in den Geschäftsräumen des Steuerpflichtigen durchzuführen. Ist ein geeigneter Geschäftsraum nachweislich nicht vorhanden und kann die Außenprüfung nicht in den Wohnräumen des Steuerpflichtigen stattfinden, ist an Amtsstelle zu prüfen (§ 200 Abs. 2 AO). Ein anderer Prüfungsort kommt nur ausnahmsweise in Betracht.

§ 7 Prüfungsgrundsätze

Die Außenprüfung ist auf das Wesentliche abzustellen. Ihre Dauer ist auf das notwendige Maß zu beschränken. Sie hat sich in erster Linie auf solche Sachverhalte zu erstrecken, die zu endgültigen Steuerausfällen oder Steuererstattungen oder -vergütungen oder zu nicht unbedeutenden Gewinnverlagerungen führen können.

§ 8 Mitwirkungspflichten

(1) Der Steuerpflichtige ist zu Beginn der Prüfung darauf hinzuweisen, dass er Auskunftspersonen benennen kann. Ihre Namen sind aktenkundig zu machen. Die Auskunfts- und sonstigen Mitwirkungspflichten des Steuerpflichtigen erlöschen nicht mit der Benennung von Auskunftspersonen.

(2) Der Betriebsprüfer darf im Rahmen seiner Ermittlungsbefugnisse unter den Voraussetzungen des § 200 Abs. 1 Sätze 3 und 4 AO auch Betriebsangehörige um Auskunft ersuchen, die nicht als Auskunftspersonen benannt worden sind.

(3) Die Vorlage von Büchern, Aufzeichnungen, Geschäftspapieren und anderen Unterlagen, die nicht unmittelbar den Prüfungszeitraum betreffen, kann ohne Erweiterung des Prüfungszeitraums verlangt werden, wenn dies zur Feststellung von Sachverhalten des Prüfungszeitraums für erforderlich gehalten wird.

§ 9 Kontrollmitteilungen

Feststellungen, die nach § 194 Abs. 3 AO für die Besteuerung anderer Steuerpflichtiger ausgewertet werden können, sollen der zuständigen Finanzbehörde mitgeteilt werden. Kontrollmaterial über Auslandsbeziehungen ist auch dem Bundeszentralamt für Steuern zur Auswertung zu übersenden.

§ 10 Verdacht einer Steuerstraftat oder -ordnungswidrigkeit

(1) Ergeben sich während einer Außenprüfung zureichende tatsächliche Anhaltspunkte für eine Straftat (§ 152 Abs. 2 StPO), deren Ermittlung der Finanzbehörde obliegt, so ist die für die Bearbeitung dieser Straftat zuständige Stelle unverzüglich zu unterrichten. Dies gilt auch, wenn lediglich die Möglichkeit besteht, dass ein Strafverfahren durchgeführt werden muss. Richtet sich der Verdacht gegen den Steuerpflichtigen, dürfen hinsichtlich des Sachverhalts, auf den sich der Verdacht bezieht, die Ermittlungen (§ 194 AO) bei ihm erst fortgesetzt werden, wenn ihm die Einleitung des Strafverfahrens mitgeteilt worden ist. Der Steuerpflichtige ist dabei, soweit die Feststellungen auch für Zwecke des Strafverfahrens verwendet werden können, darüber zu belehren, dass seine Mitwirkung

im Besteuerungsverfahren nicht mehr erzwungen werden kann (§ 393 Abs. 1 AO). Die Belehrung ist unter Angabe von Datum und Uhrzeit aktenkundig zu machen und auf Verlangen schriftlich zu bestätigen (§ 397 Abs. 2 AO).

(2) Absatz 1 gilt beim Verdacht einer Ordnungswidrigkeit sinngemäß.

§ 11 Schlussbesprechung

(1) Findet eine Schlussbesprechung statt, so sind die Besprechungspunkte und der Termin der Schlussbesprechung dem Steuerpflichtigen angemessene Zeit vor der Besprechung bekanntzugeben. Diese Bekanntgabe bedarf nicht der Schriftform.

(2) Hinweise nach § 201 Abs. 2 AO sind aktenkundig zu machen.

§ 12 Prüfungsbericht und Auswertung der Prüfungsfeststellungen

(1) Wenn zu einem Sachverhalt mit einem Rechtsbehelf oder mit einem Antrag auf verbindliche Zusage zu rechnen ist, soll der Sachverhalt umfassend im Prüfungsbericht dargestellt werden.

(2) Ist bei der Auswertung des Prüfungsberichts oder im Rechtsbehelfsverfahren beabsichtigt, von den Feststellungen der Außenprüfung abzuweichen, so ist der Betriebsprüfungsstelle Gelegenheit zur Stellungnahme zu geben. Dies gilt auch für die Erörterung des Sach- und Rechtsstandes gem. § 364a AO. Bei wesentlichen Abweichungen zuungunsten des Steuerpflichtigen soll auch diesem Gelegenheit gegeben werden, sich hierzu zu äußern.

(3) In dem durch die Prüfungsanordnung vorgegebenen Rahmen muss die Außenprüfung entweder durch Steuerfestsetzung oder durch Mitteilung über eine ergebnislose Prüfung abgeschlossen werden.

III. Außenprüfung von Konzernen und sonstigen zusammenhängenden Unternehmen

§ 13 Konzernprüfung

(1) Unternehmen, die zu einem Konzern im Sinne des § 18 AktG gehören, sind im Zusammenhang, unter einheitlicher Leitung und nach einheitlichen Gesichtspunkten zu prüfen, wenn die Außenumsätze der Konzernunternehmen insgesamt mindestens 25 Millionen € im Jahr betragen.

(2) Ein Unternehmen, das zu mehreren Konzernen gehört, ist mit dem Konzern zu prüfen, der die größte Beteiligung an dem Unternehmen besitzt. Bei gleichen Beteiligungsverhältnissen ist das Unternehmen für die Prüfung dem Konzern zuzuordnen, der in der Geschäftsführung des Unternehmens federführend ist.

§ 14 Leitung der Konzernprüfung

(1) Bei Konzernprüfungen soll die Finanzbehörde, die für die Außenprüfung des herrschenden oder einheitlich leitenden Unternehmens zuständig ist, die Leitung der einheitlichen Prüfung übernehmen.

(2) Wird ein Konzern durch eine natürliche oder juristische Person, die selbst nicht der Außenprüfung unterliegt, beherrscht, soll die Finanzbehörde, die für die Außenprüfung des wirtschaftlich bedeutendsten abhängigen Unternehmens zuständig ist, die Leitung der einheitlichen Prüfung übernehmen. Im Einvernehmen der beteiligten Finanzbehörden kann hiervon abgewichen werden.

§ 15 Einleitung der Konzernprüfung

(1) Die für die Leitung der Konzernprüfung zuständige Finanzbehörde regt die Konzernprüfung an und stimmt sich mit den beteiligten Finanzbehörden ab.

(2) Konzernunternehmen sollen erst nach Abstimmung mit der für die Leitung der Konzernprüfung zuständigen Finanzbehörde geprüft werden.

§ 16 Richtlinien zur Durchführung der Konzernprüfung

(1) Die für die Leitung einer Konzernprüfung zuständige Finanzbehörde kann Richtlinien für die Prüfung aufstellen. Die Richtlinien können neben prüfungstechnischen Einzelheiten auch Vorschläge zur einheitlichen Beurteilung von Sachverhalten enthalten.

(2) Soweit Meinungsverschiedenheiten, die sich bei der Mitwirkung mehrerer Finanzbehörden im Rahmen der einheitlichen Prüfung ergeben, von den Beteiligten nicht ausgeräumt werden können, ist den zuständigen vorgesetzten Finanzbehörden zu berichten und die Entscheidung abzuwarten.

§ 17 Abstimmung und Freigabe der Konzernprüfungsberichte

Die Berichte über die Außenprüfungen bei Konzernunternehmen sind aufeinander abzustimmen und den Steuerpflichtigen erst nach Freigabe durch die für die Leitung der Konzernprüfung zuständige Finanzbehörde zu übersenden.

§ 18 Außenprüfung bei sonstigen zusammenhängenden Unternehmen

Eine einheitliche Prüfung kann auch durchgeführt werden

1. bei Konzernen, die die Umsatzgrenze des § 13 Abs. 1 nicht erreichen,

2. bei Unternehmen, die nicht zu einem Konzern gehören, aber eng miteinander verbunden sind, z.B. durch wirtschaftliche oder verwandtschaftliche Beziehungen der Beteiligten, gemeinschaftliche betriebliche Tätigkeit.

Die §§ 13 bis 17 gelten entsprechend.

§ 19 Außenprüfung bei international verbundenen Unternehmen

(1) Die §§ 13 bis 18 gelten auch für die Prüfung mehrerer inländischer Unternehmen, die von einer ausländischen natürlichen oder juristischen Person, einer Mehrheit von Personen, einer Stiftung oder einem anderen Zweckvermögen beherrscht oder einheitlich geleitet werden oder die mit einem ausländischen Unternehmen wirtschaftlich verbunden sind.

(2) Die Leitung der einheitlichen Prüfung soll die Finanzbehörde übernehmen, die für die Außenprüfung des wirtschaftlich bedeutendsten inländischen Unternehmens zuständig ist. Im Einvernehmen der beteiligten Finanzbehörden kann hiervon abgewichen werden.

IV. Mitwirkung des Bundes an Außenprüfungen der Landesfinanzbehörden

§ 20 Art der Mitwirkung

(1) Das Bundeszentralamt für Steuern wirkt an Außenprüfungen der Landesfinanzbehörden durch Prüfungstätigkeit und Beteiligung an Besprechungen mit.

(2) Art und Umfang der Mitwirkung werden jeweils von den beteiligten Behörden im gegenseitigen Einvernehmen festgelegt.

(3) Die Landesfinanzbehörde bestimmt den für den Ablauf der Außenprüfung verantwortlichen Prüfer.

§ 21 Auswahl der Betriebe und Unterrichtung über die vorgesehene Mitwirkung

(1) Die Landesfinanzbehörden stellen dem Bundeszentralamt für Steuern die Prüfungsgeschäftspläne für Großbetriebe spätestens 10 Tage vor dem Beginn des Zeitraums, für den sie aufgestellt worden sind, zur Verfügung. Betriebe, bei deren Prüfung eine Mitwirkung des Bundeszentralamtes für Steuern von den Landesfinanzbehörden für zweckmäßig gehalten wird, sollen kenntlich gemacht werden. Das Bundeszentralamt für Steuern teilt den Landesfinanzbehörden unverzüglich die Betriebe mit, an deren Prüfung es mitwirken will.

(2) Sobald die Landesfinanzbehörde den Prüfungsbeginn mitgeteilt hat, wird sie vom Bundeszentralamt für Steuern über die vorgesehene Mitwirkung unterrichtet.

§ 22 Mitwirkung durch Prüfungstätigkeit

(1) Wirkt das Bundeszentralamt für Steuern durch Prüfungstätigkeit mit, so hat der Bundesbetriebsprüfer regelmäßig in sich geschlossene Prüfungsfelder zu übernehmen und diesen Teil des Prüfungsberichts zu ent-

werfen. Der Prüfungsstoff wird im gegenseitigen Einvernehmen auf die beteiligten Betriebsprüfer aufgeteilt.

(2) Hat das Bundeszentralamt für Steuern an einer Außenprüfung mitgewirkt, so erhält es eine Ausfertigung des Prüfungsberichts.

§ 23

– weggefallen –

§ 24 Verfahren bei Meinungsverschiedenheiten zwischen dem Bundesamt für Finanzen und der Landesfinanzbehörde

Soweit Meinungsverschiedenheiten, die sich bei der Mitwirkung an Außenprüfungen zwischen dem Bundeszentralamt für Steuern und der Landesfinanzbehörde ergeben, von den Beteiligten nicht ausgeräumt werden können, ist den obersten Finanzbehörden des Bundes und des Landes zu berichten und die Entscheidung abzuwarten.

V. Betriebsprüfer, Sachgebietsleiter für Betriebsprüfung, Prüferbesprechungen

§ 25 Verwendung von Beamten als Betriebsprüfer

Die Verwendung eines Beamten als Betriebsprüfer, der grundsätzlich dem gehobenen Dienst angehören soll, ist nach einer mindestens sechsmonatigen Einarbeitung in der Außenprüfung nur mit Einwilligung der zuständigen vorgesetzten Finanzbehörde oder der von ihr benannten Stelle zulässig.

§ 26 Verwendung von Verwaltungsangestellten als Betriebsprüfer

(1) Verwaltungsangestellte, die bereits in der Steuerverwaltung tätig sind, können als Betriebsprüfer verwendet werden, wenn folgende Voraussetzungen erfüllt sind:

1. eine mindestens dreijährige zeitnahe Tätigkeit in der Veranlagung, davon eine mindestens neunmonatige qualifizierte Tätigkeit,

2. die Ablegung einer Prüfung nach Erfüllung der Voraussetzung zu Nummer 1 und

3. eine mindestens sechsmonatige Einarbeitung in der Außenprüfung.

(2) Andere Bewerber können als Verwaltungsangestellte in der Außenprüfung verwendet werden, wenn folgende Voraussetzungen erfüllt werden:

1.a) ein abgeschlossenes einschlägiges Hochschulstudium (Rechtswissenschaft, Wirtschaftswissenschaft, Versicherungsmathematik, Land- und Forstwirtschaft) oder

b) eine kaufmännische oder sonstige einschlägige Grundausbildung mit vorgeschriebener Abschlussprüfung und der Nachweis mehrjähriger kaufmännischer, betriebswirtschaftlicher oder revisionstechnischer Tätigkeit,

2. die Ablegung einer Prüfung nach Erfüllung der Voraussetzung zu Nummer 1 Buchstaben a oder b,

3. eine mindestens zwölfmonatige zeitnahe Tätigkeit außerhalb der Außenprüfung, davon eine mindestens neunmonatige qualifizierte Tätigkeit in der Veranlagung sowie

4. eine mindestens sechsmonatige Einarbeitung in der Außenprüfung.

(3) Die zuständige vorgesetzte Finanzbehörde kann zu Absatz 1 und zu Absatz 2 Nr. 2 bis 4 im Einzelfall Ausnahmen zulassen.

(4) Ein Rechtsanspruch auf Zulassung zur Prüfung besteht nicht.

(5) Die schriftliche Prüfung besteht mindestens aus zwei unter Aufsicht anzufertigenden Arbeiten aus dem Buchführungs- und Bilanzwesen.

(6) Die mündliche Prüfung erstreckt sich auf die Grundzüge des Abgabenrechts, des bürgerlichen Rechts und des Handelsrechts, insbesondere des Buchführungs- und Bilanzwesens sowie des kaufmännischen Rechnungswesens.

§ 27 Einsatz als Betriebsprüfer und Sachgebietsleiter für Betriebsprüfung

(1) Beamte und Verwaltungsangestellte sollen nicht erstmals nach Vollendung des fünfundvierzigsten Lebensjahres als Betriebsprüfer eingesetzt werden.

(2) Sachgebietsleiter für Betriebsprüfung dürfen nur mit Einwilligung der zuständigen vorgesetzten Finanzbehörde eingesetzt werden.

(3) Sachgebietsleiter für Betriebsprüfung und Betriebsprüfer dürfen nur mit Einwilligung der zuständigen vorgesetzten Finanzbehörde für prüfungsfremde Aufgaben verwendet werden.

§ 28 Betriebsprüfungshelfer

Zur Unterstützung der Betriebsprüfer können Betriebsprüfungshelfer eingesetzt werden. Diese haben nach den Weisungen des Betriebsprüfers zu verfahren.

§ 29 Prüferausweis

Für Sachgebietsleiter für Betriebsprüfung und Betriebsprüfer ist jeweils ein Ausweis auszustellen. Der Ausweis hat zu enthalten:

1. die Bezeichnung der ausstellenden Landesfinanzverwaltung oder der ausstellenden Finanzbehörde

2. das Lichtbild des Inhabers

3. den Vor- und Familiennamen

4. die laufende Nummer

5. die Gültigkeitsdauer und

6. die Befugnisse des Inhabers.

§ 30 Prüferbesprechungen

Die Sachgebietsleiter für Betriebsprüfung sollen mit den Prüfern ihrer Sachgebiete, die zuständigen vorgesetzten Finanzbehörden mit den Sachgebietsleitern für Betriebsprüfung oder mit den Betriebsprüfern ihrer Oberfinanzbezirke regelmäßig Zweifelsfragen aus der Prüfungstätigkeit erörtern, sie über neuere Rechtsprechung und neueres Schrifttum unterrichten sowie Richtlinien und Anregungen für ihre Arbeit geben.

§ 31 Fach-(Branchen-)Prüferbesprechungen

(1) Für die Fach-(Branchen-)Prüfer sind nach Bedarf Besprechungen durchzuführen. Hierbei sollen die Branchenerfahrungen ausgetauscht und verglichen, zweckmäßige Prüfungsmethoden, Kennzahlen und Formblätter für das prüfungstechnische Vorgehen entwickelt und gemeinsame Richtlinien erarbeitet werden.

(2) Dem Bundeszentralamt für Steuern ist Gelegenheit zu geben, an Fachprüferbesprechungen, die von den zuständigen vorgesetzten Finanzbehörden (§ 38) durchgeführt werden, teilzunehmen.

VI. Karteien, Konzernverzeichnisse

§ 32 Betriebskartei

(1) Die Betriebsprüfungsstellen haben über die Groß-, Mittel- und Kleinbetriebe eine Kartei (Betriebskartei) zu führen.

(2) Die Betriebskartei besteht aus der Namenskartei und der Branchenkartei. Die Namenskartei soll als alphabetische Suchkartei, die Branchenkartei nach der Klassifikation der Wirtschaftszweige (Tiefengliederung für Steuerstatistiken) geführt werden.

(3) Nebenbetriebe der Land- und Forstwirtschaft sind nur beim Hauptbetrieb zu vermerken.

(4) Für die Erfassung in der Betriebskartei ist jeweils die auf einen bestimmten Stichtag festgestellte Größenklasse der Betriebe – in der Regel für die Dauer von drei Jahren – maßgebend. Die Betriebe werden nach den Ergebnissen der Veranlagung, hilfsweise nach den Angaben in den Steuererklärungen in die Größenklassen eingeordnet. Fehler, die bei der Einordnung der Betriebe unterlaufen, können jederzeit berichtigt werden.

(5) Änderungen der die Größenklasse bestimmenden Betriebsmerkmale bleiben bis zur nächsten Einordnung in Größenklassen unberücksichtigt. Bei sonstigen Änderungen ist die Kartei fortzuschreiben. Bei Abgängen aufgrund von Sitzverlegung (Wohnsitz oder Sitz der Geschäftsleitung) sind die Daten der Betriebskartei an die neu zuständige Finanzbehörde zu übermitteln; Zugänge von einer anderen Finanzbehörde und Neugründungen sind in der Betriebskartei zu erfassen.

§ 33 Konzernverzeichnis

Jede zuständige Finanzbehörde hat die für ein Verzeichnis der Konzerne im Sinne der §§ 13, 18 und 19 erforderlichen Daten zu ermitteln und der zuständigen vorgesetzten Finanzbehörde zur Weiterleitung an das Bundeszentralamt für Steuern zur Aufnahme in eine zentrale Datenbank zu übermitteln. Gleiches gilt für spätere Änderungen oder Ergänzungen dieser Daten. Das zentrale Konzernverzeichnis enthält die einzelnen Konzernübersichten. Das Verfahren zur Übermittlung der Daten nach den Sätzen 1 und 2 sowie die Nutzung der Daten durch die Finanzbehörden der Länder wird vom Bundesministerium der Finanzen im Einvernehmen mit den obersten Finanzbehörden der Länder geregelt

VII. Prüfungsgeschäftsplan, Jahresstatistik

§ 34 Aufstellung von Prüfungsgeschäftsplänen

(1) Die zur Prüfung vorgesehenen Fälle werden in regelmäßigen Abständen in Prüfungsgeschäftsplänen zusammengestellt. Der Abstand darf bei Großbetrieben nicht kürzer als 6 Monate und nicht länger als 12 Monate sein. Änderungen der Prüfungsgeschäftspläne sind jederzeit möglich. In den Prüfungsgeschäftsplänen ist auf Konzernzugehörigkeit hinzuweisen.

(2) aufgehoben

§ 35 Jahresstatistik

(1) Die Betriebsprüfungsstellen haben eine Jahresstatistik aufzustellen und der vorgesetzten Finanzbehörde vorzulegen.

(2) Die obersten Finanzbehörden der Länder teilen dem Bundesministerium der Finanzen die Arbeitsergebnisse der Außenprüfung nach einem abgestimmten Muster bis zum 31. März eines jeden Jahres mit. Das Bundesministerium der Finanzen gibt das Gesamtergebnis in einer zusammengefassten Veröffentlichung jährlich bekannt.

(3) aufgehoben

VIII. Betriebsprüfungsarchiv, Kennzahlen, Hauptorte

§ 36 Betriebsprüfungsarchiv

(1) Steuerliche, prüfungstechnische, branchentypische und allgemeine wirtschaftliche Erfahrungen sind den zuständigen vorgesetzten Finanzbe-

hörden mitzuteilen. Diese sammeln die Erfahrungen und werten sie in einem Betriebsprüfungsarchiv aus.

(2) Das Bundeszentralamt für Steuern teilt den zuständigen vorgesetzten Finanzbehörden Prüfungserfahrungen von allgemeiner Bedeutung mit.

§ 37 Kennzahlen

Die zuständigen Finanzbehörden haben die nach den Ergebnissen von Außenprüfungen ermittelten branchenbezogenen Kennzahlen der jeweils zuständigen vorgesetzten Finanzbehörde zur Weiterleitung an das Bundeszentralamt für Steuern zur Aufnahme in eine zentrale Datenbank zu übermitteln. Gleiches gilt für Änderungen dieser Daten. Das Verfahren zur Übermittlung der Daten nach den Sätzen 1 und 2 sowie die Nutzung der Daten durch die Finanzbehörden der Länder wird vom Bundesministerium der Finanzen im Einvernehmen mit den obersten Finanzbehörden der Länder geregelt

§ 38 Hauptorte

(1) Die zuständigen vorgesetzten Finanzbehörden haben als Hauptorte die Aufgabe, für einzelne Berufs- oder Wirtschaftszweige Unterlagen zu sammeln und auszuwerten, die für die Besteuerung von Bedeutung sind. Zu den Aufgaben gehört auch die Mitwirkung bei der Aufstellung von AfA-Tabellen. Die Hauptorte werden durch Vereinbarung der obersten Finanzbehörden des Bundes und der Länder bestimmt.

(2) Das Ergebnis der Auswertung wird den anderen zuständigen vorgesetzten Finanzbehörden und dem Bundeszentralamt für Steuern regelmäßig mitgeteilt.

IX. Inkrafttreten

§ 39 Inkrafttreten

Diese allgemeine Verwaltungsvorschrift tritt am Tage nach der Veröffentlichung im Bundesanzeiger[1] in Kraft. Gleichzeitig tritt die allgemeine Verwaltungsvorschrift für die Betriebsprüfung – Betriebsprüfungsordnung – vom 17. Dezember 1987 (BAnz. Nr. 241a vom 24. Dezember 1987) außer Kraft.

---

1 Veröffentlichung erfolgte am 23.3.2000.

II. Ausgewählte Gesetzesnormen

1. Aktiengesetz

§ 405 Ordnungswidrigkeiten

(3) Ordnungswidrig handelt ferner, wer

...

7. besondere Vorteile als Gegenleistung dafür anbietet, verspricht oder gewährt, daß jemand bei einer Abstimmung in der Hauptversammlung oder in einer gesonderten Versammlung nicht oder in einem bestimmten Sinne stimme.

2. Betriebsverfassungsgesetz

§ 119 Straftaten gegen Betriebsverfassungsorgane und ihre Mitglieder

(1) Mit Freiheitsstrafe bis zu einem Jahr oder mit Geldstrafe wird bestraft, wer

1. eine Wahl des Betriebsrats, der Jugend- und Auszubildendenvertretung, der Bordvertretung, des Seebetriebsrats oder der in § 3 Abs. 1 Nr. 1 bis 3 oder 5 bezeichneten Vertretungen der Arbeitnehmer behindert oder durch Zufügung oder Androhung von Nachteilen oder durch Gewährung oder Versprechen von Vorteilen beeinflusst, ...

3. Genossenschaftsgesetz

§ 152 Bußgeldvorschriften

(1) Ordnungswidrig handelt, wer

...

2. besondere Vorteile als Gegenleistung dafür anbietet, verspricht oder gewährt, dass jemand bei einer Abstimmung in der Generalversammlung oder der Vertreterversammlung oder bei der Wahl der Vertreter nicht oder in einem bestimmten Sinne stimme.

4. Gesetz gegen Wettbewerbsbeschränkungen

§ 21 Boykottverbot, Verbot sonstigen wettbewerbsbeschränkenden Verhaltens

...

(2) Unternehmen und Vereinigungen von Unternehmen dürfen anderen Unternehmen keine Nachteile androhen oder zufügen und keine Vorteile

versprechen oder gewähren, um sie zu einem Verhalten zu veranlassen, das nach diesem Gesetz oder nach einer auf Grund dieses Gesetzes ergangenen Verfügung der Kartellbehörde nicht zum Gegenstand einer vertraglichen Bindung gemacht werden darf.

§ 81 Bußgeldvorschriften

...

(3) Ordnungswidrig handelt, wer

...

2. entgegen § 21 Abs. 2 einen Nachteil androht oder zufügt oder einen Vorteil verspricht oder gewährt oder

...

5. Insolvenzordnung

§ 15a Antragspflicht bei juristischen Personen und Gesellschaften ohne Rechtspersönlichkeit

(1) Wird eine juristische Person zahlungsunfähig oder überschuldet, haben die Mitglieder des Vertretungsorgans oder die Abwickler ohne schuldhaftes Zögern, spätestens aber drei Wochen nach Eintritt der Zahlungsunfähigkeit oder Überschuldung, einen Insolvenzantrag zu stellen. Das Gleiche gilt für die organschaftlichen Vertreter der zur Vertretung der Gesellschaft ermächtigten Gesellschafter oder die Abwickler bei einer Gesellschaft ohne Rechtspersönlichkeit, bei der kein persönlich haftender Gesellschafter eine natürliche Person ist; dies gilt nicht, wenn zu den persönlich haftenden Gesellschaftern eine andere Gesellschaft gehört, bei der ein persönlich haftender Gesellschafter eine natürliche Person ist.

(2) Bei einer Gesellschaft im Sinne des Absatzes 1 Satz 2 gilt Absatz 1 sinngemäß, wenn die organschaftlichen Vertreter der zur Vertretung der Gesellschaft ermächtigten Gesellschafter ihrerseits Gesellschaften sind, bei denen kein Gesellschafter eine natürliche Person ist, oder sich die Verbindung von Gesellschaften in dieser Art fortsetzt.

(3) Im Fall der Führungslosigkeit einer Gesellschaft mit beschränkter Haftung ist auch jeder Gesellschafter, im Fall der Führungslosigkeit einer Aktiengesellschaft oder einer Genossenschaft ist auch jedes Mitglied des Aufsichtsrats zur Stellung des Antrags verpflichtet, es sei denn, diese Person hat von der Zahlungsunfähigkeit und der Überschuldung oder der Führungslosigkeit keine Kenntnis.

(4) Mit Freiheitsstrafe bis zu drei Jahren oder mit Geldstrafe wird bestraft, wer entgegen Absatz 1 Satz 1, auch in Verbindung mit Satz 2 oder Absatz 2 oder Absatz 3, einen Insolvenzantrag nicht, nicht richtig oder nicht rechtzeitig stellt.

(5) Handelt der Täter in den Fällen des Absatzes 4 fahrlässig, ist die Strafe Freiheitsstrafe bis zu einem Jahr oder Geldstrafe.

§ 21 Anordnung vorläufiger Maßnahmen

(1) Das Insolvenzgericht hat alle Maßnahmen zu treffen, die erforderlich erscheinen, um bis zur Entscheidung über den Antrag eine den Gläubigern nachteilige Veränderung in der Vermögenslage des Schuldners zu verhüten. Gegen die Anordnung der Maßnahme steht dem Schuldner die sofortige Beschwerde zu.

(2) Das Gericht kann insbesondere

1. einen vorläufigen Insolvenzverwalter bestellen, für den § 8 Abs. 3 und die §§ 56, 58 bis 66 entsprechend gelten;

2. dem Schuldner ein allgemeines Verfügungsverbot auferlegen oder anordnen, daß Verfügungen des Schuldners nur mit Zustimmung des vorläufigen Insolvenzverwalters wirksam sind;

3. Maßnahmen der Zwangsvollstreckung gegen den Schuldner untersagen oder einstweilen einstellen, soweit nicht unbewegliche Gegenstände betroffen sind;

4. eine vorläufige Postsperre anordnen, für die die §§ 99, 101 Abs. 1 Satz 1 entsprechend gelten;

5. anordnen, dass Gegenstände, die im Falle der Eröffnung des Verfahrens von § 166 erfasst würden oder deren Aussonderung verlangt werden könnte, vom Gläubiger nicht verwertet oder eingezogen werden dürfen und dass solche Gegenstände zur Fortführung des Unternehmens des Schuldners eingesetzt werden können, soweit sie hierfür von erheblicher Bedeutung sind; § 169 Satz 2 und 3 gilt entsprechend; ein durch die Nutzung eingetretener Wertverlust ist durch laufende Zahlungen an den Gläubiger auszugleichen. Die Verpflichtung zu Ausgleichszahlungen besteht nur, soweit der durch die Nutzung entstehende Wertverlust die Sicherung des absonderungsberechtigten Gläubigers beeinträchtigt. Zieht der vorläufige Insolvenzverwalter eine zur Sicherung eines Anspruchs abgetretene Forderung anstelle des Gläubigers ein, so gelten die §§ 170, 171 entsprechend.

Die Anordnung von Sicherungsmaßnahmen berührt nicht die Wirksamkeit von Verfügungen über Finanzsicherheiten nach § 1 Abs. 17 des Kreditwesengesetzes und die Wirksamkeit der Verrechnung von Ansprüchen und Leistungen aus Zahlungsaufträgen, Aufträgen zwischen Zahlungsdienstleistern oder zwischengeschalteten Stellen oder Aufträgen zur Übertragung von Wertpapieren, die in ein System nach § 1 Abs. 16 des Kreditwesengesetzes eingebracht wurden.

(3) Reichen andere Maßnahmen nicht aus, so kann das Gericht den Schuldner zwangsweise vorführen und nach Anhörung in Haft nehmen

lassen. Ist der Schuldner keine natürliche Person, so gilt entsprechendes für seine organschaftlichen Vertreter. Für die Anordnung von Haft gilt § 98 Abs. 3 entsprechend.

§ 22 Rechtsstellung des vorläufigen Insolvenzverwalters

(1) Wird ein vorläufiger Insolvenzverwalter bestellt und dem Schuldner ein allgemeines Verfügungsverbot auferlegt, so geht die Verwaltungs- und Verfügungsbefugnis über das Vermögen des Schuldners auf den vorläufigen Insolvenzverwalter über. In diesem Fall hat der vorläufige Insolvenzverwalter:

1. das Vermögen des Schuldners zu sichern und zu erhalten;

2. ein Unternehmen, das der Schuldner betreibt, bis zur Entscheidung über die Eröffnung des Insolvenzverfahrens fortzuführen, soweit nicht das Insolvenzgericht einer Stillegung zustimmt, um eine erhebliche Verminderung des Vermögens zu vermeiden;

3. zu prüfen, ob das Vermögen des Schuldners die Kosten des Verfahrens decken wird; das Gericht kann ihn zusätzlich beauftragen, als Sachverständiger zu prüfen, ob ein Eröffnungsgrund vorliegt und welche Aussichten für eine Fortführung des Unternehmens des Schuldners bestehen.

(2) Wird ein vorläufiger Insolvenzverwalter bestellt, ohne daß dem Schuldner ein allgemeines Verfügungsverbot auferlegt wird, so bestimmt das Gericht die Pflichten des vorläufigen Insolvenzverwalters. Sie dürfen nicht über die Pflichten nach Absatz 1 Satz 2 hinausgehen.

(3) Der vorläufige Insolvenzverwalter ist berechtigt, die Geschäftsräume des Schuldners zu betreten und dort Nachforschungen anzustellen. Der Schuldner hat dem vorläufigen Insolvenzverwalter Einsicht in seine Bücher und Geschäftspapiere zu gestatten. Er hat ihm alle erforderlichen Auskünfte zu erteilen und ihn bei der Erfüllung seiner Aufgaben zu unterstützen; die §§ 97, 98, 101 Abs. 1 Satz 1, 2, Abs. 2 gelten entsprechend.

§ 60 Haftung des Insolvenzverwalters

(1) Der Insolvenzverwalter ist allen Beteiligten zum Schadenersatz verpflichtet, wenn er schuldhaft die Pflichten verletzt, die ihm nach diesem Gesetz obliegen. Er hat für die Sorgfalt eines ordentlichen und gewissenhaften Insolvenzverwalters einzustehen.

(2) Soweit er zur Erfüllung der ihm als Verwalter obliegenden Pflichten Angestellte des Schuldners im Rahmen ihrer bisherigen Tätigkeit einsetzen muß und diese Angestellten nicht offensichtlich ungeeignet sind, hat der Verwalter ein Verschulden dieser Personen nicht gemäß § 278 des Bürgerlichen Gesetzbuchs zu vertreten, sondern ist nur für deren Überwachung und für Entscheidungen von besonderer Bedeutung verantwortlich.

§ 62 Verjährung

Die Verjährung des Anspruchs auf Ersatz des Schadens, der aus einer Pflichtverletzung des Insolvenzverwalters entstanden ist, richtet sich nach den Regelungen über die regelmäßige Verjährung nach dem Bürgerlichen Gesetzbuch. Der Anspruch verjährt spätestens in drei Jahren von der Aufhebung oder der Rechtskraft der Einstellung des Insolvenzverfahrens an. Für Pflichtverletzungen, die im Rahmen einer Nachtragsverteilung (§ 203) oder einer Überwachung der Planerfüllung (§ 260) begangen worden sind, gilt Satz 2 mit der Maßgabe, daß an die Stelle der Aufhebung des Insolvenzverfahrens der Vollzug der Nachtragsverteilung oder die Beendigung der Überwachung tritt.

§ 80 Übergang des Verwaltungs- und Verfügungsrechts

(1) Durch die Eröffnung des Insolvenzverfahrens geht das Recht des Schuldners, das zur Insolvenzmasse gehörende Vermögen zu verwalten und über es zu verfügen, auf den Insolvenzverwalter über.

(2) Ein gegen den Schuldner bestehendes Veräußerungsverbot, das nur den Schutz bestimmter Personen bezweckt (§§ 135, 136 des Bürgerlichen Gesetzbuchs), hat im Verfahren keine Wirkung. Die Vorschriften über die Wirkungen einer Pfändung oder einer Beschlagnahme im Wege der Zwangsvollstreckung bleiben unberührt.

§ 81 Verfügungen des Schuldners

(1) Hat der Schuldner nach der Eröffnung des Insolvenzverfahrens über einen Gegenstand der Insolvenzmasse verfügt, so ist diese Verfügung unwirksam. Unberührt bleiben die §§ 892, 893 des Bürgerlichen Gesetzbuchs, §§ 16, 17 des Gesetzes über Rechte an eingetragenen Schiffen und Schiffsbauwerken und §§ 16, 17 des Gesetzes über Rechte an Luftfahrzeugen. Dem anderen Teil ist die Gegenleistung aus der Insolvenzmasse zurückzugewähren, soweit die Masse durch sie bereichert ist.

(2) Für eine Verfügung über künftige Forderungen auf Bezüge aus einem Dienstverhältnis des Schuldners oder an deren Stelle tretende laufende Bezüge gilt Absatz 1 auch insoweit, als die Bezüge für die Zeit nach der Beendigung des Insolvenzverfahrens betroffen sind. Das Recht des Schuldners zur Abtretung dieser Bezüge an einen Treuhänder mit dem Ziel der gemeinschaftlichen Befriedigung der Insolvenzgläubiger bleibt unberührt.

(3) Hat der Schuldner am Tag der Eröffnung des Verfahrens verfügt, so wird vermutet, daß er nach der Eröffnung verfügt hat. Eine Verfügung des Schuldners über Finanzsicherheiten im Sinne des § 1 Abs. 17 des Kreditwesengesetzes nach der Eröffnung ist, unbeschadet der §§ 129 bis 147, wirksam, wenn sie am Tag der Eröffnung erfolgt und der andere Teil nachweist, dass er die Eröffnung des Verfahrens weder kannte noch kennen musste.

§ 92 Gesamtschaden

Ansprüche der Insolvenzgläubiger auf Ersatz eines Schadens, den diese Gläubiger gemeinschaftlich durch eine Verminderung des zur Insolvenzmasse gehörenden Vermögens vor oder nach der Eröffnung des Insolvenzverfahrens erlitten haben (Gesamtschaden), können während der Dauer des Insolvenzverfahrens nur vom Insolvenzverwalter geltend gemacht werden. Richten sich die Ansprüche gegen den Verwalter, so können sie nur von einem neu bestellten Insolvenzverwalter geltend gemacht werden.

6. Ordnungswidrigkeitengesetz

§ 30 Geldbuße gegen juristische Personen und Personenvereinigungen

(1) Hat jemand

1. als vertretungsberechtigtes Organ einer juristischen Person oder als Mitglied eines solchen Organs,

2. als Vorstand eines nicht rechtsfähigen Vereins oder als Mitglied eines solchen Vorstandes,

3. als vertretungsberechtigter Gesellschafter einer rechtsfähigen Personengesellschaft,

4. als Generalbevollmächtigter oder in leitender Stellung als Prokurist oder Handlungsbevollmächtigter einer juristischen Person oder einer in Nummer 2 oder 3 genannten Personenvereinigung oder

5. als sonstige Person, die für die Leitung des Betriebs oder Unternehmens einer juristischen Person oder einer in Nummer 2 oder 3 genannten Personenvereinigung verantwortlich handelt, wozu auch die Überwachung der Geschäftsführung oder die sonstige Ausübung von Kontrollbefugnissen in leitender Stellung gehört,

eine Straftat oder Ordnungswidrigkeit begangen, durch die Pflichten, welche die juristische Person oder die Personenvereinigung treffen, verletzt worden sind oder die juristische Person oder die Personenvereinigung bereichert worden ist oder werden sollte, so kann gegen diese eine Geldbuße festgesetzt werden.

(2) Die Geldbuße beträgt

1. im Falle einer vorsätzlichen Straftat bis zu zehn Millionen €,

2. im Falle einer fahrlässigen Straftat bis zu fünf Millionen €.

Im Falle einer Ordnungswidrigkeit bestimmt sich das Höchstmaß der Geldbuße nach dem für die Ordnungswidrigkeit angedrohten Höchstmaß der Geldbuße. Verweist das Gesetz auf diese Vorschrift, so verzehnfacht sich das Höchstmaß der Geldbuße nach Satz 2 für die im Gesetz bezeichneten Tatbestände. Satz 2 gilt auch im Falle einer Tat, die gleichzeitig Straftat und Ordnungswidrigkeit ist, wenn das für die Ordnungswidrigkeit angedrohte Höchstmaß der Geldbuße das Höchstmaß nach Satz 1 übersteigt.

(3) § 17 Abs. 4 und § 18 gelten entsprechend.

(4) Wird wegen der Straftat oder Ordnungswidrigkeit ein Straf- oder Bußgeldverfahren nicht eingeleitet oder wird es eingestellt oder wird von Strafe abgesehen, so kann die Geldbuße selbständig festgesetzt werden. Durch Gesetz kann bestimmt werden, daß die Geldbuße auch in weiteren Fällen selbständig festgesetzt werden kann. Die selbständige Festsetzung einer Geldbuße gegen die juristische Person oder Personenvereinigung ist jedoch ausgeschlossen, wenn die Straftat oder Ordnungswidrigkeit aus rechtlichen Gründen nicht verfolgt werden kann; § 33 Abs. 1 Satz 2 bleibt unberührt.

(5) Die Festsetzung einer Geldbuße gegen die juristische Person oder Personenvereinigung schließt es aus, gegen sie wegen derselben Tat den Verfall nach den §§ 73 oder 73a des Strafgesetzbuches oder nach § 29a anzuordnen.

(6) Bei Erlass eines Bußgeldbescheids ist zur Sicherung der Geldbuße § 111d Abs. 1 Satz 2 der Strafprozessordnung mit der Maßgabe anzuwenden, dass an die Stelle des Urteils der Bußgeldbescheid tritt.

7. SchVG, Gesetz über Schuldverschreibungen aus Gesamtemissionen

§ 6 Stimmrecht

...

(3) Wer stimmberechtigt ist, darf dafür, dass er bei einer Gläubigerversammlung oder einer Abstimmung nicht oder in einem bestimmten Sinne stimme, keinen Vorteil und keine Gegenleistung fordern, sich versprechen lassen oder annehmen.

§ 23 Bußgeldvorschriften

(1) Ordnungswidrig handelt, wer

...

4. entgegen § 6 Absatz 3 einen Vorteil oder eine Gegenleistung fordert, sich versprechen lässt oder annimmt.

...

(3) Die Ordnungswidrigkeit kann mit einer Geldbuße bis zu hunderttausend € geahndet werden.

8. SchwArbG, Gesetz zur Bekämpfung der Schwarzarbeit und illegalen Beschäftigung

§ 21 Ausschluss von öffentlichen Aufträgen

(1) Von der Teilnahme an einem Wettbewerb um einen Bauauftrag der in § 98 Nr. 1 bis 3 und 5 des Gesetzes gegen Wettbewerbsbeschränkungen genannten Auftraggeber sollen Bewerber bis zu einer Dauer von drei Jahren ausgeschlossen werden, die oder deren nach Satzung oder Gesetz Vertretungsberechtigte nach

1. § 8 Abs. 1 Nr. 2, §§ 9 bis 11,

2. § 404 Abs. 1 oder 2 Nr. 3 des Dritten Buches Sozialgesetzbuch,

3. §§ 15, 15a, 16 Abs. 1 Nr. 1, 1b oder 2 des Arbeitnehmerüberlassungsgesetzes oder

4. § 266a Abs. 1 bis 4 des Strafgesetzbuches

zu einer Freiheitsstrafe von mehr als drei Monaten oder einer Geldstrafe von mehr als neunzig Tagessätzen verurteilt oder mit einer Geldbuße von wenigstens zweitausendfünfhundert € belegt worden sind. Das Gleiche gilt auch schon vor Durchführung eines Straf- oder Bußgeldverfahrens, wenn im Einzelfall angesichts der Beweislage kein vernünftiger Zweifel an einer schwerwiegenden Verfehlung nach Satz 1 besteht. Die für die Verfolgung oder Ahndung zuständigen Behörden nach Satz 1 Nr. 1 bis 4 dürfen den Vergabestellen auf Verlangen die erforderlichen Auskünfte geben. Öffentliche Auftraggeber nach Satz 1 fordern bei Bauaufträgen Auskünfte des Gewerbezentralregisters nach § 150a der Gewerbeordnung an oder verlangen vom Bewerber eine Erklärung, dass die Voraussetzungen für einen Ausschluss nach Satz 1 oder 2 nicht vorliegen; auch im Falle einer Erklärung des Bewerbers können öffentliche Auftraggeber Auskünfte des Gewerbezentralregisters nach § 150a der Gewerbeordnung jederzeit anfordern. Für den Bewerber, der den Zuschlag erhalten soll, fordert der öffentliche Auftraggeber nach Satz 1 bei Bauaufträgen ab einer Höhe von 30.000 € vor Zuschlagserteilung eine Auskunft aus dem Gewerbezentralregister nach § 150a der Gewerbeordnung an. Der Bewerber ist vor der Entscheidung über den Ausschluss zu hören.

(2) Eine Verfehlung nach Absatz 1 steht einer Verletzung von Pflichten nach § 241 Abs. 2 des Bürgerlichen Gesetzbuchs gleich.

9. Sozialgesetzbuch III Arbeitsförderung

§ 341 Beitragssatz und Beitragsbemessung

(1) Die Beiträge werden nach einem Prozentsatz (Beitragssatz) von der Beitragsbemessungsgrundlage erhoben.

(2) Der Beitragssatz beträgt 3,0 Prozent.

(3) Beitragsbemessungsgrundlage sind die beitragspflichtigen Einnahmen, die bis zur Beitragsbemessungsgrenze berücksichtigt werden. Für die Berechnung der Beiträge ist die Woche zu sieben, der Monat zu dreißig und das Jahr zu dreihundertsechzig Tagen anzusetzen, soweit dieses Buch nichts anderes bestimmt. Beitragspflichtige Einnahmen sind bis zu einem Betrag von einem Dreihundertsechzigstel der Beitragsbemessungsgrenze für den Kalendertag zu berücksichtigen. Einnahmen, die diesen Betrag übersteigen, bleiben außer Ansatz, soweit dieses Buch nichts Abweichendes bestimmt.

(4) Beitragsbemessungsgrenze ist die Beitragsbemessungsgrenze der allgemeinen Rentenversicherung.

10. Sozialgesetzbuch IV Gemeinsame Vorschriften für die Sozialversicherung

§ 7a Anfrageverfahren

(1) Die Beteiligten können schriftlich eine Entscheidung beantragen, ob eine Beschäftigung vorliegt, es sei denn, die Einzugsstelle oder ein anderer Versicherungsträger hatte im Zeitpunkt der Antragstellung bereits ein Verfahren zur Feststellung einer Beschäftigung eingeleitet. Die Einzugsstelle hat einen Antrag nach Satz 1 zu stellen, wenn sich aus der Meldung des Arbeitgebers (§ 28a) ergibt, dass der Beschäftigte Ehegatte, Lebenspartner oder Abkömmling des Arbeitgebers oder geschäftsführender Gesellschafter einer Gesellschaft mit beschränkter Haftung ist. Über den Antrag entscheidet abweichend von § 28h Absatz 2 die Deutsche Rentenversicherung Bund.

(2) Die Deutsche Rentenversicherung Bund entscheidet auf Grund einer Gesamtwürdigung aller Umstände des Einzelfalles, ob eine Beschäftigung vorliegt.

(3) Die Deutsche Rentenversicherung Bund teilt den Beteiligten schriftlich mit, welche Angaben und Unterlagen sie für ihre Entscheidung benötigt. Sie setzt den Beteiligten eine angemessene Frist, innerhalb der diese die Angaben zu machen und die Unterlagen vorzulegen haben.

(4) Die Deutsche Rentenversicherung Bund teilt den Beteiligten mit, welche Entscheidung sie zu treffen beabsichtigt, bezeichnet die Tatsachen,

auf die sie ihre Entscheidung stützen will, und gibt den Beteiligten Gelegenheit, sich zu der beabsichtigten Entscheidung zu äußern.

(5) Die Deutsche Rentenversicherung Bund fordert die Beteiligten auf, innerhalb einer angemessenen Frist die Tatsachen anzugeben, die eine Widerlegung begründen, wenn diese die Vermutung widerlegen wollen.

(6) Wird der Antrag nach Absatz 1 innerhalb eines Monats nach Aufnahme der Tätigkeit gestellt und stellt die Deutsche Rentenversicherung Bund ein versicherungspflichtiges Beschäftigungsverhältnis fest, tritt die Versicherungspflicht mit der Bekanntgabe der Entscheidung ein, wenn der Beschäftigte

1. zustimmt und

2. er für den Zeitraum zwischen Aufnahme der Beschäftigung und der Entscheidung eine Absicherung gegen das finanzielle Risiko von Krankheit und zur Altersvorsorge vorgenommen hat, die der Art nach den Leistungen der gesetzlichen Krankenversicherung und der gesetzlichen Rentenversicherung entspricht.

Der Gesamtsozialversicherungsbeitrag wird erst zu dem Zeitpunkt fällig, zu dem die Entscheidung, dass eine Beschäftigung vorliegt, unanfechtbar geworden ist.

(7) Widerspruch und Klage gegen Entscheidungen, dass eine Beschäftigung vorliegt, haben aufschiebende Wirkung. Eine Klage auf Erlass der Entscheidung ist abweichend von § 88 Absatz 1 des Sozialgerichtsgesetzes nach Ablauf von drei Monaten zulässig.

§ 14 Arbeitsentgelt

...

(2) Ist ein Nettoarbeitsentgelt vereinbart, gelten als Arbeitsentgelt die Einnahmen des Beschäftigten einschließlich der darauf entfallenden Steuern und der seinem gesetzlichen Anteil entsprechenden Beiträge zur Sozialversicherung und zur Arbeitsförderung. Sind bei illegalen Beschäftigungsverhältnissen Steuern und Beiträge zur Sozialversicherung und zur Arbeitsförderung nicht gezahlt worden, gilt ein Nettoarbeitsentgelt als vereinbart.

§ 23 Fälligkeit

...

(2) Die Beiträge für eine Sozialleistung im Sinne des § 3 Satz 1 Nummer 3 des Sechsten Buches einschließlich Sozialleistungen, auf die die Vorschriften des Fünften und des Sechsten Buches über die Kranken- und Rentenversicherung der Bezieher von Arbeitslosengeld oder die Krankenversicherung der Bezieher von Arbeitslosengeld II entsprechend anzuwen-

den sind, werden am Achten des auf die Zahlung der Sozialleistung folgenden Monats fällig. Die Träger der Rentenversicherung und die Bundesagentur für Arbeit können unbeschadet des Satzes 1 vereinbaren, dass die Beiträge zur Rentenversicherung aus Sozialleistungen der Bundesagentur für Arbeit zu den vom Bundesversicherungsamt festgelegten Fälligkeitsterminen für die Rentenzahlungen im Inland gezahlt werden. Die Träger der Rentenversicherung mit Ausnahme der Deutschen Rentenversicherung Knappschaft-Bahn-See als Träger der knappschaftlichen Rentenversicherung, die Bundesagentur für Arbeit und die Behörden des sozialen Entschädigungsrechts können unbeschadet des Satzes 1 vereinbaren, dass die Beiträge zur Rentenversicherung und nach dem Recht der Arbeitsförderung aus Sozialleistungen nach dem sozialen Entschädigungsrecht in voraussichtlicher Höhe der Beitragsschuld spätestens zum 30. Juni des laufenden Jahres und ein verbleibender Restbetrag zum nächsten Fälligkeitstermin gezahlt werden.

§ 23a Einmalig gezahltes Arbeitsentgelt als beitragspflichtige Einnahmen

(1) Einmalig gezahltes Arbeitsentgelt sind Zuwendungen, die dem Arbeitsentgelt zuzurechnen sind und nicht für die Arbeit in einem einzelnen Entgeltabrechnungszeitraum gezahlt werden. Als einmalig gezahltes Arbeitsentgelt gelten nicht Zuwendungen nach Satz 1, wenn sie

1. üblicherweise zur Abgeltung bestimmter Aufwendungen des Beschäftigten, die auch im Zusammenhang mit der Beschäftigung stehen,

2. als Waren oder Dienstleistungen, die vom Arbeitgeber nicht überwiegend für den Bedarf seiner Beschäftigten hergestellt, vertrieben oder erbracht werden und monatlich in Anspruch genommen werden können,

3. als sonstige Sachbezüge, die monatlich gewährt werden, oder

4. als vermögenswirksame Leistungen

vom Arbeitgeber erbracht werden. Einmalig gezahltes Arbeitsentgelt versicherungspflichtig Beschäftigter ist dem Entgeltabrechnungszeitraum zuzuordnen, in dem es gezahlt wird, soweit die Absätze 2 und 4 nichts Abweichendes bestimmen.

(2) Einmalig gezahltes Arbeitsentgelt, das nach Beendigung oder bei Ruhen des Beschäftigungsverhältnisses gezahlt wird, ist dem letzten Entgeltabrechnungszeitraum des laufenden Kalenderjahres zuzuordnen, auch wenn dieser nicht mit Arbeitsentgelt belegt ist.

(3) Das einmalig gezahlte Arbeitsentgelt ist bei der Feststellung des beitragspflichtigen Arbeitsentgelts für versicherungspflichtig Beschäftigte zu berücksichtigen, soweit das bisher gezahlte beitragspflichtige Arbeitsentgelt die anteilige Beitragsbemessungsgrenze nicht erreicht. Die anteilige Beitragsbemessungsgrenze ist der Teil der Beitragsbemessungsgrenze, der der Dauer aller Beschäftigungsverhältnisse bei demselben Arbeitgeber im laufenden Kalenderjahr bis zum Ablauf des Entgeltabrechnungszeitrau-

mes entspricht, dem einmalig gezahltes Arbeitsentgelt zuzuordnen ist; auszunehmen sind Zeiten, die nicht mit Beiträgen aus laufendem (nicht einmalig gezahltem) Arbeitsentgelt belegt sind.

(4) In der Zeit vom 1. Januar bis zum 31. März einmalig gezahltes Arbeitsentgelt ist dem letzten Entgeltabrechnungszeitraum des vergangenen Kalenderjahres zuzuordnen, wenn es vom Arbeitgeber dieses Entgeltabrechnungszeitraumes gezahlt wird und zusammen mit dem sonstigen für das laufende Kalenderjahr festgestellten beitragspflichtigen Arbeitsentgelt die anteilige Beitragsbemessungsgrenze nach Absatz 3 Satz 2 übersteigt. Satz 1 gilt nicht für nach dem 31. März einmalig gezahltes Arbeitsentgelt, das nach Absatz 2 einem in der Zeit vom 1. Januar bis zum 31. März liegenden Entgeltabrechnungszeitraum zuzuordnen ist.

(5) Ist der Beschäftigte in der gesetzlichen Krankenversicherung pflichtversichert, ist für die Zuordnung des einmalig gezahlten Arbeitsentgelts nach Absatz 4 Satz 1 allein die Beitragsbemessungsgrenze der gesetzlichen Krankenversicherung maßgebend.

§ 24 Säumniszuschlag

(1) Für Beiträge und Beitragsvorschüsse, die der Zahlungspflichtige nicht bis zum Ablauf des Fälligkeitstages gezahlt hat, ist für jeden angefangenen Monat der Säumnis ein Säumniszuschlag von eins vom Hundert des rückständigen, auf 50 € nach unten abgerundeten Betrages zu zahlen. Bei einem rückständigen Betrag unter 100 € ist der Säumniszuschlag nicht zu erheben, wenn dieser gesondert schriftlich anzufordern wäre.

...

§ 25 Verjährung

(1) Ansprüche auf Beiträge verjähren in vier Jahren nach Ablauf des Kalenderjahrs, in dem sie fällig geworden sind. Ansprüche auf vorsätzlich vorenthaltene Beiträge verjähren in dreißig Jahren nach Ablauf des Kalenderjahrs, in dem sie fällig geworden sind.

...

§ 28e Zahlungspflicht, Vorschuss

...

(2) Für die Erfüllung der Zahlungspflicht des Arbeitgebers haftet bei einem wirksamen Vertrag der Entleiher wie ein selbstschuldnerischer Bürge, soweit ihm Arbeitnehmer gegen Vergütung zur Arbeitsleistung überlassen worden sind. Er kann die Zahlung verweigern, solange die Einzugsstelle den Arbeitgeber nicht gemahnt hat und die Mahnfrist nicht abgelaufen ist. Zahlt der Verleiher das vereinbarte Arbeitsentgelt oder Teile des Arbeitsentgelts an den Leiharbeitnehmer, obwohl der Vertrag nach § 9 Nummer 1 des Arbeitnehmerüberlassungsgesetzes unwirksam ist, so hat er auch den hierauf entfallenden Gesamtsozialversicherungsbeitrag an die

Einzugsstelle zu zahlen. Hinsichtlich der Zahlungspflicht nach Satz 3 gilt der Verleiher neben dem Entleiher als Arbeitgeber; beide haften insoweit als Gesamtschuldner.

(2a) Für die Erfüllung der Zahlungspflicht, die sich für den Arbeitgeber knappschaftlicher Arbeiten im Sinne von § 134 Absatz 4 des Sechsten Buches ergibt, haftet der Arbeitgeber des Bergwerkbetriebes, mit dem die Arbeiten räumlich und betrieblich zusammenhängen, wie ein selbstschuldnerischer Bürge. Der Arbeitgeber des Bergwerksbetriebes kann die Befriedigung verweigern, solange die Einzugsstelle den Arbeitgeber der knappschaftlichen Arbeiten nicht gemahnt hat und die Mahnfrist nicht abgelaufen ist.

(3) Für die Erfüllung der Zahlungspflicht des Arbeitgebers von Seeleuten nach § 13 Absatz 1 Satz 2 haften Arbeitgeber und Reeder als Gesamtschuldner.

(3a) Ein Unternehmer des Baugewerbes, der einen anderen Unternehmer mit der Erbringung von Bauleistungen im Sinne des § 101 Absatz 2 des Dritten Buches beauftragt, haftet für die Erfüllung der Zahlungspflicht dieses Unternehmers oder eines von diesem Unternehmer beauftragten Verleihers wie ein selbstschuldnerischer Bürge. Satz 1 gilt entsprechend für die vom Nachunternehmer gegenüber ausländischen Sozialversicherungsträgern abzuführenden Beiträge. Absatz 2 Satz 2 gilt entsprechend.

(3b) Die Haftung nach Absatz 3a entfällt, wenn der Unternehmer nachweist, dass er ohne eigenes Verschulden davon ausgehen konnte, dass der Nachunternehmer oder ein von ihm beauftragter Verleiher seine Zahlungspflicht erfüllt. Ein Verschulden des Unternehmers ist ausgeschlossen, soweit und solange er Fachkunde, Zuverlässigkeit und Leistungsfähigkeit des Nachunternehmers oder des von diesem beauftragten Verleihers durch eine Präqualifikation nachweist, die die Eignungsvoraussetzungen nach § 8 der Vergabe- und Vertragsordnung für Bauleistungen Teil A in der Fassung der Bekanntmachung vom 20. März 2006 (BAnz. Nummer 94a vom 18. Mai 2006) erfüllt.

(3c) Ein Unternehmer, der Bauleistungen im Auftrag eines anderen Unternehmers erbringt, ist verpflichtet, auf Verlangen der Einzugstelle Firma und Anschrift dieses Unternehmers mitzuteilen. Kann der Auskunftsanspruch nach Satz 1 nicht durchgesetzt werden, hat ein Unternehmer, der einen Gesamtauftrag für die Erbringung von Bauleistungen für ein Bauwerk erhält, der Einzugstelle auf Verlangen Firma und Anschrift aller Unternehmer, die von ihm mit der Erbringung von Bauleistungen beauftragt wurden, zu benennen.

...

§ 28f Aufzeichnungspflicht, Nachweise der Beitragsabrechnung und der Beitragszahlung

...

(2) Hat ein Arbeitgeber die Aufzeichnungspflicht nicht ordnungsgemäß erfüllt und können dadurch die Versicherungs- oder Beitragspflicht oder die Beitragshöhe nicht festgestellt werden, kann der prüfende Träger der Rentenversicherung den Beitrag in der Kranken-, Pflege- und Rentenversicherung und zur Arbeitsförderung von der Summe der vom Arbeitgeber gezahlten Arbeitsentgelte geltend machen. Satz 1 gilt nicht, soweit ohne unverhältnismäßig großen Verwaltungsaufwand festgestellt werden kann, dass Beiträge nicht zu zahlen waren oder Arbeitsentgelt einem bestimmten Beschäftigten zugeordnet werden kann. Soweit der prüfende Träger der Rentenversicherung die Höhe der Arbeitsentgelte nicht oder nicht ohne unverhältnismäßig großen Verwaltungsaufwand ermitteln kann, hat er diese zu schätzen. Dabei ist für das monatliche Arbeitsentgelt eines Beschäftigten das am Beschäftigungsort ortsübliche Arbeitsentgelt mitzuberücksichtigen. Der prüfende Träger der Rentenversicherung hat einen auf Grund der Sätze 1, 3 und 4 ergangenen Bescheid insoweit zu widerrufen, als nachträglich Versicherungs- oder Beitragspflicht oder Versicherungsfreiheit festgestellt und die Höhe des Arbeitsentgelts nachgewiesen werden. Die von dem Arbeitgeber auf Grund dieses Bescheides geleisteten Zahlungen sind insoweit mit der Beitragsforderung zu verrechnen.

(3) Der Arbeitgeber hat der Einzugsstelle einen Beitragsnachweis zwei Arbeitstage vor Fälligkeit der Beiträge durch Datenübertragung zu übermitteln; dies gilt nicht hinsichtlich der Beschäftigten in privaten Haushalten bei Verwendung von Haushaltsschecks. Übermittelt der Arbeitgeber den Beitragsnachweis nicht zwei Arbeitstage vor Fälligkeit der Beiträge, so kann die Einzugsstelle das für die Beitragsberechnung maßgebende Arbeitsentgelt schätzen, bis der Nachweis ordnungsgemäß übermittelt wird. Der Beitragsnachweis gilt für die Vollstreckung als Leistungsbescheid der Einzugsstelle und im Insolvenzverfahren als Dokument zur Glaubhaftmachung der Forderungen der Einzugsstelle. Im Beitragsnachweis ist auch die Steuernummer des Arbeitgebers anzugeben, wenn der Beitragsnachweis die Pauschsteuer für geringfügig Beschäftigte enthält.

...

§ 28g Beitragsabzug

Der Arbeitgeber und in den Fällen der nach § 7f Absatz 1 Satz 1 Nummer 2 auf die Deutsche Rentenversicherung Bund übertragenen Wertguthaben die Deutsche Rentenversicherung Bund hat gegen den Beschäftigten einen Anspruch auf den vom Beschäftigten zu tragenden Teil des Gesamtsozialversicherungsbeitrags. Dieser Anspruch kann nur durch Abzug vom Arbeitsentgelt geltend gemacht werden. Ein unterbliebener Abzug darf nur bei den drei nächsten Lohn- oder Gehaltszahlungen nachgeholt werden, danach nur dann, wenn der Abzug ohne Verschulden des Arbeitgebers unterblieben ist. Die Sätze 2 und 3 gelten nicht, wenn der Beschäftigte seinen Pflichten nach § 28o Absatz 1 vorsätzlich oder grob fahrlässig nicht nachkommt oder er den Gesamtsozialversicherungsbeitrag allein trägt oder solange der Beschäftigte nur Sachbezüge erhält.

§ 28h Einzugsstellen

(1) Der Gesamtsozialversicherungsbeitrag ist an die Krankenkassen (Einzugsstellen) zu zahlen. Die Einzugsstelle überwacht die Einreichung des Beitragsnachweises und die Zahlung des Gesamtsozialversicherungsbeitrags. Beitragsansprüche, die nicht rechtzeitig erfüllt worden sind, hat die Einzugsstelle geltend zu machen.

(2) Die Einzugsstelle entscheidet über die Versicherungspflicht und Beitragshöhe in der Kranken-, Pflege- und Rentenversicherung sowie nach dem Recht der Arbeitsförderung; sie erlässt auch den Widerspruchsbescheid. Soweit die Einzugsstelle die Höhe des Arbeitsentgelts nicht oder nicht ohne unverhältnismäßig großen Verwaltungsaufwand ermitteln kann, hat sie dieses zu schätzen. Dabei ist für das monatliche Arbeitsentgelt des Beschäftigten das am Beschäftigungsort ortsübliche Arbeitsentgelt mit zu berücksichtigen.

(2a) (weggefallen)

(3) Bei Verwendung eines Haushaltsschecks vergibt die Einzugsstelle im Auftrag der Bundesagentur für Arbeit die Betriebsnummer des Arbeitgebers, berechnet den Gesamtsozialversicherungsbeitrag und die Umlagen nach dem Aufwendungsausgleichsgesetz und zieht diese vom Arbeitgeber im Wege des Lastschriftverfahrens ein. Die Einzugsstelle meldet bei Beginn und Ende der Beschäftigung und zum Jahresende der Datenstelle der Träger der Rentenversicherung die für die Rentenversicherung und die Bundesagentur für Arbeit erforderlichen Daten eines jeden Beschäftigten. Die Einzugsstelle teilt dem Beschäftigten den Inhalt der abgegebenen Meldung schriftlich mit.

(4) Bei Verwendung eines Haushaltsschecks bescheinigt die Einzugsstelle dem Arbeitgeber zum Jahresende

1. den Zeitraum, für den Beiträge zur Rentenversicherung gezahlt wurden, und

2. die Höhe des Arbeitsentgelts (§ 14 Absatz 3), des von ihm getragenen Gesamtsozialversicherungsbeitrags und der Umlagen.

§ 28p Prüfung bei den Arbeitgebern

(1) Die Träger der Rentenversicherung prüfen bei den Arbeitgebern, ob diese ihre Meldepflichten und ihre sonstigen Pflichten nach diesem Gesetzbuch, die im Zusammenhang mit dem Gesamtsozialversicherungsbeitrag stehen, ordnungsgemäß erfüllen; sie prüfen insbesondere die Richtigkeit der Beitragszahlungen und der Meldungen (§ 28a) mindestens alle

vier Jahre. Die Prüfung soll in kürzeren Zeitabständen erfolgen, wenn der Arbeitgeber dies verlangt. Die Einzugsstelle unterrichtet den für den Arbeitgeber zuständigen Träger der Rentenversicherung, wenn sie eine alsbaldige Prüfung bei dem Arbeitgeber für erforderlich hält. Die Prüfung umfasst auch die Entgeltunterlagen der Beschäftigten, für die Beiträge nicht gezahlt wurden. Die Träger der Rentenversicherung erlassen im Rahmen der Prüfung Verwaltungsakte zur Versicherungspflicht und Beitragshöhe in der Kranken-, Pflege- und Rentenversicherung sowie nach dem Recht der Arbeitsförderung einschließlich der Widerspruchsbescheide gegenüber den Arbeitgebern; insoweit gelten § 28h Absatz 2 sowie § 93 in Verbindung mit § 89 Absatz 5 des Zehnten Buches nicht. Die landwirtschaftliche Krankenkasse nimmt abweichend von Satz 1 die Prüfung für die bei ihr versicherten mitarbeitenden Familienangehörigen vor.

...

11. SGB V Gesetzliche Krankenversicherung

§ 3 Solidarische Finanzierung

Die Leistungen und sonstigen Ausgaben der Krankenkassen werden durch Beiträge finanziert. Dazu entrichten die Mitglieder und die Arbeitgeber Beiträge, die sich in der Regel nach den beitragspflichtigen Einnahmen der Mitglieder richten. Für versicherte Familienangehörige werden Beiträge nicht erhoben.

§ 6 Versicherungsfreiheit

...

(6) Die Jahresarbeitsentgeltgrenze nach Absatz 1 Nr. 1 beträgt im Jahr 2003 45.900 €. Sie ändert sich zum 1. Januar eines jeden Jahres in dem Verhältnis, in dem die Bruttolöhne und -gehälter je Arbeitnehmer (§ 68 Abs. 2 Satz 1 des Sechsten Buches) im vergangenen Kalenderjahr zu den entsprechenden Bruttolöhnen und -gehältern im vorvergangenen Kalenderjahr stehen. Die veränderten Beträge werden nur für das Kalenderjahr, für das die Jahresarbeitsentgeltgrenze bestimmt wird, auf das nächsthöhere Vielfache von 450 aufgerundet. Die Bundesregierung setzt die Jahresarbeitsentgeltgrenze in der Rechtsverordnung nach § 160 des Sechsten Buches Sozialgesetzbuch fest.

...

§ 223 Beitragspflicht, beitragspflichtige Einnahmen, Beitragsbemessungsgrenze

...

(3) Beitragspflichtige Einnahmen sind bis zu einem Betrag von einem Dreihundertsechzigstel der Jahresarbeitsentgeltgrenze nach § 6 Abs. 7 für

den Kalendertag zu berücksichtigen (Beitragsbemessungsgrenze). Einnahmen, die diesen Betrag übersteigen, bleiben außer Ansatz, soweit dieses Buch nichts Abweichendes bestimmt.

§ 249 Tragung der Beiträge bei versicherungspflichtiger Beschäftigung

(1) Bei versicherungspflichtig Beschäftigten nach § 5 Abs. 1 Nr. 1 und 13 trägt der Arbeitgeber die Hälfte der Beiträge des Mitglieds aus dem Arbeitsentgelt nach dem allgemeinen oder ermäßigten Beitragssatz; im Übrigen tragen die Beschäftigten die Beiträge. Bei geringfügig Beschäftigten gilt § 249b.

...

12. SGB VI Gesetzliche Rentenversicherung

§ 158 Beitragssätze

(1) Der Beitragssatz in der allgemeinen Rentenversicherung ist vom 1. Januar eines Jahres an zu verändern, wenn am 31. Dezember dieses Jahres bei Beibehaltung des bisherigen Beitragssatzes die Mittel der Nachhaltigkeitsrücklage

1. das 0,2fache der durchschnittlichen Ausgaben zu eigenen Lasten der Träger der allgemeinen Rentenversicherung für einen Kalendermonat (Mindestrücklage) voraussichtlich unterschreiten oder

2. das 1,5fache der in Nummer 1 genannten Ausgaben für einen Kalendermonat (Höchstnachhaltigkeitsrücklage) voraussichtlich übersteigen.

Ausgaben zu eigenen Lasten sind alle Ausgaben nach Abzug des Bundeszuschusses nach § 213 Abs. 2, der Erstattungen und der empfangenen Ausgleichszahlungen.

(2) Der Beitragssatz ist so neu festzusetzen, dass die voraussichtlichen Beitragseinnahmen unter Berücksichtigung der voraussichtlichen Entwicklung der Bruttolöhne und -gehälter je Arbeitnehmer (§ 68 Abs. 2 Satz 1) und der Zahl der Pflichtversicherten zusammen mit den Zuschüssen des Bundes und den sonstigen Einnahmen unter Berücksichtigung von Entnahmen aus der Nachhaltigkeitsrücklage ausreichen, um die voraussichtlichen Ausgaben in dem auf die Festsetzung folgenden Kalenderjahr zu decken und sicherzustellen, dass die Mittel der Nachhaltigkeitsrücklage am Ende dieses Kalenderjahres

1. im Falle von Absatz 1 Nr. 1 dem Betrag der Mindestrücklage oder

2. im Falle von Absatz 1 Nr. 2 dem Betrag der Höchstnachhaltigkeitsrücklage

voraussichtlich entsprechen. Der Beitragssatz ist auf eine Dezimalstelle aufzurunden.

(3) Der Beitragssatz in der knappschaftlichen Rentenversicherung wird jeweils in dem Verhältnis verändert, in dem er sich in der allgemeinen Rentenversicherung ändert; der Beitragssatz ist nur für das jeweilige Kalenderjahr auf eine Dezimalstelle aufzurunden.

(4) Wird der Beitragssatz in der allgemeinen Rentenversicherung vom 1. Januar des Jahres an nicht verändert, macht das Bundesministerium für Arbeit und Soziales im Bundesgesetzblatt das Weitergelten der Beitragssätze bekannt.

§ 160 Verordnungsermächtigung

Die Bundesregierung hat durch Rechtsverordnung mit Zustimmung des Bundesrates

1. die Beitragssätze in der Rentenversicherung,

2. in Ergänzung der Anlage 2 die Beitragsbemessungsgrenzen festzusetzen.

§ 168 Beitragstragung bei Beschäftigten

(1) Die Beiträge werden getragen

1. bei Personen, die gegen Arbeitsentgelt beschäftigt werden, von den Versicherten und von den Arbeitgebern je zur Hälfte,

...

13. SGB VII Gesetzliche Unfallversicherung

§ 150 Beitragspflichtige

(1) Beitragspflichtig sind die Unternehmer, für deren Unternehmen Versicherte tätig sind oder zu denen Versicherte in einer besonderen, die Versicherung begründenden Beziehung stehen. Die nach § 2 versicherten Unternehmer sowie die nach § 3 Abs. 1 Nr. 1 und § 6 Abs. 1 Versicherten sind selbst beitragspflichtig. Für Versicherte nach § 6 Absatz 1 Satz 2 ist die jeweilige Organisation oder der jeweilige Verband beitragspflichtig. Entsprechendes gilt in den Fällen des § 6 Absatz 1 Satz 3.

(2) Neben den Unternehmern sind beitragspflichtig

1. die Auftraggeber, soweit sie Zwischenmeistern und Hausgewerbetreibenden zur Zahlung von Entgelt verpflichtet sind,

2. die Reeder, soweit beim Betrieb von Seeschiffen andere Unternehmer sind oder auf Seeschiffen durch andere ein Unternehmen betrieben wird.

Die in Satz 1 Nr. 1 und 2 Genannten sowie die in § 130 Abs. 2 Satz 1 und Abs. 3 genannten Bevollmächtigten haften mit den Unternehmern als Gesamtschuldner.

(3) Für die Beitragshaftung bei der Arbeitnehmerüberlassung gilt § 28e Abs. 2 und 4 des Vierten Buches und für die Beitragshaftung bei der Ausführung eines Dienst- oder Werkvertrages im Baugewerbe gelten § 28e Absatz 3a bis 3f sowie § 116a des Vierten Buches entsprechend. Der Nachunternehmer oder der von diesem beauftragte Verleiher hat für den Nachweis nach § 28e Absatz 3f des Vierten Buches eine qualifizierte Unbedenklichkeitsbescheinigung des zuständigen Unfallversicherungsträgers vorzulegen; diese enthält insbesondere Angaben über die bei dem Unfallversicherungsträger eingetragenen Unternehmensteile und diesen zugehörigen Lohnsummen des Nachunternehmers oder des von diesem beauftragten Verleihers sowie die ordnungsgemäße Zahlung der Beiträge.

(4) Bei einem Wechsel der Person des Unternehmers sind der bisherige Unternehmer und sein Nachfolger bis zum Ablauf des Kalenderjahres, in dem der Wechsel angezeigt wurde, zur Zahlung der Beiträge und damit zusammenhängender Leistungen als Gesamtschuldner verpflichtet.

§ 168 Beitragsbescheid

(1) Der Unfallversicherungsträger teilt den Beitragspflichtigen den von ihnen zu zahlenden Beitrag schriftlich mit.

(2) Der Beitragsbescheid ist mit Wirkung für die Vergangenheit zuungunsten der Beitragspflichtigen nur dann aufzuheben, wenn

1. die Veranlagung des Unternehmens zu den Gefahrklassen nachträglich geändert wird,

2. der Lohnnachweis unrichtige Angaben enthält oder sich die Schätzung als unrichtig erweist.

3. (weggefallen)

Wird der Beitragsbescheid aufgrund der Feststellungen einer Prüfung nach § 166 Abs. 2 aufgehoben, bedarf es nicht einer Anhörung durch den Unfallversicherungsträger nach § 24 des Zehnten Buches, soweit die für die Aufhebung erheblichen Tatsachen in der Prüfung festgestellt worden sind und der Arbeitgeber Gelegenheit hatte, gegenüber dem Rentenversicherungsträger hierzu Stellung zu nehmen.

(3) Die Satzung kann bestimmen, daß die Unternehmer ihren Beitrag selbst zu errechnen haben; sie regelt das Verfahren sowie die Fälligkeit des Beitrages.

(4) Für Unternehmen nicht gewerbsmäßiger Bauarbeiten wird der Beitrag festgestellt, sobald der Anspruch entstanden und der Höhe nach bekannt ist.

14. SGB XI Soziale Pflegeversicherung

§ 55 Beitragssatz, Beitragsbemessungsgrenze

(1) Der Beitragssatz beträgt bundeseinheitlich 2,35 Prozent der beitragspflichtigen Einnahmen der Mitglieder; er wird durch Gesetz festgesetzt. Für Personen, bei denen § 28 Abs. 2 Anwendung findet, beträgt der Beitragssatz die Hälfte des Beitragssatzes nach Satz 1.

(2) Beitragspflichtige Einnahmen sind bis zu einem Betrag von 1/360 der in § 6 Abs. 7 des Fünften Buches festgelegten Jahresarbeitsentgeltgrenze für den Kalendertag zu berücksichtigen (Beitragsbemessungsgrenze).

(3) Der Beitragssatz nach Absatz 1 Satz 1 und 2 erhöht sich für Mitglieder nach Ablauf des Monats, in dem sie das 23. Lebensjahr vollendet haben, um einen Beitragszuschlag in Höhe von 0,25 Beitragssatzpunkten (Beitragszuschlag für Kinderlose). Satz 1 gilt nicht für Eltern im Sinne des § 56 Abs. 1 Satz 1 Nr. 3 und Abs. 3 Nr. 2 und 3 des Ersten Buches. Die Elterneigenschaft ist in geeigneter Form gegenüber der beitragsabführenden Stelle, von Selbstzahlern gegenüber der Pflegekasse, nachzuweisen, sofern diesen die Elterneigenschaft nicht bereits aus anderen Gründen bekannt ist. Der Spitzenverband Bund der Pflegekassen gibt Empfehlungen darüber, welche Nachweise geeignet sind. Erfolgt die Vorlage des Nachweises innerhalb von drei Monaten nach der Geburt des Kindes, gilt der Nachweis mit Beginn des Monats der Geburt als erbracht, ansonsten wirkt der Nachweis ab Beginn des Monats, der dem Monat folgt, in dem der Nachweis erbracht wird. Nachweise für vor dem 1. Januar 2005 geborene Kinder, die bis zum 30. Juni 2005 erbracht werden, wirken vom 1. Januar 2005 an. Satz 1 gilt nicht für Mitglieder, die vor dem 1. Januar 1940 geboren wurden, für Wehr- und Zivildienstleistende sowie für Bezieher von Arbeitslosengeld II.

(3a) Zu den Eltern im Sinne des Absatzes 3 Satz 2 gehören nicht

1. Adoptiveltern, wenn das Kind zum Zeitpunkt des Wirksamwerdens der Adoption bereits die in § 25 Abs. 2 vorgesehenen Altersgrenzen erreicht hat,

2. Stiefeltern, wenn das Kind zum Zeitpunkt der Eheschließung mit dem Elternteil des Kindes bereits die in § 25 Abs. 2 vorgesehenen Altersgrenzen erreicht hat oder wenn das Kind vor Erreichen dieser Altersgrenzen nicht in den gemeinsamen Haushalt mit dem Mitglied aufgenommen worden ist.

(4) Der Beitragszuschlag für die Monate Januar bis März 2005 auf Renten der gesetzlichen Rentenversicherung wird für Rentenbezieher, die nach dem 31. Dezember 1939 geboren wurden, in der Weise abgegolten, dass der Beitragszuschlag im Monat April 2005 1 vom Hundert der im April 2005 beitragspflichtigen Rente beträgt. Für die Rentenbezieher, die in den Monaten Januar bis April 2005 zeitweise nicht beitrags- oder zuschlags-

pflichtig sind, wird der Beitragszuschlag des Monats April 2005 entsprechend der Dauer dieser Zeit reduziert.

(5) Sind landwirtschaftliche Unternehmer, die nicht zugleich Arbeitslosengeld II beziehen, sowie mitarbeitende Familienangehörige Mitglied der landwirtschaftlichen Krankenkasse, wird der Beitrag abweichend von den Absätzen 1 bis 3 in Form eines Zuschlags auf den Krankenversicherungsbeitrag, den sie nach den Vorschriften des Zweiten Gesetzes über die Krankenversicherung der Landwirte aus dem Arbeitseinkommen aus Land- und Forstwirtschaft zu zahlen haben, erhoben. Die Höhe des Zuschlags ergibt sich aus dem Verhältnis des Beitragssatzes nach Absatz 1 Satz 1 zu dem um den durchschnittlichen Zusatzbeitragssatz erhöhten allgemeinen Beitragssatz nach § 241 des Fünften Buches. Sind die Voraussetzungen für einen Beitragszuschlag für Kinderlose nach Absatz 3 erfüllt, erhöht sich der Zuschlag nach Satz 2 um das Verhältnis des Beitragszuschlags für Kinderlose nach Absatz 3 Satz 1 zu dem Beitragssatz nach Absatz 1 Satz 1.

§ 58 Tragung der Beiträge bei versicherungspflichtig Beschäftigten

(1) Die nach § 20 Abs. 1 Satz 2 Nr. 1 und 12 versicherungspflichtig Beschäftigten, die in der gesetzlichen Krankenversicherung pflichtversichert sind, und ihre Arbeitgeber tragen die nach dem Arbeitsentgelt zu bemessenden Beiträge jeweils zur Hälfte. Soweit für Beschäftigte Beiträge für Kurzarbeitergeld zu zahlen sind, trägt der Arbeitgeber den Beitrag allein. Den Beitragszuschlag für Kinderlose nach § 55 Abs. 3 tragen die Beschäftigten.

...

15. SGG Sozialgerichtsgesetz

§ 86a [Aufschiebende Wirkung; Aussetzung]

(1) Widerspruch und Anfechtungsklage haben aufschiebende Wirkung. Das gilt auch bei rechtsgestaltenden und feststellenden Verwaltungsakten sowie bei Verwaltungsakten mit Drittwirkung.

(2) Die aufschiebende Wirkung entfällt

1. bei der Entscheidung über Versicherungs-, Beitrags- und Umlagepflichten sowie der Anforderung von Beiträgen, Umlagen und sonstigen öffentlichen Abgaben einschließlich der darauf entfallenden Nebenkosten,

2. in Angelegenheiten des sozialen Entschädigungsrechts und der Bundesagentur für Arbeit bei Verwaltungsakten, die eine laufende Leistung entziehen oder herabsetzen,

3. für die Anfechtungsklage in Angelegenheiten der Sozialversicherung bei Verwaltungsakten, die eine laufende Leistung herabsetzen oder entziehen,

4. in anderen durch Bundesgesetz vorgeschriebenen Fällen,

5. in Fällen, in denen die sofortige Vollziehung im öffentlichen Interesse oder im überwiegenden Interesse eines Beteiligten ist und die Stelle, die den Verwaltungsakt erlassen oder über den Widerspruch zu entscheiden hat, die sofortige Vollziehung mit schriftlicher Begründung des besonderen Interesses an der sofortigen Vollziehung anordnet.

(3) In den Fällen des Absatzes 2 kann die Stelle, die den Verwaltungsakt erlassen oder die über den Widerspruch zu entscheiden hat, die sofortige Vollziehung ganz oder teilweise aussetzen. In den Fällen des Absatzes 2 Nr. 1 soll die Aussetzung der Vollziehung erfolgen, wenn ernstliche Zweifel an der Rechtmäßigkeit des angegriffenen Verwaltungsaktes bestehen oder wenn die Vollziehung für den Abgaben- oder Kostenpflichtigen eine unbillige, nicht durch überwiegende öffentliche Interessen gebotene Härte zur Folge hätte. In den Fällen des Absatzes 2 Nr. 2 ist in Angelegenheiten des sozialen Entschädigungsrechts die nächsthöhere Behörde zuständig, es sei denn, diese ist eine oberste Bundes- oder eine oberste Landesbehörde. Die Entscheidung kann mit Auflagen versehen oder befristet werden. Die Stelle kann die Entscheidung jederzeit ändern oder aufheben.

(4) Die aufschiebende Wirkung entfällt, wenn eine Erlaubnis nach Artikel 1 § 1 des Arbeitnehmerüberlassungsgesetzes in der Fassung der Bekanntmachung vom 3. Februar 1995 (BGBl. I S. 158), das zuletzt durch Artikel 2 des Gesetzes vom 23. Juli 2001 (BGBl. I S. 1852) geändert worden ist, aufgehoben oder nicht verlängert wird. Absatz 3 gilt entsprechend.

§ 86b [Sofortige Vollziehung; aufschiebende Wirkung; einstweilige Anordnungen]

(1) Das Gericht der Hauptsache kann auf Antrag

1. in den Fällen, in denen Widerspruch oder Anfechtungsklage aufschiebende Wirkung haben, die sofortige Vollziehung ganz oder teilweise anordnen,

2. in den Fällen, in denen Widerspruch oder Anfechtungsklage keine aufschiebende Wirkung haben, die aufschiebende Wirkung ganz oder teilweise anordnen,

3. in den Fällen des § 86a Abs. 3 die sofortige Vollziehung ganz oder teilweise wiederherstellen.

Ist der Verwaltungsakt im Zeitpunkt der Entscheidung schon vollzogen oder befolgt worden, kann das Gericht die Aufhebung der Vollziehung anordnen. Die Wiederherstellung der aufschiebenden Wirkung oder die Anordnung der sofortigen Vollziehung kann mit Auflagen versehen oder be-

II. Ausgewählte Gesetzesnormen

fristet werden. Das Gericht der Hauptsache kann auf Antrag die Maßnahmen jederzeit ändern oder aufheben.

...

16. StGB Strafgesetzbuch

§ 11 Personen- und Sachbegriffe

(1) Im Sinne dieses Gesetzes ist

1. Angehöriger:

wer zu den folgenden Personen gehört:

a) Verwandte und Verschwägerte gerader Linie, der Ehegatte, der Lebenspartner, der Verlobte, auch im Sinne des Lebenspartnerschaftsgesetzes, Geschwister, Ehegatten oder Lebenspartner der Geschwister, Geschwister der Ehegatten oder Lebenspartner, und zwar auch dann, wenn die Ehe oder die Lebenspartnerschaft, welche die Beziehung begründet hat, nicht mehr besteht oder wenn die Verwandtschaft oder Schwägerschaft erloschen ist,

b) Pflegeeltern und Pflegekinder;

2. Amtsträger:

wer nach deutschem Recht

a) Beamter oder Richter ist,

b) in einem sonstigen öffentlich-rechtlichen Amtsverhältnis steht oder

c) sonst dazu bestellt ist, bei einer Behörde oder bei einer sonstigen Stelle oder in deren Auftrag Aufgaben der öffentlichen Verwaltung unbeschadet der zur Aufgabenerfüllung gewählten Organisationsform wahrzunehmen;

2a. Europäischer Amtsträger:

wer

a) Mitglied der Europäischen Kommission, der Europäischen Zentralbank, des Rechnungshofs oder eines Gerichts der Europäischen Union ist,

b) Beamter oder sonstiger Bediensteter der Europäischen Union oder einer auf der Grundlage des Rechts der Europäischen Union geschaffenen Einrichtung ist oder

c) mit der Wahrnehmung von Aufgaben der Europäischen Union oder von Aufgaben einer auf der Grundlage des Rechts der Europäischen Union geschaffenen Einrichtung beauftragt ist;

...

§ 27 Beihilfe

(1) Als Gehilfe wird bestraft, wer vorsätzlich einem anderen zu dessen vorsätzlich begangener rechtswidriger Tat Hilfe geleistet hat.

(2) Die Strafe für den Gehilfen richtet sich nach der Strafdrohung für den Täter. Sie ist nach § 49 Abs. 1 zu mildern.

§ 73a Verfall des Wertersatzes

Soweit der Verfall eines bestimmten Gegenstandes wegen der Beschaffenheit des Erlangten oder aus einem anderen Grunde nicht möglich ist oder von dem Verfall eines Ersatzgegenstandes nach § 73 Abs. 2 Satz 2 abgesehen wird, ordnet das Gericht den Verfall eines Geldbetrags an, der dem Wert des Erlangten entspricht. Eine solche Anordnung trifft das Gericht auch neben dem Verfall eines Gegenstandes, soweit dessen Wert hinter dem Wert des zunächst Erlangten zurückbleibt.

§ 78 Verjährungsfrist

(1) Die Verjährung schließt die Ahndung der Tat und die Anordnung von Maßnahmen (§ 11 Abs. 1 Nr. 8) aus. § 76a Abs. 2 Satz 1 Nr. 1 bleibt unberührt.

(2) Verbrechen nach § 211 (Mord) verjähren nicht.

(3) Soweit die Verfolgung verjährt, beträgt die Verjährungsfrist

1. dreißig Jahre bei Taten, die mit lebenslanger Freiheitsstrafe bedroht sind,

2. zwanzig Jahre bei Taten, die im Höchstmaß mit Freiheitsstrafen von mehr als zehn Jahren bedroht sind,

3. zehn Jahre bei Taten, die im Höchstmaß mit Freiheitsstrafen von mehr als fünf Jahren bis zu zehn Jahren bedroht sind,

4. fünf Jahre bei Taten, die im Höchstmaß mit Freiheitsstrafen von mehr als einem Jahr bis zu fünf Jahren bedroht sind,

5. drei Jahre bei den übrigen Taten.

(4) Die Frist richtet sich nach der Strafdrohung des Gesetzes, dessen Tatbestand die Tat verwirklicht, ohne Rücksicht auf Schärfungen oder Milderungen, die nach den Vorschriften des Allgemeinen Teils oder für besonders schwere oder minder schwere Fälle vorgesehen sind.

§ 78c Unterbrechung

(1) Die Verjährung wird unterbrochen durch

1. die erste Vernehmung des Beschuldigten, die Bekanntgabe, daß gegen ihn das Ermittlungsverfahren eingeleitet ist, oder die Anordnung dieser Vernehmung oder Bekanntgabe,

2. jede richterliche Vernehmung des Beschuldigten oder deren Anordnung,

3. jede Beauftragung eines Sachverständigen durch den Richter oder Staatsanwalt, wenn vorher der Beschuldigte vernommen oder ihm die Einleitung des Ermittlungsverfahrens bekanntgegeben worden ist,

4. jede richterliche Beschlagnahme- oder Durchsuchungsanordnung und richterliche Entscheidungen, welche diese aufrechterhalten,

5. den Haftbefehl, den Unterbringungsbefehl, den Vorführungsbefehl und richterliche Entscheidungen, welche diese aufrechterhalten,

6. die Erhebung der öffentlichen Klage,

7. die Eröffnung des Hauptverfahrens,

8. jede Anberaumung einer Hauptverhandlung,

9. den Strafbefehl oder eine andere dem Urteil entsprechende Entscheidung,

10. die vorläufige gerichtliche Einstellung des Verfahrens wegen Abwesenheit des Angeschuldigten sowie jede Anordnung des Richters oder Staatsanwalts, die nach einer solchen Einstellung des Verfahrens oder im Verfahren gegen Abwesende zur Ermittlung des Aufenthalts des Angeschuldigten oder zur Sicherung von Beweisen ergeht,

11. die vorläufige gerichtliche Einstellung des Verfahrens wegen Verhandlungsunfähigkeit des Angeschuldigten sowie jede Anordnung des Richters oder Staatsanwalts, die nach einer solchen Einstellung des Verfahrens zur Überprüfung der Verhandlungsfähigkeit des Angeschuldigten ergeht, oder

12. jedes richterliche Ersuchen, eine Untersuchungshandlung im Ausland vorzunehmen.

Im Sicherungsverfahren und im selbständigen Verfahren wird die Verjährung durch die dem Satz 1 entsprechenden Handlungen zur Durchführung des Sicherungsverfahrens oder des selbständigen Verfahrens unterbrochen.

(2) Die Verjährung ist bei einer schriftlichen Anordnung oder Entscheidung in dem Zeitpunkt unterbrochen, in dem die Anordnung oder Entscheidung unterzeichnet wird. Ist das Schriftstück nicht alsbald nach der

Unterzeichnung in den Geschäftsgang gelangt, so ist der Zeitpunkt maßgebend, in dem es tatsächlich in den Geschäftsgang gegeben worden ist.

(3) Nach jeder Unterbrechung beginnt die Verjährung von neuem. Die Verfolgung ist jedoch spätestens verjährt, wenn seit dem in § 78a bezeichneten Zeitpunkt das Doppelte der gesetzlichen Verjährungsfrist und, wenn die Verjährungsfrist nach besonderen Gesetzen kürzer ist als drei Jahre, mindestens drei Jahre verstrichen sind. § 78b bleibt unberührt.

(4) Die Unterbrechung wirkt nur gegenüber demjenigen, auf den sich die Handlung bezieht.

(5) Wird ein Gesetz, das bei der Beendigung der Tat gilt, vor der Entscheidung geändert und verkürzt sich hierdurch die Frist der Verjährung, so bleiben Unterbrechungshandlungen, die vor dem Inkrafttreten des neuen Rechts vorgenommen worden sind, wirksam, auch wenn im Zeitpunkt der Unterbrechung die Verfolgung nach dem neuen Recht bereits verjährt gewesen wäre.

§ 108b Wählerbestechung

(1) Wer einem anderen dafür, daß er nicht oder in einem bestimmten Sinne wähle, Geschenke oder andere Vorteile anbietet, verspricht oder gewährt, wird mit Freiheitsstrafe bis zu fünf Jahren oder mit Geldstrafe bestraft.

(2) Ebenso wird bestraft, wer dafür, daß er nicht oder in einem bestimmten Sinne wähle, Geschenke oder andere Vorteile fordert, sich versprechen läßt oder annimmt.

§ 108e Bestechlichkeit und Bestechung von Mandatsträgern

(1) Wer als Mitglied einer Volksvertretung des Bundes oder der Länder einen ungerechtfertigten Vorteil für sich oder einen Dritten als Gegenleistung dafür fordert, sich versprechen lässt oder annimmt, dass er bei der Wahrnehmung seines Mandates eine Handlung im Auftrag oder auf Weisung vornehme oder unterlasse, wird mit Freiheitsstrafe bis zu fünf Jahren oder mit Geldstrafe bestraft.

(2) Ebenso wird bestraft, wer einem Mitglied einer Volksvertretung des Bundes oder der Länder einen ungerechtfertigten Vorteil für dieses Mitglied oder einen Dritten als Gegenleistung dafür anbietet, verspricht oder gewährt, dass es bei der Wahrnehmung seines Mandates eine Handlung im Auftrag oder auf Weisung vornehme oder unterlasse.

(3) Den in den Absätzen 1 und 2 genannten Mitgliedern gleich stehen Mitglieder

1. einer Volksvertretung einer kommunalen Gebietskörperschaft,

2. eines in unmittelbarer und allgemeiner Wahl gewählten Gremiums einer für ein Teilgebiet eines Landes oder einer kommunalen Gebietskörperschaft gebildeten Verwaltungseinheit,

3. der Bundesversammlung,

4. des Europäischen Parlaments,

5. einer parlamentarischen Versammlung einer internationalen Organisation und

6. eines Gesetzgebungsorgans eines ausländischen Staates.

(4) Ein ungerechtfertigter Vorteil liegt insbesondere nicht vor, wenn die Annahme des Vorteils im Einklang mit den für die Rechtsstellung des Mitglieds maßgeblichen Vorschriften steht. Keinen ungerechtfertigten Vorteil stellen dar

1. ein politisches Mandat oder eine politische Funktion sowie

2. eine nach dem Parteiengesetz oder entsprechenden Gesetzen zulässige Spende.

(5) Neben einer Freiheitsstrafe von mindestens sechs Monaten kann das Gericht die Fähigkeit, Rechte aus öffentlichen Wahlen zu erlangen, und das Recht, in öffentlichen Angelegenheiten zu wählen oder zu stimmen, aberkennen.

§ 203 Verletzung von Privatgeheimnissen

(1) Wer unbefugt ein fremdes Geheimnis, namentlich ein zum persönlichen Lebensbereich gehörendes Geheimnis oder ein Betriebs- oder Geschäftsgeheimnis, offenbart, das ihm als

1. Arzt, Zahnarzt, Tierarzt, Apotheker oder Angehörigen eines anderen Heilberufs, der für die Berufsausübung oder die Führung der Berufsbezeichnung eine staatlich geregelte Ausbildung erfordert,

2. Berufspsychologen mit staatlich anerkannter wissenschaftlicher Abschlußprüfung,

3. Rechtsanwalt, Patentanwalt, Notar, Verteidiger in einem gesetzlich geordneten Verfahren, Wirtschaftsprüfer, vereidigtem Buchprüfer, Steuerberater, Steuerbevollmächtigten oder Organ oder Mitglied eines Organs einer Rechtsanwalts-, Patentanwalts-, Wirtschaftsprüfungs-, Buchprüfungs- oder Steuerberatungsgesellschaft,

4. Ehe-, Familien-, Erziehungs- oder Jugendberater sowie Berater für Suchtfragen in einer Beratungsstelle, die von einer Behörde oder Körperschaft, Anstalt oder Stiftung des öffentlichen Rechts anerkannt ist.

4a. Mitglied oder Beauftragten einer anerkannten Beratungsstelle nach den §§ 3 und 8 des Schwangerschaftskonfliktgesetzes,

5. staatlich anerkanntem Sozialarbeiter oder staatlich anerkanntem Sozialpädagogen oder

6. Angehörigen eines Unternehmens der privaten Kranken-, Unfall- oder Lebensversicherung oder einer privatärztlichen, steuerberaterlichen oder anwaltlichen Verrechnungsstelle

anvertraut worden oder sonst bekanntgeworden ist, wird mit Freiheitsstrafe bis zu einem Jahr oder mit Geldstrafe bestraft.

...

§ 266 Untreue

(1) Wer die ihm durch Gesetz, behördlichen Auftrag oder Rechtsgeschäft eingeräumte Befugnis, über fremdes Vermögen zu verfügen oder einen anderen zu verpflichten, mißbraucht oder die ihm kraft Gesetzes, behördlichen Auftrags, Rechtsgeschäfts oder eines Treueverhältnisses obliegende Pflicht, fremde Vermögensinteressen wahrzunehmen, verletzt und dadurch dem, dessen Vermögensinteressen er zu betreuen hat, Nachteil zufügt, wird mit Freiheitsstrafe bis zu fünf Jahren oder mit Geldstrafe bestraft.

(2) § 243 Abs. 2 und die §§ 247, 248a und 263 Abs. 3 gelten entsprechend.

§ 266a Vorenthalten und Veruntreuen von Arbeitsentgelt

(1) Wer als Arbeitgeber der Einzugsstelle Beiträge des Arbeitnehmers zur Sozialversicherung einschließlich der Arbeitsförderung, unabhängig davon, ob Arbeitsentgelt gezahlt wird, vorenthält, wird mit Freiheitsstrafe bis zu fünf Jahren oder mit Geldstrafe bestraft.

(2) Ebenso wird bestraft, wer als Arbeitgeber

1. der für den Einzug der Beiträge zuständigen Stelle über sozialversicherungsrechtlich erhebliche Tatsachen unrichtige oder unvollständige Angaben macht oder

2. die für den Einzug der Beiträge zuständige Stelle pflichtwidrig über sozialversicherungsrechtlich erhebliche Tatsachen in Unkenntnis lässt

und dadurch dieser Stelle vom Arbeitgeber zu tragende Beiträge zur Sozialversicherung einschließlich der Arbeitsförderung, unabhängig davon, ob Arbeitsentgelt gezahlt wird, vorenthält.

(3) Wer als Arbeitgeber sonst Teile des Arbeitsentgelts, die er für den Arbeitnehmer an einen anderen zu zahlen hat, dem Arbeitnehmer einbehält, sie jedoch an den anderen nicht zahlt und es unterlässt, den Arbeitnehmer spätestens im Zeitpunkt der Fälligkeit oder unverzüglich danach über das

Unterlassen der Zahlung an den anderen zu unterrichten, wird mit Freiheitsstrafe bis zu fünf Jahren oder mit Geldstrafe bestraft. Satz 1 gilt nicht für Teile des Arbeitsentgelts, die als Lohnsteuer einbehalten werden.

(4) In besonders schweren Fällen der Absätze 1 und 2 ist die Strafe Freiheitsstrafe von sechs Monaten bis zu zehn Jahren. Ein besonders schwerer Fall liegt in der Regel vor, wenn der Täter

1. aus grobem Eigennutz in großem Ausmaß Beiträge vorenthält,

2. unter Verwendung nachgemachter oder verfälschter Belege fortgesetzt Beiträge vorenthält oder

3. die Mithilfe eines Amtsträgers ausnutzt, der seine Befugnisse oder seine Stellung missbraucht.

(5) Dem Arbeitgeber stehen der Auftraggeber eines Heimarbeiters, Hausgewerbetreibenden oder einer Person, die im Sinne des Heimarbeitsgesetzes diesen gleichgestellt ist, sowie der Zwischenmeister gleich.

(6) In den Fällen der Absätze 1 und 2 kann das Gericht von einer Bestrafung nach dieser Vorschrift absehen, wenn der Arbeitgeber spätestens im Zeitpunkt der Fälligkeit oder unverzüglich danach der Einzugsstelle schriftlich

1. die Höhe der vorenthaltenen Beiträge mitteilt und

2. darlegt, warum die fristgemäße Zahlung nicht möglich ist, obwohl er sich darum ernsthaft bemüht hat.

Liegen die Voraussetzungen des Satzes 1 vor und werden die Beiträge dann nachträglich innerhalb der von der Einzugsstelle bestimmten angemessenen Frist entrichtet, wird der Täter insoweit nicht bestraft. In den Fällen des Absatzes 3 gelten die Sätze 1 und 2 entsprechend.

§ 299 Bestechlichkeit und Bestechung im geschäftlichen Verkehr

(1) Mit Freiheitsstrafe bis zu drei Jahren oder Geldstrafe wird bestraft, wer im geschäftlichen Verkehr als Angestellter oder Beauftragter eines Unternehmens

1. einen Vorteil für sich oder einen Dritten als Gegenleistung dafür fordert, sich versprechen lässt oder annimmt, dass er bei dem Bezug von Waren oder Dienstleistungen einen anderen im inländischen oder ausländischen Wettbewerb in unlauterer Weise bevorzuge, oder

2. ohne Einwilligung des Unternehmens einen Vorteil für sich oder einen Dritten als Gegenleistung dafür fordert, sich versprechen lässt oder annimmt, dass er bei dem Bezug von Waren oder Dienstleistungen eine Handlung vornehme oder unterlasse und dadurch seine Pflichten gegenüber dem Unternehmen verletze.

(2) Ebenso wird bestraft, wer im geschäftlichen Verkehr einem Angestellten oder Beauftragten eines Unternehmens

1. einen Vorteil für diesen oder einen Dritten als Gegenleistung dafür anbietet, verspricht oder gewährt, dass er bei dem Bezug von Waren oder Dienstleistungen ihn oder einen anderen im inländischen oder ausländischen Wettbewerb in unlauterer Weise bevorzuge, oder

2. ohne Einwilligung des Unternehmens einen Vorteil für diesen oder einen Dritten als Gegenleistung dafür anbietet, verspricht oder gewährt, dass er bei dem Bezug von Waren oder Dienstleistungen eine Handlung vornehme oder unterlasse und dadurch seine Pflichten gegenüber dem Unternehmen verletze.

§ 333 Vorteilsgewährung

(1) Wer einem Amtsträger, einem Europäischen Amtsträger, einem für den öffentlichen Dienst besonders Verpflichteten oder einem Soldaten der Bundeswehr für die Dienstausübung einen Vorteil für diesen oder einen Dritten anbietet, verspricht oder gewährt, wird mit Freiheitsstrafe bis zu drei Jahren oder mit Geldstrafe bestraft.

(2) Wer einem Richter, Mitglied eines Gerichts der Europäischen Union oder Schiedsrichter einen Vorteil für diesen oder einen Dritten als Gegenleistung dafür anbietet, verspricht oder gewährt, daß er eine richterliche Handlung vorgenommen hat oder künftig vornehme, wird mit Freiheitsstrafe bis zu fünf Jahren oder mit Geldstrafe bestraft.

(3) Die Tat ist nicht nach Absatz 1 strafbar, wenn die zuständige Behörde im Rahmen ihrer Befugnisse entweder die Annahme des Vorteils durch den Empfänger vorher genehmigt hat oder sie auf unverzügliche Anzeige des Empfängers genehmigt.

§ 334 Bestechung

(1) Wer einem Amtsträger, einem Europäischen Amtsträger, einem für den öffentlichen Dienst besonders Verpflichteten oder einem Soldaten der Bundeswehr einen Vorteil für diesen oder einen Dritten als Gegenleistung dafür anbietet, verspricht oder gewährt, daß er eine Diensthandlung vorgenommen hat oder künftig vornehme und dadurch seine Dienstpflichten verletzt hat oder verletzen würde, wird mit Freiheitsstrafe von drei Monaten bis zu fünf Jahren bestraft. In minder schweren Fällen ist die Strafe Freiheitsstrafe bis zu zwei Jahren oder Geldstrafe.

(2) Wer einem Richter, Mitglied eines Gerichts der Europäischen Union oder Schiedsrichter einen Vorteil für diesen oder einen Dritten als Gegenleistung dafür anbietet, verspricht oder gewährt, daß er eine richterliche Handlung

1. vorgenommen und dadurch seine richterlichen Pflichten verletzt hat oder

2. künftig vornehme und dadurch seine richterlichen Pflichten verletzen würde,

wird in den Fällen der Nummer 1 mit Freiheitsstrafe von drei Monaten bis zu fünf Jahren, in den Fällen der Nummer 2 mit Freiheitsstrafe von sechs Monaten bis zu fünf Jahren bestraft. Der Versuch ist strafbar.

(3) Falls der Täter den Vorteil als Gegenleistung für eine künftige Handlung anbietet, verspricht oder gewährt, so sind die Absätze 1 und 2 schon dann anzuwenden, wenn er den anderen zu bestimmen versucht, daß dieser

1. bei der Handlung seine Pflichten verletzt oder,

2. soweit die Handlung in seinem Ermessen steht, sich bei der Ausübung des Ermessens durch den Vorteil beeinflussen läßt.

§ 355 Verletzung des Steuergeheimnisses

(1) Wer unbefugt

1. Verhältnisse eines anderen, die ihm als Amtsträger

a) in einem Verwaltungsverfahren oder einem gerichtlichen Verfahren in Steuersachen,

b) in einem Strafverfahren wegen einer Steuerstraftat oder in einem Bußgeldverfahren wegen einer Steuerordnungswidrigkeit,

c) aus anderem Anlaß durch Mitteilung einer Finanzbehörde oder durch die gesetzlich vorgeschriebene Vorlage eines Steuerbescheids oder einer Bescheinigung über die bei der Besteuerung getroffenen Feststellungen bekanntgeworden sind, oder

2. ein fremdes Betriebs- oder Geschäftsgeheimnis, das ihm als Amtsträger in einem der in Nummer 1 genannten Verfahren bekanntgeworden ist,

offenbart oder verwertet, wird mit Freiheitsstrafe bis zu zwei Jahren oder mit Geldstrafe bestraft.

(2) Den Amtsträgern im Sinne des Absatzes 1 stehen gleich

1. die für den öffentlichen Dienst besonders Verpflichteten,

2. amtlich zugezogene Sachverständige und

3. die Träger von Ämtern der Kirchen und anderen Religionsgesellschaften des öffentlichen Rechts.

(3) Die Tat wird nur auf Antrag des Dienstvorgesetzten oder des Verletzten verfolgt. Bei Taten amtlich zugezogener Sachverständiger ist der Lei-

ter der Behörde, deren Verfahren betroffen ist, neben dem Verletzten antragsberechtigt.

17. StPO Strafprozessordnung

§ 53 Zeugnisverweigerungsrecht der Berufsgeheimnisträger

(1) Zur Verweigerung des Zeugnisses sind ferner berechtigt

1. Geistliche über das, was ihnen in ihrer Eigenschaft als Seelsorger anvertraut worden oder bekanntgeworden ist;

2. Verteidiger des Beschuldigten über das, was ihnen in dieser Eigenschaft anvertraut worden oder bekanntgeworden ist;

3. Rechtsanwälte und sonstige Mitglieder einer Rechtsanwaltskammer, Patentanwälte, Notare, Wirtschaftsprüfer, vereidigte Buchprüfer, Steuerberater und Steuerbevollmächtigte, Ärzte, Zahnärzte, Psychologische Psychotherapeuten, Kinder- und Jugendlichenpsychotherapeuten, Apotheker und Hebammen über das, was ihnen in dieser Eigenschaft anvertraut worden oder bekanntgeworden ist; für Syndikusrechtsanwälte (§ 46 Absatz 2 der Bundesrechtsanwaltsordnung) und Syndikuspatentanwälte (§ 41a Absatz 2 der Patentanwaltsordnung) gilt dies vorbehaltlich des § 53a nicht hinsichtlich dessen, was ihnen in dieser Eigenschaft anvertraut worden oder bekanntgeworden ist;

...

§ 97 Beschlagnahmeverbot

(1) Der Beschlagnahme unterliegen nicht

1. schriftliche Mitteilungen zwischen dem Beschuldigten und den Personen, die nach § 52 oder § 53 Abs. 1 Satz 1 Nr. 1 bis 3b das Zeugnis verweigern dürfen;

2. Aufzeichnungen, welche die in § 53 Abs. 1 Satz 1 Nr. 1 bis 3b Genannten über die ihnen vom Beschuldigten anvertrauten Mitteilungen oder über andere Umstände gemacht haben, auf die sich das Zeugnisverweigerungsrecht erstreckt;

3. andere Gegenstände einschließlich der ärztlichen Untersuchungsbefunde, auf die sich das Zeugnisverweigerungsrecht der in § 53 Abs. 1 Satz 1 Nr. 1 bis 3b Genannten erstreckt.

(2) Diese Beschränkungen gelten nur, wenn die Gegenstände im Gewahrsam der zur Verweigerung des Zeugnisses Berechtigten sind, es sei denn, es handelt sich um eine elektronische Gesundheitskarte im Sinne des § 291a des Fünften Buches Sozialgesetzbuch. Der Beschlagnahme unterliegen auch nicht Gegenstände, auf die sich das Zeugnisverweigerungsrecht der Ärzte, Zahnärzte, Psychologischen Psychotherapeuten, Kinder-

und Jugendlichenpsychotherapeuten, Apotheker und Hebammen erstreckt, wenn sie im Gewahrsam einer Krankenanstalt oder eines Dienstleisters, der für die Genannten personenbezogene Daten erhebt, verarbeitet oder nutzt, sind, sowie Gegenstände, auf die sich das Zeugnisverweigerungsrecht der in § 53 Abs. 1 Satz 1 Nr. 3a und 3b genannten Personen erstreckt, wenn sie im Gewahrsam der in dieser Vorschrift bezeichneten Beratungsstelle sind. Die Beschränkungen der Beschlagnahme gelten nicht, wenn bestimmte Tatsachen den Verdacht begründen, dass die zeugnisverweigerungsberechtigte Person an der Tat oder an einer Datenhehlerei, Begünstigung, Strafvereitelung oder Hehlerei beteiligt ist, oder wenn es sich um Gegenstände handelt, die durch eine Straftat hervorgebracht oder zur Begehung einer Straftat gebraucht oder bestimmt sind oder die aus einer Straftat herrühren.

(3) Die Absätze 1 und 2 sind entsprechend anzuwenden, soweit die Hilfspersonen (§ 53a) der in § 53 Abs. 1 Satz 1 Nr. 1 bis 3b Genannten das Zeugnis verweigern dürfen.

(4) Soweit das Zeugnisverweigerungsrecht der in § 53 Abs. 1 Satz 1 Nr. 4 genannten Personen reicht, ist die Beschlagnahme von Gegenständen unzulässig. Dieser Beschlagnahmeschutz erstreckt sich auch auf Gegenstände, die von den in § 53 Abs. 1 Satz 1 Nr. 4 genannten Personen ihren Hilfspersonen (§ 53a) anvertraut sind. Satz 1 gilt entsprechend, soweit die Hilfspersonen (§ 53a) der in § 53 Abs. 1 Satz 1 Nr. 4 genannten Personen das Zeugnis verweigern dürften.

(5) Soweit das Zeugnisverweigerungsrecht der in § 53 Abs. 1 Satz 1 Nr. 5 genannten Personen reicht, ist die Beschlagnahme von Schriftstücken, Ton-, Bild- und Datenträgern, Abbildungen und anderen Darstellungen, die sich im Gewahrsam dieser Personen oder der Redaktion, des Verlages, der Druckerei oder der Rundfunkanstalt befinden, unzulässig. Absatz 2 Satz 3 und § 160a Abs. 4 Satz 2 gelten entsprechend, die Beteiligungsregelung in Absatz 2 Satz 3 jedoch nur dann, wenn die bestimmten Tatsachen einen dringenden Verdacht der Beteiligung begründen; die Beschlagnahme ist jedoch auch in diesen Fällen nur zulässig, wenn sie unter Berücksichtigung der Grundrechte aus Artikel 5 Abs. 1 Satz 2 des Grundgesetzes nicht außer Verhältnis zur Bedeutung der Sache steht und die Erforschung des Sachverhaltes oder die Ermittlung des Aufenthaltsortes des Täters auf andere Weise aussichtslos oder wesentlich erschwert wäre.

§ 111d Sicherstellung durch dinglichen Arrest

(1) Wegen des Verfalls oder der Einziehung von Wertersatz, wegen einer Geldstrafe oder der voraussichtlich entstehenden Kosten des Strafverfahrens kann der dingliche Arrest angeordnet werden. Wegen einer Geldstrafe und der voraussichtlich entstehenden Kosten darf der Arrest erst angeordnet werden, wenn gegen den Beschuldigten ein auf Strafe lautendes Urteil ergangen ist. Zur Sicherung der Vollstreckungskosten sowie geringfügiger Beträge ergeht kein Arrest.

(2) Die §§ 917 und 920 Abs. 1 sowie die §§ 923, 928, 930 bis 932, 934 Abs. 1 der Zivilprozeßordnung gelten sinngemäß.

(3) Ist der Arrest wegen einer Geldstrafe oder der voraussichtlich entstehenden Kosten angeordnet worden, so ist eine Vollziehungsmaßnahme auf Antrag des Beschuldigten aufzuheben, soweit der Beschuldigte den Pfandgegenstand zur Aufbringung der Kosten seiner Verteidigung, seines Unterhalts oder des Unterhalts seiner Familie benötigt.

18. ZPO Zivilprozessordnung

§ 383 Zeugnisverweigerung aus persönlichen Gründen

(1) Zur Verweigerung des Zeugnisses sind berechtigt:

1. der Verlobte einer Partei oder derjenige, mit dem die Partei ein Versprechen eingegangen ist, eine Lebenspartnerschaft zu begründen;

2. der Ehegatte einer Partei, auch wenn die Ehe nicht mehr besteht;

2a. der Lebenspartner einer Partei, auch wenn die Lebenspartnerschaft nicht mehr besteht;

3. diejenigen, die mit einer Partei in gerader Linie verwandt oder verschwägert, in der Seitenlinie bis zum dritten Grad verwandt oder bis zum zweiten Grad verschwägert sind oder waren;

4. Geistliche in Ansehung desjenigen, was ihnen bei der Ausübung der Seelsorge anvertraut ist;

5. Personen, die bei der Vorbereitung, Herstellung oder Verbreitung von periodischen Druckwerken oder Rundfunksendungen berufsmäßig mitwirken oder mitgewirkt haben, über die Person des Verfassers, Einsenders oder Gewährsmanns von Beiträgen und Unterlagen sowie über die ihnen im Hinblick auf ihre Tätigkeit gemachten Mitteilungen, soweit es sich um Beiträge, Unterlagen und Mitteilungen für den redaktionellen Teil handelt;

6. Personen, denen kraft ihres Amtes, Standes oder Gewerbes Tatsachen anvertraut sind, deren Geheimhaltung durch ihre Natur oder durch gesetzliche Vorschrift geboten ist, in Betreff der Tatsachen, auf welche die Verpflichtung zur Verschwiegenheit sich bezieht.

...

Stichwortverzeichnis

Abfindung 2.245
Abholvollmacht 2.156
Ablaufdatum 3.78
Abschirmwirkung 2.220
Abschöpfungen 5.3
Abstandszahlung 6.86
Abwälzbarkeit 5.38, 5.51, 5.71
Abwicklungsmaßnahmen 6.271
AdV 2.254, 2.262, 5.54
Advanced Pricing Agreement 2.445
AEO 5.26
AEO-Vernetzung 5.77
AG 6.273, 6.176
– gemeinnützige 6.11, 6.176
AIS Tax Audit 3.80
Akteneinsicht 3.373
Aktenvernichtung
– Aufbewahrungsfristen 1.82
Aktiengesellschaft 1.3
Altenheim 2.113
Altjahre 2.258
Amtsbetriebsprüfung 3.8
Amtshaftung 5.75
Amtshilfe 2.424, 2.453
Amtsniederlegung 4.32
Amtsträger
– Begriff 3.406
Analyseprogramm 3.79
Anfangsverdacht 3.205
Anfechtung 6.289, 6.298
– Rechtsfolgen 3.132
Anfechtungsklage 3.110, 3.119, 3.122
Anfechtungsrisiko 6.277
Angehörigenverträge 3.28, 4.127
Angestelltenbestechung 3.379, 3.383
Anklage
– öffentliche 2.263
Anlastung 5.19
Anmeldung
– summarische 5.46
Annexkompetenz 2.232
Anrufungsauskunft 2.207
Anschlussprüfung 3.21, 3.139
Anspruch
– zivilrechtlicher, als Rückgriff 6.192
Anteile
– Erwerb eigener 4.130
Anteilskauf 3.146
Anteilsveräußerung 2.319
Anti-bribery management systems 1.292
Antidumping 5.14
Antidumpingzoll 5.63
Antragserfordernis 5.60
Anwaltskammern 6.196
Anzeigepflicht 2.296, 3.230
Anzeigepflichten 1.44 ff., 2.333
– Erzwingung 1.50 f.

– Gemeinde 1.45 f.
– Inhalt 1.44 ff.
– strafrechtliche Sanktionen 1.52 ff.
Anzeigesystem 4.121
Arbeitnehmer 4.131
Arbeitnehmer-Entsendung 2.196
Arbeitnehmer-Spontanvernehmung 2.211
Arbeitsablauf 2.56
Arbeitsanweisung 3.44
Arbeitsentgelt 2.245
Arbeitsgruppen 2.170
Arbeitslohn 2.188
Arbeitsplatz 3.54
Arbeitsverhältnis 2.185
Archivierung 3.113
– E-Mails 3.107, 3.113
– gespeicherte Datenträger 3.62
Arrest 3.351, 5.34
Arrestanordnung
– steuerliche 3.358
Ärztekammern 6.196
Ärztliche Leistungen 2.113
Audit 5.79
Aufbewahrungspflicht 1.59, 1.74 ff., 3.43, 3.101
– Fristen 1.76 f., 1.82, 1.85
Aufbewahrungsregeln 3.68
Aufgabenverteilung 6.271
Aufklärungspflicht
– des Finanzamts 1.112
Aufnahmedarlehn 6.95
Aufnahmegebühr 6.94
Aufnahmespende 6.158
Aufsichtsratsprotokoll 3.44
Aufwandsentschädigung 2.122
Aufwandsspende 6.160
Aufwendungsersatz 6.82
Aufzeichnungspflicht 3.69, 3.101
Ausfuhrbeauftragter 5.37
Ausgleichsansprüche
– arbeitsrechtliche 2.264
Auskunft
– verbindliche 2.382, 2.444, 6.183, 6.308
Auskunftsaustausch 2.422
Auskunftsersuchen 3.203
Auskunftsperson 3.41, 3.145
Auskunftspflicht 1.313 ff.
Auskunftssysteme 4.111
Auskunftsverweigerungsrecht 1.313 ff., 3.193, 4.123
Auslagenersatz 2.125, 6.152
Ausländisches Recht 2.25
Auslandsbeziehungen 2.385, 3.55
– EG-Schiedskonvention 2.456
Auslandsgesellschaften 2.396
Auslandssachverhalte
– Mitwirkungspflicht 1.114 f.

597

Auslandsstraftat 5.33
Auslandsumsätze 2.55, 2.70
Aussageverweigerungsrecht 1.279 f., 3.193, 4.123
Außenprüfung 3.3
– abgekürzte 3.9, 3.27
– Ausdehnung 3.125
– digitale 1.83, 1.122, 3.64
– Vorbereitung 1.132 ff.
Außenwirtschaftsrecht 5.2
Aussetzung der Vollziehung 1.145, 1.183, 2.254, 2.262, 3.129, 5.54
Ausstellungsdatum 2.82
Auswahlermessen 5.55, 6.311
Auswertungsaufwand 3.74
Auswertungsbescheid 3.124, 3.126, 3.136
Authorised Economic Operator 5.26

Bandenmäßige Umsatz- und Verbrauchsteuerhinterziehung 3.227
Bargeschäfte 2.174
Basisgesellschaft 2.404
Bauherrenmodell 2.324
Beauftragter 3.58
Befangenheitsantrag 3.148
Begleitdelikt 2.247
Behaltensfrist 2.291
Beherbergung 2.113
Beihilfe 2.72, 5.69
Beirat 2.124
Beistandsleistungen 6.233
Beitragsbemessungsgrenze 2.236
Beitragsnachweis 2.237
Bekanntgabefiktion 3.176
Belegenheitsort 2.56
Belegnachweis 2.242 ff.
Bemessungsgrundlage 2.324
Benennungsverlangen 2.429
Benford-Gesetz 3.84, 3.97
Berater 6.184, 6.306
– extern 1.316 ff.
– intern 1.316 ff.
Beraterkosten
– externe 2.389
Berichtigung 3.303, 6.277, 6.281
Berichtigung der Steuererklärung 2.33
Berichtigungserklärung 3.307, 4.92
Berichtigungspflicht 2.201
Berichtigungspflicht nach § 153 Abs. 1 AO 3.212, 3.303
Berichtigungsverbund 3.182, 3.241, 3.247
Berichtsstrukturen 1.288, 1.297
Berufsgeheimnisträger 3.113
Berufsverband 6.15, 6.105, 6.170 ff.
Beschaffung 3.51
Beschäftigung
– scheinfreie 2.244
Beschäftigungsverhältnis 2.243
Beschlagnahme 1.283, 3.335
Beschlagnahmeprivileg 1.279 f.

Besichtigungsrecht 3.60
Bestandskraft 1.176 ff.
Bestechung ausländischer Amtsträger 3.256
Bestechung im geschäftlichen Verkehr 3.260
Bestechung von Amtsträgern 3.260
Bestechungsgelder 3.378
Bestechungszahlungen 3.214
Besteuerungsgrundlagen
– Schätzung 2.450
Besteuerungsverfahren
– Ablauf 1.157 f.
Beteiligung 6.103
Betretungsrecht 3.60
Betrieb gewerblicher Art 1.40, 6.199 f., 6.226 ff.
– Zusammenfassung 6.234 ff.
Betriebe
– dauerdefizitäre 6.241
Betriebsaufspaltung 2.51, 2.344, 2.360, 2.368, 6.99, 6.104, 6.293
Betriebsausgabe 2.180
Betriebsausgaben
– nicht abzugsfähige 2.390 ff., 3.386 f.
Betriebsgrundlage
– wesentliche 2.347
Betriebskindergarten 6.46
Betriebsprüfer 3.12
Betriebsprüfung 3.1
– veranlagende 3.4, 3.10, 3.168
Betriebsprüfungsanordnung
– Anfechtung 3.85
Betriebsprüfungsordnung 3.3
Betriebssportverein 6.46
Betriebstätte 2.413
– Gewinnabgrenzung 2.414
Betriebsvergleich 3.85
Bevollmächtigung 3.258
Beweisvorsorge 1.113
Bewertungsgesetz 2.277
Bewirtung 3.231, 6.264 ff.
Bilanzierung 4.130
Billigkeitsmaßnahme 5.47, 5.60
Billigkeitsverfahren
– Non-Profit-Organisation 6.188
Blu Ray 3.75
Bösgläubigkeit 5.55
Bösgläubigkeitsrechtsprechung 2.249
Briefkastengesellschaft 2.391
Briefkastensitz 2.82, 2.92
Bücherführung 6.291
Buchführung 3.413
– Ordnungsmäßigkeit 2.72, 3.64
– Ordnungsmäßigkeit und Umsatzsteuer 2.34
Buchführungs- und Aufzeichnungspflichten 1.56 ff.
– beweissichernde 1.57
– elektronische 1.59, 1.69
– Korrekturen 1.70
– Sanktionen bei Pflichtverletzungen 1.63 ff.

Stichwortverzeichnis

- Schätzung 1.61 f., 1.71
- Verlagerung ins Ausland 1.69, 1.80
- Wechsel im EDV-System 1.81, 1.83
- Zwangsgeld 1.60

Buchhaltung 6.288, 6.314, 6.317
Buchmäßige Erfassung 5.22
Buchnachweis 2.142 ff.
Buchwertabfindung 2.290
Buchwertklausel 2.357
Buffer 2.133 ff., 2.138
Bund 6.196
Bundesamt für Finanzen 1.159
Bundesbank 6.196
BFH 1.233
- Nichtzulassungsbeschwerde s. dort
- Revisionsverfahren s. dort
BVerfG 1.245 ff.
- Normenkontrollverfahren s. dort
- Verfassungsbeschwerde s. dort
BVerwG 1.243
Bundeszentralamt für Steuern 3.13
Business-Pakete 6.265
Bußgeldstelle 3.204
Bußgeldverfahren
- Einleitung 3.198

Cafeteria 2.64
Catering 2.64, 2.66, 6.265
Chi-Quadrat 3.84, 3.96
- in der BP stets zu bekämpfen 3.99
CMR-Frachtbrief 2.158 ff.
Compliance 1.1
- Kritik 1.35
Compliance-Abteilung 1.257, 1.260, 1.286, 4.109
- dezentrale 1.290
Compliance-Beauftragte 1.18, 1.290
Compliance-Committee 1.289
Compliance-Ermittlungen 4.111
Compliance management systems – Guidelines ISO 19600:2014 1.292
Compliance-Mandatsangebot
- Struktur Anh. 3
Compliance-Officer 1.18, 1.290, 1.295 f., 1.307
Compliance-Organisation 1.16, 1.286 ff.
- Aufbau 1.290 f.
- Berichtsstrukturen 1.288, 1.297 ff., 1.321
- Compliance-Abteilung s. dort
- Dokumentationskultur 1.302 ff.
- Kommunikationsstruktur 1.295 ff., 1.321
- Veröffentlichungspflichten 1.299 ff.
Compliance-Programm
- Gesamtverantwortung des Vorstands 1.287
Compliance-Richtlinie Anh. 1
- Entwicklung einer – als Lösungsansatz aufgrund eines Compliance-Mandats Anh. 3 II.6.
Compliance-System
- Pflicht 1.21

Compliance-Untersuchung 1.294, 1.308 ff., 1.313
Controllingabteilung 4.109
Corporate Compliance 1.3
Corporate Governance Kodex 1.10
Corporate Responsibility 1.12
Co-Sourcing 5.51
Customs-Audit 5.79

D & O-Versicherung 6.194
Danksagung 6.120
Darlehn 4.130, 6.72, 6.89, 6.97, 6.131 ff.
Daten
- Filtern 3.66
- Lesen 3.66
- Sortieren 3.66
Datenmanagement 2.70
Datenmasse 2.34
Datenträger
- Archivierung 3.65
- schreibgeschützter 3.78
Datenträgerüberlassung 3.68, 3.75
Datenverluste
- vgl. Unterpunkt unter „EDV-Umstellungen"
Datenzugriff 3.64
- mittelbarer 3.69; 3.73
- unmittelbarer 3.69 ff.,
Dauerfristverlängerung 2.32
Dauersachverhalt 3.134
Dauerverlustbetrieb 6.141
Destinatär 6.17
Devisentermingeschäft 4.130
Dienstaufsichtsbeschwerde 3.114
Dienstleistungen 2.28, 2.65 ff.
Differenzmethode 5.23
Digitale Spiegelakte 3.105
Dokumentation 6.304, 6.309, 6.319
Dokumentationskultur 1.302, 1.304
Dokumentationspflichten 2.412
Dokumentenkontrolle 5.45
Domizilgesellschaft 2.433
Doppelbesteuerungsabkommen 2.388
- Verständigungsverfahren 2.454
Drittanzeige 3.331
Drittzahlungen 6.84
Duldungspflicht 3.44
Durchlaufende Posten 2.106
Durchsuchung 1.283
DV-gestützte Buchführungssysteme 3.65

EDV 2.81, 2.175
EDV-Abteilung 4.109
EDV-Umstellungen
- vgl. Buchführungs- und Aufzeichnungspflichten/Wechsel im EDV System 1.81, 1.83
- Datenverluste 1.85
EG-Schiedskonvention 2.456
Ehrenamt 2.113, 2.122 ff.
Eigenbetrieb 6.196, 6.228, 6.243

599

Eigenmittel 5.5, 5.19
Einfuhrumsatzsteuer 5.4
Eingangsumsätze 2.81
Einigungstechniken 3.125
Einkommensmillionäre 1.75 f., 1.120
Einkommensteuer 2.1
– Erklärung 2.2
Einladung
– Geschäftskunden 6.265
Einladungen 6.264 ff.
– zu Sport- oder Kulturveranstaltungen 3.281
Einlagekonto 6.243
Einlagen 4.127
Einlagenrückgewähr 6.243
Einleitung eines Straf- oder Bußgeldverfahrens 3.198
Einnahmesphäre
– gemeinnützige Körperschaft 6.54 ff., 6.179
Einspruch 3.85
Einspruchsverfahren 1.181 ff.
– Zieldefinition 1.200 f.
Eintrittskarten 6.87, 6.264 ff.
Eintrittspende 6.158
Einzelhaftpflichtversicherung 2.384
Einzelvertretungsbefugnis 2.46
Einzugsstelle 2.235
E-Mails
– Archivierung 3.107
E-Mail-Verkehr 2.208
Empfängerbenennung 2.390, 2.430
– Name und Anschrift 2.430
Enkelgesellschaft 2.33
Entnahme 6.293
Entnahmebesteuerung 6.257
Entstehungsprinzip 2.245
Entstrickung 2.416
Erbfolge
– vorweggenommene 2.366
Erbschaftsteuer 2.177
– öffentliche Hand 6.222
Ergänzungsschulen 2.113
Erklärungsabgabe
– Umsatzsteuer 2.33
Erklärungspflichten 2.2 ff.
– Einkommensteuer 2.2
– Einlagekonto 2.4
– Gewerbesteuer 2.5
– Gewinn-/Verlustfeststellung 2.3
– Körperschaftsteuer 2.4
– Umwandlung von Rücklage 2.4
– Verlustfeststellung 2.2, 2.4 f.
– Zinsvortrag 2.2, 2.4
Erklärungsverhalten 2.31 ff.
Erlass 2.254, 5.10
Erlassantrag 6.298
Ermessen 4.41
Ermessensentscheidung 2.227
Ermittler
– behördlicher 1.303

Ermittlungsverfahren 1.294, 1.300, 1.303, 1.310, 1.317
Ernstliche Zweifel 2.262
Ersatzschulen 2.113
Erscheinen von Amtsträgern zur Ermittlung von Steuerstraftaten 3.272
Erscheinen des Prüfers 3.265
Erstqualifikation des Datenbestands vor dem Datenzugriff der Finanzbehörden 3.104
Erwerb
– innergemeinschaftlicher 2.141 ff.
– steuerpflichtiger 2.277
Erwerb eigener Anteile 4.130
Erwerb von Todes wegen 2.273
Escape-Klausel 2.448
Essensausgabe 2.66
EU-Recht 2.23, 2.68, 2.115, 6.215
– Berufung auf 2.23
Europäische Aktiengesellschaft 1.37
Europäische Genossenschaft 1.37
Europarecht 2.303

Fahrtkosten 6.82
Familienstiftung 2.401, 6.6
Fehler
– formelle 3.134
Feiertagszuschlag 6.83
Fernmeldewesen 6.221
Fernsehen 1.281
Festsetzungsfrist 3.29
– verlängerte 2.202, 2.248, 2.258 ff.
Feststellungslast 3.94
Festsetzungsverjährung 2.301, 3.216, 5.57
Feuerwehr 6.64
Fiktion
– zollrechtliche 5.66
Filialen 2.32
Finanzbehörde 1.153 ff.
– Aufbau Finanzämter 1.155 f.
– Kontaktpflege 1.168 ff.
FG 1.215
– s. auch Klageverfahren beim FG
Finanzkontrolle Schwarzarbeit 2.263, 5.21
Finanzverwaltung 1.6, 1.260, 6.307
Finanzzoll 5.1
Firmensitz 2.129
FKS 2.263, 5.21
Folgeansprüche
– zivilrechtliche 2.250
Forderungsanmeldung 6.307
Forderungsverrechnung 4.130
Forderungsverzicht 6.89
Fortbildung 2.171, 6.185, 6.261
Fortsetzungsfeststellungsklage 3.122
Freier Mitarbeiter 2.244
Freigabe 6.293
Freistellungsanspruch 2.198
Fremdvergleich 2.408, 5.27
Fristenkontrolle 1.187 f.
Fristverlängerung 3.210

Stichwortverzeichnis

Fristverlängerungsantrag 6.298
Funk 1.281
Funktionssysteme 1.27
Funktionsverdoppelung 2.420
Funktionsverlagerung 2.418

gAG 6.11, 6.176
GATT 5.2, 5.14
Gefahr im Verzug 3.337, 3.366
Gehaltsspenden 6.161
Geheimhaltung
– Steuerdaten 1.31
Gelangensbestätigung 2.147
Geldwerter Vorteil 6.87
Gemeinden 1.161 f., 6.196
Gemeindeverbände 6.196
Gemeinnützigkeit 6.44 ff., 6.90 ff., 6.178
– Erhaltung 6.52, 6.150 ff., 6.179, 6.186
– Geschäftsführung 6.56
– Mittelfehlverwendung 6.152
– Mittelverwendung 6.56, 6.149, 6.181
– öffentliche Hand 6.223
– Verfahren 6.49 ff.
– Vermögensbindung 6.56, 6.152
– Versagung 6.53, 6.150 ff., 6.168, 6.179, 6.186
Genossenschaft 1.37
Gerätenummern 2.82
Geringfügigkeitsgrenze 3.405
Gesamtschuldner
– Lohnsteuer 2.193
Gesamtschuldnerauswahl 5.53
Gesamtversicherungsbeitrag 2.235
Geschäftsbetrieb
– wirtschaftlicher 6.54, 6.90, 6.96 ff., 6.140
Geschäftsführer 6.273
– faktischer 6.272, 6.278, 6.304
– steuerliche Haftung 4.1 ff.
Geschäftsgrundlage
– Wegfall 6.192
Geschäftsleitung 6.273 ff., 6.278, 6.281 ff., 6.285, 6.288 f., 6.296, 6.299, 6.303 f., 6.307, 6.309, 6.316
– mehrköpfige 6.274, 6.297
– Ort 2.406
Geschäftsordnung 2.46
Geschäftspapiere 3.44
Geschäftsveräußerung im Ganzen 2.79
Geschäftsverteilung 4.29
Geschäftsverteilungsplan 6.274 f.
Geschäftsvorfall
– außergewöhnlicher 2.437
Geschenke 3.28
Gesellschaft des bürgerlichen Rechts 1.41
Gesellschafter 6.270, 6.272, 6.285, 6.301, 6.316
– beherrschender 4.132
Gesellschafterbeiträge 2.54, 2.102
Gesellschafterbestand
– Änderung 2.331

Gesellschafterdarlehnskonto 2.354
Gesetzlicher Vertreter 3.57
Gestaltungen über die Grenze 3.28
Gestaltungsmissbrauch 2.403
Geständnis 3.300, 5.53, 5.67
Getränke 2.66
Gewerbebetrieb
– Zusammenfassung 6.205, 6.234 ff.
Gewerbesteuer 2.1
– Erklärung 2.5
– öffentliche Hand 6.204 ff.
Gewerbeverlust
– Erklärung 2.5
Gewinnabführungsvertrag 2.362
Gewinnausschüttung
– verdeckte 2.365, 4.129 ff.
Gewinnpooling 2.102
Gewinnverlagerungen 6.207
Gewinnverteilung 2.198
gGmbH 6.11
GmbH 1.37, 6.176, 6.273
– gemeinnützige 6.11, 6.176
GoBD 3.67
GoBS 3.63
Grenzbetrag 25.000 € 3.284
Grenzbetrag 50.000 € 3.223
Grenzüberschreitender Warenverkehr 2.55
Großbetrieb 3.22
Großbetriebsprüfung 3.8
Großverband 6.4
Großverein 6.64
Grundbesitzwert 2.325
Grunderwerbsteuer 2.177, 2.312, 2.363, 3.211
– Non-Profit-Organisation 6.39 ff.
– öffentliche Hand 6.222
Grundsatz der paritätischen Lastenteilung 2.235
Grundsätze ordnungsgemäßer DV-gestützter Buchführungssysteme 3.63
Grundsätze zum Datenzugriff und zur Prüfbarkeit digitaler Unterlagen 3.67
Grundsteuer
– öffentliche Hand 6.222
Grundstücke
– inländische 2.314
Grundstückshandel
– gewerblicher 6.100
Gutachter
– für Mobilien- und Immobilienwerte 1.272
– zur Ermittlung von Firmenwerten 1.272

Haftpflichtversicherung 6.184
Haftung 1.93, 1.149, 1.152, 4.1 ff, 4.116
– Aufsichtsrat 4.46
– Beirat 4.46
– Beitragsrecht 2.241
– Bindungswirkung der Steuerfestsetzung 4.39
– Ermessen 4.41
– Grundsatz der anteiligen Tilgung 4.13

601

– hinterzogene Steuern 4.118
– Insolvenz 4.27
– Lohnsteuer 2.193 ff., 6.193
– Organmitglied 4.63
– Quote 4.36
– Spenden 6.164 ff., 6.193
– Umsatzsteuer 2.20, 2.36 f., 2.72
– Zeitraum 4.36
Haftungsbescheid 6.309, 6.311
Haftungsbeschränkung 5.73
Haftungsquote 4.36
Haftungsrisiken 1.28
Haftungsvereinbarung 2.384
Haftungszeitraum 4.36
Haltefristen 2.350 f., 2.375, 6.294 f., 6.306
Handakte des Steuerberaters 3.341
Handelsregisterauszug 2.174
Handgeld 6.86
Handwerkskammern 6.196
Hausdurchsuchung 3.272, 3.335
Hauswasseranschluss 6.258
Hemmungstatbestände 2.302
Hilfsmittel
– erforderliche 3.51
Hinhaltetaktik 3.37
Hinterziehungszinsen 2.202
Hoheitsbetrieb 6.201, 6.229 ff., 6.234
Holding
– und umsatzsteuerliche Organschaft 2.47
Hospitality 6.264 ff.

IDEA 3.68, 3.80
Ideeller Bereich 6.54
IHK 6.196
Imbiss 2.64
Imbisswagen 2.66
Incentive-Reisen 6.268
INCOTERMS 5.45
Indirekte Vertretung 5.55
In dubio pro reo 3.311
Infektionswirkung 3.182
Informationsfluss 2.32
Informationssysteme 1.27
Informationsverfügbarkeit 2.374
Informationszentrale für steuerliche Auslandsbeziehungen 2.423, 3.215
Inlandsvermögen 2.275
Innergemeinschaftliche Lieferung 2.141 ff., 3.209
Innergemeinschaftlicher Erwerb 2.141 ff.
Innergemeinschaftlicher Warenverkehr 2.30
Innungen 6.196
Insolvenz 6.270
– Sonderregelungen 4.27
– und Umsatzsteuer 2.52
Insolvenzantrag 6.270, 6.279, 6.288, 6.300
Insolvenzantragspflicht 6.277
Insolvenzeröffnung 6.270
Insolvenzforderungen 6.290, 6.309
Insolvenzgericht 6.279, 6.284

Insolvenzrecht 6.270
Insolvenzverfahren 6.319
Insolvenzverschleppung 6.277
Insolvenzverwalter
– schwacher 2.52
Inter-Company-Umsätze 3.207
Inventur 4.109
Irrtum
– aktiver 5.56
IT-Berater 1.272
IT-Recht 5.28

JAEG 2.236
Jahresarbeitsentgeltsgrenzen 2.236
Joint-Venture 6.11, 6.65, 6.225
Jugendherberge 2.113
Jugendhilfe 2.113
Jurisdiktion
– nichtkooperierende 2.395, 2.425
Juristische Person
– des öffentlichen Rechts 6.196 ff., 6.199

Kantine 2.64, 2.66
Kapitalerhöhung 4.130
Kapitalertragsteuer
– Non-Profit-Organisation 6.17, 6.23 ff.
– öffentliche Hand 6.206 ff., 6.243
Kapitalgesellschaft 1.37
– gemeinnützige 6.11
– Zwischenschaltung 2.404
Kapitalvermögen 6.97
Karussellgeschäfte 2.128 ff., 3.82
Kassenführung 6.283
Kassensystem 3.95
Kaufleute 2.287
Kaufpreisverlagerung 5.30
Kaufvertrag 2.316
Kenntnis
– nachträgliche 3.320
Kfz-Handel 2.137, 2.147 ff.
Kick-Back-Zahlung 3.400
Kinder 4.131
Kino 2.66
Kiosk 2.64
Klageverfahren beim FG 1.215 ff., 1.230 ff.
– Akteneinsicht 1.221 f.
– BFH s. dort
– Einzelrichter 1.225
– Klagebegründung 1.220
– Klagefrist 1.219
– Kosten 1.216
– mündliche Verhandlung 1.223 f., 1.227
– Öffentlichkeit 1.226
– Urteil 1.228
– Zulassung der Revision 1.228
Kleinbetrieb 3.24
Kleinstbetrieb 3.42
Kleinunternehmen 2.79
Klima-Pflege 3.281
Kommanditgesellschaft 1.41

Stichwortverzeichnis

Kommanditgesellschaft auf Aktien 1.37
Kommunikation 1.321
Kompensationsverbot 3.289
Konkurrentenklage 2.23
Kontakte
– politische 6.262
Kontrollmitteilung 2.285, 3.144, 3.191
Kontrollpflicht 6.297
Konzern 2.33, 2.332
Konzernbetriebsprüfung 3.8
Konzerngesellschaften 2.33
Kooperation 2.42, 6.12, 6.65
Kooperationen 6.225
Körperschaft
– gemeinnützige 2.108 ff.
Körperschaftsteuer 2.1
– Erklärung 2.4
– öffentliche Hand 6.199 ff.
Körperschaftsteuerguthaben 2.347
Korrekturanzeige 3.307
Korrektur der Steuerveranlagung 2.33
Korrekturpflicht 1.105 ff.
Korruption
– Anfangsverdacht 3.417
– Anzeigepflicht nach § 153 AO 3.420
– Beteiligung an Steuerstraftaten des Zuwendungsempfängers 3.269
– Durchbrechung des Steuergeheimnisses 3.414
– Empfängerbenennung 3.427
– Geringfügigkeitsgrenze 3.282
– Mitteilungspflicht 3.414
– Organisation der Verteidigung 3.423
– Unternehmensgeldbuße 3.391
– Wertersatzverfall 3.267
Korruptionsbekämpfung 3.377, 3.402
Korruptionsregister 3.391
Kostenersatz 2.122
Kostenstellenpläne 3.44
Krankenhaus 2.64, 6.137
Krankenhäuser 2.113
Kreise 6.196
Kreisverbände 6.196
Krisenmanagement 2.213 ff.
Kunden 1.20
Kundenbeziehung 2.174, 2.71 f., 2.81
Kuratorium 2.124

Lagerbuchung 3.82
Lagerverwaltung 4.109
Land 6.196
Landschaftsverbände 6.196
Landwirtschaftskammern 6.196
Lastenteilung
– paritätische 2.235
Lebensmittel 2.67
Leichtfertigkeit 4.137
Leistungsaustausch 2.54, 2.102
Leistungsbeschreibung 2.82
Leistungsort 2.55

Liebhaberei 4.127
Lieferanten 1.20
Lieferantenerklärung 5.31
Lieferdatum 2.82
Lieferkette 5.23
Lieferung
– innergemeinschaftliche 2.141 ff.
Liquiditätsprobleme 6.271, 6.276, 6.288
Lizenzgebühr 4.130
Logo 6.265
Lohnspenden 6.161
Lohnsplitting 2.190
Lohnsteuer 2.177 ff., 6.289
– Abzugsverfahren 2.178
– Anmeldung 2.182, 3.241
– Freistellungsanspruch 2.198
– Gesamtschuldner 2.193
– Haftung 2.193 ff.
– Hospitality 6.264 ff.
– Non-Profit-Organisation 6.24 ff., 6.81 ff.
– öffentliche Hand 6.211
– Pauschalierung 2.193, 2.228
Lohnsteuer-Abzugsverfahren 2.178
Lohnsteuer-Anmeldung 2.182, 3.249, 3.285, 3.295
Lohnsteueraußenprüfung 2.210
Lohnsteuerhaftung 2.193 ff.
Lohnsteuerpauschalierung 2.193, 2.228
Lohnsteuernachschau 3.178, 3.266
LZB 6.196

Mahlzeiten 2.67
Managementerfolgsrechnungen 3.44
Mandatsvertrag 2.384
Marktordnungsabgaben 5.3
Masseforderungen 6.309
Masseverbindlichkeit 6.290
Maßnahmen
– notwendige 6.293
Mäzen 6.88
Materiallieferung 3.240
Medien 1.281
Mehrwertsteuerneutralität 2.26
Mehrwertsteuerpaket 2.28, 2.56
Meistbegünstigungsgebot 3.251
Meldung
– zusammenfassende 2.34
Menüdienst 2.66
Merkblätter 2.56, 2.62
Metallhandel 2.137
Mindestberichtigungszeitraum 3.248
Mindestlohnsumme 6.291
Missing Trader 2.83 ff., 2.133 ff., 2.138, 2.154 ff.
Mitarbeiter 4.108 ff., 6.297, 6.305 f., 6.317 f.
– freier 2.244
Mitarbeiterumfeld
– der Chefs 4.109
Mitglieder 6.124

603

Mitgliedsbeiträge 2.54, 6.68 ff., 6.93
– Ertragsteuern 6.68 ff.
– Umsatzsteuer 6.73 ff.
Mitteilungspflicht 3.414
Mittelbetrieb 3.22
Mittelfehlverwendung 6.152
– Non-Profit-Organisation 6.98
Mittelsperson
– Umsatzsteuer 2.106
Mittelverwendung 6.152
– gemeinnützige Körperschaft 6.149, 6.181
– Non-Profit-Organisation 6.56
Mitwirkungspflicht 3.41
Mitwirkungspflichten 1.112 ff.
– Auslandssachverhalte 1.114
– bei Außenprüfungen 1.120
– Folgen bei Verletzung 1.123 ff., 1.130, 1.132 ff., 1.137 f.
– Sphärentheorie 1.113
– Steueroasenländer s. dort
Mitwirkungsverweigerungsrecht 3.111
Mutter- und Tochterkapitalgesellschaft 4.131
Mutterkapitalgesellschaft 4.131
MwStSystRL 2.23, 2.57, 2.119, 6.217 ff.

Nacherklärung 3.231
– Vervollständigung 3.243
Nachschau 3.266, 3.269
Nachtzuschlag 6.83
Nachzahlung von Steuern und Zinsen 3.293
Nahestehende Person 4.127, 4.131
Nettolohnfiktion 2.246
Nettolohnvereinbarung 2.187
Nichtunternehmerischer Bereich 2.101, 2.119, 6.253
Nichtzulassungsbeschwerde 1.228, 1.233 ff.
Niederlassung 2.230
Non-Profit-Organisation 6.1
Normenkontrollverfahren 1.246 ff.
Notebook 3.70
Nutzerhandbuch 2.205, 5.41
Nutzungsänderung 6.239

Oberbehörden 6.262
Offene Handelsgesellschaft 1.41
Öffentliche Anklage 2.264
Öffentliche Gewalt 6.218
Öffentliche Hand 6.196 ff.
Öffentlichkeitsarbeit 1.274, 1.281 f.
Öffentlich-rechtliche Sonderregelung 6.218
OLAF 5.7
Ombudsleute 3.279
Ombudsmann 1.19, 1.307
Ombudsmann-System 1.258, 1.261, 1.277
Online-Zugriff 3.76
Ordnungsmäßigkeit der Buchführung 3.61
Ordnungswidrigkeiten 1.53 f., 1.64
Ordnungswidrigkeitenverfahren 1.317
Organ 6.156, 6.175

Organe 2.122 ff., 6.122, 6.208
– Umsatzsteuer 2.122 ff.
Organhaftung 6.175
Organisationskultur 6.185
Organisationspläne 3.44
Organisationsverschulden 2.220, 5.62
Organkreis 2.332
Organschaft 2.369
– Eingliederung 2.38
– finanzielle Eingliederung 2.43
– organisatorische Eingliederung 2.44 ff.
– rückwirkende 2.40
– Umsatzsteuer 2.38 ff., 2.108 ff.
– umsatzsteuerliche 2.369
– unerwünschte 2.50
– Wahlrecht 2.53
– wirtschaftliche Eingliederung 2.42
Ort der Besteuerung
– Umsatzsteuer 2.25, 2.27
Ort der Geschäftsleitung 2.406

Paketlösung 2.225
Pensionsverein auf Gegenseitigkeit 1.38
Personal
– Kontinuität 2.204
– Vertretungsregelung 2.204
Personalakten 3.44
Personalbeistellung 2.102
Personalgestellung 2.102, 2.113, 6.105, 6.233
Personalkontinuität 2.204
Personaltausch 2.102
Personalüberlassung 2.102, 6.136
Personalunion 6.103
Personalverpflegung 2.64
Personengesellschaften 1.41, 3.185, 6.272, 6.285
Personenidentität 2.45
Pflegeheim 2.113
Pflichtverletzung
– Haftung des Geschäftsführers 4.13
– Haftung des Vorstands 4.13
Politische Kontakte 6.262
Pooling 2.102, 2.294
Präferenzen 5.23
Präferenzzoll 5.14
Presse 1.281
Pressearbeit 3.376
Pressemitteilung 1.284
Privatbereich 3.48
Private Wohnräume 3.61
Privatkonten 3.48
Profifußball 6.88
Provisionsempfänger
– ausländischer 3.411
Prüfer
– Erscheinen 3.181, 3.195, 3.265
Prüferhandeln 3.138
Prüfprogramm 3.68, 3.79
Prüfungsanordnung 3.27, 3.264, 3.267
– nichtige 3.180

604

Prüfungsauftrag 3.92
Prüfungsbeginn
– Verlegung 3.82
Prüfungsbericht 3.161
– Rechtsschutz 3.164
Prüfungsturnus 3.22
Prüfungszeitraum 3.21, 3.27

Qualifikationstatbestand 5.31
Qualifizierung 5.63
Querverbund 6.234 ff.

Rechnung 2.19, 2.62, 2.70, 2.72 ff.
Rechnungsanforderungen
– Umsatzsteuer 2.72 ff.
Rechnungsbegriff 2.72
Rechnungsberichtigung 2.76, 2.80
Rechnungskontrolle 2.172
Rechnungsnummer 2.73
Rechnungsvolumen 2.81
Rechte Hand 4.109
Rechtsabteilung 1.257
Rechtsanwalt 1.264, 1.271, 1.284, 6.184
Rechtsbehelfsverfahren 6.317
Rechtsberater 6.184
Rechtsberatung 2.384
Rechtsformwahl
– Non-Profit-Organisation 6.176
Rechtsfrieden 3.160
Rechtsgeschäft
– erwerbsähnliches 2.317
Rechtsschutz 3.164
Rechtsschutzversicherung 2.384
Rechtsverkehrsteuer 2.312
Regelverjährungsfrist 2.258
Regelzollsatz 5.14
Regiebetrieb 6.241
Regress 2.229, 5.73
Regressverzicht 2.198, 2.229
Reisekosten 2.126, 3.82, 6.82
Religionsgesellschaften
– öffentlich-rechtliche 6.196
Restaurant 2.64
Restaurationsumsätze 2.64
Reverse Charge 2.29
Revisionsabteilung 4.109
Revisionsbericht 3.44
Revisionsverfahren 1.239 ff.
Risikoanalyse als Bestandteil eines Compliance-Mandats Anh. 3 II.3.
Risikoerkennungssystem 6.314
Risikogeschäft 4.130
Risikomanagement 5.35
Risikomanagementsystem 2.169 ff., 2.55
Risikominimierung
– Amtsniederlegung 4.32
– Einzelhaftpflichtversicherung 2.384
– externe Berater 2.380, 2.384, Anh. 3 II.5.
– Geschäftsverteilungsplan 4.29
– Informationsfluss 4.34

– Kontrollmaßnahmen 2.381
– Organisation 4.70
– Prüfungsprogramm 2.377
– qualifizierte Mitarbeiter 2.371
– Richtlinienplanung 2.372
– Selbstanzeige 4.72
– Umstrukturierung 2.371 f., 2.377, 2.380 ff., 2.384
Risikovermeidungssystem 6.314
Rohgewinnaufschlagsatz 3.87
Rückabwicklung
– steuerneutrale 2.307
Rückgängigmachung 2.337
Rücktritt vom Versuch 3.237, 3.325
Rundfunkanstalten 6.196

Sachbearbeiter 4.109
Sachhaftung 5.73
Sachleistung 6.87
Sachverhalt
– ausermittelter 2.227
Sachverhaltsaufklärungspflicht 4.136
Sachverhaltsermittlung 5.53
Sachverhaltsstreit 5.65
Sachvorteile 2.188
– verschleierte 2.245
Sammelhaftungsbescheid 2.227
Sanierung 6.270, 6.292, 6.315 f., 6.319
Sanierungsberater 6.270, 6.277 f., 6.286, 6.295, 6.304, 6.317
Sanierungsmaßnahme 6.271, 6.293
Sanierungsprivileg 6.295
Sanierungsrecht 6.270
Sanktionskompetenz 5.7
Satzung 6.150, 6.177
– Non-Profit-Organisation 6.45 ff.
Satzungskontrolle
– Non-Profit-Organisation 6.177
Säumniszuschläge 1.147, 2.183, 2.239, 2.256, 2.261
Schadensausgleich 6.312
Schadensersatz 4.130, 6.192
Schadensersatzansprüche 4.115
Schätzung 1.61 f., 1.63, 1.87, 2.450, 3.36, 3.62, 4.58, 5.58, 6.298
– bei fehlerhafter Buchführung 1.61 ff.
– bei Verstoß gegen Aufbewahrungspflichten 1.79 f.
– bei Verstoß gegen Erklärungspflicht 1.91
– Verrechnungspreise 1.126 ff.
Schätzungsmethoden 3.91
Scheinfreie Beschäftigung 2.244
Scheingeschäft 3.213, 3.82
Scheinsitz 2.92
Scheinunternehmen 2.129, 2.83
Schenkung
– unter Auflagen 6.42
Schenkung unter Lebenden 2.273

605

Schenkungsteuer 2.177
- Non-Profit-Organisation 6.88
- öffentliche Hand 6.222
Schlussbesprechung 3.152
Schmiergelder 3.28
Schriftform 3.176
Schuldzinsenabzug 3.28
Schulung 2.56, 2.62, 2.70, 2.81, 2.171, 6.261
Schutzgesetz 2.246
Schwarzarbeit 2.189 ff.
Schwarze Kasse 2.200, 2.215, 3.396
Schwesterunternehmen 4.131
Selbstanzeige 2.210, 2.217, 2.253, 2.311, 3.173, 3.229, 3.238, 4.72 ff., 5.63, 6.277, 6.281, 6.285
- Abgabe verspäteter Steuererklärung 1.95
- Adressat 3.256
- Ausschlussgründe 3.262
- Form 3.238
- in Stufen 3.252 f.
- Mindestberichtigungszeitraum 3.248
- Reformmaßnahmen 3.233 ff.
- Schätzung 3.255
- bei der Staatsanwaltschaft 3.257
- Stellvertretung 3.258
- verdeckte 3.259, 4.75
- Vollständigkeit 3.243 ff.
- Wiederaufleben 3.270
- Zahlungsfrist 3.292
- „zweiter Klasse" 3.233
Selbstveranlagung 2.18, 2.31
Selbstversorgungsbetrieb 6.228
Seriennummern 2.82
Servicefirmen 2.90
Sicherheiten 2.174, 6.98, 6.135,
Sicherheitscopie 3.78
Sicherheitsleistung 5.54
Sicherungsmaßnahmen 6.279
Sitzort 2.56
Soft law 2.234
Software 2.175
Sonderinsolvenzverwalter 6.313
Sonntagsarbeit 6.83
Sorgfaltspflichten 6.312, 6.316
Sozialabgaben
- Non-Profit-Organisation 6.81 ff.
- öffentliche Hand 6.211
Sozialversicherungsentgeltverordnung 2.234
Sparbücher 3.44
Sparkasse 6.196
Spedition 5.39
Speisen 2.66
Spenden 2.54, 2.102, 4.130, 6.20 ff., 6.94, 6.157 ff., 6.223,
Spendenhaftung 6.164 ff., 6.193
Spendenrecht
- öffentliche Hand 6.210
Spendenwerbung 6.128
Sperrfristen 2.350 f., 2.375
Sperrgründe 3.76, 3.178 ff., 4.78

Sperrwirkung 3.174 ff.
- ausgedehnte Sperrwirkung der Außenprüfung ab 1.1.2015 3.184
- Nachschau 3.266
Sphärentheorie 1.113
Spiegelbild-Akten 3.53
Sponsoring 6.110 ff., 6.254 ff., 6.264 ff.
Sponsoring-Erlass 6.113
Spontanauskunft 2.427
Spontanvernehmung 2.211, 5.49
Sportfest 6.65
Sportveranstaltungen 6.264 ff.
Staatsanwaltschaft 1.310
Staffelbeiträge 6.70
Ständiger Vertreter 2.417
Statusfeststellungsverfahren 2.252
Statuswechsel 5.9
Stellvertretung
- verdeckte 3.259, 5.63
Steuerabteilung 1.259 ff., 1.276, 1.286, 1.293 f., 1.305 ff., 2.55, 4.109
- Schnittstelle zur Compliance-Abteilung 1.286
Steueranmeldung 4.49
Steuerart 3.246
Steueraufkommen 2.16
Steuerbefreiung 2.323
- Umsatzsteuer 2.68 ff., 2.113
Steuerberater 1.264, 1.271, 1.284, 6.184
- Handakte 3.341
Steuerberaterkammern 6.196
Steuerberatung 1.263 ff.
Steuerbescheid 6.307
Steuerdaten 1.31, 1.276, 1.279
Steuererklärung 2.300, 2.334, 6.288, 6.291, 6.314, 6.317
- Berichtigung 2.33
- im Konzern 2.33
- Umsatzsteuer 2.33
Steuererklärungen
- Abgabemodalitäten 1.89
- Abgabepflichten 1.86 ff.
- Fristen 1.88
- Korrekturen 1.98 f., 1.105 ff.
- nach Schätzung 1.87
- verspätete Abgabe 1.95
- Zuständigkeiten 1.100 ff.
Steuerfahndung 1.283, 3.149, 3.333
Steuerfahndungsverfahren 1.284
Steuergeheimnis 1.275 f., 3.302
- Durchbrechung 3.414
- Verletzung 3.416
Steuerhaftung 4.116
Steuerhinterziehung 1.29
- Anfangsverdacht 3.205
- Fristverlängerung 3.210
- Grunderwerbsteuer 3.211
- innergemeinschaftliche Lieferungen 3.209
- Inter-Company-Umsätze 3.156

- Korruptionszahlungen 3.387
- Person des Täters 3.205
Steuerhinterziehung in großem Ausmaß 3.223
Steuerklasse 2.279
Steuerklauseln 2.62, 2.70, 2.230, 2.356, 5.74, 6.260
Steuernachzahlung 3.294
Steueroasen-Länder 1.109, 1.125, 2.425
- gesteigerte Mitwirkungspflicht 1.116 ff., 1.138 ff.
Steueroptimierung 1.25
Steuerpflicht
- beschränkte 2.274
- unbeschränkte 2.274
Steuersatz 6.258
- ermäßigter 2.58 ff., 2.97, 2.114,
- Umsatzsteuer 2.57 ff., 2.97, 2.114,
Steuerschaden 6.312
Steuerschuldner 2.283, 2.320
Steuerstrafrecht
- Risiken 1.29
Steuerstrafrechtliche Risiken
- Organmitglied 4.47, 4.63
- Verschulden 4.61
- Vorsatz 4.61
Steuerstrafverfahren 1.283 f.
Steuerstreit 1.33, 6.309
Steuersubjekt
- öffentliche Hand 6.225
Steuersubstrat
- Verlagerung 2.387
Steuerverkürzung
- leichtfertige 1.29
Steuerverkürzung auf Zeit 2.199, 4.60
Steuerzahlung 6.314
Steuerzahlungspflicht 1.143 ff.
Stichprobenkontrolle 3.81
Stiftung 1.38, 6.1, 6.6 ff., 6.67 ff., 6.176
- kirchlich 6.6
- kommunal 6.6
Stiftungsaufsicht 6.183
Stimmpoolvereinbarung 2.365
Stipendium 6.131
Strafmaßgefälle 2.226, 5.29
Strafrechtliche Verjährung 3.221
Strafsachenstelle 3.153
Strafverfahren 1.317
- Einleitung 3.271
Strafverteidigungskosten 2.95
Strafzumessung 4.62
Strategiepapier 3.44
Streckengeschäfte 2.128 ff., 2.136 ff.
Streitlosstellung 5.67
Strohfirma 2.83
Strohmann 2.83 ff., 2.89 ff., 2.129 ff.,
Studentenwerke 6.196
Stundung 2.254
Stundungsantrag 6.298
Subjektives Element 2.289

Substantiiertes Bestreiten 5.53
Subunternehmer 1.20, 2.198, 2.215, 4.109
Summarische Anmeldung 5.46
Summenbeitragsbescheid 2.260
SvEV 2.234

Tateinheit 3.224
Tatentdeckung 3.275
Täterschaft 5.69
- mittelbare 5.69
Tätigkeitsort 2.56
Tatsächliche Verständigung 2.225, 2.228, 3.123, 3.166, 5.58, 5.66
Tax Compliance 1.1 ff., 1.4
- Finanzverwaltung 1.6, 1.13 ff.
- Grundsatz 1.23 ff.
- Implementierung 1.16 ff.
Tax Due-Dilligence 3.44
Tax Riskmanagement 1.7, 1.25
Tax-Audit 5.79
Teilnahme 5.69
Teilselbstanzeige 2.226, 3.241
Testament 2.368
Testamentsvollstrecker 2.298
Tilgungsbestimmung 3.296
Tochtergesellschaft 2.33
Tochterkapitalgesellschaft 4.131
Transaktionswert 5.15
Transferpaket 2.419
Turnier 6.12
Typusbegriff 2.186, 2.243

Übersetzung 3.49
Überwachungsorgane 3.19
- Umfang der Straffreiheit 4.87
Umlagen 6.141
Umsatzsteuer 2.16 ff.
- Hospitality 6.268
- Non-Profit-Organisation 6.26 ff.
- öffentliche Hand 6.213, 6.244, 6.258
Umsatzsteueranwendungserlass 2.24
Umsatzsteuerbetrug 2.128 ff.
Umsatzsteuererklärung 2.33
Umsatzsteuerhinterziehung 2.128 ff.
Umsatzsteueridentifikationsnummer 2.144
Umsatzsteuerkarusselle 2.128 ff.
Umsatzsteuerklauseln 2.62, 2.70
Umsatzsteuer-Nachschau 3.164, 3.178, 3.266
Umsatzsteuer-Sonderprüfung 2.176
Umsatzsteuervoranmeldung 3.241, 3.249, 3.285, 3.295
Umstrukturierung von Unternehmen 6.40
- externe Beraterkosten 2.380
- Risiken 2.338 ff.
- typische Fehlerursachen 2.340
Umwandlung 2.330
- Verträge unter Angehörigen 3.28
Unbedenklichkeitsbescheinigung 2.174
Universitäten 6.196

607

Untergliederung 6.189, 6.225
- Non-Profit-Organisation 6.64
Unterlagen
- aufbewahrungspflichtige 3.46
- digitale 3.67
Unternehmensbereiche 2.33
Unternehmensentscheidungen 1.9
Unternehmensfortführung 6.282 ff., 6.292
Unternehmensgeldbuße 3.268
Unternehmenskauf 2.215, 3.198
Unternehmenskultur 1.8
Unternehmensstiftung 6.6
Unternehmereigenschaft 2.77
Unternehmerischer Bereich 2.119, 6.253
Untersuchungsabteilung 1.294
Untersuchungshaft 3.22
- Fluchtgefahr 3.344
Urkundendelikte 3.226
USB-Stick 3.75
UStDV 2.22
UStR 2.24

Verantwortlichkeiten 2.56
Veräußerung 6.293
Verband 6.1, 6.3 ff., 6.14
Verbandsbuße 2.200
Verbindliche Auskunft 2.444, 6.183
Verbindlichkeitsrückstellung 2.238
Verbrauchsteuern
- spezielle 5.4
Verdeckte Gewinnausschüttung 2.365, 3.28, 3.213, 4.129 ff.
- Angemessenheit 4.219
- Begriff 4.219
- beherrschender Gesellschafter 4.132
- doppelter Fremdvergleich 4.219
- öffentliche Hand 6.238 f., 6.241
- Rechtsfolgen 4.135
- tatsächliche Durchführung 4.133
- Vorteilsgeeignetheit 4.219
Verdeckte Selbstanzeige 4.75
Verdunkelungsgefahr 3.222
Veredelungsverkehr 5.23
Verein 1.38, 6.1, 6.176
- Idealverein 6.2
- nicht rechtsfähig 6.2, 6.8, 6.62 ff.
- rechtsfähig 6.2, 6.7
Vereinsverband 6.4
Verfall 3.349
Verfassungsbeschwerde 1.252 ff.
Verfassungswidrigkeit 2.303
Verfolgungsverjährung 3.216, 3.248
Verfügungsverbot 6.282 f.
Vergütung 2.122 ff., 6.18, 6.122, 6.152, 6.208
Verhaltenskodex
- externer 1.306
- interner 1.305
Verjährung 4.62
- strafrechtliche 3.221

Verkehr
- zollrechtlich freier 5.16
Verkehrsbetriebe 6.236
Verlagerung der Steuerschuld
- Umsatzsteuer 2.29
Verlagerung von Steuersubstrat 2.387
Verletzung des Steuergeheimnisses 3.293
Verlust 6.140, 6.152
- gemeinnützige Körperschaft 6.140 ff.
Verlustausgleich 6.234
Verluste 6.241
Verlustfeststellung
- Erklärung 2.2
Verlustvortrag 2.366
Vermietung 6.99 ff., 6.136
Vermögensverwaltung 2.110, 6.54, 6.96 ff., 6.147, 6.233
Vermutungsregel 5.66
Veröffentlichungspflichten 1.299
Verpachtung 6.99 ff.
Verrechnungspreis 2.408, 2.411, 5.27
- Dokumentation 2.411, 2.435, 2.437
- Escape-Klausel 2.448
Verrechnungspreisdokumentation 2.411, 2.435, 2.437
Verrechnungspreise, internationale 1.1203
- Verletzung von Mitwirkungspflichten 1.125 ff., 1.141
- Zuschläge 1.128 f.
Verschmelzung 2.360 f.
Verschonungsabschlag 2.291
Verschulden 4.23
Versicherung 6.194
Versicherungsverein auf Gegenseitigkeit 1.38
Versorgungsbetriebe 6.236
Verspätungszuschlag 1.92
Verständigung
- Arten 3.153
- tatsächliche 2.225, 2.228, 3.155, 3.166
Verständigungsverfahren 2.454
Verteidigungskonsten
- Umfang der Verteidigungskosten 2.97
- Vorsteuerabzug 2.95 ff.
Vertragsgestaltung
- öffentliche Hand 6.260
Vertrauensschutz 2.145
- bei innergemeinschaftlicher Lieferung 2.145, 2.165
- Umsatzsteuer 2.94
Vertraulichkeit 1.274
Vertreter
- gesetzlicher 3.54
- ohne Vertretungsmacht 6.304
- ständiger 2.417
Vertretung
- indirekte 5.55
Vertretungsregelung 2.204
Vertrieb 2.55
Vertriebsförderung 3.403

Verwalter 6.270, 6.285 ff., 6.290 ff., 6.295, 6.303, 6.305, 6.309, 6.313, 6.317
– vorläufiger 6.270, 6.279 f., 6.281 f., 6.284, 6.286 f., 6.292, 6.302
Verwalterprivileg 6.295
VG 1.229
Verwaltungskosten 6.125
Verwandte 4.131
Verweigerungsrecht 3.143
Verzögerungsgeld 1.67, 1.69, 1.73, 1.131, 1.135 ff.
– Streitchancen 1.73
– Verstoß gegen Aufbewahrungspflicht 1.80 f.
Verzögerungstaktik 3.40
vGA 4.219 ff.
– Angemessenheit 4.219
– Begriff 4.129
– beherrschender Gesellschafter 4.132
– doppelter Fremdvergleich 4.219
– öffentliche Hand 6.238 f., 6.241
– Rechtsfolgen 4.135
– tatsächliche Durchführung 4.133
– Vorteilsgeeignetheit 4.219
VIP-Logen 6.265
VIP-Packages 6.265
Vier-Augen-Prinzip 2.81
Vollstreckung 3.369
Voranmeldung 2.32
– Umsatzsteuer 2.32
Vorbehalt der Nachprüfung 1.202 ff.
Vorbericht 3.42
Vorerwerberpreis 5.23, 5.27, 5.30
Vorläufigkeit 1.204 ff.
Vorsatz
– bedingter 2.199
Vorsatznachweis 5.68
Vorstand 6.273
Vorstände
– steuerliche Haftung 4.1 ff.
Vorstandsprotokoll 3.47
Vorsteuerabzug 2.26, 2.68, 2.77 ff., 2.119
– Beweislast 2.93
– im Billigkeitsweg 2.94
– öffentliche Hand 6.252 ff.
– aus Verteidigungs- und Beratungskosten 2.95
Vorstiftung 6.67
Vorteilserlangung 3.223
Vorteilsgeeignetheit 4.129
Vorteilsgewährung 3.260
Vorweggenommene Erbfolge 2.366

Wahrheitspflicht
– Steuererklärungen 1.103 ff.
Warenkreislauf 2.131
Warenursprung 5.14
Warenverkehr
– grenzüberschreitender 2.55
– innergemeinschaftlicher 2.30

Warenverkehrsbescheinigung 5.31
Wegfall der Geschäftsgrundlage 6.192
Weisungen 6.301
Werbebanner 6.265
Werbung 6.72, 6.110 ff., 6.264 ff.
Werkvertrag
– atypischer 2.244
Wertabgabe
– unentgeltliche 6.257
Wertersatzverfall 3.390
Wertfeststellung
– gesonderte 2.278
Wertpapierhandel 6.97
Wertzollsatz 5.13
Wettbewerb
– öffentliche Hand 6.259
– und öffentliche Hand 6.219, 6.230 ff.
Whistleblower-Hotline 1.307
Whistleblowing 1.261
Whistleblowing-Programm 2.215
Widerrufsvorbehalt 2.308
Wiedereinsetzung in den vorigen Stand 1.189
Wiederverkäufer 2.140
Wirtschaftlicher Geschäftsbetrieb 6.54, 6.90, 6.96 ff., 6.140
Wirtschaftsprüfer 1.264, 1.271
Wirtschaftszoll 5.1
Wissensträger 4.110
Wohlfahrtspflege 2.113
Wohnräume
– private 3.58

Zahlungspflichten
– eines Dritten 2.36
– Umsatzsteuer 2.35 ff.
Zahlungsverhalten 2.35 ff.
Zeitreihenvergleich 3.84
Zertifizierung
– AEO-Vernetzung 5.77
Zeugen 4.111
Zeugenbeistand 3.375, 4.125
Zielvorgaben bei der Einrichtung eines Tax Compliance Systems Anh.3 II.7.
Zinsschaden 2.54, 2.59, 2.80
Zinsverzicht 6.89, 6.95
Zivilrecht
– Folgeansprüche 2.250
– Maßgeblichkeit 2.286
Zivilrechtliche Ansprüche 2.72, 6.192
ZK 5.6
Zoll 5.1 ff.
– Anmeldung 5.46
– Billigkeitsmaßnahmen 5.60
– Gestellung 5.44
– IT-Ausstattung 5.42
– Nacherhebung 5.56
– Voranmeldung 5.46
Zollanmeldung 5.46
Zollarbitrage 5.38
Zollaussetzung 5.23

Zollbehörden 1.160
Zolldelikte 1.29
Zollfahndungsamt 5.20
Zollklausel 5.72
Zollkodex 5.6
– modernisierter 5.6
Zollkontingent 5.23
Zollkontrollen 5.48
Zollnomenklatur 5.12
Zollrecht
– Dualismus 5.8 ff.
– Outsourcing 5.39
Zollsatz
– Präferenzzoll 5.14
– Regelzoll 5.14
– Wertzoll 5.13
Zolltarif 2.67
– verbindlicher 5.50
Zolltarifschema 5.12
Zollverfahren 5.16
Zollverwaltung 5.18
Zollvoranmeldung 5.46
Zollwert 5.59
Zollwertrecht 5.15
Zugriff 3.101
Zumutbarkeit 3.56

Zusage 2.444
Zusammenfassende Meldung 2.34
Zusammenfassung
– mehrerer Betriebe 6.234 ff.
Zusammenhangsstraftat 5.32
Zusammenschluss 6.12
Zuschüsse 2.54, 6.141, 6.251
– Umsatzsteuer 2.103 ff.
Zuständigkeitszersplitterung 2.257
Zustimmungsvorbehalt 6.282, 6.284
Zuwendungen 6.37, 6.207
Zuwendungsberechtigung 6.175
Zuwendungsbestätigung 6.180
Zwangsgeld 2.183
Zwangsmittel 3.34
Zweckbetrieb 2.107, 6.54, 6.106 ff., 6.223
Zweckverbände 6.196
Zweckvermögen 6.67
Zweifel
– ernstliche 2.262
Zweifelsgrundsatz 3.311
Zweifelsmaßstab 2.262
Zwischengesellschaften 2.399
Zwischenschaltung von Kapitalgesellschaften 2.404